CHINA HEALTHCARE SECURITY YEARBOOK

# 中国医疗保障年鉴

# 2023

国家医疗保障局 编

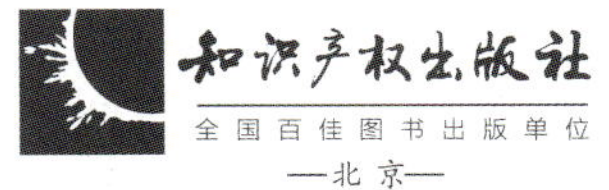

图书在版编目（CIP）数据

中国医疗保障年鉴. 2023 / 国家医疗保障局编. --北京 : 知识产权出版社, 2023.11
ISBN 978-7-5130-7769-9

Ⅰ. ①中… Ⅱ. ①国… Ⅲ. ①医疗保健制度—中国—2023—年鉴 Ⅳ. ①R199.2-54

中国国家版本馆CIP数据核字(2023)第203130号

责任编辑：高 源　　　　责任印制：刘译文
封面设计：索晓青

中国医疗保障年鉴(2023)

国家医疗保障局 编

出版发行：知识产权出版社有限责任公司
网　　址：http://www.ipph.cn
http://www.laichushu.com
电　　话：010—82004826
邮　　编：100081
社　　址：北京市海淀区气象路50号院
责编电话：010—82000860转8701
责编邮箱：laichushu@cnipr.com
发行电话：010—64915707　010—64950918
印　　刷：三河市国英印务有限公司
开　　本：880mm×1230mm　1/16
印　　张：40.75　0.5彩页
版　　次：2023年11月第1版
印　　次：2023年11月第1次印刷
字　　数：1065千字
定　　价：398.00元

ISBN 978-7-5130-7769-9

2022年1月14日，国家医疗保障局党组书记、局长胡静林参加全国医疗保障工作会议并作工作报告。

2022年8月30日，国家医疗保障局党组书记、局长胡静林一行赴中国医疗保险研究会和《中国医疗保险》杂志社调研并看望职工。

2022年9月24日，国家医疗保障局党组书记、局长胡静林出席智慧医保解决方案大赛颁奖典礼并致辞。

2022年9月30日，国家医疗保障局党组书记、局长胡静林参加全局宪法宣誓仪式并讲话。

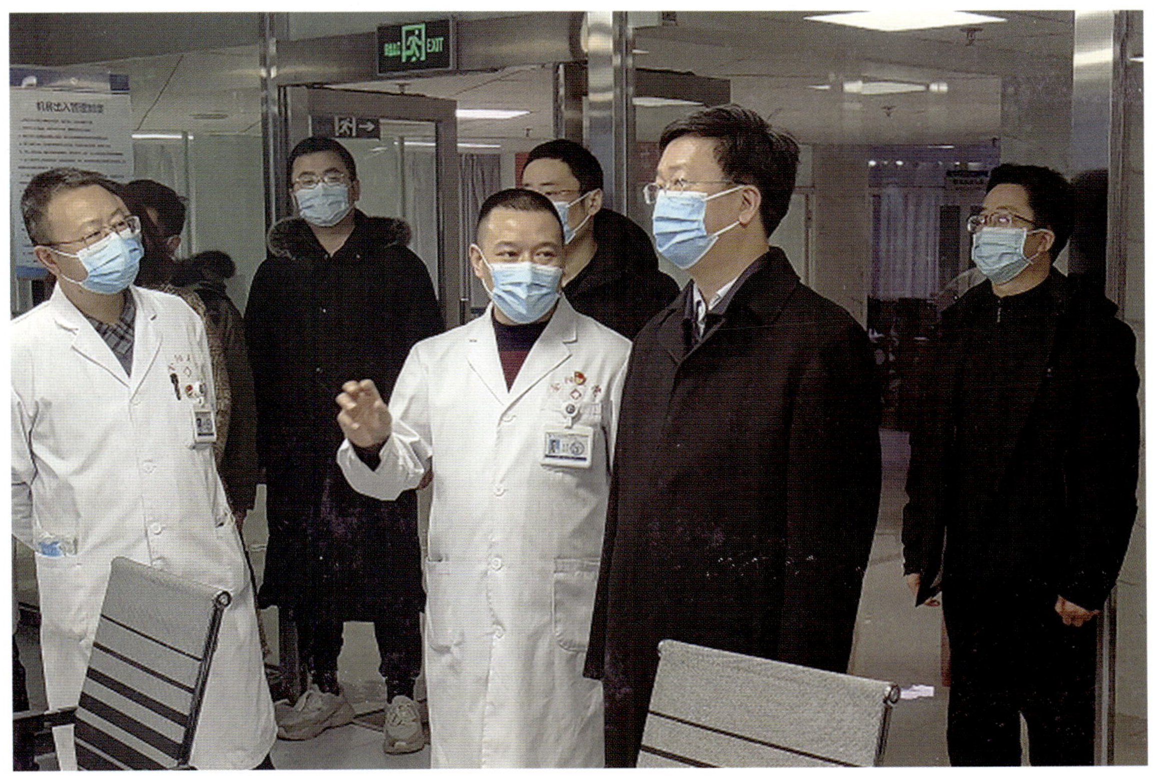


2022年2月22日至25日，国家医疗保障局党组成员、副局长施子海一行赴贵州、海南开展医保数据安全检查工作。

2022年9月15日，国家医疗保障局党组成员、副局长施子海出席全国医保转移支付和医保基金预算管理培训班并讲话。

2022 年 6 月 17 日，时任国家医疗保障局党组成员、副局长陈金甫出席困难群众帮扶有关工作国务院政策例行吹风会。

2022 年 9 月 6 日，国家组织药品集中采购工作会议及药品和耗材联采办会议以视频方式召开，时任国家医疗保障局党组成员、副局长陈金甫出席会议并讲话。

2022年3月1日，国家医疗保障局党组成员、副局长李滔赴河北省唐山市实地调研基层医保结算报销工作。

2022年9月14日，国家医疗保障局党组成员、副局长李滔一行赴中国医学科学院肿瘤医院调研跨省异地就医直接结算工作，实地考察门诊慢特病费用跨省直接结算试点开展情况。

2022年8月31日至9月2日，国家医疗保障局党组成员、副局长颜清辉赴贵州调研医保基金监管工作。

2022年11月21日，国家医疗保障局党组成员、副局长颜清辉出席国际医疗保障经验学习培训班开班仪式并讲话。

# 中国医疗保障年鉴（2023）

## 编辑委员会



## 编委会办公室

## 联络员

（按单位机构和行政区划排序）

| | | | | |
|---|---|---|---|---|
| 李大鹏 | 张晨光 | 姬小荣 | 赵秀竹 | 黄高平 |
| 温思瑶 | 高丽颖 | 王吉鹏 | 黄　猛 | 马　新 |
| 孙　鹏 | 张　蒙 | 吴　刚 | 程志平 | 王晋涛 |
| 许　丹 | 寇振亮 | 姜玉峰 | 宣　颖 | 李成志 |
| 陈　亮 | 姚宵霖 | 刘启纯 | 汪剑锋 | 章学彭 |
| 张思周 | 连书平 | 陈　方 | 欧阳振华 | 王宇丹 |
| 赵梓竹 | 陈廷任 | 张　跃 | 王锦强 | 高　攀 |
| 包崇金 | 卢　鹏 | 杨奋雷 | 敬国雷 | 宋　超 |
| 刘轶文 | 黄继光 | 俞瑞卿 | | |

## 编辑人员

| | | | | |
|---|---|---|---|---|
| 张　琳 | 刘允海 | 郭心洁 | 王凌霄 | 刘砚青 |
| 李晓楠 | 廖占力 | 徐一明 | 董　美 | 李鑫铭 |

# 编辑说明

《中国医疗保障年鉴》是展现我国医保改革成就、真实记录医疗保障事业发展情况的专业性年鉴，重点记录、反映年度医疗保障制度改革的重要事件与热点、重大政策与举措、重大成就与突破、典型案例与经验等，是具有权威性、专业性、资料性的工具书。现已连续出版三卷。

《中国医疗保障年鉴(2023)》主要收录了2022年度我国医疗保障重要文献资料和数据，涵盖重要文献，国家医疗保障工作，地方医疗保障工作，法规政策、重要文件，统计数据，大事记，附录等7个篇目。其中，国家医疗保障工作包括工作综述、专题特辑、特载等3个章目，工作综述章目包含国家医疗保障工作综述、规划财务和法规工作、待遇保障工作、医药服务管理工作、医药价格和招标采购工作、基金监管工作、党建人事工作、医疗保障经办管理服务工作、医药价格和招标采购技术支撑与医药集采平台建设工作、综合管理工作、科研与学术工作等11部分；地方医疗保障工作包括各省、自治区、直辖市及新疆生产建设兵团医疗保障工作综述、重要活动和典型案例，其中典型案例218个，较上一卷增加15个。为便于读者检索，本年鉴附有中文目录、英文目录和索引。

本卷相较上一卷，在内容上有如下调整。

一、收录“学习宣传贯彻党的二十大精神”内容。2022年，是我国进入全面建设社会主义现代化国家、向第二个百年奋斗目标进军新征程的重要一年，也是中国共产党第二十次全国代表大会胜利召开之年。国家医疗保障局党组将学习宣传贯彻党的二十大精神作为首要政治任务，作为走好践行“两个维护”第一方阵、当好“三个表率”、建设模范机关的实际行动，作为推动机关党建高质量发展的有力举措，认真学习贯彻，精心安排部署，周密组织实施，确保落地见效。有关内容收录至本卷“国家医疗保障工作”篇目“专题特辑”章目。

二、收录“国家医疗保障局建议提案办理工作情况”内容。2018—2022年，国家医疗保障局共承办建议提案2566件，通过建议提案办理，吸收了一批代表委员多年多次提出的意见建议，取得了社会各界对医保工作的理解和支持，也促进了医保改革发展。有关内容收录至本卷“附录”篇目。

《中国医疗保障年鉴(2023)》是在全国医疗保障系统的共同努力下完成的，在此谨向参与编辑出版工作的领导和同仁们表示衷心感谢。我们深信，在全系统的努力下，在广大读者的支持下，《中国医疗保障年鉴》将始终以存史、资政、育人为目标，以更加优质的内容和更加丰富的史料，更加真实、全面、系统地记录新时代中国医疗保障事业的发展历程，为医疗保障事业高质量发展贡献一份力量。

《中国医疗保障年鉴》编辑部

2023年11月

# 目　　录

## 重要文献

### 一、党和国家领导人关于医疗保障工作的重要活动和重要指示批示



### 二、国家医疗保障局领导讲话

# 国家医疗保障工作

## 一、工作综述



## 二、专题特辑

## 三、特载



# 地方医疗保障工作

# 法规政策、重要文件

## 一、中共中央、国务院文件



## 二、部门规章及规范性文件

# 统计数据

## 一、医疗保障统计公报



## 二、医疗保障事业统计数据



# 大事记



# 附　录

# 重要文献

# 一、党和国家领导人关于医疗保障工作的重要活动和重要指示批示

# 习近平在看望参加政协会议的农业界社会福利和社会保障界委员时强调<br>在推动社会保障事业高质量发展上持续用力(节选)

中共中央总书记、国家主席、中央军委主席习近平3月6日下午看望了参加全国政协十三届五次会议的农业界、社会福利和社会保障界委员,并参加联组会,听取意见和建议。他强调,要在推动社会保障事业高质量发展上持续用力,织密社会保障安全网,为人民生活安康托底。

习近平指出,我国已建成世界上规模最大的社会保障体系。要在推动社会保障事业高质量发展上持续用力,增强制度的统一性和规范性,发展多层次、多支柱养老保险体系,把更多人纳入社会保障体系。要健全灵活就业人员社保制度,扩大失业、工伤、生育保险的覆盖面,实现制度安排更加公平,覆盖范围更加广泛,为人民生活安康托底。要健全社会保障基金监管体系,严厉打击欺诈骗保、套保和挪用贪占各类社会保障资金的违法行为,守护好人民群众的每一分"养老钱"、"保命钱"。(新华社北京2022年3月6日电)

# 习近平在《求是》杂志发表署名文章 促进我国社会保障事业高质量发展、可持续发展*

今天，中央政治局进行第二十八次集体学习，内容是完善覆盖全民的社会保障体系。安排这次学习，目的是面向“十四五”时期发展目标任务，分析我国社会保障体系建设的现状，研究存在的问题，明确完善的思路，促进我国社会保障事业高质量发展、可持续发展。

社会保障是保障和改善民生、维护社会公平、增进人民福祉的基本制度保障，是促进经济社会发展、实现广大人民群众共享改革发展成果的重要制度安排，发挥着民生保障安全网、收入分配调节器、经济运行减震器的作用，是治国安邦的大问题。

我们党历来高度重视民生改善和社会保障。早在1922年，党的二大宣言中就提出了设立工厂保险、保护失业工人等改良工人待遇的主张。瑞金时期颁布的《中华苏维埃共和国劳动法》设专章规定了社会保险问题。新中国成立伊始，政务院根据《中国人民政治协商会议共同纲领》中“逐步实行劳动保险制度”的要求，于1951年颁布《中华人民共和国劳动保险条例》。改革开放后，我们把社会保障作为改善人民生活的基础民生工程，稳步推进社会保障体系建设，取得了重大进展。

党的十八大以来，党中央把社会保障体系建设摆上更加突出的位置，推动我国社会保障体系建设进入快车道。中央政治局会议、中央政治局常委会会议、中央全面深化改革委员会会议等会议多次研究审议改革和完善基本养老保险制度总体方案、深化医疗保障制度改革意见等，对我国社会保障体系建设作出顶层设计，改革的系统性、整体性、协同性进一步增强。我们统一城乡居民基本养老保险制度，实现机关事业单位和企业养老保险制度并轨，建立企业职工基本养老保险基金中央调剂制度。我们整合城乡居民基本医疗保险制度，全面实施城乡居民大病保险，组建国家医疗保障局。我们推进全民参保计划，降低社会保险费率，划转部分国有资本充实社保基金。我们积极发展养老、托幼、助残等福利事业，人民群众不分城乡、地域、性别、职业，在面对年老、疾病、失业、工伤、残疾、贫困等风险时都有了相应制度保障。

目前，我国以社会保险为主体，包括社会救助、社会福利、社会优抚等制度在内，功能完备的社会保障体系基本建成，基本医疗保险覆盖13.6亿人，基本养老保险覆盖近10亿人，是世界上规模最大的社会保障体系。这为人民创造美好生活奠定了坚实基础，为打赢脱贫攻坚战提供了坚强支撑，为如期全面建成小康社会、实现第一个百年奋斗目标提供了有利条件。

在充分肯定成绩的同时，我们也要看到，随着我国社会主要矛盾发生变化和城镇化、人口老龄化、就业方式多样化加快发展，我国社会保障体系仍存在不足，主要是：制度整合没有完全到位，制度之间转移衔接不够通畅；部分农民工、灵活就业人员、新业态就业人员等人群没有纳入社会保障，存在“漏保”、“脱保”、“断保”的情况；政府主导并负责管理的基本保障“一枝独大”，而市场主体和社会力量承担的补充保障发育不够；社会保障统筹层次有待提高，平衡地区收支矛盾压力较大；城乡、区域、群体之间待遇差异不尽合理；社会保障公共服务能力同人民群众的需求还存在一定差距；一些地方社保基金存在“穿底”风险。对这些不足，我们必须高度重视并切实加以解决。

---

* 这是习近平总书记2021年2月26日在十九届中央政治局第二十八次集体学习时的讲话。

党的十九届五中全会为我国未来5年乃至15年的发展擘画了蓝图，要求推动全体人民共同富裕取得更为明显的实质性进展。社会保障关乎人民最关心最直接最现实的利益问题，我们要加大再分配力度，强化互助共济功能，把更多人纳入社会保障体系，为广大人民群众提供更可靠更充分的保障，不断满足人民群众多层次多样化需求，完善覆盖全民、统筹城乡、公平统一、可持续的多层次社会保障体系，进一步织密社会保障安全网。

第一，建设中国特色社会保障体系。世界各国发展水平、社会条件、文化特征不同，社会保障制度必然多种多样。我们注重学习借鉴国外社会保障有益经验，但不是照抄照搬、简单复制，而是立足国情、积极探索、大胆创新，成功建设了具有鲜明中国特色的社会保障体系。我们坚持发挥中国共产党领导和我国社会主义制度的政治优势，集中力量办大事，推动社会保障事业行稳致远；坚持人民至上，坚持共同富裕，把增进民生福祉、促进社会公平作为发展社会保障事业的根本出发点和落脚点，使改革发展成果更多更公平惠及全体人民；坚持制度引领，围绕全覆盖、保基本、多层次、可持续等目标加强社会保障体系建设；坚持与时俱进，用改革的办法和创新的思维解决发展中的问题，坚决破除体制机制障碍，推动社会保障事业不断前进；坚持实事求是，既尽力而为又量力而行，把提高社会保障水平建立在经济和财力可持续增长的基础之上，不脱离实际、超越阶段。我们要坚持和发展这些成功经验，不断总结，不断前进。

第二，科学谋划"十四五"乃至更长时期社会保障事业。党的十九届五中全会明确了"十四五"时期我国社会保障事业发展的蓝图，要逐条逐项深入研究，纳入规划，抓好落实。要坚持系统观念，把握好新发展阶段、新发展理念、新发展格局提出的新要求，在统筹推进"五位一体"总体布局、协调推进"四个全面"战略布局中思考和谋划社会保障事业发展。要树立战略眼光，顺应人民对高品质生活的期待，适应人的全面发展和全体人民共同富裕的进程，不断推动幼有所育、学有所教、劳有所得、病有所医、老有所养、住有所居、弱有所扶取得新进展。要增强风险意识，研判未来5年、15年乃至30年我国人口老龄化、人均预期寿命提升、受教育年限增加、劳动力结构变化等发展趋势，分析社会保障可能面临的新情况新问题，提高工作预见性和主动性，未雨绸缪采取应对措施。要拓展国际视野，关注国外社会保障发展情况，汲取经验教训，既避免像一些拉美国家那样盲目进行"福利赶超"落入"中等收入陷阱"，又避免像一些北欧国家那样实行"泛福利化"导致社会活力不足。什么时候都不能忘记一个道理，经济发展和社会保障是水涨船高的关系，水浅行小舟，水深走大船，违背规律就会搁浅或翻船。

第三，深化社会保障制度改革。现在，我国社会保障制度改革已进入系统集成、协同高效的阶段。要准确把握社会保障各个方面之间、社会保障领域和其他相关领域之间改革的联系，提高统筹谋划和协调推进能力，确保各项改革形成整体合力。要强化问题导向，紧盯老百姓在社会保障方面反映强烈的烦心事、操心事、揪心事，紧盯制约社会保障体系建设的硬骨头，不断推进改革。要加快发展多层次、多支柱养老保险体系，健全基本养老、基本医疗保险筹资和待遇调整机制，扩大年金制度覆盖范围，规范发展第三支柱养老保险，积极发展商业医疗保险，更好满足人民群众多样化需求。要推动基本医疗保险、失业保险、工伤保险省级统筹，进一步明确中央与地方事权和支出责任。要把农村社会救助纳入乡村振兴战略统筹谋划，健全农村社会救助制度，完善日常性帮扶措施。要健全农民工、灵活就业人员、新业态就业人员参加社会保险制度，健全退役军人保障制度，健全老年人关爱服务体系，完善帮扶残疾人、孤儿等社会福利制度。

2018年以来，我们实施了养老保险中央调剂金制度，仅去年一年，东部发达地区就拿出了1768亿元，拨付给中西部和老工业基地省份，有力缓解了社保基金收支的区域结构性矛盾，确保了养老金按时足额发放。同时，区域不平衡的问题还没有从根本上解决，要加快实现基本养老保险全国统筹。这符合社会保险“大数法则”，也是构建新发展格局的要求。

随着人口老龄化加速发展特别是老年人慢性病患病率的提高，加上医疗技术发展，更多疾病从“无药可医”变为“可医可控”，医保支出面临着更大压力。要坚持不懈、协同推进“三医联动”，健全筹资和待遇调整机制，推进国家组织药品和耗材集中带量采购改革，深化医保支付方式改革，完善医药服务价格形成机制，提高医保基金使用效能。

近年来，许多人口老龄化程度较高的发达国家和新兴国家都推出了延迟法定退休年龄的改革计划，但实施起来并不太顺利。一些国家在这项改革上经历了波折。我们要合理把握改革方向、节奏、力度，加强舆论引导，最大程度凝聚全社会共识和合力，推动这项改革任务平稳落地。

第四，推进社会保障法治化。要从立法、执法、司法、守法各环节加强社会保障工作，在法治轨道上推动社会保障事业健康发展。要加强社会保障立法工作，加快制定或修订社会保险、社会救助、社会福利等方面的相关法律，依法落实各级政府和用人单位、个人、社会的社会保障权利、义务、责任。要依法健全社会保障基金监管体系，防范化解基金运行风险，维护基金安全。要以零容忍态度严厉打击欺诈骗保、套保或挪用贪占各类社会保障资金的违法行为，守护好人民群众的每一分“养老钱”、“保命钱”和每一笔“救助款”、“慈善款”。

第五，加强社会保障精细化管理。要完善从中央到省、市、县、乡镇（街道）的五级社会保障管理体系和服务网络，在提高管理精细化程度和服务水平上下更大功夫，提升社会保障治理效能。要适应人口大规模流动、就业快速变动的趋势，完善社会保险关系登记和转移接续的措施，健全社会救助、社会福利对象精准认定机制，实现应保尽保、应助尽助、应享尽享。要完善全国统一的社会保险公共服务平台，充分利用互联网、大数据、云计算等信息技术创新服务模式，深入推进社保经办数字化转型。同时，要坚持传统服务方式和智能化服务创新并行，针对老年人、残疾人等群体的特点，提供更加贴心暖心的社会保障服务。

第六，发挥好社会保障在应对疫情影响方面的积极作用。去年以来，面对突如其来的新冠肺炎疫情，社会保障为打赢疫情防控的人民战争、总体战、阻击战和实现决胜全面建成小康社会、决战脱贫攻坚目标任务作出了贡献。当前，全球疫情仍在扩散蔓延，我国“外防输入、内防反弹”任务仍然很重。要发挥好社会保障在助力疫情防控、稳定经济社会发展秩序中的作用。要根据形势好转变化，稳妥退出减免社保缴费等阶段性纾困政策，并同其他政策退出平稳衔接。要总结这次疫情防控的成功做法，完善我国社会保障针对突发重大风险的应急响应机制，既能抵御可以预见的生老病死等各种常规风险，又能应对难以预料的非常规风险。

最后，我强调一个问题，就是要坚持制度的统一性和规范性。我国社会保障体系建立之初，我们鼓励各地大胆创新、不断探索。现在，随着我国社会保障体系不断发展，社会保障体系建设要坚持国家顶层设计，做到全国一盘棋。要增强制度的刚性约束，加强对制度运行的管理监督。各地区务必树立大局意识，严肃落实制度改革要求，不得违规出台地方“小政策”。可以允许一定时期内存在区域间社会保障水平上的差异，但不能动摇统一制度的目标，不能自行其是、搞变通。各级党委和政府要深化对社会保障工作重要性的认识，把握规律，统筹协调，抓好党中央决策部署和各项改革方案的贯彻落实，在完善覆盖全民的社会保障体系上不断取得新成效。（《求是》杂志2022年第8期）

# 习近平主持召开中央全面深化改革委员会第二十七次会议强调提高农村地区医疗保障水平(节选)

中共中央总书记、国家主席、中央军委主席、中央全面深化改革委员会主任习近平9月6日下午主持召开中央全面深化改革委员会第二十七次会议,审议通过了《关于健全社会主义市场经济条件下关键核心技术攻关新型举国体制的意见》《关于深化院士制度改革的若干意见》《关于全面加强资源节约工作的意见》《关于深化农村集体经营性建设用地入市试点工作的指导意见》《关于进一步深化改革促进乡村医疗卫生体系健康发展的意见》。

习近平在主持会议时强调,要发挥我国社会主义制度能够集中力量办大事的显著优势,强化党和国家对重大科技创新的领导,充分发挥市场机制作用,围绕国家战略需求,优化配置创新资源,强化国家战略科技力量,大幅提升科技攻关体系化能力,在若干重要领域形成竞争优势、赢得战略主动。要以完善制度、解决突出问题为重点,提高院士遴选质量,更好发挥院士作用,让院士称号进一步回归荣誉性、学术性。要完整、准确、全面贯彻新发展理念,坚持把节约资源贯穿于经济社会发展全过程、各领域,推进资源总量管理、科学配置、全面节约、循环利用,提高能源、水、粮食、土地、矿产、原材料等资源利用效率,加快资源利用方式根本转变。要深化农村集体经营性建设用地入市试点工作,严格条件、规范程序,探索解决改革中的深层次问题。要健全适应乡村特点、优质高效的乡村医疗卫生体系,让广大农民群众能够就近获得更加公平可及、系统连续的医疗卫生服务。

会议指出,党的十八大以来,党中央高度重视和加强乡村医疗卫生体系建设,从完善基础设施条件、人员队伍建设、机构运行机制等方面采取一系列举措,持续提升乡村医疗卫生服务能力,基本实现了农民群众公平享有基本医疗卫生服务。要重点强化县域内医疗卫生资源统筹和布局优化,合理配置乡村医疗资源。要加强人才培养和引进,统筹解决好乡村医生薪酬分配和待遇保障问题,打造一支专业化、规范化的乡村医生队伍。要提高农村地区医疗保障水平,强化乡村医疗卫生服务体系功能,加强疾病预防控制能力建设,加快构建起强大的公共卫生体系,为维护人民健康提供有力保障。(新华社北京2022年9月6日电)

# 习近平在二十大报告中提出<br>增进民生福祉　提高人民生活品质

习近平在二十大报告中提出，增进民生福祉，提高人民生活品质。

习近平说，江山就是人民，人民就是江山。中国共产党领导人民打江山、守江山，守的是人民的心。治国有常，利民为本。为民造福是立党为公、执政为民的本质要求。必须坚持在发展中保障和改善民生，鼓励共同奋斗创造美好生活，不断实现人民对美好生活的向往。

我们要实现好、维护好、发展好最广大人民根本利益，紧紧抓住人民最关心最直接最现实的利益问题，坚持尽力而为、量力而行，深入群众、深入基层，采取更多惠民生、暖民心举措，着力解决好人民群众急难愁盼问题，健全基本公共服务体系，提高公共服务水平，增强均衡性和可及性，扎实推进共同富裕。

一是完善分配制度。坚持按劳分配为主体、多种分配方式并存，构建初次分配、再分配、第三次分配协调配套的制度体系。努力提高居民收入在国民收入分配中的比重，提高劳动报酬在初次分配中的比重。坚持多劳多得，鼓励勤劳致富，促进机会公平，增加低收入者收入，扩大中等收入群体。规范收入分配秩序，规范财富积累机制，保护合法收入，调节过高收入，取缔非法收入。

二是实施就业优先战略。强化就业优先政策，健全就业促进机制，促进高质量充分就业。健全就业公共服务体系，完善重点群体就业支持体系，加强困难群体就业兜底帮扶。统筹城乡就业政策体系，破除妨碍劳动力、人才流动的体制和政策弊端，消除影响平等就业的不合理限制和就业歧视，使人人都有通过勤奋劳动实现自身发展的机会。健全终身职业技能培训制度，推动解决结构性就业矛盾。完善促进创业带动就业的保障制度，支持和规范发展新就业形态。健全劳动法律法规，完善劳动关系协商协调机制，完善劳动者权益保障制度，加强灵活就业和新就业形态劳动者权益保障。

三是健全社会保障体系。健全覆盖全民、统筹城乡、公平统一、安全规范、可持续的多层次社会保障体系。完善基本养老保险全国统筹制度，发展多层次、多支柱养老保险体系。实施渐进式延迟法定退休年龄。扩大社会保险覆盖面，健全基本养老、基本医疗保险筹资和待遇调整机制，推动基本医疗保险、失业保险、工伤保险省级统筹。促进多层次医疗保障有序衔接，完善大病保险和医疗救助制度，落实异地就医结算，建立长期护理保险制度，积极发展商业医疗保险。加快完善全国统一的社会保险公共服务平台。健全社保基金保值增值和安全监管体系。健全分层分类的社会救助体系。坚持男女平等基本国策，保障妇女儿童合法权益。完善残疾人社会保障制度和关爱服务体系，促进残疾人事业全面发展。坚持房子是用来住的、不是用来炒的定位，加快建立多主体供给、多渠道保障、租购并举的住房制度。

四是推进健康中国建设。把保障人民健康放在优先发展的战略位置，完善人民健康促进政策。优化人口发展战略，建立生育支持政策体系，降低生育、养育、教育成本。实施积极应对人口老龄化国家战略，发展养老事业和养老产业，优化孤寡老人服务，推动实现全体老年人享有基本养老服务。深化医药卫生体制改革，促进医保、医疗、医药协同发展和治理。促进优质医疗资源扩容和区域均衡布局，坚持预防为主，加强重大慢性病健康管理，提高基层防病治病和健康管理能力。深化以公益性为导向的公立医院改革，规范民营医院发展。发展壮大医疗卫生队伍，把工作重点放在农村和社区。重视心理健康和精神卫生。促进中医药传承创新发展。创新医防协同、医防融合机制，健全公共卫生体系，提高重大疫情早发现能力，加强重大疫情防控救治体系和应急能力建设，有效遏制重大传染性疾病传播。深入开展健康中国行动和爱国卫生运动，倡导文明健康生活方式。（新华社北京2022年10月16日电）

# 中央经济工作会议在北京举行<br>习近平李克强李强作重要讲话(节选)

中央经济工作会议12月15日至16日在北京举行。中共中央总书记、国家主席、中央军委主席习近平出席会议并发表重要讲话。李克强、李强、赵乐际、王沪宁、韩正、蔡奇、丁薛祥、李希出席会议。

习近平在重要讲话中总结2022年经济工作,分析当前经济形势,部署2023年经济工作。李克强对明年经济工作作了部署。李强作总结讲话。

会议要求,明年要坚持稳字当头、稳中求进,继续实施积极的财政政策和稳健的货币政策,加大宏观政策调控力度,加强各类政策协调配合,形成共促高质量发展合力。

社会政策要兜牢民生底线。落实落细就业优先政策,把促进青年特别是高校毕业生就业工作摆在更加突出的位置。及时有效缓解结构性物价上涨给部分困难群众带来的影响。加强新就业形态劳动者权益保障,稳妥推进养老保险全国统筹。推动优质医疗资源扩容下沉和区域均衡布局。完善生育支持政策体系,适时实施渐进式延迟法定退休年龄政策,积极应对人口老龄化少子化。

会议强调,明年经济发展面临的困难挑战很多,要坚持系统观念、守正创新。要更好统筹疫情防控和经济社会发展,因时因势优化疫情防控措施,认真落实新阶段疫情防控各项举措,保障好群众的就医用药,重点抓好老年人和患基础性疾病群体的防控,着力保健康、防重症。要更好统筹经济质的有效提升和量的合理增长,坚持以质取胜,以量变的积累实现质变。要更好统筹供给侧结构性改革和扩大内需,通过高质量供给创造有效需求,支持以多种方式和渠道扩大内需。要更好统筹经济政策和其他政策,增强全局观,加强与宏观政策取向一致性评估。要更好统筹国内循环和国际循环,围绕构建新发展格局,增强国内大循环内生动力和可靠性,提升国际循环质量和水平。要更好统筹当前和长远,既要做好当前工作,又要为今后发展做好衔接。(新华社北京2022年12月16日电)

# 李克强主持召开国务院常务会议 决定常态化制度化开展药品和高值医用耗材集中带量采购 进一步降低患者医药负担(节选)

国务院总理李克强1月10日主持召开国务院常务会议,部署加快推进"十四五"规划《纲要》和专项规划确定的重大项目,扩大有效投资;决定常态化制度化开展药品和高值医用耗材集中带量采购,进一步降低患者医药负担。

会议指出,近年来,药品和高值医用耗材集中带量采购改革不断推进,用市场化机制有效挤压了医药价格虚高,截至去年底累计节约医保和患者支出2600亿元,同时也促进了医药企业将更多精力投入到产品研发、提高质量上。下一步,要推动集中带量采购常态化、制度化并提速扩面,持续降低医药价格,让患者受益。一是以慢性病、常见病为重点,继续推进国家层面药品集采,各地对国家集采外药品开展省级或跨省联盟采购。今年底前,国家和省级集采药品在每个省合计达到350个以上。二是逐步扩大高值医用耗材集采覆盖面,对群众关注的骨科耗材、药物球囊、种植牙等分别在国家和省级层面开展集采。三是保证中选药品和耗材长期稳定供应,加强监管,确保中选产品降价不降质。医疗机构要合理优先使用中选产品。四是落实集采医保资金结余留用政策,推进薪酬制度改革,合理提高医务人员收入,更好调动积极性。

会议还研究了其他事项。(新华社北京2022年1月10日电)

# 李克强在政府工作报告中提出，今年切实保障和改善民生（节选）

国务院总理李克强5日在政府工作报告中提出，切实保障和改善民生，加强和创新社会治理。坚持尽力而为、量力而行，不断提升公共服务水平，着力解决人民群众普遍关心关注的民生问题。

提高医疗卫生服务能力。居民医保和基本公共卫生服务经费人均财政补助标准分别再提高30元和5元，推动基本医保省级统筹。推进药品和高值医用耗材集中带量采购，确保生产供应。强化药品疫苗质量安全监管。深化医保支付方式改革，加强医保基金监管。完善跨省异地就医直接结算办法，实现全国医保用药范围基本统一。坚持预防为主，深入推进健康中国行动。逐步提高心脑血管病、癌症等疾病防治服务保障水平，加强罕见病用药保障。健全疾病预防控制网络，抓好公共卫生队伍建设，提高重大疫情监测预警、流调溯源和应急处置能力。深化公立医院改革。规范医疗机构收费和服务，继续帮扶因疫情遇困的医疗机构，补齐妇幼儿科、精神卫生、老年医学等服务短板。支持中医药振兴发展，推进中医药综合改革。着眼推动分级诊疗和优化就医秩序，加快建设国家、省级区域医疗中心，推动优质医疗资源向市县延伸，提升基层防病治病能力，使群众就近得到更好医疗服务。（新华社北京2022年3月5日电）

# 李克强总理出席记者会并回答中外记者提问(节选)

十三届全国人大五次会议11日上午在人民大会堂举行记者会,国务院总理李克强应大会发言人张业遂的邀请出席记者会,并回答中外记者提问。

李克强总理指出:这些年,我国居民的收入和GDP增长是基本同步的。但是中国依然是一个发展中国家,我们的城乡差距是明显的,公共服务要均等化是一个长期的过程。今年年初,有关方面给我递了反映民生十盼的材料,我看多数都是基本民生,而且多数来自农民群众。所以政府要始终把发展经济的目的放在保障和改善民生上,当然,是尽力而为、量力而行。

我国现在财政总收入已经有20万亿元了,但并不宽裕。连续10年了,我们尽力保证财政性教育经费不低于GDP的4%,这是很不容易的,而且主要是面向义务教育、面向农村,因为我们农村的户籍人口现在还有7.6亿,还要进一步加大向农村和边远地区义务教育的投入力度。另一方面,我们已经建立了面向14亿多人的、可以说世界上最大的基本医保网,但水平还不高,所以这方面今年财政补助标准又增加了30元。我们建立了大病医保的制度,拿基本医保去购买商业大病保险的经办服务,这样使得一些病种在有些地方能报销到30万元到50万元,高的地方还有不封顶的。总体上城乡居民看病的报销比例能够达到70%,随着国力的增加还会逐步提高。特别是要巩固脱贫攻坚的成果,对因病返贫、因大病致贫的要予以特殊的支持帮助。

基本民生和日常生活息息相联,现在我们跨省流动的人超过1个亿,他们异地就业、养老、就学,办有些事往往要来回跑,“跨省通办”确实已经成了新刚需。我们今年要实施一项新政策,就是把人们常用的身份证电子化,也就是说你办有关事项,拿着手机一扫码就可以了。当然,我们也要为那些不用智能手机的人特别是老人提供便利,还要保障公民的信息安全和隐私。

保障基本民生既要用力量力,更要用心,要坚持实事求是,让事实说话,要倾听人民群众的呼声和要求。民生问题联系着民情、民意甚至是民心,政府的职责就是要顺应民心,给人民排忧解难,让人民过好日子。(新华社北京2022年3月11日电)

# 李克强对2022年全国医改工作电视电话会议作出重要批示强调
# 减轻群众就医负担　积极回应人民期盼
# 推进医改取得更大成效
# 孙春兰出席会议并讲话

2022年全国医改工作电视电话会议7月14日在京召开。中共中央政治局常委、国务院总理李克强作出重要批示。批示指出：医药卫生体制改革是涉及千家万户的大事。近年来，通过持续深化医改，推动从以治病为中心向以人民健康为中心转变，着力解决看病难、看病贵问题，不断提高基本医疗卫生服务的公平性、可及性，建成全世界最大、覆盖全民的基本医疗保障网。特别在抗击新冠肺炎疫情中，医药卫生系统经受住了考验，发挥了不可替代的作用。谨向广大医务人员和医改工作者致以诚挚问候！要以习近平新时代中国特色社会主义思想为指导，认真贯彻党中央、国务院决策部署，积极回应人民期盼，推进医改取得更大成效。进一步加强国家区域医疗中心和医疗联合体建设，促进优质医疗资源扩容和均衡布局，发挥高水平医院引领带动作用，提升基层能力。医疗机构要保障群众看病就医基本需求，对急危重症等患者医疗机构不得推诿拒绝。要持续实施药品和高值医用耗材集中带量采购、异地就医跨省直接结算等便民惠民举措，减轻群众就医负担。协同推进医疗服务价格、医保支付、人事薪酬、绩效考核等改革，推动公立医院高质量发展。坚持预防为主，深入推进健康中国行动，进一步做好中医药振兴发展、乡村医生队伍建设等工作，科学精准做好疫情防控，为维护人民群众健康、促进经济社会发展作出更大贡献！

国务院副总理、国务院医改领导小组组长孙春兰出席会议并讲话。她强调，要深入贯彻习近平总书记关于医改工作的重要指示，落实李克强总理批示要求，坚定医改的理念、原则和路径，持续深化"三医"联动改革，突出重点领域和关键环节，补短板、强基层、建机制，巩固和扩大医改成效，不断提升医疗卫生服务能力和水平，更好地保障人民健康福祉。

孙春兰指出，近年来，医改坚持从以治病为中心转向以健康为中心，围绕解决群众看病难、看病贵问题，推动药品耗材集采和优质医疗资源扩容下沉，成效持续显现，我国人均预期寿命从2017年的76.7岁增加到2021年的78.2岁，彰显了中国特色基本医疗卫生制度的优势和活力。要继续推进区域医疗中心、医学中心建设，完善医联体管理，加强基层医务人员培养培训，提高基层医疗卫生机构服务能力，构建分级诊疗格局。要强化公立医院内部治理和短板学科建设，深化药品采购、医保支付、人事薪酬等综合改革，提升高质量发展水平。要加快推进疾控体系改革，加强重大疾病防治，充实基层防控力量，筑牢基层防线。要严格落实第九版新冠肺炎防控方案，加强培训，提高政策理解和执行能力，坚决制止层层加码、一刀切，主动防、早发现、快处置，确保经济发展和人民群众生产生活少受影响。（新华社北京2022年7月14日电）

# 韩正在《人民日报》发表署名文章
# 以中国式现代化全面推进中华民族伟大复兴（节选）

习近平总书记所作的党的二十大报告高举中国特色社会主义伟大旗帜，科学描绘了在新的历史条件下全面建设社会主义现代化国家、夺取中国特色社会主义新胜利的宏伟蓝图，是团结带领全国各族人民沿着中国特色社会主义道路继续前进、为全面建设社会主义现代化国家而团结奋斗的政治宣言和行动纲领。报告深刻阐述中国式现代化的科学内涵、中国特色和本质要求，强调坚持以中国式现代化全面推进中华民族伟大复兴。我们要把思想和行动统一到党中央决策部署上来，坚定不移推进中华民族伟大复兴历史进程，奋力谱写全面建设社会主义现代化国家崭新篇章。

中国式现代化推动实现中华民族伟大复兴进入了不可逆转的历史进程。新中国成立特别是改革开放以来，中国共产党团结带领中国人民通过走中国式现代化道路，仅用几十年的时间就走完了西方发达国家几百年走过的工业化历程，创造了世所罕见的经济快速发展和社会长期稳定两大奇迹。党的十八大以来，以习近平同志为核心的党中央统筹推进"五位一体"总体布局、协调推进"四个全面"战略布局，攻克了许多长期没有解决的难题，办成了许多事关长远的大事要事，党和国家事业取得历史性成就、发生历史性变革。我们全面建成小康社会、实现第一个百年奋斗目标，国家经济实力、科技实力、综合国力、国际影响力持续增强。2021年，我国经济总量达到114.4万亿元，占全球经济总量比重超过18%，人均国内生产总值超过8万元。我们如期打赢脱贫攻坚战，现行标准下9899万农村贫困人口全部脱贫，完成了消除绝对贫困的艰巨任务。我们建成世界上规模最大的教育体系、社会保障体系、医疗卫生体系，人民生活全方位改善，获得感、幸福感、安全感更加充实、更有保障、更可持续。生态环境保护发生历史性、转折性、全局性变化，绿色、循环、低碳发展迈出坚实步伐。面对突如其来的新冠肺炎疫情，坚持人民至上、生命至上，高效统筹疫情防控和经济社会发展，最大限度保护了人民生命安全和身体健康。中国共产党和中国人民正信心百倍推进中华民族从站起来、富起来到强起来的伟大飞跃，我们比历史上任何时期都更接近、更有信心和能力实现中华民族伟大复兴的目标。

坚持全体人民共同富裕。共同富裕是中国特色社会主义的本质要求，也是一个长期的历史进程。实现共同富裕是我们党的重要使命，这不仅是一个经济问题，而且是关系党的执政基础的重大政治问题。中国式现代化坚持把实现人民对美好生活的向往作为现代化建设的出发点和落脚点，着力维护和促进社会公平正义，着力促进全体人民共同富裕，坚决防止两极分化。要坚持以人民为中心的发展思想，在高质量发展中促进共同富裕，自觉积极主动地解决地区差距、城乡差距、收入分配差距，提高发展的平衡性、协调性、包容性。在共同奋斗中促进共同富裕，鼓励勤劳创新致富，为人民提高受教育程度、增强发展能力创造更加普惠公平的条件，防止社会阶层固化，畅通向上流动通道，给更多人创造致富机会。正确处理效率和公平的关系，构建初次分配、再分配、第三次分配协调配套的基础性制度安排，建立科学的公共政策体系，让发展成果更多更公平惠及全体人民。坚持尽力而为、量力而行，把保障和改善民生建立在经济发展和财力可持续的基础上，重点加强基础性、普惠性、兜底性民生保障建设。全体人民共同富裕不是少数人的富裕，也不是整齐划一的平均主义。要允许一部分人先富起来，同时要强调先富带后富、帮后富。按照党中央部署，到“十四五”末全体人民共同富裕迈出坚实步伐，到2035年全体人民共同富裕取得更为明显的实质性进展，到本世纪中叶全体人民共同富裕基本实现。要坚持循序渐进，充分估计长期性、艰巨性、复杂性，实打实把一件件事办好，扎实推进共同富裕。（《人民日报》2022年11月1日）

# 孙春兰强调
# 充分发挥中医药特色优势　不断增进人民群众健康福祉

第四届国医大师和第二届全国名中医表彰大会20日在京召开。中共中央政治局委员、国务院副总理孙春兰出席会议，向受表彰的国医大师和全国名中医表示热烈祝贺。她强调，要深入贯彻习近平总书记关于中医药工作的重要论述，落实党中央、国务院决策部署，遵循中医药发展规律，持续深化改革、守正创新、开放合作，加强中医药服务体系、人才队伍、科研能力建设，推动中医药高质量发展，使中医药这一中华文明瑰宝焕发出新的活力和光彩。

孙春兰指出，近年来，中医院绩效考核、中药注册审批、中药材质量监管等改革取得新突破，中医药管理标准更加完善、服务能力显著提升，为疫情防控、保障群众健康发挥了特殊优势、作出了重要贡献。要完善中医服务体系，推进中医国家区域医疗中心和临床特色专科建设，提升基层服务能力。要鼓励国家中医药综合改革示范区先行先试，深化中医服务价格、医保支付方式、中西医结合模式等改革，探索中医药发展新路子。要统筹中、西医人才培养，完善中医药学科体系、学术体系、人才培养体系，创新人才考评机制，调动中医药医务人员积极性。要深化中医药基础理论、诊疗规律、作用机理研究阐释，开放包容对待中医药不同流派，使中医药百花齐放、更好服务人民健康。（新华社北京2022年7月20日电）

# 二、国家医疗保障局领导讲话

# 踔厉奋发　勇毅前行 奋力谱写医疗保障高质量发展新篇章

## ——在全国医疗保障工作会议上的讲话

（2022年1月14日）

国家医疗保障局党组书记、局长　胡静林

同志们：

这次会议的主要任务是以习近平新时代中国特色社会主义思想为指导，深入贯彻落实党的十九大和十九届历次全会以及中央经济工作会议精神，系统回顾2021年医疗保障工作，分析研判医疗保障改革发展形势，全面部署2022年医疗保障工作。下面，我讲三点意见。

### 一、医疗保障事业发展取得新的突出成效

2021年是党和国家历史上具有里程碑意义的一年，党迎来百年华诞，实现第一个百年奋斗目标，开启向第二个百年奋斗目标进军的新征程。这一年，我们坚决贯彻习近平总书记重要指示批示精神，全面落实党中央、国务院决策部署，始终坚持以人民为中心，统筹疫情防控和医保发展，持续完善中国特色医疗保障制度，持续推动医保改革走向纵深，持续促进管理服务提质增效，群众待遇稳步改善，制度运行总体平稳，基金安全可持续，实现"十四五"良好开局。初步统计，2021年全国基本医保参保人数13.6亿人，参保率稳定在95%以上；基本医保基金（含生育保险）收入2.8万亿元，支出2.4万亿元，累计结存3.6万亿元。2021年，我们重点推进了九个方面的工作：

（一）完善医保制度顶层设计

按照党中央擘画的改革蓝图，持续夯基垒台、立柱架梁。一是编制实施首个全民医疗保障五年规划。系统推进"十四五"时期医疗保障改革发展，确定黑龙江省等6个实施联系点。目前，浙江、山东、江西、四川等21个省份已印发本地规划。二是全面推进巩固拓展医保脱贫攻坚成果有效衔接乡村振兴战略工作。坚决落实医保先行一步的工作要求，在国家层面率先印发衔接意见。原承担脱贫攻坚任务的25个省份全部出台配套措施，湖南、甘肃、贵州、湖北等23个省份部署开展因病致贫返贫预警监测。三是健全职工医保门诊共济保障机制。以国办名义印发文件，建立职工医保普通门诊统筹，改革个人账户。这是医保制度实施以来最大的政策调整。目前，天津、河北、青海、海南、西藏、新疆生产建设兵团已启动实施。四是开展深化医疗服务价格改革试点。中央深改委会议审议通过《深化医疗服务价格改革试点方案》，在河北唐山、江苏苏州等5个城市开展试点。

（二）优化群众待遇保障质量

坚持在发展中持续改善群众医保待遇。一是健全重特大疾病医疗保险和救助制度。以国办名义印发文件，减轻困难群众和大病患者医疗费用负担，建立防范化解因病致贫返贫风险的长效机制。二是深化城乡居民高血压、糖尿病门诊用药保障机制。联合卫生健康部门开展专项行动，累计惠及1.2亿患者，减轻群众用药负担411.6亿元。湖南、安徽等省破除基层医疗机构药品配备壁垒，确保基层开得出、配得上"两病"用药。三是稳步推进长期护理保险制度试点。统一全国失能等级

评估标准,国家试点城市增至49个、参保超过1.4亿人,累计160万失能群众获益,年人均减负超1.5万元。四是积极支持三孩生育政策落地实施。研究完善生育保险政策措施,各地迅速将参保女职工生育三孩费用纳入生育保险待遇支付范围。

(三)助力疫情防控取得显著成效

创新支持常态疫情防控,助力加快构建免疫屏障、有效应对局部疫情。一是精准做好新冠病毒疫苗及接种费用保障。会同财政部门共同承担疫苗及接种费用,迅速筹集并预拨疫苗采购资金,及时结算接种费用。"钱等苗"让企业放心生产、采购机构放心采购、接种机构放心接种。目前,已接种疫苗超29亿剂。二是持续降低常态防疫成本。三次与企业磋商降低疫苗价格,每阶段价格全球最低。持续推进核酸检测降价,经三轮降价,单人单检每人份价格已降至不高于40元,多人混检每人份价格降至不高于10元,大大减轻群众和政府负担。广东牵头联盟集采相关耗材,平均降价64%,惠及18个省份。江苏、甘肃、内蒙古等地全力确保疫情防控医疗物资"随时采、及时配、足量供"。同时,持续落实"两个确保"政策,创新经办管理服务,做好救治费用保障。

(四)持续加大药耗集中带量采购力度

针对性完善政策,持续扩大集采范围。一是国家组织集采取得新进展。先后开展三批药品集采,其中胰岛素专项集采破解了生物药集采难点,42个中选产品平均降价48%,预计惠及千万糖尿病患者,每年减负90亿元。开展人工髋关节、膝关节集采,平均降价82%,预计惠及80万患者,每年减负180亿元。前五批国家药品集采中选结果实施平稳,全年节省用药费用约1500亿元。全年使用集采中选冠脉支架150万个,达到协议采购量的1.4倍,减负160亿元。实施医药价格和招采信用评价,实现药品品种全覆盖,精准打击"行贿者""围猎者"。二是地方集采已呈星火燎原之势。重庆、湖北分别牵头开展短缺药、中成药省际联盟集采,天津、江苏、内蒙古、河南分别牵头开展冠脉扩张球囊、药物球囊、导引导丝、骨科创伤类耗材等联盟集采,安徽探索大型医用设备集采,四川正在牵头探索口腔耗材集采,广东、陕西、甘肃、新疆等地也分别组织跨省联盟采购,取得积极成效。上海精准引导未中选药品梯度降价,其他省份联动接续降低本地区未中选药品价格,平均降幅超过20%。

(五)完善医保药品目录管理

发挥全球最大市场优势最大程度议价,创新打通国家谈判药落地"最后一公里"。一是持续优化调整规则。健全药品评价指标体系,完善专家遴选和谈判机制。新版目录药品增至2860种,精准补齐慢性病、罕见病和抗肿瘤用药保障短板,17个治疗领域用药实现"增质不增支"的替代升级。二是整合全国用量"灵魂砍价"。67种药品平均降价62%。3种年用药费用超百万元的"天价药"全部降至30万元以下,其中原来每针70万元的"天价"诺西那生钠注射液降至3万多元,成为数万患者家庭翘首以盼"最暖的新年礼物"。人人点赞主谈人张劲妮、许伟等同志,体现了人民群众对医保改革发展的关注和认可。这些惠民成绩是千千万万"医保人"共同奋斗的成果。三是建立国谈药品"双通道"保障机制。暂时进不去医院的药品,先进药店保供应,实行同样支付政策,实时公布配备信息,确保国谈救命药"能查到、能买到、能报销"。目前,已有14.2万家医药机构供应谈判药品。2021年国谈药惠及患者1.4亿人次,减负1500亿元,为更多家庭带来希望。

(六)推进全国制度规范统一

注重全国一盘棋,始终防范"福利主义",坚决治理过度保障。一是建立医疗保障待遇清单制度。这是我国民生领域建立的第一个待遇清单制度,在国家层面明确基本医保内涵、支付边界、决策权限,明确3年内实现全国基本制度、基本政策、支付范围等的规范统一。二是坚决防范"天价药"进医保。取消地方调整大病保险支付范围权限,逐步消化各省大病保险支付范围与国家药品目录的差异。有序清理消化各省自行增补医保药品目录品种,河南、山西、宁夏、河北、广东已提前完成全部消化任务。三是稳步规范脱贫攻坚期超常规保障政策。分人群、分类别、分阶段调整完善政策，基本杜绝地方新增超常规保障政策，地方补充保障政策正有序并转入三重制度框架，地方基本医保特惠政策正有序消化。

（七）守好人民群众“救命钱”

持续提高常态监管、综合监管、依法监管水平，筑牢医保基金安全防线。一是持续巩固基金监管高压态势。连续4年实行全覆盖日常监督检查，初步统计，2021年累计检查医药机构70.8万家次，处理41.4万家次，追回资金234.2亿元。联合公安部、卫生健康委专项打击“假病人、假病情、假票据”欺诈骗保行为，查处案件5922起，追回2.9亿元。开展基金监管存量问题“清零行动”，共办结存量问题9761件，追回资金27.8亿元。会同卫生健康、中医药部门开展30组飞行检查，查出涉嫌违法违规资金5.6亿元。年内曝光案件7万起。二是健全“一案多查、联合惩处”机制。会同公安部明确欺诈骗保案件移送范围、移送程序，实现行政执法和刑事司法有效衔接，强化部门监管合力。将监管中发现的涉嫌违反党纪、职务违法犯罪等问题线索移送纪检监察机关，坚决打击内外勾结欺诈骗保行为。会同卫生健康部门合力规范医务人员执业行为，强化行业自律。三是持续提高基金监管法治化规范化水平。正式实施《医疗保障基金使用监督管理条例》，出台《医疗保障行政处罚程序暂行规定》，印发系列规范性文件，进一步提高基金监管法治化水平。鼓励各地积极构建本地举报奖励制度，规范举报线索处理流程，年内国家局收到举报线索8253件，查实并追回资金1.1亿元。

（八）推进跨省就医直接结算

会同财政部优化业务流程，进一步方便群众异地就医。一是住院费用跨省直接结算稳中有进。已联入5.3万家医疗机构，每个县都有至少1家联网医疗机构，全年惠及群众住院440.6万人次、基金支付624.6亿元。二是普通门诊费用跨省直接结算全面突破。已覆盖所有统筹地区，联入12.8万家医药机构，90%以上的县有1家以上联网医疗机构，全年惠及群众门诊就医近千万人次。三是门诊慢特病费用跨省直接结算破题。启动高血压、糖尿病等五种门诊慢特病相关治疗费用跨省直接结算试点，已在全国31个省份和新疆生产建设兵团的45个统筹地区开通。四是异地就医备案服务持续优化。拓展线上备案渠道，规范备案流程，开通代办功能。目前，所有统筹地区都开通跨省异地就医线上备案。

（九）进一步提高精细化管理服务水平

以精细化管理为抓手，巩固拓展医保改革成果。一是支付方式改革取得新进展。DRG和DIP国家试点城市全部实现实际付费，举办第一届中国CHS-DRG/DIP支付方式改革大会，启动三年行动计划。推进门诊支付方式改革，支持中医药传承创新发展，探索紧密型医共体总额付费政策。二是信息化、标准化和法治化建设取得新突破。医保信息平台已在31个省份的321个地市和新疆生产建设兵团落地应用，地方平台上线率达到97%。全国均已开通医保电子凭证激活应用服务，累计用户超10.5亿。15项编码标准全面贯标应用，全国共用一个标准库、共享一个数据池。全面开展2020年度转移支付绩效评价工作，将评价结果与资金分配紧密挂钩。推进《医疗保障法》立法取得实质性进展，推动出台《社会保险经办条例》，制定医疗保障稽核管理暂行办法。三是经办服务标准化规范化建设取得新进步。积极谋划推进医保经办体系建设，打造示范点，规范经办大厅设置和服务标准，明确28项服务办理流程，规范经办机构内控管理。推进基本医保参保、转移接续等服务事项“跨省通办”，更好保障流动人员医保权益。持续强化药品价格日常管理，建立药品价格和供应异常变动监测制度，编制全国医药价格指数。加强医药集采平台顶层设计，推进行风建设，医药集采机构与平台建设取得新突破。

工作中，我们始终突出党建引领、政治统领，深刻领悟“两个确立”，坚定践行“两个维护”，全面从严管党治党，确保医保改革发展行稳致远。扎实开展党史学习教育，开展“我为群众办实事”实践活动，征集推介“学党史、办实事”案例，用心用情用力解决人民群众医疗保障领域急难愁盼问题，促进党史学习教育与业务工作深度融合、同频共振。从严落实中央巡视整改任务，压实管党治党责任，持续加强纪律和作风建设，强化基层党组织政治功能，稳步推进干部队伍建设，确保医保工作出实绩、惠人民。坚持党管意识形态，见诸于未萌、防患于未然，用医保惠民实效展现党和政府的良好形象。

**二、深入学习贯彻十九届六中全会和中央经济工作会议精神**

近期，党中央先后召开十九届六中全会和中央经济工作会议。六中全会通过了《中共中央关于党的百年奋斗重大成就和历史经验的决议》，全面总结了党的百年奋斗重大成就和历史经验，强调了“两个确立”对新时代党和国家事业发展、对推进中华民族伟大复兴历史进程具有决定性的意义，为实现第二个百年奋斗目标提供了行动纲领和科学指南，为新时代更好地坚持和发展中国特色社会主义、实现中华民族伟大复兴提供了根本遵循和行动指南。中央经济工作会议研判国内外形势，深刻阐述了做好经济工作的规律性认识、需要正确认识和把握的重大理论和实践问题，系统部署了2022年经济工作。我们要深入学习领会、坚决贯彻落实。

结合中央对形势的判断和对民生工作的要求，医疗保障工作的地位更加突出，医疗保障高质量发展也正处于关键期。国际政治经济问题交织，我国经济遭遇“需求收缩、供给冲击、预期转弱”三重挑战，医保增收难度不断增大；疫情防控常态化、人口老龄化、疾病慢病化、医药科技加快发展，医保刚性支出不断增大，基金平衡压力持续增大。区域政策发展平衡性协调性不断增强，新型城镇化建设加快推进，跨地区就业、居住逐步成为常态，新业态、新经济加速发展，业务跨区域协作、管理服务方式等方面面临新要求、新挑战。医保改革进入深水区、攻坚期，利益调整更加深刻，改革阻力变大。欺诈骗保呈现系列新特点，打击仍需加大力度、久久为功。医保管理服务内涵不断拓展，对提高经办能力提出更高要求。医保顶层设计加快推进，但各地区推进落实力度和进度不均衡，一定程度上影响着群众获得感。

要正视困难，更要坚定信心和决心。以习近平同志为核心的党中央为医保改革发展提供了坚强领导，党的百年奋斗重大成就和历史经验汇聚了干事创业的强大精神力量。我国长期向好的基本面没有变，中国特色社会主义制度的优势没有变，经济持续恢复发展的态势也没有变，支撑医保高质量发展的有利条件没有变。要坚持用习近平新时代中国特色社会主义思想武装头脑，坚决贯彻落实习近平总书记关于医疗保障工作重要指示批示精神，“致广大而尽精微”，既要打好战略主动战，把握长期大势，谋势蓄势，坚定推动改革；又要打好遭遇战，更稳妥应对新风险、新问题、新挑战，转危为机、乘势借势，全力推动医疗保障高质量发展。在这个过程中，要准确理解把握一些问题。

（一）高质量发展是推动共同富裕的核心保障

共同富裕、美好生活是中国特色社会主义迈向更高阶段的社会形态。当前，我们全面建成小康社会、历史性消除绝对贫困，扎实推动共同富裕已经成为全面建设社会主义现代化国家的必然要求，成为实现中华民族伟大复兴的关键。目前，我国正处在跨越中等收入陷阱的关键时刻，高质量的发展仍是解决中国一切问题的基础和关键。扎实推动共同富裕就是始终坚持以经济建设为中心，不断解放和发展社会生产力，持续推动质量变革、效率变革、动力变革。在高质量发展中让人民群众更好地共享发展成果，是既做大做好蛋糕，又分好切好蛋糕的过程，绝不是简单搞“福利主义”、平均主义。

各级医保部门要准确把握共同富裕的内涵，通过医保高质量发展扎实推动共同富裕。要确保人人“有医保”，保障人人都有享受基本医疗保障的机会。要切实兜住底线，进一步织密扎牢医保安全网，防范化解因病致贫返贫风险。要始终“保基本”、可持续，把握好在发展中改善医保待遇的度，确保医保发展、经济增长、共同富裕同向而动。要优质高效，既确保有效发挥医保基金最大保障效能，又推动合理诊疗，提高医疗服务效率和质量，更好地保障病有所医。

当前的重点是逐步消除医保地域间发展不平衡。目前，各地已基本实现市地级统筹，初步具备探索推动省级统筹的条件。省级统筹是重大利益调整、是稳扎稳打的持久战，决不能搞“大呼隆”、“一窝蜂”。要积极稳慎推动省级统筹，市地级统筹全面做实、省内政策差异不大、管理服务基础较好的省份可以按照“政策统一规范、基金调剂平衡、完善分级管理、强化预算考核、提升管理服务”的方向探索省级统筹，其他省份要加速夯实基础条件，抓紧研究省级统筹的思路和方法。省级统筹重点是政策规范统一，可以采取基金调剂的方式，不强调基金统收统支和待遇水平削平补齐；目的是均衡各地基金与本地客观风险的匹配程度，绝不能对各地敞开花钱兜底；核心是创新管理机制，用有效的绩效管理等政策工具，充分激发省、市、县分级管理积极性，不仅不能鞭打快牛，还要能奖优惩劣，强化地市间就医管理和服务监管协作。

（二）旗帜鲜明反对医保领域泛福利化

要从百年医保发展史中坚定中国特色医疗保障制度自信。党的百年奋斗史，也是医保百年发展史。目前，我们建立并不断完善具有鲜明中国特色的医疗保障制度，让“基本医疗保障”从“吾辈不敢想的奢望”变成人人享有的基本保障，以比发达国家低得多的医保支出实现了有效的住院和门诊大病保障，人均预期寿命从1949年前的35岁增长到77.3岁，已经得到人民群众和国际社会的充分肯定。要坚定制度自信，按照中央绘就的蓝图，坚定不移地推动医保高质量发展。

要始终坚持尽力而为、量力而行，在发展中持续改善医保待遇。习近平总书记强调，“保障和改善民生是一项长期工作，没有终点站，只有连续不断的新起点，要实现经济发展和民生改善良性循环”。尽力而为，体现了党的初心使命和人民理念；量力而行，则体现了尊重规律、尊重国情、可持续发展理念。要把保障和改善医保待遇建立在经济发展和财力可持续的基础之上，在高质量发展中持续提高保障质量。始终把握我国是世界上最大的发展中国家、仍处于并将长期处于社会主义初级阶段的基本国情，充分认识我国发展水平离发达国家还有很大差距的现实，充分汲取国际上一些国家盲目搞“福利赶超”、实施“免费医疗”导致经济停滞甚至衰退的深刻教训，不好高骛远，不杀鸡取卵，确保医疗保障制度不透支经济发展潜力、行稳致远。要始终推动医保高质量发展，最大程度发挥有限资金保障效能。守牢基本医疗保障“保基本”“可持续”底线，重点加强基础性、普惠性、兜底性医疗保障制度建设。要不断提高基金使用效率，持续深化改革、持续完善管理、持续改善服务，确保群众最大程度、最可持续获益。

（三）坚定不移推动制度规范统一

医保制度缺乏规范统一已成为可能动摇基本医疗保障制度根基的问题。我国医保制度建设从试点起步，鼓励各地大胆创新、不断探索，在前期制度发展和完善中起到重要作用。但不断拉大的地区间政策差异，与扎实推动共同富裕的新时代制度功能背道而驰，既导致群众地区间待遇攀比，加剧了异地就医管理服务的复杂程度，也制约了劳动力自由流动，不利于区域协调发展战略和新型城镇化的全面实施。同时，地方各自为政，容易被医药企业各个击破，难以有效整合全国需求形成巨大战略购买力，难以确保“灵魂砍价”的持续再现。经济发达地区结余多，本质是全国人口红利局部聚集的阶段性现象，是我国一部分地区先富起来的特定时代产物。随着共同富裕的推进，区域间发展和人口红利分配将持续均衡，发达地区医保筹资能力优势将持续弱化，今天的过高承诺就可能成为明天难以承受的负担。

要从国家富强、民族复兴的战略高度推动制度规范统一。破除地区间利益藩篱和政策壁垒，除了先富带动后富、推动共同富裕外，还是塑造发展新优势、增强威慑实力、应对空前复杂内外部环境的战略先手棋。各级医保部门要提高政治站位、心怀“国之大者”，坚定不移推动医保全国一盘棋。一是坚定不移推动制度、政策和支付范围全国统一。老制度坚决遏制增量、逐步消化存量，稳妥规范统一。新制度从试点开始就要“齐步走”，按照国家部署推进，不能自己搞变通、搞土政策。二是坚定不移推进全国统一医保信息平台建设。建设全国统一的医保信息平台，实质是让医保信息“书同文、车同轨”，搭建信息交互的高速公路，实现全国医保甚至部分医疗信息的互联互通、互识互用。这不仅能有效解决医药行业管理黑箱问题，也能有效提高跨区域业务能力，更能提高政府对医药领域的治理水平，让各种违规违法行为无处遁形。三是坚定不移缩小地区间管理服务能力差距。管理能力强的地区要精益求精，发挥示范引领作用；管理能力弱的地区要奋起直追，逐步缩小差距。要客观准确评价各地绩效，引领各地“比学赶超”，有效巩固拓展各项医保改革成效。

制度统一规范是党中央的战略决策，必须无条件执行，确保不偏向、不变通、不走样。考虑到历史原因和经济发展水平的客观不同，一定时期内可能存在区域间医疗保障水平上的客观差异，但绝不能动摇规范统一制度的目标。在当前待遇保障基本到位、全国制度政策逐步规范统一的大背景下，在管理服务上搞精细化、搞创新，才是各地医保部门“创先争优”的着力点，也是医保高质量发展的重中之重。

（四）始终坚持改革和管理双轮驱动

习近平总书记强调，惟改革者进，惟创新者强，惟改革创新者胜。医保改革是红利源头，精细化管理是效益的增长极，两者缺一不可、相辅相成、相得益彰。

一方面，要始终确保改革力度不减。目前，医保发展面临的外部压力和挑战，正是破除利益藩篱、向改革要红利的有利时机。要准确把握医疗保障各方面之间、医疗保障领域和其他相关领域之间改革的联系，统筹谋划、协调推进，确保各项改革形成合力，进一步完善覆盖全民、城乡统筹、权责清晰、保障适度、可持续的多层次医疗保障体系。要全面系统深入学习“三明医改”经验，通过改革不断挤压虚高药耗价格水分、规范诊疗行为、打击欺诈骗保乱象，引导医药产业走向高质量健康发展。要不断补齐医保政策短板、堵塞管理漏洞，不断提高群众医保获得感、幸福感、安全感。

另一方面，要持续提高医保管理精细化程度。医保发展不仅依赖大改革，也高度依赖精细化管理，管得好不好，群众受益程度、基金支出差别很大。目前，医保改革发展正从谋篇布局的“大写意”阶段，转向精耕细作的“工笔画”阶段。巩固拓展改革成效，依靠的就是精细化管理，要下足绣花功夫，把医保管理服务做到极致。要下笨功夫，逐一夯实医保精细化管理的各项基础设施建设。要下细功夫，见微知著，从点滴数据、细微差异间发现问题，统筹细致谋划解决问题，优化流程和细节。要统筹技术工具便利性和个人主观能动性的关系，始终把握技术工具只是便利人、不是替代人的认识，不能把事情简单扔给新技术、扔给委托机构，要把好关、尽好责，确保管理精细到位。

**三、全力做好2022年各项重点工作**

2022年是全面实施“十四五”规划、开启全面建设社会主义现代化国家新征程的关键之年。各级医保部门要以习近平新时代中国特色社会主义思想为指导，全面贯彻落实党的十九大和十九届历次全会以及中央经济工作会议精神，认真落实党中央、国务院决策部署，弘扬伟大建党精神，坚持稳字当头、稳中求进的总基调，坚持正确的政绩观，全面贯彻新发展理念，加快构建新发展格局，围绕共同富裕的战略目标，牢牢把握推动医疗保障高质量发展这个主题，待遇政策要稳、重在规范统一，管理服务要精、重在提质增效，改革创新要实、重在积极稳妥，扎实推动各项工作落地见效。

（一）讲大局，扎实支撑常态化疫情防控

慎终如初做好费用保障，确保救治无忧、接种不愁、防疫减负。一是做好救治费用保障。继续落实“两个确保”政策,确保患者和医疗机构救治费用不愁;继续创新管理服务,更加精准保障中高风险地区普通群众医保待遇享受不中断。同时,高质量完成2021年“两个确保”费用清算、疫苗和接种费用结算清算工作。二是做好疫情防控成本管控。密切关注成本变化,与企业磋商继续降低疫苗价格,适时下调核酸检测价格。各地要积极开展核酸检测耗材集采,鼓励医疗机构开展多人混检。要加强监督检查,防止“服务按多人混检进行、收费套用单人单检价格”。

(二)固成果,有效衔接乡村振兴战略

巩固拓展医保脱贫攻坚成果,坚决防范因病规模性返贫。一是全力做好脱贫人口参保工作。脱贫人口参保率不降是防范因病规模性返贫的关键。在调整稳定脱贫人口倾斜保障待遇的同时,始终不能放松参保动员工作,务必确保脱贫人口和防贫监测人口应保尽保。二是稳妥有序落实巩固脱贫攻坚期过渡保障政策。过渡期政策精准向真正困难的群众倾斜,向存在因病致贫返贫风险的群众倾斜。要抓住四个字:一“托”,倾斜保障聚焦农村低收入人口,确保“基本医疗有保障”;二“并”,将地方的超常规保障措施资金并转到医疗救助中,同步完善托底保障措施,确保资金支撑有力;三“优”,逐步将稳定脱贫人口转入常态保障,腾出宝贵资源保障真正需要的群众;四“防”,抓紧完善防止因病致贫返贫的长效机制,健全预警监测、精准帮扶办法,从统一提高待遇转向提前预警、精准帮扶、综合施救、化解风险。

(三)促统一,持续推动全国医保“一盘棋”

稳步规范统一全国制度政策,切实防范过度保障和保障不足。一是严格落实待遇清单制度。决不允许再出台超出清单授权的制度和政策,尤其要杜绝擅自将天价药纳入大病保险支付范围等行为。要妥善衔接、平稳过渡超出清单的存量政策,确保按期实现制度框架统一目标。二是推动药品目录、耗材目录全国统一。各省要全面完成自行增补药品品种清理工作。规范民族药、医疗机构制剂、中药饮片和中药配方颗粒管理,建立动态调整机制,及时将不符合条件的药品调出支付范围。启动全国统一医保医用耗材目录准入工作。三是稳步推进长期护理保险制度试点。着眼国家统一规范、顶层设计,现有试点地区全面向国家文件要求和标准过渡,年内要实施全国统一的长期护理失能等级评定标准。国家将统一安排扩大试点。四是扎实做好生育保险工作。要严格按照国家统一要求,完善政策措施,落实相关待遇,加强收支运行分析,确保制度稳定可持续。

(四)促提质,最大程度发挥医疗保障效能

理顺支付和补偿机制,推动合理诊治、分级诊疗。一是扎实抓好深化医疗服务价格改革试点。坚持民生价格“稳”的总基调,加强医疗价格总水平宏观管理,分类分批规范医疗服务价格项目。稳妥有序推进试点,其他省份可规范遴选和组织有条件的城市开展省级试点。二是推动目录药品“更新换代”。抓好2021版目录落地执行,加强患者用药衔接和舆情监测,持续完善“双通道”管理机制。开展2022年度目录动态调整,在医保基金安全可控情况下,实现目录药品提质升级。研究制定药品医保支付标准政策,用经济杠杆引导合理用药。要推动医保真实世界数据研究,用群众真实获益情况验证改革成效、指导政策完善。三是全面深化支付方式改革。推进DRG/DIP支付方式改革三年行动计划,确保年内覆盖不少于40%的统筹地区、不低于40%的医疗机构、不低于70%的病种、不低于30%的医保基金。开展门诊按人头付费试点,有效衔接家庭医生签约服务、分级诊疗、门诊慢特病管理等政策。探索符合中医药特点的医保支付评价机制和方法。完善紧密型县域医共体支付机制,加强医保总额预算管理和绩效考核,建立健全引导群众县域内就医的激励约束机制。夯实管理基础,切实提高编码和病案质量,妥善应对新建医院、新增床位对支付方式改革的影响。

(五)扩内需,补待遇短板提高保障质量

牢牢抓住助力扩大内需的目标,精准补齐保

障短板。一是补齐门诊保障短板。积极稳慎推动健全职工医保门诊共济保障机制改革，针对门诊频率高、金额少、管理难等特点，系统谋划支付方式、预算管理、监管机制等系列办法，切实强化医疗行为管理、引导群众合理就医。持续完善居民“两病”门诊用药保障机制，引导省内政策规范统一。二是完善高额医疗费用减负机制。抓好健全重特大疾病医疗保险和救助制度贯彻实施，抓住精准识别、综合保障、规范救助、精准防贫四项目标。完善救助对象及时精准识别机制，提高救助资金使用效率。优化大病保险等补充保险制度。三是鼓励支持慈善救助、商业健康险、职工互助等发挥综合帮扶作用。引导相关资源力量向经三重制度保障后负担仍然较重的大病患者倾斜。在保障范围、经办服务、信息共享、监管协同等方面加强衔接支持。要支持规范“惠民保”等商业补充险发展，引导其更好发挥补充保障功能，满足群众多样化保障需求，支持扩大内需。

(六)挤水分，减轻群众医药费用负担

集采工作要提速扩面，持续压缩带金销售空间。一是常态化制度化开展药品集采。持续开展国家组织药品集采，完善采购规则，扩大品种覆盖面，力争年内国家和省级集采药品总数累计达到350个以上。平稳实施前6批药品集采中选结果，做好集采协议期满后的接续工作。衔接支付方式改革，做好结余留用，激励医疗机构积极参与集采。二是扎实做好国家组织高值医用耗材集采。平稳实施冠脉支架和人工关节集采结果。借鉴前期集采成功做法，开展脊柱高值医用耗材集采。三是持续推动地方开展集采。各地要针对国家组织集采以外的药耗，积极开展联盟集采，注重上下协调、左右联动，逐步实现国内上市、临床必需、质量可靠的各类药耗应采尽采。四是提升医药价格治理能力。持续做好医药价格和招采信用评价，规范操作和裁量基准，完善信用修复办法，各地要定期公示通报失信企业名单。组织集采示范平台创建，开展绩效评价，提升网采率。做好药品价格监测应对和预期管理，全面推进医药价格指数编制，各省要编制好本省医药价格指数。

(七)严监管，持续加大欺诈骗保打击力度

综合施策、标本兼治，牢牢守住人民群众“救命钱”。一是持续重拳打击。继续会同公安部、卫生健康委深入开展全覆盖打击欺诈骗保专项整治行动，聚焦基层医疗机构、医养结合机构内设医疗机构、社会办医疗机构，以及篡改肿瘤患者基因检测结果、血液透析骗取医保基金、违规兑付医保卡现金等重点领域。继续加强飞行检查，健全发现问题后续处理机制，实现逐一跟踪督办。要持续提升基金监管专业化、信息化、法治化、规范化水平。二是健全长效机制。要持续强化监管体系建设，有条件的地区可以探索专职监管力量建设。要持续强化“一案多查、联合惩处”工作机制，完善行刑衔接、行纪衔接，发挥部门综合监管合力。要增强重大突发事件应急处置能力。三是构建综合监管体系。扩大智能监控系统应用范围和应用场景，加强对定点医药机构行为引导和审核，实现全流程监管。要规范用好举报奖励机制，逐一核查线索、限期清零，加大对各地移交线索办结案件抽查复核力度。主动曝光典型案件，营造全社会自觉维护基金安全的良好氛围。

(八)强经办，促进医保基本公共服务均等化

一是加快建设全国统一的经办体系。近期，我们将出台指导意见，各地要抓好落实。明确各级经办机构职能，省、市经办机构强管理，县(区)经办机构强稽核、强服务。强化乡镇(街道)、村(社区)经办服务网络，打造一批基层服务示范点。依托村(社区)综合服务大厅、定点医药机构、金融机构等延伸服务渠道，探索推进市地级以下医保部门垂直管理。二是完善异地就医结算机制。完善跨省异地就医直接结算管理办法，统一全国异地就医备案，提高直接结算率。年内实现每个县至少有1家医疗机构开通普通门诊费用跨省直接结算服务，所有统筹地区均开通高血压、糖尿病等五种门诊慢特病相关费用跨省直接结算服务。探索线上办理异地就医医疗费用手工(零星)报销。逐步统一规范省内异地就医结算政策和流程。

三是持续提高医保经办规范化水平。全面落实经办政务服务事项清单、操作规范,推进示范工程建设,加强重复参保治理,持续开展审核结算专项治理,抓好行风建设,提高服务意识、能力和水平。提高生育保险经办标准化、便捷化水平,积极推动“出生一件事”协同办理,年底前实现“生育保险待遇核定与支付”事项“跨省通办”,持续做好基本医保关系转移接续等“跨省通办”工作。

(九)促优化,持续夯实医保高质量发展基础

一是切实抓好群众应保尽保工作。落实全民参保计划,积极推动参保人在居住地、就业地参保,支持灵活就业人员参保,促进劳动力合理有序流动。二是做好医保信息平台优化应用。维护好医保标准编码,推动医保疾病诊断、医疗服务项目等标准与卫生健康部门相关标准的共建共享,加强医保电子凭证、医保服务网厅和App、跨省异地就医小程序等推广应用,持续推动政务服务规范化便利化。三是加强医保大数据综合治理。发挥全国统一的医疗保障信息平台优势,积极推进医保信息化组织建设和能力建设,加强数据质控和数据归集力度,完善部门数据协同共享机制。此外,要积极推进《医疗保障法》等法律法规尽快出台,完善药品、医用耗材省级平台阳光挂网采购制度。

今年,中国共产党将召开第二十次全国代表大会。各级医保干部特别是领导干部要带头深刻领悟“两个确立”的决定性意义,带头学习贯彻习近平新时代中国特色社会主义思想,带头全面落实习近平总书记关于医疗保障工作重要指示批示精神,自觉同党中央保持高度一致,自觉增强“四个意识”、坚定“四个自信”、做到“两个维护”,自觉全面落实党中央、国务院决策部署,不断巩固拓展党史学习教育成果,接续解决群众医保急难愁盼问题。

要全面贯彻新时代党的组织路线,结合新时代医保工作需要,努力打造一支“心中有理想、肩上有担当、身上有本领、脚下有定力”的干部队伍,厚植文化底蕴,提高医保治理能力。要持续加强党风廉政建设,医疗保障系统廉政风险隐患比较突出,去年医保系统发生多起严重违纪违法案件,教训深刻,发人警醒。要汲取教训、引以为戒,管住嘴、管住腿、管住手,持续纠治“四风”,构建“亲”“清”政商关系,营造风清气正的政治生态。要持续推进作风建设,坚持“三严三实”,加强调查研究,坚决防止简单化、乱作为,坚决反对不担当、不作为,坚决防止“一刀切”和“层层加码”。要持续强化保密安全,时刻绷紧保密安全这根弦,建立完善保密规章制度,加强涉密人员和涉密载体管理,构筑国家安全人民防线。

同志们,做好医疗保障工作使命光荣、责任重大,让我们更加紧密地团结在以习近平同志为核心的党中央周围,大力弘扬伟大建党精神,在实现第二个百年奋斗目标的伟大征程中奋力谱写医疗保障高质量发展新篇章,以优异成绩迎接党的二十大胜利召开!

# 零容忍　出重拳
# 推进打击欺诈骗保工作深入开展
## ——在全国打击欺诈骗保专项整治行动电视电话会议上的讲话

（2022年3月31日）

国家医疗保障局党组书记、局长　胡静林

同志们：

党中央、国务院高度重视医保基金安全。今年两会期间，习近平总书记在看望全国政协委员时强调，要健全社会保障基金监管体系，严厉打击欺诈骗保、套保和挪用贪占各类社会保障资金的违法行为。今天，国家医保局、公安部、国家卫生健康委三部门联合召开电视电话会议，主要任务是深入学习贯彻习近平总书记关于医保基金监管的重要指示批示精神，落实好党中央、国务院决策部署，总结2021年打击欺诈骗保专项整治工作，研究部署2022年专项整治工作。

**一、2021年打击欺诈骗保工作协同发力，成效显著**

2021年国家医保局、公安部、国家卫生健康委三部门牵头，联合相关部门开展打击欺诈骗保专项整治行动，聚合力、强监管、破大案、建机制，共检查定点医药机构70.8万家，查处41.4万家，追回医保资金234亿元，工作成效显著。具体表现在以下几个方面。

（一）查办一批大案要案，高压态势进一步巩固

先后破获江苏镇江医保诈骗团伙案（涉及11个省份21个团伙、涉案金额2000余万元）、重庆门诊慢特病医保药品诈骗案（涉及11个团伙、涉案金额1亿余元）、四川达州民营医院骗保案（连续诈骗医保基金千万余元）、广东深圳医保卡套现案（涉及11名犯罪分子，被判处有期徒刑六年至一年二个月不等）等一批重大案件，有力打击了违法犯罪分子的嚣张气焰。查处北京某医院骗保案件，开出医保监管史上1.4亿元最高罚单。一大批大案要案的查处，对违法犯罪分子形成强有力震慑，彰显了对欺诈骗保行为“零容忍”的鲜明态度和“无禁区”的坚定决心。

（二）积极推进综合监管，部门协作力度进一步加强

一是联合开展重大行动。医保部门共协同公安部门侦破各类诈骗医保基金犯罪案件2031起，抓获犯罪嫌疑人5002名，追缴涉案医保基金5.1亿元；其中2021年侦破非法经营医保药品案件349起，涉案金额达15亿元。二是联合出台重要制度。加强行纪衔接，印发关于向纪检监察部门移送问题线索的通知，移送专项问题线索212起。加强行刑衔接，与公安部联合印发关于加强行刑衔接工作的通知，共移送案件705起。加强执业规范，与国家卫生健康委联合印发廉洁从业九项准则，严禁医务人员参与欺诈骗保。三是联合建立工作机制。公安部牵头组建打击欺诈骗保工作专班，统筹全国大案要案协同侦破；国家卫生健康委牵头纠正医药购销领域不正之风和打击医疗乱象，狠抓医疗机构违法违规问题；国家医保局牵头专项整治行动，与公安部、国家卫生健康委建立数据共享、案件通报、联合督查、定期会商等工作机制，同时指导地方开展合作。福建把打击欺诈骗

保等工作纳入省纪委监委“点题整治”项目；海南、甘肃等地组建行动专班；辽宁、新疆生产建设兵团等地借力联席会议强化统筹调度。目前全国各地均已建立打击欺诈骗保联席会议机制。

（三）全面开展监督检查，监管威力进一步显现

一是开展飞行检查，持续打造监管“利剑”。联合国家卫生健康委、中医药管理局组织国家级飞行检查30批次，检查68家定点医疗机构和30家医保经办机构，发现涉嫌违规金额5.6亿元。各省份也积极组织开展省内飞行检查，进一步发挥飞行检查的示范效应和震慑作用。二是开展存量问题“清零行动”。全年共办结基金监管存量问题9761件，处理定点医药机构9566家，追回医保基金27.8亿元。三是推进日常监管全覆盖。综合运用经办稽核、日常巡查、专项检查、重点检查等方式，实现经办机构、定点医药机构、参保人监管全覆盖。河南等地制定两定机构检查清单；黑龙江等地开展自查自纠全覆盖；河北通过查处成安骗保案，举一反三，排查定点医疗机构5000余家，对158家违法违规机构作出处理，并移送相关部门处理89家，追责问责47人；贵州通过开展抽查复查巩固专项整治成果。四是用好用活大数据。国家医保局与公安部开展数据建模应用，建立“挂床住院、亲密关系、身份异常”等十几类数据模型，筛查可疑线索，力争“打早打小”。各地也不断加强大数据应用，广东省广州市、山东省威海市等地通过信息技术应用实现基金监管智能化；湖南省长沙市建立医保反欺诈实验室，精准锁定线索。

（四）主动加强宣传曝光，整治氛围进一步浓厚

一是认真组织好集中宣传月活动。充分利用电视、报刊及新媒体积极开展打击欺诈骗保政策宣传。二是主动通报工作进展。联合召开新闻发布会和媒体通气会，发布打击欺诈骗保成果。主动邀请新闻媒体参与飞行检查、案件督办等工作，鼓励社会公众和新闻媒体参与监督。三是积极曝光典型案例。国家医保局全年共曝光6期58起案件，涉及违规资金1.2亿元；地方医保部门共曝光案例7万余起。四是大力落实举报投诉奖励制度。国家层面全年接到各类举报投诉线索8200余条，转办追回资金约1.1亿元。各级医保部门共兑现举报奖励资金近200万元。云南省医保、公安部门联合印发通告，广泛征集问题线索。

（五）持续加强制度建设，长效机制进一步健全

一是不断完善基金监管法律法规。推动出台《医疗保障基金使用监督管理条例》（以下简称《条例》）和相关配套文件。天津、浙江推动地方立法，出台医保条例，内蒙古、山西、重庆、宁夏等6个省份以地方政府规章形式出台管理办法。二是推动《国务院办公厅关于推进医疗保障基金监管制度体系改革的指导意见》落地实施。26个省份印发实施意见或重点任务清单，20个省份把基金监管工作纳入省级层面工作考核，其中江西省还纳入了“平安中国建设”“高质量发展”考核，陕西省建立了激励问责机制。国家医保局加强对地方基金监管工作的考核评价，2021年全国综合排序前五名的省份为广西、江西、江苏、四川、上海。三是推进基金监管队伍建设。不断提升基金监管法治化、规范化、专业化水平。北京、河北、安徽、吉林等12个省份建立了省级专职执法队伍。四是积极开展教育培训。结合《条例》实施，各省创新方式，掀起学习培训热潮。湖北省通过“核查能力建设现场评估”活动提高执法规范性；青海、西藏、新疆等省份实现全员培训，对定点医药机构开展政策引导。

**二、深入准确把握医保基金监管总体形势和面临的挑战**

国家医保局成立以来，连续四年组织开展专项整治行动，累计检查定点医药机构240万家次，处理115万家次，追回医保资金583亿元。四年来，基金监管工作从被动应付到主动进攻，高压态势不断巩固；从单打独斗到众志成城，监管合力不断形成；从单一手段到多措并举，监管方式不断丰

富；从初建磨合到日趋成熟，监管队伍不断壮大；从分散粗放到初成体系，制度笼子不断扎牢。虽然各方面取得一定成效，但基金监管总体形势依然严峻，需要时刻保持如履薄冰的清醒认识，紧紧抓住有利机遇，深入推进打击欺诈骗保工作。

（一）要清醒认识打击欺诈骗保的严峻形势

一是基金“跑冒滴漏”现象还非常普遍。经过几年专项治理，医药机构“明目张胆”骗取医保基金的行为应该说得到了一些遏制，但一些大型公立医疗机构过度诊疗、过度检查、串换药品耗材、拆分收费；一些民营医疗机构诱导住院、无病或虚假住院；一些基层医疗机构挂床住院、小病大治、虚假治疗、超限用药；一些定点药店超医保支付范围结算；一些参保人员利用享受医保待遇的机会倒卖药品及冒名就医等问题还非常普遍。2020年飞行检查91家医疗机构，平均每家涉嫌违规金额593万元；2021年飞行检查68家医疗机构，平均每家涉嫌违规金额735万元。违法违规使用医保基金问题仍然屡禁不止，成为阻碍医保高质量发展、影响社会公平正义的一大“短板”和“弱项”，成为必须采取严厉举措加以解决的突出矛盾。

二是恶性骗保案件仍然高发普发。当前，我们已经初步形成了打击欺诈骗保的高压态势，中央对维护医保基金安全三令五申，全国也实现了监督检查全覆盖、飞行检查强震慑和专项治理重打击，但就是在这种情况下，去年仍然发生了河北成安骗保案、山东单县骗保案等恶性骗保案件，在社会上产生强烈反响，充分说明欺诈骗保形势的严峻性和复杂性，也充分说明我们的基金监管工作还存在不足和漏洞，值得认真反思和警醒。

三是监管责任还没有完全压实。近几年，基金监管工作取得了很大成效，但相对民之所盼、政之所向，对欺诈骗保行为惩处力度远远不够。原因之一是层层传导压力、压实责任的机制尚未完全有效建立，“不想管、不敢管、不会管”的问题尚未从根本上解决。特别是由于定点医药机构在当地地位特殊，利益关系复杂，或碍于情面，或迫于压力，或限于能力，同级监管往往难度较大，监管失之于宽、失之于软的现象依然普遍存在。地方医保部门履职不到位、责任落实不到位等违法违规违纪问题时有发生。近几年，全国已有多名地方医保局长、经办机构人员因履职尽责不到位等问题被处理。打铁必须自身硬，医保部门要坚持刀刃向内，全面压实各级监管责任。

（二）要准确把握当前医保基金监管面临的重大挑战

一是医保领域“面广线长”，监管面临“世界难题”。医保制度涉及范围广、利益主体多、管理链条长、运行环节多，特别是医疗服务信息不对称、第三方付费机制，医保基金监管天然面临各种风险的严峻挑战，监管的任务之重、环节之多、链条之长、难度之大，是其他各类基金难以比拟的。人们常说“医保是世界性难题”，在一定意义上说，其“难”主要就在于此。据医保反欺诈国际组织估计，各国每年因欺诈骗保导致的损失约为2600亿美元，相当于全球卫生总支出的6%。可以说打击欺诈骗保，加强医保基金监管，是当今世界各国共同面对的一项严峻挑战和艰巨任务。当前我国基本医保参保人数超过13.6亿，参保覆盖率超95%，已经织成了全世界最大一张医疗保障网，是解除全体人民疾病医疗后顾之忧和增进人民健康的最大民生工程。而这一切都是建立在医保基金安全的基础之上的。可以说，基金安全关系医疗保障制度可持续发展，任何套取骗取医保基金行为，既不为法律所允许，也不为道德所包容，更不为百姓所宽恕，这是一场不得不打、务求必胜的战役，要时刻保持打攻坚战、持久战的心理准备。

二是骗保手段升级翻新，监管难度不断加大。随着国家打击欺诈骗保的力度持续加大，医保骗保由台前转入幕后，手段更隐蔽，造假更专业，涉及主体多、部门多，呈现跨区域、团伙化、渗透新领域趋势，作案手法不断迭代翻新，查处难度加大。如前不久飞行检查发现某大型三甲医院，医务人员与耗材供应商内外勾结，通过“套标”使用耗材等联合实施骗保。此外，篡改基因检测结果和盗刷医保电子凭证等新型骗保不断涌现，基金监管面临更大挑战。

三是医保改革加快推进，监管压力与日俱增。新冠疫情防控常态化、门诊统筹逐步推开，为基金监管带来新压力；支付方式改革持续深化、医保谈判药品“双通道”政策落地、“互联网+医保”不断发展，对基金监管提出新要求；参保人员流动性增加、异地就医快速增长，对基金监管产生新挑战。随着医保改革持续深化，参保群众就医购药模式、定点医药机构医药服务模式、医保经办机构管理服务模式等都发生深刻变化，基金监管工作需要与时俱进，主动适应医保改革工作发展需要，创新监管方式和手段，发挥医保基金安全守护人的作用，为医保改革发展保驾护航。

（三）要紧紧抓住推进医保基金监管工作的良好机遇

一是党中央国务院的高度重视和坚强领导。习近平总书记高度重视医保基金安全，多次对医保基金监管作出重要指示批示。中央全面深化改革委员会会议审议通过的《关于深化医疗保障制度改革的意见》《国务院办公厅关于推进医疗保障基金监管制度体系改革的指导意见》，为基金监管工作指明了方向。国务院仅用不到2年的时间就出台了医保领域首部行政法规《医疗保障基金使用监督管理条例》，为医保基金监管奠定了坚实的法治基础。这些都为我们加强医保基金监管提供了根本遵循。只要把这一系列重要指示批示精神和决策部署真正学深悟透、不折不扣地执行落地，我们就能用中国特色的制度优势和监管机制，破解医保基金监管这个世界性难题，开创新时代医保基金监管新局面，促进中国医保制度更加健康持续发展。

二是各部门的大力支持、密切配合。专项整治行动开展以来，各级医保部门加强与纪检监察、公安、卫生健康、财政、市场监管、药监、审计等部门协调配合，相向而行，同频共振。中央纪委国家监委特别是驻国家卫生健康委纪检监察组高度关注基金监管工作，主动问诊把脉，对症开方，提出整改要求。公安部门在本身工作任务极其繁重的情况下，主动对接，对移交线索及时查办，对重大案件主动通报，对风险隐患及时提醒，对数据共享主动谋划，给予了全方位支持。财政部门协同推进全国基本医疗保障基金审计情况整改落实，及时挽回基金损失，合力落实举报奖励制度。各级卫生健康、市场监管、中医药管理部门克服疫情防控等困难，积极派员参与飞行检查，充分发挥医疗专家作用，大大提升了飞行检查的权威性和专业性。各层级各部门协调联动、深度合作，是打击欺诈骗保工作取得实效的重要支撑。

三是医保系统上下一心，敢于较真碰硬。面对时间紧、任务重、要求高、难度大等重重困难，面对利益主体多、社会关注度高、容易引发舆情等重重压力，面对机构、人员、经费不足等重重挑战，全系统发扬敢于担当、较真碰硬的斗争精神，发扬滚石上山、爬坡过坎的进取精神，坚决查处一批大案要案，坚决曝光一批典型案件，取得一个又一个打击欺诈骗保成果。这种精神是我们取得胜利的关键所在。

当前，基金监管工作挑战与机遇并存，机遇大于挑战。我们一定要深刻认识和把握专项整治工作的长期性、复杂性、艰巨性，慎终如始，善作善成，持续把这项工作抓实抓好。

## 三、全力做好2022年打击欺诈骗保工作

下一步，要坚决贯彻党中央、国务院要求，按照三部门通知部署，以专项整治行动为抓手，把打击欺诈骗保工作不断引向深入。

（一）始终保持高压态势

一要有力度。要集中优势力量，严肃查处一批大案要案，严厉打击一批重大团伙，坚决曝光一批突出典型，形成强大声势和有力震慑，架起基金监管的“高压线”。二要有硬度。继续发扬敢于较真碰硬的精神，动真格，出重拳，敢于斗争，善于斗争。对各类影响恶劣、群众反映强烈的欺诈骗保案件要坚决依法从严查处。无论是制度也好，先进技术手段也好，只有严格落实到位，才能成为真正的硬措施。要综合运用协议管理、行政处罚、公

开曝光、行刑衔接、行纪衔接等多种方式和手段，该处罚的处罚，该曝光的曝光，该移交的移交，该处理到人的处理到人，要让监管制度长出牙齿。三要有温度。保持高压态势与开展有温度的监管并不矛盾。我们打击欺诈骗保，根本目的是守护好人民群众的"看病钱""救命钱"，从而更好地保障人民群众生命健康。从这点上来讲，无论是医保部门、公安部门、卫生健康部门，还是定点医药机构，大家的目标是一致的。开展强有力的监管，不是为了处罚，最终是为了规范医保基金使用和管理。要分类施策，对不同性质的违法违规行为分类处置，不搞"一刀切"，但对超越底线的违法违规行为一定要严惩。要畅通沟通渠道，探索建立争议处理机制。要强化政策指导和规范管理体系。同时，要加强诚信建设，鼓励行业自律。

（二）突出整治重点

一是聚焦超越底线的重大案件。比如篡改肿瘤患者基因检测结果、医保卡违规兑付现金以及医保药品二次销售等欺诈骗保行为。落实"两高"关于非法收购、销售医保药品的司法解释，严厉打击医保领域危害药品安全行为。按照统一部署，进一步做好篡改基因检测结果骗保案件查处。二是聚焦血液透析、串换药品、高值医用耗材等欺诈骗保高发领域。特别是骨科高值医用耗材，从近期查处的一些案件来看，范围广泛，性质恶劣，触目惊心，一些三甲医院和民营医疗机构都有涉及，要依法严厉打击。三是聚焦基层定点医疗机构、社会办定点医疗机构、医养结合机构内设定点医疗机构等重点对象。对规模排名靠前、医保基金使用量大的定点医疗机构，也要予以重点关注。除此之外，各地要通过规定动作加自选动作，结合本地实际，明确重点方向，集中优势力量，紧抓典型案件，办一件成一件，形成震慑和影响。

（三）强化协调联动

一要强化部门间协调联动。进一步加强联合执法，强化监管结果协同运用，形成一案多查、联合惩戒综合效应。进一步完善信息共享、挂牌督办、行刑衔接和行纪衔接，健全长效监管机制。二要强化上下协调联动。国家层面要充分发挥"指挥棒"作用，加强考核激励、督查督导，实现上下联动，同向发力。三要强化内部协调联动。"一把手"要亲自抓，统筹用好医保行政、稽核、经办等力量，整合资源、优化流程，把有限人力拧成一股绳，实现攥指成拳，集中发力。

（四）加强统筹指导

一要坚持点线面相结合，以点带线，以线促面。我们有多种监管方式，各有优势和特点，飞行检查侧重于点，专项整治侧重于线，日常监管侧重于面。要把三者有机结合起来，成体系地推进基金监管工作。这也是习近平总书记强调的"系统思维"的体现。要通过飞行检查实现"点上开花"，既发挥利剑震慑作用，又及时发现普遍性、典型性、苗头性、领域性问题，从而纳入专项整治；要通过专项整治实现"线上结果"，既促成一个领域一个领域问题的逐步解决，又摸清问题的来龙去脉、前因后果，形成管用有效的查案经验以及监管规范、标准，从而转入日常监管；要通过日常监管实现"面上成网"，加快构建全方位、多层次、立体化的监管体系，逐步实现日常监管常态化。在这一过程中，专项整治发挥着承上启下的重要作用，我们要切实把它用活用好。二要坚持总结经验，破解难题。善思者行远。我们要善于总结规律、发现问题、指导实践。基层受限于专业、人员、能力等诸多因素，有很多问题一时难以解决，国家和省级医保部门要加强指导。要总结各地的好做法，提炼上升为指导全国的经验。要通过提供检查问题清单、监管指南、专业支持等方式，解决好地方困惑的"谁来查""查什么""怎么查"等问题。三要坚持问题导向，查漏补缺。这些年来，我们根据实际监管需要，制定了一系列制度规范。但毕竟时间尚短，还需不断健全。各地要坚持问题导向，主动完善制度规定，一方面堵上漏洞，另一方面建立预防机制和防控措施，不断把网眼织得更牢更密。

（五）全面压实各方责任

一要压实医保部门监管责任。各地医保部门

要层层压实责任，发现问题紧盯不放，一查到底。要充分运用经办稽核、行政监管等手段，强化协议管理、费用监控、基金拨付、待遇审核、监督检查等各个环节责任落实，充分利用举报线索，举一反三，提升监管实效。二要压实两定机构基金使用主体责任。加强对两定机构的政策培训和教育引导，推动建立健全内部管理体系，规范医保基金的使用和管理。三要压实地方政府属地责任。《国务院办公厅关于推进医疗保障基金监管制度体系改革的指导意见》对地方政府在"激励问责、工作考核、体系队伍"等方面提出明确要求，最近中央深改委审议通过的《关于进一步提高政府监管效能　推动高质量发展的指导意见》也专门强调要切实加强属地监管。各级医保部门要主动向地方党委政府汇报，在机构设立、队伍建设、考核评估等方面积极争取支持，把基金监管纳入长效督查考核中。

压实责任，光靠口头强调不行，还要靠科学的机制、严格的执行和管用有效的办法。我们既要层层传导压力，通过建立"问题倒查、抽查复查"等机制，全面压实各级责任；又要创新方式方法，通过"下查一级、交叉互查"等办法，解决"熟人社会、同级监督"等难题；同时还要探索建立"失职追责、尽职免责"等机制，给基层释放压力，让大家放下包袱，轻装上阵。

（六）持续加强自身建设

一是强化队伍建设。一些地方探索地市级以下垂直管理，推动设立专职执法机构，强化人员、资金、装备等各方面保障，大家可以学习借鉴。二是强化专业能力建设。加快推进智能监控和大数据应用，加强对执法人员的业务能力培养，积极开展政策法规培训，着力建设复合型执法队伍，不断提升法治化、专业化、规范化水平。三是强化纪律作风建设。严明政治纪律，强化廉洁要求，严格遵守"十条禁令"及实施细则，"让打铁的人，成为铁打的人"。加强作风建设，努力建设一支勇于担当、作风过硬的基金监管队伍，全力营造风清气正的基金监管环境。

# 踔厉奋发　笃行不怠<br>续写医保信息化标准化高质量发展新篇章<br>——在全国医疗保障信息化标准化工作培训班上的讲话

（2022年5月10日）

国家医疗保障局党组成员、副局长　施子海

同志们：

今天的培训我们期待已久。在大家共同努力下，我们全面建成了全国统一的医保信息平台，将宏伟蓝图变成了现实。在座的各位都是这一重大工程的亲历者、见证者，我们为之付出了很多的艰辛和努力，刚才观看的视频也大体反映了建设的历程，相信大家一定会有很多的感触和共鸣。在这里，我代表国家医保局党组，向大家表示衷心的祝贺和诚挚的感谢。

这几年，我们围绕医保信息化标准化建设召开过几次全国性专题培训和会议，每一次都有不同的特点。第一次是2019年4月在福建三明召开的医保信息化建设试点工作启动会，比较系统地向大家介绍了建设全国统一医保信息平台的宏伟蓝图，目的是让大家对平台有一个大致的了解，并统一思想认识，做足工作准备。第二次是2020年7月在河北石家庄举办的推进医保信息平台建设培训班，我们请河北、青海等地的同志介绍了系统功能，目的是进一步统一思想、增强信心，让大家看到平台是能用、可用、管用、好用的。当时很多同志表示，我们正在做一件几代医保人想做而没有做成的大事。第三次是2020年11月在重庆举办的信息化标准化建设培训班，我们明确国家医保信息平台已于2020年10月建成，下一步工作重点要转移到平台在地方落地应用上，提出到2021年底建成全国统一医保信息平台的目标要求，并请各地签订了责任状。当时很多同志摩拳擦掌、信心满满，也有一些同志信心不足、决心不够。第四次是2021年7月在广东广州举办的信息化标准化建设培训班，当时通报平台已在全国19个省份58个地市落地应用，强调年底前建成全国统一医保信息平台的目标要求没有变，也不会变。当时很多同志表示压力山大，由于前期工作滞后，年底前上线任务艰巨。但大家不希望因为本地工作滞后拖全国的后腿，都全力以赴推进工作进度，平台落地应用的速度明显加快。在大家共同努力下，今年3月平台在全国全面落地，全国统一的医保信息平台全面建成。第五次是今天，我们再次举办全国医保信息化标准化培训班，主要是对前一阶段工作进行总结，同时也对下一阶段工作作出部署安排，希望大家踔厉奋发，笃行不怠，续写好医保信息化标准化高质量发展新篇章。下面我讲三点意见。

## 一、医保信息化标准化建设取得里程碑式新突破

在国家医保局党组的领导下，全国医疗保障系统坚决贯彻落实党中央、国务院的决策部署，坚持以人民为中心的发展思想，狠抓信息平台规划建设，推进业务编码制定应用，加强网络和数据安全保护，推进数据归集治理应用，不断提升医保智能服务水平。三年来，面对复杂艰巨的平台上线和编码贯标等任务，全体医保人担当作为，奋勇拼搏，坚决克服新冠肺炎疫情影响，全力推动医保信

息化标准化建设，推动各项工作取得突破性进展，主要任务全面完成，为医保改革发展提供了有力支撑。

一是全国统一的医保信息平台全面建成。医保信息平台已在全国31个省、自治区、直辖市和新疆生产建设兵团上线应用，接入约40万家定点医疗机构和40万家定点零售药店，有效覆盖全体参保人，彻底结束了过去系统分割、区域封闭、烟囱林立的历史。医保信息系统高效统一的时代已经到来。

二是全国统一的医保信息业务编码全面落地应用。推进15项编码标准建立和全面贯标应用，发布疾病诊断代码3.3万条、手术操作代码1.3万条、医疗服务项目代码1.4万项、药品代码20.2万个、医用耗材代码6.1万个（覆盖规格型号687万条），构筑了全国统一的医保标准库和数据池，彻底结束了过去数据不互认、信息不共享的历史。医保系统迎来了“书同文、车同轨”的全新时代。

三是医保网络和数据安全防护体系基本形成。国家医保局相继印发系列文件，实行7×24小时安全值守，为医保工作提供了安全可靠的系统环境。

四是医保数据归集治理应用迈上新台阶。加快推进历史数据上传工作，持续更新完善数据库和交换库设计说明书，不断优化数据归集技术方案，做好数据质量监控。目前已完成23个省、自治区、直辖市和新疆生产建设兵团2019年以来历史数据上传，脏数据率下降10%。医保大数据逐步形成和应用，有效提升医保治理能力。

五是“互联网+医保服务”取得新突破。医保电子凭证累计激活超过11.5亿用户，接入定点医疗机构超过40万家、定点零售药店超过38万家，累计结算超过8.7亿笔。医保服务网厅和App实名用户超过2亿个，亲情账户数超过1亿个，31个省、自治区、直辖市和新疆生产建设兵团实现网厅单点登录，全面完成2021年政务服务事项“跨省通办”任务。App适老化改造、移动支付、异地就医备案、个税大病专项扣除、基本服务查询等模块持续优化。新华社以“装在口袋里的医保服务厅”“搬到家里的医保服务点”为比喻，对医保服务网厅和App进行了专门报道。国务院办公厅将医保政务服务“跨省通办”作为优秀案例，专门邀请我局在全国会议上作经验介绍。依托医保信息平台，群众医保服务体验和医保获得感得到进一步提升。

回顾这近三年的历程，成绩得来殊为不易。信息化标准化建设关联主体多、工作任务重、复杂程度高、专业难度大，我们面对的是人员编制紧张、统筹区政策碎片化严重、历史数据遗留问题复杂等多重困难，面临的基础又非常薄弱甚至可以说是零基础，同时缺乏专业技术人才，再加上新冠肺炎疫情影响，困难和挑战可想而知。我去各地调研，不少省局局长和我说，平台建设是他们工作几十年来遇到的最大挑战。但是我们最终克服了大大小小不尽相同的各种困难和阻力，胜利地完成了医保信息化标准化的建设任务，我想主要得益于三个方面。

一是党中央、国务院的坚强领导。习近平总书记深刻指出，没有信息化，就没有现代化，强调必须敏锐抓住信息化发展的历史机遇，发挥信息化对经济社会发展的引领作用，为医保信息化标准化工作指明了方向。李克强总理指出，发展和应用好健康医疗大数据，是一项重大民生工程，既可以满足群众需求，也能促进培育新业态、形成新的经济增长点。韩正副总理多次强调医保信息化工作的重要性，要求我们加快推进医保信息化建设。《中共中央 国务院关于深化医疗保障制度改革的意见》要求，“建立全国统一、高效、兼容、便捷、安全的医疗保障信息系统，实现全国医疗保障信息互联互通”，为医保信息化标准化建设明确了工作重点。党中央、国务院的坚强领导，是医保信息化标准化建设取得成就的根本保证。

二是相关单位的鼎力支持。在医保信息平台建设过程中，我们得到了各相关单位的大力支持。

发展改革、财政、大数据等部门在项目立项、审批、建设过程中,给予了大力支持和帮助。卫生健康、市场监管等部门在推进定点医药机构系统改造、支持平台深化应用等方面提供了诸多便利。人力资源社会保障部门在保持原有系统运转,协助做好系统切换等方面,给予了很多支持。定点医药机构积极配合,做好新平台接入和接口改造工作。参建厂商积极投入、协调资源,全力保障平台按期上线。央视、新华社等主流媒体多次对医保信息平台进行专题采访报道,大力宣传平台作用,让群众真正了解平台、使用平台。有关研究机构、高等院校从国内外发展环境、信息化建设理论等方面深入研究,为平台建设方案等提供了有力支持。各单位坚持以人民为中心的发展思想,积极做好工作协同,形成工作合力,这是医保信息化标准化建设取得成就的重要支撑。

三是全体医保人的担当作为。在党中央、国务院的坚强领导下,国家医保局党组将医保信息化标准化建设作为"一把手工程"强力推进,胡静林局长多次亲自部署、亲自调度、亲自调研。这两年,我们走遍了全国所有省份,调研、督促、指导平台上线工作,多次举办线上线下专题调度会、专题座谈会、专题培训班,和大家一起全力推进信息化标准化工作。全体医保人同心同德,顽强拼搏,以"为有牺牲多壮志,敢教日月换新天"的大无畏气概,在医保信息化标准化奋斗史上,写下了浓墨重彩的一笔。

在这不平凡的三年建设时期,涌现了一个个动人的故事、一幕幕感人的场景,展示了新时代医保人的精气神。我们紧紧抓住新机构成立的宝贵时间窗口,在"一穷二白"基础上,依靠"东请西借"的团队,坚持"起跑就是冲刺""一个人就是一个队伍"的拼劲,想一切可以想的招数,用一切可以用的办法,攻坚克难,勇毅前行,圆满完成了既定任务,打破了部分同志在平台建设之初做出的"这个平台没有十年八年建不起来"的预言。我们克服惯性思维、路径依赖,坚持创新引领、标准先行,牢牢抓住统一这个牛鼻子,成功推出15项业务编码标准,医保数据实现史无前例的全国统一;大胆采用全新的云平台架构模式和中台模式的系统设计,实现数据两级集中、平台分级部署、网络全面覆盖;创新设计医保电子凭证,打通了医保全链条的管理服务和广泛的应用场景。我们坚持协同高效,各级领导身先士卒、靠前指挥,大家逢山开路、遇水搭桥,在项目立项、系统建设、数据迁移、平台上线等每个环节,始终保持和参保群众、兄弟部门、两定机构、社会媒体等各个方面的密切沟通,始终做到全国一盘棋、上下一条心,建立月度考核、逐周通报、全面督导、点对点指导等多种工作机制,拧成一股绳,比学赶帮超,凝聚了广泛的共识,形成了强大的合力。我们始终坚持"功成不必在我,功成必定有我"的责任担当,时刻保持时不我待、只争朝夕的工作紧迫,忘我工作,默默奉献,在数以万计的医保信息化建设大军中当好一颗颗坚固的螺丝钉:有的临危受命,带领团队在较短时间内实现了平台上线的奇迹;有的"轻伤不下火线",带病坚持工作;有的放弃了照顾和陪伴亲人的机会,有的推迟了婚期,有的过年还在加班。特别是在平台冲刺上线阶段和疫情防控特殊时期,很多同志长期吃住在办公室,"五加二""白加黑"成为常态,很多工作群直到深夜还异常活跃。三年的奋斗,三年的收获,兑现了我们许下的诺言,实现了我们心中的理想。我们在工作中展示的这种攻坚克难的奋斗精神、敢为人先的创新精神、团结合作的协同精神、爱岗敬业的奉献精神,是过去医保信息化标准化建设取得成功的重要经验,也是未来医保信息化标准化工作能够继续取得成功的重要法宝,我们必须倍加珍惜、大力弘扬、长期坚持。

艰难方显勇毅,磨砺始得玉成。在党中央、国务院的正确领导下,经过三年埋头苦干,三年攻坚克难,我们成功建起了全国统一、互联互通、覆盖全民的信息系统,解决了几代医保人想解决而没有解决的难题,办成了很多部门想办而没有办成的大事。我们要以此为新的起点,进一步做好医保信息化标准化各项工作。

**二、医保信息化标准化工作面临新问题新挑战**

在取得成绩的同时我们也要清醒地认识到，医保信息化标准化工作还面临很多的问题和困难，有的是建设过程中遗留下来的，有的是新出现的，主要有以下五个方面。

一是部分省份上线质量有待提升。从平台上线情况来看，医保信息平台虽然已在全国31个省、自治区、直辖市和新疆生产建设兵团全域上线，但只有30个省、自治区、直辖市和新疆生产建设兵团上线了全部14个子系统和业务中台，仍有1个省没有实现全业务上线。从系统应用情况来看，普遍存在“重建设轻应用”问题，很多省份上线后只是满足于“能用”，没有进一步在深化应用上下功夫，部分地区缺少“革旧迎新”、打破原有工作习惯的勇气和决心，特别是在智能监管、药耗招采、支付方式改革等重点领域，平台系统及应用规则、制度规范等还未有效衔接，对医保工作的支撑作用尚未充分发挥出来。我们在调研中发现，部分省份的月结、年结模块仍未投入使用，影响了定点医药机构的结算甚至影响基金支出的月度和季度统计；有些省份的智能监管子系统只有事后审核，缺少事前提醒和事中预警；有的省份没有为地市提供足够的数据查询权限，导致地市不掌握自己的业务数据；还有很多省份的医保移动支付、DRG/DIP模块推广应用力度不够，医保电子凭证实际使用率低。从建设质量情况来看，少数省份还未完全按照国家统一标准建设，系统功能不完善，数据治理质量不高，出现信息缺失甚至错误等情况，导致经办人员工作效率低下、群众无法高效办理业务，影响了平台作用的全面有效发挥和大家的经办服务体验，经办人员和群众都对此反映了不少意见。目前新平台已经正常运行，以上这些问题要想办法解决，尽可能通过系统来完成报销。

二是信息业务编码贯标尚不彻底。主要体现在：一是不全。我们在贯标过程中，一直强调要全量贯标，但部分定点医药机构只贯标与医保业务相关的项目，一些自费药的贯标工作没有落实到位。二是不准。如村卫生室维护成三级甲等也一样通过审核，个别医院出现将批准文号不同的药品对在一条药品代码上的情况。三是不用。有的地区应用尚不彻底，医疗机构仅在结算环节将院内码映射成医保码，未在本机构的信息系统中实际应用。四是不及时。部分药店反映已经在国家平台注册，但在省级平台仍查询不到相关信息。前期我们通过努力已经将统一的要求贯彻下来，把全国统一的编码建立起来，但有的地方在制定新的服务项目或者病种政策时，又开始执行本地码，这是坚决不允许的。前期由于疫情影响，部分地区仅进行了贯标视频验收，无法全面准确了解实际情况，验收质量可能还存在一些问题，下一步我们还将对这些地区持续跟进评估。

三是数据归集治理仍有欠缺。部分省份对数据治理工作不够重视，没有建立完善的数据治理工作机制，未能严格落实国家数据标准规范。一方面部分地区数据上传不及时，不传、少传、漏传；另一方面部分地区未能严格遵循数据质控标准，所传数据质量不高，非标情况较为严重，准实时数据量和离线库对应表数据量差异较大。

四是完善的平台运维管理体系还未建立。当前，平台运维管理仍面临很多困难和问题。一是制度不完善。平台建成以后，我们建立了相应的运维管理制度，但目前仍不完备，无法满足更高效率的运维管理需求。二是运维力量不强。医保部门编制紧缺，大部分省份没有专门的运维机构和运维团队。三是能力水平不够。目前很多同志在平台运维管理方面的经验和能力还不足。四是运维工作量大。随着平台在全国的落地应用，国家和地方面临的运维管理压力日益增大，急需建立更加完善的运维管理体系。

五是医保公共服务潜能挖掘不足。部分地区宣传推广力度不够，改造应用不到位，医保公共服务的潜能未有效释放。一些地区医保部门推广力度不够，很多群众对医保服务App、异地就医小程序、亲情账户等不了解，群众办理医保业务仍延续原有方式和途径。个别地区虽然已经上线新平台数月，但在推进定点医药机构深化应用上迟迟没有行动，导致医保信息化工具使用频率较低。这些问题我们要高度重视，在今后工作中加快解决。

**三、续写医保信息化标准化高质量发展新篇章**

医保信息化标准化工作是适应社会发展、回应民生关切、提升医保服务水平的重要途径。当前，我们已经建立了统一的编码标准和统一的信息平台，但这只是信息化标准化工作的第一步，管理好、应用好编码和平台的任务更加艰巨，责任更加重大。我们要深入贯彻落实党中央、国务院关于医保信息化标准化工作的决策部署，以医保信息化标准化高质量发展，助力推进医保事业高质量发展。重点做好以下六方面工作。

（一）高标准完成平台验收

目前，各地已经完成平台建设任务，要抓紧开展验收工作。验收组专家分别由国家局专家和部分省级医保部门有关同志组成。请各省级医保部门认真做好三方面工作。

第一，做好系统自查。去年，国家局印发了《地方医疗保障信息平台验收指南》，从验收总体目标、原则、程序、内容等方面进行了说明，特别是对项目验收文档清单，以及各个应用子系统、中台、定点医药机构等的验收分项、验收内容、验收指标、验收方法进行了详细规定，是医保信息平台验收的实操手册。近期，我们还印发了《关于进一步深化推进医保信息化标准化工作的通知》《医保信息平台上线质量检查与平台验收工作方案》，就进一步深化推进医保信息化标准化工作，做好平台上线质量检查和平台验收作出具体部署，提出工作要求。各地要认真学习，严格按照验收指南做好系统自查工作，确保验收工作顺利开展。

第二，加快补齐短板。各地在系统自查过程中发现的短板缺项，要加快优化完善，确保系统严格按照国家标准建设。前期，我们对部分地区系统建设情况进行了现场检查，也发现了很多建设中存在的不足。我们还将继续采取随机抽样方式，对各地医保信息平台上线情况进行全面检查，尤其是对系统部署、运行状况、编码贯标、两定对接、业务经办、待遇结算、数据质量等环节，进行重点检查指导。各地医保部门要正视不足，严格对照验收标准和国家局技术专家指出的不足和问题，补齐平台短板、解决有关问题，不断提升平台性能，保证系统按标准实现全业务、全功能、全层级落地应用。

第三，积极迎接验收。国家医保局验收专家组将以省级医保信息平台为单位，采用材料审核、远程查验、现场检查等方式开展平台项目验收工作。各省级医保部门要认真准备项目立项批复、可行性报告批复、初步设计方案批复、项目招标文件等验收文件资料及各子系统相关账号，符合条件后及时向国家局提出验收申请。在验收过程中，各地要积极配合，协助提供必要的验收环境。对于验收不通过的地方，要按照验收意见逐一核对，认真整改落实，待条件成熟后再次提出验收申请。请各地加快工作进度，尽早提交验收申请，避免临近年尾扎堆验收，影响后续工作开展。

（二）建立健全平台运维管理体系

随着平台由建设阶段转向运维阶段，要更加重视建立健全平台运维管理制度。各地区要做实做细业务梳理工作，加快规范工作流程，特别是需求审核工作流程，加快形成符合本地特色的运维管理体系。

第一，建立运维管理工作制度。严格落实国家局印发的《关于进一步深化推进医保信息化标准化工作的通知》等文件，认真梳理本地医保信息化标准化各项业务，研究并优化工作方案，建立工作流程、工作方法、审核标准、目标要求等业务规范，制定符合本地运维管理需求的管理制度。要规范需求审核、备份恢复、网络安全、应急处置、运维配置、系统变更等重点环节运维管理，严格落实工作责任，做到权责分明、流程清晰、处置科学，保证医保系统各项工作顺利推进。要加强同业务部门的沟通协调，确保各责任单位都有效参与、高效配合，并根据需要及时剔除复杂冗余条件要求，确保各项流程规范科学合理、与时俱进。前期，国家局收集整理了部分地区运维管理制度，并发各地参考，希望各地加强学习和交流，加快建立和完善本地运维管理制度。

第二，做好业务需求审核管理。各地要理顺业务需求申请、审核、建设、验收等业务流程和工作责任。医保业务部门是各项业务需求的业务审核方，要做好各项需求的审核和管理，规范业务申请，把好需求审核的“第一道关”，坚决去除不符合待遇清单要求、不符合医保发展方向的需求。信息部门是业务需求的技术审核方，要在技术审核中充分发挥牵头抓总、统筹协调作用，推动与各业务单位间的沟通协作，摸清业务情况，掌握业务底数，科学合理做好需求技术审核和评估，并按要求高质量完成系统功能开发、优化、运维等工作。经国家局审核需由省级医保部门解决的需求，要有相应的需求管理规范，明确技术部门和业务部门权责，并对项目需求描述、项目开发时间、建设质量标准、项目验收程序等作出具体规定。

第三，提高平台运维管理层级。各省级医保部门要切实肩负起运维管理的第一责任，加强与地市及以下医保部门沟通，为地市提供相关业务数据查询权限，做好本省需求统一管理工作，本省有关需求要以省级医保部门名义向国家局提出申请。各地市及以下医保部门要适应新平台建设运行模式，切实转变原有工作模式，做好本地业务需求汇集，加强与省级医保部门沟通交流，确保各项业务工作顺利开展。

（三）扎实推进编码动态维护和深化应用

医保信息业务编码的核心和生命力在于使用，各地要把编码维护作为日常工作，持续深化编码在医保各个环节中的应用，让信息业务编码真正“用起来”“用得好”，充分发挥标准化在医保工作中的基石作用。

第一，持续做好编码动态维护。各地要严格按照医保信息业务编码标准维护流程，根据工作职责和维护审核权限，组织本地区做好编码信息的采集、上报、审核等工作，确保编码全量完整维护、及时入库、动态调整、同步更新。要强化标准化思维，在制定新的医疗服务项目、病种等政策的同时，做好相关编码维护工作，确保标准代码与政策调整步调一致。

第二，提高编码标准应用规范性。各地要建立健全编码标准常态化应用机制，组织医保部门、定点医药机构等相关人员，学习掌握医保信息业务编码标准规则与内涵，提高应用标准编码和数据库信息的规范性。要杜绝自费药品不对国家码等错误做法，确保药品、医用耗材等产品的对码准确性和完整性。要“码”“库”并用，避免仅使用标准编码而忽略数据库标准信息的片面做法，切实提高医保信息化标准化水平。

第三，加强编码标准深度应用。进一步深化编码标准在医保信息系统和各业务环节的应用，推动定点医药机构做实做细做好医保编码在信息系统中的应用。药品、医用耗材要真正做到带码招采、带码入库、带码使用、带码结算，为医药服务供给、医保管理服务等关键领域改革协同做好基础支撑。要全面落地应用医保基金结算清单，统一医疗收费项目归集口径和结算数据采集标准，不断规范医保结算管理行为。各地要结合自身业务，拓宽应用路径，丰富应用场景，促进数据汇集，形成真正的大数据管理，为医保治理打下坚实基础。

（四）全面深化平台应用

医保信息平台对医保治理体系和医保便民服务的支撑，关键还是要落在应用上。各地要将深化应用当成今后一个时期的重点任务来抓，不断优化平台各项功能，加快推广应用，全面打造统一、高效、兼容、便捷、安全的医保信息平台。

第一，持续优化平台性能。良好的系统性能，是医保信息平台功能好用、大家爱用的基础。我们多次强调，信息平台只有更好，没有最好。各地医保部门要把优化功能、提升性能作为一项长期性持续性工作来抓。硬件方面，要加强资源统一管理，做好资源容量规划，优化系统资源分配方式，科学配置系统资源。综合利用资源监控平台等工具，实时监测资源运行情况，实现资源分配、调整和回收等全生命周期管理，不断提升资源利用率。加强计算、存储和网络带宽等信息化资源的性能指标评估，稳步开展资源扩容和升级，切实提升基础设施的业务承载能力。做好基础设施风险预警，完善应急处置预案，明确应急处置流程。研究开展异地数据灾备体系建设，提升快速响应与业务恢复能力。软件方面，要以需求为导向，持续跟踪业务需求和功能需求，加强与业务部门特别是一线经办部门沟通，听取经办人员意见建议，不断完善功能操作。要畅通平台反馈渠道，注重问题意见处理，尽可能满足多方需求。对于一时不能实现的功能需要，要说明具体原因，积极寻找替代方案，妥善解决各类医保业务需求。

第二，推进全量接口改造。医保系统涉及环节多、复杂程度高，需要各个单位、各个系统都按照国家标准建设，完成全量接口改造，才能保证系统平稳高效运行。前期工作中，定点医药机构做了大量努力，也取得了积极成效，但仍有部分地区两定接口改造不完全，如只对实时结算等业务接口进行改造，其他业务如基金监管、移动支付等相关接口改造工作尚未开展。各级医保部门要加强工作协同，积极与卫生健康、市场监管等部门沟通，充分发挥协议管理作用，调动定点医药机构积极性，加快推进医保系统各个相关接口改造到位、运行稳定，为新平台在就医购药领域的全流程应用打下坚实基础。

第三，加大平台推广力度。各级医保部门既要做好平台的第一用户，共同建设好、维护好、使用好医保信息平台，也要加大推广力度，指导推进平台深化应用。要加快医保移动支付、医保电子处方中心、医保综合服务终端、国家医保服务App地方专区等的上线进度，提升医保服务便利性，引导群众通过医保信息化工具提升办理效率。积极与有关部门沟通协调，不断推进药品和医用耗材招采管理等子系统投入应用。各地不仅要提高医保电子凭证激活率，更要拓宽应用渠道，丰富应用场景，以应用促激活，提升凭证实际使用率。要发挥微信和支付宝、商业银行、政务应用等渠道作用，在跨省异地就医备案、医保电子凭证激活展码等领域探索合作机制，不断提升医保服务能力和服务水平，满足群众日益多元化、多层次的医疗保障需求。

（五）筑牢网络和数据安全防线

网络和数据安全事关广大人民群众的切身利益，要牢固树立安全意识，在加快安全制度建设、夯实硬件基础设施、提升安全软实力、做好常态化安全检查管理等方面持续发力，为医保网络和数据安全提供坚实支撑。

第一，完善并严格落实安全管理制度。认真落实网络安全法、数据安全法、个人信息保护法及国家局相关要求，建立健全网络和数据安全保护规章制度。做好安全风险处置演练，加强重大活动期间安全保障，确保不发生数据泄露等安全事件。持续完善医保网络和数据安全管理制度，加快形成责任明确、层级清晰、保障有力的安全运营管理体系。

第二，常态化开展网络与数据安全检查。要认真排查各类网络安全漏洞，优化风险监测、事件处置和安全报告等工作流程，持续开展网络和数据安全检查，及时发现风险隐患。加强重点环节安全检查，特别是关键信息基础设施保护、重要医保数据备份、数据存储及应用规范性操作等，提高抵御风险能力。加强系统运行过程实时监测，落实安全风险状况、重大安全事件通报预警机制，规范网络安全事件快速闭环处置流程和安全隐患排查流程，提升各类安全威胁信息的汇集、研判和处理能力。做好风险问题跟踪，确保各类问题及时处理、及时反馈并举一反三，建立长效防御机制。

第三，加强安全队伍建设和技术提升。要加强安全运营和管理人才引进和培育，重视安全人才发展，开展人才联合培养、专业培训、实战演练，不断提升人员技能和素质，夯实技术队伍力量。高度重视安全技术作用，加强技术资源整合，充分利用高等院校、科研院所、有关互联网公司和参建厂商等技术优势,持续推进安全态势感知和预警平台建设,提升安全智能监控能力,完善网络和数据安全防护网络建设,构建网络安全协同、从单点防御到全网协防的全局防御体系。在全面落实网络安全等级保护、密码保护等工作基础上,进一步夯实安全防护基础,提升风险识别、抗攻击和可恢复能力,确保医保信息化软硬件安全稳定运行。

(六)稳步推进数据治理和应用

医保数据覆盖范围广、迭代速度快、应用价值高,是一座宝贵的“金矿”,各地要在加强数据治理和挖掘应用上多下功夫。一方面重视数据归集和治理,特别是数据质量提升;另一方面在确保数据安全基础上积极探索数据应用场景,加强数据分析研究,助力推动医保治理能力提升。重点做好以下三方面工作。

第一,健全数据治理责任制度。各地要成立数据治理专项小组,落实责任到人,明确数据治理全流程各个环节责任分工,健全数据治理绩效考核制度,不断提升数据治理能力和水平。要以国家数据标准为基础,完善各地区医保数据监测标准,提升数据治理规范性。科学制订数据质量提升计划,做好相关工作方案,加快推进数据治理工作进度。充分利用技术手段加强上传数据数量和质量的监控预警,确保各项数据标准规范落实到位,数据质量不打折扣。要加大校验力度,对脏数据要进行研判与控制,有针对性开展立体化、靶向性治理,保障数据的准确性和可用性。常态化开展数据范围、数据时效性、数据完整性等专项检查,加大数据质控力度,优化质控程序,巩固数据质量薄弱环节,对数据质量差、时效性低的单位和个人进行督促指导,限期改进。

第二,确保数据全面及时准确上传。要着力推进医保数据迁移上传等工作,严格按照国家局制定的规范要求,加快推进历史数据补传进度,确保增量数据及时上传,实现重要业务全面覆盖、重要数据全部归集。要保证医保数据完整性,各省级交换库采用“先入库后治理”的形式,将全部业务生产库数据写入省级离线交换库,增加数据条目对账功能,确保传输数据完整全面。要做好数据完整性日对账工作,及时找出数据差异原因,补齐缺失数据并及时修复问题,确保类似情况不再出现。

第三,依法依规有序开展数据共享及应用。医保信息化建设起步较晚,数据保护和应用工作经验还比较少,更需要重视数据规范共享应用。前期,我们调研了各地在数据安全保护和共享应用方面的情况,发现很多地方存在数据安全责任不清晰、分类分级管理不统一、数据应用不充分等问题。结合工作实际,按照两办最新要求,我们组建了数据安全与共享工作专班,深入研究推进医保数据安全保护与共享应用相关规章制度的建设工作。目前我们正在研究制定医保数据分类分级管理规范、医保数据监测预警及应急管理办法、数据安全共享规范等,明确医保数据共享应用的原则、方式、流程和安全保护机制,推进建立全国医保数据依法依规、合理共享的标准体系,指导全国稳步推进医保数据共享应用工作。

各地医保部门要按照有关要求,深刻把握好数据保护和共享的关系,既实现对数据共享环节的安全管控,又能有效发挥数据生产要素作用。各地要因地制宜,加快完善本地数据安全管理应用的标准规范,在保障医保数据安全可控的前提下稳步有序推进数据共享。要做好医保数据资源开发利用总体规划设计,积极研究建立数据共享流程,落实数据共享管理责任人,确保数据共享合法合规。加强应用牵引,深度挖掘数据价值,为打击欺诈骗保、药品和耗材招采、待遇政策制定和调整等提供数据支撑,发挥大数据对医保业务工作的支撑和引领作用。稳妥扩大数据应用范围,丰富数据应用场景,释放数据应用价值,促进商业保险和基本医保优势互补,促进多层次医疗保障体系建设。积极总结数据共享应用成果,形成可复制可推广的经验,不断提升医保大数据应用水平,更好服务医保政策制定和医保精细化管理。

同志们,今年是医保信息化标准化史上具有重要里程碑意义的一年,我们胜利完成全国统一的医保信息平台建设任务，建成全国统一的医保编码标准库，实现全国医保信息化标准化“一盘棋”格局，开启新的医保信息系统全面应用新征程。蓝图已绘就，使命在召唤，奋进正当时。我们要更加紧密地团结在以习近平同志为核心的党中央周围，坚持胸怀天下、人民至上，勇于攻坚克难、开拓创新，深入推进医保信息化标准化各项任务，持续提升医保治理和服务水平，做好医保便民服务答卷，以优异成绩迎接党的二十大胜利召开！

# 聚焦数据质量　服务医保改革
# 不断开创医疗保障统计工作新局面
## ——在全国医疗保障统计工作会议上的讲话

（2022年6月10日）

国家医疗保障局党组成员、副局长　施子海

同志们：

今天我们召开全国医疗保障统计工作会议，会议的主要任务是总结过去四年医疗保障统计工作经验成绩，分析当前存在的问题，部署医疗保障下一步统计工作。在这个时间召开统计工作会议，主要有三点考虑：一是党中央高度重视统计工作。党的十八大以来，中央连续印发关于统计数据质量、统计违纪违法责任、统计督察、统计监督等系列文件，去年底印发《关于更加有效发挥统计监督职能作用的意见》。二是医保高质量发展对统计工作提出了更高要求。《"十四五"全民医疗保障规划》提出推动制度规范统一，建设公平医保、法治医保、安全医保、智慧医保、协同医保，需要统计更加规范化、精准化、标准化。三是全国统一的医保信息平台全面建成，统计数据生产、报送、管理都在发生深刻变化。前不久，我们在信息化培训中说信息化工作转段，实际上统计工作也在转段，走向生产更加及时、数据更加规范、标准更加统一、质量更加精准的新阶段，医保统计工作正在开启一个新的时代。刚才，规财法规司通报了2021年年报和今年前几个月的工作情况，几个省份负责同志作了典型发言，大家都讲得很好。下面，结合近几年统计工作，我再同大家交流三个方面：

### 一、稳扎稳打、坚实起步，医保统计对医保事业高质量发展起到了有力的支撑作用

医保统计是系统工程，也是医保发展的基础性工程。国家医保局成立四年来，在局党组的坚强领导下，在各级医疗保障部门统计工作同志的辛勤努力下，在局内各单位共同推动下，医保统计工作从无到有，扎实起步，健全制度、优化机制、规范口径、加强分析、提高质量，为医保高质量发展发挥了积极的支撑作用。

一是注重制度引领，医保统计调查制度不断完善。国家医保局组建当年，就形成了第一版医疗保障统计调查制度，实现了医疗保险向医疗救助、大病保险统计的扩展。随后在2019年印发了《关于加强医疗保障统计工作的意见》，修订了医疗保障统计调查制度，进一步适应了生育保险与职工医保合并实施、脱贫攻坚等发展新要求。现行制度指标涵盖了职工医保、居民医保、生育保险、医疗救助、补充医疗保险、大病保险。同时，我们还建立了医保基金报表制度，按月统计基金收支情况。两项制度的建立和完善为依法依规及时了解和掌握我国医疗保障基本情况、制定政策、实施规划计划提供了基本依据。

二是注重规范统一，统计口径细化健全。四年来，根据各地工作中的意见建议，国家局及时完善统计口径，先后对参保、自付、自费、医疗救助等专项指标内涵进行规范，推动全国口径统一。通过开展系统培训方式，培养了一批懂统计、干统计、爱统计的专业队伍。

三是注重分析评估，服务改革发展扎实有力。连续3年编写医疗保障运行报告，供各地医保部

门和局内各单位参考。搭建形势分析工作机制，深化统计分析，挖掘结构性数据，总结医保基金运行规律，按季度开展医保形势分析。对医保药品目录调整、医疗服务价格改革、生育保险、职工医保门诊共济保障改革、跨省异地就医直接结算、大病保险等改革事项，提供了大量的统计数据支撑。

四是注重机制建设，分级负责逐级审核初步建立。在国家局层面，规财法规司牵头，局内各相关单位参与的数据联审工作机制初步形成，局内各业务司根据工作需要，在大病保险、“两病”门诊用药保障机制、基金监管、脱贫攻坚等方面，开展了卓有成效的监测调度。在省、市、县层面，统计数据逐级报送审核的机制更加稳固。今年进一步印发了《关于防范惩治医疗保障领域统计造假弄虚作假责任制规定》，明确了各级医保部门领导和统计管理人员、工作人员的责任。

五是注重夯实基础，信息化与统计协同联动持续加强。2018年以来，既是医保统计工作逐步规范的过程，也是伴随医保信息化建设共同成长的过程。前不久，我们建成了全国统一的医保信息平台，这是具有里程碑意义的成绩，不仅标志着信息化建设开启了新篇章，而且正在对统计工作产生深远的积极影响。以参保数据为例，正是有了信息平台的支撑，我们才剔除了重复数据、无效数据。近期，在各级医保部门支持下，我们已经启动了在新平台统计和基金模块试填报工作。大家也提出了很多好的意见，相信经过大家共同努力，使用新平台开展统计工作会更方便、精准、高效。

六是注重主动发声，定期数据发布制度不断健全。按月对外发布参保和基金收支主要数据，按年发布医疗保障统计快报和统计公报，回应社会关切，加强数据解读。加强历史数据收集整理，出版《中国医疗保障统计年鉴》，并向社会公开发行，在维护数据安全的同时，满足社会各界对统计数据的需求。

七是注重融入大局，服务国家重大事项有力有效。随着医保改革步入深水区，统计工作适应改革需要，立足新发展阶段，不断服务高质量发展。我们圆满完成了全国脱贫攻坚普查的医保任务，摸清了“基本医疗有保障”的家底；我们积极做好健康中国考核，评估各地重点指标完成情况；我们按时做好妇女儿童“两纲”监测、农民工参保监测、基本公共服务监测等医保统计任务，为国家制定完善相关政策打下了坚实的基础。

回顾四年的艰辛探索，各级医保部门统计工作同志身处后台，默默奉献、认真负责、不计得失，特别是疫情以来，克服隔离管控、居家办公等困难，工作不断线，总体上保证了各种报表的按时报送。前一阶段，吉林、上海疫情比较严重，很多统计工作一线同志一手抓疫情防控，居家同时就地成为志愿者，一手抓报表报送，报表基本没有耽误，非常不容易。特别是上海，在没有恢复正常工作的情况下，国家局组织的基金报表试填报刚开始一周，就完成了所有数据的填报。与此同时，各地积极结合实际，探索创新工作方法、工作机制，为医保统计工作作出了积极贡献。在机构建设方面，有的省积极探索，克服编制紧张的困难，设立了专门负责统计工作的直属单位，有的省专门成立了基金中心。有的省在局机关设立了信息统计处。在数据质量方面，有的省在单位内部建立了比较完善的统计数据审核机制，有效保证了数据质量。有的省编制了全省统计报表指标指导手册，有的省积极探索制定省级医保统计标准。有的省采取市县区背靠背交叉审核，确保数据质量。在信息化支撑上，有的省提早在新平台测试统计模块，嵌入统计指标，规范取数口径，有效保障了平台上线后统计工作顺利推进，有的省在新平台开发自动取数功能。大家的辛勤付出是医保统计高质量发展的坚实基石。在此，我代表国家医保局向全国医疗保障系统负责统计工作的同志们表示衷心的感谢！

**二、对标对表，正视差距，充分认识医疗保障统计工作面临的形势和不足**

虽然医疗保障统计工作取得了一些成绩，但对照党中央、国务院对统计工作的要求，对照医保高质量发展的要求看，对照人民群众对医保工作的期望看，我们的工作还需要持续提升。

（一）从发展形势看，统计工作必须更加准确、及时

统计在国家治理体系和治理能力现代化中发挥着重要的基础作用。党的十八大以来，习近平总书记先后就统计工作作出一系列重要讲话指示批示，对防范和惩治统计造假弄虚作假、完善统计体制、树立正确发展观政绩观、发挥统计监督职能作用等方面对统计工作提出了明确要求。

一是加强统计监督对医保统计的准确性提出了新要求。2021年底中共中央办公厅印发《关于更加有效发挥统计监督职能作用的意见》，提出加快构建系统完整、协同高效、约束有力的统计监督体系，要求坚持方法科学、遵循规律、及时准确、真实可靠、防止虚假，坚决遏制“数字上的腐败”。强化统计监督，对摸清摸准摸实医疗保障有关底数提出了更高要求，对加强医保大数据治理提出了更高要求。前不久，国家局刚刚印发了《关于防范惩治医疗保障领域统计造假弄虚作假责任制规定》。这个规定是我们医保领域落实《统计违纪违法责任人处分处理建议办法》的一个切实举措，也是落实各级医保部门统计监督的重要举措，必须严格依法规范统计工作，切实提高数据质量，在提质上下更大功夫。

二是强化形势研判监测，需要持续提升医保统计的及时性。“十四五”以来，国内外形势异常严峻复杂，党中央、国务院高度重视经济形势分析和预警研判，医保基金运行既关系企业收入、居民就业、财政收入等宏观指标，也与市场主体运行情况相关，是研判经济走势的重要内容。党中央、国务院研究经济工作都很关注医保运行情况，而且时效性要求越来越高。统计工作必须充分依托信息化手段，依托大数据，加强对实时运行数据的分析，在及时上下更大功夫。

（二）从统计工作自身看，必须加快扩面、提质、增效、固本

一是推动高质量发展，需要医保统计适时扩面。把握新发展阶段、贯彻新发展理念、构建新发展格局、推动高质量发展，是“十四五”时期我国经济社会发展的重要特征。“十四五”全民医疗保障规划对推动医保高质量发展做了全面部署，提出了指标体系和一系列新任务、新举措。如何评估医保高质量发展成效，需要统计制度及时作出调整，根据规划指标和重点任务作出针对性安排。比如，我们提出要提高参保质量，参保率稳定在95%以上，提高按疾病诊断相关分组付费和按病种付费的住院费用占全部住院费用的比例达到70%，政务服务事项线上可办率达到80%，公立医疗机构药品和高值医用耗材网采率分别达到90%和80%，再比如，我们提出稳步建立长期护理保险制度，完成这些目标和任务，都对医保统计提出了更高的要求。医保统计必须有更高站位，着眼更好服务医保改革发展大局，在扩面上下更大功夫。

二是提高数据质量，需要医保统计加快提质。数据质量是统计工作的生命。虽然我们做了很多工作，但是实事求是讲，特别是从近两年月报、年报审核情况看，数据质量还有不小差距。基础性错误时有发生，有的省份对统筹地区数据填报审核不到位，存在漏报、数据填报不全的情况。

三是深化统计分析，需要医保统计不断增效。生产数据最终是为了使用数据，为了服务决策，做好统计工作，必须在分析上做文章。目前，我们的统计分析还不能适应工作要求。从统计调查制度看，多数表格和指标基于原有的基本医保运行分析需要设计，基于各地分散建设信息系统的情况设计，深度的结构性数据统计不够，覆盖面也不够。比如，要看一下医保基金对中医医疗机构支付了多少，对谈判药支付了多少，对基层医疗机构、村卫生室支付了多少，对社会办医支付了多少，还不能从统计中获得有关数据。再比如，参保数据目前只能看到期末时间节点数据，看不出当期增了多少、减了多少，不利于形势研判等趋势性分析。从形势分析看，深度挖掘统计数据背后的内在原因不够，容易就数据说数据，对影响基金增减、参保变化的原因分析不够，数据支撑不足，容

易写成工作汇报。

四是推动可持续发展，需要医保统计强基固本。医保统计要实现从有到优的转变，必须牢牢抓住信息化建设这个基础。我们建设全国统一的医保信息平台，为提高医保管理和服务水平进一步夯实了基础，但是也必须看到，当前信息化建设对统计的支撑仍需提升，集中体现在：功能落地不实，个别地区子系统月结功能未上线，有的上线质量不高，导致一些数据不能完全反映实际运行情况。基础数据不全，在推进数据治理的过程中，一些省份认识不到位，数据上传质量不高，历史数据迁移不完整、脏数据治理不扎实，也在一定程度上影响了统计工作。数据口径不齐，一些关键指标、结构性指标的底层口径还没有统一，影响了全国层面数据分析和自动取数功能的实现。

（三）从工作机制看，仍存在一些不到位

今年印发的责任制规定是健全统计责任的重要文件，文件的重要作用就是明确各单位领导和负责统计工作同志的职责，也是出了问题以后进行追责的依据。这恰恰是我们的短板。

一是思想认识不到位。一些省份负责同志容易把统计工作看成业务工作的副产品，抓业务多、抓统计基础工作少。有的省份“一把手”对统计工作过问较少，存在报送程序不规范等问题。

二是数据归集不到位。有的省份上传数据还不及时，系统内统计数据产生仍然主要依靠自下而上的统计报送制度，自动生成数据与地方报送数据的校核机制尚需进一步深化健全。

**三、再接再厉、服务大局，推动医保统计工作高质量发展再上新台阶**

成绩属于过去，挑战不容忽视，未来任重道远。同志们要以强烈的责任感、使命感、荣誉感，以敢于负责的担当精神和精益求精的工匠精神，进一步做好下一阶段统计工作，努力把医保统计打造成品牌。

（一）抓制度建设，服务医保改革发展大局

现行统计调查制度虽然对医保改革发展发挥了重要的作用，但是有些指标确实不适应现在改革形势，有必要做适当调整。一是加快修订统计调查制度。对长期护理保险、医药价格招标采购都需要研究合适指标纳入，以更加全面反映医保工作。特别是与“十四五”全民医疗保障规划监测评估衔接好。规划提出的一些新指标，比如网采率、支付方式改革费用占比等应该在统计调查制度中有针对性设计。二是尽快完善指标统计口径。目前各地仍然存在不同统筹地区之间部分统计指标口径理解分歧。国家局要在修改完善统计调查制度同时，进一步规范统计调查制度指标口径，规划财务和法规司和局内各单位都要下功夫研究指标口径，使统计结果既有利于医保公平可持续发展，也要科学反映改革成效。三是适时抓好培训。要通过举办培训班、线上培训、编写工作手册等方式，让各级医保部门统计工作同志熟悉制度、理解制度、正确运用制度，真正使统计调查制度成为统计工作的基本依据。

（二）抓数据质量，做到更加真实全面准确及时

各级医疗保障部门要深入落实《关于更加有效发挥统计监督职能作用的意见》，把提高统计质量作为首要任务，确保医保统计数据更加真实、全面、准确、及时。一是坚决防范惩治统计造假弄虚作假。各地要认真学习落实《关于防范惩治医疗保障领域统计造假弄虚作假责任制规定》，按照“谁主管、谁负责，谁经办、谁负责”的原则，建立一级抓一级、层层抓落实的责任体系。主要负责同志、分管负责同志要切实负起责任，健全数据联审工作机制，确保数据真实客观反映医保事业发展情况。二是确保数据全面准确。要建立健全重大错误的通报机制，发现一个、通报一个，努力使各级工作同志真正重视数据质量，杜绝基础错误。以后凡是不填、漏填，或是填报为零的情况，都要作出说明。三是提高统计数据及时性。一方面，各地要严格按照统计调查制度要求的时限报送报表；另一方面，国家局规划财务和法规司要抓紧完善平台，推动更多数据从平台自动提取，使数据生

产、报送更加及时高效。

（三）抓平台建设，提高统计专业化智能化规范化水平

目前，医疗保障信息平台已经在全国上线，作为对平台数据应用需求最大的统计工作部门，我们要充分运用好平台，挖掘平台数据潜力。统计方式现代化，就是要自觉主动运用平台，提高统计工作信息化水平。一是积极推动主要统计数据从平台提取。目前我们已经启动了从原来的报表系统向平台系统填报的过渡工作，下一步我们要正式全面启动在信息平台完成统计报表报送工作，逐步由人工填报转向从系统中自动抽取数据汇总成表，与地方校验核对后确认最终数据。二是提升平台分析功能。各地可以尝试使用平台数据进行多维度统计分析工作，设计分析模型，一些成熟模型可以在国家平台推广。加强结构性数据分析，实现功能最大化。要进一步增加统计工作的分析深度，打造更符合工作实际和医保改革需要的统计分析品牌。要促进统计报表数据、基金报表数据、业务数据关联比对，加强与卫生、民政、人社等部门数据之间的共享比对，深度挖掘结构性数据，建立健全医保大数据，使统计数据更好转化成分析结果，为医保决策提供更多支撑。三是加强信息平台基础数据治理。各地要按照国家局数据治理工作要求，按时上传历史数据，加强历史数据整理和保护，及时剔除脏数据，不断夯实数据基础，为统计工作提供坚实支撑。四是衔接好统计与信息化日常监测。局内各单位都希望把自己的业务纳入调查制度，但是我们一线经办人员有限，指标过多容易加重地方负担。而且，我们已经建成了信息平台，大量细化的指标可以逐步从平台提取，并不一定需要统计来解决。希望大家在研究完善统计调查制度的时候坚持总体稳定、合理增加的原则，一些数据需求更多通过完善信息平台子系统来实现。

（四）抓工作机制，夯实统计工作基础

高质量的统计数据离不开高质量的工作机制。各地要围绕统计数据生产、审核、发布、报送、存储、共享等各环节，查找体制机制上的不足，不断健全工作机制。一是进一步健全部门分工协作。数据生产部门、统计工作牵头部门和业务部门要加强配合沟通，在数据报送发布前深化联合审核，确保信息互通、数据无误。二是进一步健全数据归集机制。各级医保部门统计牵头单位要定期收集单位内部的统计数据，各单位要主动将监测数据、调度数据汇集到统计部门，形成数据一口出工作模式。三是进一步强化工作队伍。长期、稳定、专业的统计队伍是顺利开展统计工作的保障。希望各省加强省内各地市统计工作队伍建设，按照要求配备专职统计工作人员。定期开展专业培训，确保每一位统计岗位上的工作人员都熟悉统计工作纪法规定，知晓医疗保障统计调查制度及口径解释和国家政策要求，建立一支稳定、专业、高素质、可靠、有担当的统计队伍。

同志们，新时代医保工作赋予统计人光荣重大的责任使命，做好医疗保障统计工作重任在肩。让我们更加紧密地团结在以习近平同志为核心的党中央周围，坚定信心、扎实工作、改革创新、服务大局，不断开创医保统计工作新局面，以优异成绩迎接党的二十大胜利召开！

# 全面推进医药集采平台建设
# 提升医药价格治理现代化水平
## ——在全国医药集采机构工作会议上的讲话

（2022年4月7日）

国家医疗保障局党组成员、副局长　陈金甫

同志们：

今天的会议是全国医药集采机构的首次系统会，会议的主题是贯彻落实《关于提升完善医药集中采购平台功能 支持服务医药价格改革与管理的意见》，也就是今年医保1号文的文件精神。党中央国务院高度重视集采平台建设，在《关于深化医疗保障制度改革的意见》中强调，要“以医保支付为基础，建立招标、采购、交易、结算、监督一体化的省级招标采购平台”。医保1号文是局党组贯彻这一部署的重要成果，也是关于平台建设的重要纲领性文件，开启了全面推进平台建设、提升医药价格治理现代化水平的新征程。下面，我讲三点意见。

### 一、充分认识医药集采平台建设的重要意义

医药集采平台是集采工作的重要规则体系、信息数据系统和经办服务机构，对推进集采改革、开展价格管理发挥了重要的支撑作用。药品集中采购在我国已经推行了相当长一段时间，经历了曲折复杂的过程。由于涉及医疗机构、医药企业以及相关部门利益调整，一直是停停走走。党的十九大后，党中央作出了成立国家医保局的重要决策，由医保局牵头进一步推进集采改革。医保局整合了价格、采购、支付职能，能够更顺畅地发挥医保基金集中购买的经济杠杆作用，更有效地实施医药价格、招采体制机制的重大改革。由此，按照党中央国务院决策部署，掀开了医药集中带量采购改革的宏大篇章。

从2018年“4+7”试点开始，先后组织了6批国家组织药品集采，涉及234个品种，平均降幅达53%。按集采前价格计算，国家组织集采药品金额已经达到公立医疗机构药品采购金额的1/3，如果加上省级集采，这个比例更高。地方也在骨科创伤类耗材、人工晶体、心脏介入球囊、导丝、导管等领域开展了集中带量采购。至今，集中带量采购改革已经蹚出了一条可行的道路，新的体制制度初步确立，改革取得了良好的经济效益、社会效益和政策效益。

在此过程中，集采平台的作用日益凸显。国家医保局价采中心在集采之初，就参与规则制定、市场分析、数据归集、带领专家群策群力等工作；上海药事所、天津市药采中心分别承担起药品“联采办”和医用耗材“联采办”职责，解决了“国家组织、联盟采购、平台操作”总体思路落地问题；各地集采平台也围绕组织报量、集采落地、交易结算、联盟采购等开展了富有成效的工作。总之，平台在制度大变革大调整大发展时期对于推动改革进程作出了重要贡献，发挥了应有作用，展示了独特定位。各地要充分认识推进新时代平台建设的重要意义和作用，扎实推进各项工作。

（一）集采平台是集采改革的基础支撑

平台是落实集中带量采购工作的操作性工具。相对于自发采购，集采是一种有组织、有管理的采购，要把众多的医院组织起来，把分散的需求

汇聚起来，形成战略购买，强化供方的博弈力量。集采是一种科学管理方式，更是重要的价格形成机制，必须要依托有力有效的平台来操作。尤其是带量采购，触动的利益面较广，需要同步实施激励、约束、监管等配套措施，是各方政策密切配合、系统集成的结果。如果平台运行不规范、不标准，平台管理不科学、不精细，报量和报价不准确，反映价格和供应异动不及时，线上交易不真实，对供应和配送跟踪不清楚，就很难研判集采效果如何、成功与否，集采也就很难达成预期效果。

集中带量采购的常态化制度化，必须以常态化制度化运行的平台为基础。我们开展这项工作的时间还不够长，新的医药价格管理体制建设才刚刚破局，很多省份的平台还是为了满足阶段性任务临时搭建，不是一套完整的集采操作系统，更不是一个完整的医药价格管理系统。随着集采改革的持续推进，更多、更复杂的品种纳入进来。采购规则制定和采购结果实施中，面临的技术复杂性越来越高。对于集采平台标准化、规范化、科学化、常态化运行的要求就越来越高。常态化，尤其是省级集中带量采购常态化，要求各省作为工作主体，相对独立地设计采购方案，就要面临政策方案是否完备、支撑能力是否足够、风险防范是否到位等潜在问题。各省工作经验丰简不一，平台性能高低不齐。方案的科学性、合理性、可操作性，既考验着决策部门的能力，也受到平台功能的制约。只有强化平台建设，在各省持续提升完善平台功能，才能最大限度减少薄弱点风险点，为推动集中带量采购制度化运行奠定坚实基础。

（二）集采平台是探索实施新的医药价格形成机制的重要领域

平台融集采经办机构、医药交易市场、价格管理政策于一体，不仅是开展医药集采的工具，还是一个医药价格管理的操作系统，具有政策探索“试验田”功能。集采步入新时代，新的医药价格管理体系加速形成，为省级平台开展政策探索提供了更为广阔的空间。

医疗保障部门主管医药价格工作后最主要的特征，是医药价格成为相对独立的政策体系，从议价竞价规则设计、采购工作操盘、平台交易服务，到患者在终端的使用，及后面的医保支付，整个物流、信息流和资金流可以都在医保部门的监测监控之下，形成一个闭环。在这一新格局下，医药价格管理的手段也在创新，正在从微观向宏观、从事中向事前、从直接向间接转变。以国家组织药品集中带量采购为起点，我们已经初步构建起以集采控价和目录谈判为中心，政府定价、自主定价共同发挥作用，以价格监测、价格指数、信用评价等方法为支撑，同步开展价格宏观管理和价格行为管理的政策新体系。在这个新体系中，很多政策都处于起步探索阶段，或者谋划设计阶段，存在大量需要试点、试行的新思路、新构想，潜藏着一批行之有效的管理新手段、新规则，需要借助平台的管理功能，汇集和分析平台交易数据，以及各采购方的意见建议，进行前期探索试验。新试点、新政策的产生也呼唤着省级平台优化职能、扩充功能、加强建设。

（三）集采平台是服务行业和社会的重要窗口

平台连接着政府、企业、医疗机构和社会，既是集采政策落地的支撑，也是服务企业、服务社会的窗口。近年来，我到各地调研，发现很多省份的集采机构都开办了经办服务窗口，公开透明、热情办理，获得了各方面的认可，充分体现了集采经办机构的作为。基于此，我们去年印发了药品集采公共服务事项清单，目的是指导各省平台明确流程、内容和标准，统一标识、统一流程、统一内容、统一标准，提高服务品质。在服务功能上，平台还有探索空间，比如通过平台结算加快支付速度，减轻企业负担，通过信息共享和区域联盟采购，使得企业少跑腿。多从服务对象角度考虑，他们也就更容易接受平台的管理手段。

## 二、准确把握贯彻1号文基本精神和任务要求

政策制定和平台操作是集采这一重大制度改革的车之两轨、鸟之两翼，二者“双轮驱动”、缺一

不可。2018年至今开展的集采改革，行政部门定政策、推改革在前，集采机构配合实施、抓落实在后。随着改革的持续深化，具体实施工作和精细化管理的重要性更为突出，平台也将“从后台走向前台”，成为集采工作的主力军。改革落地靠平台，加强平台建设，充实完善平台功能，已经成为持续推动改革实施的迫切需求。为此，局党组专门讨论印发了医保1号文，将平台建设上升为医保系统今年重要的议事日程并作了部署。各级医保部门一定要认真学习领会，结合本地实际抓好贯彻落实。要坚持一手抓集采改革，一手抓平台建设，把平台建设放到与集采工作同等重要的地位，同研究、同部署、同推动。

(一)把握1号文总体要求

1号文坚持以习近平新时代中国特色社会主义思想为指导，深入贯彻《中共中央 国务院关于深化医疗保障制度改革的意见》，以药品集采常态化规范化为切入点，围绕新时代新要求，加快推进医药集采平台功能建设，更好服务集中带量采购和医药价格管理改革工作，促进形成全国统一开放的集中采购市场和药品供应保障体系。从总体框架来看，是“3+4+5”，即3个目标、4个原则和5个功能。

1. 明确三个目标

一是业务标准化。每个省都有一个平台，全国31个省级平台，31个平台之间不是相互独立、相互分割的，而要服从全国一盘棋，要统一挂网交易规则、统一流程、统一标准。标准化是平台之间互联互通的基础，没有标准化就谈不上全国统一市场。平台建设要从强化交易服务支撑、完善货款结算方式、加强监测监管能力、提升整体服务、完善配套措施等方面不断完善业务标准，构建招采、交易、结算、监督、服务一体化的业务流程，提升现代化水平。

二是管理规范化。平台是重要的价格管理领域，也是价格管理工具的集合。许多政策要通过平台来落实，许多决策要基于平台的信息来做出。要从规范化、科学化的管理中要效益，持续创新、提升平台效能。通过落实公立医疗机构医药产品全面上网、提高网采率和集采率、加强监测监管和信用评价功能，打造通过平台实施医药价格管理的新体系。

三是服务专业化。平台运行是专业性很强的工作，不是谁来都能干，谁干都能干好的。要根据平台工作的特点，整合医学、药学、经济、财务、信息、法律等学科的知识，形成专业特色，为打造专业化队伍打下基础。除了专业知识的支撑，还需要一套行为规范，要让平台工作人员在对外交往和服务过程中，体现我们的专业素养和展现我们特有的精神面貌。要通过强化对交易主体的专业化、精细化服务，推进平台业务的延伸和发展。

2. 遵循四个原则

一是坚持需求导向。平台建设要体现共同治理理念。集采政策源自于人民群众和医药企业对治理药价虚高、购销秩序混乱的呼声。平台建设和运行同样需要紧贴市场主体和群众需求，紧紧围绕如何满足临床需求开展工作。既着眼于当前，又立足于新时代医药价格形成机制，既开展价格管理工作，又要增强平台服务功能，为未来的制度发展做好前期探索和技术储备。

二是坚持标准引领。按照统一的标准、完备的功能，明确平台建设基本标准，为平台发展设定清晰的基本目标，确保平台能够有效支撑省级常态化集采。

三是坚持系统集成。坚持全国一盘棋、上下联动、互联互通、信息共享的思路，依托国家医疗保障信息平台开展集采平台建设，促使各省基本数据、工作规范、政策体系各方面的协同一致，增强全国集采的整体性、系统性、协调性。

四是坚持改革创新。集采改革是一个长期的过程，平台建设中也需要通过创新不断打造新功能，探索公共服务新手段和价格管理新方式，不断提高管理科学化水平，这也是集采精神的重要体现。

3. 完善五个功能

一是完善挂网交易规范。要围绕工作需要，

不断完善平台挂网规则，形成公平公正的竞价机制，通过市场机制，引导药品和医用耗材价格回归合理水平。运用平台招标、采购、交易、结算、监督等功能措施，形成有效的激励机制，促使医疗机构线上采购。网采率的提升不能仅靠行政手段，还要有激励机制，让医疗机构和企业认可平台的规则、服务以及产品。

二是强化交易服务支撑。构建闭环交易流程，从合同签订、订单生成到到货确认、退货换货的全流程着手，实现操作记录全程留痕可追溯、信息要素完整有序可检索。促进交易效率提升，对交易环节进行时限管理，提高交易过程的时效性，保证产品及时供应。实现交易便捷操作，通过硬件功能提升，满足交易便捷性要求，提高系统操作效率。

三是推进线上结算支付。针对医药企业反映突出的结算回款问题，建设平台在线结算功能，提供在线结算服务，逐步有序推进在线结算制度建设。通过平台结算监控交易行为，通过监测资金流，掌握真实的市场数据。对于具备线上结算功能的平台，进一步提高结算渠道的多样性、安全性、稳定性，鼓励省级平台探索电子结算中心、供应链金融等方式提升货款结算效率。

四是健全医药价格治理体系。完善平台监测体系，对药品、医用耗材、医疗服务收费开展全面监测。建立医药采购全流程监测机制，实现价格管理端口前移。编制医药价格指数，提高平台宏观价格管理能力。落实信用评价制度，进一步规范价格行为，改善营商环境。

五是提升整体服务水平。强化平台服务社会、服务企业、服务人民群众的功能。落实公共服务事项清单，加强面向社会的信息服务工作。强化交易主体精细服务，实现业务全流程线上快速办理。主动提供供需信息，降低医疗机构和医药企业的信息成本。推动业务服务延伸创新，挖掘平台资源的使用潜能，更好为政府、企业提供决策或运营服务。

上述“3+4+5”的总体框架后面有一个管总的东西，就是“改革创新、公正严谨、团结协同、敬业奉献”的价采精神，这是平台建设的根脉所系。改革创新是底色，就是要大胆探索平台运行规律，推动平台建设的理念创新、功能创新、手段创新，以改革的手段解决工作中面临的困难和问题。团结协同是格局，就是要重视平台作为各方利益交汇点、平衡点的作用，多方听取服务管理对象的意见建议，坚持系统集成、协同高效，为群众、医疗机构和企业提供优质服务，凝聚改革最大公约数。公正严谨是态度，就是要科学规范、精益求精地设计平台建设的各项制度、规则和标准。同时，保持清正廉洁的底线，强化廉政风险防范。敬业奉献是文化，就是要打造一支在状态、有激情、能战斗的集采经办干部队伍，坚持以人民为中心，坚持医保人对事业的品质追求，坚持在报国利民中实现自我的最大价值。

（二）深入研究解决平台建设的若干重大问题

——如何处理好政府与市场的关系。集采改革推进和平台建设过程中，政府和市场的关系是一个不断变化的过程。2018年以来，政府作为组织集采、推进机制改革集采工作和平台建设的重要推手，始终发挥着积极的主导作用。随着改革的深化、机制的建立、规则的形成，这种作用要逐渐由政府主导转变为市场主导，特别是市场要对资源配置起决定性作用。集采的制度设计，招采合一，量价挂钩，就体现了对价值规律和市场机制作用的尊重。政府的作用，主要在于克服市场这只看不见的手的弊端，体现在抓总、抓常、抓细上。抓总，是要体现政策的宏观导向，减少微观干预，发挥好医药价格管理的调控职能，做好价格监测预警、指数编制、信息共享与发布，以及行为评价。抓常，是推动集采交易机制和规则的制定、完善和优化，根据规则当好规则的制定者和仲裁者。抓细，是推动服务水平持续优化，加强事中事后监管，以健全的信用制度来约束市场主体行为。当前，既要积极有为，又要有所不为。所谓积极有为，是要继续积极推进集采机制改革，推动集采提速扩面，持续降低医药价格，让患者受益。所谓有所不为，是要防止“越位”和“错位”，克服行政冲动，避免各种形式的以定价代替竞争。

医药集采平台是重要的交易平台。当前，很多社会资本控制的平台想进入政府医药集采领域分一杯羹，向各地、各集采联盟积极推销自己办的平台。有的是为了赚过路费，有的就是为了布局。对此，价采中心曾经发了文件，提出了相关的几点意见。希望各地负责人要把思想高度统一到中央经济工作会议精神上。一是通过政府管理集采平台进行交易的路径是清晰的。无论是国家集采还是联盟集采，都要回到各省的政府管理的集采平台交易，特殊的可以在某一省集采平台交易。这既是阳光采购的要求，也是着眼于国家安全的需要。二是通过政府管理平台进行交易不得盈利。政府花了大价钱，成立机构、明确编制、铺设网络，不应从中盈利。三是对于社会资本办医药集采平台，我们也要会同相关部门实施有效监管。社会资本办的是商业平台，这一点要明确，要防止其在公共采购领域野蛮生长。

——如何持续提升价格治理水平。平台建设是政府、社会与企业共治的重要连接点。通过平台形成的价格是引导资源配置的重要杠杆和风向标，体现了行业发展、企业运行与群众负担三方利益的博弈与均衡。要保持合理的价格水平，价格不能太高，太高则损害群众利益，也不能太低，太低则不利于行业与企业的发展，阻碍了创新。近年来的集采大幅降低了药价，是针对严重虚高的药价深砍一刀，对于以人民为中心、促进医药行业健康发展是必要的和重要的，效果也是明显的。长期靠“带金销售”维护高价格，从根本上也不利于企业创新。但应摒弃盲目追求全国最低价集采和挂网的惯性思维。药品在通过一次集采后，基本上撇清了虚高部分，在续约或者挂网时，也没有必要再刀刀见血、砍到脚底板。集采制度设计的一个根本原则就是招采合一、量价挂钩，这也符合市场规律的要求。市场交易形成的价格水平是多样的，要充分考虑到购买量、还款时间、物流配送难度等因素。没有全国最多的量、最短的回款时间、最近的配送距离，凭什么要最低的价格？各地类似这种规则和行为还很多，我们正在整理，尽快印发相关负面清单。

——如何解决好协同监管问题。平台是价格形成和集采实施的重要场所，涉及中央和地方、政策与平台、监管和服务等多重关系，要做好协同联动。要处理好中央和地方医保部门的关系，药品全国流通，但价格形成是流域化区域化的，中央和地方要有合理分工，国家层面发挥统筹作用，定政策、定时机、定标准，地方要结合本地实际抓落实，做好政策落地、效果评估和实践创新。处理好政策与平台的关系，在价格和集采改革持续深化、集采制度化常态化开展后，平台应当从幕后走向台前，承担起落实集采政策的主要角色，发挥好作用。处理好监管和服务的关系，加强监管是市场经济政府的核心职能，一方面，要持续强化监管、搞好服务；创新价格监测、信用评价等监管工具，提高监管的有效性；统一公共服务标准，提升服务质量。另一方面，要寓监管于服务。医保部门在制定各项政策时，要多听取服务管理对象的意见和建议，了解服务对象的需求。处理好省级平台操作和区域联盟采购的关系。省级是组织集采的基本主体，各省平台是集中采购的基本场所。目前来看，区域联盟采购原则上应回本省挂网，这样才能让价格管理、招标采购、医保支付形成闭环，处理好政策与技术的关系。加快医保信息平台招采子系统落地应用，推动数据互联互通与共享，同时确保数据安全、舆情安全。

## 三、关于下一阶段的主要工作

1号文是关于平台建设的长期性、纲领性文件，贯彻落实1号文不可能一蹴而就，而是要立足现实、着眼长远，抓细、抓常、抓重点。就当前改革任务而言，应突出以下重点工作。

（一）提升“两率”：集采率和网采率

集采率是指集中带量采购通用名数占平台挂网交易总通用名数的比例，或相关交易额占平台总交易额的比例，体现本省带量采购的水平，体现贯彻国家要求落实常态化与制度化的力度。集采率越高,本省人民群众享受改革的红利越多。要鼓励各省通过省级集采、省际联盟采购、带量价格联动等方式,提高集采率。

网采是我们开展平台采购工作的基础,网采率是指公立医疗机构在省医药集中采购平台采购药品或医用耗材的金额占机构全部药品或医用耗材采购金额的比例。没有网采,平台采购就失去了存在的基本条件,失去了最大的原动力。网采也是公开透明的基础,是治理医疗机构采购领域腐败的利器。国办下发的多个文件明确要求,公立医疗机构所需的药品、医用耗材均需从省级医药集中采购平台采购。近期我们将会出台关于提高公立医疗机构药品和医用耗材网采率的相关通知,指导各地如何提高网采率。同时医保局最近通过的《定点医疗机构和定点零售药店协议》中也明确要求公立医疗机构网采,对违规线下采购的具体情形制定了罚则。

(二)制定规范挂网规则

成立医保局后,集采进入新时代,有了创新做法,可以说集中带量采购改革推进轰轰烈烈,如火如荼。但我们另外一条腿,阳光挂网工作却略显不足,有些省的挂网规则还是老黄历,没有根据新形势而变化,没有采纳新规则制定规范挂网办法。有的省只会简单地同企业产品全国最低价挂网,也不看看这个最低价是否合理、与其他同类产品比价是否合理。当务之急各省要结合新形势,制定新的挂网规则,重新梳理平台挂网价格,建立合理价格秩序,开展有序挂网。

在规范挂网规则的指导下,原则上省域范围内公立医疗机构采购所需药品和医用耗材产品均应在省级医药集中采购平台及时挂网,网上有东西可采是提高网采率的前提条件。要着力加强对临床急需且不可替代的急救、妇儿专科等产品的平台挂网,确保不可替代的或新上市的疗效可靠产品依规依申请或邀请挂网。也要研究做好麻醉、精神、放射类等特殊药品的挂网。加快推进医用耗材挂网工作,从高值往低值延伸,逐步实现医用耗材的全面挂网。确保挂网工作公开透明,实现应挂尽挂、应需尽挂。

(三)加强平台结算支付

医院的及时回款,除了少数几个省,历来是全国各省存在的弱项和问题,医院欠企业的药款,少则几个月,多的可达两年,严重影响企业的资金周转,提高了企业运行成本。平台结算是监督医院及时回款的重要手段。我们的目标是要实现全品种、全交易额的平台结算,实现及时回款,促进公平公正交易。通过平台结算支付也实现了交易全流程的信息监管,体现了真实价格。做好平台结算支付工作,一方面,各省要有一套平台结算支付的制度,确保交易资金在线上安全、及时流转。另一方面,各省平台要有完善、方便、准确的结算支付功能,确保提高交易效率。

(四)推动信息系统建设

工欲善其事,必先利其器,信息系统与数据是我们的利器。医保信息平台招采管理子系统已在全国推广,但是真正的应用还仅在少数地区。招采子系统给我们提供了统一的信息平台,各地要加快落地应用。这个系统目前还很不完善,需要各地尝试、磨合,逐步完善其功能。使用国家医保局统一制定的数据规范和技术标准,实现医药采购信息接口统一、交互规范、实时同步,贯彻全国统一的医保信息业务编码,实现全流程数据留痕。做到“带码招标、带码采购、带码结算”,通过医保业务编码动态维护窗口,及时、准确、完整维护药品和医用耗材相关信息,实现生产企业和医药产品信息统一认证和动态管理。基于建设全国统一资质库,开展各省资质审核共享,避免资质审核材料反复递交、企业人员反复跑腿。基于建设全国统一价格数据库,开展价格信息共享并参考联动,形成全国一盘棋。

(五)做好监测监管

做好生产和配送企业供应保障的监测监管工作,确保挂网产品及时供应不短缺,不影响临床使用,可利用供配指数对相关企业进行评价,对供配情况不好的企业要进行及时提醒约谈,直至撤网替换。做好对价格异常变动的监测监管，这是医药价格监测工程的重要内容之一，对价格上涨过快的产品要及时发现，必要时开展市场调查、函询约谈，纠正不合理价格上涨。根据平台采购数据，做好对医院采购行为的监测监管，发现医院是否只买贵的不买对的，尤其是在有廉价通过一致性评价仿制药的情况下，必要时可进行提醒约谈。

（六）参与医疗服务价格改革与管理

医疗服务价格和药品价格是医保局价格管理的两大领域，但两者规律大不相同。药品价格管理现在已经蹚出了路子，医疗服务价格改革仍然处于试点阶段，管理方法仍在探索之中。目前下发到省里集采平台的，主要是编制医疗服务价格指数。今年推进医药价格监测工程，省级医疗服务价格监测工作也会落在平台上。这些只是一个起点，医疗服务价格改革的任务比药品只多不少，更为艰巨。各省平台要在医保局指导下，积极参与医疗服务价格改革与管理工作。

（七）开展示范平台建设

近期我们下发了示范平台建设的文件，希望用两年的时间，在全国创建一批有亮点、有特色、符合新时代要求的医药集中采购示范平台。通过示范平台建设，带动各地补短板提功能强操作，在全国形成一批优秀的操盘手。各地要提高站位，充分认识示范平台创建的重要意义，结合以上工作，把平台建设好、运行好。示范平台建设方案遴选工作很快就要启动，入选示范的要做好示范工作，任重道远，为全国做好榜样；没入选示范的也不能气馁，要照着先进平台的目标前进，实现赶超，将来我们会设置相关指标进行评价。

**四、精心组织切实保障工作落地见效**

为保证各项工作稳妥有序开展、切实发挥效应，组织领导和机制建设缺一不可，下面我再提四点具体要求。

（一）认真学习领会，坚定不移担当

一是强化政治担当。各地集采机构要高度重视，提高思想认识，提高政治站位，统一思想、凝心聚力，强化政治意识，彰显政治担当，充分认识平台建设工作的重要性、复杂性，切实担负起主体责任，不回避矛盾，敢于触碰利益，以政治建设引领业务建设。二是周密制定工作方案。各地集采机构要抓紧组织学习、集中培训，学深悟透1号文精神。围绕1号文提出的总体目标和重点工作，结合各地实际制定地区工作方案，细化时间表，明确路线图，做到有计划、有步骤、有重点。进度安排方面，力争在2022年5月底前全部出台三年行动计划，把平台建设工作作为重大工程常抓不懈、久久为功，不折不扣推进接下来平台建设各项工作落地落实落细，再上新台阶。三是做好人财物保障。各地行政部门要从制度层面解决集采机构人财物保障等问题，通过灵活有效的人财物政策，以系统性的制度机制完善集采平台建设人财物保障，全面提升集采工作质效。

（二）建立工作机制，强化上下联动

平台建设工作要做到思想统一、步调一致、上下联动、横向协同。一是建立信息报送机制。各地集采机构要每季度上报工作进展，对平台建设工作中遇到的重大问题、突发事件和社会舆论关注的敏感问题及时报告，妥善采取措施，确保平台建设工作稳妥有序推进。国家医保局价采中心和省医保局要定期进行专项督导调度，定期开展现场调研指导，动态跟踪地方工作落实情况，建立通报机制，及时通报各地工作进展。二是健全工作推进体系。实行“每月调度、季度督查、半年通报、全年总结”的工作机制，以问题为导向，强化过程督办、调度评估、调查研究等工作链条，把控好细节，确保责任不软化、工作不缺位、进度不落后，持续推动全国集采“一盘棋”，努力形成以上率下、整体联动、层层推进的工作格局。

（三）强化绩效考评，抓两头促中间

一是充分发挥示范平台的带动作用。按照文件部署开展示范平台创建工作，鼓励先进、树立典型，调动各地集采机构参与示范平台建设的积极性，形成平台建设工作的“第一梯队”。通过创建工作，进一步激励地方集采机构聚焦工作难题，持续探索创新，形成可复制可推广的经验做法，带动集采工作取得新进展、新突破。二是充分发挥绩效评价的“指挥棒”作用。不断完善评价体系，形成正确导向，压实各方责任，健全奖惩机制，为各地集采机构深入开展示范平台创建工作提供指引，推动各地更好地把功夫下在平时。三是加强典型经验的系统集成和总结推广。各地集采机构要聚焦重大创新，挖掘先进经验，定期上报至国家局价采中心。国家局价采中心要加强对示范平台建设工作的指导，定期组织开展多种形式的经验交流，主动适应建设更高水平示范平台的新形势、新要求，在更高标准、更宽领域、更多层面、更大范围上开展示范平台创建工作，目标是将有效落实平台建设绩效评价的各项“硬举措”和正面宣传激励的“软环境”相结合，形成以示范平台建设为抓手、以绩效评价体系为支撑的建设路径，不断增强示范平台建设的辐射性和引领性。

（四）树立良好作风，打造一流品牌

一是心存敬畏，强化廉洁意识。医药集采平台处于各方利益博弈第一线，涉及招采机构、医疗机构和医药企业三者间重大利益调整，具有很高廉政风险。必须以高标准、严要求加以防范。既不能当“老好人”，也不能遇到问题绕路走，更不能滥用职权、沆瀣一气。要切实压实党风廉政建设主体责任，筑牢拒腐防变思想防线，强化自我约束，提升风险防范意识。要在法律法规的框架内和党纪政纪的要求下有序开展工作，坚决杜绝任何形式、任一环节的贪污腐败和权力寻租，切实做到心有所畏、行有所止，共同营造风清气正的集采环境。二是将“服务”作为集采工作开展的出发点和落脚点。平台的价值在于服务，要代表政府服务好人民群众，服务好医疗卫生机构，服务好药品、医用耗材生产企业，为各方创造价值；要充分利用信息技术，开展实时价格信息共享与联动和资审共享，要让信息多跑路，企业少跑腿，做到材料一次提交多方使用，努力成为建立服务型政府的重要窗口。

同志们，推进新时代医药集采平台建设责任重大、使命光荣、任务艰巨。让我们坚持以习近平新时代中国特色社会主义思想为指导，坚持以人民为中心的发展思想，秉持“改革创新、公正严谨、团结协同、敬业奉献”的价采精神，统一思想、攻坚克难、齐心协力、勇毅前行，持续提升完善平台功能，支持服务医药价格改革与管理，以优异的工作业绩迎接党的二十大胜利召开！

# 稳字当头　精心组织
# 扎实推进改革试点实施阶段工作
## ——在深化医疗服务价格改革试点推进会上的讲话

（2022年7月1日）

国家医疗保障局党组成员、副局长　陈金甫

同志们：

去年11月动员部署会召开以来，5个试点地区党委、政府高度重视，各部门紧密配合，改革试点工作平稳有序推进，取得良好成绩。今天推进会的主要任务是，研讨交流各试点城市的具体操作方案，部署推进首轮医疗服务价格调整工作。这次会议的召开，标志着深化医疗服务价格改革试点已经正式进入实施阶段。刚才，5个试点城市分别报告了首轮价格调整方案和工作计划，专家团队提出了很中肯的点评意见，财政部、人力资源社会保障部、国家卫生健康委有关司局同志提出了针对性、建设性工作要求，我都赞同，各试点城市要认真吸收、抓好落实。下面，我讲三点意见。

### 一、充分肯定改革试点取得的阶段性进展

医疗服务价格是人民群众最关心最直接最现实的利益问题，党中央、国务院高度重视医疗服务价格改革和管理工作。2021年5月，习近平总书记亲自主持审议通过《深化医疗服务价格改革试点方案》。在过去的一年时间里，国家医保局按照中央决策部署，会同有关部门及时出台文件，研究制定《医疗服务价格改革试点操作指导手册（暂行）》等配套文件，并与省级医保局一道直接指导5个试点城市开展了大量的调查、研究、论证、推演、测算工作，分别形成了实施方案和操作细则。总的来看，改革试点进展顺利、开局良好。

第一，扎实开展基线调查。基线是改革的出发点，是成效的评估线，也是改革的初心。改革从问题出发，基线调查全面反映了改革起步之初的现实状况，这里面不仅是一组数据，一种情况，也是原有体制机制运行的状况和问题。针对这些问题，我们形成改革方案，描绘今后发展目标，所以说基线是改革的初心，做好基线调查具有基础性支撑性意义。2021年10月，在遴选试点城市的过程中，我们就组织专家设计了基线调查方案，收集并反复核实数据，做到底数清、情况明、数据准，确保改革实施操作具有扎实的数据基础。一是2020年5个试点城市覆盖人口近3800万人，占全国总人口2.6%，GDP总量3.9万亿元，占全国GDP 3.9%，卫生总费用近2000亿元，占全国卫生总费用2.7%，反映出虽然仅有5个城市，但覆盖人口、经济规模、医疗体量都不小，区域代表性很强。二是5个试点城市基本医保统筹基金累计结余可支付月数平均为14.5个月，反映出改革的底盘支撑是足够坚实的，但内部结构不平衡，这也是全国的普遍现状。三是5个城市基本医疗服务项目平均5512项，厦门最多8952项，乐山最少3346项。这组数据反映出，一方面各地医疗服务能力有较大差距，另一方面医疗服务价格项目亟待统一规范。四是5个试点城市医疗服务收入在总费用中的占比在18%~29%，全国平均水平是27%，反映出医疗机构医药收入总体上还是依靠药品耗材和检查化验，改革任重道远。这些基础数据为我们准确

了解现状、全面把握问题、聚焦各地重点，针对性制定医疗服务价格动态调整方案提供了可靠的决策依据，是改革试点取得实效的第一步。必须经常回过头看看我们的出发点，检视问题解决了没有、预期成效如何。

第二，探索建立与经济社会发展相适应的总量调控机制。各试点城市采取"历史基数+增长系数"的方法确定公立医疗机构医疗服务价格增长总量，比如，赣州明确了整个试点期间的调价总量，整体控制在历史基数10%以内，即2022—2025年总空间为3.85亿元，体现了全周期贯彻落实总量调控的改革理念。同时，5个试点城市结合实际，审慎确定了代表"控制阀门"的增长系数，与GDP、CPI、人均可支配收入增速、医保基金收支增速等宏观指标挂钩，大致控制在2019年医疗总收入的0.5%左右，基本实现价格调整力度和覆盖范围与本地区经济发展、医疗技术发展、社会承受能力相匹配。

第三，初步形成灵敏有度的价格动态调整规则。各试点城市均明确一年一评估，分类设计通用型和复杂型医疗服务价格动态调整的启动条件和约束条件，符合条件的，在总量控制的范围内，有升有降调整价格。其中，通用型的启动条件与城镇单位就业人员平均工资增速挂钩，约束条件与CPI等指标挂钩；复杂型采取多指标评分模式，参考的指标数量达到30多个。可以说，已经初步明确了价格调整的启动条件和约束条件，基本解决价格调不调、何时调的窗口难题。

更难能可贵的是，通过制定实施方案和操作细则，各试点地区的改革意识全面提升，对党中央、国务院决策部署的理解认识更为深刻，对国家文件的学习把握更为清晰，对本地区现状难点的了解掌握更为全面，推进改革试点的方位感、使命感、责任感更为强烈，改革的历史主动性显著增强了，这是我们从方案制定阶段进入实施阶段的底气所在和前提条件。当然，对照党中央、国务院的要求，还有一些不足之处。一是在改革方向和总体目标的把握上还需要更加坚定。这项改革试点是系统性工程，关系公立医院高质量发展和公益属性体现、群众就医费用负担控制、医保基金长期可持续，是多重矛盾的汇集点，也是多方利益的平衡点，协调难度很大，加之新冠疫情多点散发，经济预期转弱，医疗机构及群众收入均受较大影响，改革实质性操作压力不小，需要增强攻坚克难的坚定信心。二是具体方案、规则、程序还需要更加精准严密。比如，政府主导、医院参与的价格形成的制度、机制、规则、程序还要结合实践进一步打磨完善，系统集成、协同高效的改革格局还要克服部门成见进一步拓展等。上述两点是决定改革实效的重要问题，需要在完善操作细则和实质性操作过程中予以坚守与完善。

同志们，以今天会议为标志，改革试点正式进入实施阶段。大家要继续深刻把握深化医疗服务价格改革试点的重要意义，切实把思想统一到习近平总书记的重要指示精神上来，在前期工作、良好开局的基础上扎实推进，力求实质性突破。

## 二、科学把握改革试点实施阶段的重点环节和基本要求

在上次动员部署会上，我专门讲过改革和调价的关系，强调调价不是改革的全部，改革试点的中心任务是要在调价中探索形成一套科学合理的价格形成和动态调整机制。这对关系在实施阶段更要把握好，调价是改革整体过程中的一个具体实践，改革中的调价不是一般工作意义上的调价。这就好比河道与水流的关系，改革是开凿运河，调价是放水试航，现在5个试点城市按照施工图都凿好了新河的雏形，接下来就是放水试航。检验河道是否通畅、是否科学、是否可靠，前提是把河道规划好，水流自然就能理顺，不能本末倒置，单纯追求放水的结果，忘了开新河的初心使命。大家要高度重视第一次实质性操作试验，重点把握好以下几个关键环节和基本要求。

第一，梳理问题，找准方向。从问题导向到目标导向，通过价格调整使两者搭上线，这是价格调整与价格改革同频共振的必然要求、第一要求、具

体方向。要摸清并梳理价格调整面临的突出矛盾，广泛征求医疗机构意见，把价格调整工作放到改革的大方向上，围绕深化医疗卫生体制改革方向、公立医院高质量发展要求，调动医务人员积极性，重点解决长期存在的价格矛盾问题。从各试点城市报告的情况看，首轮价格调整方向总体符合这个要求，充分反映了问题和目标的强烈关联。

第二，寻求平衡，做好测算。改革是解决诉求、平衡利益的过程，最后要落到客观可靠的数据上。要通过精准测算寻求平衡，包括总量平衡、结构平衡、横向平衡、效果平衡，这些都要统筹考虑、精准测算、留有余地。也即要测算价格调整总量对价格总水平的影响、对医疗机构的影响、对群众负担和医保基金的影响、对需求满足效果的影响，还有对落地执行情况的预测，也就是说调价总量可能是1000万，实际落地到2000万怎么办，这些都要在实质性操作前做好预判、提前把握、合理应对、确保可控。

第三，明确程序，完善规则。在改革框架、基本政策的范围内，探索建立一套程序和规则体系，是改革试点的重中之重。总量测算结果、分配方案出来以后，进入医疗机构实际申报价格调整阶段，要有一套完整科学的程序，至少要包括启动评估、公告价格规则、医疗机构报价、医保部门审评形成价格方案、医疗机构参与论证、听取部门意见等程序。其中，对于引入医疗机构参与，要建立一套清晰合理的规则体系，让医疗机构的意见和诉求可以直接内嵌到自己的项目报价中，让各个医疗机构的项目报价按照规则就可以直接生成新的价格，用规则来解决行政机关自由裁量权过大和过去征求意见流于形式的问题。

第四，把握节奏，稳妥落地。在改革进度安排方面，要抓紧完善具体方案，不要求整齐划一实施价格调整，各试点城市要把握好调价的节奏，力争三季度完成首轮价格调整工作。国家医保局将组织专家团队密切跟踪监测，在基线调查基础上做好试点评估。目前，我们已经初步组建了改革评估专家团队，提前介入改革试点工作。要坚持试点城市自评与专家评估相结合，坚持改革与评估工作同步，确保评估的科学性、准确性、及时性，切实发挥评估结果对推进改革的指导性作用。

第五，完善配套，协同推进。针对价格机制运行中的配套机制缺陷，各试点城市要统筹研究公立医院补偿机制、分级诊疗、医疗控费、医保支付、薪酬制度等配套改革，统筹相关部门制定完善配套政策。各试点城市医保部门要加大协调力度，大力争取地方党委、政府的重视和支持，推动相关改革措施衔接协同，有关进展情况和成效不足也要列入试点考核评估的重要内容，以切实增强改革的整体性、系统性、协同性，形成综合效应。

以上是我们以调价为抓手、以改革为实质内容，进入实施阶段的五大重要环节，大家要对照梳理、抓好落实。此外，我再强调三个关键问题。

一是建立更可持续的总量调控机制。不管从医疗服务收入体量影响价格总水平的角度看，还是医疗服务价格关系群众负担和共同富裕的角度看，医疗服务价格都已经从专业领域的具体问题上升为经济社会宏观管理问题。因此，医疗服务价格调整必须做到调之有据、波动有度、留有余地、结果可检。在总量测算环节，既要回应医疗机构的诉求，也要考虑人民群众的关切，还要留有余地，不能测算是一个数、执行是一个数，要建立全周期跟踪监测机制，定期评估总量调控执行情况，对超额执行总量的，要有纠偏修复机制，预先设计好应对措施，如在年度和年度之间进行再平衡，确保在总量机制内部失灵的情况下有良好的外部应对调节系统。

二是引入医院参与价格形成。在价格分类形成机制方面，引入医院参与价格形成是这次改革的重大突破，是从利益源头上建立规范有序的价格形成机制，改进利益调节的指挥棒，激活利益主体的主动性。因此，在实施阶段，务必要把医院参与这个点做实做细。要厘清职能、明确责任、探索机制、形成规矩，摒弃单一的政府定价思维，树立公平竞争、平等协商形成价格的理念，要有周密的程序、规则体系，光提要求是不行的，必须具体到程序规则层面，好比交通规则，是管理者跟被管理者共同遵循的规矩，双方都提前知晓，双方也都必须执行。医疗机构报价后，在机制和规则的框架内，用数据和事实消除分歧、达成共识，避免没有衡量标准的争论，让价格形成变成大家自己的事，在各环节上发挥各方应当发挥的作用，承担各自应当承担的责任，包括医疗机构执行价格的主体责任。总结起来：第一，医疗服务价格不能一方说了算。引入医疗机构的参与，实际上就是建立起价格管理部门与价格管理相对利益人之间共同参与的机制。第二，不能还是单纯的定价思维。要发挥公立医疗机构作为责任主体在利益调节过程中的重要作用，把医疗服务价格的指挥棒传导到公立医疗机构的内部收入分配。第三，运行中有责任体系，各方履行各自责任。医保部门承担法定的政府价格管理职能，医疗机构既要执行终端的医疗服务价格，也要参与前端的价格形成，各方都要参与进来，承担起应负的责任。

三是通过医疗服务价格改革推动公立医疗机构践行落实公益性。中央全面深化改革委员会第十九次会议提出，要强化基本医疗卫生事业公益属性，建立合理补偿机制。大家要全面深刻领会中央精神。首先，医疗服务价格改革的战略目标之一，就是实质性推进公立医疗机构沿着强化公益性的方向深化改革，这是一个很大的命题。公益性是写在我国基本医疗卫生事业旗帜上的，但如何去落实公益性，实际上还没有完全破题，群众仍觉得看病难看病贵，医务人员薪酬评价标准还没有明确。公益性的界定指标、质量指标、基准参数等，这些都需要通过综合改革来实现。其次，医疗服务价格改革与强化公立医疗机构公益性之间存在相互关系，在这个相互关系中，医疗服务价格改革要发挥杠杆作用，引擎作用。过去的20多年，医保基金与医疗机构之间的第三方购买关系促进了医疗事业的高速发展，但发展中没有解决效率、资源均衡、技耗价值合理回归等问题。医疗服务价格作为一个支点，能不能平衡好公立医疗机构的高质量发展和医务人员的技术劳务回报，需要通过科学的内部分配和财务核算来实现，这一块是深化医疗服务价格改革的应有之义，也是改革探索的重点难题。最后，如何去发挥引擎和传导作用，目前还没有成熟的答案和清晰的思路，需要5个城市在具体的试点过程去探索。我提出一些想法和大家共同研究，要打通相关改革的壁垒，形成更大范围的综合配套改革。一方面，要加强政策协同，把国家层面的政策协同转化为地市可操作的执行协同。另一个方面，要研究建立宏观管理与医疗机构内部运营发展和薪酬分配制度相互传导又独自运行、各自负责的运行机制，关键是探索建立一套相互影响、作用、传导的指标体系与评价修正系数。从医疗机构运行评估开始，通过改革试点，把利益传导的数量关系找出来，破解相关制度传导中的数字密码，研究建立一套有效的利益传导机制，实现宏观管理严格落实、内部管理各司其职。

**三、精心组织实施首轮价格调整工作**

改革试点进入实施阶段，首轮价格调整是新河试航，成功与否、稳妥与否至关重要，各试点城市务必锚定目标、稳步启航、乘风破浪、行稳致远，不断开创改革试点新阶段的新局面。

第一，落实主体责任。各试点城市要高度重视，提高思想认识，提高政治站位，加强组织领导，切实担负起改革试点的主体责任，提高工作主动性、科学性、规范性。试点城市所在省医保局要加强全过程统筹指导，尤其是强化数据测算、明确程序、建立规则、系统协同等关键环节的督导，要定期开展现场调研指导，跟踪总结试点经验和不足，为省域内推广试点积累经验。同时，要压实医疗机构参与价格发现和执行价格的具体责任，引导医疗机构主动管控医疗服务成本、优化医药费用结构、拓展价格调整空间，坚持民主决策、开门问策、集思广益，在改革实践中播下改革的种子，努力扩大改革的同心圆。

第二，锤炼改革品质。一要有改革意识。改革精神是医保最鲜明的底色。改革要有层次、有成色、有方向、有空间，要始终心怀“国之大者”，培养改革创新的意识，坚守改革的基本方向和主要目标，牢记改革者的担当与格局。二要有发展意识。发展是解决一切问题的根本。要把医疗服务价格跟医疗技术发展、社会经济发展、医务人员薪酬和医疗资源均衡配置融合起来，把握好高质量发展方向。三要有共治意识。强化社会协商的治理理念，建立与医疗机构和医务人员沟通协调机制，充分听取各方意见建议，在决策源头上凝聚共识、化解分歧。四要有系统意识。改革要坚持系统观念，深化医疗服务价格改革是整个医药卫生体制改革的一环，不能单兵突进，更不能包打天下，要用系统观念去凝聚共识、推进改革。五要有廉政意识。防范廉政风险在于严谨制定并严格执行规则。要从源头、从制度、从规则等各方面形成全链条的反腐倡廉的保障机制，让规则成为各方共同的指南和遵循，确保在廉政问题上不发生零的突破。

第三，周密做好预案。改革涉及多种利益调整，每个阶段都可能引发风险，比如制度机制调整可能带来的风险，过度的舆情宣传也可能带来风险。各试点地区坚持底线思维，按照稳中求进、稳妥有序的工作基调，把握好工作节奏，不抢跑、不抢功。对外宣传口径和信息披露方面，要建立规矩、把握好度，主要是加强改革理念的宣传和机制规则的解读，不要急于宣传价格调整结果。要做好具体方案出台前的风险评估和应对预案，化风险于实践之前，避免引发重大舆情。对改革试点中遇到的重大问题、突发事件和社会舆论关注的敏感问题要及时报告，妥善采取措施，确保改革稳妥有序。

第四，完善工作机制。改革试点事关重大、涉及面广、时间周期长。要健全完善几项工作制度。一是逐级报告机制。从地市到省到国家都要建立报告制度，对报告方式、报告内容要再细化，但不能太频繁，要减轻基层负担，让大家把更多精力放到改革的推进工作上去。二是沟通协调机制。要充分发挥各级改革试点小组的作用，围绕重大政策、重要规则、重点技术支持、综合配套改革等进行高效的纵向、横向沟通协调。三是研讨交流机制。要建立试点城市、相关部门、外部专家等参与的常态化研讨交流机制，围绕着改革试点遇到的重难点问题，定期开展研讨交流。四是阶段性工作推进机制。前一个阶段是方案制定，这个阶段是操作实施，下一个阶段做什么，国家和地方、部门之间要统筹谋划好工作推进的安排和计划，掌握好工作节奏。

同志们，在全国上下喜迎党的二十大召开之际，我们迎来中国共产党成立101周年。在新征程新起点上，希望大家凝心聚力，按照党中央、国务院的决策部署共同谋划、共同推进，创造新的业绩，以深化改革的优异成绩迎接党的二十大胜利召开。

# 砥砺奋进　提质升级
# 推动医保经办服务再上新台阶
## ——在全国医保经办服务规范建设培训班上的讲话

（2022年5月25日）

国家医疗保障局党组成员、副局长　李　滔

同志们：

今天我们举办医保经办服务规范建设培训班，主要任务是深入贯彻落实党中央、国务院决策部署，分析当前医保经办高质量发展面临的新形势和挑战，部署医保经办服务规范建设行动重点工作。刚才，相关负责人通报了2021年全国医保系统行风建设专项评价和全国医保经办机构专项整治有关情况，对经办服务规范建设工作也作了动员部署。重庆、北京、江苏、浙江、湖南、湖北、广西7个省份有关负责同志也围绕经办服务规范和提升工作作了专题发言，大家讲得都很好，值得相互学习和借鉴。下面，我讲四点意见。

**一、优化服务、开拓创新，“十四五”时期医保经办事业开局良好**

2021年是中国共产党成立一百周年，也是“十四五”开局之年。全国医保经办机构认真贯彻落实党中央、国务院的决策部署，按局党组要求，经办领域“放管服”、异地就医结算等工作快速推进，群众满意度获得感进一步提升，整体工作取得积极进展，成效显著，为“十四五”时期医保事业良好开局打下坚实基础。

（一）坚持服务大局，出色完成疫情防控医保经办服务工作

新冠肺炎疫情暴发以来，全国医保经办系统以讲政治、顾大局的使命感责任感，高质量完成新冠肺炎患者医疗救治费用、新冠病毒疫苗和接种费用结算清算工作。先后完成两轮新冠肺炎确诊和疑似患者医疗费用的清算和财政补助费用的结算。通过各级医保经办机构预拨医疗机构专项资金，有效解决了患者诊疗与医疗机构收治患者的后顾之忧。同时累计结算疫苗费用1200余亿元，落实疫情防控费用保障。特别是去年以来在全国各地疫情反复期间，各地医保部门在国家医保局“五个办”要求的基础上，优化办事流程，创新服务方式，探索出了不少好的经验，出色完成了疫情防控医疗保障经办工作，便利了参保群众，助力疫情防控大局。

（二）坚持规范先行，医保经办制度化建设取得积极进展

国家医保局高度重视经办制度化建设，2021年陆续出台了《医疗保障经办政务服务事项操作规范》《医疗保障经办机构内部控制管理规程》及DRG、DIP付费经办管理规程等各项经办管理规定，通过建章立制、示范引领，不断推进医保经办服务标准化规范化建设。各地大力推进经办政务服务事项清单落地，积极打造了一批医保服务的示范点。山东出台12个医保公共服务省级标准，浙江高度重视医疗保障标准化工作，不断完善各项经办标准的制定、实施等相关制度，有力推动经办服务的标准化、规范化、制度化。

（三）坚持服务下沉，医保经办体系建设稳步推进

过去一年，各地医保经办机构在健全经办服务体系、完善服务网络上大胆探索、积极作为，其中江苏大力推进“15分钟医保服务圈”示范点创建活动；湖北、湖南打造一批基层医保服务点，让群众在身边享受高质量医保经办服务；安徽推进基层服务“网格化”，每个村或社区至少确定1名医保管理员，夯实了基层经办力量；海南将群众需求量大、办理频次高的医保服务事项与分布广泛的金融机构或医疗机构合作，实现经办服务覆盖扩面。全国医保经办服务体系建设稳步推进，经办服务不断向基层延伸。

（四）坚持稳中求进，各项医保经办工作取得更大成效

一是切实加强参保质量源头管理，基本医保关系转移接续更加顺畅。为提升参保质量、加强参保和转移接续全流程动态管理，2021年着重在参保登记和转移接续两方面发力。一方面会同财政部、国家税务总局印发《基本医疗保险参保管理经办规程》，统一规范经办流程，同时提出强化参保登记源头控制，用统一的信息化手段解决重复参保问题，现在国家医保信息平台上开发的重复参保治理模块已经具备了查询、统计、提示、标识等功能。2022年下半年各地医保经办机构开展参保登记工作，要切实用好医保信息平台，省内避免出现重复参保，跨省重复参保要通过信息平台可比对可识别。另一方面会同财政部印发《基本医疗保险关系转移接续暂行办法》，取消转出地出具参保凭证和转入地出具联系函环节，材料流转由线下邮寄转变为线上推送，办理时限大幅压缩至15个工作日以内，实现了经办流程减环节、简材料，极大地便利了参保群众。

二是助力推进支付方式改革，101个试点城市经办服务落地实施。2021年DRG、DIP支付方式改革蹄疾步稳向前推进，三年试点行动圆满结束，通过各地医保经办机构的努力，实际付费取得实质性进展。国家医保中心制定DRG、DIP付费医保经办管理规程，在省级和试点城市组织实施规程培训，指导规范支付方式改革落地实施。北京、浙江、广西等地医保经办机构在全域范围内配合相关行政部门推进DRG支付方式改革，培养了一批了解医保导向，精通DRG、DIP的医院专家，支付方式改革落地实施实现良好开局。同时按照支付方式改革三年行动计划，2021年底国家医保中心联合北京医保中心等相关部门举办了第一届中国CHS-DRG/DIP支付方式改革大会，开幕式线上线下累计参加人次超过280万，分论坛参加人次超过270万，极大地扩展了支付方式改革的影响力，取得了良好的宣传效果。

三是坚持结算清零，打赢积压报销件清零攻坚战。2021年底，全国多地群众反映报销件超期积压问题，全国医保经办系统第一时间采取行动，对清理积压报销件作出专项部署。各省高度重视，迅速成立工作专班，压实属地责任，有序推进手工报销积压件“结算清零”工作。当时时值春节，面对数十万件积压件，大家加班加点、不讲条件，为了让群众及时尽快报销，充分发扬啃硬骨头的精神，加大手工报销力度，在一个月时间内全国累计办结积压件64万余件，保证了清零任务顺利完成，有效地避免了群体性事件和负面舆情产生。河南、广西、内蒙古、辽宁、黑龙江等28个省份在清零工作中克服种种困难，创造性开展工作，充分展现了医保经办队伍肯吃苦、能战斗的过硬作风。

四是有序开展审核结算专项治理，确保基金支出合规安全。过去一年，各地医保经办机构扎实开展常态化核查，认真落实审核结算专项治理各项要求，开展自查自纠，累计排查六大类200余个问题，与2020年同期相比大幅减少。同时工作中也涌现了一批好的经验和做法。比如，北京开展行业信用评价、行业风险评价，并将质量评价与总额费用清算挂钩，激励医疗机构诚实守约、提质增效；云南部分州市对初审通过的费用随机抽查复审，根据不同性质、规模的医疗机构，不同类型费用和结算量合理设置抽检率；安徽多地将考

核评分与日常检查频次及约定服务范围挂钩，对评定低等级的医疗机构在年终清算加大审核力度。

五是加快推进跨省异地就医直接结算，人民群众满意度不断提升。2021年全国医保经办系统坚决贯彻党中央、国务院决策部署，加快推进跨省异地就医直接结算工作，启动了高血压、糖尿病、恶性肿瘤门诊放化疗、尿毒症透析、器官移植术后抗排异治疗5种门诊慢特病相关治疗费用跨省直接结算试点。截至2021年底，所有统筹地区开通了普通门诊费用跨省直接结算，所有省份都启动了门诊慢特病跨省直接结算试点，所有统筹区都上线了国家统一的异地就医备案服务系统。全国住院、门诊共联网14.6万家定点医疗机构，惠及群众就医2416万人次，累计减少群众垫付1680亿元。同时，不断强化业务协同管理，促进跨省异地就医经办服务提质增效。北京、河北、上海、山东、广东、贵州等省份及时响应国家跨省异地就医管理子系统中的业务协同，切实提高了异地就医经办工作效率，使跨省异地就医直接结算更加便捷和顺畅。

六是深化“放管服”改革，持续推进医保系统行风建设。落实党中央、国务院“放管服”改革要求，聚焦群众反映强烈的痛点难点堵点问题，2021年如期实现国务院要求的基本医保参保信息变更、居民医保参保登记、医保关系转移接续、异地就医结算备案、门诊费用跨省直接结算及定点医疗机构基础信息变更等6项高频事项“跨省通办”。同时，医疗保障系统连续三年开展行风建设专项评价，推动各地及时整改行风建设中存在的短板和问题，群众对经办服务的满意度不断提高，医保经办机构的服务意识、能力和水平进一步提升。

七是开展“学党史办实事”典型案例评选活动，形成一批先进典型案例。在2021年党史学习教育中，各地医保经办机构积极参加“我为群众办实事”活动，聚焦解决群众急难愁盼问题，评选出全国48个优秀典型案例。例如，浙江湖州围绕“就近办、规范办、贴心办、智能办”提升基层服务便民度；四川成都疏堵治痛，畅通异地就医费用结算服务“最后一公里”等，形成了一批可推广、可借鉴的示范典型。

同志们，过去一年取得的成绩来之不易，是党中央、国务院的正确指引，国家医保局党组的坚强领导和全国各级医保经办机构共同努力的结果。但是，我们也要清醒地看到，目前医保经办工作还存在一些短板和弱项。我们要“刀刃向内”，对照经办审核结算专项行动及基金监管飞行检查中发现的问题，查找自身的短板和不足，如部分经办机构仍存在管理不够精细、基金审核不够规范、作风建设不够深入、群众办事不够便捷等。对于这些不足和问题，我们远没有到可以松口气、歇歇脚的时候，必须高度重视并切实加以解决。

## 二、提高政治站位，深刻认识经办服务面临的形势和挑战

（一）医保经办规范化建设是适应医保经办治理能力现代化的要求

当前，随着国际、国内经济社会形势变化、疫情防控工作需要，为了更好地稳住经济大盘，更好地保障社会民生，党中央、国务院持续推进“放管服”改革，为医保部门开展经办规范化建设、持续优化经办服务指明了方向。一是要求全国政务服务平台逐渐走向统一，形成全国一盘棋的社会治理格局，实现政务服务平台“一网通办”，推进高频政务服务事项“跨省通办”。二是要求全面实施政务服务“好差评”制度，增强服务意识，推进企业和群众办事“最多跑一次”，“一窗口办理”，减轻企业和群众负担。三是要求进一步简政放权，制定政府部门权力和责任清单，减少自由裁量权，清理证明事项，放宽准入限制等。这些都为今后的医保经办工作提出了新的要求。全国经办系统必须把思想和行动统一到党中央决策部署上来，深刻把握好大局大势，提高政治站位，深刻认识医保经办规范化建设的重要性和必要性，增强推进医保经办规范化建设的思想自觉和行动自觉。

（二）医保经办规范建设是适应新时代医保高质量发展的需要

近年来，医保领域的各项改革成果有目共睹，多项改革政策不断出台。医保经办是各项改革政策落地的重要承接载体，各级经办人员要进一步增强责任感和使命感，加紧学懂弄通医保各项改革政策，提高经办落地能力。同时，全国统一的医保信息平台全面建成，面对新平台全国一张网的新形势，也为医保经办创新管理手段和服务方式带来了新的机遇和挑战。我们开展管理服务规范建设，就是要建立一个主动适应新形势、应对新挑战的医保经办服务体系，更好地推进医保事业高质量发展。

（三）医保经办服务规范建设是适应人民群众对美好生活向往的需要

医疗保障是减轻群众就医负担、增进民生福祉、维护社会和谐稳定的重要制度安排。医保经办机构既是各项医保政策落地的“最先一公里”，也是服务群众的“最后一公里”。医保经办服务工作的好坏，直接影响着群众的满意度、获得感和幸福感。随着医保事业快速发展，人们对医保经办服务水平的要求也越来越高，如何提供高水平高质量的医保经办服务，如何提升医保经办服务的温度和人民群众的满意度，是经办机构需要研究的新命题。我们组织开展经办服务规范建设，就是要以行百里者半九十的清醒，认真查找服务中不尽如人意的地方，对现有制度、流程进行系统梳理，不断提高医保经办服务的质量和水平。

## 三、坚持以人民为中心，不断优化服务，全面推进医保经办规范建设

近期，国家医保局印发《医疗保障经办管理服务规范建设专项行动工作方案》，以习近平新时代中国特色社会主义思想为指导，坚持以人民为中心的发展思想，围绕经办机构规范化建设，提出了“一满意两加强”的目标，带动全国医保经办机构实现规范有序、服务便捷、作风优良，推动医保经办服务达到新水平。

（一）坚持规范统一，让群众办事报销更加便捷满意

一是在“统”字上入手，推动经办服务事项的统一规范。2020年国家医保中心出台了医保政务服务事项清单，规定了10个方面28项具体事项。2021年又发布了政务服务事项操作规范，旨在逐步破除服务事项清单不统一、操作规范不一致、经办流程不便捷等问题。目前来看，绝大部分地区落实得不错，但少数地区执行落地仍有不足，要持续在落实医保政务服务清单、操作规范和规程办法，不断提升医保服务流程标准化、规范化和便捷化上下功夫。

二是在“简”字上下功夫，实现医保政策解读准确到位、归并简单明了、宣传清晰易懂。经办人员要加强培训，查询方式要多元畅通，实现“咨询有渠道、政策答得清”，让老百姓清晰准确理解医保政策和办理流程，增强群众满意度。近年来，医保制度不断完善，各地出台了一系列待遇保障政策，重庆等地对这些政策进行了系统的梳理、简化，使政策便于掌握、便于理解、通俗易懂，提供了很好的经验。

三是在“并”字上发力，实现线上线下并行。要充分利用新建立的医保信息平台，充分利用大数据、云计算、人工智能等信息技术，推进高频事项全程网办，不断提升线上可办范围。要优化流程完善功能，实现“一件事”集成办理，推行“掌上办、网上办、自助办”。同时，要坚持传统服务方式与智能化服务创新并行，落实医保经办大厅设置和服务规范相关要求，医保经办服务窗口要实现综合办理，实现一次告知、一表申请、一窗办成，注重提升老年人和特殊人群服务便捷性。

（二）坚持综合施策，让两定机构结算更加公开透明

从审核结算专项治理和医保基金监管飞行检查情况来看，两定机构（定点医疗机构和定点零售药店）违约违规时有发生。医保经办机构作为协议管理的主体，必须综合施策，完善两定机构管理。一是加强两定机构的协议管理，用好协议管

理这个手段。按照两定机构管理办法开展定点医药机构的评估准入、协议签订和履行，充分发挥医保协议的作用，加强协议的约束，强化违约责任的处理。推动定点医药机构绩效考核结果与医保付费、清算及协议续签、终止等措施挂钩。建立健全与定点医药机构的协商共治机制，完善协商谈判和争议处理。二是强化医保基金结算方式管理。科学编制总额预算、区域预算，狠抓总额预算下的多元复合付费方式改革落地，建立完善与定点医药机构的协商谈判机制和结余留用机制，实行总额预算额度与定点机构医疗服务质量、协议履行、绩效考核结果等关联挂钩。严格落实DRG、DIP经办规程，确保DRG核心分组、DIP病种目录库分组规则与国家保持一致。各地要提升经办能力和水平，加大培训力度，培养出一支专业化、水平高、能力强，真正让医保政策实施落地的经办队伍。要规范月度结算和年终清算，优化基金结算流程，确保基金的预付、结算、清算等工作及时精准到位，在总额分配、年末清算等关键环节算清、算明基金"一本账"。三是要落实审核责任。加强两定机构费用审核管理，对定点医药机构申报的费用执行规范的初审、复审等各种审核制度，坚决防范医保经办机构的违规支付行为。在2021年基金监管飞行检查中，暴露了两定机构违规基金支付问题，各地一定要予以重视，"把好关""守好门"，把付出去的每一笔基金算清、算明，真正地做到履职尽责。四是要抓好智能审核。高质量建设完善审核"知识库""规则库"，更好地发挥大数据分析和智能审核效能，切实降低人为风险。

(三)坚持"刀刃向内"，让医保基金支付更加合理规范

目前，医保经办机构内控工作总体看各地都很重视，能够落实到位，但仍存在一些问题。必须强化经办机构规范管理，认真落实《医疗保障经办机构内部控制管理规程(试行)》。这个规程对各级医保经办机构的职责边界进行了明确划分，是规范经办机构内部管理的指导性文件：一是落实内部风险控制制度，完善内控机制。按照制衡原则合理设置岗位，明确岗位类型、职责、权限，严格落实岗位责任制、不相容职责岗位分离制和重要岗位定期轮换制。二是要加强基金财务管理。经办机构要增强医保基金红线意识，严格落实基金财会制度，狠抓基金管理基础工作，严禁挪用医保基金等违规情况的发生。三是要开展内控检查评估。梳理经办机构内部管理和职权运行的风险点，针对经办机构内部控制风险防控清单中的76个核心环节，建立健全流程控制、风险评估、运行监控、内部监督等内控工作机制，强化责任追究，及时发现并有效防范化解安全隐患，坚决阻断因"职能职责不明确、岗位设置不合理甚至一人多岗一人多权"导致的经办机构内部风险，坚决防范医保基金安全风险。2022年基金监管飞行检查即将启动，希望各级医保经办机构要高度重视，按照岗位职责、制度安排和工作流程开展自查自纠，针对去年专项整治、飞行检查出现的问题举一反三，加强整改，避免既往出现的问题再次出现。

**四、强化组织保障，确保经办服务规范建设任务落地见效**

医保经办服务规范建设专项行动将正式启动，各地要加紧部署，真抓实干，出台一批医保领域便民利民的举措，形成一批亮点经验，树立一批典型示范。

一是加强组织领导。各地医保部门要高度重视，根据国家专项行动方案要求，加快研究制定本省实施方案。要建立完善工作机制，分管局领导靠前指挥，医保中心主要负责人亲自抓。要以此为契机，结合本地实际，统一全省制度框架，以统筹区为单位，认真谋划、抓好落实。

二是加强干部培训。各级医保经办部门要重视经办队伍的能力培训，通过专业培训、岗位交流、练兵比武等方式，提升干部的政策水平、专业水平、服务水平。要做到政策上"一口清""问不倒"，专业上"学得深""多思考"，业务上"上手快""办得好"。

三是强化考核监督。各级医保经办部门根据

职能分工和工作计划，认真做好医保经办规范建设考核评价工作。国家医保中心将结合飞行检查和行风建设专项评价，检验规范建设成效，总结先进经验，树立典型示范。各省医保部门要真抓实干，将典型做法及案例上报，国家医保局将适时在全国范围内通报表彰。

同志们，医保经办服务使命光荣，责任重大。让我们更加紧密地团结在以习近平同志为核心的党中央周围，始终把人民对美好生活的向往作为我们的奋斗目标，扎实做好经办服务各项工作，奋力书写医保经办高质量发展的时代答卷，以优异的成绩迎接党的二十大胜利召开！

# 扎实推动医保支付方式改革开新局见实效 以优异成绩迎接党的二十大胜利召开

## ——在按病组和病种分值付费支付方式改革培训班上的讲话

（2022年10月10日）

国家医疗保障局党组成员、副局长　李　滔

同志们：

这次举办按病组（DRG）和病种分值付费（DIP）支付方式改革培训班，正值三年试点任务圆满完成、新三年行动计划全面推进的关键时刻。主要任务是全面、深入、系统培训推进按病组和病种分值工作所需的基础知识和基本能力的培训工作，提高医保支付方式改革工作水平，推动改革行稳致远。

### 一、支付方式改革成效显著

深化医保支付方式改革是党中央、国务院作出的重要决策部署，也是深化医疗保障制度改革、不断提高医保基金使用效率的必然要求。三年多来，各地医保部门积极担当作为，勇于实践创新，支付方式改革取得可喜成效。目前工作进展表明，深化医保支付方式改革，有利于促进医疗机构主动控制成本，减少资源浪费，提高医保基金使用效率；有利于激发医疗机构回归医疗本质，突出核心技术，提高医疗质量和水平；有利于医保丰富管理手段和工具，强化医保基础性、引导性作用，提升医保“战略购买”能力。工作成效主要体现在以下四个方面。

（一）抓扩面推覆盖，工作进展快于预期

各地医保部门按照三年行动计划要求，加快推进统筹地区、医疗机构、病种分组、医保基金“四个全覆盖”工作，整体进展快于阶段性任务目标，部分地区在三年计划的第一年就已提前完成全覆盖任务。改革惠及面扩大，206个统筹地区开展了DRG/DIP改革，占全国统筹地区的52%。北京等9个省（区、市）已经实现省域范围内全部统筹地区实际付费。

（二）明方向重引导，杠杆作用初步显现

DRG/DIP改革的目的是提高医保基金使用绩效，用同样的医保基金支出购买更有价值、更高质量的医疗服务，更好保障参保人员权益。

一是促进参保人员获得感不断增强。参保人员获益是支付方式改革的出发点和落脚点。开展改革的统筹地区个人负担水平普遍降低，无锡、合肥等21个统筹地区个人负担费用的降幅超过10%。各统筹地区普遍设置基层病种，实行同城同病同价，引导常见病、多发病在低级别医院诊治，群众就医便捷性有所改善，就医均等化进一步提升，有效降低参保患者就医的经济成本和社会成本，就医满意度提高。

二是促进医保部门管理更加科学精准。DRG/DIP为医保部门提供了基于病种的管理手段，能够更有效评价医疗服务的效率和效果，更有利于做实医保考核评价和激励约束机制，从而提高医保基金使用绩效。开展改革的统筹地区医疗费用增长速度普遍明显放缓，基金支付能力明显增强，医保管理的科学性、专业性更加凸显，也更容易得到医疗机构的认同、支持和配合。

三是引导医疗机构进一步完善内部运行机制。DRG/DIP促进医疗机构提高医疗质量，医保结算清单、住院病案首页等的完整度、合格率和准确性大幅提高，CMI值上升、时间和费用消耗指数降低。促进医疗机构规范医疗行为、加强临床路径管理，临床路径覆盖病种数、完成例次、完成率等大幅提升。促进医疗机构内部精细化管理，更加重视成本核算、优化流程。医保与医院目标趋同，进一步支持和推动了现代医院管理制度和公立医院高质量发展。

四是引导医药产业创新发展。DRG/DIP通过核心要素动态调整机制和新药新技术除外机制，为新药品新材料新技术留出了空间。如北京等地建立新药新技术除外机制，引导新技术应用。哈尔滨在重点学科及疑难手术病组中设立57个重点激励病组，引导试点医院集中自身优势学科。吉林等省份确定中医优势病种，支持中医药、民族药传承创新发展。

（三）立标准建机制，改革内涵不断丰富

各地在实际付费过程中形成了一系列好做法好经验，改革内涵不断丰富。一是标准规范不断统一。DRG/DIP改革从单个统筹地区起步开展试点工作，目前正在向以省为单位统一部署、系统集成过渡，一些省份制定统一的总额预算管理、结算办法、监督考核办法，使用全省相对统一的DRG/DIP分组。二是制度机制不断完善。各地建立并不断完善分组、权重、费率、系数等动态调整、技术评价与争议处理等核心机制，丰富了管理工具，强化了医保治理效能。三是考核评价不断加强。各地普遍建立考核评价和激励约束机制，强化医保支付“指挥棒”作用，在保证基金安全的同时，不断提高基金使用绩效。

（四）打基础提能力，推动改革行稳致远

各地着眼夯实基础和提升能力，重点做了以下几方面工作。一是加强信息系统建设。国家统一开发上线了DRG/DIP功能模块，69个统筹地区开展了功能测试，全国统一的DRG/DIP功能模块加快部署。二是不断提高数据质量。84个统筹地区制定医保结算清单校验规则并应用，实现DRG/DIP付费所需数据信息实时传输，实现分组结果、有关管理指标的及时反馈和监管。三是强化培训加强能力建设。各省均对医保部门行政、经办及业务骨干开展了培训，建立了本省（区、市）的专家队伍，数量均在百人以上，有力保障了改革进程。

改革三年时间不长，但是成效已经初显。这些成绩的取得，离不开党中央、国务院的坚强领导和决策部署。只有在党的领导下，才能在这么短时间内完成复杂度如此高的工作，体现了中国特色医疗保障制度的优越性。

这些成绩的取得，还得益于全国医保系统来之能战、战之能胜的坚强作风。三年来，疫情防控、深化改革等各项任务交织，医保系统不忘初心、锐意改革、开拓创新，从统一思想到确定改革，从统一编码到建立技术规范，从上线信息系统到出台经办规程，大量的工作在短时间内有条不紊推进。事实证明，医保队伍是能战斗能战胜的优秀队伍。改革也得益于财政、卫生健康等相关部门的大力支持。

这些成绩的取得，是新时代医保治理能力科学化、现代化的具体体现。医保制度建立20多年来，都是实行按项目付费为主的支付方式。短短三年间，我们正在实现从后付到预付，从被动付费到主动付费，从项目付费到病种付费的转变，DIP还是具有中国特色的利用大数据开展支付方式的工具和手段。医保治理理念与能力在这项改革中得到彰显，有利于坚定下一步支付方式改革的信心，也有利于医保各项改革的推进。支付方式改革以势如破竹的势头已经在全国全面推开。在这里，对相关部门、各地医保战线的同志们表示感谢。

同时也要看到，我们取得的进展和成效只是初步的，离党中央、国务院要求，离广大参保人员的期待还有较大差距。改革发展不平衡不充分的问题仍然存在，改革涉及的利益调整难度加大。一是工作进度不平衡；二是思想认识不到位；三是政策工具不熟悉；四是对费用审核结算新形势不敏感。看到问题的同时，也要看到我们工作的新形势新机遇。一是中央全面深化改革委员会多次研究、明确要求,《中共中央 国务院关于深化医疗保障制度改革的意见》精准定位,医保“十四五”规划具体部署,为我们提供了坚强的政治保证。二是药品和医用耗材集中带量采购、支持中医药传承创新发展、公立医院绩效考核、公立医院高质量发展等政策,为我们提供了更加协同、更加友好的工作环境。三是三年试点形成大量好的做法经验,培养了大量精通改革的领导、专家和专业骨干,统一的国家医保信息平台、统一的15项医保业务编码全面落地并不断完善,为我们提供了坚实的基础支撑。四是DRG/DIP改革红利加快释放,参保群众、医疗机构、医药产业、医保基金多方受益,改革的接受度和支持度不断提高,改革氛围不断优化,为我们提供了宽松的社会环境。我们要把握机遇,坚定信心,乘势而上,坚定不移推动DRG/DIP支付方式改革全面落地见效。

## 二、扎实推进支付方式改革重点工作

三年行动计划确定了抓扩面、建机制、打基础、推协同四个方面共16项主要任务,各省级和统筹地区医保部门结合当地实际情况,制定了具体的实施方案。下一步关键是抓落实。当前要重点抓好以下三个方面工作。

(一)抓覆盖,确保完成三年行动计划阶段性目标任务

“四个全覆盖”是硬任务,也是今年医改任务的考核指标,必须落实到每个具体省份、每个统筹地区和每个医疗机构。

一是抓进度,确保完成今年阶段性目标。目前还有13个省份统筹地区覆盖率未达标。未达标省份要切实增强紧迫感,逐一明确任务单、时间表、路线图,加强督导调度,确保相关统筹地区高质量启动实际付费工作。统筹地区要充分发挥支付方式改革主体作用,加强领导,落实责任,明确责任人,落实工作机制,确保各项工作落到实处。省级医保部门要加强技术指导,加强工作交流,充分利用示范点及其他先行改革地区经验,帮助新改革地区解决改革中的困难和难题。

做实DRG/DIP改革,关键还是要在医疗机构落地。部分医院、部分病种搞支付改革,搞盆景式改革,不可避免会产生洼地效应等问题,不可能达到改革效果。已经实际付费统筹地区医保部门,要对照40%医疗机构覆盖率的要求尽快补齐短板。要从目前以三级医院为主向二级医院、向全部有住院服务的医疗机构推开。统筹地区医保部门要充分发挥先行改革医院示范作用及专家力量,加强对新启动改革医院住院病案首页质量、医保目录管理、临床路径、信息接口改造、医院绩效考核分配等方面的培训。

深化医保支付方式改革的一个主要目标,就是按项目付费占比明显下降,这就要求确保病种分组和基金支付覆盖到位。实现病种全覆盖和基金全覆盖,就是要不断优化分组、调整结算办法,把更多的住院病例纳入DRG/DIP结算。要通过各种政策,鼓励医疗机构规范填写医保结算清单、收费明细等信息,开展病种成本管理,减少入不了组的情况。各统筹地区医保部门要始终把基金覆盖率作为衡量改革推进情况的核心指标,通过医疗机构、病种覆盖达标,最终实现基金覆盖率达标。

规范分组是提高病种覆盖率的重要环节。目前,医保版诊断和手术操作编码已经升级到了2.0版,并已经部署到医院端使用。DRG付费技术指导组、国家医保研究院也正在根据最新的数据和临床论证结果,开发DRG/DIP的升级版本。医药管理司正在制定DRG/DIP分组调整方案,使之更贴近临床、更符合医学规律、更支持基金的可持续使用。进一步畅通“医疗机构—统筹地区医保部门—省级医保部门—技术指导组—国家医保局”的沟通渠道,不断完善各地分组方案。

二是上系统,为实际付费提供基础支撑。DRG/DIP实际付费离不开信息系统支持。各地要把信息系统建设作为一项基础工程,抓紧抓好。国家医保局专门开发了支付方式管理子系统DRG/DIP功能模块,明确要求新开展改革的统筹地区,使用全国统一的DRG/DIP功能模块;已经

实际付费的统筹地区，要抓紧对DRG/DIP功能模块进行比较测试，尽快进行系统切换。为推进系统建设，国家医保局建立了监测点工作机制，集中攻关、重点突破，滚动选点、压茬推进，聚集数据质控、数据抓取和数据应用三个方面，快速扎实推进以DRG/DIP功能模块为重点的支付方式管理子系统建设。首批6个监测点城市要主动探索，建立定点医疗机构上传数据的质控规则、横向抓取数据的质控规则、上传国家平台数据的质控规则三大质控规则。通过质控规则，高效率发现问题，通过问题整改，迅速夯实数据、信息基础。要加强DRG/DIP功能模块的应用，当好探路人、排头兵。

三是保结算，确保群众医疗服务不受影响。正常的医疗服务结算不能因为支付方式改革受到影响，这是底线。要坚持先立后破原则，要注意新旧支付方式的衔接与转换，争取实现群众无感转换。医保经办机构面对新改革，也面临新系统，在多重任务压力下，要加强工作预演和风险分析，事先排解风险隐患。要针对DRG/DIP付费特点，针对“最后一公里”，做好预算管理、审核结算清算等工作。

（二）强机制，有效发挥DRG/DIP改革的杠杆功能

DRG/DIP不仅是新的支付手段，更是很好的管理工具和治理机制。要充分发挥DRG/DIP的管理功能和导向作用，调动医疗机构参与改革的积极性，同时加强医保监管，提高医保基金使用效能。

一是完善协商谈判机制。DRG/DIP付费是一种前瞻式付费，即医疗服务供需两侧以约定方式，由医保提供费用、医院提供服务，需要双方对费用的合理性进行认可。各统筹地区从政策制定到细化分组再到权重调整，以及支付政策的完善，整个过程均要由医保、卫生健康及医疗机构专家共同参与，要有效发挥专家作用，及时解决专业性、技术性问题，确保DRG相关政策科学合理。要用好协议管理机制，基于DRG/DIP付费的总额预算、考核结算、结余留用等要落实到定点医疗机构协议中，让医疗机构用得明白、结得清楚。

二是充分用好结余留用机制。结余留用是按病种付费的特征性机制之一，是支付方式改革激励约束的重要体现，有利于促进医疗机构从以收入为中心向以成本为中心转变，是医保医疗相向而行的基础。各统筹地区要根据实际情况制定结余留用政策，实际提供医疗服务不足的，继续按项目付费。要建立一种导向，只有既提供了足够有效的医疗服务，又有效避免了浪费，才能体现医务人员的劳动价值，才能得到结余留用收入。要做实结余留用资金，要算大账、守诚信，该支付给医疗机构的就一定要付到位，提高医疗机构参与改革的积极性。

三是探索完善特例单议机制。为提高医疗机构收治重特大疾病的积极性，对于住院费用超过分值标准一定额度的，可采取特例单议处理。在这个过程中，要加强与临床联动，成立医保、医疗机构都认可的评议组织，制定什么是特例、什么应该入组的机制，确定特例申报和审核的标准、规则和程序，既要做到给特例留空间，又不要成为不入组的豁免渠道。两个技术指导组也要进一步明确规范，统一标准。

四是强化基金监管机制。DRG/DIP支付方式改革并不能根除欺诈骗保问题，欺诈骗保还会以新的形式出现。必须在开展DRG/DIP付费的同时，针对新情况新问题，切实加强医保基金监管。要将DRG/DIP付费模式下衍生出的高编高套、分解住院、低标入院等违规行为纳入基金综合监管体系，建立以智能审核筛查、现场检查核实的全方位、多维度的全病组审核监管新体系。要完善医保信用评价机制，加强部门协调联动，将医保违规行为的检查处理与大型公立医院的协议管理、财政投入等相衔接。要对典型违规违法行为加大查处、打击和曝光力度，保持打击欺诈骗保高压态势。

（三）凝共识，形成推进改革强大合力

良好的改革氛围，可以为改革顺利推进创造相对宽松的环境。好氛围不是自然产生的，也不

是一蹴而就的，需要努力营造。

一是加强协调配合，增强医保改革联动。要加强医保支付方式改革与药品和医用耗材集中带量采购、药品耗材目录管理等政策的联动，与医保信息平台建设，与医保基金监管等形成改革合力。要加强与财政、卫生健康等部门，以及医疗机构、医药机构的交流互动，在分组调整、权重、费率确定等方面，坚持公开透明，取得最大共识。要与公立医院绩效考核、公立医院高质量发展等政策相向而行，增强改革效果。要指导定点医疗机构内部医务、信息、病案、医保、财务等部门主动对接，建立稳定的工作机制，定期对支付方式有关技术规范、分组方案、经办规程等进行完善。

二是加强舆论宣传，营造良好氛围。宣传的目的是把DRG/DIP这样一种比较复杂的改革向社会说清楚、讲明白，要讲普通话，通俗故事。要加强对社会尤其是参保人员的宣传解释，多用实例、数据说明改革给群众带来的好处。要加强对医疗机构的宣传讲解，争取医疗机构、医务人员对支付方式改革的理解、支持和配合，实现同频共振。医疗机构与患者联系最为直接，医保部门要主动将政策要求“送上门”，通过医疗机构主动向患者宣传医保支付政策。各省级和统筹地区医保部门要善于发现典型、树立典型、宣传典型，要充分利用各种媒体，广泛开展宣传，提升宣传效果。

三是加强人员培训，提升改革认同。DRG/DIP专业性强，要保证参与人员做到知行合一、增强认同感，离不开高强度、系统化的培训。各地要落实好“双百培训”计划，并在培训内容、培训形式上再下功夫。多组织交叉学习、会议培训、实际操练，提升培训质量，培训学员要涵盖行政、经办、专业骨干等。各省级医保部门要培养一批懂原理、会实践的专家队伍，指导省域完成全覆盖任务。各统筹地区医保部门要发掘DRG/DIP有关专业领域专家，形成复合型专家库，扎实推进改革前进。

同志们，建立多元复合支付方式是党中央、国务院部署的重要任务。在做好住院DRG/DIP支付方式改革工作的同时，各地还要积极探索门诊支付方式改革，开展按人头付费、按床日付费等多元复合支付方式改革。大力支持“互联网+”医疗服务医保支付政策，开展符合中医药特色的支付方式，进一步满足人民群众对医疗保障工作的需求。

## 三、全面抓好医药管理各项工作的组织实施

各地医药服务管理部门要统筹推进支付方式改革和其他各项医药管理工作，推动医药服务管理持续高质量发展。

（一）提高政治站位，持续做好新冠疫情防控相关费用保障工作

各地医药服务管理部门要深入学习贯彻习近平总书记关于疫情防控的重要指示精神，坚持人民至上、生命至上，坚持将落实新冠肺炎救治费用“两个确保”和新冠病毒疫苗“两项费用保障”作为各级医保部门重大政治任务，按照疫情防控工作统一部署，根据新冠疫情救治需要，准确吃透政策实质，切实做好需医保基金承担的疫苗费用和接种费用保障工作。要加强部门联动协同，准确执行不同阶段的疫苗议定价格，扎实做好月结算工作。要及时总结工作经验、核清存疑数据、优化工作流程，确保在建立免疫屏障方面，医疗保障有序有为。

（二）持续攻坚克难，扎实推进医保目录管理更加科学规范

按照《贯彻落实医疗保障待遇清单制度三年行动方案（2021—2023年）》要求，2022年要确保完成地方药品目录消化任务，尽快推动支付范围政策统一。一是要严守制度、严格规矩。各地要按照时间任务表完成地方目录消化工作，坚决杜绝地方突破国家规定擅自扩大基金支付范围等行为。要加强与国家局的沟通联系。二是收尾阶段要更加突出“稳”字。各地要继续加强对增补药品消化工作的跟踪监测，合理引导和关注舆论走向，指导定点医疗机构积极做好患者的解释说明工作，避免因消化工作影响患者临床用药，确保消化

工作平稳有序完成。三是要持续做好谈判药品“双通道”落地工作。针对各地在政策落地过程中出现的不统一、不协调的问题,要进一步研究细化政策措施,努力缩小地区间政策差异,持续提升患者受益公平性和政策可持续性。

同志们,建立管用高效的支付机制意义重大,使命在肩。在党的二十大即将召开之际,我们要更加紧密地团结在以习近平同志为核心的党中央周围,坚决扛起政治责任,以永不懈怠的精神状态,一往无前的奋斗姿态,扎实推进医保支付方式改革等各项工作,以实干实绩迎接党的二十大胜利召开!

# 锚定方向　奋楫笃行 全力铸造医保基金监管“利剑”

## ——在全国医疗保障系统飞行检查专题培训班上的讲话

（2022年6月22日）

国家医疗保障局党组成员、副局长　颜清辉

同志们：

为推动党中央、国务院决策部署落地落实，国家医保局党组研究制定了加强基金监管的工作方案，四部委联合印发了关于开展2022年度医疗保障基金飞行检查工作的通知。下面，我就贯彻落实好习近平总书记重要指示批示精神和局党组关于飞行检查的工作要求，谈一些自己的体会和看法。

### 一、充分认识飞行检查的特殊重要性

面对基金监管宽松软的现实，国家医保局创新监管方式方法，从2019年开始探索建立飞行检查制度。在近年来的实践中，飞行检查凭借其独特优势，为形成和巩固基金监管高压态势发挥了重要作用，已成为国家医保局的一个重要品牌和医保基金监管的一把“利剑”，越来越凸显其特殊重要性。

（一）飞行检查是贯彻落实党中央、国务院决策部署的重要抓手

医疗保障是减轻群众就医负担、增进民生福祉、维护社会和谐稳定的重大制度安排。作为这一制度体系健康运行的物质基础和动力源泉，医保基金的重要性不言而喻。国家医保局党组坚决贯彻落实党中央、国务院的决策部署，坚定不移把维护医保基金安全作为全系统首要任务，通过一系列强有力的手段，初步遏制了欺诈骗保普发、频发的势头，推动医保基金监管取得明显成效。这其中，飞行检查发挥了重要抓手作用。

一方面，通过飞行检查形成强有力的震慑效应，解决“不敢骗”的问题。飞行检查最突出的成效，不仅仅在于发现多少问题、处罚多少钱、处理多少人，更重要的是依靠其“利剑高悬”的威慑作用，倒逼整个医疗行业强化自律意识，规范医保基金使用管理。另一方面，通过飞行检查形成良好的示范效应，解决“不敢查、不会查”的问题。国家飞行检查为各地医保部门树立了典范，激发了监管部门“较真碰硬”的决心，成功查处了一批大案要案，取得了良好的社会效果。在此过程中，也塑造了一支跨部门、多领域、懂业务、能战斗的飞检队伍，加快促进了各地监管能力的提升。针对检查发现的问题及日常监管中遇到的重点难点问题，检查组成员和被检地监管人员进行了深入探讨。在相互交流借鉴中，既学习了彼此的检查方式和检查技巧，拓宽了工作思路；也破解了日常执法中一些困惑，提高了依法监管的能力和水平。因此，飞行检查既是检查别人、也是检视自己，既是精准把脉、也是传经送宝。凭借双向互动交流形成强大辐射之力，全面提升了各地监管队伍的检查能力，为守护医保基金安全奠定了坚实的人才基础。

（二）飞行检查是打击医保领域违法违规行为的重要利器

由于医疗服务领域技术性比较强，信息不对称，医保基金监管一直是一个难题。要破解这个

难题，需要科学严谨的态度和扎实细致的工作，不能蜻蜓点水、走马观花，否则就会"心知有诈，但也无可奈何"。作为医保基金监管的一块金字招牌，飞行检查之所以能成为"召之即来、来之能战、战之必胜"的有效监管武器，在于其三个方面的突出特点：一是检查对象的广泛性。这些年来，飞行检查从无到有、从小到大，检查对象从基层和民营医院拓展到大型公立医院，从定点医药机构拓展到医保经办机构，基本实现了对全国所有省份和各级各类监管对象的全覆盖。可以说，在飞行检查的"尖锋利刃"之下没有免检对象，真正做到了监管"无盲区、无死角"，有力消除了执法检查的"真空地带"，最大限度压缩了基金使用的"任性空间"。二是检查手段的随机性。飞行检查严格落实国务院关于"双随机、一公开"的有关工作要求，通过"以上查下"有效破解"同级监管"难题；通过交叉互检、现场抽签，实现检查人员和检查对象的随机性；针对个别机构还采取不预先告知、直击现场的方式，进一步放大了震慑效果。这些手段，充分彰显了飞行检查公开、公平、公正的特点。三是检查结果的权威性。飞行检查有一整套严谨的检查流程。事前精心谋划、充分准备，明确检查的重点内容，推动检查顺利开展；事中统筹协调、高效联动，广泛凝聚各方力量，推进检查有序进行；事后加强沟通、科学研判，充分听取被检机构意见，确保结果客观公正。得益于这一套客观高效的工作体系和飞行检查组扎实细致的工作，飞行检查可以在短时间内精准发现问题，并做到每个问题事实清楚、证据确凿，保障了检查结果的准确权威。

（三）飞行检查是构建医保基金监管体系的首要关口和关键一环

胡静林局长在2022年全国专项整治电视电话会议上专门指出，我们有多种监管方式，各有优势和特点，飞行检查侧重于点，专项整治侧重于线，日常监管侧重于面，要把三者有机结合起来，成体系地推进基金监管工作。他还强调，要通过飞行检查实现"点上开花"，既发挥利剑震慑作用，又及时发现普遍性、典型性、苗头性、领域性问题。从已有实践来看，飞行检查凭借其独特优势，能够快速撕开"口子"，实现查处一批、震慑一片的效果，同时也成为发现医保领域典型突出问题的第一道关口。对于其中一些问题，可以转入专项整治，集中全系统力量予以重点打击，从而促进各领域问题的逐步解决，并形成有效监管经验和规范制度标准，促进日常监管工作的开展。这样，我们就借助飞行检查实现了"点线面"相结合，构建起全方位、多层次、立体化的医保基金监管体系。

## 二、深入总结飞行检查的成功经验

国家医保局连续三年在全国范围内开展医保基金飞行检查，在财政部、国家卫健委、国家中医药局的鼎力支持下，截至2021年底，已组织160个检查组，累计检查332家定点医药机构、86家医保经办机构、40家商业保险公司，共查出涉嫌违法违规金额33.7亿元。经过不断摸索和创新，飞行检查的法治思维不断树牢、检查程序日臻完善、协调联动更加紧密、震慑效果卓有成效，已成为医保领域行之有效的监管手段，对巩固打击欺诈骗保高压态势、深度净化基金运行环境起到重要推动作用。总结起来，有几点经验弥足珍贵。

（一）严字当头，敢于较真碰硬

医保基金监管工作面临各种天然和现实的挑战，点多、面广、业务量大且监管力量相对比较薄弱，这也导致一些利欲熏心的不法分子利用监管难点铤而走险，侵蚀医保基金，损害群众切身利益。因此，必须严格执法，才能有效治理医保领域违法乱纪现象。话喊千遍，不如查处一案，唯有让制度长出牙齿，才能彰显监管的"硬度"。三年来，国家飞检出重拳、动真格，向各类触碰"红线"、超越"底线"的违法违规行为"开刀亮剑"。面对种种压力，各飞检组不以机构大而破规，不以问题小而姑息，始终把人民利益放在第一位，勇担使命、履职尽责，坚决维护了医保制度的严肃性，捍卫了医保监管的权威性，发扬了新时期医保人敢打敢拼的斗争精神。以某大型三甲医院为例，在查处其利用骨科耗材欺诈骗保问题上,国家飞检组顶住压力、迎难而上,仅用10天,就查实该院通过串换、虚记骨科高值耗材,骗取医保基金2334万元,并移交地方医保局依法作出行政处罚。随后,国家、省、市三级医保部门对查处情况进行公开曝光,在社会上引起广泛关注和强烈反响,有关话题一度冲上各大平台热搜榜,仅在微博的阅读量就突破2亿人次。通过这次查处,也向外界传递出在打击欺诈骗保、维护基金安全面前,没有法外之地、没有特权阶层、更没有“免死金牌”的明确信号,彰显了“零容忍”“无禁区”的坚定决心,有力巩固了“不敢骗”的高压态势。

(二)问题导向,创新方式方法

飞行检查在开展过程中,转变固有观念,打破固有思维,以问题为导向,在人员组成、工作流程、检查方法上进行了大胆创新。一是提高检查规格。提出由司局级干部担任检查组组长,对飞检工作亲自谋划部署,推动检查工作取得实效。二是创新启动会形式。飞行检查启动会参与人数多、范围广、影响力大,通过在会上播报欺诈骗保案件处理情况,发挥了很好的警示教育作用。三是引入培训机制。在现场检查前,组织开展动员培训会,学习医保政策、规范执法程序、锁定检查重点,在确保飞行检查标准化、规范化、精细化的同时,以能力“提升”释放“高压”信号。四是开展突击检查。为进一步突出飞行检查不预先告知、直击现场的特点,检查组在已抽取的医疗机构基础上,主动作为、精准发力,随机选择基层医疗机构作为突击检查对象,进一步提升了检查的震慑作用。五是强化数据赋能。各飞检组充分借助信息技术,通过将数据分析和现场检查紧密结合,做到互为线索、互为支撑,形成数据先行、证据固定、沟通反馈的检查思路,精准实施了靶向打击,切实提升了检查效能。

(三)规范执法,强化制度保障

国家医保局一直致力于飞行检查的顶层设计,注重在制度化、长效化方面总结好经验、好做法,逐步完善飞行检查的工作流程和操作规范。2019年7月,我们印发了《医疗保障基金监管飞行检查规程》,明确飞行检查的流程要求。为进一步规范飞行检查工作,国家医保局还研究起草了《医疗保障基金飞行检查管理暂行办法》及其实施细则,细化了检查的启动条件、组织方式、检查要求、检查程序、争议处理、结果应用等内容,并将以局令的形式出台,为提高飞行检查层级和权威性提供重要制度保障。前段时间,我们通过国家医保局官网陆续向外界发布了《2021年度医疗保障基金飞行检查情况公告》和《2022年度医疗保障基金飞行检查工作方案》。这是国家医保局开展飞行检查近四年来,第一次公开发布检查结果和检查方案,在业内产生较大震动。尤其是四部委联合印发的飞检方案,也是首次以文件形式正式披露检查的工作重点和各项要求。通过建立飞行检查年度公告制度、制定指南规程和印发检查方案,形成事前有方案、事中有规范、事后有结果的良性闭环,真正让社会各界感受到医保监管的法治阳光。

(四)协调配合,形成监管合力

飞行检查能够取得今天的成绩离不开各单位的大力支持和专业协助。2021年,卫生健康、中医药等部门克服新冠肺炎疫情带来的不利影响,积极派出281名业务骨干和医疗专家参与飞行检查,这不仅丰富了我们的检查手段,也提升了我们的检查能力,对完成全年任务起到重要作用。纪检、公安、财政等部门也对飞检工作给予了大力支持。各单位密切配合、通力协作,走出了一条联合检查、综合监管的新路子。通过建立联动方式,加强了部门间协同执法和信息共享,有效打通了监管条块化分割局面,为今后跨部门合作提供了重要参考。

(五)上下联动,发挥地方作用

各地医保部门对飞行检查工作高度重视、全力支持,在自身人手不足、经费紧张的情况下,委派相关领导、抽调业务骨干、协调权威专家积极参与国家飞检,为规范医保基金使用、维护医保基金安全、提升人民群众医疗保障获得感作出重要贡献。在人员选派上,各地秉承“选优配强”的原则组建飞检队伍，并根据人员特点明确检查职责，很好地发挥了执法人员和医疗专家的特长，提高了工作效率，实现了1+1>2的聚力效应。在后续处理和整改上，各地多措并举加强整治，严肃处理违法违规行为，全面推进整改工作落地见效。在经验总结上，针对检查中发现的问题，部分地方医保部门在工作任务极其繁重情况下，仍然统筹安排，配合国家医保局编写检查指南。比如，针对血透、高值耗材等领域，国家医保局组织北京、天津、上海、广东、江苏等地医保部门撰写形成专项检查指南，为后续开展各项监督检查提供业务指导。此外，各地参照国家模式，常态化开展省级飞行检查，不断健全省级飞检工作机制，形成一批可复制、可推广的经验，为推动飞行检查提质增效贡献了智慧。

虽然近几年飞行检查取得一定成绩，在社会上也形成了积极影响，为医保平稳运行创造了良好社会环境，但总体上我们的飞检工作还处于起步阶段，不可避免地存在一些需要完善和解决的问题。一是对象选取还不够聚焦。目前，在检查对象选取上主要是根据医疗机构基金体量排名随机抽选，较少结合举报线索、智能监控提示疑点等直接锁定检查范围。二是检查内容还不够突出。总体上还处于“全面撒网”“面面俱到”的阶段，检查内容聚焦度不够，没有直击要害、直达痛点。三是人员搭配还不够合理。部分省份在组建队伍时存在专业覆盖不够全面、人员搭配缺少梯度的问题。四是后续整改还有差距。有些地方整改不够深入，缺少举一反三，没有在完善体制机制、堵塞监管漏洞方面下功夫，存在“以退钱算整改”的现象。同时，各地对涉事的医疗机构协议处理多、行政处罚少，难以形成有力震慑。针对这些问题，我们也要努力在今后一个时期的飞检工作中逐步解决。

## 三、扎实做好2022年飞行检查工作

国家医保局党组十分重视飞行检查工作，2022年的飞检方案是局党组专题研究通过的。各地要结合工作重点，以严要求、硬作风、实举措抓好飞行检查工作，着力在六个方面下功夫。

### （一）要在较真碰硬上下功夫

一是检查要有硬度。各地医保部门要清醒认识到自身肩负的职责和使命，放下包袱、消除顾虑，拿出猛药去疴的决心，敢于对各级监管对象尤其是大型医疗机构依法开展检查。要坚持问题导向，弘扬“严深细实”作风，对说情打招呼、干预执法调查的果断拒绝、主动报备，对发现的各类违法违规线索紧盯不放、大胆查处。二是处理要有力度。各地要压实责任，严肃后续处置，综合运用协议管理、行政处罚、行刑衔接、行纪衔接等多种方式和手段依法依规从严处理。要加大曝光力度，拓宽曝光渠道，提升飞行检查震慑效应。从最近查处的一些案件来看，曝光是一种很重要且带有震慑性的手段，也是让全社会了解基金监管工作的重要手段。各地要放下包袱，对飞行检查处理结果依法依规予以曝光，国家医保局将及时跟进各省曝光情况，并适时在国家局层面予以曝光。三是整改要有深度。飞行检查不仅要做好监督检查的“上半篇文章”，更要做好后期整改的“下半篇文章”。检查的目的是整改，通过整改让医保基金更加安全，让医保制度更加平稳有序地进行，让人民群众得到更多实惠。因此，整改不能流于形式，不能“以退钱算整改”。要做到举一反三、深挖倒查，确保整改深入彻底，不留盲区死角。同时要对飞检组移交的问题清单进行全面剖析，查清形成原因，研究破解良策，真正把病根找出来，把良方开出来，通过“解剖麻雀”寻求改进方法，进而加强监管、堵塞漏洞、完善机制，从根源上避免同类问题再次发生。今后，国家医保局将对各地飞行检查结果处理情况进行督导，对整改不力的省份，适时组织开展“回头看”。总之，我们在开展飞行检查工作中，要避免“老好人”思想，拿原则换人情，只栽花不栽刺，这不是我们应有的态度，也达不到飞检的目的；要避免“差不多”思想，只求过得去，不求过得硬，这就有可能导致检查工作不扎实、证据链不牢靠，最后飞检的效果也会大打折扣；要避

免“高高在上”思想，飞检组和被检单位是检查和被检查的关系，在具体工作中要讲原则，但在处事上要有温度，展现飞检人良好形象。

（二）要在突出重点上下功夫

我们要围绕中央关注、群众关切来开展飞行检查，做到查重点、查热点、查难点，以重点突破实现纲举目张。在检查内容上，今年我们不搞“大水漫灌”，而是“精准滴灌”。重点对医疗机构血液透析、高值医用耗材等骗保高发领域，经办机构协议履行和费用审核支付进行检查。今后各年度国家飞检也将选择1~2个领域作为检查重点并和其他监督检查方式紧密衔接，在全国范围内开展集中整治。在对象选取上，今年将更加聚焦。根据所检查重点领域的基金使用量，结合异地就医结算数据、举报线索、智能监控疑点提示等随机抽取或指定，重点选取省会城市、计划单列市、特大城市的大型医疗机构。这里要强调的是，突出重点不等于只查重点，还要做到统筹兼顾。学会“十根指头弹钢琴”，正确处理主要和次要的关系，在抓好重点领域的同时，把其他领域有机衔接起来。

（三）要在精准打击上下功夫

近年来，伴随着医保监管力度的持续加大，传统、初级的骗保方式逐渐减少，新的骗保方式不断涌现，呈现出手段更加专业、形式更加多样、行为更加隐蔽并伴随跨地区、电子化的特点。结合举报线索和智能监控可以快速锁定检查对象，确保飞行检查“有的放矢”。一方面，要用好举报线索。2022年初，国家医保局印发《医疗保障基金使用监督管理举报处理暂行办法》，规范了举报流程，保障了举报的时效性和有效性。后续，我们还将发布《违法违规使用医疗保障基金行为举报奖励办法》，这鼓励了社会各界广泛参与医保基金监管，当好我们的“吹哨人”，发挥“助推器”作用。人民群众的眼睛是雪亮的，各地要加强线索的管理和分析，用好举报信息，为现场执法提供导向，让飞行检查拥有“火眼金睛”。另一方面，要用好信息化手段。我国医保信息业务编码标准化建设取得显著成果。历经两年多时间，全国统一的医保信息平台已在31个省份和新疆生产建设兵团全域上线，有效覆盖约40万家定点医疗机构，并实现医保业务编码标准和数据规范的有序统一。今后一切数据只要在医保系统内，都可以做到“有迹可循、有据可查”，更有助于精准定位疑点目标。我们要不断增强信息化思维，加强大数据应用，积极引导定点医疗机构接入智能监控系统，加深对接深度，增强数据获取的能力，为飞行检查提供信息化条件。

（四）要在协同配合上下功夫

2022年，四部委联合开展飞行检查，各地医保部门要牢固树立“联合作战意识”，主动加强和有关部门对接，充分发挥各相关职能部门作用，形成“攥指成拳”的合力。财政部及各级财政部门将首次派员参加飞检，我们要发挥他们在财务领域调查取证的优势，从财务账面上挖掘出有效线索。同时，我们将继续引入商业保险公司参与现场检查，各地要用好他们在信息技术方面的专业优势，实现“精准执法”。血液透析、高值医用耗材等领域，专业性、技术性都比较强，尤其是耗材种类繁多，检查时需充分借助医疗专家力量。各地要根据检查内容积极协调卫生健康、中医药部门做好人员选派工作，努力从诊疗前端找出医保基金使用过程中存在的深层次问题。

（五）要在规范执法上下功夫

随着飞行检查影响力越来越大，社会各界的关注度也越来越高，中央电视台等新闻媒体有可能跟随检查组进驻检查现场。所以说，我们是在“聚光灯下”“透明箱里”开展这项工作，这就对我们提出了更高的标准和更严的要求。大家要深刻认识到，参加国家飞行检查，不仅是个人的荣誉，也代表医保监管的形象。因此，要牢固树立规范意识和纪律意识，依法依规开展检查工作，具体做好四个方面：一是树牢法治思维，强化证据意识，严格规范检查程序和执法行为，确保查出的每个问题有理有据、定性定量准确。二是加强廉洁自律和作风建设。我们要较真碰硬，首先我们自己要硬，“让打铁的人，首先成为铁打的人”。要严格落实飞行检查“三严禁”工作要求和“六不准”工作纪律，不得借检查之名吃拿卡要，或者提出与检查无关的要求。特别要注意，检查组成员和被检地医保部门都要严格遵守中央八项规定精神，如违反相关规定将严肃处理。三是提高保密意识，破除“重业务、轻保密”的误区，严格执行各项保密制度，保守好工作秘密、商业秘密和个人信息秘密。四是严格落实疫情防控要求，根据疫情防控需要统筹组织开展好飞行检查。检查过程中，各飞检组要严格履行疫情防控责任，坚决服从疫情防控大局，遵守属地防控要求，自觉落实各项防控措施。

（六）要在长效机制上下功夫

要做好飞检成果的转化，对照问题查漏洞、补短板，注重在整改过程中建立健全相关制度，统筹推进“问题整改”与“建章立制”。要注重方法总结和经验提炼，形成科学有效的检查指南，争取实现开展一次检查、掌握一种方法、解决一类问题，达到由此及彼、触类旁通的效果。要将飞检结果和信用管理挂钩，通过制定评价标准，做到奖优罚劣，倒逼定点医药机构加强日常管理，筑牢“不想骗”的自觉，营造全民守护医保基金安全的良好氛围。

同志们，“百舸争流，奋楫者先”。医保基金监管队伍自身“内功”够不够、“亮剑”准不准，直接关系到飞行检查的成效。希望大家用好此次培训，加强专业知识和执法能力的提升，锚定方向、奋楫笃行，真正让飞行检查磨出“钢牙利齿”，成为监管“利剑”。

# 强协作　重实效
# 深入推进医保领域“放管服”改革工作
## ——在国家医保局深化“放管服”改革工作领导小组会议上的讲话

（2022年11月18日）

国家医疗保障局党组成员、副局长　颜清辉

同志们：

这次会议的主要任务是，深入学习贯彻党的二十大精神，落实国务院关于深化“放管服”改革工作部署，总结交流近年来医保领域深化“放管服”改革工作，分析形势，明确任务，深入推动医保领域“放管服”改革工作高质量发展。下面我就进一步做好医保领域“放管服”改革工作，讲三点意见。

### 一、医保领域“放管服”改革工作成效显著

按照党中央、国务院关于深化“放管服”改革相关工作要求，2019年1月国家医保局成立深化“放管服”改革工作领导小组，统筹推进全局深化“放管服”改革工作。三年多以来，在局党组统一领导下，领导小组各成员单位紧紧围绕医保“放管服”改革工作重点，向改革要红利，向管理要效益，以钉钉子精神抓工作落实，有效解决了一些医保领域长久以来难以解决的问题，有力推动了医保管理服务水平提升，医保领域“放管服”改革不断深入推进。

（一）切实规范医保权力运行

一是完善法规制度体系。推动出台《医疗保障基金使用监督管理条例》，跟进制定并及时印发《医疗机构医疗保障定点管理办法》《零售药店医疗保障定点管理办法》《基本医疗保险用药管理办法》《医疗保障基金使用监督管理举报处理暂行办法》等部门规章；《医疗保障法》的立法工作也正在有条不紊推进，医保法规制度体系逐步健全。二是规范权力运行规则。先后制定印发了《医疗保障行政处罚暂行规定》《规范医疗保障基金使用监督管理行政处罚裁量权办法》等政策文件，明确了医保行政执法程序，规范了行政处罚裁量权基准的制定和管理，有效减少了行政处罚裁量的主观性，确保了医保行政执法从上到下一个流程、一把尺子，推进公平公正执法。三是强化权力运行制约和监督。建立医保部门廉政风险防控清单，做到提醒在前，防范在先，强化权力运行内部监督和风险防范。全面主动落实政务公开，坚持以公开为常态、不公开为例外，公开透明接受群众和社会监督。建立企业接待日制度，及时听取企业及社会的意见，构建“亲清”政商关系，截至2022年10月全局各单位完成接待290次。开通了国家医保局网上信访和局长信箱系统，及时受理群众举报投诉请求，解决企业群众关心关注的问题，目前已累计受理企业群众诉求2.7万余条。

（二）大力提升医保监管效能

一是强化医保信息化支持。推动全国统一的医保信息平台上线运行，实现全国各级各类医保数据在国家医保局归集汇总，医保信息化水平大幅提升。全面推行17项信息业务编码标准的落地应用，实现了全国医保系统和各业务环节的“一码通”，结束过去数据不互认、信息不共享的历史。医保一体化经办、便捷化服务、智能化监管和科学化决策能力不断提升。二是强化大数据筛查分析

监测应用。充分发挥医保部门数据优势，强化大数据分析技术应用，精准锁定可疑线索，有效提升打击效率，破解传统人工监管方式线索发现效率低、精准度不高的难题。2022年开始，分批次向各省医保、公安部门下发可疑线索，联合开展核查处理，查处一批大案要案，惩处一批违法犯罪人员。仅应用“共同住院”模型分析发现的可疑线索，就已经立案33起，抓获犯罪嫌疑人370人，其中下发河南省郑州市可疑线索5家，可疑金额768万元，全部查实存在欺诈骗保，涉及总金额约7076万元；下发重庆市可疑线索5家，可疑金额约208万元，全部查实并扩线查办2家，涉及总金额约2094万元。两地查实金额是下发线索金额的近10倍。三是创新医保监管方式和手段。加快全国医保智能监管系统落地及“两库”建设进程，实现事前提醒、事中审核、事后监管全过程智能监控。完善举报奖励制度，拓展举报受理渠道，营造人人参与基金监管的社会氛围。目前全国累计兑付举报奖励金超过500万元，国家医保局平台每条有效线索平均追回资金约35万元。全面建立医药价格和招采信用评价制度，营造风清气正、诚信为先的医药购销环境，截至2022年9月30日各地通报失信企业184家。在国家医保局官网开设专栏，公开曝光了13家企业的严重失信行为和3家企业的特别严重失信行为。

(三)全力优化医保政务服务

一是聚焦解决群众的急难愁盼问题。在全面做好住院和普通门诊跨省直接结算工作的基础上，积极推进高血压、糖尿病等5种门诊慢特病相关治疗费用跨省直接结算，破解群众“跑腿垫支”难题。截至2022年9月底，全国344个统筹地区已启动门诊慢特病跨省直接结算，累计结算约10.2万人次，涉及医疗费用约1.25亿元，基金支付约9900万元。持续优化异地就医备案服务，拓展线上备案渠道，建立全国统一的医保备案服务平台，截至2022年9月底，累计通过国家平台备案约239万人次。建立健全国谈药品“双通道”保障机制，确保国谈救命药“能查到、能买到、能报销”，目前已有19.6万家医药机构供应谈判药品。二是聚焦推动医保服务标准化规范化。出台《全国医保经办政务服务事项清单》和《全国药品和医用耗材集中采购公共服务事项清单》，实现医保服务事项及药品和医用耗材集中采购服务事项“六统一”和“四最”(服务质量最优、所需材料最少、办理时限最短、办事流程最简)。加强医保经办服务窗口标准化建设，规范经办大厅设置和服务标准，明确28项服务办理流程，规范经办机构内控管理。三是聚焦提供高效快捷医保服务。积极推动各地开展“最多跑一次”改革，推行医保经办服务窗口“综合柜员制”，实现服务事项一窗受理、一单办结。优化经办服务“五个办”，切实提高群众办理医保业务的便捷性。推进高频医保服务事项“跨省通办”，实现医保参保登记、基本医保转移接续、定点医疗机构信息变更等7个医保服务事项的全程网办、异地可办。大力推进医保电子凭证激活应用，拓展医保快捷支付服务，已累计激活用户超过8.5亿，开通定点医疗机构40万家、定点药店40万家。完善“两病”门诊用药保障，简化申请准入流程，将认定权限下放到定点医疗机构，同时放宽长处方限制，截至2022年上半年，累计惠及1.3亿患者，减轻群众用药负担约516亿元。推进“互联网+”医保支付，进一步满足群众便捷医疗服务需求。健全完善医保政务服务“好差评”制度，不断提升群众服务满意度。

(四)助力激发市场主体活力和发展内生动力

一是多措并举减轻市场主体负担。及时研究制定开展阶段性减征、缓缴保费的政策措施，有力帮助企业复工复产。2020年指导地方对职工医保单位缴费部分实行减半征收，累计为全国975万家参保单位阶段性减征超过1600亿元。2022年对中小微企业实施阶段性缓缴职工医保单位缴费，缓缴期间不影响享受医保待遇，受疫情冲击严重的广大中小微企业普遍受益。二是综合施策促进市场主体健康发展。建立医保药品目录动态调整机制，健全了药品评价指标体系，完善了专家遴选和谈判机制，按年度开展医保药品目录调整和药品谈判，目前国家医保药品目录增至2860种。创新药品从上市到纳入目录的平均时间从2017年的54个月降至目前的14个月。深入推进药品和高值医用耗材集中带量采购改革，去除虚高药价，挤压不合理水分，引导医药行业健康有序发展。目前已开展7批药品集采，涉及294种药品；推进冠脉支架、人工关节和脊柱类耗材3批集采，实现群众受益、企业获利。三是创新服务强化市场主体内生动力。跟踪了解全国惠民型商业医疗保险进展情况，研究推进促进商业健康保险发展的支持和规范举措。组织开展参保人员个人信息授权查询和使用试点工作，探索推进第三方机构授权查询使用。探索建立医保药品目录调整企业申报制度，符合条件的企业都可以按规定网上申报，改变过去自主确定药品调整范围的方式，更加科学、公正、透明。建立健全医保基金预付机制，及时向定点医疗机构预先拨付医保基金，有效缓解定点医疗机构运行压力。明确新冠病毒疫苗及接种费用的结算、清算流程和要求，向疫苗采购机构预付采购金，有效保障疫苗生产企业放心供应、疾控机构放心采购、接种机构放心接种。目前，我国已经接种超过34亿剂次疫苗。

总的来看，医保"放管服"改革在大家的共同努力下，取得显著成效，值得充分肯定。同时，我们也要看到工作中存在的一些问题和不足，比如医保经办服务能力还需要进一步提高，服务方式还需要进一步拓展，医保基金监管法规制度体系还需要进一步健全，医保信息化应用能力还需要进一步提升等。此外，近几年国务院大督查发现的医保管理服务方面的问题，也暴露出一些短板和弱项，需要我们在下一步工作中不断加以改进和提高。

## 二、深刻把握当前医保领域深化"放管服"改革工作面临的新要求

党的二十大报告是中华民族伟大复兴的政治宣言，是凝聚最广大人民勠力同心奋力拼搏的纲领性文件。习近平总书记在党的二十大报告中明确提出"深化简政放权、放管结合、优化服务改革"，对全面深化改革、健全社会保障体系、扎实推进依法行政、优化基本公共服务、发展商业医疗保险等方面提出新要求，作出新部署，为新时代全面推进医保领域"放管服"改革工作提供了根本遵循。我们要深入学习贯彻党的二十大精神，准确把握新形势、新要求、新任务，以推进医保"放管服"改革为契机，推进医疗保障工作高质量发展。

### （一）深刻把握简政放权新形势

党的二十大报告明确指出：发展不平衡不充分问题仍然突出，推进高质量发展还有许多卡点瓶颈。强调要加快构建新发展格局，着力推动高质量发展，构建高水平社会主义市场经济体制，充分发挥市场在资源配置中的决定性作用，更好发挥政府作用。医保"放管服"改革工作要服务国家经济发展大局，继续在深化简政放权、完善政策等方面下功夫，营造促进经济发展的良好营商环境，推进高质量发展。一要深刻认识医疗保障与经济发展的辩证关系。习近平总书记多次强调，"经济发展和社会保障是水涨船高的关系，水浅行小舟，水深走大船，违背规律就会搁浅或翻船"。只有经济发展的"水"涨了，医疗保障的"船"才能"水涨船高"。特别是在当前我国经济恢复的基础尚不牢固的情况下，医保部门更要充分发挥职能优势，促进民生保障和经济发展。二要深刻认识医保改革和医药行业发展的关系。实践证明，医保改革在确保群众获得质优价廉医药服务的同时，不仅不会阻碍，反而会推动医药产业的高质量发展。比如，集中带量采购改革不仅大幅降低患者经济负担，推动仿制药替代，还铲除了带金销售的空间，让注重研发、品质和成本的企业逐步成长壮大，推动医药行业形成风清气正的良好氛围。三要深刻认识基本医保和多层次医保体系建设的关系。基本医保是中国特色多层次医疗保障体系的核心和"地基"，"基础不牢、地动山摇"，但光靠基本医保"一家之力"，难以满足中国式现代化的发展要求。因此，要进一步提高战略思维和系统思维能力，通

过发挥基本医保在政策引导、数据共享、便捷服务等方面对商业健康保险的支持和推动作用，促进多层次医疗保障体系有序衔接，满足人民群众多元化、个性化的医疗保障需求，使人民群众有更多获得感、幸福感、安全感。

（二）深刻把握提升精细化管理新要求

党的二十大报告指出：健全覆盖全民、统筹城乡、公平统一、安全规范、可持续的多层次社会保障体系，第一次把“安全规范”作为今后一个时期社会保障体系建设的重要目标。这是对医疗保障体系建设作出新的重大要求和部署，这就必然要求我们不断提升医保精细化管理水平，以有效应对基金安全风险挑战。一是精细化管理是新时代医保事业发展的内在要求。目前，医保工作已经由简单扩张式发展、粗放式管理，向精细化规范化的高质量发展模式转变，发展面临的新挑战，具体而言是“五个”前所未有。我们管理的医保基金规模前所未有，截至2021年底，全国基本医保总收入达到2.8万亿元，总支出2.4万亿元，累计结存3.6万亿元，医保基金规模持续扩大。医保制度覆盖的人员规模前所未有，基本医保参保人数持续扩大，一直保持在13亿以上，参保率稳定在95%，基本覆盖全体国民，建立起世界上最大的医疗保障网。医保服务事项的扩展前所未有，这些年我们逐步实现住院医疗费用保障、门诊医疗费用保障、门诊慢特病保障、“两病”用药保障等，医保待遇保障的范围持续扩展，水平不断提升。医保服务的模式前所未有，在做好本地就医费用结算服务的同时，积极推进省内异地就医、跨省异地就医直接结算服务，实现从线下办到网上办、掌上办，从本地办到异地办的跨越，多种医保服务模式并行。医保基金监管面临的压力前所未有，虽然我们已经初步遏制欺诈骗保普发频发的态势，但是个别领域的恶性欺诈骗保案件仍时有发生，基金监管制度的笼子距离扎紧扎牢仍有距离，特别是医保监管工作起步相对较晚，监管力量相对薄弱，基金监管工作仍面临巨大的压力和挑战。这些新形势新挑战都对我们提升医保管理精细化、规范化、标准化提出更高的要求。二是医保“放管服”改革为强化精细化管理奠定坚实基础。目前，依托全国统一的医保信息平台，医保信息化水平实现整体跃升，医保服务的标准化、规范化不断加强，服务效率显著提高，极大缓解了医保部门工作量大、人员不足的问题，有效对接市场主体和群众办事需求。同时，通过不断加强大数据等信息技术手段在管理服务中的应用，医保监管的精准性、靶向性不断增强，医保管理效能得到极大提升。三是医保系统善于总结经验、勇于开拓创新的精神为强化精细化管理注入内生动力。我们的很多工作实现从无到有，从分散粗放到成熟规范，都是在不断总结工作经验、勇于开拓创新中取得的。如集中带量采购，从第一次开展只涉及25个品种，到目前累计超过300个品种，涵盖药品、高值医用耗材、种植牙等，累计为群众节约费用超过3900亿元。再比如国家医保基金飞行检查，从最初的不会查、不敢查，到目前初步建立完善的飞行检查制度，塑造国家医保监管“利剑”，在医疗领域形成广泛震慑。面对新挑战，我们要继续发挥医保人善于总结经验、勇于开拓创新的良好作风，集中全部智慧和力量，深入推进医保精细化管理服务。

（三）深刻把握优化服务新任务

党的二十大报告强调：我们要实现好、维护好、发展好最广大人民根本利益，紧紧抓住人民最关心最直接最现实的利益问题，坚持尽力而为、量力而行，深入群众、深入基层，采取更多惠民生、暖民心举措，着力解决好人民群众急难愁盼问题，健全基本公共服务体系，提高公共服务水平，增强均衡性和可及性，扎实推进共同富裕。医保作为保障和改善民生、维护社会公平、增进人民福祉的重要制度安排，为市场主体和群众提供满意优质的服务是首要任务。一是优化服务是满足市场主体和群众需求的必然要求。目前，市场主体和群众对医保服务的要求越来越高，医保服务不仅要有良好的态度，还要有速度、有温度。例如，随着人口老龄化的加剧，必须同步完善与人口老龄化相适应的适老化医保服务模式。随着“互联网+医疗健康”发展,需要在“互联网+医疗健康”医保定点协议管理、医疗服务价格、医保支付政策、结算管理办法等方面协同完善管理服务政策。满足市场主体和群众多样化的需求,必然需要通过优化服务来解决。二是优化服务是缓解地区间发展不均衡、不充分的有效方法。目前不同地区之间由于筹资能力、待遇保障水平、经办服务能力等方面的差异,在为市场主体和群众提供优质高效的医保服务方面还有差异,存在不平衡、不充分的问题。党的二十大报告强调要提高公共服务水平,增强均衡性和可及性,对于医保领域而言,就是要通过大力推进服务的信息化、标准化、规范化,多措并举提升服务的可及性,逐步缩小地区间的差异,提供更加公平可及的优质服务,让人民群众共享改革发展成果。三是优质的医保服务本身就是提升群众满意度的重要保障。从医保事业的长远发展来看,通过提高报销比例来提升待遇的空间会越来越窄,待遇保障水平增长终会有上限,而优质的医保服务则是没有上限的,是一种更可持续、更长久的保障。我们要把优化医保服务、提升医保服务能力和水平摆在更加重要的位置,让参保群众不只通过医保报销水平来提升获得感,更能通过优质的医保服务提升满足感、幸福感。

国家医保局“放管服”改革三年多的实践,已充分证实深化改革的重要性。这是一场从理念到体制机制的深刻变革,破的是发展的障碍和利益藩篱,立的是公平公正的监管规则,激发的是市场主体和群众的活力和创造力。面对当前新形势新任务新要求,我们要更加注重通过完善制度来巩固和拓展“放管服”成果,推进已有规则制度扎实有效运行。持续推进简政放权与创新管理方式相结合,支持促进引导医药行业和商业健康保险健康有序发展;持续推进健全法治和完善规则相结合,强化公平公正监管,管出公平、管出质量;持续推进公平普惠和利企便民相结合,优化医保政务服务,满足市场主体和群众多层次多样化需求。

**三、深入推动医保领域“放管服”改革工作高质量发展**

三年多来的改革不是终点,而是新的起点。党的二十大刚刚胜利召开,对全面建设社会主义现代化国家、全面推进中华民族伟大复兴作出新的部署。各成员单位要深入学习贯彻党的二十大精神,深刻领悟“两个确立”的决定性意义,不断增强“四个意识”、坚定“四个自信”、做到“两个维护”,以党的二十大精神为指引,统筹谋划当前及今后一段时期的工作,深入推进医保“放管服”改革,为人民群众提供高质量的医疗保障服务。

(一)要强化协调联动

一是要加强上下联动。随着医保“放管服”改革的推进,部分地区医保部门还存在工作接不住、管不好的情况,主要还是由于虽然工作和责任下放,但是相关的政策指引、工作指导没有同步跟上。各成员单位要结合具体工作特点,在政策制定、经办管理、监督管理、信息支持等方面加强对基层医保部门的统筹指导,打通政策落地的“最后一公里”,确保医保各项改革工作沉得下去、基层接得住。二是要加强部门协作。加强部门数据信息共享,推动建立医保部门与其他相关部门间权威高效的数据共享机制,切实打通“信息孤岛”,让“信息多跑路,群众少跑腿”。加强综合监管,建立健全医保部门与有关部门的协同监管机制,强化多部门联合惩戒力度。三是要加强内部协调。局深化“放管服”工作领导小组办公室要充分发挥好牵头抓总的作用,健全工作调度制度,定期通报“放管服”工作情况,反映存在的问题,督促各成员单位按职责抓好工作落实 。各成员单位要积极做好支持工作,确定一名分管负责同志主抓医保“放管服”改革工作,明确负责具体工作的处室和联络人,确保按时保质保量完成各项工作任务。

(二)要扎实抓好医保“放管服”改革重点任务落实

一是持续优化医保便民服务。按照国办相关文件要求,聚焦市场主体和群众关心关注的医保“关键小事”(2022年7项任务)、“一件事一次办”

事项(2022年7项任务)、高频"跨省通办"事项(2022年2项任务),持续简化流程,优化服务,为市场主体和群众提供更加高效便捷的医保政务服务。二是持续推进医保管理服务标准化规范化建设。加强医保经办服务体系建设,加快建立统一规范的医保公共服务标准体系,统一医保经办规程,推动基本实现医保经办服务在全国范围内无差别办理,打造医保政务服务升级版,提升服务标准化、规范化、便利化水平。三是持续做好医保目录调整和药品耗材集中带量采购工作。常态化开展医保药品目录动态调整和药品谈判工作,将更多更好的救急救命药纳入医保报销,完善药品保障"双通道"机制,强化国家谈判药品落实落地。深入推进药品和耗材集中带量采购工作,遏制药品和医用耗材价格虚高,持续塑造风清气正的医药购销环境。四是持续推进医保监管高质量发展。落实《关于深入贯彻落实习近平总书记重要指示批示精神 加强医保基金监管的工作方案》,推动《关于加强医疗保障基金常态化监管的实施意见》尽快印发,加快构建全方位、多层次、立体化的医保监管体系。五是持续做好疫情防控支持工作。继续做好新冠肺炎相关医疗费用、新冠病毒疫苗及接种费用保障工作,持续做好核酸检测检查价格监测和调整工作,推进中小微企业职工医保阶段性缓缴等助企纾困政策落实落地,发挥好医保在助力疫情防控、稳定经济发展中的作用。

(三)要加强信息化赋能

目前全国统一的医保信息平台已经在全国上线应用,医保信息化管理服务能力和水平大大提升。各成员单位要抓住这一有利时机,用好信息化这一关键手段,以信息化驱动医保管理服务能力跃升。一是要强化信息技术在医保管理中的应用。大力推进互联网、大数据、云计算、人工智能、区块链等技术在医保管理服务中的应用,创新医保治理理念和方式,优化管理服务职能,以信息化赋能医保治理能力提质增效。二是要以信息化推进医保管理服务更加高效便捷。加快推进医保线上服务与线下服务的深度融合,推进医保精细化管理服务,打破区域、城乡、人群之间的数字鸿沟,大力提升医保服务均等化、便捷化水平,推进医保管理服务更加公平可及、普惠便捷。三是要发挥医保海量数据优势强化监管效能。充分发挥医保部门的大数据优势,强化对医保大数据的挖掘、分析、应用,建立健全以数据为驱动的智慧监管模式,不断完善"用数据说话、用数据决策、用数据管理、用数据创新"的工作机制,推进医保监管效能提升,助推医保监管能力现代化。

(四)要加强能力作风建设

各成员单位要切实加强能力建设,强化医保"放管服"改革工作落实能力。要增强改革本领,积极开展业务培训和调查研究,深入把握医保工作发展规律,培养有丰富的理论功底和改革实践经验的行家里手、专业权威。要加强作风建设,严明政治纪律,强化廉洁要求,严格遵守"十条禁令"及实施细则,着力建设复合型医保管理服务队伍,不断提升法治化、专业化、规范化水平,打造一支作风优良、纪律过硬、群众满意的医保管理服务队伍。

同志们,医保"放管服"改革只有进行时,没有完成时,永远在路上。让我们深入学习贯彻党的二十大精神,更加紧密地团结在以习近平同志为核心的党中央周围,坚决贯彻党的全面深化改革工作目标,按照国务院关于推进"放管服"工作的决策部署,奋发有为,实干创新,笃行不怠,全力做好医保"放管服"改革各项工作,为推进我国经济社会高质量发展贡献医保力量。

# 国家医疗保障工作

# 一、工作综述

# 国家医疗保障工作综述

2022年,国家医疗保障局坚持以习近平新时代中国特色社会主义思想为指导,将迎接、学习、宣传、贯彻党的二十大精神作为中心任务,全面落实党中央、国务院决策部署,统筹疫情防控和医保改革发展,持续完善中国特色医疗保障制度,不断推动医保改革走向纵深,接续提高医保管理服务水平,群众医保待遇稳步改善,制度运行总体平稳,基金安全可持续,各项工作取得积极进展。2022年全国基本医疗保险参保率稳定在95%,基本医疗保险(含生育保险)基金收入3.09万亿元、支出2.46万亿元,累计结存4.26万亿元。

**【巩固提升群众待遇保障水平】** 巩固拓展医保脱贫攻坚成果同乡村振兴有效衔接 确保重点人群应保尽保,强化三重制度减负实效,建立健全防范化解因病返贫致贫风险的长效机制,指导各地加快健全高额医疗费用负担患者主动发现、动态监测、信息共享、精准帮扶机制。原承担脱贫攻坚任务的25个省份累计资助8899.1万人参保,纳入监测的农村低收入人口和脱贫人口参保率稳定在99%以上,医保三重制度综合保障政策惠及农村低收入人口就医1.45亿人次,帮助减轻医疗费用负担1487亿元。

巩固拓展保障能力 落实《政府工作报告》任务要求,明确2022年居民医保人均财政补助标准增加30元、达到每人每年不低于610元,同步提高个人缴费标准30元、达到每人每年350元。有序推动建立健全职工医保门诊共济保障机制,各省份均已制定省级实施办法,22省实现省内全覆盖,近260个地市(含直辖市)建立普通门诊统筹,覆盖超七成职工医保参保人。全面落实参保女职工三孩生育保险待遇,指导有条件的地区将灵活就业人员纳入生育保险保障范围。巩固拓展高血压、糖尿病门诊用药保障机制,鼓励地方研究探索逐步扩大病种范围。指导地方健全重特大疾病医疗保险和救助制度,夯实托底保障功能。有序推进长期护理保险制度试点,规范统一长期护理保险试点政策标准,多数试点城市使用国家长期护理失能等级评估标准,推动新增长期照护师职业工种,制度试点覆盖49个城市近1.7亿人口,惠及195万名失能群众,基金收入240.8亿元,支出104.4亿元。

持续均衡地域间医保差异 有序落实医保待遇清单制度,超九成省份医保制度已回归到国家规定的三重保障制度框架内。9个省份探索不同形式省级统筹。全面消化原省级自行增补药品品种,群众用上医保药品目录中更质优价宜的替代药品,实现基本医保药品目录全国统一。规范医疗救助制度,31个省份细化健全重特大疾病医疗保险和救助制度配套措施,2022年全国医疗救助支出626亿元,实施门诊和住院救助近1.2亿人次。

**【助力新冠疫情防控】** 及时调整医保支付范围 将新冠病毒抗原检测试剂及检测项目临时纳入省级医保目录,将部分新冠治疗药临时纳入医保基金支付范围。

持续降低疫情防控成本 综合运用价格管理、集采、医保目录准入谈判等手段,持续降低常态防疫成本,全国4批次磋商降低疫苗价格,2轮下调核酸检测价格,2轮下调抗原检测政府指导价,灭活疫苗、重组蛋白疫苗、腺病毒载体疫苗3种技术路线的单支单剂价格基准统一为16元,核酸检测单人单检、多人混检、大规模检测每人份价格分别降至16元以下、5元以下、3.5元以下,抗原检测"价格项目+检测试剂"收费不高于每人份6元。新冠治疗药阿兹夫定、清肺排毒颗粒谈判降价后纳入医保目录。研究制定《新冠治疗药价格形成指引》,引导新冠治疗药物合理定价,京津冀沪苏川六地承担首发报价受理。

做好疫苗、接种及救治费用结算　做好新冠病毒疫苗及接种费用保障工作,累计结算疫苗及接种费用超1500亿元(含医保基金和财政补助)。同时,对中小微企业等实施阶段性缓缴职工医保单位缴费政策,累计缓缴889.8亿元,助力中小微企业纾困解难。

**【巩固打击欺诈骗保高压态势】**　强化日常监督　通过经办协议管理和行政执法,推进日常监督检查全覆盖。联合开展2022年全国打击欺诈骗保专项整治,配合公安机关侦破欺诈骗保违法犯罪案件。2022年共检查定点医药机构76.7万家,查处39.8万家,处理参保人员3.9万人,追回医保基金188.4亿元。

锻铸飞行检查利剑　完成对华中科技大学同济医学院附属同济医院的专项飞行检查,明确释放权威医院绝非监管法外之地的信号。聚焦骨科高值耗材、心血管介入治疗、血液透析等重点领域开展飞行检查。2022年,组织国家飞行检查23个省份的定点医疗机构、医保经办机构共71家,查出涉嫌违法违规资金9.8亿元。

加强长效机制建设　创新大数据监管模式,提升精准发现和打击能力,不断完善现场监管与非现场监管有机结合的监管布局。建立全国统一的智能审核和监控知识库、规则库框架体系,九成以上统筹地区上线全国统一的医保智能监管子系统,加强经办的日常审核和事后行政监管,通过智能监控拒付和追回资金38.5亿元。开展2022年基金监管综合评价。修订举报奖励办法。推动各地建立完善医保信用评价制度。

**【推进药品耗材集中带量采购】**　平稳推进国家组织药品和医用耗材集采　第七批药品集采覆盖60种药品,平均降价48%。前六批药品集采运行平稳,年度实际采购量约为约定采购量2倍,中选药品采购量占同通用名药品比例超80%。脊柱类耗材集采覆盖5个品种14个产品系统类别,平均降价84%。人工关节集采中选结果顺利落地,平稳实现冠脉支架集采协议期满全国统一接续。

推动地方积极开展集采　指导各地开展中成药、心脏电生理介入治疗耗材、肝功生化试剂等省际联盟采购。已有采购联盟进一步扩大品种覆盖面,已采购品种价格有序向其他省份共享。指导上海、江苏、河南、广东4个省份牵头开展药品集采协议期满省际联盟接续采购工作。

加强医药集采平台管理　夯实建立招标、采购、交易、结算、监督一体化省级集采平台的制度基础,提升完善医药集中采购平台功能,大力推动公立医疗机构线上采购药品和医用耗材,开展医药集中采购平台示范工程建设,评定10个示范平台。通过采取全国摸底排查、逐省视频调度、现场轮调指导、形成清单指引、逐月进度通报等措施,推动医保招采子系统在各地基本完成部署。

强化药品耗材集采技术支持　通过测算全国及各省药品和医用耗材网采率,对公立医疗机构网上采购情况进行摸底,促进药品和医用耗材采购流程公开化透明化,并以此为抓手,推动平台数据质量治理工作,推动集采信息化建设。动态跟踪药品获批情况、通过(视同)一致性评价情况,开展药品耗材集采市场分析,做好集采数据支撑。

**【完善医保目录管理机制】**　优化医保目录调整规则　继续向罕见病患者、儿童等特殊人群适当倾斜,非独家药品以竞价方式确定医保准入标准,进一步明确了纳入常规目录管理的药品范围。

完成医保药品目录准入谈判和竞价工作　147种目录外药品参与谈判和竞价(含原目录内药品续约谈判),121种药品谈判或竞价成功,总体成功率82.3%,谈判和竞价新准入的药品平均降价60.1%。2022年版国家医保药品目录新纳入111种药品、调出3种药品,目录内药品总数增至2967种,其中西药1586种、中成药1381种,群众用药质量进一步提升。

整体完善国家医保药品目录调整信息系统　实现企业申报、专家评审、谈判确认、支付标准协议签署全链条线上化，防范化解廉政风险。形成与申报企业信息双向传递方式，减少企业跑腿麻烦，提高工作透明度。

扎实推进谈判药品落地　持续开展谈判药品落地监测，全国已有31个省份建立谈判药品“双通道”管理机制，每个市（州、盟）至少有1家“双通道”药店。截至2022年12月底，协议期内谈判药品在全国20.9万家定点医药机构有配备。2022年，协议期内275种谈判药品累计报销1.8亿人次，通过谈判降价和医保报销，年内累计为患者减负2100亿元。开展医保药品支付标准试点，为全面开展医保目录内药品支付标准确定积累了经验。

**【深化医保支付方式改革和医药价格治理】**
按病组/按病种分值支付方式改革提速扩面　全国206个统筹地区启动按病组和按病种分值支付方式改革工作，推动按病组和按病种分值版本升级。建立河北邯郸、江西上饶、山东东营、湖北武汉、湖南邵阳、广东广州6个监测点评估成效。18个省探索中医按病种付费。有序推动支付方式从住院服务向门诊服务延伸，探索将基层医疗服务按人头付费与慢性病管理相结合。

推进医疗服务价格治理　5个国家试点城市首轮调价平稳落地。开展医疗服务价格项目编制工作，已分批发布6批价格项目立项指南，全面建立实施医疗服务价格项目动态调整机制，31个省份完成2022年度价格调整评估工作，其中17个省份经评估符合调价启动条件。针对群众反映强烈的种牙贵问题，组织开展口腔种植医疗服务价格调控、种植体集采、牙冠竞价挂网协同治理，明确以三级公立医院种植牙医疗服务价格不超过4500元为调控目标，各省域内分价区细化具体调控目标，实施全流程医疗服务价格调控。

加强医药价格监测调查　实施全国医药价格监测工程，开展药品采购价格指数品种价格监测，按季度、半年、年度分析数据；开展医用耗材价格监测，对医保支付标准试点药品采购、支付和合理使用情况开展监测；建立零售连锁药店、流通头部企业监测哨点，初步形成基于零售终端和流通企业的监测体系雏形；持续开展药品价格异常变动监测，按季度预警价格和供应明显异常品种；开展短缺易短缺药品、种植牙专项治理药品耗材和医疗服务项目监测；开展新冠涉疫药品耗材价格应急监测。指导广东省查处白云山天心制药等3家企业虚增原料药价格、虚抬药价套取资金有关问题，公开通报案情和处理结果。全面实施价格招采信用评价制度，涉及失信企业273家，公开曝光特别严重失信企业4家、严重失信企业21家。编制医药价格指数，有序组织指数基期轮换。

**【提升医疗保障公共服务水平】**　扎实推动医保信息化标准化建设　所有统筹地区均已上线全国统一医保信息平台，被中央广播电视总台评为2022年国内十大财经新闻。接入定点医药机构超80万家，有效覆盖全部参保人员，新发布3项信息业务编码，持续推动18项信息业务编码落地应用。持续推广医保电子凭证、医保服务平台网厅和App、异地就医小程序等，医保电子凭证激活超9亿人，31个省份部署移动支付中心。举办智慧医保解决方案大赛，推动优秀的智慧化方案在医保业务工作应用。

全力推进跨省异地就医直接结算　完善跨省异地就医直接结算政策，巩固拓展住院费用跨省直接结算成果，逐步实现普通门诊费用和高血压、糖尿病、恶性肿瘤门诊放化疗、尿毒症透析及器官移植术后抗排异治疗5种门诊慢特病相关治疗费用跨省直接结算，实现每个县至少有一家定点医疗机构提供包括门诊费用在内的医疗费用跨省直接结算服务。2022年，住院费用跨省直接结算568.79万人次，为参保群众减少垫付762.33亿元；门诊费用跨省直接结算3243.56万人次，为参保群众减少垫付46.85亿元。

**持续提高经办服务便利性** 开展医保经办规范建设专项行动，从9方面提出28项具体任务，推动各地出台一批便民利民新举措。天津、河北、浙江、福建因经办工作成绩优异，获得国务院督查激励奖励。六成政务服务事项实现全程网办，生育保险待遇核定与支付实现“跨省通办”。推动医保服务进驻乡镇(街道)便民服务中心或村(社区)综合服务机构集中办理，建设“15分钟医保服务圈”，全国八成乡镇(街道)和五成以上村(社区)能够代办、帮办医保业务。开展年度行风建设专项评价。有序推进参保人员个人信息授权查询和使用试点。

# 规划财务和法规工作

2022年，规划财务和法规工作以迎接党的二十大和学习宣传贯彻党的二十大精神为主线，医保规划、法治、信息化、标准化、预算等各项重点工作取得新成效。

**【稳步推进规划实施工作】** 抓好规划落地实施　会同国家卫生健康委员会制定2022年度规划实施方案，明确年度目标及重点工作安排，为年度规划实施提供方向引领。协调指导各地规划编制工作，全国各省份均已印发本省份“十四五”医疗保障规划。加强对各省份规划制定实施指导，建立规划实施模块，实现对各地规划实施进展信息化管理。

开展规划实施评估　通过自评和第三方机构评估结合方式，探索开展规划实施监测评估，及时掌握规划进展。充分发挥联系点示范效应，召开规划实施联系点会议，及时反映规划重点任务落实中发现的新情况、新问题，形成专项报告，为规划实施和深化改革探索规律、积累经验。

助力国家重大战略　在新型城镇化、扩大内需、生物经济、医疗卫生服务体系、国民健康、国家老龄事业发展和养老服务体系等规划和分工任务中体现医疗保障领域改革成效。

**【持续健全医保法治体系】** 持续做好立法工作　推动医保领域立法工作有计划、有步骤开展，制订国家医疗保障局2022年立法计划，研究制定第二个五年立法规划（2023—2027年）。坚持稳慎推进医疗保障领域立法工作，积极参与《社会救助法》《社会保险经办条例》等与医疗保障职能相关的法律法规的制定修订工作，出台《医疗保障基金使用监督管理举报处理暂行办法》，研究制定《医疗保障基金飞行检查管理暂行办法》。

持续推动依法行政　不断规范医保行政权力运行，认真开展行政规范性文件合法性审查，加快建立医保系统行政执法公示制度、全面推行执法全过程记录制度和重大执法决定法制审核制度，妥善处理行政复议案件，努力促进行政权力规范运行。面向全社会开展医保法治政策宣传活动，重点开展《医疗保障基金使用监督管理条例》宣传工作。

**【提高预算管理服务水平】** 加强医保基金管理　联合财政部和国家税务总局开展医保基金预决算工作，强化医保基金预决算审核，指导地方按时报送医保基金月报和季报，强化基金报表数据分析，做好年度全国基本医疗保障基金运行分析，会同财政部等部门印发《社会保险基金预算绩效管理办法》。

完善转移支付制度建设　会同财政部修订《中央财政城乡居民基本医疗保险补助资金管理办法》《中央财政医疗救助补助资金管理办法》《医疗服务与保障能力提升补助资金管理办法》。研究提出医保转移支付资金分配建议方案，会同财政部确定2022年度居民医保参保缴费财政补助标准，规范中央对地方共同财政事权转移支付管理。会同财政部对2021年度医保管理服务成效明显的省份安排奖励性补助，举办全国医保转移支付与医保基金预算管理培训，组织指导各地开展转移支付资金绩效自评复评工作。

**【深化信息化标准化建设】** 完成全国统一的医保信息平台建设　2022年3月底，全国医保信息平台全面建成应用，接入定点医疗机构、零售药店约80万家，有效覆盖全国13.4亿参保人，彻底结束了过去系统分割、区域封闭、烟囱林立、信息孤岛的历史。完善平台运维管理制度，印发《做好医保信息平台运维管理工作的指导意见》等文件，建立业务规范，完善运维管理流程。持续推进平台各子系统的建设和运维工作。

做好编码标准工作　持续开展医保信息业务编码标准动态维护工作，不断优化维护流程与平台功能。截至2022年底，累计发布疾病诊断代码3.3万条，手术操作代码1.3万条，医疗服务项目代码1.5万项，药品代码21.5万个，医用耗材代码6.7万个，其他编码均已全部维护赋码，构筑全国统一的医保信息业务标准编码体系和数据库。不断深化编码应用，加强考核评估，从31个省（自治区、直辖市）和新疆生产建设兵团随机抽查的定点医疗机构来看，信息系统基础库、进销存、医师工作站等场景均已应用国家医保编码，基本做到"带码入库、带码使用、带码结算"。制定印发《医保中药配方颗粒统一编码规则和方法》《医保定点医疗机构药学、技术人员统一编码规则和方法》《医保体外诊断试剂编码规则和方法》，逐步完善编码标准体系。

提高公共服务水平　高质量提高公共服务水平，提升群众满意指数。持续推进医保电子凭证激活应用，截至2022年底，医保电子凭证累计激活人数超9亿，累计结算笔数21.4亿笔。积极推进医保移动支付落地应用，移动支付已上线30个省份、接入1070家三级定点医院、817家二级定点医院。医保电子处方中心建设工作进展顺利，电子处方中心上线9个省份，累计接入481家医疗机构和1675家定点零售药店，开具流转处方75343张，累计药品结算金额19637.66万元。

做好云平台管理、网络安全管理和数据归集工作　推动云平台安全审计及安全整改，测试国产化操作系统与云平台的兼容性，配合完成云平台商用密码应用安全性评工作，保障业务稳定运行。组织工作专班开展数据安全制度体系建设工作，印发国家医疗保障局党组网络与数据安全工作责任制等规章制度。开展网络与数据安全调研培训及医保数据安全专项检查，提升医疗保障信息平台整体业务应急恢复及快速响应能力。进行信息安全等级保护测评与商用密码应用安全性评估工作，提升医保网络安全与数据安全防护水平。持续做好安全日常运营工作。强化医保数据归集管理，进一步明确医保数据应用模式，印发《关于进一步做好医保信息平台数据归集工作的通知》《关于进一步明确市县级医保部门数据应用模式的通知》等文件。

**【规范提升医保统计工作】**　提高统计数据质量　在按时完成统计月报、季报、年报、统计公报、全国医疗保障运行报告、全国医疗保障运行情况分析、《中国医疗保障统计年鉴》编写工作的基础上，强化制度建设，实现统计数据在全国医疗保障信息平台线上填报。出台防范和惩治医疗保障统计造假弄虚作假责任制有关规定，健全统计数据质量通报机制。修订《医疗保障统计调查制度》。

认真开展形势分析　提高形势分析针对性，在完成季度形势分析材料基础上，挖掘数据反映的趋势性、苗头性、方向性问题，发挥医疗保障形势分析安全预警作用。健全医疗保障基金运行评价指标计算方法和评价标准体系，督促各地提高对基金运行管理的重视程度。

# 待遇保障工作

2022年，待遇保障工作紧紧围绕贯彻落实党的二十大精神，持续建设完善多层次医疗保障体系，统筹推动各项重点改革任务，踔厉奋发、砥砺前行，扎实推进医保高质量发展再上新台阶。

**【贯彻落实医疗保障待遇清单制度】** 抓实《国家医保局　财政部关于建立医疗保障待遇清单制度的意见》和三年行动方案的贯彻落实，建立统一规范的超待遇清单制度政策台账，明确责任人和完成路径，层层压实责任。建立定期调度通报机制，实时掌握工作进度，充分调动地方贯彻落实的积极性。开展专项督查，重点围绕组织保障、任务落实、阶段成效等进行自查。待遇清单制度建立以来，各地增量得到全面遏制，存量清理有序推进。截至2022年底，超九成省份医保制度已回归到国家规定的三重保障制度框架内，超过70%的统筹区完成超清单政策清理，共清理制度政策超160项。

**【健全职工基本医疗保险门诊共济保障机制】** 指导各省份按照《国务院办公厅关于建立健全职工基本医疗保险门诊共济保障机制的指导意见》要求，改进职工医保个人账户计入办法，建立健全门诊统筹。定期调度及时掌握各省份工作进展和成效，并分类指导。做好梳理总结，形成各省职工医保门诊共济保障机制进展情况报告。组织专家开展评估和专题研究。改革总体进展顺利，31个省（自治区、直辖市）和新疆生产建设兵团均已制定印发省级实施办法，31个省份已启动门诊共济保障机制改革，近260个统筹地区建立职工医保普通门诊统筹，覆盖超七成职工医保参保人，惠及人群就诊11.8亿人次，基金支付1086亿元，政策范围内报销比例50%左右。

**【健全统一规范的医疗救助制度】** 一是指导各地贯彻落实《国务院办公厅关于健全重特大疾病医疗保险和救助制度的意见》，完善统一规范的医疗救助制度，夯实医疗保障体系托底功能。截至2022年底，全国31个省（自治区、直辖市）和新疆生产建设兵团均出台配套文件。二是会同财政部、国家乡村振兴局印发《关于建立巩固拓展医疗保障脱贫攻坚成果联系点加强相关典型经验总结宣传的通知》，鼓励各地在巩固拓展脱贫攻坚成果中探索完善医疗救助制度。截至2022年12月底，共资助参保9777.3万人，全国实施住院和门诊救助11828.6万人次，支出401亿元。

**【巩固拓展医疗保障脱贫攻坚成果有效衔接乡村振兴战略】** 按规定落实好资助参保政策，健全参保核查比对机制。全年与民政和乡村振兴部门开展参保核查超过1亿人次，确保农村低收入人口参保率稳定在99%以上。强化三重制度综合保障。2022年，各项医保帮扶政策惠及农村低收入人口就医1.45亿人次，减轻费用负担1487亿元，三重制度综合保障下农村低收入人口住院费用实际报销稳定在80%左右。加快推动健全长效机制。联合相关部门印发《关于坚决守牢防止规模性返贫底线　健全完善防范化解因病返贫致贫长效机制的通知》，指导各地建立健全高额费用负担患者主动发现、动态监测、信息共享、精准帮扶机制。2022年，各地主动推送高额费用负担患者信息625.7万人次，经核查认定，对21.66万人实施住院和门诊救助。

**【健全完善统一的城乡居民医保制度】** 落实2022年度政府工作报告要求，会同财政部、国家税务总局印发居民医保年度文件，持续提高财政补助标准。2022年居民医保人均财政补助增加30元，达到每人每年不低于610元，同步提高个人缴费标准30元，达到每人每年350元，同时对待遇保障、加强管理、优化服务等内容提出具体要求，进一步提升制度保障能力。2022年，居民医保参保人数9.83亿人，基金收入10128.90亿元，基金支出9353.44亿元，总体运行平稳。

**【健全城乡居民高血压、糖尿病门诊用药保障机制】** 总结推广重点联系的典型地区可借鉴的经验做法，督促指导各省份夯实主体责任。完善评估指标体系，初步构建由2项一级指标、6项二级指标、16项三级指标构成的第三方评估指标体系。进一步优化专项调度机制，截至2022年底，累计惠及1.4亿高血压、糖尿病患者，减轻群众用药负担608亿元。充分发挥协同促进基层健康管理作用，高血压、糖尿病患者基层就医明显增多，52个重点联系的典型地区一级及以下医疗机构待遇享受人次占比达75.3%。

**【稳步推进长期护理保险制度试点】** 指导试点地方在国家政策框架下积极探索，开展试点评估，总结提炼可复制、可推广的经验。综合研判形势，研究提出进一步深入推进制度试点的思路。持续健全失能等级评估标准体系，印发《长期护理保险失能等级评估操作指南(试行)》，推动地方实施《长期护理失能等级评估标准(试行)》。截至2022年底，长期护理保险制度覆盖近1.7亿人，累计195万人享受待遇。

**【完善生育保险政策措施】** 指导地方全面落实参保女职工生育三孩生育保险待遇，确保应享尽享。在调度梳理全国生育保险政策及实施现状、对典型地区开展专项调查、系统汇总梳理国际经验做法的基础上，研究起草完善生育保险政策措施文件并两次征求相关部门和地方意见。会同17部门印发《关于进一步完善和落实积极生育支持措施的指导意见》等文件，明确国家统一规范并制定完善生育保险生育津贴支付政策，将灵活就业人员纳入生育保险覆盖范围，指导地方综合考虑基金可承受能力、相关技术规范性等因素，逐步将适宜的分娩镇痛和辅助生殖技术项目按程序纳入基金支付范围。指导地方全面清理影响生育保险待遇享受的限制规定，推动增强政策包容性。2022年，全国参加生育保险2.46亿人，生育保险基金待遇支出891亿元，分别较上年增长3.6%和4.7%。

**【做好职工基本医疗保险阶段性缓缴工作】** 为应对疫情，支持企业纾困解难和稳定就业，经国务院同意，会同国家发展和改革委员会、财政部、国家税务总局联合印发《关于阶段性缓缴职工基本医疗保险单位缴费的通知》，对中小微企业实施阶段性缓缴职工医保单位缴费政策。文件印发后，加强对地方跟踪指导，会同相关部门加强统计调度，推进工作落实落细。2022年累计缓缴单位缴费889亿元，涉及847万家单位、9603万名职工。

**【推动基本医保省级统筹】** 根据中央有关工作要求，按照《"十四五"全民医疗保障规划》提出的"政策统一规范、基金调剂平衡、完善分级管理、强化预算考核、提升管理服务"的方向，指导地方继续夯实相关工作基础，推动省级统筹。截至2022年底，全国基本实现市地级统筹，9个省份不同险种实现省级统筹，基金共济保障能力进一步增强，制度运行更可持续。

**【做好其他重点领域、重点人群保障工作】** 配合中央军委有关部门、国务院妇女儿童工作委员会办公室、退役军人事务部、民政部、国家卫生健康委员会、中国残疾人联合会等完善法律法规政策，推进相关纲要规划实施。

# 医药服务管理工作

2022年，医药服务管理工作深入贯彻落实《中共中央 国务院关于深化医疗保障制度改革的意见》，扎实做好疫情防控医疗保障工作，规范开展医保药品目录调整，深化医保支付方式改革，启动长期护理保险支付管理机制研究，推进落实深化医改年度各项重点任务。

**【持续助力疫情防控工作】** 扎实做好费用保障工作　持续落实“两个确保”，即确保患者不因费用问题影响就医，确保收治医院不因支付政策影响救治，有力保障患者救治，预拨专项资金。及时完善疫情防控医疗保障政策，2022年3月，印发《关于切实做好当前疫情防控医疗保障工作的通知》，第一时间指导各地将新冠病毒抗原检测试剂及相应检测项目临时性纳入省级基本医保医疗服务项目目录，并将诊疗方案新冠治疗用药临时性纳入医保基金支付范围。及时开展新冠肺炎相关医疗费用、疫苗及接种费用结算、清算和财政补助资金结算工作，明确将无症状感染者医疗费用纳入清算范围。

**【动态调整医保目录】** 开展2022年医保药品目录调整　共有111个药品新增进入目录，3个药品被调出目录。108个目录外药品谈判或竞价成功。《国家基本医疗保险、工伤保险和生育保险药品目录（2022年）》收载西药和中成药共2967种，其中西药1586种，中成药1381种，协议期内谈判药品346种（西药276种，中成药70种），竞价药品17种（均为西药）。原省级自行增补品种消化工作全面完成，医保药品目录实现全国基本统一。开展支付标准试点，建立支付标准试点药品监测方案。

持续开展谈判药品“双通道”管理和落地监测　截至2022年12月底，2021年版国家医保目录中谈判药品在全国20.92万家定点医药机构配备，较2021年增长47.32%。2022年，协议期内275种谈判药品报销1.8亿人次。通过谈判降价和医保报销，年内累计为患者减负2121.9亿元。

规范医保医用耗材管理　开展调查研究，调整完善医保医用耗材管理思路，组织开展医用耗材通用名研究，起草关于进一步加强医用耗材医保支付管理的文件，并征求相关方面的意见建议。

**【深化医保支付方式改革】** 落实按病组（DRG）和病种分值（DIP）付费支付方式改革三年行动计划阶段任务　聚焦抓扩面、建机制、打基础、推协同四个方面，狠抓统筹地区40%、医疗机构40%、病种分组70%、医保基金30%任务目标落实。截至2022年底，206个统筹地区实现实际付费，占全国统筹地区的52%。北京等9个省份已经实现省域范围内全部统筹地区实际付费。实际付费地区中，按DRG/DIP付费的定点医疗机构达到52%，病种覆盖率达到78%，医保基金支出比例达到77%，整体进展快于阶段性任务目标。开展DRG/DIP成效监测分析，完善成效监测分析机制。

加强支付方式改革信息支撑　将信息工作与业务工作同部署，组织各省级医保部门开展DRG/DIP功能模块试用和测试工作，并推进落地应用。推进DRG/DIP支付方式管理子系统监测点建设。

开展标准化规范化建设　组织制定DRG/DIP术语集，规范专业术语。畅通各地反馈分组调整渠道，促进分组规范化、制度化。

推进中医医保支付方式改革　落实《中共中央 国务院关于促进中医药传承创新发展的意见》《国家医疗保障局 国家中医药管理局关于医保支持中医药传承创新发展的指导意见》，研究医保支持中医药传承创新发展的有关支付政策，会同国家中医药管理局遴选中医病种，探索实施中医病种按病种分值付费。

探索针对紧密型县域医共体的总额付费政策　积极配合参与国家卫生健康委紧密型县域医疗卫生共同体建设监测工作，开展典型地区紧密型县域医共体总额预算管理研究。

推进按床日、按人头付费等支付方式　总结梳理典型地区按床日付费经验，指导地方积极探索将按人头付费与慢性病管理相结合。

**【启动长期护理保险支付管理机制研究】**　推进长期护理保险从业人员规范化标准化管理　在《中华人民共和国职业分类大典（2022年版）》中新增长期照护师职业工种，并牵头组织起草长期照护师国家职业标准，对职业定义、职业等级划分、职业技能要求等进行深入研究论证。

开展长期护理保险支付项目和定点机构管理研究　实地调研长期护理保险试点城市，开展试点城市定点服务机构摸底，了解管理现状，形成研究思路。

# 医药价格和招标采购工作

2022年，医药价格和招标采购工作取得显著经济效益和社会效益，改革理念得到社会认可，改革深度和广度进一步提升，上下联动、协同推进的工作格局得到进一步巩固和深化。

**【推进医药集中带量采购改革】** *常态化制度化推进药品集采* 2022年，国家和省级两个层面常态化制度化开展药品集采，扩大集采覆盖面，持续放大改革效应，群众受益明显。第六批集采（胰岛素专项）中选结果于5月落地执行，超过1000万患者受益。第七批集采于7月产生中选结果，11月落地实施，覆盖60个品种，平均降幅48%，供应充足稳定。截至2022年底，累计开展七批国家组织药品集采，共294种药品，平均降幅超50%，按集采前价格计算，约占公立医疗机构化学药品采购金额30%以上。各批次集采中选结果在全国平稳落地实施，中选产品得到优先使用，年度实际采购量达到协议采购量的2倍左右，中选药品采购量占同通用名药品比例超80%。

*扎实推进高值医用耗材集采* 在前两批冠脉支架、人工关节成功集采的基础上，选取骨科领域最为复杂、价格虚高明显的脊柱类耗材开展第三批耗材集采，2022年9月产生中选结果，广泛覆盖脊柱手术所需各类耗材，包括5个品种14个产品系统类别，平均降价84%。其中，占脊柱手术量1/3的胸腰椎后路固定融合术的耗材平均价格从3.3万元降至4500元左右，有效挤出价格水分。

*采购期满接续工作平稳顺畅* 指导各地以省级或省际联盟为单位开展药品集采协议期满接续工作，综合采取询价、竞价、综合评价等多种方式，总体实现市场、价格、临床“三个稳定”。以上海、江苏、河南、广东为牵头省份组建国家组织药品集采协议期满后的接续采购联盟，常态化、规范化推动接续采购，提高工作效率。11月，国家层面统一开展冠脉支架集采接续，参与医疗机构数相比上一轮增加40%、需求量增加30%，中选产品从10个增至14个，中选价格保持平稳，实现群众负担持续降低。

*地方集采统筹协调推进* 统一部署各地2022年药品和医用耗材集采重点任务，明确一批国家指导的省际采购联盟，促使行业预期更加稳定。四川、湖北分别牵头形成全国种植牙耗材采购联盟和中成药采购联盟。福建、江西、山东分别牵头开展心脏电生理介入治疗耗材、肝功能生化试剂、中药饮片省际联盟采购。“八省二区”联盟、京津冀联盟、广东联盟等进一步扩大品种覆盖面，骨科创伤、药物球囊等一些多省份已开展集采品种的采购结果有序向其他省份拓展，改革效应持续放大。2019年以来，各省份在国家医疗保障局指导和统筹下，以独立或联盟的方式开展62批药品省级集采和89批医用耗材省级集采，其中2022年度分别开展22批和31批，联盟化、区域化逐渐成为集采主流趋势。

**【推进医疗服务价格改革】** *稳妥启动改革试点首轮调价* 指导河北省唐山市、江苏省苏州市、福建省厦门市、江西省赣州市、四川省乐山市5个试点城市形成首轮医疗服务价格调整方案，实质性探索价格形成机制。首轮调价总量合计约3.5亿元，涉及价格项目1728项。其中，价格调升主要集中在治疗类、手术类等项目；价格调降主要集中在检查检验类项目。

*全面建立医疗服务价格动态调整机制* 指导各省份建立医疗服务价格动态调整机制，连续两年开展调价评估，持续加大医疗服务价格优化调整力度。截至2022年6月底，全国31个省份全部建立医疗服务价格动态调整机制，实现价格动态调整的制度化、标准化、可量化。2022年，各省份

均已按机制完成年度调价评估工作，其中江西、四川、新疆等17个省份经评估符合调价启动条件。

*扎实做好医疗服务价格项目管理工作* 持续推进医疗服务价格项目编制工作，分批发布“中医推拿灸法和拔罐”“口腔种植类”等价格项目立项指南，指导各省份规范整合现有医疗服务价格项目，提高现有项目兼容性和对技术变化的适应性。指导各省份高质量做好新增医疗服务项目审核，加强创新质量把关，提升审核效率，2022年指导22个省份新增价格项目980余项。

*深入开展口腔种植收费专项治理* 印发《关于开展口腔种植医疗服务收费和耗材价格专项治理的通知》及操作要点等配套文件，开展口腔种植医疗服务价格、种植体、牙冠等费用协同治理，综合治理后绝大部分地区公立和民营医疗机构单颗种植牙总费用由1.5万元降至6000元左右，有力降低群众负担。

**【强化药品价格宏观管理】** *加强重点案件查处力度* 牵头指导广东省查处白云山天心制药等3家企业虚增原料药价格、虚抬药价套取资金有关问题，并责令3家企业在全国范围内对涉案的87种药品进行价格整改，平均降幅50%以上，部分品规被停止挂网销售，公开通报案情和处理结果，发挥震慑作用。贯彻落实医药价格和招采信用制度，全年累计向全国通报4批医药商业贿赂案源。

*加强药品价格日常监督和管理* 针对群众反映强烈的胃复春、十一酸睾酮、愈心痛等药品异常涨价问题，及时开展价格函询约谈，全年共函询3家企业，约谈2家企业，约谈后平均降价15%左右。

*指导编制和运用医药价格指数* 医药价格指数作为药品、医疗服务价格变化趋势和程度的“信号灯”，客观、真实、准确地反映了近年来医药价格水平。药品采购价格指数(MPPI)保持连续四年下降的趋势，2018年以来累计降幅19%；医疗服务价格指数(MSPI)小幅上升，结构优化，2018年以来累计上升15.9%，其中手术等体现医务人员价值和能力的技术类价格累计升幅达20%~30%，检查检验等项目略有下降。根据药品采购价格指数提出药品集采频率和品种数的政策建议，对药品价格水平偏高的省份，加大招采频次、扩大覆盖范围；对价格水平偏高的药品，在招采工作中给予更多关注。将医疗服务价格指数作为强化医疗服务价格宏观管理的重要抓手，根据医疗服务价格指数变化指导地方采取积极、稳健或谨慎的医疗服务价格动态调整措施。

*定期开展短缺、易短缺药品价格和配送异常信息监测* 按月监测清单内药品价格和供应情况，将供应紧张或价格异常上涨的重点监测品种信息提供国家短缺药品供应保障工作会商联动机制牵头单位协调应对。将监测发现的各省份短缺、易短缺，药品交易中存在的异常高价和异常配送情况，提供相关省级医保部门予以核查处置，引导企业主动纠正失当价格并严格采购履约。2022年累计核查价格异常信息1076条，配送异常信息278条。

**【服务新冠病毒疫情防控新形势】** *指导降低新冠治疗药价格* 结合新冠治疗药挂网销售，探索新药首发挂网价格管理，推动新冠治疗药阿兹夫定和奈玛特韦片/利托那韦片组合包装分别降价70%和18%，降低新冠治疗成本。研究制定《新冠治疗药价格形成指引》，实行首发报价集中受理、全国通行，引导新冠治疗药品价格公开合理制定。

*指导各地合理降低新冠病毒检测价格* 实行核酸检测价格全国联调，单人单检价格降至16元以下，多人混检降至5元以下，大规模核酸检测降至3.5元以下。指导各省份下调公立医疗机构新冠病毒抗原检测政府指导价，每人次检测价格项目不高于2元，“检测价格项目+检测试剂”总费用按6元封顶。

*开展新冠疫情相关药品价格和配送监测* 梳理46种相关药品，涉及102个制剂品种151个品规。监测显示平台价格整体未见明显波动，个别品种12月较11月环比涨幅超过30%；相关药品总体供应比较紧张，整体配送率低于30%。要求地方以保障供应作为导向，提高相关药品可及性的同时，保障价格稳定可负担。

# 基金监管工作

2022年，基金监管工作始终将加强医保基金监管、维护基金安全作为首要任务，聚焦“不敢骗、不能骗、不想骗”，坚持标本兼治，持续巩固打击欺诈骗保高压态势，构建安全规范的基金监管长效机制。

**【持续巩固基金监管高压态势】** 强化日常监督 健全完善常态化监管机制，全面压实基金监管相关责任，综合运用经办稽核、日常巡查、专项检查、重点检查等方式，继续深入开展“不留死角”的日常监督检查。2022年，全国各级医保部门检查定点医药机构76.7万家，查处39.8万家，追回医保资金188.4亿元。暂停医保服务协议13910家，解除医保服务协议3189家，暂停医疗费用联网结算5516人，移交公安司法机关2920家（人），移交纪检监察机关3558家（人）。

深化专项整治 联合公安部、国家卫生健康委开展2022年打击欺诈骗保专项整治工作，聚焦重大案件、重要领域、重点对象，把打击欺诈骗保工作不断引向深入。联合公安部将打击医保欺诈骗保专项整治工作纳入全国公安机关夏季治安打击整治“百日行动”。2022年，累计破获医保诈骗案件2682起，抓获犯罪嫌疑人7261名，打掉欺诈骗保团伙541个，联合惩处医药机构300个，累计追缴医保基金10.7亿元。

做实飞行检查 会同财政部、国家卫生健康委、国家中医药局印发《关于开展2022年度医疗保障基金飞行检查工作的通知》，并制定《2022年度医疗保障基金飞行检查工作方案》。编印《2022年度医疗保障基金飞行检查指南》，为参检各省提供技术参考。印发《医保基金飞行检查行为规范》，确保飞检过程廉洁规范。2022年，组织飞行检查24组次，检查23个省份的48家定点医疗机构、23家医保经办机构，查出涉嫌违法违规使用医保基金9.8亿元。

督查重大案件 2022年3月，对华中科技大学同济医学院附属同济医院进行专项飞行检查，发现仅串换、虚记骨科高值医用耗材就骗保2334万元，对其罚款5924万元，责令暂停骨科8个月医保服务资格。

加强宣传曝光 连续第四年组织全国医保系统开展以“织密基金监管网 共筑医保防护线”为主题的基金监管集中宣传月活动。国家医疗保障局曝光台曝光53起违法违规或欺诈骗保典型案例，追回违规资金超3226万元。

规范举报奖励 修订《违法违规使用医疗保障基金行为举报奖励办法》。建设投诉举报平台，规范举报投诉接收、处理、办结、归档等全流程管理，跟踪全国举报投诉件处理进展，对重点举报投诉件实时督导督办，对举报投诉奖励情况开展统计分析。2022年，收到涉及医保监管领域举报投诉线索5978件，举报要素完整并移交地方转办629件，查实342件，已追回医保资金1.33亿元。

**【建立健全基金监管长效机制】** 法治体系加速构建 严格贯彻落实《医疗保障基金使用监督管理条例》（以下简称《条例》），将《条例》实施细则纳入国家医疗保障局立法计划。组织开展全国医疗保障基金监管执法典型案例征集活动，总结分析《条例》实施以来违法违规使用医保基金案件特点，加强对各级医保基金监管执法人员的业务指导，规范裁量权行使。

体制改革加快推进 贯彻落实《国务院办公厅关于推进医疗保障基金监管制度体系改革的指导意见》要求，加快建设完善医保基金监管制度体系和执法体系。开展全国基金监管执法体系现状调研，梳理各地机构建设情况和监管体系运行机制问题。

综合监管取得实效　深化部门联动长效机制，提升医保基金综合监管能力。进一步加强行纪衔接，推动落实《关于医疗保障部门向纪检监察机关移送医疗保障基金监管中发现问题线索的通知》，与公安部、国家卫生健康委建立案件通报、联合督查、定期会商等工作机制，指导地方开展合作。加强数据共享应用，与公安部开展数据建模应用，推动建立医保公安数据共享专线，通过大数据分析筛查精准锁定欺诈骗保可疑线索，开展异常数据核查，提升打击欺诈骗保工作精准性。联合纠治医药领域腐败乱象。与国家卫生健康委等9部门联合印发《2022年纠正医药购销领域和医疗服务中的不正之风工作要点》，严厉惩治医药领域腐败问题，塑造风清气正的医药购销环境。联合国家药监局等开展集中打击整治危害药品安全违法犯罪专项行动，协助查处医保药品违法行为，加强药品价格常态化监管，营造良好的药品安全环境。

智慧监管信息赋能　印发《医疗保障基金智能审核和监控知识库、规则库管理办法（试行）》，明确智能监控知识库、规则库建设和管理规范及标准，积极推进第一批全国统一、规范的“两库”框架体系制定和论证工作，指导各地加快智能监管系统落地应用，逐步扩大应用范围和应用场景。强化医保基金监管反欺诈智能监测，搭建系统平台，强化大数据分析，应用人工智能、知识图谱等新技术，构建多场景骗保数据模型，借助医保海量数据深入挖掘、精准锁定骗保对象和问题，构筑全流程、全费用、智能化的数据监管防线。推进医保基金行政监管执法系统建设，研究医保行政执法系统建设需求，启动相关业务模块研发，加快推进医保基金行政执法系统上线。

**【支持规范商业医疗保险发展】**　与中国银保监会等部门共同研究制定支持规范商业医疗保险发展的相关政策措施，推动多层次医疗保障体系有序衔接。有序推进参保人员信息授权查询和使用试点工作，调度了解8省12个城市试点工作进展情况，赴江西省萍乡市和浙江省杭州市、衢州市开展调研，指导各地不断扩展试点应用场景，适时总结推广先进经验。

**【深入推进医保领域“放管服”改革】**　印发《国家医疗保障局2022年度“放管服”改革工作计划》，明确各成员单位2022年工作任务目标、重点任务，推动2022年医保“放管服”改革工作落实落地。印发《关于落实进一步提高政府监管效能推动高质量发展指导意见的实施方案》，推动建立健全医保监管体制，加快建立全方位、多层次、立体化的医保监管体系。推动落实“一件事一次办”“跨省通办”及群众关心的“关键小事”等，提高群众医保服务满意度。

# 党建人事工作

2022年，党建人事工作以深入学习贯彻习近平新时代中国特色社会主义思想，认真学习贯彻党的二十大精神为主线，围绕中心、服务大局，奋发进取、勠力攻坚，较好地完成了各项任务。

**【坚持政治建设统领，坚决做到“两个维护”】** 始终把忠诚拥护“两个确立”、坚决做到“两个维护”作为最高政治原则和根本政治规矩，坚决贯彻落实习近平总书记重要指示批示，协助国家医疗保障局党组建立专门台账，明确承办单位和具体责任人，全程跟踪督办。认真做好国家医疗保障局出席党的二十大代表选举工作，圆满完成选举任务。持之以恒学懂弄通做实习近平新时代中国特色社会主义思想，及时跟进学习习近平总书记最新重要讲话和重要指示批示，特别是反复学习习近平总书记关于医疗保障的重要讲话和重要指示批示。突出青年理论武装，推动学思用贯通，组织青年干部围绕学习习近平总书记重要讲话论述等开展学习研讨，研究制定深入推进青年干部下基层接地气工作的具体措施，深化“根在基层”调研实践。其中，国家医疗保障局青年理论学习小组提交的成果，获中央和国家机关工委“关键小事”调研攻关活动一等奖。坚持党管意识形态原则，协助国家医疗保障局党组定期分析意识形态领域情况，扎实抓好思想动态分析工作，坚决守住意识形态风险底线。研究制定《国家医疗保障局2022年定点帮扶工作计划》，扎实推进定点帮扶。

**【突出首要抓落实，深入学习宣传贯彻党的二十大精神】** 对标对表习近平总书记重要指示批示和党中央决策部署，结合医疗保障工作实际，召开学习宣传贯彻党的二十大精神动员部署大会，制定学习宣传贯彻方案，确保党的二十大精神扎实推进、落地落实。局党组主要负责同志带头指导推动学习贯彻工作，带头宣讲党的二十大精神，带头撰写体会文章，推动党的二十大精神进基层、进群众。局党组理论学习中心组充分发挥领学促学作用，开展专题学习研讨。改进创新宣传方式方法，注重对象化、分众化、互动化，充分利用《医保工作动态》《中国医疗保险》杂志等载体，开展丰富多样的主题宣传活动，刊发医疗保障系统党组织和党员干部学习体会、经验做法等。紧紧围绕党的二十大提出的重大思想观点、重大论断、重大部署，特别是涉及医疗保障工作的重要内容，确定重大研究选题，深入研究攻关，形成认识成果、实践成果、制度成果。

**【坚持大抓支部建设，切实筑牢战斗堡垒】** 协助国家医疗保障局党组深入贯彻机关基层组织工作条例、党支部工作条例、基层组织选举工作条例，层层压实党建工作责任，编印《党建知识应知必会手册》，切实增强国家医疗保障局基层党组织贯彻执行的自觉性和坚定性。做好国家医疗保障局基层党组织建设质量提升三年行动计划总结评估工作，着力建设政治功能强、支部班子强、党员队伍强、作用发挥强的“四强”党支部。认真落实《中国共产党党员教育管理工作条例》，加强对党员的日常监督特别是工作时间之外的监督，增强党员教育管理的针对性、实效性。认真贯彻《中央和国家机关严格党的组织生活制度的若干规定（试行）》，督导国家医疗保障局各级党组织严格落实“三会一课”、民主生活会和组织生活会、民主评议党员等基本制度，确保组织生活有实质内容、实际效果。抓好党内关怀帮扶办法落实，充分发挥机关工会、妇工委、团委作用，建设哺乳室，用好职工书屋，加大对老干部、生活困难党员的关怀帮扶力度，结合元旦、春节等开展送温暖活动，聚焦干部职工需求，成立国家医疗保障局篮球协会等组织，为局内干部职工办实事好事，进一步增强组织的感召力、凝聚力和战斗力。

**【坚持正确选用导向，锻造“四有”干部队伍】** 协助国家医疗保障局党组认真贯彻落实《党政领导干部选拔任用工作条例》，按照新时期好干部标准，牢牢把好选人用人政治关、廉洁关、能力关，选拔任用心中有党、心中有民、心中有责、心中有戒的“四有”干部。探索更加科学有效的干部考核机制，完善日常考核、分类考核、近距离考核的知事识人体系。深入落实国家医疗保障局党组关于进一步激励干部新时代新担当新作为的实施意见，制定《公务员辞去公职后从业行为限制清单》，加大对公务员辞去公职后从业行为的监督检查力度。加强年度干部教育培训计划制定，全年举办24期培训班，培训2075人次。做好在编人员和借调人员涉密管理工作。

**【坚持一体推进“三不”，持续正风肃纪反腐】** 坚持一体推进不敢腐、不能腐、不想腐战略目标，协助国家医疗保障局党组大力建设新时代医保廉洁文化，召开全国医疗保障系统党风廉政建设和反腐败工作会议，认真传达习近平总书记重要讲话精神，深入贯彻落实十九届中央纪委六次全会和国务院第五次廉政工作会议精神，总结年度工作，分析研判形势，部署重点任务。切实抓好中央纪委国家监委驻国家卫生健康委员会纪检监察组定期专题会商整改工作，严格落实中央八项规定及其实施细则精神，认真贯彻落实加强机关纪委自身建设的意见，将“严”的主基调长期坚持下去。在元旦、春节等重要节点前，常态化开展廉政提醒，坚决杜绝“四风”问题发生。坚持监督关口前移，严格执行廉政提醒制度，实事求是运用“四种形态”，依法依规及时处置信访举报，加强对年轻干部教育管理监督，制定《关于从严从实加强年轻干部教育管理监督的实施意见》，开展“四个一”青年干部廉洁教育系列活动，教育引导全体党员干部进一步提高纪法意识，筑牢拒腐防变的思想道德防线。

# 医疗保障经办管理服务工作

2022年，医疗保障经办管理服务工作紧紧围绕“群众办事报销简简单单、两定机构结算明明白白、医保基金管理清清楚楚”这一目标，开展经办管理服务规范建设专项行动，进一步优化经办服务，完善服务网络，切实加强两定机构审核结算，强化经办机构规范管理，稳步推进支付方式改革落地见效，做好国家医保药品目录调整工作，医疗保障经办管理服务能力显著提升，群众获得感和满意度持续增强。

**【开展医保经办规范建设专项行动】** 印发《医疗保障经办管理服务规范建设专项行动工作方案》，围绕“一满意两加强”，即“让群众办事舒心满意，加强两定机构结算公开透明、加强经办机构基金管理依法合规”，从9方面提出28项具体任务，规范提升各地经办管理服务水平。截至2022年底，全国开展专项培训10936次、覆盖近150万人次，累计简化细分事项1725个、梳理政策1058条，修订费用审核、核查和基金财务相关制度文件874个。开展全国经办服务规范建设典型案例征集推介活动，总结推广88个典型案例。天津、河北、浙江、福建等省份的医保经办工作获2022年度国务院真抓实干督查激励奖励。

**【持续优化医保经办服务】** 指导各地持续做好新冠肺炎疫情期间经办服务和新冠病毒疫苗及接种费用、新冠感染患者医疗费用结算清算工作。会同国家税务总局等5部门联合印发《统一社会保险费征收模式实施方案》，不断优化参保缴费流程，提高参保缴费服务水平。深化医保信息平台经办应用，建立常态化重复参保核查机制，2022年清理重复参保845.81万人。进一步优化基本医保关系转移接续“跨省通办”，印发《关于做好生育保险待遇核定与支付“跨省通办”工作的通知》。截至2022年底，全国所有统筹区均实现生育保险待遇核定与支付“跨省通办”，所有省份均实现依托医保信息平台的转移接续“跨省通办”。

**【健全医保经办服务网络】** 认真落实习近平总书记关于完善五级社会保障管理体系和服务网络的指示要求，指导全国加快健全医疗保障经办服务网络，大力推动服务下沉，鼓励地方结合实际、整合资源，合理下放医保服务事项至乡镇（街道）便民服务中心办理，依托村（社区）党群服务中心、卫生室等开展村级医保服务。通过建设“15分钟医保服务圈”，推进基层服务“网格化”，依托银行、保险公司、邮政等网点，延伸服务网络。截至2022年底，全国八成乡镇（街道）和五成以上村（社区）能够开展医保帮办、代办服务。

**【推动跨省异地就医结算更加高效便捷】** 6月，会同财政部印发《关于进一步做好基本医疗保险跨省异地就医直接结算工作的通知》，坚持政策优化集成、管理规范统一、业务协同联动、服务高效便捷，深化基本医疗保险跨省异地就医直接结算改革。在全面推进普通门诊费用跨省直接结算的基础上，加快推进门诊慢特病相关治疗费用跨省直接结算工作。截至2022年底，所有住院患者、普通门诊患者和高血压、糖尿病、恶性肿瘤门诊放化疗、尿毒症透析、器官移植术后抗排异治疗的门诊慢特病患者，按照参保地规定办理异地就医备案手续后，均可在跨省联网定点医药机构享受直接结算服务。跨省异地就医直接结算范围进一步扩大，住院和门诊费用跨省联网定点医疗机构分别达到6.27万家和8.87万家（含门诊慢特病费用跨省联网定点医疗机构1.43万家），跨省联网定点零售药店数量达到22.62万家，实现每个县至少有一家定点医疗机构提供包括门诊费用在内的医疗费用跨省直接结算服务。1—12月，住院费用跨省直接结算惠及568.79万人次，为参保群众减少垫付762.33亿元，分别比2021年同期增长29%和22%；门诊费用跨省直接结算惠及3243.56万人次，为参保群众减少垫付46.85亿元，分别同比增长2.4倍和2.6倍。统一全国线上备案渠道，扩大备案人群范围，规范备案材料和办理流程，提高备案办理效率。2022年，依托国家统一线上备案渠道成功办理备案235.73万人次，同比增长2.4倍。

**【切实发挥协议管理关口作用】** 指导各地持续加强两定机构协议管理，开展常态化日常监督核查，不断规范医药服务行为，确保基金支出更加合理合规。2022年，全国医保经办机构核查定点医药机构74.26万家，依据协议处理违约定点医药机构33.5万家，挽回医保资金138.66亿元。从协议处理方式构成看，约谈提醒、依据协议约定进行拒付或追回资金是最主要的处理方式，其中约谈20.23万家，占60.35%；拒付或追回14.2万家，占42.36%。

**【大力推动支付方式改革落地见效】** 指导地方落实《按疾病诊断相关分组(DRG)付费医疗保障经办管理规程(试行)》和《按病种分值(DIP)付费医疗保障经办管理规程(试行)》。截至2022年底，206个统筹地区实现DRG/DIP支付方式改革实际付费。实施“支付方式改革经办百千骨干工程”，加强经办机构与医疗机构DRG/DIP支付方式培训，提高经办能力，推进改革落地。录制医保经办精品课程，编写培训讲义，为培养专业化人才提供技术平台和实用工具。

**【做好国家医保药品目录调整工作】** 始终坚持“保基本”的功能定位，组织实施2022年国家医保药品目录调整工作，整体推进目录调整信息系统建设，实现企业申报、专家评审打分、谈判确认、电子协议签署全链条线上化，防范化解廉政风险。对147种药品进行谈判，最终91种药品谈判成功，谈判成功率87.5%；17种药品竞价成功，竞价成功率63.0%，目录外药品平均降幅60.1%。调整后目录内药品总数共计2967种，其中，西药1586种，中成药1381种。

# 医药价格和招标采购技术支撑与医药集采平台建设工作

2022年，医药价格和招标采购技术支撑与医药集采平台建设工作稳步推进，深入贯彻落实党中央和国家医疗保障局党组关于医疗保障特别是价格招采工作的各项部署，积极服务医药价格治理与改革，持续强化医药集采经办各项业务，各项工作取得长足进展。

**【积极服务新时代医药价格治理新格局】**

实施医药价格监测工程　出台《全国医药价格监测工程实施方案》，形成关于构建全过程、广覆盖、多要素医药价格与成本监测框架的基本思路。启动第一批四项监测任务，按季度开展临床必需易短缺药品价格监测和供应情况监测、药品价格指数代表品种价格监测、医疗服务价格指数代表项目监测。组织医保药品试点支付标准监测。定期开展高值医用耗材价格监测。进一步优化落实疫情防控“新十条”发布后，迅速启动对涉疫药品和耗材平台采购和价格的应急监测，强化重点品种挂网与调度，努力保障防控措施调整平稳有序转段。设计建设集中带量采购全周期管理监测模块，以及口腔种植医疗服务收费和耗材专项治理中的价格监测模块。

编制医药价格指数　持续按季度、半年度、年度编制药品采购价格指数（MPPI）和医疗服务价格指数（MSPI）。通过分析指数变化可知，自2018年以来，药品价格总水平累计下降19%，群众反映强烈的药价虚高问题得到有效治理，医疗服务总水平累计上涨15.9%，医疗服务价格增长平稳，结构变化反映出对技术劳务价值的重视。推动指数基期轮换工作，研究设计新基期医疗服务价格指数和全口径药品价格指数调整方案，使指数的代表性更强，更加灵敏准确反映医药价格总水平变动态势。

强化医药市场运行分析　定期收集国家药监部门审评进展数据，逐月分析整理仿制药质量一致性评价最新情况。围绕不同种类药品通过一致性评价情况、市场竞争态势、集采品种及其可替代品种费用和使用情况等撰写报告。围绕新冠肺炎相关医药产品及医疗技术创新，国内外疫苗、核酸检测和治疗药物价格情况，新冠患者愈后情况，以及基因检测、人工智能辅助手术机器人等前沿医学技术开展调研分析，持续增强价格管理的科学性、精准性、有效性。

探索新的价格管理工具　开展药品和医疗服务成本调查测量方法、流程等基本规则的研究，研究启动重点关注品种成本专项调查。参与制定国家医保版《全国医疗服务价格项目规范（2022版）》；编制印发器官移植、临床量表评估、中医类（灸法、拔罐、推拿）、口腔种植、中医外治、居家服务、辅助生殖等医疗服务价格项目立项指南。

做好价格招采信用评价工作　通报4批医药商业贿赂案源。截至2022年四季度末，各地评定一般失信企业197家、中等失信企业51家、严重失信企业21家、特别严重失信企业4家。明确评级处置办理时限、失信事实认定程序、信息报送机制和途径等工作要求，规范各地尊重企业选择和运用公益性捐赠信用修复的权益，解决失信行为和失信评级时效判定、医药企业不履约情形判定等执行问题，引导各地提升工作水平。

发挥好专家组作用　组织价格招采专家组有序扩围，将专家范围扩充至涵盖价格、招采、管理等领域。召开第二次专家组会议。定期组织专家围绕集采、医疗服务价格改革、医疗服务价格项目规范等业务问题开展咨询论证；为各地药品耗材集采和挂网方案提供论证意见。

**【协同推进医疗服务价格改革】**　承担医疗服务价格改革试点评估　分别召开“深化医疗服务

价格改革试点培训班”和“深化医疗服务价格改革试点动员部署会”，完成五个医疗服务价格改革试点城市基线调研，系统掌握经济发展水平、医疗资源供求情况、财力保障、基金平衡、医疗服务价格水平等方面的数据，夯实改革和评估基础。按照改革与评估同部署、同推进原则，制定改革试点评估方案，组建试点城市专家组跟踪改革进展。

开展医疗服务价格重要事项审核评价　编制形成《新增医疗服务价格项目立项指南》《新增医疗服务价格项目经济性评价指南》《新增医疗服务价格项目创新性评价指南》等技术文件。受委托对省级医疗服务价格重要事项报告开展初步评估和专家论证。完成技术新颖、产出不明或涉及临床重大操作新增项目的评估。

**【持续优化医药集采经办工作】**　强化医药集采平台建设　印发《关于提升完善医药集中采购平台功能 支持服务医药价格改革与管理的意见》，为推动建立招标、采购、交易、结算、监督一体化的省级集采平台夯实制度基础。优化药品挂网撤网工作，跟踪紧急挂网撤网品种价格和使用情况；开发带量采购资金结余留用测算功能模块、资审共享功能模块、结算支付功能模块；开展数据质量治理，整理194万条药品信息。组织开展示范平台建设，评定天津、上海、江苏、浙江、福建、江西、山东、河南、广东和重庆10个示范平台，积极推动平台建设与运行的标准化、规范化。通过视频调度、逐月通报、轮调轮试、问题清单等方式督促各地积极完成应用部署，持续推动招采子系统落地应用。截至2022年12月底，30个省份及新疆生产建设兵团完成系统部署，14个省份及新疆生产建设兵团实现交易、采购等核心功能应用。

计算并通报药品和医用耗材网采率　持续推进招采子系统数据治理工作，向各省级医疗保障局和医药集采机构下发通知，保障数据及时、准确、完整、一致。针对异常数据比例较高的省份开展点调辅导，联合业务部门和信息化部门对其数据质量存在问题进行逐一分析，并形成常见问题解答，加强指导。对网采率测算的分子分母参数、取值范围、计算方法进行了多次优化，并遴选多个省份对新算法进行试算，吸纳各地建议，逐步调整计算公式。

强化对地方的指导与服务　开发数据下载功能模块，为各地集采提供数据共享支持；开发资审共享模块，减轻企业重复提交资料的负担；收集各地药品耗材集采项目信息，做好信息联动支持；协助四川完善信息平台建设，设计并提供口腔种植医疗服务收费和耗材价格专项治理支持系统建设方案。牵头印发《医保工作动态医药价格和招标采购专刊》14期（累计印发37期），分享国家和各地经验。

做好价格招采公共服务　持续提升集采系统公共服务水平，督促各省级平台落实医保政务服务“好差评”制度，以及药品和医用耗材集中采购公共服务事项清单，研究全国医疗保障药品和医用耗材集中采购服务事项办事时限。

# 综合管理工作

2022年，综合管理工作取得积极进展，不断筑牢政治机关思想根基，充分发挥运转中枢和参谋助手作用，聚力服务中心大局，持续提升运转保障水平。

**【推进党建与业务深度融合】** 理论学习 加强政治理论学习，提高政治能力和水平。制定《办公室党支部2022年党建工作要点》和5项学习计划，组织集体学习42次。编印《办公室每日一学》200余期，突出党建热点、学习重点、理论时评等。开展"做学习型党员建书香机关"读书会、"学党史、唱红歌"等学习活动。开展《习近平谈治国理政》（第四卷）集中学习，并将学习宣传贯彻党的二十大精神作为重要政治任务深入开展。

机关工作 坚守政治机关本色，服务党和国家中心大局。做好向党中央、国务院信息报送工作，国家医疗保障局被评为年度信息工作进步较大单位，获得全国政府信息工作先进单位和个人的荣誉称号。整治形式主义突出问题，建立优秀公文评选制度，提高公文质量，压减公文数量；严格控制会议规模，持续压减会议数量，会议数量较上年下降8%；统筹安排年度督查检查考核事项并做好报备工作，将公文管理风险纳入内控管理并探索向机关运转风险内控拓展。

作风建设 加强机关作风建设，及时完善相关制度规定。坚决落实中央八项规定及其实施细则精神，结合"四风"问题新动向新表现，及时修订国家医疗保障局党组关于贯彻落实中央八项规定精神加强作风建设的实施办法，提炼、调整原有内容，完善、补充相关条款，通过完善制度，纠治隐形变异"四风"问题。

信访工作 强化党对信访工作的领导，学好用好《信访工作条例》。将学习培训、宣传解读和贯彻落实《信访工作条例》作为党建工作重点，两次邀请专家在全系统组织开展专题培训，印发《国家医疗保障局信访工作规定》，进一步明确医保信访工作开展的指导思想和基本原则，细化和规范职责分工、受理办理程序和监督追责等。

**【基础保障质量不断提升】** 有力保障值班机要工作 严格落实二级带班和24小时在岗值班要求，在相关练兵活动中获得上级管理部门通报表扬。实现全年机要通信"零差错"，国家医疗保障局被中央和国家机要文件交换站评为"优秀单位"，有关同志获评"优秀机要交换员"。

全方位服务代表委员履职 2022年国家医疗保障局收到的代表建议委员提案全部按时办理完成，被全国政协评为提案优秀承办单位。办理工作经验被全国人大、全国政协及国务院办公厅收录到相关刊物。

助力政民互动交流 举办政务互动交流能力提升培训班，做好"互联网+督查"和网民留言办理工作，在留言办理成效和公开量上在部委中都名列前茅，得到国务院办公厅相关部门的充分肯定。

**【服务决策能力显著增强】** 强化顶层设计研究 组织研究医疗保障宏观费用负担比较、医保区域不平衡对医保医药和社会经济协调发展的影响、药品价格形成机制等问题，形成研究成果，供领导决策参考。

健全政务信息工作机制 优化数量和质量评价通报机制，探索开展地方医保部门政务信息质量评价。拓展政务信息直报点范围，以医疗机构和科研机构为重点，增补后直报点总数达40家，专业支撑能力显著提升。探索建立信息调研机制，面向全国医保系统开展信息调研工作。

优化专家和课题管理 持续优化医保信息平台专家管理功能，建设课题库信息模块，完成专家库增补工作，支持局内各单位专家选取使用。探索建立课题效率和质量评价机制,开展第二届课题成果评优,评出15项优秀项目和2个优秀组织单位。

提高青年干部写作研究能力　以国家医疗保障局青年理论学习小组为平台,开展青年优秀公文交流活动,在局机关党委与规划财务和法规司支持下开展"用数据、找问题、提建议"专题调研征文活动。

**【新闻宣传效果明显提升】** 唱响医保好声音　在国家医疗保障局官方网站首页设置"喜迎二十大"栏目,开设"学习宣传贯彻党的二十大精神"专栏。改版优化官方网站专题栏目,增强微信公众号功能。举办"智慧医保解决方案大赛"决赛,评选出18个一二三等奖团队,颁奖典礼全网近300万人在线观看。

做好重大政策的发布宣传和引导　针对"深化药品和高值医用耗材集中带量采购改革""降低新冠病毒核酸检测价格和费用""口腔种植价格专项治理"等医保重大政策举措,做好宣传解读。发布"参保缴费宣传"系列文章,配合开展基金监管宣传月,组织全国医保系统开展药品耗材集中带量采购专题宣传等工作。

做好政府信息公开和企业接待工作　起草《国家医疗保障局新闻发布会工作管理暂行办法》,使工作流程更加规范化、标准化。指导局内各单位按流程做好政府信息公开工作。督促落实《国家医疗保障局企业及社会组织接待日工作暂行办法》规定,做好企业接待工作。

**【国际交流合作有序推进】** 积极开展交流合作　保障李滔副局长出席全国人大中国-新西兰友好小组"医疗保障制度视频会议"并发表讲话。派员赴老挝参加大湄公河次区域(GMS)经济合作第25次部长级会议。派员参加"新就业形态劳动者与社会保障的未来"国际会议、第六届亚洲及太平洋地区全民健康覆盖卫生筹资双区域研讨会等线上国际会议8次。继续与世界卫生组织、世界银行和亚投行等加强联系,开展相关合作。

讲好中国医保故事　编印《中国医疗保障》对外宣传画册并向国际机构和部分国家驻华使领馆赠阅,生动展现当前我国医疗保障事业取得的成就。组织翻译《医疗保障基金使用监督管理条例》,将我国医疗保障领域第一部行政法规翻译成英文。

开展国际培训教育　与哈佛大学合作举办第四期国际医疗保障经验学习培训班,对医保系统180余名干部进行培训,提升理论素养,增强业务能力。谋划搭建国际医保知识库,收录各国医疗保障制度、国际医保最新动态、医保热点问题、研究成果等内容,为领导决策提供参考,为干部学习提供平台。

# 科研与学术工作

2022年,科研与学术工作持续高质量发展,首都医科大学国家医疗保障研究院(以下简称“研究院”)和中国医疗保险研究会(以下简称“研究会”)不断积极推进机构、制度和组织建设。

**【研究院重点研究工作和成果】** 2022年,研究院聚焦医保科研和学科建设,实现高质量发展。医保领域科研人才队伍逐步形成,医保改革发展的专业支撑持续发挥、学术影响力全面提升,多措并举推动医保学科建设。聚焦医保待遇保障、筹资机制、支付方式、药品耗材带量采购、医疗服务项目价格改革、基金监管、经办管理、运行评价、长护险制度建设、“三医”协同发展和治理等领域开展研究,全年共开展100余项科研任务。

*医保支付方式改革研究* 开展DIP理论体系研究、《DIP技术规范2.0》研究、医保支付方式改革经办研究、DRG/DIP经办运行效果监测分析、DRG/DIP示范医院运行效果监测分析等。开展DRG、DIP支付方式改革三年行动计划监测评估研究,协助开展DRG/DIP支付方式改革省际间交叉调研评估。持续承担DIP支付方式改革技术指导工作和培训任务。

*医药价格和招标采购研究* 开展药品耗材带量采购、医疗服务价格改革、医药价格指数测算等研究。其中,深化医疗服务价格改革试点工具设计和实施保障项目的研究成果转化为《国家医疗保障局医疗服务价格改革试点操作指导手册(暂行)》。全国药品采购数据质量分析及规范研究的主要成果《2021年全国药品采购价格指数(MPPI)报告》,由国家医疗保障局办公室发布至各省级医疗保障局。

*医疗保障运行评价分析* 连续三年开展医保基金运行评价工作。修订《2021年基本医保运行评价指标体系》,完成《2021年全国医疗保障基金运行评价结果》《医疗保障基金运行评价排名变动典型省份分析报告》《基本医保基金结余情况分析》。小切口、深挖掘,向国家医疗保障局办公室提交《职工医保基金运行评价排名靠前省份总体特征》等系列专题分析报告10份。部分研究成果转化为《国家医疗保障局办公室关于2021年医疗保障基金运行评价结果的通知》附件内容。

*支持医保药品目录调整工作* 开展真实世界数据在医保药品目录调整中的应用研究,完成《真实世界数据在医保药品目录调整中的应用研究工作方案》和《医保药品真实世界研究技术指导原则(讨论稿)》,为医保决策实际应用进行技术储备。完成药物经济学专家库建设,为医保药品目录调整工作提供专家支持。参与国家医保药品目录调整程序优化工作,完成《2022年国家医保药品目录调整工作流程优化研究报告(初稿)》《2022年国家医保药品目录调整操作指南(初稿)》。

*开展医保信息平台落地应用情况调研评估工作* 通过对全国各省份医保信息平台落地应用情况摸底调查、对部分省份实地调研、对医保信息化专家及信息平台承建单位访谈,系统梳理全国医保信息平台应用情况、存在问题与困难,提出具体可操作建议,形成《医保信息平台落地应用情况调研评估报告》并报国家医疗保障局规划财务和法规司。

*编撰《2022中国医疗保障统计年鉴》* 《中国医疗保障统计年鉴》是反映中国医疗保障制度体系发展和医药服务发展情况的资料性图书。协助国家医疗保障局规划财务和法规司完成《2022中国医疗保障统计年鉴》的编撰工作,该图书于2022年11月出版发行。

*完成长期护理保险经办管理研究* 承担国家医疗保障局医疗保障事业管理中心《长期护理保

险经办管理研究》项目。明确长期护理保险经办要点，探讨各经办要点中承办商业保险公司与政府职责边界、商业保险公司激励约束机制等，用研究成果支撑长期护理保险经办规程制定工作。提交《长期护理保险经办管理情况研究报告》等研究成果。

支持医保基金智能审核和"两库"建设工作　承担《2022年度医疗保障基金智能审核和监控知识库、规则库（两库）建设项目》，协助国家医疗保障局基金监管司完善优化《医疗保障基金智能审核和监控规则库框架》内容和《反欺诈智能监测项目》立项申请。

国家医疗保障局委托的其他重点研究任务　完成《"两病"门诊用药保障机制运行调度分析》《建立健全职工基本医疗保险门诊共济保障机制工作督导评估的研究》《国谈药品"双通道"管理研究》等研究任务。

为地方医保部门提供专业支撑　2022年研究院承接地方医保部门课题10项，内容涉及支付方式改革、医药服务价格改革、集采平台绩效评估、"十四五"医保规划跟踪、待遇保障政策等方面。一是天津市、海南省三亚市等医保支付方式改革DIP服务项目；二是地方医药价格和招标采购研究，涉及广东省、山西省、内蒙古自治区、河南省医疗保障局有关医药价格和招标采购方面的专项咨询服务；三是黑龙江省实施城乡居民基本医疗保险省级统筹政策评估和建议、医疗保障形势分析、"十四五"医疗保障事业发展规划跟踪研究；四是江西省门诊慢性特殊病精细化管理有效衔接门诊共济保障机制课题研究等。

开展国际合作研究　持续推进盖茨基金会委托的《结核病多渠道筹资和支付方式研究》，推动和跟进镇江、益阳、宜昌、保定4个试点地区项目实施进展。完成英国驻华大使馆委托的《抗肿瘤卫生技术评估方法学研究与机制探索》二期项目等。

推进开放性课题管理　经国家医疗保障局和首都医科大学同意，围绕医保领域重点工作任务，研究院每年设立开放性课题，开放性课题为省部级课题。截至2022年底，已设立四批开放性课题。2022年度完成第一批、第三批课题结题和第二批课题中期评审工作，发布第四批课题和完成开题工作。

**【研究会重点研究工作和成果】**　2022年，研究会积极学习宣传贯彻党的二十大和二十届一中全会精神，围绕国家医保局的重点工作和决策部署，坚持党建统领科研，发挥平台优势，不断提升科研水平和宣传实效，开展或完成20个科研项目。

完成国家医疗保障局交办的各项科研任务　先后完成"医保市地级垂直管理下基金监管实施路径和推进策略研究""长期护理保险基本保障范围研究""2019、2020年度医疗服务利用数据分析""基本医疗保险支付方式改革现状及典型案例""医保区域不平衡对医保、医药和经济社会协调发展的影响研究"5个项目，开展"医保支付方式改革经办研究""生育保险制度运行分析梳理""定点医疗机构医保工作评价体系及方法研究"3个项目研究，编写出版图书《基本医疗保险支付方式改革现状及典型案例集》。

承接科研机构、地方医保部门和央企科研任务　一是完成研究院开放性课题"医疗保险药品目录带量采购实施效果与对策研究项目"和"DIP医保经办管理研究"项目，印制医保版和医院版的DIP操作参考手册。二是完成"云南省医疗保障诚信体系建设研究"项目。三是完成天津市医疗保障基金管理中心委托的"医疗保障经办能力研究"项目。四是在完成国家电网集团"集团型企业补充医疗保险管理及实践研究"项目基础上，开展"补充医疗支付及产品应用研究咨询"项目。五是承接"晋中市按病种分值付费（DIP）技术支持""深圳市医用耗材阳光交易和监管政策实施效果评估""苏州市深化医疗服务价格改革试点课题研究""三明市'十四五'医疗保障发展规划""广东省医药价格指数编制""黑龙江省医疗保障形势分析"等项目并开展相关工作。

*开展学术交流* 9月23日,召开医保“十四五”规划和高质量发展论坛。围绕论坛主题5位专家作了“扎实推动我国医疗保障事业高质量发展”“‘十四五’全民医疗保障规划目标解读”“推进智慧医保建设 助力医保事业高质量发展”“‘十四五’时期医保经办工作的几点思考”“落实‘十四五’规划要求 提升完善医药集采平台功能”的专题演讲。12月30日,召开首届中国医疗保障高质量发展论坛。围绕论坛主题4位专家分别作了“发挥商业健康保险作用,助力多层次医疗保障衔接”“健全基本医保筹资和待遇保障机制”“医保战略购买与‘三医’协同”“基本医保省级统筹福建实践与思考”专题演讲。

*提升宣传平台效能* 一是全面加强意识形态宣传阵地建设,开设党的二十大精神系列专栏。二是做好杂志学术建设和宣传平台。《中国医疗保险》杂志从4月起由月刊变更为半月刊。其中上半月刊为工作版,下半月刊为学术版。三是构建以微信公众号为核心的新媒体矩阵,配合制度改革、政策出台做好相应宣传工作。截至2022年底,微信公众号关注人数近200万,2022年累计发表文章1600余篇,阅读量1200余万人次,创作短视频130条,在平台累计播放量达9600余万。四是搭建基层医保工作交流平台,协助地方宣传工作亮点。五是编纂出版《中国医疗保障年鉴》2022卷。六是编写《医保基金监管蓝皮书:中国医疗保障基金监督管理发展报告(2022)》。

*推进机构建设和制度完善* 一是加强科研团队建设,构建国家医疗保障局属科研和学术板块。统筹调配研究院、研究会科研资源,加强医保业务学习和锻炼,整体提升科研实力和科研水平。二是完善工作制度,优化管理流程。按照国家医疗保障局党组要求,结合当前工作情况,完善十余项工作制度。三是完成民政部门对研究会2021年度检查和社团审计。四是指导《中国医疗保险》杂志社开展国有资本经营预算编制。五是组建研究会工会和团支部。

# 二、专题特辑

# 学习宣传贯彻党的二十大精神

国家医疗保障局党组自觉把学习宣传贯彻党的二十大精神作为首要政治任务，作为走好践行“两个维护”第一方阵、当好“三个表率”、建设模范机关的实际行动，作为推动机关党建高质量发展的有力举措，认真学习贯彻，精心安排部署，周密组织实施，确保落地见效。

**【扛起政治责任，在学思践悟上下实功】** 国家医疗保障局各级党组织和广大党员干部自觉增强政治担当、使命担当、责任担当，把深入学习宣传贯彻党的二十大精神摆上重要议事日程，以严而又严、实而又实的态度，认真学习、深刻领悟、狠抓落实，确保学有所思、学有所悟、学有所得。

*迅速传达学习* 局党组第一时间原原本本传达学习习近平总书记系列重要讲话精神，以及党的二十大报告、《中国共产党章程》等。党组成员一致认为，党的二十大是在全党全国各族人民迈上全面建设社会主义现代化国家新征程、向第二个百年奋斗目标进军的关键时刻召开的一次十分重要的大会，是一次高举旗帜、凝聚力量、团结奋进的大会。习近平总书记代表第十九届中央委员会所作的报告，全面总结了过去五年工作和新时代十年的伟大变革，系统阐述了新时代坚持和发展中国特色社会主义的重大理论和实践问题，科学谋划了未来一个时期党和国家事业发展的目标任务和大政方针，是我们党团结带领全党全国各族人民全面建设社会主义现代化国家、全面推进中华民族伟大复兴的政治宣言和行动纲领。党的二十届一中全会上，习近平同志再次当选为中共中央总书记，充分体现了党的意志、人民意志、国家意志的高度统一，充分反映了全党全军全国各族人民的共同愿望和心声，充分表达了亿万人民对以习近平同志为核心的党中央的衷心拥护和爱戴。实践充分证明，习近平总书记是新时代中国特色社会主义的开创者，是实现中华民族伟大复兴的领航者，无愧为全党拥护、人民爱戴的领袖，无愧为国家的掌舵者、人民的领路人。

*学深悟透精神* 局党组理论学习中心组坚持以上率下、深读细研，制订专题学习研讨计划，分“习近平新时代中国特色社会主义思想的世界观和方法论”“以中国式现代化推进中华民族伟大复兴”等专题开展学习研讨，局党组成员逐人谈思想、谈认识、谈体会，明方向、明思路、明举措。大家一致表示，要深刻认识“两个确立”是党的十八大以来党的建设最重大的政治成果，是新时代引领党和国家事业从胜利走向新的胜利的政治保证，是战胜一切艰难险阻、应对一切不确定性的最大确定性、最大底气、最大保证，对新时代党和国家事业发展、对推进中华民族伟大复兴历史进程具有决定性意义；要深刻领悟“两个确立”的决定性意义，不断提高政治判断力、政治领悟力、政治执行力，坚定不移在思想上政治上行动上同以习近平同志为核心的党中央保持高度一致，自觉做“两个确立”的忠诚捍卫者、“两个维护”的忠实实践者。

*落实主体责任* 局党组坚决扛起贯彻落实党的二十大精神的主体责任，主要负责同志负总责，党组成员按照分工进行具体安排和组织推进，切实做到思想上高度自觉、行动上坚定有力、工作上带头推进。主要负责同志明确要求，国家医疗保障局是贯彻落实党中央决策部署的“最初一公里”，局各级党组织和广大党员干部必须充分认识学习宣传贯彻党的二十大精神的重大意义，在学习宣传贯彻上政治站位更高、标准要求更严、行动更加自觉，充分发挥示范带头作用；要按照党中央关于“九个深刻领会”“七个聚焦”“五个牢牢把握”的要求，在全面学习、全面把握、全面落实上下功

夫，切实把思想和行动统一到党的二十大精神上来，不断增强学习宣传贯彻党的二十大精神的思想自觉、政治自觉、行动自觉，切实走好第一方阵、当好"三个表率"、建设模范机关，不断把局直属机关党的建设和医疗保障事业推向前进；局各基层党组织要结合各自工作职能，专题研究学习宣传贯彻的具体措施，明确主要负责人的第一责任和抓落实的具体责任，以从严务实的政治担当高标准抓好各项工作，迅速兴起学习宣传贯彻党的二十大精神的热潮。

**【增进政治自觉，在学习宣贯上用实劲】** 党的二十大召开后，局党组把学习宣传贯彻党的二十大精神作为头等大事，结合医疗保障工作实际，作出专题部署，提出具体要求，着力抓好落实。

第一时间动员部署　召开学习宣传贯彻党的二十大精神动员部署大会，局党组主要负责同志作动员部署，传达贯彻习近平总书记重要讲话精神，明确目标要求、重点内容和实践路径。局内各单位召开党员大会，深入学习习近平总书记重要讲话精神和上级有关要求，对本单位抓好党的二十大精神学习宣传贯彻进行再动员、再部署，切实增强学习宣传贯彻的政治自觉、思想自觉、行动自觉。对标对表习近平总书记重要指示批示和党中央决策部署，结合医疗保障工作实际，制定学习宣传贯彻方案，坚持时间服从效果，进度服从质量，认真抓好贯彻落实，确保党的二十大精神扎实推进、落地落实。

精心组织学习培训　坚持集体学习和个人自学相结合，局各级党组织普遍采取党员干部大会形式组织传达学习，确保学习贯彻党的二十大精神覆盖到每个党支部、每名党员干部。各党支部结合"三会一课"认真搞好学习交流，每名党员均联系思想和工作实际，谈认识体会、谈收获打算。突出年轻干部这个重点，局青年理论学习小组制订专题学习计划，开展结对联学、研讨交流等活动。局群团组织注重发挥自身优势，在各自联系的干部职工中开展学习教育活动。同时，集中7个工作日时间开设专题读书班，组织全局党员干部认认真真读原著、原原本本悟原义，深入学习习近平总书记重要讲话精神，以及党的二十大报告、党章等，认真研读《党的二十大报告辅导读本》等辅导材料，努力做到入脑入心、走深走实。

扎实开展宣讲解读　局党组主要负责同志带头宣讲阐释党的二十大精神，带头撰写理论文章，帮助党员干部深化对全会精神的理解把握。改进创新宣传方式方法，注重对象化、分众化、互动化，局党组充分利用《医保工作动态》《中国医疗保险》杂志等载体，开展丰富多样的主题宣传活动，刊发医疗保障系统党组织和党员干部学习体会、学习贯彻经验做法等。坚持网上网下宣传一体推进，在局官方网站开设学习宣传贯彻党的二十大精神专题，努力形成正面舆论强势。紧紧围绕党的二十大提出的重大思想观点、重大论断、重大部署，特别是涉及医疗保障工作的重要内容，局党组确定一批重大研究选题，坚持总体研究和专题研究相结合，集中骨干力量，深入研究攻关，努力形成认识成果、实践成果和制度成果。

**【强化政治担当，在学用结合上求实效】** 学习宣传贯彻党的二十大精神，不仅要有鲜明的态度，更要有扎实的行动、主动的作为，落实到一言一行中，体现在一点一滴上。国家医疗保障局首先是政治机关，必须在贯彻落实党的二十大精神上走在前、作表率。

忠诚拥护"两个确立"　坚持党对医疗保障工作的全面领导，深刻领悟"两个确立"的决定性意义，增强"四个意识"，坚定"四个自信"，坚决维护习近平总书记党中央的核心、全党的核心地位，坚决维护党中央权威和集中统一领导。胸怀"两个大局"、心系"国之大者"，始终在党和国家大局下谋划医疗保障各项事业，确保习近平总书记重要指示批示和党中央决策部署在医疗保障领域落地生根、开花结果。加强党的政治建设，持续深入开展强化政治机关意识教育，严明政治纪律和政治规矩，建设让党中央放心、让人民群众满意的模范机关。

持续学懂弄通做实　持之以恒学懂弄通做实

习近平新时代中国特色社会主义思想，充分发挥局党组理论学习中心组领学促学作用，做到全面系统学、反复深入学、及时跟进学。突出抓好党的二十大精神的学习宣传贯彻，对处级以上党员干部进行全员轮训。把学习贯彻党的二十大精神与学习贯彻习近平总书记关于医疗保障工作的重要讲话论述和重要指示批示结合起来，不断提高政治判断力、政治领悟力、政治执行力。持续实施青年理论学习提升工程，着重在培养学习兴趣、探索学习方法、增强学习效果上下功夫，推动年轻干部下基层、接地气，教育引导年轻干部学出绝对忠诚、学出坚定信仰、学出使命担当。

*推动决策部署落地* 领悟好、把握好习近平新时代中国特色社会主义思想的世界观和方法论，坚持好、运用好贯穿其中的立场、观点方法，自觉用以指导医疗保障实践、推动医疗保障事业发展。深刻把握机关党建围绕中心、建设队伍、服务群众的职责定位，充分发挥党支部的政治引领、督促落实、监督保障作用和党员的先锋模范作用，教育引导党员干部务必不忘初心、牢记使命，务必谦虚谨慎、艰苦奋斗，务必敢于斗争、善于斗争，以昂扬的精神状态、务实的工作作风，一步一个脚印把党的二十大作出的关于医疗保障工作的重大决策部署付诸行动、见之于成效。

*提高党建工作质量* 深入领会党的二十大关于坚定不移全面从严治党、深入推进新时代党的建设新的伟大工程的新部署新要求，认真贯彻新时代党的建设总要求和新时代党的组织路线，将其转化为推进局直属机关党的建设高质量发展的目标任务和思路举措，坚持和加强党中央集中统一领导，坚持不懈用习近平新时代中国特色社会主义思想凝心铸魂，着力增强基层党组织政治功能和组织功能，坚持以严的基调强化正风肃纪反腐，建设让党中央放心、让人民群众满意的模范机关，切实落实好党中央赋予国家医疗保障局的各项工作职责，为全面建设社会主义现代化国家、全面推进中华民族伟大复兴贡献医保智慧和力量。

# 三、特载

# 全面贯彻党的二十大精神 奋力谱写医保惠民暖民便民新篇章
## ——在全国医疗保障工作会议上的讲话

（2023年1月12日）

国家医疗保障局党组书记、局长　胡静林

同志们：

这次会议的主要任务是，以习近平新时代中国特色社会主义思想为指导，深入学习贯彻党的二十大精神，全面落实中央经济工作会议部署，总结2022年和近五年工作，谋划未来一个时期的重点任务，部署2023年工作，动员全系统踔厉奋发、勇毅前行，奋力谱写医保惠民暖民便民新篇章。

### 一、全面总结2022年和五年来的工作成绩

2022年是党和国家历史上极为重要的一年。党的二十大胜利召开，全面建设社会主义现代化国家迈出坚实步伐。在以习近平同志为核心的党中央坚强领导下，医保系统将迎接、宣传、贯彻党的二十大精神作为中心任务，全面贯彻落实党中央、国务院决策部署，高质量完成全年目标任务。2022年全国基本医疗保险参保率稳定在95%，基本医疗保险（含生育保险）基金收入超3万亿元、支出2.46万亿元，累计结余4.26万亿元。这一年，我们主要做了五个方面的工作。

（一）提升群众医疗保障质量

深度融入乡村振兴，健全防范因病返贫致贫长效机制，巩固拓展医保脱贫攻坚成果，农村低收入人口参保率稳定在99%以上，累计减负超千亿元。13省开展分类监测预警、及时帮扶高额医疗费用负担患者，部分省引导社会力量参与救助帮扶。巩固拓展保障能力，保障新冠病毒感染患者救治和全民免疫费用，第一时间将治疗药品临时纳入支付。推动职工医保门诊共济保障机制改革，普通门诊统筹覆盖超七成职工医保参保人，22省实现省内全覆盖。健全重特大疾病医疗保险和救助制度，23省明确因病致贫认定标准，9省提高年度救助限额。有序推进参保人员个人信息授权查询和使用试点。优化生育保险，实现生育待遇支付跨省通办。提升药品保障质效，2022年药品目录新纳入111种药品，目录内药品总数增至2967种，群众用药质量进一步提升。全面消化原省级自行增补品种，群众用上目录内更质优价宜的替代药品，药品目录实现全国统一。优化谈判药品“双通道”管理，275种谈判药可及性进一步提高。均衡地域间差异，落实医保待遇清单制度，七成省份已统一到国家制度框架内；着手规范统一长期护理保险试点政策标准，3/4试点城市使用国家长期护理失能等级评估标准，推动国家新增长期照护师职业。

（二）降低群众医药费用负担

制度化常态化开展集中带量采购。国家组织开展第七批药品集采，60种药品平均降价48%；开展第三批耗材集采，脊柱类耗材平均降价84%；胰岛素集采中选结果落地，惠及超1000万糖尿病患者。有序开展冠脉支架、药品协议期满接续工作。地方集采如火如荼，省级联盟采购不断实现新突破，不断扩大集采品种。探索在非医保品种、非定点医疗机构、非政府定价的消费医疗领域开展集采，四川牵头联盟采购种植体耗材，平均降价

55%，协同口腔种植医疗服务收费治理，群众种植牙负担有望降低超50%。持续降低疫情防控成本。4批次降低新冠病毒疫苗价格。全国2轮下调核酸检测价格，2轮下调抗原检测政府指导价。新冠治疗药阿兹夫定、清肺排毒颗粒谈判降价后纳入医保目录。研究制定新冠治疗药价格形成指引，京津冀沪苏川六地承担首发报价受理。完善医药采购平台功能。大力推动公立医疗机构线上采购药品和医用耗材，评定10个示范平台。河北、湖南、山西等地分别实施全品种医用耗材挂网、药价省际联动、化药比价关系管理等，引导医疗机构合理采购。青海等地联动耗材集采和大型检查价格，分享降价红利。

（三）巩固群众医保基金安全态势

加大日常监督检查力度。统筹协议管理和行政执法，全年检查医药机构76.7万家、查处39.8万家、追回医保基金188.4亿元，移交公安司法、纪检监察机关6478家（人）。锻铸飞行检查利剑。完成对华中科技大学同济医学院附属同济医院的专项飞行检查并公布飞检结果，明确释放权威医院绝非监管法外之地的信号。制定飞检指南、聚焦重点领域、分享飞检经验。加强长效机制建设。创新大数据监管模式，提升精准发现和打击能力，不断完善现场监管与非现场监管有机结合的监管布局。建立全国统一的智能审核和监控知识库、规则库。加强行纪衔接、部门协作，开展年度基金监管综合评价，修订举报奖励办法。

（四）提高群众医保服务便利性

推进跨省异地就医直接结算。优化相关政策，着力破除备案、结算、协同三大困难。提前7个月实现普通门诊费用跨省直接结算县域可及。实现门诊慢特病跨省直接结算统筹地区全覆盖。推动服务下沉。全国八成乡镇（街道）和五成以上村（社区）能够代办、帮办医保业务。推进业务不见面办。六成政务服务事项实现全程网办，医保电子凭证激活超9亿人，激活率65.5%。开展医保经办服务规范化建设专项行动，指导各地出台一批便民利民举措。

（五）提高医保精细化管理能力

持续夯实管理基础。所有统筹地区均已上线全国统一医保信息平台，被中央广播电视总台评为2022年国内十大财经新闻。同步推动医保数据治理，提升统计数据质量，治理重复参保。部分地区探索地市内医保部门垂直管理。加速推动支付方式改革。253个统筹地区新开展DRG/DIP改革，其中四成多已实现实际付费。推动DRG和DIP版本升级。建立6个监测点评估成效，18个省探索中医按病种付费。有序推进医疗服务价格改革。5个国家试点城市开展价格调整。全国普遍建立医疗服务价格动态调整机制，规范整合医疗服务价格项目工作提速。强化药品价格常态监管。开展短缺、易短缺药品价格和配送异常信息监测。实施全国医药价格监测工程。应急监测涉疫药品和耗材平台采购情况，强化重点品种挂网与调度，助力保障防疫物资供应。开展药品医保支付标准试点。

这些成绩是过去五年医保系统上下砥砺前行、不懈奋斗的集中体现。2018年，以习近平同志为核心的党中央战略决策组建医保局，以体制变革推动医保改革取得突破性进展。五年来，我们始终锚定习近平总书记赋予的“解除全体人民的疾病医疗后顾之忧”重大政治任务，始终涵养守正不渝、创新不止、笃行不怠的昂扬向上精气神，始终保持抓铁有痕、踏石留印的奋斗姿态，奔跑开局、全力改革、奋力攻坚，让这五年成为群众医保获益最多的五年。

这五年，我们实施系列战略性举措，打基础、增后劲、利长远。加强顶层设计。党中央、国务院印发《深化医疗保障制度改革的意见》，出台医疗保障第一部全国五年专项规划，擘画改革蓝图。推动《医疗保障法》立法，实施《医疗保障基金使用监督管理条例》。推动全国一盘棋。实施医保待遇清单制度，上线全国统一的医保信息平台，统一18项信息业务编码、33项技术标准和规范，统一全国药品目录。探索防范化解因病返贫致贫风险的长效机制。持续完善医保综合帮扶机制，推动事后救贫向事前防贫帮扶转变，脱贫攻坚至今，累计资助困难群众参保4亿人次，综合帮扶政策累计减负近6000亿元。搭建促进早诊早治、健康管理、分级诊疗的门诊保障政策平台。改革职工医保个人账户，推动建立职工医保门诊统筹，建立健全“两病”门诊用药保障机制。积极应对人口老龄化。扩大长期护理保险制度试点，试点城市增至49个，覆盖1.69亿人，惠及195万名失能群众，同步发展规范护理服务市场。持续优化生育保险。

这五年，我们推进系列变革性实践，勇创新、强治理、显担当。机制性挤压药耗虚高价格水分。国家组织集采7批294种药品，平均降价超50%；3批4类耗材，平均降价超80%。叠加地方联盟集采，累计降低药耗费用超4000亿元。创造性谈判降低新药价格。药品目录提速至每年动态调整，250种新药平均降价超50%纳入医保报销，新增15万家定点零售药店保供，群众更快用上原本用不起的救命药。叠加谈判降价和医保报销，较谈判前，患者用药平均减负超80%，累计减负超4600亿元，惠及患者超3.6亿人次，中国药价首次成为发达国家药品定价的参考。系统性打击欺诈骗保。实施全覆盖日常监督检查，创新开展以上查下的飞行检查、深度聚焦的专项治理，强化多部门综合监管联合惩戒，建立全民举报奖励、案情公开曝光等系列机制，常态化实施医药价格和招采信用评价制度。累计检查医药机构318.9万家次，处理154.3万家次，追回医保基金771.3亿元，曝光典型案例24.5万件，评定184家医药企业失信等级并实施惩戒。超常规支持疫情防控。第一时间实施“两个确保”，临时扩大支付范围，临时突破管理限制，全力保障患者救治。报销“互联网+”诊疗服务，实施长处方政策，创新经办服务，确保参保群众日常医保服务不中断。保障新冠病毒疫苗和接种费用。持续降低常态防疫成本，降低疫苗、核酸检测、抗原检测等价格超九成。阶段性减征职工医保单位缴费超1500亿元、缓缴近900亿元，助力企业复工复产。

这五年，我们实现系列突破性进展，强管理、优服务、提质效。跨省异地就医直接结算全面破题。住院就医直接结算率从2017年不足5%提高到60%以上，所有县域均已实现普通门诊费用跨省直接结算，所有统筹地区实现高血压、糖尿病等5种门诊慢特病相关治疗费用跨省直接结算，异地就医备案实现“跨省通办”。跨省异地就医联网定点医药机构32.7万家，累计结算超6000万人次、减少垫付超2400亿元。持续完善医务人员激励机制。DRG/DIP支付方式覆盖354个城市，占统筹地区的90%，改革正向门诊费用支付延伸。医疗服务价格改革平稳推进，有效支持公立医疗机构提升医疗能力，加速回归公益。加快药品销售回款速度，实施集采结余留用，为公立医院优化考核薪酬体系创造条件。稳步提升基金统筹层次，基本实现市地级统筹，9个省份和新疆生产建设兵团探索不同形式省级统筹。

这五年，我们取得一系列标志性成果，惠民生、强协同、促发展，群众历史性获益。城乡居民享受统一的基本医保、大病保险和医疗救助制度。医保脱贫攻坚助力近千万户因病致贫家庭精准脱贫，实现近1亿脱贫人口“基本医疗有保障”。9项高频政务事项实现“跨省通办”，本地就医基本实现持卡(码)结算，多数医保业务不出村、不出户就能办理。中国药价一举逆转近20年逐年上涨势头。目录内药品有序升级换代，药品数量增至2967种，较2018年新纳入超30%。集采品种中使用高质量药品的患者比例从50%提高到90%以上。医药行业生态系统性重塑。集采中选产品带量进医院、新药降价进医保后销量大增等新机制正取代“带金销售”老办法，引导越来越多企业走上重创新、重质量、重成本的发展新路。2018年以来，A股和H股上市企业研发投入支出总额和占比持续提高，每年通过仿制药一致性评价的药品数翻了三番。推进医疗卫生事业整体性加速回归公益。初步形成对欺诈骗保的强大震慑，有力支持医药领域腐败治理。“带金销售”空间持续压缩，激励机制不断优化，医疗服务价格、病种支付标准间的比价关系更趋合理，为促进医务人员合理诊疗、更好体现医药卫生事业公益性创造了条件。大量曾滥用的辅助用药、易滥用药正被抗癌药、慢性病用药等必需、急需药品替代，高值医用耗材滥用情况初步逆转。

经过不懈努力，我们成功建立了具有鲜明中国特色的全民医疗保障制度，基本医保以占年度GDP2%左右的投入实现95%的参保率，职工医保、居民医保政策范围内住院费用报销比例稳定在80%和70%左右。2012—2021年，居民个人卫生支出占卫生总费用的比重从34.3%降至27.7%，人均预期寿命提高3.2岁。习近平总书记五年中3次在新年贺词中提到医保惠民成绩。专家研究发现，按我国保障范围和水平统计，依照医保投入产出效率排序，我国稳居全球第一梯队。

我国医保的跨越式发展生动诠释了“两个确立”的决定性意义。这些成绩的取得根本在于习近平总书记作为党中央核心、全党核心掌舵领航，根本在于以习近平同志为核心的党中央坚强领导，根本在于习近平新时代中国特色社会主义思想的科学指引。成绩来之不易，经验弥足珍贵。我们始终坚持党的全面领导，推动党建和业务同心同向、同频共振。党中央高度重视医疗保障工作。习近平总书记作出系列指示批示，亲自推动系列医保重大改革，为医保改革发展提供了最强有力的政治保障。医保部门始终全面从严治党，坚持党建引领、政治统领，守牢意识形态阵地。医保干部一心为民、夙夜为公，用医保惠民实绩成为民生领域高高飘扬的一面面鲜红党旗。我们始终坚持以人民为中心，坚定不移推动共同富裕。始终用群众是否受益、是否满意衡量工作成效，直面群众医保急难愁盼，全力以赴推改革、强管理、优服务，“小步快跑”持续改进群众医保待遇。我们始终坚持发挥中国特色社会主义制度优势，汇聚推动医保改革强大合力。坚持系统集成，推动改革创新，充分调动一切积极因素，创新发挥基金战略购买作用，统筹发挥多层次医疗保障制度合力，走出一条中国特色的医疗保障发展道路，初步形成医保、医疗、医药良性互动、共同发展新格局。

**二、深刻理解把握党的二十大精神**

党的二十大吹响了以中国式现代化全面推进中华民族伟大复兴的冲锋号角，是全面建设社会主义现代化国家、全面推进中华民族伟大复兴的政治宣言和行动纲领。要将学习贯彻党的二十大精神与贯彻落实习近平总书记关于医疗保障工作重要论述结合起来，全面学习、全面把握、全面落实。

（一）将党的二十大精神转变为奋进新征程、建功新时代的强大力量

当前，百年变局、世纪疫情交织叠加，国际秩序、世界经济深刻调整，世界进入前所未有的动荡变革期。全球经济发展缓慢大背景下，各国民生保障压力骤增。如何在经济增长放缓、疫情冲击背景下，做好全民医疗保障成为时代之问。我国社会主要矛盾深刻变化，城镇化、人口老龄化、就业方式多样化、人口流动常态化加快发展，医疗和医药技术飞速进步，疾病谱加速慢性病化，叠加疫情冲击，医保支出面临更大压力。医保改革已迈入深水区，一系列新机制尚在襁褓，一系列老问题还需根除，一系列深层次结构性矛盾逐步暴露。医保改革发展比历史上任何时候都更需要习近平总书记的把舵引航，更需要以习近平同志为核心的党中央坚强领导，更需要习近平新时代中国特色社会主义思想的科学指引。

党的二十大报告从全面建设社会主义现代化国家的高度，为新时代新征程医疗保障工作指明了前进方向，为我们危中寻机、化危为机、再获新绩提供了根本遵循。要把学习宣传贯彻党的二十大精神作为首要政治任务，切实转化为医保惠民暖民便民的实际行动和具体措施。要牢牢把握过去五年和新时代十年伟大变革的重大意义，进一步增强拥护“两个确立”、做到“两个维护”的政治自觉。要牢牢把握习近平新时代中国特色社会主义思想的世界观和方法论，坚持好、运用好贯穿其中的立场观点方法，用“六个必须坚持”指导医保工作、解决医保问题、推动医保改革。要牢牢把握以中国式现代化推动中华民族伟大复兴的使命任务，把医保工作置于全面建设中国式现代化大局

中深刻认识、统筹谋划、协同推动。要牢牢把握以伟大自我革命引领伟大社会革命的重要要求，弘扬伟大建党精神，将“三个务必”转变为医保奋斗路上的清醒和坚定。要牢牢把握团结奋斗的时代要求，在党的旗帜下团结成一块“坚硬的钢铁”，持续提振医保部门顽强奋斗开新局建新功的精气神。要牢牢把握习近平总书记对于医保工作的重要指示批示精神，全面贯彻落实党的二十大关于健全覆盖全民、统筹城乡、公平统一、安全规范、可持续的多层次社会保障体系重大决策部署，以新气象新作为推动医保工作取得新进步新发展。

（二）准确理解把握事关医保改革发展的关键战略问题

医保工作牵扯利益复杂，各方认识不同，要从战略全局出发，厘清一些重大宏观问题，凝聚共识，推动改革。

一是充分认识医保与经济高质量发展的关系，统筹发挥医保“保民生”“促经济”的作用。习近平总书记强调，社会保障是治国安邦的大问题。医疗保障不仅是民生保障制度，更是一项基本社会经济制度，与经济社会发展密切相关。一方面，稳定的医疗保障预期，有助于释放群众消费。群众没有医保或感觉保障不力、医药价格高时，就会为看病就医储备大量资金，挤压了消费。群众有了医保，医药价格有效降低、形成稳定保障预期后，就会减少用于就医的资金储备，这些资金就转化成了消费。另一方面，医保有助于推动卫生事业和医药产业的快速发展。医保释放的群众就医需求和支付的资金，使各类医药机构有了稳定的收入，为医学进步和相关产业发展提供了有力支撑。同时，医保基金支付形成的激励机制，对引导医药产业走上高质量发展道路，发挥至关重要的作用。此外，基本医保的发展，还启迪了群众的保险意识，同步带动了商业健康险发展。

二是充分认识医保领域福利主义的危害，处理好“当前”和“长远”的关系。习近平总书记深刻指出，经济发展和社会保障是水涨船高的关系，水浅行小舟，水深走大船，违背规律就会搁浅或翻船。这要求我们，必须时刻绷紧防范过度保障的弦，决不能搞超越发展阶段的高福利，否则就会好心办坏事，拖累了经济发展，反而损害群众的长远利益。国际上，一些国家搞民粹主义，实行福利赶超、免费医疗，超越了发展阶段，威胁经济稳定，甚至造成经济衰退。我国正处于群众医疗需求的释放期，更要平衡好医保惠民和经济发展之间的关系。要始终坚持尽力而为，量力而行。“尽力”强调责任，要求主动作为、尽最大努力、调动一切积极因素，充分发挥各个历史阶段有限资源的最大惠民效能。“量力”强调担当，要求有定力，必须旗帜鲜明地反对福利主义，实事求是，统筹“需要”和“可能”，立足国情和保障能力，坚决保障群众长远利益。

三是充分认识推动全国医保一盘棋的重大战略意义，处理好“全国统一”和“地方创新”的关系。习近平总书记在论述扎实推动共同富裕时明确提出，要“促进基本公共服务均等化”。要站在推进共同富裕的战略高度，充分认识医保全国一盘棋的重要性，把促进公平享有基本医疗保障作为工作出发点和落脚点。从宏观发展角度，这有助于化解地区间经济社会发展差异。地区间经济社会发展差异是医保发展差异的根源，医保发展差异又会反过来拉大经济发展差异，形成相互加强的循环。均衡地区间医保差异，就是阻断这一循环，推动共同富裕。从基金运行安全角度，这有助于基金长远可持续。地区间医保制度政策不统一，容易形成待遇攀比，最终走向过度保障甚至免费医疗。目前，随着人口红利的逐步消失，一些富裕地区的职工医保在职退休比正在快速变化，已在预警当前富裕地区的过高承诺，很可能变成明日基金严峻的兑付压力。从整合基金战略购买力角度，有助于提高议价能力。医保全国一盘棋，整合了全国医保购买力，可以更大幅度降低药耗价格，减轻医保基金和群众负担。要尊重地方客观差异，可能一定时期内区域间保障水平有所不同，但不能动摇统一制度和政策的目标。鼓励地方在医保管理和服务创新上“千帆竞渡、百舸争流”，用更精细化的管理、更人性化的服务提升群众医保获得感、幸福感和安全感。

(三)以关键任务为突破引领医保改革发展

医保工作千头万绪,必须抓住主要矛盾、关键环节,纲举目张地推动医保工作取得新进展。

一是把参保作为战略着力点。习近平总书记高度重视参保工作,多次强调要扩大社会保障覆盖面。在地方调研时,总会询问群众有没有医保。参保是确保群众获得基本医疗保障的根本前提,也是医保帮助群众化解疾病费用负担、有效防范因病致贫返贫风险的基础条件。当前,基本医保参保率达到95%,是很大的成绩,但决不能有松松劲、歇歇脚的念头;脱贫攻坚虽然结束了,也决不能放松农村参保工作,反而要将农村参保工作的经验拓展应用到城市;全国统一医保信息平台上线,有效治理了地区间重复参保,也对参保工作提出了新的要求。从政治性和实践性要求看,做好参保工作就是坚持人民至上。理论上,政府建立医保的目的,就是防止个人因自觉健康而不参保导致看不起病的悲剧。抓好参保是医保的根本使命。现实中,医保基于大数法则运行。参保工作不扎实,健康群众参保率就不高,参保人群中患病者比例会提高,保障基金就可能不足甚至穿底,进而推高次年保费,导致更多健康群众不再选择参保,陷入恶性循环。抓好参保是放缓保费增速、确保医保可持续的客观要求。当然,参保工作繁琐细致、环环相扣,是系统工程,涉及不同部门、不同机构和大量群众,涉及宣传、动员、参保、缴费等多个环节,必须发挥好中国特色社会主义制度优势,紧紧依靠各级党委政府,补齐短板弱项,加大工作力度,巩固拓展参保成果。

二是把医保基金监管作为决胜关键点。习近平总书记高度重视基金监管工作,多次作出重要指示批示。要从反腐败斗争的高度深刻认识基金监管的重大意义。违法违规使用医保基金行为的背后是医药腐败,浪费的是医保基金,扭曲的是卫生事业和医药产业的发展,贪墨的是人民的救命钱,吞噬的是群众的生命健康。从坚持人民至上的角度,基金监管关系到民心这个最大的政治,容不得丝毫退让妥协。要较真碰硬坚决打击违法违规使用医保基金的行为。这五年,我们坚决打击欺诈骗保,取得积极进展。但违法违规使用医保基金行为源自各种不良因素的长期积累,整治难以一蹴而就。随着打击日深,欺诈骗保日趋隐蔽、日趋复杂。必须始终保持惩治的高压态势。要从医保、医疗、医药协同发展和治理角度,进一步健全长效机制。由乱到治,既要猛药去疴,也要扶正祛邪。一方面,基金监管要打出震慑,充分释放医保基金监管没有禁区、没有死角的信号。另一方面,要统筹医疗服务价格和支付管理等工具,会同相关部门引导医疗、医药领域重塑合理诊疗、优绩优效的正向激励。

三是把准确认识药品耗材价格治理成绩作为最大共识点。习近平总书记多次要求,切实解决群众看病难看病贵问题。我们抓住主要矛盾,剑指“带金销售”,整合全国议价能力,下大力气挤压药耗虚高价格水分,实现集采中选药品价格全球较低、谈判纳入医保药品价格几乎全球最低的历史性成绩。要充分认识大幅降价背后的合理性,看到降价后良好的衍生影响,加大宣传力度,坚持机制性挤压药品耗材虚高价格水分,推动医药卫生领域深层次的机制转化。药品耗材价格构成特殊,生产成本占比低,研发和销售成本占比高。集采和谈判准入本质都是“以量换价”,短期内就能大幅提高药品耗材销量,摊薄相关成本;中选带量进医院、谈判准入后“双通道”保供的新机制,又帮助企业大幅减少销售费用。即便大幅降价,企业仍能获取合理利润。从结果看,集采药品和耗材确实“质优价宜”。药监部门质量监督检查结果表明,集采中选药品质量事件年检出率远低于全国化学药抽检质量事件平均检出率。27家医疗机构跟踪研究使用37种中选仿制药的25万患者,结果证实集采中选仿制药的安全性、有效性与原研药临床等效。同时,药品耗材大幅降价后,再难支撑“带金销售”,对医药腐败有釜底抽薪的治理作用,有效净化了行业生态,推动一批企业走上“仿创结合”“由仿到创”“拥抱创新”的新路。当然，我们要充分听取各方意见建议，持续完善集采政策。

四是把大数据赋能作为重要着力点。习近平总书记强调，大数据在保障和改善民生方面大有作为。要深刻认识大数据赋能对推动医保精细化、科学化、人性化管理，对缓解当前医保部门“小马拉大车”“专业能力亟待提高”困境的重要意义。医保数据应用的进步，是医保管理精细化科学化、服务人性化最主要的助推因素。各国也普遍将医保信息化作为战略基础工程推动。依托医保大数据，高度专业的医疗行为会更透明、更易管理，大幅度提高了医保管理能力。医保数据可追溯、可分析、可监管的特点，也会在潜移默化中对违法违规使用医保基金的行为产生强大震慑。要充分发挥全国统一医保信息平台作用，把信息化建设的一把手工程从“带头建”转到“带头用、带头出题目用”，要以住院结算清单为突破口，在全面使用中持续优化数据、完善应用、健全机制，充分利用互联网、大数据、云计算等信息技术创新管理和服务，持续发掘全国医保数据的“金矿”，不断提高医保数字治理能力，推动医保高质量发展。要发挥好医保大数据赋能的作用。既要依此培养医保改革发展新动能，精准发现问题，精准跟踪问效，精准调整完善政策，精准实施管理和监督；又要借好力，让数据多跑路，让群众少跑腿，提供更便捷的医保经办服务，让不出门、不见面办医保业务成为常态。当然，也要传统和智能化服务创新并行，为老年人、残疾人等特殊群体提供更人性化的医保服务。要重视数据安全，统筹好安全和应用的关系，更安全、更积极、更有序地用好医保大数据。

### 三、凝心聚力做好2023年重点工作

2023年是全面贯彻落实党的二十大精神的开局之年。上个月，中央经济工作会议深刻分析了当前国内外形势，全面总结了2022年经济工作和新时代十年伟大变革，系统部署了2023年经济工作。各级医保部门要以习近平新时代中国特色社会主义思想为指导，全面贯彻落实党的二十大精神和习近平总书记关于医疗保障工作重要指示批示精神，全面落实中央经济工作会议部署，坚持稳中求进总基调，完整、准确、全面贯彻新发展理念，更好统筹疫情防控和经济社会发展，统筹降本、提质、增效三目标，按照保障稳中有进、管理精细科学、服务便捷人性、改革稳妥系统、三医协同治理的思路，扎实推动各项医保工作落地见效。

（一）稳预期、促经济，持续优化群众保障质量

要持续释放医保“稳中向好”的保障预期，助力释放群众消费活力，发挥好基金对产业的引导作用，统筹实现稳保障、促增长。要打响全民参保攻坚战。协同税务部门做好参保工作，巩固拓展现有95%的参保率成果。依托各级党委和政府，聚焦新就业形态劳动者、非义务教育段学生儿童等重点人群，探索有效提高参保率的工作机制，探索解决“人户分离”群众参保问题。向群众充分展示政府惠民补贴和医保惠民实效，扫清群众参保“最后一公里”的障碍。要持续提高群众保障质量。助力乡村振兴，做好农村群众医疗保障工作，进一步巩固住拓展好医保脱贫攻坚成果。完善统一规范的医疗救助制度，落实困难人群资助参保和分类救助政策，完善防止因病返贫致贫长效机制，精准提升大病保险保大病能力，坚决守牢不发生因病规模性返贫的底线。落实医保待遇清单制度，推进制度公平统一。巩固住院保障待遇，全面建立职工医保普通门诊统筹。加强生育医疗费用保障，统一规范生育津贴支付政策，探索将灵活就业人员纳入生育保险覆盖范围。抓好新版药品目录落地，为群众送上暖心的新春礼物。要有序衔接多层次医疗保障。联合相关部门支持规范“惠民保”等商业医疗保险发展，更好发挥商业医疗保险保障效用。研究谋划促进多层次医疗保障制度有序衔接、协同发展的制度机制。

特别要强调的是，要切实做好实施“乙类乙管”后新冠病毒感染患者治疗费用医疗保障工作。要有“时时放心不下”的责任感，省、市两级医保部门要全面摸清辖区内各地市、各县区保障能力，提早谋划基金调剂等工作；继续抓好医保基金监管，

切实防范少数不法分子利用政府特殊保障政策侵占人民群众救命钱；抓好部门协同，形成部门合力，更好地保障患者求医问药；要加快费用清算结算速度，帮助救治医疗机构减轻垫资压力。

（二）换机制、促协同，促进医保、医疗、医药协同发展和治理

以净化行业生态为着力点，集成各项医保措施，持续形成正向激励，推动医药服务供给侧改革。一是持续加大基金监管力度，封邪路。开展基金监管安全规范年行动，继续全覆盖日常监督检查，开展专项整治，发挥基金监管打击医药腐败的探照灯作用，协助司法、纪检监察机关深挖涉及医保基金使用的腐败问题，联合惩戒、协同治理。加大飞行检查力度，持续提高飞检查案破题能力，跟踪督办、抽查复查、倒查追责飞检移交线索办理。依托智慧医保赋能非现场监管，年底前所有统筹地区要上线智能监管子系统，建立健全医保大数据分析监测体系，开展医保反欺诈大数据监管试点。探索适应新型支付方式的监管机制。重点加强异地就医基金监管。二是持续挤压药耗虚高价格水分，堵偏门。开展新批次国家组织药品和高值医用耗材集采，做好药品集采协议期满后接续，抓好脊柱类耗材、种植牙耗材集采中选结果落地执行。进一步精细化推动集采品种使用，持续优化创新采购规则，实现质量、供应、价格更高水平的动态平衡。扩大地方集采覆盖品种，年内各省至少开展一批省级（含省际联盟）药品和医用耗材集采，实现国家和省级集采药品数合计达到450个。引导新冠治疗药品合理形成价格。三是持续优化医保正向激励机制，拓正路。充分发挥协议管理关口作用，落实两定管理办法，出台基金经办管理规程，加强审核结算能力建设，推动智能审核全覆盖。全面落实DRG/DIP支付方式改革三年行动计划，规范完善分组调整机制，提高管理应用能力，推动普通门诊统筹支付方式改革，引导医疗机构优化内部管理和激励约束机制，提高基金使用效率，减轻群众负担。研究探索新时代医药价格形成机制，持续深化医疗服务价格改革国家试点，适时启动省级改革试点。落实医疗服务价格总量调控和动态调整机制，稳定调价预期。接续开展种植牙医疗服务价格等专项治理。全面实施医药价格监测工程，持续编制医药价格指数。做好集采经办工作，持续优化医药集采平台功能。做好2023年医保药品目录调整工作，指导各省稳步做好医保医用耗材目录准入和调整工作。

（三）拓渠道、织密网，持续便捷医保公共服务

按照网点下沉、信息赋能、标准规范的思路，进一步提高服务可及性、便捷性和规范性。一是优化经办服务。延伸服务网络，推动医保经办政务服务纳入乡镇（街道）属地事项责任清单，积极推进医保服务进村（社区）办理。推动“放管服”改革，实现政务服务事项线上可办率超过70%、更多高频医保服务事项“跨省通办”。按照“一满意两加强”要求，推动经办规范建设，开展经办练兵比武。研究制定长期护理保险、生育保险、医疗救助等系列经办规程，提升经办管理服务水平。二是落实异地就医结算。高质量落地相关政策措施，进一步扩大普通门诊和门诊慢特病费用跨省联网定点医疗机构覆盖范围，稳步提高住院费用跨省直接结算率。加强跨区域业务协同，提高跨省异地就医直接结算服务质量。开展跨省异地就医直接结算政策集中宣传。三是拓展信息化应用。以应用为引领，不断完善医保信息平台功能，有效发挥数据要素作用。不断夯实安全保护措施，进一步加强医保电子凭证、医保服务平台网厅等推广力度，不断拓展推进医保移动支付、电子处方流转、医保服务终端应用，发挥全国一体化政务服务平台、银行、第三方支付机构等渠道作用，在跨省异地就医备案、医保电子凭证使用等领域深化合作。

（四）夯基础、谋长远，稳妥有序系统推进重大改革

一是探索医保引导分级诊疗、推动基层提高防病治病和健康管理能力的有效机制。要充分利用建立健全职工医保门诊共济保障机制这一改革契机，统筹支付方式、医疗服务价格等政策，在充

分尊重患者自主就医权利基础上，探索引导患者基层就医的有效机制。同时，着眼长远，统筹考虑医保门诊保障、支付、价格等各项机制，以健全全科和专科医疗服务合作分工的现代医疗服务体系为目标，协同推动强化基层全科医疗服务，探索以优质“全科签约服务”吸引参保群众主动签约首诊、进而带动强基层的新机制。二是系统集成扎实推动省级统筹。推动省级统筹绝非简单提高基金共济范围到省一级的单项改革，而是系统集成的系列工作和改革。要探索既扩大基金共济范围到省又不减弱市县基层管理的创新机制和措施。推动省级统筹要系统谋划、深入研究、稳步推进，既不能畏难不前，也不能达不到基本条件就赶潮流蛮干。三是统筹推进扩大长期护理保险制度试点工作。从全球看，长期护理保险没有可照搬照抄的成功模式，必须依托中国智慧、用中国方案探索破题长期护理保险制度。要在国家明确的制度框架下四点同时发力：要在确保民生保障总负担可承受的情况下，建立有效的独立筹资机制，解决筹资均衡性、可持续性问题；要创造性发挥长期护理保险基金购买作用，引导护理服务市场规范发展，为买得到所需的护理服务提供基础条件；要持续创新制度运行管理支撑机制，健全失能等级评估标准体系，完善管理办法，加强人员队伍建设，建立长期照护师培养体系；要探索建立适应长期护理服务特点的有效监管机制，解决护理服务难以有效监管的世界难题。

全面贯彻落实党的二十大战略部署，确保医保事业行稳致远，关键在于加强党的全面领导。要深刻领悟“两个确立”的决定性意义，把习近平新时代中国特色社会主义思想贯彻落实到医保工作各方面全过程，以奋发有为的精神状态，创造性地把党中央决策部署转化为医保惠民实效。要坚定不移全面从严治党，坚持以严的基调强化正风肃纪，强化对重点领域的监督，加强新时代医保廉洁文化建设，持续释放越往后越严的鲜明信号，坚决打赢反腐败斗争攻坚战持久战。要建设堪当重任的高素质干部队伍，努力打造出一支“心中有理想、肩上有担当、身上有本领、脚下有定力”的医保铁军，培养出一批“有理想、敢担当、能吃苦、肯奋斗”的新时代青年干部，确保医保事业血脉赓续、薪火相传。要时刻绷紧保密安全的弦，建立完善保密规章制度，加强涉密人员和载体管理，构筑国家安全人民防线。要坚决守牢意识形态阵地，抓好医保宣传和舆论引导，及时回应社会关切，把党的医保惠民政策原原本本地宣传到群众中去，把医保的惠民实效切切实实转化为群众对党和政府的衷心爱戴。要扎实推进依法行政，持续推进医疗保障立法，全面落实重大决策程序制度，完善行政执法程序，健全行政裁量基准。

中流击水、奋楫者进。同志们，适逢伟大时代，做好医保工作使命光荣、责任重大，要更加紧密地团结在以习近平同志为核心的党中央周围，以习近平新时代中国特色社会主义思想为指导，增强“四个意识”、坚定“四个自信”、做到“两个维护”，深入学习贯彻党的二十大精神，全面贯彻落实党中央、国务院决策部署，勠力同心、勇毅前行，在新征程中奋力谱写医保惠民暖民便民新篇章！

# 地方医疗保障工作

# 北京市

## 工作综述

2022年，北京市医保系统坚持把保障人民健康放在优先发展的战略位置，统筹疫情防控和医保发展，持续优化医保制度体系，持续推动医保改革走向纵深，持续促进管理服务提质增效，群众待遇稳步改善，制度运行平稳，基金安全可持续。截至2022年底，北京市基本医疗保险参保1900.47万人，其中职工基本医疗保险参保1496.16万人，城乡居民基本医疗保险参保404.31万人。职工医保（含生育保险）基金累计总收入1758.62亿元，总支出1164.39亿元；城乡居民医保基金总收入114.33亿元，总支出98.99亿元。

**【健全完善制度体系】** 调整职工基本医疗保险缴费 7月1日，北京市2022年度职工基本医疗保险缴费基数公布，职工医疗保险与养老保险等险种缴费基数统一，月缴费上、下限分别为31884元和5869元。

全面启动城乡居民基本医疗保险集中参保 11月，2023年城乡居民医保集中参保工作正式启动，老年人个人缴费增加30元，达到370元/年；学生儿童个人缴费增加20元，达到345元/年；劳动年龄内居民个人缴费增加85元，达到665元/年。人均财政补助增加30元，分别达到4290元/年、2295元/年、1665元/年。

加强生育保险制度保障功能 将生育三孩女职工的生育医疗费用和生育津贴等纳入生育保险支付范围，将2021年5月31日（含）之后生育的参保未婚女职工纳入生育保险保障范围，对未婚女职工发生的生育医疗费用和计划生育手术医疗费用予以报销。

推进职工医保门诊共济保障机制改革 提高职工门诊待遇，不再设置职工医保门诊最高支付限额，2万元以上政策范围内医疗费用在职职工报销60%、退休人员报销80%。改进个人账户计入办法，9月1日起，实现个人账户资金定向使用，个人账户资金专款专用，参保人员不可自由支取，主要用于支付参保人员本人在定点医疗机构或定点零售药店发生的医药费用。个人账户家庭成员共济使用，12月1日起，允许参保人员个人账户资金由其配偶、父母、子女共济使用，支付发生的符合个人账户使用范围规定的相关费用，提高个人账户资金使用效率。

健全完善重特大疾病医疗保险和救助制度 增强医疗救助托底保障功能，出台本市关于健全重特大疾病医疗保险和救助制度的实施意见，提高医疗救助保障水平。实现医疗救助本市户籍困难人员全覆盖，医保范围内门诊住院费用全部纳入救助范围，对参加职工和居民基本医保的人员予以同等救助。取消重大疾病病种限制，纳入住院救助范围，提高住院医疗救助待遇水平，支付比例由80%提升至85%，封顶线由8万元提升至16万元；完善因病致贫救助机制，规范因病致贫重病患者认定条件。推动实现基本医保、大病保险、医疗救助一站式结算。2022年，医疗救助25.6万人次，为医疗救助对象减轻负担3.37亿元。

完善职工和居民大病医疗保障政策 12月，出台《关于进一步完善本市大病医疗保障政策的通知》。规范本市职工大病医疗保障机制和居民大病保险政策，按照“先保险后救助”原则，职工大病保障起付标准由39525元降至30404元，与居民大病保险起付标准一致。调整保障待遇，参保人员享受当年基本医疗保险待遇后的个人自付费用，超过大病医疗保障起付标准以上的部分纳入报销范围。实现基本医保、大病保险、医疗救助“一站式”即时结算，2022年，为5.9万人减轻医药负担6.82亿元。

持续推进长期护理保险试点　持续做好石景山区长期护理保险试点工作，开展护理技能大赛，提升照护服务水平；进一步完善基金监管办法，开展对商保经办机构、护理服务机构的全流程监管。截至2022年底，石景山区长期护理保险试点已有46.19万人参保缴费，3724人享受待遇。在充分总结石景山区试点经验的基础上，北京市强化全市制度顶层设计，落实国家医疗保障局、民政部《长期护理失能等级评估标准（试行）》，完善失能等级评估相关办法，在海淀区、朝阳区启动失能和需求评估测试、护理服务测试工作；进一步完善扩大试点实施意见等政策文件，完成公开征求意见、重大决策风险评估等扩大试点准备工作。

指导做好商业补充医疗保险　推动完善多层次医疗保障体系建设，优化产品责任，提高保障水平，特药清单扩展至109种。降低免赔额，特定既往症人群由4万元降至2万元，健康人群由2万元降至1.5万元；特定既往症人群和健康人群的特药免赔额分别由4万元、2万元统一降至1万元。调整后的保障待遇可追溯至2022年1月1日，确保全年可享受。2022年，参保超过350万人。

强化医保目录动态调整　7月，出台本市基本医疗保险用药管理暂行办法。落地国家2021版医保药品目录，纳入国家新增药品74种，调出国家删除药品11种，同步完善本市门诊特殊病政策。完成第三批141个非国家医保药品调整，实现与国家药品目录全面统一。落实国家医保药品支付标准试点工作，确定27种药品按说明书支付。完成本市医院制剂规范调整工作，将34家定点医疗机构757个医院制剂纳入本市药品医保报销范围。完善医用材料报销政策，将单项费用1000元（含）以上的报销比例由70%调整至80%，1000元以下的全部纳入基本医疗保险支付范围。

**【提供新冠疫情防控医保支持】**　1月，规范本市新型冠状病毒核酸检测收费行为，各类核酸检测机构全部执行项目统一定价，不得收取“加急费”。3月，新增“新型冠状病毒抗原检测”价格项目，配套将新冠病毒抗原检测试剂及相应检测项目临时性纳入本市基本医保支付范围。先后于4月、5月、6月对新冠病毒核酸检测及抗原检测项目价格进行动态调整。7—9月，实施阶段性企业职工基本医疗保险费缓缴政策，为4555家企业缓解负担10.1亿元。将新冠治疗药品及抗原检测试剂和检测项目临时性纳入医保报销。开展核酸、抗原检测试剂等耗材和防护口罩、防护服限价挂网采购。做好本市新冠病毒疫苗及接种费用保障工作。

**【持续深化医疗服务价格改革】**　平稳落地实施临床诊断、临床非手术治疗等1177项医疗服务价格项目，实现新旧项目平稳转换。完善本市新增医疗服务项目价格管理工作，加强新增医疗服务项目价格管理。建立健全医疗服务价格动态调整机制，明确调价启动指标、约束指标和触发条件，强化量化评估。开展口腔种植牙专项治理工作，完成3757家医疗机构全覆盖摸底动员，研究制定医疗服务价格治理方案。

**【完善医药集中采购工作】**　常态化制度化开展药品集采　5月、11月平稳推动第六、第七批国采中选结果落地实施，平均降幅48%，年节约11亿元；11月，牵头京津冀第二批药品联合带量采购，平均降幅46%，年节约4亿元；7月，首次扩围中成药领域，完成临床常用61个中成药集中带量采购，实现化学药、生物药、中成药三大领域药品集采全覆盖，年节约7.4亿元。

全面推进医用耗材阳光采购　平稳推动国家组织骨科人工关节类中选结果落地，平均降幅82%；开展京津冀“3+N”起搏器（平均降价50%）、冠脉药物球囊（平均降价71%）、人工晶体（平均降价54%）、冠脉扩张球囊（平均降价90%）、吻合器（平均降价88%）5类医用耗材带量采购工作。

全面推进阳光挂网采购　2月，中药饮片及中药配方颗粒首次纳入本市阳光挂网采购，全市公立医疗机构、医保定点医疗机构全部实施。全面推进医用耗材阳光挂网采购并开展专项检查，年内700余家医疗机构网采金额超过120亿元。

**【加强医保监管执法工作】** 强化法治医保建设　贯彻落实医疗保障领域法律法规、“八五”普法规划和法治政府建设方案。4月，围绕“织密基金监管网　共筑医保防护线”主题，在全市范围内开展集中宣传月活动，营造“人人知法、人人守法”的良好医保基金监管环境。加强普法宣传，加强典型案例曝光。

健全医保监管机制　落实医保基金监管制度体系改革相关政策，完善医保基金监管社会监督员机制，聘请社会监督员参与医保基金监管，充分发挥社会力量参与监督作用。全面梳理医保行政检查职权，制定行政检查事项清单，加强处罚案件法制审核，规范行政检查行为。完善查处骗保案件协作、违法线索移送、行刑行纪衔接等工作机制。深化“6+4”“风险+信用”事中监管模式，对定点医疗机构实施风险监管、信用监管、分级分类监管、协同监管、科技监管、共治监管6项基本制度，推行“一业一册”“一业一单”“一业一查”“一业一评”4项场景化措施。推进“双随机、一公开”监管工作，作为医保基金监管基本手段和方式，随机抽取检查对象，随机选派执法检查人员，抽查情况及查处结果及时向社会公开，加大对监管对象的日常检查力度。7月，市医疗保障局公布《关于修订〈北京市医疗保障行政处罚自由裁量基准〉的通知》，进一步规范医疗保障行政处罚自由裁量权。12月，市医疗保障局出台《关于印发〈北京市医疗保障领域轻微违法免罚和初次违法慎罚办法（试行）〉的通知》，创新医疗保障行政执法方式，推行审慎包容监管。

深化立体监管格局　强化日常监管，开展经办机构全覆盖监督检查，定点医药机构抽查复查、飞行检查工作，年内拒付及追回2135家定点医疗机构不合理支出1.65亿元，处理违规定点医疗机构31家。会同公安、卫生健康部门开展重点领域诈骗医保基金专项整治行动，强化对基层定点医疗机构的监管，严查基因检测、血液透析、骨科高值耗材领域诈骗医保基金行为。加大行政执法检查力度，追回医保基金1504.53万元，处行政罚款1.42亿元。

创新优化监管方式　全面梳理医保经办领域风险隐患，初步建立智能审核规则库，明确13类1.1万条规则明细。推进医保执法信息系统建设，建立参保人员异常就医监控3大类16项数据筛查规则，提升监管智能化水平。

**【强化医疗保障信息化建设】** 全力组织完成全国统一的医疗保障信息平台建设。8月，北京市医疗保障信息平台医院端结算系统正式切换上线，实现全市定点医疗机构以医保新平台为准进行医保结算。12月，北京市医疗保障信息平台经办端功能正式切换上线，各项医保业务顺利进行。全面完成个人账户定向使用及家庭共济、医疗救助和大病保险“一站式”结算、“数智医保”创新竞赛成果转化、异地就医直接结算、北京普惠健康保即时结算、社会保险征收“统模式”等重点任务的信息化建设，为首都医保管理服务提供重要支撑。

**【深化医保支付方式改革】** 强化医保基金总额预算管理　全面实施总额预算管理（BJ-GBI）新模式，“一院一测”精准预测医保费用发生规律，构建以质量为核心的年终结算机制，引导医疗机构优质高效发展。启动紧密型医联体试点总额预算管理。落实药品集采结余留用政策，第二（含续约）、三批国家药品集采2875家定点医疗机构结余留用10.1亿元。

深化疾病诊断相关分组（CHS–DRG）付费改革　66家定点医疗机构推行647个病组实际付费，数据模拟范围扩大至全市二级以上定点医疗机构。完善DRG付费激励约束机制。7月，市医疗保障局出台《关于印发〈CHS-DRG付费新药新技术除外支付管理办法〉的通知（试行）》，进一步完善本市疾病诊断相关分组（CHS-DRG）付费工作，在发挥CHS-DRG引导规范医疗行为作用的同时，激发新药新技术创新动力。

**【持续提升政务服务水平】** 深入推进“放管服”改革，制定经办机构内部控制管理规程，出台医保服务事项清单和操作指南，推行网上办、掌上办，推动“一件事”协同办理。全市医保电子凭证激活率达75%。落实“长处方”报销、签约老年慢性病患者“送药上门”惠民政策，根据患者诊疗需要，长期处方的处方量一般在4周内；根据慢性病特点，病情稳定的患者适当延长，一次可开具不超过12周的长期处方。扎实做好接诉即办、信访工作，年内有效办结群众诉求2.18万件，其中12345热线派单6661件。全面推进政务公开，全年累计形成5245篇媒体报道，通过市医疗保障局官网、微信公众号发布各类信息共1083条；加强重要决策公开，持续推进依申请公开标准化规范化建设。

**【定点医药机构持续扩面】** 全面落实市政府重要民生实事，新增定点医疗机构423家、定点零售药店713家。增补10家A类定点医疗机构，总数达49家。新增15家“互联网+”医疗机构，总数达46家。

**【异地就医直接结算取得积极成效】** 截至2022年底，全市有住院床位的定点医疗机构全部开通异地就医住院直接结算，累计与全国各省市开展直接结算353.16万人次，结算金额1142.15亿元。全市符合接诊条件的定点医疗机构全部开通普通门诊异地直接结算，累计结算886万人次，涉及费用27.34亿元。在62家定点医疗机构开通门诊慢特病异地就医直接结算试点，累计结算4.12万人次，涉及费用0.91亿元。切实减轻了患者个人资金垫付压力及往返参保地、就医地报销负担。

## 重要活动

1. **医疗保障定点医疗机构、零售药店资源配置工作座谈会召开。**2月16日，北京市医保局召开医疗保障定点医疗机构、零售药店资源配置工作座谈会，就两定管理、资源配置工作进行讨论研究。

2. **全市2022年医疗保障工作会议召开。**2月24日，北京市2022年医疗保障工作会议召开，全面总结2021年全市医疗保障工作，安排部署2022年全市医疗保障工作任务。

3. **中药饮片及中药配方颗粒首次纳入本市阳光挂网采购。**2月26日，中药饮片及中药配方颗粒首次纳入本市阳光挂网采购，全市公立医疗机构、医保定点医疗机构全部实施，进一步引导中药饮片和中药配方颗粒价格趋于合理，促进质价相符。

4. **“织密基金监管网　共筑医保防护线”集中宣传月活动启动动员会举行。**4月8日，北京市医疗保障局联合市公安局、卫生健康委、人力资源社会保障局、市场监管局、药监局五部门在天坛医院举行“织密基金监管网 共筑医保防护线”集中宣传月活动启动动员会，倡议全社会积极参与医保基金使用监督等多途径共筑医保防护线。

5. **北京市医保政策宣讲团成立暨宣讲工作座谈会举行。**4月27日，北京市医保政策宣讲团成立仪式暨宣讲工作座谈会举行，宣讲团通过“进机关、进社区、进学校、进企业”，宣传普及医疗保障法律法规和政策。

6. **北京市医疗保障局《医疗保障基金使用监督管理条例》线上培训会组织开展。**4月27日，市医疗保障局组织开展《医疗保障基金使用监督管理条例》线上培训会。对照《条例》中各类违法情形，结合执法案例进行深入讲解。全市各区医保局，二、三级及部分一级以下定点医疗机构共500余家单位参加培训。

7. **2022年全市医保基金监管工作会议召开。**4月28日，北京市医保基金监管工作会议召开，会议科学研判当前基金监管工作面临的形势，部署2022年基金监管工作，确保基金监管各项工作落地落实落细。

8. **平稳推动第六批胰岛素专项国采中选结果落地实施。**5月29日，北京市医疗机构全面执行国家组织第六批胰岛素专项集中采购中选结果，产品平均降幅48%。

9. **首次组织开展中成药集中带量采购。**7月28日，北京市首次组织开展中成药集中带量采购工作，针对临床用量大、采购金额高、采购覆盖面广的部分中成药开展集中带量采购，61个药品中选,实施范围涵盖本市公立医疗机构和定点医疗机构,年节约费用7.4亿元。

10. **北京市医疗保障信息平台医院端结算系统正式切换上线**。8月4日,北京市医疗保障信息平台医院端结算系统正式切换上线。

11. **2022年医疗保障行政执法能力培训组织开展**。9月13日至15日,北京市医疗保障局组织开展2022年医疗保障行政执法能力培训,对《北京市医疗保障行政处罚自由裁量基准》《北京市医疗保障领域轻微违法免罚和初次违法慎罚办法(试行)》《执法案卷标准和评查要求》、医疗机构药品与耗材管理模式、个人账户定向使用政策进行深刻解读,进一步加强本市医疗保障行政执法检查队伍能力建设,市、区两级医保部门共计70余人参加。

12. **2023年度北京普惠健康保上线发布会召开**。11月1日,北京市医保局召开2023年度北京普惠健康保上线发布会。作为本市唯一紧密衔接基本医疗保险的普惠性商业补充医疗保险产品,北京普惠健康保是基本医疗保险的有益补充,是本市多层次医疗保障体系的重要组成部分。2023年度北京普惠健康保进一步扩大参保人群覆盖面,降低免赔额,优化特药结构,并启动快赔通道,探索推动直赔服务。

13. **平稳推动第七批药品国采中选结果和一至五批国采协议到期药品重新集采结果落地实施**。11月30日,北京市全面落实国家组织第七批药品集中采购中选结果,中选药品平均降价48%。对第一至第五批国采协议到期药品,分别采取直接续约、重新集采等方式,妥善做好到期品种衔接。重新集采结果与第七批国采中选结果一并实施。

14. **京津冀第二批联合带量采购中选结果在全市医疗机构落地实施**。11月30日,京津冀第二批联合带量采购中选结果在全市医疗机构落地实施,29种药品中选,联动药品平均降幅46%,努力做好短缺药品保供稳价。

15. **北京市医疗保障信息平台经办端功能正式切换上线**。12月1日,北京市医疗保障信息平台经办端功能切换上线。

16. **北京市社会保险征收"统模式"医保系统改造完成并上线**。12月31日,北京市社会保险征收"统模式"医保系统改造完成并上线,通过与税务、人社等业务相关部门协同共建,实现城乡居民自行向税务部门缴纳社会保险费。

## 典型案例

### 案例一:北京市建立健全医疗服务价格动态调整机制

2022年6月14日,北京市医疗保障局印发《关于建立健全本市医疗服务价格动态调整机制的实施意见(试行)》,从健全更可持续的总量调控机制、规范有序的分类管理机制、灵敏有度的动态调整机制、目标导向的价格管理机制和严密高效的监测评估机制五大方面,探索建立起符合北京实际、适应行业发展的医疗服务价格动态调整制度。

**【明确建立更可持续的总量调控机制】** 主动发挥价格杠杆调节作用和合理补偿功能,对公立医疗机构医疗服务价格调整总量实行宏观管理,控制医疗费用过快增长。综合医疗行业发展情况、各方承受能力等因素,通过"历史基数(B)×增长系数(R)×调整系数(N)"模型,合理确定医疗服务价格调整的总额度。同时,结合北京实际科学分配调整总量,关注不同类型医疗机构的功能定位、服务能力和运行特点,兼顾收入结构特殊的专科医疗机构和基层医疗机构,同步明确总量额度分配向扶持薄弱学科、疏导突出矛盾等方面倾斜,并优先将技术劳务占比高、成本价格严重偏离或与相同经济水平地区比价差距明显的医疗服务项目纳入调价范围,体现合理回报、激励先进,促进公立医疗机构高质量发展。细化调整总量使用原则,提出年内进行的各类医疗服务价格调整,原则上共用本年度调价总量,当年调价总量未使用、未用尽的不结转下一年度,确保群众负担总体稳定、医保基金可承受、医疗机构健康发展。

**【采用动态调整量化评估触发启动体系】** 北京市统筹平衡行业发展需要和人民群众需求,结合本市实际分别建立评估触发和专项调整两项制度，兼顾有序、常态调整和及时、灵活调整两种不同调价工作需要。一是在评估触发机制中设置医疗收入、技术服务收入、医保基金运行、民生统计4类13项具体指标，作为启动条件、赋予权重分值，并进一步细化区分启动区间、中性区间、约束区间；同步设定5项具体指标作为“一票否决”的约束条件，树牢底线思维，把稳动态调整启动总节奏。明确评估周期为每年度一次，从经济发展水平、医疗总收入、医疗机构运行、医保基金收支结余、患者承受能力等方面量化评估，真正让客观数据确定是否应启动调整：启动指标的评估总分值不低于60分符合触发标准，当年按程序启动价格调整；未达到触发标准或符合任一约束指标的，当年不进行此类调价工作。二是同步设立专项调整机制，对国家医疗保障局及市委、市政府安排部署的医疗服务价格专项改革任务、落实药品和医用耗材集中带量采购等重要改革任务、应对突发重大公共卫生事件、疏导医疗服务价格突出矛盾、缓解重点专科医疗供给失衡等情况，可根据实际需要启动医疗服务价格专项调整工作，灵活选择调价窗口期，有序调整价格。

**【构建医疗服务价格动态调整监测评估机制】** 在总量控制、分类管理的基础上，进一步强化医疗服务价格动态调整运行情况评估，提出建立健全医疗服务价格动态调整执行运行情况监测评估机制，加强医疗服务价格动态调整效果评估，定期跟踪掌握公立医疗机构落实改革任务、遵守价格政策、加强内部管理、优化收入结构等情况，发挥激励约束作用，形成政策闭环，促进价格管理与医院运行之间形成正向互动关系，保证价格机制平稳、高效、可持续运行。

**【同步配套规范医疗机构意见报送程序】** 坚持以“总量控制、结构调整、有升有降、逐步到位”为总要求，以改革优化调价程序为重点，以畅通信息反馈渠道、规范建议报送工作为抓手，进一步规范北京市医疗机构医疗服务价格项目动态调整建议报送程序。明确医疗机构应在充分征求院内意见并形成共识的基础上，严格报送程序，同时规范自身价格行为，自觉将动态调整工作与现代医院管理、医保支付制度、费用控制等相关改革协同推进，促进价格管理与医院运行之间形成正向互动关系。

**【正确履行医疗保障部门价格管理职责】** 为发挥好新形势下医疗服务价格管理的宏观调控功能，在构建起医疗服务价格动态调整机制基础上，明确新增医疗服务价格项目管理要求，同步完善新增医疗服务项目价格备案及动态管理相关制度，进一步将价格管理职责贯穿到机制建设全流程。同时，坚持系统观念，积极推进形成医保部门、卫生健康部门、市场监管部门及公立医疗机构等多方参与的治理新格局。

## 案例二：东城区持续健全综合绩效考评管理体系

2022年，东城区逐步建立健全对区医保中心经办、定点医药机构、街道便民服务中心、参保单位、参保个人及医保中心对内设科室等不同考核主体的“1+5”分类考核评价办法，形成东城区医保综合考评管理体系，切实压实各主体的医保基金运行安全和使用管理主体责任，推动医保高质量发展和医保便民服务高水平提升。

**【对医保中心整体考评】** 主要内容　按照开展医保经办机构考核的工作要求，研究制订《医疗保险经办机构考核工作方案》，围绕经办机构党风廉政建设主体责任落实、行风建设情况、机构设置、两定机构协议管理、审核业务运行、内部控制、信息系统管理、监督检查、异地就医审核结算管理、政策执行及违规问题整改等，形成《医保经办机构专项考核项目表》，设定了10个大项、43个小项内容，并对每个考核项目的考核检查内容进行细化明确。

结果运用　成立考核工作领导小组，组建综合管理、两定管理、业务审核三个专项工作组，对照《医保经办机构专项考核项目表》开展考核工作，找准医保经办工作中的痛点、堵点、难点问题，督促经办机构完善管理、健全制度、规范程序，形成整改措施，促进医保经办高质量发展。

**【对医保中心内设科室考评】** 主要内容　创新建立区级医保经办内设科室绩效考核评价体系，为医保中心12个内设科室“定制”了5大类、224项的个性化绩效任务清单。对照清单实施“132”绩效考核评价，即“1个绩效考评专班+3个绩效考评工作组+2个工作评价”。评价中明确对创新工作给予加分，同时强化考评结果运用，对绩效考评获得优秀的科室给予公务员考核指标倾斜，树立奖优导向，全面促进经办业务质量提升。

结果运用　按照《2022年度东城区医保中心经办工作绩效考评原则》及开展年度绩效考评工作要求进行综合考评。门诊费用审核科、定点医药机构监督管理科、统计信息科3个科室被评为“年度优秀科室”，在全局通报表扬。同时，对优秀科室年度公务员考核优秀指标明确倾斜，实现突出重点任务、鼓励特色创新、促进综合业务质量提升的目标。

**【对街道便民服务中心考评】** 主要内容　围绕医保业务经办、医保法律法规及相关政策宣传落实情况、投诉举报完成情况、优化营商环境、城乡居民参保、医保队伍建设、满意度调查相结合等10个大项38个小项进行综合评价，形成综合评分体系和工作亮点加分办法，明确考评结果的使用原则，建立《东城区医疗保障局对辖区街道便民服务中心经办医保业务评价办法(试行)》。

结果运用　通过开展街道便民服务中心经办医保业务的评价，准确掌握全区医保便民服务“最后一公里”的整体情况，有针对性地开展指导、培训、宣传和联动工作，充分发挥街道便民服务中心医保业务工作的积极性，不断提高基层便民服务质量和满意度。

**【对定点机构进行监督管理】** 主要内容　通过调研、座谈、集中研讨，针对东城区定点医疗机构工作实际，制定《北京市东城区基本医疗保障定点医疗机构年度考核评价管理暂行办法》，重点聚焦医保政策执行、服务协议履行等情况，设置18项不同考核项目和4个考核评级，充分发挥激励引导和奖优罚劣的作用，在总额预算管理质量评价、协议管理、区属公立医疗机构考核管理、全区医保管理优秀机构通报表彰等方面，作为重要依据和参考进行考核等级挂钩。

结果运用　2022年，北京协和医院成为东城区年度考核优秀定点医疗机构。对本区四家定点医疗机构和三家定点零售药店予以终止协议处理，对一家三级综合医疗机构予以全市通报批评处理。

**【对参保个人进行监督管理】** 主要内容　通过经验总结、集中研讨，针对东城区参保人员监督管理工作实际，编制《东城区医疗保险事务管理中心参保人员监督管理工作手册(试行)》，制定《北京市东城区医疗保障局关于加强参保人员监督管理工作制度(试行)》，重点聚焦参保人员就医行为数据异常、医疗费用数据异常、投诉举报等情况，从异常数据审核、异常情况告知、投诉举报核查、疑似违规约谈、违规行为确认、违规金额追回、实施重点人员监控(停卡/锁卡)、违法违规线索移送8个不同维度，规范工作程序，严格处理标准，统一材料存档。

结果运用　2022年，共筛查参保人员异常就医数据58014条，全年生成疑似违规参保人员数据167条，警示36人，停锁卡3人，线索移交司法机关1人，追费72人，全年共追回违规费用97.4万元。通过加强对参保人员的监督管理，切实强化参保人员履行医保基金安全管理的主体责任意识，规范参保人员就医、治疗及用药行为，强化依法依规享受医保待遇的法治意识。

## 案例三：朝阳区“雪琴热线”优化医保服务

朝阳区参保企业29万余家，参保群众360余万人。医保服务面临服务对象众多、待遇保障广泛、群众诉求多元、服务期望值跃迁等诸多考验。近年来，咨询电话打不通、排队等待时间长、群众投诉多等问题逐渐显现。2022年，朝阳区医疗保障局全面落实市区两级决策部署，打造朝阳医保咨询服务“雪琴热线”品牌，以“高质量、规范化”为着力点，前端吸附群众诉求，接稳群众急难愁盼，通过小听筒实现为民服务大情怀。

**【主要做法】** 规范组织保障　一是成立独立科室，专人专岗专责。以贯彻机构改革要求，落实职能划转为契机，成立基层服务指导科，专责组织协调医疗保障政策业务的对外宣传、咨询服务工作，负责收集咨询问题并提出合理化建议。选拔优秀资深业务骨干，搭建结构合理、专业互补、朝气蓬勃的专职咨询队伍。二是加强党建引领，支部小组贯通。“雪琴热线”电话中心所在的党小组与“一窗通办”所在党小组、办公室财务联合党小组凝聚为一个支部，打造“线上线下相结合”“后台围绕前台转”的服务模式，为咨询热线提供强有力的思想保障、组织保障及人财物的后勤保障。三是建立储备队伍，随时响应保障。确立全局党员、青年干部纳入咨询后备梯队，在疫情防控和业务高峰等重大考验期间，增援补充咨询队伍，在关键时刻发挥了“稳报销　稳支付　稳预期　稳民心”的服务保障作用。

规范制度建设　一是规范建立咨询岗工作制度，熟练掌握医保政策及业务知识，使用标准文明用语，规定咨询接待“三步走”工作流程及标准，明确办理时限及特殊情况处理办法。二是规范执行首问负责制和一次性告知制，同人同诉和多次咨询件迅速回溯办理流程，责任明确到人到位，确保精准落位。三是规范遵守保密和信息管理制度，严格遵守国家和行业信息安全保密有关规定，严格遵守朝阳区医疗保障局制定的各项保密和信息管理制度，防止信息泄露。四是规范制定应急保障制度。从人员保障、设备保障、现场突发事件保障和业务能力保障四个方面，将咨询服务应急问题全覆盖进行预案处理。五是规范“雪琴热线”与北京“12345接诉即办”融通提升机制，每周局长专题会分析调度信访维稳、“接诉即办”和“雪琴热线”工作，对群众急难愁盼问题复盘推演，专人汇总问题串联业务科室，通过内部优化和流程再造形成问题的集成化解决路径，统一解答口径。

规范培训体系　一是规范培训内容。由资深业务骨干一对一带教，以科室针对咨询实战汇总整理常见问题为规范教材，通过系统梳理业务知识，亲身示范服务规范，重点指导业务难点和服务技巧，循序渐进规范培训，实现新人以干代学，迅速上手。二是规范定期考核。咨询岗工作人员每半个月进行业务培训及问题汇总通报1次，每季度进行业务问题答卷1次，以考促学，着力培养业务全面、暖心稳健的热线干部队伍，全力擦亮朝阳医保“雪琴热线”服务品牌，优化基层服务管理效能。三是规范帮学机制。科室微信工作群提供线上答疑平台，与线下交流相结合，形成咨询岗内部随时随地、自发自觉地传帮带循环。四是规范礼仪服务。朝阳区医保局坚持“请进来走出去”，礼仪老师现场演示，前往北京银行电话热线实地调研，跨行业汲取先进经验。

规范快捷服务　一是规范视频应答，试行5G视频咨询，朝阳群众办理医保业务时可以获得连线视频指导，直接核对其身份办理，如变更医保定点医院、特殊病定点医院等业务。二是规范“答后推送”，引入自动AI智能语音“朝小宝”，对咨询群众实现全年无休实时自动应答，答后短信推送，省去群众边听边记的麻烦。三是规范智能语音库，筛选百姓共性医保疑问和阶段性舆情热点，添加至智能语音库，利用AI智能语音提供综合解答，实现循证服务，增效减负。四是开发服务新场景，定期线上对企业、便民服务中心和学校视频进行培训答疑，同时建立了“为民办实事”吹哨群，由业务科长带骨干进群全口径“听哨”，“哨响”5分钟内整合串联起后台全链条业务深度办理，以“雪琴热线”为平台开展“不见面办实事”。

**【主要成效】** “雪琴热线”高质量回应参保人的医保诉求，实现7×24小时不间断智慧医保服务。2022年，全年接听电话28.5万人次，推送短信17.3万条，等待时长缩短至1分钟以内，实现接听率100%、解决率100%、满意率100%，为群众不见面办实事5563件，收获群众“打得通、解决快、办成事”的真诚评价。高效便捷的咨询服务在前端纾解了“12345接诉即办”的压力，实现群众医保诉求的“前端吸附”和“主动治理”。“雪琴热线”打造在线办实事的服务新场景，在极大减少群众奔波负担的同时，有效缓解大厅业务负荷，提高了群众满意度。

## 案例四：丰台区加强区域多层次医保体系建设　加固因病返贫致贫防护网

为进一步强化医疗救助制度托底保障功能，2022年，丰台区医疗保障局高效推动各项政策落地惠民，切实加固困难群众因病返贫致贫防护网。

**【实现院端“一站式”结算，减轻跑腿垫资压力】** 多部门、多角度协同发力　保障全域实现基本医保+大病保险+医疗救助三重保障“一次结算”，群众无须垫付资金、无须提交材料、无须等待审批，切实提升就医便捷度和幸福感。

强化信息建设筑基础　督导辖区定点医疗机构进行系统升级改造，设置问题反馈电话专线，疑难问题上门指导，为院端实现“一站式”结算落地提供系统统一、数据共享、业务协同各项条件。

重点培训指导强落实　以医保管理工作人员、医务工作者、街镇窗口经办人员为重点，有针对性开展业务专题培训，提升基层经办解释答疑水平，帮助群众知晓政策、理解政策、掌握政策。

升级经办程序优体验　将医疗救助业务并入全市统一医保新系统运行后，实现了信息系统统一、数据资源共享、三重业务协同。丰台区医疗保障局以此为基础，对于因特殊原因无法“一站式”结算的费用，推行零星报销“一窗口”办理，让数据流转代替人工跑腿，促进基层经办减量增效。2022年，实施医疗救助10924人次，减轻困难群众医疗负担2100余万元。

**【增补商业健康保险，提高风险抵抗能力】** 抓关键环节　主动对接民政、街镇等部门开展摸底调研，全面了解综合救助体系和困难群众实际需求；结合就医情况，综合测算商保产品保障效能，为资助投保提供依据；主管区领导组织召开项目专题会，协调财政部门保障经费来源，全额资助9751名社会救助对象投保商业补充保险“北京普惠健康保”，资助金额近200万元，提升抗大病能力。

抓重点群体　以截至2022年12月31日区民政部门认定的全区户籍社会救助对象为标准，组织专人梳理投保名单，结合医保信息系统，逐一核对基本医疗保险参保种类等信息；主动对接主承保公司，明确投保要求，保证集体投保一次成功。

抓长效运行　协调主承保公司组建丰台区专属服务团队，负责辖区困难群众投保理赔和解释答疑工作；面向街镇开展专题培训，做好基层经办同专属团队牵线对接，提供专属服务热线，将服务触角延伸至群众“家门口”。在天坛医院设立“北京普惠健康保”线下综合服务专窗，提供理赔咨询、报案指导等服务，提高理赔效率，累计服务近万人次。

**【强化专项基金管理，守护群众看病救命钱】** 认真做好医疗救助资金预算　协同民政部门核对符合医疗救助条件的社会救助对象人数，按照市医保局标准预估医疗救助所需资金总额，做好年度预算；配合财政部门完成拨付手续，将本区医疗救助资金纳入全市统一管理，确保规范安全性。

全面加强日常费用审核　组织审核科室深入研读相关政策，参加市医保局经办培训会，确保三重制度“一单制”结算后，工作人员迅速转换思路，高效开展医疗救助审核工作；注重日常经验积累，及时收集医疗救助审核要点，分类梳理常见问题，并对问题涉及的政策要点、注意事项和典型案例进行分析说明，推动费用审核从事后纠正向事前提示、事中监控、事后监督转变，提高医疗救助的科学化、精细化管理水平。

强化医保基金使用风险源头防控　实施“百名村医”培训计划，组织召开培训工作协调会，对全区49家农村社区卫生站开展医保基金使用和医保服务专项培训，着力提升农村社区卫生站医保服务水平和医保基金使用效率，让有限的医保基金发挥更大的效用，惠及更多困难群众。

## 案例五：顺义区筑牢医疗救助兜底防线

2022年，顺义区持续完善包括城乡低保、低收入、特困供养人员等社会救助对象医疗救助和因病致贫家庭医疗救助在内的城乡统筹医疗救助体系，切实保障特殊群体有病可医、有病能医、有病必医，筑牢兜底防线。

**【主要做法】** 完善标准，发挥兜底作用 明确最低生活保障对象及生活困难补助人员、城乡低收入家庭救助人员的门诊封顶线为20000元，住院救助封顶线为10万元，重大疾病封顶线为20万元。明确因病致贫家庭医疗救助标准：患有重大疾病的申请家庭按照3万元（含）以下40%、3万元以上至5万元（含）以下50%、5万元以上60%的比例分段给予医疗救助，全年救助封顶线为20万元；患有非重大疾病的申请家庭按照3万元（含）以下30%、3万元以上至5万元（含）以下40%、5万元以上50%的比例，分段给予救助，全年救助封顶金额为12万元。

改造系统，信息助力 一是将医疗救助结算系统从原民政系统剥离出来，建立医疗保障部门独立的医疗救助信息系统。二是在原有系统基础上升级改造，实现顺义区医疗救助业务全过程信息监管和资金及时支付。三是优化事后救助流程，减轻社保所、民政科工作量，录入票据号可以从系统自动获取票据，重复票据、人员死亡后发生医疗费单据不能录入，通过医疗救助系统完成医疗救助8604人次，通过系统发放救助资金1313.88万元。四是在顺义区定点医院开通住院医疗救助即时结算办理系统，上传票据，解决救助对象看病就诊垫款压力，降低管控风险，全年系统录入即时结算共1179笔。五是建立医疗救助政策文件柜，方便基层单位随时查阅。六是提供个性化报表定制，为基层数据统计工作减负增效。七是取消收取本市因病致贫医疗救助对象的医疗票据，通过“北京市医疗保险系统”实现有关数据提取和查询。

优化服务，高效便民 一是加强沟通协调。与民政、镇街主动对接、交换信息，做好基本医保、大病保险、医疗救助多层次保障政策衔接，保障相关人员的权益。二是发挥镇街、村居专管员作用。为医疗费负担过重人员提供主动服务，通过对发微信、打电话等方式联系长期用药的救助对象，及时解决其医疗救助遇到的问题。三是畅通社会救助热线电话，提供热情周到的咨询和求助服务，确保困难群众求助有门、受理及时。四是主动下基层。对于救助费用有疑问的救助对象，安排骨干人员上门“一对一”服务，直至消除疑虑。

主动向前，应保尽保 克服本区“小微企业多、保障人数多、失联电话多，工作人员少”的困难，主动开展惠民生、暖民心的医保服务。一是畅通渠道，向前一步。通过群发短信、建立专项邮箱、主动电话沟通等多种方式，联系单位经办人、法人、患者本人、家属，将医疗救助的各项工作落细落小落实。二是信息多跑路、群众少跑腿。系统精准识别保障对象，数据全部由系统产生，符合规定的医疗费用可由医疗救助基金直接报销。三是确保安全，形式多样。疫情防控中采取线上线下方式灵活办理。

**【主要成效】** 2022年，全年累计实施社会救助对象医疗救助8604人次，发放资金1313.88万元，有效保障了社会救助对象有病可医、有病能医、有病必医；实施因病致贫家庭医疗救助917户次，发放资金1392.46万元，缓解困难家庭就医压力，防范了此类家庭因病致贫风险；实施职工大病保障报销695人次，发放资金804万元，扶助突遇重大疾病的职工渡过难关；实施城乡居民大病保险报销2460人次，发放资金2910.81万元，切实缓解了群众“因病致贫、因病返贫”问题的发生，实现政府得民心、群众得实惠的目标。

## 案例六：大兴区从四维度打造基金监管新模式

2022年，大兴区聚焦“防、审、查、改”四维度，打造具有大兴特色的医保精细化管理模式，扎实推进基金监管取得新突破。2022年，大兴区共计审核医疗费用52.82亿元，基金支付34.53亿元，拒付追回违规费用428.82万元。协议处理医疗机构5家，其中中断执行协议1家，黄牌警示1家，全市通报批评3家，约谈18家次，停锁卡7人，稽核补缴医疗和生育保险466.35万元。督促定点医药机构对五大类23项违规问题完成整改。

**【立足于防，刚柔并济加强基金管理】** 较真碰硬，开展刚性监管　从“监管有智、运行有格、格中有人、人能管事、事皆有序、序常更新”六方面科学划分岗位职责，对医药机构施行“网格化”管理，实现监管职能到位。启动“一科吹哨，多科联动”新模式，区医疗保障局出台《异常数据问题协商实施办法》《关于举报欺诈骗取医疗保障基金行为调查、奖励和要情报告的工作方案》等基金监管制度，确保医疗保障管理机制“坚不可破”。

警示规范，重视柔性治理　一是重视警示宣传教育，整理印发欺诈骗保经典案例，利用反面典型强化“红线意识”。二是完善大兴区医保管理考核方案，强化区级医保管理评分。三是印发《关于进一步加强定点医疗机构从业人员规范使用医疗保障基金的通知》《关于加强定点医疗机构医保内部管理工作的通知》《关于加强未评级定点医疗机构医保管理工作的意见》《关于加强定点零售药店基金监督管理的通知》等文件，推动定点医药机构落实基金使用内控主体责任，建立健全内部管理机制。

**【着眼于审，设“红绿灯”把住“三关口”】** 设置费用申报流程“绿灯”，畅通“入口关”　打破门诊及住院费用审核壁垒，对医疗机构申报的费用进行整体分析，总体把握，堵塞基金监管漏洞。

设置数据分析预警“黄灯”，强化“履约关”　按医疗费用情况同级同类医疗机构对比、全区排名等方式进行监控，对指标异常的机构数据深度分析，对存在的异常情况进行预警。将医保数据分析的“一横一纵”和“四个重点”融入日常费用审核中。

设置违规违法处理“红灯”，严守“出口关”　依据服务协议量化违规责任，实行梯度管理。增加审核层级，并不定期由内控及科室负责人进行抽审。采取定性和定量相结合的方式划分违规行为，对不符合医保相关规定的费用进行拒付、追回。

**【聚焦于查，优化方式分级分类检查】** 聚合力，多角度开展检查　根据不同级别、不同类型医药机构的特点，合理确定检查主体、比例和频次，分类进行自查自纠，日常巡查。与房山区联合开展抽查复查、DRG付费分解住院专项检查。专题开展高值耗材、骨科耗材、心脑支架系统、核酸检测医事服务费等4个专项检查，开展肾透析、靶向药等4个重点领域的专项治理，开展投诉举报案件调查、执行医保政策情况专项审计等针对性检查。通过多层次检查模式，持续巩固基金监管高压态势。

促创新，强自查点面结合　创新使用“定位问题、化整为零，定位机构、摸底调查，定位证据、重视过程，定位数据、技术验证”的自查自纠四点定位法，有效避免瞒报漏报，打破定点医药机构自查应付了事的尴尬局面，压紧压实机构自身责任。

促规范，抓耗材示范引领　推动定点医疗机构耗材二级库全面建立，督导医院加强耗材的临床一线管理，从耗材准入、使用到盘库、监督，全流程严格管理，最大限度避免了耗材虚计、多计、串计的情况发生。在检查过程中，实现“从平台采购到入库出库，从临床科室申领到诊疗应用，从计费数量金额到财务账目”的药耗全线监管。

**【深耕于改，科学运用监督检查结果】** 狠抓落实，督促整改　扩大监管影响力，重视定点医药机构问题整改，对整改不力的机构从重处理。对存在问题较多、性质较严重或整改困难的机构进行约谈，会同医保负责人逐条分析问题，追本溯源。

以点带面，辐射全区　加快建设“定点机构监督管理信息交互系统”，在监管过程中动态维护违规数据，同步面向定点机构和医保医师进行公示，引导其以“违规清单”为抓手主动纠正问题，主、被动检查相结合，达到检查一家，规范全区的效果。

共享移送，形成合力　加大案件协作力度，纵向联合市医保执法总队，与区卫生健康委、公安机关、派驻组等相关部门建立联合监管移送协作机制，发挥部门联动处罚作用，提升惩处威慑力。推动形成医保基金全链条式监管，做到“共护基金、剑指欺诈”。

## 案例七：经开区打造“审管一体”机制推进医保精细化管理

2022年，经开区聚焦区域区情实际，狠抓经办服务规范化，围绕统一审核结算标准、完善风险防控流程、优化监督检查方式、精准分级分类施策推出一系列举措，探索形成医疗保障基金“审管一体”工作机制，将医疗费用审核与定点协议管理有机结合，切实提高医保基金使用质效。

**【主要做法】** 实行“一单一审”全覆盖审核　以审核为抓手，构建全险种医疗费用“收—审—支”闭环式审核机制。一是针对所有医疗费用进行逐笔审核，依托三大目录库及现行的历年医保政策规定，做好费用审核工作。2022年，共完成审核医疗费用33.23万笔，基金支付5.92亿元。二是制定《北京经济技术开发区社会保险保障中心“审管一体”医疗费用拒付工作流程（试行）》，成立审管一体工作小组，针对费用审核发现的疑点问题，核查医药机构相关病历资料，查找政策依据，由主管领导牵头，组织业务骨干及医保专家委员会召开专题讨论会，形成科学性、合理性的集体拒付决策，确保审核拒付“事实清楚、依据正确、处罚合理”，并将拒付结果函告相关医药机构。三是指派专人定期归纳汇总费用审核过程中的难点、疑点，定期组织审核问题培训，并根据医保政策动态调整及时更新完善，形成《医疗费用审核标准工作指南》，提升审核能力和审核质量。

实行“一环一控”全链条防控　打造经办业务五级风险防控机制。医保费用审核链条长、环节多，从初审、复审到结算支付，中心严格执行邻岗互斥原则，通过梳理业务事项，充分评估每一个环节的风险等级，分析风险产生的原因，研判风险产生的后果，确定风险防控的措施，形成廉政风险防控流程图，制定《北京经济技术开发区社会保险保障中心经办业务廉政风险防范管理流程汇编》，实现对基金运行事前、事中、事后全流程监管，及时防范化解基金安全风险，提升基金防控能力。截至2022年底，根据业务和政策调整及时修订风险防控流程图，梳理更新流程97项、风险点420个。

实行“一案一检”全方位体检　完善岗位设置，强化部门联动机制，促进医疗保障基金审管工作集成化。一是从“个案抽查”向“全面体检”转变。制定《北京经济技术开发区社会保险保障中心“审管一体”现场检查工作制度》，通过费用审核发现存疑问题，引导精准开展现场检查；通过现场检查、个人筛查发现共性问题，反馈形成审核方案，实现监管重点“月度有部署、季度有调度、年度有规划”，形成无缝衔接、同步促进、良性循环、协调有序的监管合力。二是健全“通报、约谈、自查、整改”的“四位一体”的管理机制。通过动态监测两定机构基金使用情况，选取重点项目领域的典型问题进行曝光，对超支预警、违规频发的定点机构开展重点约谈，压实责任，结合现场检查、自查自纠结果形成的违规问题清单，督促定点医药机构切实完成整改工作，实现每年对两定机构全覆盖约谈。

实行“一院一策”全维度施策　根据不同医疗机构的特点，建立“一院一策”风险管控机制。一是分类精准施策。针对新增机构重点进行医保政策培训，加强医务人员的医保意识；针对既往机构，聚焦院端频发违规行为进行重点监管；针对不同办医主体机构的就医人群及病例特点，制订不同的监管计划；针对总额预算管理各项重点指标进行动态监控，加强日常数据分析。二是畅通业务沟通渠道。与定点机构建立对口联络机制，设专人负责业务对接，提供事前咨询、事中指导、事后纠错，确保医疗机构医保工作高效开展。三是建立经办议事机制。针对发现的违规问题为每一家医疗机构建立违规台账，明确违规类型、违规事项、违规详情、违规金额，形成风险管控台账，定期召开疑难问题研讨会，及时调整风险管理方向，确保所有审核监管程序规范化。

**【主要成效】** 经办规范化　通过建立“审管一体”工作机制，实现经办服务和基金监管专业化、规范化。一是通过定期研判讨论，形成了涵盖全险种333条统一审核标准，减少由于审核人员不同导致的审核质量偏差，进一步提升审核的质量。二是通过定期与医疗机构、行业专家开展审核研讨工作，进一步提升能力建设。2022年，组织业务培训257期、研讨28次；汇总医疗机构8种违规类型，30种违规事项，138条违规详情，拒付医保基金8.20万元，追回医保基金10.59万元。

管理精细化　通过健全制度化、标准化的工作机制，实现经办服务和基金管理精细化。制定专业精细的内部管理规范，形成包括岗位职责、管理制度、政策规程、案例培训、经办系统操作教程等经办工作指南。2022年中心共收到各级表扬信26封、锦旗2幅。

服务集成化　通过费用审核与协议管理双管齐下协同经办，形成全险种“一窗式受理、一次性告知、一站式服务、一次性办结”的“四个一服务体系”，缓解了经办工作压力，有效解决了报销压单问题，大幅减少了在途业务数量，报销款项到账周期缩减近一半。同时帮助每一家定点机构查找问题、分析原因，从源头规范诊疗行为，有效提高了基金使用效率，缓解了“医、保、患”之间的矛盾，提升了医疗保障经办工作在公众心中的认可度、信任度、满意度。

# 天津市

## 工作综述

2022年，天津市医疗保障局充分发挥医保基金战略性购买作用，不断健全医疗保障制度体系，积极推进医药服务供给侧改革，持续增强医保激励约束作用，全面加强医保基金监督管理，不断优化医保公共管理服务，深入推进京津冀医疗保障协同发展，坚决落实疫情防控医保政治责任，全力推进医疗保障和医药服务高质量协同发展，坚持在发展中保障和改善民生，不断增进民生福祉，扎实推进共同富裕。截至2022年底，全市基本医保参保1176.40万人，基本医保（含生育保险）基金收入479.83亿元，支出405.73亿元；基本医保（含生育保险）基金累计结存541.85亿元，其中职工医保（含生育保险）基金累计结存463.28亿元，居民医保基金累计结存78.57亿元，持续保持安全平稳运行。

**【不断健全医疗保障制度体系】** 落实医保民心工程　稳步推进职工医保门诊共济保障机制改革，健全职工门诊共济保障机制，完善个人账户计入办法，实现个人账户家庭共济使用；将职工医保门（急）诊最高支付限额由7500元提高至9000元；提高居民医保待遇水平，有序放开居民医保三级医院门诊报销，提高居民医保高档缴费参保人员在一、二级医院门（急）诊就医报销比例5个百分点。

减轻住院患者个人负担　综合采取降低医用耗材个人增付比例、规范医疗机构申报行为、停用全自费全公费编码、强化自费审核、深入开展专项整治等多项措施减轻群众住院负担。截至2022年12月，职工、居民医保住院个人负担分别下降5.1个百分点、8.3个百分点。

筑牢民生保障底线　以市政府办公厅名义出台《关于健全重特大疾病医疗保险和救助制度若干措施的通知》，健全医疗救助对象精准识别、强化救助费用综合保障、完善防范化解因病致贫返贫、健全多部门协同救助、优化医疗保障公共管理服务5方面15项具体措施，进一步减轻困难群众和大病患者医疗费用负担，进一步织密扎牢医疗保障“安全网”。市医疗保障局、民政局、财政局制定《关于开展因病致贫重病患者依申请医疗救助工作的通知》，明确将具有本市户籍，未享受医疗救助、优抚补助等但因高额医疗费用支出较大的患者，纳入依申请医疗救助范围，救助起付标准按照上年度发布的本市居民人均可支配收入的25%确定，救助比例为50%，最高救助限额为10万元。制定城乡居民基本医疗保险分类资助参保措施，其中全额资助参保人员在参加居民医保时个人缴费部分按照100%的比例资助，个人无须缴纳费用；定额资助参保人员的资助标准为规定补助档次的普通参保人员个人缴费的90%，个人缴纳10%。其他重度残疾人自行选择更高缴费档次参加居民医保，个人缴费部分不再享受定额资助参保政策。

实施积极生育保险政策　在全国省级层面率先出台职工生育保险规定及实施细则，实施积极生育保险政策，支持灵活就业人员同步参加生育保险，明确女职工生育婴儿享受128天生育津贴，将产前检查费限额支付由1100元提高至2300元，将自然人工干预分娩、剖宫产不伴其他手术定额支付标准由3800元分别提高至9000元、10000元，加快建立积极生育支持政策体系。

推进长期护理保险试点　出台长护险委托经办机构考核清算办法。修订长护险失能评定管理办法，加强长护险“入口关”管理。确定3家失能评定机构，组建失能复评专家库，打造失能评定监管体系。制定出台长护险费用审核、基金管理等标准化规程，做好全流程基金安全管理。截至2022年12月，全市累计评定达到重度失能标准并享受待遇3.16万人，累计拨付失能评定费1105.45万元，护理服务费5.23亿元，切实减轻重度失能人员家庭负担。

*支持商业健康保险发展* 指导商业保险公司建立城市定制型普惠性商业健康保险“天津惠民保”，天津市基本医保参保人均可参保，不限年龄、病史、户籍、职业，覆盖面广、受益面宽、普惠性强；保费150元一年，最高300万元保障额度，保障涵盖住院（含门诊特定疾病）医保内、外自费费用及36种特药费用，并可享受上门医疗护理等健康管理服务。首年投保人数突破160万，促进保障层次更加立体，不断满足市民多样化医疗保障需求。

**【推进医药服务供给侧改革】** *认真落实国家组织药品集采* 推进国家组织第六批胰岛素专项集采和第七批药品集采中选结果在全市落地，102个常见病主流用药平均降幅48%，及时让群众享受到质优价廉的中选药品。

*承担国家组织医用耗材联合采购平台* 积极开展国家组织高值医用耗材集采“第三单”，骨科脊柱类耗材平均降价84%，预计全国每年可节约费用260亿元。接续开展国家组织冠脉支架集中带量采购，中选支架平均价格770元左右，采购量较上一轮增加30%，参加集中带量采购的全国医疗机构数量增加40%，探索出适用于集采协议期满后全国接续的采购新规则。组织完成国家人工关节集采后分配使用量、签订三方协议等工作。在全国形成了南有上海的国家组织药品集采平台、北有天津的国家组织高值医用耗材集采平台的格局。自2019年以来，通过集采促进药品、耗材价格下降，减轻了群众负担，累计节约采购费用132.74亿元，向定点医疗机构拨付结余留用资金31.87亿元，为深化医改腾出了空间。

*落实医疗服务价格动态调整* 规范医疗服务项目3批次41项，向国家医疗保障局报送新增项目价格立项4批次34项、规范调整超声类医疗服务价格116项。

*支持中医药传承创新发展* 市医疗保障局联合市卫生健康委会、药品监督管理局出台《关于医保支持中医药传承创新发展的措施》，制定实施中药产品挂网采购、中成药带量采购、中医医药机构纳入定点、加强中医药服务价格管理、完善适合中医药特点的支付政策等16项措施，促进中医药资源合理配置，全面助力中医药事业高质量发展。

**【增强医保激励约束作用】** *规范医保药品目录管理* 全面实施2021版国家医保药品目录，新增74个品种，其中67种国家谈判纳入的创新药平均降价61.71%。完成全市地方增补药品剔除工作，实现与国家目录基本统一。

*加强医保协议管理* 简化新增定点医药机构申请材料、优化评估流程、缩短办理时限，支持符合条件的养老机构内设医疗机构、中医医疗机构、康复医院和村卫生室等纳入医保协议管理范围。截至2022年底，全市定点医药机构2589家，其中定点医疗机构1357家，定点药店1232家。

*深化医保支付方式改革* 全面实施区域点数法总额预算管理，实现对所有定点医药机构、付费方式、医疗费用全覆盖；扩大DRG/DIP付费国家试点范围，DRG实际付费医院占全市符合条件三级医院的100%，DRG/DIP实际付费占全市住院医疗费用总额的80%以上，初步取得了患者负担减轻、医院降本增效和医保支出可控的改革预期。启动糖尿病门诊特定疾病按人头总额付费，加强糖尿病门诊特定疾病规范管理，20余万糖尿病门诊特定疾病患者纳入健康管理。

**【加强医保基金监督管理】** *持续开展专项整治行动* 坚持把查案办案作为工作重点，深入开展2022年度专项整治行动，结合日常检查、飞行检查和“双随机、一公开”检查，始终保持打击欺诈骗保高压态势。疫情期间，抽调骨干力量会同北京、上海医保部门圆满完成了国家医疗保障局组织开展的针对武汉同济医院专项飞行检查任务，获得国家医疗保障局表扬。

*不断丰富基金监管方式* 完善智能审核，审

核规则从1072条增至12311条；严格落实询问制度，对触碰警戒线的830家机构发出询问函；积极推广“互联网+视频监控”，累计连通定点医药机构2332家；依托行刑衔接工作机制，协助公安机关立案180件、涉及犯罪嫌疑人571名；实行“一案双报”和联合惩戒，累计向纪检部门通报案件81件，向全国信用信息共享平台上传188件。

加强医保监管警示宣传　深入开展“织密基金监管网　共筑医保防护线”集中宣传月活动，公开曝光欺诈骗保案例237件。其中，两个案例获国家医疗保障局2022年全国医疗保障基金监管执法优秀案例。全年累计处理违法违规定点医药机构2111家，其中行政处理116家，约谈497家，责令整改408家、暂停医保服务协议13家，审核拒付2010家，行政罚款49家；处理各类违法违规行为涉及金额共计1.89亿元。

**【优化医保公共管理服务】**　推进医保标准化信息化建设　健全15项医保标准化编码动态维护机制，积极探索医保标准化数据多场景深度应用。完成医保非标数据治理，非标率全部降至1%以下。加强医保信息平台建设，顺利通过国家医疗保障局项目验收，成为首个一次性通过国家验收的省级平台。全面提升医保信息化平台支撑能力，建成医保信息平台数据中心B中心，实现了A、B中心双活；完成247个街（乡、镇）医保链路、三级视频会议系统建设，“津医保”“链医通”“医视通”立体协作三通子系统全面上线。顺利完成医保信息平台一期合同终验和二期立项、招投标。

推进异地就医直接结算　异地就医住院、门诊直接结算医疗机构分别达到422家、1146家，实现动态全覆盖。在269家定点医疗机构开通高血压、糖尿病等五种门诊慢特病直接结算试点，在32家定点药店开通异地直接结算服务。2022年1—12月，全市参保人员累计到外省（自治区、直辖市）就医直接结算104.83万人次，发生金额13.07亿元；外省（自治区、直辖市）参保人员累计到天津市就医直接结算176.63万人次，发生金额60.65亿元。

不断提升医保经办服务水平　全城通办事项拓展至22个，17个政务服务事项实现一次办结；12393医保热线实现“7×24小时”全天候人工服务，引入5G视频功能，荣获2022年“金耳唛杯”中国最佳客户中心卓越客户服务奖；为老年人群开设“绿色通道”，优化“我填单，您确认”服务，提升适老化服务水平；全渠道上线“好差评”信息系统，好评率100%；大力推广医保电子凭证，激活率达75%，支持医保电子凭证的定点医药机构达2000余家，开通刷脸就医渠道，扩展“津医保”App应用，促进群众就医更加方便快捷。

**【深入推进京津冀医疗保障协同发展】**　进一步扩大京冀定点互认范围　坚决落实《京津冀医疗保障协同发展合作协议》，牵头起草并会同北京市医疗保障局、河北省医疗保障局联合印发《京津冀医保协同发展2022年工作要点》，推进京津冀医疗保障公共服务共建共享。将京冀区域内三级、二级定点医疗机构全部纳入天津市互认范围，累计达到1174家。天津市参保人员因病情需要转往互认定点医疗机构住院治疗的，报销比例按天津市有关规定执行，不再提高个人自负比例。

牵头开展京津冀“3+N”联盟集采　充分发挥京津冀“3+N”医药采购联盟作用，先后组织开展多批次医用耗材集采。冠脉扩张球囊在2021年度平均降幅90%的基础上再降5.46%；人工晶体在2021年度平均降幅46.4%的基础上再降16.91%；药物球囊平均降幅72.50%；心脏起搏器平均降幅50%；骨科创伤类医用耗材平均降幅83.48%；管型/端端吻合器平均降幅86.89%；痔吻合器平均降幅88.09%，预计联盟地区每年可节省采购费用99.56亿元。持续开展津冀新型冠状病毒抗原检测试剂限价挂网采购，确保价格处于全国较低水平。

强化异地就医费用监管　将三地跨省异地就医直接结算医疗费用逐步纳入本地智能监控系统，围绕异地就医、行政监管、协议管理、基金监管立法等方面持续加强交流合作，切实形成监管合力，共同维护基金安全。

*推进国家医保管理平台建设* 国家组织高值医用耗材联合采购平台完成建设，并连续开展3批国家集采工作，取得显著成效，天津市医药采购中心被国家医疗保障局确定为医药集中采购示范平台；医保基金监管创新中心、医保服务热线中心（医保经办能力提升中心）完成基础建设，并同步推进基金监管规则库、医学知识库及热线服务问题解答库等信息化项目建设；按照国家新冠治疗药品价格形成新机制，积极申请成为全国新冠治疗药品首发价格受理单位，率先完成全国首例新冠治疗药品首发报价，实现“一地发布，全国实施”。

**【坚决落实疫情防控医保政治责任】** *及时优化调整疫情防控医保政策* 持续加强医保待遇、药品、资金、服务、信息系统等方面保障措施，推动新冠防控措施调整转段平稳有序。全力做好新冠疫苗第二剂次加强免疫接种价格衔接和费用保障工作；连续3次降低新冠病毒核酸检测价格，制定并下调抗原检测价格，保持全国较低水平。同时，不断创新服务举措，推广网上办、掌上办、电话办，方便群众疫情期间就医报销。

*协调做好药品供应保障* 牵头全市药品供应保障综合组工作，紧盯诊疗方案调整和药品供需变化，启动监测日报告机制，加强监测预警和多部门会商联动，确保药品供应稳定，组织免费发放健康防疫包。

*持续加强资金保障* 向全市各级定点医疗机构拨付专项周转金1.32亿元，做好新冠疫苗和接种费用保障工作，累计为全市1.13万户中小微企业和个体工商户缓缴职工医疗保险费1.7亿元，为统筹疫情防控和经济社会发展作出应有贡献。

## 重要活动

1. **出台医保费用审核管理办法。**1月27日，市医疗保障局制定《天津市医疗保障费用审核管理办法（试行）》。作为全国第一个加强审核精细化管理的规范性文件，该管理办法为筑牢医保基金安全第一道防线提供了法制保障。

2. **召开全市医疗保障工作会议。**2月28日，全市医疗保障工作会议召开，会议全面总结2021年医疗保障工作，分析当前面临的形势和问题，安排部署2022年重点任务。

3. **开展医保基金监管集中宣传月活动。**4月，市医疗保障局在全市范围深入开展医保基金监管集中宣传月活动，充分利用线上线下多渠道宣传方式，营造全社会关注并自觉维护医疗保障基金安全的良好氛围。

4. **召开进一步加大案件查办力度工作推动会。**5月18日，市医疗保障局组织召开进一步加强医保基金监管、加大案件查办力度工作推动会。市医疗保障局主要负责同志出席会议并讲话，各区医疗保障局主要负责同志、市医疗保障局相关处室和局属单位主要负责同志以及打击欺诈骗保专项整治监督检查组组长参加会议。

5. **圆满完成天津市2022年度DRG权重谈判工作。**7月14日至21日，市医疗保障局组织全市164名临床权威专家针对15个MDC组按照MDC总权重不变、各细分组权重调整不超过10%的原则进行充分沟通，维护和调整DRG病种分组。在民主集中制的原则下形成相对统一的意见，达到权重谈判预期效果，进一步完善了全市DRG各项技术标准和流程规范，推动医、保、患三方共赢。

6. **指导出台全市首款城市定制型商业健康保险“天津惠民保”。**7月19日，市医疗保障局、金融工作局、天津银保监局、市医保研究会、市保险行业协会指导监督的天津市首款城市定制型商业健康保险“天津惠民保”上线。

7. **“津医保”App正式上线应用。**8月12日，市医疗保障局全面对标国家医保信息平台标准规范，开发建设的“津医保”App正式上线应用。“津医保”是天津市医疗保障局唯一官方便民App，具有信息查询、业务办理、就医购药等80余项服务功能。截至2022年底，注册用户已达500万人，接入定点医疗机构超过400家，切实为参保群众提供更加便利的医疗保障在线公共服务。

8. **全面加强长护险失能评定管理**。8月31日，市医疗保障局对全市现行失能评定标准进行调整，统一为国家标准，设置3个一级指标和17个二级指标，对失能状态进行综合评定，并优化失能评定流程、新建评定质控机制、建立失能评定费用分担机制，推进长护险制度试点平稳运行。

9. **加强医保经办管理服务规范建设**。9月6日，市医疗保障局印发《天津市加强医保经办管理服务规范建设工作方案》的通知，积极推动服务创新与互联网、大数据等信息技术深度融合，进一步增强服务意识，创新管理方式，强化能力建设，着力打造优良的医保经办队伍，逐步建成完善的医保经办管理服务体系。

10. **召开京津冀医疗保障协同发展中期推动会**。9月14日，市医疗保障局召开2022年京津冀医疗保障协同发展中期推动会。会议强调在进一步抓好异地就医、医药集采和协同监管三方面任务落实的同时，在政策制定、经办服务、医疗保险关系转移接续、信息化建设等方面推出更多协同发展举措。

11. **清理规范意外伤害保险制度**。11月3日，市医疗保障局对全市意外伤害保险制度进行清理规范，相关费用纳入基本医疗保障，精准把握保障范围，稳妥做好待遇衔接，提升服务效能，严格做好考核监督，确保制度清理规范前后参保人员总体待遇不降低，保障参保人合法权益。

12. **加快推行糖尿病门诊特定疾病健康主管责任制**。11月22日，市医疗保障局动员全市有健康管理能力的医保定点医疗机构，通过电话或短信等形式，向全市35万名糖尿病门特患者发起点对点要约。糖尿病门特患者接受要约后，由该健康主管机构统筹负责向糖尿病门特患者提供糖尿病相关的健康教育、病情监测、并发症筛查、诊疗用药及转诊等健康管理服务，加快推进定点医疗机构从以治病为中心向以人民健康为中心的转变，全面提升对糖尿病门特患者的健康管理水平。

13. **做好新冠疫情防控药品保障工作**。12月13日，市医疗保障局联合市财政局、卫生健康委员会积极做好新冠疫情防控药品保障工作，对于新冠肺炎防控相关重点药品、慢性病长期处方用药、临床短缺或易短缺药品、临床必需急(抢)救药品，要求药品经营企业安排合理库存，确保诊疗机构用药所需，全力落实防疫情、保就医、保民生等各项工作，最大程度保护人民群众生命安全和身体健康，最大限度减少疫情对经济社会发展的影响。

## 典型案例

### 案例一：天津市加快推进医保支付方式改革

2021年12月，天津市被确定为医保支付方式改革国家综合(DRG/DIP)示范城市。为充分利用这一难得的发展机遇，天津市全面贯彻国家三年行动战略要求，坚持医保、医疗、医药联动改革，统筹考虑医药领域各项改革需要，完善支付政策、制定付费标准、改造信息系统、推进数据治理，努力打造共建共治共享的医保治理格局，推动医疗保障和医药服务高质量协同发展。2021年10月以来，天津市先后将37家三级医疗机构和6家二级医疗机构纳入DRG付费范围，实现了对符合条件医疗机构的全覆盖，占全市住院总费用的70%以上。DRG实际付费一年多以来，总体运行平稳，初步取得患者负担减轻、医院降本增效和医保支出可控的改革预期。

**【主要做法】** 统筹医药领域改革完成支付制度设计 为提高医保、医疗、医药“三医”联动改革的整体性、系统性、协同性，市医疗保障局在国家政策技术指导下，统筹考虑总额预算、支付方式、集中采购、价格改革、分级诊疗、健康促进、医药分开等医药领域各项改革需要，于2021年8月，完成了区域点数法总额预算管理下的多元复合式支付方式改革的制度设计。其中，DRG付费改革自2021年10月率先落地实施，同时全面启动区域点数法总额预算管理，实现对全市所有定点医药机构、所有医疗费用、各种付费方式的全覆盖；后续在一年多的时间里，陆续启动实施了一级、二级医疗机构住院按病种分值付费（DIP）、精神病专科医疗机构住院按床日付费、糖尿病门诊特定疾病按人头总额付费等改革。截至2022年底，一个总额预算、多元付费方式的支付方式改革格局在天津市全面启动实施。

*组织各方参与实行分组付费标准共建* DRG付费的分组付费标准，主要包括住院购买预算总额、DRG细分组方案、各DRG组的付费权重和各医疗机构的付费调节系数等，涉及医疗机构和医务人员的切身利益。在分组付费标准制定过程中，市医疗保障局始终以国家DRG分组方案和技术规范为遵循，以全市既往年度实际运行数据为基础，通过组织医疗机构和各临床专业的权威专家协商论证，按年度细化制定全市住院购买预算总额，确定了DRG细分组方案、各DRG组付费权重以及医疗机构的付费调节系数，完成了DRG分组付费标准的天津本地化共建工作，并建立动态调整机制。

*加强协调联动推进结算清单数据共治* 医保结算清单数据是DRG分组付费的基础，而住院病案首页数据是医保结算清单数据的源头，医疗机构是数据质量控制的第一责任人。为指导推动试点医疗机构规范填报医保结算清单数据，市医疗保障局成立了医疗机构指导组和数据质控组两个专项工作组，分别负责指导医疗机构提高病案首页和结算清单的数据填报质量。实际工作中，两个工作组共同组织来自医疗机构临床、病案、医保、医务、信息等部门的专业人员，协同推进数据治理工作，不断提高数据填报的及时性、完整性、准确性，夯实DRG付费基础。

*完善激励约束保障改革发展成果共享* 改革推进过程中，市医疗保障局将原有仅对基本医疗保险基金实行总额预算管理的模式，调整为覆盖全市各类医疗保障基金和个人负担的全口径总额预算管理模式，使得医疗机构不能再通过增加患者个人负担来增加医疗收入。同时，对于实行DRG付费后，医疗机构通过规范诊疗、控制成本，住院购买预算额度出现的结余，医保经办机构在考核的基础上落实由医疗机构结余留用的激励机制，支持医疗机构发展和提高医务人员薪酬水平。

**【主要成效】** *医疗机构成本控制意识增强* 在DRG付费激励机制作用下，医疗机构规范诊疗、控制成本的主动性和积极性明显增强，医疗机构单位DRG权重费用消耗和参保患者住院次均费用整体呈现下降趋势。首批18家实际付费医疗机构单位DRG权重的费用消耗，从2021年11月的16142元下降至2022年9月的14709元，降幅8.9%；参保人员在这18家医疗机构的住院次均费用，从2021年11月的20787元下降至2022年9月的19036元，降幅8.4%。

*参保患者个人负担明显下降* DRG付费后，天津市按国家要求将全部个人负担费用纳入医保总额预算和分组付费标准控制范围，保障改革后患者个人负担不增加。这种控制机制，促使医疗机构减少了对医保目录外项目的使用，叠加次均费用下降因素，患者个人负担明显下降。首批18家实际付费医疗机构的住院自费率（即医保目录外费用占比），从2021年11月的28.7%下降至2022年9月的19.2%，下降9.5个百分点；患者住院次均个人负担，从2021年11月的8787元下降至2022年9月的6950元，降幅20.9%。

*落实激励机制助推高质量发展* 实行DRG付费后，医保按照预定的分组付费标准向医疗机构分配医保总额预算，医疗机构通过控制成本实现的预算结余部分，医保经办机构按月及时落实结余留用激励机制，累计拨付结余留用资金16.3亿元，促进医疗机构实现降本增效，助推高质量发展。

## 案例二：河西区探索医保基金分级分类监管方式，切实维护基金安全

2022年，河西区医疗保障局积极创新医保基金监管方式，加强诚信信用体系建设，探索分级分类监管，充分发挥基金监管职能，突出重点，将打击欺诈骗保专项整治行动引向深入，确保医保基

金安全合理使用。

**【主要做法】** 加大宣传教育，营造全社会共同参与的良好氛围　重点围绕社会保险法、《医疗保障基金使用监督管理条例》等医保法律法规，组织定点医药机构共同开展“打击欺诈骗保 维护基金安全”集中宣传月活动。区相关部门联合，将长护险、惠民保等重点内容与打击欺诈骗保常态化宣传有机结合，2022年共深入街道、社区、公园、单位、学校开展各类医保政策宣传20余场次，营造全社会共同关注医保惠民政策，全力支持、参与打击欺诈骗保工作的良好氛围。进一步畅通举报途径，及时受理举报线索核查，落实举报奖励政策，已有2人成功领取举报奖励金。同时，在监管方式上调动第三方机构、社会监督员、个人参与全区医保基金监管工作，营造人人自觉维护基金安全的社会环境。

加强诚信体系建设，探索分级分类监管新模式　加快推进全区医保定点医药机构诚信体系建设，制定了《河西区医疗保障局定点医药机构信用分级分类管理方案（试行）》，积极探索构建以信用为基础的新型监管机制，明确应用范围、信用评价标准、认定方式和评价结果应用。根据两年内医保监督检查情况信息，将医保定点医药机构分成“红、橙、黄、绿”四个等级，根据信用等级确定监督检查方式，实行分级分类监管，进一步突出检查重点，增强定点机构自觉维护基金安全的主责意识，营造诚实守信的良好氛围。

强化部门联动，形成打击欺诈骗保工作合力　进一步健全和完善多部门之间的线索通报、案件移送、研判会商等打击欺诈骗保联动机制，积极构建“医、患、管”三个环节同频共振的综合监管新模式，形成强力震慑。结合“双随机、一公开”行政执法检查、日常检查、线索核查、函询约谈、网上系统数据筛查等多角度、多层次方式方法，重点打击医保领域“假病人、假病情、假票据”等欺诈骗保行为。利用大数据，对定点医药机构医保数据进行分析，提取怀疑数据，制订“靶向”检查计划，提高审核效率。采取现场抽查、智能监控、突击检查、现场核实等多种方式，全方位实施监管，实现全年医保检查全覆盖。

坚持依法行政，严厉打击欺诈骗保行为　积极推进、严格规范公正文明执法，严格落实行政执法“三项制度”、行政立案标准，主动公开行政执法主体、执法检查人员名录库、监管对象名录、检查事项清单、检查结果。严格执法程序，对检查出的问题机构及时进行分析研判，对违规行为属于协议处理的，由区医保分中心依据协议进行处理，属于行政处理的，由区医疗保障局进行立案处理。

**【主要成效】** 河西区医疗保障局2022年全年开展医保基金监督检查224家次，实现医保监督检查全覆盖。其中“双随机、一公开”检查18家，现场检查109家次，分级分类信用管理数据筛查115家次。在被检查的机构中，行政立案4件，行政处罚3件，共计罚款83782.70元。同时，河西医保分中心做出协议处理共计39家次，追回基金241.03万元。在2022年全国医保基金监管执法典型案例征集活动中，区医疗保障局选送的“天津市河西区某医院虚构医药服务项目骗取医保基金案”被评为国家医疗保障局“优秀案例”。

## 案例三：西青区医保、医院合力构建“互联网+”服务体系

西青区医保局与区内三级医院西青医院同频共振，深化“放管服”改革，助力医院不断加强信息化建设，构建“互联网+医疗健康”“互联网+医保”服务体系，致力于为百姓提供安全、优质、高效、便捷的医保服务。

**【主要做法】** 高标准完成医保贯标工作　按照《国家医疗保障局办公室关于贯彻执行15项医疗保障信息业务编码标准的通知》《市医保局关于医疗保障基金结算清单等15项医保信息业务编码标准实施的通知》等文件要求，区医保局协助西青医院在院内成立贯标工作专班，由医保物价科牵头，与药剂科、设备科、信息科等科室共同负责做好院内医疗保障信息业务编码标准贯彻执行工

作。按照医疗服务项目、药品和医用耗材等项目，对医院数万条数据，利用信息化和人工操作进行贯标。区医保局与西青医院医保物价科形成联动配合机制，及时反馈问题，共同查找原因，不断改进贯标工作。

智能化助力医保便捷服务　区医保局依托信用承诺，深化“放管服”改革，支持西青医院自主设置门诊、住院自助服务一体机，开发智慧医院小程序，就诊群众可体验医保三目录、收费项目及价格查询、自助办理住院医保手续、不受时间和地点限制自助交纳住院押金等功能。同时，通过院内OA办公系统、微信群等载体，发动医院医护、物业、保安人员宣传推广智能化服务的优越性。医院工作人员在门诊大厅自助机旁发放医保电子凭证宣传资料，面对面帮助就诊患者及其家属学会使用医保电子凭证。借助“津医保”App中的挂号（预约）、就诊、门诊交费（诊间支付）、交费记录、报告查询、医保账户查询、门特变更、异地就医备案等患者端医保支付功能，打造具有西青特色的医保宣传阵地。

利用信息手段加强事前事中管理　区医保局与西青医院一道，合力推动医保改革工作。区医保局做好政策指导，医院全力进行实践探索，良好的沟通机制保证高效联动、精确运转。医院将HIS嵌入智能审方系统，实现对医嘱、处方、计费项目的全方位审核和数据分析。医师在工作站开具处方或医嘱时，审方系统将不符合规范的情况及时反馈给医师，做到及时提醒，医师可以根据提醒选择是否继续开具，以此达到事前预警的作用。医师在工作站上传住院患者费用或门特处方时，智能审方系统可在费用上传之前进行一次整体费用的预审，将可能出现的违规展示给医师，医师可根据预审后的结果选择是否继续上传费用或处方。护士也可以通过审方系统帮助医师预审患者的医疗费用，以此达到事中控制的目的。最后，职能科室管理员通过预审和提醒的内容，对医师所发生的违规情况进行统一整理分析，后续进行合理化管理。同时，利用HIS“小信封”反馈临床医师DRG医保结算清单“0000”和“QY”病例；利用DRG住院医疗服务监测与分析系统、DRG医保智能监测系统对DRG数据进行统计分析。

**【主要成效】**　通过医保部门和医院的共同努力，形成高效服务、沟通便捷的工作环境，为改善就诊群众就医体验奠定了制度基础。借助统计分析软件，为医保部门和医院提供数据基础和管理依据，全面上线智慧门诊、住院，实现挂号、交费、入院、电子病历管理等业务的自助化，率先实现京津冀检验结果互认共享，开展医保异地就医门诊、门特、住院联网结算，助力医院为参保患者提供高效服务，避免患者来回奔波，切实提升群众的获得感和满意度。

## 案例四：津南区聚焦“四个点”推动城乡居民实现应保尽保

2022年，津南区紧盯全民参保目标任务，创新宣传方式、压实工作责任，切实做到全方位组织、全覆盖宣传、全身心服务，千方百计组织做好年度城乡居民医保参保工作。2022年，津南区城乡居民基本医疗保险参保35.4万人，完成参保指标的103%以上。

**【夯基点，立足全区覆盖，抓好宣传发动】**　采取传统媒体与新媒体相结合、静态与动态相结合、线上与线下相结合的宣传方式，充分调动群众参保积极性，确保城乡居民医保政策家喻户晓、深入人心。

宣传内容实　用群众身边的实例、近年来全区全市医保改革发展成果、国家对居民医保实施的惠民政策，讲清参保的好处，让群众一听就明白，一想就理解，一发动就积极参保。

宣传渠道多　通过新闻媒体、微信公众号、工作群、走村入户发放宣传册等方式，多渠道、多方式宣传参保缴费政策。共发放《2022年度天津市城居基本医保宣传提纲》折页18.8万张，做到广动员、广宣传、广覆盖，营造浓厚的参保氛围。

宣传力度大　组织各街镇开展“2022年度城乡居民医保政策”集中宣传周活动，现场对参保范围、登记缴费、待遇标准、经办服务等医保政策进行解答，现场共发放《2022年度天津市城乡居民基本医疗保险参保缴费政策》折页17000张、张贴宣传海报600张，提升了社会参保意识，确保政策宣传不留死角。

**【盯重点，面向特殊人群，统筹精准发力】** 紧盯特殊人群、社区居民、学生这三个关键点，医保部门发挥牵头作用，加强与民政、残联、老干部局的联络沟通，利用信息化手段，实现低保、特困人群身份信息共享，精准落实困难群体参保补助政策。强化与教育部门协作配合，发挥区教育局龙头作用，加大对中小学、幼儿园的宣传发动，促进在校生全员参保。摸清各大专院校招生资源，对未参保学生进行组织发动，压实工作责任，讲明相关政策，加快推进大专院校学生的参保缴费工作。

**【破难点，聚焦薄弱环节，强化督导调度】** 第一时间召开津南区2022年度城乡居民基本医疗保险参保扩面工作部署会，坚持目标导向，研究制定各街镇2022年度城乡居民参保任务指标，对参保缴费进展情况实行督导。通过分解目标任务、建立数据动态更新机制、定期通报等措施，严格时间节点，层层压实工作责任，积极挖掘扩面资源，推进参保缴费工作全面开展。

**【抓亮点，强化经办服务，优化缴费程序】** 明确专人负责 充分发挥区、镇、村（居）联动工作机制，建立由区成员单位工作人员组成的工作小组，具体指导业务经办，党群服务中心就近为居民提供信息查询、参保缴费、异地备案等业务办理，鼓励村（居）工作人员为村（居）民开展帮办服务。

开展专题培训 会同税务、社保经办部门举办参保缴费经办工作培训会，就参保登记流程、征缴操作流程等进行培训，确保经办人员学懂弄通。

开展实地调研 分别深入11个街镇加强工作调研，及时跟进参保进度，实地解决难点堵点问题，严格落实全民参保政策，确保辖区内居民不落一户、不漏一人。

## 案例五：北辰区创新开展定点医药机构信用分级分类评价

北辰区医疗保障局围绕医保基金监管职责和医保信用体系建设，创新开展对医保定点医药机构信用分级分类评价工作。结合构建以信用为基础的新型监管机制，通过鼓励指导自查自纠自改常态化、规范落实基金监管主体责任等举措，不断提高日常综合监管效能。

**【主要做法】** 坚持依法规范监督管理，制定完善制度措施 研究制定《北辰区医保定点医药机构信用分级分类管理办法（暂行）》等相关制度措施，明确医保领域信用信息归集范围、信用等级分类“红、橙、黄、绿”四级、评价周期每年两次等内容，不断完善信用评价制度体系。以规范定点医药机构日常医保服务行为为重点领域、以信用为基础，通过建立定点机构自查自纠报告制度、常态化收集采集受处理处罚信息、开展医保政策宣传培训等举措，全面倡导诚信建设，逐步形成覆盖全区定点机构的新型监管机制，增强了定点机构自警自律意识，医保基金使用中的违规违法风险逐步降低。

围绕维护基金安全，广泛开展诚信宣传 将宣传贯彻执行医保政策与开展诚信体系建设相结合，把组织开展打击欺诈骗保、维护基金安全的工作与推动定点机构及其工作人员加强诚信体系建设相结合。针对医疗机构和药店特点，采取集中分批培训和现场检查指导等形式，推进定点机构开展多种形式的诚信宣传和专项培训。结合贯彻国家和天津市普法及医保政策宣传，深入企业、基层、村居宣讲法律法规和政策措施，推动医保宣传与诚信机制建设落实落地。

强化长效管理机制，加强诚信工作监督 结合信用分级分类评价与日常监督工作，不断创新建立长效管理应用场景。一是进一步夯实对定点医药机构自查自纠监督指导。每年细化修订年度各机构自查报告格式内容，从简单基本信息要求拓展到涉及5方面20余项内容要求，全面指导定点机构开展自查自纠整改。累计采集全区医保定点机构自查报告超过700份，记录相关工作信息1200余条，进一步督促指导全区定点机构增强诚信意识。二是加强日常信息沟通和宣传培训，促进机构建立内部诚信组织架构和工作责任体系，提升各机构宣传诚信、信用承诺公示、信用修复和日常管理。三是增强法治建设宣传，发挥社会监督作用。加强多部门联合征信沟通，形成一处失信处处受罚受限机制。四是将信用分级分类评价结果纳入综合监管场景应用。将“红、橙”类机构作为监督检查重点，其中累计7家(次)“红级”纳入当年度“双随机、一公开”检查抽查名库，18家(次)“橙级”作为日常检查关注重点。同时，公开检查计划、公开检查结果。广泛征集镇街党群服务中心、定点医药机构代表、社会组织和居民群众等各界人士组成的医保社会监督员，定期进行情况通报，畅通投诉渠道，公开举报电话，广泛听取社会监督意见建议，营造诚信医保氛围。

**【主要成效】** 截至2022年底，累计开展对定点机构信用评价701家(次)。其中，2021年对110家定点机构进行年度初评，结果为：红级1家、橙级5家、黄级27家、绿级77家；下半年开展中期调整评价110家(次)，其中红级2家、橙级5家、黄级27家、绿级76家。2022年度对包括新增29家医保定点医药机构进行初评，年度初评139家(次)，其中红级2家、橙级4家、黄级16家、绿级117家；下半年开展中期调整评价143家(次)，其中红级2家、橙级4家、黄级16家、绿级121家。对纳入“红、橙”类实施分类监管25家(次)，积极打造褒扬诚实守信、依法惩戒失信行为的营商氛围。

# 河北省

## 工作综述

2022年，河北省医疗保障局推进医保基金监管、药品耗材集中带量采购、医保信息化建设、异地就医直接结算、系统行风建设等多项工作。建立基金监管大数据分析制度，率先将定点药店纳入门诊保障范围，率先实现省内职工医保关系转移接续统筹基金划转，率先开展预住院管理试点，持续健全完善待遇保障政策制度，扩大制度覆盖面，强化制度保障功能，不断提升保障能力和水平。截至2022年底，河北省基本医疗保险参保7020.25万人，其中，职工基本医疗保险参保1238.30万人，城乡居民基本医疗保险参保5781.96万人，参保率稳定在95%以上。2022年，全省职工医保（含生育保险）基金收入666.28亿元，支出485.72亿元，累计结存1248.64亿元；居民医疗保险基金收入550.44亿元，支出506.39亿元，累计结存360.98亿元。

**【健全待遇保障体系】** 深入实施全民参保计划 以省政府名义召开全面推进2022年度全民参保工作视频会议，部署参保工作。全省医保系统多措并举、压实责任、强力推动，截至2022年底，全省基本医保参保7020.26万人，参保率稳定在95%以上。

健全重特大疾病医疗保险和救助制度 以省政府办公厅名义制定出台《关于健全重特大疾病医疗保险和救助制度的实施意见》，统一规范了医疗救助制度，强化三重制度综合保障功能，建立健全了防范化解因病致贫、因病返贫双预警和综合帮扶机制，同时明确提出2022年实现医疗救助政策市级统一规范，2023年实现医疗救助基金市级统筹。截至2022年底，各地全部印发具体贯彻落实措施，实现了医疗救助政策的市级统一。

统一全省门诊慢特病认定标准 研究制定《河北省基本医疗保险门诊慢性病特殊病认定标准》，将全省各统筹区原有175个病种，统一为93个病种。8月1日，政策全面实施，进一步提升参保群众基本医疗保障水平。

持续巩固医疗保障脱贫攻坚成果 大力推进脱贫人口和防贫监测对象参保工作，实现脱贫人口和防贫监测对象100%参保。优化调整脱贫人口政策，逐步实现平稳过渡。2022年，脱贫人口就医118.99万人，落实待遇36.23亿元，政策范围内报销比例达到90%。强化监测预警和帮扶机制，防止因病返贫致贫，向乡村振兴、民政部门推送超预警标准共计41.42万人，经两部门排查确认后，将符合条件的5103人纳入医疗保障范围并落实救助待遇1.87亿元。

阶段性缓缴职工医保费为企业纾困解难 从2022年7月起，对中小微企业缓缴3个月职工基本医疗保险单位缴费，符合条件的企业无须申请即可享受缓缴政策，为全省4.97万户企业缓缴职工基本医疗保险费3.77亿元。

**【推动集中带量采购提速扩面】** 坚持“提速扩面、保稳增效、创新突破”的工作思路，落实国家集采3批、省自行组织集采4批、联盟组织集采6批，涉及药品182个品种，医用耗材43个品种，开创河北省药品和医用耗材集采新局面。截至2022年底，集采药品累计达到442个品种，耗材累计达到70个品种，耗材集采品种数量位居全国第一，累计节约医药费用达279亿元，群众医药费用负担明显减轻。

及时落实国家组织药品耗材集中采购中选结

果　落实第二批国家组织高值医用耗材集中带量采购、第六批和第七批国家组织药品集中带量采购中选结果。人工髋关节平均价格从3.5万元降至7000元左右，人工膝关节平均价格从3.2万元降至5000元左右，平均降幅达82%。42个胰岛素产品全面落实，平均降价48%，中选产品平均降到每支80元以下。

有序推进河北省集中带量采购　一次性组织河北省抓捕器、骨水泥、超声刀等22种耗材集中带量采购，9月1日全省落实中选结果，平均降幅56.5%，节约资金5.28亿元。开展51个化学药品、生物制剂集中带量采购，平均降幅38.24%。

规范医疗机构采购行为　针对部分医疗机构采购同质量层次价格较高药品、不采购价格较低药品问题开展专项整治，对全省3230家医疗机构、2797种药品进行了核查，以规范促降价、减负担、惠民生。

持续规范挂网　化学药品规范挂网节约资金80多亿元。同时创新开展全品种医用耗材挂网，已挂网5批25万余条耗材产品，规格型号70余万个，有效控制了同类耗材产品价格。

**【深化医保支付机制改革】**　全面开启DRG/DIP支付方式改革　研究制订《河北省DRG/DIP支付方式改革三年行动方案》。全省15个统筹区全部启动DRG/DIP实际付费，初步实现从项目付费到价值付费、从粗放的供给侧管理向精细化管理、从单纯的数据审核向大数据应用、从被动买单向主动作为四个转变。同时探索开展按人头付费、按床日付费等多种支付方式改革，适应不同疾病、不同服务特点的多元复合式医保支付框架正在形成，医保支付方式科学化、规范化、精细化迈上新台阶。

在省本级开展扩大医用耗材、诊疗项目医保支付范围试点　为解决新冠疫情给参保群众带来的困难，根据省本级医保基金承受能力，从7月1日起，将临床必需、费用较高的50种诊疗项目、242种医用耗材纳入省本级医保目录，每年可减轻省本级参保群众自费负担1.5亿元。同时，加强费用监测，督促医疗机构尽可能使用医保目录内药品、耗材和项目，最大限度减轻参保群众自费负担。7月至11月，省本级医疗机构实际报销比例同比提高3.61个百分点。

持续做好新冠疫情“两个确保”“两项保障”　向定点救治医疗机构提前拨付不少于2个月的医保资金，2022年全省共拨付9.52亿元，确保收治医疗机构不因资金问题影响救治；及时将国家诊疗方案中医保目录外药品、医用耗材和诊疗项目临时性纳入医保基金支付范围，确保患者不因费用问题影响就医。全力做好新冠疫苗和接种费用保障，迅速筹集并预拨疫苗采购资金，确保“钱等苗”，让疾控机构放心采购；及时结算疫苗和接种费用，确保“及时结”。

持续加强医保药品目录管理　1月1日起，开展医保药品支付标准试点工作，将27种药品纳入医保支付标准试点范围，医保基金按药品说明书范围报销，并制定统一医保支付标准。

支持中医药传承创新发展　6月20日，省医疗保障局、省中医药管理局联合出台《关于医保支持中医药传承创新发展的若干措施》，提出5方面15项具体举措。对中医医疗机构牵头组建的紧密型县域医共体在总额预算上适当倾斜，中医医疗机构医保报销起付线可比当地同级综合医院下浮一级。

支持紧密型医共体建设　会同有关部门出台促进紧密型县域医共体建设若干措施，在全国率先明确了紧密型县域医共体医保基金合理超支分担政策。

**【维护医保基金安全】**　持续推进基金监管制度建设　在全国率先建立医保基金监管大数据分析制度，研究制定了医保基金使用监督管理行政处罚裁量基准适用办法、轻微违法行为包容免罚清单、医保基金检查问题指南第三版及增补版，基金监管制度体系进一步完善。

加速推进智能监控系统建设　将河北省自主

研发的医保大数据分析系统、床位血管系统迁移至国家医保信息平台，统一全省监控标准，实现制度化、精细化监管。完成河北省智能监管子系统与国家系统适配，配制15类6万余条规则知识并全省推广实施。

持续强化日常监管　综合运用“看、问、导、析、防、处”六字检查方法，实现自查自纠、日常稽核、抽查复查三个全覆盖。截至12月底，全省各级医保部门通过监督检查、经办稽核等形式共检查定点医药机构3.48万家，处理违法违规定点机构2.56万家次。其中暂停或解除医保服务协议761家次，移送司法机关、纪检监察机关7家，共追缴违法违规资金4.95亿元，其中行政罚款1672.16万元。处理参保人员、定点机构工作人员等2102人次，其中暂停参保人员医疗费用联网结算、医保支付资格398人次，移交司法机关、纪检监察机关处理13人次，共追缴违法违规资金399.93万元。

深入开展打击诈骗医保基金专项整治　紧紧围绕次均费用高和实际报销比例低两个关键指标，研究出台《患者次均住院费用过高和报销比例过低问题专项整治工作方案》，会同省纪委驻省卫生健康委员会纪检组联合开展围手术期医保违规费用专项治理。全面规范定点医疗机构住院外购药行为，开展住院患者自备药品专项稽核，对院外购药问题较多的医院进行提醒约谈。邯郸市建立医保、公安联合执法办案机制，搭建数据共享平台，成立联合执法办案中心，为打击欺诈骗保行刑衔接提供了邯郸经验。

充分发挥飞行检查利剑威慑作用　对44家医疗机构开展了省级飞行检查，共计追缴违法违规资金11100.08万元。完成国家医保局飞行检查河北省反馈问题整改，共追缴违法违规资金1593.41万元，行政处罚246.92万元。高质量完成国家医保局委托河北省对青海省的飞行检查任务，查出违法违规金额2767.66万元。

扎实推进医保基金举报线索处理国家试点工作　2022年10月，国家医保局确定河北省为全国医保基金举报线索处理试点省份（全国共3个省）。为确保试点工作有序有效开展，成立以河北省医疗保障局主要负责人为组长的试点工作专班，印发试点工作实施方案，并研究制定医保基金举报线索处理工作操作规范。

全面加强医保经办内控建设　梳理上年度全省医保经办机构内控审计检查发现的问题，建立问题清单和整改台账，重点对8项极高风险点和14项高风险点进行现场检查，检查发现的355项问题全部整改到位。

**【动态调整医疗服务价格】**　按照“总量控制、结构调整”原则，持续深化医疗服务价格改革，动态调整医疗服务价格，理顺比价关系，发挥杠杆作用，促使医疗机构靠服务质量吸引人，靠技术价值获得回报，支持医疗机构健康发展。

调整儿童医疗服务价格项目103项　为支持儿科发展，充分体现医务人员技术劳务价值，在省儿童医院试行一年的基础上，2022年4月10日，全省普调103个医疗服务项目价格。

三次降低核酸检测项目价格　新冠病毒核酸检测价格最高限价由单人单检80元/人次下调至16元/人次；5人混合检测和10人混合检测的价格，最高限价由40元/人次、30元/人次统一调整为混合检测不区分样本数量最高3.4元/人次。虽然核酸检测价格不断降低，但人工成本始终没有降低，下调的都是材料、试剂等费用，充分体现了医务人员技术劳务价值。

优化医疗服务价格动态调整机制　按照“总量控制、结构调整”原则，在全省提高体现技术劳务价值的知名专家诊查费等6个项目价格，充分发挥价格工具的杠杆作用，优化价格结构。同时，指导各地市开展医疗服务价格动态调整评估，完成2021年度医疗服务价格动态调整评估工作。

规范管理另收费用一次性医用耗材　9月，对另收费用一次性物品管理目录进行修订，将管理目录的936个医用耗材归并为401个目录名称，包含504个医用耗材。

扎实开展口腔种植专项治理工作　规范整合口腔种植医疗服务项目，制定单颗常规种植牙全流程调控目标，并对15个新增口腔种植医疗服务项目制定政府指导价，较之前实行市场调节价，平均降幅约为49.6%；对历史价格偏低的、以技术劳务为主的“激光口内治疗”等12个项目，适当提高价格。

**【优化医保公共服务机制】** 坚持推进改革与提高服务能力同行并进，把便民利民惠民作为所有工作的出发点和落脚点，努力让群众依规办事不求人、方便快捷少跑腿，更好实现病有所医、医有所保。

将医保支付范围延伸至零售药店　充分发挥定点零售药店便民、可及作用，在全国率先将门诊统筹基金的支付范围从定点医疗机构延伸到定点零售药店，使参保群众在家门口的定点零售药店就能享受与定点医疗机构相同的门诊保障待遇，河北省是全国第一个实现药店可报销的省份。截至2022年末，全省门诊保障药店扩大到468家，实现全省所有县、区全覆盖。

创新开展预住院管理试点　预住院期间，患者不需要在院居住，在门诊所做的检查并入住院费用报销，既避免了等待手术期间家属陪床的痛苦，又减少了床位费、护理费等费用开支。

深入推进京津冀医疗保障协同发展　在2019年和2020年将北京15家、天津15家优质医疗机构纳入河北省医保定点的基础上，2022年将京津冀所有二级以上医保定点医疗机构纳入互认范围。将职工和居民医保同时纳入京津冀跨省异地就医普通门诊费用直接结算范围，三地5000余家医院实现跨省异地就医普通门诊直接结算，1260余家医院实现互认和直接结算，三地群众异地就医更加高效便捷。

创新开展医保关系转移接续统筹基金划转　为破解河北省参保职工基本医疗保险关系转移接续中遇到的痛点、堵点问题，河北省医疗保障局统一全省职工基本医疗保险退休政策及缴费年限，在省内参保职工关系转移接续过程中，对达到累计缴费年限但达不到本地最低实际缴费年限要求的人员，由个人补缴调整为由统筹基金划转，切实减轻了职工负担。

五种门诊慢特病实现跨省直接结算　全力推进高血压、糖尿病、恶性肿瘤门诊放化疗、尿毒症透析、器官移植术后抗排异治疗等门诊慢特病费用跨省直接结算工作，2022年6月底，全省所有统筹区全部实现5种门诊慢特病异地就医费用跨省直接结算。

优化升级慢特病网上评审认定　持续优化网上评审认定系统，新增功能、优化流程，参保人申报病种更加便捷，评审医师认定病种更加高效，医保管理部门统计数据更加精准。

多项医保经办业务逐步实现“跨省办”“网上办”　实现生育保险待遇核定与支付“跨省通办”。实现省本级医保门诊医疗费零星报销网上办理，并将石家庄、承德、张家口、廊坊、沧州、邯郸市列为医疗费用手工报销网上办理的试点。推动省本级基本医疗保险关系转移接续实现跨省网上通办，省本级职工终止参保业务、死亡人员终止业务均实现网上办理，群众往返跑腿负担进一步减轻。

实现城乡居民“缴费即参保”　研究开发城乡居民基本医疗保险“缴费即参保”系统，群众在缴费时同步办理参保登记，实现参保缴费一站式办理。

**【依法行政推进法治医保建设】** 全面落实中央全面依法治国决策部署，积极适应新时代依法行政新要求和行业管理新形势，坚持依法行政，全面依法履职，持续优化服务，严格规范公正文明执法，扎实推动医疗保障法治政府建设取得新的成效。

强化组织领导　调整健全河北省医疗保障局法治医保建设领导小组，印发《2022年法治医保建设工作要点》，明确目标任务，强化工作措施。

强化法律学习　省医疗保障局党组印发《河北省医疗保障局党组2022年度学法计划》，组织学习《保守国家秘密法》《医疗保障行政处罚程序暂行规定》等法律法规。认真组织2022年度执法人员公共法律知识培训考试，坚持学用结合、以考促学，提升机关整体法治素养。

*坚持依法决策* 重大行政决策和重大事项均提交党组会集体审议、集体决策，同时将合法性审查作为前置条件，提高依法决策水平。充分发挥法律顾问和专家作用，落实法律顾问参加座谈研讨等工作机制，在涉及重大公共利益或者社会公众切身利益的重大行政决策过程中，法律顾问全程参与决策讨论及政策制定。

*强化行政执法责任制落实* 扎实做好清单管理，结合实施《医疗保障基金使用监督管理条例》，动态调整《河北省医疗保障行政执法清单》，修订完善医疗保障权责清单，梳理确认行政执法事项16项，进一步促进医疗保障部门切实做到法定职权必须为、法无授权不可为。

*加强规范性文件管理* 严格落实省人民政府办公厅《关于开展行政法规、规章和行政规范性文件清理工作方案的通知》部署要求，共梳理省政府规章1部，省政府规范性文件22件，部门规范性文件106件，确认废止省政府规范性文件6件、部门规范性文件21件，修订完善省政府规章1部，医疗保障行政规范性文件政策体系进一步完善。

## 重要活动

1. **全省医疗保障工作会议召开。**1月21日，全省医疗保障工作会议在石家庄市召开。会议总结2021年医疗保障工作，并安排2022年重点任务。

2. **部署6周岁以下儿童部分医疗服务项目价格调整工作。**3月9日，河北省医疗保障局召开6周岁以下儿童部分医疗服务项目价格调整工作视频会议。会议强调，调整6周岁以下儿童部分医疗服务项目价格是贯彻落实中央全面深化改革的重要举措，是调动儿科医务工作者积极性的实际需要。

3. **党风廉政建设和反腐败工作暨行风建设会议召开。**3月24日，河北省医疗保障局召开全省医疗保障系统2022年党风廉政建设和反腐败工作暨行风建设视频会议，总结2021年党风廉政建设和行风建设工作，安排2022年党风行风建设重点任务。

4. **全省打击欺诈骗保专项整治会议召开。**4月8日，河北省医疗保障局、公安厅、卫生健康委员会联合召开2022年全省打击欺诈骗保专项整治视频会议。会议强调，要始终保持高压态势，强化协调联动，加强统筹指导，全面压实责任，持续加强能力建设，以“零容忍”的态度，把打击欺诈骗保专项整治工作不断引向深入。

5. **河北出台支持中医药传承创新发展15项措施。**6月20日，河北省医疗保障局、省中医药管理局联合印发《关于医保支持中医药传承创新发展的若干措施》，提出及时将疗效确切、体现中医特色优势的中医适宜技术纳入医保支付范围等5个方面15项具体举措。

6. **京津冀三地联合印发《京津冀医保协同发展2022年工作要点》。**6月22日，河北省医疗保障局、天津市医疗保障局、北京市医疗保障局联合印发《京津冀医保协同发展2022年工作要点》，围绕异地就医门诊直接结算、药品耗材联盟采购、医疗保障协同监管、医保服务一体化等方面开展深度合作。

7. **医疗保障领域轻微违法行为包容免罚清单正式实施。**7月14日，河北省医疗保障局印发《关于制定实施轻微违法行为包容免罚清单的通知》，并于7月15日起正式实施。该清单涉及的6种“首违免罚”行为，4种适用条件必须同时具备，既规范文明执法、优化法治化营商环境，又保障医保基金安全，进一步激发主体活力。

8. **国家医疗保障基金飞行检查河北省启动会召开。**7月26日，2022年国家医疗保障基金飞行检查河北省启动会在石家庄市召开。会上公布了2022年国家医保基金飞行检查河北省被检机构名单。

9. **河北省医疗保障基金飞行检查正式启动。**9月23日，河北省医疗保障局在邯郸市召开2022年医疗保障基金飞行检查启动会，会议要求，检查组要牢记职责使命，敢于较真碰硬，被检地要积极配合做好相关工作，抓好飞行检查后续整改落实工作。

10. **河北省医疗保障信息平台顺利通过国家验收。**12月26—28日，河北省医疗保障信息平台就落地应用情况进行现场验收。经过全面检查核验，国家验收组认为，项目建设内容与国家批复文件相符，同意通过项目验收。

## 典型案例

### 案例一：河北建立医疗保障基金监管大数据分析制度

河北省医疗保障局在系统总结线上飞行检查成功经验基础上，按照“统一部署、建好分析模型，多措并举、用好推送数据，创新方式、更好提升效能”的工作思路，探索建立医疗保障基金监管大数据分析制度（简称“大数据分析制度”），切实提升监管效能。

**【主要做法】** *统一部署，建好分析模型* 依托国家统一医保信息平台，在全省统一部署大数据分析模型，定期推送疑点数据和异常数据。一是建立疑点数据分析模型。聚焦分解住院、挂床住院、过度诊疗、过度检查等具体违规问题，建立涵盖11类848项违规问题规则的疑点数据分析模型，并持续更新完善药品、诊疗项目等基础信息标准库和临床指南等医学知识库，确保精准定位疑点数据。二是建立异常数据分析模型。聚焦定点医药机构费用监管，建立涵盖“同级医疗机构同病种患者负担费用率最高”“参保人员医保政策范围内住院费用基金支付比例超阈值”等16项指标的异常数据分析模型，及时对相关定点医药机构进行预警和提醒。三是建立疑点数据和异常数据推送机制。省级医保部门定期收集经办机构和定点医药机构全量信息数据，统一进行大数据分析后，定期推送疑点数据和异常数据，供市县医保部门监管核查。

*多措并举，用好推送数据* 各市县医保部门建立异常数据和疑点数据监管核查台账，用好“看、问、导、析、防、处”六字现场检查方法，通过多种方式督促定点医药机构加强费用监测，规范医疗行为。一是早研判。及时核查异常数据和疑点数据涉及定点医药机构的医疗行为情况，研判分析是否存在违法违规行为。二是常提醒。及时提醒相关定点医药机构分析自查异常数据，督促其制定整改措施。三是深约谈。对提醒后连续两个月指标仍异常的定点医药机构相关负责人进行约谈，必要时约谈主要负责人。四是实督办。对约谈后相关费用指标仍异常或疑点数据问题再次发生的定点医药机构，启动挂牌督办程序。五是严考核。将异常和疑点数据处理及整改情况纳入定点医药机构年度考核，与预留保证金扣拨、医保服务协议签订、监管等级分类退出机制挂钩。六是强通报。通过网站、新闻媒体等多种渠道公示曝光违规违约典型案例，接受社会监督。七是真移交。对发现的涉嫌欺诈骗保及其他违法违规问题移交相关部门处理。

*创新方式，更好提升效能* 由省级医保部门统一进行全省全量数据分析并定时推送，广泛用于定点医药机构自查和医保部门日常检查、交叉互查、飞行检查、专项治理、举报核查、异地稽核等，提高监管效能。

**【主要成效】** 一是解决全省基金监管标准“不统一”问题。通过全省统一进行异常数据和疑点数据筛查和分析，规范全省监管标准，持续压实基层医保部门责任。二是解决医保监管队伍“人员少”问题。通过建立大数据分析制度，有效减少数据分析时间，让监管人员更好地集中精力进行线索查处。三是解决基层医保部门“不会查”的问题。市县级医疗保障部门通过建立异常数据和疑点数据核查台账，结合现场检查、重点抽查、突击检查、询问回访、病例抽审等方式，用好“看、问、导、析、防、处”六字现场检查方法，提高案件查处效率。

### 案例二：石家庄市扎实推进紧密型县域医共体总额付费

为全面推进紧密型县域医共体建设，石家庄市医疗保障局与市卫生健康委员会、市财政局等部门密切配合，积极发挥医保基金支付对医共体建设的引导作用,强化部门协调,创新工作举措,加强督促指导,从机制上解决总额付费沟通不畅、底数不清、办法不细、权责不实等问题,取得初步成效。

**【主要做法】** 强化部门协调,合力推进政策落地　一是摸清症结,找准思路。石家庄市在认真学习医共体政策文件的基础上,通过广泛调研、座谈,逐步聚焦工作难点为"沟通不畅、底数不清、办法不细、权责不实"四个具体问题,并针对性提出坚持"政策不走样、基金不流失"两个原则,确定了从总额确定、基金拨付、基金监管和考核三个方面系统发力的工作思路。二是注重沟通,形成合力。积极与市医改部门沟通,把医共体总额付费的基本前提和主要流程等写入市医改办出台的《关于促进紧密型县域医共体建设发展的若干措施》,为进一步细化医保资金管理奠定基础。做好与财政、卫生健康部门的沟通,联合下发《关于做好紧密型县域医疗卫生共同体医保基金打包支付工作的通知》,进一步细化、明确具体工作程序和要求,实现打包支付规范化操作。三是主动作为,做好服务。为保障医共体平稳运行,医保部门对属于医共体应拨款项及时予以拨付,对于需要医共体配合解决的问题,通过电话、微信、登门、发函、通知等形式积极沟通,主动对接。特别是疫情期间,对定点救治医院开通周转金拨付"绿色通道",第一时间向藁城中西医医院拨付300万元、向市人民医院拨付5100万元。

明确总额确定前提　第一个举措是明确总额确定前提,解决"沟通不畅、底数不清"问题。一是要求医共体在15个工作日内向医保部门备案。二是要求医共体提前30个工作日向医保经办机构提出医保基金打包支付的申请。三是要求医共体向医保部门提供医共体成员名单、服务范围、服务参保人员名单、对公账户、医保资金分配办法等材料。

细化基金拨付办法　第二个举措是细化基金拨付办法,解决"操作难"问题。一是明确医保基金总额确定和调整的具体程序,包括账户管理、年初预付、月度预结、年终清算的经办和拨付办法。二是明确"结余留用、合理超支分担"的认定和具体办法,规定合理超支由医保、财政、卫生健康部门共同审核认定,超过20%以上部分医保基金不予分担。

完善管理考核办法　第三个举措是完善具体管理考核办法,解决医保基金"一包了之"问题。一是在明确5种具体情形的情况下对打包资金总额实行动态调整。二是实行对打包资金的全流程管理和考核,考核结果与医共体资金拨付挂钩。三是对于存在严重违规问题的医共体成员,实行医保费用暂停拨付。

DIP嵌入医共体管理　第四个举措是把DIP嵌入医共体日常管理之中,推动实现医保、医疗机构同向发力。一是凡是符合开展DIP的医共体,要同步制定DIP方案,按照管理要求开展内部数据、病案的治理,进行病种分组和赋值,开展模拟付费。二是按照自愿的原则,开展打包支付和DIP付费方式比对试点,通过对年度数据对比分析,允许其自主选择按打包总额或按DIP清算模式付费。三是结合年底考核结果实行"结余留用、超支分担"。

**【主要成效】** 11月9日起,石家庄市先后印发《关于对县域医共体医保基金打包支付工作进行半月情况报送的通知》等四个文件,要求相关县(市、区)倒排工期,半月一计划、半月一督导、半月一通报。局领导调度,通报情况,解决问题,促进工作落地落实。

规范性更高,体现在"细"上　各地从《实施方案》制定,到标准测算、资金拨付、票据管理等各个环节严格按照要求操作,实行一院一档,规范管理。对无法满足紧密型医共体条件的、不按规定报送相关材料的,划清责任,记录在案,合格后实行打包支付。同时,还就"人员标识""不同医共体之间费用清算"等提出改进意见。

主动性更强,体现在"责"上　各地医保部门主动落实主体责任,通过座谈会、协调会、发放《通知》《函件》等形式,与当地卫生健康部门和牵头医院等进行沟通，推动任务落地。截至12月15日，列入市委部署任务的新华区、高邑县，列入省政府考核的正定县、井陉县、新乐市、赞皇县、高邑县等县(市、区)全部如期完成年度医改任务目标。

融合度更好，体现在“变”上 正定县医院作为县域医共体牵头医院根据自身实际，主动申请参加石家庄市第一批“医共体DIP对比试点”，经过编码改造、病案质控、内部管理提升，该医院医保基金支付差异实现由负转正(盈利)。

## 案例三：张家口市扎实推动医保服务标准化、便利化、智能化

2022年，张家口市聚焦医保领域群众关心的急难愁盼问题，进一步优化服务环境、规范服务流程、健全服务机制，全力推进“互联网+”医保服务，着力提升医保服务水平，不断增强人民群众获得感和满意感。

**【主要做法】** “优质精细”持续提升窗口服务水平 坚持“下硬功、练真功、做苦功”，着力调整服务清单，健全服务机制，提升服务效率。一是优化环境下硬功。升级改造医保服务软硬件，在服务大厅增设引导服务台、电子宣传屏、叫号服务器等硬件设施，优化审批服务窗口设置，科学配置服务人员，增设4个综合柜员窗口和快捷即办窗口、线上服务帮办窗口等，实现服务对象“只进一扇门、只取一次号、只到一个窗”即可办理所有业务。二是优化服务练真功。全面梳理医疗保障领域政策法规，扎实开展业务学习培训，进一步提升工作人员业务能力，确保政策“一口清”、业务“问不倒”。调整更新《医疗保障经办政务服务事项清单》，对当前28项服务事项进行规范细化，推出更加实用规范、高效便民、符合实际的经办服务规程。三是改进作风做苦功。开展业务礼仪专题培训，健全完善服务事项“好差评”制度，强化结果应用，持续提升医保服务质量。扎实开展行风建设专项评价，委托第三方机构进行实地测评，推进办事窗口整体服务水平提升。

“延伸触角”推进经办服务便利化 强化“首问负责制”“一次性告知制”和“限时办结制”，坚持线上、线下并行服务，最大限度满足服务对象多样化服务需求。一是持续优化审批服务事项。坚持便民利企、就近办理的原则，在2021年下放1315个单位、80484名参保职工医保业务的基础上，2022年再将526个单位、92369名参保职工医保业务下放至县(区)办理。二是做好特殊群体医保服务。专门开通报销金额大、生活困难及军人、老年人等特殊群体医疗费用手工(零星)报销“绿色通道”，设立线上服务事项帮办、代办窗口，进一步提高适老服务的“硬条件”和“软服务”，确保“即来即转、快审快办”。三是创新开展合署办公新模式。与第三方签署“医疗费手工(零星)报销”“门诊慢特病申报认定”“医保咨询电话”合署办公协议。

“信息赋能”实现线上业务覆盖最大化 深入对接国家医保信息平台，加快推动定点医疗机构接口改造、医保电子凭证和移动支付应用，着力实现医保服务工作现代化。一是加快信息系统改造升级；二是加快服务事项“网上办”“掌上办”；三是加快推进医保电子凭证激活应用。大力推进医保电子凭证应用全流程覆盖，实现了医保挂号、医保结算、就医信息查询等全场景应用。

**【主要成效】** 提高医保服务效率 将医疗费手工(零星)报销、门诊慢特病网上申报认定办理时限压缩50%，窗口办事等待时间缩短至3分钟，提供全天24小时不打烊的医保服务热线。

扩展医保服务范围 完成全部定点医药机构系统接口直连改造，实现“业财一体化”管理，大力推进电子处方流转平台建设，将符合条件的定点零售药店纳入职工门诊保障范围。为二级及以上定点医疗机构开通高血压、糖尿病、恶性肿瘤门诊治疗、尿毒症透析、器官移植术后抗排异治疗5种门诊慢特病跨省直接结算功能。

精简医保服务流程 加快办事环节精简和流程再造，实现网上“可办”向网上“易办”“好办”转变。参保缴费、门诊慢特病申报认定、跨省异地就医备案等全部服务事项实现网上办理，关系转移接续、生育保险待遇核定与支付“跨省通办”全面

上线，基本医疗保险个人参保信息等10项查询功能纳入“幸福张家口”App医保专区。张家口市成为全省首批“门诊医疗费用手工报销网上办理”试点城市之一。

推广医保电子凭证　联合全市所有定点医药机构开展医保电子凭证推广应用，截至2022年11月底，张家口市已有超过236万人拥有医保电子凭证，实现从“卡时代”到“码时代”的转变。

## 案例四：秦皇岛市创新开展日间病房试点

2022年，秦皇岛市医疗保障局在省医疗保障局的指导下，聚焦更好实现让群众“看好病、少花钱、少跑腿”的目标，坚持改革创新、强化规范管理，问需于民办实事，锐意创新惠民生，高标准、高质量推动各项改革发展任务落地落实，让群众共享医疗保障改革发展新成果，群众的获得感、幸福感、安全感成色更足。

**【主要做法】**　开展日间病房试点工作，让群众少花钱看好病　针对秦皇岛市部分基层乡镇卫生院存在的分级诊疗落实难、参保患者就近就医难、患者经济负担加重等突出问题，市医疗保障局在科学评估的基础上，自3月1日起，选择11家乡镇卫生院开展首批日间病房试点工作。6月1日，印发《关于进一步扩大日间病房试点的通知》，进一步将试点范围扩大至71家乡镇卫生院、9家社区卫生服务中心、7家一级民营医疗机构，病种数由原来的8个扩大到27个。该市日间病房试点实行了定卫生院、定患者、定医师、定病种、定额度的“五定管理”。定卫生院，即定医疗服务能力强、具有住院资质的乡镇卫生院开展日间病房试点；定患者，以城乡居民参保人为日间病房保障对象，患者一般选择家庭签约服务的乡镇卫生院就近就医，为便于基金监管，日间病房原则上不再选择其他乡镇卫生院；定医师，以具备执业医师资质、责任心强的全科医生为日间病房医师，患者日间病房期间指定一名医师负责；定病种，研究制定了《秦皇岛市日间病房临床路径指南(第一版)》，规范医疗行为，保证治疗效果，以具备住院指征、日间可完成治疗、病情稳定、临床路径明确、需要进一步观察治疗的单病种为主；定额度，针对病种的临床路径，科学测算完成治疗过程的医保统筹费用，作为此病症的医保基金统筹金额，起付标准100元，政策范围内基金支付比例90%，实行定额管理，节余备用，超出定额的部分由乡镇卫生院承担。

**【主要成效】**　进一步解决群众就近就医的需求　试点期间收治日间病房患者1066人，其中，60岁以上患者767人，占72%；脑血管后遗症患者426人，占40%；风湿骨病类患者351人，占33%；糖尿病患者人202，占19%，一些老年高发病、常见病基本都可以留在基层医疗机构进行诊治，进一步缓解了群众“看病贵”问题。日间病房试点从严把握住院指征，特别是日间病床按医保定额付费管理，促使乡镇卫生院精准治疗，较之于传统住院治疗，检查费用占比大幅度下降，如青龙满族自治县双山子卫生院98名日间病房患者个人自付医疗费人均174元，比在卫生院正式住院自付费用人均减少200多元，比到二级以上医院住院个人自付费用人均减少900多元，有效减轻群众就医负担。

进一步提高医保基金使用效率　日间病房试点的患者介于门诊与住院之间，享受住院待遇，免床位费，既保障了患者治疗效果，又节省了医保基金支出。截至2022年末，共收治日间病房患者1066人，其中出院957人，在院109人，发生医保统筹费用由开展日间病房前的1900~2100元降至400~900元，医保基金人均支付760元，人均节省医保基金支出约1200元。日间病房试点工作充分发挥了医保在医疗服务中的杠杆作用，实现了患者负担得减轻、医疗机构得发展、医保基金可节省三方共赢的良好局面。

## 案例五：沧州市全力打造“23℃医保服务”品牌

沧州市医疗保障局将“温度”服务理念注入医保服务工作，以多元化服务新举措激发医保服务新活力，以创示范、促提升为目标，以“温度医保”

服务品牌为载体，着力从强化党建引领、优化服务机制、简化经办流程、创新服务模式、打造服务环境等五大方面入手，为群众提供"有速度、有力度、有温度"的医保经办服务。

**【主要做法】** 打造"党建+医保"服务模式 2022年，沧州市医疗保障局以党员示范为引领，非党员工作人员积极参与，设立"党员先锋岗"，通过发挥党员的先锋模范作用，展示医保服务的优良作风，树牢党全心全意为人民服务的宗旨意识，把医保部门建设成为"解民忧、暖民心、惠民生、圆民愿"的民生保障机构。党员办实事、求实效的模范行动，加深了与参保群众的感情，赢得了群众的信赖。2022年，共接听群众热线电话8314个，受理群众诉求273件，接待群众来访29批次，办结率100%，满意度100%。

构建"全天候多样化"服务机制 沧州市医疗保障局配齐配强经办窗口工作人员，推行"全天候"医保经办微信群咨询服务机制，节假日开通24小时值班电话，不间断受理群众医保政策咨询、指导群众网上业务办理、一次性告知群众经办流程等事项。值班电话采用一线接待、一办到底的处理方式，实现一次来电解决医保所有问题，使参保群众对医保政策明明白白，办结业务痛痛快快，服务质效大幅提高。

推行"互联网+医保"服务流程 以百姓满意为宗旨，以"互联网+医保"为抓手，通过充分发挥医保服务网格平台作用，推行医保业务"就近办""现场办""掌上办""自助办"。同时对传统经办服务事项进行全面梳理，严格落实医保经办服务事项名称、事项编码、办理材料、办理时限、办理环节、服务标准"六统一"和服务质量最优、所需材料最少、办理时限最短、办事流程最简"四最"要求，进一步梳理细化办事流程。通过经办流程再造和精细化管理，简化经办服务事项12项，优化经办流程4项，带给群众更便捷的医疗保障服务，切实提升人民群众的幸福感。

构建"15分钟医保服务圈" 通过建设"街道办+村（社区）办+手机自助办"服务平台，对辖区内的全部村（社区）同步设置医保便民服务点。服务点户外有标牌，户内有服务大厅。大厅设医保窗口，提供医保登记缴费、信息查询、政策宣传、就医备案、照护保险待遇申领等帮办代办服务，将村（社区）医保便民服务点打造成居民"家门口"的医保窗口。

强化医保服务阵地建设 沧州市医疗保障局经办中心服务区域面积350多平方米，设立志愿者服务区、自助办件区、多媒体服务区、政策宣传区、便民服务区、柜台受理区、等待休息区、24小时自助服务八大类功能区域。开设6个医保综合窗口、1个专项办理窗口、1个复杂业务合并办理窗口，为群众提供综合服务和复杂业务帮办代办服务。此外，资料架、便民充电站、急救包、失物招领箱、意见箱、医保自助一体机、打印复印机等多种便民物资及设备设施配置一应俱全，为前来办理业务的群众提供舒适的服务体验。

**【主要成效】** 做实综合柜员制，让群众省心 为解决以往各个医保窗口业务分配不均衡的局限性，实行8个医保综合窗口可同时办理所有业务的综合柜员制。经办效率明显提升，平均每天办理量150人次，由人均等待10分钟缩短为1分钟。参保群众办理多项业务需要到多个窗口排队的现象成为历史。

推行"网上办""电话办"，让群众暖心 通过综合服务热线电话，指导群众网上办理业务，实现"零跑路"。通过落实"互联网+医保"举措，前台日均受理业务量由2021年的315笔降为150笔，全年通过电话办理业务14269人次，前台工作量大幅减少，人民群众获得感和幸福感普遍增强。

进一步完善监督环节，让群众放心 沧州市医疗保障局经办中心建立完善"好差评"制度，通过聘请第三方机构和邀请义务监督员等方式，对窗口医保经办服务进行综合测评，强化评价结果运用。2022年，窗口叫号系统受理办件11038件，办结率100%，群众好评率100%。

## 案例六：邯郸市国谈药品门诊单独支付政策让参保群众用好药少花钱

为精准有效推动医保谈判药品落地惠民，邯郸市医疗保障局实行“国谈药品门诊单独支付”政策，进一步满足参保患者用药需求，不断提高门诊用药保障水平。

**【主要做法】** *明确范围，扩大药品保障覆盖面* 结合全市医保基金运行情况及参保群众用药需求，将不可替代性高、适应症路径明确、年度费用较高且没有门诊慢特病保障待遇的部分国谈药品纳入门诊单独支付管理。首批将司库奇尤单抗、麦格司他胶囊、注射用维得利珠单抗等17种国谈药品纳入门诊单独支付管理，覆盖银屑病、C型尼曼匹克氏症、克罗恩病等13种疾病，且大多为罕见病。明确保障人群，参加本市职工或居民医保，在正常享受医保待遇的非住院期间，并经市“双通道”定点医疗机构诊断符合条件的患者均可享受门诊单独支付政策。完善医保支付政策，经责任医师诊断符合条件的参保患者，发生符合规定的药品费用，纳入基本医疗保险统筹基金支付范围，不设起付标准；职工医保、居民医保统筹基金支付比例统一为60%，单独支付药品年度最高支付限额为3万元。

*加强管理，建立“三定一备案”机制* 建立单独支付药品“三定一备案”管理机制（即定医疗机构、定责任医师、定零售药店、实名制备案）和“双通道”供药模式。“定医疗机构”即参保人员可自愿从全市4家“双通道”定点医疗机构中选择一家进行单独支付药品用药备案，原则上12个月内不做调整。“定责任医师”即具有相关专业副主任医师及以上职称、责任心强且有一定单独支付药品临床使用经验的医保医师，经所在“双通道”定点医疗机构推荐并报邯郸市医疗保障局备案后，确定为责任医师。“定零售药店”即单独支付药品由全市4家“双通道”定点医疗机构和主城区8家“双通道”定点零售药店负责供应保障。“实名制备案”即凡符合使用单独支付药品条件的参保人，携带个人有效证件及病历、疾病诊断证明、原就诊医疗机构确定的治疗方案等资料并填报“单独支付药品备案表”后，到“双通道”定点医疗机构办理备案手续；届时定点医疗机构于每月20日前统一报备至邯郸市医疗保障局，经邯郸市医疗保障局备案后，参保人于次月享受相关医保待遇。

*规范流程，打造高效便捷的服务体系* 参保人购买单独支付药品，由责任医师开具处方，从“双通道”定点机构购药；对于“双通道”定点医疗机构未配备的药品，由“双通道”定点医疗机构责任医师开具电子处方，通过国家医保信息平台定点医药机构接口上传至国家统一医保信息平台，流转至“双通道”定点零售药店，参保人携带医保电子凭证（或社会保障卡）到“双通道”定点零售药店购药。注射类药品直接由“双通道”定点零售药店或配送机构按照冷链运输等要求配送至就诊定点医疗机构进行输注。另外，对参保患者确因特殊原因无法亲自取药需委托代办人取药的情况，可提供本人和代办人的有效身份证件办理。在经办过程中，对存在问题及时进行梳理研判并予以解决，最大限度为参保人排忧解难。

**【主要成效】** 2022年8月至12月，已通过单独支付药品备案557人，其中银屑病503人、特应性皮炎40人、特发性肺纤维化11人、多发性硬化2人、系统性硬化病相关间质性肺疾病（SSc-ILD）1人，享受门诊单独支付待遇1247人次，总费用387.38万元，医保统筹基金支出220.41万元，患者门诊购药负担减轻。

# 山西省

## 工作综述

2022年,山西省医疗保障局坚持稳字当头、稳中求进的总基调,不断深化医疗保障制度改革,全方位推动全省医疗保障事业高质量发展。截至2022年底,全省基本医疗保险参保3222.74万人,其中职工医保739.19万人、城乡居民医保2483.55万人。2022年,全省基本医疗保险(含生育保险)基金总收入592.93亿元,总支出477.78亿元,累计结存785.15亿元。其中,全省职工医保(含生育保险)基金收入354.75亿元,支出274.10亿元,累计结存587.53亿元;全省城乡居民医保基金收入238.19亿元,支出203.68亿元,累计结存197.61亿元。基金运行平稳,总体在安全线以上。

**【围绕减轻群众就医负担,不断健全待遇保障机制】** *健全完善筹资运行机制* 积极适应新业态发展,落实全民参保计划,全面取消灵活就业人员在就业地参保的户籍限制。2022年,城乡居民基本医保财政补助资金提高到人均610元,个人缴费提高到350元。

*巩固医保脱贫攻坚成果* 将脱贫攻坚期阶段性帮扶政策平稳过渡到基本医保、大病保险、医疗救助三重制度保障框架内,有效衔接乡村振兴战略,将医疗救助年度最高支付限额提高到6万元,建立健全防范化解因病返贫致贫长效机制。

*稳步推动基本医保省级统筹* 研究提出推进基本医保省级统筹的工作思路,新出台的政策全省统一执行,之前出台的政策逐步规范统一,有效解决医保政策碎片化的问题,为实现省级统筹夯实基础。1月14日,省医疗保障局会同省财政厅、省卫生健康委联合印发《关于统一规范全省职工基本医疗保险门诊慢特病病种范围的通知》,4月1日起执行全省统一的45种职工医保门诊慢特病病种及准入(退出)标准;7月1日起全省统一实施职工医保个人账户家庭共济,进一步扩大个人账户的使用范围,惠及全省参保人员。

*全面推进基本医疗保障制度建设* 省政府办公厅印发《关于建立健全职工基本医疗保险门诊共济保障机制的实施意见》,省医疗保障局联合省财政、卫生健康部门出台《职工基本医疗保险普通门诊统筹管理办法》,将多发病、常见病的普通门诊费用纳入统筹基金支付范围,政策范围内支付比例达50%以上。省委深改委第44次会议审议通过《山西省人民政府办公厅关于健全重特大疾病医疗保险和救助制度的实施意见》,进一步完善托底性政策制度,强化基本医保、大病保险、医疗救助三重制度综合保障,进一步减轻困难群众重特大疾病医疗费用负担。同时,在晋城、临汾两市深入推进长期护理保险试点。2022年,全省有1215.79万人次享受城乡居民普通门诊统筹待遇,基金支付3.63亿元,政策内报销比例达50.84%。有568.15万人次享受"两病"门诊保障待遇,基金支付5.86亿元,政策内报销比例达68.22%。晋城市、临汾市共有5993名重度失能参保人员享受长期护理保险待遇,基金累计支付7000余万元。

**【围绕提高基金使用效率,建立健全医保支付机制】** *健全完善医保目录动态调整机制* 1月1日起全面执行国家统一的医保药品目录,同步抓好国家谈判药品落地,"双通道"药品数量达到140种。进一步规范药品耗材目录编码应用,实现目录按国家编码统一管理,部分集采药品和高值耗材的同类产品实现医保支付限价管理。

*不断深化医保支付方式改革* 加快推进以按

疾病诊断相关分组(DRG)付费、按病种分值付费(DIP)为主的支付方式改革。全省12个统筹地区517家医疗机构全部启动DRG或DIP实际付费,统筹地区覆盖率100%。同步启动省内异地住院DRG付费,提高基金使用效率。临汾市被国家纳入DRG付费18个示范城市之一。在省直、运城市试点基础上,5大类71项中医适宜技术纳入医保报销。在省心血管病医院等医疗机构积极探索"互联网+"医保支付工作,开展门诊特药、门诊慢特病等处方流转和网上配送服务。

规范完善医保服务协议管理　简化优化医药机构定点申请、专业评估、协商谈判程序,规范定点医药机构准入管理,实行医保信用承诺制度。支持"互联网+医疗"等新服务模式发展,建立健全跨区域就医协议管理机制、定点医药机构履行协议考核办法,完善定点医药机构退出机制。按照不同类型制定5个协议范本,完善《医保定点医疗机构协议管理规程》。

**【围绕守好群众"救命钱",持续强化基金安全监管】** 依法依规打击欺诈骗保行为　始终把"打击欺诈骗保、维护基金安全"作为首要任务,深入开展打击欺诈骗保专项整治、医保基金监管存量问题"清零"行动、冒用死亡人员参保信息骗取医保基金违法违规行为全面排查工作、医保基金监管集中宣传月活动,欺诈骗保现象得到初步遏制。2022年,全省共处理违规定点医药机构2.81万家、参保人员1131人,其中,移交司法机关15家,移交纪检监察机关22家,累计追回资金3.64亿元。公开曝光案例1914例。

重点构建综合监管机制　建立部门联席会议制度,聚焦重点领域,强化"一案多查、联合惩处"工作机制,完善行刑衔接、行纪衔接。省医疗保障局与省公安厅、财政厅、卫生健康委员会、药品监督管理局联合行动,以大型医院、县级以下基层医疗机构、医养结合机构、基因检测、血液透析、高值耗材等领域为重点,通过全覆盖检查、抽查复查、飞行检查等措施,集中打击"假病人、假病情、假票据"等违法违规行为。与财政、卫生健康三部门共同对37家定点医药机构、11家经办机构开展省级飞行检查,累计追回资金4006.43万元。

不断推进基金监管长效机制建设　加快推进全省智能监管系统应用,初步构建起事前、事中、事后全环节监管的基金安全防控机制,对定点医疗机构临床诊疗行为加强引导和审核。2022年全省通过智能监控系统共拒付、追回资金1244.42万元。积极引入第三方专业机构,聘请医学、保险、信息软件、财务审计等相关领域专业人员,参与到日常稽核、飞行检查工作中。充分发挥社会监督作用。制定出台《山西省医保局医疗保障社会监督员管理办法(试行)》,引导社会公众认知,支持动员社会各界参与医保基金监管工作。全年共收到举报线索69件,追回资金151.99万元;实施举报奖励8例3518.60元。

全面实施医保基金预算绩效管理　坚持底线思维,建立医保基金收支平衡、运行风险评估、预警提醒机制,每月、每季开展医保基金运行分析,密切关注医疗次均费用增长幅度大、住院人次增长快、医保支出总额高的医疗机构,做好风险防范。根据基金收支情况,对当年可能存在透支风险的市,分片包干进行重点风险监控和指导,提前消除安全隐患,医保基金保持平稳运行。2022年底,财政部和国家医保局在结算2021年补助资金中对山西省奖励补助资金2175万元。

**【围绕降低医药虚高价格,重点完善价格招采机制】** 常态化制度化开展药品耗材集中带量采购　通过落实国家集采结果、参加省际联盟集采、开展省级及市级集采,全方位多层次推进集中带量采购工作提速扩面。药品集采实现化学药、生物药、中成药3大领域全覆盖,耗材集采聚焦心内科、骨科、口腔等重点科室的主要高值耗材,推动药品耗材价格回归合理水平,降低虚高价格,减轻群众负担。截至2022年底,山西省落地执行的集采药品数量达728种,居全国第一位;集采医用耗材达75种(高值17种、低值58种),居全国第六位。平均降幅达50%以上,参保患者药耗负担进一步减轻。

优化完善药品挂网采购管理工作 2022年山西省进一步优化完善药品挂网采购各项政策措施，形成以“分类挂网、分层限价、合理差比控价、省际挂网信息联动、动态调整、阳光公开”为主要措施的挂网采购制度，进一步推动完善以市场为主导的药品价格形成机制。首批规范挂网共有2394个化学药品平均降幅23.95%，3943个药品由于价格较高从挂网采购目录被移入备选药品目录，同步与卫生健康部门联合制定医疗机构药品采购使用相关指导意见，引导医疗机构采购使用质优价宜药品，经测算，可节约药品费用约18亿元。该项政策的实施从根本上扭转全省药械招标采购平台挂网的同通用名药品同质量层次不同企业价差过大、医疗机构选择采购“高价药”等问题，群众看病购药负担不断减轻。

深入推进医疗服务项目价格改革 持续完善医疗服务项目价格动态调整机制，重点针对医保稽核过程中医疗服务收费、项目内涵等方面有争议的项目进行规范调整，组织完成全省口腔种植医疗服务收费和耗材价格专项治理，同步加大对新增医疗服务项目的审核力度，持续优化医疗服务价格结构。2022年规范医疗服务项目价格91项、新增23项。

**【围绕“放管服”改革，不断优化公共管理服务】** 全面提升经办服务能力 以全省医保系统行风建设为牵引，建立医疗保障经办政务服务29项事项清单，21项实现全程网办，网办率达72%；全面推行综合柜员制、送政策上门、服务下沉，群众看病就医更加便捷。“山西医保”微信公众号被中共中央网络安全和信息化委员会办公室评选为全国“2022年度走好网上群众路线百个成绩突出账号”，被省政府办公厅评为全省“十大最受群众欢迎的政府系统政务新媒体”，被省委网络安全和信息化委员会办公室评为山西省首届“百佳新媒体账号”。运城市、吕梁市(岚县、柳林县)、长治市(平顺县)推行村级医保协管员制度，构建县、乡、村三级全覆盖经办服务格局。晋城市构建“医保驿站”，形成15分钟便民服务圈。临汾市成立人民调解委员会，曲沃县医保中心被选定为全省医疗保障服务窗口示范点。

集中力量推进跨省就医直接结算 从跨市到跨省，从住院到门诊，从基本医保到大病保险全部实现“一单制”直接结算。2022年全省12个统筹区117个县(市、区)全部双向开通高血压、糖尿病、恶性肿瘤门诊放化疗、尿毒症透析、器官移植术后抗排异治疗5种门诊慢特病跨省就医费用直接结算，成为全国最早一批实现门诊结算全覆盖的省份。2022年，全省与全国31个省(自治区、直辖市)实现住院费用跨省就医直接结算16.72万人次，资金42.75亿元。普通门诊跨省就医直接结算84.55万人次，资金1.91亿元。高血压等5种门诊慢特病跨省就医直接结算5289人次，资金591.58万元。

完善全省统一的(国家)医保信息平台 健全完善统一的医疗保障信息系统，全面实现纵向到村，横向到业务协同部门、定点医药机构，完成与国家医保信息平台的全面对接，为群众提供家门口的医保服务。借助平台优势，各类公共服务平台陆续上线。“山西医保”微信公众号每月查询、办理业务量达1亿笔，“网上办事大厅”已服务参保单位7.8万家，全年业务量达116万笔。医保电子凭证累计激活2148.03万人，激活率67.36%。大同市三级医院全面实现医保线上移动支付。忻州市全面启动DIP子系统应用。

**【围绕服务经济社会发展大局，发挥优势主动担当作为】** 健全完善新冠疫情防控政策措施 落实“两个确保”要求，完善保障工作机制。2022年先后三次调整降低新冠病毒核酸检测及抗原检测政府指导价格，核酸单人检测从40元/人次降为16元/人次，混检从8元/人次降为4元/人次，抗原检测从10元/人次降为6元/人次。全力支持新冠疫苗免费接种，医保支付疫苗采购、接种费用35.6亿元，人民群众就医负担和社会成本明显降低。

积极为参保单位(企业)、参保人员减负 2022年围绕减轻企业负担、减轻群众看病就医负担，出台“稳经济、保民生”医保行动计划，制定7个方面15项具体措施。省医疗保障局会同省发展改革委员会、财政厅、税务局联合印发《关于阶段性缓缴职工基本医疗保险单位缴费和生育保险费的通知》，阶段性缓缴中小微企业职工医保单位缴费和生育保险费3个月，涉及医保费7.18亿元。

**主动对接太忻一体化发展** 制定《太忻经济一体化发展医保便民服务事项工作实施方案》和系列文件，实现太原、忻州市定点医药机构互认，看病就医无异地管理、费用直接结算。在太忻经济一体化经济区建设“三个一批”现场大会上，省医疗保障局做法和成效受到表扬和肯定。

**大力支持中医药传承创新发展** 出台《关于医保全面支持中医药传承创新发展的实施意见》，助力中医药强省建设。在省直、运城市试点基础上，将5大类71项中医适宜技术和389种中药配方颗粒纳入医保支付，院内制剂实现动态申报。同步出台全省首批20种中医优势病种，支持全省中医药传承创新发展。

## 重要活动

1. **省医疗保障制度改革领导小组暨全省医疗保障工作电视电话会议召开。**1月26日，2022年省医疗保障制度改革领导小组暨全省医疗保障工作电视电话会议在省政府召开。省医疗保障局主要负责人通报2021年全省深化医疗保障制度改革任务完成情况，部署2022年全省医疗保障工作；省财政厅、卫生健康委员会、药品监督管理局负责人通报各领域2021年度医疗保障制度改革任务完成情况，太原市、吕梁市、临汾市、运城市人民政府分管领导作交流发言。

2. **职工医保个人账户基金异地使用取消备案。**3月1日起，根据《山西省医疗保障局办公室关于职工医保个人账户基金异地使用取消备案的通知》，全省参保职工在参保地以外的其他统筹区异地定点医药机构普通门诊和药店就医购药时，无需进行异地就医备案，即可使用个人账户基金直接结算。

3. **异地就医线上快速备案申请数据“清零”。**5月18日，山西省首次实现异地就医线上快速备案申请数据“清零”，参保人员线上备案的审核时间大大缩短。

4. **取消高血压、糖尿病“两病”用药专项保障起付线。**7月1日起，根据省医保局办公室、省财政厅办公室、省卫生健康委办公室联合印发的《关于进一步做好城乡居民高血压糖尿病门诊用药保障工作的通知》，在全省取消高血压、糖尿病“两病”用药专项保障起付线，取消城乡居民门诊统筹基金不能支付“两病”门诊用药专项保障范围内药品的限制。

5. **国家医疗保障基金飞行检查山西省启动会召开。**7月20日，2022年度国家医疗保障基金飞行检查山西省启动会在太原市召开，宣布医疗保障基金飞行检查对象，并就飞检相关工作进行安排部署。

6. **开展年度医保基金省级飞行检查。**8月20日起，省医疗保障局、省财政厅、省卫生健康委员会在全省范围内联合开展2022年度医疗保障基金省级飞行检查。

7. **举办健全重特大疾病医疗保险和救助制度新闻发布会。**11月8日，省政府新闻办就深入解读《山西省人民政府办公厅关于健全重特大疾病医疗保险和救助制度的实施意见》举办新闻发布会，省医疗保障局相关负责人、待遇保障处负责人与省民政厅、省财政厅相关处室负责同志出席新闻发布会并回答记者提问。

8. **全省实现DRG/DIP实际付费。**11月28日，忻州市医疗保障局印发《忻州市2022年度区域点数法总额预算和按病种分值付费办法（试行）》，标志着山西省12个统筹地区全部实现DRG/DIP实际付费。

## 典型案例

### 案例一：山西持续推进集中带量采购提速扩面

2022年，山西省贯彻落实以人民健康为中心的发展思想，充分发挥药品耗材集采在协同推进医药服务供给侧改革中的引领作用，将推进集采提速扩面作为全省医保改革的重要内容之一，取得积极的工作成效。省医疗保障局会同相关部门组织全省医疗机构通过落实国家集采结果、参加省际联盟集采和有序推进市级联盟集采等多种方式，全方位多层次推进集中带量采购工作提速扩面。截至12月底，全省落地执行的集采药品数量达728种（国家集采294种，省级、省际联盟集采434种），医用耗材达75种（高值17种，低值58种），集采药品耗材平均降幅达50%以上。集中带量采购有效降低了相关药品耗材价格，逐步减轻群众医药费用负担，使群众获得感显著提升。

**【及时完成采购期满药品耗材集采接续工作】** 随着集采改革深入推进，山西省集采品种数量及批次越来越多，呈现出较为明显的密集特征，这对集采工作的系统管理和运行维护提出新挑战。由此，山西省建立了药品耗材集采管理台账，对集采品种的起止时间、接续时间、采购周期、采购情况等进行“周清点、月核对、季总结”，并及时安排部署接续工作。根据实际情况，对集采到期品种采取整合归并、接续时间的办法。对前半年到期的集采品种，接续时间统一归并为7月；对后半年到期的集采品种，接续时间统一归并为1月。2022年，山西省按期续标续约国家组织的第二、第三、第四批集采药品66种，续标续约国家组织的高值耗材1种（冠脉支架）、省际联盟2种（人工晶体、冠脉球囊）、本省1种（医用胶片），持续巩固集采工作成效。

**【组织做好国家集采药品耗材的落地执行工作】** 按照国家联采办安排部署，山西省于4月落地执行国家组织人工关节集采，涵盖髋关节、膝关节等类别，合计115个产品，平均降幅82%。5月落地执行国家第六批胰岛素专项采购，中选结果包括餐时人胰岛素等16个品种，合计42个产品，平均降幅42%。11月落地执行国家第七批集采药品中选结果，合计60个品种，77个药品品规，平均降幅48%。

**【积极与兄弟省份联盟联合开展药品耗材集采】** 2022年，山西省参加并落地执行省际联盟集采药品达473种，其中包括广东联盟集采药品45种（国家组织第一批、第三批到期品种接续）、河南等十三省联盟集采药品43种（国家组织第二批、第四批到期品种接续）、鲁晋联盟集采药品40种、湖北中成药联盟集采药品21种、河南等十四省联盟集采药品（高血压、高血糖、高血脂治疗领域相关药品）21种、内蒙古自治区牵头的“八省二区”集采药品7种、广东双氯芬酸等药品、清开灵等中成药、常见病慢病药品集中采购共计296种；参加并落地执行省际联盟集采耗材10种，其中包括京津冀“3+N”联盟心脏起搏器、江苏联盟冠脉药物涂层球囊、广东联盟超声刀头、鲁晋联盟5类医用耗材、河南联盟骨科创伤类、内蒙古自治区牵头“八省二区”导引导丝。集采药品耗材平均降幅达50%以上。

**【不断完善药品耗材集采落地政策措施】** 2022年，山西省医疗保障局牵头，会同相关部门制定完善推进集采工作的协同政策措施，强化实施“以医保基金预付货款、采购价与支付标准协同、医保资金结余留用激励、强化质量监管和落地执行监测通报”等工作举措。一是组建全省集采医保基金结余留用考核工作专班，依托省药械采购平台，研究开发“药品耗材集采结余留用考核测算系统”功能模块，明确工作时限、责任分工及具体考核办法。截至2022年底，已完成对国家及省际联盟药品耗材集采13个批次的结余留用激励考核工作，共计拨付4.87亿元医保激励资金。二是建立健全集采产品采购使用监测和定期通报机制。省、市、县三级医保部门对辖区医疗机构进行按月监测通报，同步将集采执行情况纳入定点医疗机构协议管理和年度考核范围，对不按相关规定采购使用中选产品、采购时序进度缓慢及采购使用价高非中选产品情况较为严重的医疗机构及时进行警示、约谈，责令限期整改。三是组织指导山西省药师协会制定了《山西省医疗机构执行药品集中采购政策专家共识》，对全省医疗机构的带量采购组织机构管理、科学报量、目录构建、信息化建设、采购供应、数据监控、监督考核等工作达成行业共识，特别是在非中选产品的使用、采购任务量在临床科室的合理配置、用药安全管理等方面提出新的举措，引导行业自律，更好地推动药品集采政策平稳实施。

## 案例二：太原市建设“三不”一体监管体系

太原市医疗保障局坚持标本兼治、系统治理，一体推进不敢骗、不能骗、不想骗监管体系，持续保持打击欺诈骗保高压态势。

**【形成“不敢骗”的高压态势】** 持续开展对定点医药机构现场检查和专项整治行动，实现日常监督考核、抽查复查、飞行检查三个全覆盖。对定点医药机构串换诊疗项目、参保人冒名购药等违反《医疗保障基金使用监督管理条例》的行为给予行政处罚。2022年联合公安部门查办2起涉嫌欺诈骗保案件线索，协查3类线索立案1起，对欺诈骗保行为产生强有力震慑。2022年累计处理定点医药机构3424家，追回医保基金超6000万元。

**【落实“不能骗”的监管制度】** 以《国务院办公厅关于推进医疗保障基金监管制度体系改革的指导意见》和《医疗保障基金使用监督管理条例》为纲，配套建立健全打击欺诈骗保“三机制一通道”“一清单四办法”，完善社会监督、信用管理制度，细化定点医药机构考核评价体系和信用考核体系，处罚违规行为和强化协议管理双向发力。实行医保行政执法专案组组长负责制，整合全市执法人员力量，规范开展行政执法。建立太原忻州跨统筹区医保基金协同监管制度，促进山西中部城市群一体化监管，提升区域联合打击欺诈骗保能力。积极适应医保支付方式改革监管需求，率先出台DRG付费管理绩效考核办法，作为2022年定点医疗机构年度考核依据，考核结果与质量保证金等挂钩。

**【营造“不想骗”的社会环境】** 联合卫生健康、公安、市场监管等部门开展医保基金监管集中宣传月活动，通过全员培训、制作小视频、编印案例汇编、以案说法等多种形式的宣传教育和警示教育，不断扩大教育覆盖面，在社会和定点医药机构树立不想骗的法治意识。自制10集《医保基金监管小课堂》，国家、省多家媒体矩阵播放，宣传范围覆盖全国。曝光典型案例398家，充分发挥警示教育作用。

## 案例三：大同市打造全信息化药耗采购结算模式

2022年，大同市医疗保障局深入推进市医保协议医疗机构药品耗材直接结算，充分利用医保信息系统建设，打通市药械中心、市（县）医保中心、医保协议医疗机构、药耗配送企业专线网络系统，完善平台主体单位招采软件结算模块功能，对接医保经办机构财务系统，打造市医保直接结算全流程信息化结算模式。

**【增加结算主体，明确结算范围】** 市医疗保障局在新平台建设中，利用市医保网络专线建设之机，增加1个市级采购中心、11个市（县）医保中心，扩围市（县）30家医疗机构、23家药品耗材配送企业纳入医保信息化结算圈，进行闭环管理。在软硬件上，满足各方集采业务信息化服务需求，真正实现无纸化平台网络“直接”结算。另外，印发《关于大同市药品和医用耗材招采管理系统医保基金直接结算药品耗材采购费用的通知》，明确“医保基金市、县医保经办机构在辖区医保协议医疗机构医保总额预算基础上，应当由医疗保险基金支付的部分，由医保经办机构与药品耗材经营单位直接结算”，厘清医保经办机构可直接结算范围和结算职责。

**【推进结算信息化进程，规范结算流程】** 实现服务平台互联互通，线上一体化结算　以市级药耗招采管理平台为中心，强化服务主体互联互通，平台上接省药械采购新平台，下联药品耗材使用、供应、结算各方，实现医保经办机构核心业务系统与配送企业、医疗机构相联通，定时推送医保基金直接结算对账数据，从根本上取代原手工对账模式，实现线上对账、审核、扣款。大同市医保局以新增耗材采购服务版块为切入口，将大同市牵头的三市联盟集中带量采购中选低值医用耗材全部纳入市级平台，实行医疗机构、生产企业、配送企业从产品报量、协议签订、采购下单、一键入库、单据对账、医保结算一体化推进，并以耗材医保基金全流程信息化结算为抓手，进一步细化医保基金支付细节，全面推开医保基金药品全流程信息化结算。

明确服务主体结算节点，提高结算时效　大同市药耗招采管理系统，每月初自动生成上月交易明细对账单，4日前，经配送企业核对无误后推送相关医疗机构审核；医疗机构每月8日前进行单据确认，确认数据于11日前经市、县药械相关工作人员二次核对后进入市、县医保经办机构财务结算支付流程，每月15日相应平台采购费用与医保基金财务其他项目结算同步完成。同时，为确保结算工作及时高效，系统对医疗机构经系统提醒无正当理由仍未进行确认的账单，做默认确认处理，不影响当月结算数据。基金结算完成之后，自动将实际支付金额、不足支付金额回传大同市药械采购中心，未结算金额流转下月累计。

**【医保基金直接结算成效显著】**　降低患者负担　2022年初，大同市医疗保障局牵头四部门印发《大同市药耗采购平台药品分类挂网采购工作实施方案》，对除国家、省级集采药品外的市采购平台药品进行扩围，利用直接结算推进企业降价幅度，将2596种药品纳入市级平台挂网目录，化学药品挂网均价降幅达16.4%，在满足医疗机构用药需求的基础上，降低患者用药负担，减轻医保基金支出压力。

节省采购费用　市际联盟集采低值医用耗材结算环节的打通，加快了平台全流程信息化结算进程，增加了耗材集中带量采购谈判筹码，有利于降低耗材采购价格、节约医保基金。2022年，平台耗材采购金额2100万元，已直接结算1684.44万元，节省采购费用526.85万元。

助力企业发展　大同市药耗采购平台直接结算全流程信息化结算模式的建立，有利于治理企业代金销售，助力医药企业良好发展，平台集中采购从源头上解决药品款项拖欠和药品恶意中断供应问题。平台建成运行后，医疗机构反映供货问题明显减少，得到企业普遍认同，既减轻使用主体工作量，又节约企业运维费用，实现平台建设预期。

## 案例四：吕梁市持续推进标准化建设赋能医保高质量发展

吕梁市医疗保障局深入实施标准化战略，充分运用标准化理念和方法，按照“一切工作有标准，按照标准做工作”的思路，从规范化入手，向标准化迈进，不断创新医保治理方式，提升公共服务水平，推动全市医保事业高质量发展。

**【夯实标准试点基础】**　推进基金监管规范化　建立和执行行政执法公示制度、全过程记录制度及重大执法决定法制审核制度，完善基金监管制度体系和执法体系，制定基金绩效考核评价体系，推进基金监管法制化规范化建设。

统一医保经办服务事项　制定《吕梁市医疗保障经办政务服务事项清单》，全面梳理服务事项，统一办理流程、办理材料、办理时限、办理环节等，市县执行一套标准，及时清理与全省医保经办清单不一致的事项、规范和行为。

规范医药服务行为管理　严格执行国家医保药品目录，制定使用全市统一规范的医保服务协议范本，规范医保定点医药机构管理。积极开展支付方式改革，促进医疗卫生资源合理配置和优化整合。

规范医保信息化建设　印发《贯彻执行15项医疗保障信息业务编码标准实施方案》，完成所有经办机构和定点医药机构的贯标工作，顺利通过验收。

**【积极申请标准化试点】**　申请标准化试点　2022年8月国家标准化管理委员会下达项目通知，山西吕梁医疗保障服务综合标准化试点获批创建，是全国本批次试点中唯一的市级医疗保障综合服务标准化试点。

明确试点目标　通过标准化试点创建，建立医保服务标准体系，深化医保基础共性标准研究，完善覆盖医保基金管理、业务经办管理、医药价格和招标采购管理等工作规范，优化快捷高效、方便实用的医保公共服务标准，建立医保绩效考核和服务评价标准，实现医保服务均等化，提升医保服务水平。

引入第三方力量　在市场监督管理部门的指导下，与中标院合作，发挥第三方机构专业力量，全方位全过程参与标准的申报、制定、实施、监督，强化行业专家的支撑作用，助力吕梁市医保服务综合标准化试点创建。

**【构建医保标准体系】** 建立标准化工作机制　成立吕梁市医疗保障服务综合标准化试点建设领导小组，局长任组长，牵头组织重大问题的研究与决策，协调解决跨部门、跨业务单元的关键问题。制订《吕梁市医疗保障服务综合标准化试点实施方案》，明确试点目标、主要任务、工作计划等。

组建标准化技术委员会　成立吕梁市医疗保障标准化委员会，广泛吸收医保各领域专家，负责全市医保领域地方标准的立项论证、起草、技术性审查、实施效果评估和复审工作。

建立医保标准体系　开展《医保基金管理使用绩效考核指标体系》一项省地标和《医疗保障经办服务规范》《医保便民公共服务点运营规范》两项市地标编制工作，截至2022年底已基本完成。并在充分调研和制度梳理的基础上，初步形成吕梁市医疗保障服务标准体系框架。

## 案例五：晋中市昔阳县确保不发生规模性因病返贫

晋中市昔阳县医疗保障工作扭住“两个重点”（脱贫稳定户和农村低收入群体）、把握“四个精准”（精准找人、精准动员、精准施策、精准监测），确保昔阳不发生规模性因病返贫致贫，以实际行动推动实现巩固拓展医保脱贫攻坚成果同乡村振兴有效衔接。

**【精准找人】** 依托“两个库”　依托民政库、乡村振兴库精准识别脱贫稳定户和农村低收入群体。在此基础上，医保建立脱贫稳定户库和农村低收入群体库。通过部门间的数据动态交换比对机制，精准排查重点人群是否参保，识别未参保人员并建立台账，做到“底数清、身份明、信息准”。

抓好“两个人”　充分利用村会计和村医，宣传医保政策，及时发现未参保、患慢性病和存在因病返贫致贫风险的人员，及时向乡镇（城区社区）、县卫生健康体育局、医保部门报告。县级相关部门可根据人员情况及时跟进落实帮扶政策。

靠好“一个组织”　充分发挥乡镇（社区）的统筹协调作用，组织协调乡镇医保经办人员、民政、驻村工作队、村会计、村医等人员做好人员精准识别工作。

**【精准动员】** 扩大宣传　线上线下，点面结合，营造医保宣传浓厚氛围。坚持传统媒体和新媒体相结合，宣传参保政策及有关慢病、“两病”方面的政策，扩大宣传面。创新宣传方式，通过电信购买服务，向“两个重点”人群精准发放医保政策，实现精准宣传。

精准识别，登门入户，打通“最后一公里”。联合乡村振兴等部门，由乡镇牵头，综合协调乡镇、村相关人员建立反向清账机制，逐户梳理，逐人动员，确保应参尽参，符合慢病、“两病”条件人员应鉴尽鉴，因病致贫人员应纳尽纳。慢性病已纳入管理人数为8815人，2022年新增慢性病人数为1500人；“两病”已纳入管理人数为20009人，2022年新增人数为317人。

**【精准施策】** 解决参保问题　全民参保，应参尽参。集中缴费期后，仍紧盯脱贫人口参保问题，特别是针对省、市大数据反馈的脱贫人口脱保问题，督促各乡镇综合采取各类措施充分动员，确保应保尽保。

解决识别问题　身份识别，应识尽识。根据脱贫稳定户和农村低收入群体两库的建立，运用多种手段精准排查，将特困人口、低保对象、因病纳入监测范围的易返贫致贫人口等农村低收入人口及时纳入医疗保障范围。

解决待遇问题　待遇享受，应享尽享。严格

按照省市各项文件精神，抓好待遇落实。2022年困难群体在省内住院综合报销平均比例达到90%，监测对象享受医疗保障政策的有66人、145人次。

解决服务问题　创优服务，提升能力。不断优化办事流程，推动经办服务下沉，通过线下业务一窗办、一般业务网上办等多元服务方式，让数据多跑路、群众少跑腿，做到参保人员“省心办事”。

**【精准监测】**　参保机制　建立动态监测参保机制。为保障对象建立实名制台账，实时监测、精准识别，动态掌握参保情况。

共享机制　建立健全共享机制。建立健全与民政、乡村振兴等部门信息共享机制，确保救助对象身份信息及时共享互认。指定专人定期与民政、乡村振兴、卫生健康部门对接，将动态调整新增人员按核定身份录入医保系统，使其及时享受应享待遇。截至2022年底，共推送1087条，监测对象新纳入35人，低保人群纳入255人。2022年符合条件的监测户共救助66人、145人次，救助金额378276.45元。

申请机制　建立分类依申请救助机制。经监测发现的救助对象，根据其对应的身份类别，及时启动救助程序。对低保等“收入型”困难患者自动纳入医疗救助范围，即时结算；对因病等“支出型”困难患者，按程序确认其救助对象身份类别，继而给予相应救助。

发现机制　建立因病返贫致贫救助对象主动发现机制。加强高额医疗费用负担患者监测预警，对符合条件的困难人员信息及时推送县乡村振兴、民政、卫生健康等部门，经相关部门按程序核实认定后，按身份享受医保待遇，实现及时精准救助。

## 案例六：长治市创新方法助力基金监管“服务前移”

为破解医疗机构违法违规使用医保基金屡查屡犯难题，长治市医疗保障局转变思路，创新举措，于2022年在全市各县（区）和所有定点医疗机构推出“政策法规大轮训、违规问题大整改”行动，将医保基金监管工作关口“前移”，变“重检查”为“重服务”“重规范”，帮助医疗机构规范提升医疗服务行为，最大限度守住百姓“看病钱”“救命钱”的安全底线。2022年全市244家定点医疗机构均开展“大轮训、大整改”行动，累计轮训1553次，经过轮训和整改，医疗机构主动退回医保基金807.6万元。

**【“全覆盖”整改】**　2022年初，长治市医保局印发《关于在全市医疗保障定点医疗机构开展“基金监管政策法规大轮训、违规问题大整改”工作的通知》，要求全市定点医疗机构开展“基金监管政策法规大轮训、违规问题大整改”行动，对医保基金使用政策开展全覆盖培训，医疗机构根据医保基金使用政策对2021年1月1日以来医保支付范围内的医疗费用进行自查整改，主动上交发现的违规收费。对拒不整改的医疗机构，依法依规从严处罚。

**【“精细化”轮训】**　长治市医保局组建“医保基金监管政策法规培训专家名册及培训课程目录”，收集省、市、县三级37位专家的授课内容，制作可覆盖不同培训需求的师资和授课“名册”，各定点医疗机构可根据实际需求自主选择。这种“菜单式”的培训方式有效提高了轮训的精准性，得到定点医疗机构的普遍欢迎和认可。

**【“标准化”规范】**　组织全市稽核业务骨干，整理国家、省、市飞行检查历年发现的问题，编撰《长治市医疗保障基金监管常见违规问题汇编》，共梳理重复收费、超标准收费、分解收费等10大类339个医保违规问题，标注认定违规的依据，为全市定点医疗机构自查自纠提供标准。

为促进“大轮训、大整改”行动形成氛围、持续开展，长治市医保局组织召开三次会议，分层次动员。即召集各县区医保局分管基金监管工作的副局长、10家非公立重点医疗机构负责人、10家重点公立医疗机构负责人分别召开“基金监管政策法规大轮训、违规问题大整改”工作推进会和重点医疗机构座谈会，观看警示教育片，交流医保工作情况，动员各县区、各医疗机构提高政治站位，强化组织领导，精心谋划实施，高质量完成轮训、整改任务。

实行每周通报，动态化推进。针对轮训、整改工作建立“周通报制度”，每周定期通报各县区和各定点医疗机构开展培训、交回整改资金等情况。通过动态通报各县(区)、各定点医院工作进度，形成互相学习的工作氛围。同时，长治市医保局强化工作督导，压实工作责任，确保“大轮训、大整改”工作常态化、长效化落实。

## 案例七：晋城市打造高质量“长护险”工作样板

晋城市是全省唯一的长期护理保险全国试点城市，市医保局勇于创新，高标准起步，全方位实施，紧紧围绕“政策架构标准化、护理服务套餐化、护理技能星级化、机构管理等级化、辅助器具租赁化”五个方面积极探索，创建较为完善的长期护理保险制度框架和工作运行机制，初步打造出高质量的“长护险”晋城样板，受到社会各界一致好评。

**【规范管理，架构标准化】** 晋城市政府出台了《关于建立长期护理保险制度的实施意见》，市医保局按照文件精神，制定形成1个《晋城市职工长期护理保险实施细则》和8个配套的“1+8”制度体系。制定印发《长期护理保险护理服务规范》《长期护理保险定点护理机构等级评定》《长期护理保险护理员星级评定》三个长护险地方标准，以标准引领促试点质量，保障全要素、全流程、全方位的长护险试点工作健康有序开展。

**【高效便民，服务套餐化】** 根据待遇享受人员失能等级和情况的不同，确定护理服务内容，制定《晋城市长期护理保险护理服务项目清单(试行)》，通过评估选取优质医疗和养老机构作为长期护理保险定点护理机构，针对不同失能人员的身体状况，“量身定制”护理计划，使失能人员可根据自身护理需求，自主选择服务项目，享受个性化套餐式服务，为失能人员提供更加专业、更加周到的护理服务，使长期失能人员生存质量明显提高，让失能人员可以更有尊严地生活，引导长期护理服务行业规范化良性发展。

**【加强培训，技能星级化】** 组织聘请专家对长期护理保险护理人员进行专业技能培训，不断提高护理人员的护理素养和技能水平，对其进行星级管理。与此同时，多次开展长护险业务培训，举办“长护险沙龙”“长护险开放周”，广邀各界专业人士，深入交流长护险推进过程中遇到的实际问题和解决方案，寻求突破与创新，为试点工作稳步开展营造良好氛围。

**【创新方式，管理等级化】** 制定发布《长期护理保险定点护理机构等级评定》地方性标准，明确定点服务机构中医师、护士、护理员的职责及服务监督、评价与改进的相关要求。按照硬件设施、行政管理、服务提供、服务评价等项目，制定发布《长期护理保险护理员技能星级评定》地方性标准，对从事长期护理保险护理服务的人员制定了总分为600分的等级评定打分表，对长期护理保险定点护理机构分档定级，并实行分级管理，等级越高，服务质量越好，进而实现定点护理机构管理科学化、智能化、精细化。

**【以需为导，辅具租赁化】** 遵从“思为民所想，行为民所需”的原则，解决康复辅助器具价格昂贵、短期使用易造成浪费的问题，以失能人员需求为导向，印发《关于开展长期护理保险辅助器具租赁服务的实施意见》和《晋城市长期护理保险辅助器具租赁服务暂行管理办法》，制定《晋城市长期护理保险辅助器具租赁目录(试行)》，将家用照护床、多功能轮椅、普通自助轮椅等辅助器具纳入租赁服务范围，解决居家失能人员康复器具使用负担，提高其生活质量。

## 案例八：运城市实施定点药店集采药品专柜销售新模式

为进一步加快推进药品集中带量采购常态化制度化开展，运城市医疗保障局以“健康山西 健康运城”为目标，以解决好人民群众急难愁盼问题为导向，积极探索实施集采药品进定点零售药店“366”（即“三项举措、六个统一、六个坚持”）运城路径，破解基层群众“买药贵”“买药难”困境，让集采改革红利惠及广大人民群众。

**【三项举措】** 推出“三项举措”，创新推广专柜销售新模式。一是“走出去”。主动深入80多家乡镇医疗机构，了解集采药品销售“瓶颈”，摸清基层群众购药需求，耐心解读宣传国家集采政策。二是“研起来”。多次召开集采药品配送企业负责人座谈会，集体研讨论证实施方案，畅通集采药品销售渠道，积极解决集采药品销售各类难题。三是“沉下去”。主动下沉定点零售药店，制定集采药品专柜销售流程，完善医保基金直接结算办法，扎实推进集采药品进药店销售机制的落地见效，确保基层群众用上质优价宜的集采药品。

**【六个统一】** 明确“六个统一”，精准实现专柜销售新机制。一是统一目录。按照运城市落地执行集采药品中选品种目录，逐一征求配送企业、中选企业意见，统一印制、发放《定点零售药店集采药品专柜销售品种价格目录》。二是统一价格。所有参加集采药品专柜销售的定点零售药店须按照中选价格，进行统一采购、销售。三是统一专柜。各定点零售药店须设置集采品种专柜，张贴明显标识，统一销售流程。四是统一登记。严格落实集采药品“进、销、存”管理，建立集采药品销售台账，实行实名制登记购药。五是统一结算。建立完善定点零售药店医保基金直接结算分级管理办法，按月核算、拨付、结算定点零售药店集采药品采购货款。六是统一监管。加强专柜销售“进、退”管理，不定期开展专项督导检查和随机抽查，对不按规定开展集采药品专柜销售的定点零售药店，及时取消其集采药品专柜销售权限。

**【六个坚持】** 做到“六个坚持”，有力促进专柜销售新发展。一是坚持更新目录。先后调整更新《定点零售药店集采药品专柜销售药品价格目录》3批次，涉及156个中选品种、355个品规。二是坚持持续跟进。及时对接中选企业和配送企业，耐心沟通，确保集采药品采购供应；主动协调商务、市场监督管理等部门，加强集采药品市场流通监管和质量监测。三是坚持解决难题。针对门诊慢特病患者采购使用集采药品后医疗费用支出大幅减少的实际，及时取消“两病”用药专项保障机制起付标准，有力促进运城医保事业高质量发展和人民群众医保待遇的稳步提升。四是坚持减轻负担。持续减轻门诊慢特病病人就诊负担，节约门诊挂号费用，缩短购药时长，确保人民群众获得感更强、幸福感更浓、安全感更足。五是坚持宣传报道。积极协调运城电视台、运城日报社等新闻媒体，通过新闻报道、短视频和定点零售药店电子显示屏等方式向社会广泛宣传，积极引导基层群众“就近购、方便购”。六是坚持扩围扩面。持续扩大定点零售药店集采药品专柜销售门店范围，适时增加集采药品销售品种目录，让更多的集采药品“走进”寻常百姓家，让集采红利惠及千家万户。

# 内蒙古自治区

## 工作综述

2022年，内蒙古各级医疗保障部门面对疫情防控严峻形势和医保改革繁重任务，全面落实国家、自治区决策部署和工作要求，圆满完成年度各项任务目标。截至2022年底，全区基本医疗保险参保2169.94万人，其中职工医疗保险参保586.83万人，居民医疗保险参保1583.11万人。基本医疗保险基金（含生育保险）总收入511.17亿元，总支出369.29亿元。其中，职工医疗保险（含生育保险）基金总收入339.44亿元，总支出238.02亿元，累计结存580.87亿元；居民医疗保险基金总收入171.73亿元，总支出131.27亿元，累计结存157.54亿元。

**【制度体系建设】** 推进全民参保计划 自治区医疗保障局联合14个部门印发《关于建立基本医疗保险全民参保长效工作机制的意见》，建立自治区、盟市、旗县区、乡镇（街道）、村（居委会）逐级动员"上下联动"机制，完善各级医保部门与卫生健康、公安、统计、民政、乡村振兴等部门的协同机制，实现信息共享。联合民政厅等八部门印发《内蒙古自治区关于维护新就业形态劳动者劳动保障权益的实施意见》，取消户籍限制，在就业地和户籍地均可参保。对各地全民参保开展月调度，全区基本医保参保率稳定在95%。

推进基本医保自治区级统筹 落实国家医疗保障待遇清单制度，实现制度框架统一，规范基本保障政策。各统筹地区按照统一政策标准、基金收支、经办服务和信息系统的原则，在全面做实医疗保险盟市级统筹基础上，实现医疗救助盟市级统筹。

健全城乡居民基本医疗保险筹资和待遇调整机制 自治区医疗保障局印发《关于做好2022年城乡居民基本医疗保障工作的通知》，明确2022年居民医保人均财政补助标准新增30元，达到每人每年不低于610元，个人缴费标准达到每人每年不低于360元，城乡居民基本医保筹资水平达到970元以上，进一步提升了参保群众保障水平。落实城乡居民高血压、糖尿病门诊用药保障机制，政策范围内支付比例50%以上。

推进职工医保门诊共济保障机制改革 按照《内蒙古自治区人民政府办公厅关于建立完善职工基本医疗保险门诊共济保障机制的实施意见》和《内蒙古自治区医疗保障局　财政厅关于建立完善职工基本医疗保险普通门诊保障制度的通知》，2022年10月1日起，全区统一实施职工医保普通门诊统筹制度，将门诊费用纳入职工医保统筹基金支付范围。

健全重特大疾病医疗保险和救助制度 聚焦减轻困难群众重特大疾病患者医疗费用负担，自治区政府办公厅出台《内蒙古自治区人民政府办公厅关于健全重特大疾病医疗保险和救助制度的实施意见》，强化基本医疗保险、大病保险、医疗救助三重制度综合保障。

支持三孩生育政策落地 贯彻落实党中央关于优化生育政策、促进人口长期均衡发展的任务部署，将生育三孩的生育医疗费用纳入生育保险和居民医保待遇支付范围。

稳步推进试点城市长期护理保险制度试点 按照《国家医疗保障局办公室　民政部办公厅关于印发〈长期护理保险失能等级评估操作指南（试行）〉的通知》，指导国家级试点城市呼和浩特市和自治区试点满洲里市、乌海市落实国家长期护理失能等级评估标准。

**【巩固拓展脱贫攻坚成果，有效衔接乡村振兴】** 通过优化调整医保帮扶政策，健全防范化解因病返贫致贫长效机制，逐步实现由集中资源支持脱贫攻坚向统筹基本医保、大病保险、医疗救助三重制度常态化保障平稳过渡。2022年，农村牧区低收入人口和脱贫人口实现应保尽保，政策范围内报销比例达到87%以上。

**【药品耗材集中带量采购】** 2022年，内蒙古累计开展集中带量采购药品508种，全国排名第11位，医用耗材38种，全国排名第6位。

*药品方面* 国家组织第六批胰岛素专项集采的42个中选产品于5月20日在内蒙古落地实施，与自治区交易价格相比，平均降幅50.87%；第七批国家集采中选药品于11月29日落地实施，与自治区交易价格相比，平均降幅69.3%。对前四批国家集采药品中选结果开展了续约工作。牵头组织“八省二区”第三批药品省际联盟带量采购，25个企业的17个品种23个规格中选，中选价格平均降幅54.76%。

*耗材方面* 人工关节集采中选结果于4月15日落地实施，190家医疗机构参加，首年意向采购量14050套。与2021年相比，中选价格平均降幅82%。心脏起搏器、超声刀、骨科创伤类中选结果落地实施，平均降幅分别为50%、70.11%、83.48%。参加广东牵头省际联盟新冠抗原、抗体和快采试剂带量采购，5月31日落地执行，平均降幅51.45%。

*经办服务* 优化医保基金与医药企业直接结算模式，实施“医银企”直联，回款天数缩短至29天，共拨付试点扩围药品和第二批国采药品结余留用资金1930.57万元，成为全国第4个全面应用药品耗材招采子系统的省份。

**【医保支付方式改革】** 推行以按病种付费为主，按人头、床日付费相结合的多元复合式医保支付方式。全面推开住院DRG/DIP付费改革，全区1015家医疗机构全部实现实际付费，占开展住院服务医疗机构总数的54.22%，超额完成国家年度任务目标。完善政策体系，制定DIP付费协议、经办规程、病种组合目录管理办法、特殊病例管理办法、考核评价管理办法、监管办法等配套政策，逐步形成较为完整的改革体系。先后制定印发两版《内蒙古自治区按病种分值付费病种目录库》，畅通与医疗机构的沟通机制，对《病种目录库》实行动态调整，满足全区DIP改革需求。

**【国家药品目录实施和管理】** 持续推进国谈药品落地使用，全年213.96万人次受益，基金支付12.4亿元。门诊特殊用药新增34种，达到85种。完善谈判药“双通道”管理机制，全区开通“双通道”药店300余家，“双通道”管理药品176种，患者“双通道”定点药店购药71.2万人次。开展医保“双通道”电子处方流转结算试点和医保药品支付标准试点，开展试点药品使用情况月监测，试点药品惠及692.23万人次，基金支付3.14亿元。适应中医药事业发展需求，新增36个中药配方颗粒纳入医保乙类管理。制定可单独收费医用耗材目录，明确医保支付等级。将中医（蒙医）、口腔、康复、放化疗、人工耳蜗置入术等197个医疗服务项目纳入医保支付范围。

**【医疗服务价格项目管理】** 动态调整285项基本医疗服务价格。将“经皮穿刺动脉栓塞术”等9项第四批新增医疗服务项目和13项医用耗材纳入基本医疗服务项目。组织开展口腔种植医疗服务收费和耗材价格专项治理，在全国率先对单颗种植牙医疗服务价格进行全流程调控，对15个新增口腔种植医疗服务项目制定政府指导价。

**【医疗保障基金监管】** 加大日常监督检查力度，全年检查医药机构2.22万家，处理7966家，追回医保基金2.15亿元，移交公安司法纪检机关15例。以盟市交叉检查形式，聚焦肾透析、骨科和心血管耗材等重点领域，组织开展覆盖全区12个盟市的医保基金飞行检查。完善医保智能监管，组织医保、临床、药品等专家制定智能审核规则库，启动智能监管审核系统，实现定点医疗机构全覆盖，追回医保基金426.64万元。加大宣传培训力度，制作“织密基金监管网　共筑医保防护线”打击欺诈骗保警示专题片，组织全区4018家定点医药机构观看并签订《维护医保基金安全承诺书》。

积极落实医保部门与相关部门协同执法、联防联动、行刑衔接和行纪衔接等工作制度，增进部门联动，强化部门协同。

**【医保经办服务】** 促进医保服务“快办”“办好” 推动医疗保障系统优化营商环境33条举措落地，助力内蒙古经济社会发展。全面开展“两优”专项行动，对38项行政权力和公共服务事项“一放三减”，促进医保服务“快办”“办好”。经办政务服务事项在国家医疗保障经办政务服务事项清单规定基础上，材料精简30%，环节精简26%，时限压缩50%。

推进医保经办服务下沉 建立自治区、盟市、旗县区、苏木乡镇（街道）、嘎查村（社区）五级经办服务体系，在全区医疗保障政务服务事项操作规范中，将17项医保服务事项下沉至苏木乡镇（街道），7项医保服务事项下沉至嘎查村（社区）。

深化医保信息平台应用 全面推行“1+5”网办模式，28项政务服务事项全部实现线上办理，1486.2万人申领医保电子凭证，为群众提供“搬到家里的医保服务点”“装在口袋里的医保服务厅”。

加强医保系统行风建设 组建12345快速处置专班，“三率”排名全年保持在自治区前列。持续推进“好差评”制度，全区线上好评率99%以上。在全区开展练兵比武活动，印发《内蒙古自治区医疗保障经办管理服务规范建设“四比四树四提升”专项行动“综合柜员制”练兵比武活动方案》，典型案例被全国医疗保障经办服务规范建设典型案例推介活动评选为综合类一等奖。

提升医保服务质效 设立医保“代办帮办”专窗或专岗，对老年人、退伍军人、返乡农民工、孕妇、残疾人等不便到场的群众，提供15项“代办帮办”服务，实现16项医保服务事项“全区通办”。

优化跨省异地就医直接结算 开通自助备案，5种门诊慢特病和门诊统筹费用实现跨省直接结算，全年跨省异地就医直接结算114万人次，医保基金支付44.2亿元，住院直接结算率达66%，高于全国平均水平。印发《内蒙古自治区基本医疗保险异地就医直接结算实施细则》，统一规范经办业务流程和服务标准。

**【助力疫情防控】** 落实“两个确保”、做好“两项费用”保障，做好疫情期间阶段性缓缴职工基本医疗保险费单位缴费工作，实施“免申即享”；向定点医疗机构预拨专项救治资金，做好新冠疫苗接种保障；年内4次下调核酸检测价格，单检从35元/人次降到13元/人次，混检由8元/人份调至2.5元/人份；开通绿色通道，及时将符合诊疗方案的阿兹夫定片、奈玛特韦片/利托那韦片组合包装等6种药品和25种蒙医医院制剂临时纳入内蒙古医保支付范围。针对疫情期间群众就医购药垫付结算、门诊特殊慢性病和门诊特殊用药无申报先用药及异地就医无备案等产生的费用问题，推出补报销、补申报、补备案等特事特办便民服务举措。

## 重要活动

1. **全区医疗保障工作会议召开。** 1月27日，全区医疗保障工作会议在呼和浩特召开。会议回顾全区2021年医疗保障工作，分析研判医疗保障改革发展形势，安排部署2022年医疗保障工作。会议以视频形式召开，呼和浩特市、包头市、呼伦贝尔市、赤峰市、锡林郭勒盟、鄂尔多斯市等6个盟市医保局发言。

2. **牵头开展药品省际联盟带量采购。** 内蒙古牵头组织开展“八省二区”省际联盟第三批药品带量采购，3月22日，召开信息公开大会，共25家企业的17个品种23个品规中选，药品价格平均降幅54.76%。

3. **全区医保基金监管集中宣传月启动。** 4月，在全区范围内以“织密基金监管网 共筑医保防护线”为主题开展医保基金监管集中宣传月活动，制作“织密基金监管网共筑医保防护线”打击欺诈骗保警示专题片。组织全区4018家定点医药机构观看并签订《维护医保基金安全承诺书》。

4. **全区医疗保障运行分析电视电话会议召开。** 4月20—21日，全区医疗保障运行分析电视电话会议在呼和浩特召开，分析2021年全区各统筹区医疗保障运行情况。

5. **召开医疗保障基金监管厅际联席会议。**5月20日，医疗保障基金监管厅际联席会议在呼和浩特召开。自治区公安厅、民政厅、司法厅、卫生健康委、市场监督管理局、药品监督管理局等成员单位参加会议。

6. **建立“三医联动”联席会议制度。**自治区医疗保障局联合财政、卫生健康、药监等部门，牵头建立“三医联动”联席会议制度，5月11日召开第一次联席会议。

7. **开展全区医药采购专项治理。**6月23日，全区药品和医用耗材采购专项治理工作培训班成功举办。引入第三方团队协助，对自治区8个盟市44家三级医疗机构开展专项治理工作。

8. **开展全区医疗保障飞行检查。**6月，自治区医疗保障局联合自治区财政厅、卫生健康委员会开展覆盖全区的医疗保障飞行检查。

9. **召开全区医疗保障工作中期推进会。**7月14日，全区医疗保障工作中期推进会在呼和浩特召开。会议梳理上半年重点工作进展情况，分析面临的困难和存在的突出问题，部署任务要求。

10. **内蒙古首届“综合柜员制”练兵比武大赛举办。**8月6日，自治区首届“医疗保障经办管理服务规范建设‘四比四树四提升’专项行动‘综合柜员制’练兵比武活动大赛”在赤峰举行。此次活动被全国医疗保障经办服务规范建设典型案例推介活动评选为综合类一等奖。

11. **推进职工医保门诊共济保障机制改革。**10月1日起，全区统一实施职工医保普通门诊统筹制度，将门诊费用纳入职工医保统筹基金支付范围。同步改革职工医保个人账户，扩大支付范围，并实现个人账户家庭共济使用。

12. **启用医保基金监管智能审核系统。**10月1日起，启用医保基金监管智能审核系统，覆盖全区2111家定点医疗机构。

## 典型案例

### 案例一：内蒙古开展“四比四树四提升”练兵比武，全面提升经办队伍素质能力

2022年，内蒙古自治区创新开展医疗保障经办管理服务规范建设“四比四树四提升”专项行动，聚焦窗口经办服务，围绕医保政策学习、国家医保信息平台应用、经办服务规范等内容，在全区范围内开展练兵比武活动，全面提升经办队伍素质能力，统筹推动各项重点工作落实。

**【主要做法】** 聚焦窗口强服务，夯实基础练内功　一是推动全面掌握医保政策，做到业务知识一口清。本着“干什么学什么”的原则，制作练兵比武应知应会学习手册，内容覆盖医保法律法规及自治区配套落实的政策措施，对医疗保险参保管理、医保关系转移接续、门诊共济保障、长期护理保险、待遇保障、基金审核结算、基金监管、定点医药机构管理、医保三大目录、支付方式改革、异地就医等重点工作内容进行全面解读，并通过专题学习、业务交流、政策宣讲、业务测试等形式，培养“一口清、问不倒”的“医保明白人”，全面提升经办人员政策理论知识水平。二是熟练应用平台系统，做到操作技能一手精。将国家医保信息平台14个子系统的应用作为全区医保经办部门业务练兵的重中之重，重点突破。建成使用线上答题测试应用平台，编制医保信息平台操作题库，组织各级医保经办部门线上考试答题并全区通报。先后组织自治区、盟市、旗县三级医保经办业务骨干及信息化技术骨干，围绕快速推动国家医保信息平台系统运用，开展多次现场业务交流培训和答疑解难。同时，组建巡回指导组，赴各盟市对系统应用进行现场指导，并解读DIP/DRG实施工作要求，有效提高全区医保经办队伍的平台应用操作能力，提升服务水平。三是严格规范服务行为，做到经办标准一尺明。重点围绕经办服务规范进行逐项培训和前台业务考核，包括国家和自治区政务服务事项清单、操作规范、代办帮办和“全区通办”清单等政策落地的经办规则，以及工作人员

仪容仪态、行为举止、服务用语、工作纪律等服务规范。同时,汇集国家医保局印发的《医疗保障经办大厅设置与服务规范》、自治区医保局印发的《2022年度内蒙古自治区医疗保障系统行风建设评价工作方案》等,形成资料合集并下发各盟市,作为日常练兵比武培训工具书,推动全区高质量开展练兵比武工作。

三级联动大练兵,提振精神砺精兵　一是旗县全员参训,练能兵。全区旗县医保经办机构以实战为主,围绕经办服务下沉,积极争取当地政府部门支持,将苏木乡镇(街道)、嘎查社区(村)基层服务站点医保工作人员全部纳入练兵范围,统一培训、统一规范,同起跑线比武选拔。二是盟市骨干培训,选强兵。充分发挥统筹区牵头组织作用,通过业务培训、模拟操作、观摩学习,对经办人员的政策解答、业务系统操作、群众诉求沟通解释、服务礼仪、突发事件应变处置等开展全面练兵。组织各旗县区通过"亮晒比"、业务竞赛等活动,层层选优。三是自治区比武大赛,树标兵。组织开展全区首届医疗保障经办管理服务规范建设"四比四树四提升"专项行动"综合柜员制"练兵比武大赛。大赛以现场电脑答题形式开展,赛前成立材料组、题库组、会务组、裁判组、后勤保障组、宣传组、疫情防控组,并印制应知应会学习手册、大赛规程、大赛纪律、大赛评分细则等,组织参赛队员赛前学习,确保大赛公平公正、规范有序、高质高效开展。经过知识竞赛、理论测试、实务操作3个环节,角逐产生团体一二三等奖、优秀组织奖及盟市、旗县两级岗位标兵。

专项推动求实效,经办服务树新风　一是统筹协调,分类指导。自治区围绕窗口服务、费用报销、两定机构结算、医保基金管理四个领域,成立总体调度和窗口服务规范、审核结算规范、基金监管规范、宣传推广规范四个专项工作组。总体调度组负责统筹目标台账任务推进,专项工作组负责专项任务练兵比武内容、形式和目标达成,形成业务上下一条线,打通业务指导直通车,提升练兵比武成效。二是按月调度,年终选树。自治区在练兵比武过程中,注重过程和质效把控,针对四个专项内容,以"月调度、年评比"的模式开展选树工作。总体调度组按月调度目标任务完成情况,专项工作组全程跟进各盟市推进落实情况,及时总结典型经验并全区推广,及时发现问题并推动整改,形成一月一档,确保练兵比武练得出成效、选得出典型。

**【主要成效】** 营造良好氛围　基层优秀能兵不断涌现,培养打造了一批综合素质高、业务能力强的医保经办队伍;形成了以练促学、以比促干的良性循环,"比学赶超"、人人"学政策、钻业务、练技能、强服务"氛围浓厚。

提升实干本领　通过广泛选树典型,示范带动,各盟市纷纷推出管理服务创新举措,形成了一批便民服务特色品牌,探索出了一批审核结算先进工作方法,总结出了一批基金监管典型经验,推出了一批宣传推广示范作品,为全面提升全区经办管理服务水平提供示范引领,推动了全区经办管理服务提质增效,树立了医保部门能干、实干的良好形象。

## 案例二:呼和浩特市持续完善多层次医疗保障体系,减轻人民群众就医负担

2022年,呼和浩特市医疗保障局坚持以人民为中心的发展思想,持续完善多层次医疗保障体系建设,医疗保障政策体系更健全,保障范围更全面,待遇稳步提升,老百姓就医看病更有"医靠",群众医疗负担大幅减轻。

**【主要做法】** 强化基本医疗保险保障功能　2022年1月印发《呼和浩特市城乡居民基本医疗保险实施办法》,住院统筹基金年度最高支付限额由15万元调整为17万元,住院起付标准最高降幅33%,报销比例提高3%。3月印发《呼和浩特市医疗保障局关于调整城乡居民基本医疗保险门诊慢特病管理有关事宜的通知》,将一些患者医疗费用较高、负担较重、需长期治疗的14个病种纳入门诊慢特病。取消单病种最高支付限额,按照城乡居民基本医疗保险年度统筹基金支付标准支付。

提高报销比例，血友病等病种报销比例从65%提高到80%以上。5月印发《呼和浩特市城乡居民基本医疗保险门诊统筹实施办法》，取消按季度报销封顶线，按照年度限额报销，城乡居民门诊统筹年度报销统一调整为2400元。6月印发《呼和浩特市建立完善职工基本医疗保险门诊共济保障实施细则》，10月1日起，改革个人账户支付范围，实施门诊共济，提高门诊统筹限额和报销比例，在职职工由原来的4000元提高到5000元；退休人员由原来的4000元提高到6000元。退休人员报销比例在原基础上提高5个百分点，三级医疗机构报销65%，二级及以下医疗机构报销85%。12月印发《呼和浩特市医疗保障局关于职工基本医疗保险门诊慢特病管理有关事宜的通知》，职工门诊慢特病起付线从1000元降到300元，门诊慢特病统筹基金报销额度并入医疗保险年度支付累计，最高可报销39万元。

*增强大病减负功能* 8月印发《呼和浩特市城乡居民大病保险实施办法》，经基本医疗保险报销后，居民个人负担费用达到14000元后进入大病保险支付；对特困人员、低保对象和返贫致贫人口实施倾斜政策，起付标准降低50%，支付比例提高5%，取消城乡居民大病报销封顶线。9月印发《呼和浩特市职工大额费用补助实施办法》，职工个人负担费用累计达到7000元后进入大额医疗费用补助支付。门诊慢特病、门诊特殊用药治疗费用经基本医疗保险统筹支付后，个人负担费用累计达到3000元后进入大额医疗费用补助支付。

*夯实医疗救助托底保障功能* 12月印发《呼和浩特市关于健全重特大疾病医疗保险和救助制度的实施方案》，扩大医疗救助对象范围，新增两类救助人员，政策范围内住院费用特困人员、孤儿按照100%比例救助，低保对象按照不低于70%比例救助，其他救助对象按照不低于65%的比例给予救助。

**【主要成效】** *群众就医负担明显减轻* 2022年，呼和浩特市城镇职工政策范围内住院费用统筹基金支付比例为87.4%，较上年提高1%。城乡居民政策范围内住院费用基金支付比例为74.03%，较上年提高5.94%。职工门诊统筹支出44289万元，较上年增长4332万元。城乡居民普通门（急）诊统筹支出4616.65万元，支付占比较上年提高1.52%。

*促进分级诊疗* 为促进分级诊疗，合理利用医疗资源，把多发病、常见病等留在基层医疗机构救治，呼和浩特市在医保政策制定上向基层医疗机构倾斜，医疗机构级别越低，起付线越低，报销比例越高。2022年呼和浩特市门诊统筹费用，一级医疗机构支出占比22.59%，二级医疗机构支出占比19.17%，三级医疗机构支出占比45.2%，打破了以往以三级医疗机构为主的诊疗格局。

## 案例三：包头市推出专属普惠型商业补充保险——“鹿城保”

2022年，包头市医疗保障局牵头推动商业补充医疗保险“鹿城保”上线，“鹿城保”被列入包头市委市政府“20项民生实事”、包头市党建“书记项目”、党政“一把手”带头“领难题、办实事”领题备案等重点工作任务。2022年12月25日，在人民日报健康客户端主办的“2022多层次医疗保障优秀案例征集”活动中，“鹿城保”获评“协同创新案例”。

**【夯实制度建设基础，发挥商业补充保险兜底作用】** 包头市医疗保障局多次召开专题会议，研判发展形势，掌握全市医疗保障现状，由医保、财政、银保监、金融办、卫生健康、民政、教育、乡村振兴、工会、残联、红十字会11个部门联合印发《关于促进包头市普惠型商业补充医疗保险的指导意见》，明确包头市普惠型商业补充医疗保险发展基本原则，即“政府引导，市场主导；全民准入，自愿参保；衔接互补，梯次减负；商保运行，自负盈亏”，从制度层面有效规范包头市普惠型商业补充医疗保险的实施。鼓励引导社会力量资助困难对象参加商业补充医疗保险，对城乡特困人员、城乡低保对象、孤儿、事实无人抚养儿童、脱贫不脱策的农村牧区易返贫致贫人口资助参保，发挥商业补充医疗保险减轻困难对象医疗费用负担的重要作用。

**【完善普惠保障机制，发挥商业补充保险广覆盖作用】** 2022年6月20日，包头市专属普惠型商业补充医疗保险“鹿城保”正式启动，由中国人民财产保险股份有限公司包头市分公司作为主承保机构，与大地财险、中华财险和新华保险三家保险机构共同承保，全年保费76元，困难对象由中再寿险支持享受倾斜政策，每年保费仅10元。包头市医疗保障局积极对接市红十字会，由社会各界全额资助全市城乡特困人员、城乡低保对象、孤儿、事实无人抚养儿童、脱贫不脱策的农村牧区易返贫致贫人口40755人参保。2022年，全市共参保43万余人，参保人员平均年龄50.8岁，参保率近20%，在内蒙古自治区商业补充保险项目中参保率最高。截至2022年底，共赔付346人次，赔付金额205.24万元。

**【突出便民利民特点，发挥商业补充保险普惠作用】** “鹿城保”旨在加强与基本医疗保险、大病保险、医疗救助政策的有效衔接，切实减轻参保群众就医负担，满足人民群众多层次、多样化医疗健康保障需求。一是投保门槛低。打破传统商业健康险既往症不可保、不可赔的门槛限制，实现面向全市所有基本医疗保险参保(在保)人员，无年龄、性别、职业、户籍、等待期、健康状况等条件限制，纳入“既往症”人群，实现“带病可保可赔”。二是保障力度大。在基本医疗保险保障的基础上，重点保障政策范围内个人自付较高的费用，兼顾部分政策范围外医疗住院费用、高额药品费用(含部分罕见病)，发挥商业保险梯次减负功能。最高保障额度300万元，包括医保政策范围内的住院医疗费用责任、医保政策范围外的住院医疗费用责任、特定药品医疗费用责任三项责任保障各100万元。三是参保支付便利。参保人员可通过“鹿城保”微信公众号、扫描二维码等方式为本人及直系亲属办理投保，承保公司为企业单位团体投保提供上门服务。可通过微信、支付宝等多种方式，为本人及直系亲属(父母、配偶、子女)支付参保费用。四是理赔方便快捷。在“鹿城保”微信公众号设置理赔申请入口，实现足不出户即可完成理赔；承保公司还提供线下定点理赔渠道，为参保群众提供线上线下多种方式进行理赔，满足不同需求；优化理赔流程，推动部分试点医院实现基本医疗保险与“鹿城保”一站式结算。五是打造多维度增值服务。围绕健康人群、亚健康人群、重疾人群，在“鹿城保”微信公众号为参保人提供特药服务、自主健康管理服务、慢病管理服务、医疗问诊服务、肿瘤基因检测折扣服务和抗疫专区6大类19项健康增值服务，让患者看病就医更加高效便捷，减少高额医疗费用支出。

## 案例四：兴安盟推动构建医保基金监管长效机制

2022年，兴安盟坚持创新引领，打造全方位、全流程、全环节的医保基金监管新模式，推动构建医保基金监管长效机制，基金监管成效显著，医保基金整体运行态势稳中向好。

**【主要做法】** 聘请“三个第三方”，创新监管模式　一是引入监管第三方，提升基金监管效能。在局机关专门设立第三方基金监管办公室，引入第三方机构参与医保基金监管，提供常驻办公人员5名，配备10名兼岗协查人员，重点实施对医保定点医药机构的日常巡查、驻点巡查和专项检查。同时，建立第三方绩效评价机制，对配备人员结构、检查情况、检查结果评估、负面行为清单四个方面进行激励和约束，规范其执业权限和程序。二是引入法治第三方，提升依法行政水平。聘请法律顾问团队，全程参与基金监管，做到“事前风险评估、事中规范指导、事后合法审查”，在法治轨道上推进医保基金监管工作行稳致远。三是引入信用评价第三方，打造医保诚信服务新环境。搭建医保基金监管信用评价系统，通过建立管理对象的诚信档案，进行积分量化管理，打造基于信用管理的医保基金监管创新模式。

坚持“三个到位”，深化部门联动　一是组织保障到位。印发《2022年医保基金监管工作方案》,分步骤推进日常监管、自查自纠、专项整治抽查复查等工作,深入贯彻执行《医疗保障基金使用监督管理条例》,规范执法检查行为,提高监管队伍综合能力。二是制度保障到位。盟医保局会同卫健、市场监管、公安、检察等部门建立了联合检查、联席会议、联办线索和要情通报四项机制,形成了跨部门协同监管合力。三是落实执行到位。同卫健、市场监管等部门开展联合抽查检查2次,参加公安牵头组织的打击诈骗医保基金联席会议2次,向司法部门移交骗保案件1件,保持医保基金监管的高压态势。

运用“三个手段”,强化监督管理　一是加强专项整治。综合运用协议、行政、司法等手段,以零容忍态度严厉打击欺诈骗保行为,对统筹区内定点医药机构和医保经办机构进行“全覆盖检查”。二是优化智能审核。利用医保信息平台智能审核功能,加强对医保基金使用行为的实时动态管理,实现事前提醒、事中审核、事后监管全过程智能审核和监控,确保对全量医保基金结算单据实现全面智能审核。三是打造“智能场景监控”。布控定点医疗机构场景50个,包括住院场景10个、血透场景20个、康复场景20个;定点药店场景10个,重点针对血液透析、康复理疗、药店购药等场景,从行为真实性、管理依从性等多方面进行智能分析,筛查出违规违法线索,为现场检查执法和精准打击提供数据支撑。

**【主要成效】**　医保基金运行呈现安全稳健态势　经过连续几年的医保基金专项治理,医疗保障高质量发展的有利因素不断增加,外部环境不断优化,全盟医保基金连续两年实现收支平衡、略有结余,整体运行态势稳中向好,医保基金保基本、惠民生、稳待遇、可持续的能力不断增强。

公平适度的待遇保障机制得以稳健运行　积极处理基金安全与待遇保障提升的关系,形成了基金安全与待遇保障的良性平衡,不断增强人民群众获得感、幸福感、安全感。

医疗机构自主控费意识显著增强　以兴安盟人民医院为例,在院务决策、医疗控制、决策执行等方面渗入医保管理理念,建立了决策级、控制级、执行级三级质量管理体系和医院医保质量考核机制,与各科室负责人签订《承诺书及医保质量管理责任书》,利用奖罚机制引导临床医生合理诊疗,同时宣传多样化、培训分层常规化,加强和引导临床科室自主控费。

## 案例五:锡林郭勒盟聚焦“三个维度”　全力打通医保服务“最后一公里”

2022年,锡林郭勒盟医疗保障局深入践行以人民为中心的发展思想,着力深化“放管服”改革,不断拓展服务外延,推进医保经办服务下沉,重点聚焦“三个维度”,全力打通医保服务“最后一公里”,不断提升参保群众的获得感、幸福感、安全感。

**【聚焦服务下沉,将服务搬到群众“家门口”】**　锡林郭勒盟医保局将建设基层医保服务站作为完善医保经办服务管理体系,推进经办服务下沉的重要举措。全盟范围内依托党群服务中心、苏木乡镇卫生院、嘎查村卫生室、基层银行网点,按照职能授权、服务场所、服务标识、人员配备、业务培训、操作手册配发、业务指导、经办服务台账、服务载体应用、经办业务公开“十到位”标准进行建设,实现基层医保服务站规范化、标准化。基层医保服务站采取“高频事项代帮办、跑路事项上门办、紧急事项电话办”的“三办”模式,推进医保经办服务下沉,精准服务参保群众。2022年,全盟共建成苏木乡镇(街道)基层医保服务站78个,覆盖率100%,嘎查村(社区)医保服务点94个,覆盖率13.39%,共计办理直接结算业务22196件次、参保缴费135096人次、信息查询70145人次、异地就医备案6675人次、医疗救助手工报销1032人次,覆盖城乡、普惠群众的盟、旗县市(区)、苏木乡镇(街道)的三级医保经办服务网络基本形成,畅通了服务群众的“最后一公里”。

**【聚焦拓展渠道,构建低收入人口便民“购药圈”】**　充分发挥定点零售药店在医疗保险药品供应保障方面的积极作用，不断满足全盟农村牧区低收入人口购药需求。印发《关于开展低收入人口门诊慢特病定点零售药店购药医疗保障服务的通知》《关于印发〈锡林郭勒盟城乡低收入人口门诊慢特病定点零售药店购药医疗保障服务规程（暂行）〉的通知》，明确全盟特困人员、低保对象、返贫致贫人口、脱贫人口（享受政策）和纳入乡村振兴农村牧区低收入人口监测范围的边缘易致贫户、脱贫不稳定户、突发严重困难户中的门诊慢特病患者，可自行选择医疗保障部门确定的定点医药机构购买门诊慢特病用药。门诊慢特病用药范围内的药品费用由城乡居民基本医疗保险统筹基金按规定支付，定点医疗机构和定点零售药店实行统一的支付政策，低收入患者在定点零售药店的统筹基金起付标准、支付比例、年度最高支付限额按照锡林郭勒盟现行定点医疗机构门诊慢特病报销政策执行。2022年，全盟统筹区域内746家定点零售药店在全区率先实现低收入人口门诊慢特病购药医保直接结算，覆盖面达到100%。低收入人口定点零售药店门诊慢特病直接结算4308人，12768人次，购药总费用364.82万元，基本医保报销193.61万元，医疗救助96.44万元，政策范围内报销比例86.84%。

**【聚焦信息化建设，实现基层医疗机构“直接结”】** 鉴于定点零售药店大部分在城镇，农村、牧区的低收入人口看病购药存在困难，锡林郭勒盟医保局全面加强农村牧区医疗保障信息化建设，积极推动医疗保障服务端口前移，努力为人民群众提供公平可及、便捷高效、温暖舒心的医疗保障服务。锡林郭勒盟医保局加快实施农村牧区基层卫生院（城镇社区卫生服务中心）就医费用医保基金直接结算，推进具备条件的嘎查村卫生室开通门诊、慢特病费用直接结算。2022年，全盟统筹区域内134个基层医疗机构全部实现就医费用医保直接结算。全盟基层定点医疗机构就医医保直接结算61644人次，医疗费总额974.73万元，三重制度保障报销617.78万元，政策范围内费用报销比例为69.48%。

## 案例六：鄂尔多斯市高标准高质量推进医保信息化建设

鄂尔多斯市积极探索推进高质量服务新路径，充分利用互联网、云计算、大数据、AI等新技术手段，结合医保业务场景，全面提升医保智能化服务能力，让“互联网+医保”、智慧医保、数字医保为民服务更加全面、更加高效便捷，为医保高质量发展提供了坚实保障。2022年先后被确定为自治区移动支付、电子处方等各项便民应用试点城市。

**【提高政治站位，加强组织领导，夯实信息化基础】** 作为全区医保信息化便民服务应用工作试点地区，市委、市政府高度重视，将医保信息化建设作为打基础、利长远的大事要事，给予全方位支持。市政府统筹考虑全市信息化应用构架，与大数据中心、卫生健康委、民政等部门，先后召开6次协调会议，一体推进市旗乡三级信息化建设。市财政预算经费1000万元，自主立项开展DIP配套服务和智能客服项目，通过搭建DIP结算清算模块、引入专家技术支持和设立专班专席、智能语音答复、扩充电话线路、整合微信公众号等方式，提高信息化建设水平。市医疗保障局成立信息化建设领导小组，坚持“一把手”亲自抓，制定平台上线实施方案，与各旗区签订责任状，定期调度通报，及时研究解决问题，实现医保信息平台全区首家全量运行。坚持试点示范，选择鄂托克旗作为试点，在便民应用、智能监管、药店统筹支付、服务下沉等方面，先行先试积累经验。准格尔旗将医保服务下沉到乡镇，专人、专线、专网服务，实现全域医保业务大经办、家门口可办。康巴什、伊金霍洛旗在药店、发热小屋推行刷脸支付，打造全市样板。市本级经办推进“蒙速办”平台特色应用，将个人账户共济备案、生育津贴申领、转移接续等6项业务线上办理，鼓励开展创新服务。

**【创新多项举措，整合多种资源，强化信息化管理】** 充分认识编码标准是医保信息化的重要基础和前提，组织召开贯标专题培训，59家二级及以上医疗机构全部完成贯标工作，按时维护三大目录，实现业务编码统一、业务数据同质、业务信息互认。确保医保信息平台畅通有序，与旗区召开14次见面会，先后8次向自治区请示汇报，重点事项到自治区项目部集中办公，及时处理455类3660个需求，实现业务经办、业财一体化、公共服务等诸多新服务新功能，结算速度和质量明显提升。将“建设安全医保”和“建设智慧医保”同部署、同落实，与两定机构签订《网络安全协议》，对违规机构暂停医保服务1个月。定期筛查，对存在网络安全隐患的机构定期通报、预警和封停。对各级经办人员按照“办理审核分离、不相容岗位分离”的原则，实时维护、落实落细权限管理，切实降低数据安全风险和廉政风险。

**【立足便民为民，凸显引领作用，推进信息化应用】** 做实全民参保　建立健全参保数据动态维护机制，加强与民政、残联、乡村振兴等部门的数据共享，定期比对、精准参保。全市参保率97.03%，实现困难群众应保尽保。

推行医保直接结算　规范政策执行口径，落实区内无异地政策，市域内就医全部医院端直报，跨省异地就医免审批备案直报，极大减轻群众跑腿垫资负担。2022年7月开始推行直报以来，市域内门诊慢特病直接结算337.7万人次8.6亿元，跨省直接结算7.3万人次4.1亿元，手工积压票据全部动态清零。建设商业保险公司与医保信息平台接口，实现大病保险数据互联互通，参保群众三重保障“即时直报，一站式服务”。

推进医保精细化管理　28项基础业务全部“一网通办”，将门诊慢特病备案权限下放到二级及以上医疗机构，将智能医保应用下沉到嘎查村（社区）、党群服务中心，投放11台自助一体机、120台手持终端，让群众就近便捷办事。在各大企业、银行增设医保服务网点，通过政银合作、政企合作借力借势。疫情期间，推行“互联网+医保”，经办事项“网上办”“远程办”“掌上办”“不见面办”，办理率80%以上。

便民化应用赋能增效　全市共有3家三级医院、5家二级医院已上线移动医保支付并投入使用，在内蒙古所有地级市排名第一。鄂尔多斯中医院在自治区中医院模式的基础上，通过终端实现诊间混合支付，已对接国家医保App纯医保支付。鄂托克旗蒙医院成为全区第一家依托省平台实现移动支付的二级医疗机构。

加快定点医药机构处方标准互认和流转　8家“双通道”药店实现自治区内处方流转，正在试点运行24小时自动药柜服务，实现“患者门诊就医、医师开具电子处方、定点零售药店购药取药”的便捷服务，提升谈判药品供应保障可及性，更加方便群众购药。

推进医保智能监管试点工作　启动远程查房系统，推广场景监控，构建数据审核与场景监控“双监管”。将“双通道”药店全部纳入智能监管，规范购药行为。

全媒推广宣传医保电子凭证　开启医保宣传直播，制作动漫、图解、小视频等78部，印发资料10万份，在新华网、人民网、奔腾融媒等各大媒体广泛宣传。

## 案例七：巴彦淖尔市建设草原医保驿站延伸医保服务

2022年，巴彦淖尔市医疗保障局下大力气建设草原医保驿站，持续推动“服务下沉、快办办好”目标加快实现，经办服务更加高效便民。

**【聚焦“就近办”，推进医保服务城乡均等化】** 采用市带旗联动方式，建立健全“市、旗、苏木镇、嘎查村（社区）”四级医疗保障服务体系，根据基层农牧民居住边远、分散等特点，相继在乌拉特中旗12个苏木镇（公司、中心）党群服务中心、14个苏木镇卫生院、44个村卫生室、1个社区卫生服务中心、1个旗直医疗机构设立基层医保服务站，在86个嘎查村配置医保协理员，面对面为农牧民提供经办服务；将参保登记、变更、异地备案、医保电子凭证激活等17项业务办理权限下放到苏木镇，逐步缩小医保服务城乡差距，切实提升基层医保便民度，织密织牢人民群众医疗保障网，使农牧民在“家门口”就能办好医保事，有效打通医保服务“最后一米”。截至2022年底，累计服务农牧民20多万人次。

**【紧盯“规范办”，推行规范化医保服务】** 以便民高效为总要求，组织工作人员对现有业务流程、岗位职责、规章制度进行再优化，累计修订完善各项规程制度30多项；组建业务指导员队伍，每月深入苏木镇、嘎查村，现场指导服务站协理员协同办理业务，深入查找业务办理中存在的问题不足，及时补短板强弱项；强化对基层经办网点人员培训，通过跟班学、交流学、一对一教学、自助学等形式，持续提高各级经办人员的业务素质、操作技能和服务水平，提升群众的满意率、认可度。累计组织参加上级培训班500多人次，自主举办各类培训班10余个，培训苏木镇、嘎查村经办人员200多人次。

**【突出“简化办”，办事流程不断优化】** 取消“两病”申报办理手续，推出城乡居民门诊“两病”患者“免审即享”，将卫健基本公共卫生信息管理系统中“两病”参保患者名单全部导入医保信息系统，纳入“两病”门诊用药保障，并定期更新人员数据，城乡居民“两病”患者无需进行申报即可享受“两病”待遇。将慢性病申请审批下放至医疗机构，参保群众可就近申报；全面优化异地就医备案，取消不必要的证明材料和盖章，参保人可直接备案到就医地的统筹地区，取消了备案定点医疗机构限制。

**【推进“智能办”，提升服务效率与质量】** 积极推行网上办、窗口办“线上+线下”相结合，通过政务服务网、微信、邮箱等方式开展“不见面便捷服务”，对网办提交的申请资料即时受理，在承诺的工作日内完成录入、审核工作，做到限时办结。截至2022年底，已开通网办参保单位280余家，并在线上成功办理停保200余人，单位核定当月医保缴费200余次，单位全程网办率达到95%以上，实现了医保业务“零跑腿”。引入和打造医保业务经办智能内控平台，重点管控服务大厅、苏木镇、嘎查村（社区居委会）基层服务窗口人员业务系统操作行为，达到了事前提示、事中监控预警和事后责任追溯的目的，实现人工操作最少化、业务流转时限压缩最大化、全过程留痕可回溯。在常规监控基础上，运用大数据排查手段，通过信息比对、交叉核验等方式，加强风险监控，扎紧制度笼子，使风险降至最低。

# 辽宁省

## 工作综述

2022年，辽宁省医疗保障系统始终坚持以人民为中心的发展理念，以推动医保高质量发展为主题，积极服务疫情防控和经济社会发展大局，高质量完成了全年工作任务。2022年，辽宁省基本医保参保3748.58万人，其中，职工医保参保1580.87万人，居民医保参保2167.71万人；全省基本医保（含生育保险）基金收入865.68亿元，支出772.50亿元，累计结存974.48亿元。职工医保政策范围内报销比例77%，城乡居民医保政策范围内报销比例65.9%；全年医保结算住院1782.8万人次，普通门诊及门诊慢特病5967.5万人次。

**【着眼统一规范，持续推动全省医保机制体制改革】** 推进职工医保门诊共济保障机制改革　按照国家部署推进职工医保门诊共济保障机制改革，确定全省统一的待遇指导线，指导各市制定出台改革实施方案，转变门诊保障模式，增强门诊医疗服务可及性，优化职工医保统筹基金和个人账户结构。本溪市、辽阳市率先启动改革，之后全省13个统筹区正式实施。

规范全省门诊慢特病保障制度　研究规范全省医保政策和经办服务，省医保局印发《关于规范全省门诊慢特病保障制度的通知》，在全省范围规范病种目录、认定标准、保障范围、待遇水平、经办规程，提高待遇保障公平性和基金使用效能，缩小地区间差异，促进全省医保高质量发展。

健全全省重特大疾病医疗保险和救助制度　省医保局起草《辽宁省人民政府办公厅关于健全全省重特大疾病医疗保险和救助制度的实施意见》。该意见经征求省（中）直部门、慈善机构等社会组织以及商保机构、医保定点等多方意见建议，并经国家医保局审核，省司法厅合法性审核和公平竞争审查，以省政府办公厅名义印发全省。文件自2023年1月1日起全面实施，统一资助参保和基本救助政策，明确倾斜救助待遇指导线。沈阳市、本溪市取消了重点救助对象年度救助限额，进一步提高救助基金使用效能。

严格落实医保待遇清单制度，推进基本医保省级统筹　全面落实医保待遇清单制度，推动实现全省医保制度设置、政策标准、基金支付范围等规范统一，建立台账对超出清单范围的政策进行清理规范，逐步消化存量，为推进基本医保省级统筹奠定基础。省医保局起草《辽宁省基本医疗保险省级统筹工作推进方案》，明确推进基本医疗保险省级统筹的时间表、任务书和路线图。

做好生育支持政策　省医保局会同省财政厅印发《关于做好生育医疗保障有关工作的通知》，落实党中央、国务院关于优化生育政策促进人口长期均衡发展的决定，将2021年6月1日起符合规定生育三孩的参保人员纳入保障范围，同步规范完善全省生育医疗待遇，提升全省参保人员生育医疗保障水平。按照国家医保局部署，开展生育医疗费用异地直接结算工作。

稳步推进盘锦市开展长期护理保险制度国家试点　稳步推进盘锦市长期护理保险制度国家试点，建立完善失能评估等政策标准体系。探索建立互助共济、责任共担的多渠道筹资机制，结合基金运行实际，调整筹资标准。完善第三方委托经办“1+6”模式，实现待遇申报、失能评估、提供服务、待遇兑现等各环节的精细化管理。截至2022年12月，盘锦市已有55.5万人参保，累计享受待遇3260人，基金支出3983.03万元。

建立完善多层次医疗保障体系　会同有关部门指导实施全省统一的普惠型商业健康保险“惠辽保”项目，沈阳、大连、丹东、辽阳、葫芦岛市探索开展城市定制普惠型商业健康险。全省惠民保总计参保超过318.05万人，参保率达8.51%，进一步减轻群众基本医保之外的医疗费用负担。

**【促进提质增效，最大程度发挥医保支付效能】** *有序推进支付方式改革* 推行以按病种、病组付费为主的多元复合式医保支付方式，全力推进《辽宁省医保支付方式改革三年(2022—2024年)行动计划》。以“推动基本医疗保险省级统筹”为目标，建立健全“四步评估”机制，加快推进全省DRG/DIP付费改革。沈阳、抚顺、营口3个国家试点市实现DRG/DIP付费县区全覆盖，继续巩固试点成果；大连、鞍山、丹东、锦州、盘锦5个省级试点市全部启动CHS-DRG实际付费；指导本溪、阜新、辽阳、铁岭、朝阳、葫芦岛6市，结合本地实际，明确改革方向并做实数据治理、方案制定、病种分组等基础性工作，为实际付费做好准备。探索建立全省统一的医保支付机制，以抚顺、营口等7市结算数据为基础，制定4449种DIP病种目录及病种分值并在7市统一实施模拟运行；规范全省精神疾病床日付费制定标准；出台日间病房治疗病种标准，制定87种(44种日间手术病种、5种恶性肿瘤的20种化疗方案、23种高值药品注射)日间病房治疗病种付费标准，在沈阳、大连等5市开展试点工作；探索建立与门诊共济保障制度相适应的门诊付费机制，组织专家探索制定3749组门诊疾病诊断ICPC编码并在沈阳市14家医院试用，弥补国内门诊医保疾病诊断编码缺失的空白，为科学进行门诊医保支付奠定数据基础。探索对紧密型县域医共体总额付费，加强监督考核，实施结余留用、合理超支分担。

*推进异地结算提质增效* 在以往两版全省统一的异地就医结算管理办法基础上，围绕备案和结算改革创新，持续提升异地就医结算便利性，制定出台《辽宁省医疗保险异地就医结算管理办法(2022年版)》。进一步优化备案服务管理，整合异地就医备案为长期居住和临时外出两大类9种情形，全面开通临时外出就医免申即享自动备案，鼓励提供长期居住即申即享备案服务，取消医院提供证明办理转诊模式，规范急诊抢救备案，允许补办异地就医备案。提高异地就医结算待遇标准，长期居住人员、城乡居民医保大学生参保人员、生育保险女职工省内生育住院等执行本地待遇，按参保地同级别定点医疗机构标准设定临时外出就医待遇，按参保地待遇开通长期居住人员参保地就医地双向直接结算服务。规范门诊费用直接结算，对普通门诊和门诊慢特病异地就医结算不限制具体定点机构。统一各类异地就医办理时限。异地就医住院直接结算率提升至64%，覆盖普通门诊、药店购药、门诊统筹和门诊慢特病，全省异地就医联网定点医疗机构4897家，累计直接结算超过1417.7万人次，直接结算医疗费用超过406.8亿元。备案办理和费用结算等流程不断提质增效，群众获得感不断提升。探索异地就医手工报销线上线下一体化结算，积极推进“互联网+”医疗服务发展，推动实现处方流转、在线支付结算、送药上门一体化服务。全力推进高血压、糖尿病等5种门诊慢特病跨省结算民生实事落地，全省联网定点医疗机构670家，全面实现“每个县区至少1家”的任务目标。

*切实保障优质医疗服务* 全省统一及时执行国家医保药品目录动态调整结果，平稳落实原省级增补品种消化任务，组织专家论证将117种药品纳入辽宁省高值药品管理，规范提高报销待遇7~8个百分点，并在全省实施统一的医保支付政策，持续提升参保群众药品保障质效。通过地方立法取消国家谈判药品药占比考核等限制，明确医疗机构配备使用药品的主体责任，发挥零售药店的补充作用，实现“双通道”管理药品应配尽配。开展全省297个高值药品及医保谈判药品供药机构供应信息公布及药品使用数据月监测，275种监测药品共享受待遇635.47万人次，药品总费用28.53亿元，医保统筹基金支付17.98亿元。同时在门户网站、公众号等更新发布供药机构信息并组织核验，开展国家医保谈判药品信息监测，确保参保群众易查询、可购买、能报销。制订周密工作

方案，启动辽宁省医疗服务项目医保目录调整工作，组织专家论证将符合条件的项目纳入支付范围。扩大临床用血“红细胞”限定范围，将射波刀纳入医保支付。制定新一轮集中带量采购胰岛素、人工关节、起搏器类、骨科创伤类及吻合器等医保支付政策，不断减轻参保群众费用负担。

*充分释放定点机构动能* 开展全省医保支付和两定管理工作调研，梳理各地管理中存在的问题。以参保群众个人自费和自付费用负担为切入点，分析调研全省医保运行数据，研究完善医保协议管理控制医保目录外费用的措施。研究制定《辽宁省“互联网+”医疗服务医保支付管理办法（试行）》，完善“互联网+”医疗服务价格、医保支付、协议管理和监管措施，研究谋划建设集“互联网+”医疗服务、处方流转和医保移动支付于一体的全省“互联网+”医疗服务医保综合服务子系统，已完成各市征求意见和局官网公开征求意见，待“互联网+”医疗服务医保综合服务子系统等医保信息平台建设落地后将正式印发实施。

*狠抓民生实事落地走实* 将高血压、糖尿病等5种门诊慢特病相关治疗费用跨省直接结算列为省政府2022年民生实事，建立部门协调机制，明确工作责任、任务目标、实施方案，建立健全“周调度、旬通报”制度，将工作进展纳入全省医保信息建设通报事项，指导各市制定本地工作方案及配套政策，全力推进医保信息系统接口改造、联调测试及报错格式规范、住院明细实时上传等问题处理。6月底，全省14个市及省本级全部通过国家医保局组织的验收，全部启动正式环境实际结算。在此基础上，认真组织开展门诊慢特病异地就医直接结算定点医疗机构业务实测和调研。截至12月底，全省共开通门诊慢特病异地直接结算联网医疗机构670家，“每个县区至少1家定点医疗机构提供门诊慢特病费用跨省直接结算服务”民生实事全面落实到位。作为就医地，直接结算14365人次，结算费用总额1085.26万元，医保基金支付910.06万元；作为参保地，直接结算15149人次，结算费用总额1352.39万元，医保基金支付1123.15万元。

*支持中医药传承创新发展* 充分发挥医疗保障的支持作用，促进中医药传承创新高质量发展，省医保局研究起草《关于医疗保障支持中医药传承创新发展的指导意见》，从定点机构管理、服务价格管理、医保目录管理、医保支付方式、医保基金监管等方面制定促进中医药高质量发展的18条政策措施，已征求各市各部门意见，印发后将有力支持和促进辽宁省中医药传承创新发展。

**【减轻群众负担，全力推进医药服务供给侧改革】** *继续扩大药品和耗材集采使用范围* 牵头开展“八省二区”省际联盟药品集中带量采购，共13个省份参加，遴选出用量大、采购金额高、市场竞争相对充分的17种药品和疝补片、脑膜补片2类医用耗材开展集中带量采购；完成全省输液器和预充式导管冲洗器等医用耗材集中带量采购，平均降幅57%；落实国家组织人工关节和胰岛素集采结果，平均降幅分别为82%、48%；落实省际联盟17种化学药品、17组中成药及冠脉药物涂层球囊、起搏器、吻合器、骨科创伤类、血液透析类集采结果，平均降幅59%；全省全年新增集采药品122种，起搏器、吻合器、骨科创伤等医用耗材7类，预计年节约采购资金20亿元。平稳实现国家组织一至四批药品和人工晶体、心脏支架类耗材集采期满接续。截至2022年，共有366种药品和12类医用耗材集采结果在辽宁省落实实施，预计节约采购资金64亿元。辽阳市牵头组织开展输液器、预充式导管冲洗器集采，平均降幅57.1%。沈阳市牵头组织推进“八省二区”两类补片医用耗材集采，开发结余留用测算软件系统。

*持续规范药品耗材阳光挂网* 指导完成6000余个药品和1.5万个耗材产品增补挂网。通过价格联动、邀请招标、撮合议价的方式，对51个列入短缺药清单的药品实施挂网采购。制订中药配方颗粒挂网采购方案，指导完成15家企业的6000余个产品的阳光挂网。指导大连市牵头开展全省检验检测试剂阳光挂网采购工作，依托省医保平台招采子系统设计开发相关模块，1100余家企业的

6万余个产品进行了网上申报，其中近2万个产品成功报价。省医保局会同省卫生健康委等5部门印发《辽宁省中药配方颗粒阳光挂网采购实施方案》，启动中药配方颗粒阳光挂网采购工作。

加强医药价格管理　完善医疗服务价格形成机制，建立全省医疗服务价格重要事项报告制度，细化医疗服务价格动态调整评估指标，开展调价评估。促进新技术进入临床使用，将“射波刀立体定向放射治疗”等6项增补进入全省统一执行文件并制定最高限价，批复157项新增项目继续试行。支持中医药传承创新发展，设立辽宁省蒙医医疗服务价格项目，明确蒙医放血疗法等140项按中医项目价格执行，蒙医沙疗法等6项蒙医项目单独立项定价。严格按照国家医保局制定的价格指数编制规则和计算方法，以2018年为基期，编制辽宁省药品和医疗服务价格指数，研究将指数作为强化医药价格改革和管理的重要抓手。

**【高悬监管利剑，持续保持打击欺诈骗保高压态势】**　常态化推进省级飞检　完成了对覆盖全省14个市、覆盖定点医疗机构所有类型（包括一、二、三级医院和乡镇卫生院或村卫生室）的省级定点医药机构开展飞行检查工作，共检查三级定点医院16家、二级16家、一级及以下13家、药房12家，现场查处违规金额共计4680.3万元。对市县两级26家经办机构开展专项检查，查出7大类30个问题并已通报各市整改。

完善制度体系，强化法制建设　根据《辽宁省政府规章制定办法》，参考7省市基金监管规章，在征求省司法厅意见后，起草《辽宁省医疗保障基金监督管理办法》并以省政府令印发。办法共26条，重点规范了医疗保障基金的筹集和使用、医疗保障经办和服务及医疗保障基金监管和执法等内容。制定《行政处罚裁量权办法和基准》等多项制度性文件，其中《医疗保障行政处罚案例指导制度》为全国医保系统首创。

常态化开展监管集中宣传　公开曝光典型案例1998例。本溪市查处的某零售药店串换药品案，入选全国基金监管执法优秀典型案例。全省积极创新提升监管能力，沈阳市应用医保大数据开展反欺诈监管，相关经验被省纪委监委向全省推广；大连市引入第三方对定点医药机构开展信用评价；铁岭市及西丰县行政执法队独立开展执法成效明显；朝阳市应用人脸识别系统构建多场景监管的新模式。

**【提升服务能力，促进医保基本公共服务均等化】**　持续推进全省医保公共管理服务质量提升工程　全省共16个市县经办大厅完成标准化改造。全省独立设置县级经办大厅21个，12个县完成标准化改造。

推进医保经办五级服务网络建设　全省525个乡镇街道、3797个村社区开展了经办服务，10个市开展综合柜员制，8个市实现市域内医保业务通办，铁岭调兵山市医保服务下沉经验在省政府官网发布推广。

制定全省统一的医保业务经办规程，构建全省“八统一”医保服务标准体系　落实参保扩面计划，全省累计清理重复参保信息32万人次，辽阳、朝阳等市推动城乡居民参保工作成效明显。全省深入开展“一满意两加强三整治”、行风建设检查等专项行动，督导6个市拨付两定机构历史欠款9979万元。全面实现9项医保政务服务事项“跨省通办”，加快推进7项“一件事一次办”事项，全省政务服务事项窗口可办率达100%，网上平均可办率达68.4%。

推进门诊慢特病跨省结算省政府民生实事项目落实落地　全省联网定点医疗机构688家，超额实现“每个县区至少1家”的任务目标。省医保局会同省财政厅修订印发2022年版异地就医结算管理办法，提出临时外出就医免申即享、长期居住人员“两城一家”等13项惠民措施，持续促进异地结算服务提质增效。全面完成省市异地结算子系统升级改造，解决历史明细数据未上传等问题，为提供便捷高效的异地结算服务做好信息支撑。

**【夯实发展基础，充分发挥医保大数据支撑能力】**　注重用好全国统一的医保信息平台　组织开展网络和信息安全常态化检查及重要时期安全保护工作，确保信息系统安全稳定运行。开展14个子系统对口培训工作，加快推进医保信息平台深度应用。持续优化各子系统功能，组织开展各子系统功能的培训。健全运维管理制度，全省14个市异地联网定点医疗机构接口改造全部完成，国家跨省异地就医App备案测试和配置全部完成，接口改造完成率100%。

*强化医保数据省级归集治理* 完善省级数据查询库建设，数据时效性、完整性、一致性、准确性全部达到国家标准，数据归集质量顺利通过国家医保局质检并居全国前列，显著增强辽宁省医保大数据的支撑能力。丹东、营口、盘锦市在信息化标准化和数据归集“双通报”机制考核中成绩突出。

*深度推进医保电子凭证推广应用* 截至2022年底，全省激活人数超过2418万人，总交易量达3705万笔，总交易金额超过93亿元。沈阳市创新融合应用市民码推广医保电子凭证应用，参保人员激活率达88.4%。

*开展医保移动支付试点* 锦州市首个基于省级中台实现医保移动支付业务正式上线运行。全面推进医保业务编码贯标应用，健全常态化动态维护机制，全年累计更新数据库28次。运用新医保信息平台高质量编制2023年度基金预算，工作成果得到国家医保局肯定。

**【强化责任担当，扎实支撑常态化疫情防控】** *贯彻落实新冠肺炎救治费用“两个确保”及疫苗免费接种等政策* 将新纳入新冠肺炎诊疗方案的药品临时纳入医保支付，做好新冠治疗费用和新冠疫苗及接种费用保障工作。

*降低疫情防控成本* 通过开辟“绿色通道”、联动广东联盟集采结果等方式，做好新冠肺炎疫情治疗药品和新冠病毒检测试剂耗材供应保障工作。完成37个药品和489个检验检测试剂增补挂网；参加广东联盟新冠病毒检测试剂耗材集采，4490个产品平均降价49%，降低采购成本。3次降低新冠病毒核酸检测价格，公立医院单人检测降至每人份13元，多人混检降至每人份3元，大幅减轻群众和财政负担。

*实施阶段性缓缴政策* 省医保局联合税务等部门实施3个月的阶段性缓缴职工医保单位缴费，共为4.8万户中小微企业缓缴基本医保费4.3亿元，支持企业发展生产和稳岗就业。

## 重要活动

1. **召开全省医疗保障工作电视电话会议。** 1月28日，全省医疗保障工作会议以视频形式召开。会议系统回顾总结2021年辽宁省医疗保障工作，分析研判医疗保障改革发展形势，全面部署2022年全省医疗保障工作。省医保局主要负责同志作工作报告，沈阳、大连、丹东、营口、铁岭5市医保局代表作线上工作交流。各市医保部门主要负责同志在当地分会场参加会议。

2. **召开全省医疗保障优化营商环境提升公共管理服务质量推进视频会议。** 5月12日，全省医疗保障优化营商环境提升公共管理服务质量推进视频会议召开，针对各市优化营商环境建设工作落实情况、优化营商环境建设自查问题整改情况、市级经办大厅标准化改造进展情况、五级管理服务网络开展情况、县级经办大厅改造推进情况，以及工作中存在问题及困难情况等进行督导。

3. **举办省直医保DRG付费试点医院培训班。** 6月15日，举办省直医保DRG付费试点医院培训班，旨在进一步提升医保管理精细化水平，提高医保基金使用效率，保障DRG付费试点医院的权益，确保省直DRG付费改革顺利开展。省直医保DRG付费试点医院相关工作人员参加培训。

4. **召开全省异地就医结算经办规程培训会。** 8月3日，全省异地就医结算经办规程培训会在沈阳召开，培训旨在更好地统一全省异地就医经办规程，优化异地就医直接结算工作，提高全省异地就医管理服务能力。各市医保经办机构相关负责人参加培训会。

5. **召开全省五级网络建设片区会议。** 8月16日和19日，全省五级网络建设片区会议先后在铁岭市调兵山市和葫芦岛市建昌县召开。会议要求提升全省医疗保障公共管理服务质量，构建全省五级服务网络体系，推进全省服务事项下沉，打造服务品牌，发挥示范引领作用，加强乡镇医疗保障服务站、村医疗保障服务点建设，发挥乡镇（街道）作为服务城乡居民的区域中心作用。全省医保系统200多人参加会议。

6. **第七批国家组织药品集采结果在辽宁落地**。10月20日，辽宁省正式执行第七批国家组织药品集中采购中选结果。本次集采药品共60个，平均降幅48%，涉及多个治疗领域，包括高血压、糖尿病、抗感染、消化道等常见病、慢性病和肿瘤等重大疾病用药。本次集采药品在辽宁落地后，预计首年可节约采购资金5.28亿元。

7. **医保移动支付平台正式上线运行**。11月15日，辽宁医保移动支付平台在锦州医科大学附属第一医院试点上线，全省12个地市共18家三级定点医院接入省医保移动支付平台，总交易量超过6.5万笔，总交易金额超过700万元。

## 典型案例

### 案例一：辽宁规范完善全省门诊慢特病保障制度

2022年，辽宁省医疗保障局从病种目录、认定标准、保障范围、待遇水平、经办规程这五个方面入手，统筹兼顾公平与效率，在全省范围内系统地规范完善门诊慢特病保障制度，既减轻患者门诊费用负担，还推动疾病治疗向健康管理转变。

**【主要做法】** 坚持问题导向　门诊慢特病保障制度运行20年来，全面查找在政策和经办管理等方面存在的问题和短板，广泛听取基层意见和建议，系统归纳四个方面作为改革攻坚的方向。一是坚持系统集成和精准施策，突出医保管理的专业化和精细化。集中全省智慧，先后组织300多名临床专家，共同研究制定了《关于规范全省门诊慢特病保障制度的通知》，从病种目录、认定标准、保障范围、待遇水平和经办规程五个方面进行全面系统规范，解决政策碎片化问题。二是坚持三医联动，形成医保、医疗和医药多方共赢。树立公共卫生理念，突出医保促进传染病防治的作用；运用卫生经济学相关知识技能，制定恶性肿瘤门诊放化疗、尿毒症透析等社会高度关注或敏感病种的待遇标准和保障范围，解决体检式住院问题。推进分级诊疗，引导高血压、糖尿病等常见病多发病患者到基层就诊。三是坚持改革创新，勇于善于担当作为。不怕承担责任，克服各种阻力，将全省150多个病种压缩合并为40个，缩小地区间待遇差异。四是坚持以人为本，提升经办服务质效。着力解决参保群众异地就医存在的难点痛点堵点问题，努力打造亮点，实现“小切口大改革”目标。

**【主要成效】** 病种数量和结构得以优化　城乡居民医保病种数量由10余种增加到40种。纳入康复治疗等未成年人的病种，得到省残联的充分肯定。将艾滋病、耐药性结核等4个常见乙类传染病纳入病种目录并有效治疗，彰显公共卫生预防为主的理念，得到临床、患者、疾控等多方面认可。

医保支付限额得以规范　将大部分病种的月限额调整为季度限额或年度限额，着力提高城乡居民医保常见慢性病支付限额，高血压、糖尿病等疾病的季度限额不低于600元。地区间的待遇差距大幅缩小，公平性增强，部分病种待遇提高50%以上，避免了因病致贫返贫。

实现省内异地认定结果互认　在全省统一认定标准（认定材料）的基础上，对于省内异地长期居住人员，在居住地（定点医疗机构）认定后将相关备案信息传递至参保地默认通过。现已有450余人通过异地认定方式实现认定并享受待遇。在实现5个病种直接结算的基础上，已启动全病种（40个）省内异地直接结算，将大幅度减轻患者返回参保地进行认定（现场体检）和报销费用的负担。

促进了慢特病的合理诊疗　既可报销常用治疗药品费用，还可报销常规检查化验的合规医疗费用，取消了透析和精神病等12个病种的起付线，增加了恶性肿瘤门诊放化疗病种，引导患者更多使用门诊服务，推动定点医疗机构更多提供门诊服务，减少低标准住院和体检式住院。

试行透析按人头付费　在全省调研测算和广泛征求意见的基础上，选定透析病种开展按人头付费。即医保对于参保患者执行统筹基金年度限额（10万~15万），医保与透析定点医院每月按人头支付，职工平均每人6600元，居民平均每人6000元。研究制定了配套的结算办法，既能保证参保患者得到合理诊疗，还能避免医保基金的浪费。

## 案例二：沈阳市推进医保经办内部控制高质量发展

沈阳市医保中心不断加强内部控制，梳理医疗保障内部管理和职权运行风险点，持续建立健全流程控制、风险评估、运行监控、内部监督等内部控制工作机制，及时发现并有效防范化解安全隐患，提升经办服务规范化建设水平。

**【主要做法】**　完善制度设计，推进内控体系建设　一是加强组织保障。为有效保证和提升医疗保障经办服务规范建设水平，沈阳市医保中心成立内部控制工作领导小组，构建起以内部控制领导小组为决策层、内部控制部门为组织层、业务及财务部门为实施层、信息技术部门为支撑层的内控组织保障体系。二是完善制度保障。结合沈阳市医保中心实际情况，修订和完善《内部控制管理办法》《内部控制监督检查工作规程》《内部控制制度汇编》等规章制度，通过制度明晰内控工作职责、分工、目标，确定内控工作流程及规范。同时，加强过程管理，每年开展两次内部控制检查评估，实现各项经办业务在依法依规、科学严谨、相互制约、有效监督下安全运行。三是优化廉政建设。印发《各级领导干部和工作人员廉洁自律的规定》《对外检查人员工作纪律》等一系列行政管理监督考核制度，堵塞业务经办漏洞，防范滥用职权风险。四是创新管理模式，强化内控监督机制。市医保中心在业务系统中嵌入风险判断条件，各项业务通过操作模块和流程系统科学制约。五是加强系统用户权限管理。定期梳理参保人员账户权限，及时停用离职、转岗人员权限；合理配置经办人员岗位、角色，做到经办不审核、审核不经办，精准控制工作人员业务经办权限。六是建立风险防控体系。通过经办复核双重校验，定期自查整改，切实建立风险防控体系。梳理经办风险点，对政策依据、实物手续、数据标准、业务规则进行科学判断，及时给予风险提示，规范经办行为；复核人依照经办规则，对经办人员操作不当业务进行回退处理，规避业务风险；定期开展各部门自查及内控监督检查，对经办流程进行检查并督促整改。七是实现数据智能校验。通过调用省公安、工商，市人力社保、民政等多个相关部门数据，基本实现信息及业务数据的自动核验，减少了人为干预，提高业务经办准确性和时效性。

科学内控架构，强化基金风控机制　加强内部控制，防范化解基金风险，坚决消除各类安全隐患，是医保经办贯穿始终的永恒主题。一是加强部门监督。基金支出主要是面对两定机构和参保人员，沈阳医保从部门设置层面确保基金支出的两条主线审、算、支三个环节互相分离，打造部门间相互监督的内控架构，更高层次地满足内控监督要求。二是完善岗位设置。根据经办业务风险等级，科学合理设置经办、初审、复核、审批岗位制约机制。例如，分离设置零星结算窗口经办人员的登记、初审、复审、录入、审批等各环节岗位。三是加强系统监控。持续完善日常费用审核和DRG付费审核两大医疗服务审核监控系统功能。全面监控两定机构发生费用的事前、事中、事后审核，通过系统即时扣回发现的违规扣款，保证基金安全。

**【主要成效】**　内控工作取得显著成效　沈阳市医保中心通过理顺业务流程，明晰部门边界，查找经办漏洞，补齐内控短板。2022年完成85万条经办数据的自查自纠，抽取其中1402条开展实地核查，发现问题业务数据61条，限时纠正、立行整改。

经办服务质量明显提升　内控管理部门每年对12个分中心开展内控监督大检查行动。经过考核整改、绩效激励，2022年各分中心差错数据较上年减少80余条，下降57%。内控检查增强了全体经办人员的风险防控意识，促使自觉规范经办服务行为，提高经办服务质量，持续为参保人提供高效规范的医保经办服务。

医保基金安全保障有力　以日常费用审核和DRG付费审核两个系统为抓手，持续强化规则严谨性、审核完整性及流程规范性。2022年，日常审核共处理违规定点医疗机构631家次，涉及金额1112.21万元；DRG审核共处理违规定点医疗机构128家次，涉及金额1328.56万元；单病种审核共处理违规定点医疗机构93家次，涉及金额377.07万元。以上合计违规金额2817.84万元，有效降低了基金运行风险，保障了基金安全。

## 案例三：大连市异地就医全程智能免申即享

大连市医疗保障事务服务中心作为首个迈入“转外就医自动备案免申即享”的地市，不仅治愈“转诊艰难”及“求人办事”顽疾，同时解决了多年存在的群众就医痛点，为全市人民打造“最简单、最智能、最高幸福指数”的大连特色异地就医品牌。

**【主要做法】**　异地转诊全程智能免申即享　一是临时异地就医备案全程智能开创先河。2022年6月30日，大连市实现备案自动化，参保人在异地定点医疗机构出示社保卡、医保电子凭证或身份证等之一，信息自动上传国家平台，由大连市参保地校验身份待遇缴费等信息，将验卡码证地区视作就医市，自动生成临时异地就医备案（即异地转诊）即时回传并开通联网结算。二是8个做法全省唯一全国领先。免证明免审批即时开通、不限次数、不限地区、不限病种、不限定点、省内外不降比例不提高起付线、一年长效、备案有效期系统自动提前5个工作日（超时可后台调整至当次入院日）。三是一单制享受报销免垫付。基本医保统筹、大额补充医保、公务员补助、居民大病保险及医疗救助等全部基（资）金一站结算。四是医疗生育两险真正合并实施。异地生育双向支持按医保住院待遇联网结算。五是大连联网定点全覆盖。异地在连人员就医定点达到553家医疗机构和4347家药店，且全部双向支持医保电子凭证结算及无第三方责任外伤结算。六是电子凭证不再依托社保卡，解决了在连参保企业驻外办公人员无法回连申办激活社保卡难题。

异地安置（长居）两城一家　在全省率先取消异地安置在本地结算限制，实现两地通用同等比例报销，且备案有效期系统自动提前5个工作日。

大学生三地同城待遇　在全省率先落实大学生在就读地、户籍地和实习地可办理异地安置备案，实现同等待遇保障。

零星报销不见面　手工报销从柜台延伸到网上办掌上办，压缩办结至法定时限70%，到账自助查询，线上下载报销单据，为群众补充报销提供最大限度延伸便利。

门诊慢特病联网全覆盖　2022年7月1日，全省启动门诊5种慢特病异地就医直接结算，大连市同步覆盖两大险种、省内外就医及长期临时备案人员。同时，作为就医地，大连市接入门诊慢特病联网的定点医疗机构达到462家，占全省联网定点机构的73%；月均双向结算量全省第一。

智慧融合创新服务　线上线下联合，医保驿站医保服务站，网厅电话客服，远程邮箱解答，报销目录透明公开，病种认定标准可查，线上预约上门办件，从家门口到智慧云端，全方位多维度实时在线体验。2021年全省公共服务质量监测“医疗保险报销便利性”指标高于全省分值4.78分，同比增加1.33分。

**【主要成效】**　异地转诊智能备案无限便利　全年多通道无障碍自助备案10余万人次。这些数据反映了随着国民生活水平的提高，转外就医成为群众常态需求，制度革新为患者“医游全国”提供无限便利，极大满足心理预期和择医目标。

全程自动化报销幸福指数无限提升　作为参保地异地就医直接结算68.87万人次、5.47亿元。这些数据反映出“异地转诊免申即享”使越来越多的参保人简简单单就能享受异地智慧医疗保障，公共服务质效大幅提升。

门诊慢特病即时报销解决大病人员长期垫资　开通半年，为861人次（146人）在省内及17个外省就医的门诊慢特病结算医疗费117.4万元，即时报销102.5万元，人均报销0.7万元。异地在连结算10300人次（919人）、医疗费553.65万元，直报477.77万元，人均报销0.52万元。尿毒症透析、恶性肿瘤门诊放化疗、器官（骨髓）移植抗排斥药物治疗及高血压糖尿病等五类患者，长期异地垫付大额资金就医问题得到圆满解决，极大提升患者医保获得感。

全覆盖式联网助力生态宜居高质量城市建设　大连市作为就医地联网覆盖全部定点医药机构，作为就医地直接结算103.94万人次、8.07亿元，为来连宜居及投资建设的各类人才提供高质效就医结算服务。

## 案例四：鞍山市推进DRG支付方式改革

鞍山市作为省级医保支付方式改革试点城市，扎实推进住院DRG付费改革并取得阶段性成果。在2021年市本级医疗机构DRG试点付费基础上，2022年全地区所有符合DRG付费条件的157家定点医疗机构实行DRG实际付费。

**【主要做法】**　强化组织保障　成立支付方式改革工作领导小组，分管副市长担任组长，成员由医保、卫生健康部门组成，协同推进DRG点数法付费改革。通过细化任务分工，倒排工期，掌握工作节奏，确保改革推进速度。

完善配套制度　2020年开始先后制定《鞍山市基于DRG点数法支付方式改革实施方案》《鞍山市医疗保障按疾病诊断相关分组（CHS-DRG）点数法付费实施细则》《DRG经办规程》等一系列配套制度。

加强宣传培训　邀请省DRG专家和本地专家分类别、分阶段、分层次、有针对性地对全地区180多家定点医疗机构开展编码填写、病案首页填报及结算清单规范填写专场培训，确保DRG付费改革顺利实施。通过新闻媒体、网站多渠道开展DRG支付方式改革的宣传解读和舆论引导，并及时总结改革的进展和成效。

统一数据标准　采用《国家医疗保障疾病诊断相关分组（CHS-DRG）分组方案（1.1版）》，与国家核心分组及病种目录库保持一致。定点医疗机构统一使用15项国家标准业务信息编码，严格按《医疗保障基金结算清单填写规范》规范填报上传医保结算清单，代表辽宁省接受了国家贯标验收。

规范结算清算管理　定点医疗机构住院费用实行“年初总额预算、按月审核预付、年终考核清算”结算方式。制定DRG付费预算总额，将预算总额分解成12个月份额度，用于每个月的月结算预付。年底根据基金预算总额和绩效考核结果进行年终清算。

设立基础病组　选择疾病诊断和临床路径相对明确、治疗复杂程度低、各级别医院均具有治疗能力的常见多发病种，确定15个基础病组，按照“同城同病同价”原则，助推分级诊疗。

加强病案核查　为杜绝医疗机构追求高偿付率而有意高编高靠，低标准入院、分解住院等现象，制定了《DRG付费审核规则》，通过公开招标引入第三方参与DRG病案审核，采用大数据分析和人工分析相结合的审核方式，每月对出院病历进行DRG病案审核，使病案真正成为医保付费的凭证。

强化运行分析　市医保中心每季度对DRG相关指标进行运行分析，同时利用信息系统平台每月对医疗机构的相关指标进行横向比较，帮助医疗机构分析本院和其他医院的差距，查找自身存在的问题，优化管理，为医疗机构改进工作提供有效帮助。

建立协商谈判、争议处理机制　在DRG分组、权重确定过程中，组织医疗机构和临床专家对与临床实际有差异的病组权重在规则范围内进行协商调整。对DRG审核有争议的，允许医疗机构申诉，审核小组组织相关专家讨论，给出终审意见。

强化协议管理　在医保服务协议中增加DRG专项内容，明确医疗机构的DRG付费相关要求和规范，并在协议中明确医疗机构推诿拒收病人、减少服务内容、降低服务标准等违反协议约定的处理办法。

协同推进相关改革　建立与医保谈判药品"双通道"管理、集中带量采购等协同政策，制定集采医保资金结余留用工作方案，鼓励医疗机构使用集采耗材和药品，使医疗机构也能享受到改革的红利。

**【主要成效】** DRG付费改革促进医疗机构精细化管理，规范医疗服务行为，提高医保基金使用效率，减轻参保患者就医负担，改革初见成效。提前两年实现《DRG/DIP支付方式改革三年（2022—2024年）行动计划》要求的统筹区、医疗机构、病种、医保基金的四个全覆盖任务目标。

支出增长得到控制　定点医疗机构平均住院总费用由改革前2020年的8284元降至2022年的7346元，下降11.32%；平均住院统筹费用由改革前2020年的4568元降至2022年的4257元，下降6.81%。

费用结构得到优化　医疗机构通过再造就医流程，控制不必要的检查、不合理用药及医用耗材费用，平均住院日由改革前2020年的9.5天，降至2022年的7.9天；药占比、耗材占比分别由2020年的26.95%和32.16%降到2022年的22.86%和17.24%。

医疗机构医保基金偿付率提高　职工医保偿付率由2020年的85%提高到2022年的95%；居民医保偿付率由2020年的96%提高到2022年的99%。

"住院难"问题得到缓解，个人负担有效降低　实行DRG付费改革后，医疗机构摘掉了总额控制的"紧箍咒"，因年度定额指标不足而推诿、拒收患现象得到极大改善，相关投诉明显减少，群众就医获得感明显提升。参保患者住院个人自费费用占比由2020年的6.96%下降到2022年的5.98%；政策范围内报销比例，职工医保上升1.03%，居民医保上升2.83%，群众就医负担有所减轻。

## 案例五：抚顺市推进DIP支付方式改革

受抚养比过低、老龄化程度高、医保支付方式滞后等因素影响，抚顺市职工医保基金支出面临较大压力。在实施总额控制下按病种分值（点数法）付费方式改革的基础上，启动DIP改革，基金分配方式从"分蛋糕"变为"抢蛋糕"，有效提高了基金使用效率和效益，基金支出控制在合理范围，滚存基金结余可支付月数从最低3个月回到9个月的安全区间。

**【主要做法】** 提高认识，做好统筹协调工作　一是由市医保局牵头组建抚顺市DIP试点工作领导小组，明确任务和责任分工。二是加强与市卫生健康委、财政局和各定点医疗机构的沟通与协作，定期组织召开专项会议，研究解决试点中问题，稳步推进。三是与医疗机构建立协商机制与申诉机制，无论是政策制定还是病例审核，均高度重视医疗机构和临床专家的意见和建议。

强化信息化建设，提升数据质量　一是做强技术支撑。选取第三方机构作为抚顺市DIP试点工作的技术支持，通过对历史数据采集与测算，不断完善和优化DIP目录。病种目录由改革之初的2940组优化至1806组，现行核心病种1397组、综合病种409组，临界值为10。同时增加基层同病同价病种22组、日间病房相关病种64组。此外，新增年龄、特征病种辅助目录和疾病严重程度分型辅助目录，并设定相应加权系数，DIP结算更加细化与科学。

加强政策落实，做好实际付费工作　一是结合抚顺市实际，出台《抚顺市基本医疗保险按病种分值付费（DIP）实施办法（试行）》《抚顺市DIP支付方式改革三年（2022—2024年）行动计划实施方案》作为改革的总依据。二是不断提高DIP政策精准度。2022年3月与市卫生健康委联合发文上调一、二级基层医疗机构及乡镇卫生院DIP结算等级系数，提升基层医疗服务能力，加快推进分级诊疗制度的落实。三是抓住DIP重点环节，实施结算费用"全覆盖"审核。通过设置60项校验规则进行智能审核，同时严格执行第三方初审、专家复审、审核会议终审的"三审制"，确保结算据数的精准性和权威性。四是邀请省、市和国家级专家对定点医疗机构进行线上和线下DIP专项培训12次，全市形成浓厚的DIP学习氛围。

【主要成效】 通过改革，在DIP支付方式的有力引导下，实现了"一控双减"。即有效控制和科学规范医疗机构的医疗服务行为，使之合理制定诊疗路径、主动控制医疗成本，同时减轻患者经济负担、减少医保基金的不合理支出。抚顺市住院率从全省最高的38%，回归到科学、合理的区间，平均达到18%，平均住院日降至6.7天，例均住院费用降至6800余元，全市病例组合系数为1.04。

## 案例六：辽阳市创新集中带量采购新模式

2022年，受辽宁省医疗保障局委托，辽阳市医疗保障局组织牵头开展部分医用耗材集中带量采购工作，采购品种范围为输液器和预充式导管冲洗器。此次带量采购节约采购资金1.87亿元，产品价格平均降幅57.06%，中选结果在辽宁省药品和医用耗材集中采购平台统一挂网，全省统一执行。

【主要做法】 制订方案 通过前期调研，结合2019年辽阳市输液器带量采购工作经验，按照先选质量、再议价格、合理淘汰、保障供应的基本原则制定了《2022年医疗机构医用耗材集中带量采购实施方案》。

填报数据 组织全省1005家医疗机构申报历史数据（含军队医疗机构），通过数据分析，将医疗机构上报的历史数据分为普通输液器、精密输液器、避光输液器和预充式导管冲洗器四个标的进行带量采购。取2021年度实际采购数量的90%作为协议采购量，采购总金额为32794万元。

发布公告 2022年5月，在辽宁省药品和医用耗材集中采购网正式发布采购公告，参与企业通过网上报名并邮寄样品。

品牌遴选 组织品牌遴选评审会议，由省内十二个城市组成的十七人评审小组，对58个企业递交的170组2890份样品进行遴选，最终有33个企业的89组产品通过本次品牌遴选，同时对170组2210份样品封存备查，并及时在辽宁省药品和医用耗材集中采购网发布品牌遴选结果公示。

网上报价 2022年7月，组织通过产品遴选的企业进行网上报价，共有33家企业参加报价，按照方案，最终确认29家企业的71个产品中选。入围结果在辽宁省药品和医用耗材集中采购网进行公示，公示期为5天。公示期无疑义，本项目议价阶段正式结束。

直接回款 采取医保基金直接结算货款或预付金结算货款，要求货款在交货验收合格后的次月底前结算完毕。通过缩短回款时间，降低企业运行成本，营造良好营商环境。

不见面集采 本次带量采购采用"互联网+"服务，从报名、递交样品、报价、解密等工作都是网上实现的，在做好疫情防控的同时减轻了企业负担，杜绝了商业贿赂风险。

【主要成效】 采购主体实现全省公立医疗机构全覆盖 本次带量采购主体为全省所有公立医疗卫生机构（含军队医疗机构），共计1005家医疗机构参与报量。根据2021年历史采购数据，共申报输液器5482万支、预充式导管冲洗器1212万支。

耗材生产企业参与率高 全国58家企业报名参与此次带量采购并递交了样品，其中包括多家国内外知名品牌。

节省采购资金效果明显 通过网上报价，最终29家企业的71个产品中选。中选产品议价前采购金额为3.28亿元，议价后为1.41亿元，节约采购资金1.87亿元，产品价格平均降幅为57.06%，部分中选产品刷新了其在全国的最低价格。

实现降价不降质的托底要求 从中选产品覆盖率来看，医疗机构在用产品入围率为88.94%，涵盖当时医疗机构正在使用的主流产品，达到中选产品在临床使用的无缝衔接，充分满足不同医疗机构、不同患者的多样化需求，从而保障了临床使用的延续性和稳定性。

## 案例七：铁岭市积极稳妥推进职工医保门诊共济保障机制改革

铁岭市医疗保障局在市委、市政府和辽宁省医保局的高位推动下，科学制订改革方案、未雨绸缪防范风险、积极落实便民措施，职工门诊共济改革顺利推进，成果显著。

**【主要做法】** 建立职工门诊共济保障机制 铁岭市医保局按照国家、省要求，拟定《铁岭市建立健全职工基本医疗保险门诊共济保障机制实施方案（征求意见稿）》（以下简称《实施方案》），于2022年6月14日至7月4日在市政府网站面向全社会征求意见，同时广泛征求市卫生健康委、财政局、人力社保局、市场监督管理局等多部门意见，并按照相关工作要求开展风险评估论证。《实施方案》通过了司法局合法性审核，8月23日经市政府常务会议审议，决定于2022年12月1日起实施，市医保局配套制定《实施细则》，规定年度起付标准为300元，年度支付限额为3000元，符合条件的异地安置人员也可享受这一待遇。政策实施后，铁岭市职工门诊统筹医保目录内医疗费用报销比例由50%起步，按照分级诊疗的原则，按级别设定具体报销比例，并适当向精神病及传染病专科定点医疗机构倾斜，退休职工报销比例较在职职工提高5%。

抓实抓细宣传引导工作 强化宣传培训，营造良好舆论氛围。政策下发后，市医保局着力开展宣传培训和政策解读，组织全市医保部门、定点医疗机构开展两轮大规模培训。按照统一的宣传口径，利用"铁岭发布""铁岭在线"等媒体宣传，对重点企业致"一封信"并上门解读，对各企业劳资人员推送政策解读，全面解读政策，介绍受益点，算好明白账，同时广泛宣传医疗保险"共建共享、互助共济"的重要意义，让老百姓看得明、听得懂，理解改革、支持改革。

优化门诊便民惠民服务 高效执行政策要求，将部分门诊诊察费纳入医保报销范围。公立医院、政府办社区卫生服务中心（站）和乡镇卫生院全部开通门诊统筹服务，规范设置方便门诊，强化药品储备，有效落实长期处方，完善门诊适老化服务。将定点零售药店纳入职工医保门诊共济保障范围，简化定点零售药店申办流程，对自愿申请、评估合格的签订门诊统筹定点零售药店医保补充协议，全市共纳入门诊统筹定点零售药店466家，构筑起"医保便民十五分钟服务圈"。实施定点医药机构处方流转，参保人员凭定点医疗机构纸质处方在定点零售药店购买医保目录内药品发生的费用由统筹基金按规定支付。

**【主要成效】** 自2022年12月1日铁岭市职工医保门诊共济保障制度改革实施以来，职工门诊制度短板被补齐，职工门诊医疗保障水平、医保资金使用效率得以提高，减轻了职工门诊医疗费用负担。

## 案例八：朝阳市创新打造医保优质便民服务

2022年，朝阳市医保中心为破解办事窗口多、程序繁、多次办、期限长等问题，坚持换位思考、用心服务，简化办事程序，最大限度方便百姓，以暖心、贴心服务，赢得百姓认可。

**【主要做法】** 简化办事之"繁" 为了简化办事程序，让群众少跑路，朝阳市医保中心改变过去"多窗受理、多项要件、多次办理"的模式，对窗口原有业务进行整合压减。一是推行"标准化窗口"服务。实行综合柜员制，将过去由多个部门分管分设的窗口，转变为由一个部门综合受理，将碎片化、条线化的服务事项变为"一窗受理，一次办成"。窗口数量从43个精简至6个。实现群众进"一门"、文件送"一窗"、办事跑"一次"，群众满意度大幅提升。二是努力减少群众提供材料。其中，异地住院费用手工（零星）报销材料压减1份，异地门诊慢特病费用手工（零星）报销材料减少2份，高值药费用报销受理材料减少1份。三是大幅缩短办理时限。将手工零星报销时限从过去的3个月压缩至30个工作日内。四是实现办事流程最简。彻底取消法律法规及国家政策要求之外的办理环节。其中，转院手续实现网上传输即时备案办理，办理长期异地居住人员可通过网上当日办结，转院备案可通过电话告知即时完成备案。对可容缺受理业务，窗口工作人员先行受理，参保人员在规定时限内补齐材料即可。

打开便捷之“窗” 为方便群众办事，努力做到程序从简，减少不必要的佐证材料。一是推行“就近办”。打破医保服务户籍区域界限，推行“三厅联办”。按照“就近、便利、高效”的原则，医保服务从原来的指定服务机构经办，转变为由参保群众自愿选择、就近办理。朝阳市辖区内群众可自行选择市本级、双塔、龙城医保经办机构办理业务。二是开展延时服务。对下班前已经受理但尚未办结的业务，延时至办完为止。周六上午窗口继续上班，满足群众周末办理业务需求。三是开展预约服务。建立“电话记录台账”，并承诺查询业务在48小时至72小时内回复。疫情期间服务“不打烊”。截至9月底，已完成线下预约登记2500人次。四是设置“办不成事反映窗口”。一对一解决群众诉求，由值班组长与营商部负责人共同受理，做到一事一结、即办即结。

开启服务之“门” 围绕“推进经办服务窗口规范化建设，打造医保服务品牌”这一工作目标，不断推动经办服务提档升级，打造一流便民服务。一是高标准建设服务大厅。自2022年5月5日开始，朝阳市医保中心按照国家医保局关于服务大厅建设的标准化、规范化要求，对服务大厅进行升级改造，让群众在温馨舒适的环境中办理业务。二是实行“帮办代办”制度。为保证服务更加优质、高效、便利，推行叫号指引志愿服务，为企事业单位和群众提供“一对一”咨询，为老弱病残孕等群体提供搀扶、引导、填表等志愿服务。三是推行“明确告知”制度。针对不同情况，采取分类处置、合理答复，努力让群众满意。对手续齐全的，当场受理办结；对不符合规定条件的，耐心解释不予办理的原因；对手续不全的，提供“一次性告知单”；对可容缺受理的，先行办理，由办事人员在规定时限内补齐所缺材料。

畅通便民之“路” 为保证结算顺畅，朝阳市医保中心千方百计打通服务渠道，及时解决各地群众诉求。一是实行“一网通办”。通过网络与各个医药机构完成结算，保证结算快捷顺畅。高频刚需事项全部通过“辽事通”线上平台结算。大力推行“网办”“掌办”，各类事项“网办”“掌办”率不低于80%。二是推进“痛快办”。健全异地就医结算体系，积极推行异地就医结算经办服务，稳步扩大跨省就医结算定点医疗机构覆盖面，实现医保高频事项“跨省通办”。三是推进“帮代办”。组建帮代办队伍，让参保人享受更加便利的医疗保障服务。

解决老人之“忧” 为解决老年人对智能化、信息化适应能力不足的问题，市医保中心专门为老年人推出“适老化”特色服务。一是开辟“适老服务区”。在大厅临窗区域，设置老人休息区。二是推广“陪伴式服务”。主动询问前来办理业务的老年人所办事项，并做好政策解答，协助老年人填写资料，按需提供全程陪办引导。三是开通“老年专有服务”。开辟“老年人通道”，设置“老年人座椅”，开设“老年人窗口”，礼貌引导办事群众敬老、爱老、助老，切实解决老年群体办理医保业务困难。

**【主要成效】** 提高便民服务质量 全面升级硬件设施，对照便民服务硬件设施标准，统一规范便民服务中心名称标识，重新设置综合窗口和特色服务窗口，科学划定咨询引导区、日常办公区、综合服务区、办事等候区等功能区域，配齐必要办公设备，增设咨询导引台、自助打印复印一体机等便民设施，努力营造规范、温馨、舒适、亲民的服务环境，提高便民服务质量。

提升窗口办事效率 整合部门业务，推行“综合受理”服务模式，根据《辽宁省医疗保障经办政务服务事项清单》要求，29项业务全部进驻服务大厅，放置前台。采取“一站式”方式，减少办事环节、缩短办事时限、提高办事效率，实现一窗受理、限时办结、最多跑一次，切实提高窗口办事效率。

增强群众获得感、幸福感、安全感 在服务大厅设置“办不成事”反映窗口，帮助群众解决实际困难和问题。推出“适老化”特色服务，切实解决老年群体办理医保业务困难，进一步增强群众的获得感、幸福感、安全感。

# 吉林省

## 工作综述

2022年，吉林省坚持以人民为中心，健全医疗保障体系，强化医药服务管理，加强医保基金监管，巩固医保脱贫攻坚成果，助力疫情防控和社会经济发展。2022年，全省基本医疗保险参保2262.63万人，参保率95.3%。全省基本医保（含生育保险）基金总收入373.63亿元，同比增长1.7%，总支出333.88亿元，同比增长8.6%，累计结存580.92亿元。

**【进一步健全完善多层次医疗保障体系】** *细化完善职工医保门诊保障政策* 建立职工医保门诊保障制度框架，明确基本保障待遇标准。省医疗保障局联合省财政厅印发《省医疗保障局 省财政厅关于明确贯彻落实建立健全职工基本医疗保险门诊共济保障机制有关要求的通知》，一是建立“普通门诊统筹+门诊慢性病+门诊特殊疾病”的职工医保门诊政策框架；二是明确各门诊保障政策的起付标准、支付比例、基金最高支付限额；三是明确各门诊保障政策定点机构范围；四是将符合规定的日间手术、门急诊抢救费用纳入统筹基金支付范围。统一规范全省基本医保门诊慢特病病种，实现病种标准化管理。省医疗保障局印发《关于完善吉林省基本医疗保险门诊慢性病、特殊疾病病种管理有关事项的通知》，通过专家论证确定了全省统一的门诊慢特病病种范围、名称和编码。规范后全省职工医保门诊特病病种全省统一为55种，慢病病种明确为27种，全省统一病种和25种地方自选病种，扩大门诊保障范围，实现了病种标准化管理，促进地区间待遇公平，也兼顾了地方承受能力。

*巩固完善城乡居民医保制度* 稳步提高居民医保人均筹资标准。一是将2022年居民医保政府补助标准由每人每年580元提高到每人每年610元，完成省政府民生实事任务。二是会同省财政厅下达2022年中央和省级财政居民医保补助资金877030万元。三是省医疗保障局联合省民政厅等单位印发《关于做好2023年城乡居民基本医疗保险参保缴费工作的通知》，确定2023年全省居民医保成年人个人缴费标准维持每人每年360元不变，学生儿童个人缴费标准由每人每年220元提高至310元，确保达到国家标准。巩固提高待遇保障水平。一是将儿童孤独症和川崎病纳入居民医保门诊特殊疾病保障范围，进一步提高居民医保门诊待遇保障水平。二是取消全省一级及以下定点医疗机构居民医保普通门诊统筹起付线，扩大了全省居民医保普通门诊统筹和“两病”门诊用药保障受益范围。三是将司美格鲁肽注射液等5种降糖谈判药品纳入居民“两病”门诊用药支付范围，全面推进居民“两病”门诊用药保障机制落实。并持续做好居民“两病”门诊用药保障和健康管理运行情况及重点联系典型地区待遇享受情况监测，2022年，全省已有68.1万人享受累计273.2万人次的“两病”门诊待遇。健全完善居民大病保险制度。省医疗保障局会同省财政厅下发《关于做好2022年城乡居民大病保险工作的通知》，将2022年居民大病保险人均筹资标准调整为每人每年90元。并按照国家医疗保障待遇清单相关要求，将全省居民大病保险起付标准调整为12000元。

*持续深入推进长期护理保险制度试点* 一是统一评估标准。省医疗保障局会同省民政厅出台《吉林省长期护理保险失能等级评估管理暂行办法》，在全国省级层面率先对长护险失能等

级评估作出统一规范。二是拓展照护模式。省医疗保障局联合省财政厅出台《关于开展长期护理保险居家照护服务的指导意见》，对居家照护对象和机构范围、服务项目和人员、服务过程和质量、基金支付等方面提出指导性意见，指导长春市、松原市、梅河口市等试点地区开展居家照护服务试点。2022年，试点地区长护险参保1528.96万人，享受待遇1.73万人，基金支出2.12亿元，平均报销比例达到71.2%，确定长护险定点机构381家。

全面贯彻落实待遇清单制度　开展落实待遇清单制度专项行动，省医疗保障局制定印发《吉林省贯彻落实医疗保障待遇清单制度专项行动方案》，指导全省各统筹区出台实施方案并建立清理台账，对超清单的政策进行清理。目前全省共梳理超清单政策42项，已完成清理30项，占清理台账总任务量的71.4%，超额完成2022年70%的清理任务。

**【全力助力疫情防控和社会经济发展】**　继续落实新冠肺炎救治费用“两个确保”要求　一是及时跟进保障政策。针对疫情防控工作实际，省医疗保障局研究制定了《关于切实做好当前疫情防控医疗保障工作的通知》，不仅针对确诊患者和救治机构出台了一系列保障举措，还针对普通老百姓常做的核酸检测项目及慢性病、特殊疾病等普通参保患者出台了一系列措施。重点补充完善了方舱医院收费价格和支付政策、临时扩大支付范围、省内异地救治患者免备案手续、无症状感染者医疗费用参照门诊特病支付等，并采取综合措施保障慢特病等普通参保群众用药需求。二是全力做好确诊患者和普通参保患者看病就医资金保障，向定点救治医院、方舱医院和非定点救治医院预付医保基金。持续做好新冠疫苗及接种相关费用保障，全省疫苗接种工作高效有序开展。

持续降低防疫成本　在2021年连续三次降低新冠病毒核酸检测价格的基础上，2022年又连续三次调整降低新冠病毒核酸检测价格，为全省核酸检测“应检尽检”提供坚实保障。此外，联动津冀新冠抗原检测试剂阳光采购结果，实行限价挂网。

帮助市场主体纾困解难　出台延长剩余第三批省增药品消化时间、阶段性缓缴中小微企业职工医保费等13条政策举措，支持药品生产经营企业平稳发展，有效减轻用工企业负担及医疗机构资金压力，全力支持医保服务对象抗疫情、稳发展。

**【巩固医保脱贫攻坚成果有效衔接乡村振兴战略】**　健全防范化解因病返贫致贫长效机制　以省政府办公厅名义印发《吉林省人民政府办公厅关于健全重特大疾病医疗保险和救助制度的实施意见》，聚焦减轻困难群众重特大疾病医疗费用负担，将农村易返贫致贫人口等纳入救助范围，建立依申请和倾斜救助制度，进一步强化基本医保、大病保险、医疗救助三重制度综合保障，共有42.45万脱贫人口享受医保待遇，医保基金支出16.28亿元，实现了“应报尽报”。

实现脱贫人口全员参保　继续执行省、市、县三级医保部门与同级乡村振兴部门数据动态交换机制，定期交换脱贫人口及边缘易致贫人口基础数据，实现数据比对口径统一、标准统一。逐条比对脱贫人口及边缘易致贫人口基础数据，详细排查未参保人员及错误信息，确保数据核查比对的精准性与完整性。进一步落实参保动态管理，开放城乡居民参保管理权限，不设待遇等待期，确保脱贫人口和边缘易致贫人口实时参保。全省44.14万脱贫人口及边缘易致贫人口全部纳入基本医保保障范围，参保率达100%，实现“应享尽享”。

建立健全数据交换和动态监测预警机制　将全省城乡居民全部纳入数据监测范围，乡村振兴部门与民政部门认定的八类人员纳入重点监测范围，设定个人自付医药费用5000元监测预警标准，分5档开展科学监测，通过信息化监测手段与人工确认相结合模式，充分利用国家医保局和省医保信息“双平台”定期进行数据比对和共享，确保监测对象“早发现、早干预、早帮扶”。

**【切实强化医药服务管理】** 高标准抓好新版药品目录落地　将国家基本医保药品目录中达雷妥尤单抗注射液等143种药品纳入“双通道”管理范围，推动全省医保用药分类管理，减轻参保患者的费用负担。

开展医疗机构制剂目录动态调整工作　1月，启动全省医疗机构制剂医保准入谈判工作，申报制剂全部谈判成功，平均降幅为26.48%，最高降幅达到58.41%。另外，将80种中药饮片和319种中药配方颗粒纳入全省医保支付范围，支持全省中医药产业发展。

扩大诊疗耗材目录范围　将59项诊疗项目及38种医用耗材纳入全省医保支付范围，提升了全省参保人员用械保障水平。结合带量采购等政策，动态调整冠脉导丝、载药物球囊以及人工膝、髋关节等支付标准。

稳步推进DRG/DIP支付方式改革　印发支付方式改革三年行动计划，形成了“三个支撑（医保支付经办业务支撑、医保信息化标准化支撑、核心要素管理及效果评估支撑）、两个保障（组织管理保障、资金保障）、一个示范（打造完善辽源市DIP国家示范点）”的“321”工作推进思路，并全面部署推进。从试点情况看，支付方式改革在控制医疗费用不合理增长、减轻群众就医负担等方面初见成效。

开展医疗服务价格动态调整　完善了全省医疗服务项目价格调价评估机制。在医保基金可承受、群众负担总体不增加的前提下，长春市、吉林市、延边州、松原市、通化市、白城市六个统筹区和省本级在医疗服务价格项目调整方面做得比较有成效。

**【持续加大药品耗材集中带量采购力度】** 完成前四批次156个国家药品集采中选品种续约工作　执行国家组织的第六、第七批次药品集中带量采购和“八省二区”第三批次药品集中带量采购中选结果。其中，第六批次胰岛素专项集中带量采购中选产品价格平均降幅达48%，最高降幅达到70%以上，预计年节省费用3.8亿元。截至2022年12月底，全省累计落地执行药品集采品种达350个，按照约定采购量计算，预计年节省费用7.73亿元。第二批集采药品核定医保资金结余留用989.63万元，已拨付到位。

执行高值医用耗材集采中选结果　冠脉支架、人工关节等8类耗材平均降幅为74.35%，最高降幅达到92.7%，按照约定采购量计算，预计年节省费用9.34亿元。

牵头开展省际联盟带量采购　有20个省份参加“弹簧圈省际集采联盟”，平均降幅为64.1%，按省际联盟和吉林省约定的采购量计算，预计年节省费用分别为18.35亿元、0.68亿元；有8个省份参加“留置针省际集采联盟”，平均降幅为57.57%，按省际联盟和吉林省约定的采购量计算，预计年节省费用分别为5.87亿元、0.34亿元。

**【加强医保基金监管】** 健全医保基金监管体制机制　加快推进《医疗保障基金使用监督管理条例》实施工作，建立健全医疗保障基金安全防控机制，出台《吉林省医保基金监管相关信息申报备案制度》。紧盯配套政策，谋划起草《吉林省医疗保障基金使用监督管理行政处罚（处理）裁量权适用规定》，不断夯实基金监管制度基础，全面建立打击欺诈骗保联席会议制度。

实现检查全覆盖　聚焦“假病人、假病情、假票据”欺诈骗保问题开展专项整治，通过日常检查等方式，实现定点医药机构日常监管全覆盖。全年共检查定点医药机构17197家，处理6351家。其中，暂停医保服务190家、解除医保服务47家、行政处罚37家、移交司法机关2家，追回违规使用的医保基金共计2.07亿元。

开展省级飞行检查　联合省公安厅、省卫生健康委员会以地区间交叉飞行检查的方式，对各统筹区两定机构及医保经办机构开展检查。共检查综合性医院22家，血液透析中心5家，医养结合内设机构6家，医保经办机构10个，核定违规使用医保基金5941.83万元。截至2022年底,已追回违规使用医保基金5275.72万元。

加大宣传曝光力度　一是组织开展集中宣传月活动。围绕“织密基金监管网 共筑医保防护网”活动主题,克服新冠肺炎疫情的影响,组织全省各地医保部门,采取线上线下多渠道、传统新兴媒体相结合的方式,对医保基金监管政策和典型案例开展宣传,营造共同维护医保基金安全的良好氛围。二是加大典型案例曝光力度。进一步规范案例曝光标准,引导各统筹区积极曝光违规典型案例,全年共曝光典型案例126家,对欺诈骗保违法违规行为起到了有效震慑作用。三是制作《吉林省医保基金省级飞行检查》宣传片。在全省线下线上会前播放,及时开展警示教育和典型案例宣传。

**【扎实推进信息化标准化建设】** 大力推进医保信息化建设　医保信息平台实现了医保网络纵向延伸至社区、村镇,横向覆盖2.3万余家定点医药机构,累计经办业务3220万笔,定点医药机构累计结算1.07亿笔、结算费用686亿元,日均结算25万笔,日均支付费用1.94亿元。贯彻执行15项信息业务编码标准,确保全国医疗保障信息业务“一码通”。

全面推广应用医保电子凭证　累计激活电子凭证1666.4万人,展码次数达到1.86亿次,使用电子凭证结算占全省医保结算的26%,实现医保从“卡时代”迈向“码时代”。

**【进一步提升医保公共服务能力】** 推进异地就医直接结算　优化政策,着力破除备案、结算、协同三大难点,实现普通门诊费用、高血压和糖尿病等5种门诊慢特病以及住院待遇异地就医直接结算。全省异地就医备案264.39万人次、结算1201.36万人次、结算金额365.92亿元,医保支付212.05亿元。共开通异地定点机构1.28万家,是2018年末的26倍。

提高服务水平　实现医保关系转移接续等6项业务“跨省通办”。省内医保关系转移接续实现“无感办”,缴费年限实时接续,办理时限由15个工作日改为实时办结,个人账户实时到账;90%的业务实现“最多跑一次”,80%的业务实现“零跑动”。居民医保缴费、医保扫码支付等功能进驻“吉事办”;建成全省医保智能客服中心,总服务量达235.3万人次;个人账户实现家庭关联、掌上操作、共用共享;制定全省统一的《吉林省医疗保障部门政务服务事项清单》,整理68项医保经办政务服务事项,统一全省服务事项操作规范,进一步规范经办服务流程。

推动服务下沉　全省174个乡镇(街道)能够提供7项以上医保服务,2584个村(社区)能开展医保服务。将长期护理保险待遇支付、医疗救助资金支付等18项高频服务事项下沉至定点机构,全力打造15分钟医保服务圈。

## 重要活动

1. **2022年全省医疗保障工作会议召开。** 1月20日,吉林省医疗保障局在长春通过视频形式召开全省医疗保障工作会议。会议传达了2022年全国医疗保障工作会议精神,交流各地工作经验,总结2021年工作,安排部署2022年重点工作任务,并提出工作要求。

2. **吉林省疫情防控工作第16场新闻发布会召开。** 3月27日,吉林省政府新闻办召开吉林省疫情防控工作第16场新闻发布会。省医疗保障局相关负责人介绍了当前疫情防控医疗保障有关工作情况,对记者提出的关于“本轮疫情以来,省医疗保障局从自身工作职能出发,对普通老百姓看病就医出台了哪些保障举措”等问题做了详细解答。

3. **2022年全省医保基金监管暨专项整治行动电视电话会议召开。** 5月25日,吉林省医疗保障局在长春召开2022年全省医保基金监管暨专项整治行动电视电话会议。会议传达了2022年全国打击欺诈骗保专项整治行动电视电话会议精神,总结2021年全省打击欺诈骗保专项整治情况,分析医保基金监管总体形势和面临的挑战,并就做好2022年的专项整治工作提出具体要求。

**4. 2022年全省医疗保障系统党风廉政建设和反腐败工作会议召开。**5月26日，吉林省医疗保障局在长春通过视频形式召开2022年全省医疗保障系统党风廉政建设和反腐败工作会议。会议贯彻落实国家医疗保障局党风廉政建设和反腐败工作会议、全省政府系统第五次廉政工作会议精神，对全省医疗保障系统2022年党风廉政建设和反腐败工作作出安排部署。

**5. 弹簧圈与留置针省际联盟集中带量采购信息公开大会召开。**12月21日至22日，省医疗保障局在长春召开弹簧圈与留置针省际联盟集中带量采购信息公开大会，大会面向联盟省份全流程网络直播，现场投标、唱标、公布拟中选结果。同时，聘请临床耗材使用专家现场针对拟中选结果，综合考量联盟省份临床使用差异性进行把关。

## 典型案例

### 案例一：吉林打造高效便民的医保经办管理服务体系

吉林省坚持以人民为中心，深入推进医保领域"放管服"改革，严格依法经办，加强精细化管理，打造高效便民的医保服务体系，持续提升人民群众的获得感、幸福感、安全感。吉林省社会医疗保险管理局强化系统思维，坚持需求导向，在规范服务标准、创新服务方式、解决服务难题、提升服务管理成效等方面持续用力。聚焦便民服务，不断深化医保服务"最多跑一次"改革；聚焦异地就医，实现省内异地就医直接结算"全覆盖"；聚焦医保关系转移接续，实现省内职工医保关系转移接续"全程网办""即时到账"；聚焦畅通服务渠道，建设反应高效的全省医保智能客服中心，系统打造"有温度"的体验式医保服务。

**【主要做法】** *坚持统一标准，推进经办服务更加规范* 一是执行统一的经办政务服务标准。制定全省统一的政务服务事项清单、操作规范和服务指南并持续更新，统一规范经办服务标准。二是执行统一的医保大厅建设标准。按国家标准建成3000余平方米医保经办服务大厅，设置6个功能区域，统一设备配置、标识标志和工装。三是执行全省统一的基金财务经办规程。印发吉林省城乡居民基本医疗保险基金预算编制规程、基金账户及收支管理规程等文件，进一步规范基金财务管理。四是执行全省统一的协议管理标准。印发吉林省医疗保障定点服务机构履约能力评估经办规程、服务协议范本和医保医师管理办法，指导各地完成协议签订、定点履约能力评估工作，实行定点机构动态管理。

*坚持智能创新，推进经办服务更加便民* 一是深化"最多跑一次"改革。进一步精简办理材料、简化办理流程、缩短办理时限，实行"一站式""一窗式"综合柜员服务；严格落实首问负责、一次性告知、延时服务等制度，全面落实"窗口无否决权"机制，推行文明服务；健全电话预约、邮寄办理、帮办代办等线下服务渠道，推行适老化服务。二是深化"互联网+医保服务"。推进"非接触式"网上业务办理，推广视频办、上门办，实现网厅、微信公众号、在线客服、钉钉服务群以及邮箱受理等全渠道业务办理，确保热线咨询、业务办理及时高效；大力推广使用医保电子凭证；与省政府政务服务系统进行对接，将单位参保登记等4项医保服务事项纳入集成服务事项库，实行一网通办、一站式联办、一体化服务。三是深化业务事项就近办理。将18项政务服务事项下沉至定点医疗机构，实现了15分钟服务圈。大幅增加省直定点医疗机构数量，方便群众就近就医购药。四是深化医保宣传矩阵建设。建立集官方网站、微信公众号、支付宝生活号、钉钉服务平台等在内的医保宣传矩阵，发布医保经办服务系列"微视频"，设立损害医保权益行为"曝光台"、医保问题解答"回音壁"等栏目。

*坚持需求导向，推进解决群众急难愁盼问题更深入* 一是扎实推进异地就医直接结算。印发《吉林省医疗保险异地就医管理办法》，提高自主就医人员的医保支付比例、取消省内县域间备案，新增"允许结算前补办异地就医备案手续的享受直接结算服务"等救济方式，方便异地就医参保人

就医享受待遇。对全省异地就医结算平台进行升级改造，包括门诊慢特病在内的各项门诊待遇全面实现省内直接结算，同时实现5种慢特病跨省直接结算。二是扎实推进跨省医保关系转移接续。依托国家医疗保障信息平台，实现跨省基本医疗保险关系转移接续全程网上办理；推进全省12个地市级统筹区全部实现6个事项的跨省通办。实现省内医保关系转移接续"全网办"、个人账户"秒到账"。三是扎实推进全省医保智能客服平台建设。组织全省各统筹区全面建立12393医保服务热线，采用与12345政务服务热线双号并行的模式，并升级为全省医保智能客服中心，提供全流程闭环式、一体化服务，建立漏话回拨机制，确保服务质量。四是扎实推进多样化的服务质量监督反馈渠道。组织全省各级医保经办机构以交叉互评方式开展行风建设专项评价，建立"义务监督员"队伍，开展经办干部"体验式调研"，及时收集和解决倾向性难点、堵点问题。

坚持系统观念，推进服务管理更加高效　一是全面建立系统化工作推进机制。将提升医保经办服务能力纳入全省医疗保障"十四五"规划；按照经办服务业务需求对内设机构和岗位设置优化调整；建立双周例会、工单分析会、基金运行分析会等重点任务、重点服务问题和基金运行常态化研究机制。二是全面建立系统化服务评价机制。全面落实"好差评"制度，实现医疗保障经办政务服务事项、评价对象、服务渠道全覆盖。建立"差评"和投诉问题调查、整改和反馈机制，实现"差评"问题快速处置，持续对政务服务事项清单和操作规范进行动态更新。三是全面建立系统化岗位练兵及考核机制。建立新任职、新业务及能力提升等常态化岗位培训机制，持续提升医保经办队伍专业化水平。建立绩效考核、日常考勤等基本管理制度，将任务完成、服务评价、工单处理等情况纳入考核指标，考核结果与荣誉、薪资挂钩，形成系统化激励机制。

【**主要成效**】　业务规范统一，让群众更放心　经办服务办理标准、时限、材料、流程及渠道全省统一，实现同一事项无差别受理、同标准办理，办事环节简化、流程优化、时限缩短。

办理方式快捷，让群众更省心　全部业务实现"最多跑一次"，80%的业务实现"零跑动"；部分服务事项"一件事一次办"实现跨部门、跨层级、跨系统的"一网办、一窗办、一次办"；广泛应用医保电子凭证；将18项政务服务事项下沉到定点医疗机构，大幅增加省直定点服务机构数量（三年增加11倍），实现15分钟服务圈。

高频事项方便，让群众更舒心　跨省5种门诊慢特病实现直接结算，省内门诊待遇全面实现直接结算；跨省医保关系转移接续等6个事项实现跨省通办，省内医保关系转移接续实现"全网办"，个人账户"秒到账"。

咨询反馈高效，让群众更顺心　吉林省医保智能服务平台为群众提供咨询服务评价"一体化"服务，各类咨询投诉事项全流程闭环办理，让群众诉求更快处理。

医保宣传广覆盖，让群众更安心　依托官网、微信、支付宝、钉钉平台等途径建立医保宣传矩阵，让群众足不出户即可掌握医保信息。

## 案例二：长春市进一步夯实三重制度综合保障

长春市重点加大困难群体大病、重病患者医疗救助力度，持续优化政策，医疗救助范围不断扩展、水平不断提升。救助对象范围从低保对象、特困供养人员、重病和重残人员三类扩展到包括因病致贫家庭在内的四类群体，惠及全市近30万困难群众。累计对困难群众实施资助参保、门诊和住院医疗救助200余万人次，支出资金近10亿元，实现了与基本医保、大病保险等制度有效衔接，在解决困难群众看病就医难题、保障基本医疗卫生服务方面发挥了重要作用。2022年12月26日，长春市人民政府办公厅印发《关于印发长春市重特大疾病医疗保险和救助制度实施办法的通知》（以下简称《实施办法》）。《实施办法》共五章二十五条，主要包括医疗救助对象范围、标准、服务管理等几个方面内容。《实施办法》着眼促进各重制度协同发展，增强制度综合保障效能，健全重特大疾病医疗保障长效机制，三重制度综合保障得到进一步夯实。

**【主要做法】** 进一步夯实医疗救助托底保障功能　一是适用范围上强调公平统一。由主城区覆盖、县(市、区)参照的执行模式调整为全市政策统一，制度更显公平，全市困难群体均等享受医疗救助政策。二是救助对象范围进一步扩大。为巩固医疗保障脱贫攻坚成果，在原有的救助对象范围基础上，新增了返贫致贫人口、纳入监测范围的农村易返贫致贫人口两类救助对象。三是统一和提高救助标准。提高了榆树市、德惠市、农安县、公主岭市低保对象住院救助比例，由原来的10%、20%、40%的分段救助比例统一为按70%的比例救助；增设门诊慢性病救助保障，救助比例统一为50%；低保边缘家庭和因病致贫家庭住院救助起付线分别由原来的1万元、1.5万元调整为3500元、8000元。

进一步健全防范和化解因病致贫返贫长效机制　一是开展依申请医疗救助。对因病致贫重病患者及其家庭成员经基本医保、大病保险、其他补充保险等报销后个人负担的住院医疗费用，依申请实施救助。二是强化高额费用支出预警监测。重点监测低保边缘家庭成员、农村易返贫致贫人口的年度医疗费用支出，对经基本医保、大病保险等支付后个人医疗费用负担仍然较重的，及时做出预警，协同做好风险研判和处置，及时将符合条件的人员纳入医疗救助保障范围。三是持续完善医疗救助制度。持续增强医疗救助制度功能，提升救助水平，发挥托底保障作用，实现基本医保、大病保险、医疗救助三重制度梯次减负。

进一步提升经办管理服务水平　一是完善一体化经办服务机制。健全参保信息核对和救助对象身份信息共享机制，确保救助对象应保尽保、应救尽救。医保、民政、乡村振兴部门实时共享特困、低保、低保边缘、农村易返贫致贫人口等困难群众的身份认定信息，及时办理新增人员参保登记、添加救助对象身份标识，确保保障到位。畅通救助对象医疗救助申请渠道，将特困、低保、低保边缘、农村易返贫致贫人口纳入“一站式”结算范围，在医保定点医疗机构直接获得医疗救助，对因病致贫重病患者依申请实施救助。二是提高综合服务管理水平。依托全国统一的医疗保障信息平台，加强数据归口管理，确保数据安全。加强定点医疗机构的费用审核，坚持源头管控，强化审核管理。引导医疗机构优先选择政策范围内的药品、医用耗材和诊疗项目，促进合理诊疗。对医疗救助对象发生的费用实行网络化智能监控，严厉打击欺诈骗保行为。

**【主要成效】** 一是实现了同城同待遇，进一步缓解困难群众就医负担。《实施办法》的出台，标志着全市困难群众救助标准全面统一，将大力缓解困难群众就医负担，增强群众获得感。二是困难群众就医结算更加便捷。困难群众在所有医保定点机构均实行基本医保、大病保险、医疗救助“一站式”结算，落实“先诊疗后付费”，减少困难群众跑腿垫资，提升了救助对象满意度。

## 案例三：吉林市稳步推进DRG支付方式改革

2019年5月20日，吉林市被国家医疗保障局列为首批“按疾病诊断相关分组付费国家试点城市”之一。吉林市医疗保障局坚持打造规范高效的医保支付机制和惠民利医工作导向，成立由常务副市长为组长，市医疗保障局主导，市卫生健康委员会、市财政局主要领导参加的全市DRG试点工作领导小组。试点进程：2019年完善基础工作，2020年开展模拟运行，2021年启动实际付费。结合试点经验以及运行实际，在2022年正式启动《吉林市支付方式改革三年行动计划》，制定“打好四项基础、推进四方协同、建立四项机制、抓好四个扩面”目标任务，用试点经验、示范引领带动DRG支付方式改革扩面。

**【主要做法】** 深入调研　主要领导带队调研，调研组深入定点医药机构分别对中西医结合医院、眼科医院、口腔医院、骨伤医院、社区卫生服务中心、连锁药店等10余家机构开展分级分类调研，了解各级医疗机构实施DRG付费改革情况及需求。

分解任务　按照《吉林市医保支付方式改革三年行动计划实施方案》，细化分解任务指标。制定印发《2022年吉林市DRG医保支付方式改革工作任务推进方案》，按月制定工作指标和工作措施。经办机构按月召开线上、线下业务培训会，邀请国家级专家予以指导讲解，实地到医疗机构开展摸底调研。

权重谈判　由分管局长牵头与医疗机构开展权重谈判。为确保历史数据测算的原始DRG权重更接近临床实际，2022年市医疗保障局组织78名医院临床专家进行历时3天20场现场论证，对142组DRG权重进行了调整，修正了部分相关分组权重，使其更贴近临床实际，制定《2022年吉林市医疗保障按疾病诊断相关分组（DRG）付费实施方案》，对试点医疗机构进行公示。

完成评估　圆满完成国家医疗保障局开展的2022年第一批、第二批DRG支付方式改革交叉调研评估工作。截至2022年末，统筹区内各县（市）医保部门已全面启动DRG工作，43家医疗机构纳入DRG实际付费范围，机构覆盖率超55%，病种覆盖率、基金覆盖率均完成任务指标，得到省医疗保障局领导和国家交叉评估组的好评。

协同管理　强化医疗机构协同管理。为了让全市试点医疗机构临床医护人员快速、准确、熟练掌握DRG付费相关业务，先后组织70多场线上线下培训，参加人数近2000人，确保医院编码管理到位、信息传输到位、病案质控到位、内部运营管理机制转变到位。加强与医疗机构协调沟通，充分调动已开展实际付费的试点医疗机构参与改革的积极性。

**【主要成效】**　医保基金支出更加合理　2022年1月至12月，吉林市5家DRG付费试点医院例均费用比照上年同期整体降低2.7%，平均住院床日比照上年同期下降0.11天。2022年全年在未进行年终清算的前提下，5家DRG付费试点医院总体结算支用比为91.84%，与按项目付费相比节省基金5396.19万元，与历年总控指标相比节省基金1亿元。

医疗机构服务能力稳步提升　2022年全年5家DRG付费试点医院病例综合指数（CMI）在1.13~1.33，5家试点医院2022全年CMI比照上年同期全部上升，可以看出5家试点医院在收治患者方面，逐步向重症患者进行偏移。

医疗机构服务效率更高　2022年全年5家DRG付费试点医院费用消耗指数在0.99~1.16，时间消耗指数在0.8~0.87，5家DRG试点医院本期费用消耗指数及时间消耗指数比照上年同期全部出现不同程度的下降，效果明显，较好实现了提高效率、降低成本的预期目标。医疗机构诊疗能力的提高，能够切实减少患者不必要的医疗支出，减轻全市患者就医负担。

## 案例四：四平市DRG付费改革试点实现预期目标

2022年四平市被列为DRG付费三年行动计划重点实施城市。改革试点任务的确定，为打破原有医保基金支付管理模式瓶颈提供了突破口，市医疗保障部门引入DRG付费住院基金支付管理模式，通过规范管理降低原有不合理住院费用支出，补充到普通门诊统筹（门诊共济）、门诊慢病、特病等医保门诊统筹支付中，既提高基金的使用效率，同时又为参保患者提高整体医疗保险待遇。

**【主要做法】**　建立八个工作机制　一是建立协作机制。医保、财政、卫健等部门建立协作机制，多次召开协调会，协调市财政局保障试点经费及时拨付到位；协调市卫生健康委共同确定DRG付费试点医疗机构，并共同组织召开研讨会、推进会，保证任务落实到位。二是建立调研机制。采取实地调研和召开研讨会的方式进行充分论证，根据论证结果，结合四平实际制定了本地化实施方案。三是建立创新机制。将民营医疗机构纳入

DRG付费管理，解决民营医疗机构医保管理不规范等问题。创建DRG付费临床质控中心，组织全市定点医疗机构各学科专家成立16个DRG付费临床质控中心，参与完成权重值测算和费率调整等试点工作。四是建立宣传机制。项目组及试点医疗机构多次召开研讨会，宣讲相关政策及实施DRG付费的背景和意义，提高对DRG支付方式改革的认知和理解。五是建立培训机制。积极参加省内外的培训，借鉴先进地区经验，提高医保管理水平和试点单位对实施DRG付费的认识水平。六是建立质控机制。联合市卫生健康委从病案质控和疾病编码及手术操作编码入手，开展三轮病案质控专项检查和编码员培训，并聘请国内知名专家针对发现的问题开展专项培训和业务指导，为顺利实施DRG付费打下坚实基础。七是建立谈判协商机制。对权重、费率动态调整，定期召开专家协商会，制定管理办法，公开权重及费率、细分组及支付标准等相关情况。八是建立绩效考核监管机制。对试点医院开展定期绩效评价考核和全程基金监督管理等机制，优奖劣罚，激励约束各医院加快支付改革进程。

专业技术保障　一是合理制订DRG软件需求计划。考虑DRG付费、病案质控、分组、权重费率测算、知识库建立及基于DRG智能审核要求，结合实际，制订9个维度的需求计划。二是借助第三方专业力量。通过招标确定按疾病诊断相关分组(DRG)付费改革项目合作供应商。三是搭建本地DRG付费平台。搭建本地DRG付费平台，为数据采集与转换、病案质控、分组、权重费率测算、DRG审核与付费等提供技术服务支撑。四是建立DRG相关技术规范与标准。对标《国家医疗保障疾病诊断相关分组与付费技术规范》和《CHS-DRG 1.1版分组器(医保编码2.0)》，形成609组本地分组方案；确定权重值和两级费率值。

优化经办管理　为了试点工作顺利实施，按照《国务院办公厅关于进一步深化基本医疗保险支付方式改革的指导意见》和《关于印发四平市按疾病诊断相关分组(DRG)付费试点工作方案的通知》等文件规定，制定符合四平市实际的《四平市DRG付费医疗保险经办规程》，并在规程中引入病案质控和DRG分组的容错机制，更加便于经办机构和试点医疗机构日常管理。

**【主要成效】**　四平市作为省试点城市，2022年圆满完成三年行动计划第一年的任务，其中统筹区占比40%，三级医院覆盖率达到100%，试点医疗机构覆盖率达到40%，病组(种)占比70.57%，医保基金支付占比67.65%。在正式付费开展三个多月的时间内，得到试点医疗机构的有效配合，获得良好成效，在保证医疗质量与安全的同时，医疗机构临床医师的诊疗行为得到进一步规范，医保基金得到有效合理使用，尤其是同等费率组的设定，有效推动优质医疗资源下沉，从而促进分级诊疗。同时，促使医院实现“思想观念转变、办院理念转变、诊疗行为转变”，从而助力医疗保险事业和医疗卫生事业全面实现高质量协同发展目标。

## 案例五：延边州稳步提升医保结算清单质量

医保DIP支付方式改革是规范医疗服务行为、提升医保经办质效、减轻参保人就医负担的民生工程，医疗保障基金结算清单(以下简称“医保结算清单”)上传质量和上传率是医保DIP分组和付费的重要基础工作。2022年，延边州扎实推进国家医疗保障信息业务编码标准贯彻执行(以下简称“贯标”)工作，着力强化医保结算清单数据上传质量控制和提升医保结算清单上传率，着力解决贯标不彻底成果不能长期维持、上传数据质量和上传率较低问题，夯实DIP支付方式改革基础。

**【主要做法】**　推动贯标工作落地　一是采取线上培训及现场督导等方式，全力推动贯标工作落地落实。组织多次在线视频专题会议，开展全州各县(市)贯标业务培训指导及线上答疑，及时解决贯标工作中遇到的各类问题。印发《关于做好定点医药机构接口改造和信息业务编码贯标应用工作的通知》和《关于印发延边州开展15项信息业务编码贯标和定点医药机构接口改造验收工作实施方案的通知》，明确贯标工作各项要求，组织4个督导小组赴各县（市）对医保部门及定点医疗机构进行督导，依据贯标要求逐项检查严格验收，发现问题跟踪督促，确保贯标要求整改落到实处，督促定点医药机构根据验收中发现的问题按时保质保量完成整改。二是依托数据检索治理非标数据。2022年5—7月，在全州定点医疗机构医保结算平台全面开展人员类（包括主诊医师和开单医师等）编码非标数据整治，通过医疗保障信息平台后台检索全州定点医疗机构上传的人员类编码非标数据，定期（每周）下发各县（市）医疗保障局，确保组织定点医疗机构加快治理人员类编码非标数据。

*加强数据质控* 从多方面加强医保结算清单数据质控。一是人工审核。对全州3家三级医院和17家二级医院的结算清单（371份）集中开展质量审核，并将审核过程中发现的问题（213个）反馈定点医疗机构，督导定点医疗机构分析问题原因，并采取有效整改措施调整上传数据。二是组织培训。按照国家医疗保障局办公室关于修订《医疗保障基金结算清单》《医疗保障基金结算清单填写规范》的通知要求，赴定点医疗机构开展1次实地培训并组织3次全州医保经办机构培训，进一步规范医保结算清单上传数据质量、编码管理、信息传输和病案质控管理，提升结算清单上传质量，规范医保结算清单的批量上传。三是强化部署。督导定点医疗机构切实承担清单上传的主体责任，将提升医保结算清单质量纳入重点议事日程，建立清单上传部门协调工作机制，务必做到编码管理到位、信息传输到位、病案质控到位，确保结算清单数据质量和结算清单审核制度落地执行。

*强化考核通报* 组织全州开展门诊慢特病和住院业务的155家定点医疗机构完成医保结算清单上传系统改造和数据上传质控。在此基础上，定期通报医保结算清单上传存在问题的定点医疗机构，要求其限期整改上传数据不正确、不及时、不完整等问题，重点督导进度缓慢、问题较多的定点医疗机构，约谈问题突出、整改不到位的定点医疗机构，提升医保结算清单上传率。

**【主要成效】** *阶段性和常态化贯标工作成效明显* 顺利通过国家和省验收。经过全州医保部门和定点医疗机构的合力推进，全州15项医保信息业务编码贯标工作先后通过国家医疗保障局和省医疗保障局组织的验收，为后续常态化贯标工作的开展积累了丰富经验。常态化贯标工作中非标数据显著减少。在各级医保部门的努力下，全州主诊医师非标数据上传从18.07万条减少至0.04万条，下降99.78%；开单医师非标数据上传从64.75万条减少至0.13万条，下降99.80%。

*医保结算清单数据上传质量明显提升* 2022年9—12月，完成上传的4.28万份住院清单中，4.25万份含诊断信息，诊断信息上传率提升至99.30%；完成上传的1.34万份含手术治疗的住院清单中，1.19万份含手术及操作信息，手术及操作信息上传率提升至88.81%。

*医保结算清单上传率大幅提升* 2022年9—12月，全州定点医疗机构在医保结算平台中应上传医保结算清单38.08万份，实际完成上传19.40万份，上传率达到50.95%。其中，住院清单应上传5.75万份，实际完成上传4.28万份，上传率为74.43%（不含手术治疗的清单上传率为73.88%，含手术治疗的清单上传率为75.42%）；门诊慢特病清单应上传32.33万份，实际完成上传15.13万份，上传率为46.80%。

# 黑龙江省

## 工作综述

2022年，黑龙江省医疗保障局以“能力作风建设年”活动为支撑，以“四个体系”机制为抓手，紧盯群众急难愁盼问题，全面深化医疗保障制度改革。截至2022年12月底，全省基本医疗保险参保2767.77万人（职工参保890.23万人、城乡居民参保1877.54万人），参保率稳定在95%以上。基本医保（含生育保险）基金总收入590.07亿元，其中职工医保（含生育保险）基金收入388.39亿元，居民医保基金收入201.69亿元。基本医保（含生育保险）基金总支出503.24亿元，其中职工医保（含生育保险）基金支出330.86亿元，居民医保基金支出172.39亿元。基本医保（含生育保险）基金累计结存868.91亿元，其中职工医保（含生育保险）基金累计结存647.28亿元；居民医保基金累计结存221.63亿元。

**【提升依法行政能力】** 完成《黑龙江省医疗保障基金监督管理条例》立法工作，经省十三届人大常委会第三十九次会议审议通过。制发行政规范性文件4件，符合法定权限和程序，无违法内容。印发《关于开展涉及计划生育内容法规、规章及规范性文件专项清理工作的通知》，全省累计清理相关文件4个。印发《关于建立信访及留言事项办理机制的通知》《黑龙江省医疗保障局信访工作制度》《黑龙江省医疗保障局信访办理流程》，进一步规范信访工作流程，解决群众合理诉求，及时回应群众关切。全年累计办理信访和留言事项372件，做到件件有落实、事事有回音，有效防范化解矛盾风险。

**【提升待遇保障水平】** 抓实全民参保　省政府召开基本医保全民参保推进会议，建立由分管副省长任总召集人的全民参保联席会议制度。组织指导各市县取消参加基本医保的户籍限制，建立细化到人的“本地参保人员台账”“异地参保人员台账”“未参保人员台账”。通过设立参保监测点、开展“敲门行动”、落实困难群体参保资助政策、利用“报、台、网、微、端、屏”全媒体宣传等措施，精准实施参保动员。

完善保障机制　落实医疗保障待遇清单制度，指导各地全部形成统一的基本医保、大病保险、医疗救助三重制度综合保障框架。提高职工医保、居民医保住院待遇水平，将大病保险报销比例按支付额度分段提高5~15个百分点，将孤儿、农村易返贫致贫人口等纳入医疗救助范围。加强因病致贫返贫风险“双预警”和精准施救，建立重特大疾病医疗保险和救助制度，优化高血压、糖尿病门诊用药保障机制，提高大病保险报销比例，减轻群众就医经济负担。

动态调整医保用药保障范围　实现黑龙江省医保用药范围与全国基本一致。2022年，全省国家医保谈判药品已报销916.82万人次，医保基金支付18.53亿元。

指导推出商业健康保险　指导商业保险公司推出普惠性商业健康保险“龙江惠民保”，全省基本医保参保人均可参保，具有不限病史、价格惠民、目录内外均报销、新药特药种类多、与“三重制度综合保障”一站式结算等特点，全年投保人数达513万人，投保率在全国省级项目中位列第一。

**【健全监管体系】** 加强组织领导　省政府召开推进会议部署全省打击欺诈骗保专项整治工作，并建立由分管副省长任总召集人的联席会议制度,医保、公安、卫生健康、财政、中医药等部门联合行动。医保基金预算编制和年报编制工作均被国家医保局通报表扬,在年度全国医保基金监管综合评价中被评为“优秀”等次。

推进法治化建设　推进依法监管,省人大常务委员会第三十九次会议审议通过《黑龙江省医疗保障基金监督管理条例》并于12月26日正式公布,是全国第一部医保基金监管地方性法规。出台《黑龙江省行使医疗保障基金使用监督管理行政处罚裁量权规定(试行)》等规定。

强化日常监督　建立以信用为基础的新型监管机制,运用智能监管精准锁定违规行为,聚焦骨科、心内科高值医用耗材等监管重点,实行全覆盖检查并开展直达市县的飞行检查,全省定点医药机构检查覆盖率100%,处理违规定点医药机构6935家,追回违规使用基金5.88亿元,同比增加64%,公开曝光2267个典型案例,发现线索并配合公安部门抓获犯罪嫌疑人89人。

健全长效机制　出台《医疗保障信用管理暂行办法》,建设包含28项30余万条审核规则的省级智能监控系统。截至12月底,审核违规金额近7482万元。黑龙江省基金监管工作在全国医疗保障工作会议上作经验交流。

**【纵深推进改革】**　集中带量采购提速扩面　在全国率先开展血液透析类医用耗材专项集中带量采购,中选6种医用耗材平均降幅26.5%,为全国提供了成型经验;在全国第二个自主开展省级基础输液集中带量采购,中选39个品规平均降幅32.4%;完成国家组织药品和医用耗材集中带量采购中选结果落地,参加省际联盟集中带量采购;全省药品集中带量采购总数累计达379种,医用耗材10种,年可减少医药费用支出约24.6亿元。

深化支付方式改革　制订实施三年行动方案,巩固提升试点地区改革成效。哈尔滨、佳木斯、鹤岗、伊春4个国家试点城市全部实现实际付费,取得平均住院天数减少、次均费用降低等积极成效。组织其他市(地)启动DRG/DIP付费改革,每月调度进展、开展多轮近万人次参加的培训。

实施职工医保单基数缴费改革　全面取消用人单位为退休人员缴纳职工基本医保费政策,实行用人单位只为在职职工缴费的单基数缴费。指导各地采取适当提高缴费比例、规范缴费基数、清理历史欠费等综合措施,应对黑龙江省职工医保在职退休比全国最低、人均筹资水平低于全国平均水平近800元等不利因素影响。

规范定点医药机构协议管理　制定实施《黑龙江省医疗保障定点医药机构评估细则(试行)》和经办规程,规范评估规则,明确公开告知等要求。统一服务协议范本,突出行为规范和考核评价,保障参保人员权益。

建立职工基本医保门诊共济保障机制　指导各市(地)全部出台实施细则,建立职工医保普通门诊费用统筹,将多发病、常见病纳入保障范围。同步实施职工基本医保个人账户改革,改进资金计入办法,拓展资金使用范围。

**【创新服务举措】**　完善异地就医直接结算　出台《黑龙江省基本医疗保险异地就医直接结算经办规程》,优化异地就医结算政策。实现高血压等5种慢特病门诊相关费用异地直接结算,健全结算报错快速响应机制,开通1227家住院、745家普通门诊、115家门诊慢特病定点医疗机构,达到每个县至少开通一家的目标。作为参保地,直接结算136.6万人次,医保基金支付48.2亿元;作为就医地,直接结算4.1万人次,医保基金支付2.75亿元。哈尔滨市、佳木斯市率先开通职工医保个人账户药店异地刷卡结算服务,精准打通服务堵点。

优化线上线下一体化医保服务　推动省、市、县三级133个医保服务大厅实行“一窗通办”的综合柜员制服务模式,在服务大厅设立“办不成事”受理窗口,解决受理难、办结难等问题。完成医保网上服务大厅与省政务服务网、“全省事”App对接,医保政务服务事项线上可办理率达到100%。以多种形式开展医保服务“六进”,在定点医药机构、银行网点设立医保服务(咨询)站1601个,设立乡村、社区服务网点1826个。建设全省统一的12393医保服务热线5G视频办平台，打造答办查一体化服务平台，服务评价满意率99.6%，在国家医疗保障局举办的全国医疗保障经办服务规范建设典型案例推介中获二等奖。

完善全省一体化医疗保障信息平台建设应用　持续推进全国统一医疗保障信息平台功能完善和推广应用，城乡居民医保缴费、定点医药机构月结算、医疗费用零星报销、异地就医直接结算等功能进一步优化，公共服务、药品医用耗材招采、智能监管、移动支付、业财一体化等功能陆续成功应用并推开。截至2022年12月，智能监管系统筛查违规费用7842万元，招标采购系统人工关节和血液透析完成协议签订7000多份，新平台的强大功能逐步显现。

积极支持和服务企业发展　实施中小微企业医保费阶段性缓缴，建立"免申即享"机制，缓缴职工医保费6.09亿元，惠及5.96万家企业。主动为企业"送政策""送支持"，建立班子成员包联生物经济、数字经济企业机制，完善全省医药企业信息库，支持帮助黑龙江省3家企业4种药品通过2022版国家医保药品目录调整形式审查，4种药品在国家组织第七批集采中中选。创新出台20条政策措施，多方位支持中医药产业传承创新发展。

**【强化疫情防控支持】**　有力保障疫苗及接种费用　追加拨付疫苗采购专项资金，清算接种费用，有力保障新冠疫苗免费接种。

降低核酸检测价格　将单人单管核酸检测政府指导价由40元降至13元，混检由每人次8元降至3元，抗原检测降至5元，大幅降低疫情防控成本。缓征医保费，采取"免申即享"方式，缓征中小微企业单位缴费6.09亿元，惠及5.96万家企业。

**【拓展医疗保障脱贫攻坚成果有效衔接乡村振兴战略】**　核查比对参保信息400余万条，医疗救助资金支出3.4亿元资助171.2万特困人员、低保对象、脱贫人口等困难群体参加基本医保。对困难群体医疗费用负担情况开展监测，向民政、乡村振兴等部门推送预警信息37万余条，协同相关部门加大困难患者精准帮扶。

## 重要活动

1. **召开全省医疗保障工作会议。**2月18日，全省医疗保障工作会议在哈尔滨召开。会议全面总结2021年全省医疗保障工作，分析面临形势，安排部署2022年重点工作任务，进一步统一思想，推动龙江医疗保障工作取得新突破。会议以视频形式召开，主会场设在哈尔滨。

2. **开展基金监管集中宣传月活动。**从4月1日起，以"织密基金监管网　共筑医保防护线"为主题，开展为期一个月的基金监管集中宣传月活动。集中宣传月期间，省医疗保障局组织全省各级医保部门开展"十个一"系列活动，即举办一次启动仪式；组织一次学习培训；组织一次线上竞答；开展一次集中宣传；开展一次信用承诺；发动一次媒体联动；进行一次案例曝光；开展一次执法分析；进行一次内部摸排；组织一次情况反馈。充分利用电视、报刊、网络等媒体积极开展打击欺诈骗保政策宣传，同时印发宣传折页、宣传海报、雨伞、纸巾等宣传品45万份，曝光典型案例123例，联合金融机构、联动主流媒体，同步开展"医保基金监管宣传月有奖竞答"活动，近12万参保人及两定机构从业者参与活动。

3. **黑龙江医保大数据应用实验室揭牌。**7月30日，黑龙江医保大数据实验室（中国北方慢性病实验室）揭牌仪式在哈尔滨举行。实验室将打造医保无差别镜像平台，元宇宙、医保数据分析平台、数据天眼、医保产业融合平台，聚焦老年人、跨地区流动就业群体、农村居民各类人群对医保服务的多元化需求，提高线上线下医保服务可及性、便捷性。

4. **首个全省性惠民型商业健康保险"龙江惠民保"正式上线。**9月20日，由省医疗保障局指导的黑龙江省首个全省性惠民型商业健康保险"龙江惠民保"发布仪式在哈尔滨举行。

5. **出台黑龙江省医疗保障基金监督管理条**

例。12月22日，黑龙江省十三届人大常委会第三十九次会议通过《黑龙江省医疗保障基金监督管理条例》（以下简称《条例》）。《条例》是全国首部医疗保障基金监督管理的省级地方性法规，对于推进医保基金监督管理制度化、体系化、法制化，有效防范化解基金运行风险，维护基金安全具有重要意义。

## 典型案例

### 案例一：黑龙江用“小热线”联通“大民生”

省医疗保障局聚焦打造全省“问查办”一体化12393热线服务体系目标，立足提升医保公共服务治理创新水平，在全国首创医保服务“5G视频办”，用数字医保打通服务参保群众“最后一公里”。2022年世界5G大会上，黑龙江省12393医保服务热线“5G视频办”成为大会一大亮点。

**【聚焦解放思想观念，积极搭建为民服务“连心桥”】** 双号并行，整合服务资源　将全省各地400多个医保热线全部整合到12393，群众客服语音来话处理、视频业务办理、业务工单转办等热线服务实现统一归口、集中管理，并同步“嫁接”到12345政务服务热线，跟进升级智能客服助手、在线客服音视频智能交流等功能，促使12393覆盖更全面、服务更及时。

扩融业务，提升服务效能　着眼于解决电话服务“身份识别难”“业务办理难”等问题，以建立视频身份认证机制为基础，将异地就医备案、基本信息变更等高频经办事项纳入12393“不见面”服务范围，实现从“最多跑一次”向“一次都不跑”转变，全面“增值”经办服务。

精准对接，便捷办事途径　利用5G技术破解繁冗按键选择、人机沟通不便等难题，把远程通话改造为“面对面”服务，通过在线视频交流，让参保人特别是老年人远程办事与现场办事一样温馨便捷，最大限度地满足群众个性化、多样化服务需求。

人机互动，保障实时在线　开辟精准医保导航，搭配智能化应答引擎，在非办公时间提供人工智能服务，实现7×24小时不打烊、为民服务常在线。热线接通率从53.48%提升至90%以上。

**【注重建强制度机制，加力植入高效运转“助推器”】** 统一工作标准　制发《黑龙江省12393医保服务热线经办管理规程》，进一步明确全省16个统筹区热线话务应答指标，健全多维度分析指标体系，全面规范全省服务热线标准，做到场景设置、流程服务、业务语言、着装仪表、话务指标“五统一”。同步监控各统筹区热线服务情况，发现服务不优、解答不精准、办理不彻底等问题，及时作出预警提示。

完善工作流程　在全国首创“首问办结制”，强化统一管理、分级分类办理、限时办结，将线上暂时无法办理的事项及时转派成“工单”，线下办理完成后，由首次接办人员以电话或视频方式予以告知，形成服务“闭合回路”，切实做到事事有着落，件件有回音，得到参保群众广泛认可。

常态化分析研判　持续深化“万人网上大调查”、领导干部“走流程”、蹲点调研、窗口随访等制度措施，围绕群众集中反映的利益诉求，专门设立问题台账，明确整改措施和时限，同年初问题清单、省级调研反馈检查反馈问题一体推进，切实做到发现问题常态化、解决问题常态化，将群众关注的热点难点问题解决在平时、消除在萌芽。

**【树立争先创优意识，着力展现龙江医保“新形象”】** 依托信息技术加速升级改造　深入挖掘AI和5G技术红利，在全面对接国家公安库基础上，配套研发“热线坐席分析、热线服务监督和效能分析、视频监控联动、领导驾驶舱”四个应用子系统，持续提升服务效能。

提升干部队伍专业化能力　立足“干什么学什么，缺什么补什么”，举办多期“医保业务大讲堂”，邀请省内外知名专家、教授，围绕新政策解读、高科技手段运用、规范服务流程等主题，开展线上线下专题辅导，为全省医保队伍加油充电、持续赋能。配齐配强各经办战线业务骨干，把政治素质强、业务素质精、群众口碑好的干部及时配备到热线关键岗位，采取以老带新、定期岗位交流等方式，整体提升干部队伍专业化水平。

加强跟踪问效和督办检查　每日监测调度各统筹区接通率、坐席在线时长、后处理时长、服务满意度等指标，定期下发情况通报，晒成绩、找亮点、查不足，推动各统筹区加力赶超。畅通12393投诉举报渠道，各统筹区负责本辖区热线投诉管理工作，针对业务不熟、办事拖拉、推诿扯皮、消极怠工等现象及时列入专题督办范围，约谈提醒相关责任人，督促立行立改，造成严重不良影响的严肃追责问责。

## 案例二：哈尔滨市推动医保公共服务质效全面提升

哈尔滨市医保系统坚持以人民为中心的服务理念，采取多种措施为人民群众提供贴心、暖心、精心的服务，不断提升医保公共服务质效。

**【多管齐下，医保服务更“贴心”】** 受办分离，延时服务　根据业务类别实行“前台受件、后台处理”。工作人员下班后集中处理，办结后回复群众，有效缩短办理时限，群众不需要现场等待。全市各级经办机构采取延时服务的方式，坚持办完最后一笔业务再午休、再下班，延长办理时限，让百姓带着问题来、带着答案走。面对全市报销量大、报销标准复杂的难题，经办人员节假日无休，全员全力处理报销工作。

快事快办，即来即办　设立“快办窗口”，针对参保情况查询、异地安置备案及取消等高频却简单的事项，将办事群众单独编号、专人服务，引导群众在专区等候，现场教授群众随时随地自助查询办理的方法，确保来一个办成一个。同时，调集业务骨干充实后台办件力量，对于现场排查中发现的疑难问题，第一时间引导到后台由业务骨干专门处理，极大提高“快办窗口”的办事效率。

业务下沉，延伸服务触角　不断加强医疗保障经办服务体系建设，协调区、县（市）政府强化基层经办队伍建设，将经办事项向街道、乡村延伸，统一服务站、咨询台、服务网点设置标准，坚持服务与监管并行，着力打造“15分钟医保服务圈”，为群众提供便捷的服务环境。

**【更新理念，医保服务更“暖心”】** 创新方式，确保应办尽办　加大信息化支撑力度，创新办理方式和渠道，大力推行网上办、掌上办、微信办等不见面服务，创新实行“交流互动式”办理模式，开通“电话办”和医保便民服务留言板。疫情期间还实现“不间断”服务，针对异地安置备案、生育津贴申领等事项，实行“网上下载表格—网上申报—经办后台审核”的边办理边指导方式，帮助大批异地的百姓解决了困难。

巡回督导，力解燃眉之急　在各级大厅全面实施首问责任制、巡回服务制、快速反应制，选派中层以上干部佩戴统一绶带到大厅日常巡查。一是引导办事群众戴好口罩、间隔就座，避免人员聚集，打造安全有序的服务环境。二是深入等候群众中询问办事需求，对“老、弱、病、残、孕”等特殊人群立刻启动“绿色通道”，引导群众到后台办理，急事快办、繁事简办，不让特殊人群“长等待”；同时，随时发现问题、随时解决问题，有效将矛盾问题化解在前端。三是坚持问题导向，每天汇总“办不成事”事项，记录办事群众联系方式，加大后台沟通解决力度，及时做好回复工作，避免百姓“再跑一次”。

一窗通办，一次办好　持续推进综合柜员制“一窗通办”。一是对办事要件再精简、流程再优化，梳理74项服务事项清单，突破岗位分工局限，完善业务“一站式”限时流转流程。二是强化经办能力提升，对全市各级窗口人员开展全流程业务培训128次，编写标准化操作手册，实现工作人员从“专科”到“全科”的升级，让百姓取一次号、在同一窗口办理全部业务。三是建立了医保、税务、银行三方联办机制，缓解平台上线过渡期间征缴压力，在市级经办大厅铺设税务专线，做好三方平台衔接，协调调派税务、银行人员，现场为群众解决问题，避免群众“多头跑”“来回跑”。

**【满足诉求，医保服务更“精心”】** 回应关切，打造群众满意热线服务　以打造连接群众的“畅通线、满意线、幸福线”为目标，不断加大“12393”

热线团队的建设和服务力度。一是紧抓服务升级，每周统计百姓咨询的高频事项，梳理纳入台账清单管理，协调业务部门研究解决。二是紧抓能力提升，常态化开展培训47次，接线员业务水平、解答标准化能力、接听效率显著提升。

强化研判，全力解决业务衔接问题　为防止出现群众集中办理、人员聚集问题，市医疗保障局主动对接、靠前服务。一是各级医保经办与社保经办保持全面沟通，从档案存放机构批量调取退休审批信息，后台进行比对，组织人员加班加点集中处理，减轻大厅服务压力，让办理养老退休的办事群众“少跑腿”。二是各级经办大厅在遇到办理养老退休业务的人员时，直接留下办事人的相关资料，并记录其电话、身份证号等个人信息，转到后台帮助办理医保在职转退休业务，办结后电话通知办事群众，省去群众再到医保排队的麻烦。

**【强化管理，医保服务更“用心”】**　常态化实行一线轮值　建立医保中心领导班子成员、中层干部、后备干部每日大厅轮岗值班制度，加强人员引导、咨询服务及应急处置。局领导班子成员每天不定时到大厅督导、暗访，并以“走流程”形式亲身体验办事服务便利度，亲自抓、主动走、狠整改，发现问题第一时间督导解决，推动服务持续优化。

完善问题解决闭合环　建立“机关处室、中心部室负责同志—分管领导—主要领导”的三级沟通机制。通过加强逐级对口沟通协调，形成解决问题的强大合力，对各类问题实行台账式管理，直至疑难复杂问题解决清零销号。

激励干部担当作为　将服务群众作为干部选拔任用的重要标准及一票否决的红线，把干部放在基层窗口一线练本领、磨意志、促成长；建立窗口服务人员考核奖励办法，实施科学合理的荣誉表彰机制，紧抓精神激励，强化结果运用，通过在单位内部树立先进典型，宣传先进事迹，不断激发干部担当作为的积极性和主动性。

## 案例三：齐齐哈尔市以“三个强化”推动医保服务提质增效

齐齐哈尔市医保系统坚持精细服务、创新服务、实干服务理念，为人民群众提供周到细致的温馨服务，深受广大参保群众的好评。

**【强化便民服务突出“细”】**　完善流程提效能　实行“首问办结制”，强化统一管理、分级分类办理、限时办结，将线上暂时无法办理的事项及时转派成“工单”，线下办理完成后，由首次接办人员以电话或视频方式予以告知，形成服务“闭合回路”，切实做到事事有着落、件件有回音，得到参保群众广泛认可。

主动服务更便民　推动新生儿定点医院为新生儿办理参保登记，让新生儿及时享受医保待遇。通过系统对接、数据互通共享，让“数据跑路”代替“群众跑腿”，简化新生儿参保流程，提升经办服务水平，切实提高群众对医保服务的满意度。

典型选树强激励　加强典型培养选树，制定《先进典型选树活动工作方案》，分两批次在全局开展“改革先锋”和“学习标兵”等先进典型选树活动，从基层工作人员中发掘先进人物事迹。开展经办服务“提能力强作风”岗位比武大练兵活动，评选后台报销等业务能手20余人，颁发荣誉证书予以奖励，在全系统形成学先进、当典型、做标兵的浓厚氛围，引导广大干部以严细实的作风干事创业，为人民群众提供高质量的医保服务。

**【强化改革攻坚突出“新”】**　试点先行“暖心办”　深化长期护理保险试点工作，怀着为全市人民群众解除失能后顾之忧的满腔热情，积极探索建立覆盖全员、多元筹资、保障基本、待遇分级、鼓励居家、适合本市实际的长期护理保险制度，进一步健全更加公平更可持续的社会保障体系，减轻失能人员家庭长期护理经济负担。

门诊共济“减负担”　推动门诊共济改革，按照全省统一部署，制定实施办法，将门诊费用纳入职工医保统筹基金支付范围，改革职工医保个人账户，建立健全门诊共济保障机制，提高医保基金使用效率，逐步减轻参保人员医疗费用负担，提高参保人的门诊待遇水平。

DIP支付"促高效" 推进DIP支付方式改革,组建市医疗保障局DIP支付方式改革工作小组和工作专班,确定支付方式改革第三方技术服务单位。组织全市参加国家、省级、市级开展的支付方式线上培训40余期,培训近万人次,为健全门诊共济保障机制培养了一大批技术骨干力量。

**【强化监督管理突出"实"】** 推进"双通道"管理增福祉 将符合标准的定点零售药店纳入齐齐哈尔市医疗保险"双通道"特殊药品管理范围,进一步加强对定点医药机构的引导、管理和监督,切实解决谈判药品"进院难"的问题,进一步提高谈判药品可及性,减轻群众就医负担,增进人民健康福祉。

加强医保基金监管保安全 以"织密基金监管网 共筑医保防护线"为主题开展集中宣传月活动,组织网上竞答,曝光典型案例,切实增强定点医药机构和参保人员法治意识,严厉打击欺诈骗保行为,营造全社会共同维护医保基金安全的良好氛围,巩固齐齐哈尔市基金监管工作成果。

开展"走流程"活动促提升 对发现的异地门诊特殊疾病因认定时间晚于就医时间无法报销等6类问题,建立整改台账,制定整改措施,明确整改时限。为支持定点医疗机构运营和发展,减少因疫情防控带来的经济收入影响,提高定点医疗机构重症费用追加补结比例5个百分点,助力和推动医药服务供给侧结构性改革。

## 案例四:佳木斯市持续推进"两病"保障全覆盖

为进一步强化高血压、糖尿病门诊用药保障,确保"两病"患者及时享受相关待遇,佳木斯市医疗保障局靶向施策,精准发力,持续扩大"两病"门诊用药保障范围,进一步减轻"两病"患者门诊用药负担。

**【持续推进保障覆盖面】** 将卫健部门提供的规范化管理人员,按参保类别进行筛选,将未纳入门诊慢特病保障范围的城乡居民基本医疗保险参保"两病"患者纳入"两病"保障范围。在医保系统中筛选出有联系方式的"两病"患者10992人,全部以短信形式告之成功。同时,下发《关于"两病"患者门诊用药保障工作的通知》,指导各县(市)迅速组织开展"两病"患者筛选,逐人通知,并做好记录备案工作,确保"两病"患者用药保障全覆盖。

**【持续扩大认定医疗机构】** 将"两病"认定医疗机构扩大到乡镇卫生院、社区卫生服务中心及以上级别定点医疗机构。参保人员持上述定点医疗机构诊断证明即可纳入"两病"保障范围,享受相应待遇。已经纳入基层医疗卫生机构规范化管理的"两病"患者,不再进行"两病"门诊用药保障资格申请和审核,直接纳入"两病"保障范围。同时,取消"两病"患者年度内选定1家定点医疗机构的限制,"两病"患者在参保地内任意一家二级及以下定点医疗机构均可购买"两病"药品。

**【持续提高患者待遇水平】** 取消"两病"门诊用药年度起付标准;"两病"患者在二级定点医疗机构发生的有关医疗费用,政策范围内支付比例由50%提高至55%;在二级以下定点医疗机构发生的有关医疗费用,政策范围内支付比例由55%提高至60%。高血压患者降血压用药年度统筹金最高支付限额为300元,糖尿病患者降血糖用药年度统筹金最高支付限额为500元。

**【持续优化用药服务】** 20个社区、12个乡镇卫生院"两病"门诊用药保障系统全部改造完成,"两病"患者在院端就可以购买治疗药品,并直接结算,实现"开方即认定、开药即支付",患者足不出村就能享受到看病、取药和报销一条龙服务。

**【持续开展政策宣传】** 组织精干力量先后到友谊社区卫生服务中心、万力社区卫生服务中心等11个社区进行实地培训和现场讲解"两病"政策。在20个社区、12个乡镇卫生院设置"两病"宣传板,发放"两病"门诊用药宣传单5000余份,切实提高参保群众的政策知晓率和服务满意度。

# 上海市

## 工作综述

2022年，上海市医疗保障局坚决贯彻落实党中央、国务院决策部署，坚持统筹疫情防控和深化医保改革发展。截至2022年12月，上海市基本医疗保险参保1989.55万人，其中职工基本医疗保险参保1623.74万人，城乡居民基本医疗保险参保365.81万人。2022年，上海市职工医保（含生育保险）基金收入1719.42亿元，支出1089.41亿元，累计结存4506.02亿元；城乡居民医保基金收入100.87亿元，支出94.73亿元，累计结存33.47亿元，基金运行总体平稳有序，群众待遇稳步提升，市民群众看病就医更加便捷。

**【统筹推进疫情防控和经济社会发展】** 加强疫情防控费用保障 做好新冠患者救治保障工作，加快加密费用拨付，确保患者不因费用问题影响就医、确保收治医院不因支付政策影响救治。及时将新冠病毒抗原检测、新冠治疗药品临时性纳入医保支付范围并不断降低新冠病毒核酸检测和抗体测定项目价格，核酸单样本检测由每人份40元下调至16元，多样本混合检测价格由每人份10元下调至3.5元，单人单次抗原检测服务费和试剂耗材的总费用不超过6元。

切实保障市民就医购药需求 疫情期间支持社区及公立医疗机构开展“长处方”“延伸处方”“代配药”服务。延长医保待遇登记和医保办理事项有效时限。运用“一网通办”和“随申办”App等互联网渠道，提供“不见面”线上服务。会同市商务委、市药监局联合发文，将按第二类医疗器械实行注册管理的医用口罩，纳入个人账户在定点药店扩大支付范围。

多措并举助企纾困 实施阶段性缓缴企业职工基本医疗保险费政策，9—11月面向中小微企业推行“免申即享”服务，涉及金额约153亿元，其中9月69.58万家单位缓缴医保单位缴费部分“免申即享”，2022年缓缴医疗保险费约224亿元。10月起，制度性降低单位缴纳地方附加医疗保险费费率0.5个百分点，职工医保单位缴费费率由原来的10.5%调整为10%，2022年当年可为用人单位减负约18亿元。

**【推进长三角医保服务便利共享】** 实现长三角全域异地门诊结算互联互通 异地就医门诊费用直接结算覆盖长三角41个城市15000余家医疗机构，异地就医门诊费用直接结算累计结算超过1200万人次。上线长三角信用就医结算服务，符合条件即可享受信用就医、无感支付的医保便利服务。将“医保电子凭证一码通”应用范围拓展到长三角地区，实现市级医疗机构长三角异地“电子凭证一码通”。

探索长三角区域药品联合招采 组建长三角区域（沪浙皖）采购联盟，对国家药品集采协议到期品种开展联合集采。提出包括价格、质量、供应保障、信用评价等多维度指标的综合评价指标体系，鼓励优质企业中选。首批纳入47个协议期满的国家集采品种，上海市中选产品价格平均降幅31%（联盟地区总体降幅29%），符合稳定价格水平的政策预期。

长三角示范区医保一体化建设取得新突破 加快推动长三角示范区内医保领域“同城化”，已实现区域就医免备案、经办服务一站式、慢病特病结算通、网上医保在线付、异地审核协同化，惠及示范区246万参保人。支持青浦区长三角（上海）智慧互联网医院建设，试行“互联网远程会诊费”等“互联网+”医疗服务新项目。

**【优化完善多层次医疗保障制度体系】** 实事求是确定基本医疗保障标准 根据经济发展水平

和基金承受能力，尽力而为、量力而行提高保障水平。将职工医保统筹基金最高支付限额从57万元提高至59万元，进一步减轻大病重病患者医疗费负担。适度提高城乡居民基本医保筹资标准和个人缴费标准，优化筹资结构。

实现职工医保个人账户家庭共济使用　落实上海市关于健全职工基本医疗保险门诊共济保障机制实施办法，分步实施职工医保个人账户家庭共济改革。明确家庭共济使用规范，实现共济支付和共济缴费，可用于支付父母、配偶、子女在定点医疗机构就医发生的由个人自负的医疗费用，以及参加城乡居民基本医疗保险等的个人缴费。扩大个人账户使用范围，可在定点药店购买抗原检测试剂、医用口罩。

优化生育保险政策　市医疗保障局会同有关部门联合印发《关于支持三孩政策生育保险工作的通知》，适当提高生育医疗费补贴标准，2021年5月31日后符合条件的参保女职工，可享受的生育假从原先的30天增加至60天、生育医疗费补贴从原先3600元提高至4200元，合理减轻家庭生育负担。

促进商业健康保险发展　2021年版“沪惠保”累计赔付8.0亿元，赔付超23.6万人次，单次最高赔付58.7万元。2022年版“沪惠保”在2021年版基础上，优化保障责任，增加前沿医疗CAR-T治疗药品、增加15种海外特药，扩大国内特药至25种。2022年版“沪惠保”投保653万人，80%的投保人为第二年连续投保。

健全重特大疾病医疗保险和救助制度　市政府办公厅出台《关于本市健全重特大疾病医疗保险和救助制度的实施意见》，加强机制创新，提高医疗救助管理效能。优化重点救助对象资助参保主动筛查机制，形成“自动建账+辖区联审+线下指导”工作机制。建立年度救助限额动态调整机制，综合考虑经济社会发展水平、医疗费用增长、救助需求等因素，适时动态调整。建立全市因病致贫预警机制，及时发现高额医疗费用负担对象，推动从“人找政策”向“政策找人”转变。优化医疗救助信息共享平台功能，加快建设市级医疗救助经办管理系统，积极推动各区医疗救助“免申即享”。

**【深入推进长期护理保险制度试点】**　优化评估管理机制　会同卫生健康、民政部门印发《上海市老年照护统一需求评估结果修正工作指引》，指导各区通过主动发现，修正评估结果差异，提升评估精准水平。优化期末评估、复核评估的长护险待遇享受机制，确保评估期内待遇不中断，既保障老人权益，又维持待遇公平统一。

提升精细化服务　分阶段为超高龄、重残、计划生育特殊困难家庭等老人提供优先服务、关爱服务。开展新一轮长护险居家照护机构第三方综合评价，形成优质服务机构前50位排名并对社会发布，推动市场主体自我管理和行业自律规范，引导居家护理服务机构规范化、连锁化、专业化发展。会同人社、卫生健康等部门对护理机构进行养老护理员在岗职业教育、提升居家医疗护理服务能力等政策培训。

推进长护险结算向长三角地区延伸　会同民政部门对第三批异地养老机构清单进行排摸梳理，开展新一轮机构扩展工作。11月发布新增延伸结算试点机构17家，总数已达32家，涉及6个连锁养老机构品牌，首次覆盖安徽省，为失能老人异地养老提供更多选择和支撑。

**【深化集中带量采购和医疗服务价格改革】**　做好国家药品、医用耗材集采的组织实施和落地执行　继续承担国家药品联采办职责，组织实施第七批国家药品集采，并做好在上海的落地执行。推动国家组织胰岛素及人工关节类耗材集采落地，采购使用情况平稳。完善结余留用工作机制，规范内部操作流程。配合做好国采骨科脊柱类耗材中选结果落地执行和国采冠脉支架类耗材到期接续准备工作。

推进上海市药品和医用耗材集采工作　通过参加省际集采联盟或带量联动外省市价格的形式，对种植牙等品种开展带量采购，积极配合牵头省市医保部门，稳步推进相关工作。按照“以量换价、价格联动”的原则，推进上海市人工晶体类耗材集采到期接续工作，研究筹划冠脉球囊类耗材到期接续工作。

建立新增医疗服务价格项目试行期管理机制　与市卫生健康委联合发文，明确新项目在2年试行期内，由医疗机构自主定价。试行期结束前3个月医疗机构提出转正定价申请，再按照程序审核确定价格，同步明确医保支付政策。按照价格重要事项报告制度的有关要求，向国家医疗保障局上报拟新增价格项目63项。11月，根据国家医疗保障局的反馈意见，及时公布实施新增项目39项，医疗机构可通过医保结算网进行价格备案。市医保中心每周汇总备案材料，对符合条件的及时公布实施。

完善医疗服务价格动态调整机制　会同市卫生健康委联合印发有关文件，按照“设置启动条件、评估触发实施、有升有降调价、医保支付衔接、跟踪监测考核”的思路，建立医疗服务价格动态调整机制。根据综合评估情况测算调价空间、选择调价项目、制定调价方案。

开展口腔种植医疗服务专项治理　按照国家要求，会同市卫生健康委、市场监管局、药品监管局等相关部门，稳步开展本市口腔种植价格专项治理工作。逐一规范整合形成15项本市口腔种植类医疗服务价格项目，指导各区医保局认真开展医疗机构口腔种植调查统计工作，涉及800多家公办和民办医院。会同市卫生健康委等部门成立专项价格调整工作专班，研究制定本市全流程常规单颗种植费用调控目标，以及相关专科项目价格标准工作方案，调整完善牙冠产品收费模式。根据种植体省际联盟集采工作计划，配合四川种植体联采办推进相关集采准备工作。

优化医疗器械目录管理　为加快创新医疗器械产品临床应用，对可另收费耗材实施精细化分类管理，不断完善可另收费一次性使用医疗器械目录动态调整机制。2022年，累计组织开展4批次新增目录分类条目动态调整，涉及调整目录共21条，其中通过国家创新医疗器械特别审查程序注册上市的产品6个，进一步加强对创新产品的医保支持政策。

**【优化医保基金监管制度体系】**　健全基金监管长效机制　应用智能监控、大数据等手段，推进费用审核、自查自纠和监督检查三个全覆盖，提升日常监管效能。结合实际，建立健全“双随机、一公开”等监督检查制度；完善协议管理，推动建立健全常态化、全覆盖的医保结算费用审核制度，加快形成基金监管长效机制。

构建新型监管制度　全面建立智能监控制度，构建三级信息化监管网络和全方位立体化的监管体系。健全信用管理制度，将医药机构、医保医师、医保药师和参保人员纳入医保基金监管信用管理的对象范畴，出台医保医师、药师违规行为记分管理制度，制定定点医药机构医疗保障基金监管信用管理办法。完善新业态监管制度，针对长期护理服务、互联网医疗等新业态发展特点，建立包容、审慎、有效监管机制。在长三角示范区探索构建异地就医协同监管体制和运行机制。

综合监管同频共振　做实做深市—区、医保—公安“两纵两横”行刑衔接工作，全年市区两级医保部门共移送涉嫌欺诈骗保案件28件。建立行纪衔接机制，充分发挥医保部门与纪检监察机关的联动作用，全年全市医保部门共移送案件20件。组织开展全市性集中宣传月活动，发动全社会广泛参与。以医保基金监管集中宣传月为起点，将普法宣传贯穿全年。

加强市区两级医保监管执法队伍建设　研究明确市、区医保部门监管执法职责范围，进一步压实责任。配合市委编办，增加市区两级机构编制，充实监督执法力量。多次组织医保基金监管行政执法培训，征选建立医保监督执法典型案例库，增强执法人员依法行政的意识，提升业务能力，为依法开展医保行政执法奠定坚实基础。

打击欺诈骗保行动有力有效　梳理定点机构违规收费问题，重点聚焦重复收费、超标准收费等126个违规项目制定问题清单，其中涉及专项整治靶向药、血透、骨科、心血管介入重点领域的违规项目31个。针对医养结合机构护理床位管理不规范、涉嫌违法违规使用医保基金的行为，会同卫生健康、民政部门对全市医养结合机构展开自查自纠工作。会同公安部门，全面排查纳入医保报销的靶向药领域是否存在骗保问题和其他形式医保违规问题。

**【深化医保支付方式改革】** 深化本市DRG/DIP支付方式改革行动 会同市财政局、卫生健康委联合印发《上海市DRG/DIP支付方式改革三年行动计划实施方案（2022—2024年）》及重点任务分解表，指导有关单位完善支付改革工作机制，加快协同推进支付改革。完成DRG/DIP试点的定点医疗机构2021年住院费用年度清算。组织开展覆盖全市各级医疗机构、各区医保系统的支付方式改革“双百”计划专题培训，重点培养市、区两级支付改革业务骨干2300余人。

探索多元复合支付方式 探索诊疗项目医保支付与医疗质量等绩效相挂钩的可行性路径，逐步扩大项目试点范围，2022年选取三个新增医疗服务项目和两个新纳入医保支付范围的医用耗材，进行为期两年的按绩效支付试点。积极探索“中西医同病同效同价”，优化完善疗效价值考评机制，首批在全市22家试点中医医院对22个中医优势病种开展按疗效价值付费试点，支持上海中医药传承创新高质量发展。探索符合精神、康复和护理等长期住院按病种床日付费，遴选适合开展的病种、机构，测算按病种床日付费的方法与范围。

**【完善医保目录管理】** 稳妥落实国家新版药品目录 召开医保目录调整部署会议，督促医疗机构做好新版药品目录落地工作。开通绿色挂网通道，要求医院在医保药品目录发布后1个月内召开药事会议，做到创新药“应配尽配”。继续实行创新药单列预算，不纳入当年医院医保总额预算，第二年按首年使用情况纳入总额预算基数。依托招采系统，及时监测新增药品采购量。按月监测谈判药品使用情况，确保参保人“用得上、买得到、报得了”。

适当扩大诊疗项目和医用耗材医保支付范围 依据工作程序，将48个新增医疗服务项目和30个条目的医用耗材，纳入本市医保支付范围。同步完善医保支付办法，进一步减轻群众就医费用负担。

稳妥推进“双通道”管理工作 加快推进“双通道”药店扩面，优先将国家谈判药品纳入“双通道”管理范围，确保每个区至少有一家药店纳入“双通道”管理。推动电子处方流转中心试点，召开多次会议研讨电子处方流转中心建设方案，提高重大疾病患者用药可及性。

**【医保公共服务更加高效便民】** 深入推进异地就医结算服务工作 完成长三角信用就医结算服务上线，实现苏、浙、皖备案来沪人员在沪享受就医无感支付的医保便利服务。拓展医保电子凭证“一码通”应用范围，实现市级医疗机构长三角异地“一码通”。有序开展高血压、糖尿病等门诊慢特病费用跨省直接结算试点，顺利推动6家医疗机构门诊慢特病异地就医试点工作。2022年跨省异地门诊直接结算771.62万人次，涉及医疗费用21.85亿元；跨省异地住院直接结算81.39万人次，涉及医疗费用243.73亿元。

加快推动医保公共服务数字化转型 在医保信息平台上线“退休人员综合减负”功能，实现一次授权，终身“免申即享”。借力“一网统管”大平台，加快“两个异常”审核及长护险管理的场景对接，推进智能监管。医保电子凭证普遍应用，实现定点医疗机构和零售药店全覆盖，165家互联网医院支持医保在线结算。实现全市公立医疗机构“免册就医”、电子票据基本全覆盖，拓展电子票据在医疗费报销“一件事”应用，实现报销“无纸化”。将委托商业保险经办的城乡居民大病保险事项纳入医疗费报销“一件事”。

全市急救车实现“零跑动移动付” 牵头组织实施2022年市政府为民办实事项目“120急救车医保直接结算”。会同卫生健康、医疗急救中心和各区，克服疫情影响，实现全市120急救车医保直接结算全覆盖。截至2022年底，急救车医保直接结算涉及30.33万人次、医疗费用总额4624万元，为参保群众提供了便捷的院前急救医保直接结算“零跑动、移动付”服务。

*开展大学生持卡就医结算试点* 2022年，在上海理工大学、上海体育学院开展试点，将高等院校门诊定点管理与住院记账结算调整为持卡结算，全面实现大学生参保人在定点医疗机构、跨省定点医疗机构直接持卡结算。

*加快国家医保信息平台建设* 如期完成国家医保信息平台全部子系统在全市所有16个区全域基本上线，抓紧推进平台后续建设，加快平台各子系统落地应用，进一步提升医保信息化工作水平，实现国家医保信息平台双中心运行。

*支持“互联网+”医疗服务创新发展* 将定点医疗机构“互联网+”医疗服务纳入医保支付范围，支持符合条件的定点医疗机构提供部分常见病、慢性病及门诊大病的在线复诊服务，满足患者远程医疗需求。截至2022年底，全市支持医保结算的互联网医院共165家，其中32家机构还可以通过互联网医院为门诊大病患者提供在线复诊，互联网在线结算480.62万人次，涉及医保范围内费用53793.05万元。扩大“互联网远程特约高级专家诊察费”“互联网远程会诊费”两个互联网特需项目的试点范围至全市具备线下特需医疗和互联网医疗服务资质的公立医疗机构。

## 重要活动

1. **启动大学生持卡就医直接结算试点。**1月1日起，市医疗保障局、市教委指导上海理工大学和上海体育学院正式启动大学生持卡就医实时结算试点，并推动试点扩面。

2. **开展大走访、大排查活动。**1月起，市医疗保障局领导班子成员带队走访生物医药企业、医保定点医药机构、基层经办机构等，累计开展共63次“促发展、保安全”及“防疫情、稳经济、保安全”大走访大排查活动，深入基层一线，帮助企业、群众解决实际困难，助力经济社会平稳有序发展。

3. **组建长三角区域（沪浙皖）采购联盟，对47个国家集采协议期满品种进行集采。**上海、浙江、安徽三地医疗保障局组建地区联盟开展药品集采，1月24日正式发布长三角（沪浙皖）联盟地区药品集中采购文件，由上海市医药集中招标采购事务管理所负责实施。2月25日采用网络直播方式举办申报信息公开大会，上海市中选产品价格平均降幅31%。

4. **召开全市医疗保障工作会议。**2月16日，上海市医疗保障工作会议召开，市医疗保障局主要负责同志通报2022年医保重点工作。松江区政府、市医疗保险事业管理中心、上海交通大学医学院附属仁济医院作交流发言。市委、市政府、市人大、市政协相关部门及有关人民团体，各区政府，各区医保局、医保中心，市级医疗机构、部分综合医院及社区卫生服务中心参加会议。

5. **“沪惠保”2022版发布。**6月9日，上海城市定制型商业补充医疗保险“沪惠保”2022版正式发布。在2021年版“沪惠保”的基础上，“沪惠保”2022版增加前沿医疗、海外特药，扩展国内特药，进一步提升保障能级。

6. **上海市优化医保领域便民服务受到国务院办公厅督查激励。**6月2日，上海市在《国务院办公厅关于对2021年落实有关重大政策措施真抓实干成效明显地方予以督查激励的通报》中被列为“优化医保领域便民服务、推进医保经办管理服务体系建设、提升医保规范化管理水平等方面成效明显的地方”之一。

7. **医保部门2个案例分别获评上海市2021年度行政执法“十大案例”“指导案例”。**6月9日，2021年度行政执法“十大案例”和“指导案例”正式发布获奖案例。上海市宝山区医疗保障局、虹口区医疗保障局两个案例分别获奖，为上海市医保行政执法案例首次获得该项荣誉。

8. **启动职工医保个人账户历年结余资金家庭共济使用。**7月起，上海市正式启动医保家庭共济组网，职工医保个人账户的历年结余资金从

"保个人"拓展到"保家庭"。8月起,可使用共济资金为家庭成员支付在定点医疗机构和定点零售药店的自负医疗费用。从第四季度起,可为家庭成员参加城乡居民医保缴费。

9. **2022年职工医保年度转换顺利完成。**7月1日,上海市2022医保年度转换工作(职工医保个人账户清算)正式实施,转换过程平稳有序,各医药机构、经办机构运行情况正常。7月1日起,上海市职工医保进入2022医保年度,职工医保统筹基金最高支付限额从57万元提高到59万元。

10. **启动2022年医疗保障基金安全宣传系列活动。**7月,市医疗保障局围绕"织密基金监管网　共筑医保防护线"主题,以线上线下相结合的方式持续开展系列宣传活动。组织各区医疗保障局面向市民群众开展线上答题活动,开展"上海市最美医保监管十大卫士"评选活动等。

11. **120院前急救费用医保实时结算全覆盖。**8月10日,市医疗保障局牵头召开2022年上海市政府为民办实事"急救车上增设医保直接结算功能"项目推进会。市医疗保障局党组、相关区医疗保障局、医保中心、120急救中心负责同志参加。市医疗保障局会同相关部门狠抓项目推进,于2022年9月底提前实现120院前急救费用医保实时结算全覆盖。

12. **举办"医保医企面对面"政府开放日活动。**9月2日,市医疗保障局组织开展"医保医企面对面"暨2022年度"政府开放日"活动,聚焦生物医药企业发展实际需求,邀请专家就国家药品谈判和医保管理相关政策为生物医药企业开展培训。市医疗保障局、相关委办局负责同志、部分专家学者、创新药品企业代表约30人参加。

13. **开展医保支付方式改革"双百"培训计划专题培训。**9月19—23日,上海市医疗保障局、市医疗保险协会联合举办2022年上海市医保支付方式改革"双百"培训计划专题培训。培训邀请国家医疗保障局、国家DRG技术指导组、国家DIP技术指导组相关负责同志及高校专家进行授课,并邀请部分区级医疗保障部门、医疗机构负责同志交流支付改革实践经验。培训覆盖全市各级医疗机构529家,来自市、区医保部门及医疗机构的2320名业务骨干参加培训。

14. **与云南省医疗保障局签署合作备忘录。**9月26日,上海市医疗保障局与云南省医疗保障局举行交流座谈会。座谈会上,上海市医疗保障局介绍药品及医用耗材集中带量采购、定制型商业健康保险、医保便民服务措施及行风建设等方面做法。双方就增强沪滇医疗保障合作进行深入交流。会后,双方签署《上海市医疗保障局、云南省医疗保障局合作备忘录》,共同推动沪滇医疗保障事业高质量发展。

15. **举办上海医保支持医药产品进口政策研讨会。**11月6日,上海市医疗保障局、中国国际进口博览局主办的第五届进博会上海医保支持医药产品进口政策研讨会在国家会展中心(上海)举办。政策研讨会上,相关部门负责同志、专家、学者围绕国家医保药品目录调整、医药服务价格和集中带量采购改革,以及药品网络销售等作政策解读。部分药品和医疗器械企业代表作交流发言。

16. **举行部分带量采购中选药品耗材采购意向签约。**11月8日,市医疗保障局在第五届进博会现场举行部分带量采购中选药品和高值医用耗材采购意向签约。本次签订采购意向的产品主要包括国家组织药品集中采购及本市高值医用耗材集中采购的部分外资企业中选产品,意向采购金额总计约19.9亿元,其中药品的意向采购金额为5.8亿元,高值医用耗材的意向采购金额为14.1亿元。

17. **组织开展宪法宣传周系列主题活动。**11月18日,市医疗保障局开展"进法院、观庭审、听讲评"活动,组织市、区医保部门法治工作负责同志赴上海市静安区人民法院旁听案件。12月6日,市医疗保障局举行宪法宣誓仪式,新通过行政执法证考试的医保干部参加宣誓。12月9日,市医疗保障局召开局党组理论学习中心组(扩大)学习会暨宪法宣传周主题活动。

## 典型案例

### 案例一：上海市探索DRG/DIP智能监管

上海市是国家医保局确定的DRG/DIP支付方式改革双试点城市。2022年，上海市医疗保障局积极探索基于DRG/DIP新型支付方式下的医保基金监管新方法，应对新风险新挑战。

**【注重研究，及时将成果应用于监管实践】** 鉴于DRG/DIP付费方式的专业性、复杂性（病人病情各异、疾病诊断种类繁多、治疗方式千差万别），DRG/DIP付费下违法违规欺诈骗保行为更加隐蔽，产生了较按项目付费更高的监管风险和挑战。因此，上海市医疗保障局转变工作理念，集中骨干力量，与大学、学术机构和信息技术公司合作，开展专题研究，探索DRG/DIP付费下的医保监管方式方法，基于DRG和DIP病种指数与指数单价，设定病种分值单价、药品分值单价和耗材分值单价等偏离度标准，通过与标准比较、与自身趋势比较等维度，支持从机构到科室、医生、病组进行逐层分析，从而对异常病例进行监测预警。以大数据智能监管作为DRG/DIP支付监管的核心和突破口，将研究成果及时转化为实践应用。在借鉴国际国内DRG付费监管先进做法的基础上，应用知识图谱和无监督机器学习等方法，探索基于DRG/DIP付费的大数据监管。

**【以问题为导向，探索DRG/DIP大数据智能监管】** 上海市结合实际监管经验，创新开发DRG/DIP智能监管子系统，全程跟踪指标动态变化，及时发现疑点数据，由市、区医保部门指导医疗机构对疑点数据进行自查自纠。截至2022年底，已在静安、长宁、浦东、闵行、杨浦、宝山6个区投入试点应用。

费用转移监管　基于监测病例住院前后是否有住院所在医疗机构的门诊就诊数据，通过比对分析门诊、住院及病组的费用结构，并从费用结构维度分析门诊住院费用比，筛选将应在住院收取的费用放在门诊收取的疑点情形，实现对费用转移的监管。

套高病组监管　基于监测病案首页上报数据与病例实际收费的手术明细数据的差异，重点分析手术类病组，并结合病例诊断与治疗方式、收费项目及病组标准的关联性分析，实现对套高病组的监管。

分解住院监管　基于监测病例是否存在N天内因同一类主诊断多次转院的情况，通过将每一次住院情况与病组标准的比较、费用结构的分析等，筛选将一次住院分解为多次住院的疑点数据，实现对分解住院的监管。

低标入院监管　基于从区域层监测某病种某类机构低于低标入院临界病种分值的病例数据，进而计算低指数入院的概率。通过对同级同类大类疾病下DRG/DIP病组的结构变化趋势进行分析，关注病例数量增长过快、低于低标入院临界病种分值的DRG/DIP病组，从而实现对低标入院的监管。

**【加强多方联动，探索支付监管一体化】** 综合运用DRG/DIP支付和监管信息，探索建立集支付、运行、监管、评价于一体的医保管理新体系。一是加强数据上传与质控，督促医疗机构完整上传医保结算信息。二是开展特病单议与审核，对普通入组病例按一定比例抽查。三是运用协议管理，建立对医疗机构综合评估制度。四是将监控预警发现的问题及时推送给医疗机构，引导医疗机构加强自查自纠和自我管理。

### 案例二：浦东新区推动长护险试点精细化管理走深走实

2018年起，浦东新区启动长护险试点工作。2022年，浦东新区医疗保障局进一步推动长护险精细化管理，协同区民政、卫生健康部门和各街镇，稳妥推进长护险疫情防控和复工复产、护理服务关爱行动和评估规范化管理等工作。

**【主要做法】** 深化“1+47”的长护险评估模式，评估专业公正　试点初期，浦东新区建立了以浦东新区居家养老评估和服务指导中心为主体，47家社区卫生服务中心为评估联系点的“1+47”

评估工作模式，实行“一中心统筹，分块属地管理”，同时依托家庭医生团队参与长护险评估服务，确保长护险评估专业客观。2022年，浦东新区在评估质控上再深化，浦东新区居家养老评估和服务指导中心组建评估质控督导组，分别对辖区内126名家庭医生和154名家庭医生开展岗前培训和继续教育，进一步统一评估操作手势，提高评估服务水平，促进评估结果公正公平。

*优化“36+X”的居家护理服务模式，供给有序可及* 试点初期，浦东新区建立了以36家公办居家养老服务中心为主体、社会办居家护理服务机构为辅的“36+X”居家护理服务模式，为居家老人提供居家护理服务。2022年末，纳入长护险结算的社会办居家护理服务机构45家，取得ID码并参与居家护理服务的护理员近6000名，基本能够满足浦东新区老人的居家护理服务需求。为进一步引导社区居家护理服务机构有序竞争，结合长护险服务居家化、分散化的特点，浦东新区医疗保障局组织全区36个街镇与社区居家护理服务机构开展双向选择约定服务，平均每个街镇分布有约定服务机构4家，进一步发挥街镇、居（村）贴近服务对象、贴近服务现场优势，规范机构服务供给。

*加强“协议化+优质化”机构队伍管理，服务提质增效* 一是在民政、卫生健康行业管理基础上，加强长护险定点评估与服务机构协议化管理。探索建立长护险定点机构第三方协议（绩效）考核机制，对230家2022年前纳保机构开展考核。开展“浦东新区长护险定点服务机构及从业护理服务人员现状调查”课题研究，探究试点成效和不足，提出加强机构和队伍能力建设的相关建议。二是统筹做好长护险疫情防控和复工复产，督促长护险定点机构发挥主体责任，做好疫情防控期间长护险服务，保障刚需老人服务安全可控。三是优化街镇、长护险定点评估机构及长护险定点服务机构衔接，为高龄、重残、失独、低保等特殊对象失能老人优先提供服务。2022年，2405名95岁以上老人享受优先评估、优先服务，20位百岁老人“即申即享”长护险服务。

*抓好“法治化+智能化”长护险基金使用监管，推动市场良性发展* 一是加强法治建设。针对长护险专项检查中发现的问题，浦东新区医疗保障局及时制定正负面清单，出台长护险监管办法和记分管理办法，并对《浦东新区长护险试点监督管理办法》及《浦东新区长护险服务正负清单及记分管理办法》进行修订完善。二是开展专项治理。组织辖区内定点机构开展自查自纠专项治理全覆盖，压实机构主体责任，强化机构内部管理意识，推动行业自律。三是加强智能监管。鼓励辖区内65家实际开展长护险服务的长护险定点居家服务机构安装长护险智能监管系统，通过技防手段提升监管效能，切实维护基金安全。

**【主要成效】** *失能老人护理服务需求得到有效保障* 2022年长护险基金累计支出2.46亿元，42387名长护险服务老人接受护理服务时长556.4万小时。长护险试点的实施减轻了家庭护理压力，缓解了失能老人及家庭经济负担，也满足了部分独居老人的情感慰藉需求。长护险制度取得了良好的社会效果和反响，群众满意度评价高，老人政策获得感强。

*养老服务市场发展得到进一步促进* 浦东新区长护险试点的实施，为养老服务行业发展注入稳定的资金、稳定的市场预期，以制度试点引领带动服务供给侧同步改革发展，形成了稳定的长护险服务供给市场。目前浦东新区已形成较为完备、合理的长护险定点服务资源布局，截至2022年底，辖区内提供长护险服务的机构231家，其中住养机构139家，社区居家机构92家。

## 案例三：黄浦区打造生育保险全链便民惠民好服务

2022年，黄浦区参保企业6.7万户，职工基本医疗保险参保229.1万人，由于生育保险按申领人社保缴费区域分配，黄浦区的生育保险经办业务呈现申请人员多、均次费用高的特点。黄浦区通过对生育保险的全流程管理，确保业务及时受理、按时办结，便民惠民的全链条好服务新格局初步形成，切实提升广大参保人员的获得感和幸福感。

**【主要做法】** 常规申领“便捷办” 黄浦区依托“一网通办”及大数据平台，实现生育保险从待遇申领到支付“一平台申请、一系统审核、一体化支付”。“一平台申请”即参保人可通过“随申办”App直接在线上按照操作指引填写相关资料并提交申请。“一系统审核”即实现医保经办操作系统与“随申办”数据同步、互联互通，经办人员可在后台即时收到参保人的待遇申请并及时进行待遇审核。“一体化支付”即黄浦区医保工作人员审核确认后的数据会通过医保系统直接归集至上海市医保中心，最后由上海市医保中心与银行对接，及时准确地将待遇发放给参保人，真正做到让参保人“一次都不跑，全流程网办”。

疑难情况“创新办” 一是开设官方电子邮箱，为畅通参保人和参保企业咨询渠道，及时回应参保人关切的生育保险申领条件、申领进度、缴费基数等常见问题，黄浦区首创开设生育保险业务官方电子邮箱，打破传统咨询服务所受时间、地域等条件限制，并设置专人每天登录回复参保人通过邮件咨询的各类问题和诉求，该模式得到广大参保人的肯定，也极大减少了12345市民服务热线中关于生育保险业务的咨询量。二是建立“承诺+容缺受理”机制，对于非本市户籍在外省市生产的、缺少相关证明材料的参保人，根据其签署的承诺书内容及历史参保记录，核实其申请条件是否符合生育保险待遇的申领要求，尽量避免参保人因材料不全而重复申领。三是优化退费渠道，截至2022年底，黄浦区医保中心共完成退费业务300件，退费累计金额80.36万元，退费完成率居上海市前列。为解决参保人生育保险待遇申领、补差可以线上办理，退费却要线下办理的痛点，计划在“一网通办”平台开通生育保险待遇退费渠道。

精准管理“联合办” 为提升生育保险审核效率，提高审核准确率，确保基金安全，黄浦区建立跨部门联动审核模式。一是联合人社部门，一方面，开展督查，督促企业落实生育保险相关政策，及时缴纳生育保险费，保障女职工权益；另一方面，针对黄浦区外籍参保人数多、医保系统无法查询到在国外登记结婚的人员婚姻情况，与黄浦区人社局建立专项工作群，及时核实参保人婚姻信息。二是联合卫生健康部门，针对生育保险待遇审核过程中生育史模糊的情况，需要判断该参保人是否符合生育当时的待遇政策，核实申请人的婚姻情况和胎次信息。三是联合各街道，针对婚姻库中部分外省信息缺失，利用街道现有信息数据和申请人办理居住证时的相关信息进行比对，确保审核高效准确，共同加强精准管理。

疫情期间“设法办” 2022年，为保证生育保险待遇审核不间断、待遇发放不延时，黄浦区及时规划部署，整合办事力量，按照申请时间、申请方式、审核环节分配到人，限定生育保险初审、复核、支付时效，安排工作人员值守单位，受理经办业务。其中，2022年4月至5月，黄浦区医保中心共受理生育保险超3000件，发放金额2.47亿元，全力保障参保人生育保险待遇不受影响。

**【主要成效】** 黄浦区积极响应国家优化生育政策促进人口长期均衡发展的决策，以“一网通办”及大数据平台为支撑，建立健全长效工作机制，畅通跨部门沟通渠道，创新监督审核方法，让一系列鼓励生育的政策及配套支持措施落到实处，大大提高了生育保险经办服务的质量和效率，同时也确保医保基金安全运行。2022年，黄浦区生育保险申领实现100%全程网办，一次办成率约80%，从申领到支付时间大幅缩短。2022年生育保险办理量达4.4万人次，给付待遇金额22.5亿元。2022年官方电子邮箱接收咨询232件，极少收到12345市民热线关于生育保险咨询工单。

## 案例四：长宁区“五办”行动跑出便民加速度

2022年，长宁区医保部门将深化“放管服”改革作为提升工作效率的治本之计，通过推动“极简办”“安心办”“快捷办”“贴心办”“满意办”的“五办”行动，进一步优化服务流程，提升服务效能，切实为群众提供更加优质、便捷、高效的服务。

**【精简流程，“极简办”】** 经办服务窗口制定完善一口受理服务、容缺办理业务、个案处理事务、联动梳理实务四张清单，落实“进一门在一窗”办理所有经办业务，实现减环节的“极简办”。落实容缺办理机制，对于首次受理未带全材料的，可采用先受理后补资料的形式，实现了减材料的“极简办”。聚焦群众医保经办痛点、难点问题，明确符合政策规定的个案受理情形，经办窗口按照清单即刻受理，促进减流程的“极简办”。推行联动梳理事务清单，对于经办事项涉及其他部门的，积极协助联系沟通，减少群众在不同部门之间来回跑动，落实减跑动的“极简办”，推进便民服务常态化，为群众办事提供规范、透明、高效、便捷的政务服务。

**【安全保障，“安心办”】** 在疫情防控常态化管理下，为充分保障医保年度转换工作有序进行，严格执行人员管理、场所管理、服务管理“三项管理”制度，中心服务大厅安排2名专门引导人员，做好参保人进入大厅“数字哨兵”的扫码，督促参保人“六必须”。遵循“非紧急暂缓办、非必要不前往”办事原则，如确需要在线下窗口办理的居民，简单查询、制册、凭证打印等业务实现“不进门办结”，由工作人员代替办事人员全程闭环办理、递送提供帮办代办服务，做到业务办理、办结交付全流程无缝衔接，既缩短了群众等待时间，又减少了密闭空间人员聚集。为最大限度减少百姓办事等候时间，做到“仅跑一次”及“当日办结”，针对大额预约等业务，提供“自动结算”，减少人员在大厅聚集的风险。

**【重点突破，“快捷办”】** 成立经办窗口“业务攻坚突击队”，由党员和青年骨干组成，全力以赴破解年度转换和疫情防控带来的业务双高峰难题，积极投身零星报销、综合减负、生育待遇审核等工作中，全面实现“一般事项不过天、困难事项不过周”，从而打破业务壁垒，大大方便了办事群众，减少业务办理时限。4月至5月，“业务攻坚突击队”充分发挥效能，按时完成居民医保参保和生育保险待遇审核，不让一个参保人因疫情期间封控未能享受到医保待遇。6月后，窗口积极落实疫情相关政策，妥善解决疫情造成的医药费报销问题，年度转换期间业务量跃升至平时的3倍多，凡是到下班时间有正在办理未办结的事项时，主动延长工作时间，直至事项办理完毕。针对后台审核业务，突击队连续多日利用午休时间开展攻坚行动，使高峰时段受理的业务及时清零，让群众真正感受到医保服务的温度和速度。

**【快速通道，“贴心办”】** 咨询台开设专用快速通道，为老年人等特殊群体办理相关业务和各种“快办”事项，实现“即来即办、即办即走”，简易事项实现“秒办”。提供从接待、答疑、受理到办理、反馈的“一站式”服务，同时窗口提供“帮办”服务，手把手指导百姓使用“随申办”App和“国家异地就医备案小程序”等网上办理，简化办事流程、提高办事效率。不断推行网上办、掌上办、线上办，提高群众对医保网办业务的知晓度，工作人员指导群众网上办事快捷业务，得到众多群众“非常赞”的表扬。

**【畅通渠道，“满意办”】** 宣传好“医保那点事”，建立医保知晓、医保秘籍、医保澄清三大板块，围绕群众关注热点、日常痛点、经办堵点、需要指点四大焦点，线上线下多措并举，大力加强医保新政宣传，让群众看得懂、算得清、用得好政策。开展医保政策在线课堂，制作简单易懂的教案，通过问答式、图样式、案例式对政策进行简洁明了、轻松易懂的解读，将医保基本常识和最新知识有效传递给个人，确保应知尽知、应享尽享。以群众需求为出发点、群众满意为落脚点，完善政务服务“好差评”工作体系。依托“好差评”系统，积极引导办事群众进行在线评价。安排专人负责12345、

12329热线群众反映问题和诉求，及时对群众反映的事项进行解答反馈，持续改进服务质量，提升服务效率，提高服务满意度。

## 案例五：静安区构建智慧医保服务体系

2022年，静安区主动探索创新政府数字化履职方式，引领区内各街镇社区事务受理服务中心，聚焦群众急难愁盼问题，通过互联网、大数据、云计算等技术应用，再造业务流程，提升服务能力，构建智能化、便捷化、人性化的智慧医保服务体系，不断提升人民群众在医保公共服务中的获得感、幸福感、安全感。

**【聚焦智能化，政策找人、服务送达】** 主动探索“免申即享”新模式　静安区通过数据互联互通、救助算法重构、业务精准管理，实现困难群众医疗救助服务“免申即享”。主管部门依托网上办事系统，按照政策算法自动核算数据，主动完成结果推送。服务对象无须提出申请，也无须提供材料凭证，即可享受相应待遇。2022年累计完成“免申即享”65785人次，共计2049.5万元，实现参保人“零申请、零材料、零跑动”。

推出“智能管家”新体验　静安区大宁路街道探索优化数据应用场景，创新推出“大宁易办”微信小程序，通过整合音视频、AI、5G、IM等技术，以“一对一”视频形式在线咨询办理“长护险登记”等服务事项。系统根据咨询内容深度分析用户特征，形成个性化“一人一档”，提前研判群众的潜在需求，主动推送专属个性化业务办理通知服务，提供办理和在线咨询路径。同时，依托“双向快递”平台，寄递办理过程中产生的纸质材料和办理结果，参保人无须跑路即可完成业务办理。

推动经办流程实现“随心查”　静安区宝山路街道基于业务流程精细化管理和信息整合，上线“随心查”便民查询系统，只需扫描专属二维码查询端口即可了解业务办理进程。

**【聚焦便捷化，业务下沉、跨前延伸】** 大力推广网上办、掌上办　拓展区域内公共服务事项“一网通办”，新增区级高频医保公共服务项目45个，所有项目均可在“一网通办”平台实现全程网办。

高频业务“就近办”　静安区彭浦镇完善社区“10分钟生活圈”服务，在居民区设立社区事务受理服务延伸点，参保人可就近办理“长护险登记”“就医记录册更换”等高频医保业务。

业务材料“当日达”　静安区石门二路街道建立与物流公司对接机制，由专人负责统筹协调“就医记录册当日达”业务，设置文件交换柜，提供办事材料、回执、就医记录册等24小时自助存取服务。

**【聚焦人性化，主动关怀、暖心贴心】** 对高龄失能老人开展长护险期末评估“云办理”　针对常态化疫情防控形势下，高龄失能老人长护险服务无法及时进行评估续期问题，静安区医保局在养老机构开展长护险“云评估”模式，加强与养老机构协作配合，依托养老机构医护人员做好老人健康管理信息“云上传”、家属“云委托”工作。采取视频连线方式开展失能等级评估，及时将评估数据上传至市医保信息平台，由社区事务受理中心电话告知老人或代办人评估结果，实现远程不见面、评估不接触、服务不间断。

弥合老年群体“数字鸿沟”　静安区共和新路街道在街道服务大厅设置“学习角落”，播放独家制作的情景剧视频，指导老年人理解和使用“一网通办”平台。江宁路街道安排专人对老年人进行“线上帮办”，并对辖区居民提供“代配药、送上门”等服务，有效缓解老年人配药难等问题。

织密特殊群体“保障网”　静安区彭浦新村街道对部分特殊人群需求采取“一事一议”、提供上门服务等方式，确保“政策匹配到位、待遇一项不漏”，做到暖心服务。区、街镇服务大厅均设置特殊人群绿色通道，提供“帮办”“代办”“陪办”“优先办”等服务。

## 案例六：闵行区实现代配药精细化管理

为切实维护医保基金安全，从源头上规范代配药行为，堵塞监管漏洞，2022年，闵行区医疗保障局依托数字化转型契机，优化“门诊代配药信息系统”功能，探索出创新、安全的代配药“闵行模式”，实现代配药精细化管理，在常态化疫情防控中发挥了重要作用。按照闵行区强化“一网统管”场景运用的要求，区内门诊代配药的相关信息数据接入区城市运行管理中心“一网统管”平台，推动代配药数据在全区数字化治理中的互融互通，在切实保障群众代配药需求的同时，有效维护医保基金安全。

**【拓展“随申码”应用，确保代配信息登记准确可溯】** 根据上海市代配药管理相关规定，在医保定点医疗机构代配药时，要在接诊医生处登记代配人身份信息及联系方式等信息。然而实践中由于代配药信息登记不全、真实性无法判别等原因，使得冒用、盗刷医保卡等现象时有发生，造成医保基金损失。为有效核验代配人身份信息、明确药品流向，闵行医保重新构建医疗机构门诊代配药流程，融入“随申码”场景应用，取消手工登记，由代配人扫本人“随申码”，锁定取药人员身份，实现对代配人的身份登记，有效解决代配药信息登记不准确的难题，从源头上夯实医保基金监管基础。

**【建立分析“大脑”，实现异常代配精准预警、精准处置】** 闵行区医疗保障局于2021年10月开发建立“门诊代配药”信息系统，在区内门诊量最大的闵行区中心医院和第五人民医院进行试点。2022年，闵行区持续扩大试点，并在10月底实现区内医保定点医疗机构“门诊代配药”信息系统全覆盖。重点预警“一人多卡、一卡多人、一人多机构、一卡多机构”等四种异常代配情况，通过统计排名代配量大的药品、代配人次多的医疗机构，分析研判代配数据的规律性和合理性。对就诊次数、就医费用异常的，采取改变门诊就诊结算方式、约谈等处置；对存在明显不合理代配的，开展全口径就医数据分析；对涉嫌医保欺诈的，开展行刑衔接，锁定代配证据，移交公安部门立案处理。截至2022年底，“门诊代配药”系统已归集4.3万条代配药数据，涉及6570余人次，触发预警197条，经监管人员研判分析后，逐一排除异常行为，做到“条条代配信息系统监管、特殊代配信息人工审核”，实现代配药医保监管由事后向事前、事中转变，提升监管效能。

**【强化部门联动，开辟刚需代配药群体绿色通道】** 根据代配药管理相关规定，委托代配药原则上不得连续超过3次，此后应到门诊复查。为解决失能老人、高龄老人等群体在执行该规定时存在的困难，闵行区医疗保障局积极与区卫生健康部门协作，筹划建立“代配药”信息系统与社区卫生服务中心家庭医生签约病人之间的信息共享通道，将连续三次代配药的患者信息推送至家庭医生工作站，由家庭医生作为社区健康“守门人”，通过电话问诊、上门巡诊等方式了解患者病情和用药情况并反馈代配医疗机构，患者本人无须到场就诊，保障卧床、无法到医院就诊等患者的合理代配需求，构建代配药全流程闭环，充分体现医保管理服务的温度。

## 案例七：青浦区强化信用分级管理　提升机构服务能力

为进一步加强长护险定点护理服务机构管理，提高机构自我管理意识、护理服务能力和服务水平，2022年，青浦区医疗保障局以定点护理机构信用分级管理为抓手，针对区内长护险居家护理服务机构多、服务质量良莠不齐等现象，通过联合检查、飞行检查、处理投诉举报等措施，严把服务质量关，规范护理服务行为，推动全区长护险试点工作规范健康发展。

**【主要做法】** 坚持制度治本　区医疗保障局联合区民政局、卫生健康委，先后赴各街镇、部分村居、长护险定点服务机构和群众家中，与村居负责同志、长护险机构管理服务人员和居民沟通交流长护险试点工作，认真听取街镇、村居、机构的意见建议，结合区域实际情况，根据《青浦区长护险定点护理机构信用分级管理办法》（以下简称《办法》），通过信用分级管理推动机构优胜劣汰，提升全区长护险护理服务能力水平。

坚持精细管理　依据《办法》，区医疗保障局从机构的内部管理、护理服务及质量控制、长护险服务费用结算、长护险系统的信息化建设五个方面，设定机构人员配备、基本信息情况、投诉举报情况、机构自查自纠、违法违规情况等31个指标，同时设定服务协议有效期内累计2次被暂停协议或暂停协议期间未按时限要求整改及整改不到位、伪造凭证虚构服务骗取长护险基金等6类一票否决指标，按年度对全区所有长护险居家护理机构开展信用等级评定。

坚持分类定级　区医疗保障局联合区民政局、卫生健康委，共同拟定了2022年度护理服务机构信用分级评定工作方案，成立联合考核小组，通过现场检查、查阅资料等方式，结合2022年度综合监督检查、投诉举报处理及行政处罚等信用档案记录情况，严格按照《办法》的具体规定，通过集体讨论对全区42家居家护理服务机构进行综合评分，经综合评定后将全区42家机构评定为A级、B级、C级、D四个等级，对A、B级机构鼓励其发展，对于C级机构保持其发展，对于D级机构采取暂停新增服务对象等措施，并建议其退出定点。

坚持优胜劣汰　根据评定的机构信用等级，区医疗保障局、民政局、卫生健康委等三部门联合下发《关于实施青浦区长护险护理服务机构信用等级分类管理的工作提示》，要求各街镇社区事务受理服务中心暂停信用等级为C、D级服务机构的新增服务业务。针对全区7家D级机构和1家业务长期处于停滞状态的机构，区医疗保障局等三部门成立了以区医疗保障局分管领导为组长，区民政局、区卫生健康委分管领导为副组长的劝退工作小组。在尽量保证机构利益和老人服务不受影响的前提下，三部门拟定了劝退工作方案并有序开展劝退工作，至2022年底，8家机构自愿退出医保定点。

**【主要成效】**　一是长护险服务全过程监督得到加强，及时发现本区定点护理机构存在的问题及薄弱环节，能够督促机构及时整改和查漏补缺，落细落实机构主体责任。二是监管资源得到科学合理配置，提高了监管效率和水平，在不降低监管力度、不增加机构负担的前提下，实现了对机构的依法监管、科学监管、精准监管，维护了基金安全合法运行。三是提升了人民群众的获得感和满意度，通过探索实施长护险定点护理机构分级分类管理，全区机构进一步优胜劣汰，倒逼各定点机构有效提升服务能级水平，确保全区失能老人享受优质服务。

## 案例八：奉贤区搭建医保服务直通车

2022年，奉贤区医疗保障局围绕群众急难愁盼问题，创新服务举措，推动医保经办服务精准化、精细化发展。6月，奉贤区创新性推出“向零”行动——医保服务直通车项目。以医保经办事项“零跑动”、部分申办项目“零材料”、服务参保群众“零距离”为目标，将医保服务的触角进一步向街镇、村居延伸。

**【主要做法】**　阵地建设有规范　医保红色代办服务阵地建设依托街镇社区事务受理中心、党群服务中心、生活驿站、睦邻四堂间等在全区各街镇广泛布点，深入村居，全力构建15分钟医保服务圈，激活医保服务神经末梢。各医保红色代办点在“有场所、有设施、有标志、有宣传、有书报、有制度”的“六有”标准下，落实服务阵地规范化建设，通过设置敞开式代办柜台窗口，醒目位置设置公告栏，完善医保事项网上办、掌上办必要设施，公示红色代办制度、流程，投放医保宣传资料等，方便群众办事，营造优质高效的服务环境。

线上线下促融合　奉贤区医疗保障局着力推进医保红色代办与“一网通办”深度融合，坚持传统方式和智能化服务并行，不断提升服务效能。一是丰富服务形式，各医保红色代办点在15项“下沉式”医保高频服务事项清单基础上，以人民需求为导向，补充个性化服务内容，开拓多元化服务形式，通过手把手掌上办、跨前一步上门办、要件急件跑腿办等形式促进线上线下服务融合，深受群众好评。二是厘清类型差异，以“用户第一视角”，医保工作人员在“一网通办”PC端、“随申办”

市民云App、“国家医保服务平台”App等平台逐项体验各类医保服务，总结最便捷网办途径，分类明确线上线下代办流程，制定《医保红色代办指南》，修订便民服务卡、《奉贤医保伴你同行》宣传册，加强医保服务线上线下双通道办理宣传，为选择代办服务的群众提供强有力的指引。三是加强基础保障，医保红色代办阵地通过配备互联网电脑、“一网通办”自助服务终端，夯实服务硬件基础保障；此外，奉贤区医疗保障局定制红色代办材料流转袋，进一步落实红色代办登记制度、材料流转制度，压实代办责任，保障委托人代办材料安全。

队伍建设强能力　2022年，奉贤区“1+13+218”红色代办队伍建成，以奉贤区医疗保障局为中心，按街镇划分组建13个代办小组，分派奉贤区医保中心业务骨干与街镇社事中心、党群服务中心、村居委干部218名代办员建立紧密业务联系，织密区、镇、村三级医保红色代办专业化服务网。一是搭建学习交流平台，通过政策宣讲、案例解说等形式开展全员线上培训、分片区现场教学，2022全年开展“红色代办专题培训”“零星报销和互助帮困住院补助”等专题线上培训11场，分片区现场教学3场。二是加强沟通联系，局党政班子带队，以代办小组为单位，通过现场走访、微信、电话等形式，加强区级红色代办员与各街镇、村居红色代办员点对点、人对人业务指导。三是下沉基层交流指导，发挥党员干部、业务骨干带头作用，组织区级医保红色代办员下沉街镇、村居进行“沉浸式指导服务”。2022全年，奉贤区医保部门代办员下沉街镇、村居红色代办点开展沉浸式交流指导百余次。

**【主要成效】** 截至2022年底，奉贤区已建成142个医保红色代办点，实现“区—街镇—村居”三级红色代办服务全覆盖。提供包括代办异地就医备案、医保电子凭证申领、医疗费零星报销等15项基础高频医保经办服务，惠及本地、外地各年龄段参保人员，2022全年服务参保群众6.4万余人次。

## 案例九：金山区创新长护险评估“双公示”机制

2022年，金山区医疗保障局立足农村地区地域范围广、老年群体多、居住相对分散的特点，聚焦“增强评估公信力、提升基金安全性”，在上海市开展老年照护统一需求线下评估的基础上，率先实行评估结果“双公示”，即社区事务受理服务中心和村(居)委会同步公示评估结论，并通过健全常态化运行、长效化检查工作机制，进一步发挥公示的社会监督效应，切实维护老年群体权益。截至2022年底，金山区累计受理长护险申请24779人，完成老年照护统一需求评估23163人，符合2~6级长护险服务的评估对象13639人，接受护理服务12786人。

**【主要做法】** 发挥牵头抓总作用，压实各方工作职责　金山区医疗保障局主要负责同志多次牵头召开长护险试点工作成员单位(医疗保障、卫生健康、民政、人社、财政等部门)会议，明确工作方案、细化工作任务。把握核心关节，聚焦重点领域，召集街镇(高新区社区)社区事务受理服务中心负责同志会议，对相关工作进行部署，讲清评估“双公示”的重要性和必要性，讲深讲透推进工作的关键点和疑难点。

健全联系协调机制，编织社会监督网络　按照“双公示”工作要求，一方面，打通联系“断桥”。金山区医疗保障局健全定点评估机构与各社区事务受理服务中心的沟通对接机制，定点评估机构将电子公示文件发送至相应社区事务受理服务中心，并由其按规定进行公示。另一方面，延伸公示“半径”。拓展以社区事务受理服务中心为纽带的公示机制，将评估公示工作向居委会、村委会延伸，进一步拓展公示“半径”。同时，针对新版标准实施后评估结论争议增多的情况，金山区医疗保障局结合“双公示”实施情况，健全以“受理中心基本答复，评估机构专业答疑”的工作机制，妥善化解矛盾。

开展联合现场检查，推动工作有效落实　金山区医疗保障局积极完善“三查”工作链条，会同区卫生健康委对各街镇(高新区社区)评估公示工作开展情况进行联合检查，检查小组对各社区事务受理服务中心评估公示情况、评估告知书签收记录等进行定期核查，对相关环节存在的问题要求及时整改。随机抽取若干个村(居)委，以“线上+线下”的方式，对评估“双公示”的落实情况进行专项督查。经检查，2022年，各社区事务受理服务中心和被抽查村(居)委评估公示均符合要求。

**【主要成效】** 社会监督效应进一步显现　评估是长护险基金的“守门人”，评估结论是否客观公正直接关系基金安全和失能老人合法权益。推行“双公示”以来，金山区共接受群众反馈信息69条，经核实，其中1位评估对象在评估过程中有作假行为，对其评估等级进行重新核定，发挥了公示的社会监督效应。

日常管理机制进一步完善　定期开展金山区老年照护统一需求评估质控工作，计算分析评估吻合率，全面客观评价“双公示”落实情况，推动“双公示”工作进一步深化落实。金山区动态失能率维持在合理区间，连续多年稳处平衡管理区域。

综合监管合力进一步壮大　据《上海市老年照护统一需求评估结果修正工作指引》相关要求，金山区医疗保障局积极探索符合区域实际的评估结果修正工作机制，会同相关单位开展联合执法检查。2022年现场检查共10例，认定2例评估结论明显不符，现场告知评估对象评估结论不合理，并作状态评估处理，对相关评估机构进行违规处理，部门协同综合监管作用进一步强化。

## 案例十：崇明区依托数据赋能助力医疗救助

2022年，崇明区紧紧依托“一网通办”数据赋能，以市级全量数据为“基”，以“一件事”系统为“架”，以医保服务改革创新为“本”，持续优化医疗救助流程，实现了从“线下窗口办”向“线上一次办”、从“申请办”向“免申办”的全面升级，有效提升困难群众的体验感、获得感。

**【探索医疗救助便捷化办理新模式】** 深入调研　区医疗保障局以“我为群众办实事”为契机，多次下基层调研走访，深入了解困难群众和医疗救助经办人员所需所盼，广泛征求数字化转型意见建议，共同打造出经办人员和救助对象“用得惯”“用得好”的医疗救助系统。

聚焦“三个精简”　建立区医疗保障局、区政务服务办与软件开发商的联络议事机制，分析研究医疗救助“精简流程、精简操作、精简材料”的实现方式。定期召开推进会，分析系统开发的难点问题，制定解决方案，确保高效推进。

平稳过渡　利用《崇明报》和“上海崇明”“崇明医保”等官方微信公众号，做好医疗救助“一网通办”宣传引导和操作指导。加强社区受理中心和村居委“点对点”业务培训，引导救助对象通过线上办理医疗救助，确保医疗救助经办平稳过渡、有序衔接。

**【建成并上线崇明区医疗救助“一网通办”平台】** 数据联通智能办　对接市医疗保障局数据库，将医保结算、综合减负、居民医保大病、职工互助保障等数据导入区“医疗救助一网通办”平台，系统可自动调用医疗救助人员身份信息，自动获取申请人可救助发票数据，为智慧经办夯实数据基础。

指尖点击掌上办　整合身份认证、费用核算、救助发放等业务流程，救助对象可通过电脑端“一网通办”或手机“随申办市民云”App，完成在线申请，系统自动核算、流转生成救助待遇，仅需5分钟操作，实现医疗救助全流程线上办理。

初心服务就近办　针对救助对象老年人多、智能化操作能力弱的特点，以人为本同步推进全方位线下帮办服务。在全区357个村居设置“初心·帮办”服务点，村居干部、志愿者手把手帮助救助对象完成线上申办，救助对象足不出村就可完成医疗救助申请，打通了服务群众“最后一公里”。

**【优化医疗救助“一件事”平台，实行医疗救助“免申即享”】** 全方位升级“免申办”　将“先申请、再审批、后拨付”的繁琐流程，调整为系统主动认证、后台数据比对、精准核实拨付的“免申请、不打扰”服务模式，救助对象在医院就诊后，无须申请，系统自动整合各类数据，精准核算医疗救助金额，在线完成资金拨付。

立体化统筹“精准办” 建立救助对象基础数据库、城乡居民大病数据库、综合减负数据库、职工互助保障数据库等，实现救助对象分类管理和救助规则有效衔接。坚持“先保险、再救助”原则，对系统运算进行反复推演、多次论证，精准确定运算规则，精准标识人员信息，通过系统预警，有效避免重复报销、超规定报销问题。

多途径受理“自主办” 在实行医疗救助“免申即享”的同时，充分尊重群众多元化办理需求，保留“医疗救助一件事”，窗口受理全区通办，受理方式可自主选择，更加人性化。规范数据平台运维，强化数据处理痕迹管理、异地数据备份管理、系统安全管理，确保资金安全、信息保密。

**【主要成效】** 崇明区以扎实的数据基础、严密的系统架构、清晰的核算逻辑，实现智能化精准救助，真正做到了医疗救助从“人找政策”到“政策找人”、从“被动服务”到“主动服务”的转变。截至2022年底，已累计完成“免申即享”医疗救助资金发放8444.43万元。

# 江苏省

## 工作综述

2022年，江苏省医疗保障系统持续完善医疗保障制度体系、稳步提升待遇水平、切实维护基金安全、优化医保公共服务，全面推动江苏省医疗保障事业高质量发展，不断增强人民群众在医保领域的获得感、幸福感、安全感。

**【基本医疗保障制度平稳运行】** 医保基金平稳运行　截至2022年底，全省基本医保参保8119.46万人，参保率稳定在98.5%以上。全省职工基本医疗保险参保3388.48万人，比上年末增加142.51万人，其中，在职职工2506.37万人，退休人员882.11万人，分别比上年末增加102.43万人和40.08万人。全年职工基本医疗保险（含生育保险）基金总收入1760.47亿元，比上年末增加145.83亿元，增长9.03%，基金总支出1362.03亿元，比上年末增加46.94亿元，增长3.57%，累计结存2747.30亿元。全省城乡居民医疗保险参保4730.98万人，比上年末减少86.86万人，下降1.80%。城乡居民医保基金总收入555.50亿元，比上年下降1.09%，其中，财政补助收入365.32亿元，同比增长5.74%，人均实际财政补助772元，同比提高55元。城乡居民医保基金支出550.27亿元，比上年增长2.10%，累计结存282.10亿元。

**【着力推进医疗保障法治体系建设】** 积极推动医疗保障法治建设　省人大将《江苏省医疗保障条例》（以下简称《条例》）列入2022年度重点立法项目，由省医疗保障局牵头起草《条例》草案，《条例》共设8章83条，坚持创制性、引领性、前瞻性，对全省医疗保障全领域、全流程作出规范，为保障全省8000万群众医保权益提供坚强法治保障。

**【持续健全完善医保制度】** 落实待遇清单制度　省医疗保障局出台省级民生领域首个保障待遇清单，按照三年行动计划，做好负面清单整改，落实好灵活就业人员参保、持居住证人员参保等政策，促进全省医保政策纵向统一、待遇横向均衡，缩小区域待遇差异。

完善重特大疾病医疗保险和救助制度　省政府办公厅出台《关于健全重特大疾病医疗保险和救助制度的实施意见》，统一全省医疗救助制度，将医疗救助对象扩展到10类人群，新增低保边缘家庭成员、支出型困难家庭中的大重病患者等医疗救助对象。救助对象在县域内定点医疗机构住院，个人自付费用应控制在政策范围内住院总费用的10%以内。2022年安排中央和省级医疗救助补助资金6.6亿元，资助342.8万名困难人员参保、支出13.7亿元；直接救助困难人员1843.4万人次、支出救助资金33亿元。

全面确立长期护理保险制度　省医疗保障局联合省财政厅印发《关于深化长期护理保险制度建设的指导意见》，推动形成适应经济发展水平和老龄化发展趋势的长期护理保险制度体系。全省9个设区市参保5315万人，待遇享受33.7万人，基金支出25.8亿元。

健全多层次医疗保障体系　推出首个面向全省、打破既往病史投保限制，与基本医疗保险相补充衔接的普惠性商业补充医疗保险产品——江苏医惠保1号，进一步满足人民群众多样化的医疗保障需求。截至2022年底，“江苏医惠保1号”投保人数为322.2万人，受益人群25.8万人次，人均赔付1.1万元，最高赔付128.6万元，产品普惠性强、减负效果好、理赔效率高、惠民利民程度不断提高。

**【统一规范医保待遇政策】** 优化城乡居民医疗保险筹资结构　省医疗保障局、财政厅、税务局联合印发《关于做好2022年城乡居民基本医疗保障工作的通知》，明确各级财政继续加大对居民医保参保缴费补助力度，人均财政补助标准新增30元，每人每年不低于640元，同步提高个人缴费标准30元，每人每年350元。持续推动完善巩固提升待遇水平、促进制度规范统一、提高医保支付管理、强化基金监管、健全公共服务等。

统一基本医疗保险门诊特殊病保障政策　印发《关于统一基本医疗保险门诊特殊病保障政策的通知》，统一全省基本医疗保险门诊特殊病保障政策，建立"N+X"门特病种政策框架，将恶性肿瘤门诊治疗、慢性肾功能衰竭、严重精神障碍等23个病种（含治疗方式）纳入全省统一的门诊特殊病病种范围，门特待遇标准按照不低于住院标准执行，有力减轻参保患者的门诊大额医疗费用负担。

规范全省门（急）诊医疗费用保障政策　省医疗保障局联合省卫生健康委印发《关于做好急危重伤病参保人员门（急）诊医疗费用保障工作的通知》，明确定点医疗机构急诊处置为1级的濒危病人和2级的危重病人，在门（急）诊实施紧急抢救的，急诊处置为3级的急症病人，在门（急）诊明确需要留院观察，并在留院观察后直接转住院的，符合基本医疗保险基金支付范围的医疗费用，按照住院支付政策享受待遇。截至2022年末，全省累计7万人享受待遇，基金支付1.1亿元，实际报销比例为63%。

稳妥推进建立职工基本医疗保险门诊共济保障机制　贯彻落实《江苏省政府办公厅关于建立健全职工基本医疗保险门诊共济保障机制的实施意见》，省医疗保障局联合省财政厅印发《关于职工基本医疗保险个人账户使用及家庭共济有关事项的通知》，进一步规范个人账户使用及家庭共济的范围，加强基金监管，健全信息系统。截至2022年末，全省13个设区市全面建立职工医保门诊统筹制度，切实减轻参保人员门诊医疗费用负担。

全面落实"两病"门诊用药保障　深化城乡居民高血压、糖尿病门诊用药保障和健康管理专项行动。建立"两病"用药保障人员信息共享机制，实现规范化管理人员"免申即享"，将"两病"规范化管理人员全部纳入"两病"门诊用药保障待遇范围。2022年"两病"政策已覆盖的高血压和糖尿病人数分别为593.9万人和256.7万人，高血压和糖尿病门诊用药保障待遇享受人数分别为394.3万人和194.1万人，基金支出分别为6.4亿元和4.1亿元。

**【持续深化医保制度改革】**　全面构建药品耗材阳光采购制度　省医疗保障局印发《关于深入推进医用耗材阳光采购的实施意见》，完善阳光采购政策，按周审核药品阳光挂网申报品种，全年公布5149个新增药品阳光挂网，全年累计审核医用耗材阳光挂网申报信息40批共15137条，通过4927条。常态化开展药品挂网价格预警标记，全年累计标识1255个预警品种，促进43个品种主动降价，平均降幅15%。完善阳光采购监测机制，常态化监测预警药品采购情况，开展政策培训和专项督查，推动阳光采购政策落地。组织开展挂网药品挂网价格动态调整工作，促进3237个药品主动降价，平均降幅7.39%。

开展药品耗材集中带量采购　执行3轮国家集采中选结果，预计全省每年节约采购资金约46亿元，完成国家3轮集采接续工作，累计42个品种成功接续，开展省第三轮药品带量采购和第七、八轮医用耗材带量采购，预计每年节约采购资金约36.5亿元，其中骨科创伤类耗材平均降幅超72%。常态化开展集采执行监测和通报，落实集采资金结余留用考核政策。

持续深化医疗服务价格改革　省医疗保障局印发《关于深化医疗服务价格改革的实施意见》，统筹谋划全省医疗服务价格改革试点工作。经评估启动价格动态调整，调整普外科、骨科、介入诊疗科等71项复杂型项目和37项价格长期未调整项目价格，平均调价幅度55.76%，调整规模6.66亿元。支持应用医疗技术创新项目，公布新增项目34个、完善项目60个、新增医用材料31个、删除项目5个。根据国家统一要求，开展口腔种植医疗服务价格专项治理工作，规范整合公布全省

15个口腔种植医疗服务价格项目，制定单颗常规种植牙医疗服务价格全流程调控目标和规范整合后的口腔种植类医疗服务项目价格。此外，苏州市作为国家试点改革城市，出台《苏州市深化医疗服务价格改革试点方案》改革文件及配套政策，完成首轮调价。常州市作为省级改革试点城市，重点围绕“总量控制、分类管理、动态调整、监测考核”等机制开展探索，进行项目规范与分类管理。

落实更加管用高效的医保支付机制　省医疗保障局制定《DRG/DIP支付方式改革三年行动计划》，形成“4554”工作安排，即实现四个全覆盖、建立健全五项机制、夯实筑牢五项基础、推进医疗机构四个协同到位。省医疗保障局出台《关于DRG/DIP支付方式改革若干问题的处理意见》，强化全省制度机制规范统一；省医疗保障局下发《定点医疗机构DRG/DIP支付方式改革绩效评价办法》，树立鲜明导向，调动医疗机构参与改革的积极性。2022年，全省13个设区市全部实现DRG/DIP实际付费，全省2220家开展住院服务的医疗机构已有1010家纳入覆盖范围，占比45%；全省住院费用按照DRG/DIP付费的统筹基金支出占住院费用统筹基金总支出的比例约为80%；DRG/DIP病种覆盖率为84%。

**【完善医保目录管理】**　全面落实“国谈药”使用政策　重抓“国谈药”进院落地，贯彻省政府办公厅《关于优化审评审批服务推动创新药械使用促进医药产业高质量发展行动方案（2022—2024）》有关要求，省医疗保障局制定《关于服务医药产业创新发展的通知》，要求定点医疗机构在国家药品目录发布后1个月内，召开专题药事会，将“国谈药”纳入医院基本用药供应目录，做到“有需必采、应采尽采”。

健全“国谈药”“双通道”管理机制　压实医疗机构采购使用“国谈药”主体责任，明确要求定点医疗机构必须在国家药品目录公布后的1个月内召开药事会，按需将“国谈药”纳入医疗机构基本用药供应目录。通过举办“国谈药”进医院三方联席会议、开展实地调研、建立通报机制等多种方式，共同推进“国谈药”进医院。2022年，全省“国谈药”约88%的销售额发生在医疗机构。403个定点零售药店纳入“国谈药”供应渠道，167个“国谈药”纳入“双通道”管理，其中113个“国谈药”实行单独支付，单独支付药品职工医保、居民医保实际报销比例分别不低于70%和60%。2022年全省275个“国谈药”统筹基金累计支出58亿元，惠及患者1147万人次。

**【深入开展医保基金监管工作】**　多种方式开展重点监管　实施省级监督检查，对基金支付排名前列的综合性定点医疗机构开展省级重点监督检查。专题部署开展打击欺诈骗保专项整治，联合省公安厅等部门，重点聚焦骨科、心内科、血液透析等领域开展整治行动。全省共处理定点医药机构2.92万家，其中，暂停协议1365家，解除协议244家，行政处罚526家。追回医保基金本金10.1亿元，处罚违约金2.6亿元，行政罚款0.3亿元，合计13亿元。联合卫生健康委等9部门召开基金监督管理工作省级联席会议，进一步促进部门协作配合，推进信息共享和互联互通。加大行刑衔接力度，联合公安部门规范欺诈骗保案件移送程序，畅通行政执法和刑事司法衔接。开展行纪衔接工作，将一批涉嫌违反党纪和职务违法、职务犯罪的问题线索移送纪检监察机关。建立全省统一的医保基金举报投诉处理“一号一平台”，创新性地将省政务办12345（12393）热线与医保基金举报投诉衔接，确保所有举报投诉均能得到及时受理、提升处理效率。

**【加强医保基金总额管理】**　优化医保基金总额管理　围绕“科学、公开、高效、精准”的原则，组建省级工作专班和专家团队，研究制定《集体协商和协商谈判实施办法（暂行）》《精算模型设计方案》等配套规范，全省医保基金总额管理实现由简单粗放向综合治理科学决策、封闭向阳光公开透明、注重分配向全过程精准管理、单一控费向综合绩效评价“四个转变”。

**【加快推进医保信息化建设】**　推进全省统一的医保信息平台建设　全面运行覆盖全省、省级统一的医保信息系统，覆盖4万家两定机构，8000万参保群众，日均结算量280万人次。持续完善升级“江苏医保云”App在线服务功能，推广应用电子凭证，全省激活人数超5600万，激活率达67%。全面推进群众就医购药移动支付和电子处方流转，实现医保结算信息、医疗机构处方信息、药品消费信息互联互通、实时共享。

**【优化完善医保公共服务体系】** 持续提升医保公共服务便捷性　全面建成203个省级“15分钟医保服务圈”示范点和1042个市级“15分钟医保服务圈”示范点，覆盖全省所有乡镇（街道），累计服务基层参保群众88.38万人次，让参保群众在家门口就能享受高效便捷的医保服务。组织开展经办窗口标准化建设专项检查，92个县（市、区）级及以上窗口全部建立标准化电子台账。

持续优化医保公共服务　“省内通办”“跨省通办”服务水平大幅提升，全面开通国家医保服务平台“地方专区”入口，全面建成“江苏医保云”公共服务平台，实现所有32项服务事项“省内通办”，服务量35.58万人次，实现医保关系转移接续等7项高频服务事项“跨省通办”，服务量2.85万人次。12393医保服务热线建设效能持续提升，常态化推进知识库建设和人员培训，全省日均接听量超1万人次，满意率98%以上。

提升异地就医直接结算质效　省医疗保障局印发《关于进一步优化异地就医经办服务的通知》，全面实现异地长期居住人员承诺制备案、多地备案、双向结算，5种门诊慢特病按病种跨省直接结算实现设区市全覆盖，异地联网定点医药机构数量和服务范围实现应扩尽扩。累计通过线上承诺制方式办理异地就医备案1.73万件，办理多地备案2966件。完成全省异地就医结算平台升级改造，累计开通异地就医联网结算定点医疗机构8291家、定点零售药店2.75万家，总量同比增长4.8倍，异地就医直接结算率稳定在80%以上。全年完成异地就医直接结算1373.37万人次，结算金额341.52亿元。

## 重要活动

1. **召开全省医疗保障工作会议。**2月28日—3月1日，全省医疗保障工作会议在南京召开。会议总结2021年全省医保工作，分析新时代医保工作形势，对2022年重点工作进行部署安排，推动医疗保障事业高质量发展。

2. **召开医保、医疗和医药三方联席会。**3月16日，江苏省医疗保障局召开医保、医疗和医药三方联席会，30家重点三级医院、22家“国谈药”企业参会，搭建交流沟通平台，协同发力推进“国谈药”高效落地，让患者尽快用上好药新药。

3. **召开打击欺诈骗保专项整治行动电视电话会。**4月13日，省医疗保障局、公安厅、卫生健康委联合召开电视电话会议，贯彻落实中央领导同志关于打击欺诈骗保工作会议的重要指示批示精神，落实党中央、国务院和省委、省政府关于加强医疗保障基金监管工作部署，传达全国会议精神，部署年度专项整治工作。

4. **召开医保民生实事推进会暨新闻通气会。**5月11日，江苏省医疗保障局召开2022年度医保民生实事推进会暨新闻通气会，发布了4大类12项医保民生实事项目，包括建立全省统一的基本医疗保险门诊特殊病种制度、建立全省统一的处方流转平台、推进医保零星报销“线下快速办”“网上及时办”、建设“医保便民药店”等。

5. **举行全省第七轮医用耗材集中采购。**7月19日，江苏省医疗保障局在南京组织开展第七轮医用耗材集中带量采购，涉及神经专用弹簧圈、腔镜吻合器、超声刀头、真空采血管等4类医用耗材，此次中选产品规格型号齐全，满足临床使用需求，平均降幅超50%，预计全年节约采购资金约11.5亿元。

6. **扎实做好医保基金飞行检查工作。**8月，根据国家医疗保障局统一部署，江苏省医疗保障局迎接由陕西省医疗保障局等部门组成的飞行检查组，对南京市开展基金飞行检查工作。同时，省内也组织相关专业力量对重点医疗机构进行飞行检查。通过飞检,督促定点医疗机构合理合规使用医保基金,压实定点医疗机构基金使用主体责任,有力维护医保基金安全。

7. **启动2023年"江苏医惠保1号"投保工作。**11月1日,江苏省医保局召开新闻通气会,正式发布2023年保障方案,并同步开通投保登记通道,广大投保群众可通过"江苏医惠保1号"微信公众号进行投保登记。新的年度方案坚持普惠公益,在维持产品整体框架格局和价格不变的前提下,精准优化四重保障责任,并优化医保个人账户购买举措,惠民利民效果不断彰显。

8. **举行全省第三轮药品集中带量采购。**11月25日,江苏省医疗保障局采取网上报价方式开展第三轮药品集中带量采购,39个品种采购成功,主要涉及抗肿瘤、抗感染、哮喘、凝血、消炎镇痛等领域,中选产品平均降幅42%、最大降幅85%,预计全年节约采购资金约7亿元。

## 典型案例

### 案例一:江苏推动医保地方立法

2022年,省医疗保障局高标准推动《江苏省医疗保障条例》(以下简称《条例》)立法工作。《条例》坚持以人民为中心,坚持基本医保应保尽保的全面性,强化医疗救助的兜底性,注重基本医保基金运行的可持续性,提升医保公共服务的便捷性,增强医保监管的刚性,增进医保、医疗、医药发展的协同性,着力维护参保群众权益,为解除全体人民疾病医疗后顾之忧提供坚强法治保障。

**【立法考虑】** 坚持推进医疗保障法治化　江苏省已初步建立起与经济社会发展水平相适应、覆盖城乡各类人群、制度基本健全、待遇水平稳步增长、公共服务持续优化的医疗保障体系。在医保事业发展新阶段,《条例》的实施将推动医疗保障工作高质量发展,确保医保制度改革在法治轨道上稳步推进。

坚持推进医疗保障系统化现代化　当前,医保高质量发展已经进入到系统集成、协同高效的阶段。江苏省参保人数超过8000万,两定机构超过4.5万家,医保基金年收入超2000亿元,支出超1900亿元。通过此次立法,将实践成功的经验做法通过地方立法予以固化,切实把制度优势转化为治理效能,使得医疗保障治理体系、治理能力水平能够满足新时代医保高质量发展新要求、新任务的需要。

**【特色内容】** 推动基本医保全覆盖,让人人享有公平的医疗保障　在巩固拓展现有98.5%基本医保参保率的基础上,持续扩大基本医保覆盖面,推动新业态就业以及其他灵活就业人员参加职工医保,不断优化基本医保参保结构,让更多人享受更高水平的医疗保障。促进新生儿、医疗救助对象参加居民医保,免除待遇享受等待期,不断提升基本医保保障水平。

健全多层次医疗保障体系,提升不同群体医疗保障水平　缩短待遇享受等待期,不断提升基本医保保障水平;健全分层分类医疗救助体系,落实统一的重特大疾病医疗保险和救助制度,不断强化救助兜底保障功能。促进多层次医疗保障有序衔接,支持普惠型商业医疗保险发展,让群众享有普惠性的医保待遇,不断完善有针对性的医保待遇保障政策。

积极应对人口老龄化,全面建立长期护理保险制度　坚持城乡一体、覆盖全民,加快推进长期护理保险制度建设。统一和规范长期护理保险政策,在政策制定、服务供给、标准规范、监督管理、运行机制等方面规范管理,形成适应经济发展水平和老龄化发展趋势的长期护理保险制度体系。

着力提升用药可及性,让医保药品惠及更多参保患者　建立全省统一电子处方流转平台,实现参保人就诊、定点医院开方上传、定点零售药店购药结算等环节互联互通,让参保群众更加方便就诊购药。明确新版国家医保药品目录发布后1个月内,定点医院按需将国家谈判药品纳入采购目录范围,实现应采尽采,让群众用上更多能报销的救命好药新药。

全面提升服务效能,让群众享受更加优质高效医保服务　健全医保公共服务体系,持续推动

"15分钟医保服务圈"示范点建设，为群众提供家门口的医保服务。全面优化异地就医直接结算服务，在落实长期居住人员承诺制、多地备案的基础上，将群众需求量大、普遍开展的门诊慢性病纳入直接结算范围，全面提升医保公共服务水平，满足群众线上线下一体化医保移动支付服务需求。

## 案例二：南京市推动异地就医服务便利快捷

2022年，南京市异地就医联网结算137.35亿元，结算522.05万人次，较2021年结算增长40.68%，南京市积极解决异地就医过程中存在的难点、堵点，为参保群众异地就医提供便利快捷的医保公共服务。

**【主要做法】** 聚焦"急难愁盼"，将完善政策体系作为"先手棋"　一是群众办事从"审批"到"承诺"。实现承诺制备案，因异地安置、长期居住、流动用工等原因申请异地就医备案的群众无须提交任何材料，不用选择定点医院，登记省份或城市信息即可激活当地所有联网医院异地服务，简化流程。二是备案地区从"单选"到"多选"。多地备案政策，打破原来异地就医一城一地的限制，实现"一次备案，多地保障"，备案期间回南京就医不受影响，解除异地就医人群的困扰。三是覆盖人群从"长驻"到"临时"。在保障原有"四类人员"(异地安置、长期居住、长期工作和学习、转外就医)基础上，延伸覆盖临时外出就医人员。四是特殊疾病从"先备案"到"免备案"。实现因抢救等特殊疾病急需异地就医的参保患者可"免备案"结算，为生命开辟"绿色通道"。

确保"应联尽联"，把扩大服务覆盖范围作为"关键点"　一是完成医院药店联网全覆盖。向异地参保群众释放优质丰富的医药资源，增设异地就医联网机构，完成全市医院、社区卫生服务中心和定点零售药店全覆盖目标，联网医药机构总数达到2991家，半年增幅超过400%。二是实现"慢特病"门诊异地结算。实施门诊共济和特殊病种异地"门诊一单制"结算政策，为全市超50万人次提供异地就医服务，异地就医费用破亿元。三是突破"双通道"结算瓶颈。开通抗肿瘤类"双通道"管理"国谈药"在省内异地定点零售药店直接结算服务，实现参保群众可在异地医院、药店直接刷卡结算费用、享受待遇。四是拓展"外院购药"和"外伤就医"结算。持续拓展服务场景，实现异地就医"外院购药"结算，保障符合医保范畴的外伤医疗费用可异地就医联网结算。

坚持"服务为先"，用创新方式破解制约医保服务水平提升的"拦路虎"　一是建成标准优质的服务窗口实现"舒心办"。扎实推动全省医保经办政务服务事项清单落地，落实"一张清单管到底"和综合柜员制，实现市、区、街道、社区服务同质同标。针对"一老一幼"群体，设置"银发专窗"和"爱心岗"，建立帮办代办、容缺受理、预约办理、延时服务、上门服务等创新方式，提高群众获得感。二是打造"口袋里的营业厅"实现"自助办"。通过"网上办""掌上办""邮寄办""传真办"等形式，实现"零跑腿"，推动开展"电话办""QQ办""微信办"。三是部署家门口的服务点实现"就近办"。对照《江苏省"15分钟医保服务圈"三年全覆盖行动计划》，构建市、区、乡镇(街道)、村(社区)四级联动、城乡一体、各具特色的医保公共服务网络，实现全市所有乡镇(街道)"15分钟医保服务圈"全覆盖。引导商业银行、保险公司、医疗机构等社会力量参与医保公共服务，合力展现工作成效。四是衔接"医疗+医保"服务实现"前移办"。通过医院端即可办理转外就医备案和门诊病种准入等医保高频业务事项，实现"只用跑一次"，群众办事便利得到极大提升。

启动异地就医服务引擎，打造"有事@我"异地就医服务机制，由专业工作人员组成团队，聚合联网结算医院、药店以及各地经办机构、信息开发单位的工作人员，提供"7×24"小时在线服务，第一时间响应、分析、定位和协同解决参保人员异地就医结算不畅问题。截至2022年底，"有事@我"服务机制已涵盖医保经办机构、联网医药机构、企事业单位、高校等多种服务单位和群体。

## 案例三：无锡市深化医保服务数字化场景应用

2022年，无锡市按照国家和省医保信息化标准化建设总体部署，积极融入数字无锡建设总体布局，聚焦群众需求度高、体验性好、获得感强的重点项目，积极拓展数字化应用场景，有效提升无锡市“医保+医疗”智能化水平，为参保群众和定点医药机构提供更加便捷、高效、满意的医保服务。

**【主要做法】** 高位推动，系统谋划 无锡市委市政府将“就医体验明显改善”纳入无锡市2022年度数字化转型重点建设场景，将“诊间支付”“先看病后缴费”纳入《无锡市推进数字生活新场景建设三年行动计划（2022—2024年）》。无锡市医保局党组将数字化思维融入医保领域决策全过程，尤其注重发挥数字化转型对推动医保公共服务均等化、普惠化、便捷化的作用，以医保信息化为抓手驱动医保事业高质量发展。

高效落实，夯基垒台 注重夯实信息平台基础，全力推进各项信息平台建设任务，保质保量完成参保征缴功能上线、待遇清单和门诊共济政策落地等重点工作，为各项场景应用建设打下坚实基础。注重深化医保信息业务编码应用，督促定点医药机构落实编码动态维护与结算清单上传等工作，联合卫生健康部门开展医保编码强制校验，持续提升平台数据质量。注重加强信息化人才队伍建设，通过组建跨部门工作专班、选配信息专业名校优生等方式建设数字化转型专业人才队伍。

高频联动，凝聚合力 强化跨部门合作，持续完善协同机制。在参保征缴功能上线过程中，积极协同税务部门推进医税对接，协同行政审批部门推进企业服务，完成上线工作；在医保移动支付建设中，会同卫生健康部门合署办公，对公立医疗机构实施双重考核激励，省内率先实现市属医院全覆盖；在互联网医院打通过程中，协同大数据管理部门、卫生健康部门提前研判疫情形势，组建专班、下沉医院，在疫情防控关键时刻发挥了重要作用。

**【主要成效】** 无锡市始终坚持以省医保信息平台为支撑，以医保电子凭证的身份认证和支付结算能力为关键，充分挖掘信息平台潜能，全方位、多渠道打造医保公共服务体系，实现多项突破。

实现服务事项“网上办”“掌上办” 大力推动医保业务线下转线上，在江苏医保云App、“无锡医保”微信公众号、苏服办App、网上办事大厅等渠道累计上线服务超过40项，医保服务省级事项线上支持率达到100%，线上办理率最高超过90.6%。

大力推进医保移动支付建设 全市17家医院开通医保移动支付，累计结算11731人次，结算金额超170.6万元。

普及互联网医院建设 全市成功建成互联网医院11家，6家互联网医院省内率先实现医保线上结算，满足参保人线上就医、医保支付、送药到家一站式医疗服务。2022年疫情期间，全市互联网医院累计完成挂号5.7万人次，诊疗3.1万人次，药品配送约9000次，互联网医院新冠首诊量位列省内第一。

推动电子处方流转 推动17家医疗机构、310家零售药店实现“国谈药”“双通道”药品的处方流转，会同淮安市完成全省首单异地“双通道”药品直接结算，打通了医疗机构和药店的处方信息壁垒，为满足参保人就近取药、直接结算需求打下坚实基础。

提高百姓就医便捷性 两家三级医院和两家药店全面试用医保业务综合服务终端，成功实现医保刷脸支付，开通新的就医便捷通道，也为“一老一小”无智能手机人群探索了脱卡支付解决新方案。

## 案例四：徐州市沛县探索一级医疗机构“37+1+X”DRG付费

江苏省徐州市沛县在二级以上医疗机构成功实施DRG付费的基础上，综合考虑基层医疗机构实际情况，推出“37+1+X”DRG付费改革方案。2022年在一级医疗机构开展试点，取得了“医、保、患”三方共赢的良好效果，破解了基层医疗机构适应DRG困难大、防范大医院虹吸难的困境。

**【坚持科学标准，精心设计一级医疗机构付费模式】** 病组分组模型化 徐州市选取沛县一级医疗机构2019年至2021年的住院结算数据作为测算样本，排除例次数为5例次及以下的病例以及生育相关病种和精神类疾病后，在2875个病种（诊断）中选取较为普遍、路径明确、执行过程中变异率较小的病种纳入细分病组，其余病种设置综合病组，将一级定点医疗机构DRG病种数量模型化，并确定为“37+1+X”模式。“37”指白内障等37个细分病组，“1”指综合病组，“X”指一级医疗机构将来开展的新技术和新病种。

支付标准精确化 以第一诊断和主要手术确定细分病组病例测算付费标准；其余病例纳入综合病组，打包测算。考虑到药品耗材集采降价、医疗服务项目价格调整等相关改革对医疗费用的影响，每个病种医疗费用按照2021年治疗费用的70%、2020年治疗费用的20%、2019年治疗费用的10%之和作为历史费用，并以该费用的70%和本地单病种价格作为主要参考依据，参考周边省市相关病种的结算标准，对内科病组在参考标准中取低值，对外科病组在相关参考标准中取高值确定支付标准。综合病组支付标准暂设定为每例1500元。

结算办法合理化 采取医保支付标准与个人自付“差额补偿”的办法，医保基金仅支付该病组支付标准等额的费用，超出部分由医疗机构承担。将超过该病组支付标准2倍以上的费用暂定为超高费用，经核实后，按项目付费。实际发生费用在医保支付标准以内的，医保基金按照该病组的支付标准扣除患者自付费用后付费。患者在一次诊疗过程中同时涉及两种及以上病组的，按照定额最高的病组进行结算。对于特殊病例，住院总费用低于医保支付标准70%的病例，按照实际发生费用结算。

**【健全配套机制，内外施策促使医疗机构加强管理】** 建立控费约束机制 按照“奖罚并举、合理超支适当分担”的思路，明确费用增长控制办法，原则上各家一级医疗机构住院医疗总费用较上年度增长率控制在8%以内，年终决算时按下达的总控指标结算。对总费用较上年度增长的部分，按超出比例分段扣减本年度总控指标（最高不超过20%）。同时，对查实属于合理超出总控指标的部分，在按照以上办法扣减后，再分段按比例由统筹基金分担。

完善控费激励措施 医保经办机构根据统筹基金结余情况和考核结果，对住院医疗总费用增长小于5%的医疗机构或出院人次数增长小于5%的医疗机构适当增加当年总控指标，并于当年结算。适当降低自费费用占比，医疗机构在规范操作的同时，尽量使用目录内药品和诊疗项目，努力提升患者实际报销比例，住院费用中自费费用比例不得超过5%，超出部分费用由医疗机构承担。

规范医疗机构诊疗 建立一级医疗机构DRG付费经办系统。收治病例有明确临床路径的，严格纳入临床路径管理，医务人员须规范填写疾病诊断编码、手术操作编码，准确核对入组信息。参保患者出院后15日内再次以同一诊断住院且无合理理由的（急诊、抢救除外），原则上将前一次住院的支付标准减半计算或不予结算。医保经办机构每月开展费用分析，及时发现和通报异常行为。按照“双随机、一公开”要求，定期开展试点机构住院病历抽查，发现违规（违约）行为的，依法依规处理。

创新推行日间病床 结合患者实际情况，选择中医适宜技术治疗、缺血性脑病、高血压、颈肩疾病、呼吸系统感染疾病、腰部疾病6种技术成熟、风险可控、费用稳定、病情达到普通住院标准、且临床认为可以夜间不留院观察治疗的病组，试点一级医疗机构日间病床DRG付费。卫生健康部门负责拟定适宜日间病床收治病组的临床诊疗规范，指导一级医疗机构合理设置日间病床收治病人。

**【试点初具成效，“医、保、患”实现三方共赢】** 试点效果显著 经过试点，徐州市沛县一级医疗机构DRG付费改革初步取得良好效果，实现医疗机构认可、参保群众满意、医保基金平稳运行的三赢局面。据统计，试点前后，徐州市沛县9家定点一级医疗机构总住院人次分别为6663人次、7623人次，环比增幅14.4%。居民医保住院次均费用从4164元下降到3246元，降幅为22%，个人负担从832元下降到640元，降幅为23%；职工医保住院次均费用从4130元下降到2939元，降幅为28.8%，个人负担从608元下降到449元，降幅为26.2%。医保部门病组付费标准挤压了诊疗过程的水分，控制了医疗费用过快增长，“奖罚并举、合理超支适当分担”的办法，调动了医疗机构参与控费的主动性，充分维护基金安全。

## 案例五：常州市推出信用就医服务

为解决患者就医过程中多次缴费操作、因费用不足延误病情救治等问题，常州市医疗保障局在信息化便民服务领域积极探索，创新推动“互联网+”医疗服务医保支付，做好医保支付政策衔接，发挥互联网在提高医疗资源利用效率，引导合理就医秩序方面的作用。开发“信用就医”平台，通过医保部门、医疗机构、金融机构三方合作，开展就医信用无感支付，推动个人信用管理、“互联网+医保”移动支付与医疗健康场景的融合，为就医群众提供“信用+医疗”优质医保服务。截至2022年底，已有3家银行完成和信用就医平台的对接，签约人数6.8万人，全市14家三级医院率先上线“门诊+住院”信用就医服务。

**【搭建一个开放式平台，实现多方共赢】** 整个平台采用开放式架构，医保作为核心节点通过专线对接医院信息系统和金融信贷系统。对银行开放，采用标准化接入模式，有意向参与信用付的银行都可以和平台直接对接；对医院开放，医院可以根据自身发展需要选择合作银行，同时可以根据需求选择扣款时机和跨系统融合深度；对患者开放，就诊前可以在线上自主选择银行签约，审批通过后直接去医院就医。

平台建成后实现了多方共赢目标：对医保方创新参保人员就医和医疗费用支付模式，解决市民看病难问题，提升医保公共服务的能力及水平；对医院方简化就医流程，解决门诊“三长一短”（挂号时间长、候诊时间长、取药时间长、就诊时间短）痛点，改善患者就医服务体验，提升医院运营效率；对金融机构拓展金融普惠产品，开辟全新的数字化获客渠道，提升医疗服务领域竞争优势。

**【开发全场景就医服务，实现就医场景全覆盖】** 在全省范围内首推“门诊+住院”信用就医服务，覆盖两大就医场景，彻底解决参保患者“排队反复跑”问题。一是门诊缴费免排队，挂号、检查、购药等缴费环节采用信用无感支付，完成医保和自费的一次性结算，预计可节省约60%就诊时间；二是住院免押金，办理入院手续时，患者只要授权开通信用就医服务，无须缴纳押金直接入院。办理结算出院时，自费部分可在申请的信用就医额度内直接支付，出院后无须二次返回医院办理结算出院手续，解决参保患者排队反复跑的问题。

**【推出三项便民举措，让服务更有温度】** 覆盖全部人群、支持自费。所有常州市民，无论是参保人员还是自费患者，都可以自主申请“信用就医服务”。授权开通“信用就医”和“无感支付”服务后，诊疗期间发生的个人自付医疗费用可以用信用就医额度来垫付。支持亲情代付、功能适老化，充分考虑了老年人的数字化应用困境。为了让老年人也能享受到城市数字化转型的成果，开通了亲情付功能。子女开通信用就医后，可以绑定家中长辈，将自己的信用就医额度共享给长辈使用。此后，老人在看病时产生的自费部分医疗费用即可从子女的信用就医额度中提款支付，并由子女代为还款。让家中老人也能感受到信用就医的便捷实惠。延长免息期限、还款方便。为了解除患者的后顾之忧，通过和接入银行多次协商，将免息还款期统一延长为60天，并支持微信、支付宝、绑定银行卡多种还款方式，缓解了患者的资金压力。

## 案例六:苏州市稳步推进医疗服务价格改革

2022年以来,苏州市初步建立医疗服务价格动态调整运行新机制,已动态调整100项通用型和复杂型项目价格,稳步推进国家改革试点在苏州落地见效。

**【坚持改革创新,制定出台苏州改革《实施方案》】** 建立五项机制,补齐制度短板 2022年5月,苏州市政府出台《苏州市深化医疗服务价格改革试点实施方案》。以建立医疗服务价格运行新机制为中心任务,明确建立价格宏观管理总量调控机制、医疗服务价格分类形成机制等五项机制,补齐医疗服务价格管理的制度短板。

突出政策导向,支持基层发展 针对基层优质医疗资源供给不足现状,从按医疗机构功能定位定价调整为按医疗机构等级定价,注射、输液、采血等通用型项目探索同城同价格,诊察费、中医辨证论治费等通用项目实行医师同等级同价格,积极引导优质医疗资源向基层流动。

强化三项支撑,夯实管理基础 针对新增医疗服务项目受理周期长、医疗服务定价调价程序复杂等问题,逐步健全新增项目受理机制、完善定价调价程序和加强信息化建设三项改革支撑,夯实医疗服务价格管理基础,提升管理效能。

推进四项配套,形成综合改革效应 坚持系统集成、强化部门联动,建立健全深化公立医院综合改革、加强医疗行业综合监管、完善公立医疗机构政府投入机制和衔接医疗保障制度改革等四项配套政策,切实增强改革的整体性、系统性和协调性。

**【突出顶层设计,全力推进五项机制建设】** 推进五项办法落地 根据国家操作指导手册的整体框架和思路,按照“总量调控、分类管理、动态调整、监测考核”的基本路径,结合苏州实际,将五项机制细化为五个办法。

科学制定调价总量管理办法 以上年度公立医疗机构医疗服务性收入(不含药品、卫生材料收入)为历史基数,综合考虑苏州地区生产总值、居民消费价格指数、医疗机构控费效果、患者跨区域流动、医保基金筹资运行、公立医疗机构运行成本和管理绩效等指标综合确定。

完善两项价格动态调整管理办法 通用型项目按照“简明指标、长周期”的原则,每两年开展一次调价评估,优化启动指标、约束指标和选择调价窗口的规则;按照“聚类、轮动、必要和会商”的原则确定调整项目,以现行价格为基数,以医疗服务项目社会平均成本为基础,以医务人员技术劳务价值为导向,合理制定项目价格。复杂型项目按照“综合指标、短周期”的原则,每年开展调价评估,综合考虑医药费用变化、经济社会及卫生事业发展水平等五个方面,制定价格调整启动熔断指标;按照“发布报价公告、医疗机构报价、无效报价审核、生成平均价格、组织专家论证、遴选调价项目、生成调价方案”的工作流程,在总量范围内进行项目价格调整。

健全价格专项考核办法 围绕加强价格管理、遵守价格政策、落实改革任务、收入结构变化和规范价格行为5个方面科学制定考核指标。采用日常考核和年度考核相结合的方式,强化价格管理考核。考核结果与医疗机构报价政策性加分等相挂钩,加强考核结果运用。

建立价格监测评估管理办法 围绕医疗服务价格改革运行情况,加强对患者费用变化、医疗机构运行情况、医保基金收支情况等方面监测,定期评估医疗服务价格改革成效,及时分析医疗机构费用增长、患者负担和医保基金的承受能力。

**【体现苏州特色,稳步实施价格改革方案】** 平稳推动价格改革 2022年6月,苏州启动首轮调价方案制定工作,依据新的定价规则,进行总量测算,依法开展成本调查、专家论证、公平竞争审查、合法性审查和风险评估。

开展调价评估,测算调价总量 根据相关管理办法开展评估,确定2022年通用型和复杂型项目均符合启动条件,可以启动调价,并测算出增长系数为2.38%,调价总量为4.46亿元,扣除当年省里统一调整的76项复杂型项目所涉及调价金额

2.57亿元，本次苏州市级实际调价总量为1.89亿元。

制定调价方案，进行风险评估　考虑到本市大部分通用型项目已有7年没有调整，价格明显偏低，总量拟优先用于通用型项目价格调整。根据遴选规则，此次共调整医疗服务项目100项，包括13项均质化程度高的通用型项目和87项技术难度大的复杂型项目，预计全年可增加公立医疗机构收入约1.89亿元，增加医保基金支出约2.29亿元，符合本市医保基金承受能力。

加强监测预警，化解价格矛盾　加强医疗服务价格调整后监测预警，密切关注12345、12393、投诉举报等内容。指导公立医疗机构严格落实调价方案，做好收费公示，规范收费行为，加强医疗服务价格调整的政策宣传和解读，及时回应群众关切，合理引导社会预期。密切关注调价对重大疾病患者和特殊困难人群的医药费用影响情况，主动防范控制风险。

## 案例七：淮安市创建医保基金监管“共管联办”模式

淮安市被列为国家医保基金监管方式创新试点市后，市委市政府高度重视、高位推动，医保部门因地制宜，创新监管理念、监管制度、监管方式，在队伍建设、协同监管、联合惩戒、引入第三方等方面取得显著成效，形成可借鉴、可推广的基金监管“淮安模式”。

**【主要做法】**　强化组织领导，明确监管任务　淮安市政府办出台《关于加强医保基金监管方式创新试点工作的意见》《关于推进医疗保障基金监管制度体系改革的实施方案》，市医保局成立创新试点领导小组，明确基金监管具体任务。

强化队伍建设，提升监管能力　设立专门监管机构，成立市医保稽核服务中心，核定事业编制15名，主要承担全市基金稽核、履行协议检查、信息化建设等工作。组建基层监管队伍，建立市—县（区）—镇（街道）—村（社区）四级网格，明确各级网格监管队伍组成及职责；推动家庭医生参与监管，组建1177个家庭医生团队，发挥医保基金“守门人”作用。提升监管能力，举办基金监管等系列培训并组织考试，经常性开展突击检查、交叉检查、专项检查、飞行检查、周末练兵等实战演练，开展知识竞赛、行政执法卷宗评比、监管自查自纠等活动。压实监管责任，制定全市基金监管综合排名指标体系，按月通报县区综合排名，推动县区加强监管。

强化部门联动，形成监管合力　完善联动机制，建立医保工作联席会议制度，完善部门间要情通报、联合检查、线索移交、联合惩戒等机制，联合卫生健康、公安、市场监管等部门出台打击欺诈骗保专项治理等系列文件。实施联动监管，联合卫生健康等多部门开展打击欺诈骗保专项治理，组织跨行业、跨部门专项检查，实施联合惩戒，不断拓展专项整治广度和深度。

强化社会监督，引入多方力量　引入商保机构参与，制定基本医疗保险“共管联办”工作实施方案，财政投入1500余万元，引入商保机构、律师事务所、会计师事务所等第三方机构参与监管。规范商保机构管理，出台“共管联办”考核办法等，明确商保机构职责范围、绩效考核等机制，商保机构人员与医保经办机构人员合署办公、统一管理。实施智能监管，建设全市医保智能监控系统，完善监控规则，加强业务培训，推广使用全省智能监管系统，提升监管效能。鼓励社会监督，聘任医保基金社会监督员，畅通12393等举报渠道，制定举报奖励实施细则、线索处理暂行办法，鼓励全社会参与基金监管。

强化纪检监督，实施联合惩戒　与纪委监委协同监管，建立向纪检监察机关移送问题线索机制，在医保智能监控系统中嵌入“纪委监委监督”模块，对医保基金监管实现分级预警、全程监督、问责处理、通报曝光和提纪检监察建议等。信用联合惩戒，出台医保信用管理试行办法和医保医师管理办法，开展医保信用承诺活动，加强医保医师积分管理，建立守信激励和失信惩戒机制。

强化氛围营造,促进行业自律　广泛开展宣传,每年组织开展医保基金监管集中宣传月活动,全方位、多渠道、多形式宣传医保法规政策。举行知识竞赛,分层次、分类别组织医保部门、两定机构人员参加基金监管知识竞赛,通报表彰获奖者,颁发荣誉证书。组织业务培训,实现系统内监管人员、经办机构相关人员、两定机构分管领导和医保负责人培训全覆盖。开展警示教育,联合派驻纪检组召开全市医保警示教育会议,学习基金监管相关文件,通报欺诈骗保典型案例。开展自查自纠,制定医疗机构常见问题清单,印发工作方案,每年组织全市定点医疗机构开展自查自纠,并组织抽查复查。

**【主要成效】**　医保基金安全性明显提高　2022年,共计拒付、追回、处理违规金额1.07亿元,解除医保服务协议6家,暂停医保服务协议193家次,移交司法和纪检机关75例,媒体公开曝光案例964例,医药服务行为明显规范。

基金监管制度体系不断完善　先后出台举报奖励实施细则、举报线索处理暂行办法、医保信用管理试行办法、医保医师管理办法(试行)、定点零售药店药械进销存管理、挂床住院违规行为认定、行政执法"三项制度"、重大行政决策合法性审查、行刑衔接和行纪衔接等医保基金监管政策文件,监管制度体系不断完善。

医保基金监管能力大幅提升　完善学习制度,开展医保基金监管系列培训、知识竞赛、学习交流,通过实战演练、专项检查等方式检验学习成果;开展监管稽核自查自纠,规范监管稽核行为;开展医保行政执法卷宗评比活动,提升依法行政水平。

## 案例八:盐城市推进经办管理服务改革

盐城市医保部门认真落实国家和省医保局部署安排,积极探索基金管理、业务优化、服务提升等各项工作。

**【立足基金效率精打细算,守牢保障"钱袋子"】**　加强源头治理,用好模型精算。邀请复旦大学数学院专家团队,从医疗服务的供给方(医疗机构)和需求方(参保人员)两个角度设计供给方模型和需求方模型分别开展精算,结合医疗机构服务量、费用结构和增幅、同期同级医疗机构平均医疗费用水平、参保人员满意度评价等定量数据和卫生服务供给量、潜在卫生资源、临床科研水平等变量数据,通过精算模型确定全市总额预算标准。

实施"扩面征缴三年提升行动计划",加强与人社、公安、市场监管等部门对接,实现就业登记、企业职工退休、军人退役等"一件事一次办";协同卫生健康、教育、民政等部门深入推进新生儿、外来务工人员、高校学生、各类医疗救助对象参保全覆盖;通过部门数据比对和网格员兜底收集,修改、新增数据库中247.11万参保群众联系方式,有效提高数据精准性。

深入推进按疾病诊断相关分组(DRG)付费改革,建立健全总额控制下按DRG、按病种、按床日付费等多元复合式医保支付方式。全市一级以上医疗机构住院费用纳入DRG付费,708个日间手术项目按DRG付费管理,精神类、康复类病例实行按床日付费,住院次均医疗费用实现同比、环比"双降",有效提高了基金使用效率。实施《盐城市基本医疗保险参保人员医疗费用手工(零星)报销统一经办管理办法》,从经办管理、执行口径深入推进全市零星报销业务标准化,有效减少制度执行的自由裁量空间。

联合公安、卫生健康、民政等部门,建立交通事故、外伤警情、死亡人员数据信息比对机制,运用智能监控平台筛查可疑数据10.5万条,查处432件。采取市级飞行检查、突击检查、交叉检查等方式检查定点医药机构2783家次,查实违法违规使用医保基金7257.12万元。坚持依法行政,完善执法流程,推进全员执法,盐城医疗保障基金监管行政执法案例被国家医保局基金监管司评为全国优秀案例。开展"织密基金监管网 共筑医保防护线"主题宣传,组织医保医师开展集体承诺,通报违法违规使用医保基金及欺诈骗保典型案例709

件，提高基金审监稽查的威慑力。

**【紧扣管理效能精耕细作，夯实经办“基本功”】** 加强内部治理，锤炼人员队伍，强化业务能力，提升群众体验幸福感。

探索推进市区医保经办机构垂直管理体制改革，整合市区医保经办机构，市中心下属3个直属单位、2个派出机构负责5区的经办工作。完善全市统一的经办机构内部治理结构，业务层面推动申报登记、总额管理、基金结算、审监稽查链式经办体系；市区两级联动理顺财务、结算、医管、稽核协同机制；服务层面形成党建、综合、人事、信息、群团等工作与业务工作交叉服务体系，实现业务能力集成提升。

两定管理更精细。统一两定准入评估，实现两定准入一门受理、全市互认。根据国家、省、市文件精神，适时修订完善服务协议文本，全市统一执行，实现服务管理、稽核稽查、违约处理全市一个标准，综合运用日常稽查、绩效评价、群众满意度调查等方式开展两定机构服务效能综合评估，挂钩年度考核，促进医保定点单位提高服务质量。

作为国家跨省异地就医费用直接结算试点，长三角异地就医门诊费用直接结算试点、门诊慢特病相关治疗费用跨省直接结算国家试点，盐城市积极简化程序，将异地转诊手续前移至医院端，异地就医备案手续前移至网络端，提供有效身份证件、异地居住证明、异地工作证明等材料或通过“承诺备案”即可办理，实现即备即批。实行双向放开，参保人在参保地和居住地均可双向享受直接结算服务，方便“候鸟人群”就近就医，异地就医门诊费用直接结算率持续提升。扩大联网范围，实现与全国所有省份所有统筹区互联互通、就医购药费用直接结算。

在江苏省首批上线国家医疗保障信息平台，探索改造优化“双通道”购药、“业务财务一体化”“医保网上药店”等程序，高标准推进医保信息业务编码贯标工作，提高信息管理的规范性和服务的便捷性。

**【着力基础建设精细谋划，构筑医保“服务圈”】** 加强基层治理，推进服务下沉，打造经办集群，提升服务可及性。

认真贯彻国家《医疗保障经办大厅设置与服务规范（试行）》等文件精神，深入推进“15分钟医保服务圈”建设。高标准建设经办网点，坚持全市一盘棋、各县塑特色，建成省级示范点23个，示范县2个，实现“15分钟医保服务圈”全域覆盖；高要求打造经办网格，综合运用社会治理网格化平台，推进基层网格员队伍和经办服务相融合，打造医保政策“讲解员”、参保扩面“宣传员”、纾困解忧“服务员”、社情民意“邮递员”“四员”经办队伍；高质量织密保障网络，建立覆盖参保扩面、两定管理、困难保障、重点待遇等多维度基础信息台账，延伸基层服务。

编印《盐城市医疗保险经办业务标准化手册》，坚持全市“一张清单管到底”，严格按规定收取材料、按要求办结事项、按标准开展服务，将清单执行情况纳入历次行风评价重点内容，以检查促规范。推动代办服务、上门服务常态化，实现经办触角向下扎根、服务水平向上攀升。

建立覆盖参保扩面、两定管理、困难保障、重点待遇等多维度基础信息台账，实现个人和单位参保登记、参保信息变更、参保单位缴费基数申报等10大类29项高频经办服务事项“全市通办”，线下各级经办网点均可受理相关业务。在全省率先建成“盐城医保网上服务大厅”，开通网上、掌上办理渠道，参保人可随心选择盐城医保局官网、江苏医保云App、“盐城医保”微信公众号等多个受理渠道，均可享受便捷的医保服务。

## 案例九：扬州市筑牢医疗救助托底屏障

扬州市医保局坚持以人民为中心，坚持应保尽保、保障基本，强化基本医保、大病保险、医疗救助（以下统称三重制度）综合保障，筑牢医疗救助托底屏障。

**【确保困难群众应保尽保】** 2022年度，扬州市落实城乡居民基本医保参保财政补助政策，资助参保104895人，缴费由各级财政全额资助，资助参保资金4450万元。对个人缴费确有困难的群众，分类资助参保。一是对特困人员、最低生活保障对象、困境儿童、符合条件享受国家抚恤补助的优抚对象等人员，全额资助参保。二是对低保边缘家庭成员、支出型困难家庭中的大重病患者等人员，按照不低于本市当期个人缴费标准的80%，定额资助参保。三是对未参保的新增救助对象，及时资助参保，并免除待遇等待期。在参保机会上给予困难群体全覆盖，确保不漏一户、不落一人，切实免除困难群体参加基本医疗保险的缴费负担。

**【落实三重制度互补衔接】** 发挥基本医保主体保障功能，严格执行基本医保支付范围和标准，实施公平适度保障；增强大病保险减负功能，对救助对象实施大病保险倾斜支付政策，相较普通参保患者，救助对象大病保险起付标准降低50%、各报销段报销比例提高5个百分点，困难群体跑腿垫资压力有效减轻；夯实医疗救助托底保障功能，按照“先保险后救助”的原则，对基本医保、大病保险等支付后个人医疗费用负担仍然较重的救助对象按规定实施救助，合力防范因病致贫返贫风险，确保救助到位。2022年全市各类困难群体医疗救助支出8516万元，其中门诊救助支出1528万元，住院救助支出6988万元，低收入人口医疗负担切实减轻。

**【提升基金救助服务水平】** 开发一站结算救助系统，对重点医疗救助对象、低收入人口等困难群体发生的医疗费用，涉及救助部分，简化申请、审核、救助金给付流程，依托医疗保险信息平台予以“一站式”实时结算。强化救助对象就医行为引导，推行基层首诊，规范转诊，促进合理就医，按照安全有效、经济适宜、救助基本的原则，引导救助对象和定点医疗机构优先选择纳入基本医保支付范围的药品、医用耗材和诊疗项目，严控不合理费用支出。对经基层首诊转诊的救助对象在市域范围内定点医疗机构住院实行“先诊疗后付费”，全面免除其住院押金。提高异地救助对象服务水平。做好异地安置和异地转诊救助对象登记备案、就医结算，对异地安置和按规定转诊救助对象，按本市救助标准执行，未按规定转诊的救助对象，降低15个百分点比例予以救助。

**【汇聚救助托底多方合力】** 建立慈善参与激励机制，落实相应税收优惠、费用减免等政策，鼓励慈善组织和其他社会组织设立大病救助项目，发挥补充救助作用。如扬州市江都区民营医疗机构洪泉医院设立慈善基金，在该医院就医的低收入农户，其剩余政策范围内（10%以内）医疗费用，由慈善基金给予全额补助。城乡居民困难人员大病补充保险参保费由区财政全额资助（每人40元/年），2022年度大病补充保险资助参保约100万元。鼓励建立个性化救助机制，仪征市医保局建立因病支出型贫困家庭医疗救助机制，形成与医疗保险相互衔接、错位帮扶模式，进一步增强对困难群体的帮扶力度和精准度。

## 案例十：宿迁市开展DIP支付方式改革

宿迁市自实施DIP支付方式改革以来，在降低参保人员医疗费用负担、降低医疗总费用、提升医疗机构医疗服务能力、医保基金使用效能等方面取得实效。

**【主要做法】** *优化两个工作机构，保障改革高位推动* 一是优化组织机构。调整优化组织架构，成立DIP改革领导小组，对2022年度DIP改革16项重点任务实行清单管理，明确责任人和完成时限。二是加强部门协作。就目录库调整、门诊支付方式改革试点、支持中医药传承创新发展等事项定期与卫健、财政等相关部门进行论证研讨。

*实现三个全面覆盖，保障改革统筹推进* 一是实现医疗机构全面覆盖。全市所有定点医疗机构均纳入改革范围，实行统一结算办法、结算流程、协议管理和考核监督，覆盖全市242家定点医疗机构。二是实现病种全面覆盖。对目录病种进行优化调整，目录病种4406个，其中核心病种3801个、综合病种528个、床日病种77个。2022年出院病例82.43万例，DIP付费病例75.82万例，覆盖率91.99%。未入组病例依据按项目付费标

准或项目付费标准的90%,换算成分值,并入基金结算。三是实现医保基金全面覆盖。2022年,全市本地住院基金支出30.11亿元,均为DIP结算支付,实现全覆盖。

建立健全四个工作机制,保障改革顺利实施　一是建立核心要素管理与调整机制。宿迁市医保局出台《宿迁市按病种分值(DIP)协商谈判工作方案》,明确协商谈判程序。2022年DIP病种目录库比上年调增545个病种,修订49个调节系数,核心要素更贴近临床实际。二是健全绩效管理与运行监测机制。出台DIP考核管理办法,考核结果与年终清算挂钩;建立"结余留用、合理补偿"激励约束机制,年度清算时采取按项目费用与病种分值费用比较的办法确定付费标准。三是建立评价与争议处理机制。成立按病种分值付费评审委员会,建立由相关领域130名专家组成的DIP改革专家库;宿迁市医保局印发《按病种分值付费特例单议经办管理规程》,通过特例单议合理补偿医院特殊情况下发生的医疗费用。2022年,评审特例单议病例2865份,特例单议申诉病例14份,评审通过2600份。四是完善改革协同推进机制。规范总额预算流程,出台统一编制规则和程序,编制总额预算方案;探索开展门诊支付方式改革试点,优化康复类、精神类病种转化分值规则;出台《医保支持中医药传承创新发展实施方案》,遴选21种中医优势病种纳入DIP病种目录;实行双通道管理的"国谈药"单独支付;落实集采药品医保资金结余留用政策,2022年共拨付结余留用资金499.88万元。

**【主要成效】**　医保基金和医疗机构运行良好　一是医疗总费用下降。2022年,全市本地住院医疗费用57.4亿元,同比下降3.14%。二是医疗机构医疗服务能力有所提高。2022年三、四级手术占比由6.43%提高到7.13%,药占比从35.01%下降到33.53%,耗占比从17.24%下降到17.14%,三级医疗机构CMI值从1.506上升到1.511。三是参保人员医疗费用负担降低。次均住院天数从9.46天下降到8.81天,同比下降6.9%。个人次均住院负担从2133.08元下降到2012.99元,同比下降5.63%。四是基金效能有所提升。2022年,本地住院次均费用从7299.94元下降到7033.12元,同比下降5.6%,基层病种在基层医疗机构占比60%,医疗机构收治病例更加符合功能定位。

协同开展门诊支付方式改革试点　住院支付方式改革后,出现住院费用向门诊转移的趋势。2022年,本地门诊同比增长14.32%,部分医疗机构门诊支出占比提升明显。宿迁市积极探索门诊支付方式改革,推动门诊与住院付费方式改革相衔接,形成管理闭环。一是确定门诊支付方式基础框架。宿迁市医保局、卫生健康委、财政局等3部门印发《基本医疗保险门诊按人头结合APG付费试点实施方案》,在泗阳县、宿豫区开展试点,条件成熟后再向全市推广。已形成一级医疗机构按人头包干付费和按APG付费相结合,二、三级医疗机构按APG付费,一级以下医疗机构、零售药店按项目付费的基础逻辑。二是完成分类人头包干费测算及APG付费分组。将人员按年龄、健康状况等因素分为6大类644组,测算出人头包干分值。APG病例分为手术操作、内科服务、辅助服务等三类,资源消耗程度相近的门诊病例成组,形成996个病组,其中手术操作组126个、内科组820个、辅助组50个。

探索建立区域总额预算和医疗机构总额管理相互校验机制　2022年,运用复旦大学"供需关系和多因素"数学模型,通过医疗机构门急诊住院服务量、服务结构、医疗费用组成、医护配备等46项指标,测算医院医保总额指标。在与医疗机构协商后,下达各医疗机构,作为对医院合理发展的引导目标。按月比对控制指标与DIP月度预结算金额、项目付费金额,对DIP月度预结算金额、项目付费金额明显高于控制指标的医院进行提醒约谈。通过强化过程管理,确保医保基金支出总额可控。从实际效果看,2022年,全市定点医疗机构基金偿付率差距较2021年将逐步缩小,基金偿付率在80%以下的医疗机构仅有4家。

# 浙江省

## 工作综述

2022年，浙江省医疗保障局统筹新冠疫情防控和医保改革发展，加快建立和完善医保制度体系，深化重点领域改革，人民群众获得感、幸福感、安全感进一步提升。全省基本医疗保险参保5577.22万人，其中职工2855.84万人、城乡居民2721.38万人，户籍参保率99.69%。职工基本医疗保险（含生育保险）基金收入1657.79亿元，支出1198.31亿元，累计结存3070.94亿元，统筹基金可支付32.0个月。城乡居民基本医疗保险基金收入498.25亿元，支出466.25亿元，累计结存292.95亿元，统筹基金可支付7.5个月。全省医保收支预算执行基本平稳。城乡居民基本医疗保险人均筹资1633元，其中个人缴纳559元、财政补助1074元。全年全省医保定点医药机构25390个，其中定点医疗机构10809个（民营医疗机构5234个），定点零售药店14581个。

**【医保助力疫情防控】** 开展助企纾困行动，对中小微企业实施医保费缓缴免申即达，缓缴3个月企业职工基本医疗保险单位缴费，惠及167万户参保单位，缓缴178.78亿元。推出药械采购“订单贷”服务，着力解决中小微医药企业融资难、融资贵、融资慢问题，上线9家银行13个信贷产品，全年232家企业获得银行授信，实际用信15.47亿元。及时将一批新冠病毒感染治疗药物临时纳入医保支付，将二级及以下医疗机构治疗新冠的门急诊费用报销比例提高到不低于75%，有效减轻患者负担。高质量完成全省60周岁以上老年人“防疫包”筹资工作。为适应新型病毒疫情防控形势变化，先后3次调整新冠病毒相关检测项目价格，核酸单检从40元降至16元，混合检测从10元降至4元，抗原检测从5元降至2元。

**【医疗保障制度体系建设】** *做实基本医疗保险市级统筹* 1月1日起，根据浙江省《关于全面做实基本医疗保险市级统筹的指导意见》，全省各设区市实施基本政策、待遇标准、基金收支、经办服务、定点管理、信息系统等“六统一”的基本医疗保险市级统筹制度，实现设区市范围内筹资责权对等、待遇享受公平、经办服务无差别的高质量医疗保障。全省市域范围内实现基金统收统支，基本医保统筹区由原先职工医保64个、城乡居民医保66个缩减至职工和城乡统一为12个。在此基础上，省医疗保障局开展市级统筹量化指标体系研究，形成了市级统筹评估方案，为省级统筹奠定基础。

*完善大病保险制度* 各设区市严格按照《浙江省巩固拓展医疗保障脱贫攻坚成果促进共同富裕有效衔接乡村振兴战略实施意见》关于大病保险政策的相关要求，完善大病保险政策，适当提高困难群众保障服务水平。参保人员发生的慢性病、特殊病种门诊费用中，政策范围内个人负担部分，纳入大病保险支付范围。2022年，全省城乡居民大病保险享受待遇人数20万人，享受待遇人次269万人次，大病保险赔付28.77亿元，大幅度减轻了重特大疾病患者的就医负担。

*完善生育保险政策* 5月13日，省医疗保障局、省财政厅联合出台《关于助力“浙有善育”促进优生优育工作的通知》，明确参加职工基本医疗保险的灵活就业人员同步参加生育保险，统一生育保险医疗费用支付方式、生育保险待遇等待期，将分娩镇痛、早孕期胎儿结构超声筛查、胎儿系统彩色多普勒超声检查等诊疗项目纳入基本医疗保险支付范围，扩大生育保险覆盖面，提升儿童医疗保障待遇，优化医保生育服务能力。在解决出生缺陷儿童信访个案诉求的基础上，省医疗保障局会

同相关部门起草《出生缺陷儿童全生命周期医疗服务保障工作实施意见(审议稿)》,积极探索构建出生缺陷儿童全生命周期医疗服务保障长效机制,合力提升出生缺陷儿童保障水平。

完善商业补充医疗保险制度　省医疗保障局与省财政厅、银保监局、税务局联合印发《深化浙江省惠民型商业补充医疗保险改革的指导意见》,推动社会保险与商业保险协调发展,进一步完善多层次可持续的医疗保障体系。全省11个设区市均推出与当地经济社会发展水平相适应的“浙里惠民保”制度,实现省域全覆盖。“推进惠民型商业补充医疗保险 着力织密多层次医疗保障网”入选浙江省高质量发展建设共同富裕示范区最佳实践(第一批)名单、获浙江省改革突破奖银奖、获评数字社会系统最优理论。2022年全省“浙里惠民保”投保人数2969万人,投保率53%,续保率81%。

推进长期护理保险试点　省医疗保障局、省财政厅联合印发《关于深化长期护理保险制度试点的指导意见》,积极应对人口老龄化,加快健全社会保障体系,统筹推进深化长期护理保险制度试点工作。在全国率先出台《失能等级评估规范》《护理服务供给规范》等2个长护险省级地方标准,逐步建立全省统一的长护险标准体系。2022年,长期护理保险参保人数达1660.31万人。

完善医疗救助工作机制　增强“共富型”政策供给,巩固拓展医保脱贫攻坚成果同乡村振兴有效衔接,织密困难群众医疗保障网,落实对医疗救助对象的医保倾斜帮扶举措,完善救助工作机制,实现医疗救助政策落实率100%和符合条件的困难群众资助参保率100%。2022年全省困难群众资助参保100.51万人,资助参保资金6.37亿元;医疗救助困难群众1402.24万人次,支出医疗救助资金16.09亿元。

完善防范因病致贫因病返贫工作机制　省人民政府办公厅印发《浙江省构建因病致贫返贫防范长效机制实施方案(2022—2025年)》,健全困难人员主动发现、精准识别、梯次减负、保障兜底等机制,打造多跨协同应用场景。引导社会力量共建医保暖心无忧专项基金,通过梯次减负、层层化解医疗费用负担,基本实现“增量动态帮扶,存量持续减少”的目标。开发“医保大脑”平台,上线“浙里病贫共济”场景应用,高效识别高额医疗费用人员并开展精准帮扶。在降低困难群众就医成本,提高困难群众医疗费用综合保障水平方面取得明显成效。

开展职工医保门诊共济改革　以省政府办公厅名义出台《关于进一步健全职工基本医疗保险门诊共济保障机制的实施意见》,坚持保障基本、平稳过渡、协同联动、因地制宜原则,加快医疗保障重点领域和关键环节改革,健全门诊共济保障机制,同时指导各地摸清底数、做好政策解读,稳慎推进个人账户改革。

**【药品支付和管理】**　执行国家药品目录　1月1日起,浙江省执行《国家基本医疗保险、工伤保险和生育保险药品目录(2021年)》,国家医保药品目录调整中被调出的药品同步调出省基金支付范围。

完善国谈药品“双通道”管理　1月1日起,将275个国谈药品全部纳入“双通道”管理,在定点医疗机构和零售药店施行统一支付政策。

完善医保药品支付标准　3月24日,省医疗保障局印发《关于开展医保药品支付标准试点工作的通知》,将20个药品纳入省支付标准试点范围。4月1日,制定13483个医保药品支付标准,全年累计为参保患者减负约5亿元。

消化省增补药品　6月23日,省医疗保障局、省人力资源和社会保障厅印发《关于做好全省基本医疗保险、工伤保险和生育保险增补药品消化工作的通知》,自12月31日起,原浙江省增补药品全部调出基本医疗保险、工伤保险和生育保险基金支付范围。

**【深入推进支付方式改革】**　浙江省持续推进住院DRG支付方式改革,强化总额预算刚性管理,落实“结余留用、超支分担”激励约束机制。支持临床新技术应用和检查检验结果互认共享,2022年“浙医互认”平台累计互认检查检验结果

1820万项次。提高儿童、80岁以上老年人及无痛分娩项目支付标准，扶持相关弱势学科发展。创新智能监管应用场景，杭州市上线“病案校验”“病案智能审核”“病案在线交叉专家评审”三大信息管理应用场景，金华市建成全省首个“全民安心医保城市综合管理平台1.0版”。研究门诊支付方式改革全省扩大试点工作方案。

**【支持中医药传承创新】** 1月1日起，《浙江省医疗保障局关于支持中医药传承创新发展的实施意见》正式施行，设立中医门诊辨证论治费并纳入基本医疗保险支付范围。落实国家规定的中药饮片加成政策，2022年全省中药饮片帖均费用下降近40%。围绕“中治率”，出台中医医疗机构政策激励机制。12月26日，省医疗保障局、财政厅、卫生健康委员会、中医药管理局印发《关于完善中医药医保支付政策的通知》，建立中药饮片门诊总额预算管理下的“结余留用、超支分担”激励约束机制，全面推行住院DRG支付中医激励政策。

**【完善诊疗项目管理】** 12月6日，省医疗保障局印发《关于完善居家医疗服务价格和医保支付政策的通知》，统一全省家庭病床支付政策，明确将“家庭病床建床费”“上门服务费”及病情需要使用符合医保支付范围的医疗费用纳入基本医疗保险支付范围，推动医保支付向居家医疗服务延伸，满足老年人居家医疗服务需求。

**【深化医疗服务价格改革】** 3月1日，省医疗保障局出台《浙江省医疗保障局关于建立医疗服务价格重要事项报告制度的通知》，明确报告内容、报告程序和报告时限，规范医疗服务价格管理。聚焦“浙有善育”“浙里康养”等重大决策部署，调整完善椎管内麻醉、ICU单元治疗、居家医疗服务等71项医疗服务价格。在全省范围内开展口腔种植收费和医疗服务价格调查登记工作。稳步推进基层医疗服务价格改革试点工作，指导绍兴、湖州实施基层医疗服务价格改革工作。

**【推进药械带量采购改革】** *开展集中带量采购* 1月5日，公布省级第二批17种药品集采中选结果，中选药品平均降幅47%。持续做好国家药品医用耗材集中带量采购中选结果落地执行工作，2022年累计执行国家集采药品7批294种，医用耗材2批2类的中选结果。与上海、安徽联盟开展国家集采药品第一、第三批接续工作，并执行中选结果。成立省际联盟领导小组，牵头开展医用耗材冠脉导引导管、导引导丝省际联盟集采工作，实现心内产品全覆盖，导引导管平均降幅45%，导引导丝平均降幅40%。开展省级第三批药品集中带量采购，涉及20个品种，平均降幅48%。

*完善药械采购平台功能* 8月15日，实现“智慧医保”招采管理子系统全面上线。920多家医疗卫生机构在“智慧医保”药品和医用耗材招采管理子系统参与交易，在线交易（注册）企业中药品企业2500多家、医用耗材企业6600多家。药品采购平台基础库产品7.7万个，交易产品1.9万个，采购订单1400万份，采购金额658亿元，结算金额639亿元；医用耗材采购平台交易产品14.2万个，采购订单596万份，采购金额332亿元，结算金额301亿元。开展短缺药品、治疗用生物制品、通过质量和疗效一致性评价药品等九类药品挂网工作，全年新增挂网产品2829个，暂停长期无交易产品1674个。开展医用耗材第二批普外科、神经外科等十大类集中采购动态调整工作，新增挂网产品1.4万个。开展医用耗材自行采购、阳光采购工作，分别新增挂网产品1789个、14639个。全力保障疫情防控相关产品挂网采购，将部分疫情防控药品纳入临时短缺药品目录管理，开放新冠病毒抗原检测试剂紧急挂网绿色通道，新增挂网133个产品。参加广东省新冠试剂及耗材集采联盟，上线2284个中选产品。

*实行医药企业信用评价机制* 开展医药企业信用评价工作，新增2173家企业提交守信承诺，3562个产品恢复在线交易，开展案源信息调查、信用评级等工作，确认13家企业存在失信行为，其中5家企业已完成信用修复。

*开展药品供应与价格监测* 全年核查价格与供应异常变动产品信息共845条，并根据短缺原因分级分类处置，按要求督促企业保供稳价。完

成2022年第一、第二、第三季度等6份省级医药价格指数MPPI编制与报送，与2018年本省药品价格水平比较，呈逐年下降趋势，综合指数降低近11%。

**【加强医保基金监管】** 打击欺诈骗保 2022年，全省各级医疗保障部门以专项整治行动为抓手，深入推进打击欺诈骗保工作，持续加大医保领域监管力度。4月，省医疗保障局联合省公安厅、省卫生健康委印发《关于进一步加强打击诈骗医保基金专项整治行动的通知》，以打击“假病人、假病情、假票据”等违法犯罪行为为重点，严查严办各类欺诈骗保案件，压紧压实属地责任。通过强化日常监管、组织定点医药机构规范使用医保基金自查自纠、开展全省飞行检查、配合国家医疗保障局飞行检查、部门联合“双随机、一公开”检查等，持续巩固打击欺诈骗保高压态势。4月，开展基金监管集中宣传月活动，全省召开新闻发布会或媒体通气会30场次，政策解读培训会1551场次，移动电视、广播、短信、大屏等宣传534.5万次。

推进医保信用体系建设 全面推进医保医师、定点医疗机构、定点零售药店医保信用体系建设，完成三类主体全覆盖初评价，“温州医保信用数字监管”案例荣获2022年度信用数字化改革应用场景十大示范案例。5月，省医疗保障局制定出台《浙江省医疗保障社会监督员制度》，鼓励社会力量参与医保基金监管，全省共聘请党代表、人大代表、政协委员、新闻媒体记者、公益人士等社会监督员1400余人，常态化对定点医药机构和医保业务经办开展明查暗访。

医保行业自律示范点建设 11月，在绍兴召开全省县域医共体医保行业自律现场会，总结宁波鄞州、湖州德清、嘉兴海宁、绍兴柯桥、金华义乌等地医共体行业自律示范点建设经验，推动构建行业自律管理体系，进一步压实医疗机构主体责任。

医保基金举报线索处理和个人信息授权查询使用国家试点 为全国医保基金监管工作提供可复制可推广的浙江经验。据统计，2022年全省现场检查定点医药机构23784家次，处理5421家，查处参保人员3429人，共计追回违法违规资金7.63亿元，公开曝光2956例，医保基金运行环境得到有效净化。

基金绩效评价 2月，省医疗保障局组织省内各地开展城乡居民转移支付绩效自评，引导各地加强资金使用绩效。6月，开展2021年全省基本医疗保险基金绩效自评，宁波、湖州、杭州、台州、舟山、金华等6个市综合评估结果优秀。完成上年度补助资金相关重复参保检查比对，筛查全省重复参保信息31844人，较前一年减少12905人。做好城乡居民基本医保补助资金预算，确保城乡居民基本医保财政补助省定标准增加30元。做好国家医疗保障局转移支付绩效评价组实地复评，评估结果为优秀。

**【提升医保公共服务水平】** 打造省内医保关系“免申即转” 9月，浙江省依托国家医保信息平台，重塑医保关系转移接续流程，打造省内医保关系转移接续“智能识别—主动推送—精准反馈”“免申即转”新模式，实现省内医保关系转移接续“免申请”“智能办”“秒到账”。全年累计完成11个地市76.45万人次医保关系转移接续全程网办（其中跨省转移接续4.26万人次），省内办结率100%，跨省办结率97.73%，平均办结时限1个工作日。

不断推进“跨省通办”服务事项 浙江作为加快推进政务服务“跨省通办”和生育保险待遇核定与支付“跨省通办”工作国家级试点，将智慧医保网厅中单位和个人生育保险待遇在线申领功能打通，参保人以“浙里办”App中的“浙里医保”为入口，从政务服务网端、“浙里办”掌端申请，到国家医保信息平台各级医保经办机构受理、初审、复核、办结及评价的全链路全流程业务经办，提前7个月实现生育保险待遇核定与支付“全程网办”“跨省通办”，为建设人民满意的服务型政府提供有力保障。全省累计受理各类生育保险待遇核准支付24.04万人次，办结23.68万人次，平均办结时限约6~8个工作日，办结率99.45%。

深入推进异地就医直接结算 持续深化异地

就医直接结算改革，推行备案“承诺制”“容缺后补制”，实现所有统筹区依托国家医保服务平台快速备案或自助备案服务。4月，省医保中心印发《浙江省医药机构医保异地定点经办流程》，进一步规范和简化接入异地定点流程。1—12月新增异地定点医疗机构1547家，累计已达4813家，全省定点医疗机构异地开通率45.8%。提前完成门诊慢特病跨省结算和统筹区联网结算等国家考核任务。2022年，省内异地就医直接结算2893万人次、发生医疗费用192亿元；浙江省人员在外省异地直接结算237万人次、发生医疗费用55亿元，外省参保人员在浙江省异地就医直接结算385万人次、发生医疗费用61亿元。

**【推进医保数字化改革】** 医保信息化标准化建设　省医疗保障局关闭全省各级医保部门54套业务系统，贯通一套医保编码标准、规范医保数据要素、统一医保经办服务流程，归集参保征缴、报销结算、药械采购、基金监管等全量业务。3月7日，浙江“智慧医保”系统全省域正式上线，形成国家、省、市、县、乡、村六级贯通。在国家统一部署的14套子系统基础上，增设“云上医院”“云上药店”及“一体化运维子系统”，集成1757项功能点，形成“14+2+1”总体框架，实现全省医保报销结算“一张网”和医保业务跨系统、跨层级、跨部门的“一网通办”。夯实云网基础，建设“两地三中心”双活架构，部署具有专属设备、专属网络、专属安全、专属PaaS的医保专区云资源平台；提升安全保障，成立网络安全和信息化领导小组，印发《浙江省医疗保障局网络与信息安全责任落实规范》，制定《浙江省医疗保障数据安全管理办法》等13项制度。9月30日，浙江“智慧医保”系统通过国家医疗保障局验收。2022年，全省共结算10亿人次，日均结算量257万人次，系统稳定运行，结算响应时间小于0.4秒，为全省5600万参保人、270万家参保单位、2.7万家定点医药机构、31个省（市、区）28.9万家异地定点医药机构等提供一站式医保服务。

建设“医保大脑”平台　依托“智慧医保”系统，全面归集1459亿条数据、180万条政策规范、33万条审核规则、37653条疾病诊断信息，形成5大类4层级数据资源体系，强化政策规范、审核规则、疾病诊断信息等数据资源整合，基本建成算法中心、模型中心等7个子中心，形成以数据计算分析、知识集成应用、逻辑推理判断为核心的“医保大脑”能力体系，被浙江省委改革办评为2022年度浙江数字化改革“最强大脑”。

推进“浙里医保”集成应用建设　推动“浙里病贫共济”“浙里惠民保”等7大应用建设，服务端统一集成于“浙里医保”应用，2022年注册人数达2185.8万人，累计访问2.63亿人次，应用好评率99.8%，被浙江省发展改革委评为数字社会系统2022年度“最佳应用”。实现286万慢性病患者自动备案、“一件事”联办113.4万件，构建“互联网+医保”应用，打造“患者在线就医、药品线下配送、医保线上支付”的就医购药新模式。

## 重要活动

1. **省医疗保障工作会议召开。**1月27日，全省医疗保障工作会议在杭州召开，会议全面总结2021年全省医疗保障工作，分析研判医疗保障事业当前面临形势，安排部署2022年医疗保障工作任务。省医疗保障局主要负责同志传达全国医保工作会议精神并作工作报告。

2. **省“智慧医保”系统全面上线运行。**3月7日，全省巩固基本医保市级统筹暨“智慧医保”全面上线工作座谈会在绍兴召开，标志着浙江省“智慧医保”系统正式在全省域上线运行，全面融入全国医保信息“一张网”。省医疗保障局主要负责同志通报全省整体推进情况。省政府有关负责同志出席会议并讲话。

3. **全省打击欺诈骗保专项整治行动电视电话会议召开。**4月8日，浙江省召开2022年度全省打击欺诈骗保专项整治行动电视电话会议，省公安厅、司法厅、财政厅、卫生健康委、市场监管局、医疗保障局等相关部门负责同志在主会场参会，各市、县（市、区）政府分管领导，医保、公安等部门的负责同志在分会场参会。

4. **举办国家医疗保障信息平台移动支付上线仪式**。9月7日,浙江省举行国家医疗保障信息平台移动支付浙江上线仪式,省医疗保障局、杭州市医疗保障局、浙江移动通信有限责任公司、省农行、省工行、省建行、浙大一院、省新华医院、杭州市一医院等负责同志参加。

5. **浙江省医疗物资意向采购签约会在杭州举行**。11月7日,第五届中国国际进口博览会浙江省医疗物资意向采购签约会在杭州市举行,浙江省药械采购中心代表公立医疗机构与20家进口药品、医用耗材供应商签订了采购意向协议,意向成交金额共计90.4亿元。

6. **参加2022年世界互联网大会"互联网之光"博览会**。11月8日至11月11日,浙江省医疗保障局代表国家医疗保障局参加2022年世界互联网大会"互联网之光"博览会,展出医保移动支付、浙药易购、医保小智等多个"智慧医保"系列建设成果。

## 典型案例

### 案例一:浙江药械采购"订单贷"破解中小微企业融资难题

新冠疫情暴发以来,浙江省民营经济发展受到严重影响,很多中小微企业面临较大的生产经营压力,平台相关企业不同程度受到影响。省医保部门聚焦中小微企业"融资难、融资贵、融资慢"的问题和矛盾,充分发挥跨部门多场景协同优势,依托省药械采购平台资源优势,加强对公共数据的应用,2022年初设计打造药械采购平台企业侧金融服务"订单贷"应用,引入多家银行融资渠道,着力破解平台企业融资难题,助力平台企业纾困发展,进而促进营商环境优化提升。

**【主要做法】** 创新金融服务渠道,提供个性化信贷产品 一是明确各方权利责任。制定《浙江省药械采购供应链金融服务平台合作协议》,明确银行、企业和平台各方权利和义务,划分风险责任。二是开放产品设计。鼓励银行金融机构设计开发各自信贷产品,为平台企业提供"无抵押、无担保、利率优惠、随借随还"专属服务。三是不断提升信息化水平。积极联系银行需求,发布标准接口文档,努力实现"智慧医保"招采管理子系统与在杭各银行信贷系统的对接。

构建金融服务场景,优化放贷用信流程 一是延伸平台服务能力,打造供应链金融服务场景。平台企业配送销售数据真实可信,以此为基础构建出的"一站式、全链条、全周期"线上供应链融资服务场景,可为企业和银行提供精准服务。二是实现平台与银行等数据交互。平台经过授权将企业基础信息推送给银行,银行据此决定授信额度、授信期限、利率等,简化融资业务流程,提高效率。三是通过系统控制风险。通过"订单贷"场景应用控制关键环节,限制企业一次性申请信贷产品数量,以此降低银行放贷风险,同时要求银行必须在规定时间内反馈受理结果,以此兼顾企业权益。

探索实现信用画像,深入推进三医协同 一是强化智慧医保招采子系统与"订单贷"应用场景的信息融合,多维度归集平台企业信息,构建涵盖经营、财务、奖惩、社会、信用、责任等维度的分析体系,为银行授信提供参考,引导企业诚信经营。二是深挖智慧医保系统数据,追溯医院药品和医用耗材临床使用情况,引导医院合规、合情、合理用药,促进公立医院健康发展。三是扎实推进国家药品和医用耗材带量采购政策要求,提升平台监督监测能力。开发包含按时结算统计、带量采购执行情况、信用管理、医疗服务价格监测、医药价格指数测算、数据外联等内容的综合监管系统,为医保基金腾空间、调结构贡献力量。

**【主要成效】** 金融产品更加丰富 除中国工商银行、中国农业银行、中国银行、中国建设银行、交通银行等国有商业银行外,中信、浙商、招商、杭州联合银行等股份制及地方银行积极参与,截至2022年底,10家银行完成签约,已上线9家银行13个产品,最低年利率3.125%,单笔授信最高3000万元。

融资授信效率提高 迭代升级订单贷2.0版

本，已有3家银行完成系统对接，7家银行正在开发对接中。企业贷款申请便捷，随借随还，银行受理放贷速度快，大多数产品当日申请，当日放款。

企业受惠范围扩大　截至2022年底，共有232家企业获得授信18.34亿元，实际用信15.47亿元，且以中小微企业为主，及时缓解了企业资金压力，助力企业纾困解难和高质量发展。

## 案例二：杭州市“医保小智”平台推动经办服务智能升级

2022年，杭州市医疗保障局针对群众关心的急难愁盼问题，依托人工智能、互联网、大数据等信息技术手段，探索推出集“在线咨询、网办指导、智能回访、精准分析”于一体的“医保小智”智能综合服务平台，缓解了传统人工电话咨询压力，进一步畅通了医保政策咨询渠道，推进医保经办服务智能升级。2022年，小智平台的AI智能客服日均接听电话咨询量达到6000个左右，智能客服应答率将近90%；文字客服每月提供咨询服务11000人次左右，命中率持续稳定在80%左右。

**【数字引领，搭建“一个平台”】**　“一号受理”实现资源整合　按照医保市级统筹经办服务一体要求，市医疗保障局将市、区（县）两级16条医保对外公共服务热线归集整合，统一公布小智服务专线，解决了全市各级医保经办咨询服务各自为政、热线号码难记、资源重复建设问题。

“一库支撑”缓解咨询压力　小智平台提供统一的知识库支撑，工作人员可以依托小智知识库系统智能辅助开展问题解答，缓解了因医保政策专业复杂、工作人员知识储备不足造成的业务咨询压力。

“一键直达”提升服务效率　小智平台为参保人员提供7×24小时不间断的AI语音咨询服务，通过公众号平台链接文字客服留言，即能实现文本即时自动回复，通过视频办服务渠道可快捷办理医保业务。小智平台通过拓展多样化的服务渠道，实现服务一键直达的效果。

**【内外联动，发挥“两种模式”】**　小智平台坚持传统服务和新型服务模式并举，线上服务和线下服务联动的形式，通过医保公共服务领域数字化建设，实现服务对象精准画像，服务管理更加智能。

智能内控管理　平台可通过工单系统实现不同部门、不同经办机构间的收件转派、流程跟踪、及时反馈等功能。基于座席在线、会话接通与应答情况、群众满意度评分等维度，可对座席工作质量进行自动统计分析和打分，通过业务运行状态全方位、全流程监管，高效发掘服务流程问题、人员沟通问题，预测主动服务需求，实现内部管理智能化。

智能知识管理　通过平台知识管理系统的整体框架，小智平台设立知识门户、知识地图、知识分类、知识仓库、知识问答等功能模块，将收集到的医保业务相关知识逐步整合到知识系统中，融入员工工作场景，便于员工随时获取和查询，实现支撑体系智能化。

智能质量管理　平台通过对经办服务全量录音，做到过程精准回溯，质量有效把控，同时平台对座席工作质量进行自动统计分析和打分，实现规范化内部控制，进一步提高质检效率，实现质检体系智能化。

**【需求导向，打造“三种场景”】**　小智平台以需求为导向，推出多种智能化的咨询服务渠道，针对不同人群实行业务分流，满足老百姓多元化的服务需求。

智能会话“语音办”，全时段智能应答　平台依托AI机器人，实现全天候高效智能语音接待，语音由专业语音师录制。根据实际需求，AI机器人可以批量将通知、提醒等服务主动递送至目标群众。若AI在通话过程中遇到任何疑难问题，支持无缝转接人工跟进，智能精准锁定服务对象。

文本应答“文字办”，高效率智能回复　参保人员可通过“浙里办”App、“杭州医保”微信公众号等多渠道接入小智平台，平台智能客服将以文本应答的方式快速将需要的资料或答案提供给参保人员,做到有问必答,及时响应。通过文本应答的展示形式,问答展示更直观、问题答案更准确,答案阅读更清晰并可反复观看,进一步提高咨询效率和效果。

*人机交互“视频办”,可视化交流办事* 在智能会话和文本应答的基础上,小智平台还推出视频在线办理服务。通过运用人机交互协助、远程智能控制、电子化信息采集、图像识别等新技术手段,实现填表、签字、盖章确认等在线业务办理,提供更加安全高效、便捷灵活的远程服务,经办人员可通过视频连线与办事群众面对面交流,实现可视化远程办理、在线帮办导办,真正让老百姓从“最多跑一次”到“一次也不跑”。

**【统筹协调,明确“四个统一”】** 为保证平台咨询服务质量,市医疗保障局通过创建统一的服务标准,设置统一的操作流程,建立统一的评价机制,从业务规范、口径统一、办理环节、质量追踪等方面,建立相应的咨询质量保证体系。

*统一工作原则* 建立“谁主管谁负责,谁承办谁答复”的工作机制,对于咨询类电话,坚持首问责任制,由接线人员依据有关法规政策当场直接解答;对于求助、投诉、举报、建议类诉求,按照职能分工通过工单流转派发至相应部门,并负责后续跟踪。

*统一咨询口径* 以问题为导向,建立知识库动态更新维护机制,将社会关切反响强烈的高频热点政策知识及解释口径第一时间维护至医保小智知识库,知识库由专人负责统一维护,确保咨询口径一致。

*统一数据回访* 平台针对咨询业务办理满意度测评情况,实行后台统一回访,作为评价办理质效的重要依据。同时通过后台大数据比对,诉求舆情自动分析,对于倾向性、苗头性问题,促使相关部门作出前馈反应,为研判预测事件提供科学依据。

*统一评价考核* 建立全市统一的评价考核机制,安排专人负责日常巡检,质量追踪,基于会话接通与应答情况等维度,将咨询质量、接听数量与群众满意度等方面进行数据量化,纳入经办考核。

## 案例三:宁波市全面构建全域化、专业化、数字化的长期护理保险制度

作为浙江省唯一的长期护理保险国家试点地区,宁波市医疗保障局在总结前期试点经验的基础上,按照国家和浙江省部署要求,积极推进深化试点,构建起“全域化、专业化、数字化”的长护保险制度。2022年8月,市政府办公厅印发《关于深化长期护理保险制度试点的指导意见》,按照“全域化、专业化、数字化”的总体原则,全面建立长护保险资金筹集、需求评估、待遇支付、服务供给、经办管理“五大体系”。市医疗保障局会同相关部门印发实施办法、评估管理、服务管理、协议管理等配套政策文件,明确具体做法和运行机制,构建长护险制度体系。

**【健全可持续的收支平衡机制】** *覆盖全民* 按照城乡一体的理念,长护保险制度覆盖全市所有基本医保参保人和所有区(县、市),与基本医保实行同步参保,实现人群全覆盖和城乡无差别。2022年底,全市长期护理保险参保人数近800万人。

*多元化筹资* 建立由个人、单位、财政、医保基金多方共担的多渠道筹资体系,统一缴费标准为每人每年90元。在职职工由个人和用人单位各承担45元,退休人员由个人和医保统筹基金各承担45元,个人部分从其职工医保个人账户中代扣代缴,用人单位承担的45元从其缴纳的职工基本医保费中划转,不增加单位负担。城乡居民医保参保人员个人承担30元,其余60元由财政统筹解决。

*差异化保障* 根据服务方式和失能等级不同,实施差异化待遇保障,满足多元护理服务需求。机构护理实行按床日定额支付,重度失能Ⅰ级、Ⅱ级、Ⅲ级的标准为每床日40元、50元和60元。居家护理按时长享受待遇,重度失能Ⅰ级、Ⅱ级、Ⅲ级的服务时长为每月20小时、25小时和30

小时，服务价格65元/小时。

**【完善规范标准的失能评估体系】** 组建评估队伍　组建市、县两级失能等级评估委员会，依托骨科、神经内科、康复科等专业医生组成建立专业公正评估队伍，统一组织开展失能评估工作。失能评估结果实行跨区县、跨部门的互认共享，实现“一次评估，多方共用”。

明确评估办法　使用省级地方评估标准，制定评估管理办法，明确评估流程和操作规范。评估过程实行人脸实名认证和全程录像留存，评估结论出具后公示接受监督。

增设“协助申请”环节　服务机构在失能人员申请时提前介入，上门进行协助申请，同时开展失能状态初筛，既体现服务关怀，又提升了评估效率。

**【构建优质互补的护理服务体系】** 鼓励定点申请　鼓励各类养老机构、医疗机构、居家护理服务机构等申请成为定点服务机构，采用定点准入和协议管理模式。积极引入国内有经验的第三方居家护理机构，发挥先进管理模式和优质服务理念，推动提高全市护理服务行业良性发展。

建立服务网络　建立起县（市、区）、镇（街道）、村（社区）三级服务网络，每家定点机构明确相应的服务网格，确保护理服务全覆盖。无论失能人员身在何处，确保其可以享受网格内的定点机构护理服务。

制定服务项目清单　根据服务机构实际和群众需求，对护理服务项目实行清单化管理，包含清洁卫生、营养摄取、排泄护理等六个部分共42项，逐一明确服务时长、频次和操作标准等内容，失能人员可根据自身实际需求选择针对性的服务项目。

**【打造管用好用的“甬有长护”场景应用】** 建立服务平台　实施数字赋能，建设“甬有长护”服务平台，围绕申请、评估、待遇、服务、监管等五大环节和数据分析、待遇申请、服务评估、服务监管等四大核心场景，实现长护险全流程闭环管理。整合全业务流程和全业务数据，建立智能统计分析及预测模型，对待遇享受人数、基金收支情况进行预测分析，辅助管理决策，推动管理水平和服务质量更加标准化、精细化。

开发掌上经办App　开发参保人员、评估专家、护理人员、稽核人员4个App端，实现经办服务全流程掌上经办。如参保人员可在线提出申请、选择机构并对服务进行评价，评估专家可实现人员信息认证和实时评估，稽核人员可实时查看护理人员路径、服务时长等并进行异常预警和远程巡查。

## 案例四：绍兴市推进基层医疗服务价格改革

2022年，绍兴市按照合理控制总量、理顺比价关系、联动动态调整、推动综合医改的原则，推进基层医疗服务价格改革，促进患者和医务人员获得感同步提升，医共体改革更深入、医保基金更安全。

**【主要做法】** 实施三类调整，完善价格体系　绍兴市以理顺比价关系、完善价格体系为重点，累计统一基层价格6141项，其中4473项按县级价格90%确定，1628项与县级价格同价（其他为基层和县级分别独有），实现医疗服务价格全市统一、上下联动。一是提一批，体现劳务价值。上调偏低的技术劳务型等基层价格3226项，解决价格与劳务价值长期偏离的问题。二是降一批，消除价格倒挂。下调检查检验类等基层价格985项，其中高于县级价格的377项全部下调至与县级价格同价。三是强一批，支持中医药发展。调高中医及民族医诊疗类项目价格168项，灸法、贴敷疗法、拔罐疗法等多个项目价格增幅达80%。2022年该类项目收入同比增长32.9%。

建立三项机制，实行标本兼治　一是建立价格联动机制。同一项目县级价格调整时，基层价格同步按相应比价调整，确保今后价格调整一步到位。二是建立动态调整机制。将“上年度地区医疗收入增幅低于地区生产总值增幅”作为调价的触发条件，明确“设置启动条件、评估触发实施、有升有降调整、跟踪监测考核”等操作路径，确保科学把握调价窗口、稳定调价预期。三是建立数字监测机制。开发“医价通”集成监测应用，通过调价项目监测、价格改革评估、动态调价预测等3个子场景，对5类项目22个指标进行动态监测、立体评估和闭环处置，赋能价格调整及管理，维护基金安全。

配套三大政策，推进综合医改　一是加强医保支付衔接。全面实施住院DRG付费改革，对促进分级诊疗的50个病组实行同病同价。实施医保基金预算精细化管理，医共体总额预算内，分院门诊不突破次均费用合理增长的，不予医保总额控费。二是加强财政投入补偿。提高慢病长处方、住院服务、手术等基层短板项目和中医等特色项目的当量值，扩大财政支持范围，将预防、康复、延时门诊等项目以合理当量纳入政府购买项目，促进基层医疗服务由重治病向保健康倾斜。2022年基层医疗机构经常性财政补助较同期增加2494.67万元。三是加强基层综合改革。允许将基层医疗机构收支结余的40%~60%用于绩效考核再分配，激发基层医务人员积极性。

**【主要成效】**　基层医疗机构发展更加健康　改革有效发挥价格杠杆功能，促进基层医疗机构提升留人才、提服务、控费用。2022年，绍兴市基层医疗机构的高级职称人数、本科以上学历人数较2021年同期分别增长3.6%、1.8%；共实现医疗业务收入23.7亿元，同比增长8.19%，医疗服务性收入占比提高到22.7%，非医疗服务性收入占比下降5.8%。

患者基层就医体验实现跃升　通过价格改革的撬动和引导，家庭病床等居家医疗服务、针灸等中医服务得到加强，基层首诊、双向转诊、急慢分治等效果有所提升，且月度门诊次均费用、住院次均费用等与改革前水平差异不大，保障群众获得高质量、有效率、能负担的基层医疗服务。2022年，下沉专家门诊数量67544次，实现月平均同比增加3200次；住院下转人次较2021年增加30.64%，住院上转人次上升3.54%，高血压、糖尿病基层就诊人次增加7.95%。

医保基金支出始终安全可控　改革坚持总量控制，测算调增业务收入约4514.95万元，仅占测算年度集中带量采购节约资金的15.57%，对医保基金影响可控。改革推动了基层医疗机构主动规范诊疗行为，减少医疗费用的不合理增长，基金运行整体安全平稳。

## 案例五：湖州市率先构建因病致贫返贫防范长效机制

构建因病致贫返贫防范长效机制是浙江省共同富裕示范区建设在收入分配制度改革先行示范的重大改革项目。2022年8月，湖州市政府办公室出台省内首个《湖州市构建因病致贫返贫防范长效机制实施方案》，科学测算后构建多跨协同的因病致贫返贫防范长效机制，对困难群众实施主动发现、精准识别、梯次减负和兜底保障四项机制，实现闭环管理，真正实现困难人员医疗负担兜底保障，防止“病根”变“穷根”，坚决守牢不发生因病规模性返贫底线。

**【主要做法】**　建立健全主动发现机制　健全因病致贫返贫风险预警机制，将参保群众和困难群众个人负担费用达到一定额度后的信息推送至民政、慈善、残联等部门实施监测，符合条件的主动救助。加强救助政策落实的监测，对因失业等中断职工医保参保的困难群众由医保部门主动资助参加居民医保，确保救助待遇不中断。

建立健全精准识别机制　构建医保立体防贫地图，动态呈现困难群众分布情况，实时掌控其就诊费用结构等信息，通过数字化赋能解决“过度医疗”“小病大治”等问题，提升医保基金支出的综合预警能力。

建立健全梯次减负机制　基本医保应保尽保，对于困难群众全额资助其个人缴费部分。大病保险倾斜减负，困难群众起付标准降低50%，支付比例提高10个点到80%，取消最高支付限额。

医疗救助托底保障，就诊合规费用按规定实施救助。惠民型商业补充医疗保险倾斜赔付，困难群众全额资助投保，医保目录内费用实行零起付线理赔。

建立健全兜底保障机制　突破现有救助模式，通过财政、慈善按比例共同出资组建“慈善医疗救助兜底保障基金”，实现困难群众医疗费用全口径救助。困难群众就诊医疗费用按比例实施专项救助后，个人负担超过1万元以上实行封顶救助。

**【主要成效】** 实现从群众申报到主动发现的转变　变“人找政策被动救”为“政策找人主动救”。2022年，湖州市医保部门向民政部门推送发生高额费用1415人，其中有494人享受主动认定施救，全年215名困难群众中断职工医保后主动资助参保居民医保，确保救助待遇不断档。

实现从扶贫救助到减贫防贫的转变　在强化三重制度保障的基础上，与惠民型商业补充医疗保险、社会帮扶等有效衔接，健全完善政府主导、多方参与的多层次共富型困难人员医疗保障体系。2022年，全市3.84万名困难群众发生3.83亿元医疗费用合计报销3.29亿元，困难群众综合保障率达到84.6%。

实现从政府单一救助到社会多元帮扶的转变　切实解决医保目录外医疗费用救助不到位、社会力量帮扶不精准的难题，实现政府引导下社会力量精准实施兜底保障。2022年，湖州市困难群众享受兜底保障救助2857万元、受益群众3.59万人，真正从制度机制上对困难群众医疗费用进行有效兜底保障，进一步解决了共富路上困难群众的“提低”工作。

## 案例六：台州市打造“医路有保，四级助跑”经办服务品牌

2022年，台州市医疗保障局深入实施经办服务示范工程，推进医保领域“放管服”改革，大力推动经办服务标准化，强化数字赋能提速，深入落实行风建设，构建市、县、乡（镇）、村（社区）四级经办服务管理体系，全力打造医保经办“10分钟服务圈”，打通医保基层经办服务“最后一公里”，让群众享受“家门口”的高效便捷医保服务。基本建成全市四级经办网络，覆盖全市132个镇（街道）、2523个村（社区）便民服务中心，全年医保基层办件量累计达32.5万件。

**【以标准化建设为依托，促进事项全域可办】** 医保事项标准化　通过实地调研、电话回访和座谈会等多种形式，摸清摸准基层群众需求，按照简政放权、宜纳尽纳的原则，统一全市医保服务事项下沉清单。将25项医保服务事项下放到镇（街道）便民服务中心，将19项医保高频事项下放到村（社区）便民服务站，明确市域内“一窗受理”“一站通办”。针对下放事项，开展“实操式”跟班学习和全覆盖指导培训，确保经办人员熟练掌握医保政策和经办流程。

经办建设标准化　将服务窗口硬件建设、日常服务管理和医保事项办理有机结合，纳入标准化管理，打造“医路有保，四级助跑”品牌形象。按照《医疗保障经办大厅设置与服务规范》要求，因地制宜分级制定市、县、镇（街道）、村（社区）四级经办的办公区域设置、硬件设施配备、名称标识等标准，如县级需在基本办公区域外增设母婴区、绿色通道、“医保驿站”等功能区域，积极打造全市医保经办服务大厅样板。

管理标准化　把窗口服务管理和人员考核管理一并纳入标准化管理范畴，建立不同层级的规章制度、工作职责、服务要求、人员考核制度。如县级以上要求领导窗口坐班制、中层带班制、晨会督导制度等，村级则采用轮班制、预约制、上门服务等多种灵活方式开展业务。对工作职责和服务内容也分别作细化，县级以上重点提供更全面、周到的办事服务，镇、村级则要做好医保政策咨询、宣传等工作。

**【以数字化创新为支撑，促进事项全域快办】** 推进“医保智慧经办”一体化　全面对接浙江省政务2.0系统，实现“互联网+医保”简办，鼓励和引导群众“掌上办”“网上办”等线上办理，通过

智慧经办管理端实现下沉事项线上审核、审批，让“群众跑腿”变为“数据跑路”。

*设置医保自助终端* 在市、县医保经办服务中心、乡镇便民服务中心及位置偏远但人员较密集的村投放OCR、自助机终端，通过自助终端为参保群众提供智能化的高频事项业务受理办理（如零星报销业务）、业务查询、5G智慧视频办等服务，真正实现医保服务“24小时不打烊”，提升群众医保办事的便捷性、自主性。

*建立AI智能咨询平台* 瞄准群众、企业、基层需求，全面梳理整合医保政策咨询及经办服务高频问题，在电话端开设医保智能AI问答助手和人工服务相结合的在线咨询服务，快速响应群众关切及疑虑，实现高频问题秒答，缓解人工咨询服务不足的问题。

**【以行风建设为抓手，促进事项全域优办】** *全面接入政务“好差评”* 实现医保线上线下服务“好差评”全覆盖，主动引导网办、掌办群众积极参与“好差评”，对于线下办事群众，则通过平台短信回访等获取评价信息。将“好差评”情况与工作人员考核、经办窗口管理绩效相结合，让经办人员、管理人员主动转变工作作风，提高服务意识和服务水平。

*推进“特窗”特办服务* 温岭市设立“跑速窗”特窗，由骨干人员轮岗，针对窗口碰到的疑难问题案卷进行专项快速处理，确保取号窗口高效运作，最大限度减少办事群众等候时间。2022年“跑速窗”处理疑难问题425个。临海市、路桥区等设立党员志愿服务专窗，为老年人、重症患者、残疾人等特殊人群提供暖心服务。

*加强经办内控管理* 针对经办服务的关键环节、关键事项、关键岗位，梳理可能存在的廉政风险点、工作风险点。严格按照制衡原则落实岗位责任制、不相容职责岗位分离制和重要岗位定期轮换制。确保内控执行效率，科学制定内控检查计划，全面高效开展内控监督检查工作。全年开展全市医保经办窗口行风建设工作检查，提出整改意见206条。

## 案例七：温州市打造医保信用数字监管应用

面对温州市1500余家定点机构、4万余名医药从业人员、近800万参保人的市情，26名监管人员难以满足监管需要，迫切需要创新监管方式，强化部门联动，提升监管对象自律意识。2022年，温州市医保局围绕本地监管对象点多面广、部门联动协同不畅、行业主体内生动力不足等难题，聚焦温州“951”医保信用体系建设总目标（“9”即定点医疗机构等9类信用主体，“5”即制度体系等5大体系，“1”即一个数字监管平台），纵向上打通省市县三级数字壁垒，横向上多跨10部门，应用上串联数据归集、评级等信用数据全生命周期，持续迭代“医保信用数字监管”应用，实现全行业分级分类闭环管理。

**【全领域评分定级，搭建数据治理基础】** *构建评级模型* 参照省发展改革委有关社会公共信用管理办法，采用千分制，聚焦医药机构及医务人员等主体挂床住院、串换药品、核验就医凭证不严等高频问题，构建从基金收入端的参保人、参保单位到基金支出端的定点医药机构、医药生产和经营企业等9类主体的评级模型，实现医疗保障领域主体类别全覆盖。

*归集全量数据* 根据各类主体指标体系，逐项拆解成最小颗粒度，明确医疗机构信息、医疗机构费用审核信息等9类237项信用数据需求，内外联通9个业务系统，截至2022年底，全领域归集数据4523万条。

*开展评分定级* 开展跑分、优化、评估、审核、公示等流程，得到对信用状况预测能力最强的最优分段，并根据阈值将主体划分为“优秀、良好、中等、较差、差”五档信用等级，实现“每个医保主体都有医保信用”，重点监管信用较差及以下的，分级激励信用良好及以上的。

**【全场景多跨应用，构建联合奖惩大格局】** *跨层级协同发力* 通过推动全市稽核数据上系统、提升审核剔除数据效用及实施分档调节单据审核比例、现场检查频次、预拨付基金数额等差异化子场景，改善了此前各地日常稽查审核各自为政、互不相通的问题，倒逼各地加速跟进市本级监管尺度、方式方法，真正形成全市“一盘棋”“一把尺”“一股绳”的良好局面。

*跨部门协同发力* 定期输出信用评级至发改、卫健等部门，推进评级结果协同应用，既有利于点上督导，又能产生面上的震慑作用。以协同精准打击欺诈骗保子场景为例，针对信用等级“中等”以下主体，医保、公安等部门通过对多源数据清洗碰撞，精确捕捉欺诈骗保问题线索，快速锁定违法违规关键证据，为案件高效处置提供有力支撑。

*跨行业协同发力* 通过IRS系统定期向温州银行等7家商业银行系统输出有融资需求、信用优良主体的医保月度结算数据，大大简化了该批主体在银行融资的业务审批手续。截至2022年底，已累计有125家定点医药机构通过“医保信用贷”子场景获得5亿元授信。

**【全方位加强保障，夯实信用数字监管基础】** *落实闭环管理* 在主体端，针对政策学习渠道不完善、异议申诉效率低下等问题，打造一个多元集成、高效互动的移动端平台，实现被评价主体便捷参与政策学习、异议申诉、信用修复。在治理端，打通部门数据共享与互认不及时、内部流转复杂等堵点，形成实时归集、动态共享、及时反馈闭环。

*优化自律载体* 被评价主体通过移动端可实时查阅自身三级指标得分情况、全市综合排名、与上期比对变化情况，明晰自身医保信用薄弱环节，有利于针对性改善提升。

**【主要成效】** 一是初步实现医保基金精准控费的目标。通过精准监管已助力温州医保追回违法违规费用1.21亿元，推动全市医保次均门诊费用增速同比下降9%。二是初步构建起以信用为基础的行业监管机制。通过“守信处处受益，失信处处受限”，改变原来监管部门“一头热”的被动状况，2022年第四季度全市12.58%以上医疗机构、12.66%以上零售药店的信用评级较上期提升一个等级。

## 案例八：衢州市全面推进信息授权查询试点工作

2021年9月，衢州市被国家医疗保障局列为参保人员个人信息授权查询和使用试点之一。衢州市医疗保障局聚焦参保群众、医院、医保、商保公司之间健康信息共享困难等堵点难点，打造医保全生命周期数据授权查询应用系统。2022年10月，系统在江山市试点运行。

**【构建以医保为核心的健康数据资源中心，让数据“找得到”】** *数据全量采集* 打通区间、时间、部门间数据壁垒，全量采集医保、医疗、医药的个人全生命周期健康信息共6亿余条数据，建成由参保主题库、个人待遇结算库、医保医院结算库、健康体检库、生育主题库、疾病库6个主题库组成的医保健康信息库。

*数据结构化治理* 对采集的医保、医疗数据进行整合和结构化治理，制定8类数据质量检查规则，完成8700万余条数据治理，围绕个人健康管理需求构建参保人健康画像数据库。

**【打通数据查询通道和应用场景，让数据“用起来”】** 首批落地医院和商保公司授权场景，构建基于“健康管理的医疗机构授权查询使用”和基于“‘惠衢保’应用的第三方授权查询使用”场景。

*参保人授权医生查询医疗健康数据* 参保人就医时，平台对医生和参保人身份双重认证通过后，医生可以访问参保人授权范围内的医疗健康数据，调取既往病史记录，包括病案首页、检查检验报告、病史、医嘱、过敏史等信息，提高医疗效率和质量，减少重复检查。

*参保人授权“惠衢保”承保公司查询个人医保数据* 参保人通过“惠衢保”小程序点击查看报销数据，产生授权记录。截至2022年底，参保人已授权近20万人次。

*全面考虑特殊业务需求场景，增加应急授权* 主要应用于急诊抢救期间病人无法授权，由医生通过紧急授权渠道来获取病人精准的疾病史、用药史、过敏史、有无心脏支架等最小必须信息，提高特殊时期医院诊治效率，降低医疗事故。

**【构建授权查询多维监控体系，让数据“更安全”】** 一是参保人和市医疗保障局可以对数据授权记录和第三方调阅查询记录进行双维度实时监控，对个人信息授权使用全过程、全链条做到“心中有数”。二是制定出台《衢州市医疗保障局参保人员个人信息授权查询和使用管理办法》，用制度全面规范个人信息采集、分类分级、授权查询全流程业务，并在国家局推荐版的基础上，拓展病案信息类、信用信息类、汇总信息类等三项数据分类。三是市医疗保障局实时监控全数量、全流程数据的运行效率、状态和绩效，全面预警数据通道、授权行为和授权记录的异常行为。个人可通过“浙里办”实时监控历史授权记录、第三方访问记录、可以随时关闭授权。四是从第三方端增加数据脱敏、水印、PDF数据固化、数据加密等技术保障，在确保参保人员信息数据安全的前提下，实现健康数据的高效运用。

**【主要成效】** 强化数据集成，全量采集全生命周期数据　一是来源渠道广。包括医保信息、个人补充的健康信息和医院个人的电子病历信息，真正实现“生命全周期、病历全覆盖”。二是数据量大而全。构建个人全生命周期健康数据中心，切实解决了以往数据不全、明细不清的问题。三是数据跨部门联动。实时调用卫健检查检验报告、云影像等资料，实现健康数据“同人同城同库”。

强化便民应用，打造高效安全的服务功能　以便捷安全使用为目标，首批上线的参保人员可通过“浙里办”中“我的健康守护”“我的电子处方”“我的健康档案”“我的寻医问药”4类应用子场景，随时随地管理和使用个人医保信息和全生命周期医疗健康信息，在充分保障参保人员知情权和隐私权的基础上，极大地提高了数据使用价值。

强化闭环管理，大力拓展智能监管场景应用　以基金监管为落脚点，通过就医明细数据汇聚，建立分析模型，分别对参保人和医疗机构进行大数据关联分析，聚焦定点机构不规范诊疗行为和个人就医购药偏好进行画像，对不合理行为及时进行提示，对违规或疑似违规行为及时进行干预，提升智能监管效能。

## 案例九：金华市探索急性后期“PDPM”支付方式改革

金华市自2021年10月1日起试行急性后期“患者导向模型（PDPM）点数法”支付方式改革，并于2022年6月在全域推行，对疾病急性期治疗结束后仍需进行中长期住院康复治疗的患者采取“PDPM点数法”付费，激发医疗机构持续治疗的内生动力，提升长期康复病人的幸福指数。

**【主要做法】** 科学划分治疗阶段，实现管理精细化　根据患者疾病严重程度和消耗医疗照护资源强度，将治疗划分为急性期医疗、早期康复、中长期康护、长期护理四个阶段。其中，急性期治疗和早期康复按DRG付费，中长期康护按“PDPM点数法”付费，失能6个月以上的患者由长期护理保险制度解决保障问题。通过科学划分不同的治疗阶段，配套相对应的医保支付办法，促进医疗资源的合理使用，降低患者医疗负担，减少人均住院次数，提高患者住院的便捷性。

合理确定疾病分组，实现付费精准化　根据患者合理的医疗、康复、护理需求，实施PDPM分组方法。该模型以全市医疗机构近三年4万余份住院病例的病案首页、费用明细等数据为基础，筛选出符合急性后期住院的病例，依据疾病诊断、临床特征、功能评估、医疗费用等分类，形成按床日付费的PDPM分组体系。2022年，在实际发生病例的53个PDPM分组中，每组的床日支付标准根据医疗机构等级确定，由康复服务、护理服务、医药服务、设施服务四部分相加，再转换成病组点数进行支付，分组和支付标准每两年调整一次，该支付方式适当兼顾各医疗机构之间的医疗服务成本差异。如骨科关节置换术后有较重并发症的患者，在三级医院的支付标准为每日710元、二级医院为每日663元、无等级医院为470元（不含设施服务费）。

科学研发评估量表，实现评估标准化　借鉴国际国内先进经验，联合北京协和医学院研发适合康复护理的标准化评估量表，该量表包括入院信息、视听说和认知、情绪/行为和疼痛、日常生活活动能力（基本自理能力/核心活动能力）、生理机能受损（吞咽/大小便/皮肤）、特殊项目、出院信息7个部分，由医疗机构在患者入院3天内、入院后每隔30天、出院等时间节点对患者的健康状况进行评估，并通过系统上传评估结果，确保动态掌握患者康复、护理等需求，实现以人为中心跨医疗机构间的数据共享和患者健康数据的连续性跟踪管理，健全患者全生命周期管理服务。同时，通过量表可获知疾病的支付标准。以脑出血后遗症为例，通过评估量表，系统自动将病例分入相对应的组，19个组（支付标准）中，最高每日支付1256元（不含床位费），最低每日支付306元。

强化智能监督管理，实现监管规范化　为防止在“PDPM点数法”付费方式下出现病组高套、分解住院、慢病急治等违规问题，金华市建立了医保大数据智控平台，严格监控医疗机构量表填报不真实、提供医疗服务不足、推诿病患、提高自费比例等行为，不断加强智能审核，实现全流程智控。对不符合规定的行为，医保部门将依据协议进行处理，情节严重的，依法予以处理。同时，发挥康复医学质量控制中心等行业组织的专业优势，实行行业自律。并探索引入第三方技术服务，定期组织人员对评估量表填报情况进行抽样检查，抽样比例原则上不低于5%，增强医疗服务的连续性、规范化和标准化，进一步保障患者权益。

**【主要成效】**　有效破解长期住院患者“被频繁转院”问题　2022年，全市已有146家医疗机构报备开展急性后期住院服务，实际收治患者的医疗机构91家，收治患者2.24万人，已出院1.96万人，平均住院天数为59.8天，最长达396天（自2021年开始累计），与改革前平均15天左右出院一次相比大幅延长。转院次数大幅减少，抽查数据显示，改革后脑出血后遗症患者平均住院次数从4.41次/人减少到1.02次/人。改革实施后，“被频繁转院”情况明显缓解，获得感大幅提升。

医保基金使用绩效显著提升　改革后，长期住院患者无须反复转院，同时也避免了再次住院的重复检查，实现医保基金支出和患者个人自负费用“双降低”，医保基金管理水平和使用绩效明显提升。改革后，金华医保基金支出增长率控制在10%以内，从抽查数据显示，脑出血后遗症患者日均实际费用较改革前降低111.5元/人/天，减少了因患者频繁转院而造成的基金浪费。

# 安徽省

## 工作综述

2022年，安徽省医疗保障局不断完善医疗保障制度，深化重点领域改革，持续提升医保治理能力，促进管理服务提质增效，各项工作取得显著成效。全省基本医疗保险参保6506.68万人，其中，职工基本医疗保险参保1063.31万人，城乡居民基本医疗保险参保5443.37万人。基本医疗保险（含生育保险）基金收入969.19亿元，其中，职工基本医疗保险（含生育保险）基金收入463.95亿元，城乡居民基本医疗保险基金收入505.25亿元。基本医疗保险（含生育保险）基金支出793.38亿元，其中，职工基本医疗保险（含生育保险）基金支出315.11亿元，城乡居民基本医疗保险基金支出478.27亿元。

**【提升待遇保障水平】** 基本医疗保险　3月1日，省医疗保障局、省财政厅《关于印发安徽省建立健全职工基本医疗保险门诊共济保障机制实施细则的通知》明确，自2022年7月1日起，通过改革职工医保个人账户、建立普通门诊费用报销制度，推动职工医保门诊保障由个人积累式保障模式转向社会互助共济保障模式。截至2022年12月31日，全省职工医保普通门诊统筹报销221.16万人次，报销普通门诊费用3.08亿元。8月26日，省医疗保障局、省财政厅、国家税务总局安徽省税务局印发《关于做好2022年城乡居民基本医疗保障工作的通知》，将城乡居民医保筹资标准提高至960元，其中城乡居民医保人均财政补助标准新增30元，达到每人每年不低于610元；同步提高城乡居民医保个人缴费标准30元，达到每人每年350元。2022年，全省职工基本医疗保险、城乡居民基本医疗保险政策范围内住院费用报销比例分别达84.67%、70.05%。

大病保险　截至2022年12月31日，安徽省参加城乡居民大病保险5443.05万人。2022年，全省享受城乡居民大病保险待遇358.83万人次，城乡居民大病保险赔付67.37亿元。

医疗救助　4月28日，省政府办公厅印发《安徽省健全重特大疾病医疗保险和救助制度若干举措的通知》，通过科学确定救助对象范围、明确因病致贫认定条件、及时监测识别困难群众，减轻困难群众和大病患者医疗费用负担，强化基本医疗保险、大病保险、医疗救助三重制度综合保障，防范因病致贫返贫。8月26日，省医疗保障局、民政厅、财政厅、国家税务总局安徽省税务局、省乡村振兴局印发《关于建立健全困难群众医疗保障精准帮扶机制的通知》，通过建立监测预警机制、完善依申请救助机制、规范困难群众信息对比机制、健全组织保障机制，进一步做好困难群众精准识别与医疗保障工作。2022年，全省实施医疗救助747.67万人次，其中，实施住院救助117万人次，实施门诊救助630.67万人次。全省医疗救助资金支出27.06亿元，其中，住院救助支出18.63亿元，门诊救助支出8.43亿元。

慢性病保障　4月15日，省医疗保障局印发《安徽省基本医疗保险门诊慢特病病种目录（试行）》，统一63个基本医保门诊慢特病病种及其认定标准、编码，全省职工基本医疗保险、城乡居民基本医疗保险的门诊慢特病管理均执行统一尺度。4月16日，省医疗保障局印发《安徽省基本医疗保险慢特病门诊用药目录（试行）》，增加可报销药品346种，其中包括国家基本医保药品目录新增品种及谈判药品，进一步提高基本医疗保障待遇水平。

“两病”门诊保障　11月1日，省医疗保障局印发《关于调整基本医疗保险门诊慢特病病种及门诊用药目录的通知》，按照动态调整原则，根据各市实际及临床医学专家意见，对全省基本医疗保险门诊慢特病病种及门诊用药目录等进行增补，新增法布雷病、甲状腺素蛋白淀粉样变性心肌病、亨廷顿舞蹈症、视神经脊髓炎、脊髓延髓肌萎缩症（肯尼迪病）、遗传性血管性水肿、进行性肌营养不良症7个门诊慢特病病种。

生育保险　截至2022年12月31日，安徽省参加生育保险757.12万人，其中，女性参保人数为323.42万人。2022年，全省享受生育保险待遇42.29万人次，生育保险待遇支出24.05亿元。

巩固拓展医保脱贫攻坚成果有效衔接乡村振兴　1月1日起，安徽省对健康脱贫综合医疗保障政策进行调整，实现由集中资源支持脱贫攻坚向统筹基本医保、大病保险、医疗救助三重制度常态化保障平稳过渡。2022年，全省246.21万农村低收入人口、422.6万脱贫人口全面纳入基本医保覆盖范围，参保率稳定在99%以上；农村低收入人口住院综合报销比例达86.3%，门诊慢特病综合报销比例达90.62%，有效防范因病致贫返贫，实现保障待遇“梯次接续、有升有降、更加精准”的改革目标。

长期护理保险　2022年，省医疗保障局督促指导安庆市开展长期护理保险制度试点工作。一是扩大保障范围，由重度失能扩大至中度失能人员。二是完成向国家长护险失能等级评估标准的过渡，依据国家标准，建立健全试点地区失能评估标准和安庆市长期护理保险失能等级评估办法。截至2022年12月31日，安庆市长期护理保险共参保50.72万人，筹集长期护理保险基金2027.2万元，享受长期护理保险待遇1956人，长期护理保险基金支出1247.9万元。

**【加强医药服务管理】**　完善医保药品目录管理　1月1日，安徽省基本医疗保险、生育保险统一执行《国家基本医疗保险、工伤保险和生育保险药品目录（2021年）》，将275种国家谈判药品同步纳入“双通道”管理范围。2月11日，省医疗保障局印发《关于开展医保药品支付标准试点工作有关事项的通知》，开展22种目录内药品医保支付标准试点工作。3月18日，省医疗保障局、人力资源和社会保障厅、药品监督管理局印发《关于做好中药配方颗粒基本医疗保险、工伤保险和生育保险基金支付工作的通知》，建立健全安徽省中药配方颗粒基本医疗保险、工伤保险和生育保险基金支付准入制度。3月31日，省医疗保障局印发《关于做好国家谈判药品“双通道”落地及监测工作的通知》，建立“双通道”药品信息发布机制和使用情况监测机制。2022年全省“双通道”药店共计298家，实现县（区、市）全覆盖。4月26日，省医疗保障局、人力资源和社会保障厅印发《关于做好我省基本医疗保险、工伤保险和生育保险药品目录原省级增补乙类药品2022年消化工作的通知》，将安徽省原按规定增补的83种药品调出基本医疗保险、工伤保险和生育保险基金支付范围，完成安徽省医保药品目录和国家医保药品基本统一的目标任务。6月22日，省医疗保障局、人力资源和社会保障厅印发《关于部分口腔类医疗服务项目纳入医疗保险、工伤保险支付范围的通知》，将15个口腔类医疗服务项目纳入安徽省医保支付范围，安徽省医保口腔类可支付医疗服务项目增加至293个。

推进医保支付方式改革　2022年，安徽省17个统筹地区（16个市和省直医保）全部开展DRG或DIP付费改革，实现实际付费的统筹地区达到14个，亳州市启动DIP付费改革，池州市和省直医保启动DRG付费改革。全省同步推进其他付费方式改革。一是扩大基层医疗机构“日间病床”按病种付费试点范围。9月30日，省医疗保障局、卫生健康委员会印发《关于扩大基层医疗机构适宜日间病床收治疾病按病种付费试点范围的通知》，将基层医疗机构适宜日间病床收治疾病按病种付费试点范围由12个县扩大到已开展紧密型县域医共体建设的县（市、区）及开展DRG/DIP支付方式改革覆盖的具备住院服务能力并能完成相应信息化改造的基层医疗机构（社区服务中心和乡镇卫生院）。二是开展康复类疾病按床日付费。

11月21日，省医疗保障局出台《安徽省基本医疗保险康复类疾病患者住院按床日付费试点工作指导方案》，确定亳州、马鞍山、芜湖、宣城、安庆5市为试点城市，鼓励DRG/DIP试点城市将康复医疗按床日付费转换为按病组（病种）权重（分值）付费，与DRG/DIP改革协同推进。

*优化定点医药机构协议管理*　12月16日，省医疗保障局发布《安徽省基本医疗保险定点医药机构服务协议范本（2022年版）》，在原协议框架的基础上，增加按疾病诊断相关分组付费（DRG）和按病种分值付费（DIP）支付方式、集中带量采购、药品“双通道”管理等相关条款。明确省内互认、联动监管相关要求，定点医疗机构无须再与不同医保经办机构重复签订医保协议。

*支持中医药发展*　一是加强医疗机构制剂和中药饮片医保支付管理。2月25日，省医疗保障局、人力资源和社会保障厅印发《关于启动医疗机构制剂和新增中药饮片纳入基金支付范围工作的通知》，启动全省医疗机构制剂和新增中药饮片纳入基金支付范围工作。3月28日，省医疗保障局、人力资源和社会保障厅、药品监督管理局印发《安徽省基本医疗保险、工伤保险和生育保险医疗机构制剂和中药饮片目录（2022年）》，将155种医疗机构制剂和82种中药饮片纳入全省医保支付范围。二是加强中药配方颗粒医保支付管理。3月18日，省医疗保障局、人力资源和社会保障厅、药品监督管理局印发《关于做好中药配方颗粒基本医疗保险、工伤保险和生育保险基金支付工作的通知》，明确纳入基金支付范围的中药配方颗粒应具备条件、基金支付规则、统一编码管理、挂网采购和网上交易、监督管理等5个方面内容。6月29日，省医疗保障局、人力资源和社会保障厅、药品监督管理局印发《关于将部分中药配方颗粒纳入我省基本医疗保险、工伤保险和生育保险基金支付范围的通知》，将343个中药配方颗粒纳入全省医保支付范围。

*保障新冠病毒感染救治*　3月24日，省医疗保障局印发《关于切实做好当前疫情防控医疗保障工作的通知》，将新冠病毒抗原检测试剂及相应检测项目以及奈玛特韦片/利托那韦片、安巴韦单抗/罗米司韦单抗注射液、静脉用丙种球蛋白、疏风解毒颗粒、清肺排毒颗粒5种药品临时性纳入安徽省基本医保支付范围，确保新冠病毒感染患者不因医疗费用问题影响救治。5月21日，省医疗保障局印发《关于规范医保基金支付核酸检测费用的通知》，会同省卫生健康委员会、财政厅、财政部安徽监管局做好新冠相关医疗费用清算和财政补助资金结算及新冠疫苗采购资金预付和接种费用结算工作。12月21日，省医疗保障局印发《关于做好便民发热门诊点医疗保障结算服务工作的通知》，将卫生健康部门统筹组织增设的便民发热门诊点纳入医保联网结算范围，方便群众就近就快接受诊治。12月29日，省医疗保障局、财政厅、卫生健康委员会印发《关于做好新型冠状病毒感染门诊救治保障工作的紧急通知》，统一安徽省新冠感染门诊救治保障政策，报销时不设医保起付线、不设报销限额，报销比例统一为70%，为新冠疫情高发期参保群众在门诊接受新冠感染治疗提供了有力保障。12月30日，省医疗保障局、卫生健康委员会印发《关于将部分新冠肺炎治疗用药临时纳入我省基本医疗保险支付范围的通知》，将36个新冠病毒感染治疗相关用药临时纳入安徽省医保支付范围，满足群众新冠病毒感染治疗用药需求，减轻患者费用负担。

**【医疗服务价格管理及药品招标采购】**　*完善价格管理和招采制度体系*　2月，省医疗保障局印发《关于建立医疗服务价格重要事项报告制度的通知》，提升价格宏观治理能力和区域统筹平衡力。3月，省医疗保障局、卫生健康委员会印发《安徽省医疗服务价格项目目录（2022版）》，推进全省医疗服务价格管理规范化、制度化。3月，省医疗保障局与上海市医疗保障局、浙江省医疗保障局、江苏省医疗保障局印发《长三角医药价格招采联动工作的意见（试行）》，围绕推进长三角区域联盟采购、探索价格联动进行制度设计，明确实现

"路径"。4月，省医疗保障局、卫生健康委员会印发《关于完善公立医疗机构特需医疗服务有关事项的通知》，进一步优化公立医疗机构特需医疗服务核定程序。4月，省医疗保障局印发《关于开展集采医保资金专项预付制度落地执行情况专项督办的通知》，确保集中带量采购医保资金专项预付制度落实。10月，省医疗保障局印发《关于做好中药配方颗粒阳光挂网采购工作的通知》，实现本省国标、省标中药配方颗粒产品阳光挂网采购。

*开展医疗服务价格调整*　一是完善规范价格调整机制。开展医疗服务价格评估调整、专项调整和个别调整工作，将"基本医疗服务价格"调出安徽省价格成本监审目录和价格听证目录。二是开展医药价格监测试点。选择合肥市、亳州市、六安市、马鞍山市作为全省医药价格监测试点市，开展部分药品和通用型医疗服务价格监测工作，提升医药价格异常变动预警应对能力。三是动态调整医疗服务价格。在总量范围内"突出重点、有升有降"调整部分医疗服务价格。组织开展省属公立医院2021年度价格动态调整条件评估，推动医院高质量发展，新核定省属医院2批次306个新增（新开展）医疗服务项目的试行价格，对33个试行价格到期项目制定政府指导价。开展价采联动，对超声刀头收费政策开展调研论证和专项调整。四是做好特需项目协同。6月2日，省医疗保障局、卫生健康委员会印发《关于设立门诊特需心理治疗项目的通知》，合理利用优质医疗资源，满足患者差异化医疗需求。

*开展药品耗材集中带量采购*　一是确保改革成果平稳落地。做好国家组织集采药品（第6批、第7批）、国家组织集采耗材（骨科关节）、京津冀"3+N"联盟采购耗材（骨科创伤）、省集采超声刀头及2021年度省集采药品落地执行工作。二是强化联盟采购"横向协同"。参加四川牵头组织的口腔种植体、天津牵头组织的骨科创伤、福建牵头组织的电生理医用耗材、山东牵头组织的中药饮片、湖北牵头组织的中成药、陕西牵头组织的心脏瓣膜和口腔正畸托槽、浙江牵头组织的冠脉导引导管导丝省际联盟采购，通过"组团"采购，不断扩大集采的规模效应。三是推动省级招采"扩品扩围"。2022年，省本级组织开展"未过评"药品、临床检验试剂、超声刀头、冠脉药物涂层球囊省级集中带量采购。超声刀头、冠脉药物涂层球囊产生中选结果，137个产品谈判成功，年节约采购资金达1.73亿元。四是实施省市集采"上下联动"。强化市级集中带量采购工作的示范指导及统筹调度，指导芜湖市、安庆市牵头开展硬脑（脊）膜补片、腹股沟疝补片和颅内弹簧圈全省带量采购，3类耗材、330个产品中选，年节约采购资金3.77亿元。指导蚌埠市开展全省首次普通医用耗材集中带量采购，一次性使用双管喉罩、一次性使用雾化吸入器、一体式湿化雾化鼻吸氧管3类共24个产品中选，平均降幅79.18%，年节约采购资金0.9亿元。五是探索招采改革空白领域。首次对"单抗生物制剂"开展集中带量采购，填补了本省药品集采品类空白。首次将定点零售药店纳入集采范围，提升参保群众享受集采成果的便利性、可及性。

**【强化基金监管】**　*整治违法违规使用医保基金行为*　2022年，省医疗保障局在全省范围内开展违法违规使用医保基金专项整治，全省各级医保部门共检查定点医药机构32526家，现场检查覆盖率达到100%。处理违法违规定点医疗机构12528家，暂停医保服务341家，解除医保服务协议131家，追回医保基金6.63亿元，扣除违约金6133.317万元，行政罚款3687.231万元；移送司法机关49起（定点医药机构5家，个人44人），移送纪委监委21起（定点医药机构8家，个人13人）。

*开展集中宣传月活动*　4月，在全省开展"织密基金监管网　共筑医保防护线"医保基金监管集中宣传月活动，组织开展医保政策宣传解读、典型案例公开曝光等，线上活动关注量达2081.44万人次，线下宣传开展场次2334次，印制发放《医疗保障基金使用监督管理条例》38.32万份；组织定点医药机构及从业人员签订维护基金安全承诺书14.26万份；组织开展医保系统和定点医药机构各

类政策法规培训661场。

加强基金监管体系建设　省委编委印发《关于完善体制机制　系统加强医保基金监管工作的意见》，统筹规划全省医保基金监管体系建设，全省17个统筹地区成立医保基金监管专职机构。5月1日，《安徽省医疗保障基金监督管理办法》实施，全省医保基金监管法治体系进一步完善。

**【医疗保障信息化工作】**　医疗保障信息平台建设　2022年，全力推进医保信息平台功能拓展和性能提升，省医疗保障信息平台完成全省17个统筹地区300余个平台功能模块优化，家庭账户共济、门诊慢特病网上申报与鉴定、定点医药机构结算、生育保险跨省网办、参保关系申报、参保证明打印、药品“双通道”管理、法定报表模块、“跨省通办”等一批医保新业务上线应用，全年共维护医保基础信息34.4万条、治理医保数据3.9万条、映射对码18.7万条、政策标识1131.6万条、配置待遇算法3.77万项、管理静态要素10.1万项。7月和12月，先后开展平台5类17个项目的初验和终验，省级平台工程竣工。

医保信息业务编码贯标　3月，省医疗保障局印发《关于深化国家医保信息业务编码在医疗机构全场景应用的通知》，指导督促医疗机构在信息系统基础库、院内进销存、医师工作站等场景全面应用国家医保编码，做到带码入库、带码使用、带码结算，实现对医疗机构全链条监管。2022年，累计审核医药机构信息32289条，医保医师、护士信息39618条，医保单位信息291条，医保工作人员信息4875条，医保门诊特殊慢性病种40余条；累计维护医疗服务项目信息33785条，中药饮片及颗粒信息1238条；累计发布24批可单独收费医用耗材编码数据库，完成医用耗材编码的政策标识共20011815条。组织完成第十一批至第二十四批医用耗材、中药饮片及颗粒等国家编码政策标识和更新启用。按照国家医疗保障局深化医保信息业务编码应用要求，通过对编码全场景应用情况抽查，应用率超过90%。

推广医保电子凭证应用　持续开展医保电子凭证各类宣传推广活动，在全省16个市推广使用医保智能终端，全省100%的医保政务窗口和自助机支持医保政务服务“一码通办”，超80%医疗机构实现医保电子凭证就医场景全流程应用。截至2022年12月31日，全省医保电子凭证累计激活4577.59万人，激活率70.09%，年度电子凭证累计使用超8064.59万笔，12月医保电子凭证结算率为44.90%。

推动医保移动支付应用　按照国家医疗保障局《关于进一步深化推进医保信息化标准化工作的通知》要求，指导医疗机构通过系统接口升级改造，将医保经办系统、第三方渠道系统、定点医药机构系统同步接入医保移动支付中心，实现参保人无须到缴费窗口，直接通过医保移动支付中心完成医保基金和个人自费资金线上支付，方便群众就医购药。截至2022年12月31日，全省共计204家定点医疗机构上线医保移动支付功能。

**【优化医保经办管理服务】**　推进医疗保障服务示范点建设　4月1日，省医疗保障局印发《安徽省“十四五”医疗保障行风建设暨服务示范工程行动方案》。通过制订《2021年安徽省省级医疗保障服务示范点评审方案》及评审细则，组织专家评审、第三方现场评估，确定谯城区医疗保障综合服务管理中心服务窗口等16个2021年度省级医疗保障服务窗口示范点、滁州市凤阳县小溪河镇人民政府小岗村医疗保障便民服务站等11个2021年度省级医疗保障基层服务示范点、滁州天长市人民医院等9个2021年度省级医保定点医疗机构示范点。

推进医保经办管理服务规范建设　8月15日，省医疗保障局印发《安徽省医疗保障经办管理服务规范建设专项行动实施方案》。通过召开全省医保经办规范建设工作启动会部署开展医保规范建设专项行动，组织开展全省医保经办机构规范化建设评估，对全省市级、部分县级医保经办机构规范建设情况进行全面测评，向国家医疗保障局择优推送医疗保障规范建设案例20篇，其中，合肥市、亳州市、滁州市典型案例获得全国医保系统优秀案例。

推动异地就医直接结算　5月23日，省医疗保障局印发《关于全省门诊慢特病省内异地就医直接结算统一执行参保地医保支付政策规定的通知》，统一全省门诊慢特病省内异地就医直接结算政策。持续推进高血压、糖尿病、恶性肿瘤门诊放化疗、尿毒症透析、器官移植术后抗排异治疗5种门诊慢特病跨省直接结算工作，全省16个统筹地区和省本级均开通5种门诊慢特病跨省直接结算服务。11月25日，省医疗保障局、财政厅印发《关于进一步做好基本医疗保险跨省异地就医直接结算工作的通知》，统一全省跨省异地就医直接结算待遇政策和经办规程，引导参保人员合理有序就医。2022年，全省跨省住院结算92.21万人次，总医疗费用190.28亿元，基金支付102.90亿元。全省跨省住院直接结算47.46万人次，直接结算率51.46%，其中，职工医保跨省直接结算率75.43%，居民医保跨省直接结算率45.40%。

生育保险待遇核定与支付“跨省通办”　11月3日，省医疗保障局印发《安徽省生育保险待遇核定与支付“跨省通办”工作方案》，明确全省生育保险待遇核定与支付“跨省通办”的实现形式、办理流程和“通办”范围。12月14日，全省实现生育保险待遇核定与支付“跨省通办”，17个统筹地区参保人员在异地生育就医时，可依托安徽省医保公共服务平台个人网厅办理生育保险待遇产前检查费、住院分娩医疗费和计划生育医疗费的报销及生育津贴申领“全程网办”。

## 重要活动

1. **全省医疗保障工作暨进一步改进作风工作会议召开。**2月17日上午，省医疗保障局组织召开全省医疗保障工作暨进一步改进作风工作会议，总结2021年全省医疗保障工作，部署2022年全省医疗保障工作任务，就进一步改进全省医保系统工作作风作动员部署。

2. **全省医疗保障系统深入推进全面从严治党加强党风廉政建设工作会议召开。**2月17日上午，省医疗保障局召开全省医疗保障系统深入推进全面从严治党加强党风廉政建设工作会议，进行相关工作部署。

3. **安徽省医疗保障研究院成立。**3月2日上午，安徽省医疗保障局、安徽医科大学共建安徽省医疗保障研究院签约暨揭牌仪式在合肥举行。

4. **开展医保基金监管集中宣传月活动。**4月，省医疗保障局开展“织密基金监管网　共筑医保防护线”医保基金监管集中宣传月活动，组织开展医保政策宣传解读、典型案例公开曝光等工作，加强基金监督。

5. **安徽省医保电子凭证中台切换升级完成。**4月17日零时，安徽省医保电子凭证中台切换升级完成，为开展医保移动支付提供前提，为医保公共服务提升奠定基础。

6. **全省“十四五”医疗保障行风建设暨服务示范工程启动视频会召开。**4月29日上午，省医疗保障局召开全省“十四五”医疗保障行风建设暨服务示范工程启动视频会，就启动安徽省“十四五”医疗保障行风建设暨服务示范工程进行动员部署。

7. **长三角（安徽）医药集中采购创新产品展示中心项目落地签约仪式举行。**5月20日上午，长三角（安徽）医药集中采购创新产品展示中心项目在合肥举行签约仪式。

8. **全省职工医保门诊共济保障工作调度会召开。**6月23日上午，省医疗保障局召开全省职工医保门诊共济保障工作调度视频会议，对全省16个市职工医保门诊共济保障工作进行调度指导。

9. **全省医疗保障局局长座谈会召开。**7月27日下午至28日上午，省医疗保障局组织召开全省医疗保障局局长座谈会，全面总结2022年上半年医疗保障工作，讨论分析工作形势和存在问题，部署下一步工作。

10. **DRG/DIP支付方式改革交叉评估结果反馈及整改推进视频会召开。**8月5日下午，省医疗保障局组织部分市召开DRG/DIP支付方式改革交叉评估结果反馈及整改推进视频会，部署开展相关调研、指导和培训工作。

11. **2022年度安徽省省级医保基金飞行检查启动部署会召开。**8月17日上午，省医疗保障局召开省级医保基金飞行检查启动部署会，就组织开展2022年度医保基金飞行检查进行工作部署。

12. **全省医疗保障经办管理服务规范建设专项行动启动视频会召开。**8月23日下午，省医疗保障局召开全省医疗保障经办管理服务规范建设专项行动启动视频会，就开展安徽省医疗保障经办管理服务规范建设专项行动进行动员部署。

13. **全省医保系统便民发热门诊点医保结算服务保障工作视频会召开。**12月23日，省医疗保障局召开全省医保系统便民发热门诊点医保结算服务保障工作视频会，就新冠疫情期间各级医保部门做好便民发热门诊点医保结算工作进行安排部署。

## 典型案例

### 案例一：安徽探索开展乙类大型医用设备集中采购

2022年，安徽省作为全国唯一以省为单位开展大型医用设备集中采购的省份，通过“产品分层、医院分级、项目分包”的集采方式，积极稳妥推进省级公立医疗机构乙类大型医用设备集中采购，取得良好经济效益和社会效益。

**【主要做法】** 广泛听取意见，凝聚各方共识 一是深入调研。通过邀请企业座谈、组织专家研讨、听取采购方意见、开展实地走访等形式，征集各方意见建议，分析存在问题，研究解决办法。二是分析现状。通过调研，认真研究全省大型医用设备采购状况：进口品牌占据市场主导；国产设备在部分领域与进口设备的差距不断缩小；进口高端设备的优势依然稳固；省级集中采购方式已被广泛认可。供需双方已逐步适应集采趋势，各方认可度较高。三是梳理问题。通过调研总结，梳理出亟待解决的问题，如不同层级医院之间存在较大的配置标准、采购预算、临床需求；部分医院需求定位不准，存在“跟风”“攀比”心理；部分医院偏好进口品牌产品，造成高配低能、变相浪费；少数医院对品牌型号有倾向性，影响集采结果满意度，甚至出现“招而不采”现象。

创新采购机制，稳步推进改革 针对安徽省乙类大型医用设备采购使用现状，结合工作实际，建立健全了“产品分层、医院分级、项目分包”的集中招标采购模式，有效破解大型医用设备招采难题。一是产品细化分层。为解决大型医用设备缺少国家统一质量评判标准的问题，组织专家根据不同医用设备的关键技术参数开展性能评判，划分技术层次，促成“同质竞争”。二是医院合理分级。对医院提出的采购需求，按照各医院规模级别、功能需求、技术能力等因素进行综合考虑，明确采购等级，遵从实际需求。通过论证，综合考虑医院规模能力，按照科学研究型、临床科研型、临床应用型划分等级，遏制盲目追求“高端、进口”的现象。三是项目科学分包。在产品分层、医院分级基础上，根据采购单位购置预算、功能需求，组织专家对产品层级和医院需求等级进行匹配，合理区分不同采购包之间的技术层次。设置分包时最大化考虑需求共性，尽可能集中包数，用足用好省级集采规模市场优势，实现以量换价、以量提质。

**【主要成效】** 设备采购价格显著下降 组织省级乙类大型医用设备集中招标采购，配备一批国内外超高端诊断、治疗设备，有效降低医院采购成本，让医院“轻装上阵”。2022年，完成6大类10个项目47台设备开标评标，总采购金额约4.8亿元，经测算，预计节约医疗机构采购资金2.35亿元，节资率32.6%。

国内企业竞争力显著提升 2022年，国内企业市场份额大幅攀升，PET/CT、CT、磁共振、骨科手术导航定位系统等项目纷纷中标，基本形成国产设备与进口设备充分竞争的局面，初显以国内大循环为主体、国内国际双循环相互促进的新发展格局。

市场营商环境显著改善 通过开展乙类大型医用设备省级集中招采改革，搭建开放充分的竞争平台,有效降低企业渠道营销成本。同时,引导企业回归"拼质量、拼技术"的良性竞争轨道,有力促进医疗机构、医务人员与企业的"亲""清"关系的建立。

## 案例二:合肥市DRG付费改革促进三方共赢

2022年,合肥市DRG付费改革提前实现医疗机构、病种、医保基金全面覆盖的目标任务。DRG付费医疗机构由17家扩大到95家,实现全市具备条件的住院医疗机构DRG付费100%覆盖,付费病组覆盖率达100%,DRG付费医保基金支出占全部住院医保基金支出的94.15%,有效推动医疗机构从以"总额控制"为主的粗放式管理向"总额控制兼顾医疗质量"的精细化管理转变,促进了医疗资源合理分配,实现"医、保、患"三方共赢。

**【主要做法】** 完善体制机制,增强改革动力　一是建立"1+3"推进机制。"1"是成立以市政府分管副市长为组长的DRG付费国家试点领导小组,全面领导推进DRG付费改革工作,"3"是成立三个专项工作组,分别为五个专业协作组、第三方督导组、医保经办机构内部成立的DRG付费推进小组,具体指导DRG付费改革工作。二是完善"1+1+N"制度体系。在付费政策层面,合肥市修订印发《合肥市2022年度医保基金按疾病诊断相关分组(DRG)付费实施方案》,明确DRG实施范围和总额预算,形成DRG付费基本制度。在经办实施层面,制定《合肥市按疾病诊断相关分组(DRG)医疗保障经办管理经办规程(试行)》,形成具体实施的经办标准和流程。在配套措施层面,制定《关于推进合肥市DRG付费国家试点及贯彻落实医保结算清单的通知》《合肥市按疾病诊断相关分组(DRG)付费试点病案抽检办法》《合肥市基本医疗保险定点医疗机构住院费用按DRG点数付费特病单议实施规程》《关于发布合肥市2022年DRG付费细分组方案的通知》等若干规定,搭建形成全流程完备的DRG付费制度体系。三是优化"全流程"监管体系。建立以智能审核为主、人工复核为辅、现场检查为补充的全方位、立体式审核监管新体系。在制度层面,制定《合肥市按疾病诊断相关分组(DRG)付费绩效评价方案》《合肥市按疾病诊断相关分组(DRG)付费监督管理办法(试行)》等文件。在业务层面,根据完善病案首页质控、智能审核监管、付费结算管理等流程,实现对临床诊断真实性、诊疗过程规范性和合理性的同步监控。2022年上半年,合肥市对2021年度17家DRG试点医院的DRG病案开展交叉检查,经过临床、病案、医保专家评估认定,不合理病例医疗总费用为1361.85万元,并在年终清算时予以核减。

坚持动态调整,激发改革潜力　一是建立分组方案动态调整机制。以国家医疗保障疾病诊断相关分组(CHS-DRG)的628个细分组为基础,根据本地2019年1月至2021年10月的病案和医保结算数据,测算形成2022年预分组方案。组织召开临床专家论证会,对100个病组进行了细化,增加13个本地特殊细化分组,将未区分合并症或并发症的23个DRG病组细化为67个病组,最终形成符合合肥市实际的785个DRG病组。二是建立病组差异系数优化机制。充分发挥病组差异系数的调控作用,将病组差异系数构成由"级别+成本"调整为"级别+成本+人次人头比+CMI值"。通过增加人次人头比、CMI值指标,鼓励医疗机构根据自身定位收治相应难易程度的疾病,引导医疗机构良性合理增收。三是建立基础病组(固定系数病组)导向机制。为促进分级诊疗,引导常见病在低级别医疗机构和县级医疗机构就诊,合肥市按照临床路径明确、费用差异不大、各级医疗机构均可开展的原则,设置一定数量的基础病组(如头痛、结肠镜治疗操作),实行同病同价。2022年县级及二级以下医院收治基础病组占全市基础病组病例数的41.48%,结余资金1039余万元。四是建立特病单议和特殊病例除外机制。修改调减特病单议追加点数的补偿界值,如400点以上病例补偿界值由2降为1.5,减轻医疗机构高费用病例补偿矛盾。进一步完善特殊病例除外机制,将器官移植等六种情形固定退出DRG点数付费,对应用新技术的极高费用病例采取依申请退出机制,并设置不超过医疗机构病例数3‰的退出比例,经审核同意后退出DRG付费,按实际费用折算成点数。2022年,固定退出病例881例,涉及医疗总费用6201.9万元。

**【主要成效】** 医疗机构实现“两提高” 一是医疗水平提高。全市DRG试点医疗机构的病例组合指数(CMI值)由2021年的1.03提高至2022年的1.13。同时,医疗机构也更加注重学科建设,全市DRG试点医疗机构的学科争创国家、省、市重点学科。二是管理水平提高。医疗机构为适应DRG支付方式,主动加强内部管理,医疗机构病案管理水平得到大幅度提升,医保结算清单质量有了质的转变。截至2022年底,全市试点医院医保结算清单上传率与经过质控后通过率均达到99.99%。

医保管理实现“两提升” 一是医保基金运行质量得到提升。2022年,95家医疗机构次均住院医疗费用在2021年度降低12.22%的基础上再次降低7.83%,实现了基金预算对实际需求保持适度压力的目标。二是医保管理能力得到提升。运用点数法将对单个医院的简单定额管理转变为对区域内试点医疗机构的总额管理,使医保基金分配有了客观、统一的标准。

患者负担实现“三降低” 一是患者住院时长降低。参保患者次均住院天数由2021年的8.29天降至2022年的7.79天,其中省属三级医疗机构次均住院天数由8.06天降至7.45天。二是患者个人负担降低。在新技术、新药品等不断进入医保支付范围的情况下,全市纳入DRG付费的病例个人实际负担比例由2021年的39.40%下降至2022年的33.63%,个人负担比例下降5.77个百分点。三是次均费用明显降低。次均住院费用由2021年的11194元下降至2022年的10456元,降幅6.59%。次均个人负担费用由2021年的4411元下降至2022年的3516元,降幅达20.29%。

## 案例三:宿州市开展DIP改革

宿州市作为安徽省唯一的区域点数法总额预算和按病种分值付费(DIP)国家级改革示范城市,改变原先以单个医院限额预算“大锅饭”式分配医保基金和按诊疗项目“粗放式”付费,实行以区域总额预算“挣工分”式分配医保基金和按病种分值“精准化”付费,引导医院由被动控制医疗费用向主动控费转变,引导患者由“扎堆大医院”向分级诊疗转变,促进广大群众由“看病难、看病贵”向“少跑腿、少花钱”转变。

**【主要做法】** 紧跟国家规范,健全绩效管理制度 宿州市建立一套定点医药机构绩效考核与运行监测的“市考”机制,制定与DIP付费相适应的医疗机构管理制度,完善一系列适合DIP付费的配套政策。如出台《宿州市基本医疗保险县域医共体和定点医药机构基金考核办法(试行)》《宿州市医保DIP付费结算办法(试行)》《宿州市医保DIP付费考核办法(试行)》等,将国家DIP运行指标与医疗机构考核相结合,用完善的配套制度助推改革稳健运行。

完善付费机制,注重绩效流程设计 一是构建总额精算模型,科学设定区域总额。依托省医疗保障研究院与安徽医科大学的战略合作,宿州市通过构建大数据总额精算模型,创新性地采取“历史数据校正法”和“基金占比校正法”对年度预算额度进行校正,保证预算的科学、精准。二是注重结算流程设计,体现改革政策导向。通过优化设置基层病种、设定重点专科系数、支持学科创新发展,创新性地打造DIP付费体系动态调整机制。

加强运行监测,实现基金闭环管理 宿州市做到基金监管“五个相结合”,即DIP监管系统和DIP结算系统相结合、日常稽核与专项稽核相结合、线上筛查与线下核验相结合、费用审核与稽核检查相结合、常规检查与智能监控相结合,提高监管效能,做到“线上+线下”全方位监管,确保基金安全。

坚持多方参与,建立争议处理机制 宿州市发挥卫生健康部门行业主管作用、组建宿州市医疗保障专家库、定期召开医保DIP付费专题协商谈判会，通过书面和面对面两种形式充分沟通协商谈判，开展海量精准培训，医疗机构参与制订方案、分组调整、特病单议等具体工作，主动控费开展精细化管理，确保改革顺利推进、稳步实施。

**【主要成效】** DIP付费改革实施后，宿州市在维护医保基金安全、加强医院规范管理和减轻患者个人负担等方面取得明显成效。一是基金使用更加高效。宿州市2022年较上年同期，医保次均统筹基金支出降低390.59元，下降幅度为9.64%。二是医院管理更加精细。与2021年相比，宿州市2022年反映收治疾病难易程度的病例组合指数（CMI）提高0.08，医疗机构诊疗服务能力进一步增强。三是参保群众更加满意。2022年与2021年相比，宿州市参保人员次均住院费用下降630元，下降幅度为10.1%；实际报销比由64.7%提高到65%，参保人员就医更实惠，满意度持续增高。

## 案例四：淮南市“全覆盖+专项治理”巩固基金监管高压态势

2022年，淮南市医保局以“三个全覆盖”为主线，以“九个专项治理”为抓手，持续巩固基金监管高压态势，坚决守好人民群众的“看病钱”“救命钱”，实现平均住院床日同比和市内住院总人数双降的目标。

**【主要做法】** 统一安排部署全市医疗保障基金监管工作任务，组织完成全市5家医保经办机构和1181家定点医药机构自查自纠工作。指导各级医保经办机构完成对辖区内定点医药机构日常稽核全覆盖工作。统筹市、县（区）及第三方监管力量70余人开展交叉互查，完成抽查复查全覆盖。

*开展九个方面的专项整治工作* 一是对全市17家提供血液透析服务的定点医疗机构开展专项治理；二是开展基因检测专项治理，对5家定点医疗机构及相关患者的治疗方案、基因检测报告逐一核查，给予不符合用药指征的定点医疗机构行政处罚；三是对冒用死亡人员参保信息骗取医保基金的违规行为开展专项排查，追回相关违规费用，并对符合移送条件的涉事定点医疗机构依据部门职责移送卫生健康、公安部门处理；四是针对接骨螺钉、带线锚钉、消融电极等耗材使用医保基金情况开展专项治理，主要检查是否存在串换、虚记骨科高值医用耗材的违法违规行为；五是对本市三级定点医疗机构颅内支架、颈动脉支架、外周血管支架等部分支架使用医保基金情况开展集中病案评审；六是对医养结合机构内设的定点医疗机构开展突击检查，重点检查是否存在“三假”、挂床住院等违法违规问题，共核查住院信息（病历）661条；七是针对医保经办机构经办人员是否存在擅自提高报销比例、虚造相关资料套取医疗救助基金情形、定点医疗机构及享受医疗救助的参保人员是否存在利用医疗救助人员身份骗取医疗救助基金、超范围享受医疗救助待遇等违规情形开展专项治理；八是对市医保局成立以来的举报案件查处情况开展复评及举一反三工作，消除医保基金安全隐患；九是开展医保经办机构专项治理，逐项检查经办机构的内控管理、两定管理、经办服务、基金收支、财务管理、信息系统等事项，进一步提升全市医保经办业务内控管理能力，全力守护好人民群众的“看病钱”“救命钱”。

*注重智能监管，高度重视大数据筛查* 一是全面推行视频监控技术应用，出台《淮南市医疗保障局定点药店视频监控管理制度（试行）》，实现对全市851家定点零售药店开展24小时不间断视频监控。二是开发DIP信息管理系统、DIP付费智能监管平台，涵盖日常管理、基金拨付、数据校验、监管审核和统计分析等功能模块。要求医院完成医嘱信息、出院记录、化验信息、影像报告等数据信息8个接口改造工作，全面掌握诊疗信息，依托大数据分析技术进行监管审核。三是建立“1+3”模式的12组专家稽核队伍，即一个核心编码员加医务专家、医保办和经办机构各一名工作人员组成的专项核查工作组，形成“筛查+抽查+自查”管理机制。每年定期组织开展现场稽核和专项检查

3~5次，覆盖全市所有试点医院。对大数据筛查出的可能存在问题的病历进行现场复核，累计筛查出疑似存在问题病历9.6万份。四是对检查组发现的病案数据中较为集中的问题进行分析汇总，召开专题会议布置整改，制作问题手册下发。对存在高套分值、分解住院等问题的90余家次医疗机构进行警告并督促整改，对存在严重问题的医疗机构予以处罚。

**【主要成效】** 全年共检查定点医药机构1181家次，追回医保统筹基金2981.82万元，其中行政罚款316.26万元，处理医药机构257家，解除12家定点医药机构医保服务协议，暂停3家定点医药机构医保结算，对存在违规行为的8名医保医师给予扣除年度考核分处理，移送卫生健康部门问题线索4件，移送市场监管部门问题线索2件，移送公安部门问题线索3件。据DIP支付清算统计，市内住院医保基金支出同比下降10.6%；平均住院床日同比下降1.88天，市内住院总人数下降4.18%；三级医院基层病种收治率下降19.61%，二级医院收治率上升19.97%，有效促进分级诊疗，基本实现医保基金更安全、参保群众得实惠、医疗机构得发展的共赢目标。

## 案例五：六安市叶集区推进医保经办服务下沉

2022年，六安市叶集区在全区范围内深入推进医疗保障服务示范工程建设，建成叶集区孙岗乡医保服务站。通过健全完善医保经办服务体系、打造乡村两级基层医保经办服务示范站点，将医保高频经办业务和咨询事项下沉至乡村，为参保群众和单位提供更加便捷、优质、高效、精细的医保服务。

**【主要做法】** 机构“站点”结合 叶集区委区政府研究出台《六安市叶集区关于全面推进医疗保障服务示范工程建设工作方案》，通过打造乡村两级基层医保经办服务示范站点，将原来分散在不同站所及乡镇卫生院代办的医保职能进行整合，统一归并到乡村经办服务机构，构建起以区级政务服务大厅为统领、乡医保服务站为主体、村医保服务点为终端的全方位管理服务框架，延伸区乡村三级工作链条，实现网格化管理服务全覆盖。通过网格化管理体系，将医保政策宣传、防返贫监测、参保登记、参保信息变更、个人零星报销受理、门诊慢特病申请、欺诈骗保举报受理等医保经办服务向乡村延伸，下沉到乡医保服务站16项医保经办业务、村社医保服务点7项经办业务，率先完成“15分钟医保服务圈”全覆盖，实现参保群众医保需求“门口办”“马上办”。

人员“专兼”互补 在乡一级设立专职队伍，明确1名分管领导、1名在编人员A岗和1名兼职经办人员B岗；在村社一级，明确1名医保信息员专门负责医保工作，建成区乡村医保管理服务队伍三级架构。对基层医保经办力量分批次、逐层级组织开展业务培训，不断提高乡村两级业务水平。通过全面落实“好差评”制度，开展满意度调查，提高医保经办人员办事效能，有力提升医保经办服务能力水平。

设施“软硬”升级 将医保窗口首席代表“领办代办”的综合柜员制延伸至乡村两级，对参保群众申办事项一次告知、一表申请、一窗办理，全面落实一次性告知制、首问负责制、限时办结制等工作制度，确保下放事项“接得住、办得了”。规范编制服务指南和一次性告知单，确保群众办事咨询“一看就会”“一问就懂”。通过线上咨询、电话办理等方式争取“一次不用跑”。医保经办服务站点实现了服务窗口、标识标牌、人员着装“三统一”。升级后的医保服务站经办服务区域相对独立、功能齐备，设置有政策宣传区、便民服务区、“两病”监测区、表格填写区、自助饮水区、爱心母婴室，高标准配备医保自助服务机、多媒体宣传大屏、办公电脑、打复印一体机等硬件设施，并接入医保信息系统数据专网和政务服务系统经办外网，实现与区级政务大厅同质化办理。

机制“联动”创新 叶集区医保部门通过在医保服务站点增设“两病”门诊监测点，配备血压计、血糖仪、体脂秤等便民化监测设备，引导办事群众开展健康监测，建立门诊“两病”监测台账，对存在患病风险的群众及时告知，并第一时间推送至村卫生室或乡镇卫生院，待专家鉴定后，由乡镇卫生院在医保系统后台进行信息维护，纳入医保范围，享受门诊“两病”报销待遇。2022年，全区共监测新增门诊“两病”患者1660余人。叶集区通过构建区乡村三级医疗、医保信息系统“一张网”，实现信息上下贯通，在全省率先实现区乡村三级刷脸结算支付全覆盖，实现医保结算由刷卡、刷码再到刷脸的三次升级，提升了医保服务便捷度，有效解决老年人智能场景应用难点、忘记密码不能刷卡享受待遇、药品使用“体外循环”等难题，促进集采药品在基层村室落地落实。

**【主要成效】** *政策知晓度明显提升* 将医保政策简化为资助参保“185”、大病保险“505”、医疗救助“876”等便于群众熟记的数字短语，2022年共通过乡村基层站点发放印有医保政策鼠标桌垫、签字笔等宣传资料12万余份，现场答疑解惑1500余次，为参保群众提供医保服务8000余次，有效解决长期存在的基层医保宣传难题。

*群众参与度较大提高* 基层站点提供帮助参保缴费、“两病”用药监测、智能人脸识别等个性化服务，积极引导参保群众到服务站点办理业务，2022年共为群众办理参保登记21万人次，信息查询、变更1608人次，受理212人次医疗救助申请、120份慢性病申请。

*社会满意度显著增强* 基层医保站点建设实现群众就近办理医保业务，鼓励、引导居民改变就诊习惯，小病、慢病优先考虑在村社、乡镇就诊，进一步促进分级诊疗。2022年城乡居民门诊结算81287人次，统筹基金报销358.07万元，与2021年同期相比，门诊结算增加2647人次、统筹基金报销增加101.71万元。

# 福建省

## 工作综述

2022年，福建省医疗保障局全面实施“提高效率、提升效能、提增效益”行动，持续深化医保制度改革，着力发挥医保民生保障作用，促进群众健康福祉有新提升，全面实施全民参保计划，完善精准参保扩面政策。2022年，全省基本医保参保3863.49万人，其中职工医保972.20万人，城乡居民医保2891.30万人。各统筹区职工医保统筹基金、城乡居民医保基金当期收支总体平稳。2022年，职工医保（含生育保险）基金当期收入499.91亿元、支出383.18亿元，累计结存970.75亿元；居民医保基金当期收入289.68亿元、支出269.20亿元，累计结存130.06亿元。

**【深化医保重点领域改革】** 完善职工医保基金省级统筹调剂政策　调剂集中比例从30%提高至50%，规范调剂金使用管理，促进地区间医保基金平衡和政策统一。

扩大药品耗材集中带量采购覆盖面　在落实国家集采任务的基础上，开展43种药品和5类医用耗材省级集采，牵头组织覆盖27省份的心脏介入电生理、15省份的腔镜切割吻/缝合器两类耗材省际联盟采购，平均降幅50%左右。全年累计完成集采药品396种、医用耗材19类，进一步减轻群众药耗负担。

深化医保支付方式改革　深入实施医保支付方式改革三年行动，实现九市一区按疾病诊断相关分组、按病种分值付费改革全覆盖。龙岩、南平、厦门市医保支付改革成效持续向好，泉州市紧密型县域医共体医保基金总额付费精细化管理持续提升。截至2022年底，全省各级公立医疗机构实施按病种收付费病种数1498个，有力促进医疗服务供给提质增效降本。

创新医疗服务价格管理　完善医疗服务价格动态调整机制，公布139项新增医疗服务项目价格支持临床医疗新技术运用，探索急性缺血性脑卒中静脉溶栓、家庭病床按病程收费和整体护理按床日收费。在全国首创药学服务收费政策，推动药学服务模式转变。厦门市作为国家首批医疗服务价格改革试点成效明显。

**【健全多层次医疗保障体系】** 完善职工医保门诊共济保障机制　统筹推进个人账户改革和门诊待遇提升，普通门诊报销比例从50%提高至75%。全省门诊特殊病种统一调整为29个。厦门、泉州市推进门诊统筹按费用保障。

健全重特大疾病医疗保险和救助制度　出台福建省具体实施意见，融合归并各地医疗保障救助政策，实行五类困难群体精准救助，覆盖230余万困难人口。进一步畅通医疗救助渠道，实行“一站式”服务、“一窗口”办理和省内住院“先诊疗后付费”，对符合条件的救助对象实现免申即享，不断扩大救助成效，坚决守牢不发生因病规模性返贫底线。

探索推行政府定制型“惠闽宝”“惠厦保”等补充商业健康保险　满足群众多元化医疗保障需求，允许职工医保个人账户购买保险，全省参保人数达350万人。配合做好个人账户购买、经办服务、信息共享和监管协同等衔接，会同相关部门指导商保机构建立盈亏调节机制，更好体现“保本微利、惠民减负”原则，切实发挥商业医疗保险补充保障作用。

**【巩固提升医保待遇水平】** 稳步扩大保障范围　落实新版医保药品目录，医保目录药品品种扩大至2860个。一批创新药通过谈判降价纳入福建省医保，97个谈判药品纳入“双通道”管理，48个药品纳入门诊单列结算，并将中药配方颗粒纳入福建省医保支付范围。

调整优化居民医保待遇　按DRG收付费报销比例不低于50%，谈判药品医保支付标准提高5个百分点，并做好医用耗材支付标准精准调整。全力推进“为民办实事”项目落实，困难群众高血压、糖尿病门诊指定用药报销比例提高至100%，惠及82万人次。

积极应对生育和人口老龄化待遇保障　将女职工生育三孩费用纳入生育保险待遇支付范围。巩固提升福州市国家长期护理保险试点，累计约3000名失能参保人员享受试点医保待遇。探索开展家庭病床、“无陪护”病房医保支持政策，初步实现“老有所护”。

**【加强医保基金综合监管】**　持续严厉打击欺诈骗保行为，开展全覆盖检查、专项整治和飞行检查，深入开展医保监管“点题整治”，严厉打击“假病人、假病情、假票据”欺诈骗保行为。强化部门联动监管，建立行纪衔接、行刑衔接等“一案多查、联合惩处”机制。完善福建省行政处罚程序规定、自由裁量基准及行刑衔接工作细则等一系列配套文件，梳理典型违法违规问题清单442条，坚持以案促改、以案促管。加强举报奖励等社会监督，构建“不敢骗、不能骗、不想骗”的长效运转机制。2022年，全省共现场检查13144家定点医药机构，处理违法违规定点医药机构12340家，追回医保资金8.59亿元。

**【强化医保数字赋能】**　发挥数字福建建设优势，高标准高质量推进省级医保信息平台建设，深化平台运用和业务创新，促进实现“决策科学化、管理精细化、服务智慧化”。聚焦提升平台深化运用水平，兼顾平台统一性与个性化需求关系，探索设立8个地市“专区”，统一“地方专区”建设框架、建设标准和管理运维机制，确保数据不出库、数据不回流，最大程度发挥平台支撑作用。加强数据归集治理，严把国家数据标准规范关、质量关，统一全省医保指标口径和报表规范，完善决策报表查询应用，整理各类报表206张，累计向各地市分配账号权限500余个，报表数据平台已面向全省11个统筹区全面应用。同时，建立“三医”数据转换标准和安全管控，促进跨部门数据共享交换使用，助力实现“三医一张网”。加大平台智慧服务功能应用开发，大力推广“网上办、掌上办”，完善网上参保登记、医保缴费、异地就医备案、家庭共济、电子凭证全流程应用、医保移动支付、“双通道”电子处方流转等服务，助力提升医保服务效能。

**【持续优化医保经办服务】**　推进医保下沉，创造性解决基层经办网点建设资金、人员和管理难题。出台福建省优化医保领域便民服务十二条措施，推进医保经办服务县乡村一体化，1114个乡镇（街道）实现设置医保服务窗口全覆盖，近1.2万个村卫生所实现医保“村村通”。全面推行医保服务“网上办”“掌上办”，异地就医备案等7个医保高频政务服务事项实现“跨省通办”，率先实现省内转移接续与个人账户余额划转“全网办”“同步走”“秒到账”。提升医保便民实效，实现普通门诊和住院费用跨省异地就医直接结算，并推进8个统筹区453家医疗机构实现门诊慢病跨省直接结算。“智慧医保”加快发展，成为全国第二个通过国家信息平台验收的省份，2740万人激活医保电子凭证，120家定点医院开通医保移动支付，漳州、宁德医保支付结算率超过10%。

**【全力应对新冠疫情保障】**　全力做好费用保障　全力应对新冠疫情，继续落实疫情救治和疫苗费用保障政策，及时将疫情防控用药和治疗费用纳入医保支付范围，累计结算疫情救治和疫苗接种费用约40亿元。

及时保障药品耗材供应　建立新冠病毒相关检测试剂及医用耗材动态监测机制，及时进行挂网采购，全力确保疫情防控医药物资“随时采、及时配、足量供”。

助力疫情防控减负　开展新冠病毒相关检测试剂省级集采，连续七轮调低核酸检测价格，核酸检测单人单检收费价格下调至16元，混合检测价格每人次5元，政府组织大规模筛查多人混检不高于每人份3.5元。2022年7月至9月实行阶段性缓缴企业医保费政策，共缓缴医保费23.2亿元，惠及企业29.6万户。

## 重要活动

1. **印发实施福建省“十四五”医疗保障专项规划。**1月4日，福建省政府办公厅印发《福建省“十四五”全民医疗保障专项规划》，该规划是指导全省“十四五”期间医保领域改革发展的纲领性文件。该规划明确“十四五”时期福建医疗保障发展的总体要求、重点任务和保障措施，是“十四五”时期福建省医疗保障工作的重要指南，是制订医疗保障年度计划、项目建设及政府对医疗保障投入的主要依据。规划基期为2020年，规划期为2021—2025年。

2. **制定出台职工医保基金省级统筹调剂实施意见。**8月1日，福建省人民政府办公厅出台《关于印发福建省城镇职工医疗保险基金省级统筹调剂实施意见的通知》，进一步完善职工医保基金省级统筹调剂机制。

3. **举行系列主题专场新闻发布会。**10月10日，福建省委宣传部在福州举行“牢记使命　奋斗为民”系列主题福建省医保局专场新闻发布会，局党组成员参加新闻发布会，就分管领域分别介绍福建省“健全多层次保障体系　奋力谱写医保为民新篇章”有关情况，并现场回答记者提问。

4. **开展省际联盟医用耗材集中带量采购。**12月13日，福建省牵头开展的心脏介入电生理类、腔镜切割吻/缝合器类医用耗材省际联盟集中带量采购开标，12月23日公示中选结果。其中，心脏介入电生理类中选产品平均降幅为49.35%，腔镜切割吻/缝合器类中选产品平均降幅55.52%。按首年采购需求量计算，预计联盟省份每年可节约医疗费用70亿元，福建省预计每年可节约费用4.12亿元。

## 典型案例

### 案例一：福建提升群众跨省异地就医便捷性

福建从“备案、结算、协同”三个方面入手，在开通普通门诊、住院费用异地联网结算的基础上，进一步探索优化备案程序、扩大直接结算范围、完善常态化监管机制，让跨省异地就医直接结算服务更加高效便捷，提升流动人口的就医可及性。截至2022年底，福建跨省异地就医直接结算已实现住院、普通门诊、慢特病门诊、药店全覆盖，缓解了群众异地就医跑腿报销与资金垫支等痛点问题。

**【政策规范“领着走”，让异地就医流程更顺畅】**　*细化分类管理*　对异地就医人员严格实行两大类六小类管理，除了原有的跨省异地长期居住参保人员、跨省临时外出就医人员中的异地转诊就医人员，新增了因工作、旅游等原因异地急诊抢救人员及其他跨省临时外出就医人员。

*优化备案程序*　对跨省异地长期居住人员的备案实行长期有效制，并允许在备案地和参保地双向享受待遇；对来不及办理备案手续人员实行出院补办制，在出院后补办跨省异地就医备案手续的，可正常申请手工报销；对急诊、抢救人员实行免备案制；针对临时外出备案、转诊转院备案等情况，福建省绝大多数统筹区不降低报销比例。

*强化经办管理服务*　对跨省异地就医急诊抢救人员信息传送，就医外伤费用医保结算、院外诊疗购药行为及待遇、普通门诊医疗费用退费管理、跨年度住院信息传送及待遇计算规则等经办服务管理环节有关规定进行统一规范，推动各统筹区相关就医规范和异地就医规范之间的有效衔接。

**【渠道布局“跟着走”，让直接结算服务更可及】**　*扩大医药机构范围*　将不同投资主体、经营性质的医保定点医药机构纳入跨省联网结算范围，重点加大异地就医需求量大、流动人口相对集中地区的联网定点扩围力度，开通后按同一标准实行协议管理。

拓展备案渠道范围　参保群众可通过国家医保服务平台App、国家异地就医备案小程序、国务院客户端小程序、闽政通App、"福建医疗保障"小程序或参保地经办机构窗口等线上线下途径办理异地就医备案手续，支持自助备案服务，即时办理、即时生效。

深化医保编码应用　持续抓好药品、医疗服务项目、医用耗材、按病种结算病种和门诊慢特病等医保编码的贯标工作，确保跨省直接结算定点医疗机构结算上传的疾病诊断编码全部为国家医保统一的版本。不断加强数据治理与应用情况监测，对不规范编码进行系统校验拦截，做到定期通报反馈，提高跨省直接结算传送编码数据质量。

**【机制协同"一起走"，让医保基金监管更有力】**　统一协议管理　将异地就医人员相关费用纳入本地统一管理，在医保定点服务协议中规范定点服务标准，明确跨省直接结算相关管理要求，依规定进行费用审核，对不符合规定的医疗费用按就医地医保服务协议约定予以扣除。

统一稽核标准　省本级及异地费用审核方面，均按照国家医保药品目录、福建省医疗机构医疗服务价格项目及省属公立医院医疗服务价格、福建省耗材收费政策等有关规定开展稽核工作，通过多渠道调查、取证，对可疑刷卡结算情况进一步核查。

统一审核规则　持续完善全省统一的智能审核和监控规则库，在急诊抢救、无第三方责任外伤、住院期间外院检查治疗或定点药店购药、大额医疗费用等重点审核方面，通过设置初审岗、复核岗和审批岗三级不相容审核岗位，落实统一规范的初审、复审、复核、终审四级审核流程，确保审核全面性，不断推动人工审核向全面智能审核转变，减少审核自主裁量权。

## 案例二：厦门市深化医疗服务价格改革

2022年底，厦门市首轮调价方案正式落地执行，确定增减项目183项，其中调增167项，平均增幅27.12%，调降16项，平均降幅11.09%。2021年11月，厦门市被确定为国家深化医疗服务价格改革五个试点城市之一。在国家和省医保局的指导下，厦门市多措并举，大胆探索，形成了具有"厦门特色"的操作细则。

**【主要做法】**　建机制、立规则，科学描绘价改"路线图"　成立改革工作专班深入医疗机构调研，充分发挥临床一线医务人员专业优势，结合厦门实际，先后制订《厦门市深化医疗服务价格改革试点方案》《厦门市深化医疗服务价格改革试点操作细则》等文件，建立总量调控、分类形成、动态调整和评估考核新机制，形成政策闭环，科学解决医疗服务价格"何时调、调多少、怎么调"的改革难题。

控总量、调结构，坚决把好调价"总阀门"　一是精准触发。根据动态调整机制要求，建立一套完善的指标体系，分别从患者费用变化、医院运行情况、承受能力三方面设置3个一级指标、12个二级指标和33个三级指标。首轮调价复杂型项目动态调整综合评分为238分（大于触发分值201分），符合启动条件。二是精算总量。以厦门市公立医院历史医疗服务性收入（不含药品、卫生材料收入）为历史基数，充分考虑经济发展水平、医药费用增幅、医保基金承受能力、新增项目收入等因素，科学测算调价总量。首轮因动态调整综合评分未达到总分的80%，对总量进行了缩减，最终确定本年度可用调价总量为2803.76万元。三是精准施策。鉴于厦门已于2020年对普通门诊诊查费进行较大幅度调整，首轮只启动复杂型医疗服务项目调整，重点将体现技术劳务价值的1733项手术类项目纳入调价范围。

抓重点、强措施，准确把握调价"方向盘"　一是科学平衡升降总量。要求医院先自主上报调增、调降项目，其中调降项目总金额需高于调增项目总金额的10%。在升降正相关且总量"盖帽"的激励约束机制下，调增总量越高，调降总量也越多。二是开展"双高"项目评定。高难度、高风险医疗项目全面引入临床专家评审，更贴合临床实际，确保了评审结果的合理性和权威性。三是建章立制科学报价。报价规则从经济分占主导、升降总量绑定、设置标杆价格、政策分引导等不同维度对医院项目调增幅度进行多重约束，既避免“大水漫灌”，又防止医院“漫天”报价，让医院和医务人员的专业意见和合理诉求真实体现在价格上。

精测算、稳舆情，关口前移下活“先手棋” 一是预测调价影响。根据2021年数据测算，方案升降相抵后预计增加本市公立医院医疗收入2693万元，医保基金支出（含非公立医院）预计增加1169万元，基金总体可承受。二是做好舆情引导。充分吸收卫生健康、人力社保、市场监管、医疗机构等各方意见建议，在决策源头上凝聚共识、化解认识分歧。关口前移，协同医疗机构积极做好院内的政策解读和宣传引导，把舆情风险化解在诊疗“第一线”。三是加强跟踪监测。组织医疗机构定期上报实施数据，重点对调价前后项目服务量、医疗收入等情况进行分析评估，确保政策平稳运行。

**【主要成效】** 探索医疗服务价格形成新路径 此次改革通过建立更可持续的价格总量管理机制，对不同类型的项目分别设定调价启动和约束指标，以客观指标替代主观意志，明确全市调价总量和调价时机，稳定调价预期，使调价行为有章可循、有据可依，初步实现了政府“定规则、当裁判”，公立医院在价格形成机制的“笼子、尺子”内参与形成项目价格的目的。

引导医院提升精细化管理水平 新价改机制设定升降正相关且总量“盖帽”的报价规则，既倒逼医院主动平衡各临床科室、辅助科室间的关系，优化医疗资源配置，也有助于鼓励医院通过规范诊疗、成本管控等精细化管理，打开调价窗口，让价改成为公立医院练好内功的“助力器”。

专家参与提高项目遴选精准性 本次复杂型医疗服务项目调整，独创了临床专家评审“双高”项目，最终确定四级手术项目450项，占25.9%，其中“双高”项目73项，占4.2%，入选项目直接给予政策性加分，充分发挥了临床专家优势，更好地理顺比价关系，引导三级医院逐渐把发展重心聚焦于难度高、风险大的复杂型项目，推动价格更好地成为技术劳务价值的“度量衡”。

## 案例三：数智赋能福州市基层医保经办服务

福州市下辖44个街道、94个镇、36个乡，540个社区居委会、2196个村民委员会。由于边远乡村距离医保经办机构较远，经办服务窗口覆盖面有限，村民运用数字智能服务存在障碍，无法享受到便捷的医保服务，对医保事项进一步下沉基层村、镇的需求尤为迫切。

为进一步提升基层医保经办服务效能，提升群众办事获得体验，福州市以国家医疗保障信息平台为基础，借助福州市“e点通”网上申报服务终端，搭建基层医保便民服务平台，实现医保部门、乡镇（街道）、村（社区）、村民“一体联动”，打造医保基层服务新模式，推动医保经办服务在全省走前头、做示范。

**【主要做法】** 抓住关键，推动服务延伸基层全面铺开 以贯彻落实福建省优化医保领域便民服务十二条措施为重要抓手，要求各区、县（市）所有乡镇（街道）区于9月底前实现医保便民服务功能，所有村（社区）安排1~2名人员兼任医保协理员，着力推进医保经办服务延伸至乡镇（街道）、村（社区）。在此基础上，福州市医保局还牵头统一制定基层经办服务窗口工作制度、窗口文明服务规范及经办人员岗位职责、办事指南等，形成统一的全市医疗保障基层服务窗口设置标准，促进基层服务点建设全面铺开。

讲求实效，规范基层服务解决群众难事 从群众实际需求出发，规范基层服务点业务受理范围，内容涵盖城乡居民参保登记、异地就医备案、门诊慢特病病种待遇认定、医疗费零星（手工）报销等16项医保服务高频事项。其中，城乡居民参保登记、异地就医备案等9项业务要求当场办结，切实解决群众“折返跑”“跑多趟”等问题。

以智赋能，首创基层经办服务新的模式 结

合基层实际，以数智赋能，积极拓展“e点通”网上申报服务功能，实现医保经办服务“e提升”，解决基层服务点业务受理难操作等问题，提高了经办服务效率与服务水平。通过“村民申请—乡镇(街道)、村(社区)受理—在线审核反馈—乡镇(街道)、村(社区)出具办理结果”的经办服务模式，实现医保部门、乡镇(街道)、村(社区)、村民“一体联动”。

创新服务，实现医保业务快办速办　依托医保基层服务点，宣传引导参保群众在线办理“转移接续申请”“生育津贴支付”“门诊慢特病病种待遇备案”“家庭共济”“异地就医备案”等多个医保事项，同时实现医保参保信息查询、关系接续转移、医保停保申请等19项医保业务“自助办”，参保群众可通过e福州自助服务终端，享受医保“24小时不打烊”快办速办服务。

**【主要成效】**　截至9月15日，福州市173个乡镇(街道)便民服务中心、2755个村(社区，含经济合作社)均已设立医保基层服务点，所有乡镇(街道)便民服务中心均配有医保经办服务工作人员，村(社区)配有医保协理员。实施医保公共服务“e提升”以来，已有30多万群众通过医保基层服务受理平台、e福州自助服务终端，以及“福建医疗保障”微信小程序、e福州App等医保线上办理渠道，办理城乡居民参保登记、门诊慢特病病种待遇认定、异地就医备案、参保人员参保信息查询等各项医保经办服务下沉事项，深受社会和群众好评。

## 案例四：南平市探索县域紧密型医共体医保基金打包支付改革

南平市认真贯彻落实国家和本省关于深化医药卫生体制改革的决策部署，持续开展县域紧密型医共体医保基金打包支付方式，引导县域紧密型医共体向管理要成效。

**【主要做法】**　坚持以收定支加强基金预算管理　以市级层面为预算单位，按照“以收定支，收支平衡，略有结余”的原则和“按县域、按人头、按年龄”的分配模式，预算安排和下达县域紧密型医共体打包支付资金总额，并按月拨付使用。年末，结合本地区医保基金实际收入和各医共体履行协议等情况，合理调整预算分配方案，并及时开展年终决算。

坚持结余留用、超支自理的激励机制　对县域紧密型医共体年度结余基金，全部留存医疗机构，要求60%用于医务性支出。当年度因医保政策调整新增的基金支出部分，纳入年终预算调整合理解决，其余超支部分则由医共体自行承担消化，激发医共体规范内部管理，推动支付方式改革提质增效。

坚持医保基金运行分析制度　建立医共体基金运行月分析、季分析制度，加强动态监测预警，及时了解和掌握各医共体打包基金运行情况。对出现基金运行异常情况，及时通报预警，敦促医共体加强分析研判和风险管控。

坚持绩效考评和结果运用　制定《南平市县域紧密型医共体医保打包基金绩效目标表》，合理设置年度考核评价指标，并将年终考核评价结果与打包基金结算挂钩，促进各医共体加强基金预算收支管理，共同维护基金使用安全。

**【主要成效】**　医保基金平稳运行　2022年，南平市职工医保统筹基金累计结余支付能力从2017年的濒临穿底，提升到14个月，城乡居民医保基金累计结余可支付能力达9个月。预算基金实现年终结余由2019年的6家，发展到2022年的10家，实现结余全覆盖。

促进落实医保支付方式改革　圆满完成全国30个DRG国家付费试点城市工作任务，并被福建省列为DRG支付方式改革省级示范点。经统计，开展DRG付费改革的医疗机构患者住院诊疗次均费用下降400.8元，降幅4.45%；平均住院天数下降0.95天，降幅10.27%；医务性收入占比达36.21%。

有效减轻了患者就医负担　DRG付费与按人头付费、按床日付费、按病种付费、按定额付费等支付方式改革，形成互为补充、结构多元的支付方式改革体系,并与国家药耗集采、医保待遇调整等惠民政策协同发力,进一步减轻患者就医费用负担,个人住院次均费用较改革前下降96.65元,降幅3.21%;职工医保、居民医保住院报销比例分别由改革前的61.13%、51.97%提升到80.86%和61.07%。

## 案例五:宁德市探索价质并重的医用耗材集采

宁德市积极探索医用耗材地方自主带量采购新路子,2021年以来,先后组织开展了骨科创伤类耗材、普通医用耗材、体外诊断试剂3批次10类医用耗材集中带量采购,截至2022年底,约减少医疗费用1.07亿元。特别是2022年首次将国内鲜有开展的感染性疾病检测试剂、血细胞分析试剂、凝血功能检测试剂、POCT检测试剂等体外诊断试剂纳入地市集采范围,集采品种平均降幅达40.11%,为本省地级市开展医用耗材(体外诊断试剂)集采提供了宁德样本。

**【精准突破,拓展集采新领域】** 一是提高站位。建立部门沟通、协商、研判、处置机制,为集采工作顺利展开提供坚实的组织保障。二是做好方案论证。邀请相关部门、企业、医疗机构、临床专家、参保人员代表等参与方案的设计与论证,确保产品价格、质量及供应保障等集采工作科学合理。三是拓展遴选范围。将临床使用量大、竞争较为充分的品种,在充分调研的基础上,精准遴选纳入集采范围,探索地方集采新领域、新路子。

**【价质并重,科学设计集采规则】** 一是创新竞价方法。统筹兼顾产品价格、企业综合实力、产品质量与服务、临床使用等多个维度,按照产品价格、企业综合商务、专家技术评价5:3:2的分值配比进行综合竞价,化解集采“一价定终身”的局限性。二是创新比价规则。根据全市县级及以上医疗机构采购成本,科学测算基准价,再通过比对、评估,合理设置基准价降幅比例,引导企业理性竞争,确保产品降价不降质。三是创新分配方式。明确以医疗机构上年度实际采购使用量的80%作为集采中选产品的一年约定采购量,剩余20%由医疗机构自主分配,可用于采购价格适宜且临床必需的非中选产品,满足多层次的医疗需求,提高集采中选产品采购使用的合理性、科学性,避免“一刀切”。

**【阳光招采,确保全程公开公正】** 为确保集采工作公开、公正、透明,切实保障患者、企业及医疗机构多方合法权益,注重把好“三关”。一是把好发布关。从集采方案挂网到中选产品结果出炉,所有信息均通过市医保局官网公布,并组织企业线上申报培训,及时在线答复企业申投诉事项,接受社会监督。二是把好结算关。改变以往线下采购的结算方式,依托本省药械采购平台实施阳光采购,推行货款统一代结算支付,加快企业回款周期。三是把好监督关。在抽取专家、现场评审、线上竞价、中选产品结果公布等各环节实施全流程纪检监督,确保集采工作阳光透明、精准精确。

**【部门联动,构建高效运行机制】** 成立多部门医用耗材联合采购工作领导小组,各部门各司其职、各负其责,分工协作,形成齐抓共管合力,确保集采中选产品平稳落地实施。一是协力拓宽集采覆盖面。卫生健康、民政等部门负责指导本地区15家县级及以上公立医疗机构(含县级总医院)、2家精神专科医院参与联合集采,并敦促各医疗机构采购使用中选产品,确保本地区集采覆盖面和中选产品的采购使用量。二是协力做好履约监督。医保部门负责中选产品平台挂网、配送、费用结算和履约监督,卫生健康、市场监管等部门负责中选产品质量和产品使用监管,协力做好集采工作全过程、全链条、全周期监督管理。三是协力提升集采效益。将集采释放的降价红利用于调整和提高医疗服务项目价格,进一步优化医疗服务收费结构,实现“腾笼换鸟”,着力提升医保基金使用效益,为老百姓带来更加优质实惠的医疗技术服务。

# 江西省

## 工作综述

2022年，江西省医疗保障局统筹推进疫情防控和医保高质量发展，全省医疗保障事业实现新发展。截至2022年底，全省基本医疗保险（以下简称“基本医保”）参保4648.23万人，参保覆盖率稳定在95%以上，其中职工基本医疗保险（以下简称“职工医保”）参保646.06万人，城乡居民基本医疗保险（以下简称“居民医保”）参保4002.17万人。基本医保基金（含生育保险）总收入698.18亿元，同比增长3.87%，其中职工医保基金（含生育保险）收入296.79亿元，同比增长10.38%；居民医保基金收入401.39亿元，同比下降0.46%。基本医保基金（含生育保险）总支出592.40亿元，同比下降3.96%，其中职工医保基金（含生育保险）支出234.87亿元，同比增长4.10%；居民医保基金支出357.52亿元，同比下降8.61%。基本医保基金（含生育保险）当期结存105.78亿元，其中职工医保基金（含生育保险）当期结存61.92亿元，居民医保基金当期结存43.87亿元。基本医保基金（含生育保险）累计结存836.72亿元，其中职工医保基金（含生育保险）累计结存494.39亿元，居民医保基金累计结存342.32亿元。

**【积极助力社会发展大局】** *助力全省发展改革双“一号工程”* 为贯彻落实江西省委、省政府关于大力实施数字经济“一号发展工程”和营商环境“一号改革工程”的相关决策部署，5月5日，省医疗保障局印发《贯彻落实省营商环境优化升级“一号改革工程”打造“‘赣’出精彩”江西医保品牌的若干措施》，职工大病保险缴费方式由全年一次性缴纳优化为可按年或按月缴费；中小微企业可缓缴3个月职工医保费，2022年累计为2.8万余家企业缓缴职工医保费3.16亿元。

*助力中医药强省战略* 8月2日，省医疗保障局制定出台《关于医保支持中医药传承创新发展的实施意见》，以省政府办公厅名义转发，明确将更多符合条件的中药饮片、中药制剂、中医医疗服务项目纳入医保支付范围，重点支持樟树帮、建昌帮等“赣味”中药饮片，拓展中医类医保定点机构范围，鼓励引导基层医疗卫生机构提供中医药服务；9月2日，省医疗保障局联合省卫生健康委、省中医药管理局印发《关于进一步支持热敏灸医疗服务项目发展的通知》，将热敏灸医保支付由1家医疗机构扩大至全省54家中医康复联盟医院和1家热敏灸区域医疗中心，全力支持江西省国家中医药综合改革示范区建设。

*助力常态化疫情防控* 持续落实“两个确保”的救治政策，2022年向全省定点医疗机构预付医保基金11.9亿元，免除新冠患者和救治机构后顾之忧。做好新冠病毒疫苗和接种费用保障工作。10月24日，省医疗保障局会同省财政厅、卫生健康委印发《关于规范医保基金支付新冠病毒核酸检测费用有关问题的通知》，进一步规范医保基金使用范围。着力降低常态化防疫成本，按照国家医疗保障局部署要求，下调核酸检测价格至核酸多人混检不超过3元、单人单检不超过13元。

**【夯实医保高质量发展基础】** *提升医保法治化水平* 将“法治医保”建设工作列入2022年省医疗保障局“作示范、勇争先”品牌工作，健全完善江西省医疗保障法治体系。5月5日，出台江西省医保领域普法五年规划《江西省医疗保障系统“八五”普法规划》。7月11日，出台全省医保领域“法治医保”纲领性文件《关于加强全省法治医保建设的实施意见（2022—2025年）》。7月13日，江西省医保领域政府规章《江西省医疗保障基金使用监督管理办法》以江西省人民政府第256号令发布，并自10月1日起施行。

建立医保基金稳健运行机制　8月30日，以省政府办公厅名义印发《关于促进医保基金稳健运行推动医保事业高质量发展的意见》，紧扣医保基金收入、支出、管理、保障四个环节，围绕促进基金增收、推动基金节流、优化基金管理、推进省级统筹等全方位补齐短板，明确提出深入实施全民参保计划等15项重点工作任务和参保覆盖率等3项定量指标，并逐项明确责任部门，全面构建医保基金安全稳健运行长效机制。截至2022年底，全省职工医保和居民医保基金累计结余可支付月数分别达到25.26个月和11.49个月。

优化完善医保制度体系　践行"开门办医保"的工作理念，深入开展"领导接访日""医院接待日""企业接待日"活动，主动听取参保群众、定点医药机构和医药企业的意见建议，广泛征集信访、舆情、热线、市县基层各类诉求，梳理41项共性问题和4项个性问题，逐项制定整改措施，常态化推进解决，并在此基础上围绕待遇保障、筹资运行、医保服务、基金监管等方面，印发出台16份政策文件。

**【优化医疗保障待遇政策】**　优化医保筹资缴费政策　9月5日，省医疗保障局联合省财政厅、省税务局印发《关于做好我省2022年城乡居民基本医疗保障工作的通知》，稳步提高城乡居民医保筹资标准，2022年居民医保人均财政补助标准和个人缴费标准较2021年各新增30元，分别为610元和350元。9月23日，联合省税务局出台《关于进一步明确城乡居民缴纳居民医保费有关事宜的通知》，取消2017年以来未参保及断缴人员医保费补缴政策，启动"统模式"征缴工作，2022年全省有超过3456万人通过各种渠道缴费成功。

稳步提升医疗保障待遇　落实"两病"（即糖尿病、高血压）门诊用药保障机制，确保在医疗机构确诊"两病"的参保患者开方即确认、用药即报销。2022年，城乡居民"两病"门诊用药待遇享受人次707.16万人次，医保基金支出6.58亿元。8月8日，省医疗保障局制定出台《全省医疗保障部门便民利民惠民若干措施》，在全省范围内取消享受生育保险待遇其他附加条件，切实减轻灵活就业人员生育费用负担，2022年，全省生育保险参保405.90万人，生育医疗总费用12.93亿元，生育津贴支付10.97亿元。11月30日，省医疗保障局联合省财政厅、税务局、市场监管局印发《关于鼓励支持普惠型商业健康保险发展进一步完善多层次医疗保障体系的指导意见》，南昌市"惠民保"、九江市"惠浔保"已为3381人次赔付4298.74万元，商业健康保险梯次减负功能得以发挥。

巩固医保脱贫攻坚成果　8月18日，以省政府办公厅名义印发《关于健全重特大疾病医疗保险和救助制度实施意见》，推动全省救助对象、范围、标准、资金管理和服务管理"五统一"。2022年，全省医疗救助基金支出20.28亿元，切实发挥医疗救助托底保障功能。巩固拓展医疗保障脱贫攻坚成果有效衔接乡村振兴战略，逐步实现由集中资源支持脱贫攻坚向统筹基本医保、大病保险、医疗救助三重制度常态化保障平稳过渡，全省13.44万特困人员、172.08万低保对象、16.45万监测对象、276.19万脱贫人口实现应保尽保。建立防范因病返贫致贫预警监测机制，2022年累计向民政、乡村振兴等部门推送医保监测数据27万余条，核定易致贫返贫人口19416人，全部落实医保帮扶政策。

**【协同推进"三医"联动改革】**　医药服务管理改革持续深化　推进以按病种付费为主的多元复合式医保支付方式改革，上饶市按疾病诊断相关分组（CHS-DRG）付费国家试点和赣州、宜春、鹰潭市按病种分值付费（DIP）国家试点进入实际付费阶段。12月28日，省医疗保障局联合省财政厅、卫生健康委出台《江西省推进紧密型县域医疗卫生共同体医保支付方式改革实施方案》，探索推进紧密型县域医共体支付方式改革。为常态化制度化做好全省落地执行谈判药品工作，3月11日，联合省财政厅、卫生健康委、药监局印发《关于进一步做好国家医保谈判药品落地执行工作的通知》，完善国家医保谈判药品落地执行工作机制，分3批次遴选190种药品纳入省“双通道”管理，2022年全省发生国家医保谈判药品总费用25.12亿元，医保报销费用21.67亿元，惠及390.56万人次。

药品医用耗材集采稳步推进　12月14日，以省政府办公厅名义印发《关于推动药品和医用耗材集中带量采购工作常态化制度化开展的实施意见》。2022年，江西省落地执行国家7批次药品、2批次高值医用耗材集采中选结果；牵头开展的23省肝功生化类检测试剂和16省未过评药品省际联盟集采，分别于12月19日和12月15日顺利开标。根据国家医疗保障研究院统计数据，全省药品集采品种数496个，位列全国第9位、中部第3位，提前3年完成国家“十四五”规划高值医用耗材集采目标任务。

医疗服务项目价格加快调整　7月12日，省医疗保障局联合省卫生健康委、财政厅、市场监管局出台《关于建立医疗服务价格动态调整机制的实施意见(试行)》，常态化受理审核800余个新增医疗服务价格项目。组织完成全省首轮医疗服务价格动态调整调价评估，确定10个统筹区2022年调价总额5.48亿元，其中省本级受理新增医疗服务价格项目219项，调价总量1.85亿元。指导全国医疗服务价格改革试点城市赣州市建立智能报价系统，开展医疗服务价格改革试点首轮调价。

**【强化医保基金监管】** 2022年全省检查定点医药机构28311家，实现全覆盖检查；处理违法违规医药机构28311家，处理违法违规参保人员3659人，共追回资金12.3亿元，基金监管综合成效列全国第一名。

开展基金监管专项行动　1月11日，省医疗保障局联合省药监局印发《关于开展定点零售药店专项检查工作的通知》，共检查全省9074家定点零售药店，追回违规资金402.31万元。结合省级飞行检查和国家飞检赣州反馈的问题，在全省组织定点医疗机构对190个典型问题全面开展依单自查整改工作，主动退回违规资金4815万元。8月2日，联合省公安厅、财政厅、卫生健康委、中医药管理局印发《关于开展2022年度医疗保障基金飞行检查工作的通知》，共追回医保基金11528.9万元。积极配合做好国家对赣州飞检反馈问题的后续处理，共追回资金7182.75余万元。

加大基金监管宣传力度　3月18日，省医疗保障局印发《关于组织开展2022年全省医保基金监管集中宣传月“春雷行动”的通知》，在全省医保系统开展集中宣传月“春雷行动”，活动期间整体传播阅读点击量达4000万人次。与省电视台联合举办“我们都是守护者”大型宣传活动，在线观看总人数突破1000万。

健全完善基金监管体系　7月11日，省医疗保障局、审计厅联合出台《打击医保基金违法违规行为联动方案》，统筹省、市、县三级医保审计执法力量；7月19日，省医疗保障局出台《关于进一步加强医保基金监管行政执法规范化建设的实施方案(试行)》，细化基金监管行政处罚裁量基准，从立案、调查取证、审查决定(含事先告知)、送达执行四个阶段梳理41份执法文书；将医保基金监管改革、打击欺诈骗保纳入2022年全省高质量发展综合绩效考评、平安建设考核，压实市、县监管责任。

提升基金监管治理水平　依托综合监管子系统，积极开展知识库、规则库、指标库建设，设置241项指标库，导入1800余万条疾病、药品、诊疗、耗材知识数据，并在国家医疗保障局建立的165条监管规则基础上，探索新建符合江西实际的智能监管规则96条，实现“事前预防、事中监测、事后督查”全流程监管，2022年全省通过智能监控子系统拒付、追回资金3.2亿元。同时抢抓基金监管试点机遇，2022年10月，江西省获全国医保基金举报线索处理试点。

**【持续提升医保公务服务水平】** 推进全省五级经办服务体系建设　将医保服务事项办理功能延伸到全省所有乡镇(街道)便民服务中心和所有

村(社区)便民服务站,全面提升医保政务服务可及性和便捷度,全省1659个乡镇(街道)、20976个村(社区)全面覆盖,医保经办服务事项入驻乡镇(街道)不少于15项、村(社区)不少于12项,真正做到医保服务“乡有窗”“村有点”;依托银行、定点医药机构等第三方机构,合作共建医保一体化服务中心859个,打造“15分钟医保便民服务圈”。

优化医保经办服务事项　11月29日,省医疗保障局印发《全省医疗保障经办政务服务事项清单(2.0版)》和《全省医疗保障经办政务服务事项操作规范》,对全省医疗保障经办政务服务事项办理材料再精简、流程再优化,明确线上办理医保经办服务事项,规范业务办理渠道和办理流程。依托赣服通、江西医保网上服务大厅等平台,20项医保政务服务事项实现“网上办”“掌上办”,10项业务长江中游城市群和湘赣边实现“跨省通办”;全面取消异地就医备案转诊转院证明材料,推行异地就医网上备案,普通门诊和5种门诊慢特病费用跨省直接结算实现全省覆盖。2022年,江西省参保人员跨省异地就医直接结算86.09万人次,发生医疗总费用78.43亿元,医保基金支付45.75亿元。

推进医保信息化标准化应用　完善全省统一的医保信息平台,推动医保业务经办、公共服务、基金监管等7大子系统全面上线,11月15日,江西省医保信息平台通过国家医疗保障局验收。加速拓宽“互联网+医保”服务场景,推广医保电子凭证,2022年,医保电子凭证激活人数3288万,激活率71.25%,覆盖2.37万家定点医药机构,全省二级以上定点医疗机构全部实现挂号、就诊、结算全流程应用。完成本地移动支付平台建设部署,省内11个统筹区有29家定点医疗机构上线移动支付应用,同时联合南昌大学第一附属医院推出“互联网+慢病医保线上支付+送药到家”便民惠民新举措,2022年,移动支付结算48.94万人次,结算医疗费用5035.06万元,其中医保基金支付3712.93万元。

## 重要活动

1. **国家医保信息平台江西药品和医用耗材招采管理子系统上线工作会议召开。**1月24日,省医疗保障局召开国家医保信息平台江西药品和医用耗材招采管理子系统上线工作会议。会议采取“线上+线下”的方式,采用“工作部署+政策解读+操作培训”的模式,全程视频直播解读上线工作方案,并就招采管理子系统具体操作进行了技术培训。

2. **全省医疗保障工作会议召开。**2月25日,省医疗保障局召开全省医疗保障工作会议。会议全面总结2021年工作,分析当前面临的形势任务,安排部署2022年任务。

3. **全省医保系统贯彻落实全国两会精神视频部署会召开。**3月18日,省医疗保障局召开2022年全省医保系统贯彻落实全国两会精神视频部署会,传达学习全国两会精神,研究部署贯彻落实意见,并对当前疫情防控工作进行再调度再强调再落实。

4. **江西医保工作获国务院督查激励。**6月9日,中国政府网发布国务院办公厅通报,对2021年落实有关重大政策措施、真抓实干成效明显地方予以督查激励,并相应采取30项奖励支持措施。其中,江西省在优化医保领域便民服务、推进医保经办管理服务体系建设、提升医保规范化管理水平等方面成效明显,受到督查激励表扬。

5. **江西举办首届医疗保障知识竞赛。**6月29日,2022年江西省首届医疗保障知识竞赛在南昌市举行。大赛由省医疗保障局主办,江西广播电视台经济生活频道承办,旨在通过比赛进一步提升全省医疗保障系统干部政治素质、业务素养和经办服务能力,培树更多“医疗保障知识通”“业务一口清”,打造“四懂四能四有”的高素质专业化医保干部队伍。

6. **正式上线医保移动支付。**7月1日,江西省医保移动支付功能在南昌大学第一附属医院率先试点上线。参保人在手机上就能实现就医全过程实时医保结算，同时还可以查询检查报告等就诊信息，真正实现了让信息“多跑路”，让群众“少跑腿”。

7. **重大改革工作协商联席会议召开。**7月14日，省医疗保障局、卫生健康委召开2022年第1次重大改革工作协商联席会议，会议深入贯彻全国医改工作电视电话会议精神和省纪委省监委工作要求，研究协商医疗服务价格动态调整、开展打击欺诈骗保专项整治行动及政策衔接、数据共享等事宜。

8. **江西出台医保便民惠民20条务实举措。**8月5日，省医疗保障局发布《全省医疗保障部门便民惠民若干措施》，内容包括便民惠民20条新政，实现参保待遇不设等待期“即参即享”，门诊就医放宽享受条件“惠民利民”，兜底民生提高报销比例“能报尽报”，推进医保高频服务事项“办好办优”，助力医药企业直接结算“应结速结”，持续释放医保改革红利。

9. **江西省医疗保障局举办首场“医院接待日”活动。**8月10日，省医疗保障局举办首场“医院接待日”活动。活动邀请南昌大学第一附属医院、南昌大学第二附属医院、江西中医药大学附属医院、中国人民解放军联勤保障部队第908医院等省直定点医疗机构参加，活动现场医保部门与医疗机构就医保政策落实等问题进行了深入交流。

10. **全省打击欺诈骗取医疗保障基金专项整治推进会暨2022年医疗保障基金飞行检查培训会召开。**8月16日至18日，省医疗保障局、公安厅、财政厅、卫生健康委、中医药管理局联合召开2022年全省打击欺诈骗取医疗保障基金专项整治推进会暨2022年医疗保障基金飞行检查培训。会议通报了全省1—7月基金监管工作情况，安排部署下一阶段基金监管工作和2022年省级飞检重点任务；同时邀请8位领导专家为全省医保系统基金监管干部授课培训。

11. **全省医保系统信访工作调度会召开。**10月9日，省医疗保障局召开全省医保系统信访工作调度会，会议传达学习了有关文件精神，11个设区市医疗保障局先后汇报了本地医保领域存在的突出问题并提出了化解措施和意见建议，局机关相关处室、局属单位负责人汇报了医保领域45项诉求台账推进情况并针对设区市提出的一些问题做了解答。

12. **全省异地就医工作调度会召开。**10月12日，省医疗保障局召开全省异地就医工作调度会，会议贯彻落实全国跨省异地就医直接结算工作推进会精神，通报全省异地就医工作开展情况，调度部署异地就医重点工作。

13. **在昌省直医疗服务价格动态调整工作推进会召开。**10月28日，省医疗保障局召开在昌省直医疗服务价格动态调整工作推进会。会议通过面对面交流的方式，推广赣州市医疗服务价格改革试点经验、介绍智能报价系统操作指南及对在昌省直医疗机构医疗服务价格动态调整工作进行部署。

14. **江西医保信息平台顺利通过国家验收。**11月14日至15日，国家医疗保障局验收组对江西省医保信息平台建设项目进行了现场验收。平台顺利通过验收组专家评定，验收结论为合格。江西成为全国第五个通过验收的省份。

15. **执行第七批国家集采中选结果。**11月25日零时起，江西全省所有公立医疗机构和驻赣军队医疗机构，全面执行第七批国家集采中选结果。本批中选的60个药品覆盖了肿瘤、肝炎等多个治疗领域。对比集采前全省平均采购价格，平均降幅74.38%，最高降幅98.44%。按照全省首年约定采购量计算，药品费用从6.34亿元下降至1.53亿元，节约资金4.81亿元，资金节约率为76%。

16. **十六省联盟药品集采信息公开大会召开。**12月15日，由江西省牵头开展的十六省（自治区、直辖市）联盟药品集中带量采购线上信息公开大会在南昌市召开。本次集采产品范围原则上为未过评药品，共有13个品种，涉及产品134个，企业均在线上完成报价。

17. **二十三省肝功生化类检测试剂省际联盟**

**集采信息公开大会召开**。12月19日，由江西省医疗保障局牵头开展的二十三省肝功生化类检测试剂省际联盟集中带量采购信息公开大会在南昌市召开，166家企业成功参与线上投标。

18. **举行智慧医保"村村通"工程项目上线发布会**。12月27日，省医疗保障局举行江西省智慧医保"村村通"工程项目上线发布会。智慧医保"村村通"工程是2022年江西省51件民生实事工程之一，旨在构建优质便捷服务、规范高效经办、智能精准监测的基层医保服务体系，推动实现村卫生室即时结算和实时监测，打通医保服务便民利民"最后一公里"，从源头上守护医保基金安全。

## 典型案例

### 案例一：江西全力推进异地就医直接结算

2022年，江西省医疗保障局坚决贯彻落实党中央国务院和省委省政府决策部署，聚焦流动人口的就医结算需求，深入推进医保领域"放管服"改革，异地就医直接结算服务可及性持续提升、结算规模稳步扩大。江西省在全国率先实现异地就医自助备案服务、普通门诊费用跨省直接结算省域范围内全覆盖，并成功完成全国第一笔门诊慢特病费用跨省直接结算。截至2022年底，全省参保人员异地就医直接结算355.51万人次，医保结算金额91.37亿元，同比分别增长37.35%、11.26%。作为参保省，跨省异地就医直接结算86.09万人次，结算金额45.75亿元；作为就医省，跨省异地就医直接结算11.53万人次，结算金额2.81亿元。

**【在备案流程上做"减法"】** 规范统一全省异地就医备案规程，在持续提升窗口服务质量的同时，大力推进异地就医备案"网上办""掌上办""简化办"，全面上线异地就医自助备案服务。一是推行告知承诺制，取消转诊转院证明、就医地居住证、房产证等材料，实现"免证明"申请。二是依托"赣服通"、江西医保公共服务个人网厅、江西智慧医保移动客户端、"江西医疗保障"微信公众号等平台，24小时提供线上备案服务，实现"不打烊"办理。三是将自助备案规则植入医保信息平台，由系统判定自助备案申请是否符合规则，实现"智能化"审核。四是对符合规则的自助备案申请，即时开通异地就医直接结算服务；对不符合的反馈原因，实现"零等待"响应。截至2022年底，全省参保人员异地就医备案102.77万人次，其中跨省55.67万人次，省内47.10万人次。

**【在联网机构覆盖面上做"乘法"】** 一是取消备案地就医定点医疗机构选择数量限制。参保人员在办理备案时，可直接备案到就医地市或直辖市，并在备案地开通的所有联网定点医疗机构享受直接结算服务。二是持续扩大联网定点医药机构范围。以外出农民工和外来就业创业人员为重点，重点推进农民工较集中的就医地的基层医疗机构入网，全省跨省异地定点医疗机构数量从2018年的299家攀升至2022年底的2699家，其中一级及以下医疗机构2142家。三是加快医保电子凭证推广应用。参保人在办理入院手续、出院结算或者在门诊收费窗口结算时，可通过手机展示医保电子凭证二维码，实现扫码结算。截至2022年底，全省医保电子凭证激活3288.36万人，定点医疗机构接入占比93.97%、定点零售药店接入占比98.96%。

**【在结算类型上做"加法"】** 跨省异地就医方面，按照国家医疗保障局统一部署安排，巩固拓展住院费用跨省直接结算成果，推动实现普通门诊费用和高血压、糖尿病、恶性肿瘤门诊放化疗、尿毒症透析、器官移植术后抗排异治疗5种门诊慢特病费用跨省直接结算全覆盖。2022年，全省参保人员跨省异地就医直接结算86.09万人次，医保结算金额45.75亿元，同比分别增长94.70%、19.74%。省内异地就医方面，聚焦全省省域内流动人口结算需求，在普通住院、普通门诊、门诊慢特病、药店购药实现省内异地直接结算的基础上，增加"双通道"谈判药结算、精神病住院、放化疗住院、生育住院和生育门诊5种省内异地就医直接结算类型。2022年，全省参保人员省内异地就医直接结算269.42万人次，医保结算金额45.62亿元，同比分别增长25.54%、3.88%。

## 案例二：南昌市积极构建价格招采工作新局面

2022年，南昌市医疗保障局积极落实集中带量采购工作机制，着力完善医疗服务价格体系，相关药品医用耗材价格显著降低，群众医药费用负担逐步减轻，医疗服务价格体系日趋完善。

**【提升基层群众购药就医可及性】** 保供应，搭好“沟通桥” 为确保集采政策落地见效，南昌市医疗保障局紧盯集中带量采购工作的“最后一公里”，通过建立微信群、座谈调度机制等方式，在医疗机构和药械配送企业之间建立起“线上线下”常态化沟通渠道，及时帮助医疗机构解决配送环节遇到的问题。2022年共解决全市25家医疗机构涉及的50余种药品短缺或配送不及时等问题，有效确保了集采药械按时配送。与此同时，全面落实集采医保资金预付与直接结算制度，确保配送企业能够及时收到货款资金，保障集采制度顺利推进。

强调度，当好“监督员” 集采开展以来，南昌市按照国家医疗保障局和省医疗保障局安排部署，通过及时印发通知、密切监测、广泛宣传等方式，积极督促医疗机构完成了国家组织的7批药品集采、2批医用耗材集采及江西省牵头开展的2批药品集采和1批医用耗材集采。

重激励，用好“指挥棒” 南昌市积极发挥集中采购考核“指挥棒”作用，按照省医疗保障局有关规定，制定了符合南昌实际的集中带量采购医保资金结余留用实施细则，进一步提升了医疗机构和医务人员参与药品集中带量采购工作的积极性，提高了医保基金使用效率。截至2022年底，南昌市已落实两批次集采药品结余留用金额，涉及市属医疗机构130余家，共计拨付4574.86万元。

勇担当，加固“防护网” 南昌市医疗保障局聚焦民生主线，体现医保担当，挖掘医疗保障中的政策红利，在商业健康保险“惠民保”的设计体系中，将包括黏多糖贮积症Ⅱ型、脊髓性肌萎缩症罕见病用药在内的15种重大疾病用药纳入保障范围，极大地减轻了患者医疗费用负担，截至2022年底，共保障患者946人次，金额444.89万元。

**【促进医保服务普惠公平】** 精准摸底，明确目标 通过实地查看、座谈、查阅资料等形式，在全市范围内开展医疗服务项目价格情况摸底调查，摸底数、查问题、定目标，精准确定医疗服务项目价格管理工作总基调，有序做好现阶段医疗服务价格工作。

精准测算，合理调整 南昌市统筹兼顾医疗事业发展需要和各方承受能力，积极开展医疗服务项目价格动态调整。2022年共调整医疗服务项目129项，其中调增医疗服务项目价格93项，新制定一级收费标准的医疗服务项目价格36项，有效地解决了医疗服务价格“同城同等级不同价”及“部分医疗服务项目一级收费标准缺失”的问题。

精准管理，常态推进 南昌市主动适应医疗保障和医疗服务协同高质量发展需要，建立与医疗机构常态化沟通机制，常态推进谋划医疗服务项目价格管理工作。

## 案例三：景德镇市“四级经办”助力医保服务新发展

2022年，景德镇市医疗保障局紧紧围绕医保经办“规范年”建设，以“四级经办”为重点，深入开展医保经办服务工作，不断延伸医保服务触角，实现医保服务进乡入村，全市乡镇（街道）便民服务中心均可办理15项以上医保服务事项，村（社区）便民服务站均实现12项以上医保服务事项帮代办，切实提升医疗保障服务水平。2022年，市医保中心7次获评“红旗窗口”，20余人次获评“月度之星”。市级医保经办工作三次入选全市优化营商环境指挥部红榜。

**【推进经办服务规范化发展】** 实现“四级联办” 构建市、县（市、区）、乡（镇）、村（社区）四级联动服务体系，做到村里有专人、乡里有窗口、县里有大厅、市里有示范。市一级重点打造市直经办大厅和昌江区经办大厅示范点，乡(镇)以医保服务所为载体，承担起医保政务从上到下的枢纽点功能，村一级主要以智慧医保“村村通”为重点，打通服务群众的“最后一公里”。

实现“全域通办”　全市54个乡镇(街道)、634个村(社区)在不改变审批主体的前提下，企业和群众可结合自身实际，就近选择医保服务窗口申请办理服务事项，受理窗口按照“审批权属不变、数据网络流转、批件快捷送达”模式进行内部流转，全面实现医保服务的联办、通办。

**【推进经办服务高质量发展】**　压缩政务服务时限　在法定时限内对有关事项进一步压缩，其中医保关系转移从20个工作日压缩为15个工作日，医保零星报销从30个工作日压缩为25个工作日，承担的25项政务服务总时限从370天压缩至279天。

开通医保网厅服务　4月19日正式上线的景德镇市医保网厅，可提供职工参保登记、人员增减异动、人员信息查询等核心业务的网上办理，企业办理相关医保业务可实现“一次不跑”，参保个人也可在网厅实名注册，查询办理医保业务。同时建立专门QQ群，解答各类网厅使用的疑问。

做好“互联网+医保”工作　充分发挥“互联网+医保”作用，将25个高频医疗保障服务事项全部推行网上经办。2022年4月，正式上线江西省医疗保障信息平台公共服务子系统，共计1200家单位完成培训。

打造医保自助服务区　在全省医疗保障信息平台的基础上，积极推进公共服务子系统建设。配置两台医保自助服务终端机、两台企业网上申报专用电脑放置在指定区域，并配备咨询导引人员开展医保服务。

**【推进经办服务创新式发展】**　构建市级经办服务标准引领　市级经办在做好压缩政务服务时限、开通医保网厅服务、“互联网+医保”工作、打造医保自助服务区等工作之外，坚持“党建+医保服务”，实现“群众办事一个入口”，加大业务系统整合力度，统筹服务资源，统一服务标准，凝聚党建、政府、医保、群众等多方力量，着力打造“有速度、有广度、有温度”的医保服务，做全市经办机构的引领，树全市经办机构的标杆。

打造浮梁“1+18+184+N”的医保经办样板　“1”是指以浮梁县医保中心为主干，进一步优化县级经办服务大厅服务水平；“18”是指以浮梁县18个乡镇服务大厅为分支，将经办服务20项事项下沉到各乡镇；“184”是指以浮梁县辖区内184个行政村为末梢，打通服务群众“最后一公里”；“N”是指以银行网点、通信公司为依托，设置医保党员服务点，彻底将医保服务体系延伸到群众当中。

创新昌江“三个率先”的医保经办示范　在加快省级医疗保障综合改革先行示范县——浮梁县发展的同时，景德镇市确定昌江区为市级“四级经办”示范点。该区率先制作村(社区)级医保经办服务代办工作制度牌、事项清单服务栏、日常业务登记工作手册等，统一上墙制度，提供经办标准保障；率先在全区所有村(社区)配置医保代办专员，建立专业的医保队伍，提供经办组织保障；率先在全区所有村(社区)铺设基层专网，更换专用业务电脑，提供经办硬件保障。

## 案例四：萍乡市提速湘赣边区域合作　推动医保服务共享

2022年，萍乡市医疗保障局积极响应湘赣两省资源共享、产业共兴、城乡共治合作需求，联合江西省吉安市、宜春市与湖南省长沙市、株洲市、湘潭市医保部门共同签署《湘赣六地市医疗保障部门合作备忘录》，充分发挥六地既有医保资源优势，聚焦群众医保领域急难愁盼问题，加强数据共享和信息联通，推行政务服务“跨省通办”，提升医保服务效能，切实增强群众的医保获得感、幸福感和安全感。

**【弹好深化合作“协奏曲”】**　明晰路径　制订《湘赣六地市高频政务服务事项“跨省通办”工作方案》，绘制“线上+线下”服务路线图，对能够全程电子化的事项实现“全程网办”；对必须现场办理的服务事项，通过异地视频会审、线下代收等方式“全程速办”。

开设专窗　在经办大厅率先设置“跨省通办专窗”，配齐设备人员，组建“跨省通办”经办业务交流群；按照六地“统一标准、相互授权、异地受理、远程办理、协同联动”的要求，推动湘赣边区域医保公共服务管理一体化。

通办事项　依托医保智能服务平台，加快推进医保电子凭证异地申领、异地安置退休人员备案、基本医疗保险关系转移接续等16项高频服务事项合作区域内“跨省通办”。通过信息化手段，实现区域内医保经办机构信息内部流转，让数据多跑路、办事群众少跑腿。据统计，萍乡市医疗保障局现已累计完成异地受理办件6.87万件。

**【按下便民服务“提速器”】**　优化机制　创新举措，按照“应减尽减”原则，在“减时限、减环节、减材料”上狠下功夫。简化流程，对“跨省通办”事项材料逐项优化。提高效率，零星医药费用手工报销从30个工作日内缩减至20个工作日内拨付到位；医保关系转移接续办理时限在原来基础上再缩短5个工作日。

探索路径　以“互联网+医保”和国家医保信息平台上线运行为契机，在全省率先将参保登记、个人信息变更、关系转移接续等19项高频事项拓宽至线上线下均受理。截至2022年底，累计办件35978件，按时办结率100%。以“12345”政务服务便民热线畅通医保咨询服务渠道，试运行“视频办”服务，帮助参保人员、参保单位不出户即可视频连线办理医保业务，力争实现“一次不跑”。

下沉服务　完善市、县、乡、村四级经办网，下沉医保经办服务，30项医保高频业务中已有20项医保业务可在乡镇（街道）直接办理；16项医保业务由村（社区）帮办代办。依托银行网点点多面广优势，推出30个“医保+银行”一体化服务试点，提供17项医保业务便捷办理，打造“15分钟医保便民服务圈”。截至2022年底，全市乡镇（街道）服务点、村（社区）帮办代办点、“医保+银行”一体化服务示范点分别办理业务8938件、6120件、3304件。

**【架起异地就医“连心桥”】**　跨省异地就医直接结算持续扩围　湘赣六地市一级及以上的70家定点医疗机构纳入普通门诊及门诊慢特病直接结算定点范围，实现每县（区）至少有2家定点医疗机构提供包括普通门诊和门诊慢特病费用跨省直接结算服务。2022年，湘赣边区域共有768家定点医院通过国家异地结算平台实现住院费用结算跨省联通。

全面实施异地就医自助备案　2022年以来，湘赣边区域合作城市全面推行异地就医备案个人承诺制，为异地就医人员提供更加便捷高效的“免证明材料、免经办审核，即时开通、即时享受”自助备案服务。健全机制，形成分工明确、职责清晰、流程统一的跨省异地就医协同管理体系，有效解决参保群众备案过程中转诊转院等疑难问题。

定点药店直接结算实现互联互通　按照合理布局、分步纳入的原则，重点推进群众购药需求量大、流动人口相对集中的定点零售药店纳入直接结算互通范围，打通跨省零售药店直接结算壁垒，截至2022年底，已实现湘赣边区域493家定点零售药店互联互通。

## 案例五：新余市加强“两病”用药保障　减轻群众就医负担

新余市作为江西省唯一入选全国高血压、糖尿病（以下简称“两病”）门诊用药保障专项行动重点联系典型地区，市委、市政府高度重视，将该项目纳入2022年市委重点民生项目。通过开展“两病”示范城市创建工作，推进医防融合，不断简化工作流程、完善便民措施，切实把“两病”门诊用药保障政策落到实处，城乡居民对这项工作的知晓率、满意率稳步提升。

**【主要做法和成效】**　推进医防融合，提升健康管理水平　建立医保、卫生健康部门协作机制，推动“两病”用药和健康管理深度融合。通过发挥家庭医生健康“守门人”的作用，摸清排查服务辖区范围内“两病”重点慢病人群，及时掌握患者门诊治疗情况。以渝水区为试点，在各乡镇卫生院统一设立医防融合门诊室，“两病”患者到这个门诊室就诊，可直接享受“两病”诊疗、健康管理、家庭医生签约履约等服务，实现“登记/挂号—候诊—公共卫生服务—就医”全链条服务。医生通过对患者进行前期体检、诊断和干预，筛查出“两病”患者，并为相关人群建立电子健康档案，提供综合医防服务。2022年，新余市在渝水区试点基础上推广医防融合服务模式，全年全市“两病”规范化管理人员共计8.34万人，其中高血压患者6.49万人、糖尿病患者1.85万人。

实行免申即享，确保“两病”人群全覆盖　全面取消“两病”患者资格申请和审核，实现医保部门待遇享受人员信息库与卫生健康部门规范化管理人员信息库对接共享、动态更新，“两病”规范化管理与门诊用药保障一体化建档备案、享受待遇。一是将纳入卫生健康部门规范化管理的“两病”患者直接纳入“两病”门诊用药保障范围；二是对初次就诊的“两病”患者经基层医疗机构按诊疗规范确诊后，可直接登记建档，录入信息系统，享受“两病”待遇；三是通过家庭医生进行慢性病筛查，对筛查出的“两病”患者及时纳入规范化管理。截至2022年底，新余市“两病”政策共覆盖10.25万人，其中高血压患者7.27万人、糖尿病患者2.98万人。

做好政策衔接，确保“两病”待遇落到实处　全面打通“两病”门诊用药专项、普通门诊统筹和门诊慢特病政策壁垒，实现“两病”门诊待遇政策无缝衔接。一是对尚未确定为门诊特殊慢性病，需要采取药物控制的“两病”患者门诊发生的药品费用，直接纳入“两病”门诊用药专项保障，基金年度最高支付限额为高血压400元、糖尿病500元；二是“两病”患者门诊其他医疗费用和超过“两病”门诊用药专项保障年度最高支付限额以上的费用，享受居民普通门诊待遇；三是纳入门诊特殊慢性病保障范围的“两病”患者，享受居民门诊慢病政策待遇。2022年，全市高血压患者待遇享受25.3万人，发生政策范围内医疗费用1200.46万元，基金支出792.38万元；糖尿病患者待遇享受11.68万人，发生政策范围内医疗费用1050.7万元，基金支出723.6万元。

落实便民举措，打通基层服务“最后一公里”　一是借助新余市基层卫生平台，将医保结算网络延伸至乡村，全市范围内一体化管理的村卫生室均可进行医保即时结算，实现医保结算“村村通”，“两病”患者足不出村就可看病就医；二是积极推动医药分开，参保“两病”患者可凭一、二级定点医疗机构开具的正规处方和挂号凭证到定点零售药店购药并直接结算；三是实施“长处方”管理，对病情和治疗方案基本稳定的“两病”患者，可遵医嘱一次开具不超过12周的相关药品。

增强药品配备，确保“两病”药品开得出用得上　发挥医联体、县域医共体、乡村卫生服务一体化管理牵头医院的作用，完善统一的药品采购、供应和配送使用管理机制，保障“两病”门诊药品开得出、用得上。各级医保、卫生健康部门对基层医疗卫生机构“两病”常用药品采购进行动态监测，推进国家、省级集中带量采购政策落地执行，引导定点医疗机构特别是基层医疗机构优先采购和使用国家基本药物、集采药品，切实降低群众就医用药负担，共享改革红利。

加大监管力度，确保医保基金使用安全　强化医保智能审核监控信息系统应用，借助大数据手段，加强事中、事后审核。严禁重复配药、超量配药等违规行为，杜绝超范围用药等不规范诊疗行为。坚决打击贩卖“两病”医保药品等欺诈骗保行为，切实保障医保基金安全。

## 案例六：鹰潭市奋力推进医保支付方式改革

2022年，鹰潭市医疗保障局主动作为，奋力推进国家DIP试点在全市落地实施，试点项目被国家医疗保障局验收组成功验收，3次验收均评估为优秀等次。11月6日，鹰潭市在国家（江西省）医保信息平台生成DIP清算数据，并于当月16日完成对所有DIP试点医疗机构的基金拨付工作，成为全国第一个在国家（江西省）医保信息平台实现DIP实际结算付费的城市。

**【主要做法】** 夯实改革基础 一是根据国家DIP技术规范搭建地市DIP制度框架，为确保推进医保支付方式改革、维护医保基金平稳有序运行、加强医保精细化管理注入一剂“强心针”。二是加强标准规范建设，全面完成系统接口改造，启动国家医保2.0版疾病诊断、手术操作分类与代码、医疗保障基金结算清单，按照国家标准夯实DIP数据基础。三是加强能力建设，一方面，走出去学，组织业务骨干到全国各地学习DIP付费相关经验；另一方面，请专家来教，邀请国家和相应省、市医保支付方式改革专家前来授课指导，组织培训近30场次。

推进“四个全覆盖” 一是推进统筹地区全面覆盖，鹰潭市所有区（市）全域推进，覆盖率100%。二是推进医疗机构全面覆盖，鹰潭市所有定点医疗机构（按床日付费的精神专科、脑瘫康复等医疗机构除外）全面覆盖，覆盖率达93%以上。三是推进病种全面覆盖，全市医疗机构历史病案数据病种全覆盖，覆盖率达99%以上，超过国家规定的90%要求。四是推进医保基金全面覆盖，执行DIP实际付费后，2022年度DIP付费医保基金支出占统筹区内住院医保基金支出的比例超过93%，超过国家提出的70%的比例要求。

完善“四个工作机制” 一是完善核心要素管理与调整机制，形成符合鹰潭本地化的分组目录。二是健全绩效管理与运行监测机制，建立鹰潭市DIP绩效管理与运行监测机制。三是形成多方参与的评价与争议处理机制，建立联席会议制度。四是建立相关改革的协同推进机制，确定医保基金全市DIP预算总额。

**【主要成效】** 取得“三低一高”的良好成效 2022年全市住院医疗总费用增速总体放缓，较2021年下降4.86%；医保支付住院费用增长率下降8.52%；参保人员个人自付比例减少6.27%；基层医疗卫生机构就诊人数占比提高3.22%。

实现“医、保、患”三方共赢 一是医疗机构从被动监管转向主动控费，内部运营管理机制发生根本转变，促进医院的精细化管理、高质量发展。二是实施DIP付费改革后，医保的战略性购买作用得到充分发挥，医保支付住院费用明显下降，医保基金更加稳健运行和安全可控。三是患者在获得更优质医药服务的基础上减少了就医费用。

## 案例七：赣州市深化医疗服务价格改革

2022年，赣州市作为全国5个试点城市之一，始终坚持以人民健康为中心、以临床价值为导向、以医疗事业发展规律为遵循，积极稳妥推进价格改革试点，其试点经验在全省推广。

**【主要做法】** 高位推动改革，建立特色价格机制 赣州市紧紧围绕医疗服务价格总量调控、分类形成、动态调整、监测考核等关键环节，探索构建医疗服务价格动态调整机制。5月7日，以市政府名义出台《赣州市深化医疗服务价格改革试点方案》，成立由市长挂帅的领导小组，组建工作专班，定期研究试点工作推进过程中的困难和问题，有力推动形成具有赣州特色的“8项机制+5项配套改革措施”，探索建立以科学规则和指标体系为主体、政府指导和公立医疗机构参与有效结合的价格形成机制，科学评估是否启动调价、科学计算调价总量。

兼顾各方利益，首轮调价顺利落地 围绕保障人民群众获得高质量、有效率、能负担的医疗卫生服务这个基本出发点，12月14日，制定出台《赣州市深化医疗服务价格改革试点首轮调价方案》，首轮调价“有升有降”，共涉及医疗服务项目424项，其中调增305项、调减119项，净上调3897万元。与全国其他4个试点城市相比，赣州市首轮调价在上调价格、调整幅度、基金支出等方面均比较适中，较好地平衡了“医院看得好病”和“群众看得起病”的关系。

凸显劳务价值，发挥价格引导作用 在改革前的价格体系下，价格水平畸高畸低，医疗服务存在重物质消耗、轻技术劳务等现象。为改观这类局面，赣州市聚焦临床需要，充分发挥医疗服务价格杠杆作用，上调305个技术劳务项目，涉及上调金额1.05亿元，下调119个物耗项目，涉及下调金额6628万元，进一步理顺医疗服务比价关系，调动医务人员积极性，促进医疗服务创新，提高医疗服务质量和水平。

**【特色亮点】** 全周期改革理念获肯定　赣州市因在全国5个试点城市中率先树立全周期总量调控改革理念，获得国家医疗保障局的充分肯定。该理念按照“历史基数”和“增长系数”的方式确定调价总量，试点期间价格调整的总量控制在不超过历史基数10%的水平，2022年度控制在不超过1.8%的水平，基本实现科学设定调价总量的目标。同时结合实际适当降低通用型和复杂型价格启动触发标准，确保试点期间每年都能进行一次价格调整工作，稳定医疗机构预期，有利于探索建立健全价格动态调整长效机制。

调价手段有创新　搭建全国首个智能价格系统，切实提高调价工作的科学化、智能化水平。依托这一系统，构建起多点采集、信息共享、报价模拟、横向监测、总量调控、成本监测、改革评估、综合考核的全流程价格运行监测管理系统，大幅度提高报价的准确性和有效性，减少行政干预，充分发挥多轮报价机制和医院共商机制作用，实现医疗服务价格治理的新突破。同时，建立监测评估指标体系和数据库，对首轮调价后的运行情况进行监测和效果评估，为“总量调控”“动态调整”及从根本上解决“价格调不调、什么时候调、要调多少”的调价窗口难题提供依据。

医保支付等配套改革齐发力　充分发挥全市垂直管理体制机制优势，推动DIP等改革协同发力，在医院收费前端、集采药品耗材成本控制中端和医保支付末端同步改革，充分调动医院参与改革、同向而行的积极性，形成综合改革效应。为了稳妥推进价格动态调整，省医疗保障局还开辟了医保支付绿色通道，相应提高了调价项目医保支付标准，上调部分按规定纳入医保支付范围。据测算，每年能减轻人民群众医药费用负担3000万元。

## 案例八：上饶市深入推进DRG支付方式改革

2022年，上饶市医疗保障局坚持改革和服务双轮驱动，全力推动按疾病诊断相关分组（DRG）付费改革，并于9月6日被国家医疗保障局列入全国第一批支付方式管理子系统监测点。

**【主要做法】** 健全“四个机制”　一是完善核心要素管理与调整机制。开展区域总额预算；核心分组与国家一致；建立权重、费率动态调整管理办法；建立协商机制，定期召开专家协商会议，主动向试点医疗机构公开权重及费率、细分组及支付标准等相关情况，及时沟通反馈相关问题；设置基层病种。二是健全绩效管理与运行监测机制。建立医保基金使用绩效评价与考核机制，加强医疗服务行为的纵向分析和横向比较分析，建立激励约束机制；制定DRG付费监测指标体系，以系统智能监控和定期数据运行分析报告作为支撑，构建多维度的DRG付费监测指标体系。三是形成多方参与的评价与争议处理机制。建立技术评价与争议处理机制，通过邮箱、微信群、座谈交流、政策宣读等沟通形式，增强医保与医疗机构的互动交流，有效解决DRG付费机制相关问题；同步建立特例单议机制，制定特例单议的条件、议定程序等，并完善相关管理办法。四是建立相关改革的协同推进机制。制定总额预算管理流程及办法，实施区域总量目标控制，引导机构间良性竞争，提高医保基金使用效率；与门诊、康复医疗、中医药等医保政策做好衔接；建立与医保谈判药品“双通道”管理、集中带量采购等政策协同；开展稽核检查，重点现场稽核检查病案首页和医保结算清单，抽查比例不低于5%。

加强“三项建设”　一是加强专业能力建设，下发试点工作培训方案和宣传方案，并建立常态化培训机制。2022年共组织17场集中或分县市区培训，培训达1000余人次，特邀相关专家到上饶市进行集中培训和现场教学。二是加强信息系统建设。按国家医疗保障局要求部署支付方式管理子系统DRG功能模块，设置功能模块规则和各类数据参数，并做好与国家平台的对接、传输、使用、安全保障等工作。上饶市自2022年3月开始，以国家医疗保障局DRG和省平台为信息支撑，落实DRG医保结算清单上传、质控、分组、退出、结算、拨付功能。三是加强标准规范建设。制定《上饶市按疾病诊断相关分组（DRG）付费医疗保障经办管理规程（试行）的通知》和《上饶市按疾病诊断相关分组（DRG）付费病例入组管理暂行办法的通知》；加强协议管理，在医保协议中明确DRG付费预算管理、数据质量、支付标准、审核结算、稽核检查、协商谈判、考核评价等要求，重点关注定点医疗机构在DRG付费中发生的违约行为，并提出具体处理办法。

**【主要成效】** 引入系数调整，促进医疗服务更加优化　结合各试点医疗机构历史均次费用、治疗难度系数（CMI），将医疗机构等级系数根据所在地（市级/县级）、机构属性（综合/专科）、机构等级划分为15个等级，通过对等级和调节系数的调整，逐步引导试点医疗机构加强成本管控，规范诊疗服务行为，实现“同病同价”的管理目标。

设定基础病组，促进分级诊疗更加精准　在部分权重较低、临床路径清晰且医疗费用相对稳定的常见病、多发病中设定26个基础病组，每年调整更新一次。通过不同等级医院均执行同一档费率，实现基础病组全市同病同价结算模式，促进分级诊疗，引导医疗资源合理配置。

明确支付标准，促进医院管理更加务实　DRG支付方式改革对医院的管理水平提出更高要求，要求医院从粗放式管理向精细化管理转变，各病组的资源消耗必须与相应的病组医保支付标准相匹配，综合均衡DRG病组的实际收费、医保支付标准、实际成本三者之间的关系，极大促进医疗机构遵循临床路径管理，重视和规范病案首页管理，实现DRG和运营收入增长的双盈利。

按照国家医疗保障局三年行动计划，上饶市在2022年底提前两年完成改革目标任务：2022年，全市包括市本级共13个统筹区均实施DRG付费结算，覆盖率100%；全市175家二级以上符合条件的医疗机构均开展了DRG付费，其中包括6家三级医院、73家二级医院、96家一级医院。另外在病种覆盖方面，印发《上饶市疾病医疗保险2022年度DRG相关技术指标》，明确608个实际细分组数，按照国家医疗保障疾病诊断相关分组（CHS-DRG）（628组）病种覆盖达到95.54%，入组率达到97.1%；医保基金覆盖方面，主要以住院统筹基金进行DRG结算，按DRG付费医保基金支出占统筹区内住院医保基金支出比重达到80.7%。

## 案例九：吉安市探索监测、稽核、监管“三位一体”新模式

2022年，吉安市医疗保障局抢抓体制机制改革时机，积极探索基金监测、经办稽核、行政监管“三位一体”新模式，对定点医药机构实施全覆盖监管，加快推进基金监管法治化、专业化、规范化进程。

**【主要做法】** 协同助推，汇聚基金监管工作合力　一是探索“三位一体”新模式。吉安市医疗保障局组建之初，在全省率先成立医疗保障监测中心，承担基金支付监测等工作。后续，为更好发挥专业力量优势，又将经办稽核、行政执法等职责整合到监测中心。至此，吉安市打造了对外医疗保障监测中心“一块牌子”，对内监测、稽核、监管“三位一体”的基金监管新模式，有效解决了机关及经办机构力量不足、监管职能交叉分散等问题。二是促进监管业务新融合。业务部门根据工作实践提出基金监管需求，帮助基金监管（监测）部门制订针对性监管计划；基金监管（监测）部门将监督检查过程中发现的医保业务方面存在的问题或建议反馈给业务部门，助力健全完善政策、规范经办管理。三是打开综合监管新局面。成立以副市长为组长的市打击欺诈骗取医疗保障基金工作领导小组，建立由医保牵头，卫生健康、市场监管、纪检监察和公安等部门参与的联席会议制度。2022年，市医疗保障局与相关部门联合开展医保基金监管专项行动6次，查处违规金额4953万元，追回

基金本金4359万元,行政罚款468万元。

检查助力,保持基金监管高压态势　一是全程化驻院巡查。借力大病保险承保公司,选派79名专业精干驻院代表,进驻全市二级及以上定点医疗机构(对其余定点医疗机构进行轮巡检查)规范开展巡查工作,实现了大病保险由“事后监管”向“全程监督”、由“坐堂审核”向“巡回核查”转变。2022年,吉安市驻院代表核查发现涉嫌违规使用医保基金14.5万人次,拒付违规金额9166万元。二是靶向化专项检查。根据各科室、单位及县区医保部门反馈意见,结合智能监控子系统数据分析,对虚假医疗和骗保行为高发的定点医疗机构进行“精准定位”,开展专项检查。三是常态化日常检查。每年县(市、区)医疗保障局对定点医药机构全覆盖检查不少于1次,市局对本级定点医药机构全覆盖检查不少于2次;重点抓好整改确认“后半篇”文章,对国家、省级飞检及自主开展的专项检查发现的问题进行“回头看”,做到清存量、减增量,规范定点医药机构医疗行为。2022年,全市共检查发现各类违规问题368个,违规定点医药机构同样问题复发率低于20%。

夯本筑基,巩固提升基金监管成效　一方面,着力推进监管队伍建设。明确借外力补短板、强能力提效率、抓规范要质量思路,积极组建基金监管“三库”(医学专家库、社会监督员库、监督检查人员库)队伍,选聘了276名医学专家、146名社会监督员和110名专业监管执法人员,实现了监管人才数量和质量的“双提升”;定期开展行政执法业务知识培训,先后邀请省医疗保障局基金监管处领导专家,市司法局、市场监管局业务专家进行授课指导,组织基金监管类专业培训78次,选派参与国家、省级飞行检查22人次,通过培训学习和实战“演练”等方式,培养锻炼了一大批监管人才。另一方面,着力推进智能信息化建设。充分运用“吉安医保智能监控平台”国家示范点建设使用过程中的好经验、好做法,与省平台智能监控子系统的使用管理进行有效融合,以信息化手段助力监管提质增效。2022年,吉安市直接或间接通过智能监管子系统发现疑点数据282038条,拒付及追回医保基金4828万元。

**【主要成效】** 2022年,吉安市监督检查定点医药机构4409家,监管覆盖面达100%,共查处违规金额1.71亿元,追回基金本金1.49亿元,行政罚款2875万元;暂停医保结算10家,解除医保服务协议73家,移交纪检监察机关3家,曝光违法违规典型案例750例;全市基金监管工作综合评价考核位居全省前列。

## 案例十:抚州市建立驻院巡查制度提升医疗服务监控能力

为进一步健全完善全市基本医疗保险经办服务管理体系,提升对定点医疗机构医疗服务的监控能力,加强基金使用过程中的事前、事中监管,从源头防范基金不规范使用风险,为患者提供更加优质专业的医保服务,2022年,抚州市医疗保障局按照《抚州市医疗保险驻院巡查管理暂行办法》要求,在全市推动建立驻院巡查制度。

**【主要做法】** 2022年,全市设立驻院巡查站13个、巡查点52个,主要负责医保政策咨询、医疗巡查、意外“一站式”结算、转诊转院审核、慢性病审批、特药审批等工作,全市共配备36名具有医学相关专业背景、素质过硬、临床经验丰富的工作人员。

明确工作机制,搭好基础平台　驻院巡查由市医疗保障局统一管理,制定管理办法,开展绩效评价,并对驻院巡查人员统一备案。县(区)医疗保障局在市里的指导下对驻院巡查进行监督检查,及时协调巡查中发现的问题,并在市医疗保障局的授权下,配合做好驻院巡查的日常管理、工作安排、培训指导和综合考评,细化考核措施,对不认真履职的驻院工作人员予以调整或更换。争取医疗机构支持,在由医疗机构提供的驻院巡查工作场所设置统一标识,与医保办合署办公;医疗机构配合完善内部管理制度,要求各科室配合驻院巡查工作。与此同时,为提升巡查效果,医保部门向驻院巡查人员开放医院HIS系统使用权限,可方便快捷地通过院端大数据筛查及时定位医保基金使用过程中的疑似违规线索，有针对性开展实地核查，提高巡查效率。

明确工作内容，做实为民服务　深入病区查房，核对患者身份，排查冒名就医和挂床住院行为；对医院的诊疗服务收费进行动态监测，防止出现重复收费、超标收费、分解收费、串换项目等违规情况；对过度用药、不合理用药、超限制范围用药进行排查，与临床医师进行面对面交流，督促整改；对过度治疗、不合理治疗等行为及时警示；开展意外伤害调查，防范因第三方责任造成的意外伤害住院费用报销，避免基金流失。同时驻院巡查点作为医保服务“五代办”点，倡导“在服务中监管，在监管中服务”，打通服务群众“最后一米”，在开展日常巡查的同时提供政策咨询、慢性病申办、电子医保就医凭证申领、异地就医申请、受理费用报销、意外伤害受理等方便快捷的医保经办服务。

明确工作流程，发挥巡查作用　驻院巡查人员按照“六步法”流程开展工作。一是分析数据，通过医院HIS系统进行人工审核，提取疑似违规数据并予以记录。二是查询记录，查询科室医保患者住院期间医疗费用，比对医保目录，根据病人入院记录、病程记录、医嘱、体温单、手术记录单、检验单等进行巡查核实疑似违规是否符合医保政策。三是制作现场确认表，对查询后仍属于疑似违规的病例做好现场确认表，为进病房现场沟通做准备。四是及时沟通确认，查询到疑似违规病例后进病房与医生、护士及患者沟通确认，并对患者进行人卡（即身份证或医保卡）一致核实。五是制作日报表，根据现场与医生、护士沟通情况确认疑似违规病例是否符合医保政策，整理并做记录，总结制作日报表。六是生成周报，驻院巡查人员将日常监管中发现的情况整理成“医疗监督服务工作简报”，按时报送到医疗保障部门和定点医疗机构。

**【主要成效】**　规范医疗服务行为　通过驻院巡查，对不符合医保政策的临床诊疗行为及时发现、及时沟通，对不合规的行为及时处理、及时制止，防止不合理医疗费用的产生。截至2022年底，全市共巡查基本医保参保患者18034人次，减少医保基金不合理支出395.07万元。

堵塞基金流失漏洞　驻院巡查人员积极开展意外伤害案件的巡查及下乡入户调查工作，及时排除第三方责任事故。截至2022年底，巡查人员共巡查因意外伤害入院患者25267例，排查出有第三方责任的12270例，占比48.6%，避免基金流失3681.39万元。

提升患者就医体验　2022年全年，全市驻院巡查已累计接待群众咨询6万余人次。驻院巡查点成为各方沟通的“动感地带”和问题矛盾的“缓冲地带”，消除了诊疗过程中医患信息不对称的障碍，患者就医体验和在院获得感得到改善，促进了医患和谐。

形成工作特色亮点　一方面，开发社保意外风险排查系统，通过将全市“110”报案数据与驻院巡查数据、已收材料数据和社保理赔案数据分别进行比对，生成风险预警监控表，对存在瞒报、谎报出险经过的进行重点核查；另一方面，创新智慧监管，实现对医院诊疗行为事前、事中和事后全方位的监控，通过智能审核系统事前事中提取住院诊疗异常违规数据，进行现场稽核，事后对核实的违规情况进行大数据取数。

# 山东省

## 工作综述

2022年，山东省医疗保障工作进一步深化医疗保障制度改革，高效统筹疫情防控和民生保障，各项工作取得新成效、实现新突破。截至2022年底，山东省基本医疗保险参保9633.10万人，其中，职工医疗保险参保2498.31万人，居民医疗保险参保7134.79万人。基本医疗保险（含生育保险）基金总收入2101.98亿元，总支出1810.05亿元，累计结存2051.14亿元。其中，职工医疗保险（含生育保险）基金总收入1393.49亿元，总支出1113.67亿元，累计结存1615.18亿元；居民医疗保险基金总收入708.49亿元，总支出696.38亿元，累计结存435.96亿元。

**【加快完善多层次医疗保障体系】** 居民医保人均财政补助标准和个人缴费分别由580元、320元提高到610元、350元。全省16市全部建立职工医保、居民医保门诊统筹制度。居民高血压、糖尿病门诊用药政策范围内报销比例由50%提高到60%。制定全省统一的门诊慢特病基本病种和认定标准，将恶性肿瘤等48个门诊花费多、人群覆盖广的疾病纳入保障范围。以省政府办公厅名义印发《关于健全重特大疾病医疗保险和救助制度的实施意见》，对特困人员、低保对象、返贫致贫人口、低保边缘家庭成员、防止返贫监测帮扶对象等困难群众实施分类救助。在已实现职工长期护理保险全覆盖的基础上，以省政府办公厅名义印发《关于开展居民长期护理保险试点工作的意见》，启动居民长期护理保险试点，全省长期护理保险参保3852万人。全省16市全部建立城市定制型商业医疗保险，惠及全省1575.16万群众。完善生育保险政策，明确自2023年1月1日起居民医保、职工医保的二孩、三孩住院分娩医疗费用报销待遇，其中，居民二孩、三孩住院分娩医疗费报销额度分别提高到1500元和3000元，职工二孩、三孩住院分娩医疗费报销比例分别提高到80%和90%以上。

**【扎实推进医保支付方式改革】** 全面实施按疾病诊断相关分组付费（DRG）、按病种分值付费（DIP）支付方式改革，在率先实现统筹地区全覆盖的基础上，全省实行实际付费的医疗机构超过3000家，医疗机构覆盖率达到80%以上，参与改革的医院次均住院费用、平均住院日、次均个人负担费用分别下降了5.12%、8.83%、11.22%，实现医院降成本、患者减负担、医保提效益三方共赢，山东省DRG/DIP改革在国家医保局2022年度调研评估中获得第一名。支持紧密型医共体发展，对符合条件的紧密型县域医共体全部实行医保基金总额付费和结余留用、合理超支分担。创新建立国家谈判药品同时在医疗机构和零售药店供应的"双通道"保障机制，实行相同医保支付政策，将协议期内的275种国家谈判药品全部纳入"双通道"管理并动态更新，全省"双通道"药店达512家，实现全省136个县（市、区）全覆盖，提高谈判药品可及性。认真落实新版国家医保药品目录，全面完成省增补药品调出消化任务。积极推进"互联网+"医保支付，制定出台《山东省医疗保障定点医疗机构开展"互联网+"医疗服务协议文本（试行）》。

**【深入开展药品和医用耗材集中带量采购】** 开展首次中成药专项集中带量采购工作，67种纳入集采范围的药品涵盖内科、外科、骨伤科、眼科等临床学科，平均降价44.31%，其中价格降幅最大的是银杏叶片，由原来的39.9元/盒降至4.8元/盒，降幅达87.97%，覆盖全省药品销售市场规模达10.9亿元，山东省集采工作实现化药、生物制药、中成药全覆盖。创新开展中药饮片省际联盟采购，成立全国首个省际中药(材)采购联盟，牵头15个省份启动全国首单21种中药饮片的联合采购工作。全面落实国家集采中选结果，胰岛素、人工关节等集采结果在山东省全面落地实施，顺利完成各批次接续采购工作，共落地执行21批次432种药品、18类高值医用耗材，累计减轻患者负担和医保基金支出超过338亿元。积极开展口腔种植医疗服务专项治理工作，动员1617家医疗机构参加口腔种植体集采，参加率达到96%，同时研究制定全省口腔种植医疗服务价格调控政策。全面实施医保基金与医药企业直接结算，实现集采药品耗材直接结算全覆盖，回款时间由6个月以上压缩到30天以内，减轻企业资金压力。加强易短缺药品、集采药品耗材、疫情防控药品耗材、医药服务价格监测，促进药品耗材保供稳价。

**【大力推动医保经办扩面提标】** 精准推进全民参保，截至2022年12月底，全省参保9633.1万人，基本实现常住人口应保尽保。在全国率先建成全省统一的医保短信服务平台，免费为全省参保群众提供医保知识普及宣传、医保政策精准推送、医保业务办理提醒告知等便民短信服务。推进省市县乡村五级医保服务网络建设，培育群众身边的“明白人”3.8万名，建成运行基层医保服务站点2.9万家，实现乡镇(街道)全覆盖。全面实现住院、普通门诊、门诊慢特病省内和跨省联网结算，其中，住院省内和跨省联网结算医疗机构达到4136家，实现具有住院功能的定点医疗机构全覆盖；普通门诊省内和跨省联网结算医疗机构达到5807家，实现一级及以上医疗机构全覆盖；门诊慢特病省内联网结算医疗机构达到2809家，跨省联网结算医疗机构达到456家，提前实现每个县(市、区)至少开通1家的目标。

**【持续加强医保基金监管】** 积极推进医保基金监管制度体系改革，与省直有关部门联合印发《山东省定点医药机构医保信用评价办法(试行)》，制定《山东省医疗保障行政处罚裁量权适用规则》及裁量基准，制定实施基金使用稽核和缴费基数稽核工作规程。全省16市全部部署应用医保智能监控系统，实现二级以上医疗机构全覆盖。聚焦高值医用耗材、靶向药、异地就医等重点领域和大型三甲医院、专科医院、民营医院等重点对象，强化基金审核稽核和监管执法，全年共现场检查定点医药机构66471家，暂停定点医药机构医保结算1355家，解除定点医药机构医保协议441家，行政处罚1137家、罚款6139.24万元，追回医保基金7.95亿元，移交纪检监察机关涉嫌欺诈骗保案件94起，公开曝光1631家。针对基层医疗卫生机构存在的问题，会同公安、审计、市场监管等部门联合开展排查整治行动，对全省39257家基层医疗卫生机构实现全覆盖检查，有效解决非实名就医、默认疾病名称等问题。

**【不断加强信息化规范化建设】** 全面建成全省统一的医保信息平台，5大类共计26个应用系统、29个业务中台和核心骨干网络、双数据中心、云平台等基础设施全部建成启用，顺利通过国家医疗保障局验收，38项医保服务事项全部实现“网上办”“掌上办”，高频服务事项全部接入“爱山东”。医保电子凭证激活人数达到8777万人，所有定点医药机构开通应用。制定《山东省医保管理服务督查激励措施实施办法》，建立省医保督查激励机制。实施全省统一的医保基金运行分析指标体系，强化医保基金预算的刚性约束，严格控制医保基金支出不合理增长，坚守医保基金运行安全“两条底线”。加强法治医保建设，以省政府规章形式出台《山东省医疗保障基金监督管理办法》，修订《山东省企业职工生育保险规定》。

**【全力保障疫情防控和经济社会发展】** 开展新冠病毒抗原检测试剂专项集采以及三轮核酸检测试剂及配套耗材集采工作，抗原检测试剂降至4元以下，核酸检测扩增试剂、提取试剂、单人份采样管分别降至每人份最高3.6元、2元、1元，始终处于全国最低价水平。通过集采降低核酸检测试剂耗材价格腾出空间，3次下调全省核酸检测价格，单人单检价格由150元/次降至15元/次，多人混检由30元/人次降至3元/人次。切实做好疫苗接种保障工作。阶段性缓缴职工医保单位缴费助力企业纾困解难，16.63万家中小微企业通过“免申即享”方式缓缴7—9月职工医保费12亿元。疫情防控进入新阶段后，立即出台8条医保政策措施，实行新冠病毒感染患者问诊线上线下统一支付标准，保障医疗救治和防疫药品保供。支持中医药传承创新发展，制定实施医保支持国家中医药综合改革示范区建设专项行动方案。建成全国首个“双招双引”人才医疗保障服务平台，可为“双招双引”人才及其子女、配偶及双方父母提供医疗保障和健康管理帮办代办服务。

## 重要活动

1. **全国首次新冠病毒抗原检测试剂专项集中采购开标**。3月16日，全国首次新冠病毒抗原检测试剂专项集中采购在山东开标，11家新冠病毒抗原检测试剂生产企业申报参加，5家企业中选，新冠病毒抗原检测试剂价格由市场平均价格30多元降至9元以下，最低价7.9元/人份，平均降幅74.7%。

2.**《山东省医疗保障基金监督管理办法》于5月1日起施行**。3月3日，省政府出台《山东省医疗保障基金监督管理办法》，并于5月1日施行。这是山东省第一部医保基金监管方面的政府规章。

3. **山东省药品和医用耗材联合采购办公室揭牌**。山东省药品和医用耗材联合采购工作组将省药品和医用耗材联合采购办公室设在淄博，于6月15日举行揭牌仪式。

4. **山东省“双招双引”人才医疗保障服务平台正式启动运行**。9月29日上午，山东省医疗保障局、省人力资源和社会保障厅联合举办启动活动，宣布山东省“双招双引”人才医疗保障服务平台正式启动运行，可为全省持“山东惠才卡”和各级人才服务保障凭证的“双招双引”人才及其子女、配偶及双方父母，提供“全流程”“全天候”“全地域”的医疗保障和健康管理帮办代办服务。

5. **山东省医保短信服务平台开通运行**。11月8日，山东省医保短信服务平台正式开通运行。山东省政府新闻办举行新闻发布会，介绍山东省医保短信服务平台有关情况。山东省在全国率先建成全省统一的医保短信服务平台，免费为全省参保群众发送医保知识普及宣传、医保政策精准推送、医保业务办理提醒告知等便民短信，为人民群众提供更贴心、更暖心、更及时、更快捷的医保服务。

6. **山东省第三批(中成药专项)药品集中带量采购结果揭晓，平均降幅**44.31%。11月8日，山东省第三批(中成药专项)集中带量采购67个药品划分为15个品种组竞争，全部产生拟中选结果，平均降价44.31%，最高降幅87.97%。本次集采是省医疗保障局在组织国家7批、省级2批共365种药品集采和落地工作基础上，首次开展的中成药专项集中带量采购工作。本次集采共有155家企业参与申报，涉及330个产品。

7. **山东省医疗保障信息平台顺利通过国家验收**。11月16—19日，山东省医疗保障信息平台建设项目通过检查验收，标志着全省统一、便捷、兼容、高效、安全的医疗保障信息平台建设完成，山东医保正式迈入智能化、数字化的新时代。

## 典型案例

### 案例一：山东建成全省统一的医保短信服务平台

山东省医疗保障局积极开展民生保障创新行动，建成开通全省统一的医保短信服务平台，服务全省近1亿参保群众。自2022年9月开通以来，免费为参保群众发送医保知识、政策和业务办理进度告知等短信1975万人次。

**【链接“七方主体”，科学谋划建平台】** *构建服务网络* 依托全省医疗保障信息平台，建立省、市两级指挥处理体系，形成以省平台为中枢，市平台为枢纽，各级医保经办机构、参保单位、参保群众、医保定点医药机构、金融机构、商业保险机构和通信服务公司七方医保服务参与主体为端点的服务网络。

联通各方数据　调动多方资源力量，破解医保部门与通信运营商、发卡银行之间信息系统、运营模式不统一的难题，先后升级改造对接系统300余个、开展平台全面互联测试22次，形成上下贯通、横向延伸、协同推进的数据互联共享体系。

丰富平台功能　建设短信管理系统，对接医保业务系统发送医保信息；建设资料管理系统，汇集医保公共服务事项政策，夯实短信业务基础；建设可视化智能监控系统，实现业务办结、短信发送和平台运维情况实时监测、动态展示。

**【突出“三个统一”，信息校验保精准】**　锚定“一个目标”　以短信发送权威、准确、高效为目标，协调金融、通信管理等部门高标准推进，保障建设成效。

实现“两个精准”　开展参保人员手机号码登记和校对完善专项行动，完善和校对参保人员手机号码3183万条，确保手机号码精准；精心设计短信服务模板，确保短信服务精准。

做好“三个统一”　统一省内短信号码10639239和省外短信号码106575376196，做到短信发送号码统一；制定统一医保政策和政务服务事项短信模板，做到内容模板统一；医保服务短信显示“中国医疗保障”缩写“CHS”图标，做到短信发送标识统一，防止短信诈骗。

**【聚焦“七大事项”，精准定制发信息】**　分类定制信息　针对全省各级医保部门每天受理各类咨询、电话、信函或信息3.7万件次，其中绝大多数为咨询业务办理进度或医保待遇政策的现状，短信平台提供全量、即时、个性化的服务，精准主动送达参保人关注的事项信息。

重要信息全量发送　对参保提醒、政策调整、办事程序和渠道变更等重要医保信息，全量发送相关参保人员。

办理结果即时发送　对参保缴费、医保关系转移接续、异地就医备案、门诊慢特病待遇认定、医疗费手工报销审核拨付、生育待遇报销拨付、医保个人账户资金一次性支取7项高频业务，即时短信告知办理进度和结果；个人账户收支实时告知，免费为参保人员实时提供个人账户资金划拨、支出、结余等短信告知服务。

个性化信息精准推送　根据参保类型、享受的政策待遇、地域、年龄、疾病等维度，为参保人员精准匹配医保政策、待遇信息等个性化短信，切实做到群众关注主动送达。

## 案例二：济南市实施“医保明白人”培育工程

为进一步加强基层医保经办服务能力建设，发挥医保基层服务站点建设实效，济南市实施“医保明白人”培育工程，在群众身边培养素质高、业务精、政策通的“医保明白人”队伍，持续强化基层站点服务辐射能力，以群众“身边人”为载体，建强队伍体系、提升能力水平、创新服务模式，提升医保基层治理能力，让群众在家门口就能“找得到人、问得清楚、办得成事”。

**【主要做法】**　建强组织体系，打造“群众化”服务队伍　一是扩充队伍。整合多方资源，将基层医保经办机构、定点医药机构、企业、金融保险机构等医保关联单位工作人员，社区网格员、楼长、离退休群众、志愿者等群体发展成医保基层服务力量，培育扎根一线的“医保明白人”队伍，弥补医保部门人员不足的短板。二是强化支撑。开展全方位基础培训，在市内五区、长清区、章丘区、莱芜区设四个点位分10批14个班次对2100余人进行培训。编印《“医保明白人”应知应会服务手册》《经办服务办事指南》1万余册、宣传单页15万余份。加强日常业务指导和疑难问题处置，确保基层服务人员有策可查、有人可问。三是加强管理。将“医保明白人”队伍纳入统一管理，建立人员信息动态更新机制，确保责任到人、运转高效。配置基层医保服务站点建设专项资金，补贴基层自助终端建设、设备设施配置、兼职协理员费用。发挥一线工作人员密切联系参保群众的优势作用，对群众关心的问题集中反馈、及时处置。

提升能力水平，实施“精准化”专项培训　一是培训覆盖常态化。积极融入省中心的全省经办机构培训服务体系，在全市范围内开展“千人培训”计划，采取现场集中授课和线上同步视频等方式，持续抓好全员培训覆盖。组织医保讲师团开展送培训上门服务，深入38个行业主管部门、126个社区向8200余人宣讲医保知识，努力发展更多精通医保业务的“医保明白人”，为身边的企业职工、居民村民提供前端经办服务。二是专项培训清单化。制作生动形象、易于传播的线上“微课程”，利用平时琐碎时间进行移动化学习。针对四级医保服务站点级别分别设置“培训教材课程包”，形成医保培训资源库。由市局业务处室对微课培训效果进行“后评估”，总结经验不足，提升培训效果。三是学教结合实战化。举办“医保大讲堂”，让业务骨干轮流讲政策、讲业务，提升干部职工履职尽责能力，服务大厅实现综合柜员制和一窗即时办理。建立经办大厅自主管理委员会，开展医保业务互动培训“周课堂”，业务人员互教互学，运用研讨式、案例式、经验交流式教学方法，由“独乐乐”变为“众乐乐”，提高工作人员培训参与度和兴趣感。

*创新服务模式，构建“多元化”服务体系*　一是探索智能服务。开发“济南医保”微信小程序“帮办”模块，按照“新纳入即赋权、一更换即停止”的原则，确保及时调整和赋予“医保明白人”帮办权限。开发基于政务微信的智能服务平台“济南医保通”，打造24小时在线的“医保明白人”，群众无须添加好友，通过微信回话即可发起咨询和经办需求，操作门槛较低，交互记录可作为聊天页面统一查看和管理。二是开展抖音直播。每周一、周五固定开展两场直播，由业务骨干、“医保明白人”队伍线上答疑解惑、互动交流，单场直播观看人数突破70万人次。在抖音平台举办的“讲好山东事”活动中获影响力前十名的成绩。三是举办“懂医保更幸福”知识竞赛。以提高医保经办队伍的政策业务能力、提升服务意识为目标，组织开展首届“懂医保更幸福”知识竞赛，全市各级医保部门、定点医药机构6万人次478家单位参与，促进全社会形成学医保、懂医保、用医保的良好氛围。

**【主要成效】** *群众办事更便捷*　着重在基层一线培训医保经办服务队伍，医保服务向基层延伸，实现在家门口问医保、办医保，群众办事体验明显提升。医保工作站业务事项由原有14项扩至20项，医保工作点“帮办”模块实现15项高频民生服务事项办理。

*公共资源更节约*　依托基层“网格医保”服务渠道，极大降低了群众办理相关业务的时间、人力、资源等成本。过去，群众办事多次往返于定点医药机构、医保经办机构，耗费大量时间和精力的难题被破解。

*经办服务更高效*　充分发挥医保基层服务站点功效，实现医保经办业务“流动办、上门办、身边办、随时办”，截至2022年底，有317家医保工作站和6208家医保工作点的近7000名工作人员已配备到位，共服务32.3万人次。

## 案例三：青岛市推进DRG付费改革

2019年5月，青岛市成为全国首批开展DRG付费改革的试点城市。试点开展3年来，市医保部门大胆探索、先行先试，坚持医保、医疗、医药三方改革联动，积极探索具有青岛特色的DRG付费新模式，医保支付机制更加健全，医保基金使用更加高效，医疗机构服务更加规范，相关经验做法走在全国前列。其中，职工医保基金、居民医保基金运行效能连续两年位居全国前列、全省第1名。

**【改革支付方式，让患者就医“负担轻”】** *推动支付方式由按项目付费向按病组打包付费转变*　由原来的按检查、手术、用药等医疗项目付费转为按同类病组合理打包定价DRG付费，按病人的年龄、性别、临床诊断、病症严重程度等因素进行分组，采用相应的医保支付标准进行付费，患者医疗费用负担明显下降。2022年，18家试点医院按DRG付费病例次均住院费用为14277元，同比下降4.5%；次均个人负担为5040元，同比下降

12.3%。而同期，非DRG试点医院次均住院费用同比上涨8.8%，次均个人负担额同比下降0.3%。

推进集中带量采购与DRG付费政策相协同　集中带量采购大幅降低中标药品和耗材的价格，而DRG付费标准不降低，鼓励医疗机构主动使用集采中标药品和耗材，实现两项政策相辅相成、效果正向叠加，有效降低了患者个人负担。以人工关节置换手术病组为例，该病组的平均费用由41369元下降到27132元，降幅达34.4%；平均个人负担额由19258元下降到10404元，降幅达46%；个人负担率也由46.6%下降到38.3%。

推行同城同病同价　将24个病例数量多、治疗难度小、医疗费用稳定的轻症病组，设立为基层病组，不区分医院等级，实行同城同病同价，引导常见病、多发病患者到基层医疗机构就医，患者可以就近得到便捷、适宜、相对便宜的医疗服务。同时，引导大医院主动调整优化收治病种结构，更加专注于收治疑难危重症患者，抑制了大医院的虹吸效应和“大小通吃”现象，有效促进分级诊疗。18家试点大医院基层病组病例数占比由15.6%下降到14.5%，医疗费用占比由8.9%下降到7.6%。

**【创新管理机制，让医保基金“效能高”】**　创新建立支付杠杆引导机制　建立病组、权重、费率、等级系数等DRG核心要素动态调整机制，通过医保支付杠杆引导医疗机构增强成本意识，引导试点医院主动加强费用管控，有效保障了全市医保基金支出增长率保持在合理区间。2019—2022年，全市职工和居民住院医保统筹金支出年均分别增长0.88%和2.46%。

创新建立“结余留用”机制　将按DRG支付标准计算金额与实际按项目记账金额的差值作为医疗机构“结余留用”奖励，促进医疗机构以收入为中心向以成本为中心转变，回归价值医疗本质，展现医保支付方式在医疗机构获取经济效益上的强大促进作用。从2022年度DRG付费清算结果看，在保持医保基金支出稳定的情况下，18家试点医院中有14家医院获得结余留用奖励，结余留用总金额达7072万元。

创新建立医保管理机制　通过建立多方参与、相互协商、公平公正的谈判机制，先后邀请370余名临床专家开展DRG权重协商谈判，对295个DRG组的权重作出调整，既提升了试点医院对DRG付费改革的认同感和参与的积极性，也提高了医保付费的精准度。修订住院定点医院年度考核办法，将医疗服务能力、医疗服务效率、医疗质量、医疗行为、结算清单数据质量等DRG核心指标纳入年度考核，与年终清算挂钩，建立激励约束机制，引导医疗机构与医保部门相向而行。

**【再造医务流程，让医院诊疗“质量优”】**　科学设置支付标准　按照疾病治疗难度越大、支付标准就越高原则，科学设定打包支付标准。经对本地445万余条历史住院结算数据分析测算，设置了682个DRG病组的支付标准。以呼吸系统感染为例，伴有严重并发症或合并症病组的支付标准为13742元，伴有普通并发症或合并症病组的支付标准为7799元，而不伴并发症或合并症病组的支付标准则为4952元，有效激励医疗机构主动调整收治病种结构，提高救治能力和医疗服务水平。从反映医疗机构收治病例技术难度的指标CMI值来看，18家试点大医院的整体CMI值从2021年的1.09提升至2022年的1.17，增幅达7.3%。

实施专业病案和临床路径管理　DRG付费改革将病案质量的高低直接与病例的入组和医院的收入挂钩，推进试点医院组建专业病案编码人员队伍，专职负责病案首页疾病和手术编码工作，病案质量大幅提升。同时，为有效控制成本，各医院深入推进临床路径、药径管理，合理管控药品、耗材使用，减少不合理检查、用药和治疗，做好临床路径实施过程的质量监管和效果评价。例如，市第八人民医院临床路径覆盖率已超50%，路径完成率超过80%；平度市人民医院临床路径覆盖率已提升至43.2%，路径完成率达到96%以上。

实施精细化管理DRG　DRG付费为医疗质量和医院管理提供了科学、可相互比较的分类方法，倒逼医疗机构开展精细化管理。例如，青岛大学附属医院通过对不同病区DRG指标进行对比分析，建立了科室、病组、医生盈亏成本指标绩效考核体系，通过绩效考核，在降低患者就医负担的同时，大力支持创新性、前沿性技术开展和疑难危重病例收治，对器官移植、微创介入、TAVI、机器人手术等技术含量高、患者需求大的技术项目给予扶持，不因为病组亏损而拒收患者，保障了疑难危重患者得到及时充分的救治。

## 案例四：淄博市打出集采药品落地“组合拳”让村居百姓用上放心药便宜药

淄博市将推动国家集采药品落地作为深化医改、解决群众“买药难、买药贵”问题的重要抓手，在夯实公立医院集采药品落地主渠道基础上，在全国率先推动集采药品进基层，先后打出进药店、进村卫生室、进民营医院、进线上平台“组合拳”，建立健全线上平台、医保支付、供应配送一体化链条，打造“城乡全覆盖、销售零加成、保障全方位”的药品集采改革新模式。截至2022年底，集采药品覆盖全市143家（含民营医院9家）医疗机构、616家药店、1315家村卫生室，每年可惠及群众约352万人次，为患者节约费用3.5亿元。

**【夯实药品供给基础，公立医疗机构集采“常态化”】** 着眼减轻群众看病用药负担，以公立医疗机构为主阵地，完善体制机制和政策措施，打通集采药品落地堵点难点。一是药品集采成果全面落实，群众减负“有实效”。国家集采7批294种、省级集采3批154种药品在淄博公立医疗机构全面落地，平均降幅50%以上。充分发挥山东省药品和医用耗材联合采购办公室的作用，牵头组织山东省七地市联盟集采，在全国首次实行骨科创伤类、血液透析类等多种类多规格市级联盟带量采购，单个产品最高降幅达94%，覆盖全省600余家医疗机构，为七市年节约资金约7.03亿元。二是结余留用用好用活，医疗机构改革“有动力”。抽调专业人员组成专项小组，实地考核全市133家医疗机构药品临床使用情况，按比例给予医疗机构奖励，持续提升集采执行率和中选药品使用率。截至2022年底，中选药品市场占有率达到80%，前四批国家组织集中带量采购药品医保结余留用奖励资金2136万元。三是货款结算稳步推进，药企供应“有活力”。制订《医保基金与医药企业直接结算实施方案》，先行开展国家和省组织集采药品耗材货款直接结算工作，减轻医药企业垫资负担，截至2022年底，直接结算货款5.6亿元，涉及148家医疗机构、277家医药企业。

**【拓展药品集采场景，零差价购药城乡“全覆盖”】** 聚焦城乡居民就近就便购药需求，在全国率先推动集采药品进药店、进村卫生室、进民营医院“三进”行动，统一实行“零差价、零利润”销售，打破集采药品落地公立医院“单行道”限制。一是进药店，市民购药“零距离”。制订《关于国家集采药品进药店活动实施方案》，统一设置蓝色标识“销售专柜”，突出公开进货价、公开销售价、公开标识品种，公布医保部门咨询投诉电话，广泛接受社会监督。建立严格的入围标准，对投诉、检查发现的违规违约行为，给予通报批评或取消定点资格，推动集采药品进药店运行顺畅。二是进村卫生室，村民购药“不出村”。推进集采药品供应链延伸至村，实行统一价格、统一专柜、统一双标签、统一药品、统一监管“五统一”模式，配备涵盖治疗高血压、糖尿病、心脑血管等慢性病、常见病药品，村民“足不出村”即可买到集采药品。发挥结余留用资金激励作用，2022年奖励村卫生室结余留用资金86.3万元，平均每个村卫生室693元，提高村医销售集采药品积极性。三是进民营医院，药品保障“多元化”。确定9家有影响力的民营医院作为试点，设置集采药品专柜，实行门诊药品“零加成”销售，形成与公立医院互相补充的供应保障机制。截至2022年底，民营医院集采药品种类均超过80种，年平均采购规模达到80余万元。

**【提质药品集采服务，线上下单购药“不出门”】** 发挥“互联网+医保”平台优势，开通集采药品线上支付渠道，扩大“网订店送”覆盖范围，打造“线上购药+医保支付+送药到家”服务链条。一是搭建线上平台。建立“淄博互联网+大健康”等线上购药平台，嵌入医保支付功能，突破传统线下医保购药单一模式，通过医保电子凭证，实现参保群众使用医保个人账户直接购买集采药品。推行线上下单+线下药店配送模式，就近选择可线上购药定点药店，即可享受即时配送到家的便捷服务，实现“在家刷医保、药品送到家”。二是延伸基层触点。发挥医保系统功能，对接定点药店互联网售药平台，在线实时结算药品费用。推进医保结算系统延伸到村，把慢性病集采药品使用、报销向村卫生室拓展，保障群众在线医保结算、即时联网报销。三是拓展药品落地通道。创新推出“国家集采药品药店分布导航图”，将区域内销售国家集采药品的药店“汇集”到掌上地图，精准展现药店地理位置、智能导航办事路线，实现集采药品购买与定位导航的深度融合。截至2022年底，导航图涵盖全市616家药店，覆盖各区县，切实推动国家集采药品落地惠民。

## 案例五：东营市推进DIP支付方式改革

东营市坚持思维突破、政策集成、路径创新、融合共促，全力推进DIP付费改革，实现“控成本、降费用、保质量、提效率”的医疗全链条提升，为医保支付方式改革提供了“东营实践”。

**【主要做法】** *找准“着力点”，点上聚力夯实DIP付费改革基础* 坚持以创新突破堵点难点，建平台、归数据、集政策、强队伍同步发力，牢牢夯实DIP付费改革根基。一是坚持一体化设计，平台系统互联互通。开发DIP工作平台，病案填报、基金结算与监管、清单质控等关键环节的数据实现“云端”操作。统一数据和端口，打通与医保专网系统交互融合的堵点，完成药品、医用耗材、医疗服务项目等40多万条编码映射和平稳对接，实现DIP付费过程中的数据提取、情况反馈等及时共享、实时同步。二是坚持数字化赋能，数据归集科学精准。病种的分组和分值是DIP付费的先导和基础，为确保支付方式改革更贴合本地临床实际，依托大数据手段对全市近70万条住院病例进行分析、测算、归类，形成3210个DIP病种，涵盖了除肿瘤放化疗、精神类疾病等不适于DIP结算的所有住院病种。三是坚持集成化思维，政策体系健全优化。构建起“1个结算办法+5个配套规则”的政策体系，对付费原则、结算流程、协议管理、年度考核等进行规范，支撑支付方式改革系统整体推进。四是坚持分类化施策，工作模式务实高效。成立包括政策制定、数据测算等8个工作专班，组建临床、医保等10个领域的专家团队，组织框架更加完善。采取分段式模块化推动的工作方法，对工作量大的医疗数据治理、医保结算清单规范等集中攻坚，对技术含量高的编码管理、信息支持等专人跟进，确保各项改革措施顺利推进。

*抓住“关键点”，线上贯通提升DIP付费改革质效* 着力强化机制创新、突出结果运用，全面提升动态调整、监管审核、改革协同等关键复杂场景处理能力，DIP运行更加高质高效。一是建立健全动态调整机制。每年根据医保基金收入情况编制DIP收支预算，实现“总额控制”，确保医保基金健康高效运行。围绕DIP关键性、核心性指标确定与完善工作，如病种分值确定、等级系数调整、结算办法修订等，组织技术专家和医疗机构定期开展集中论证与政策研讨，及时纠偏校正，努力实现医保基金使用的共享共治局面。及时开展DIP病种费用结构分析，帮助医疗机构查找合理控费的突破点、费用增长的异常点，指导其提升运行效率。二是建立健全监管审核机制。坚持激励与约束并重的监管理念，强化审核结果运用，实现DIP运行对医保基金管理效能的提升。病案是医疗机构记录患者疾病表现和治疗情况的档案资料，其质量优劣直接影响医保基金拨付准确性，是监管的重中之重。东营采取“集中评审+重点监管”的病案管理模式，对存在低标住院、高套分值、分解住院等违规行为的医疗机构，在年度清算中加倍扣分，并列入重点监控范围。现已集中抽审病例1.2万份，并对违规行为进行相应处理。此外，东营还建立DIP年终考评机制，其中，2022年DIP年终考评中，共扣减拨付基金412.08万元，奖励拨付

基金1755.49万元。三是建立健全改革协同机制。出台并实施医保部门支持中医药发展的若干措施,在DIP付费体系下推行以促进中医适宜技术发展、方便群众就医为目标的“中医日间病房”和“门诊预住院”等试点政策,截至2022年底,全市实施中医日间病房的医疗机构已达到16家。

*探究“创新点”,面上拓展深化DIP付费改革融合* 率先开展医保基金用与管融合、推行辅助目录、实施医疗机构综合系数的探索实践,提升DIP国家示范点引领作用,DIP付费改革的“先行”效应不断放大。一是深化基金用管融合共促。借助东营同时承担DIP和医保基金监管信用体系建设两大国家试点的有利契机,在全国首创试点政策融合机制。一方面,将DIP基金预拨付与医保信用等级评定挂钩,医疗机构信用等级为A、B、C、D的,基金预拨付比例分别为102%、98%、96%和70%;另一方面,将医疗机构DIP中医疗行为应用于医保信用等级评定,实现DIP政策的“放大”效应。二是深化主辅目录融合共促。在国家DIP目录体系下,率先推行辅助目录制度,综合考量同类疾病的严重程度、住院天数、出院结局、并发症、放化疗等关键指标因素,将DIP病种目录中的486个病种细分为1313个病种。2022年通过辅助目录结算病例占总病例数的21%,医保基金使用更为精细合理。三是深化新旧病种等级系数融合共促。为使该系数设置更为科学、合理,平衡医疗机构间体量、质量、专长差距,将支持中医发展、扶持基层医疗机构等重点要素融入系数确定规则中,既体现了医疗机构的整体性指标,也兼顾其个性化差异,对促进医疗机构使用新技术新项目、减少基层医疗机构被虹吸现象,进而推进分级诊疗、支持中医药发展等作用越发明显。

**【主要成效】** *医保治理更加高效* DIP付费改革后,医保部门实行医保基金总额预算控制,在此基础上对医疗机构的住院医保基金进行预结和清算,既成功化解当地居民医保基金收支不平衡的矛盾,又有效提升医保基金的使用效率,成为维持其良性循环和可持续发展的有效屏障。2022年东营城乡居民医保基金近十年来首次实现结余,结余量为3798.24万元,结余率达3.22%。

*医院发展更加高质* DIP政策体系强化了关键指标设置和智能审核监管,重构了医疗机构年度考核体系,引导医疗机构以合理诊疗为核心,保障医疗服务质量、提升医疗服务水平,加快医疗资源周转、注重成本管控,进一步做实“控费提质主角”角色。以东营市内最大公立医院——东营市人民医院为例,该院2022年三四级手术16715台次,同比增长3.6%,而其医疗费用不升反降,住院患者次均费用为10735.91元,同比下降2.15%。

*群众就医更加满意* 在DIP付费体系下,医保基金高效运行和医院高质量发展也使人民群众得享实惠。东营全市住院次均费用增幅逐年下降,2022年其增幅进一步降至1.49%,而全市自费费用占比则由9.11%下降至8.88%,平均住院天数由7.22天降至6.66天,极大提高了人民群众就医满意度和获得感。

## 案例六:烟台市“四个一”工作法推进DRG改革

作为山东省DRG付费改革试点市,烟台市2021年启动DRG实际付费,2022年实际付费医院达到268家,实现符合条件的医疗机构DRG付费全覆盖。改革中,烟台市坚持“四个一”工作法,精准精细推进改革落地,取得明显成效。2022年,DRG付费医院CMI指数同比增长6.1%;平均住院日同比下降0.7天;住院药品耗材费用同比下降1.1亿元;次均住院费用同比下降8.1%,平均降幅975元;个人负担费用同比下降454元。

**【用好“一把尺”,落实精准结算】** 按“合理结余留用、合理超支分担”的原则制订结算方案,付费中坚持分组结果、付费权重费率公开透明,指导医院明确管理目标。一是对DRG付费实行区域性总控,按总量控制、分类管理的原则,实施全病组付费,预防出现医院挑选病人、推诿救治、不良竞争等情况。二是选取历史数据中结算量排名靠前且存在轻症入院、分解入院等风险的脑缺血性疾患(BR23)等39个DRG病组实行病组总量控制,相当于在一个付费年度内总量控制病组实行浮动费率管理,2022年,试点医院年总量控制病组年度清算退回医保基金6038元,保障了基金运行安全。三是设定23个同等费率的DRG病组,三级、二级医院执行同一费率,全市实行同病同价结算,推动分级诊疗。四是对高于DRG付费标准2倍以上的高费用病例,由医院按规定比例逐月向医保经办机构申报结算,2022年,DRG付费医院申报高费用病例占到其全年结算病例数量的2%、全年拨付额的8.7%,通过比例设定形式的高费用病例申报结算机制,解决了医疗机构因分组、组内变异较大造成的拨付差问题,为医疗机构合理发展高新技术提供费用保障渠道。同时,保障了DRG组内疑难危重病人权益,避免推诿重症的情况发生。

**【做细"一本账",实施精准清算】** 改革初期将不确定因素由清算解决,根据运行情况按月、季、年进行动态清算。一是对不稳定组精准清算。对历史数据缺失或在权重谈判中无法达成一致意见的病组实行不稳定组(日常暂按权重为1结算)管理,一个医疗年度结束后,不稳定病组病例数大于5例的,重新计算权重进行清算;病组病例小于等于5例的,经病例审核扣除不合理费用后,按项目据实清算。二是对高人次组控制清算。为减少因住院人次大幅增加带来的基金支出大幅增加,对历史数据中结算量排名靠前且存在轻症入院、分解入院、诊疗不足等风险的部分高人次DRG组实行病组总量控制,即控制相应病组的全年总住院人次,一个医疗年度结束后,若其总控人次超出控制范围,根据实际发生人次重新调整权重,按修正后的权重进行清算。三是对高权重组倾斜清算。对医院权重大于5.5的高权重病案的合理超支部分,按照职工60%、居民50%予以清算补偿,支持医院收治危重病症。四是对长时间住院病例补偿清算。对60天以上超医保支付标准的病例,按床日给予补偿清算,补贴医疗机构成本。五是对省级以上重点学科支持清算。对医院省级以上重点学科的亏损病例在清算时,按比例给予清算补偿,支持医疗机构学科发展与危重症收治。通过月度结算与定期清算相结合,促进医院DRG额度和结余留用修正,引导医院合理收治、规范诊疗、准确填报DRG信息。2022年,全市本地住院总费用101.1亿元,DRG付费医院占91.3亿元,医保基金支付60.8亿元,DRG付费医院53.3亿元,占比87.7%,全年"支用比"(基金支付额和基金报销额之比)为101.2%,其中留用资金最多的达1834万元,"支用比"最高的达106.1%,真正体现了"结余留用"的激励作用。

**【打出"一套拳",实现精准指导】** 建立常态化培训机制,先后组织"DRG付费论坛""医保DRG业务能力提升行动"等各类培训指导活动30场次,邀请知名专家授课和现场指导,培训指导近6000人次,努力打造一支专业能力强、管理水平高的医保经办和DRG专家队伍。建立医保部门和定点医院"一对一"指导机制,建立涵盖医保、财务、病案、临床等专业的400人的DRG付费专家团队,每季度组织专家对医院进行病案评审,定期进行数据分析,形成分析报告,及时追踪评估成效。同时,医保部门工作人员走进医院帮助查找问题、凝聚共识、推进改革。在实际付费与模拟付费医院之间建立"互助机制",发挥骨干医院"传帮带"作用。建立协商对话机制,及时与医院就审核结果、权重、结算方案等沟通协商,促进医疗与医保共建、共治、共享。

**【织密"一张网",推进精准监管】** 烟台市以DRG智能审核为抓手,构建包含审核、稽查与考核(评价)多层次的监管体系。完善事前、事中、事后全流程监管制度及考核评价体系。引导医院做好内部控制,避免医保基金不合理支出。在监管中,基于DRG智能审核系统,通过审核规则,筛查出疑点问题病例,引入第三方团队参与DRG人工审核,重点审核高编诊断、诊疗不足、分解住院等情况,2022年全年查处违规病历2781份,拒付违规费用1387万元。围绕数据质量、合理收治、费用控制、服务能力等方面，构建包括监管指标及激励指标的数据考核(评价)体系。建立定期电话回访机制，聚焦分解住院、转嫁费用、推诿病患、满意度等问题进行回访，及时发现违法违规问题，倒逼医院规范诊疗行为。

## 案例七：潍坊市以“严细实真”做好医保内控管理

潍坊市于2022年6月在全省率先启用医保内控子系统，让医保权责有规矩，让经办服务有标尺，让内控绩效有评价，“严细实真”工作作风成效显著，筛选出内控规则261条，上线运行112条，关联34个服务事项、74个业务环节，促进医保服务提质增效。

**【“严”字入手，夯实内控工作基础】** “严”培训，强化内控意识　潍坊市把医保经办内控管理工作放在医保改革大局中谋划部署，重点做好内控工作与廉洁从政的有机结合。在业务培训、党课、内控培训中反复强调内控的重要性，让内控意识入脑入心。

“严”制度，明确内控依据　出台内控管理办法、实施细则、风险防控清单等，从制度层面对内控管理进行规范。成立内控管理领导小组，设置内控管理科，业务科室设内控联络员，从管理体系层面保证内控管理工作的有效有序推进。

“严”核查，提升内控质效　定期组织召开全市内控管理工作会议，将全面检查与专题检查相结合，对发现的问题有针对性地开展“回头看”。利用第三方专业优势和人力资源优势进行内控评估，持续提升内控绩效。

**【“细”字入手，扎牢内控管理笼子】** 精“细”管人，岗位责任制“在轨”运行　本着岗位不相容和关键权限分离的原则，所有需要使用医保信息系统的业务经办岗位全部实施依岗申请、科长复核、领导审批、专人配置的层递式权限配备法。工作人员岗位调整时，采取“先办结全部签领事项—冻结现有权限并清零—重新按岗配置权限”的三步工作法，确保权随责变、全程留痕。

精“细”做事，五项工作法“把脉”提能　一线工作法，由班子成员带队到基层走流程。集中议事法，将疑点线索“上屏展示”，集思广益解决问题。梯次检查法，内控三级检查从蛛丝马迹中发现问题。拾遗补阙法，将院端门诊慢性病备案“内网直联慢病复核”，降低违规风险。外部监督法，聘请社会监督员提升监督效果。

精“细”找错，体外循环式“双线”管控　在全国医保信息平台上线之前，潍坊通过建立内控小程序来对业务经办质量进行控制。采取线上(医保经办平台)线下(内控小程序)融合的方式，将线上导出的业务经办数据人工筛选出需要比对部分，线下导入小程序进行分析研判，对发现的疑点数据及时处理。相关规则陆续并入内控子系统。

**【“实”字入手，稳推内控系统上线】** 扎“实”做好顶层设计　以业务需求为工作导向，扎“实”做好顶层设计。设计了内控需求规则调研表，作为内控部门、业务科室、工程师之间沟通的媒介，提升了沟通效率。针对日常咨询投诉渠道反映较多和近年审计多发的问题，确定了首批内控规则，11次修正后确定了规则名称、调度频率、展现明细等内控规则顶层逻辑框架，为后续规则开发积累了宝贵经验。

踏“实”做好实战演练　以闭环运行为工作目标，踏“实”做好实战演练。为确保规则定得准、数据抓得实，试运行期间采取“测试—验证—纠错—复试”的闭环模式。在测试环节看规则能不能跑到底，验证环节核实数据的真实性、有效性及抓取路径的准确性，对数据抓取不准确的立即更改规则纠错，再按以上环节循环复试，直至数据准确为止。

切“实”保障内控成效　以循序渐进为工作原则，切“实”保障内控成效。本着先易后难、先事后再事中、成熟一个运行一个的原则，2022年3月23日对首批确定可有效运行的规则全流程模拟试运行，5月26日将规则从测试库迁移到正式库，6月在全市实现全面上线运行。此后，围绕医保经办业务流程继续开发内控规则。

**【“真”字入手，打造集约化内控模式】** “真”数据　求真较真用“真”数据。内控系统的运行需依托信息系统提供的海量数据，正是信息系统的不断升级，才实现了内控系统从无到有、规则确定由粗及精、管理运行变静为动，改变了内控管理单靠人工审核、发现问题被动应对的局面。

“真”问题　真刀真枪解决“真”问题。内控制度从建立之初就以化解实实在在的业务风险、解决真真正正的经办卡点为工作目标。以死亡人员享受待遇为例，这个问题一直是医保经办管理的重点和难点，也是各级审计核查的必查点。为了解决这个问题，潍坊市在第一批内控规则中就设置了死亡人员享受待遇相关内容，从省级层面实现了死亡人员信息共享，相关内控规则实现了事前预警、事中监督、事后追责的全覆盖。

“真”功夫　真抓实干下“真”功夫。制订医保内控管理工作计划，做到每项任务都有工作要求和完成时限。制定内控检查评估表，用实实在在的评分数据作为检验内控工作进展的标尺，督促县市区和相应业务科室真抓实干下真功夫来做好医保内控工作。

## 案例八：泰安市推进居民长护险改革

泰安市秉承“离群众的心更近一些，百姓事办得更实一些”的理念，稳步推进居民长期护理保险改革试点工作，探索建立基础生活照护与专业医疗护理相结合的居民长期护理保险制度，为人民群众构建又一道民生保障网。2021年9月，在肥城开展居民长期护理保险试点工作。实施以来，共有3000多个家庭享受居民长期护理保险待遇。

**【聚焦“三个要素”，让制度保障更有“温度”】** 参保对象全覆盖　遵循社会保险的“大数法则”，参保对象覆盖试点市城乡居民基本医疗保险参保人员，受益人员年龄覆盖参保人员全生命周期，参保人员因年老、疾病、伤残等导致长期失能的，均可按规定享受待遇。

筹资模式渐进式　建立起“居民基本医疗保险基金、个人缴费、财政补助按比例分担”的筹资机制。试点期间，暂定为每人每年30元，由居民基本医疗保险基金、财政补助按照1∶1的比例筹集，参保居民个人暂不缴费。

待遇保障多类型　探索建立基础生活照护与专业医疗照护相结合的“1+1”居民长护险制度。享受居家护理的失能人员，日常生活照护由经过规范化培训的、具有一定护理能力的家属、亲属、邻居等提供，卫生院坚持“教管并行”，负责进行培训指导和质量监督；专业医疗照护由卫生院提供，按照重度失能等级，每月上门服务2~4次，照护项目采取“10+X”模式，设置10项基本护理服务项目和25项个性化服务项目。享受机构护理的，相关待遇根据不同失能等级支付给护理机构。

**【推进“三方共为”，让资源配置更有“力度”】** 政府主管　医保局主要负责政策制定、资金筹集和统筹监管；充分发挥镇（街道）、村居（社区）组织所具有的发动有力、政策宣传广泛、走访摸排深入、评估公示透明等优势，确保长护险政策落地落实。

镇街卫生院主办　负责失能人员初评、组织护理培训、上门专业护理；充分发挥卫生院网络广、覆盖全、业务专、责任心强的优势，在全市组建了由“医师+护士+乡医”组成的216支长护险服务团队，每个团队服务6~12名失能人员，统一进行网格化管理，做到失能人员纳入“全”、医疗护理服务“精”、亲属照护人心“暖”。

商保公司经办　负责组织评估、待遇发放、日常稽核；充分发挥网点较多、经办专业、监管有力的优势，确保经办管理效能。政府主导、公立医疗机构参与、商保公司经办的“三方共为”管理机制，推动有为政府与有效市场的有机结合。

**【优化“三个环节”，让经办流程更有“速度”】** 申请受理即时办　依托市、镇、村、医疗机构四级服务体系，失能家庭就近申请，做到“四随时一及时”，即随时申请、随时受理、随时评估、随时纳入、及时享受待遇。

评估鉴定上门办　由肥城市人民医院、肥城市中医医院、山东颐养健康集团肥城医院、肥城市第二人民医院四家二级以上公立医疗机构作为评估机构，遴选神经内科、心血管内科、骨科等具有丰富临床经验的医师组建失能评定专家库。采取“双盲方式”，临时确定评估专家、临时选择评定镇街，“二对一”实地上门开展评估认定。

结果纳入透明办　评估专家出具评估结论，经办机构在镇街、村居公示，接受社会监督。经公示无异议的失能人员，从评定结论下达之日起按照规定享受长护险待遇。

**【抓好“三个重点”，让服务效能更有“深度”】**　抓培训提升　采取集中培训与上门指导相结合模式，编制统一的培训教材，组织医疗专家集中实施规范化培训，上门对照护亲属手把手教学、一对一指导，既增强对失能人员的人文关怀，又提升照护人员的护理水平，把照护人员培养成为全职全天候、具有一定照护水平、充满爱心和温情的“家庭护理工”，提升政府购买服务的社会效益。

抓监督管理　构建对“经办机构、护理机构、照护人员”三主体的全方位监管新模式，对经办机构人员配备、服务监管等进行量化考核；经办机构对护理机构上门服务率、群众满意率等进行指标考核，护理机构对家属生活照料、培训效果进行评价考核，以考核定奖惩、以考核促服务。

抓品牌培育　注册“泰长护”“肥长护”服务品牌，开设宣传专栏，评选“最美长护人”“最优长护机构”，通过线下政策宣讲、持续志愿服务，不断提升护理服务质量，用心创品牌、树品牌，以优质服务树品牌形象，以良好品牌促制度完善。

## 案例九：日照市探索稳定期住院康复PDPM支付方式改革

为破解长期住院医疗康复患者的支付难题，进一步建立管用高效的医保支付机制，日照市于2022年8月1日启动稳定期住院康复按床日付费支付方式改革试点工作，创新打造长期康复患者精细化支付管理新模式。

**【主要做法】**　稳定期住院康复支付模型　稳定期住院医疗康复按床日付费改革是基于患者导向支付模型（Patient Driven Payment Model，PDPM）的分阶段阶梯式按床日付费的精细化管理方案，其主要特点是从患者需求出发，将住院服务分组并分别赋予病例组合权重，权重加总得出患者总的病例组合权重。

精心筛选数据样本　以历时三年共计20余万份康复病例数据为基础，首先筛选出其中进行过巴氏量表评估的病例，提取其三年内全部医保结算清单、费用明细、病案首页和评估数据，再进行数据的完整性和规范性核查校验，对核查校验不达标的数据进行反馈修正，完成数据采集、清洗及标准化工作，最终形成可用的数据样本。

科学制订分组方案　结合康复病例的诊疗特征和功能评估要求，采用疾病诊断、临床特征、功能评估与医疗费用明细等主要数据维度，设计形成PDPM分组技术方案，将住院费用按照康复服务、医药服务、护理服务、设施服务进行分组，在12类康复病种下，分别归集得到3个康复需求组、2个医疗需求组和2个护理需求组，各需求组相互组合形成包含12个成人组和3个儿童组的本地化PDPM分组。

精准测算支付标准　调研全市康复医学科室业务开展情况，再结合日照既有医保政策，精准测算床日支付标准。根据医疗机构级别、收费标准、医疗服务成本差异和基本医疗保险险种，配合医疗机构调整系数，采用“阶梯式”分段累计的办法，最终形成“四段阶梯式”支付标准方案：从起算日起，1~30天为第一段别，31~60天为第二段别，61~90天为第三段别，第90天及以上为第四段别。患者入院3天内，评估人员从7个方面15个维度评估患者的健康状况，根据评估结果确定患者入组情况。住院期间每30天定期评估一次，出院前再评估一次，定期评估结果与入院评估结果差异较大时，可调整PDPM分组，建立医保基金按康复“绩效”支付的模式，为患者量身打造个性化医保支付“套餐”。

**【主要成效】** 有效节约医保基金支出　之前，有康复需求的患者大部分是在按急性疾病收治并收费，支付水平较高。还有部分患者急性疾病稳定后，未接受系统医疗康复，导致长期失能半失能而成为长期护理保险的支付对象，增加基金负担。

提升康复价值体现　根据疾病特征、功能评估等将床日支付标准细化为康复服务、护理服务、医药服务及设施服务四部分，颠覆传统床日支付格局，提升康复价值体现，助力康复医学学科建设，促进三级康复体系建立健全。

提质康复评价体系　利用规范的康复综合评估量表，内置于各医疗机构康复医学科。诊疗过程中利用连续性的评估指标，横向建立医疗机构间康复质量评价体系，纵向建立患者治疗过程康复效果评价体系。

形成支付方式改革全链条管理　稳定期住院医疗康复按床日付费是日照医保“轻症期门诊按APG—门诊慢特病按病种—一般诊疗费按人头—急性期住院按DRG—稳定期康复按PDPM—长期精神障碍住院按床日—失能期护理按定额”全链条管理支付方式改革的重要一环，此举从精细化支付管理角度出发，稳定期康复支付断层被补齐，实现患者个人自负费用和医保基金支出“双降低”。

# 河南省

## 工作综述

2022年,河南省医疗保障局统筹疫情防控和医疗保障事业改革发展,基本医保制度运行稳定,待遇水平稳步提升,支付方式改革持续推进,基金监管持续加强,经办服务更加便捷,人民群众获得感、幸福感、安全感不断增强。

**【基本医疗保障制度运行平稳】** 截至2022年底,全省基本医保参保10093.90万人。其中,职工基本医保参保1395.72万人,城乡居民基本医保参保8698.17万人,参保率稳定在95%以上。全省基本医保(含生育保险)基金总收入1455.89亿元,总支出1292.98亿元,累计结存1343.93亿元。其中,职工基本医保(含生育保险)基金收入631.02亿元,支出497.82亿元,累计结存994.12亿元;城乡居民基本医保基金收入824.87亿元,支出795.16亿元,累计结存349.81亿元。

**【多措并举助力新冠疫情防控】** 将治疗新冠病毒感染的30种药品临时纳入医保基金支付范围。全面执行“先救治后结算”政策,向定点救治医疗机构预拨新冠肺炎救治费用,确保收治医院不因支付政策影响救治,确保患者不因费用问题影响就医。上解疫苗采购资金,真正做到“钱等苗”。将抗原检测项目临时纳入医保支付范围,对八类重点人员“应检尽检”。开展新型冠状病毒监测相关试剂及配套耗材限价联动工作,对符合限价联动要求的产品做到随时申报、随时挂网交易,先后3次降低核酸检测项目价格,全力支持全省大规模核酸筛查工作。全面落实中小微企业阶段性缓缴医疗保险费政策,享受缓缴政策的企业合计18.26万家,缓缴医疗保险费25.05亿元,帮助企业渡过疫情难关。

**【巩固拓展医疗保障脱贫攻坚成果】** *持续做好应保尽保工作* 建立部门协作联动工作机制、困难群众信息共享工作机制和困难群众参保动态监测机制“三个常态机制”,督促指导各统筹区医保部门与民政、乡村振兴、残联、税务等部门积极沟通联络,定期共享人员信息数据,分类建立特困人员、低保对象、防返贫监测对象和脱贫人口等重点人群参保台账,推动实现农村低收入人口动态参保、全员参保,保持全省农村低收入人口参保率稳定在99.9%以上。

*发挥三重制度综合保障作用* 健全完善重特大疾病医疗保险和救助制度,对脱贫攻坚期的超常规措施进行全面梳理,精准测算,将困难群众大病补充医疗保险整合到医疗救助制度,通过资金整合、制度并轨,实现医疗救助覆盖人群范围扩展、救助水平提高、救助功能增强的目标。2022年,全省为农村低收入人口共支付医保基金180.14亿元,其中门诊慢特病755.29万人次,涉及医保基金支付35.54亿元;住院262.07万人次,涉及医保基金支付141.81亿元。农村低收入人口门诊慢特病和住院政策范围内费用平均报销水平保持在85%左右,三重制度梯次减负作用效果不断显现。

*健全防范化解因病返贫致贫长效机制* 依托全省统一的医保信息平台,建立因病返贫致贫风险预警系统,实时监测困难群众参保状态变化情况和医疗费用支出情况,及时反馈至民政、乡村振兴等部门。年内累计推送监测数据136.2万余条,及时落实医保帮扶政策,有效防范“一人得病、全家返贫”。

**【稳步提升医保待遇水平】** *切实保障居民医保待遇* 继续实施差异化筹资,确定大病保险筹资标准,根据上年度全省大病保险资金使用、医疗费用增长以及各统筹地区资金支出情况,确定全省居民大病保险筹资标准为75元、65元、55元、45元四个档次，全省人均筹资约61元。明确居民基本医保筹资标准，城乡居民医保人均补助标准新增30元，达到每人每年610元，提高居民医保个人缴费标准30元，达到每人每年350元。持续深化城乡居民高血压、糖尿病门诊用药保障机制，通过扩大用药保障覆盖面、加强药品配备和使用，推动实现高血压、糖尿病患者保障全覆盖。指导漯河市、巩义市持续推进“两病”门诊用药保障重点联系典型地区，推动实现“两病”患者保障全覆盖。2022年，全省1780.60万人次城乡居民“两病”患者享受“两病”门诊费用报销，“两病”门诊药品总费用23.26亿元，医保报销14.05亿元，基本实现“两病”患者全覆盖。

巩固完善基本医保市级统筹　进一步完善统收统支的基本医保市级统筹，印发通知要求巩义市等省直管县（市）基本医保纳入原所属省辖市实施市级统筹，10个省辖市均在2022年底前出台实施方案，并开展统一政策、市县对接和基金审计等相关工作，全省统收统支的基本医保市级统筹更加规范。

落实国家医疗保障待遇清单制度任务　严格落实国家医疗保障待遇清单制度，完成基本医疗保险、大病保险、医疗救助三重保障制度之外的政策清理规范，实现与国家政策衔接。省级层面将困难群众大病补充医疗保险整合到医疗救助制度，并统一调整大病保险对贫困人口倾斜支付比例。各统筹地区全面规范基本医保对贫困人口的政策，全省基本实现医疗保障制度设置、政策标准、基金支付范围规范统一。

建立健全职工基本医疗保险门诊共济保障机制　健全职工医保门诊共济保障机制，改革个人账号，实现职工门诊统筹，减轻职工门诊医疗费用负担。自7月1日全省全面实施职工门诊共济保障以来，全省享受门诊报销的职工共1436.52万人次，医保报销13.96亿元。

加强长期护理保险试点建设　指导长期护理保险国家试点城市开封市进一步优化长护险政策，引导长期护理机构优化资源配置，拓展长期护理保险试点保障人群，将城乡居民基本医保参保人员纳入长期护理保险范围，实现试点范围内基本医保参保人员全覆盖，为参保人员提供优质的照护服务。2022年，开封市长护险基金筹资9903万元。市县区11个受理窗口共接受咨询70512次，评估申请5837份，受理审核通过5194人，上门评估5125人，达到重度失能等级4484人，长护险基金支付3597万元。

**【推动医药价格和集中招采改革】**　推进药品和医用耗材集中带量采购有序开展　全面落实国家组织集中采购中选结果，国家组织集中带量采购的第七批药品和人工关节在河南落地。其中，第七批60种药品平均降幅48%，预计每年节约资金3亿元；人工关节平均降幅82%，预计每年节约资金10.9亿元。分别牵头13省和16省对国家集采到期的二四批、三五批共66种药品开展联盟接续采购，在国采大幅降价的基础上进一步下降了39.23%和26.63%。启动血液透析、人工耳蜗、神经外科和通用介入四大类耗材联盟采购，参与省份分别达到19个、21个和18个；参与广东药品联盟、四川口腔种植体联盟等8个跨省联盟采购；按照片区联盟的范围，分别委托焦作、洛阳、开封、漯河等地市牵头，对大容量注射液、非血管介入类等药品和医用耗材开展集中带量采购工作，其中焦作市牵头开展的大容量注射液集采平均降幅38.45%，预计首个采购周期内，全省采购金额将节约5.54亿元。

强化集采精细化管理　严格落实集采结果，对违规采购流标和完全替代品种情况进行通报和调查处理，追回违规资金1800余万元。将执行集采政策纳入医保协议管理，开展集采政策落实情况专项检查，明确不落实集采政策行为的十条处理意见，中选药品采购占比达到93%以上。综合运用信用评价工具，对医药企业的配送不及时、不合理涨价、随意弃标等种种违约行为进行处理，约谈、函询企业43家（次），对5家企业调整信用评级，确定“严重失信”2家，“一般失信”或“中等失信”3家。

加强药品价格管理　规范药品挂网工作，对存在违规挂网行为和价格异常上涨的155个药品撤销或暂停挂网资格，维护药品挂网秩序。年内，全省集中采购药品650种、高值耗材53种，全省共节约药品和医用耗材采购费用约226亿元。

持续规范医疗服务价格项目管理　探索采取“技耗分离”的方式，对检验项目按照检验方法学进行立项，统一拟定试行价格。探索对拆分过细、比价关系不合理的申报项目进行整合，优化了项目结构，理顺比价关系。提高新增项目审核效率和质量，新增、修订和转归306项医疗服务价格项目，一批疗效确切、临床急需、价格适宜的医疗新技术应用于临床，医疗服务价格改革导向作用进一步发挥。

**【持续推进支付方式改革】**　做好目录规范管理工作　按时做好2021年版国家药品目录落地工作，调整门诊特定药品和“双通道”药品目录，切实保障参保群众用药需求。按照国家规定的调整权限和程序，将210种中药饮片和1190种医疗机构制剂纳入本省药品目录，并与申报医疗机构进行谈判，医疗机构制剂价格最大降幅为38%，平均降幅为10%，进一步降低参保患者负担。

加快推进DRG/DIP支付方式改革　在全省全面推进DRG/DIP付费，提前实现国家要求的统筹地区、住院病种全覆盖任务。出台省级DRG/DIP付费考核管理办法，坚持“考核与付费”相结合的办法，将考核结果与质量保障金拨付相挂钩，不断提高医保基金使用绩效。创新开展将中医治疗住院病种纳入DIP付费管理工作，将80种以中医药治疗为主（中医药治疗费用占医疗总费用比例≥60%）的病种，纳入医保支付，真正体现中医药治疗部分疾病的独特优势。郑州、开封、洛阳、濮阳、南阳、商丘等地遴选部分中医病种作为“中医日间病房”医保结算病种，协同推进医保支付方式改革。

助推医共体高质量发展　将高质量推进紧密型县域医共体医疗保障规范管理纳入专项工作任务，明确职责分工，细化工作台账，及时将专项工作方案落地落实。制定《河南省紧密型县域医共体医疗保障管理指导意见（试行）》，发挥好医保基金支付对医共体建设的引导作用。配合省委督查室对全省紧密型县域医共体建设工作进展情况进行督导，督促进度较慢的地区加强与卫生健康部门、医共体牵头单位的沟通协调，提升专项工作推进效率。

**【加强基金监管】**　巩固监管高压态势　持续推进飞行检查，以“清廉医院”建设为重要抓手，始终保持打击欺诈骗保高压态势。加强日常监督管理，将规范使用医保基金行为列入年度六个专项工作之一，制订印发专项治理工作方案，对三级、二级、一级及以下医院开展全面抽查检查，实现“三个全覆盖”。开展省级飞行检查，制定印发《河南省2022年专项治理省级飞行检查指南》，对全省18个省辖市开展现场穿透式检查。开展打击欺诈骗保专项整治，联合公安、卫生健康部门开展专项整治，通过移交线索，对重点领域、关键人群逐一排查。2022年共检查定点医药机构42678家，处理18505家，行政处罚1267家，拒付追回医保基金6.27亿元，行政处罚6858.21万元。

规范基金使用管理　持续深化医保基金监管制度改革，全省91%医保部门以当地党委政府名义建立医疗保障基金监管领导小组和联席工作体制机制。持续实施医保基金全范围、全过程综合监管，推动部门协同联动，初步构建监测、稽核、监管的“三位一体”工作格局。全省定点医疗机构管理规范、考核办法出台后，初步实现协议管理制度、考核指标全省统一，消除地区间差异。不断建立健全基金管理长效机制，逐步统一医保基金财务管理经办规程，基金支付流程更加契合定点医药机构的救治需求，医疗机构的资金垫付压力不断减轻，医保基金使用管理更加合法合规合理。

**【提升医保经办服务能力】**　优化医保经办服务　推进医保领域“放管服”改革和全省医疗保障系统行风建设，抓好医保经办服务规范建设，简化经办手续，减少办事材料，压缩医保业务办理时限。开展“走流程办业务解难题”专项活动，解除一批医保工作的不合理限制，治理一批不规范行为。年内，全省1500多个医保服务窗口累计服务参保群众2800多万人次。省直、郑州改革门诊慢特病申报鉴定方式，实现门诊慢特病申报、认定全流程网上办理。全省各统筹区积极推进“跨省通办”事项落地，医保关系转移接续业务免申请、免材料、零跑动，全程“无感办理”。11月20日上线以来，线上办理跨省及省内医保关系转移业务23575件。创新生育保险经办模式，职工生育保险待遇核定与支付实现“跨省通办”。

*提高异地就医便捷性* 申请将“扩大医院门诊费用异地就医直接结算范围”纳入2022年度省重点民生实事，截至2022年底，全省提供门诊费用异地就医直接结算的定点医药机构达27670家，提供门诊慢特病费用异地就医直接结算的定点医疗机构达1113家，异地就医门诊结算人数达到259.60万人次，同比增长258万人次。省直、郑州率先取消省内异地就医备案，实现省内就医无异地。

*加快医保信息化标准化建设* 国家医保信息平台14个核心子系统在全省上线应用，完成覆盖省、市、县三级的医保骨干网络建设，顺利通过国家医疗保障局验收。开展医保信息业务编码动态化维护，建立标准应用绩效评估机制，稳步开展医保标准化数据专项治理。规范医保信息平台安全管理，出台《河南省医疗保障数据安全与使用管理办法（试行）》等文件。拓展优化医保信息平台功能，开发建设业财一体化等10个具有本省特色的子系统。《河南省医疗保障经办政务网办服务事项清单》明确49项服务事项全部实现线上办理，年内累计办理业务136万笔，支付宝、微信“河南医保”小程序累计使用人数超1657万。积极推广医保移动支付，年内全省75家医院上线试运行，累计结算超过4000万笔。

*推进市级以下垂直管理和经办服务下沉* 探索推进市级以下医保部门垂直管理改革试点和经办服务下沉，以郑州、开封作为垂直管理试点，已实现市级以下医保部门垂直管理。推进医保经办服务下沉，全省下沉2490个乡镇（街道）、47300个村（社区），覆盖率分别为99.88%、95.33%，基本打通经办服务“最后一公里”。

## 重要活动

1. **全省医疗保障工作暨党风廉政建设座谈会召开。**2月17日至18日，全省医疗保障工作暨党风廉政建设座谈会在郑州召开。会议系统回顾2021年全省医疗保障工作，分析研判医疗保障改革发展形势，安排部署2022年全省医疗保障工作。

2. **全省医疗保障基金监管工作领导小组联络员会议召开。**3月10日，河南省医疗保障基金监管工作领导小组联络员会议在郑州召开。会议通报2022年全省医保基金综合监管工作情况，分析存在问题及原因，提出新年度综合监管工作建议。15家成员单位联络员集体讨论领导小组工作推进制度，围绕加强协调配合、提高医保基金综合监管效能进行交流座谈。

3. **全省医疗保障工作推进会召开。**7月20日至21日，全省医疗保障工作推进会在郑州召开，会议对上半年全省各级医保部门各项改革任务完成情况进行总结，对下半年工作进行部署。

4. **全省医疗保障基金监管工作会议暨全省医疗保障基金飞行检查启动会召开。**7月25日至27日，全省医疗保障基金监管工作会议暨全省医疗保障基金飞行检查启动会在郑州市召开。河南省医疗保障局有关负责同志参加会议并讲话。会后，部分地市进行经验交流，省医疗保障局重点对血液透析、骨科和心内科等重点监管领域进行授课培训。

5. **全省医疗保障统计分析工作培训会在郑州举办。**9月16日，河南省医疗保障统计分析工作培训会在郑州举办，省医疗保障局有关负责同志出席会议并讲话。会议总结河南省医保统计工作，分析面临的形势，研究部署下一步工作。

6. **全省医保支付方式改革培训会议在郑州召开**。12月9日，全省医保支付方式改革培训会议在郑州召开。会议总结2022年全省DRG/DIP支付方式改革工作进展，邀请有关专家进一步解析相关政策和关键技术，学习先进地区和试点医院的成功经验，约60万人在线参训。

## 典型案例

### 案例一：郑州市打造12393智慧热线平台

2022年4月1日，郑州市医疗保障局开通12393医疗保障服务热线平台，将热线受理、网络应答、智能机器人服务、医保知识库融合一体，提供7×24小时的政策咨询、业务查询、投诉举报等服务，群众对医保服务的满意度持续提升。

**【主要做法】** *加强规范化建设* 将医保服务热线纳入全市政务服务热线体系，作为市长热线的分平台，执行全市统一的技术标准和服务标准，自主建设、独立运行，实现12393与12345服务联动。将市、县两级分设的21条医保业务咨询电话全部撤销、合并统一，应用全国医保统一的12393短号码向本市群众提供热线服务，实现一个号码医疗保障全领域、全险种、全业务、全流程覆盖。变单一的热线咨询为政策解答、信息查询、业务引导、帮办代办、投诉举报受理"五位一体"，功能更强、能力更优、职能更全面。采用"热线+网络"双通道模式，设置60个话务座席和3个网络座席，渠道更广、容量更大，确保全天候服务。

*创新服务机制* 根据话务增减趋势弹性扩容，动态测算需求，按需设定座席数量、调整值守班次，确保所有时段均能"打得通、问得清、办得好"。利用非高峰时段主动服务，对当日所有未接通电话全部回拨一遍，主动问询事由、答疑解惑。建立主、分平台之间的业务联动机制，既可直接接听12345平台呼转的语音通话，与群众实时连线，也可通过网络座席受理来自主平台的业务工单，以及政府网站、公众号上的群众留言，即时处理、反馈，减少业务周转层级，变"限时办结"为"即时办结"。强化平台记忆功能，同一号码再次拨打热线时，以往的咨询内容、查询信息、反映问题、答复结果、回访记录均直接显示在当前话务人员屏幕上，避免重复查询影响效率，也确保答复口径标准一致。

*严格服务标准* 实行程序化管理，快接快办、接诉即办，对所有疑难问题按照"13710"标准高效处理，即立即受理、建立台账、形成工单、当日转办；3个工作日内确定处理意见并向群众征询意见；一般问题7个工作日内处理到位；疑难问题1个月内处理到位；所有问题处理完毕即时交账销号，形成受理、交办、处理、反馈工作闭环。提供精细化服务，将每次通话细分为语音播报、智能提示、交流沟通、服务评价、话后整理5个具体环节。控制语音播报时长，让群众少等待；优化智能提示，让群众快速找准问题、精确知晓答案；优化业务能力，让话务人员熟知业务、规范服务；优化评价系统，接受群众"好差评"，便于持续改进完善；优化话后整理，将每个通话的全部要素及时分类归档，即时提交中台分析研判，实时掌控医保服务动态。

*强化服务监督* 建立"好差评"制度，每通话务都主动邀请群众打分评价。建立回访调查制度，对当日话务按比例随机抽样回访，听取群众意见建议。建立热线档案库，将所有来电记录、通话内容全部加密保存至市政务服务云服务器，实现全过程留痕可查。落实分析研判机制，每日以简讯形式通报话务量、接通率、热点问题；每周以简报形式报告平台运行、工单办理、热点处理等情况；每月以专报形式分析话务趋势，透射医保服务、政风行风、社会焦点、舆情风险等，强化动态监管，提升工作成效。

**【主要成效】** 12393热线开通以来，平均每天接听热线3000余通，接通率达98%以上，热线运行平稳。通过群众反映，及时发现大量医保服务中的痛点堵点难点问题。根据反馈情况，市医保部门广泛开展"医保大调研""一把手走流程"等系列实践活动，以热线收集问题为突破口，逐项抓整改、优服务，针对性更强、实效性更突出。同时，

12393热线拓展了医疗保障领域监督举报投诉途径，壮大社会监督力量，医保基金监管的精细化水平得到提升，帮助医保部门发现一些以往难以发现的问题。

## 案例二：开封市完成市级以下医保部门垂直管理改革

开封市辖4县、6区，全市参保人数430万人，定点医药机构3532家。2021年12月，开封市被确定为河南省医疗保障能力建设试点城市，2022年进行市级以下医保部门垂直管理改革。

**【主要做法】** 建立自上而下、高效贯通、紧密结合的指挥体制　成立以市委书记、市长为组长，常务副市长、组织部部长等为副组长，市纪委监委、市委组织部、市委改革办、市委编办、市人社局、市医保局等部门及各县（区）主要负责同志为成员的市医疗保障能力建设试点工作领导小组。同时，成立综合协调保障工作组、编制管理工作组、组织工作组、人力资源和社会保障工作组、财政工作组5个专项工作组，明确责任分工，制定工作步骤，各成员单位之间互通信息、相互配合、相互支持、形成合力，确保改革积极稳妥推进。

确定规划先行、因地制宜、循序渐进的改革思路　开封市医疗保障局会同深改办、编办、财政、人社等部门，制订可行的改革推进计划。出台一系列文件，基本确定改革框架，夯实制度“底子”，明确改革思路，为高效推进垂直管理改革奠定扎实基础。

形成管理上移、经办下沉、便民高效的医保服务体系　开封市在推进垂直管理改革的同时，加快实现医保市、县、乡、村四级医疗保障经办服务体系构建，在原有市、县两级经办的基础上，全新打造乡、村两级经办服务平台。各县区医保部门积极争取县、乡政府和基层医疗机构的支持，利用基层便民服务中心或乡镇卫生院、村（社区）卫生服务站的场地、人员、网络、设备等资源，实现乡镇（街道）、村（社区）政务服务网络数据对接。同时，开展医保业务培训指导，建立起“有服务机构、有工作制度、有工作人员、有经办窗口、有系统设备、有统一标识、有事项清单”的基层经办服务网络，实现“小事不出村、大事不出乡”，全面打通全市医保经办服务的“最后一公里”。

**【主要成效】** 实现全市医保行政、经办机构“双垂直”　行政机构方面，县区的10个医保局实行垂直管理，作为市医保局的派出机构，名称确定为“开封市医疗保障局××分局”。经办机构方面，将县、区15个经办机构（含县区医保中心、稽核中心、生育保险中心等）整合为10个经办机构，作为市医保中心的分支机构实行垂直管理，名称确定为“开封市××社会医疗保险中心”。垂直管理改革后，全市医保部门行政机构和经办机构的在编人员共495人，其中县区435人。构建形成市医疗保障局（含10个县区分局）统一管理、下辖市社会医疗保险中心（含10个县区分中心）和市医疗保障稽核中心的新格局。

实现全市医保系统“人、财、物、事”统一配置　人员方面，县区的编制、人员调整由市医保局统一管理，提高了全市医保部门人力资源的使用效率。建成更高水平的选人机制，能更有效、更灵活地发现和选拔人才。建立横纵联合、可上可下的用人机制，既可以集中优秀人才进行重大改革攻坚，也能灵活发挥专业技术人员的特长，提高工作效率和积极性。财、物方面，垂直管理扩充了市级可调配资源的体量，通过进一步优化配置，可在医保经办能力建设、基层平台建设和信息化建设中发挥积极作用。事权方面，垂直管理避免了条块分割和地方干扰，能够保证医保改革政策传达流畅、数据得以共享，便于凝聚共识，有利于医保基金市级统筹各项政策的落地，提高基金规划和使用绩效，推进强化基金监管、保障基金安全，推进各项改革政策的统一。

建立横向到边、纵向到底的经办服务体系　到2022年底，全市114个乡镇（街道）已全部设立经办窗口，全市2445个村（社区）已全部设立服务点，完成率均为100%。全市建立了市域内“横向到边、纵向到底”的网格化经办服务网络，结合乡镇（街道）、村（社区）经办业务实际，按照“能放必放、应放尽放”的原则，全面梳理出13项可下沉办理的业务清单，明确各级权责，确保周到细致。医保经办服务模式从过去的办理医保业务需要到市县区服务大厅“最多跑一次”，转变为如今的在家门口“就近一次办”。

*充分释放职能整合效应和政策汇聚效应红利*　一方面，实行医保部门垂直管理改革能够充分调动干部职工的工作积极性，还可在一定程度上为医保系统的基层人员“减负”，同时畅通晋升渠道，激发县区工作人员的积极性；另一方面，医保部门垂直管理改革能够摆脱地方政府对医疗保障基金的干预，解决监督软散的问题，破解医保基金挪用难题，保障医保基金有效使用、平稳运行，维护基金安全。

## 案例三：洛阳市创新推进医保基金与医药企业直接结算

随着医药集中带量采购工作深入开展，一些问题也逐渐凸显：一是线下支付过程中，部分医疗机构不能严格按照国家政策及时支付货款；二是医药配送企业或中选企业因资金回付不到位导致配送服务不及时，影响医疗机构药品使用，且医疗机构与配送企业双方缺乏监督管理机制；三是医保经办机构无法及时掌握定点医疗机构回款情况和集采产品约定量的使用进度。为有效解决上述问题，洛阳市于2021年底上线周转金监管系统，改革医药集中采购货款结算方式，有效打通医药集中带量采购执行“最后一公里”。

**【主要做法】**　*建设系统*　洛阳市医疗保障局以国家医保信息平台为依托，严格平台建设指南，坚持标准一致、流程一致、接口一致、管理一致的原则，以河南省公共资源交易中心医药采购平台和河南省医疗保障局医保药耗统计分析平台的医药集中带量采购事实数据为支撑，打造适合洛阳本地的医药集中带量采购周转金智能监管系统。

*运行模式*　市医疗保障局当月将医保基金作为周转金预拨，先行垫付定点医疗机构集采药品货款，医疗机构在采购次月归还货款。由此，解决原有模式下医疗机构需定期连本金、利息如期返款的问题；银行进行医保基金监管并如期返还利息，缓解医疗机构的资金运转压力。

*配送准入，信用考评*　采取由医疗机构确认的模式准入参与直接结算的配送企业，医保经办机构通过系统的信用考评模块，对中选企业依法依规确定配送企业、约定采购量和采购协议期、配送企业履行配送协议等情况进行协同监督。同时，医疗机构定期对配送企业进行信用综合考评，对于不认真履行合同约定的配送企业、不能保证质量安全的生产企业，医保部门联合卫生健康部门采取约谈告诫、督促整改及建议取消配送资格等措施。

*三方监管*　由医保部门、配送企业、账户监管银行三方签订集中采购医药资金监管协议，医保经办机构通过系统进行纵向监控、横向管理，该系统与市县（区）各级医保经办、配送企业、医疗机构、金融机构系统实施技术对接，实现了对配送企业配送情况、医疗机构集采医药采购情况、“周转金”的使用和监管、医疗机构还款信息等情况实时采集和跟踪。同时，在系统中开发结余留用模块，科学规范结余留用资金使用，提高留用资金的透明度。

*确保基金安全*　在医保基金专户下设立周转金子账户，医保经办机构按集采医药约定采购量测算结果的50%整体拨付周转金至配送企业、银行、医保局三方在商业银行共同开立的监管专户。监管专户用于接收市医疗保障局拨付的周转金和医疗机构的结算待清算货款，与药企自身的司法风险进行隔离，并对账户内资金按照协定利率执行，确保了医保基金的保值、增值。同时，在周转金监管系统增设“回款凭证”，实现试点期间集采药品“回款凭证”标准化、规范化管理，当月采购当月上传完成集采药品结算回款凭证的管理模式，较以往凭证上传提前了近一个月的时间，实现了采买监管闭环管理。

**【主要成效】**　截至2022年底，洛阳市参与集采的一级以上(含一级)定点医疗机构344家,参与试点的医疗机构有237家,占比69%;经调取省平台集采药品采购金额约为3.98亿元,通过周转金系统累计支付集采药品金额近2.81亿元,占全市参与集采药品金额71%。全市集采药品配送企业21家,参与试点的集采药品配送企业6家,占比29%。该项试点工作提高了药品配送质量、确保了集采药品稳定供应,保障了国家集中带量采购医药回款政策在当地落实落细。截至2022年底,国采第四批、第五批药品,洛阳市医疗机构约定采购量完成比例已超50%以上。

## 案例四:安阳市全力推动集采药品进乡村

为切实打通集采药品下沉基层“最后一公里”难题,2022年安阳市医疗保障局在全市部署开展“集采药品进乡村”专项行动,想办法、拿举措、抓落实,确保专项行动落地见效。

**【主要做法】** *找准问题症结,从严压实责任* 针对基层缺乏集采组织机构、集采政策宣传不够到位、结余留用政策未传导至村级、使用集采药品动力不足等问题,安阳市医保局从县(市、区)具体组织实施和配送体系建设等作为切入点,制订工作方案、建立工作台账、实行周报告制度,确保专项行动高起点筹划、高效率推进、高质量见效。

*细化品种目录,助力推广使用* 选择符合当地实情的集采药品,是解决集采政策在基层传导不畅的关键环节。一是匹配采购目录,优先推荐使用国家基药目录与国家集采目录交叉的药品中的集采中选产品。二是摸清群众需求,以高血压、高血脂、糖尿病等常见病、慢性病药品为重点,确保采购的药品村医有动力采、群众有需求用。三是突出优势品种,优先推荐本地有销售、货源充足的药品。在全省已执行的399种集采药品中,筛选出121种药品作为首批乡村推荐使用目录,受到广大村医和群众的欢迎。

*优选本土企业,做好终端配送* 配送能否直达终端,是影响代购工作开展的重要因素。安阳市医保局优选既有自己特色服务和地域优势,又有终端配送能力经验和服务基层热情动力的本土配送公司。借助基药采购系统,增加集采品种标识并靠前排序;配发手持PDF录入设备,实现医院采购、入库和医保信息统计的互联互通。同时,主动牵线搭台,建立县(市、区)医保部门与配送公司协同工作机制,通过企业供应链平台开设集采药品专区,开发手机App和微信小程序,发挥本土配送企业渠道优势,切实加强终端配送。

*优化回款流程,保障按时回款* 限期回款是集采工作的核心内容。村卫生室大部分为个体经营,日常采购药品多为现款交易,不存在账期问题。各县(市、区)立足实际、因地制宜,积极探索多种回款方式,优化回款流程。如汤阴县各村卫生室由乡镇卫生院代购,村卫生室在乡镇卫生院领药时与乡镇卫生院现款现结,再由乡镇卫生院与配送公司按期回款,并上传回款凭证;内黄县各村卫生室通过配送公司服务平台报量,配送到村后录入系统,村卫生室将药款给乡镇卫生院,再由乡镇卫生院统一回款;滑县有部分村卫生室由乡镇卫生院代购并回款,也有部分村卫生室直接与配送公司联系报量、现款结算。

*注重考核激励,增强内在动力* 提升集采药品在基层使用的积极性,既要靠宣传引导、启发觉悟,又要靠政策引导、考核激励,还要靠多策并举、综合考核,把政策层层传导、落到实处。一是有机结合现有政策。鼓励各医共体在完成70%基药使用比例要求的基础上,利用剩余30%空间用于受群众欢迎的集采药品,统筹考虑基药补贴的鼓励性和集采降价的惠民性。二是细化创新配套政策。积极与各医共体协调沟通,在药品结余留用政策中试点二次分配,对使用集采药品的村卫生室予以政策倾斜,并明确相关指标体系和分配方案。三是完善综合考核制度。以“紧密型县域医共体医疗保障工作年度考核方案”为蓝本,设置7.5分(满分为100分)的集采考核专项指标,从医共体、乡镇卫生院使用集采药品金额占比、村卫生室使用集采药品数量占比等3个维度,对执行集

采政策情况进行综合考核,不断增强基层使用集采药品的内生动力。

**【主要成效】** 截至2022年12月底,“集采药品进乡村”专项行动取得实质性进展,各村卫生室配备集采药品种类平均在20种左右,最多的达50多种;使用集采药品的村卫生室,数量由最初的128家增加到3103家,占比从原来的4%提高至97%,除个别只承担公共卫生职能、只看中医的村卫生室外,全市9个县(市、区)、101个乡镇的村卫生室实现全覆盖。

## 案例五:鹤壁市推进基层医保经办服务

2022年,鹤壁市医疗保障局锚定群众医保领域痛点、堵点问题,推行“242”工作法,持续推进医保经办服务下沉,推动基层经办服务向精办服务转变。截至2022年底,全市建成乡镇级医保服务站50个,覆盖率100%;村(社区)级医保服务点983个,覆盖率98.2%。

**【定责任、定标准,搞好经办服务顶层设计】** 定责任　坚持把服务下沉工作作为提高基层治理能力、推进乡村振兴的重要抓手,将基层医保服务窗口设置、业务经办等医疗保障工作纳入全市“五强”乡镇、“五优”街道、“五强”村、“五优”社区百分制评价项目。将经办服务下沉工作纳入全市14个医保绩效考核项目之一,采取“月调度、季点评、年考核”方式,定期通报,督导县区工作落实。

定标准　通过“9+5”模式,推进建设标准统一的经办服务体系。乡镇机构做到“九个有”,即有服务机构、有工作制度、有工作人员、有经办窗口、有系统设备、有统一标识、有事项清单、有宣传阵地、有便民设施。村(社区)做到“五个一”,即有一个服务平台、一个宣传栏、一个明白人、一套流程、一批示范。

**【以“四化”为目标,推进服务向基层延伸】** 规范化　制定经办服务下沉事项清单,明确乡镇级18个、村级7个医保服务事项,统一办理材料、时限、环节,统一基本业务、医疗救助依申请业务、异地就医结算等经办程序。

网格化　指导县(区)建立乡镇(街道)、村(社区)两级医保经办人员和分管领导信息库,分区域对接联系,进一步解决基层医保经办“找谁办、谁来办、怎么办”等问题。

协同化　除在49个乡镇(街道)便民服务中心设置医保窗口外,协同乡镇卫生机构扩展服务网点18个,将便民服务延伸到家门口。

智能化　在基层深入推广微信小程序、支付宝、豫事办App等医保服务信息化平台,让群众个人医保信息随时可查;制作医保政策“二维码”,通过社区张贴、微信公众号推送等方式,让医保政策随手可查。

**【培训到位、宣传到位,确保事项下沉】** 培训到位　强化业务指导和培训,通过工作群交流、常态化培训等方式,让经办人员特别是基层经办人员熟练掌握相关政策和业务操作,做到简单事“一次办”,复杂事“限时办”。对县级以下经办机构和工作人员累计开展基层业务指导培训20余场,做到全员参与、一人不漏。

宣传到位　组织业务骨干到各乡镇(街道)、村(社区)广泛宣传医保经办服务下沉工作,将宣传工作与政策解读结合起来,多渠道听取参保群众的意见建议,切实让参保群众知晓并享受便民服务。

## 案例六:漯河市抓好信息技术转化应用

2022年,漯河市医疗保障局加强医保信息化建设,加快技术转化应用,明确方向,创新举措,助推医保高质量发展。

**【主要做法】** 做优机制,精心组织推进　一是高位推动。主动汇报赢得支持,市委将医保信息化建设列为民生领域重点基础项目,纳入重点事项推进台账;市政府把这项工作纳入相关部门和县区年度目标,形成“一把手支持、一盘棋布局、一体化实施”的工作格局。二是汇聚合力。成立信息化建设工作领导小组,抽调医保、卫生健康、大数据等部门专业人员组建攻坚小组,协调推进各项工作。三是锚定方向。突出医保电子凭证推广激活、移动支付、智能监控等重点,画好"任务树",明确"路线图",倒排工期,挂图作战。四是创新督导。开展专项稽核,对工作落实慢的定点医药机构进行通报、约谈直至暂停定点资格,督促推进工作落实。

多措并举,力推智能服务　坚持以电子凭证为牵引,多措并举抓好推广应用工作。一是多元发力,做好电子凭证推广。借力省定民生实事项目,将推广应用电子凭证纳入"豫事办"建设内容,明确全市机关事业单位、行业部门和各县区激活任务,将推广效果作为民生实事考核依据。通过全媒体、多维度广泛宣传,快速提升社会认知度。二是多点用力,做实医保移动支付。组建专班,相继完成HIS接口改造、小程序建设等工作。全市三级医院和部分二级医院实现医保移动支付应用,市委市政府给予肯定表扬。三是多向施力,做深便民利民应用。着力推进终端建设,加快接口改造、联调测试,为全市医保经办窗口、三级医院和部分连锁药店配置智能终端,实现"刷脸"就医、"刷脸"购药、"刷脸"办业务。

延伸基层,打通"最后一里"　漯河市把提升村室信息化能力作为医保惠民的重要抓手,努力打通服务群众"最后一里"。一是深入调研摸实情。采取走乡进村入户、召开座谈会等形式,摸清全市1314家基层卫生室村医年龄结构、学历水平、设施设备等情况。二是专题培训破难题。针对村医年龄较大、不熟悉电脑操作、日常问题解决不及时等,开展专题培训,解决难题。三是支付返现促推广。会同支付宝推出"刷码支付返现"活动,提升村医使用电脑的积极性,形成全市医保"一盘棋""一张网"的新格局。

数字赋能,维护基金安全　依托智能监管平台,运用信息新技术,不断深化医保基金监管。一是科学规范审核。成立智能审核小组,初审、复审、终审岗位权限分离,做到智能审核科学准确。组建专家库,充分了解违规项目在临床中的实际应用情况,确保智能审核公平公正。二是加强多方联动。对经办人员开展智能监管平台操作培训,提升实操技能。加强与运营公司沟通,确保智能审核系统高效稳定。及时向省医保局汇报,实现对规则的动态优化,保障推送的医保违规问题精准规范。三是组织试点先行。选取医保基金使用量大、违规风险高的11家"双通道"定点零售药店和2家医院作为智能监控场景子系统应用试点,加强远程监管和预警防控,防范基金"跑冒滴漏"。

**【主要成效】** 2022年,漯河市医疗保障局在全省率先将医保智能终端配备到各级经办窗口、首批开通医保移动支付和"刷脸"就医服务,电子凭证推广激活、基层医保开通结算等工作走在全省前列。其中,1272家村卫生室开通了医保直接结算,开通率达96.80%,运用医保智能审核子系统覆盖全市所有具有住院资格的定点医疗机构,完成智能审核数据24823条,审出违规费用139.12万元。

## 案例七:周口市加快推进DRG付费

周口市是河南省医疗保障局确定的DRG付费省级试点城市。2022年1月起,周口市开始按DRG点数法实际付费。

**【建机制,打基础】** 制订工作方案,建立工作专班　2022年初,市医疗保障局出台《DRG支付方式改革三年行动计划实施方案》,成立工作专班,按照实施方案进度,建立工作台账,细化分解任务,明确阶段目标任务和完成时限,按月编印工作专报,定期总结工作进展情况,分析困难问题。

确定总额预算,做好费用保障　市医疗保障局印发《关于确定周口市DRG付费试点医疗机构2022年度职工基本医疗保险住院统筹基金支出预算总额有关事项的通知》《关于确定周口市DRG付费试点医疗机构2022年度城乡居民基本医疗保险住院统筹基金支出预算总额有关事项的通知》等文件,科学确定全市DRG付费试点医疗机构2022年度基本医疗保险住院统筹基金支出预算总额,为DRG支付方式改革顺利实施提供费用保障。

开展DRG付费扩面工作，持续扩大医疗机构覆盖范围　在第一批73家试点医疗机构开展实际付费的基础上，2022年9月推动DRG扩面，将全市一级公立定点医疗机构和未纳入DRG付费的二级定点医疗机构（共229家）纳入DRG付费。截至2022年底，全市DRG付费医疗机构数量301家，占全市开展住院服务医疗机构数量的63%。

完善医保配套政策，开展DRG实际付费　市医疗保障局印发《周口市医疗保障局关于将日间手术纳入DRG付费工作的通知》《关于印发周口市按疾病诊断相关分组（DRG）点数法付费特病单议流程（试行）的通知》，进一步完善配套政策，实现日间手术和DRG付费有机结合，针对复杂病例实现精准付费。

开展业务培训，提升业务能力　2022年，先后组织召开市医疗保障局基金结算清单规范填写业务培训会议、DRG扩面暨培训会议等，培训相关人员超过3000人次。

**【将日间手术纳入DRG付费】**　为解决参保人员住院时间长、医疗费用负担重问题，助力日间手术推广应用，在实施DRG付费的基础上，市医疗保障局出台《关于将日间手术纳入DRG付费工作的通知》，对日间手术实施范围、管理办法、监督考核作出规定，明确二级及以上定点医疗机构可在《日间手术推荐目录（2022年版）》内选择相应病种开展日间手术，日间手术纳入DRG付费范围，按DRG分组规则入组，实行与相应病组相同的付费标准。规定过去一直按规定在门诊实施的一般手术，不得纳入日间手术进行医保结算管理。自实施以来，经医疗机构申请，医保部门初筛，市医保局组织25名医学专家开展两轮论证，从原来需要住院的病种中确定40余种日间手术病种纳入DRG付费，促进定点医疗机构控制成本、降低医疗费用、缩短住院时间，提高床位利用率，真正实现“医、保、患”三方共赢。

**【开展特病单议】**　为解决DRG点数法付费实际操作中存在的问题，促使医疗机构诊疗规范合理，管理精细科学，鼓励定点医疗机构收治疑难重症，周口市医疗保障局下发《周口市按疾病诊断相关分组（DRG）点数法付费特病单议流程（试行）》，明确特病单议职责划分、实施范围、申报、评审等具体工作要求。全市2022年特病单议报送病例30314例，经初审，符合政策支持范围，无须专家审核，不上会直接单议病例2824例，上会单议病例5919例。组织30名相关专业副高职称以上医学专家开展评审，最终复审后审核通过4666例，上会病例审核通过比例78.83%，通过特病单议合理补偿医疗机构诊治复杂病例的医疗费用，为DRG精准付费奠定基础。

## 案例八：南阳市全力支持中医药传承创新发展

2022年，南阳市医疗保障局充分发挥医疗保障制度优势，全力支持中医药传承创新发展，为加快南阳建设中医药强市提供坚强支撑。

**【找准目标定位，精心谋划推进】**　市医疗保障局成立中医药医保服务工作领导小组及工作专班负责此项工作。与市卫生健康体育委员会、中医药发展局建立班子会商制度，制定《南阳市关于医保支持中医药传承创新发展措施》。同时，积极争取省医疗保障局的扶持指导。11月，省医疗保障局出台《关于支持南阳建设省域副中心城市的若干意见》，确定南阳市为医保支持中医药传承创新发展试点市，在项目上给予资金支持，为南阳市中医药产业持续良性发展注入动力。

**【坚持多措并举，强化工作实效】**　提高中医药诊疗服务费用报销比例　对市域内二级、三级中医院职工医保、城乡居民医保中医药诊疗服务费报销比例分别提高10%、20%，起付线降低一个档次。

加大对中医机构的资金倾斜力度　在2022年总额预算分配中，对市直三家三级中医医疗机构预算费用提高5个百分点，合计较上年增加1825.95万元，促进中医医疗机构发展。

推进中医医保支付方式改革　开展“中医日

间病房”医保结算试点工作,实施按病种付费,发挥中医诊疗“简、便、验、廉”的特色优势。在DIP改革中增加以中医药治疗为主的病种,探索部分中医优势病种实施按疗效价值付费。

支持中药产业发展壮大　将定点医疗机构委托本地中药企业生产的中药制剂按规定进行申报,经河南省医疗保障局组织专家评审后纳入医保支付范围,激发中药产业发展活力,发展壮大一批本地新兴中药企业。

**【完善中医医疗服务价格机制】**　完善中医医疗服务项目和价格形成机制　充分考虑中医医疗服务特点,优先将疗效确切、中医特色优势明显的中医医疗服务项目纳入调价范围。借鉴外省经验,会同市中医药发展局、市卫生健康体育委员会,向省级部门申报新增门诊中医辨证论治费,在突出中医诊疗特色、发挥中医药优势方面进行有益探索。

创新优化中医医疗服务定价机制　针对机构改革后成本监审程序难以履行的问题,采取医疗机构提供成本基础数据、专家集体会审的形式,科学合理制定医疗价格。先后对市中医院和方城、南召等县中医院的床位价格进行了调整,取得良好效果。

**【发挥中医药优势,助力疫情防控】**　为充分发挥中医药在疫情防控中的独特作用,市医疗保障局主动和市中医药发展局对接,密切关注相关药品的研发、审批进度,提前做好医保目录准入、支付比例确定等政策研究和相关程序启动准备工作。积极将市中医院研制的某新冠治疗用药申请纳入医保支付范围,协助完善评审材料,省医疗保障局在15天内完成了医保准入程序,经报国家医疗保障局备案同意纳入医保支付范围,充分发挥中医药在疫情防控中的独特优势。

# 湖北省

## 工作综述

2022年，湖北省医保事业实现新发展，展现新作为。全省基本医保参保5593.04万人，参保率达到95.7%，基本医保（含生育保险）基金收入1107.46亿元，支出906.82亿元，累计结存1243.42亿元，医保基金运行平稳可持续；职工医保和城乡居民医保政策范围内住院费用报销比例分别为83.7%、67.1%，保障水平更加公平可及、更有效率。

**【统筹疫情防控和经济社会发展】** *全力支持疫情防控* 持续实施"两个确保"，向医疗机构预拨资金，支持医疗机构开展救治；精准做好疫苗接种费用保障。3轮下调核酸和抗原检测价格。其中，核酸检测单人单检价格由年初每人次40元降至13元，混检价格由每人次10元降至最低3.5元；2次联动全国最新检测试剂及其配套耗材集采结果，下调阳光挂网限价。将阿兹夫定、小儿氨酚黄那敏等42种药品纳入支付范围，累计减轻患者门诊负担409.33万元。

*优化环境助经济* 湖北省持续抓好医保领域"放管服"改革，开展"解难题、稳增长、促发展"企业帮扶活动，阶段性缓缴3个月中小微企业职工医保单位缴费，免申即享，9132家企业受益，缓缴医保费5208.32万元。

*加强管理保安全* 从收支两方面着手，稳定"收"方面，在参保扩面上下功夫，召开全省参保扩面动员部署会，职工参保人数较上年增加44万人。按要求调整人均筹资标准，其中财政补助达610元以上。管住"支"方面，除开展基金监管工作外，每半年下发全省医保运行情况通报，开展年度基金使用绩效评价，针对性进行预警提醒，守住不发生系统性风险底线。

**【健全多层次医疗保障体系】** *实施基本医疗保险市级统筹* 8月5日，省政府办公厅印发《关于全面做实基本医疗保险市级统筹的实施意见》，召开全省全面做实基本医疗保险市级统筹工作推进电视电话会议，指导各地分别制定实施方案，加强统筹调度，强化跟踪指导，全面落实市级统筹有关工作。

*开展职工医保门诊共济保障改革* 5月31日，省政府办公厅印发《关于建立健全职工基本医疗保险门诊共济保障机制的实施意见》，明确改革政策内容和标准，组织召开全省专题培训班，全面部署推进，指导各地陆续出台实施细则并加大宣传力度，做好政策解读，积极争取社会支持，确保改革平稳推进。

*健全重特大疾病医疗保险和救助制度* 8月5日，省政府办公厅印发《关于健全重特大疾病医疗保险和救助制度的实施意见》，召开全省健全重特大疾病医疗保险和救助制度工作专题会，督促各地对照制定具体的贯彻落实文件，落实落细有关参保分类资助和医疗费用救助政策，稳固防范化解因病返贫的长效机制。

**【巩固监管高压态势】** *加强日常监督* 统筹协议管理和行政执法，组成综合监管核查队伍全覆盖开展省级抽查。全年累计检查医药机构38924家，处理定点医药机构19316家，处理定点医药机构工作人员、参保人员2699人，追回、处罚、拒付资金共计10.09亿元。

*开展骨科高值耗材专项整治* 依法严肃对同济医院飞检反馈问题进行督办整改，公开曝光其骨科高值耗材方面的问题和处理结果，对一般性违规问题逐项审核认定，违规费用全部清退，并专项下发通报。同时，举一反三抓好问题整改，开展全行业专项整治和"三假"（假病人、

假病情、假票据)问题的专项治理,对全省所有医保定点医疗机构、所有2021年以来纳入医保基金支付范围的医疗服务行为和费用进行全覆盖检查。武汉、荆门、黄冈、孝感、荆州、襄阳等地严肃查处了一批串换、虚记骨科高值耗材的问题。

开展全省定点医疗机构使用医保基金专项整治　5月18日,省打击欺诈骗取医保基金专项治理工作领导小组召开全省定点医疗机构使用医保基金专项整治工作电视电话会议。省医保局联合省卫生健康委、省公安厅、省市场监管局、省药监局等部门,成立工作专班,抽调业务骨干,开展联席会议,举办业务培训,加强沟通协调、信息共享、线索通报和重大案件查办会商,形成监管合力,取得显著成效。

强化监管手段　制定《定点医疗机构协议范本》和《定点零售药店协议范本(2022年版)》,十堰、宜昌、仙桃、天门、神农架等地创新医保协议管理,规范医疗服务行为。推动在医疗机构成立医保管理委员会,增强医院内部监管能力。创新大数据监管模式,全面上线智能审核和监管系统,丰富扩展全省智能审核和监控知识库、规则库,全省17个市(州)通过运用智能监控系统发现违规违约问题数据117.13万条,涉及金额2.38亿元。黄冈通过医保智能监控查处违规金额6632.6万元。

**【提升医疗保障质量】**　乡村振兴有效衔接　出台做好农村低收入人口和脱贫人口参保服务、分类资助、住院结算、特例备案等文件,加强跨部门数据衔接,全省两类人员参保率99.99%,三重制度保障政策范围内住院费用报销比例达到91.36%。简化依申请救助流程,建立待遇资格告知双通道机制,实现人找政策和政策找人双向并行,医疗救助落实更加精准。

待遇水平稳步提升　结构性优化医保药品目录,有序升级换代至2968种,省内新增705种医院制剂纳入医保支付。全省统一优化医保谈判药品“双通道”政策,对121种治疗罕见病、恶性肿瘤等费用较高的药品实行单独支付,群众用药更加方便可及。

保障能力巩固拓展　在鄂州开展“两病”门诊用药保障重点联系典型地区;联合卫生健康部门加强“两病”门诊用药保障和健康管理,全省累计覆盖842.2万人。完善生育保险政策,规范财政供养单位生育津贴发放。指导荆门开展长期照护职业标准研究,完善长护险制度,累计15800人享受照护待遇,人均补偿护理费用1.83万元。

**【有序推进集中带量采购】**　三个层面集采结果全面落地　机制性挤压药耗价格水分,落地国采药品第六批、第七批中选结果,平均降价分别为48%和73%;落地国采耗材第二批人工关节类中选结果,平均降价82%;落地省际联盟耗材7批中选结果,平均降价75%;落地4个批次国采药品接续中选结果,在原60%平均降价基础上再降29%。落地省采冠脉扩张球囊接续中选结果。以上举措每年可节约药品耗材费用近30亿元。

集采常态机制基本建立　出台全省医用耗材集中带量采购和使用的实施意见,会同卫生健康部门进一步规范公立医疗机构药品备案采购有关事项,建立健全长效机制。咸宁、恩施州等地开发集采监管系统,持续推进集采药品耗材直接结算和结余留用资金拨付。再次牵头开展全国中成药联盟集采,30个联盟地区3万余家医药机构采购量涉及近百亿市场和百家企业,相关工作得到国家医疗保障局充分肯定。

**【推进医保精细管理】**　夯实管理服务基础　修订完善全省医保经办政务事项工作标准,统一印发操作服务指南。上线统一的省医保信息平台,开展资源扩容升级和分配调整,建立信息化项目建设管理制度和日常运维机制,医保移动支付在15个市(州)试点医院顺利结算,恩施州在医保电子凭证推广和医保移动支付方面工作成效突出。按期完成城乡居民医保“统模式”改革。同步开展医保数据治理,清理省内重复参保数据390.4万条,其中潜江清理完成率达到100%。

推进支付方式改革　出台《湖北省DRG/DIP

支付方式改革三年行动方案》，截至2022年底，已有宜昌、荆州、十堰等15个市（州）启动DRG/DIP改革；武汉被列为全国统一医保信息平台支付方式管理子系统首批监测点。探索中医优势病种付费。完善紧密型医共体支付政策，将159种日间手术纳入医保支付，探索耗材价格谈判并形成支付标准。出台中药饮片和配方颗粒管理办法，建立评审信息平台。

推进医疗服务价格改革　会同卫生健康部门制定新增和修订医疗服务价格项目受理审核评审规程，支持医疗技术创新，实地对80项转正项目开展成本调查，制定造瘘护理等91项医疗服务项目的正式价格，全年新增和修订医疗服务价格项目280项，较2021年翻一番。稳步开展口腔种植收费和耗材价格治理，完善口腔种植类医疗服务项目规范，确定常规口腔种植全流程医疗服务价格项目、口腔种植服务能力相关性指标及分值，更好地保障群众缺牙修复服务。推进价格动态调整，对武汉市公立医疗机构价格水平进行评估并报国家医疗保障局审批，襄阳市、随州市、恩施州等地启动价格动态调整工作；黄冈市以中医药发展为抓手，试点开展深化医疗服务价格改革。

**【优化医保便民服务】**　完善经办服务体系　推动政务服务下沉至村（社区），首批5个高频事项可就近办理。确定3个医保经办服务试点，打造示范样板。东风汽车公司等10家在鄂央企和单位职工医保经办移交省本级管理，18个统筹区平稳运行。

优化医保公共服务　开展“一下三民”“三下沉”活动，解决了一批堵点难点问题。基本医保关系转移接续、生育待遇核定与支付等实现“跨省通办”，城乡居民医保参保缴费、医疗费用报销可“一事联办”。推行告知承诺制，将住院费用报销等6个事项承诺办理时限压减至15个工作日，29项政务服务事项承诺办结时限压缩60%。襄阳等地经办政务事项办结率高。开展全系统行风建设专项评价，启动经办机构内控管理建设。推进“武鄂黄黄”（武汉、鄂州、黄石、黄冈）医保公共服务同城化。

推进异地就医直接结算　提前实现高血压等5个门诊慢特病跨省直接结算，全面实现各地所有门诊慢特病在省内异地直接结算，异地就医定点医院和药店数量分别达到5542家、9203家，居中部六省第一。其中，恩施州将村卫生室全部纳入异地就医和门诊慢特病定点。统一省内和跨省异地就医直接结算办法。开展医保经办管理服务规范建设专项行动，在全国会议上作经验交流，武汉、宜昌、襄阳、随州的做法被评为获奖案例。

## 重要活动

1. **全省医疗保障工作会议召开。**3月8日，全省医疗保障工作会议在武汉召开。会议系统回顾2021年全省医保工作，分析研判医保改革发展形势，全面部署2022年医保工作。

2. **开展湖北省医保基金监管集中宣传月活动。**4月，湖北省医疗保障局充分运用官方网站、微信公众号等媒介，贴近广大群众喜好，推送医保基金政策法规，营造浓厚宣传氛围；利用社区“小喇叭”、农村“村村通”“医保乡村流动车”等载体对医保基金监管相关知识进行宣传；结合“医保宣传下基层”活动，深入街道、社区、村镇，实地开展送政策下乡暨基金监管宣传月活动，将医保政策“搬到”居民家门口，打通服务群众的“最后一公里”。

3. **湖北第六次降低核酸检测价格。**4月2日，湖北省医疗保障局联合省卫生健康委员会发布通知，进一步降低新型冠状病毒核酸检测项目价格，核酸检测单人单检价格降至每次28元，混检价格降至每人次8元。

4. **湖北执行国家集中带量采购中选结果。**4月25日起，湖北省执行国家组织人工关节集中带量采购中选结果，人工关节价格平均降价将超过八成。本次执行采购周期为2022年4月25日至2024年4月24日。

5. **湖北首次出台政策规范中药饮片、配方颗粒进入医保“标准”。**4月21日，省医疗保障局制定出台《湖北省基本医疗保险中药饮片、中药配方颗粒管理暂行办法》,对本省行政区域内中药饮片、中药配方颗粒纳入基本医保和生育保险基金支付范围的申报、调整和管理作出规范。这是湖北省首次以政策文件方式规范中药饮片和配方颗粒进入医保"标准",建立动态调整机制。

6. **召开全省定点医疗机构使用医保基金专项整治工作视频会议**。5月18日,省政府召开全省定点医疗机构使用医保基金专项整治工作视频会议,会议通报了2021年工作情况,安排部署了2022年专项整治工作。

7. **召开全省巩固拓展医保脱贫攻坚成果有效衔接乡村振兴战略工作推进会**。5月19日,省医疗保障局召开全省巩固拓展医保脱贫攻坚成果有效衔接乡村振兴战略工作推进会。会议通报了2021年度国家和省巩固拓展脱贫攻坚成果同乡村振兴有效衔接考核评估情况和调度监测情况。会后组织了专题培训,详细解读省巩固拓展医疗保障脱贫攻坚成果有效衔接乡村振兴战略实施意见和考核评估反馈问题整改方案。

8.**"湖北医保服务专区"正式上线**。6月,省医疗保障局结合自身职能,在鄂汇办App上线全省第一家由省直部门自建的政务服务专区——"湖北医保服务专区",并通过"湖北医疗保障"微信公众号、"鄂医保"支付宝小程序等平台同步上线"湖北医保服务专区",各项医保掌上办事服务全面升级。

9. **召开全省职工基本医疗保险门诊共济保障工作培训会**。7月6日,省医疗保障局以视频会议形式召开全省职工基本医疗保险门诊共济保障工作培训会议,强调要准确把握建立健全职工医保门诊共济保障机制的任务要求,对相关工作进行安排部署,并针对疑点焦点问题进行现场解答和指导,确保职工医保门诊共济保障政策如期平稳落地。

10. **湖北阶段性缓缴职工基本医疗保险单位缴费**。7月22日,湖北省医疗保障局联合省发改委、财政厅、税务局印发《关于阶段性缓缴职工基本医疗保险单位缴费的通知》,对中小微企业实施阶段性缓缴职工医保单位缴费,缓缴期间参保人员待遇应享尽享。全面推行"免申即享"经办模式,符合条件的企业无须提出申请即可享受缓缴政策。

11. **湖北实现5种门诊慢特病跨省直接结算**。10月底,湖北省所有市(州)均开通高血压、糖尿病、恶性肿瘤门诊放化疗、尿毒症透析、器官移植术后抗排异治疗5种门诊慢特病相关治疗费用跨省直接结算服务。参保人跨省结算时,执行就医地的医保报销目录、参保地的报销政策。

## 典型案例

### 案例一:湖北持续提升异地就医直接结算便捷性

湖北省高度重视异地就医直接结算工作,省级加强完善顶层设计,市(州)落实属地责任,提升异地就医直接结算工作便捷性,参保人的获得感、幸福感、安全感更加充实,异地就医更有"医"靠。

**【主要做法】** *推动医保服务平台下沉* 湖北省医疗保障局印发《湖北省医疗保障异地就医直接结算服务事项和信息平台下沉实施方案》,成立工作专班,加大对市(州)的督办力度,实行周调度,月通报。2022年9月,全省各市(州)完成异地就医直接结算服务事项和信息平台下沉工作。全省每个乡镇(街道)、村(社区)均可以在统一受理平台就近为参保人办理异地就医备案业务,老年人等特殊群体办理备案更加方便。

*优化异地就医备案服务* 湖北省医疗保障局印发《省医疗保障局办公室关于完善基本医疗保险参保人员异地就医备案政务服务事项指导规范的通知》和《省医疗保障局办公室关于进一步提高异地就医直接结算便捷性的通知》,对全省异地就医备案进行规范。将备案范围扩大到所有参保人员。推行异地就医备案承诺制办理,规范了异地就医备案有效期,转诊备案有效期限延长至半年。办理异地就医备案后,参保人可在备案地和参保地双向就医结算,无需撤销备案。允许参保人补

办备案手续。普通门诊费用无需备案即可异地直接结算。参保人通过国家医保服务平台App、国家异地就医备案小程序、湖北政务服务网、鄂汇办App等线上渠道可以直接办理备案,实现了网上办、掌上办、家门口办、跨省通办,参保人办理备案便捷性极大提升。

*开通门诊慢特病费用跨省异地直接结算* 湖北省医疗保障局印发《省医疗保障局关于开展门诊慢特病相关治疗费用异地直接结算工作的通知》,规范门诊慢特病费用异地结算工作。2022年10月底,所有市(州)均实现高血压、糖尿病、恶性肿瘤门诊放化疗、尿毒症透析和器官移植抗排异治疗5个病种门诊慢特病费用跨省直接结算。省内实现门诊慢特病定点医药机构互认互通,省内门诊慢特病均可以实现异地就医直接结算。

*扩增异地就医定点数量* 各市(州)二级及以上医疗机构,县(市、区)人民医院、中医院、妇幼保健院,门诊慢特病定点医药机构全部纳入异地就医定点医药机构范围。积极鼓励将符合条件的社区卫生服务中心、乡镇卫生院、中心村卫生室等定点医疗机构主动申报异地就医定点。2022年异地就医定点医疗机构数量达到5542家,异地就医定点零售药店数量达到9203家,机构数量较上年增长8倍,参保人员在异地就近就医、购药直接结算的需求得到满足。

*异地就医政策实现规范化* 湖北省医疗保障局、省财政厅联合印发《关于进一步做好基本医疗保险异地就医直接结算工作的通知》,统一省内异地就医和跨省异地就医规则,对全省异地就医报销政策、备案规则、结算清算、审核管理、信息化管理等做出规范,全省异地就医工作实现规范化、标准化。

**【主要成效】** 湖北省实现了住院费用、普通门诊费用、门诊慢特病费用跨省异地就医直接结算。2022年,全省异地就医直接结算889.35万人次,医保基金支付109.1亿元。其中湖北省参保人赴外省就医直接结算391.45万人次,医保基金支付24.6亿元。外省参保人来湖北省就医直接结算314.3万人次,向湖北省支付医保基金14.55亿元。

## 案例二:宜昌市强化信息技术支撑提升医保治理能力现代化水平

2022年,宜昌市聚焦业务经办和民生服务需求,强化信息技术支撑,拓展应用场景,让"信息多跑腿、群众少跑路",不断提升医保治理能力现代化水平,推动医保事业高质量发展。

**【夯实信息化工作基础】** *规范运行* 落实全省信息化项目管理、数据安全、运维管理等规定,制定全市信息系统运行保障工作规范,完善网络和数据安全管理体系,推动医保信息化各项运维工作规范有序健康发展。2022年共提出业务需求5531个,上报省医疗保障局信息中心办结61个,市医保信息中心办结5045个,办结率92.3%。

*畅通渠道* 打通纵向数据链路,通过省大数据能力平台建立医保数据共享机制。与卫生健康、乡村振兴、人社、民政等部门合作,建立情况通报、数据交互、重大事项报告机制,保障部门协同工作落实落地。强化大数据应用,依托宜昌"城市大脑"建立医保知识库,构建以数据资源为核心资源,以算力算法及新一代信息技术为支撑,主要用于城市全域感知、数据汇聚、智能分析决策的城市级综合性数字基础设施,推进政务服务事项下沉和"一事联办""跨省通办"。2022年共交互数据3.3万条。

*补齐短板* 常态化开展医保电子凭证"进社区、进单位、进学校、进医院、进药店"活动,对县市区实行周调度、月通报,多形式、多样化推进医保电子凭证激活和使用工作。截至2022年底,宜昌市医保电子凭证激活率达到41.79%。

**【探索开展试点】** *启用门诊个账共济* 启用个人账户共济关系手机端绑定、联网结算等功能,全年享受门诊共济待遇15107人次,医疗总费用1785.1万元,医保个人账户支出涉及共济账户金额643.3万元。

*开通医保移动支付* 7月6日,宜昌市中心医院成为全省首家开通医保移动支付医疗机构,成

功实现医保电子凭证就医全流程应用、掌上结算，市一医院、二医院等也陆续上线。全年通过医保移动支付结算11.8万人次、医疗费用1194.6万元。

实现慢病资格线上认定互通互认　利用省医保信息平台，将门诊慢特病资格认定权限下沉到定点医疗机构，全市范围内资格认定线上办理、互通互认，受理之后7个工作日内组织专家进行评审，申报范围扩展到37个门诊慢特病病种。

做优医保经办内控　实现异地就医备案自动审批，实行规则经办、规则审核；上线启用单位应收核定、白名单权限控制、职工参保登记等医保经办内控事项，2022年查出风险点3437条。

形成业务财务一体化　打通月结算业务与业务财务一体化系统接口，实现数据一体化共享，解决了医疗机构申诉处理慢、回款速度慢、基金到账率不高等问题。2022年全市通过省医保平台向定点医药机构拨付医保基金47.38亿元，直接拨付率78%。

开展电子处方流转　按照省医疗保障局安排，督导电子处方流转试点定点医药机构开展接口改造联调，明确流转药品目录，完成电子处方流转全流程联调测试和问题修正等工作。

**【拓展功能应用】**　做实支付方式改革　在深化DIP支付方式改革过程中，通过信息技术手段分析定点医疗机构近三年住院病案首页133.8万份，运用信息平台开展结算清单数据质量控制和审核治理，形成合理规范的DIP病种目录及病种分值标准。DIP支付方式改革已实现住院医疗机构、参保险种、住院病例"三个全覆盖"，参保人次均住院费用、自负比例、平均住院日、住院人次"四下降"，试点工作得到国家医疗保障局肯定，并被确定为DIP支付方式改革示范点。

强化智能监管　巩固完善智能审核、人证核查、视频监控三大智能化监管平台，实现医疗行为事前提醒、事中监控、事后追溯全过程监管。

提速民生服务　聚焦"网上办""掌上办""码上办"，精简材料、规范操作流程，在省政务网、鄂汇办App、医保服务网厅、微信公众号上线医保高频服务事项，为群众提供"搬到家里的医保服务点""装在口袋里的医保服务厅"等便捷服务。全年网上办件71万件，网办率约90%。

推进基层应用　开通基层网厅，将异地就医备案、慢病资格认定等便民事项下沉到乡（镇）、村（社区）；向基层医疗机构提供医保电子凭证扫码设备，方便参保群众就近办；在市民之家和城区各区医保经办大厅增设9台医保自助服务一体机，开通自助查询和参保缴费凭证打印功能；与金融机构合作，为全市定点医药机构免费升级、配发具有"六合一"功能的新版医保结算终端4078台。

## 案例三：十堰市精准防范化解因病返贫致贫

2022年，十堰市医疗保障局认真落实省医疗保障局关于巩固拓展脱贫攻坚成果有效衔接乡村振兴战略的要求，坚决守牢防止规模性返贫的底线。

**【四级联动，实现应保尽保】**　落实应保尽保　将农村低收入人口和脱贫人口应保尽保作为防止因病规模性返贫的首要任务，强化参保动员，实现参保全覆盖。

压实工作责任　将参保率纳入市委、市政府对县市区考核指标、督察事项，逐级明确市、县（区）、乡（镇）、村（社区）参保工作责任，逐级推进实现参保台账精细化管理。

强化工作调度　定期调度各县市区农村低收入人口参保工作进展情况；建立医保、财政、税务、乡村振兴、民政等部门"月统计、季调度、联席会议"工作机制，每月召开数据分析会议，每季度召开帮扶措施成效监测比对分析联席会议，各司其职，密切配合，确保资助资金落实到位。

坚持精准施策　在春节期间、外出务工人员集中返乡期，县（区）、乡（镇）、村（社区）以专班形式进村入户，组织动员、宣传发动、释疑解惑，不漏一户、不落一人，做到应保尽保。实行"线上+线下"缴费，延长参保缴费期限，畅通"鄂汇办""楚税通"、便民服务大厅、银行窗口、村（社区）代办等缴费途径，城乡居民参保缴费更方便、更快捷。

**【三重保障，化解返贫致贫】** 对标医保待遇清单　根据国家和省医保待遇清单要求，及时将健康扶贫“四位一体”工作机制调整至基本医保、大病保险、医疗救助三重制度保障。对标省门诊慢特病标准，规范统一全市门诊慢特病病种和待遇，将原健康扶贫补充保险的33种门诊慢特病统一规范至医保25种门诊慢特病，市级出台政策，县市区组织实施，对相同病种进行合并，对原健康扶贫补充险门诊慢性病患者集中评审，符合医保门诊慢性病的，继续享受医保待遇；不符合政策的，做好政策解释，保障参保人员权益，做到政策宣传到位，村组织复审到位，实现应纳尽纳，平等享受待遇。

有效巩固脱贫成果　全面落实脱贫人口基本医保参保、参保资助、住院“一站式”结算和常态化监测预警工作。稳定脱贫人口纳入常态化保障。统筹发挥基本医保、大病保险和医疗救助三重制度综合保障梯次减负功能。2022年，农村低收入人口住院政策范围内医疗费用报销比例为91.81%，与脱贫攻坚期相比，待遇保持总体稳定，成功防范化解规模性因病返贫致贫风险。

完善医疗救助政策　建立完善工作机制，衔接三重保障制度，聚焦四类医疗救助对象，分类实施，靶向施策、精准救助。对标省级文件要求，加强与乡村振兴战略衔接，细化救助对象门诊慢特病医疗救助、住院医疗救助、托底保障（倾斜救助）待遇政策。对因病导致家庭基本生活没有保障的困难群众、被乡村振兴或民政部门认定为农村低收入人口的，本人向户籍地所在县、乡、村政务服务中心提出申请，填写《依申请救助表》，提供银行账户等资料，医保部门审核后，及时对其身份认定前的费用按规定给予救助，切实减轻困难群众高额医疗费用负担。2022年，全市共有629名低收入人口享受依申请救助待遇，救助资金合计592.21万元。

**【多措并举，提升服务质效】** 医保结算及时快捷　全市3402家定点医药机构互联互通，低收入人口在市域内实现三重保障“一站式”结算。高血压、糖尿病等5种门诊慢特病在省内外就医均可持医保电子凭证直接结算。

经办服务高效便捷　“医保15分钟便民服务圈”建设初见成效，参保登记、门诊慢特病受理等12项高频政务服务事项可在全市118个乡镇（街办）、1964个村（社区）办理，群众可就近享受门诊慢特病受理、线上评审、配药到村（社区）、送药上门、免费义诊等服务。

降低看病就医成本　开通农村低收入人口就医“绿色通道”，认真落实药品、医用耗材集中带量采购、“双通道”药品和医保单独支付药品政策，群众负担进一步减轻。全市住院人次同比下降1.74万，住院费用同比下降2.69亿元，患者个人自负费用同比减少7941万元。

## 案例四：荆门市积极推动医保服务改革

荆门市医疗保障局紧扣医保服务管理新任务、新要求，聚力在DIP付费改革、定点服务管理和长护保险试点等工作中大胆创新，取得一定成效。

**【改革协同“三字经”跑出DIP付费加速度】** “聚”部门协同之力　建立以《荆门市基本医疗保险按病种分值付费办法》为主及兼顾其他配套文件的“1+N”政策体系，争取卫生健康、财政、行政审批等部门支持，形成合力。荆门市卫生健康部门组织召开全市医疗机构DIP支付方式改革动员会，凝聚共识，营造改革良好氛围；市财政部门优先安排项目资金，保障DIP改革顺利启动；市行政审批部门统一归集全市医疗机构病案数据信息，方便医保部门提取信息数据，既缩短工期，又保证数据安全。

“问”数据协同之策　深入医疗机构开展政策宣讲，收集基层医保部门和医疗机构的意见建议，与第三方公司共同商讨破解医疗费用数据提取和运用的瓶颈问题，在数据提取路径、归集方式及校验标准等方面探索出地标口径，达到数据信息“量”和“质”同向发力的效果，形成DIP病组目录

4595组，入组率达99.1%。

“创”进度协同之效　全市包括乡镇卫生院在内的131家各级各类住院医疗机构实现DIP付费，实际付费达1.05亿元，提前2个月达到既定目标。因地制宜创建DIP付费改革12个基层示范点，发挥以点带面辐射效应。

**【下好定点管理“一盘棋”，打出优化服务组合拳】**　促均衡，城乡整体规划布局　针对定点零售药店在城区扎堆饱和，乡镇供给不足的现状，在全省率先出台《荆门市定点零售药店管理办法》，根据定点零售药店服务能力和功能定位，实行分类管理，结合参保群众用药需求，引导连锁药店等到城郊和乡镇“填空补缺”，优先纳入医保定点，促进医保定点零售药店城乡均衡分布，公平竞争，提升服务质量。

强功能，精准施策分类管理　根据定点零售药店规模类型、许可范围及服务能力，将其划分为个人账户、慢特病门诊、双通道药品三个类别，由低到高分别确定准入条件及运行管理规定。其中，门诊慢特病药店备药率达50%以上，双通道定点零售药店除具备乡镇连锁网点条件外，同时还应具备药品保供、存储及配送能力，推动由传统的“卖商品”向“卖服务”转变。

优程序，资格准入减简并举　在受理定点零售药店普通门诊刷卡上，由审核改为备案，即时办结，不再现场勘查、公示公告。在准入标准上，取消营业面积、两相邻药店间隔距离等限制性条件，真正做到“准营准入”。落实民生实事，不断扩大异地就医购药覆盖范围，对全市范围内符合条件且自愿申请的医院和零售药店，应纳尽纳，开通异地就医联网结算功能，指导异地联网结算医院和零售药店做好系统接口改造和测试。

**【探索长护服务“三机制”，迎着问题挑战抓试点】**　建立服务项目“打包”机制，督促护理人员“按图施工”　针对失能人员居家日常生活所必需的穿衣、梳头、如厕等33个护理项目，制定操作规范，明确护理服务包，按天、按周、按月明确到具体服务项目及最低次数，建立居家护理服务项目包，保证失能人员居家也能享受专业化护理。压缩申报长护保险待遇时间，植物人3个工作日办结，80岁以上老人15个工作日办结，其他人员30个工作日内办结，较原先的90个工作日办结缩短60个工作日以上。

建立护理人员“挂靠”机制，引导居家护理“回流机构”　居家护理服务人员就近选择挂靠1家定点护理机构，协助开展所挂靠居家护理服务人员的在岗培训、职业道德教育和护理服务质量考核。在市、县（市、区）、镇（街道）、村（社区）四级群众服务大厅设立长护服务窗口，全市待遇申报点由7个增加到74个。

建立护理服务“积分”机制，推动长护监管“长出牙齿”　实行护理服务日志，统一印制居家护理服务日志本，由护理服务人员按日如实填写，护理对象或其家属定期签字确认。建立居家护理服务违规清单、护理服务积分管理机制，与日常监管、培训教育、履行协议等挂钩，设定2分至12分的扣分分值，按分段给予警告、离岗培训、终止护理服务协议等相应处理处罚。

## 案例五：黄冈市保持高压态势，筑牢基金监管防线

黄冈市医疗保障局将维护医保基金安全作为首要职责，始终高位推进、保持高压态势，严厉打击欺诈骗保行为，确保基金安全高效、合理使用，着力构建“不敢骗、不能骗、不想骗”的医疗保障生态环境。

**【强化领导，周密部署，整体推进】**　高规格推进　市政府党组会专题研究医保基金监管工作，成立以分管副市长为组长、相关部门为成员的打击欺诈骗保领导小组，领导小组多次听取专项整治工作汇报，研究部署工作；市纪委监委多次调研督导“三假”专项整治工作，发挥纪检监察作用；市医疗保障局建立了“党组书记亲自抓、分管领导具体抓、班子成员分块抓、县区部门协助抓”的工作机制，推进专项治理走深走实。

全方位部署　市医疗保障局、公安局、卫生健

康委联合印发《关于进一步加强打击诈骗医保基金专项整治行动工作的通知》(以下简称《通知》),《通知》围绕“两个全覆盖”(覆盖2020年以来纳入医保基金支付范围的所有医疗服务行为和医疗费用、覆盖全市所有医保定点医疗机构),凸显“三个聚焦”(聚焦普遍性、多发性问题;聚焦血液透析、串换药品、高值医用耗材问题;聚焦规模排名靠前、医保基金使用量大的定点医疗机构)。根据通知要求,市医疗保障局联合公安、卫生健康、市场监管等有关部门,合力推进全市范围的打击欺诈骗保工作,各方齐抓共管,推进专项整治取得实效。

突出抓宣传　一是突出宣传内容的针对性。结合宣传贯彻国务院《医疗保障基金使用监督管理条例》,全市印发了《医保定点医疗机构及工作人员涉及医保行为“十个严禁”》《医保定点零售药店及工作人员涉及医保行为“十个严禁”》两个文件广为宣传,让广大医药工作者和参保群众知政策、明底线、守规矩。二是突出宣传形式的多样性。通过户外大屏、车载广告屏、户外宣传专栏、横幅标语、宣传海报等,加大宣传覆盖面,同时,在医保经办机构、定点医药机构、便民服务窗口发放宣传册折页,利用微信公众号、抖音号、动漫视频短片等载体开展全方位宣传。三是突出宣传的实效性。在本地党刊杂志设立专版解读政策;在黄冈医保微信公众号对违规案例进行曝光;开展医保基金监管有奖问答活动,50多万人次参加;利用社区“小喇叭”、农村“村村通”“医保乡村流动车”,用群众听得懂的“白话”、朗朗上口的短句等方法,营造良好的基金监管社会氛围。

**【加大检查力度,守牢“主阵地”,构建立体化全覆盖监管模式】**　坚持“线上线下”相结合　线上,提升医保信息化标准化水平,优化医疗保障基金智能审核和监控知识库、规则库。扎实推进药品、医用耗材进销存管理,做好异地就医、购药即时结算,实现结算数据全部上线,逐步实现基金监管从人工抽单审核向大数据全方位、全流程、全环节智能监控转变,全年智能审核拒付3000余万元。线下,重点围绕省医疗保障局下发的问题清单、日常稽核及智能审核发现的问题,组织全市医疗机构自查自纠,责令限期整改。黄冈市中心医院邀请第三方参与自查自纠,浠水县、红安县人民医院实行院领导包保负责。全市定点医疗机构自查发现问题935个,受理群众举报37件,已全部整改办结销号。自查自纠已主动退回医保基金1417.93万元。

坚持自查与督查相结合　为防止自查自纠走过场,黄冈市医疗保障局由党组成员带队,组成六个督导组分片包干,赴县市督办医疗机构自查自纠工作。对一些组织不力的县市医疗保障局,定点医药机构自查自纠不够彻底、避重就轻等问题进行全市通报,建立问题整改清单,实行销号管理。督导检查发现201个问题,已全部整改到位,督查追责人数73人。

坚持交叉检查和市级抽查相结合　组织开展医保基金专项整治交叉检查行动,以县(市、区)为单位,成立10个检查组,由各地医疗保障局分管局长任组长,抽调医师、药师、审计、稽核等专业人员参加,每个县(市、区)分别检查一家公立医院、乡镇卫生院、私立医院;市医疗保障局创新引入第三方监管机构,对全市二级以上医保定点公立医院开展抽查,有效提升全市医保基金监管的专业性、精准性、实效性。

**【综合施策,打造医保基金安全生态圈】**　建立社会监督机制　建立医保基金社会监督员制度,在全市聘请人大代表、政协委员、新闻媒体代表等34人作为社会监督员,对定点医药机构、医保经办机构、参保人员等各类主体开展广泛、深入的监督。同时加大媒体曝光力度,2022年累计曝光典型案例318起,群众对各类欺诈骗保行为的辨识能力不断提高。

建立联合惩戒机制　加强与纪委监察、卫健、公安、市场监管等部门协同联动,主动沟通协调,完善医保部门主导、多部门参与的监管联动机制,推进监管执法“行纪衔接”“行刑衔接”,形成监管合力。全市对定点医药机构开展约谈99家、通报批评59家、责令整改132家、暂停医保协议18家、暂停医保结算3人、公开曝光典型案例318起、移交纪检监察机关49起、移交卫健部门5起、移交公安机关2起,行政执法处罚、追缴金额共计2305.13万元。

建立医疗机构考评机制　按照医保控费与医疗质量并重、激励与约束并重,遵循公开、公平、公正、客观的原则,制订《定点医疗机构考核评分方案》,考核评价实行等级管理,与基金预算、拨付挂钩,引导定点医疗机构以合理诊疗为核心,保障医疗质量,控制不合理医疗费用,提高定点医疗机构基本医疗保险服务协议履约能力。

建立信息评价监管机制　出台《黄冈市医疗保障信用管理办法(试行)》,规范本市行政区域内医疗保障领域信用主体的信用归集、评价、奖惩、共享、修复和监督管理。建立守信激励、失信惩戒机制,针对不同信用主体采取不同激励、惩戒措施。同时,运用信息披露等手段强化社会监督。及时发布医保领域风险提示信息,利用网络、报刊、广播、电视等媒体曝光失信典型案例,依法依规公开相关主体的医保信用评价等信用信息,积极营造"守信光荣,失信可耻"的舆论氛围。

## 案例六:恩施州"四优"化解实施药械集采"最后一公里"难题

恩施州医疗保障局始终坚持以人民健康为中心,准确把握州级医保部门执行国家和省药械集采中选结果工作定位,大胆创新工作方法,强统筹、重调度、抓督办,实现各级中选结果在恩施州100%落地实施。2022年,共有20个批次394个品种787个品规的集采中选药械落地使用,切实减轻群众就医负担1.64亿元、节约医保基金2.02亿元。

**【优专班精分工"攥指成拳"】**　建机构组专班　多次向当地党委政府努力争取,恩施州委编委批复州医疗保障局加挂恩施州药械联合招采办公室,明确为药械集采工作的专责机构,多批次充实6名工作人员,不断组建完善工作专班。

细分工建闭环　建立健全专人负责政策宣讲、台账管理、检查督促"三个专人专责"工作运行机制,细化岗位工作规则,狠抓公立医疗机构需求、使用、期满清算"三大关键环节",力求需求量精准上报、中选药械精准使用、使用期满精准清算,形成事前事中事后工作闭环,确保定点医疗机构通过湖北省药械集采服务平台优先采购和使用集采中选药械。

**【优模式活基金"战略购买"】**　建立基金直接预付结算新模式　为精准解决集采药械"入院难、配送难、回款难"等"最后一公里"难题,恩施州医疗保障局充分发挥医保基金战略购买作用,创新建立州级职工医保基金统筹向企业直接预付和结算集采药械价款的新模式,明确医疗机构只管临床用药、药企只管生产和配送,由医保基金直接向企业预付和结算。该模式降低了集采中选药械企业的经营成本,减轻了公立医疗机构的垫资压力,医疗机构、配送企业参与和落实药械集采的积极性大大提升,集采药械供应稳定。2022年,州医保基金直接向集采中选企业预付和结算集采药械价款1.98亿元。

组织集中签订集采合同　为确保一次性签好、签足集采合同任务量,充分发挥县级医保部门属地监管职能,以县(市)为单位组织医疗机构和配送企业集中签订合同,让公立医疗机构,特别是偏远乡镇卫生院也能迅速开始落实集采药械中选结果。

**【优考核重激励"以小促大"】**　优化激励考核方案　制定全州集采药品结余留用工作方案,开展相关考核和资金拨付工作。率先开展高值医用耗材结余留用工作。截至2022年底共向全州114家公立医疗机构累计拨付3批次共874万元集采药品结余留用资金,向7家公立医疗机构拨付2类医用耗材175万元结余留用资金。明确节余留用资金可用于医务人员薪酬发放,极大提升医疗机构和医务人员参与医药改革的积极性。

**【优督办促落实"抓铁有痕"】**　严格依法处置诉求　针对公立医疗机构反映集采医用胶片存在

质量问题情况，恩施州医疗保障局按规定移交市场监管部门抽样后聘请第三方检测机构进行质量检验，根据检验结果对借口不执行集采中选结果的3家公立医疗进行了约谈、通报和协议处理，有效维护了集采工作的公正性。

*强化督办考核* 组织开展全州公立医疗机构药械招采行为专项检查，实现公立医疗机构检查全覆盖。对发现的各类苗头性问题及时开展工作提示；对发现的药械招采违规行为及时约谈、通报。全年共开展各类工作提示3次、各类约谈10次、通报9次，确保各项药械集采政策和规定取得实效。

恩施州以实行医保基金直接向企业预付和结算为关键、以集中组织签订集采药械合同为抓手、以全面落实药械集采结余留用资金为激励、以持续强化集采药械监管为保障的工作新模式，实现了各级中选药械在恩施州落地、医保资金预付、公立医疗机构参与、企业配送药械四个100%。

# 湖南省

## 工作综述

2022年，湖南省医疗保障系统全面贯彻落实党中央、国务院和省委、省政府决策部署，高质量完成全年目标任务。2022年，全省基本医疗保险参保6523.25万人，参保率达98.78%。全省职工医保（含生育保险）基金总收入536.62亿元，同比增长18.4%，总支出398.48亿元，同比增长14.53%，累计结存905.53亿元；全省居民医保基金总收入536.97亿元，同比增长6.8%，总支出475.37亿元，同比增长3.72%，累计结存354.70亿元。基金运行平稳。

**【巩固完善多层次医疗保障体系】** 进一步统一全省基本医保政策　以省政府办公厅名义出台《湖南省职工基本医疗保险实施办法》《湖南省城乡居民基本医疗保险实施办法》，均衡统一基本医保待遇标准，新增基本医保目录外费用占比限制条款，加强职工高额医疗费用保障，提高居民生育医疗补助标准。落实医疗保障待遇清单制度，清理制度政策16条。

职工门诊共济保障政策全面落地实施　以省人民政府办公厅名义出台《关于建立健全职工基本医疗保险门诊共济保障机制的实施意见》，已在全省15个统筹区正式实施。截至2022年底，全省享受职工门诊共济待遇72万人、141万人次，基金支出2亿元。

持续强化“两病”门诊用药保障　定期同卫生健康部门比对患者参保信息，确保“两病”患者按政策享受待遇。2022年，全省城乡参保居民“两病”门诊享受医保待遇484.64万人，就诊1153.48万人次，“两病”药品费用合计15.17亿元，共支出基金9.6亿元，实际报销比例63.28%。

实施重特大疾病医疗救助　省医疗保障局联合省民政厅、省财政厅、省卫生健康委、省乡村振兴局、省总工会出台《关于健全重特大疾病医疗救助制度的若干措施》，明确重特大疾病救助范围及对象，探索开展多元化救助帮扶、建立罕见病用药保障机制，防范困难大病患者因病返贫致贫。

稳步推进长期护理保险制度试点　根据国家医疗保障局失能等级评估标准及操作指南，湘潭进一步规范失能评估工作流程。截至2022年底，失能评估2957人，重度失能2488人，享受待遇2211人，基金支出2102.67万元，全市长护险定点机构达50家。

全力做好疫情防控医疗保障　新冠肺炎检测服务价格实现三连降，对中小微企业实施3个月的职工医保缓缴政策，缓缴保费43亿元。全力做好疫情防治药品耗材应急挂网和保供稳价工作。

巩固拓展医保脱贫攻坚成果助力乡村振兴战略实施　与民政、乡村振兴、残联等部门完善信息共享、部门协同机制，统一规范救助对象身份标识，按规定落实救助政策，强化高额医疗费用支出预警监测，坚决防止发生因病规模性返贫致贫。2022年，全省农村低收入人口住院率19.34%，住院总费用96.77亿元，经过基本医保、大病保险、医疗救助三重保障后，政策范围内费用报销比例达到83.14%，实际报销比例达到75.91%。

**【持续深化医药供给侧改革】** 全面落实集采任务　落地执行3批国家集采药品、高值医用耗材中选结果，完成4批国家集采药品到期接续。累计参与22批次省际联盟药品耗材集采，已落地执行14批次；全省集中带量采购药品通用名数累计451个，高值医用耗材8种。静态测算，全省通过落实国家集采和联盟集采中选结果，每年可节省医药费用达20亿元。

有序推进挂网药品价格联动　22433个药品实行省际价格联动,整体降价7%。8—12月全省药品采购128亿元,较2021年同期(149亿元)下降14.09%,省际价格联动效果明显。对国家第一至五批1579个集采非中选产品限价挂网,整体降价幅度达31%。

规范医疗服务价格管理　在全国率先完成年度医疗服务调价评估工作,完成基础类通用型医疗服务项目价格调整,合理解决护理、注射、诊查等医疗服务项目价格调整滞后和价格偏低问题。修订完善92个现行价格项目,评估核定131个试行价格项目,上报新增189个特需项目。

完善医药价格监测机制　实施药品价格和供应监测,全年查实37家企业42个药品的异常交易和配送问题,给予相应价格下调等处置,有效平抑部分急短缺药品虚高价格。编制发布了全省药品采购和医疗服务价格综合指数。

**【持续巩固基金监管高压态势】**　开展打击欺诈骗保集中整治"回头看"　组织召开全省部署会,推进工作走深走实。制定20类重点问题清单,抽取并分析428家定点基层医疗机构和民营医院医保数据,发现10561条违规线索,涉及金额1.83亿元。引导全省22644家医药机构对照问题清单自查,发现违规问题10936个,上缴违规金额2419.51万元。现场检查基层医疗机构2625家,追回(含处罚)医保基金5551.58万元;现场检查民营医院3481家,追回(含处罚)医保基金5834万元。

强化社会共治　组织开展集中宣传月活动,通过全媒体集中曝光欺诈骗保典型案例、宣传打击欺诈骗保成效、开展网络答题活动、滚动播放短视频,营造全社会齐抓共管医保基金的良好监管氛围。

加强基金监管能力建设　全省新增监管机构20个,新增监管人员153人,组织培训389次,有1006人获得医保行政执法资格。加强基金监管信息化建设,智能系统审核就医数据,确认扣款单据191万余条,确认扣款金额3051.9万元;生物特征识别与智能场景监控系统共计认证373.23万人次,产生个人预警232人次,机构预警158次。

建立健全基金监管长效机制　省医疗保障局出台《湖南省医疗保障基金使用监督管理行政处罚裁量基准适用办法》《湖南省医疗保障基金使用监督管理举报线索处理暂行办法》《湖南省欺诈骗取医疗保障基金行为举报奖励实施细则》,对基金监管裁量权、举报线索处理和举报奖励进行规范。在全国率先出台违规收费问题清单管理制度,针对定点医疗机构违规重复收费、超标准收费、分解项目收费、自立项目收费等方面的问题,统一规范和明确相关医疗服务价格项目内涵和项目实施评价标准,持续规范医保定点医疗机构医疗服务收费行为。

**【加强医药服务规范化管理】**　进一步提升医保目录管理质效　统一执行国家药品目录、制定全省统一的医疗服务项目和医用耗材基础目录。出台基本用药管理办法实施细则、医疗服务项目支付管理暂行办法和医保谈判药品"双通道"管理办法。完善医保目录动态调整机制,新增纳入医院制剂132种,新增纳入传统中药饮片114种、非传统中药饮片437种;将258种急需急用药品纳入"双通道"管理。

深入推进医保支付方式改革　召开全省DRG/DIP改革三年行动计划启动大会,在长株潭(长沙、株洲、湘潭)区域统筹推进DRG改革,组织数据采集,开展数据分组,制定相关配套文件。建立DRG/DIP支付方式改革专家指导组,制定改革培训标准化讲义,组织全省DRG培训,提升改革专业化水平。全省各市州全面启动DRG/DIP改革,6个统筹区实现实际付费。落实精神疾病医保支付管理办法、恶性肿瘤门诊放化疗医保支付管理办法,推进中医优势病种门诊和住院按病种收付费管理试点,长沙探索康复病组按价值付费,进一步构建多元复合支付体系。

**【持续优化经办服务】**　基本建成全省统一的医保信息平台　全省统一医保信息平台建立的核心经办、基金财务、公共服务、智能审核、招采管理、宏观决策大数据6大类20个子系统已在全省全域全业务上线运行，一期项目已通过国家医疗保障局质量检查和省发展和改革委员会、省档案局验收。医保信息平台应用范围不断扩大，覆盖6523.24万参保人、35.34万家参保单位、5.8万家定点医药机构，以及6000多家药品耗材配送企业。医保电子凭证激活人数近3000万，实现医保电子凭证就医购药全流程办理。依托“湘医保”App、公众号等线上平台，进一步做实医保个人账户“全省通用”。全省6350家药店实现省内异地购药直接结算，已直接结算26.6万笔。

*推动医保经办体系向基层延伸* 全省可提供7项以上医保服务的乡镇（街道）覆盖率达97%，开展医保帮办代办服务的村（社区）覆盖率达92%。

*持续优化异地就医直接结算服务* 2022年全省住院费用跨省异地结算人次继续保持高速增长，住院跨省直接结算32.34万人次，基金支出31.25亿元，较上年分别增长59.80%和42.70%。普通门诊和门诊慢特病跨省直接结算工作全面落地，全省122个县（市、区）全面开通普通门诊跨省直接结算，报账周期由67天变“秒结”，所有统筹区开通了5个门诊慢特病跨省直接结算，是全国首批全面开通的省份之一。

## 重要活动

1. **全省医疗保障工作会议召开。**1月24日上午，全省医疗保障工作视频会议在长沙召开，全面总结2021年全省医疗保障工作，分析研判医疗保障改革发展形势，安排部署2022年医疗保障工作任务。长沙、永州、郴州、湘西等四个市（州）作交流发言。

2. **职工医保门诊共济保障机制落地。**3月4日，省政府办公厅印发《关于建立健全职工基本医疗保险门诊共济保障机制的实施意见》。10月1日，省本级和长沙、株洲、湘潭率先启动普通门诊统筹，其他市（州）陆续启动，截至2022年底，所有统筹区启动。

3. **全省DRG/DIP支付方式改革三年行动暨长株潭区域统筹推进DRG改革会议召开。**3月10日上午，省医疗保障局联合省财政厅、省卫生健康委员会在长沙召开全省DRG/DIP支付方式改革三年行动暨长株潭区域统筹推进DRG改革启动电视电话会议。这标志着全省DRG/DIP支付方式改革三年行动全面推进，长株潭区域统筹推进DRG改革工作全面启动。

4. **湖南省医保基金集中整治“回头看”工作部署会召开。**3月18日上午，湖南省打击欺诈骗保套保挪用贪占医保基金集中整治“回头看”工作部署电视电话会在长沙召开，总结分析前期医保基金集中整治工作取得的重要成效，部署推进集中整治“回头看”工作任务。

5. **全省医疗保障系统党风廉政建设暨清廉医保工作会议召开。**4月1日上午，全省医疗保障系统党风廉政建设暨清廉医保工作会议在长沙召开。会议回顾总结全省医保系统2021年党风廉政建设和反腐败工作，深入分析当前面临的新形势新问题，部署安排2022年工作任务，对清廉医保工作进行动员部署。

6. **全省医保经办服务体系建设动员暨2022年医保经办工作会议召开。**4月19日上午，全省医保经办服务体系建设动员暨2022年医保经办工作会议在长沙召开，总结回顾2021年度全省医保经办工作，对2021年度全省医保基金运行情况及面临的形势和问题进行分析，对2022年全省医保经办工作作出安排部署。

7. **湖南省医疗保障局开展“走流程、解难题、优服务”行动。**5月20日上午，省医疗保障局主要负责同志到省政务服务大厅以办事群众和工作人员两种身份开展“走流程、解难题、优服务”行动，全面体验办事流程和服务，亲身感受参保单位和群众办事的难点、堵点，找准症结、解难纾困，全力提升政务服务水平。

8. **湖南省医保移动支付首家医院上线仪式举行。**6月22日，湖南省医保移动支付首家医院上线仪式在省直中医医院举行，标志着湖南医保移动支付在株洲率先落地。

9. **湖南省医保系统半年工作总结座谈会召**

开。7月21日，湖南省医保系统半年工作总结座谈会在长沙召开。会议对上半年全省医疗保障工作进行全面总结，对当前工作形势进行分析研判，对下半年重点工作进行安排部署。

10. **湖南省医疗保障局组织召开普惠型商业健康保险课题研讨暨现有项目有关问题约谈会。**8月22日，湖南省医疗保障局、湖南银保监局联合召集湖南省保险行业协会及部分保险公司相关负责人，召开普惠型商业健康保险课题研讨暨现有项目有关问题约谈会。

11. **国家医疗保障基金飞行检查湖南省启动会召开。**8月24日上午，2022年国家医疗保障基金飞行检查湖南省启动会在长沙召开。会上现场抽取并公布了2022年国家医保基金飞行检查湖南省被检机构名单。

12. **湖南省医疗保障局举行“职工医保门诊共济”新闻通气会。**11月9日上午，湖南省医疗保障局举行“职工医保门诊共济”新闻通气会，邀请中央和地方媒体参加，介绍职工医保门诊共济改革有关情况，并答记者问。

## 典型案例

### 案例一：湖南建设五级医保经办体系

湖南省把握形势，抢抓机遇，多措并举，扎实推动全省五级医保服务体系建设提质增效。

**【主要做法】** 转变理念优化职能　以“抓两头带中间”方式，由省级经办为主转变为全省经办统筹规划与指导为主、市县为主体、乡村为重点，着力提升省级经办的“领头雁”作用，充分发挥市县经办大厅和医保平台“旗舰中区”和“后台枢纽”功能作用，切实增强乡村基层经办“生力军”力量，全面落实“15分钟医保经办服务圈”。遵循“十四五”医保规划，出台《关于加强全省医疗保障经办服务体系和综合能力建设工作的指导意见》，推出经办体系建设的“12345”工作方案，即围绕全省经办体系一体化的目标、按照国家两个建设标准规范、依托三个经办服务渠道、发挥四个经办服务网点作用、打造“五个一”经办服务模式。

层层发动一体推进　通过召开全省医保经办体系建设动员会议，下发年度《全省医保经办工作要点》等方式，多次明确全省医保服务体系建设工作布局。各市县相继召开会议培训部署，层层传递“一张蓝图绘到底”的目标导向和结果导向。部分市（州）、县（市、区）以党委政府名义下发加强医疗保障经办服务体系建设文件，并专题研究解决人员编制、设施配备、经费投入等经办体系建设工作，大大提高了医保工作的地位和影响力。

制定业务服务规范　制订《全省医保经办管理服务规范建设行动工作方案》，打造经办管理服务“规范办”“示范办”“优质办”。持续清理优化全省医保经办服务事项清单和办事指南，加快统一全省医保经办各项业务规程，制定出台“异地就医”“双通道”“日间手术”等经办操作规则。

落实经办建设标准　全省统一省、市、县、乡、村五级医保经办体系建设标准，以省、市、县三级医保服务大厅窗口为建设主体，全面落实“四最”“八统一”要求；针对乡村两级，依托乡镇（街道）社会事务办公室和村（社区）便民服务中心，分别设置医疗保障服务站和医疗保障服务点，并落实1~2人专（兼）职负责医保工作。

统一窗口行为规范　印发《首问负责制度》《一次性告知制》《限时办结制度》《AB角工作制度》等工作规范，统一全省医保窗口服务人员行为规范。加强医保队伍能力建设，各层级的培训每年不少于2次，新招录人员的岗前培训率达到100%。以“清廉医保”为抓手，制定《清廉医保窗口单元创建方案》，持续推进系统行风建设和作风管理。

结合实际落实落细　落实“强省会”战略，出台《长株潭区域基本医疗保险和生育保险统筹管理实施方案》和配套措施，为推动建立省级统筹和全省统一经办管理服务体系提供经验；与市（州）合作共建，着力打造省、市、县、乡、村五级经办体系，统一制定下放乡镇（街道）办理的医保经办政务服务9项基本事项清单，进一步提升基层医保服务能力。将医保经办体系和能力建设纳入省政府真抓实干奖励范围，分3年时间安排专项资金用于全省经办体系能力建设。各级医保部门把医保经办服务体系和综合能力建设工作纳入地方考核，加大经费和人员保障。

**【主要成效】** 基层医保覆盖提升　截至2022年12月，湖南省推动医保经办体系向基层延伸，全省可提供7项以上医保服务的乡镇（街道）覆盖率达97%，开展医保帮办代办服务的村（社区）覆盖率达92%，医保便民化水平不断提升。

创先争优亮点纷呈　各地结合实际，因势利导，打造地方特色亮点。长沙市打通特门药店"神经末梢"，药店数量从原有的210家增至528家，范围覆盖全市171个乡镇（街道），打造了全市特门"15分钟购药圈"；怀化市推行机构名称、服务制度、工作着装等10个经办体系统一；永州市统一医疗机构医保经办服务大厅建设标准；衡阳市开展10个医保政务服务事项"随到随办、即办即走"服务；武陵源区、浏阳市、龙山县分别开展"医保快递"、"医保服务驿站"、医保协管员服务等，有力促进了经办体系健全完善。

## 案例二：长沙市以"五大监督"守护老百姓"救命钱"

长沙市医疗保障局通过持续推进监管方式创新，不断提升基金监管综合治理效能。2022年，全覆盖检查定点医药机构3925家，处理306家，向公安机关移送7条线索，64人被采取刑事强制措施，追回医保基金1亿余元。

**【以高位统筹为核心，推进体系监督】** 健全考核机制　以集中整治"回头看"和真抓实干考核为抓手，将打击欺诈骗保工作纳入区（县、市）政府绩效考核，健全市、县两级基金监管同步考核机制和监管责任。

强化纪委统筹　市纪委定期组织成员单位召开联席会议，"周调度、月汇报"机制运行顺畅。对特别重大疑难复杂案件，抽调各部门骨干成立专案组，为集中快速攻坚打下良好基础。

完善经费保障　市财政部门每年安排医保基金日常监管和重大案件查办经费，有力保障了基金监管工作开展。

**【以平台赋能为抓手，推进精准监督】** 数据联动再深化　搭建医保、公安数据直连内网，将参保人员待遇享受数据与公安居民人口等数据互联互通，实现场景监控、人脸识别、可信身份认证等数据分析时效性、精准性再上台阶。

运用分析再提升　将全市所有定点医药机构纳入平台监管，将各种检查数据通过平台进行碰撞分析，2022年发现349家医疗机构有疑似骗保违法违规行为，全部进行精准查处。

经验推广再添彩　医保、公安基于反欺诈平台探索形成的"五同一公开"，即"办公同地、线索同享、数据同用、案件同查、队伍同建、统一公开"机制，被国家医疗保障局、公安部联合在全国推广。

**【以数据共享为基础，推进联动监督】** 防风险促监管　针对死亡人员、服刑在押人员等推动12部门建立数据共享机制，全市死亡人员超期享受医保个人账户待遇问题基本解决，有效防范了基金监管风险。

建联动强监管　联合11部门出台建立长沙市医疗保障基金监管部门联动工作机制，健全部门信息互通、违规共处等联动监管机制，实现"一案多查，一案多处"。成功查处"9·1"和"6·16"专案，64人被公安机关采取刑事强制措施。

多方式抓监管　抽调区（县、市）工作人员22人，部署开展各类专项监督检查5次，检查定点医药机构3274家，对各类监督发现的问题线索，坚持"省局统筹、市级主抓、区县配合"，按层级类别全面推进问题线索清零工作。

**【以网格放权为创新，推进云监督】** 搭建"云平台"　重点聚焦"假病人、假病情、假票据"等欺诈骗保问题，搭建完成"特门监管""信用体系""真人认证""居民医保通"4个云监管平台。

完善"云功能"　逐步丰富平台日常云功能，实现特殊病门诊专属患者档案数据化，可随时线上远程核验"四个一致性"。开发完成四级信用等级和分数增减指标，并与日常资金拨付、冻结等挂钩。收集参保人员人脸生物特征基础信息，形成信息库，建立定期线上真人认证机制。

试行“云运用” 在芙蓉区正式开展云监管平台二期试运行，截至2022年底，已覆盖部分特门药店和零售药店。

**【以外联内融为助力，推进第三方监督】** 通过政府购买第三方审计、大数据分析、现场检查等服务构建专业化、立体化监督体系。通过大数据分析126家定点医疗机构，筛查违规可疑数据涉及80万结算人次，涉及金额1.56亿元；通过第三方审计，发现8家医疗机构存在住院超天数等8类问题，涉及金额383.85万元。引入社会专业监督力量，较好地解决了全市医保经办人手不够、技术力量不强等问题，提升了问题线索发现率和稽核检查精准度。

## 案例三：衡阳市衡阳县“拆围减负”创新异地就医“五法”备案方式

衡阳市衡阳县参加城乡居民医保群众93.6万余人，参加职工医保5.7万余人，其中40%以上的城镇居民参保对象在外务工经商。为方便群众异地就医备案，衡阳县医保部门拆除异地就医“围墙”“壁垒”，创新异地就医“电话秒备、线上速备、手机快备、现场即备、乡镇代备”5种方式，极大地方便群众就医，减轻了患者负担。2022年，全县办理异地就医备案2.1万余人次，办结率和满意率均达100%，跨省异地就医网上直接结算率达91.5%，县内8家二级医院全部开通跨省住院、门诊网上结算。

**【拆除“围墙”，打通异地就医绿色通道】** 衡阳县医保部门既严格执行“转诊转院、基层首诊、未备案人员降低5%的报销比例”的就医政策，同时，为方便广大在外务工经商长期异地居住人员和一些特殊病种病人，又出台文件明确规定异地就医备案情形，将长期异地居住、急诊抢救、恶性肿瘤、尿毒症、罕见病等情形和病种纳入异地就医备案范围，让参保患者及时备案，不降低5%的报销比例，打通异地就医“绿色通道”。

**【简化程序，减轻群众异地备案负担】** 对符合异地就医条件的人员，取消过去要求患者凭身份证、社保卡、异地居住证明、疾病诊断书、本人申请书、异地就医医院级别等纸质材料或证明，只需申请人提供身份证号码和就诊医院即可，其他条件由县医保中心工作人员在网上进行核实，让工作人员多服务，让信息多跑路，让群众少跑腿，最大限度精简了办事程序和资料。

**【创新方式，拓宽异地备案渠道路径】** 衡阳县医保部门实行“五法”异地就医备案方式，即通过一个电话或一条短信微信“秒备”、下载一个App“湘医保”在手机上“快备”、扫一个二维码“速备”、一个受理窗口现场“即备”、一个乡村代办网络“代备”就可办好异地就医备案手续。在县政务大厅医保窗口设立2台异地就医备案热线电话，并通过公众号、宣传单、政务网、新闻媒体公布热线号码及工作人员手机号码，制作了手机下载“湘医保”App、异地就医备案操作程序宣传画报及手册发放到村组农户，赋权26个乡镇（片区）医保窗口异地就医代理备案权限，明确乡、村两级560多名乡村医保专干为异地就医备案代办员。

**【优化服务，提高异地备案速度效率】** 衡阳县医保经办中心出台了异地就医备案“限时办结、首问责任、延时服务”管理制度，落实审核责任，明确办理时限，对通过电话、短信、微信及现场备案的，在1分钟之内备案审核到位，对通过网上和App备案的，每天实行上班后半小时和下班前半小时全部审核到位，做到异地就医备案审核不过夜。

## 案例四：湘潭市打造“三位一体”DRG监管新模式

2019年，湘潭市被确定为湖南省唯一的国家首批DRG付费改革试点城市，2021年启动实际付费，取得了“医、保、患”三方共赢的良好效果，成为国家级DRG付费示范城市。截至2022年底，已覆盖全市二级及以上医院。在试点取得成绩的同时，高套多编等新问题也逐渐显现。湘潭市着力提升监管能力，主动适应医保监管要求，因地制宜打造“三位一体”DRG监管新模式。

**【提升监管能力，明确监管思路】** 湘潭市作为湖南省医保信息化标准化及DRG培训基地，高度重视监管人员培养。通过组织外出学习、集中培训、专家点评、参与飞检等方式，熟悉《病案首页》《医疗保障基金结算清单》填报规则，明确DRG常见问题查找思路，提升监管能力。通过实战练兵，基金监管技能再提升，湘潭派出监管骨干到杭州参加国家医疗保障局飞行检查，负责DRG付费检查，专业性获得国家医疗保障局和当地医疗保障局高度肯定。湘潭市建立分步骤、深入式的高套多编问题“六步法”检查思路：第一步判断诊断、手术与操作填报是否真实，第二步判断主要诊断及手术/操作填报是否合规，第三步判断并发症、合并症填报是否合规，第四步判断上述不合规填报是否影响分组，第五步判断影响分组时是否影响权重，第六步判断高套的权重导致多少基金损失。通过“六步法”，监管人员检查DRG付费病例有了问题定性、定量指引，问题查出率明显提高，达到抽查病例数的40%以上。

**【开展数据分析，摸排疑点线索】** 湘潭市充分运用既往国家智能监控示范点积累的经验，发挥医保部门数据资源丰富的优势，与具有数据分析经验的第三方公司合作，将《医疗保障基金结算清单》数据与住院费用清单等数据进行比对，建立针对DRG付费过程中常见问题的分析规则，如高套多编筛查、转嫁费用筛查、分解住院筛查、服务不足筛查等一系列规则。通过数据分析发现部分医院通过多填报有创呼吸机辅助呼吸时长高套权重，升级或串换手术/操作高套权重，将一次住院多个疾病分解为多次住院等问题线索，为病例抽查提供了“精准定位”。同时，也提示医院多级病案质控体系存在缺陷和漏洞，只注重质控可能亏损的病例，忽略了结余过多病例。

**【汇聚多方智慧，协同专项评查】** 为精准公正开展评审工作，2022年起，湘潭市抽调全市监管骨干与异地专家共同开展DRG付费病例专项评查。第一轮评查由专职稽核机构——基金核查中心牵头，采取封闭式、双人式评查，每份病例均由监管骨干协同专家共同评查，防止评查“放水”和人情干扰。评查后，监管骨干将问题按医院、按类别汇总至《取证单》，并复印相关病历、清单等固定证据，将《取证单》反馈至医院，受理陈述申辩。第二轮评查采取县（市、区）专家回避交叉原则，由局领导主持，科室负责人及本地专家全程共同参与，将医院问题和申辩意见投放至大屏，逐一讨论提出意见。通过以公开促公平、以公正促监管、以监管促规范的评查方式，最终评查结果获得各方一致认可，追回基金损失130余万元，守牢百姓救命钱。

## 案例五：邵阳市深化“四位一体”改革提升医保经办质效

近年来，邵阳市医保部门深化医保领域“放管服”改革，创新经办体制，推行医药机构定点、协议、结算、监管“四位一体”管理新模式，促进医保经办效能、医药机构满意度、参保群众获得感及基金安全性等全面提升。该经验做法先后在全国、全省医保经办会议上交流推介，在全国医保经办服务规范建设233个典型案例推荐中排名湖南第一、全国第六、小组第一，获全国医疗保障经办管理服务规范建设典型案例二等奖。

**【一个机构，一次定点】** 明确县（市、区）医保部门负责本辖区范围内定点医药机构的定点工作，全市范围内的医药机构原则上只由一个经办机构负责定点，其他各县（市、区）医保部门对原来已经定点和新定点的结果互认，全市范围内的参保人员到所有县（市、区）的定点医药机构都可以进行住院治疗、门诊就医购药。市城区范围内的现有定点医药机构按医院等级、规模、属地等进行定点管理划分，市本级只负责24家医疗机构、150家零售药店的管理，其余三分之二的医药机构全部下放至各县（市、区）医保部门。一个机构、一次定点，整合了全市医保经办资源，提高了医药机构定点的便捷度，市医药机构新申请定点的次数减少44%。截至2022年底,全市定点药店1494家、定点医疗机构1913家,县(市、区)定点药店、医疗机构占比分别为90.01%、98.7%。

**【一本协议,一次结算】** 明确一个定点医药机构只与统筹区内一个医保部门签订一份医保服务协议,进行一次结算,市级医保部门对全市范围内各县(市、区)的医保费用进行全面清算和账务平衡处理。新举措改变了过去定点医药机构要和十三个医保部门签订协议、到多地医保部门进行多次结算的局面,实现了医药机构少跑腿、结算数据多跑路,医保经办和医院管理资源得到整合,医药机构人力成本明显降低,极大提升了医药机构的满意度。2022年1—12月,全市定点医疗机构结算费用41.02亿元,定点药店结算费用10.65亿元,全部按月结算到位。

**【一个政策,一站付费】** 统一全市医保待遇政策,取消城乡居民参保病人市内跨县住院差异化报销规定,民营医药机构与同级别公立医药机构报销比例一致,全市范围内的参保人员到各县(市、区)定点医药机构就医购药享受同等待遇,实现统筹区内就医的有序流动。同时明确所有定点医药机构不得要求参保患者垫资就医,100%实行一站式结算。2022年,患者市内就医直接结算率大幅提升,市中心医院2022年1—12月直接结算金额4.28亿,较2021年同期提高50%。新举措既打破了参保群众在统筹区内就医的政策壁垒,又从根本上解决了参保人员垫资就医、跑腿报账的大问题,群众获得感显著提升。

**【权责一致,监管一体】** 明确谁定点,就由谁签订协议,由谁监管考核、由谁负责结算,实现了权责一致,监管一体。通过监管权限的划分,厘清监管职责,压实监管责任,实现全市医保基金预算、结算、监管一盘棋,医保基金的家底更加清楚,能更早发现全市基金风险苗头,早预警,早介入,早处理,医保基金更加安全。2022年,全市共追缴违规资金2719.35万元,其中行政处罚531.23万元,暂停医保服务协议13家。建立源头防控、内部控制、规范流程等5类26项长效机制。

## 案例六:常德市优化医保便民服务

2022年,常德市聚力打造全市统一、高标规范、智能便捷的经办服务体系,加快推进异地就医费用直接结算和"跨省通办",不断优化医保便民服务,实现"就近办""一次办""智慧办",相关做法及成效被多家媒体报道。

**【服务体系全面覆盖,实现"就近办"】** 市、县经办机构设置规范化,基层站点建设标准化,业务事项办理网格化。所有服务群众事项前移窗口,参保缴费、信息查询、异地就医备案等10余个事项下沉基层站点。截至2022年底,全市所有乡镇(街道)、村(社区)均可开展医保经办服务,乡村级服务中心实现了"有窗口、有专人、有网络、有服务";有近500人专职从事经办工作,乡镇(街道)250余人兼职参与医保经办工作,"15分钟医保服务圈"初步成形。全市基层服务站点累计受理医保经办业务万余件,医药机构办理门诊慢特病种认定13.4万人、"双通道"药品申报审批0.75万人、"两病"门诊待遇申报审批18.2万人。9月27日,在全省率先以现场会形式,在桃源县召开全市医保经办服务体系建设会议,进一步提升全市经办服务水平。

**【经办流程全面优化,实现"一次办"】** 市、县两级经办机构积极探索综合柜员服务改革,构建"前台综合受理、后台分类审批、综合窗口出件"的服务机制,推动医保窗口服务"一站受理""一次办结";推行"承诺制"和"容缺受理制",避免服务对象反复跑腿;开展"走流程、解难题、优服务"行动,聚焦高频事项,提升办事效率。全面精简服务事项,优化简化业务流程19项,取消各类证明材料58个,27项经办业务办理时限压缩至法定时限30%以内,2项"5天办结件"改为"即办件",各项业务办理不断优化提质。

**【信息建设全面提速,实现"智慧办"】** 持续加强异地就医联网结算医疗机构扩面,优化简化异地就医申请备案程序,全市开通跨省住院费用直接结算医疗机构98家。加快推进重点民生实事项目,全市53家定点医疗机构开通普通门诊费用跨省结算，是省任务的6倍；37家实现5种门诊慢特病费用跨省结算，是省任务的37倍，各区（县）实现全覆盖。全面拓展“互联网+”医保服务，对接“我的常德”App，实现医保待遇政策、经办工作流程“一键可查”；依托“湘医保”和“湖南省医疗保障局网上服务大厅”两个平台，实现31项个人业务、8项单位业务“掌上办”“网上办”。大力推广医保电子凭证，10月底已激活276万人，稳居全省第一；丰富应用场景，探索推进移动刷脸支付，医保电子凭证结算占比始终保持在30%以上，参保对象在线上完成定点医院挂号就诊、住院门诊结算等事项逐渐常态化。

## 案例七：张家界市全力推进DIP支付方式改革

张家界市医疗保障局主动作为，统筹谋划，重方法，促应用，全力推进全市按病种分值付费（DIP）支付方式改革，努力实现“医、保、患”三方共赢发展。

**【先谋划，提前启动改革】** 张家界市高度重视支付方式改革，提前6个月启动DIP改革，截至3月底，出台DIP政策文件和配套机制13个。一是统筹谋划，高位推动。成立全市DIP改革工作领导小组，由分管医保工作的副市长担任组长，下设5个工作专班，市分管领导定期主持召开专项调度会议。二是压实责任，挂图作战。制定DIP改革实施行事历，单位主要领导亲自抓，明确任务，实施周报制，一月一总结。三是层层联动，协同推进。定期与卫生健康、财政部门召开联席会议，全面推动改革，联合制定配套政策。积极与医疗机构建立互动机制，组建拥有203名本地专家的团队。邀请本地临床医疗专家进行病种论证，协同推进DIP改革。

**【重方法，高质推进改革】** 初步形成具有张家界特色的本地化DIP病种目录3266种，病种覆盖率达85%以上，其中核心病种3052组（包括基层病种61组）、综合病种214组、基层病种61组。一是敢创新，尝试个性目录。增加临床需求大、体现中医特色治疗的中医病种目录，坚持“中西医同病同效同价”原则，筛选出6个住院中医优势病种。逐步探索建立反映疾病严重程度与违规行为监管等个性特征的辅助目录，形成以主目录为基础、辅助目录为修正的DIP病种目录库，并在全省率先应用于实际支付中。二是勇探索，优化病种分值。DIP付费创新开展费用偏差较大病例的病种分值计算方法，避免了医院高套行为。结合张家界实际，将慢性精神病等按床日付费病种的按床日标准折合成分值纳入DIP结算。三是抓质量，规范数据采集。规范上传医保结算清单数据，建立数据上传流程，明确上传时限，开展质量校验，填报准确率、完整率、上传及时率均达90%以上，质控率达85%以上。

**【促应用，不断落实改革】** 2022年12月，全市所有二级及以上医疗机构DIP付费试运行，实施DIP付费的医保基金支出占住院医保基金支出达66%以上。一是创新拨付方式。明确经办机构与定点医疗机构按照“月度预拨、年预清算、年度清算”的原则进行DIP病例医保费用结算。创新采用年终清算的方式对医疗机构进行月预结算费用，使月度预拨付更加精准、更加贴切实际。二是明确经办规程。将协议管理、系统建设、预算管理、结算管理、稽核检查、考核评价等内容纳入DIP经办规程。三是强化培训宣传。组织与其他市（州）学习交流5次，组织全市医保经办机构、医疗机构相关人员开展DIP相关知识线上线下学习培训17次，受训人员达5000余人，涉及改革的医疗机构培训覆盖率100%。加强省市级媒体宣传推介，编写《DIP百问解答》《DIP政策宣传册》，让群众理解并支持改革。

## 案例八：郴州市苏仙区以“四个精准”遏制因病致贫返贫

因病致贫、因病返贫是长期困扰人民群众的“急愁难”事，是乡村振兴的“瓶颈”。郴州市苏仙区推行“四个精准”措施，有效遏制“因病致贫返贫”，巩固拓展医疗保障脱贫攻坚成果，助力乡村振兴。

**【主要做法】** 精准宣传，做到应知尽知 一是点对点。针对有因病致贫返贫风险的镇（街道），在每个镇（街道）的村（社区）设立固定宣传点。每个宣传点利用宣传栏、宣传标语等形式，大力宣传医保政策。同时，通过录制参保缴费音频在“村村响”动态广播，制作通俗易懂的宣传动漫片，以群众喜闻乐见的方式将医保政策送到千家万户，推进医保政策宣传全覆盖、无盲区。二是面对面。结合主题党日活动，组织宣传小分队，通过进村入户走访等形式与困难群众面对面宣讲医保政策，并通过正反两面的典型事例，提高群众参保意识。三是一对一。帮扶责任人及时对接，一对一宣传医保政策，并全面掌握其家庭成员参保缴费动态，及时解决困群众参保缴费的实际困难。

精准识别，做到应保尽保 一是底数清。区医疗保障局与税务、乡村振兴、民政、教育等部门建立信息交流和异动信息常态化比对机制，实行信息共享，全面掌握困难群众的相关数据。二是信息准。定期对脱贫户、监测户、特困人员、重度残疾人、低保对象等数据进行比对、信息采集和动态更新，确保信息准确，及时掌握其参保情况，实现对参保情况的实时分析和动态管理。三是台账实。对外地参加职工医保、学校参保、服兵役等6类人员，建好台账，防止停保、漏保、断保等现象发生，防范一切风险点。

精准保障，做到应助尽助 一是分类资助。对特困人员、重度残疾人、孤儿、事实无人抚养儿童参加居民医保的个人缴费部分给予全额资助；对低保对象、防止返贫监测对象等人群给予50%定额资助。2022年全区资助参保12911人，资助金额318.18万元。二是分类救助。统一救助对象范围，按一类救助对象、二类救助对象、三类救助对象实施分类救助，落实基本医疗保险、大病保险、医疗救助三重保障制度，减轻困难群众医疗费用负担，2022年度困难群众住院医疗救助8846人次，医疗总费用5925.26万元，综合保障后共报销4918.94万元，实际报销比例83%。三是及时结算。依托国家医疗保障信息平台，完善信息化建设，实现数据信息互联互通，全面落实“一站式”结算制度，让困难群众不垫资少跑腿，切实解决贫困患者“看病难、报账难”问题。

精准监测，做到应享尽享 一是平台监测。依托省防止返贫监测与帮扶管理平台实行动态监测，突出问题导向，把医保信息平台“一站式”结算数据导入防返贫监测平台，平台监测大病风险点核处数据651条，村（社区）、镇（街道）直接在平台中对风险点数据逐一排查，逐一消除风险，全程在网上跟踪管理，呈现办结率高、办结质量高、类似问题重复发生率低的特点。二是网格监测。各镇（街道）根据常住人口数据，建立区、镇（街道）、村（社区）三级网格化管理机制，全面进行城乡居民参保情况摸排核查工作，以村（社区）为网格单位，对困难群众医保帮扶政策落实和待遇享受情况进行监测，建立管理台账，适时掌握困难群众的基本状况，健全医保大数据库。三是定时监测。建立高额医疗费用支出筛查预警机制，按月对参保人员经三重保障支付后的自付费用情况进行筛查。2022年，共筛查监测对象等困难群众住院累计自负费用超过7000元以上的221人，稳定脱贫人口、其他参保居民住院累计自负费用超过20000元以上的1009人，按月推送至区乡村振兴、民政部门和各镇（街道）进行核查，综合研判，将符合救助条件的人群，落实帮扶措施予以医疗救助，避免因病致贫返贫。

**【主要成效】** 从“要我参保”到“我要参保”转变 通过全方位宣传，群众的参保意识明显增强，“要我参保”的现象已经被“我要参保”所取代，群众参保缴费的主动性越来越强。截至2022年底，全区城乡居民参保30.34万人，参保率较前一年提升6个百分点。

从粗放型到精准型转变 健全机制，从困难群众参保缴费到医保待遇享受全过程做到精准识别、精准保障、精准监测。2022年，通过精准监测，从48599条参保群众住院信息中筛查出1230条高额医疗费用预警信息，及时按照医保相关政策落实依申请救助，实施三类救助与再救助443人次，救助金额85.21万元；重特大疾病医疗救助169人，救助金额80.43万元。

从被动式到主动式转变　医保经办工作从办公室等候办事的被动服务变为进村入户、与群众面对面的主动服务。构建"医保15分钟服务圈"，全区14个镇（街道）181个村（社区）均设立"医疗保障服务站"，在定点医院、大型企业、高校等单位设立"医疗保障服务网点"19个；开展"两病用药保障攻坚行动"和"医保政策进万家"等活动10余次，有效解决群众在就医过程中的难点、痛点、堵点等问题，持续提升人民群众在医疗保障领域的获得感、幸福感、安全感。

## 案例九：永州市推动DIP支付方式改革落地见效

《永州市区域点数法总额预算和按病种分值付费（DIP）工作实施方案（试行）》于2021年12月17日出台。2022年，永州市成为全省第一个全面实现DIP实际付费的非试点城市，全市13个县（市、区、管理区）均统一开展DIP支付方式改革并实际付费，符合条件的医疗机构覆盖率达100%，病种覆盖率达99.21%，全市DIP基金预算总额占本地住院医保基金预算总额的84.7%。

**【主要做法】**　突出制度建设，经办管理标准化　将DIP全面纳入2022年度协议管理，明确协议管理流程，规范DIP经办管理程序，强化定点医疗机构履约责任。通过国家医保信息平台DIP子系统，全力指导定点医疗机构系统升级改造，实现DIP业务数据上传、质控、赋值、计算与分析，2022年全市医保结算清单数据填报质控通过率99.85%，数据上传及时率99.87%。合理确定区域年度住院医保基金预算支出总额，全市DIP基金预算总额占本地住院医保基金预算总额的84.7%，占全市基金总额的41.6%。全市各统筹地区同步进行申报、受理、DIP点值分值计算、特病单议申诉审核、月度预结算和结算数据上传，确保区域结算及时准确。

突出能力提升，培训指导常态化　邀请专家对县（市、区）医保部门及定点医院进行专项培训和政策解读，组织各县（市、区）医保部门及医院进行轮训，总共培训13场次，755人参加。市医疗保障局业务骨干到各县（市、区）针对改革推进中的突出问题现场答疑。组织各县（市、区）医保部门成立业务指导组，专门答复指导辖区内定点医院DIP付费改革工作相关问题。

突出信息赋能，技术支撑立体化　充分应用国家医保信息平台DIP子系统付费管理模块，结算数据均能实现省中台数据交互。全市各定点医疗机构可在两定门户中查询本院病例入组和质控情况，并可根据系统反馈问题进行及时整改，提升数据质量。全面上线应用智能审核子系统，强化对定点医院DIP付费运行过程中高套分值、诊断与操作不符、分解住院等情形的监督管理。

突出医院协同，协商谈判日常化　建立多渠道反馈问题机制，畅通医院反馈临床发现的实际问题，并针对性加以研究解决，实时掌握和分析医院DIP运行情况。构建多方参与的评价及DIP争议处理机制，定期召开DIP月结例会，通报当月结算情况，分析结算数据，全面收集各方意见建议，对政策调整情况、特殊病例及付费相关事项进行讨论，及时解决争议问题。建立健全医院等级系数评议机制，根据医院实际运行情况，进行权重系数的动态调整，形成良性互动、共治共享的可持续环境。建立DIP目录库动态调整机制，2022年初在国家DIP分组基础上，结合永州实际，形成本地病种目录，并根据结算情况及时开展病种费用结构分析、病种分值管理，2022年12月通过召开DIP病种分组及分值目录调整专家论证会对现行目录库进行了动态调整。

突出使用效益，基金管理精细化　在严格按照国家技术规范制定本地DIP病种库分组规则的基础上,并结合永州实际,将慢性精神病、康复类等按床日付费病种,按床日标准折合成分值纳入DIP结算;增加临床需求大、体现中医特色治疗的中医病种目录;对于费用极端异常、住院时间超长及新技术使用的特殊病例,经医疗机构申请,实行特病单议。利用国家医保信息平台场景监控子系统,推行医保智能场景监控应用,在全市39家血透中心、23家精神类专科医院、80家民营医院实现场景监控全覆盖。对重点医院、重点病种进行监测,筛查分解住院疑点数据3742条,高套编码疑点数据6436条,组织DIP相关专家44人次,分批分组对永州市中心医院等11家医疗机构开展DIP专项检查,根据疑点数据进行现场核查,确保医疗质量。

**【主要成效】** *医保治理更加高效* DIP以各医院的总分值为基金分配的依据,实现总量控制,医保基金收支压力显著降低。2022年全市职工和城乡居民基本医疗保险统筹基金当期结余分别为2.37亿元和3.31亿元,医保基金运行更为平稳。

*医院发展更加高质* 通过"结余留用"机制激发医疗机构加强精细化管理的内生动力,促进医院通过规范医疗行为,合理使用医疗技术、药品耗材来加强成本控制。2022年,DIP年终清算后全市共87家医疗机构可实现结余留用。

*患者就医更加满意* 2022年与2021年同期同比,全市城乡居民市内住院医疗总费用减少4.48亿元,均次费用减少229元;全市职工市内住院医疗总费用减少173万元,均次费用减少389元,患者就医满意度增强。

*三医联动更加协同* 在DIP成本控制逻辑下,促使医院优先使用集采药品耗材,全市公立医院采购国家和省级组织集采13批次259个产品,为全市患者减轻费用负担约4亿元。协同推动全市紧密型县域医共体医保支付方式改革,实行DIP框架下紧密型县域医共体总额付费,助力医共体形成利益共同体。

## 案例十:娄底市"五个一批"创"四型服务窗口"

娄底市以"清廉大厅""清廉窗口"建设为载体,着力推进经办事项清单化、流程简便化、服务优质化,实施"一消、一减、一下沉、一帮代、一自助"的"五个一批"举措,不断"瘦身"减负,打造"创清廉、有秩序、优效率、高质量"型政务服务窗口。

**【主要做法】** *结算程序取消一批* 过去,娄底市定点医药机构费用结算实行"月初申报、月底支付"的办法,在每月10日前,市本级150余家定点医药机构需到医保办事大厅窗口提交纸质申报单,才可进行费用结算。2022年,娄底市大力推进"走流程、解难题、优服务"活动,从流程精简、服务提质着力,进一步释放改革"红利",于6月1日起全面取消定点医药机构费用结算纸质申报单,在线上完成费用数据核对后,系统直接结算。无纸化申报,取消了繁琐程序,既便利定点医药机构,也减轻了工作负荷。

*政务服务下沉一批* 娄底市全面梳理各项经办事项,按照"应沉尽沉""应办尽办"原则,大力推动经办事项下沉基层一线办理,把医保服务送到群众"家门口"。一是将门诊慢特病申报权限下放特殊病门诊药店。各特殊病门诊药店明确专人负责受理,再按规定时间将受理资料集中统一上报,实现特殊病门诊申报"一次办"优化升级为"顺便办""集中办",避免参保群众跑腿麻烦。二是将"双通道"药品初审权下放各定点医药机构。参保人只需持责任医师签署意见的申请表,直接到经销该"双通道"药品的定点医药机构办理相关手续即可,不需再到窗口审批。三是授权娄底市内3家三级医院直接办理转诊备案。参保人凡在娄底市中心医院、娄底市第一人民医院、娄底市中医医院等3家医院就诊需转上级医院诊疗的,可直接在医院办理异地转诊备案。

*零星报销减少一批* 娄底市实施取消手工报账三年行动计划,全面推行异地联网结算。窗口办理人员做好"三告知",即在异地安置人员办理备案登记、转外地就诊人员办理异地转诊备案、异

地就医未联网结算人员到大厅零星报账登记时，一律告知其异地结算政策。

创新形式帮代一批　着力推进经办服务提质增效，实行电话代办异地安置与异地转诊备案常态化，做到即时即办，省时省力。异地安置备案需提交的资料，参保人可通过QQ、微信传回即可。

网上自助分流一批　聚焦老百姓急难愁盼，以融媒创意表达的形式，通过“娄底市医疗保障局”微信公众号、抖音号等平台，开设“政策解答”“医保问答”等精品栏目，自编自导一批有品质、有影响的短视频，详细讲解网上办理异地安置、异地转诊等事项的操作细节，引导参保人通过“湘医保”App网上自助办理分流。通过网上自助办理与帮代办，异地安置和异地转诊备案所具有“高频属性”，立即变成线下办理的“零星事项”。

**【主要成效】** 2022年，娄底市以深化医疗保障改革为主线，不断释放医保经办服务活力，把群众需要什么、期盼什么摆在突出位置，以优质服务、优良作风、优秀成绩完成“医保答卷”。通过“五个一批”举措，娄底市本级各特殊病门诊药店累计完成特殊病门诊申报受理、帮代办申报3809人次，占全部申报人次的54.8%。零星报账755人次，较2021年同期减少了43.4%。参保人员办理异地安置及异地转诊备案8612人次，其中网上自助和电话办理7999人次，线下办理仅613人次。通过提升医保服务管理的温度、广度、速度，换取了老百姓的满意度。2022年，市医疗保障部门政务服务满意度考核位居全市前列，营商环境测评满意度大幅提升，优化营商环境工作被评为全市“优秀”等次。

# 广东省

## 工作综述

2022年，广东省医疗保障系统扎实推进多层次医保体系建设，持续推进医保领域改革走深走实，促进医保管理服务提质增效，群众待遇稳步改善，服务于“六稳”“六保”国家大局。截至2022年底，全省基本医疗保险（以下简称“基本医保”）参保11153.20万人，其中参加职工基本医疗保险（以下简称“职工医保”）4856.02万人，参加城乡居民基本医疗保险（以下简称“居民医保”）6297.18万人。2022年全省基本医保（含生育保险）基金收入2907.84亿元，支出2315.66亿元，累计结存4785.89亿元。

**【加快推进多层次医疗保障体系建设】** 建立医疗保障待遇清单制度　印发《关于建立广东省医疗保障待遇清单制度的实施方案》，推动全省范围内医疗保障制度框架、制度名称、制度设置、政策标准等规范统一，为稳步推进基本医保省级统筹打下坚实基础。

规范完善政策制度体系　出台《广东省职工基本医疗保险门诊共济保障实施办法》《广东省基本医疗保险关系转移接续办法》，优化职工医保退休后待遇享受地的确认办法，维护参保人员跨地区流动的医保合法权益，促进劳动力合理流动。印发《关于进一步做好我省灵活就业人员参加职工基本医疗保险有关工作的通知》，规范全省灵活就业人员参加职工医保工作。指导广州市修订长期护理保险试行办法。完善生育保险待遇政策，落实领取失业保险金期间的失业人员参加生育保险有关工作，加大生育支持力度。

优化提升待遇保障水平　加大基本医保财政补助力度，居民医保财政补助提高到每人每年610元，困难群体个人参保资助标准提高到每人每年350元。职工医保、居民医保政策范围内住院费用支付比例稳定在80%和70%左右。完善“两病”患者门诊用药保障，全省高血压、糖尿病政策范围内报销比例分别达73%、70%左右。提高严重精神障碍患者门诊保障待遇。

深化粤港澳大湾区医疗保障合作　推进港澳台人员在粤参保，优化参保服务，与澳门特别行政区建立数据共享机制。

强化医疗救助托底保障　印发《广东省人民政府办公厅关于健全重特大疾病医疗保险和救助制度的实施意见》，合理调整救助标准，稳步提升救助水平，巩固拓展医疗保障脱贫攻坚成果。

**【创新提升医药服务管理能力】** 率先建立中医特色医保支付体系　创新性开展中医药服务医保支付方式改革，在全国率先建立以价值为导向的中医特色医保支付体系，遴选169个中医优势住院病种、56个中医日间病房病种、9个中医基层病种等开展DRG/DIP付费；遴选制定169个中医优势住院病种、102个以西医治疗为主增加特色中医治疗服务的住院病种、56个中医日间治疗病种、9个中医基层病种、6个家庭医生中医服务包等，培育德庆县中医类紧密型县域医共体医保支付方式综合改革省级试点，激发医疗机构积极使用中医药治疗的内生动力，特别是发挥中医在骨伤、皮肤科、妇科等专科治疗的独特优势。

率先开展医保医药服务评价工作　首创定点三级医疗机构医保医药服务评价，2022年印发《定点三级医疗机构医保医药服务评价报告（2021年）》，对全省三级医保定点综合和中医医疗机构医药服务的多个维度进行排名，全方位呈现医疗机构医保医药服务现状和医保基金战略性购买情况，对定点医疗机构形成激励。

率先制定门诊特定病种中西医临床路径　创

新门特病种医药服务管理，组织具有门特病种管理经验的临床医药专家、医保管理专家和知名学者，结合全省定点医疗机构发展现状和门特病种管理政策，制定出台《广东省基本医疗保险门诊特定病种临床路径（2022年）》。按照专科分类，将全省统一的52个门诊特定病种划分为心血管病学、呼吸病学、神经内科学等13个学科，制定了每个病种的西医和中医医保临床路径，并按月按项目分类测算每个病种的月度平均费用，为各地制定支付政策提供参考，推动临床诊疗及支付的规范化和标准化，促进门特用药、诊疗范围和医保待遇的公平统一。

全国领先全省全面推行DRG/DIP支付方式　持续推动医保支付方式改革创新，在完成国家DRG/DIP试点的基础上，提前两年实现全省全覆盖，佛山、汕尾等市实现DRG实际付费，其他19个市开展DIP支付方式改革，促使医疗机构不断加强成本管理，规范医疗服务行为。

优化医保药品、诊疗项目、医用耗材三大目录　制订实施全省统一、准入法管理的医保药品、诊疗项目和医用耗材三大目录，规范了医保基金支付范围。2022年，印发新版医保诊疗项目和医用耗材目录，调整了部分康复项目的限定支付范围，将平衡训练、偏瘫肢体综合训练等多个康复项目的医保支付时间延长至180天，支持慢性康复期参保患者治疗。根据国家医保医用耗材分类与代码库的变动情况，对医用耗材目录进行相应调整，实现与国家动态维护直接挂钩。落实国家新版医保药品目录，将国家医保药品目录新增药品及时纳入全省医保支付范围。

**【推进药品耗材集采和医疗服务价格管理机制改革】**　深化药品和医用耗材集采机制改革　培育统一开放的采购市场，2022年全省医疗机构药品采购1021.9亿元，医用耗材采购763.6亿元。推进国家集采七批294个药品及两类高值医用耗材中选结果在全省落地生效，完成省级530余个药品和13类耗材集采，药品和医用耗材平均价格分别下降38.5%和63.7%，超额完成国家集中药品和医用耗材采购任务，提前三年落实国务院《“十四五”全民医疗保障规划》要求。

促进医疗服务价格管理提质增效　开展口腔种植类医疗服务收费和耗材价格专项治理，将全省口腔种植类医疗服务价格项目从200多项优化整合为15项，清理废止不再使用和重复的15个项目，拟定15个口腔种植类项目全省基准价，确定全省单颗常规种植牙医疗服务价格“全流程”调控目标为4500元，平均降幅超30%。出台《公立医疗机构医疗服务价格动态调整评估指标（试行）》，推动全省价格调整评估的标准化和规范化，21个地市100%按时完成调价评估工作。编制2018—2022年全省医药价格指数，发挥价格指数对强化医药价格改革和监管的指导作用，2022年全省药品价格水平比基期下降14.4%，医疗服务价格水平较基期上涨10.7%，药价降幅大于医疗服务价格涨幅，医药价格结构持续改善。按照国家医疗服务价格改革试点精神，指导深圳、佛山两市开展试点。

**【强化完善医保基金监督管理】**　规范医保基金收支管理　利用大数据在全国率先摸清参保底数，建立全民参保数据库，精准下达参保计划。加强形势分析和预算执行监督，控制全省预算支出增长过快问题。

推进医疗保障基金监管制度体系改革　出台《关于欺诈骗取医疗保障基金行为举报奖励暂行办法实施细则》，鼓励社会公众积极举报欺诈骗取医疗保障基金行为。落实社会监督员制度，在全省范围内遴选聘任了41名社会监督员。全面启用国家医保信息平台智能监管系统，建成含有180多条规则的智能审核规则库、70多万个知识点的相关知识库。累计审核结算单据953万单，报告疑点明细6446万条。

严厉打击欺诈骗保违法行为　综合运用日常稽核、抽查复查、飞行检查、交叉检查等多种形式抓好常态化监管。继续联合公安、卫生健康部门深化打击“三假”专项整治行动。截至2022年底，全年检查定点医药机构44860家，处理16852家，拒付及追回医保基金15.58亿元。

严格规范公正文明执法　出台《行政执法规范用语和音像记录用语指引》《行政执法全过程音像记录清单》，规范执法行为。协同公安部门查办专案，配合省纪委监委开展医保基金监管领域突出问题专项整治。全省全年对416家定点医药机构做出行政处罚，罚款3551万元；完成举报线索核查244件。

集中宣传强化警示威慑　开展医保基金监管集中宣传，全省宣传解读、访谈培训近4000场次。全省全年曝光典型案例共2554例。

**【提升医保公共服务能力和经办管理水平】**

稳步优化异地就医服务　实现高血压等5个门诊特定病种医疗费用跨省直接结算，创新生育医疗费用省内跨市就医直接结算。推动省内定点医药机构个人账户结算系统改造，实现个人账户省内跨市使用。

实现线上线下服务全覆盖　推动服务下沉，全省建成2.4万个覆盖到乡镇（街道）、村（社区）的医保办事点；着重建设医保线上公共服务支撑体系，打造全省统一的“粤医保”公共服务平台，可在“粤医保”等8个办理渠道提供46项办理、查询类服务；全面实现生育待遇核准支付类事项跨省通办，试点工作经验获国家医疗保障局肯定。

开展医保经办服务管理规范建设　为进一步加强医保经办机构规范管理，省医疗保障局印发《医疗保障经办管理服务规范建设专项行动工作方案》，开展全省医疗保障经办服务管理“规范年”建设工作。

规范全省报表统计工作　首次统一报表统计标准化工作。印发全省统计报表指标指导手册，明确月报46项指标数据、季报1422项指标数据、年报1452项指标数据，并强化指标口径与逻辑语句衔接。建立健全报表数据审核机制，其中统计月报自审表涉及45项审核指标，季报自审表涉及171项审核指标。

**【切实提高医保规划和法制化、信息化建设水平】**

推动医保“十四五”规划高质量落地　建立“省、市、县、乡镇”四级协同的联动机制和季度、年度监测评估机制，以点带面推进规划实施，强化监测结果运用。

推进医保法制建设　梳理权责清单并进行动态调整，出台《广东省医疗保障局权责清单（2022修订版）》《广东省医疗保障局行政执法减免责清单》《广东省医疗保障基金使用监督管理行政处罚裁量基准适用规则》等规范性文件，统一执法尺度、规范执法行为。全面落实普法责任清单及年度普法计划报送等制度，开展法制宣传培训。

强化医保信息平台的应用和管理　广东省医保信息平台高质量通过国家和省级验收。出台市县医保部门数据应用方案，保障各地市规范使用数据。上线运维监控大屏，建立运维监控指挥体系，形成迅速发现、定位、处理问题闭环机制。建立健全网络安全制度体系，广东省医疗保障局连续两年获省政府组织的网络安全攻防演练优秀防守单位。优化系统经办服务应用，实现“一键零报”等功能。截至2022年底，全省激活医保电子凭证8260.32万人；59家定点医疗机构、841家定点零售药店上线电子处方；1040多家定点医疗机构、2110多家定点零售药店接入医保移动支付，累计支付2974.39万笔，支付金额约40.06亿元。

**【发挥医保职能支撑新冠疫情防控工作】**

落实疫情防控医疗保障政策　及时按规定将国家新冠诊疗方案新增的药品、新冠病毒抗原检测项目等临时性纳入医保支付范围，支持参保人在定点零售药店购买检测试剂使用个人账户支付。

进一步降低核酸检测成本　牵头19省（自治区、直辖市）开展第三轮联盟带量采购，新冠核酸检测试剂及配套耗材等8大类产品平均降幅42%，最高降幅82%。以联盟采购和企业联动为抓手，形成全国价格洼地，降价效应辐射全国20余个省份。2022年四次下调核酸检测服务费价格，累计降幅达90.6%。截至2022年底，广东省核酸检测价格分别为单人单检测13.5元、多人混检2.8元，累计节约费用超550亿元。

*创新疫苗及接种费用保障机制* 在全国创新实现疫苗费用与卫生健康部门“总对总”、接种费用与接种单位“点对点”结算。

*实施阶段性缓缴政策扶企纾困* 印发《关于阶段性缓缴职工基本医疗保险单位缴费的通知》，按照国家统一部署，7—9月，符合条件的地市实施中小微企业阶段性缓缴政策，除揭阳市未达可支付月数条件外，全省共20个地市执行阶段性缓缴政策。全省缓缴政策共惠及企业209.07万家，缓缴金额81.34亿元。广州市结合本土疫情和基金运行实际，延长阶段性降费政策至2022年底。

## 重要活动

1. **召开全省医疗保障2021年度工作总结大会。**1月14日，广东省医疗保障2021年度工作总结大会在广州市召开。会议总结2021年工作，研究部署2022年医疗保障重点工作。

2. **召开2022年全省医疗保障基金监管集中宣传月活动启动会暨广东省医疗保障基金社会监督员聘任仪式。**3月31日，2022年全省医疗保障基金监管集中宣传月活动启动会暨广东省医疗保障基金社会监督员聘任仪式在广州市召开。会议部署全省2022年以“织密基金监管网 共筑医保防护线”为主题开展医保基金监管集中宣传月活动，在全省遴选聘任了41名社会监督员参与监督。

3. **召开省定点三级医疗机构医保医药服务评价报告（2021年）发布会。**6月9日，广东省定点三级医疗机构医保医药服务评价报告（2021年）发布会在广州市召开。此次评价范围包括全省137家三级医保定点综合医疗机构和45家三级医保定点中医医疗机构，建立了包括政策规范、医保质量、医药服务、医保运营、持续发展5个一级指标，13个二级指标和50个三级指标的评价体系，全面呈现全省定点医疗机构医保医药服务现状和医保基金战略性购买情况并提出政策建议，对推动全省医保医药服务高质量发展具有深远影响。

4. **举办全省医疗保障经办系统业务培训班。**7月5日至6日，2022年全省医疗保障经办系统业务培训班在广州市举办，各地市、县（市、区）分管医保经办工作的同志及业务骨干共150人参加。培训班围绕医保基金财务管理、内控管理、政务服务建设、稽核检查、协议管理和支付方式改革等多个领域，聚焦医保经办服务的热点、难点、堵点等问题进行讲解交流，旨在提高医保经办队伍服务能力。

5. **上线“民声热线”直播节目。**7月19日，省医疗保障局负责同志与相关处室负责人上线“广东民声热线”节目，重点介绍广东医保服务提升和异地就医医保结算管理相关工作情况，就医保报销、生育保险、打击欺诈骗保、职工医保缴费年限等热点问题予以回应和解答。

6. **召开2022年全省医疗保障系统重点工作推进会。**9月29日，广东省医疗保障局召开2022年全省医疗保障系统重点工作推进视频会议。会议深入学习习近平总书记重要讲话精神，分析研判当前工作形势，查找不足、明确目标，确保各项年度重点工作任务全面顺利落实。

7. **编制出版《广东医疗保障发展报告2022》。**10月，省医疗保障局编制出版《广东医疗保障发展报告2022》。报告全面总结2021年全省医疗保障工作情况，多视角、各层面、全方位总结反映全省各地医保改革发展的实际状况、成效经验、问题成因、对策建议等，向社会公众提供准确、可靠、权威的医保重大政策和数据信息，扩大政策宣传的广度与深度，促进全省医保工作健康有序发展。

8. **全省医保电子凭证用户创新高。**11月19日，全省医保电子凭证激活人数突破8000万，使用医保电子凭证结算占比超30%，参保群众就医购药全面进入“码时代”。

## 典型案例

### 案例一：广州市深化基于大数据按病种分值付费（DIP）改革

广州市自2018年启动DIP改革以来，在提高医保基金使用效率、促进医院优化医疗服务、保障群众就医需求等方面取得了一定成效，但仍有优化空间，主要表现在：历史数据存在不规范情况，影响个别分组效果；病种分组方法还需完善，个别病种分值与临床资源消耗情况存在差异；数据实时反馈存在困难，不能满足过程监控要求。为进一步发挥医保支付方式的激励约束作用，2022年广州医保对DIP付费制度进行了升级：动态调整本地DIP病种、分值、系数等核心要素，健全DIP政策体系，促进医保与临床服务融合，加大对定点医疗机构支持力度，激励定点医疗机构持续提升医疗服务质量和效率。2022年9月，国家医疗保障局将广州市纳入首批国家医保信息平台支付方式管理子系统监测点。

**【主要做法】** *加强改革规划，推进可持续发展* 2022年，广州市委深改委印发广州市深化DIP改革方案，明确了4个方面16项任务及15个改革关键指标。一是优化基于智能化的DIP支付体系，针对医保支付的难点提出系统解决方案，强化对医疗机构的正向激励。二是构建严密有力、高效智能的DIP监控机制，医保支付与基金监管一体化推进，守好群众“保命钱”“救命钱”。三是构建以价值为导向的DIP质量评价体系，建立基于病种、医疗机构、DIP制度层面的评价机制。四是完善促进医疗机构协同改革的管理机制，推动医疗机构加强数据质量管理、健全运营管理体系。

*优化病种目录，精准融合临床需求* 在国家病种目录库基础上形成本地病种目录，促进医保支付与临床诊疗行为融合。一是创新病种归集方式，基于可显著区分资源消耗程度的标志性诊断或治疗方式，将临床过程类似、资源消耗相近的诊断及操作进行归并，大幅减少病种数量，显著提高病例的入组集中度；基于体重因素对新生儿疾病资源消耗的显著影响，创新在低体重新生儿病种应用疾病诊断全码并予以标识。二是创新解决伴随病入组方式，引入多诊断的病种组合方式，通过两个疾病诊断体现主要疾病及伴随疾病的治疗情况，以及资源消耗情况，加强对多疾病治疗病例的合理支付。三是支持新技术应用，对临床应用的创新医疗技术，如胸腔镜下二尖瓣生物瓣置换术、心内超声心动图等，基于历史数据增加相应病种。四是支持中医特色技术的开展，将169个中医优势病种纳入DIP付费。

*健全运行机制，促进高质量发展* 广州市优化DIP的分值规则、系数规则、清算办法，加强信息化建设，加大对重病、大病及创新医疗技术的保障力度。一是优化病例分值赋分规则，对非偏差病例按结余超支分担的原则计算分值，并通过年龄、疾病严重程度、监护病房住院天数等辅助分型进一步校正病例分值；建立特殊项目加成分值机制，对创新医疗技术、药品按实际费用单独计算加成分值，促进临床应用。二是优化清算结余留用机制，取消按固定参数确定结余留用费用的做法，建立阶梯式的结余留用机制，按定点医疗机构年度记账费用与总分值统筹费用的比值设定不同结余留用比例，避免医疗机构冲分值、冲费用。三是优化机构加成系数规则，对病例组合、高水平医院、二次住院等加成系数规则进行调整，进一步引导医院保障特殊群体和危重病人就医。四是落实监测点任务，推动实现DIP数据的及时准确抓取、DRG/DIP模块的本地适用、DIP业务流程在国家医保信息平台的闭环运行。

**【主要成效】** 一是增强改革的系统性、协同性。在国内率先以市委深改委名义印发DIP改革方案，全面、系统明确深化DIP改革的目标和路径，加强改革的组织领导和统筹协调，推动构建“支付、监管、评价”三位一体的医保综合治理平台，保障DIP改革各项工作落到实处。二是病种目录组内费用更加稳定，支付更为精准。优化后的新版DIP病种目录共有7867个病种，病种平均变异系数（反映组内费用差异情况）下降28.8%。

三是进一步健全激励和风险分担机制。以职工医保为例,在住院总额预算不变的情况下测算,全市结余留用金额总量减少23.8%,结余的医院数量增加43.5%,由医院承担的超支费用减少51.4%,促进医院可持续发展。

## 案例二:深圳市率先开展康复医疗服务按床日付费改革

深圳市自2022年伊始全面启动康复医疗服务体系建设,设计了配套的医保支付政策,积极开展精细化按床日付费、监管考核等多项实践探索,为我国完善分阶段分层次的连续性康复医疗服务体系提供了实践思路。

**【主要做法】** *明确临床分期,划分机构功能定位* 深圳市医疗保障局联合市卫生健康委印发《关于进一步规范康复医疗服务有关工作的通知》,以原发疾病的发病时间为界线探索对康复医疗进行临床分期:发病一个月内为急性期、发病半年内为亚急性期、发病半年以上为恢复期;将医疗机构级别作为功能定位划分依据,并与分期收治相结合,落实国家"按需分类提供康复医疗服务"的要求,通过不同功能定位康复机构收治不同康复临床分期患者,完善转诊服务机制,规范双向转诊流程。

*建立康复医疗诊疗规范* 配套印发《深圳市住院康复医疗服务常见病种的入出院标准及治疗规范》《深圳市高依赖病房(HDU)建设规范(试行)》和《深圳市关于在康复医学科开展重症康复的专家共识》,要求康复机构区分康复医疗、医疗护理、安宁疗护,在开展康复医疗服务前进行功能障碍评估,建立基于评估量表的入出院标准,明确门诊、入院、转科、出院、转院的基本原则。首批制定12个常见病种入出院标准及诊疗规范,覆盖康复科收治患者的93%,基本满足临床使用需求。

*拓宽康复医疗服务供给* 深圳市通过明确康复医疗服务主体资质、人员资质等,依法建立康复医学人才培训基地和培训制度。在探索医疗护理的基础上,单列康复医疗,拓宽按床日付费机构范围。同时鼓励有条件的医疗机构通过"互联网+"、家庭病床、上门巡诊等方式将机构内康复医疗服务延伸至社区和家庭。

*开展精细化按床日付费* 深圳市充分发挥医保支付的"牛鼻子"作用,对住院康复医疗服务实施按床日付费,根据疾病诊断、功能障碍和临床分期的不同设置了99个住院康复医疗床日费用标准。同时,加强对平均住院天数、日均费用、康复费用占比及治疗效果的考核评估,评估结果与住院康复医疗费用年终清算挂钩。

*"三医"联动建立联合监管机制* 深圳市强化对康复医疗服务行为的联合监管,市医疗保障局和市卫生健康委建立完善多形式检查制度,畅通线索移交渠道,开展联合检查,形成"合力管"。运用"数据管",不断提升医保智能监控水平,将医保监管延伸至医师的医疗服务行为当中,完善医保医师年度总分管理制度,加强对康复医疗机构医师行为的监测及违规处罚力度。运用"信用管",建立并完善医保信用管理制度,依法依规实施守信联合激励和失信联合惩戒。运用"行业管",充分发挥市康复医学会在运行监测、质量控制、监督管理、培训宣传、绩效考核等方面的作用,鼓励行业协会开展行业规范和自律建设,制定并落实自律公约,促进行业规范和自我约束。

**【改革成效】** 深圳市以服务供给、医保购买、监督考核为主线,将康复医疗涉及的各个方面进行了系统集成,形成前后端相互衔接、相互引导、相互支持的完整政策体系,对全市康复医疗发展产生积极影响。

*患者就医可及性提升* 在探索长期医疗护理的基础上,单列康复医疗,拓宽按床日付费机构,提升参保人获得专业康复医疗服务的可及性。改革前全市只有13家长期医疗护理定点医疗机构实行康复按床日付费,改革后扩大到60家。2021年长期医疗护理按床日付费就诊患者3970人次,2022年改革后实行康复按床日付费就诊患者19736人次,同比增长397.13%。

患者费用负担减轻　政策实施后，患者日均医疗费用降低。2021年患者日均费用为1031.56元，2022年实施按床日付费的患者日均费用为1017.89元，下降1.33%。

医疗资源使用率提升　改革后资源分配更加合理，三级医院以急性期和亚急性期患者为主，二级医院和一级医院以恢复期为主。2021年，三级医院急性和亚急性期康复患者占比28.01%，一、二级医院恢复期康复患者占比29.31%。2022年，三级医院急性和亚急性期康复患者占比54.82%，一、二级医院恢复期康复患者占68.36%。同比上升26.81%和39.05%。

医疗质量提升　加强康复医疗的质量控制，规定提供康复医疗服务的各级各类医疗机构做到主诉和现病史必须与主要疾病诊断相符、专科检查必须有康复评定、诊断必须包含功能诊断、必须制订康复治疗计划、医嘱必须与康复治疗计划匹配、医嘱的执行必须可查。从统计情况来看，这“六项必须”整体上执行率都在90%以上，其中主诉和现病史与主要疾病诊断相符的执行率为94.99%，医嘱的执行可查执行率为90.63%，制订康复治疗计划执行率为90.14%，医嘱与康复治疗计划匹配执行率为90.06%，专科检查有康复评定的执行率为87.09%，诊断包含功能诊断执行率为79.06%。

## 案例三：珠海市打造“两病”门诊用药保障重点联系典型地区

珠海市自2016年开始探索开展高血压、糖尿病（以下简称“两病”）分级诊疗，在强化“两病”门诊用药保障的同时促进健康管理工作。2021年6月，珠海市被确定为“两病”门诊用药保障专项行动国家和省级重点联系典型地区。同年，市医疗保障局、市卫生健康局联合印发《关于完善高血压糖尿病门诊用药保障机制有关问题的通知》，全市“两病”门诊用药保障制度于2022年1月1日正式实施。通过完善政策、用药保障、医保服务、示范引领等举措，推动全市基层医疗机构做好做实“两病”长期健康管理，减轻“两病”患者门诊用药负担。

**【主要做法】**　三个完善　一是完善“两病”待遇政策。实行“两病”基层首诊制度，将“两病”患者全部纳入全市门诊统筹定点医疗机构（即卫生院和社区卫生服务机构）保障范围，对符合规定的医疗费用不设起付线和年度支付限额，报销比例为80%（退休职工为85%），签订家庭医生付费服务包协议的报销比例相应提高5个百分点。对2016年前已认定“两病”门诊特定病种且不愿纳入门诊统筹管理的参保人员，继续按照门诊病种管理，可选择3家定点医疗机构就医，实现“两病”保障人群全覆盖。二是完善备案管理政策。明确市内就医参保人员的“两病”在门诊统筹定点机构简易备案，引导“两病”分级诊疗。三是完善“两病”结算政策。采取“人头+年龄”的聚类法用按人头付费方式与门诊统筹定点医疗机构进行结算，同时将符合省“两病”药品目录的药品费用实行单列、按项目结算，并对基层医疗机构实行“结余留用、合理超支分担”的激励约束机制。

三个推动　一是推动实施“两病”长处方政策。允许符合规定的“两病”单次处方医保用药量延长至12周，减少就诊配药次数，更好地保障“两病”参保患者长期用药需求。二是推动加大“两病”药品集中采购力度。将“两病”药品优先纳入采购目录，并优先使用国家组织药品集中采购中选药品，保障患者用药需求。三是推动处方流转。鼓励引导社区门诊统筹定点医疗机构上线“云医保”处方共享服务平台，实行平台联网结算，提高“两病”用药可及性、便捷性。

三个强化　一是强化规范化管理。激励家庭医生团队主动加强辖区内“两病”及门诊慢病患者健康教育和健康管理，稳步扩大家庭医生签约覆盖面，强化“两病”人群规范化管理。二是强化医防融合。依托现有的家庭医生团队和“两病”三师（上级医院专科医师、基层医疗机构全科医师、健康管理师）团队完善慢病健康管理模式，使基本公共卫生服务与基本医疗服务有机联动。三是强化"两病"考核评估。加强医保部门与卫生健康部门的协作,将"两病"患者签约服务率、基层就诊率、双向转诊情况、住院率、规范管理率、医保费用支出情况等列入基层医疗机构绩效评价指标。

*五个示范点* 选取5家有代表性的门诊统筹定点医疗机构重点打造"两病"门诊用药保障示范点,以点带面推进重点联系典型地区创建,"两病"患者的知晓率、规范化管理率和合理用药率明显提升。以某社区卫生服务中心为例,通过优化"两病"药品目录,将"两病"药品优先纳入集采,实现与上级医院药品基本一致(达62种),同时与5家医院签订双向转诊协议,提供多向便捷转诊服务;以家庭医生为抓手,为签约居民提供定期随访、用药指导、健康教育、上门服务、预约服务、转诊等多形式服务。截至2022年底,该中心"两病"患者高血压规范管理率达82.48%,糖尿病规范管理率达79.82%。某村卫生站发挥镇村一体化管理优势,通过镇卫生院统一采购并配送"两病"药品,结合其管理的"两病"参保人实际用药需求,开展"两病"诊疗、购药、结算"一站式"服务,精准覆盖"两病"门诊用药保障"最后一公里"。

**【主要成效】** *"两病"待遇保障更加优质充分* "两病"患者门诊报销比例提升,患者用药费用负担明显减轻。2022年,珠海市职工医保参保人"两病"待遇享受人数约8.7万人,就诊54.9万人次,基金支付约6322万元;居民医保参保人"两病"待遇享受人数约3.9万人,就诊约21.4万人次,基金支付约1567万元。

*"两病"门诊用药更加便捷可及* 多措并举让门诊统筹定点医疗机构配得齐、开得出"两病"患者所需药品,基本实现与上级医疗机构同病、同药、同保障,提高"两病"用药可及性与便捷性。

*"两病"健康管理更加规范有效* 依托门诊统筹机制,强化"网格化管理、组团式服务"工作,促进分级诊疗。加强部门协调联动,做实"两病"长期健康管理工作,提高长期诊疗的效果。

## 案例四:河源市聚力深化医保支付方式改革

2022年,河源市扎实推进国家DIP付费改革试点、省级医共体综合改革试点等医保支付方式改革,在优化医保基金预算管理、推进复合支付政策上持续发力,在保障参保人员权益、规范医疗服务行为、控制医疗费用不合理增长等方面取得积极成效。

**【主要做法】** *强化三项举措,攻坚克难破困局开新局* 一是强化组织领导。河源市医疗保障局将全面推进医保支付改革作为深化医疗保障改革、深化经办服务改革、推进医保事业高质量发展的重要举措,以"政策规范化、管理精细化、监管法治化、服务便捷化、改革协同化、治理能力现代化"六大举措统筹谋划推进,为医保支付方式改革把方向、定措施。二是强化改革执行力。成立由业务科室、经办中心、信息工程师组成的工作专班,压紧压实工作职责,构建"政策动议—信息建设—经办服务"的有效衔接工作机制;分管领导每周组织召开例会,调度改革推进情况,研究解决困难和问题;多次邀请DIP付费华南片区专家、中山大学专家团队、市外医院院长为DIP付费、县域医共体支付改革出谋划策、分析论证。三是强化改革协同联动。完善政策协同配套,扎实推进门诊按人头、康复类精神类按床日付费政策,出台谈判药品"双通道"管理办法、药品集中采购结余留用实施细则,形成DIP付费正向叠加效应;推进智能监控子系统上线,全面应用智能监控规则;建立支付制度评议组织及核心专家组,发挥专家集体协商、论证作用,促进构建医保治理共商共建共享新格局;建立运行监测机制,帮助存在医疗费用不合理增长的定点医疗机构分析原因、对症下药建立长效机制;建立激励约束机制,设定清算比例奖励条款;建立评价与争议处理机制,以专业共识促进行业自律;建立基本医保专家库,研究解决争议处置方法和反馈争议问题处理结果。

*狠抓三项要素,聚力各方同向发力提质量* 一是狠抓编码管理。结合上线国家医保信息平

台，突出抓好15项医保信息业务编码贯标这一基础性工作，高标准、高质量推进医保结算清单、医保信息系统数据库动态维护等任务，为医保支付方式改革提供有力的信息化支撑。二是狠抓信息传输。指导督促各定点医疗机构对标国家标准，校验医保结算清单接口文档及各字段数据来源，做细医保结算清单贯标落地工作，落实医保支付方式改革所需数据的传输需要。三是狠抓病案质控。通过书面反馈、视频培训等方式，持续将影响清算的质控问题反馈给定点医疗机构，引导机构加强院内病案管理，切实提高病案首页及医保结算清单报送的完整性和准确性。通过近30次数据质控，达到了清算要求。

深化三项改革，推动高质量发展　一是扎实推进DIP付费改革落地见效。遵循国家DIP技术规范和病种目录库，紧盯历史数据采集、病种目录库、付费结算等关键要素，印发DIP结算办法、病种辅助目录设置方案、医院系数设定方案和经办管理规程等四项政策，统筹推进落实DIP付费改革工作。二是扎实推进和平县县域医共体医保支付方式综合改革试点落地见效。指导和平县出台综合改革试点实施细则、年度绩效评估方案，深入推进紧密型县域医共体医保支付方式综合改革试点，通过实施“总额付费、结余留用、合理超支分担”的激励政策，有效助力医共体发展。三是扎实推进中医药服务支付方式改革落地见效。2022年5月，以省医疗保障局制订的中医优势病种目录为基础，全市遴选出16个能够突显中医诊疗技术优势、可以明确区别于西医诊疗方式的病种纳入中医优势病种，进一步促进中医药传承创新发展。截至2022年底，全市共支付中医优势病种的医疗总费用836.96万元，惠及参保人1589人次。

**【主要成效】** DIP付费改革初显医疗与医保“相向而行”　一是基金结算率整体提升，付费体系更加完善。医保基金可持续性增强，2022年当期可分配结余23461万元；经DIP清算后，基金实际支付率略有上升，经合理超支分担后，2022年居民医保基金实际支付率达到97.49%，较2021年提高3.79%；职工医保基金实际支付率达到99.43%，较2021年提高2.10%。二是定点医疗机构更加注重内部成本控制。2022年全市住院人数虽然有所上升，但总体医疗费用却出现历史性下降。2022年居民医保参保人市内住院198823人，较上年同比增长3.16%，政策范围内医疗费用较上年同比减少4.27%；职工医保参保人市内住院44858人，较上年同比增长19.19%，政策范围内医疗费用虽较上年增长4.36%，但增幅远小于住院人数的上涨率。三是次均住院费用下降明显。2022年居民医保参保人住院次均费用为7247.32元，较上年同比下降1.15%；职工医保参保人住院次均费用为7847.05元，较上年同比下降了4.40%。

支持紧密型县域医共体建设取得明显成效　2022年和平县医共体内住院人数较2021年增加8.01%，住院医保报销费用却较上年下降4.08%。不仅如此，异地就医住院人数上升趋势也有所缓解，2022年县域医共体外就诊人数增长率为7.56%，较上年同期增长率减少12个百分点。全年县域医共体牵头医院收治病种数量达到1396种，基层分院开展新技术新项目数量达到37项。

## 案例五：梅州市加快落实医保待遇清单制度

梅州市2000年12月开始实施职工医保制度。20多年来，随着社会经济发展和人民需求提高，职工医保待遇保障内容也在不断扩展延伸，虽然此前通过印发相关待遇调整通知对职工医保待遇政策进行了调整完善，但一直未对相关办法进行修订。为健全全市医疗保障制度体系，保障职工医保参保人的医疗保障权益，梅州市根据国家、省有关文件精神和有关法律法规规定，于2022年出台了《梅州市职工基本医疗保险和生育保险办法》《梅州市职工大额医疗费用补助办法》。

**【主要做法】** 注重高位推动、协同推进　梅州市高度重视国家和省级医疗保障待遇清单制度的贯彻落实，建立健全重大问题、重要事项请示报告制度，结合实际、主动作为，积极向省医疗保障局沟通请示，旨在加强顶层设计。全市在市政府的统一指挥协调下，建立健全部门沟通协调机制，医保、财政、卫生健康、税务等部门明确分工、落实责任、形成合力。其中医保部门发挥牵头作用，在充分调研论证的基础上，制订细化实施方案，规划好时间表与路线图，与各部门协同推进待遇清单制度的贯彻实施。

注重立足长远、统筹兼顾　对标对表国家和省级待遇清单制度的基本原则与具体要求，以配合基本医保实现省级统筹为目标，成立工作专班，对基金开展短期和中长期分析预测，在全市医保基金平稳运行的基础上，统筹兼顾关系转移接续、门诊共济保障、生育保险规定、深化支付方式改革等新要求，以重大行政决策方式通过市政府名义出台了关于职工医保的多项新政策、新办法，从医保制度根源上清理、规范了医保政策，实现了制度运行的可持续发展。

注重加强引导、平稳过渡　在落实省级待遇清单工作过程中做好舆情风险研判，通过培训讲解、媒体宣传等方式，做好政策解读和服务宣传，及时回应社会关注，合理引导群众对延长医保缴费年限等政策预期。同时为稳妥做好政策衔接过渡，市医疗保障局上线当地广播电视台全媒体节目“行风热线”，加强对缴费负担减轻、医保待遇提高等正面效应的宣传，同时接受全市参保人员的政策咨询与建议，为贯彻落实待遇清单制度创造良好社会氛围。

注重提质增效、利企惠民　梅州市在国家和省级规定的待遇清单制度政策框架范围内，坚持保民生、促发展理念，紧密结合本地实际，既通过职工医保缴费基数和缴费比例的两个降低（以下简称职工医保“两降”政策）实现减轻企业缴费负担、促进经济社会发展的效果；又通过提高医保年度支付限额和生育保险待遇保障，实现持续改善民生、践行医保初心的目标。

**【主要成效】** 优化营商环境，助力苏区振兴　出台实施职工医保“两降”政策，最低缴费基数降低496元，单位缴费比例从原来的6.3%降至6.0%，预计全市企业每年可减负3.1亿元，负担降幅达11.92%。

提高医保待遇，持续改善民生　职工医保年度最高支付限额从41万元提高至70万元；将门诊特定病种纳入职工大额医疗费用补助保障范围；生育保险从定额补助提高至政策范围内全额支付，政策待遇惠及57万职工参保人。2022年梅州市被省医疗保障局确定为“全国医保待遇清单工作贯彻落实典型城市”推荐名单。

健全长效机制，巩固全民参保　取消灵活就业人员参保户籍限制，进一步维护包括新就业形态劳动者在内的灵活就业人员医疗保障权益；降低退休人员一次性缴费标准，不再按原规定的“单位缴费比例以每年递增10%”计算，有效减轻退休职工缴费负担；采取“逐步过渡、逐年延长”的办法延长医保退休年限，确保改革期间政策平稳有序衔接。

## 案例六：东莞市打赢业务编码贯标与质控攻坚战

2022年，东莞市认真落实国家和省级部署要求，常态化推动15项业务编码维护，精准化抓好业务编码质量监控和管理，为实现全国医保信息互联互通、提高医保便民服务水平奠定了坚实基础。

**【主要做法】** 强化机制，规范管理　坚持尽早谋划，落实责任，东莞市医疗保障局成立业务编码贯标工作专班，由局主要领导担任组长，分管领导为副组长，各相关科室负责人为成员，制订印发《东莞市贯彻执行15项医疗保障信息业务编码标准实施方案》，细化任务内容、明确时间节点，指导医保系统、定点医药机构协调推进贯标工作。

强势推动，积极沟通　先后举办线上线下共5期贯标专题培训班，集中开展多轮非标准编码清理工作；对未按要求完成贯标工作的定点医药机构，以红头文件的形式进行通报批评，督导机构及时落实整改。同时，针对全市近400家定点社区卫生服务机构信息化水平不高、业务和信息系统由市卫生健康部门管理的实际，多次沟通协调有关部门，合力统一升级信息系统，全面提升了社区卫生服务机构的信息系统管理服务水平，为15项医保业务编码贯标工作奠定基础。

*强制考核，明确任务* 将省医疗保障局下达的15项医保业务编码标准贯标工作任务第一时间准确传达至各定点医药机构，及时修改完善机构年度考核办法和考核标准，将15项医保业务编码维护工作列入年度考核，并将考核结果与医保支付挂钩，明确各方工作责任，使定点医药机构主动做到编码全量完整维护、及时入库、动态调整、同步更新，确保医保业务编码如期应用落地。

*强调标准，规范上传* 统一医保基金结算清单数据采集标准，提高清单数据质量，设置清单验收流程；建立由省市两级医保部门、信息技术团队和定点医药机构等多方参与的沟通工作群，指定专人跟踪负责，形成“有问必答、有疑必解”的实时响应机制；收集并设置常见问题知识库，梳理常见、不规范医保结算清单，统一指引口径；将医保结算清单作为定点医药机构月度结算的主要依据，进一步促进机构上传医保结算清单规范化。

*强行校验，精准突破* 对14项标准化质控规则进行定期精准监控，通过后台上传数据统计分析，形成定点医药机构实施质控规则情况清单，在反复实践探索中不断总结工作经验。先后开启两批质控信息上传校验，在源头上保证了医保数据的规范化、标准化。东莞市也因此成为全省第一个全面开启14项质控指标的地市。

**【主要成效】** 作为全省上线国家医保信息平台现场验收代表单位之一，东莞市推进医保信息化、标准化的工作成绩得到国家医疗保障局的充分肯定，顺利通过现场验收，实现了全市医保服务管理水平的重大提升。截至2022年底，全市1733家定点医药机构的平台维护率为100%；医保医师、技术人员赋码率均为100%，医保护士、药学人员、医保药师赋码率超过99.68%，医保信息化标准化相关指标位居全省第一。随着医保业务编码贯标的高质量完成，全市打破了定点医药机构的“信息孤岛”和“数据烟囱”，夯实了新时代医保大数据工作基础，为全市医保筹资、待遇保障、异地结算、DIP支付改革、基金监管等工作提供了有力支撑。

## 案例七：江门鹤山市以集采药品“小切口”探索集采工作“新突破”

江门鹤山市医疗保障局开展药品采购专题调研，深化公立医疗机构药品采购改革，创新开发医保药品采购监管系统，不断提升药品采购治理效能，促进医疗保障与医药服务良性互动。

**【主要做法】** *拓展药品采购渠道* 在省平台和深圳平台两大现有采购渠道的基础上，鹤山市在江门四市三区中率先引进广州平台，有效综合三大药品采购平台的各自优势，在拓宽药品采购渠道的同时，促进了药品采购平台之间的竞争，倒逼其优化药品采购服务，逐步实现价格联动。

*创新药品采购监管* 主动与三大平台沟通对接，建成全省首个县级与三大平台实时数据对接的信息系统——鹤山市医保药品采购监管系统，实现全市公立医疗机构药品采购、配送、入库、回款的全流程动态监测，同时设置药品比价功能与逾期预警机制，为医疗机构筛选出更加质优价廉的药品，并对超时未配送、未入库、未回款及未按进度完成集采任务等行为进行预警提醒，推动监管端口前移。

*制定药品采购规则* 依托医保药品采购监管系统，将三大平台的药品按同一通用名称、目录剂型、质量层次进行价格比对，以最小采购单位进行折算，并把比对后的最低价格作为该品种药品的采购参考价。公立医疗机构在遵循采购规则的基础上，可结合用药习惯、保障供应等因素，自主选择任意一家药品采购平台进行采购，让药品采购选择更加灵活。

**【主要成效】** *提升采购管理效率* 鹤山市医保药品采购监管系统与三大药品采购平台互联互通，能够实时上传、及时反馈、自动统计药品采购数据，并以可视化形式呈现在系统界面上，医保部门及医疗机构可随时查询国家集采任务完成进度和药品采购订单动态，无需人工报送、汇总数据，减少由于人为因素而造成的数据误差，节省了更多人力物力。

降低药品采购成本　鹤山市集采药品金额占比从2019年的0.09%提高至2022年的14.02%，集采药品工作完成进度走在江门市前列。相较集采前药价，2022年全市药品采购价格平均降幅达50%、最高降幅超98%，累计节省采购资金近1.13亿元，因集采节约的医保资金结余留用给医疗机构超1100万元。

及时发现解决问题　依托系统逾期预警功能，搭建起医保部门、医疗机构、药品采购平台共同参与的“三位一体”药品采购治理模式，确保有关部门能够及时了解并解决采购过程中出现的各类问题。系统上线以来，药品配送不及时、供应不稳定的问题得到较大改善，进一步加强了全市基层医疗机构的药品供应保障，使在基层医疗机构治疗的患者用药可及性明显增强，有利于解决群众取药难、买药难的问题。

## 案例八：肇庆市多举措加强医保信息化建设

肇庆市多措并举推动医疗保障持续提质增效，广动员、多渠道推广医保电子凭证激活和应用工作，让参保群众享受“一码在手、医保无忧”的便利体验。截至2022年底，肇庆市共有262家定点医疗机构，1078家定点零售药店可以使用医保电子凭证，全市居民医保参保登记、参保信息查询、职工医保个人账户余额查询、异地就医备案、生育选点等20个事项已实现“跨省通办、省内通办”。

**【提高医保电子凭证激活率和使用率】**　一是建立健全医保电子凭证监督机制，明确工作任务、制订工作方案，压实各县、市、区工作责任。二是发挥定点医药机构推广力量，有针对性地发动各定点医药机构积极落实医保电子凭证推广工作，加大对就诊、购药参保人员的宣传力度，积极引导参保群众激活使用医保电子凭证。三是发挥第三方渠道推广力量，与微信、支付宝加强合作，推进医保电子凭证进乡村，提升医保电子凭证激活、使用率；调动合作银行力量，利用银行网点多的优势，开展对银行职工和客户的广泛宣传。四是联合教育、工信部门，发动学校、企业加大宣传力度，提高参保人激活电子凭证热情。截至2022年12月31日，全市参保人共计4156802人，其中3234898人激活了医保电子凭证，激活占比77.82%。在使用场景方面，全市8家三级医院已支持挂号、诊间身份核验、支付、取药、打印检查报告等全流程应用；同时在国家医保服务平台App、“粤省事”和“粤医保”小程序及“粤智助”政务服务一体机上线居民医保参保登记、生育选点、门诊选点、异地就医备案等47个医保服务事项，肇庆市第一人民医院医保移动支付正式投入使用。

**【上线智能监管子系统】**　积极引入第三方助力医保基金监管效率提升，严密组织专项整治和飞行检查，不断加强典型案件曝光，始终保持打击欺诈骗保的高压态势。推动定点医疗机构做好编码在信息系统中的应用，实现数据互认，借助大数据信息化手段，开展智能监管。2022年，肇庆市通过智能监管子系统查处违规定点医疗机构72家，涉及金额1981万元，并已全部追回或者抵扣。

**【进一步拓宽异地就医联网结算范围】**　2022年，肇庆市在实现省内和跨省住院费用联网结算的基础上，陆续实现省内和跨省异地就医普通门诊、门诊特定病种医疗费用联网直接结算，并于5月1日顺利实现生育保险省内异地联网直接结算上线，全市参保人产前检查、分娩、引产、计划生育手术、生育并发症等均可实现“一站式”结算，助力“三孩”政策落地落实。7月，异地就医联网实行就医地审核流程，提高异地就医联网结算率。9月实现跨省门诊特殊病异地联网直接结算。截至2022年底，省内联网直接结算支付医保基金4.01亿元，支付77480人次；跨省异地就医联网直接结算支付医保基金3.63亿元，支付48720人次。

## 案例九：清远市“三个机制”推动药品集采落地见实效

清远市通过引入银行担保机制、建立信用管理机制、建立年度考核机制，推动全市医疗机构药品采购落地见实效。2022年全市药品采购成本下降21.75%，节约药品采购金额约3.63亿元。

**【主要做法】** 引入银行担保机制　清远市主动联合广州平台引入银行担保机制，搭建起药品采购融资担保支付体系。医疗机构与银行、平台签订结算服务三方协议，取得担保银行授信额度后，可向清远市医疗保障服务中心申请预付不超过一个月的周转金用于药品采购。如医疗机构因资金周转困难等因素未在规定时间内向药品供应企业支付货款，可融资代付货款，有效解决药品回款问题，遏制了“医院拖欠药款，药品配送企业拒绝配送”的恶性循环。

建立信用管理机制　以信用管理为抓手，与配送企业签订配送服务协议，明确信用体系管理相关条款，建立配送企业主动承诺与失信惩戒相结合的管理机制。截至2022年底，全市43家药品配送企业提交了书面信用承诺书并在信用网站进行公示。针对配送企业未按配送时限向医疗机构配送药品或随意提价、捆绑销售等违反协议的行为，经查实，对配送企业第一次违规的予以提醒，第二次则由市医疗保障服务中心进行约谈，第三次则将违约信息提供给省级医保部门和信用管理部门，同时将违约失信信息上传至信用网站，并根据企业失信情况进行联合惩戒，以此规范配送企业履约。

建立年度考核机制　将药品采购工作纳入年度医保结算考核，对药品集采率、线上支付率未达规定要求的定点医疗机构，在年度住院统筹基金付费控制决算总额中按比例扣除，旨在通过考核激发医疗机构规范采购行为的内生动力。2022年，全市药品平台采购率由2020年的88.42%提升至98.95%。

**【主要成效】** 解决药款回款难问题　引入银行担保机制后，不仅减轻了医疗机构的资金周转压力，也有效遏制了医院拖欠企业货款的行业“顽疾”，同时保障了供应企业的合法权益，建立起良好的药品购销秩序，也推动药品集中采购的良性发展。银行担保机制启动以来，共为医疗机构担保融资代付货款约1.86亿元。

破解药品供应难题　通过建立信用管理机制，有效扭转了改革前药品配送企业配送不稳定、不及时的局面，现药品配送企业基本实现24小时内响应订单、48小时内完成配送，不仅解决了药品供应不按时配送的“难题”，还减少了药品“随意提价”“捆绑销售”等违约现象，稳定了药品价格，净化了购销环境。

实现药价大幅下降　通过药品集中采购，充分释放“大数法则”效应，以采购平台每年合计超百亿的采购量换得“团购”最低价，全市多种药品均不同程度降价。据统计，对比改革前的药价，2022年全市药品采购成本下降21.75%，节约药品采购金额约3.63亿元。其中，三级医院平均降幅14.35%，二级医院平均降幅20.14%，一级医院平均降幅27.28%。偏远地区医疗机构采购成本降幅最为明显，如连州市中医院降幅高达48.49%，连山吉田卫生院降幅高达46.12%。

提高药采监管效率　清远市医疗机构药品已基本实现平台采购，药品采购下单、配送、验收、结算全流程均在平台清晰可见，采购信息完整可溯，通过药品采购在“阳光”下运行，有效净化行业风气。医保部门监管人员在线上即可实现对医疗机构药品集采信息数据的全流程实时监控，监管覆盖面达100%。结合大数据分析技术，对采购信息进行分析和价格比对，实现了从粗放式管理向精细化、标准化管理的转变，监管方式方法和工作效率得到极大改善与提升。

## 案例十：潮州市坚持改革与管理双轮驱动加快医保基金运行提质增效

近年来，潮州市坚持改革和管理双轮驱动，抓规划、优支付、强监管、降负担、提服务，切实提升医保基金运行质效。在2022年国家医保局组织的对全国432个居民医保和448个职工医保统筹地区医保基金运行评价中，潮州市居民医保基金运行评价列全国第13名、全省第1名；职工医保基金运行评价列全国第25名、全省第1名。

**【主要做法】** 持续夯实筹资缴费基础工程 坚持"早动员、重部署、广宣传、抓落实、强督导"原则，市政府召开全市居民基本医保参保缴费动员会，部署年度全市参保缴费工作、下达参保任务，压实各级部门医保筹资缴费工作责任。创新宣传方式，电视、手机、微信、报纸等渠道齐发力，制作音视频在市电台、电视台重要时段播放，协调电信三大运营商发送参保提醒短信，利用"潮州医保"微信公众号持续发布参保缴费宣传推文，向市民发放医保宣传小册子，增强市民参保意识。联合税务部门利用稽查手段，以稽核促扩面、促征收。建立局领导班子分片挂钩联系制度，加大督查督导力度，持续跟踪各县（区）参保工作进度，以督查促落实提成效，确保筹资缴费工作顺利推进。

持续强化监督管理关键环节 建立医保基金运行一季一分析制度，聘请会计师事务所开展医保财务检查，发现问题及时整改，坚决防范运行风险。加强基金使用监管，全面实行数据规则智能监管、驻点巡查常态监管、部门联动综合监管、专项检查强力监管，同时宣传发动社会监督、完善执法内部监督，实现对全市定点医药机构全覆盖检查。持续开展打击"三假"（"假病人""假病情""假票据"）等多个专项行动，推行"双随机、一公开"监管模式，严查医保领域违法行为。

持续优化待遇保障惠民政策 坚持优化待遇保障，制定《潮州市职工基本医疗保险门诊共济保障实施细则》，提高普通门诊待遇。出台《关于调整基本医疗保险乙类项目个人自付比例标准的通知》，大幅降低乙类项目费用个人自付比例。扩大普通门诊范围，实现"一站式"直接结算，推行日间手术和日间化疗医保待遇，实现156个病种、286个手术的医保结算，缩短患者住院时间、降低住院费用。推出中医特色医保支付政策，支持中医药传承发展。

持续增强"三医"协同保障合力 扎实推进医保、医疗、医药联动改革，提升医疗机构服务水平，保障群众获得优质实惠的医药服务。推进医保支付方式改革，结合实际调整完善危重疑难病种分值和诊治编码库，使潮州市基本医保住院病种分值库病种达到5236个、手术诊治编码达到5844个，进一步促进医院诊疗水平提升，实现医保管理更加精细。深化医疗服务价格改革，在全省率先开展公立医疗机构医疗服务价格动态调整评估，实现"分类监测，逐步优化"。深入推进药品和医用耗材集采，建立集中采购通报、配送企业信用评价等5项制度，为人民群众提供优质高效、经济合理、方便可及的医药服务。实施"双通道"试点，实现定点医疗机构与定点零售药店的处方外配流转，推动国家谈判药品落地。推进口腔种植专项治理，动员组织各相关医疗机构参与集中带量采购，切实降低口腔种植类费用。

**【主要成效】** 有效巩固参保比例 近年来，潮州市基本医保参保率持续稳定在95%以上，全市居民医保参保率2022年度、2023年度连续两年居全省各地市第1名。

有效保障基金安全 2022年，实现对全市87家定点医疗机构、330家定点零售药店全覆盖检查，下发整改通知书131份，暂停定点医药机构医保服务协议20家，解除定点医药机构医保服务协议10家，处理医务人员1名，查处违法骗保案件3宗，罚款31.81万元，挽回医保基金损失5500.32万元。

有效减轻群众就医负担 2022年，全市公立医疗机构药品采购总额8.79亿元，节约采购费用1.34亿元；医用耗材集中采购总金额3159.44万元，节约采购金额1.52亿元。全市职工、居民医保住院费用政策范围内报销比达75.9%、69.1%；职工、居民医保每单位（1%）人均住院基金支出分别为16.4元、7.7元，远低于全国平均水平21.5元、12.2元。

# 广西壮族自治区

## 工作综述

2022年，广西壮族自治区统筹疫情防控和医保发展，健全完善广西医疗保障制度体系，持续开展医保领域改革攻坚，促进医保管理服务提质增效，群众待遇稳步提升，制度运行整体平稳，基金安全得到保障。全区基本医疗保险参保5201.85万人，参保覆盖面稳定在97%以上；基本医疗保险基金（含生育保险）总收入785.30亿元，总支出702.80亿元，累计结存996.40亿元，基金运行安全平稳，待遇水平稳步提升，基本实现全民享有基本医疗保障目标。

**【广西医疗保障“十四五”规划出台】** 自治区医疗保障局结合广西实际，以自治区人民政府办公厅名义印发《广西医疗保障“十四五”规划》，明确了指导思想、基本原则和发展目标三方面内容，提出广西“十四五”时期医疗保障发展的13项主要指标、9项主要任务和5个项目工程。

**【持续做好新冠疫情防控】** 继续实施“两个确保” 新冠肺炎确诊、疑似和无症状患者全部纳入医疗保障范围，将15个广西本土医药企业生产的新冠病毒感染治疗用药和首个国产新冠口服药阿兹夫定片临时纳入广西医保支付范围。持续做好新冠病毒救治、疫苗及接种费用保障，全程做到疫苗采购“钱等苗”、接种费用“及时付”。

发挥医保带量采购降价优势 年内三次下调核酸检测价格，单检和混检分别降至14元和3元，抗原检测降至5元，有效降低疫情防控的社会运行成本。

助企纾困稳就业 自治区本级连续4年降低职工基本医疗保险单位缴费费率，累计为企业减负14亿元。为15万家中小微企业通过“免申即享”方式缓缴职工基本医保单位缴费3个月，缓缴资金近10亿元。

**【巩固拓展医保脱贫攻坚成果有效衔接乡村振兴】** 优化分类参保补助政策 优化调整脱贫人口和监测对象医保倾斜政策和分类参保补助政策，两类人员住院政策范围内报销比例较上年提高3~5个百分点。截至12月底，全区符合参保条件的脱贫人口624.01万人、监测对象51.42万人，2022年度参保率均达100%。

加强部门间信息比对 构建多部门联动参与的因病致贫返贫风险防范机制，着力加强医疗费用源头管控。医保部门每月推送高额医疗费用负担人员信息至乡村振兴部门，由乡村振兴部门实施综合帮扶，实现风险动态监测、信息共享、协同处置。2022年，全区医保部门累计向乡村振兴部门推送医疗费用负担5000元以上人员9.52万人，对符合条件的5875名脱贫人口和监测对象实施依申请医疗救助，支付救助金4484.84万元。

建立依申请医疗救助机制 对参加当年基本医疗保险，因高额医疗费用支出导致家庭基本生活出现严重困难的大病患者，认定为因病支出型困难家庭后，经规范的申请、审核程序，采取一事一议的方式，对认定之日前12个月内的医疗费用按照起付标准不低于1万元、救助比例不低于60%、年度累计救助限额不高于10万元的标准给予救助，避免困难群众因病致贫、因病返贫。

**【健全完善制度体系】** 建立职工基本医保门诊共济保障机制 截至2022年12月底，全区职工基本医保门诊统筹享受待遇人次707.19万人次，涉及门诊医疗费用23.02亿元，其中政策范围内医疗费用14.60亿元，统筹基金支付7.66亿元，普通门诊统筹政策范围内报销比例超过50%，实现职工门诊统筹保障的从无到有。

建立特殊药品单列门诊统筹支付制度 6月

1日起，全区参保人员使用特殊药品无需住院即可享受统筹支付，减轻参保人员门诊用药负担。职工医保待遇不设起付线，在职人员报销比例为70%、退休人员报销比例为75%，统筹基金支付限额为8万元/年，计入当地职工医保年度最高支付限额，共用封顶线。居民医保待遇不设起付线，按50%比例报销，统筹基金支付限额为4万元/年，计入当地居民医保年度最高支付限额，共用封顶线。

*完善全区门诊特殊慢性病政策* 6月1日起，广西实现全区病种范围、起付标准、待遇水平、认定标准、管理服务、基金监管“六统一”，制度规范性有效提高。病种数量由原来的29种扩大到38种，新增341种药品纳入门诊特殊慢性病药品目录，进一步完善和规范门诊特殊慢性病医疗服务项目，门诊特殊慢性病各项待遇进一步提标扩围。

*完善重特大疾病保障体系* 以自治区人民政府办公厅名义出台《关于健全广西重特大疾病医疗保险和救助制度的通知》，从保、减、救、防、帮五个维度系统完善重特大疾病综合保障框架。防城港市设置医疗保障待遇专职小组，对高额医疗费用监测对象快速响应、主动上门排查、落实倾斜救助政策，真正实现“政策找人”。大病保险将参保人住院报销比例在基本医保基础上提高了19.52%。医疗救助资金支出24.96亿元，资助293.14万名城乡困难群众参保，实施住院和门诊救助413.16万人次。全区次均住院救助、门诊救助费用分别达到1113元、97元，高于全国平均水平。

*长期护理保险制度试点工作稳步推进* 自治区本级和南宁市实施长期护理保险制度以来，截至2022年底，已覆盖区、市214.11万参保职工，依申请实施评估18306人，累计15130个失能人员家庭获益，年人均减负超过2万元。

**【深化医保支付方式改革】** *实施广西DRG付费改革第二个三年行动计划* 在全区推行医保支付方式改革基础上，推进广西DRG付费改革第二个三年行动计划。2022年，全区2070家定点医疗机构开展DRG付费，覆盖率达99.14%，提前完成国家提出的“四个全覆盖”目标任务。2022年全区次均住院费用8585.72元、平均住院日7.12天、个人费用负担2750.56元，同比分别下降18.36%、14.22%、11.02%。落实定点医疗机构结余留用机制。

*探索符合中医药特点的医保支付方式改革* 稳步推进按中医疗效价值付费和按中医优势病种付费试点工作，实施中医药医保倾斜政策，支持中医药传承创新发展，32个中医优势病种医保支付标准较相应DRG病组的支付标准提高20%左右，一些病种达30%以上。

*开展紧密型县域医共体付费改革试点* 确定南宁、桂林、贵港、贺州为“自治区DRG付费综合改革下紧密型县域医共体付费改革试点城市”，并指导试点地区出台试点方案。

**【强化医保目录支撑保障】** 落实国家医保药品目录政策，将3028个西药、中成药、谈判药纳入广西医保支付范围，医保目录保障力度更大。用好省级目录调整权限，2022年，23家定点医疗机构配制的351个医疗机构制剂通过国家医保局备案。自治区医疗保障局会同自治区人力资源社会保障厅印发《广西基本医疗保险、工伤保险和生育保险医疗服务项目(2022年版)》，13068项医疗服务项目纳入医保支付范围，占广西全部医疗服务项目的88.81%。

**【药品、耗材集中带量采购】** *常态化推进药品、耗材集中带量采购* 2022年，共有429个药品和17类医用耗材集采结果在广西落地执行，平均降幅49.42%，累计减少群众就医负担超70亿元。

*优化挂网采购规则* 实施新的药品、医用耗材挂网采购政策。通过优化挂网采购规则，实现药品在广西应挂尽挂，有效畅通了药品进入医院端销售渠道，促使药品价格回归合理水平，此项改革走在全国前列。截至2022年底，已有近2.6万个药品品规成功挂网，平均降幅14.7%，按2021年度采购量统计，预计年可节约采购金额18.8亿元。

**【完善医疗服务价格】** 4月1日起,《广西医疗服务项目价格(2021版)》开始实施,涉及14714项医疗服务项目的规范和1734个项目价格调整,基本解决了价格项目内涵不清、价外收费不明确、计价单位不合理等问题。开展889项新增医疗服务项目论证审核,支持医疗新技术进入临床。

**【维护医保基金安全】** 强化"不敢骗"的高压态势 大力开展以日常巡查为主,专项检查、飞行检查、交叉互查相结合,抽查复查巩固成效的多形式立体化检查。2022年,全区共现场检查定点医药机构16351家,查处8192家,移交司法机关10家,移交纪检监察机关14家;累计追回(含拒付)医保资金6.39亿元。

完善"不能骗"的制度体系 推进智能监控,不断完善智能审核监控知识库和规则库。推进全区医保基金监管信用体系建设,开展对两定机构、医保医师、医保药师等五类对象信用管理。建立综合监管协同工作机制及联席会议制度,打通部门间沟通壁垒,通过与公安、民政、卫生健康等部门开展打击欺诈骗保专项整治工作,追回医保基金806.05万元,一案多查、联合惩戒综合效应基本形成。桂林市上线医保基金智能监控系统,建立立体化全覆盖监督检查模式和医保基金监管协同机制,引导行业自律自省。

打造"不想骗"的自律机制 完善社会监督制度,聘请55名社会义务监督员参与监督。畅通各级医保部门举报投诉渠道,曝光违法欺诈骗保典型案件,2022年全区共向欺诈骗保线索举报人兑现奖励金12.14万元,曝光典型案例1007起。加强宣传教育,开展多层次、多形式、全方位的医保基金监管集中宣传月活动,营造"人人知法、人人守法"的良好社会氛围。崇左市常态化开展警示教育和政策培训,实施多部门联合监管,推动医疗机构主动规范使用医保基金。

**【提升医保公共服务水平】** 门诊跨省直接结算实现突破 全区111个县(市、区)及二级以上定点医疗机构100%开通门诊费用跨省直接结算服务,全区15个统筹地区全部开通高血压等5个病种门诊慢特病跨省直接结算服务。全区共有16147家定点医药机构开通异地就医直接结算服务,结算人次累计达3865.28万人次,结算金额546.71亿元,医保基金支付342.40亿元。

医保服务下沉至乡镇村 聚焦《全国经办政务服务事项清单》中28个子项目,全区能提供7项及以上医保服务的乡镇(街道)1246个,占全区乡镇(街道)总数的98.89%。全区可办理2项以上医保服务事项的村(社区)13051个,占全区总数的80.89%。玉林市实行医保经办服务窗口综合柜员制,实现"一窗受理",推行"最多跑一次"。持续推进"村医通+"医保结算服务,截至12月底,村卫生室通过"村医通"累计直接结算3160.46万人次,结算医疗费用10.19亿元,医保报销金额8.16亿元。

推进"互联网+"医保服务 在自治区本级、南宁、贵港、玉林市11家医院试点开通医保移动支付服务,实现群众看病医保结算"线上付、免排队"。广西医保电子处方中心已按照国家医疗保障局相关规范要求完成部署并已实现与国家平台的对接,自治区本级8家试点定点医药机构接入平台。全区两定机构支持使用医保电子凭证结算比例超过90%、结算占比超30%,已实现医保电子凭证异地就医结算可用。创新推出无人售药医保支付服务,3057人次自助购药,医保支付27.03万元,满足群众安全紧急用药需求。南宁市应用"零星报销OCR系统"审核智能化案例获全国医保经办服务典型案例优秀奖。

实施北部湾经济区医保服务一体化 取消自治区本级、南宁、北海、钦州、防城港、玉林、崇左参保人员在北部湾经济区内市三级及以下医院异地就医备案手续,将北海、钦州、防城港、玉林、崇左就医结算一体化范围扩大到自治区本级、南宁市,惠及2269万参保人员。2022年,一体化区域内跨市就医累计结算114.23万人次,医保报销金额6.25亿元。

**【医保信息化建设】** 统一的医保信息平台全面建成 广西医保信息平台已在全区15个统筹区上线应用,接入3456家定点医疗机构和14414

家定点零售药店，覆盖全区5200多万参保人。2022年12月，广西医保信息平台高标准通过自治区发改部门的验收。

*推进医保数据治理* 推进历史数据治理工作，优化数据归集技术方案，做好数据质量监控。建立了数据治理考核制度，从贯标编码、数据上传时效性、数据完整性等多个指标，对各家系统承建商定期进行指标量化考核和通报，将脏数据率严格控制在符合国家医疗保障局的要求范围内。

*医保网络和数据安全防护体系基本形成* 建立健全网络和数据安全管理制度，规范网络信息安全工作。建立双数据中心，实现当其中一个数据中心出现故障时，既能实时业务切换，还能满足医保工作日常运作需要。建设较为完整的防护体系，实现对平台的安全访问、流量控制、信息的收集和审计。广西医保信息系统通过了自治区公安厅三级信息安全等级保护备案。定期开展等级保护测评、密码测评、网络安全防护演练、实行7×24小时安全值守，极大提升医保信息系统安全防护能力。

## 重要活动

1. **广西实现首例门诊特殊慢性病费用跨省直接结算。**1月17日，北海市作为门诊特殊慢性病费用跨省直接结算试点城市，正式双向开通门慢费用跨省直接结算，实现高血压、糖尿病、恶性肿瘤门诊放化疗、尿毒症透析、器官移植术后抗排异治疗等5个门诊特殊慢性病相关治疗费用跨省直接结算。这标志着广西实现首例门诊特殊慢性病相关治疗费用跨省直接结算。

2. **广西开展全区医保基金监管集中宣传月活动。**4月，广西在全区范围内统一启动为期1个月的以“织密基金监管网，共筑医保防护线”为主题的医保基金监管集中宣传月活动。持续巩固《医疗保障基金使用监督管理条例》的宣传、学习、贯彻成效，营造全社会关注并自觉维护医疗保障基金使用安全的良好氛围，筑牢医保基金安全防线。

3. **自治区人大常委会有关负责同志调研长期护理保险工作。**5月5日，自治区人大常委会有关负责同志赴自治区医疗保障局开展长期护理保险工作专题调研，并召开座谈会听取对调研报告的意见建议。

4. **自治区医疗保障基金监管工作第一次联席会议召开。**6月8日，自治区医疗保障基金监管第一次联席会议在南宁召开。会议深入分析广西医保基金监管发展形势，研究部署下一步医保基金监管重点工作任务。自治区医疗保障局、财政厅、卫生健康委等13个联席会议成员单位有关负责同志参加会议。

5. **广西建立全区统一的医疗保障评审专家库。**6月28日，广西医疗保障评审专家受聘仪式在南宁举行。评审专家来自医疗医药、医保管理、医药价格管理等多个行业领域，涵盖自治区、市、县三级医疗机构和单位，首批受聘评审专家1071人，其中正高职称691人、副高职称362人，中级职称17人，初级职称1人。

6. **广西医保移动支付上线。**8月12日，自治区医疗保障局在自治区人民医院举行广西医保移动支付上线启动仪式，标志着广西迈入医保移动支付新阶段。

7. **举办2022年广西病案信息（医保DRG付费）编写职业技能竞赛决赛。**11月3日至4日，会同自治区人力资源社会保障厅、卫生健康委员会举办2022年广西病案信息（医保DRG付费）编写职业技能竞赛决赛，76家定点医疗机构92名选手组成30支代表队参赛，2名优秀选手获得“广西技术能手”称号。

8. **国家飞行检查情况通报暨驻邕三级定点医疗机构负责人集中约谈警示会召开。**11月18日，召开国家飞行检查情况通报暨驻邕三级定点医疗机构负责人集中约谈警示会，通报2022年以来国家和广西在打击欺诈骗取医保基金方面的工作进展及国家医保局组织对广西飞行检查情况，分析当前医保基金监管面临的严峻形势，警示违规使用医疗保障基金行为。

## 典型案例

### 案例一：广西北部湾经济区医保一体化

近年来，广西壮族自治区医疗保障局积极打造区域就医结算一体化，通过跨统筹地区就医免办异地就医备案手续、不降低报销比例等举措，打破统筹层次壁垒，在医保领域构建融合共享、普惠公平的民生服务。2022年，广西区域医保一体化工作提档升级，通过四项改革创新举措，在推动省级统筹上又迈出一大步。

**【主要做法】** *充分调研，加强测算* 南宁市为广西首府，同属于北部湾经济区城市，集中了全区优质医疗资源。为避免医保一体化后，南宁市出现医疗资源挤兑、虹吸效应等情况，自治区医疗保障局扎实做好调研工作。在总结北钦防玉崇五市一体化工作经验的基础上，深入开展就医需求和就医流向分析、基金精准测算、基金支撑能力评估、基金支出研判等工作。同时，组织开展基金预算管理业务培训，指导各市做好基金预算管理工作，为推进北部湾一体化打下坚实基础。

*统一标准，加强协同* 2022年6月，自治区医疗保障局印发《广西医疗保障定点医疗机构服务协议范本》《广西医疗保障定点零售药店服务协议范本》《广西医疗保障“双通道”零售药店服务协议范本》，实现全区定点医药机构协议管理考核方式、考核流程、考核标准、考核指标、违规认定全区“五统一”。2022年12月，重新修订印发了《广西基本医疗保险就医管理暂行办法》，完善区域就医结算一体化政策，同步印发《广西基本医疗保险异地就医结算经办规程》，明确北部湾经济区一体化业务范围，简化工作流程，规范经办服务，提升跨区域业务协同水平。

*规范结算，加强保障* 为提高异地就医基金结算效率，为区域就医结算一体化提供资金保障，自治区医疗保障局利用信息技术和大数据的支撑，在国家医保信息平台的基础上，部署上线广西医疗保障审核结算业务规范化指标评价系统。在北部湾经济区先试先行，并根据运行情况完善评价信息系统和评价指标，在全区范围内推广应用。2022年7月，制订《广西壮族自治区医疗保障基金审核结算业务规范化评价工作方案》，建立统一的评价指标体系、建设统一的评价信息系统、建立统一的自查自纠工作机制，使用76个评价指标对审核结算的业务数据进行全覆盖评审，通过科技赋能智慧医保，构建医保审核结算经办业务标准化评价体系，实现医保审核结算业务精细化、规范化、高效化管理。

*系统升级，加强支撑* 2022年12月，自治区医疗保障局印发《广西壮族自治区医疗保障局关于实施北部湾经济区就医结算一体化工作的通知》，将覆盖范围从北钦防三市拓展至经济区六市和自治区本级，自治区层面提出统一医保信息平台需求，进一步完善就医结算、业务办理等功能模块，加强医保经办机构与定点医药机构信息互联互通，在门诊特殊慢性病、普通住院、急诊留观、药店购药直接结算的基础上扩大就医结算范围，实现北部湾经济区“双通道”药品药店购药、日间手术、生育医疗费用异地就医一站式直接结算，围绕人民群众不断变化的就医需求，完善结算模式。

**【主要成效】** 2022年，北部湾经济区就医结算一体化惠及六市和自治区本级2269万参保人，就医范围扩大至6531家定点医药机构。35项医保业务纳入跨城通办范围，实现门诊特殊慢性病、普通住院、转院住院、药店购药、普通门诊、生育住院和生育门诊等医疗服务类别和城乡居民医疗保险、职工基本医疗保险、生育保险三个险种全覆盖。截至2022年12月底，一体化区域内跨市就医累计结算114.23万人次，其中异地住院、门诊统筹及门诊特殊慢性病共结算27.89万人次，结算医疗总费用合计11.66亿元，减轻群众就医负担6.25亿元。

### 案例二：柳州市开展中医病种付费改革

2022年，柳州市积极开展“医保DRG付费综合改革下适合中医药特点的付费方式”自治区试点工作，鼓励医疗机构在确保医疗服务质量前提下提供并使用适宜的中医药服务，大力探索DRG付费体系下体现中医保守治疗技术价值的实施路径，有效抑制过度手术，避免手术创伤和资源消耗；试行中医疗效价值付费，探索医保支付改革与中医药特色传承创新之间的融合发展。2022年，全市开展疗效价值付费858例，直接减轻群众就医负担742万元，结余奖励医疗机构491万元，节省医保基金支出50万元，减少二次手术医疗资源消耗202万元。2022年5月至12月，开展中医优势病种付费8672例，医保付费向中医倾斜737万元，实现了定点医疗机构多受益、群众就医减负担、医保基金稳支出、中医药得发展四方共赢的效果。

**【完善疗效价值付费标准】** 柳州市对基于西医理论的DRG评价与支付体系进行中医化再造，赋予DRG付费中医药特色。一是以"疗效价值"原则挑选适宜病种。将诊断明确且需要住院手术治疗、中医学治疗技术成熟、疗效评估简易的桡骨远端骨折等19个病种确定为按"疗效价值"付费病种，对采用中医保守治疗，并取得与西医手术同等治疗效果的住院病例实施按疗效价值付费。二是以"同病同效同价"标准统一各级医院医保付费标准。按疗效价值付费的病例，统一按照对应"DRG外科组"的支付标准付费，并实行三、二、一级定点医疗机构收治病例同病同效同价。三是以"质量为本"导向明确付费结果。从中医和西医诊断、医保支付准入、基本临床路径、出院疗效等方面建立管理标准体系，将"质量保证"与付费结果挂钩，形成具有可操作性的医保付费标准。

**【探索中医优势病种付费】** 通过分析中医电子病历首页和中医循证依据生产的数据，寻找不同于DRG/DIP按西医诊断归类病种（组）的方式，实施具有中医药治疗优势特点的医保支付。一是遴选本地特色优势病种。基于国家颁布的95种中医优势病种，确定了以纯中医或中医为主、西医为辅，诊疗技术成熟、临床路径清晰、医疗成本稳定的32个病种为本地中医优势病种。二是谈判确定中医病种医保付费标准。通过临床路径本地化和相关数据分析测算，与定点医疗机构谈判形成中医优势病种付费标准，契合国家在医保付费改革中保护和鼓励中医药精华传承发展的要求，更加贴近中医临床实际。三是激励中医药技术传承创新。与相应DRG病组付费标准相比较，32个中医优势病种医保支付标准提高20%左右，一些病种达30%以上，在提高支付标准的同时，严格设定医保支付准入条件和评价指标，激励定点医疗机构合理使用中医药、民族医药适宜技术。

**【改革成效评估】** 2022年9月，自治区医疗保障局委托清华大学课题组对柳州中医病种医保支付改革进行了绩效评估。结果显示，实施改革的中医病种服务可及性逐步提高，中医治疗的安全性和质量有保障，参保患者就医体验较好，初步形成了中医医保支付改革试点经验。一是中医病种医保支付制度初具雏形。根据"疗效价值"原则和"中医优势病种"策略，探索了中医病种遴选、管理、付费、考核和评估制度，建立了医保部门与相关职能部门、定点医疗机构以及中医专家共同决策的协同机制。二是中医病种管理和循证研究更具成效。中医医保支付机制的调整，促进了中医临床路径的执行和中医病案管理，提高了定点医疗机构中医药服务能力、服务质量和成本管控能力，推动了中医临床路径研究和循证研究。三是鼓励使用中医服务。克服了以西医病组临床结算数据确定中医病种付费标准的不足，建立疗效价值与优势病种付费机制，激励了临床传承中医药精华的动力。

## 案例三：桂林市构建党员志愿服务小分队参与医保基金监管

2022年，桂林市医疗保障局充分发挥党建引领网格化治理工作优势，有效整合各方资源力量，组建四支党员志愿服务小分队，参与医保基金监管，共同构建"大监管"格局，切实守好参保群众"救命钱"。

**【全员执法检查抓监管】** 统筹桂林市医疗保障局医保行政、经办力量，成立医保基金监管专责小组，负责统筹谋划全市基金监管工作，组织开展市本级、指导各县(市、区)开展日常基金监督检查和专项检查，确保基金监管工作始终处于高位推进状态，并根据基金监管需要，抽调全局行政、经办医学专业、退伍军人、待遇保障和医药服务人员等组建基金监管志愿服务小分队，在抓好本职工作的同时，协助医保基金监管执法人员做好日常稽核、专项检查、交叉检查、举报案件核查、第三方机构核查，建立医保基金“大监管”格局，持续保持监管高压态势。2022年，共检查定点医药机构2390家次，查处1427家次，处理违法违规个人252人次，累计追回(含拒付)医保资金超1.2亿元，同时移交公安部门涉嫌欺诈骗保案件6起，移送纪检监察部门1起。

**【全程法制审核抓监督】** 统筹成立桂林市医疗保障局法律护航小分队、行政执法案件审查委员会。前期为检查阶段，协助基金监管专责小组制定完善基金监督检查各项执法文书和规范检查流程；中期为基金监管专责小组和小分队对检查出来的违规情形进行判断及初审、申诉、合议、终审阶段，监督做好基金监管检查结果的阳光评审，首创了“医保+医院+第三方”专家联合评审、“纪检+医保+卫生健康+市场监督+财政”多部门监督的检查结果“双盲”综合评审核定模式；后期为行政执法案件审查委员会审议、局党组会议审定阶段，组织对基金监督检查过程、综合评审结果和拟处理意见等进行全面法制审核，确保做到依法依规检查、阳光评审和依法依规处理。各受检单位高度认可市医保局行政执法案件审查委员会评审结果和处理意见。

**【全面筹划动员抓宣传】** 筹划组织6支医保基金监管政策宣传党员志愿服务小分队，在2022年4月全国医保基金监管集中宣传月及日常工作期间，紧密结合每年宣传月活动主题，围绕医保基金监管法律法规与政策措施、打击欺诈骗保工作成果等内容，积极开展医保基金监管政策进机关、进社区、进乡村、进企业、进医院、进学校“六进”活动320余场次，滚动播放宣传视频和标语8万多次，发放和粘贴宣传资料20多万份。同时联合各定点医药机构、新闻媒体和其他友好机构协作做好医保违法违规典型案例曝光、基金监管小视频线上学习和线上有奖竞答宣传活动等，积极营造“人人学法、人人知法、人人参与”的良好社会监管氛围。

## 案例四：梧州市深化城乡居民“两病”门诊用药保障改革

2022年，梧州市作为高血压病、糖尿病(以下简称“两病”)门诊用药保障专项行动重点联系城市，扎实推动“两病”门诊用药保障改革。梧州市以规范化管理的“两病”人群整体纳入门诊用药保障范围、保障“两病”门诊药品供应为突破口，在认定管理、待遇保障、用药保障等方面推进改革，探索解决城乡居民“两病”患者受益面不够广、待遇享受不充分不及时、基层医疗机构“两病”门诊供药不足等问题。

**【主要做法】** *创新认定模式* 梧州市通过“两放一减一增”，加快患者认定，将规范化管理的城乡居民“两病”人员全部纳入门诊用药保障范围。一是下放城乡居民“两病”认定权限至乡镇卫生院、社区卫生服务中心，同时将开具相关材料的权限也由主治医师放宽至执业医师。2022年，梧州市城乡居民“两病”认定医疗机构增加3倍以上，年内新增认定城乡居民“两病”人员13.66万人。二是减免认定材料，属于规范化管理的城乡居民“两病”人员在办理认定业务时，不需再重复提交病史资料、检查报告等，通过该项措施，梧州市规范化管理的城乡居民“两病”人员办证率达99%以上。三是增加认定途径，利用梧州市“智慧农村”党建平台，开发“两病”认定掌上办系统，使城乡群众在手机上就可以进行“两病”认定。

*解决基层配药不足* 为解决基层群众“两病”用药难问题，梧州市探索采取县域医共体供药和处方共享平台供药“双管齐下”的方式，保障基层“两病”药品供应，为推动常见慢性病分级诊疗夯实基础。一是全市11个县域医共体制定“两病”

用药目录，医共体牵头单位配备“两病”用药平均超过50种，基层成员单位逐步实现用药清单内的药品配备率不低于80%，有效改善基层医疗机构“两病”门诊药品配备不足问题。二是依托乡镇医保定点药店，探索将处方共享平台从城市延伸至乡镇和村，建立“两病”门诊处方共享平台药店，作为基层医疗机构配药不足的有效补充。采取建一个“两病”认定掌上办App、建一个“两病”信息化管理平台、建一家互联网医院、建一个“两病”处方共享平台、每个乡镇建一个“两病”处方共享中心药店、在有符合执业范围的乡村医生的村卫生室建一个“两病”处方共享药店服务点，即通过建设“六个一”，在技术上打通了“‘两病’认定掌上办—网络问诊—处方共享流转到镇、村—医保结算”流程，解决乡镇卫生院、村卫生室“两病”供药和用药不足的突出问题。2022年3月，已在藤县太平镇建立试点，将“两病”药品种类增加至170种左右。

*提升待遇和管理*　梧州市充分发挥示范城市“排头兵”作用，多次深入各县（市、区）调研，针对基层群众对“两病”起付线意见较大的问题，积极向自治区医保局反馈，有力推动了从2022年6月1日起，广西范围内统一将高血压病（非高危组）门诊特殊慢性病起付线由原来的10元调整为0元，梧州全市受益患者达9.89万人，减轻了患者就医负担。市、县医疗机构通过对口支援、优质资源下沉，选派医疗专家到基层医疗机构坐诊、带教、查房，指导下级医生为“两病”患者制订合理的个性化诊疗方案。逐渐引导“两病”患者到基层就诊，提高“两病”患者就诊率，促进基层医疗机构服务能力提升，增强“两病”患者获得感。

**【主要成效】**　*便民惠民社会效益显著*　一是梧州市城乡居民“两病”认定医疗机构从33家增加至106家，实现“两病”公共卫生管理职能医疗机构认定权限全覆盖。二是全市规范化管理的城乡居民“两病”患者办证率从2022年初的35%左右，增加到年底的99.74%，患者充分享受医保待遇。三是全市通过“掌上办”认定城乡居民“两病”达3.14万人，便民工作获得群众的认可。四是县域医共体医疗机构配备“两病”药品种类相对改革前平均增加20种以上，基本满足群众需求。五是2022年享受“两病”保障待遇的患者达29.75万人次，政策范围内报销比例达66.50%，减轻患者负担2460万元。

*有利于助推慢性病诊治向健康管理转变*　梧州市城乡居民“两病”门诊用药保障专项行动示范活动的开展，较好地解决了基层“两病”门诊用药保障问题，对促进分级诊疗制度建设、防范“小病大治”起到助推作用，也有利于实现疾病保障向健康管理延伸。

## 案例五：贺州市构建“一主多辅”网点化医保经办服务体系

2022年以来，贺州市医疗保障局对标医保经办管理服务示范工程标准，打造以医保服务大厅为主体，以定点医疗机构、基层政务服务中心合作经办为补充的“一主多辅”网点化服务格局，实现城区15分钟、乡村5公里的医保服务圈。通过多维度优化医保服务，打造群众身边更有温度的医保服务品牌。

**【设立医保便民服务窗口】**　为方便参保人员就近办理医保服务事项，让群众“少跑腿”，在全市21家二级及以上定点医疗机构设立医保服务站。通过规范场所设置、配齐工作人员、落实规范服务标牌、人员着装、服务事项、服务标准等“六统一”，将居民参保登记、新生儿参保预登记、门诊特殊慢性病病种待遇资格认定、转诊转院备案等9项高频医保服务事项下放至医保服务站，开通了参保人员办理医保事项的快捷通道。同时，注重对医保服务站的规范化管理，不断提升工作人员的业务能力和整体素质。贺州市医疗保障局多次举办培训班，内容涵盖服务礼仪、政策宣讲、系统操作等多个方面，并通过考核督促定点医疗机构打造更规范、更全面、更便民的医保服务站。设立医保服务站，增强了医保部门与医疗机构的互促互进，切实推动医院医保服务前移，医保服务的可及性明显增强。截至2022年12月底，全市医保服务站为参保群众办理业务约7.2万件，接受咨询约10万人次，受到广大参保群众的好评。

**【完善医保经办服务体系】** 2022年7月，贺州市明确补齐乡镇级医疗保障公共服务平台，依托乡镇（街道）便民服务中心和村（社区）便民服务站建成医保服务站。按照“依法下放、应放尽放、宜放则放”原则，将参保登记、参保信息变更登记、异地就医备案、政策宣传、咨询解答等业务下沉基层，统一使用医疗保障信息平台办理业务，在乡镇（街道）、村（社区）配备2~3名专（兼）职医保工作人员，解决医保便民服务“最后一公里”问题，实现市—县—乡镇（街道）—村（社区）全覆盖。截至2022年12月底，全市61个乡镇（街道）均可办理7项以上医保服务事项，745个行政村（社区）均可办理2项以上医保服务事项。

**【优化升级医保服务平台】** 一是实现医保业务“区域通办”。通过整合共享资源，实现41项医保公共服务事项全广西区内可互通互办，22个高频医保服务事项可“跨省通办”，形成了“管理分区域，服务不分区”的医保服务新格局。2022年，全市共办理全区通办服务事项397件，办理“跨省通办”服务事项172件。二是实现医保业务“掌上办”。2022年1月，贺州市医疗保障局先后推出“贺州医保”微信公众号和“贺州医保掌上大厅”小程序，利用手机微信和支付宝App可及性强、覆盖面广等优势，不断强化医保政策宣传，同时持续完善医保业务线上办理功能。2022年，发布各类推文300余篇，平台访问量达14万余人次。

## 案例六：来宾市构建“15分钟医保服务圈”

2022年，来宾市医疗保障局构建“15分钟医保服务圈”，通过设立医保驿站、医保服务站，推进医保经办服务一体化，打造“两站一网络”，设置医保经办专窗，接入医保专线专网或电子政务网络，按业务办理需要配备电脑、自助机、高拍仪、打印机等办公设备。将低风险、高频率的医保经办业务实行前置办理，为群众提供便捷、优质、高效的医保服务供给，打通医保服务“最后一公里”，让老百姓在家门口就可以办理参保、报销、异地就医备案等事项。

**【设立医保驿站】** 为便利参保单位和参保群众办理医保业务，来宾市创新推动医银合作，在银行网点设立医保驿站。医保驿站内设医保人工专窗及自助服务区，将参保单位医保费缴纳、参保单位医保费委托代扣、参保信息查询、单位参保信息变更登记、灵活就业人员医疗保险申报和城乡居民参保登记、参保人医保费缴纳、参保人医保费委托代扣、医保缴费及参保信息查询、参保人参保信息变更登记、参保人门诊慢性病扩诊、医保电子凭证激活11项医保业务下放至医保驿站，所有下放事项均实现了“一窗受理、一次办结”，平均办理每项业务的时长不超过10分钟。截至2022年12月底，来宾市已与3家银行签订合作协议，按照统一标准建设了6家医保驿站，累计办理医保业务800多笔。

**【设立医保服务站】** 为方便患者就医，让群众少跑腿，通过在二级及以上定点医疗机构建立医保服务站，下放转诊转院备案、门诊特殊慢性病待遇资格认定、门诊特殊慢性病治疗卡发放、特殊药品资格待遇备案、门慢门特病定点扩诊申请、生育医疗费用直接结算备案、参保人员参保信息查询打印、医保政策咨询宣传解释、新生儿参保预登记、意外伤害协助调查11项医保服务事项。各医保服务站设置专人专岗，实行“一窗办理、一次性告知”高效服务，实现多点通办、就近能办、随到随办，使医保服务更加贴近群众、贴近患者。截至2022年12月底，已投入使用医保服务站18个，服务11万余人次。

**【推进医保经办服务一体化】** 来宾市推行服务事项清单管理，依托来宾市电子政务网，推进“互联网+医保服务”，构建形成了县（市、区）、乡镇（街道）、村（社区）三级医保经办管理服务一体化体系。将医保政务服务事项纳入乡（镇）、村（社区）级便民服务中心办理，全面推进“一窗受理、集成服务”。全市6个县（市、区）、70个乡镇（街道）已全部实现医保经办服务下沉。全市医保经办服务网上可办理事项达46项，在乡镇层级能够提供13项以上医保服务，村（社区）能够提供7项以上医保服务。截至2022年底，一体化办理城乡居民参保登记、参保信息变更登记、新生儿参保等业务超过3万件。

## 案例七：百色市德保县健全高额医疗费用常态化监测帮扶机制

百色市德保县是全国乡村振兴重点帮扶县之一，巩固医保脱贫攻坚成果任务重。德保县医保局健全完善高额医疗费用预警监测“五个常态化”机制，加强部门协同配合和闭环管理，对存在因病致贫返贫风险的人员实施“横到边、纵到底”的精准排查，实现风险动态监测、信息共享、协同处置，有效化解农村低收入人口因病致贫返贫风险。

**【常态化动态监测医疗费用负担】** 德保县将全县所有城乡居民列入高额医疗费用负担监测对象，确定监测范围及标准。密切关注全年累计医疗费用个人自付超过5000元的脱贫人口和监测人口、个人自付超过10000元以上的普通居民、产生大额医疗费用且不符合基本医保报销条件的人员、符合依申请医疗救助但未落实的人员，并对这几类人员作出不同标记，分类监测。每月定时收集更新全县参加基本医疗保险人员信息以及县民政、乡村振兴、残联等部门的特殊人员信息，确保基础数据信息及时更新、准确。

**【常态化实施部门信息数据比对】** 德保县用活平台数据互斥分析功能，掌握部门数据动态更新和比对情况，及时发现、整改基本医疗保障指标存在的疑似问题，将收集到的相关数据及时与县民政局提供的民政对象信息、县乡村振兴局提供的脱贫人口等信息、县残联提供的重度（一、二级）残疾人信息分别开展核查比对，常态化筛查出预警风险人员及其身份属性，并按乡镇分类统计。数据互斥分析发现疑似问题，立即启动平台报警干预，打破“数据孤岛”，打通县内医保、卫生健康、乡村振兴、民政、残联等部门数据，深度整合多方资源，精准搭建信息互通平台，实现数据实时共享，形成部门互通、上下联动的大格局。

**【常态化进行数据比对结果反馈】** 将预警风险人员名单按乡镇分类后，德保县医疗保障局定期将数据反馈至县民政局、乡村振兴局、扶贫监测预警中心及各乡（镇）人民政府，供相关单位进行综合研判，及时将符合监测条件的对象按程序纳入监测，对于符合纳入低保条件的对象做到应纳尽纳。同时，加强对符合依申请医疗救助条件的宣传，确保群众最大化享受医疗救助政策扶持，确保各项医疗保障政策落实到位，防止群众因病致贫、因病返贫。

**【常态化加强跟踪落实】** 德保县医保中心与各乡（镇）人民政府医保经办机构，按“包片区”对排查出的风险人员实施常态化跟踪，确认风险人员是否有相关部门入户核实收入情况，未按要求落实的及时提醒反馈相关责任部门。

**【常态化开展督导提醒】** 德保县医保局针对工作中因责任心不强导致筛查比对数据出错、数据传送有误、对风险人员跟踪落实不到位等，造成有返贫致贫风险且符合相关部门监测条件的农户未能及时纳入相关部门监测的严重后果，将对相关责任人开展常态化督导提醒。

2022年，德保县比对筛查出年内医疗费用负担5000元以上的共2767人，年内医疗费用负担1万元以上的共6259人，对符合依申请医疗救助条件的187人给予依申请医疗救助资金126.4万元。对符合条件的371人给予产业帮扶、金融帮扶、就业帮扶等综合性帮扶共计86.46万元。

# 海南省

## 工作综述

2022年，海南省医疗保障系统全面贯彻党中央、国务院和海南省委、省政府决策部署，高质量完成全年目标任务。截至2022年底，海南省基本医疗保险参保920.88万人。其中，职工医疗保险参保250.55万人，城乡居民医疗保险参保670.34万人。基本医疗保险基金（含生育保险）总收入203.76亿元，总支出146.68亿元，累计结存334.91亿元。其中，职工医疗保险基金（含生育保险）总收入137.80亿元，总支出87.47亿元，累计结存265.64亿元；城乡居民医疗保险基金总收入65.97亿元，总支出59.22亿元，累计结存69.27亿元。

**【多层次医疗保障体系不断完善】** *完善医疗保障制度体系* 以省政府办公厅名义出台《海南省"十四五"医疗保障事业规划》，修订《海南省城镇从业人员基本医疗保险条例》《海南省城镇从业人员生育保险条例》及其实施细则。

*启动省级多层次医疗救助示范区建设* 省医疗保障局联合省卫生健康委员会、省民政厅等13个部门印发《海南省多层次医疗救助示范区建设实施方案》，在全国率先启动省级多层次医疗救助示范区建设，该事项列入2022年海南省级"揭榜挂帅"榜单。

*持续巩固拓展医保脱贫攻坚成果有效衔接乡村振兴* 优化调整医保帮扶政策，从2022年1月1日起过渡到"基本医保、大病保险、医疗救助"三重制度保障；建立防止因病返贫致贫动态监测预警机制，加强信息共享比对，定期开展监测预警，确保全省脱贫户及监测对象应保尽保。

*推动职工门诊共济保障机制落地实施* 职工门诊共济保障机制2022年1月1日实施以来，省医疗保障局领导多次带队到市（县）和定点医疗机构开展实地督导，压紧压实责任。截至12月31日，全省574家一级及以上定点医疗机构全部开通职工普通门诊、个人账户及亲情账户使用等业务；全省参保职工享受门诊待遇421.05万人次，统筹基金支付3.82亿元；个人账户结算329万笔，个人账户支付3.1亿元。

*推动基本医保与商业健康保险有效衔接* 指导推出新一期"惠琼保""乐城特药险"等普惠型商业补充医疗保险，基本形成以基本医保为主体，医疗救助为托底、补充医疗保险、商业健康保险、慈善捐赠、医疗救助等共同发展的多层次医疗保障制度框架。

*继续落实人才医疗保障政策* 根据《海南省人才医疗保障实施办法》有关规定，全年为高层次人才购买商业健康团体保险5422人次，赔付金额542万余元。

**【医保支付改革稳步推进】** *扎实推进支付方式改革* 省医疗保障局印发《海南省DIP/DRG支付方式综合改革三年行动计划》，启动全省扩面工作，在全国率先出台多元复合支付管理暂行办法。持续抓好三亚DIP付费方式改革试点；儋州市DRG付费国家试点有序推进。

*规范医疗服务价格* 编制医疗服务价格指数，全面分析全省医疗服务价格水平，建立科学确定、动态调整的医疗服务价格形成机制，新增13项医疗服务价格项目，批准瑞金医院海南医院开展特需医疗服务，联合省卫生健康委员会落实海南省基于5G技术医疗服务收费和医保支付的具体工作。

*支持中医药产业发展* 省医疗保障局联合省卫生健康委员会出台医保支持中医药传承创新发展若干措施，联合省人力资源和社会保障厅印发

中药饮片和民族药基本医疗保险支付管理暂行办法，启动中药饮片和院内制剂医保目录遴选工作。

**【医药集中带量采购常态化开展】** 集采工作提质扩面　执行国家第一批至第七批及五个省际联盟七个批次药品集采共415个中选结果，执行国家组织冠脉支架、人工关节等9批次、11品类医用耗材集采中选结果，参加集采联盟数、品种数和执行效果走在全国前列，平均降幅超50%，预计节约采购资金超25亿元。

集采研究深入拓展　正式启动集采药品真实世界研究；加强可替代药品和其他药品监测；发挥支付标准和信息披露作用，坚决落实各批次集采药品支付标准梯度降价原则。

用好医药招采价格引导机制　对所有挂网药品实时动态比对外省价格，及时预警、定期打分，纳入信用管理，强化考核结果运用，引导企业主动降价。全年共引导16056个药品降价，平均降幅为24.60%，最高降幅为98.33%。

**【医保基金监管持续强化】** 继续保持打击欺诈骗保高压态势　持续加强综合监管，联合省公安厅、省卫生健康委员会、省医保服务中心等对省内9家民营定点医疗机构开展专案核查；对省内24家定点医疗机构实施省级飞行检查，首次启动36家村级卫生室省级飞行检查；以医保基金集中宣传月为抓手，持续加大宣传力度。全年共检查定点医疗机构3095家次，处理定点医疗机构600家次，追回医保基金2.99亿元（含智能审核系统扣款及拒付金额），行政处罚275.65万元，兑现举报奖励金7.13万元，公开曝光170例。

完善医保基金监管政策体系　相继出台协议医师管理暂行办法、医疗保障行政处罚听证制度等配套政策，不断完善医保基金监管制度体系。

推进智能监控系统落地应用　调整上线应用监管规则503条，实现全方位智能监控，并逐步实现场景监控全覆盖，全年通过事后审核扣除违规金额2550.49万元；建立运行情况分析月报制度，已通报15期。

推进信用体系建设　省医疗保障局联合省卫生健康委员会、省药品监督管理局探索建立“三医联动”信用监管制度，该事项列入省委书记“揭榜挂帅”项目清单。

**【助力新冠疫情防控】** 保障新冠治疗用药及时调整纳入医保支付范围的新冠治疗用药，将奈玛特韦/利托那韦片、阿兹夫定片等治疗用药临时纳入海南省医保基金支付范围；开通药品挂网绿色通道，允许医疗机构疫情防控特殊时期线下采购，加强价格监测，创新建立医保基金预付机制。

降低疫情防控成本　制定新冠病毒抗原检测医疗服务价格政策，进一步降低核酸检测价格，明确抗原检测试剂和治疗新冠新增药品、“互联网+”医疗服务的医保支付范围。

助力企业纾困解难　省医疗保障局联合省发展和改革委员会等单位印发《关于阶段性缓缴海南省城镇从业人员基本医疗保险（含生育保险）单位缴费的通知》，对中小微企业、以单位方式参保的个体工商户和社会组织缓缴3个月职工基本医疗保险（含生育保险）费的单位缴费部分。

**【医保惠民便民见实效】** 有序推进“两病”门诊用药保障和健康管理专项行动　指导三亚市落实深化城乡居民高血压、糖尿病门诊用药保障和健康管理专项行动试点工作，加快推进“两病”用药保障人群全覆盖，扩大政策受益面；加强“两病”门诊药品配备和使用，确保“两病”用药配得齐、开得出；促进医疗服务资源下沉，推行“两病”处方流转，满足参保群众就近就医需求。

简化优化业务经办　修订医疗保障经办服务事项清单及办事指南，进一步简化服务流程、优化服务措施，大力推进医保事项“就近办”，全年共设立医保便民服务站302个。

完善跨省异地就医政策　拓宽备案渠道、延长备案有效期限、规范经办规程等，完成5种门诊慢特病费用跨省直接结算试点任务，全省直接结算定点医疗机构达80家。

推进定点零售药店、“双通道”药品管理改革　截至2022年底，全省定点零售药店达213家，“双通道”药品实现落地。

启动医保不合理限制排查工作　采取发布公告、网上问卷、座谈走访、投诉信访、舆情监测等方式，排查发现五个方面10个具体问题。

**【医保信息化应用逐步深化】**　推进医保信息化建设取得成效　海南医保信息平台作为首个通过国家和省级“双验收”的平台，被国家医保局推荐作为全国医保信息化标准化典型示范省参加2022年世界互联网大会乌镇峰会；《高标准推进医保数字化转型》入选海南省第三批优化营商环境示范案例。

推动“三医联动一张网”项目建设　将医保信息平台作为基础性和先导性工程，推动“三医联动一张网”项目落地应用，助推“三医联动”改革。

推动医保数据治理和有序共享　将医保全量数据归集至省共享交换平台，占全省数据量的1/10，在2022年上半年海南省政务数据共享专项工作考核中名列全省第一。

推进海南电子处方中心建设　依托医保信息平台，协同推进海南电子处方中心上线试运行，为省内居民就医购药提供高效便捷服务，2022年有超40万人份的新冠病毒抗原试剂通过电子处方中心精准发放。

## 重要活动

1. **海南省医疗保障工作暨党风廉政建设会议召开**。2月23日，海南省医疗保障局组织召开2022年海南省医疗保障工作暨党风廉政建设会议，总结2021年全省医疗保障工作和党风廉政建设工作，分析面临形势，全面部署2022年工作。

2. **启动医保基金监管集中宣传月活动**。4月12日，海南省医疗保障局印发《关于组织开展2022年全省医保基金监管集中宣传月活动的通知》，在全省医保系统启动医保基金监管集中宣传月活动，多渠道多形式广泛开展宣传，倡导全社会共同关注、支持、参与医保基金监管工作。

3. **召开2022年全省打击欺诈骗保专项整治行动电视电话会议**。4月29日，海南省医疗保障局联合省公安厅、卫生健康委员会召开2022年全省打击欺诈骗保专项整治行动电视电话会议，全面总结2021年全省打击欺诈骗保专项工作成效，分析面临形势，安排部署2022年专项整治工作。

4. **举办学习贯彻省第八次党代会精神宣讲报告会**。5月19日，海南省医疗保障局结合“医保大讲堂”举办省第八次党代会精神宣讲报告会，邀请省委党校教授作宣讲辅导。

5. **召开全省DIP支付方式改革模拟运行启动会**。9月22日，海南省医疗保障局、省医疗保险服务中心采取线上线下相结合的方式，组织召开全省DIP支付方式改革模拟运行启动会，总结前期DIP支付方式改革推进情况，分析存在问题，对DIP支付方式改革模拟运行提出具体要求。

6. **举办乐城全球特药险2022版发布会**。9月27日，海南省医疗保障局、海南博鳌乐城国际医疗旅游先行区管理局、中国银保监会海南监管局、海南省药品监督管理局、省卫生健康委员会联合举办乐城全球特药险2022版发布会，上线2022版博鳌乐城全球特药险。

7. **开展党组书记讲廉政党课和警示教育活动**。10月9日，海南省医疗保障局组织开展党组书记讲廉政党课和警示教育活动，主要负责人讲授专题党课。

8. **举行全省医保知识“大比武”活动**。10月28日，结合省委关于“能力提升建设年”及深化拓展“查堵点、破难题、促发展”活动要求，海南省医疗保障局联合省医疗保险服务中心举办全省医保知识“大比武”活动。

9. **参加2022年世界互联网大会展示医保信息化标准化成果**。11月8日，海南作为全国医保信息化标准化典型示范省参加世界互联网大会，展示全国统一的医疗保障信息平台等多个医保领域互联网应用成果。

## 典型案例

### 案例一：海南推进电子处方中心建设

海南省医疗保障局、博鳌乐城管理局等部门协同推进海南电子处方中心建设，在疫情防控中发挥了积极作用。

**【主要做法】** *省委、省政府高度重视* 省委、省政府高度重视电子处方中心建设工作，省领导多次召开相关会议，研究推进电子处方中心建设工作，省发展和改革委、医保局、卫生健康委、药监局、乐城管理局等相关部门通力协作，全力推进电子处方中心建设。

*厘清建设思路* 2022年6月，国家医疗保障局将海南省作为医保电子处方中心建设试点。省医疗保障局与博鳌乐城管理局通过认真研究和深入分析，认为医保电子处方中心与海南电子处方中心核心功能定位一致，可将海南电子处方与医保信息平台建设相结合，利用全国统一的医保信息平台和信息网络将海南电子处方中心快速覆盖全国，并在建设成本投入、推广运维等方面产生催化剂的效应。

*加快工作推进* 按照“1个平台(依托医保信息平台)+2个中心(电子处方中心、移动支付中心)+3项能力(信息流、资金流、物流)”的模式推进电子处方中心建设，推动海南电子处方中心上线运行。以疫情防控为契机，召开协调工作会议，并以智慧海南建设工作专班办公室名义印发《关于加快接入电子处方中心的紧急通知》，要求各市、县、自治县人民政府以及省卫生健康委、省内各公立医疗机构加快接入电子处方中心，发挥电子处方中心在疫情防控中的作用。2月12日，以海南医学院第一附属医院为试点的第一张电子处方流转成功。截至2022年底，全省二级及以上公立医疗机构接入完成率98.65%，大型连锁药店接入完成率63.28%，同时移动支付中心已实现落地应用。

**【主要成效】** *助力疫情防控* 截至2022年底，有70万余支抗原试剂、16万余只N95口罩、5万盒连花清瘟胶囊以及50万粒布洛芬等药品在电子处方中心精准投放，并不断拓展补充发放感冒清热颗粒、蒙脱石散、板蓝根颗粒等共计16种药品，满足群众购药需求。

*开启看病就医购药新模式* 将“三医联动一张网”互联网医院接入电子处方中心，实现了在“海南健康岛”就医咨询、在“海南医保”进行药品发放，开启看病就医购药新模式。

### 案例二：三亚市推进“两病”门诊用药保障机制落到实处

三亚市自2021年8月被列为高血压、糖尿病(以下简称“两病”)门诊用药保障重点联系典型地区以来，为进一步减轻“两病”患者的医疗费用负担，市医保局始终坚持稳中求进，守正创新，聚焦“四抓”举措，实现“四有”目标，确保“两病”门诊用药保障落到实处。

**【主要做法】** *抓待遇优化调整，实现基层“有待遇”* 市医保局联合市卫生健康委制定《关于进一步推进“两病”门诊用药保障专项行动重点联系典型地区的通知》，对“两病”患者进行三项待遇调整。一是提高基层报销比例。“两病”参保患者在一级及以下定点医疗机构门诊就医时发生的降血压、降血糖药品政策范围内的费用报销比例从60%提升至90%，积极引导患者到基层就医。二是取消基层起付线和定额标准。“两病”门诊患者在一级及以下定点医疗机构不设起付标准，取消原高血压每年最高支付400元、糖尿病每年最高支付600元的医保定额标准，实现和住院、门慢合并计算，每年最高支付标准提升至城乡居民医保15万元、职工医保26万元。三是扩大政策受益面。将“两病”门诊用药保障范围由城乡居民医保参保人扩大至全部参保人，职工医保参保人在一级及以下定点医疗机构也能享受“两病”门诊医保支付待遇，实现参保人全覆盖。

*抓专家下沉服务，实现基层“有专家”* 市医保局充分发挥医疗联合体的作用，建立医联体内专家下沉服务机制，牵头医院专家常态化下沉基

层开展医疗服务,真正让基层群众享受到"在家门口看专家"的福祉。一是牵头医院定期委派中级及以上职称的"两病"专家到基层医疗机构坐诊,每周一为"两病"专家统一坐诊日,形成长效工作机制。二是提前公示基层医疗机构坐诊专家简介、坐诊时间等信息,方便群众就医。三是实行专家到基层坐诊费用按所在牵头医院标准收取相关诊查费,医保统筹基金支付比例按基层医疗机构标准执行,全力保障医疗机构和参保人的利益。

*抓药品全流程管理,实现基层"有药品"* 市医保局强化基层医疗卫生机构"两病"药品采购、配送、使用的全流程管理,确保基层"两病"药品有保障。一是优化"两病"药品采购流程。依托三亚市5家医联体制定医联体"两病"药品采购目录,并根据基层需求实行动态调整。同时,基层医疗机构组织家庭医生上门采集签约患者用药信息,集中登记造册,按照辖区患者需求做好药品采购工作。二是优化"两病"药品配送流程。不定期召开医保部门、医疗机构、药品配送企业碰头会,督促药品配送企业改进工作流程,优先配送基层医疗机构"两病"药品。三是优化"两病"药品使用管理。推行"长处方"管理,将"两病"一次处方医保用药量从4周延长到12周。实行医联体内处方流转,牵头医院开具处方可在基层医疗机构延伸使用,解决患者限制用药问题。调整基层医疗机构用药考核机制,将"两病"用药不纳入国家基本药物考核范围,最大限度满足患者用药需求。

*抓考核调度运行,实现基层"有成效"* 市医保局积极探索"两病"门诊用药保障管理机制,将"两病"下沉工作做实做细,充分发挥医保服务基层作用。一是建立年度考核机制。将"两病"门诊用药保障工作纳入医联体年度考核,量化考核指标,全面考核医疗机构落实专家坐诊、药品配备、健康管理等工作,促进医疗机构"两病"门诊用药保障工作落到实处。二是建立每月调度分析机制。制定《三亚市"两病"门诊用药保障机制月调度表》,每月收集全市基层医疗机构开展患者用药需求采集、专家坐诊、药品配备、诊疗报销、送药上门服务等工作情况,加强运行分析,激发医疗机构规范行为、控制成本、合理收治患者的内生动力,引导医疗资源合理配置和患者有序就医。三是建立工作督导机制。市医保局联合各区医保部门成立6个督导小组,加强对基层医疗机构的督促指导,及时处理基层医保工作中遇到的重点难点问题,保障群众基本医疗待遇,促进医保、医疗、医药协同发展。

**【主要成效】** 截至2022年12月31日,三亚市当年度"两病"门诊用药保障待遇享受7412人,政策范围内平均报销比例达到60.6%,其中一级及以下定点医疗机构政策范围内报销比例达到84.9%,实现了国家提出的不低于50%的任务目标。

## 案例三:儋州市深化DRG付费改革

2019年5月,儋州市被确定为DRG付费30个国家试点城市之一。市医保局按照国家试点工作整体部署和要求,结合地方实际情况选择确定疾病诊断相关分组(DRG)点数付费模式,先行在儋州市人民医院等3家医院试点,2022年开始实施三年行动计划,将DRG付费改革扩展到全市域开展住院服务的定点医疗机构。

**【主要做法】** *加强改革工作领导* 先后成立DRG付费国家试点工作领导小组、三年行动计划工作领导小组和技术指导专家小组,医院成立医院领导小组(办公室)和DRG工作小组,建立健全改革工作组织架构。建立例会制度,搭建业务交流群、定期发布工作通报,建立协商沟通机制。

*全面开展业务培训* 制订培训方案,组建培训专班,编写系列教材,邀请国家技术指导组专家、病案管理专家到儋州市举办多场次DRG业务培训和专题讲座,组织4批次业务骨干到浙江金华等DRG改革示范市学习取经。各医院多批次、多形式、线上线下开展培训累计40多场次。

*抓好DRG付费关键环节* 按照国家DRG技术规范,紧紧抓好数据采集和质量控制、DRG分组、相对权重计算与调整、费率与付费标准测算、

结算细则的制定与实施、监管考核与评价等关键环节，推进DRG付费各项技术工作。改革初期和实际付费后，直接使用国家CHS-DRG1.0版和1.0修订版分组方案，分组结果效能评估主要指标都达到国家技术规范要求。

注重制度机制建设　在《儋州市DRG付费国家试点实施方案》总体框架范围内，制定DRG点数付费实施细则，协议管理办法、基础数据质量控制管理等两个办法，DRG付费业务经办规程、协商谈判规程、特病单议经办规程等三个管理规程，以及医疗保障结算清单数据传输、DRG费率和基金分配测算、DRG付费操作和基金管理等四个流程，配套相应管理制度。建立起核心要素管理与调整、运行监测、谈判协商与争议处理、相关改革协同推进机制。

加强协同配合　市医保局在推进改革过程中，不断加强与卫生健康、财政、工信等部门协同配合，不断加强医保行政管理与医保经办的协同配合，不断加强医保与实施医院的协同配合，充分发挥部门联动合力，有效促进医保、医疗、医药领域改革，激励医院改革内生动力，促进全市改革正向健康发展。

**【主要成效】**　医院运营理念发生积极转变　实施DRG付费后，从医院领导、科室主任到普通医护人员，理念都有积极转变和更新。各医院打破原有的按项目付费的运营模式，积极应用所积累的DRG数据，适时调整医院的发展目标和规划，通过病种结构的优化，实现质量—成本—效率最优均衡的医院长期发展战略。

精细化管理水平显著提升　医院坚持以临床路径为切入点，加强成本管控，平衡医疗质量与费用控制关系。儋州市人民医院修订《儋州市人民医院临床路径实施方案》，鼓励开展常见病和多发病的临床路径，每年投入120余万元用于奖励医务人员积极开展临床路径；提升临床路径信息化管理水平，实时监控路径病种的医疗资源消耗。海南省西部中心医院建立临床路径多学科协作机制，将临床路径管理作为工作重点予以推进，制定奖惩措施，充分调动和发挥医务人员的积极性和主观能动性。

基金使用效率明显提高　三家先行试点医院DRG付费改革实施以来，病案三日归档率达到96%以上，临床路径入组率接近70%。2021年7月开始实际付费后，运行总体平衡，各项指标趋优向好明显。2021年、2022年清算，3家先行实施医院DRG付费基金支付均大于医院住院统筹基金支出，医院也获得了改革红利。

# 重庆市

## 工作综述

2022年，重庆市医保系统牢牢把握推动医保高质量发展主题，统筹疫情防控和经济社会发展，全市医保事业改革发展取得突破性进展。全市基本医保参保3206.63万人，参保率99.7%；基本医保（含生育保险）基金收入707.81亿元，支出587.58亿元，累计结存735.96亿元；职工医保统筹基金、居民医保基金可支付月数分别为15个月和9个月左右，基金运行平稳健康；“三化一能”（政策优化、经办简化、宣传深化、信息化赋能）建设获全国医保经办服务规范建设典型案例一等奖，成功创建省级集中采购全国示范平台。

**【完善多层次医疗保障体系】** 医保待遇应享尽享　报销比例稳步提升，职工医保和居民医保政策范围内住院费用基金支付比例分别达到85%左右、70%左右。高血压、糖尿病门诊用药保障覆盖所有参保群体，近300万参保患者纳入保障范围。长期护理保险制度试点范围从4个区县扩大到全市所有区县，享受待遇的失能人员近1.5万，基金累计支出超1.3亿元，有效降低失能家庭经济负担和生活压力，直接带动养老护理产业2万余个就业岗位。

健全防范化解因病返贫致贫长效机制　以市政府办公厅名义出台《健全重特大疾病医疗保险和救助制度的实施意见》，市医疗保障局联合市民政局等单位印发《重庆市巩固拓展医疗保障脱贫攻坚成果有效衔接乡村振兴战略实施方案》，进一步减轻困难群众和大病患者医疗费用负担。稳定实现农村低收入人口和脱贫人口参保率达到99%以上。

鼓励商业健康保险加快发展　支持与基本医保紧密衔接的普惠型商业保险“渝快保”发展，打通职工医保个人账户直接购买渠道，更好覆盖基本医保不予支付费用，2022年投保460万人，参保规模全国第三，累计赔付6.7亿元，赔付率达106%，为全国省会城市最高。

**【动态调整优化疫情防控措施】** 第一时间实施“两个确保”　坚决贯彻落实党中央决策部署，将新冠肺炎诊疗方案中的药品和诊疗项目临时纳入支付范围，严格落实“即参即享”“先救治、后结算”政策。及时预拨医保基金，确保患者不因费用问题影响就医、确保收治医院不因支付政策影响救治。

持续降低疫情防控成本　四次降低疫苗价格，灭活疫苗较初期使用阶段降价超九成，从200元降至15元。六轮降低核酸检测价格，单人单检从260元降至16元、多人混检从25元降至3.5元。进一步降低抗原检测价格，检测价格从5元降至2元、“价格项目+检测试剂”封顶费用从15元降至6元。免收核酸检测挂号费、抗原检测门诊诊查费。

**【深化医药服务供给侧改革】** 有序开展药品耗材集中带量采购　全市集采药品品种达503个、医用耗材17种。全市药品和医用耗材集中带量采购平均降幅50%以上，最高降幅达96%，累计节约60余亿元。冠脉支架价格从均价1.3万元左右降至700元左右，人工髋关节价格从均价3.5万元左右降至7000元左右。

建成省级集中招采全国示范平台　发挥重庆药品交易所优势，构建招标、采购、交易、结算、监督“五位一体”的省级集中招采平台，荣获全国医药采购示范平台。公立医院阳光采购达到95%以上，挂网价格降低9.2%。

深化医保支付方式改革　首批符合按疾病诊断相关分组（DRG）付费改革条件医疗机构100%

开展实际付费，病种覆盖率达93.7%，次均住院费用下降5%、患者自负金额下降7.1%；医疗机构病组覆盖率达91%，病例组合指数（CMI值）提高13%，平均住院日下降12%。高血压、糖尿病门诊用药按人头付费试点从6个区（县）扩大到所有区（县）。

**【健全基金监管长效机制】** 保持高压态势　严格落实分级负责制，压紧各级医保部门监管主体责任。联合公安、卫生健康等部门深入开展打击欺诈骗保专项治理，常态化开展市内跨区县飞行检查，深化川渝协同监管，积极配合国家飞行检查，优化行纪衔接、行刑衔接，推进“一案多查、联合惩处”，以零容忍态度严厉打击欺诈骗保行为。2022年，共现场检查定点医药机构2.5万余家；暂停医保服务421家，解除定点协议182家，移交司法机关38家，行政处罚269家；追回医保基金本金近2.3亿元，处违约金近1.7亿元，行政罚款2000余万元。

注重精准执法　加强日常监管、智能监管，根据筛查发现线索和举报投诉精准开展现场检查，依法依规正确处理。印发《重庆市医疗保障行政执法工作手册》《重庆市医疗保障行政执法文书（样式）》，规范监督检查和行政处罚工作流程。统筹做好事前风险预警及事中事后教育约谈、纠错指导等工作，一体推进“不敢骗、不能骗、不想骗”。

推动智能监管　建成智慧医保综合监管子系统，事前提醒、事中预警、事后审核，全流程、全环节、全方位实时监控医疗服务行为，逐步从人工抽单审核向大数据智能监控转变。智慧医保综合监管系统拒付和追回基金数额在全国排名前十，连续三年在全国基金监管综合评价中居前三。

**【提高经办管理服务效能】** 强化经办服务体系建设　聚焦医保政策碎、散和群众不易懂、不易记等问题，创造性开展“三化一能”（政策优化、经办简化、宣传深化、信息化赋能）建设。构建起纵向到底横向到边“1+38+3+N”市、区（县）、镇（街）、村（社）“四级”服务体系，实现一体化经办。强化与商保公司合作协同，医保部门统筹负责经办管理服务，10家商业保险公司承办职工大额医保、居民大病保险、长期护理保险，并与医保经办机构合署办公。推进医保线上支付常态化，实行一单式结算。建成集通信、指挥、调度、咨询、监管为一体的重庆市医疗保障指挥中心，实现“一中心”调度。重庆“三化一能”建设获全国医疗保障经办服务规范建设典型案例一等奖。

强化全国医保信息化建设支撑　国家医疗保障局和重庆市政府共建的全国唯一的国家智慧医保实验室全面建成，全面支撑国家医保信息化建设，承接国家医保局和其他省市医保系统上线测试验证、创新研究和大数据应用。建成智慧医保实验平台展厅，搭建互联网医院移动支付、电子处方流转、健康舱、智慧药房等应用场景，形成智慧医保管理服务示范点建设试行标准。重庆智慧医保成果在国家医保局智慧医保解决方案大赛颁奖典礼上分享展示。

大力推进异地就医直接结算工作　全面取消市内异地就医、川渝地区跨省住院就医备案。截至2022年底，全市开通住院费用跨省直接结算定点医疗机构2031家，开通门诊费用跨省直接结算定点医疗机构7853家，联网定点零售药店15920家，开通门诊慢特病跨省直接结算定点医疗机构554家，同比分别增长5%、83%、66%、483%。

**【助力稳住经济大盘】** 支持医药科技创新　加快新增医疗服务价格项目受理审核进度，旗帜鲜明支持医疗技术创新发展，积极支持优化重大疾病诊疗方案或填补诊疗空白的重大创新项目。两轮新增医疗服务价格项目273项。

助推医药产业发展　出台《关于医保支持中医药传承创新发展的实施意见》，支持中医药传承创新发展。发挥医保基金战略购买作用，与近10个区县就深化体外诊断产业发展、共建“三医”联动改革示范区、共建医保公共服务示范区、医保支持医养结合产业发展等签订合作协议。指导企业适应集中带量采购、医保目录管理等政策，391个地产企业药品纳入国家医保目录，209种中药饮片、104种医疗机构制剂增补进市级医保目录，

14家企业65个品规药品、8家企业6类耗材在集采中成功中选。

全力助企纾困　缓缴中小微企业3个月职工医保单位缴费，涉及22.3万家参保单位，缓缴资金56亿元左右。延迟81种地方乙类药品6个月医保报销期限，涉及资金近3亿元，惠及27家企业。加快医保基金通过重庆药交所与医药企业实时结算改革，年直接结算金额超140亿元，有效降低企业交易成本。落实带量采购结余留用政策，累计兑现1.1亿元。

## 重要活动

1. **印发《重庆市医疗保障"十四五"规划(2021—2025年)》**。1月6日，重庆市人民政府办公厅印发《重庆市医疗保障"十四五"规划(2021—2025年)》。这是重庆市首次编制发布医疗保障领域专项规划，为"十四五"时期重庆市医疗保障改革发展提供了行动指南。

2. **2022年全市医疗保障工作会议召开**。2月25日，2022年全市医疗保障工作会议召开，会议深入贯彻党中央、国务院关于医疗保障改革发展的决策部署，认真落实市委、市政府工作要求，总结2021年全市医疗保障工作情况，安排部署2022年重点工作。

3. **开展"医保下基层服务在身边"大调研大走访**。3月，市医疗保障局开展"医保下基层服务在身边"大调研大走访，重点围绕医疗保障政策落实情况、公共服务能力建设情况、重点改革任务及中心工作推进情况、工作中存在的难点问题、基层反映强烈和群众急难愁盼问题等内容进行调研。

4. **首次编制重庆市医药价格指数**。3月11日，完成全市医药价格指数首次编制工作，与2018年(基期)相比，药品价格连续三年呈下降趋势，体现了全市在推动深化药品价格和招采管理改革、履行价格发现及监测职能、贯彻国家组织集中带量采购政策等各项工作中取得显著成效。医疗服务价格指数呈上升趋势，体现全市医疗服务价格总体稳定增长，医疗服务项目间比价关系得到优化，符合提高体现技术劳务价值的医疗服务项目和中医传承创新发展类医疗服务项目价格的预期。

5. **建成启用重庆医疗保障咨询服务中心**。4月，建成重庆医疗保障咨询服务中心，正式启用重庆医疗保障服务热线，实现医疗保障服务热线与政务服务热线双号并行并纳入12345热线管理。

6. **2022年川渝医疗保障联席会议在渝召开**。7月14—15日，四川省医疗保障局来渝考察，两省市医保部门召开川渝医疗保障联席会议，共同研究进一步推动川渝医疗保障合作走深走实。

7. **取消全市参保人市内跨区县三级医疗机构住院和在四川省异地就医住院备案手续**。8月1日起，为方便参保群众异地看病就医直接结算，加快推进成渝地区双城经济圈医保公共服务共建共享，正式取消全市参保人市内跨区(县)三级医疗机构住院和在四川省定点医疗机构就医住院备案手续，无需办理备案手续即可享受医保直接结算。

8. **市人大常委会调研全市医保基金监管工作**。9月22日，市人大常委会专题调研组采取听取汇报、座谈、实地调研等方式，调研全市医保基金监管工作。10月20日，市人大常委会主任会议审议全市医保基金监管工作情况，充分肯定工作成效，提出工作要求。

## 典型案例

### 案例一：重庆市优化医疗保障公共管理服务

为深入贯彻《中共中央　国务院关于深化医疗保障制度改革的意见》精神，优化医疗保障公共管理服务，推动医疗保障经办管理服务规范建设，着力解决人民群众急难愁盼问题，重庆市立足全国省级统筹区参保人数最多、城乡全覆盖的工作实际，聚焦医保政策碎、散和群众不易懂、不易记等问题，在全市医保系统开展"政策优化、经办简化、宣传深化、信息化赋能"(简称"三化一能")建设工作。通过对现有政策优化整理、简化经办服务流程、改进宣传内容和渠道、完善医保信息系统功能等措施，持续推动全市医保工作更加惠民便民，奋力书写医保服务高质量发展新篇章。

**【驭繁以简“新办法”，医保政策更加简明易懂】** *群众“搞不懂”得到初步解决* 针对群众反映医保政策看不明白、搞不懂的问题，对现有26个规范性文件进行逐一梳理，通过反复征求群众意见后形成了“1112医保政策小手册”，即1张“医保政策菜单”、1张“政策一览表”和12张“业务流程图”，群众办事只需要一本小手册，就能看懂政策、算清待遇，轻松办理医保业务。

*群众“烦心事”得到有效破解* 针对成渝两地群众来往频繁、就医需求量大的实际，于7月1日起全面取消川渝两地异地就医住院备案，并同步取消市内跨区县异地就医备案。该项政策实施后，真正实现参保群众川渝两地就医结算“非申即享”。

*群众“折返跑”有了解决方案* 针对成渝两地长期护理保险异地失能评估不够方便等问题，积极推动成渝两地医疗保障协同办理，探索本地受理、集中评估与异地现场评估、实地巡查相结合的工作方式，借助承办长护保险的商业保险公司异地分公司点多面广优势，委托其开展异地采集，会同开展联合评审，适时上门巡查，有效解决成渝两地失能人员异地评估、异地巡查不便的问题。

**【经办服务“新体验”，群众办事更加方便快捷】** *“四级体系”夯基础* 在健全市、区(县)两级医保经办机构的基础上，结合推进医疗保障服务示范工程建设，重点建设完善乡镇(街道)、村(社区)等基层医保服务窗口。截至2022年底，在全市1031个乡镇(街道)和11228个村(社区)全部设立医保服务窗口，配备专兼职工作人员12882人。各级医保服务窗口接入“重庆市医疗保障指挥中心”，实现统一指挥调度。

*“多方协作”拓广度* 重庆、四川医保部门联合在两省市交界的川渝高竹新区设立医保服务站，共同建设、联合入驻，于2022年7月揭牌运行，至年底，已为新区企业和群众办理医保业务1050余件次。与成都市医保局拟联合设立“成渝双城医保服务站”，同时承接重庆市、成都市的医保业务，推动成渝地区医保公共服务一体化发展。积极探索与银行、邮政、保险公司等企业协同开展医保服务，在合川区选派邮政快递员作为“医保助手”，走村入户指导群众办理医保业务，与商保公司合作组建“医保管家”队伍，为参保群众建立“一户一档，一人一卡”医保档案，实行精准化管理。永川、南岸等12个区(县)试点建立27个医保局驻医院服务站，承接个人账户关联、异地就医备案等与就医环境密切相关的19项业务。

*“一窗出件”提效率* 强化流程再造，实现各项业务通收通办，全市31个区(县)医保大厅实现高频业务“一窗受理、一站服务、一次办结”；高新区推出医疗机构登记、医保定点办理“双医”联办审批改革举措，实现“跨部门一窗受理、跨领域联合审查、跨系统高效审批”。

*“一表申报”减程序* 多部门联合推出“出生一件事”，并扩大到13个区(县)试行，实现新生儿出生医学证明、城乡居民基本医疗保险参保登记等6个事项一站式联办，将各个事项申请表单整合为1张综合表单，新生儿父母一次性便可完成线上、线下申报；高新区整合医疗机构全生命周期涉及的11个事项7份申请表为1张“双医”联办审批申请表，实现医保、医疗申请事项“一表填报”。

*“一单结算”省跑腿* 在全国率先实现基本医疗保险、大病保险、医疗救助、城市定制普惠型商业补充医保等多项结算内容“一单式结算”，实现参保群众就医结算只需“刷一次卡”“付一次账”“出一张单”。2022年，全市超过29.56万人次实现基本医保与城市定制普惠型商业补充医保“一单式结算”，为群众减轻就医垫付金额超4.86亿元。

**【深化推广“新模式”，政策宣传更加广泛深入】** *宣传内容更加简明* 通过编印《医保一本通》《居民医保政策问答宣传手册》等宣传册，绘制“1张政策一览表”和“12个业务办理流程图”，将医保业务贯穿到一个人从出生到死亡的全生命周期中，为群众办理医保业务提供帮助，为基层经办人员提供业务指导，使医保政策、经办服务更贴近基层、贴近实际、贴近群众，群众看得明白、搞得懂、会操作。

宣传形式更加丰富　各区县开展“业务大讲堂”活动，重点培训工作规范、最新出台或作出调整的政策法规等；开展“进社区、进企业、进机关事业单位”活动，充分利用“赶场天”“院坝会”等形式加大宣传覆盖面，切实提高医保政策知晓度；大足区面向全社会招募医保志愿者，建设“3+4+N”支队伍，打造“医保赶场、医保进村、医保进校、医保进支部”四大志愿服务品牌，及时有效解决群众急难愁盼问题；合川区充分发挥“医保助手”作用，在邮政公司物流车、邮递员摩托车上喷涂医保标识，形成流动广告牌。

宣传载体更加多样　北碚区开展“送政策上门”服务，帮助企业解决医保方面存在的问题，建立企业服务微信群，通过“云培训”“线上直播”为企业职工答疑解惑；建成重庆市医疗保障咨询服务中心，开通“12393”医保热线，与“12345”双号并行，为群众提供应答及时、咨询有效、解决率高的医保热线服务。

**【搭建医保“新平台”，数字赋能更加智慧高效】**　医保电子凭证实现场景应用“广拓展”　实现医保电子凭证在定点医药机构扫码购药、预约挂号、诊间结算等就医全流程应用，增加个账变动提醒等功能。

“互联网+”实现医保服务“掌上办”　大力推进居民医保参保登记、参保关系转移接续等高频医保服务事项网上办、掌上办。构建以“国家医保服务平台”App重庆专区、“重庆医保”App等六位一体的线上服务渠道，实现64项高频服务事项“一网通办”。大力推行疫情防控期间“不见面”办理业务，90%的业务实现线上办理。

## 案例二：开州区参与建设“万达开”川渝统筹发展平台

开州区立足区域协同优势，深挖区域协同潜力，推动“万达开”川渝统筹发展示范区医保协同实现高质量发展。

**【共谋一套体系，医保同城“一盘棋”谋划】**
建立联席会议制　建立万达开医保基金监管联席会议制度，完善医保基金监管、协同办理、业务交流系列机制。先后组织召开工作联席会议6次，基金监管专项交流座谈会3次，参加考察学习活动4次。

签订合作协议　签订《万达开川渝统筹发展示范区医疗保障协同发展战略合作协议》《万达开医保基金监管合作框架协议》，高位谋划医保区域协同发展纲要。

共建工作机制　出台《万达开医疗保障基金协同监管实施方案》，推进三地医疗保障标准统一、程序统一、结果统一。

**【共推一个窗口，医保事项“一站式”办理】**
统一经办标识　在医保经办服务大厅设置“万达开”川渝通办经办服务窗口，落实专人负责，统一经办服务标识。广泛宣传通办服务事项和办理途径，提高群众知晓度。

精简办理流程　规范经办服务，执行“一次告知”“即时办结”“限时办结”制度。精简办理材料5项，简化办理流程8项，异地就医住院费用手工报销时长由原来50个工作日缩短为30个工作日，有效解决三地参保群众异地办事“多地跑”“折返跑”等问题。

拓宽服务事项　开通参保登记、信息变更、关系转移等14项同城通办服务事项，强化线上自助服务推广，增加线下代收代办服务模式，建立服务台账，不断提高医疗保障通办服务能力。顺利办结居民医疗保险参保登记、医保关系转移和接续等服务事项1200余件次。

**【共联一个平台，异地结算“一条龙”服务】**
扩大川渝直接结算范围　区内跨省住院和跨省门诊直接结算医药机构实现全覆盖，开通跨省门诊慢特病直接结算医疗机构34家。病种范围扩大到高血压、糖尿病、恶性肿瘤门诊放化疗、尿毒症透析、器官移植术后抗排异治疗等5个门诊慢特病。

拓宽线上备案渠道　从参保群众的需求出发，逐步实现住院、门诊费用线上线下一体化的异地就医结算服务，让群众异地看病就医更省心、更便捷。参保人员跨省临时就医需要备案，可通过国家医保服务平台App实现网上办、掌上办。异地长期居住人员备案，实行承诺备案制，一次备案长期有效。

落实医保待遇协同政策　全面取消开州区参保人在达州市异地就医时住院备案手续，联网直接结算的待遇享受与区内住院完全一致，促进川渝双城经济圈统筹示范区医保待遇协同发展。

**【共建一支队伍，医保基金“一张网”监管】**
建立专家“智库”　抽选三地卫生健康、医保领域专家（骨干）40余人组建万达开医保基金监管专家库。加大政策及操作培训力度，提升工作人员的综合业务水平。

创新监管方式　建立医保基金监管范围、标准、方式、处罚依据的“四统一”检查流程，利用大数据分析、大数据宏观监测、远程监控等技术手段，通过计算机语言设计数据分析模型，将整理规范的数据通过模型进行分析，过滤正常数据，生成异常数据。根据各级各类医疗机构业务特点，重点检查诱导参保人员就医、虚构医疗服务、伪造医疗文书票据、盗刷社保卡等行为。

提高协同执法实效　建立万达开三地医保基金监管协同工作机制，发挥基金监管协同工作的叠加效应，三地任一区（县）随时发起检查申请，三地联动机制一呼即应，即刻启动联合执法，统筹协调基金监管重大行动、重大案件查处工作。完成交叉检查5次，查处10家医疗机构，追回违规基金607.95万元，处以违约金1308万元，医保基金监督管理质效明显提升，异地监管壁垒被打破，更好地保障了医保基金安全。

## 案例三：沙坪坝区建设“院端医保”服务群众

为破解“镇街距离远、群众办事难”的问题，沙坪坝区医疗保障局依托二级医院区域中心作用建设医保服务站点，发挥“小站点”的“大作用”，将医保经办服务关口前移到医院，出台系列组合措施，加快推进院端医保服务体系建设，实现“多点通办、就近能办、随到随办”。

**【聚焦科学布局，健全服务体系】**　本着“就地办理、就近服务”原则，结合地域特点，在区人民医院等6家医疗机构分别建成一家“院端医保服务站”，构建辐射东、西部地区的“1+6”医保经办服务体系。按照“能放必放、应放尽放”的原则，将异地就医备案、手工报销、生育待遇申领、特病申办等9大类20小类高频业务延伸到医保服务站办理，发挥医务人员特长，实现医保服务与医疗服务无缝衔接，让群众在家门口就能享受到优质便捷的医保服务。

**【聚焦统一规范，推进高效服务】**　为推动医保服务站标准化、规范化、便捷化建设，区医保局统一标志标识、统一岗位设置与人员配备、统一经办管理制度，为院端医保服务提供了基础保障。一是从硬件建设入手，统一窗口服务标识、统一宣传引导标志，建立规范完善的医保服务环境。二是从人员配备入手，与医院医保科联合打造院端医保服务站，将医保科工作人员就地转化为医保服务站工作人员，以医院管理为主体、医保局绩效评价为辅助的原则，对“双重管理”制度配合执行到位的医院，医保部门在年度总额预算控制指标分配、医保困难问题解决、医保政策支持等方面给予一定的支持。三是统一院端医保办事流程、服务事项清单、服务流程和经办时限，提升经办下沉业务的规范性。

**【聚焦业务培训，提高服务技能】**　为提升医保服务站工作人员的经办服务能力，区医保局通过采取规范服务事项清单、加强学习培训、建立应急机制等措施，着力培养一支政策熟、业务精、素质高的医保队伍。一是精简办理材料、压缩办理时限,制定了《医保服务站业务指导手册》,实现医保业务规范化下沉。二是以集体培训或者“上挂”跟岗等多种方式,组织医保服务站窗口骨干人员开展政策理论、业务知识、实际操作专题学习,共有200余人次参加专题学习。三是建立微信工作群,专人提供操作指导、政策答疑等服务,构建信息沟通的快速通道,真正把便民服务站打造成“微型医保中心”,彻底解决医保服务“基层接不住、职能沉不下”的问题,确保医保服务网络高效运转。

**【聚焦宣传引导,提升办事体验】** 深化医保政策宣传,重点解决群众获取医保政策及时性不够、医保政策不易懂、不易记等问题,提升医保政策知晓度。一是丰富宣传载体。编印高频事项“口袋书”4万余本,印制折页、海报、展板展架等3万余份,制作图表、便民服务单、系列短视频等,让群众搞得懂、好操作。二是拓展宣传渠道。通过政府门户网站、融媒体平台等及时发布、解读医保政策;借助全区160余个社区微信工作群、居民“买菜群”、物业服务群,将便民政策推送到居民手中,让医保惠民政策走进千家万户,覆盖每位居民群众。三是扩大宣传覆盖面。在机关、企业、社区、医院、高校广泛深入开展医保政策宣传“五进”活动,并以此为契机,大力宣传医保服务站点及服务事项,引导群众“就近办”。

## 案例四:江津区打造“15分钟医保服务圈”

江津区自医保经办服务延伸至镇村以来,强化阵地建设,强化队伍建设,争创服务品牌,全力打造“15分钟医保服务圈”,提升群众医保获得感和医保服务满意度。

**【把医保服务搬到群众家门口】** *先试先行,探索经验* 2021年,在慈云镇小园村试点,下沉参保、异地就医等11项高频经办业务。2022年,在试点成功的基础上,总结推出构建“15分钟医保服务圈”,将医保高频业务下沉全区30个镇(街)和301个村(居),提前完成医保经办业务下沉全覆盖的任务目标,为群众在家门口享受经办服务奠定基础,运行一年,共受理办件3万余件,群众反响热烈。

*建立机制,制度保障* 出台《重庆市江津区进一步提升服务能力加强三级经办服务体系建设实施方案》,加快服务标准化、规范化、信息化建设步伐,为统一经办提供坚实的制度保障,进一步规范经办、规避风险,确保经办合法依规。

*争取支持,资金保障* 实行市级、区级补助和各镇(街)自筹方式解决,共争取市级220万元、区级配套176万元,统一网点建设,给每个村(居)服务点配备网络、电脑和打印机、复印机等设施设备,解决基层建设“钱”的问题,切实保障运行。

**【实现区镇村三级业务全员能办】** *聚焦“带培”,在“育”上施实策* 高频率开展全员轮训,编制政策汇编印发到村,通过理论学习、案例分析、互动交流、实操演练等多种方式,提高经办人员业务水平和综合能力,确保镇(街)、村(社区)经办与区级经办同质化管理、无差异服务。

*聚焦“梯队”,在“精”上见实效* 区级全面经办参保、待遇37项政务服务事项,镇级经办异地就医备案、参保登记、账户关联等15项高频事项,村级承办异地就医备案、参保登记等11项高频事项。三级经办因地制宜、精准分工,以群众需求为向导,合理精细化布置经办权限。

*聚焦“综办”,在“全”上求便捷* 区级政务服务中心设置8个综合窗口,实现一次取号、一表申请、一窗受理;镇级公共服务中心设置1—2个医保窗口,实行“一窗通办”;村级便民服务中心设置1个医保窗口,实现延伸业务“一窗综办”。全区高频低风险业务三级服务点全部能办。

**【塑造江津区为民惠民行业典范】** *谋划布局* 《江津区医疗保障“十四五”规划》明确公示创建目标,在镇(街)和村(社区)两级,五年内建设医疗保障基层服务示范点64个,全力推进医保经办服务向基层延伸、向优秀打造。

*示范引领* 对标国家、市级经办服务示范标准,结合江津工作开展实际,谋方案、定标准、严考核、促规范。2023年,成功创建区级医疗保障基层服务示范点的镇村经办点,将从上级下拨的医疗

服务与保障能力提升专项资金中，安排30%的资金对示范点建设进行补助，并择优直接向市医疗保障局申报，进一步掀起各服务点争优创先的热潮，激发服务群众的内生动力。

打造品牌　着力打造“三个三”品牌，即营造“暖心、细心、尽心”的服务文化氛围；践行“亮明身份、亮明承诺、亮明事项”的制度；实现“现场代办、远程代办、入户代办”的代办模式。业务延伸以来，涌现出一个全国医疗保障优质服务经办示范点、一个市级医疗保障经办服务优秀案例、一批区级医疗保障服务示范点。

## 案例五：綦江区让人民共享医保服务成果

綦江区医疗保障局坚持党建统领医保创新，人人牢记初心使命，让更多医保改革发展成果惠及全区人民群众。

**【信息化赋能，让人民群众“放心办”】** 政策解读实现“个人定制”　转变思维，将“医保宣传什么群众就听什么”转换为“群众需要什么我们就宣传什么”。动态跟踪使用需求，一看就懂。表单化展示“参保政策案例解读”“报销政策案例解读”，做到一目了然。提供同类案例参考，一算就明。群众对照个人情况选择基本信息后，案例化解读政策标准，彻底解决“算不清”问题。整合各级系统功能，一网即办。整合税务局缴费通道、市医保局经办系统等功能，建立超链接，改变群众在多个App间来回切换“跑路”问题。

业务培训实现“学以致用”　由于传统“集中坐班式”培训在提升人员覆盖率、培训质量方面效果欠佳，将70%的传统培训由线下转为线上。在人员定位上，对全区6000余名医保从业人员按机构类型和岗位身份进行两大维度精准分类，调研各类群体培训需求。在培训内容上，开设公共科目、专业科目，保障政策理论与实用技能齐头并进。在效果检验上，通过交互式教学对医保从业人员应知应会、重点难点实行岗位学分考核，推动从业人员能力素质跃升。

普法监管实现“同步在线”　医保基金是人民群众“救命钱”，打击欺诈骗保除了医保部门严密监管，提升群众法治意识、调动群众主动参与监督的积极性也不可或缺。设置“政策资讯”模块。公开基金监管有关法律法规、法律释义和工作动态，及时宣传监管政策、解答群众疑问。设置“骗保信息”模块。定期推出全国、全市范围内违规使用医保基金典型案例，在解读中完成普法。设置“违法举报”渠道。公开举报电话、举报方法。截至2022年底，收到问题线索20余条，处理违规机构213家次，追缴违规本金和处违约金471.07万元。

**【推动“医保+”模式，让人民群众“省心办”】**

“医保+税务”模式　通过“医保+税务”一窗联办，百姓不必“两头烦”。派驻人员到区税务大厅，解决群众在医保、税务窗口办事“两头跑”的问题。针对共同服务对象的高频跨部门关联业务，实现“一窗通办”“一窗联办”“一号通办”。

“医保+银行”模式　通过“医保+银行”模式，畅通服务群众“最后一公里”。与中国银行、中国建设银行、中国邮政储蓄银行等签订医保合作协议，在64个营业网点设置医保服务站，打通医保服务群众“最后一公里”。

“医保+医院”模式　通过“医保+医院”示范点建设，推动服务能力再提升。通过示范点引领，强化主动服务、跟踪服务、细致服务的理念。办理高频业务占总业务量的15%。

**【牵挂特殊群体，让人民群众“舒心办”】** 适老化改造，养老便民服务“一简再简”　构建立体服务网络，高频业务“不出村”。推进医保服务事项下沉，形成区、镇、村三级经办体系，建成“15分钟医保服务圈”，实现高频事项家门口办理。开通“刷脸”“移动支付”等服务，提供智慧医保场景化一站式服务。专项督查敏感领域，疑难事项“有人管”。口腔科疾病是老年常见病，区医保局对开展种植牙业务的14家医疗机构进行摸底调查，委托第三方开展专项督查，规范牙种植体植入术、牙冠修复等常用医疗服务项目70余项。

授人以渔，失能群体保障“一升再升”　“手把手”上门带教。创新实施失能人员护理首月上门带教模式，组建23个带教小组，对家庭护理人员开展首月护理带教。“面对面”开展专业培训。聘请市康复医学会资深专家定期开展公益课堂，传授护理“干货”；同时录制教学视频，方便家庭护理人员随时对照学习。“实打实”全面监管。线上，大数据实时预警；线下，入户走访核查，杜绝机构不合理收费。

统筹推进，特病办理门槛“一降再降” 窗口前移，推动特病窗口从医保局向医院“前移”，实现一次受理、即时办结、即刻享受待遇。流程减负，推进“只跑一次”。为重大疾病患者开设特病办理“绿色通道”，对欠缺非关键性材料的服务事项实行“容缺办理”。协同发展，提速“区域一体”。与毗邻区县建立医保联盟，区域内参保人员就近申请特病、慢病鉴定，结果互认，辐射渝南黔北地区36万人。

## 案例六：云阳县做好带量采购“算术题”

云阳县医疗保障局自国家组织药品集中采购试点以来，优化落地管理、强化监测监督、提升服务效能，推动集采政策落实落地、提质增效，切实缓解老百姓看病贵问题。

**【简政放权“做减法”】** 撤销县医药采购联合体药品采购目录 指导医疗机构根据临床实际和患者需求“自助式”遴选用药目录，为集采药品进入医院“腾出空间”，满足医疗机构临床用药需要和群众个性化用药需求。

取消药品配送企业遴选准入门槛 坚持“宽进严管”“能进能出”原则，明确具备资质条件的药品配送企业均可申请加入县联合体参与药品配送，且带量采购药品品规配送不受配送会员管理限制，从制度源头为企业“松绑”、为市场“腾位”。新增备案进入配送企业16家次。

简化药械货款结算流程 全面取消货款结算由县医药采购联合体代付环节，由医疗机构通过重庆药交所结算平台与企业直接结算，实现不同采购模式结算方式统一，减轻医疗机构工作量、减少对账差错，提高结算工作效率、缩短回款时间，平均提高结算效率3天以上。

**【全程监管“做加法”】** 出台监督文件 制定《关于做好全县药品采购管理的通知》《医药采购联合体配送会员管理办法》等规范文件，实现药采有制可依、标准严格。

健全监管渠道 搭建线上线下“双轨”监管渠道，实行“每月提醒、季度通报、年终约谈”，紧盯药品集采关键环节，督促医疗机构按时按规带量采购。2022年，共发布监测情况通报4期，提醒督导医疗机构424家次，发现采购价格异常药品8个，医疗机构欠款较上年同期减少300余万元。

建立监管制度 构建“季度提醒、半年约谈、年终考核”监管制度和“红黑名单”监管模式，实时监测、定期约谈，将不合格企业移入“黑名单”。根据考核结果，动态退出配送企业13家次，配送企业区域服务水平明显提升。

强化智能监测 搭建云阳“药采+监管”平台，深度挖掘医药机构药品交易、进销存管理相关数据，自主设计可视化决策监管、业务统计运行分析、问题反馈等模块，形成多环节监测监管链，推动网采靶向指导服务。

**【服务效能“做乘法”】** 优化集采服务 强化药采结算预警推送服务，对支付即将超期的订单进行提示预警，督促医疗机构按时支付货款，解决中选品种配送率低、回款慢等痛点难点。打破集采药品仅限医疗机构专享现象，5家零售药店率先参加药品集中带量采购，推动居民购药“零距离”。

及时处理问题 搭建药采问题收集响应平台，精准问题归类，配套片区联系督导机制，快速响应解决医疗机构各类集采问题，落实稳供保供责任，确保中选产品及时配送、使用顺畅。

强化激励考核 将集采工作完成情况纳入医疗机构总额预算考核指标，重点关注回款率、药品费用增长率、非中选产品采购量占比等核心指标，激励医疗机构积极落实集采政策。“三医”协同落实医保资金结余留用激励政策，鼓励医务人员合理用药、优先使用中选产品，全县累计拨付结余留用奖励资金631.94万元。

# 四川省

## 工作综述

2022年，四川省医疗保障系统持续深化医疗保障制度改革，统筹加快医保治理现代化、服务均等化，稳步推进四川医疗保障事业高质量发展。截至2022年底，全省基本医疗保险参保8393.89万人，参保率连续5年达到98%，职工医保基金（含生育保险）当期收支分别为1087.43亿元、736.35亿元，居民医保基金当期收支分别为626.97亿元、592.47亿元，职工医保（含生育保险）、居民医保基金累计结存分别为2100.45亿元、535.55亿元，职工医保统筹基金、居民医保基金全省整体可支付月数分别为33.09个月、10.29个月，基金运行稳定保持“收支平衡、略有结余”。

**【稳步提升待遇保障水平】** *巩固基本医疗保障水平* 全省各级医疗保障局统一将城乡居民参保补助标准继续提高30元、达到每人每年610元，全省累计拨付财政补助资金386.46亿元，全省基本医保参保率连续5年达到98%。全省纳入医保监测范围的1009万农村低收入人口和脱贫人口实现参保全覆盖，医保累计减轻困难群众就医负担超过134亿元。全面推进职工门诊共济保障机制改革，省本级和21个市（州）均已出台政策及实施细则。

*提升大病救助兜底能力* 大病保险制度覆盖所有城乡参保群众，政策范围内报销比例不低于60%、不设封顶线，统一医疗救助对象6类人群，对特困人员、孤儿、低保对象统一执行起付线降低50%、报销比例提高5个百分点的倾斜支付政策。《四川省人民政府办公厅关于健全重特大疾病医疗保险和救助制度实施意见》出台，统一医疗救助对象6类人群，明确救助费用保障范围，合理确定基本救助水平，重点救助对象救助比例不低于70%，合理确定基本救助水平，重点救助对象救助比例不低于70%，切实增强大病保险减负功能和医疗救助兜底作用。全年医疗救助资助参保841.1万人、19.98亿元，实施门诊和住院救助456.02万人次、减轻患者负担25.43亿元。

*完善多元补充保障要素* 全省各级医疗保障局积极发展完善基本医保、大病保险、医疗救助以外的补充保障，满足群众多元化医疗健康需求。省医疗保障局指导成都市深化长期护理保险制度国家试点，制定出台《长期护理成人失能分类规范》省级地方标准，成都市长期护理保险参保人数达到1421万人，实现省本级及成都市参保人员在德阳、眉山、资阳等9市的失能等级异地评估。省医疗保障局指导各地规范推动普惠型商业健康保险发展，15个市（州）已推出低门槛、广覆盖、强衔接的商保产品。

**【完善基金监管制度机制】** *零容忍打击治理欺诈骗保* 全省各级医疗保障局在全覆盖开展日常监管基础上，大力开展专项整治、省级飞检和抽查复查，全省全年全覆盖检查医保基金定点医药机构5.38万家，暂停医保服务协议2836家、解除医保服务协议316家、行政处罚433家、移交司法机关289家、移送纪检监察部门970家。处理违法违规人员7095人，行政处罚37人、移送司法机关612人、移送纪检监察机关213人，全年追回医保基金并处违约金、罚款等共计16.29亿元。

*完善规范化监管体系* 省医疗保障局基本完成智能监控子系统主体建设，在全省22个统筹区上线运行，在事前、事中监控中接入156个区县、1259家医疗机构，提醒270万次、预警143万次，检出疑似违规金额6.5亿元、扣款3.2亿元。省医疗保障局印发《四川省医疗保障基金使用信用管理暂行办法》，同步发布信用评价指标体系，对涉及

医疗保障基金使用过程中定点医药机构及其相关工作人员、参保人等主要信用主体实行分级分类动态管理，定点医药机构信用等级评价已在全省开展。联合四川省公安厅开展打击欺诈骗保专项整治行动，对重点线索、重大案件开展联合督办。省医疗保障局先后出台《四川省医疗保障基金监管行政处罚裁量基准》《四川省医疗保障局参与医疗保障基金监管工作第三方机构管理办法》，进一步规范完善医保基金监管制度机制。

强化全方位监管能力　省医疗保障局依托省政务目标督查机制，压实省内各级政府基金监管责任。举办延伸到县级的全省医保基金监管培训班，提升各级监管执法能力水平。继续规范引入第三方力量参与监管，通过政府采购招标选定4家专业机构，弥补监管力量不足的问题。持续发动社会监督力量，受理举报线索566件，发放举报奖励金44.35万元。

**【深化三项重点改革】**　药械集采持续扩面　省医疗保障局组建全国最大集采省际联盟，牵头开展口腔种植体系统集采，首次将民营医疗机构规模化纳入集采范围，推动将口腔种植体系统均价降至900余元。平稳落地国家组织第六、第七批药品和人工关节集采中选结果，及时开展国家组织第一批至第四批集采协议期满药品续标，积极参与各批次、各片区省际联盟集采，省内全年新增落地集采药品110个、高值医用耗材6类，药品集采种类范围从化学药品拓展到中成药、生物制剂，中选药械价格分别下降超过50%和80%，中选药品临床使用率超过90%。

支付改革稳步推进　全省各级医疗保障局稳步推进国家和省级DRG/DIP支付方式改革三年行动计划，出台《关于推广按疾病诊断相关分组(DRG)结合点数法付费的实施意见》，全省22个统筹区均已启动DRG/DIP支付方式改革，实际付费的统筹区达到17个，实际付费地区的医疗机构、病种、医保基金覆盖率均在40%、90%、30%以上。省医疗保障局会同省中医药管理局印发《关于医保支持中医药创新传承发展的实施意见》，对支持中医医疗机构发展、推动中医药服务价格改革、完善中医药特点的支付政策等五个方面提出了20项具体举措。

价格调整日趋规范　省医疗保障局会同省卫生健康委印发《关于建立医疗服务价格动态调整机制的实施意见(试行)》，首次在全省建立医疗服务价格动态调整机制，逐一明确触发机制、约束条件、总量确定、项目选择、报备程序等重大步骤，系统解决医疗服务项目价格“何时调、调多少、怎么调”等问题。在全省建立医疗服务价格重要事项报告制度，编印2022版全省医疗服务价格项目汇编，切实增强全省医疗服务价格管理的统一性和规范性。制定四川首个新增医疗服务项目立项评审规程，创新提出初审+复审两轮评审、支持中医(民族医)创新发展等做法，既突出程序严密、标准科学、过程公正，又充分彰显四川特色，向国家医保局报备新增和修订医疗服务价格项目33项并得到一次性通过。指导乐山市稳步实施深化医疗服务价格改革国家试点，首轮落地754个调价项目，较好契合临床一线意愿、优化项目比价关系、牵引促进医疗机构发展，初步实现高质量、有效率、能负担的试点改革目标。

**【规范医药服务管理】**　加强医保目录管理　省医疗保障局按时落地2021版国家医保药品目录，指导各统筹区认真贯彻落实《基本医疗保险用药管理暂行办法》，全面完成省级增补药品消化工作，真正实现药品目录与全国统一。启动省级层面首次医疗机构制剂目录调整，制定四川首版医疗机构制剂目录，包括基金予以支付的医疗机构制剂累计达到2867种。

做好群众用药保障　省医疗保障局将单行支付药品增加至124个，省内10个统筹区将单行支付药品费用纳入补充医疗保险支付范围，全省累计报销56.4万人次，药品总费用32.7亿元，医保支付22.9亿元，实际报销比例69.8%，药店直接供药的占比达90.4%。将强直性脊柱炎等4种疾病纳入门诊特殊疾病管理范围，全省执行统一病种名称，统一实施范围、统一疾病认定标准，进一步减轻群众门诊用药负担。对城乡居民“两病”患者的诊断治疗医疗机构、认定流程等方面进行调整优化。截至2022年底，城乡居民“两病”门诊用药保障政策范围内报销比例分别达到67.41%、69.85%，惠及537.3万患者，累计减轻用药负担6.58亿元。

*积极助力抗疫救灾* 年内2次下调核酸检测价格，将单人检测费用从40元/人次下调至16元/人次，混检费用下调至3.5元/人次，明确抗原检测总费用（含检测试剂）不超过6元/人次，有效降低群众核酸检测费用负担及防疫成本。全省各级医疗保障局面向66.45万家市场主体和单位缓缴职工医保单位缴费29.72亿元，切实缓解疫情期间缴费负担。针对雅安芦山、甘孜泸定地震灾情，省医疗保障局紧急出台文件临时调整地震伤员救治费用医保支付范围，有力支持抗震救灾。

**【优化医保公共服务】** *经办服务体系更加完善* 省医疗保障局部署开展全省医保经办管理服务规范建设三年专项行动，实现经办政务服务事项操作规范、医疗救助经办规程、职工门诊共济保障经办规程、经办机构内控管理规程、DRG/DIP付费经办规程、全省镇村医保服务窗口建设标准和四种门慢特疾病经办管理的全省统一。全省各级医疗保障局持续加强基层经办服务能力建设，3100个乡镇（街道）设立医保服务窗口，3.58万个村（社区）能够提供医保办理或帮办代办服务，构建起纵向到底、横向到边的省、市、县、乡、村五级经办服务体系，形成了“一县一厅、一镇一窗、一村一点”的服务站点格局，实现医保服务网络全域覆盖。全面实施医保网格化管理，全省网格员全年累计报送涉及医保服务事件1.38万件、医保政策宣传9.92万次、宣传覆盖383.14万人。推动医保与银行、保险公司、两定机构等第三方力量合作，建成800余个“医保+”一体化服务网点，形成群众“就近能办、多点可办、少跑快办”的15分钟医保服务圈。省医疗保障局推动12393医保热线和12345政务热线在全省实现统筹区“双号并行”，全年全省实时办结率98.86%，群众满意率99.38%。省医疗保障局“辅助机制解决参保群众子女医保个人账户共济问题”获评2022年度四川省12345政务服务便民热线典型案例。

*信息支撑能力稳步提升* 省医疗保障局扎实推进全省医保一体化大数据平台优化，全面完成13个业务子系统建设部署，在全国率先探索推进省级共享数据服务区建设。不断丰富医保电子凭证、新版四川医保App和网上服务大厅使用场景，全面实现纯医保移动支付、三方支付渠道（支付宝）移动支付和四川医保App混合支付，全省医保电子凭证激活人数3800万、激活率超过45%，接入医保结算的定点医药机构将近6万家、接入率超过98%，使用医保电子凭证结算率超过30%。抓好国家15套医保信息编码标准的贯彻应用，及时稳妥做好编码标准调整更新。

*异地结算服务持续拓展* 全省各级医疗保障局不断将符合条件的定点医药机构纳入异地就医直接结算范围。截至2022年底，开通省内异地就医直接结算定点医疗机构1.2万余家、零售药店3.3万余家。每个县（区）至少有1家定点医疗机构能提供跨省医疗费用直接结算服务，全省累计开通服务定点医疗机构达到1万余家，联网结算零售药店2.9万余家。所有统筹区双向开通高血压、糖尿病等5个门诊慢特病跨省直接结算，开通联网结算定点医疗机构1600家。开展川渝跨省异地就医住院免备案试点，成都、泸州、宜宾、阿坝与重庆市相互开通跨省住院免备案。建立全省特殊药品平台，实现“五定”管理全省互认，“双通道”供药药品实现异地直接结算。

**【抓好医保防风险促发展】** *巩固医保制度稳定运行* 省医疗保障局定期开展医疗保障形势分析，重点关注全省及各市（州）医保基金运行情况，建立全省统一的基金运行监测及风险预警机制。印发《四川省医疗保障局重大决策网络舆情风险评估办法（试行）》，建成四川省医疗保障网络舆情监测平台，完善舆情监测、研判、回应机制，全年接待群众来访50余人次、处理群众信访事项2114件，全省医保领域没有发生重大舆情、群访等事件。

*积极助力区域经济发展* 省医疗保障局以及毗邻重庆的相关市（州）医疗保障局加快成渝地区双城经济圈医保协同发展，广安市医疗保障局会同重庆市渝北区医疗保障局在川渝高竹新区成功设立全国首个跨省医保服务站，为园区内企业、群众提供均等一体的医保公共服务。成都、德阳、眉山、资阳4市正式实行职工医保关系跨统筹区转移接续，成为全国第二个打通的地区，已有2.6万余人次享受职工医保关系转移“一站式”通办。

## 重要活动

1. **2022年全省医疗保障工作暨党风廉政建设会议在成都召开。**2月18日，全省医疗保障工作暨党风廉政建设会议在成都召开，总结回顾2021年全省医疗保障工作和党风廉政建设情况，分析研判医疗保障改革发展形势，全面部署2022年全省医疗保障工作任务，持续加强全省医保系统党风廉政建设。

2. **落地京津冀“3+N”联盟3类医用耗材集采中选结果。**3月7日，四川顺利落地京津冀“3+N”省际联盟组织人工晶体、冠脉药物球囊和起搏器3类医用耗材集采中选结果，冠脉药物球囊均价从2.2万元左右下降至6300元左右，平均降幅超过71%、最大降幅达到81%；起搏器均价从4.8万元左右下降至2.4万元左右，平均降幅50%、最大降幅81%；人工晶体均价从4112元下降至2347元，平均降幅43%、最大降幅78%。

3. **人工关节集中带量采购中选结果在四川落地。**4月20日，国家组织人工关节集中带量采购中选结果在四川落地，中选髋关节平均价格从3.5万元下降至7000元左右，膝关节平均价格从3.2万元下降至5000元左右。

4. **四川医保管理服务获得国务院督查激励。**6月2日，四川省在国务院办公厅印发的《关于对2021年落实有关重大政策措施真抓实干成效明显地方予以督查激励的通报》中被列为“优化医保领域便民服务、推进医保经办管理服务体系建设、提升医保规范化管理水平等方面成效明显的地方”的5个省份之一，获得相应激励资金支持。

5. **川渝试点开通跨省异地就医住院免备案。**7月1日，川渝两地开通跨省异地就医住院免备案试点，进一步便利参保人员跨省异地就医直接结算，成都市、泸州市、宜宾市、阿坝州作为四川首批试点统筹区，与重庆相互实现跨省异地就医住院免备案。

6. **川渝高竹新区医保服务站正式揭牌运行。**7月15日，在四川省医疗保障局、重庆市医疗保障局的协商指导下，由广安市医保局和渝北区医保局联合设立的川渝高竹新区医保服务站正式揭牌运行。

7. **上线全省特殊药品经办管理系统。**12月16日，全省特殊药品经办管理系统正式上线运行，省本级和21个市（州）分批上线开通单行支付药品和高值药品省内异地直接结算。

8. **发布长期护理成人失能省级地方标准。**12月26日，《长期护理成人失能分类规范》（DB51/T 2961—2022）作为全省推荐性地方标准正式发布，这是四川省医保局制定的第一个省级地方标准。

## 典型案例

### 案例一：成都市全面升级医保服务工作站

伴随着成都市常住人口规模的持续扩大，成都市基本医保参保人数稳步增加，截至2022年底已达1856.28万人，对医保经办服务质效提出了新的挑战和要求。面对医保经办队伍编制有限、人力严重不足等现实难题，市医疗保障局在整合、挖掘、撬动多方资源，创新建设医保服务工作站的基础上，持续携手第三方机构共同探索医保服务工作站服务效能提升，全面畅通医保服务“最后一公里”，基本实现了参保群众高频医保业务“就近办”“家门口办”。

**【坚持以点带面,拓展辐射半径】** 在首批206家群众身边的医保工作站平稳运营的基础上,成都市持续深化政企合作,联合商业银行、保险公司、医药机构等第三方力量,推动医保工作站扩围,截至2022年底,全市医保工作站数量已增加至218个。12月,市医疗保障局印发实施《做好疫情防控新阶段下"惠民助企·医保十三条"工作措施》,对医保工作站提出了"对现场不能办结的,实现帮办、代办,实现2个工作日办结"的明确要求,推动全市医保工作站服务能力大幅提升。

**【坚持规范服务,提升经办能力】** 针对全市通办事项,制定医保政务服务事项优化标化"三张清单",实施标准化管理,取消不必要环节、手续,简化申报材料,缩短办理时限,在四川省清单基础上进一步提速办理,最快可缩短时限33%。聚焦2023年成渝双城医保服务站建成投运的目标,积极协同重庆医保部门筛选确定18项高频医保业务作为首批异地服务事项,制定事项流程、操作规范,力争投运后在异地为参保群众提供和本地一致、标准统一的医保经办服务。实现业务资料统一共用,市医疗保障局牵头制作标准化培训课件,形成培训资料库,全面梳理细化下沉事项,制作标准化的办理操作手册,建立企业群众热点问题台账,制作标准热点问答,确保培训内容规范统一、经办工作有册可查、政策解释答复标准。

**【坚持便民高效,优化服务方式】** 全市通办事项可办数量由建设初期的14项增加至19项,包括出具参保凭证、医保关系转移接续、零星手工报销等直接经办事项,以及医疗救助办理、失能评估上门受理、门诊费用报销(收件)等帮办代办类事项。上线医保经办服务受理辅助系统,支持在不接触医保核心经办系统的基础上进行医保关系转移接续等业务受理,实现第三方机构"辅助式经办、便捷式操作、标准化控制",截至2022年底共办理逾1500件次。针对失能人群、因病致贫重病患者等特殊困难群体开展长护险、医疗救助等帮办代办服务,截至2022年底共帮办代办逾1万件次。

## 案例二:德阳市推行"生物识别"智能监管提升医保基金监管质效

2022年,德阳市医疗保障部门推行"生物识别"场景分类管理,建成医保同步视频智能监控系统,构建事前、事中、事后全链条监管闭环,实现就医行为真实性监管,有效避免虚假诊疗、挂床住院等违规行为发生。

**【主要做法】** 分类管理破解诊疗真实性难题　针对小型和民营医疗机构虚假住院、挂床住院,康复理疗机构(科室)低标准入院、虚假诊疗,血液透析机构(科室)虚构透析次数、虚记耗材、虚记诊疗项目等违规行为,德阳市在全市179家定点医院配备330台人脸识别非接触红外体温计、30台移动式智能终端与60台智能AI摄像机,对各诊疗场景进行分类管理,差别化、定制化、精细化设定监管流程。住院场景采用"入院认证、日常普查、稽核抽查"相结合的方式,实现住院周期非现场查床全覆盖;康复、血透场景融合"固定+移动"双重模式,按照"治疗前签到、治疗后签退"规范,实现治疗次数、治疗时长全天候监管。

管办结合不增加额外负担　采用非接触式人脸识别设备,准确、快速、安全、高效完成实人核验。将"生物识别"监管融入医疗机构日常服务行为,使用人脸识别非接触红外体温计,测量体温同时完成患者在院核验、签到签退,体温数据实时传输至医院HIS系统,最大化减少医护人员重复工作,无感嵌入病人诊疗环节。按照"派发—采集—申诉—核销"流程,实现任务派发、问题申诉、核销处理全流程线上办理,提升医保经办机构、医疗机构工作效率。

"全链条监管"构建安全高效体系　研发上线"同步视频智能监控系统",通过与国家、四川省医疗保障一体化大数据平台对接,实现服务场景影像与医保参保信息、诊疗信息和结算信息实时对比,收集和锁定违规证据,实现监管关口前移。一是事前打牢实人认证"基础桩"。通过患者入院、治疗前活体人脸采集与数据库头像精准比对,实现人证不符事前预警,将"冒用""假证"阻挡在第一步。二是事中构建行为监管“闭环链”。建立完善反欺诈场景模型和规则库，住院场景、血透场景配置监控规则近16类，康复理疗场景设置监控规则136条，大数据技术自动对采集数据进行实时分析，精准定位疑似违规人员和行为。三是事后钉牢证据锁定“铁钉子”。针对疑点数据，随机抽查时间、指定、不指定认证人员向医疗机构下发限时抽查任务，实施远程稽核检查，调取并保存服务场景监控视频，快速锁定证据。

**【主要成效】** 德阳市“生物识别”视频智能监控系统2022年6月试运行以来，截至2022年底，同步完成207.84万人脸生物特征建模，全市参保人员建模率60.98%，实现对住院、康复、血透场景229.1万人次的有效监管。系统上线后，重点监管“诊疗过程短、单次费用低、发生频率高、总体金额大”的科室、人群，住院人次较上线前下降30%。

## 案例三：绵阳市游仙区推行“医保快递”服务

为主动服务基层，解决群众急难愁盼问题，打通医保惠民政策“最后一公里”，2022年绵阳市游仙区医疗保障局以提升医保满意度为出发点，通过整合区医保中心、镇（街道）便民中心、村（社区）便民服务站，大力推行“医保快递”服务，组织医保快递员主动上门为困难群众提供医保服务，进一步提升人民群众的获得感、幸福感。为实现医保帮办代办服务全覆盖，游仙区医疗保障局在17项医保事权下沉镇（街道）、村（社区）的基础上，探索推出“医保快递”经办服务模式。

**【服务模式】** 摸排需求定制快递包裹　组织镇（街道）党员干部等力量，重点走访各村（社区）空巢老人、慢性病高龄患者、行动不便的残疾人等特殊参保对象，收集医疗服务需求，发放“医保连心卡”，结合医保经办服务事项，推出涵盖送药上门等帮办代办服务内容的“医保快递”。

配备专员确保快速响应　按照就近服务、全面覆盖原则，每名快递专员定向联系4~5名参保对象，每月入户两次以上。建立帮办代办快速响应机制，设立帮办代办事项管理台账，动态跟踪办理进度，确保群众需求有召必应。

夯实保障推动送货上门　建立“医保快递”运输保障机制，合理规划片区配送线路，联合药企落实医保快递服务专车2台，配备低温药品专用箱、搁板式货架等设施，全力保障群众服务事项“上门办”。

**【创新亮点】** “医保快递”架起经办“连心桥”　游仙区医保局积极发挥镇（街道）作为服务城乡居民的区域中心作用，重点加强基层医保经办能力建设，不断完善市、区、镇（街道）、村（社区）四级医保经办服务体系，通过探索推出“医保快递”，打通了医保政策和配套服务落地“最后一公里”，让更多老百姓足不出户就能轻松办好医保事。

“医保队伍”做好群众“贴心人”　着力打造“四有”（有能力、有责任、有担当、有温度）医保队伍，推行高效化、便捷化、人性化的服务，为人民群众提供更加贴心、暖心的公共服务。落实医保服务网格化管理，大力推进“一网通办”，提供网上办、掌上办、帮办代办等服务。不仅让群众“办得成事”，还让医保事办得更好、更快、有温度。

“医保连心卡”助力服务“零距离”　聚焦群众医保需求，激活医保体系“神经末梢”，向群众发放“连心卡”，卡片上印有医保政策咨询电话和办事指南，方便人民群众随时随地连线医保。医保快递员第一时间掌握了解群众所需，以快接快办快处的模式服务于参保群众。

**【主要成效】** 医保快递员由医保工作人员、村（社）干部及医药机构热心人士组成。选定200余名医保专干、热心人士等担任医保快递员，旨在为需要帮助的参保群众提供上门服务，快速办理各类医保业务，方便参保群众。游仙区外出务工人员增多，留守在家的老人小孩在医保政策了解、参保缴费、医保报销、慢性病备案等方面让他们“忧心”，而现在，这些事全由医保快递员去“操心”跑腿，参保群众足不出户就能办好医保业务。截至2022年底，游仙区医保局已向镇（街道）及有条件的53个村(社区)下沉17项医保事项,并向园区赋能下放23项,同时以“15分钟医保便民服务圈”为契机,打造“医保+银行”一体化服务点,在两定机构中建立“医保驿站”。2022年,各镇(街道)、村(社区)为群众办理医保业务共计1.1万余件,发放医保连心卡1.5万余张,全区112个村、60个社区均实现了医保快递员帮办代办全覆盖,深入参保群众家中帮办代办事项达6000余件次。

## 案例四:内江市实现医保基金直拨村卫生室

近年来,内江市医疗保障局多次接到有关村卫生室被拖欠费用导致村医负担沉重、影响基层医疗机构发展的情况反映。为此,2022年9月,内江市在四川省率先突破,对全市定点村卫生室医保基金实现直接拨付,致力解决医保基金不能直接拨付村卫生室的问题,打通基层医疗机构医保结算“最后一公里”。

**【深入基层调研,摸清摸实问题】** 内江市医疗保障局工作人员多次深入到乡镇卫生院、村卫生室、参保群众中广泛调研,及时掌握具体情况。2018年原新农合合并到城乡居民医疗保险后,为方便人民群众就医结算,支持基层医疗机构发展,市医保局将村卫生室纳入医保定点,并开通医保联网刷卡结算。但是由于村卫生室对公账户的问题,按金融监管部门之前的规定,医保经办机构不能通过公对公的方式向村卫生室拨付其发生的由医保基金支付的费用,只能由县级医保部门拨付到乡镇卫生院,再由乡镇卫生院中转拨付给村卫生室。这种拨付方式给村卫生室带来了时间上的延迟,直接导致到账时间经常滞后,有的村卫生室被拖欠达一两年,一些村卫生室甚至有数十万元的医疗费用被拖欠,制约村卫生室的发展,也是多年来村卫生室期盼解决的难点、堵点问题。

**【组织多方研究,制定解题思路】** 经过多次研究,内江市医疗保障局决定从信息系统建设、对公账户开设、医保经办规程调整等方面着手解决问题。积极向上争取国家医疗保障局和四川省医疗保障局支持,解决村卫生室在国家医保信息平台的医保编码赋码问题,为医保基金直接拨付村卫生室提供信息技术支撑;积极对接金融单位,本着为基层办好事、办实事的原则,协调解决村卫生室对公账户开设问题,消除村卫生室医保基金拨付的主要障碍;及时对城乡基本医疗保险经办规程进行调整,医保定点村卫生室实现按月进行费用结算,严格落实结算拨付各环节办结时限,为直接拨付村卫生室医保基金提供政策依据。

**【审慎开展试点,及时全面铺开】** 为稳妥推进医保基金直拨付村卫生室工作,确保医保基金安全,在破解相关难题后,内江市医疗保障局在隆昌市、资中县、威远县三个县(市、区)中有针对性地各选取4个、共计12个村卫生室作为试点,协调软件服务商改造村卫生室刷卡软件,将村卫生室贯标赋码、银行信息导入医保信息系统,组织人员反复开展全流程测试,解决了各类技术性问题,最终全流程实现医保基金直接拨付试点村卫生室。2022年7月,内江市各县(市、区)同步全面推开村卫生室医保基金直接拨付工作,在8月底前全面实现村卫生室医保基金直接拨付。截至2022年底,内江市960家村卫生室,赋码成功960家,开设对公账户960家,占比达到100%,拨付医保基金共计8434.63万元。

## 案例五:乐山市探索创新医疗服务价格改革

2021年11月,乐山市被国家医疗保障局确定为5个国家深化医疗服务价格改革试点城市之一。2022年,乐山市医疗保障局聚焦解决医疗服务价格“何时调、调什么、调多少”等改革难题,探索建立“总量控制、项目管理、分类形成、动态调整、监测评估”五大机制,扎实稳妥推动国家深化医疗服务价格改革乐山试点工作。

**【落实国家要求,制订改革方案】** 通过建立“国家省市一体联动”机制,强化“智库支撑”作用,既坚持总体符合改革要求,又契合乐山实际,重点提升科学性、合理性和可行性。乐山市按照国家医疗保障局等八部门印发的《深化医疗服务价格改革试点方案》的相关要求，严格对照《医疗服务价格改革试点操作指导手册（暂行）》，结合实际拓展深化，形成《乐山市医疗服务价格动态调整机制的实施意见（试行）》和《乐山市深化医疗服务价格改革监测评估考核管理办法（试行）》，确保改革试点工作成体系、可操作、精准化。

**【做全五大机制，形成体系全面推进】** 建立总量调控机制　以区域内公立医疗机构年度服务性收入总和作为历史基数。根据全市经济发展水平、医药总费用规模和结构、医保基金筹资运行水平等6个方面相关指标计算增长系数，综合确定年度调价总量。

建立项目分类管理机制　将全市医疗服务价格项目按照医务人员和医疗机构能力，应用场景，服务均质化、标准化程度，临床使用频率等因素划分为通用型、复杂型项目，按类别进行管理。

建立动态调整机制　分别就通用型、复杂型项目设立调价启动条件和指标阈值，通用型项目价格沿用政府定价，复杂型项目价格引入医疗机构参与报价，通过设定指标阈值和规则，以经济性得分和政策性得分的总分结果排序，直至用完调价总量，确定调价项目最终价格。

建立项目管理机制　开辟市级医疗机构向省医疗保障局申报新增医疗服务项目“绿色通道”，简化申报流程，加快受理审核，严格控制公立医疗机构实行市场调节价管理的项目及费用所占比例不超过10%。

建立监测评估机制　贯通事前事中事后，推动价格改革与医院发展同频互动。重点评估价格调整对医、保、患的费用影响，分析调价前后相关医疗服务行为的变化，为进一步优化评估指标及调整阈值提供参考，并将监测评估结果作为下一轮医疗机构申报项目、参与报价的考评条件。体系化、协同化推进试点工作，实现工作程序闭环、机制联动传导。

**【做准阈值数据，点面结合精准操作】** 对照成都、德阳、绵阳、宜宾、自贡5个城市近5年基线调查的相关指标数据，在综合评估的基础上设定了乐山市的启动指标阈值区间，并将在试点期间持续跟踪对照5个城市相关指标的变化，更加科学地评估乐山的试点改革成效。此外，依托专家团队梳理分析乐山近5年社会、经济、医疗、医保等领域的指标数据，对部分指标阈值进行微调，提高指标体系的精准性和有效性。

**【做好守正创新，完善机制形成方案】** 在国家医疗保障局操作指导手册的基础上，依托专家团队，广泛咨询省医疗保障局、大型医疗机构、高校科研机构医疗服务价格相关领域22位资深专家意见，利用两步百分制赋权法确定复杂型项目动态调整触发评估指标权重。结合全市医疗技术水平、重点发展学科等实际，赋予国家、省级支持发展的重点学科、薄弱学科对应专用项目等政策性加分，体现政策支持方向。创新经济性赋分方案，在国家医保局经济性赋分模型的基础上，引入分组概念，进一步体现经济性赋分的重要性。

**【主要成效】** 2022年，按照初步建立的五大机制，形成了改革首轮调价方案。2023年1月1日，乐山市医疗服务价格改革试点首轮调价正式落地运行，共计调整医疗服务项目价格754项。其中，调增738项，涉及金额约1420万元，调减16项，涉及金额约180万元。充分考虑避免过多加重群众负担，调价试点工作与医保支付政策协同推进，首轮调价92.3%的调增项目纳入医保报销范围。

## 案例六：南充市科学开展DIP特病单议工作

南充市建立DIP付费“特病单议”机制，促使医疗机构诊疗更合理、管理更精细。

**【主要做法】** 建立“三项制度”　一是评审流程制度。制定特病单议规程，对评审范围、流程、时限、结果等用制度予以明确。二是评审责任制度。制定《南充市医疗保险特殊疾病单议审核专家管理办法》，明确专家职责、义务，专家对评议结果负责。三是建立评审监督制度。建立专家承诺制度，明确工作纪律、廉洁纪律，签订廉洁承诺书。实行评议全过程监督，由纪委派驻纪检员牵头，各专家小组设1名监督员，对评议现场全流程监督。

坚持"三个集中" 一是集中培训。在评议前，组织临床专家、病案专家、基金监管专家围绕评议内容、标准、分工、流程等全方位培训，统一评判内容、标准、流程。二是集中评议。集中时间、集中专家，围绕"五个维度"（医疗行为是否合规、编码是否准确、检查是否合理、治疗是否合理、收费是否合理），集中现场评议。三是集中审批反馈。对评审结果由行政主管局集中审批、集中公示、集中反馈，对集体讨论并形成的问题及时反馈给定点医疗机构，强化整改跟踪，确保评议形成的问题整改落实落地。

采取"三个原则" 一是客观公正原则。客观公正抽取评议专家，在纪检人员现场监督下，从全市特病单议专家库中随机抽取专家现场分组、现场评议。二是回避原则。抽取专家、病历审核均坚持回避原则，坚决杜绝本院专家评议本院病例。三是共评共议原则。在标准统一下，将评审专家分成内、外科等11个评审小组，负责对疑难或疑惑问题组织集体讨论，各专家在审阅每份病例基础上，公开发言并表明观点，由组长组织专家成员对存在问题进行充分讨论和交流。

统一"三个标准" 一是统一申报受理标准。以《南充市基本医疗保险区域点数法总额预算和按病种分值付费特病单议审核规程》为标准，严格评议条件、范围，严格申报、认定时限要求，对不符合评议条件、范围的，坚决不纳入评议，做到尺度统一。二是统一评审标准。严格按照"五个维度"内容进行评议，细化评定细则，统一方法、统一标准，客观评审。三是统一结果运用标准。根据专家评审结果，对检查诊疗合理、收费正确的病例直接核准追加点数；对最终评审得分低于75分的病例，视为专家评审未通过，按该单议病例原分值予以结算；对通过专家评审的违规金额较大的病例，按照高倍率公式重新计算分值。

**【主要成效】** 申报受理质量高 全市统一特殊病历申报范围、时限要求，严格受理标准，历时5天，对全市23家定点医疗机构申报的3025例特殊病历，逐一认定，共受理通过882例，通过率为29.15%，为特病单议公平公正推进奠定了基础。

集中评议高效 从660名全市特病单议专家库中随机抽取临床专家33名、病案专家11名、医院医保办监督员11名、基金监管专家22名，共77名评审专家参与集中评审。专家集中评审882份病例，医疗总费用7246万元，其中有584份病例追加分值，追加总分104014.62分，有298份病例减少分值，减少总分25039.43分，病例资料不齐评审未通过3例，放弃评审和评审未通过病例涉及住院费用约80万元。参加评审的879份病例，通过专家评审共核实违规金额878694.11元。

单议效果明显 对参评病例追加分值前后进行模拟年度测算对比：追加分值前城乡居民DIP病种分值亏损达32%，追加分值后城乡居民DIP病种分值仅亏损9%，涉及金额167.86万元；追加分值前职工DIP病种分值亏损11%，追加分值后职工DIP病种分值仅亏损4%，涉及金额88.00万元。通过特病单议弥补了DIP支付中因特殊原因导致病历分值偏低的问题，医疗机构合理正当收益得以保障。进一步畅通了医保、医疗机构双方的沟通协商谈判渠道，明确了对在DIP支付方式改革中各自存在的难点、痛点和堵点，为持续深入推进医保付费方式改革，实现医、保、患三方共赢搭建了规范的平台。

## 案例七：达州市全力保障"两病"门诊用药

2022年，达州市坚持把提高全民健康水平作为"两病"门诊用药保障工作的出发点和落脚点，积极探索实践"两病"门诊用药保障新模式，创新推行"3334"工作法，引导"两病"患者积极进行认定、合理就医购药，实现早发现、早治疗。依托基层医疗机构，结合家庭医生签约服务，对家庭医生团队服务"两病"患者进行付费，推进医防协同、医防融合发展，提高基层医务人员“两病”防治能力，促进“两病”健康知识传播，将慢病防治关口前移，助力健康中国建设。

**【主要做法】** 瞄准“三种途径”，全面认定“两病”患者　一是系统筛查全覆盖。打破医保、卫生健康、医疗机构间的信息壁垒，实现患者信息共享，将符合条件的人员直接纳入“两病”管理范围。二是上门摸排全覆盖。动员基层医务人员深入村、社区、小区，实行“两病”患者集中筛查、上门认定。建立“两病”网上申报微信群供参保患者使用，基层医务人员初筛符合条件的，直接预约主治医师就诊和购药。三是政策宣传全覆盖。通过宣传手册、政策展示牌、微信公众号、电视台等，广泛宣传“两病”政策；在部分乡镇卫生院设立“两病”门诊用药保障政策宣传点，直接为“两病”患者提供政策咨询；签约家庭医生将政策点对点宣传到所有“两病”患者，让“两病”门诊保障政策入脑入心。

聚焦“三个问题”，补齐用药短板　一是更加注重待遇落实。将“两病”患者在定点医药机构门诊发生的降血压、降血糖的政策范围内药品费用报销比例从50%逐步提高到90%，不断提高“两病”患者对政策的认可度。二是更加注重购药便捷度。扩大村卫生室医保定点范围，满足农村患者就近购药需求。鼓励家庭医生服务团队为行动不便的“两病”患者提供送药上门服务，为外出患者邮寄“两病”药品，提升患者就医购药体验。三是更加注重患者的获得感。及时掌握基层定点医疗机构“两病”用药需求信息，畅通采购渠道，加大“两病”用药供应力度，特别是加强村卫生室“两病”用药品种供应。

调动“三方力量”，优化管理服务　结合乡镇卫生院（社区卫生服务中心）、医联体单位、村卫生室三方力量，组建一个卫生院牵头、一个医联体指导、若干个村卫生室配合的“1+1+N”家庭医生服务团队。团队实行签约服务，对“两病”患者进行改变生活行为方式的健康教育，促进“两病”患者自我管理，防止“两病”从无到有、由小变大，不断提高“两病”患者健康水平。

突出“四个关键”，提升工作效能　一是强化组织引领，全市部署“一盘棋”。成立达州市“两病”门诊用药保障重点联系典型地区创建工作领导小组，党委政府分管领导亲自安排部署，医保部门牵头抓总，各地各部门参与，纵向上下齐抓，横向联动协同，形成工作合力。二是强化工作调度，督促指导“一把尺”。将“两病”门诊用药保障纳入市政府民生实事考核项目，市县两级政府定期调度工作完成情况，医保系统召开全市动员会、推进会，定期调度、通报进展情况，对推动不力的地方点名批评，现场督促指导。三是强化考核评估，签约服务“一张网”。制订《城乡居民“两病”门诊用药保障工作评估考核细则》，对各县（市、区）工作推进情况进行评估；从政策宣传、认定人数、规范化用药率、健康教育等方面，对家庭医生团队服务情况进行考核，得分80分及以上的，按照管理服务的“两病”患者人数，医保基金按照30元/人/年、基本公共卫生资金按照10元/人/年的标准支付费用；60~80分的，按比例扣减资金；60分以下的，不予资金划拨。通过考核评估，调动了家庭医生服务团队工作积极性。四是强化药品配送，做实减负“一件事”。要求配送药商及时将集采中选药品足量配送到基层医疗机构，减轻患者购药负担。

**【主要成效】** 覆盖范围扩大，就医负担减轻　2022年底，全市“两病”患者认定59.2万人，较年初增加30.38万人，增长率达105.4%，认定率从4.7%提升到11.51%。2022年“两病”门诊用药19.74万人，用药率33.34%，较2021年增加13.17万人，增长率达200.46%。全年全市“两病”患者医保报销6467.01万元。

助力基层医疗机构疾病防治　以宣汉县大成镇为例，2022年底，辖区患者血压稳定率达92.9%，血糖稳定率达85.6%，“两病”诱发的并发症和疾病不良事件明显降低，住院人次降低52.8%，重大病患者转诊转院率由两年前的81%下降到20%以下。

# 贵州省

## 工作综述

2022年，贵州省医疗保障局坚持以人民为中心，以高质量发展为目标，以“忠诚医保”为统揽，按照“收好钱、管好钱、用好钱”的思路，持续完善基本医保筹资和待遇调整机制，推动基本医保省级统筹，完善大病保险和医疗救助制度，加强“全链条”基金监管，常态化开展药品耗材集采，动态调整药品目录和医疗服务项目价格，优化完善医保公共服务，全省医保高质量发展取得明显成效。全省基本医疗保险参保4221.23万人，其中职工医保494.07万人，居民医保3727.16万人，参保率稳定在95%以上。基本医疗保险（含生育保险）基金收入649.80亿元，支出535.36亿元，累计结存761.63亿元，医保基金总体运行平稳。

**【巩固拓展医保脱贫攻坚成果】** 提请省人民政府办公厅印发《关于健全重特大疾病医疗保险和救助制度的实施意见》，明确了医疗救助对象范围，全面覆盖包括特困人员、低保对象、脱贫不稳定人口、边缘易致贫人口和突发严重困难人口在内的农村低收入人口，明确农村低收入人口分类资助标准，同步优化医疗保障待遇政策，对做好农村低收入人口医疗保障、筑牢三重制度综合保障防线等工作进行全面安排，首次把困难职工纳入医疗救助，将医疗救助年度限额从3万元提高到5万元，实行市（州）级统筹，切实减轻困难群众重特大疾病医疗费用负担。联合省财政厅、乡村振兴局、税务局印发《关于稳步调整过渡期内脱贫人口医保倾斜政策的通知》，落实国家和省关于过渡期内逐步调整脱贫人口倾斜政策的要求，明确了分类别、分步骤调整脱贫人口的医保倾斜政策。截至2022年底，医疗救助资金资助参保862.69万人11.85亿元，救助268.70万人次11.91亿元。全省当期农村特困人员、农村低保对象、监测对象、脱贫人口参保分别为10.79万人、182.94万人、46.65万人、777.61万人，三重保障对上述群体的支付分别为2.63亿元、28.3亿元、9.74亿元、60.77亿元，实现动态应保尽保、应报尽报。率先全面建立防止因病返贫致贫长效机制，监测出医疗自付费用单次超过4000元、累计超过6700元的脱贫人口等特殊人员94738人，医疗自付费用单次、累计超过10000元的普通参保群众240874人，全省未发生因病导致的规模性返贫致贫。

**【助力疫情防控】** 向109家定点救治医院预付医保资金，救治费用充足。筹集疫苗接种医保专项经费，实现“钱等苗”。对新冠病毒检测试剂进行集采，引导企业降低价格，平均降幅55%，单人份采购价格降至6.39元/人份，五人份降至1.46元/人份，十人份降至0.85元/人份。降低新冠核酸检测收费标准，单人单检最高为14元/人次，多人混检最高为2.6元/人次。持续拓宽线上服务渠道，完善网上办事、全省通办、手机App等经办流程，保障患者疫情期间就医购药需求。全年共为6.22万家参保单位、84.35万参保职工阶段性缓缴医保费4.07亿元，发挥了医保在稳增长、稳市场主体和保就业中的积极作用。

**【推进跨省异地就医直接结算】** 严格落实2022年贵州省政府工作报告“十件民生实事”中实现定点医药机构跨省直接结算“县县通”的工作要求，结合全省医疗保障工作实际，制定印发《贵州省医疗保障定点医药机构跨省直接结算“县县通”工作方案》，成立定点医药机构跨省直接结算“县县通”工作领导小组统筹协调工作，梳理异地就医联网医药机构业务开通情况，统一全省医保相关标识标牌，开展高血压、糖尿病、恶性肿瘤门诊放化疗、尿毒症透析、器官移植术后抗排异治疗5个门诊慢特病直接结算测试。截至2022年底，全省开通跨省异地就医住院费用直接结算医疗机构2761家、高血压糖尿病等5种门诊慢特病医疗机构187家、门诊医疗机构1684家、药店12835家，实现医疗机构跨省直接结算“县县通”。2022年，贵州省参保人跨省外出就医直接结算76.71万人次、同比增长524%，医疗费用29.34亿元，基金支付17.94亿元。外省参保人来黔就医直接结算51.82万人次，同比增长806%，医疗费用7.05亿元，基金支付4.35亿元。贵州省跨省外出就医与来黔就医的医疗费用比为4∶1。

**【优化门诊慢特病保障】** 围绕《中共贵州省委、贵州省人民政府关于印发〈贵州省整体提升卫生健康水平攻坚行动计划（2021—2030年）〉的通知》精神，出台《关于进一步做好活动性结核病门诊医疗保障工作的通知》，将活动性肺结核调整为非耐药活动性结核病，将耐多药肺结核调整为利福平耐药结核病，促进活动性结核病患者规范治疗，切实减轻参保人员门诊就医负担。2022全年，全省统一的32个慢特病门诊待遇享受人数91.34万人，医疗总费用15.64亿元，政策范围内费用14.22亿元，基金支付11.70亿元，政策内报销比例82.28%，参保人慢特病保障得到有力巩固。

**【推进职工医保门诊共济改革】** 认真落实《省人民政府办公厅关于建立健全职工基本医疗保险门诊共济保障机制的实施意见》，指导9个市（州）于6月底前出台市（州）级政策文件，各市（州）起付线与封顶线均按照省级指导标准150元、2000元来确定；报销比例上，贵阳市、安顺市、黔西南州一级及以下医疗机构、二级医疗机构、三级医疗机构政策范围内支付比例分别为75%、70%、65%，退休人员支付比例高于在职职工5个百分点。组织信息公司开展系统优化改造，9月起全省全面实现实施职工医保个人账户家庭共济使用，5个市（州）建立并实施职工医保门诊统筹制度。

**【加强医保基金监管】** 联合省公安厅印发《关于加强查处骗取医保基金案件行刑衔接工作的通知》，推动医保基金行政执法与刑事司法有机衔接；联合省公安厅、卫生健康委、市场监管局建立贵州省医疗保障基金综合监管协同工作机制，推动联合监管、协同执法。出台《贵州省医疗保障信用管理暂行办法》《贵州省医疗保障行政处罚程序暂行规定》《贵州省医疗保障行政执法文书》《贵州省医疗保障基金使用监督管理举报处理工作规程（试行）》等规章制度，推进基金监管行政执法规范化。统一全省定点医药机构服务协议范本，推进医德医风建设、监管“关口前移”，进一步加大监督检查力度，实现医保智能审核监控、督促检查全覆盖，联合公安、卫生健康部门开展打击“假病人、假病情、假票据”欺诈骗保专项整治，加大对违法违规定点医药机构行政处罚力度，基金监管取得阶段性成效。2022年，全省检查两定医药机构36438家，实现监督检查全覆盖；依法依规处理10768家，定点医药机构违规占比29%，较2021年度下降8个百分点。其中，暂停医保协议206家，解除医保协议51家，行政处罚124家，移交司法机关10家，移交纪检监察机关3家，追回资金3.9亿元。

**【常态化制度化开展药品集中带量采购】** 目前共有454个常用药品、16类高值医用耗材实行集中带量采购，平均降幅62%，每年减轻群众负担37亿元。全力保障短缺药品供应，国家和省级短缺药品清单中的12个药品，在省平台共有31个生产企业的38个产品挂网。动态调整医保药品目录，累计纳入507个新药好药，纳入医保支付的西药和中成药3052种、中药饮片1424种、国家组织谈判药品275种；医保目录内药品疗效水平大幅提升，多数治疗领域的药品保障实现与国际同步，肿瘤药、罕见病和儿童用药等保障短板逐步补齐，已有45种罕见病用药被纳入国家医保药品目录，覆盖26种罕见病。创新实施特殊药品“五定”管理，将107个特殊药品通过“双通道”供应，更好地满足群众医保用药需求。

**【动态调整医疗服务价格】** 持续督导各市

(州)做好医疗服务调价评估工作,举办价格调整培训会,不断完善医疗服务价格管理新机制、新思路,打破过去医疗服务价格调整“长期不动,突击大动”的局面。截至2022年8月底,全省9个市(州)均完成2022年度医疗服务价格动态调整评估工作,贵阳市已进行新一轮价格调整,共上调386项,价格平均增幅15%。遵义市、毕节市等4个市(州)正在制订医疗服务价格调整方案,预计调增总量22142万元。通过动态调整,医疗服务价格指数逐年增长,以2018年为基期,2022年医疗服务价格指数为109.5,整体上升9.5%。同比2021年(107.74)上升1.76个百分点,但增长率低于全省GDP、社会平均工资增长率,有效发挥价格合理补偿功能,确保群众负担总体稳定、医保基金可承受、公立医疗机构健康可持续发展。

**【推动医保支付方式改革】** 制订印发《贵州省DRG/DIP支付方式改革三年行动计划》,明确在2024年底实现DRG/DIP支付方式改革“统筹地区全面覆盖、医疗机构全面覆盖、医保基金全面覆盖、病组(病种)全面覆盖”的目标。建立支付方式改革工作领导小组,分设DRG、DIP工作联络员,定期对各统筹区DRG/DIP支付方式改革运行情况进行监测,及时指导解决工作中出现的问题。通过线上和线下相结合的方式,组织开展DRG/DIP支付方式改革培训,培训累计覆盖超5000人次。完成国家统一DRG/DIP功能模块部署,制定《贵州省支付方式改革工作第三方服务内容》,厘清全省“1+N”模式边界(“1”为省医保局国家版DRG/DIP功能模块基础版部署和服务需求,“N”为各市(州)第三方服务需求),避免重复招标重复建设。截至2022年12月31日,已有5个试点城市开展DRG/DIP支付方式改革工作并实际付费,占所有统筹区的50%,六盘水市、遵义市、铜仁市、毕节市、黔南州病组(病种)覆盖率分别为93.15%、78%、99.5%、96.59%、100%,DRG/DIP付费医保基金支出占统筹区内用于住院的医保基金支出的比例分别为50.07%、68.18%、56.44%、82.67%、92.46%。5个尚未开展DRG/DIP支付方式改革的统筹区已明确按照DIP模式开展,并已启动基线调查、服务招标、数据清洗等模拟运行准备工作。

**【规范管理医疗服务项目】** 制定器官移植类医疗服务价格项目规范。开展2022年度新增医疗服务价格项目专家评审工作,新增药物治疗门诊项目,对55项价格项目进行修订,提升价格项目与医疗技术和医疗活动改良创新的兼容性,促进医疗技术创新发展和临床应用。2022年累计召开专家论证会20余场次,充分尊重医院意见建议,发挥医生专业优势。启动口腔种植费用虚高专项治理,按照“服务项目”+“专用耗材”技耗分离的方式对口腔种植服务价格进行综合调控,将单颗牙种植手术费用降至4000元左右,对口腔医用耗材进行带量采购。

**【推进信息化建设】** 建设一体化公共服务体系,完成贵州医保App、微信公众号、支付宝小程序、网上办事大厅、多彩宝等多渠道一体化公共服务建设,并逐步优化完善功能,全省累计上线90个公共服务事项。积极推进医保电子凭证激活工作,截至2022年12月,全省医保电子凭证激活人数3457万人,激活率82.09%。在医保电子凭证良好应用基础上,推进医保电子凭证挂号、取药、取报告、结算等全流程应用,推进医保移动支付和扫脸支付等“互联网+医保”建设,7月在试点城市完成移动支付和扫脸支付上线运行。联合省大数据局、省政务服务中心印发《贵州省医保部门政务服务数据融通攻坚方案》,推进医保系统与政务系统通融。11月4日,经国家医保局验收组检查,贵州医保信息平台顺利通过验收。

**【优化医保公共服务】** 整体上线国家医保信息平台,形成全省医保系统一张网,医保系统应用不断深化,医保精细化管理服务水平和高质量发展能力不断提升。全省各地实现城乡居民基本医保参保登记、基本医保参保信息变更等“全省通办”28项、“跨省通办”7项,参保群众跨省及省内异地办理医保更便捷。推进以“自然人+法人、咨询+投诉”的医保政务一窗通办“2+2”改革,率先实现业务专网与政务服务网系统融通。优化门诊慢特病经办流程，指导各统筹区将医保经办权限下沉到医院，参保群众前往就近门诊慢特病申办定点医院即可办理，实现线上或线下“即到、即办、即享受”。用好12393医保服务热线，积极回应群众诉求、解决群众难题，累计解决群众困难36万个。率先推出医保参保人短信服务，短信服务覆盖参保群众就医购药全过程，累计推送短信1.2亿余条。

**【加强法治政府建设】** 坚持依法行政，严格落实行政规范性文件备案审查制度，加强行政规范性文件制定监督管理，全年共审核规范性文件5份。持续推进法律顾问工作，建立履职工作机制和激励机制，重大决策注重听取法律顾问的意见，保证各项重大决策部署合法合规，全年法律顾问共出具法律意见67份。规范行政执法行为，完善行政执法裁量权基准，依法制定“首违不罚”和轻微违法行为包容免罚清单。加大医保领域执法力度，全面落实行政执法公示、执法全过程记录、重大执法决定法制审核制度。全面落实“谁执法谁普法”普法责任制，制定年度普法责任清单，开展以案释法、在线学法和违法警示教育活动，形成自觉遵法、学法、守法、用法的良好氛围。组织干部职工开展在线学法考试，参考率和合格率均达100%。

## 重要活动

1. **全省医疗保障工作会议召开。**2月25日，省医疗保障局组织召开全省医疗保障工作会议，省医疗保障局主要负责同志出席并讲话。会议全面总结2021年全省医疗保障工作，分析研判当前面临的新形势，安排部署2022年工作。

2. **全省医保基金监管工作部署会议召开。**3月15日，省医疗保障局组织召开全省医保基金监管工作部署视频会议，省医疗保障局主要负责同志出席会议并讲话。会议对2022年全省医保基金监管进行了全面安排部署。

3. **开展医保基金监管集中宣传月活动。**4月，省医疗保障局以“织密基金监管网，共筑医保防护线”为主题，在全省范围内组织开展集中宣传月活动。通过海报、折页、宣传栏、公益广告、情景短片、普法栏目、普法知识竞答、动漫宣传等线上线下相结合的形式，解读相关法律法规和政策措施，主动曝光典型案例，畅通举报投诉渠道，开展征集执法案例活动和医保信用承诺活动，营造“人人知法、人人守法”的良好监管环境。

4. **贵州省医保支付方式改革情况新闻发布会召开。**7月28日，省政府新闻办召开“贵州省医保支付方式改革情况新闻发布会”，会议通报了贵州实施医保支付方式改革，逐渐实现医保基金得安全、医疗技术服务水平得提高、群众看病就医减负担得实惠，最终实现“医、保、患”三方共赢。

5. **省医疗保障研究会第三次会员大会召开。**11月21日，贵州省医疗保障研究会第三次会员大会召开，会议选举产生第三届理事会、监事会成员。

6. **开展医疗保障基金监管飞行检查。**11—12月，省医疗保障局组织9个检查组对各市（州）开展医疗保障基金监管飞行检查。此次飞行检查根据医保基金使用量或数据筛查发现的疑点情况确定检查对象，共计检查18家定点医疗机构、9家医保经办机构。

## 典型案例

### 案例一：贵州稳步推进长期护理保险制度试点

2020年9月，贵州省黔西南州获批国家长期护理保险制度第二批试点城市后，逐步在制度政策、评估标准、待遇给付等方面形成规范清晰的制度架构，取得较好的试点成效。

**【主要做法】** *健全多方运行机制* 一是政策体系规范化。围绕参保筹资、缴费标准、待遇水平、经办管理、信息系统、失能评定、基金管理等方面，逐步探索建立形成多元筹资、评估规范、保障适度、方式灵活的长护保险工作“1+8”政策体系。二是筹资机制多元化。在坚持“保障基本、低标准启动、平稳运行”的原则下，综合考虑经济发展水平、资金筹集能力、保障需求等因素，从参加城镇职工医保的参保人起步，采取“单位+个人+财政+

福彩基金补充”相结合的方式筹资。三是覆盖人群全量化。在以职工作为参保人群运行稳定的基础上，报请国家医保局同意后，将长护险试点扩面到城乡居民参保人群。

*规范照护服务标准* 一是服务项目精细化。根据不同失能人员的护理需求，在养老机构护理的基础上，组合推出自主护理、上门护理、辅具租赁等多种自选服务套餐，综合生活照料、专业护理等方面需求，设计生命体征监测、口腔清洁、温水擦浴等22个生活照料服务项目，提供吸氧护理、留置导尿、肢体按摩等10个专业护理服务项目，开展家用护理床、多功能轮椅等质优价廉的辅具租赁服务，并将服务触角延伸到村。服务机构入户上门护理时，同步开展家庭照料专业护理培训，增强失能人员亲属居家护理能力。二是保障水平标准化。按照不同情况设定不同支付标准，自主照料的每月200元（支付给参保人），居家上门护理的每月900元（支付给护理服务机构），机构内护理的每月1000元（支付给护理服务机构），产品或辅具租赁费每月300元（支付给提供护理产品租赁服务机构）。三是待遇设置差异化。为解决重度失能人员基本护理差异化需求，按照“以收定支、收支平衡”的思路提供差异化待遇保障方案，针对重度一级、二级、三级失能人员采取不同待遇套餐，设置梯级待遇享受标准，细化优化待遇享受服务。

*定职定责明确经办* 一是经办队伍体系化。黔西南州长护险由各级医保部门主导，医保经办机构负责经办，政府购买服务委托商业保险公司具体承办。试点开展以来，遴选4家定点护理机构作为定点护理机构。二是评估队伍专业化。会同卫生健康部门组建专家库形成失能等级评估资格评定委员会，成立长护险资格评估专家库，建立第三方评估机制。三是评估机构化。积极与省外定点评估机构洽谈，争取实现由承办机构与有资质的定点评估机构签订协议，将失能评估委托给专业评估机构组织评估失能鉴定、护理等级评定和评价，并出具评估报告。

*便捷服务优化宣传* 一是服务方式信息化。开发并上线长期护理保险经办系统，同时上线供参保人、评估员、评估专家分别使用的手机App，经办智能高效。同时，积极与国家医保局对接，比对国家医保系统长护模块与黔西南州差异化需求，研究系统配置方案，协商接入国家新医保信息具体举措。二是政策宣传氛围化。组织召开长期护理保险培训会，通过进村入户宣讲和电视、广播、报纸、抖音等线上线下相结合方式持续宣传，提升群众对长护险的知晓度。

**【主要成效】** *以人为本的制度初衷成效显现* 黔西南州试点实现了“州级统筹、参保政策、缴费标准、待遇水平、经办管理、信息系统”六统一，长护险试点制度架构初步形成。经过一年多的试点运行，黔西南州长护险政策逐渐获得群众的理解和认可，在参保人中赢得较好的口碑。截至2022年12月，黔西南州长护险累计为参保职工和居民受理失能评估862人，已累计为770名失能人员提供长期护理保险待遇，2022年基金累计支出801.09万元。

*医养结合发展模式更加多元* 黔西南州被民政部和财政部批准为全国第五批居家和社区养老服务改革试点，同时还获得世界银行、法国开发署养老服务贷款项目支持，全州康养产业正加快发展。长护险的开展对促进“医养融合”新型养老服务模式发展、解决长期失能人员的护理和日常照料难题、完善与经济社会发展相协调的多层次社会保障体系等方面有着极大的推动作用，促进了老年人医疗护理和养老之间的衔接，让居家养老、社区养老、机构养老的失能老人获得更加优质有尊严的护理服务。

*带动社会关联产业发展* 黔西南州长护险试点工作，优先吸纳培训有劳动能力的低收入人口、边缘户、新市民等特殊群体，在护理服务机构的指导、管理、监督下，为失能人员提供相关服务，巩固了脱贫攻坚成果，实现与乡村振兴的有效衔接。同时，从试点实践看，长护险对养老产业、家政护理服务业的发展起到拉动作用，为养老护理培训

市场注入动力，对养老护理和健康照护人才队伍的培养产生推动作用，成为撬动相关产业发展的杠杆，促进了就业和当地相关产业的发展。

## 案例二：铜仁市打造"医保守护1314"服务品牌

2022年，铜仁市践行"中国医保、一生守护"理念，围绕医保经办服务高质量发展，打造"医保守护1314"服务品牌（1，即培养一支业务过硬的医保经办服务队伍；3，即突出抓好惠民药店、大数据应用服务、医保移动支付三项创新改革；1，即规范一套标准的医保经办服务体系；4，即构建完善市、县、乡、村四级医保经办服务网络），努力形成组织推动、上下联动、交流互动的标准化、规范化、便捷化医保经办服务格局。

**【主要做法】** *培养一支业务过硬的医保经办服务队伍* 研究制订《铜仁市医疗保障系统干部职工能力素质提升五年培训计划（2022—2026年）》，每年在全市至少开展2期新进医保经办人员集中培训，培训合格统一颁发证书，持证上岗。推行"每日政策解读半小时"活动，窗口经办人员每天下班后进行集中业务交流，持续强化窗口经办人员综合业务素质，努力营造"年年有培训、月月有提升、日日有锻炼"的良好氛围，全方位锻造一支高素质的医保经办队伍。

*突出抓好惠民药店、大数据应用服务、医保移动支付三项创新改革* 一是抓惠民药店创建。在全省率先将符合条件的医保定点零售连锁药店纳入省药品阳光采购平台，实施国家组织药品带量采购，降低药品耗材虚高价格，让患者能够在就近的惠民药店买到便宜药品。截至2022年底，已建成覆盖10个区县140家连锁惠民药店。二是抓新生儿"一站式"服务大数据场景。打通铜仁市多部门之间信息壁垒，实现数据共享互通，让新生儿家长可以轻松办好新生儿《出生医学证明》、出生户口登记、医保参保缴费等业务。截至2022年已有1600余人通过新生儿"一站式"服务办理参保手续。2022年5月，新生儿"一站式"服务大数据场景被铜仁市大数据发展领导小组授予"优秀大数据应用场景"。三是抓医保移动支付应用。依托医保电子凭证身份认证功能，实现在定点医药机构、医保经办机构等场所刷脸就医购药、扫脸激活医保电子凭证等服务。

*统一规范一套标准的医保经办服务体系* 采取"七个统一"全面打造规范化标准化经办服务体系。一是统一医保经办政务服务事项。严格执行《国家医保局医疗保障经办政务服务事项操作规范》《贵州省医疗保障系统政务服务事项清单》。二是统一推进一窗通办"2+2+2"改革。以"自然人+法人（含非法人组织）、咨询+投诉、市级+区级"的"2+2+2"政务服务新模式，实现"前台无差别受理"的"大一窗"为目标。三是统一"全省通办""跨省通办"事项。将28项医保经办服务事项全部纳入"全省通办"，落实7项"跨省通办"服务事项，畅通5个慢特病门诊省内异地直接结算，开通执行生育保险待遇与支付"跨省通办"等服务。四是统一办事材料和流程。实现服务效率最高、所需材料最少、办理时限最短、办事流程最简的"四最"目标，为参保单位和群众提供优质、便捷、温馨的医保服务。五是统一经办大厅设置。严格按照《国家医保局医疗保障经办大厅设置与服务规范（试行）》要求，科学规范设置各级医保经办服务大厅。六是统一医保经办服务途径。坚持传统服务与智能服务相结合，推进医保电子凭证全业务流程应用，实现"零跑腿、不见面"服务，满足不同办事群众服务需求。七是统一服务评价机制。依托全省政务中心统一的"好差评"系统，不断完善评价规则，对存在投诉、差评的，认真剖析，找出原因，及时解决，持续提升医保经办服务质量。

*构建完善四级（市、县、乡、村）医保经办服务网络* 构建市、区（县）以政务服务中心医保窗口建设为核心，乡镇（街道）以为民服务中心（综合服务大厅）医保窗口建设为辐射点，村（社区）以村卫生室（社区卫生服务站）和村级综合服务设施等医保服务点为基站的医保经办服务格局。采取试点建设、以点带面的方式，构建"15分钟医保服务

圈”，参保群众居住地15分钟里程范围内即可办理医保服务事项，实现全市医保服务网络建设全覆盖。

**【主要成效】** 截至2022年底，铜仁市将11个医保经办服务高频事项权限下放至乡镇、社区“15分钟医保服务圈”示范点，建成市级医保经办“15分钟服务圈”示范点42个，县级示范点103个。开展全市范围内新进医保经办人员培训2期100余人次、每月“周四大练兵大比拼”活动12次，累计为全市医保系统干部“充电”3000余人次，服务群众12000余人次，群众办事等待时间由原先的15分钟下降到5分钟，业务“一次办成率”由原先的90%提升到98%，好评率由原先的98%提升至100%。铜仁市本级医保经办窗口连续2年获得文明窗口称号，10个县级医保经办窗口有7个被政务中心授予文明窗口，全市人民群众对医疗保障的获得感、幸福感、满足感不断提升。

## 案例三：黔南州推进DIP改革

2022年，黔南州发挥医保基金杠杆调节作用，分批分期推进DIP改革试点，实现了医保基金增效、医院管理提质、人民群众受益的良好局面。

**【主要做法】** 分批次稳推进　黔南州按照“三步走”的原则，分批分期推进试点。一是条件成熟先行先试一批。州人民政府印发工作方案，建立工作机制，组织专家团队搭建DIP运行系统，利用大数据功能开展论证测试，全口径开展业务知识培训。选择条件相对成熟、制度机制健全、参与改革意愿较强的23家医疗机构实施DIP实际付费。二是总结经验重点推进一批。通过第一批医疗机构开展DIP实际付费，在建机制、打基础、推协同等方面初步取得成效的基础上加快扩面步伐，推动州妇幼保健院、部分县级中医医院和民营医院等88家医疗机构开展DIP实际付费。三是压实责任全面推进一批。结合前期运行情况，认真排查和破解改革中遇到的难点堵点，建立健全《DIP经办管理规程》《DIP结算实施细则》《DIP工作考核方案》等运行机制，引导基层医疗机构加强病案、编码及数据管理，组织所有符合条件的基层医疗机构开展试运行，截至2022年底，全部实施DIP实际付费。

抓扩面建机制　一是狠抓覆盖面。实现12县市全覆盖，截至2022年底，共336家进入DIP实际付费，占全州符合条件开展住院服务医疗机构的100%；2022年，全州符合条件开展住院服务的医院病例数586613例，纳入DIP实际付费522422例，占比89.06%；本区域内医保患者的住院医保基金支出16.98亿元，纳入DIP实际付费的医保基金支出15.51亿元，占比91.34%。二是建立DIP目录动态调整机制。动态调整病种目录7次，截至2022年底，核心病种3306种，综合病种847种，启用疾病严重程度辅助目录29条规则，启用DIP监管辅助目录27条规则。三是建立DIP考核评价及多方参与机制。利用考核评价强化激励约束机制，形成多方参与、相互协商、良性互动的医保治理新格局。四是建立相关改革协同推进机制。协同推进精神类疾病、残疾儿童康复疾病按床日付费改革，实施紧密型县域医共体总额付费改革，加强支付方式的针对性和适应性，形成与DIP改革的正向叠加效应。

打基础推协同　一是加强基础能力建设。完成DIP相应信息功能模块落地应用，加强标准规范建设，提高DIP改革质量和效益，提升DIP改革标准化、规范化水平；加强示范点建设，明确3个DIP示范医院，充分发挥示范引领作用。加强宣传引导，展现DIP改革惠及参保群众、引导医疗机构加强管理及促进医保基金提质增效的重要意义。二是加强编码管理和数据管理。要求医疗机构及时、准确、全面传输DIP付费所需数据信息，确保国家15项医保信息业务编码在定点医疗机构全面落地。三是加强病案管理。引导医疗机构加强院内病案管理，提高病案管理质量。开展病案质量专项督查，支持和配合定点医疗机构开发病案智能校验工具，不断提高病案首页及医保结算清单报送的完整度、合格率、准确性。四是引导医疗机构转变内部运营机制。引导医疗机构改变当前粗放式、规模扩张式运营机制，转向更加注重内涵式发展，更加注重内部成本控制，更加注重体现医疗服务技术价值。在促进医院精细化管理、高质量发展的同时，提高医保基金使用绩效。

**【主要成效】** 医疗机构管理水平和医疗质量普遍提升　一是管理水平提高。实施DIP后，实现了诊疗行为标准化、规范化、透明化，使医疗机构有章可循，临床路径病种入组率由33%提高到48%，达到“优化成本、节约开支”的效果。二是医疗质量提升。上线DIP系统，医务人员规矩意识普遍增强，医疗机构病案质量普遍提高，诊断名标准化率由66.33%上升至92.49%，手术操作漏填率由25.31%降至0.05%，核心病种入组率由81.11%上升到94.17%。三是分级诊疗推进。通过设置分值和系数，州级三级医院CMI值由1493.75提升到1548.14，二级医院CMI值由973.65提升到1026.64，形成以提升服务和技术能力挣分值创收益的良好格局，分级诊疗效果初显。

参保群众就医获得感普遍提升　一是住院费用降低。医疗机构主动剔除不合理的检查、治疗和用药，患者人均住院自付费用由实施前的1525元下降到1406元，下降幅度为7.8%；费用指数单价由5.52下降到4.67，降幅达16%，遏制了过度医疗、过度检查和降低入院标准行为。二是住院比值降低。实施DIP后，城乡居民门诊受益率得提升，住院率控制在16%左右，“挂床住院”“小病大治”状况得到有效控制。三是住院时长缩短。医疗机构成本核算意识明显增强，主动用最合理和个性化的诊疗路径精准服务于患者，避免故意延长住院床日创收，人均住院天数由实施前的9.3天下降至8.4天，住院时间缩短9.67%，患者就医经济负担明显减轻。

医保基金使用效率和治理水平普遍提升　一是支付更高效。通过实施DIP，有效发挥医保基金“牛鼻子”作用，住院按项目付费比例逐步降低，住院DIP付费占比提升至69.81%。推动医疗机构自我优化收入结构、重构绩效考核机制，医务人员技术服务性收入增加。二是支付更精准。实施DIP后，取消医保基金对具体医疗机构的绝对总额控制，医疗机构不再担心提高服务能力后，合理增加的医保支出受总额限制。111家DIP实际付费医院住院医保基金实际支出15.51亿元，DIP总额支出预算为15.57亿元，DIP总额支出预算比实际发生数据多600余万元，偏离度仅为0.41%，预算更精准、资源分配更合理。三是支付更安全。突出“支付+监管”双轮驱动，医疗机构加强了自身临床路径管理，诊疗更加规范合理，药品耗材及检查检验费用占比由63.45%压缩至60.17%，减少了滥检查、滥用药、过度医疗等现象。

## 案例四：安顺市“六机制”落实定点医药机构医保基金安全主体责任

2022年，安顺市以对定点医药机构开展基金监管综合治理工作为契机，制订印发《安顺市建立定点医药机构维护医保基金安全主体责任制工作方案（试行）》，将定点医药机构法定代表人（主要负责人）作为定点医药机构落实医保基金安全第一责任人，临床科室及药学、护理、医技、连锁药店店面等业务部门主要负责人（店长）作为本部门落实医保基金安全和管理规范使用医保基金第一责任人，管好医药机构的“关键少数”，管好医生的“一支笔”，通过建立六项制度，将各项管理措施任务、责任落实到人。

**【主要做法】** 建立诚信承诺制度　定点医药机构各科室、医务人员、药店负责人等通过所在机构与本单位落实医保基金安全工作机构签订《诚信承诺书》，各定点医药机构法定代表人（主要负责人）与医保部门签订《诚信承诺书》，层层压实医保基金安全主体责任。

建立提醒告诫制度　在落实医保基金安全管理过程中，对违反医保法律法规、协议规范、诚信承诺，不落实医保基金安全管理制度，不配合检查的人员、科（室）、药店销售人员等，医保部门与定点医药机构对其实行书面提醒告诫，并记入相关人员诚信档案，督促加强自身管理。

建立信用管理制度　按照《贵州省医疗保障

信用管理暂行办法》,安顺市以加强定点医药机构人员信用监管为着力点,将定点医药机构落实医保基金安全管理的措施全部分解到医务工作人员,并记入定点医药机构医保医(护、药)师诚信档案或者违法违规者失信档案,与信用管理评价制度相结合,探索实现失信联合惩戒到个人。

建立巡查管理制度　督促定点医药机构建立落实医保基金安全巡查管理制度,实施精准管理,并结合本机构工作实际,制订详细的巡查方案,经常性开展违法违规使用医保基金行为的常态化巡查,发现问题及时进行惩戒,并向医保部门报告。

建立安全述职制度　建立一级及以上定点医疗机构医院领导及部门负责人年度落实医保基金安全述职制度,并将落实医保基金安全纳入医疗机构内部绩效考核指标体系,将各定点医药机构维护医保基金安全第一责任人的年度落实医保基金安全述职报告向医保部门备案,归入相关人员诚信档案。

建立自查自纠工作机制　督促定点医药机构利用信息化手段,建立落实医保基金安全自查自纠工作机制,对自查发现的违法违规行为,立即向医保部门报告。每年度各定点医药机构根据各自服务范围,确定本机构落实医保基金安全自查内容,定期组织开展医保基金安全自查自纠工作,于次年3月30日前向所在地医保部门报告本机构上一年度落实医保基金安全自查自纠整体情况,并提交由第一责任人签署的年度自查报告。

**【主要成效】** 基金监管责任更明确　建立科学评价考核体系,健全对医药机构法定代表人或主要负责人、医护药师考核惩戒制度,将惩戒落实到人,将定点医疗机构医护药师的主体责任落到实处。

基金监管更多元　推动构建政府监管、社会监督、行业自律和个人守信相结合的医保基金监管新格局,强化定点医药机构自我管理、自我约束、自我规范,落实好定点医药机构维护医保基金安全主体责任,进一步促进定点医药机构依法合规正确使用医保基金,降低违法违规风险。

靶向施策更精准　压实医保基金安全主体责任,在全市两定机构建立了职责明确、管理规范、执行有力、问责有效、依法管理的定点医药机构落实医保基金安全管理责任体系与工作机制,定点医药机构作为落实医保基金安全第一责任人的作用得以发挥,抓实了医保基金安全的“关键环节”与“关键少数”,依法依规使用医保基金的理念普遍增强。

多部门治理内容更丰富　在各定点医药机构建立和落实自查自纠制度基础上,全市医保部门针对市域范围内不同类型定点医疗机构的特点及易发频发多发问题,组织全覆盖全链条多部门开展专项治理,强化联合执法、联合惩戒,以零容忍的态度形成齐抓共管、无缝隙的医保基金监管屏障,有助于从根源上斩断伸向医保基金的黑手。

## 案例五:遵义市建设医保经办服务“乡村通”暨“15分钟服务圈”

遵义市医保局坚持“三分政策,七分经办”工作理念,推进医保经办服务“乡村通”暨“15分钟服务圈”建设,打造“遵满意”政务服务品牌,推动医保业务“下沉办”、群众办事“就近办”。

**【主要做法】** 多部门协同支持　成立以市长任组长、分管副市长任副组长的深化医疗保障制度改革领导小组,为医保经办服务改革提供坚强保障。市医保局协调主要涉改部门加大医保经办服务工作支持力度,市委编办印发文件加强乡镇医保经办服务工作,市财政局足额保障医疗保障事业发展工作经费,市政务服务局支持医保经办服务标准化、规范化、便捷化建设,市卫生健康局与市医保局联合印发《遵义市全面推进医保经办服务“乡村通”暨“15分钟服务圈”工作方案》,形成改革合力。

打造示范点带动　印发《遵义市医保经办服务“乡村通”暨“15分钟服务圈”示范点建设工作方案》,依托乡镇(街道)人社中心、便民服务中心、党群服务中心、乡镇卫生院、村卫生室、村党群服务中心等，建立健全乡、村两级医保经办服务站（点），全市共打造示范点108个。其中，乡级示范点32个、村级示范点76个。根据试点探索经验，坚持“应放尽放、宜放则放”原则，调整优化乡、村两级医保经办政务服务事项。

经办服务体系建设　围绕“市级统筹、县乡联动、层层把关、高效衔接、权责清晰”工作思路，制定印发《遵义市医保经办服务“乡村通”暨“15分钟服务圈”工作指南（试行）》，实现事项名称、申办材料、经办方式、经办流程、办理时限、服务标准的“六统一”，做到证明材料最少、办事流程最简、办理时限最短、服务质量最优的“四最标准”。制订印发《遵义市医保经办机构内部控制检查评估工作方案》《遵义市医保服务中心稽核内控责任追究制度》，开展县级医保服务中心内部控制专项评估全覆盖检查，形成“事有人办、责可溯源、流程规范”的工作机制。

**【主要成效】**　医疗保障制度改革成果惠及全民　建设医保经办服务“乡村通”暨“15分钟服务圈”，构建起市、县、乡、村四级经办服务体系，医保经办供给服务能力普遍增强，丰富了遵义市民生领域供给侧结构性改革内涵，把深化医疗保障制度改革成果转化为人民群众普遍享受的优质服务。

推动医保服务体系自我完善　建设医保经办服务“乡村通”暨“15分钟服务圈”，有利于发挥基层医保经办机构医保工作宣传员、服务员、情报员的作用，实现政策宣传“零距离”、倾听意见“零距离”、服务群众“零距离”，真正使医疗保障工作更“接地气”，成为广大参保群众权益的“代言人”和服务的“贴心人”。

## 案例六：黔东南州上线医保基金全程电子化系统

2022年，黔东南州深化医保信息平台应用，全域上线医保基金全程电子化系统（简称“FES银医系统”），将核心业务系统与银行系统紧密关联，实现医保基金管理全程监督、资金收支全程电子化、基金集中清算、资金批量支付。

**【主要做法】**　建立机制，营造氛围　采取线上线下培训与现场指导等方式，建立业务人员、财务人员、系统工程师沟通渠道，针对各级经办机构上线过程中遇到的有代表性、影响范围广的问题，及时派人现场调研、分析、解决问题，营造响应及时、措施得力、保障有方的氛围。

全流程系统化管理，助推“业财一体化”　全面梳理医保经办业务属性，按照业务经办规程，规范经办业务系统操作流程，打通各业务系统数据节点，将业务经办审核、医保基金拨付、基金财务核算全程电子化系统管理，实现经办过程可追溯、业务流转状态和拨付状态实时查询。

定期分析运行数据，保证高效运行　定期分析各级经办机构FES银医系统运行数据，通过分类比对、横向加纵向对比分析，及时调度各级经办机构运行情况，发现运行过程中存在的问题、筛选出异常数据集中讨论分析，确保高质量可靠运行。

**【主要成效】**　夯实基金安全管理基础　黔东南州于2022年4月上线FES银医系统，到12月底累计通过FES银医系统拨付2.75万笔，占总拨付量的47.06%；累计拨付资金14.05亿元，占总拨付金额的51.14%。其中，12月FES拨付笔数占比67.37%，拨付金额占比80.49%，全州超过9个经办机构通过FES银医系统拨付资金量占比超过95%，医保基金安全管理基础得以夯实，医保基金管理水平明显提高。

助推经办工作提质增效　黔东南州FES银医系统应用覆盖范围广，截至2022年12月，全州已实现两定机构本地费用、零星手工报销、个人账户转移及清退、生育津贴等业务通过FES银医系统拨付，实现了从个人零星报销到两定机构费用拨付，涵盖个人和机构医疗费用的结算，做到应上尽上。借助医保信息化平台优势，规范业务经办流程，不断提升医保经办效率和水平。

# 云南省

## 工作综述

2022年，云南省医疗保障系统围绕中心大局，聚焦制度建设主线，持续深化重点领域改革，健全完善多层次医疗保障制度体系，精准助力疫情防控，推动经办服务能力提质增效。截至2022年底，全省基本医疗保险参保4559.76万人，参保率稳定在95%以上，其中职工基本医疗保险（以下简称“职工医保”）参保584.00万人，城乡居民基本医疗保险（以下简称“居民医保”）参保3975.75万人。全省基本医保基金（含生育保险）总收入782.37亿元，总支出678.50亿元，累计结存957.71亿元，基金运行安全平稳、风险可控。

**【夯实医疗保障制度体系】** 制定出台全省首个全民医疗保障规划　1月20日，省人民政府办公厅印发《云南省“十四五”全民医疗保障规划》，围绕建设“五个医保”，实施“八大工程”，绘就了“十四五”时期全省医保改革发展蓝图。

贯彻落实国家待遇保障清单制度　按照《贯彻落实医疗保障待遇清单制度实施方案》，指导各统筹地区进一步细化实施细则，清理4条超出清单政策，调整36条待遇政策，实现制度和政策问题“双清零”。

职工医保门诊共济向纵深推进　4月1日，在全国省会城市中率先启动省会城市（包括昆明市和省本级）职工医保门诊共济改革。截至2022年底，全省职工医保普通门诊享受待遇489.89万人次、医保统筹基金支付5.22亿元，个人账户绑定31.21万人、共济支付1.12亿元。

健全重特大疾病医疗保险和救助制度　5月30日，省人民政府办公厅印发《云南省健全重特大疾病医疗保险和救助制度若干措施》，确定医疗救助对象范围，明确因病致贫返贫对象认定标准，统一医疗救助政策。

推进医疗保障法治体系建设　《云南省医疗保障条例》列入云南省政府2022年立法计划项目。经充分调研、征求意见、听证，形成《云南省医疗保障条例（草案）》，结合历年来医疗保障方面的制度建设和实践积累的重要经验，规范全省行政区域内从事与医疗保障相关的筹资运行、待遇保障、医保支付、基金管理、医药服务、价格管理、招标采购、经办服务、监督管理等活动的权利和义务。4月14日，正式向省人民政府提请审议。

**【精准施策做好疫情防控】** 落实“两个确保”，年内3次下调核酸检测价格，公立医疗机构核酸检测单人单检降至不超过15元/次、多人混检降至不超过3.5元/人次。筹集疫苗采购和接种资金，全程做到“钱等苗”“及时付”。4月18日，省医疗保障局印发《关于切实做好当前疫情防控医疗保障工作的通知》，调整优化10项疫情防控医疗保障政策措施，第一时间畅通药品医用耗材“绿色通道”，及时将救治急需的53个药品临时纳入医保支付，优化调整相关医疗服务价格项目，向收治任务重的定点医疗机构预拨医保基金，向村卫生室预拨药品采购资金。

**【深度融入乡村振兴】** 全省纳入管理的892万农村低收入人口实现应保尽保，享受医保待遇3821.39万人次，报销住院医疗费用91.88亿元，政策范围内住院费用报销比例保持在90%左右。上线农村低收入群体参保登记、异地就医费用报销和大病救助申请3项服务事项，全省受理申请4354件，按时办结率100%，及时响应群众“找政府”诉求。

**【支持生物医药产业和中医药事业发展】** 6月9日，省医疗保障局会同省卫生健康委印发《云南省医保支持中医药传承创新发展若干措施》，规范中药饮片（含中药配方颗粒）管理，规范中药饮片（配方颗粒）管理，将定点医疗机构使用的中药饮片（中药配方颗粒）在实际购进价格基础上，将中药饮片顺加不超过25%、中药配方颗粒顺加不超过15%部分纳入医保支付范围。

**【稳步提高医保待遇】** 保障参保患者谈判用药需求 构建国家医保谈判药品落地“双通道”保障机制，在全国率先上线“双通道”电子处方中心，135家定点医疗机构和587家“双通道”药店实现电子处方流转。全省国家谈判药品医保报销355.71万人次，报销金额19.36亿元，平均报销比例达到77.3%。

深化城乡居民“两病”门诊用药保障 开展全省范围内的深化城乡居民高血压、糖尿病（以下简称“两病”）门诊用药保障和健康管理专项行动，实现纳入卫生健康部门公共卫生服务管理的高血压、糖尿病患者及时纳入“两病”门诊用药保障。通过“定政策、建清单、推集采、优服务、细筛查、强宣传”，多措并举降低群众吃药就医成本，并有效引导农村群众加强自我管理，合理就医、合理用药。“两病”门诊用药保障惠及患者896.76万人次，减轻负担4.85亿元。楚雄州建立用药目录动态管理和特殊用药长期供应保障机制，“两病”门诊用药保障重点联系典型地区建设取得显著成效。

推进昆明市长期护理保险制度国家试点 昆明市通过不断完善组织保障、制度建设、资金筹集、委托经办、宣传受理、失能评定、护理服务、信息系统、费用结算、业务监管十项主要举措，形成了党委领导、政府主导、委托经办、全面监管的长期护理保险试点工作体系。2022年，昆明市参保职工达到196.59万人，惠及重度失能群众1.3万人，基金累计支出1.74亿元。

**【积极为企业纾困解难】** 落实《国家医保局 国家发展改革委 财政部 国家税务总局关于阶段性缓缴职工基本医疗保险单位缴费的通知》，采取“免申即享”的缓缴经办模式，全省缓缴9.38万家中小微企业职工医保费19.38亿元。

**【深化改革聚力创新】** 常态化制度化开展药品医用耗材集中带量采购 2022年云南省参与或组织14批次国家、跨省联盟、州市联盟集采，其中曲靖市等3个州（市）探索开展基础输液州（市）联盟集中带量采购。全年全省各类集采中选药品平均降幅60%以上，中选医用耗材平均降幅50%以上，已落地中选产品节约采购资金约59亿元。7月26日，省医疗保障局修订印发《云南省药品和医用耗材动态挂网方案》，开通短缺药品、急救药品、谈判药品、疫情防控所需等药品挂网绿色通道，实行带量价格联动，推进药品、医用耗材“阳光挂网”，年内新增药品挂网数据1000余条。明确生产配送企业管理的相关规定和考核指标，对虚假挂网交易、高于挂网价网下供货、配送企业网外供货、无合理理由撤销订单等行为进行严格处理。严格信用评价，建立“好、中、差”交易评价机制，将评价结果运用于招标挂网和配送企业遴选。全省向医疗机构结算国家集采药品结余留用资金4400万元。

推进医疗服务价格调整 12月13日，省医疗保障局会同省卫生健康委、财政厅、市场监督管理局印发《云南省医疗服务价格动态调整实施方案》，完善调价评估指标，优化调价程序。完成“经皮动脉内球囊扩张术”等11项医疗服务项目价格调整，指导15个州（市）开展调价评估，其中13个州（市）完成价格调整。

推进支付方式改革 1月14日，省医疗保障局印发《关于转发国家医疗保障局DRG/DIP支付方式改革三年行动计划的通知》，17个统筹区稳步推动改革。7月29日，省医疗保障局会同省财政厅、卫生健康委、人力资源社会保障厅印发《县域内紧密型医共体城乡居民医疗保障资金打包付费评价指标（试行）》，探索并统一全省DRG付费分组方案和权重，全省73个县（市、区）启动紧密型县域医共体打包付费改革。

落实医保药品目录政策 完成837个超国家医保药品目录范围药品消化工作，全省医保用药范围实现统一。开展25个医保药品支付标准国家试点，确保“药品目录范围清、支付管理政策明”，将药品限定支付条件恢复至按使用说明书支付，进一步满足患者用药需求。截至12月底，医保支付标准试点药品报销195.2万人次，医保报销金额1.82亿元，平均报销比例71.23%。

**【强化基金监管治理】** 建立欺诈骗保案件行政执法和刑事司法的衔接机制 2月22日，省医疗保障局会同省公安厅印发《关于转发〈国家医保局 公安部关于加强查处骗取医保基金案件行刑衔接工作的通知〉的通知》，明确医疗保障部门基金监管执法过程中办理的欺诈骗保案件向公安机关移送的范围、程序、时限等流程。

建立医保基金监管社会监督员制度 7月6日，省医疗保障局印发《云南省医疗保障基金社会监督员管理办法(试行)》，全省选聘1556名监督员参与医保基金监管社会监督，负责医保政策宣传，监督各级医保部门依法行政、作风行风及定点医药机构和参保人医保基金使用情况。

建立医保信息披露机制 12月9日，省医疗保障局印发《关于做好医疗保障信息披露工作的通知》，将人民群众关心关注的医保部门经办流程、基金支出结存、待遇享受、缴费基数等政策信息，以及定点医疗机构住院总天数、总费用、检查费用、药占比等服务信息纳入医保信息披露范围，有效保障人民群众对医保基金安全的知情权和监督权。

开展“六个一”专项行动 在全省开展一次政策宣讲、一次违法违规使用医保基金自查自纠、一次医保基金管理规范提升行动、一次警示教育、一次医疗机构座谈会、一次规范医疗行为专项检查“六个一”专项行动，督促全省2218家定点医药机构主动退回违规费用7146.4万元。省级飞行检查覆盖16个州(市)的76家定点医药机构、11家经办机构。

保持打击欺诈骗保高压态势 联合公安、卫生健康部门持续开展打击欺诈骗保专项整治，全省查处违法违规定点医药机构1.15万家，查处参保人违法违规590例，实施行政处罚219件(较2021年增加69.7%)，移送司法机关处理的定点医药机构18家、参保人43名，挽回医保基金损失6.22亿元，公开曝光典型案例614例。省医疗保障局直接办理2件行政处罚案件，罚款158.187万元。

**【提升医保公共服务水平】** 推进“网上办”“掌上办” 居民医保缴费、跨省异地就医备案等32个事项上线“一部手机办事通”，服务网厅累计办件206.7万件。全省3537.13万参保人完成医保电子凭证激活、占参保人数的78.34%，排名全国第8。全省112家定点医药机构上线医保移动支付业务，实现“免排队、秒结算”。

深化“放管服”改革 42种门诊慢特病待遇认定下放至二级以上公立医疗机构并实现“省内通办”和“一站式”办理，全省99家三级医疗机构、763家二级医疗机构开通服务，72.08万人次顺利备案。在全国率先采取“线上清分、按月结算”模式解决医保关系转移线下办理速度慢、易丢失、难到账、难追溯等问题，个人账户余额转移与基本医保关系转移接续实现“随同办”“秒到账”，入选全国医疗保障经办服务规范化建设典型案例。

优化异地就医直接结算 全面推行异地就医自助备案“承诺制”，线上线下累计办理备案59.3万人次。全面开展5个门诊特慢病病种相关治疗费用跨省结算试点，全省1780家定点医药机构开通服务。1.3万家定点医药机构接入国家跨省直接结算平台，每个县(市、区)至少有一家县级医院接入并延伸到部分乡镇卫生院，超前完成国家明确的目标任务。

**【“智慧医保”提档升级】** 医保信息平台顺利通过国家验收，成为全国第5家通过验收的省份。全省政务服务平台上线医保政务服务事项15个主项39个子项，全程网办率76.32%，最多跑一次事项比例100%，医保经办政务服务事项清单事项窗口可办率100%，手工报销积压件做到“动态清零”。生育保险待遇核定与支付等9项高频事项实现“跨省通办”。启动国家统一社会保险费征收模式改革试点工作。

## 重要活动

1. **全省医疗保障工作会议召开。**1月26日，2022年全省医疗保障工作会议在昆明召开，总结2021年全省医保工作，全面部署2022年工作任务。

2. **2022年全省打击欺诈骗保专项整治视频会议召开。**4月14日，省医疗保障局、公安厅、卫生健康委三部门联合召开2022年全省打击欺诈骗保专项整治视频会议，会议传达学习全国打击欺诈骗保专项整治电视电话会议精神，研究部署2022年打击欺诈骗保工作。

3. **云南医保移动支付正式开通。**5月9日，云南医保移动支付正式开通，参保人只需要通过手机支付宝、微信即可随时随地完成医保结算。

4.**"云南医保"微信小程序正式上线。**6月22日，"云南医保"微信小程序上线，全省参保人可通过该程序查医保、办业务，实现医保业务"掌上办"。

5. **召开2022年全省医疗保障工作年中务虚会议。**7月19日，2022年全省医疗保障工作年中务虚会议在楚雄州召开，分析全省医保基金运行情况并安排部署相关重点工作。

6. **云南省医保政策"五进"专题宣传首场线上直播。**9月30日，省医疗保障局走进中国铁路昆明局集团公司，在云南网平台进行全程直播，通过政策宣讲、发放宣传手册、现场答疑等方式，更好地服务企业职工了解掌握医保政策法规及满足信息服务的需求。

7. **开展云南省医疗保障信息平台应急演练。**9月30日，省医疗保障局开展云南省医疗保障信息平台应急演练，进一步保障云南省医疗保障信息平台安全、可靠、稳定运行，提高系统突发事件应对能力，有效防范重大风险隐患。

8. **召开经办服务单位深入推进"作风革命、效能革命"专项活动启动会。**10月17日，省医疗保障局召开经办服务单位深入推进"作风革命、效能革命"专项活动启动会，在经办服务单位开展为期3个月的深入推进"作风革命、效能革命"专项活动。

## 典型案例

### 案例一：云南优化省内医保关系接续与个人账户余额转移

2022年，云南省医疗保障局将异地就医清算模式及预付金使用扩展至基本医疗保险关系转移和个人账户资金划转，按照"先垫付、后清算"的原则，依托统一的国家医保信息平台，实施全省个人账户转移"线上清分"新模式，实现省内医疗保险关系接续与个人账户余额转移"全网办""随同办""秒到账"。截至2022年底，共为14100人次及时办理医保关系转移接续，同步实时转移个人账户金额7079.51万元。

**【优化协作机制"全网办"】** 云南省医疗保障局充分利用国家医保信息平台的异地就医子系统功能，借鉴异地就医直接结算流程统一、快速、直接、方便等优点，积极打通省内医保关系转移接续全程网办的难点和堵点，优化业务办理、资金清算流程，实现关系转移接续"一网通办"。按照要求，参保单位或参保人可以通过线上或线下方式申请办理医保关系转移接续，转出地与转入地经办机构通过医保信息平台上传并接收信息表，不再提供参保凭证、接续函、类型变更信息表等纸质材料，统一通过医保信息系统进行转移信息交换。参保人也可通过登录"云南省医疗保障网上服务大厅"申请办理，无须往返转出地和转入地，实现"全网办"。

**【简化业务流程"随同办"】** 按照省级统一规划建设工作目标，利用全国统一的业务编码和技术标准，在实现数据省级集中的基础上，对基本医保关系转移接续线上办理流程、业务办理时限、资金转移模式进行优化完善，在参保关系转移的同时，实现参保缴费年限、个人账户资金"随同办"，做到参保登记及时接续，缴费年限转移实时接续，个人账户资金随同转移，办理时限由原来的15个工作日做到实时办结。

**【创新服务模式“秒到账”】** 云南省将异地就医资金“统一清分、按月全额清算”模式及异地周转金的使用方法扩展至基本医疗保险关系转移接续个人账户资金的划转。办理省内医保关系转移接续时，转出地医保经办机构在办结省内关系转接转出手续的同时，封存转接对象的个人账户余额；转入地医保经办机构在办结省内关系转接转入手续的同时，将封存的个人账户金额划入转入地个人账户，实现个人账户资金转移“秒到账”。打通医保核心子系统与异地就医子系统的通道，实现省级“统一清分、按月全额清算，财政专户按时划转”。

## 案例二：昭通市多措并举筑牢医保基金防护网

2022年，昭通市医疗保障局认真贯彻落实国家、省医保部门关于基金监管工作的各项决策部署，不断压实基金监管责任，夯实医保高质量发展基础，持续巩固基金监管高压态势，多措并举筑牢医保基金防护网，全力守牢管好人民群众“看病钱”“救命钱”。

**【明确监管要点】** 按照国家、省医保部门对基金监管各项工作要求，2022年3月29日，昭通市医疗保障局印发《关于做好2022年医疗保障基金监管工作的通知》，明确基金监管工作方向，细化工作任务，压紧压实主体责任，扎实有序开展好基金监管各项工作。

**【聚焦要点工作】** 2022年，昭通市实现定点医药机构现场检查100%全覆盖，共检查协议定点医药机构2170家，处理416家(其中解除医保服务协议2家，移交司法机关1家，移交纪检监察机关1家，行政处罚48家)，处理金额7360.9万元；处理参保人39人，处理金额89.47万元。一是持续开展打击欺诈骗取医保基金专项整治行动。市医疗保障局会同市公安局、卫生健康委召开全市打击欺诈骗保专项整治会，持续巩固医保基金监管高压态势，以“零容忍”的态度，把打击欺诈骗保专项整治工作向纵深推进。2022年共整治定点医药机构332家，参保人员36人，查处金额共计4650.96万元。二是常态化开展基金监管飞行检查。2022年，市医疗保障局通过飞行检查共检查协议定点医疗机构18家，检查发现违法违规线索涉及金额709.8万元，核实处理金额486.02万元。三是全面开展定点医疗机构违法违规使用医保基金问题自查自纠工作。组织全市定点医疗机构围绕国家飞行检查组反馈的问题、打击欺诈骗保重点整治问题、《医疗保障基金使用监督管理条例》明确的违法违规行为等问题开展为期两个月的自查自纠，全市定点医疗机构自查金额共计1411.8万元，已全部追回。四是开展全市医保系统案卷评查工作。采取自查和集中评查的方式对全市医保22卷行政处罚及稽核案卷进行统一评查，进一步加强行政执法监督，规范行政执法行为，全面提升全市医保系统的依法行政工作水平。2022年，市医疗保障局行政处罚案卷在司法局组织的全市案卷考评中，均被评为优秀。五是开展医保基金监管宣传。组织开展以“织密基金监管网　共筑医保防护线”为主题的集中宣传月活动，全市共发放宣传资料2.27万张，电视台播放、广播报道6088次，视频播放1.2万次，微信推送68条，线索征集36次，受理投诉举报6件，曝光典型案例25起。国家、省医疗保障局转办投诉举报案件线索6件均已全部办结。

**【构建长效机制】** 一是以市人民政府办公室名义印发《昭通市打击欺诈骗取医疗保障基金工作联席会议制度》，进一步健全协同执法、一案多处工作机制，形成监管合力。二是市医疗保障局会同市财政局印发《昭通市欺诈骗取医疗保障基金行为举报奖励实施细则(试行)》，鼓励社会各界举报欺诈骗取医疗保障基金违法违规行为，加大对欺诈骗保行为的打击力度。2022年全市共办理举报奖励案件3件，兑现举报奖励2498元。三是制定印发《昭通市医疗保障执法工作手册》300册，确保全市医保执法人员人手1本，通过文书的统一使用，规范执法行为、完善执法程序、提升执法效能，助推医保基金管理法治化、精细化、标准化。四是强化社会监督，营造社会各界参与医保基金使用监督管理的良好氛围，全市共聘请社会监督员96名。

## 案例三：曲靖市推动药品耗材集中带量采购

2022年，曲靖市坚决贯彻落实国家、省医疗保障局常态化制度化开展药品和医用耗材集中带量采购决策部署，按照“以国家和省集采为主，市级集采为补充，逐步实现集采品种全覆盖”的工作思路有序推进市级集采，引领全市“三医”联动改革取得新进展。

**【先行先试市级集采】** 曲靖市于2022年启动市级药品集采试点，经过多轮调研论证和数据筛查，确定以基础输液为主的第一批药品集采，并结合临床使用习惯制定分组打包报价、综合评分与竞争性谈判相结合的集采规则。面对单一地市集采吸引力不足，企业响应意愿不高等情况，主动邀请昭通市、红河州组成区域集采联盟，扩大集采影响力。8月，在省医疗保障局的支持和指导下，顺利完成现场谈判，中选产品平均降幅达50.91%，最大降幅82.22%。按约定采购量测算，联盟预计每年可节约医保基金1.5亿元。自2022年12月1日执行中选结果至2022年12月31日，曲靖市已累计采购1300余万瓶（袋），节约采购资金2200余万元，集采成效开始凸显。

**【因地制宜科学决策】** 基础输液类药品相较于其他药品，具有包材成本占比较高、药品包装与标签相对规律统一以便提高配液效率等特点。在集采药品的分组制定上，曲靖市结合本地临床使用习惯，将塑料瓶和直立式软袋确定为集采产品包材，并将50ml、100ml、250ml、500ml等4个常用规格的氯化钠注射液、葡萄糖氯化钠注射液、葡萄糖注射液3个品种合并作为1个大组，有效防范投标企业选择性降价，以及落地使用后医疗机构可能存在的替换包材以规避集采等问题。在价格计算上，曲靖市按照“量价相适”的原则制定以组内各单品约定采购量及报价计算单品采购金额，组内单品采购金额相加比较整组采购总金额的比价方式，此举能有效预防可能出现的平均降幅明显但实际采购支出节约不多等问题。从结果来看，临床使用最多的100ml和250ml药品降价明显，100ml的直立式软袋从3.2元降到1.3元、塑料瓶从1.55元降到1.1元；250ml的直立式软袋从3.9元降到最高仅1.4元；液体装量最大的500ml直立式软袋从4.4元降到最高仅1.98元。彻底解决了存在十多年的50ml规格药品价格反而明显高于100ml规格药品的价格倒挂问题。

**【制度化常态化推进】** 强化组织领导和部门协同　曲靖市委、市政府将常态化制度化集中带量采购列为持续增进民生福祉三年行动重点工作，成立以分管副市长为组长，有关部门领导为成员的集采工作领导小组，并将联合采购办公室设在市医疗保障局，负责市级集采相关工作。建立医保、卫生健康、市场监管、工信等部门的协调沟通联系机制，形成工作合力，进一步提升市级集采专业性和规范性。

法治思维贯穿集采全过程　坚持集采相关文件必须进行合法性审查和公平性审查。制定《曲靖市开展药品和医用耗材集中带量采购实施方案》《曲靖市药品和医用耗材集中带量采购决策程序规定》《曲靖市药品和医用耗材集中带量采购评审专家管理办法》《集中带量采购现场谈判人员抽取工作实施方案》《曲靖市药品和医用耗材集中带量采购生产企业及配送企业不良行为记录清单》等多项指导性文件，为市级集采常态化制度化开展提供规范指引。在品种选择、集采方式确定、专家抽取、现场谈判细则等环节上均严格遵照规定程序进行，形成集采闭环体系，确保全流程规范开展。

同步监督贯穿集采全过程　为健全集采廉政风险防控机制，在各个重点环节和关键步骤上无遗漏监督，制定《曲靖市医疗保障局招采工作六个严禁》，如有违纪违法行为，一经查实，严肃追责问责，涉嫌违法犯罪的移送相关部门处理。强化纪律约束，经常性开展廉政提醒谈话，始终保持与企业的亲清政商关系。现场谈判前，工作人员进行集采宣誓，签订廉洁自律承诺书和保密保证书，进一步增强责任意识、廉洁意识、保密意识。积极回应各界声音，认真接待来信来访，解读政策、答疑解惑，合理引导改革预期，确保集采工作公开透明和有序高效。

保障供应、配送和使用　持续强化集采产品落地服务，召开生产企业、配送企业、医疗机构座谈会，强调中选品种的供应保障及合理使用。组织签订三方协议，及时解决集采产品在使用过程中的问题，确保中选企业供应安心，配送企业配送用心，医疗机构使用放心。

## 案例四：楚雄州以信息化建设为引领推动医保经办服务提质增效

医保信息化是推动医保高质量发展的重要引擎，是提升群众医保获得感的加速器。2022年，楚雄州医疗保障局紧紧抓住加速推进智慧医保建设的契机，进一步运用“互联网+”思维改进医保服务，高标准建设智慧医保、数字医保，为百姓提供更加优质的医保服务。

**【创新医保移动支付平台】**　针对过去参保群众就医面临在诊室、缴费窗口、检查科室来回跑，结算排队时间长等问题，楚雄州医疗保障局采取试点先行、稳步实施的方式，选取有意愿、有动力的6家定点医疗机构作为州第一批医保移动支付试点，并在试点工作取得成功的基础上，积极运用典型引路法，在全州10个县（市）全力推进全州移动支付工作。截至2022年底，全州正式上线医保移动支付业务医疗机构16家，其中三级医疗机构5家、二级医疗机构8家、一级医疗机构3家，实现州内三级定点医疗机构、日均结算量超过1000笔的二级定点医疗机构100%上线，共有36985人次使用医保移动支付结算，全州整体上线情况在全省排名第一。

**【拓展服务渠道和形式】**　针对过去就医购药要带实体卡证，不带卡不能办的问题，楚雄州医疗保障局按照国家和省医疗保障局的部署，不断拓展医保电子凭证就医新渠道，丰富医保电子凭证应用场景，促进参保群众就医购药更加方便快捷。截至2022年底，全州所有定点医疗机构均实现了医保电子凭证应用全覆盖，共有1233家定点医疗机构、990家定点零售药店完成了医保电子凭证部署应用。同时，围绕履行医疗保障社会职能，州医疗保障局就医保电子凭证激活、零星报销费用拨付、参保缴费、单位欠费等分类制定提醒内容模板，使用中国电信行业短信业务功能向参保人发送医保温馨提示，实现医疗保障业务提质增效。

**【优化医保政务服务流程】**　针对过去参保群众因不了解自己所办业务对应窗口或想同时办理多个医保业务而造成的取错号、多取号、反复排队等问题，楚雄州医疗保障局在州本级和10个县（市）全面推行综合柜员制服务，把原来分事项、分窗口、分环节等“碎片化”服务方式，转变为“前台综合受理、后台分类审批、统一窗口出件”的“综合柜员一窗通办”新模式。2022年5月，州本级和10个县（市）医保经办服务窗口全部实施综合柜员制服务，所有入驻政务服务事项均已实现“一窗通办”。按照“四最六统一”要求，对照全国医疗保障经办政务服务事项清单，制作《楚雄州医保政务服务事项清单》《楚雄州医疗保险中心综合窗口业务操作手册》，作为每一位窗口工作人员通用的工作手册，对业务操作进行规范指导，统一全州医保业务事项表单、操作流程、经办手续、办结时限等内容，确保同一事项在全州范围内所有医保经办机构无差别受理、同标准办理。慢性病门诊待遇资格认证备案实现“全州通办”，生育保险待遇实现“跨省通办”“全程网办”。同时，全州各经办窗口还将原来设置在前台的咨询办理电话移至后台，由专人接听电话并完成“电话办、指尖办、网上办”，避免以往前台接听电话让办事群众等待的情况，显著改善群众办事体验。

## 案例五：文山州协同推进DIP付费改革走在前列

作为国家区域点数法总额预算和按病种分值付费（DIP）试点城市，文山州立足“抓扩面、打基础、建机制、推协同”的工作目标，继续夯实改革基础、健全工作机制，以问题为导向，不断完善DIP付费体系建设，提升改革工作质量。截至2022年底，文山州DIP付费100%覆盖8县（市），100%覆盖全州开展住院服务的定点医疗机构，住院病种覆盖率达93.99%，DIP付费医保基金支出占统筹区内住院医保基金支出的93.17%，提前完成国家“DRG/DIP支付方式改革三年行动计划”提出的“四个全覆盖”目标。

**【健全“四项机制”】** 健全病种目录和分值动态调整机制　根据DIP运行情况，合理调整目录病种和分值及医疗机构系数。结合实际开展2022版目录病种调整，形成目录病种5264组（其中核心病种4111组、综合病组1111组、基层病种42组）。

健全多方参与的协调议事机制　在已组建专家技术指导组的基础上，依托州医学会医保分会开展争议事项与医保部门的协商谈判，营造和谐发展的改革氛围。2022年组织100余名专家对1102例高倍病例进行费用评审，扣减不合理费用88.32万元。

健全结余留用激励机制和合理超支分担机制　对医疗机构年终清算时按项目支付资金与按病种结算支付资金进行比较，按项目支付资金占比小于80%的，以两项支付资金差额的30%奖励医疗机构；对定点医疗机构按项目付费超过按DIP付费5%以内的部分，由医保基金承担50%，促进医疗机构合理控制费用。2022年共支付医疗机构DIP结余留用奖励资金4816.70万元，合理超支部分医保资金承担135.73万元。

健全定点医疗机构考核评价机制　调整文山州DIP支付方式改革考核评分标准，增加医疗机构内部运行管理机制与DIP有效衔接、临床医务人员DIP政策现场抽查、医疗机构DIP季度运行分析、医保结算清单合格率、信息系统接口改造维护等考核内容，提高基本医保实际报销比例与违规行为考核扣分分值，进一步发挥改革考核促进医疗机构精细化管理的关键作用。

**【强化“三种能力”】** 强化学习接受能力　2022年州医疗保障局在各县（市）组织15场次培训和交流活动，培训定点医疗机构人员2400余人次，组织全州医保系统人员100余人到外省学习DIP改革经验，进一步提高医保干部和医疗机构相关人员对医保支付方式改革的理解接受和实际操作能力。

强化数据治理能力　根据工作需要在DIP信息管理系统中设置基础信息管理、病例信息管理、月度预结算及年终清算管理、结算公示、自动化报告、付费数据分析等模块，细化结算清单校验规则，建立问题数据反馈机制，设置医疗总费用、次均费用、平均住院日、目录外费用占比、二次入院等系统监测指标。协调系统开发商对定点医疗机构上传医保结算清单数据进行质量筛查，督促医疗机构做好病案质控管理，提高病案首页及医保结算清单的完整度、合格率与准确性。

强化主动服务能力　在认真总结分析年度DIP付费清算结果及经验成效的基础上，州、县（市）医保工作人员主动深入医疗机构，召开医疗机构DIP年度运行分析座谈会，从病种结构、病例费用组别、病种偏差病例、病种治疗方式等方面对清算数据进行全方位解读，总结医疗机构在改革中取得的经验成绩，并从中分析医疗机构管理模式、医务人员诊疗行为、诊疗数据填报上传质量、医疗成本控制等方面存在的突出问题，提出有针对性的改进意见，与医疗机构领导班子、临床医务人员、医保管理人员互动交流，促进医疗机构找准功能定位，改变思想观念，助力医疗卫生健康事业高质量发展，走出高质量发展道路。

**【深化两个方面改革】** 深化多元复合式支付方式改革　一是实施紧密型县域医共体打包付费，将普通门诊、慢特病门诊、协议期谈判药品费用、家庭医生签约服务费用等基本医保门诊支付费用打包支付给医共体总医院;住院医疗费用按照医共体各成员单位DIP付费月预结算和年终清算规则,将医保资金汇总后统一拨付医共体总医院,由医共体总医院统筹管理使用,实现医共体单位DIP资金打包支付。二是实施精神类疾病按床日付费改革,以全州各级定点医疗机构救治精神类疾病大数据为基础,在总额预算的基础上,明确全州定点医疗机构精神类疾病救治床日付费支付标准及费用结算、监督管理措施,实现精神类疾病住院费用医保支付可量化与精细化管理,减少不合理诊疗服务,切实保障参保人员基本医疗权益。三是持续开展参保患者单病种定额付费改革,要求医疗机构继续执行101个单病种付费,推动医疗机构开展临床路径,切实减轻患者医疗负担。

深化推进基金监管工作改革　针对监管力量不足、监管渠道不广等问题,以引入第三方专业力量参与基金监管,组建203人的州、县两级基金监管社会监督员队伍,聘请专业律师团队担任法律顾问等方式强化监管能力。在全省医保系统首创性梳理提出医疗机构易违规使用医保基金"负面清单",将事后监管、问题查处逐渐向事前监管、问题预防延伸,引导帮助定点医疗机构合规使用医保基金,改进监管方式。严格执行DIP技术规范要求,综合运用常规检查、专项治理、飞行检查等方式,对高套病种分值、分解住院、低标入院、超长住院等违规行为进行监督管理,促进DIP支付规范运行。2022年,全州现场检查定点医药机构2288家,处理违法违规医疗机构450家,追回医保基金3846万元。

## 案例六:西双版纳州"四个着力"推进全民参保

西双版纳州医疗保障局坚持以人民为中心的发展思想,始终将实现"全民参保"作为医疗保障的中心工作来抓,以完成参保任务为工作底线、以实现覆盖全民为终极目标,通过研究出台一系列措施、开展一系列工作,打赢2022年全民参保攻坚战。

**【主要做法】** 提高政治站位,着力压实责任　接到年度参保目标任务后,西双版纳州医疗保障局第一时间将任务分解到县(市),进一步明确属地责任;按照全省综合绩效考评工作要求,将"社会保险执行率"纳入全州综合绩效考评,联合州人力资源社会保障局印发《2022年度"社会保险执行率"指标考评细则》,以综合考评促进责任落实。县(市)政府主动作为,召开年度医保扩面征缴工作会议,将任务细化明确到乡镇、街道、农场,并督促抓好落实;各乡镇成立工作领导小组,由班子成员牵头组建工作组,带队分片包村,进村召开干部群众动员会,全力推进参保任务落实。

周密安排部署,着力健全机制　一是建立定期调度机制,实施工作月报、周报制度,持续调度掌握参保扩面、医保电子凭证激活应用等重点工作推进情况,动态调整工作举措。二是建立数据共享机制,强化与公安、民政、人社、卫生健康、税务、乡村振兴、残联等部门的协调联动,通过数据交换共享强化信息比对,防止重点群体"漏保""断保"。三是建立定期通报机制,定期向县(市)医保部门通报参保进度,持续传导工作压力。四是建立大数据分析比对机制,定期向省基金监评中心提取数据并反馈各县(市)核实比对,精准锁定参保未缴费人员并开展宣传动员。

树立统筹理念,着力协同推进　将参保扩面与医保电子凭证激活应用、家庭医生签约履约、"两病"门诊待遇保障等工作一体推进,依托国家医疗保障服务平台手机App、"云南医保"微信小程序、医保网厅等线上平台,宣传动员群众通过互联网办理居民医保参保登记、医保缴费、关系转移、个人账户查询、异地就医备案等业务并激活电子凭证,实现参保扩面与其他各项工作互促共进。

充分利用资源,着力宣传创新　一是充分利用年度居民医保费集中征缴窗口期,主动联合税务部门开展进村入户宣传。二是充分发挥农村"小广播"作用,"点对点"开展医保政策常态化宣传。三是结合多民族地区实际,注重培养少数民族群众担任窗口服务人员、社保协管员、代办员,运用民族语言把医保政策讲清楚、说明白。

**【主要成效】** 截至2022年12月31日，全州基本医疗保险参保102.67万人(职工医保19.94万人、居民医保82.73万人)，较上年增加11862人(职工医保增加1986人、居民医保增加9876人)。2022年，全州完成参保目标任务的101.05%，排名全省第二位，其中景洪市任务完成率101.34%，勐海县任务完成率101.28%，勐腊县任务完成率100.89%。

## 案例七：德宏州盈江县筑牢三重制度保障防线

盈江县地处祖国西南边陲，全县面积4429平方千米，辖7乡8镇1个农场、103个村居委会、1153个村民小组，居住着以傣族、景颇族、傈僳族、阿昌族、德昂族5个世居少数民族为主的25个民族。2022年全县参加居民基本医保28.57万人，参保率为95%以上，其中脱贫人口和监测人口4.86万人，参保率100%。

**【主要做法】** *加强领导，确保组织到位* 一是制订印发《盈江县医疗保障局关于巩固拓展医疗保障脱贫攻坚成果有效衔接乡村振兴战略的工作方案》，成立领导小组，定期召开会议，对当前重点工作任务进行研究，制定出台政策措施，及时化解潜在困难问题，确保各项工作顺利推进。二是结合实际制定印发《盈江县巩固脱贫攻坚推进乡村振兴领导小组办公室关于转发〈德宏州巩固拓展医疗保障脱贫攻坚成果有效衔接乡村振兴战略实施方案〉的通知》，坚持筑牢基本医保、大病保险和医疗救助三重制度保障防线，发挥防范返贫机制的综合保障作用。

*健全防范化解因病返贫因病致贫长效机制* 对纳入乡村振兴部门的三类监测对象(脱贫不稳定户、边缘易致贫户、突发严重困难户)给予参加居民医保每人每年180元的定额参保资助。过渡期内未纳入乡村振兴部门防止返贫致贫监测对象的脱贫户，资助参保标准从2022年至2025年逐年下调，具体标准为2022年135元、2023年90元、2024年45元，到2025年按标准退出，不再享受医疗救助资助参保政策。对于具有多重身份的医疗救助资助参保对象，按照就高原则给予资助参保。

*落实待遇保障政策衔接* 对于纳入乡村振兴部门的监测对象，参保缴费后按照《云南省巩固拓展医疗保障脱贫攻坚成果有效衔接乡村振兴战略实施方案》要求享受医保待遇。一是执行公平统一的基本医保政策，巩固住院待遇保障水平，县域内政策范围内住院费用支付比例总体稳定在70%左右。二是落实大病保险起付线降低50%、报销比例提高5个百分点的倾斜政策，即经基本医保报销后，政策范围内单次个人自付费用30000元(含)报销65%、30000~50000元(含)报销75%、50000元以上报销85%，取消大病保险封顶线。三是夯实医疗救助托底保障，三类监测对象在年度医疗救助限额内医疗救助比例不低于70%，经三重制度综合保障后，住院产生的政策范围内医疗费用报销比例达到80%。

*及时跨部门数据比对* 做实动态识别新增农村低收入人口参保管理工作，确保新增一人、标识一人、参保一人。与税务、财政等部门加强协调沟通，尽可能缩短农村低收入人口信息交换周期，实现及时标识、及时缴费、及时保障。健全完善“周分析、月通报、季调度”工作机制，及时发现、研究、解决工作推进中存在的问题，持续健全防范化解因病返贫致贫主动发现机制、动态监测机制、信息共享机制、精准帮扶机制，每月将全县城乡居民住院个人自负7000元以上名册推送给县乡村振兴局，每月将城乡居民住院数据推送县卫生健康局，为全县防止返贫监测排查和大病救助提供排查依据。

*管好医保基金，守好救命钱* 一是联合卫生健康、公安部门制订印发《2022年盈江县打击欺诈骗保专项整治行动实施方案》，成立打击欺诈骗保专项整治行动工作领导小组，成员由3部门相关股室人员组成。二是动员社会各界参与医保基金监管，从人大代表、政协委员、纪委监委干部、新闻媒体记者、企事业单位代表及参保群众等社会各

界选聘15名同志为医疗保障基金监管社会监督员，共同参与医保基金监管工作。三是组织全县2022年度定点医药机构医保业务暨打击欺诈骗保专题培训，通过医保政策培训和解读《医疗保障基金使用监督管理条例》《医疗机构医疗保障定点管理暂行办法》《零售药店医疗保障定点管理暂行办法》等内容，实现盈江县所有定点医药机构全覆盖，提高定点医药机构学法守法意识，不断夯实全县医疗保障工作基础。

**【主要成效】** *确保脱贫人口和监测人口应保尽保* 落实动态调整机制，根据县乡村振兴局推送的脱贫人口和监测人口名册开展医保帮扶工作。2022年，全县脱贫人口和监测人口48529人（脱贫不稳定户5448人、边缘已致贫户2592人、突发严重困难户569人、稳定脱贫户39920人）实现应保尽保。其中本地参保居民47480人、异地参保居民173人、职工参保707人、参军22人、服刑10人、新生儿参保137人。

*医保待遇政策落实有力* 2022年，全县三类监测对象享受普通门诊待遇40023人，发生医疗费用总计132.65万元，医保报销66.82万元，报销比例达50.37%；门诊慢特病3659人，发生医疗费用总计134.92万元，医保报销112.51万元，报销比例达83.39%；住院待遇2519人次，发生医疗费用总计1221.74万元，三重保障报销1029.77万元，实际报销比例达84.29%，确保不发生规模性因病返贫。

*发挥政府救助平台作用* 努力推动“政府救助平台”试点工作，推进巩固拓展脱贫攻坚成果同乡村振兴有效衔接工作。2022年通过积极宣传，政务微信受理“医疗有困难”申请医保办件共530件，办结率100%。

# 西藏自治区

## 工作综述

2022年，西藏自治区医疗保障局坚持以人民为中心的发展思想，持续完善医保制度体系，持续推进改革走深走实，持续促进服务提质增效，制度运行总体平稳，基金安全得到保障。截至2022年底，全区基本医疗保险参保339.62万人（其中城乡居民参保284.01万人，职工参保55.61万人），参保覆盖率稳定在95%以上。基本医疗保险（含生育保险）基金收入90.48亿元[其中城乡居民医保基金收入24.96亿元，职工医保基金（含生育保险）收入65.53亿元]；基本医疗保险基金（含生育保险）支出43.95亿元[其中城乡居民医保基金支出16.68亿元，职工医保基金（含生育保险）支出27.27亿元]。基本医疗保险基金累计结存240.78亿元。

**【医保民生工程】** 门诊共济保障稳步推进 职工门诊共济保障制度自2022年1月1日起全面实施，普通门诊费用纳入统筹基金支付范围，实现个人账户家庭共享。截至2022年12月底，全区职工医保普通门诊结算达165万人次，政策范围内门诊医疗费用统筹基金支付15691万元，职工基本医疗保险个人账户家庭共享受益2.7万人次，减轻个人医疗费用负担1257万元。

制度体系日趋完善 以自治区政府办公厅名义印发《关于健全重特大疾病医疗保险和救助制度的实施意见》，进一步强化基本医保、大病保险、医疗救助综合保障，健全防范和化解因病返贫致贫长效机制，促进各类医疗保障互补衔接，提高重特大疾病和多元医疗需求保障水平，构建政府主导、多方参与的多层次医疗保障体系。

“十四五”全民医保规划有序实施 经西藏自治区人民政府同意，自治区医疗保障局印发《西藏自治区“十四五”时期医疗保障事业发展规划》，既对标国家《“十四五”全民医疗保障规划》，又在保障护路员、僧尼、边民等特殊群体参保，医疗救助“一事一议”兜底保障，巩固拓展医疗保障脱贫攻坚成果同乡村振兴和强边兴边有效衔接，充分发挥藏医药服务特色优势，大力支持藏医药事业发展等方面体现了西藏特色。

**【全民医疗保障体系】** 全民参保全面落实 城乡居民基本医疗保险制度总体运行平稳，基金保持收支平衡、略有结余。城乡居民基本医疗保险财政补助标准提高至645元/人·年，个人缴费标准按档次分别提高至160元/人·年和350元/人·年。城乡居民参保覆盖面保持稳定。

医保待遇稳步提升 明确先天性心脏病和大骨节病救治费用实行按病种付费，由医保承担80%、财政承担20%的保障政策。将儿童脑瘫和儿童孤独症门诊特殊病种及斜视矫正术和唇腭裂手术医疗费用纳入医保支付范围。新增40个病种纳入职工基本医疗补充保险，补充保险保障范围达到50个病种。

完善抵边安居政策 参与研究《关于鼓励抵边安居若干优惠政策的意见》《着力创建国家固边兴边富民行动示范区实施意见》，提出医保强边政策措施。联合自治区财政厅印发《关于做好医疗保障固边兴边富民和鼓励抵边安居工作的通知》，明确边境一线群众参加城乡居民基本医疗保险实行个人不缴费，由医疗救助和财政资金代缴保险费，确保边境一线群众全部纳入医疗保障范围，实现应保尽保。边境一线群众医疗费用经基本医保、大病保险报销后的合规费用由医疗救助按照90%兜底报销，边境一线城乡居民孕产妇分娩和新生儿抢救治疗合规费用按规定给予全额报销。

**【三医联动改革】** 推动落实药品耗材集中带

量采购和医疗服务价格动态调整工作　落实国家和省际联盟组织的123个品种药品和5类医用耗材集中带量采购，价格平均降幅分别达到66.13%和70.34%。印发《关于做好当前医疗服务价格动态调整工作的通知》，建立医疗服务价格动态调整机制，进一步规范新增和动态调整医疗服务价格项目的流程和要求。调整充实全区医疗服务价格评审专家库，为开展新增和动态调整医疗服务价格项目工作打基础。

持续深化医保支付方式改革　落实国家DRG/DIP支付方式改革三年行动计划，稳步有序推进自治区本级和拉萨、日喀则医保支付方式改革DIP试点，并实现实际付费。2022年，在区内三级公立定点医疗机构将日间手术、肿瘤日间病房相关病种纳入医保支付试点范围。落地执行2021版国家医保药品目录，药品目录总数达2860种。全区前期增补的983个医疗机构制剂和217个中药饮片目录将继续执行。

**【医保基金监管】**　强化医保基金监管宣传　采取多种形式开展以“织密基金监管网、共筑医保防护线”为主题的医保基金监管集中宣传月活动，形成强大宣传声势，营造良好舆论氛围。

建立基金监管长效机制　组织召开医疗保障基金监管工作新闻发布会，通报三年以来基金监管工作取得的成效，宣传有关法律法规。召开打击欺诈骗保工作第二次联席会议、区本级定点医疗机构座谈会、基金监管社会监督员座谈会，进一步推动形成综合监管、联合惩治、社会共治的基金监管长效常治机制。

持续推进基金监管制度体系改革　印发《西藏自治区医疗保障基金监管信用体系建设试点工作方案》，在拉萨、日喀则两市启动医保基金监管信用体系建设试点工作。

持续深化打击欺诈骗保工作　首次组织全区飞行检查培训会议，首次以七地市交叉互检方式开展飞行检查，联合公安、卫生健康、市场监管等部门聚焦“假病人、假病情、假票据”，重点对定点医疗机构血液透析、篡改肿瘤患者基因检测结果、高值医用耗材（骨科、心内科）等领域纳入医疗保障基金支付范围的医疗服务行为和医疗费用进行检查，不断巩固打击欺诈骗保高压态势。2022年，全区检查定点医药机构829家次，处理定点医药机构339家、参保人16名，暂停医保协议26家，解除医保协议2家，拒付和追回医保基金260家次，行政处罚13家次；追回医保基金及违约金4733.2万元，行政处罚158.08万元；主动曝光欺诈骗保违法违规典型案例5例；向公安机关移送欺诈骗保案件线索2起。

**【公共服务效能】**　推进跨省异地就医直接结算　2022年国家医疗保障信息平台西藏平台顺利通过国家医保局验收。依托国家医疗保障信息平台西藏平台全面实现跨省异地就医住院和门诊费用直接结算，74个县（区）均有1家普通门诊（住院）费用跨省联网定点医疗机构。自治区和七地（市）人民医院、自治区藏医院等10家定点医疗机构开通跨省异地门诊慢特病直接结算服务。拓展异地就医备案渠道，在传统的窗口备案、电话备案基础上，增加了国家医保服务App、异地就医备案小程序等快速备案渠道，同时简化了备案材料，取消了备案审批环节，依托西藏医疗保障微信公众号开通居民登记缴费、异地就医备案、个人零星报销申请等13项业务自主办理渠道，方便群众足不出户就可以办理医保业务。在门诊费用跨省直接结算基础上，启动高血压、糖尿病、恶性肿瘤门诊放化疗、尿毒症透析、器官移植术后抗排异治疗5种门诊慢特病相关治理费用跨省结算工作，门诊费用跨省直接结算范围进一步扩大。截至2022年底，自治区与外省（自治区、直辖市）产生住院、普通门诊以及购药费用直接结算人次突破110万，结算费用6.45亿元。

延伸医保经办服务体系　全区开通医保联网直接结算乡镇（街道）卫生院647家、村（社区）服务中心148家，有力打通服务群众“最后一公里”。修订完善《西藏自治区医疗保障经办政务服务事项清单》和《西藏自治区医疗保障经办政务服务事项办事指南》，全区医疗保障经办政务事项名称、受理单位、服务对象、办理渠道、办理流程、办理材料、办理时限、查询方式、评价渠道规范统一。完成了政务服务“一网通办”事项的调整完善，完成医保定点医疗机构、医保药品目录等9项公共服务的查询事项和基本医疗保险关系转移接续、门诊费用跨省直接结算等6项办理事项的对接，并推出医保年度账单等医保特色功能，稳步提升线上服务水平。拓展异地就医备案渠道，在传统的窗口备案、电话备案基础上，增加了国家医保服务App、异地就医备案小程序等快速备案渠道，同时简化备案材料，取消备案审批环节，在提高效率的同时极大方便了参保人员。基本医疗保险参保信息变更、基本医疗保险关系转移接续、异地就医备案等6项业务实现“跨省通办”。39种门诊特殊病病种待遇认定有效期由1年延长至长期有效。推广应用医保电子凭证，进一步打通医保服务“最后一公里”，2022年456家定点医疗机构、427家定点零售药店接入医疗保障信息平台。推行医保经办服务窗口综合柜员制，拉萨三级政务服务大厅自治区、拉萨市、城关区医保政务服务实现前台不分险种、不分事项一窗受理，后台分办，服务效率极大提升。疫情期间，简化办事流程、拓宽办事渠道，积极推行“网上办”“掌上办”“不见面办”等业务办理模式。

**【疫情防控】** 及时调整疫情防控政策　向相关医疗机构拨付预付金，实行“先救治、后结算”，确保患者不因费用问题影响就医，确保收治医院不因支付政策影响救治。及时将《新型冠状病毒感染的肺炎诊疗方案》《西藏自治区新型冠状病毒感染的肺炎藏医药防治方案》涉及的药品和诊疗服务项目、藏医医疗机构具有临时备案号的144种藏药等临时纳入医保基金支付范围。

强化疫情防控保障　及时拨付新型冠状病毒疫苗及接种费用，确保做到“钱等苗”。主动应对疫情防控形势变化，动态调整核酸检测价格，最新调价后单人单检15元/人次，多人混检3.5元/人次。按照“特事特办”原则，建立诊疗方案覆盖药品的集中采购“绿色通道”，持续协调各方做好定点救治医疗机构和基层医疗机构药品配送。

加大助企纾困力度　1月1日起，将全区职工基本医疗保险单位缴费率由8%降为7%，将全区灵活就业人员、领取失业保险金期间的失业人员参加职工基本医疗保险缴费费率由10%调整为9%，全年为全区财政和各类企事业单位减负约5.05亿元。8月至10月，阶段性缓缴职工基本医疗保险单位缴费，助力中小微企业纾困解难。

## 重要活动

1. **召开党史学习教育总结会议。**1月24日，自治区医疗保障局召开党史学习教育总结会议，总结全局党史学习教育工作，对巩固拓展党史学习教育成果作出安排部署。

2. **召开全区医疗保障工作会议。**2月15日，全区医疗保障工作会议在拉萨召开。会议总结2021年医疗保障工作，谋划部署2022年重点任务。

3. **召开全区医疗保障系统全面从严治党暨党风廉政建设工作电视电话会议。**会议总结2021年全区医疗保障系统全面从严治党和党风廉政建设工作，安排部署2022年工作任务。

4. **召开2022年自治区本级定点医疗机构基金监管工作座谈会。**2月25日，西藏自治区医保局组织召开2022年区本级定点医疗机构基金监管工作座谈会。会议通报了2021年区本级定点医疗机构全覆盖检查情况，安排部署2022年医保基金使用管理工作。

5. **召开保密警示教育会议。**3月17日，自治区医疗保障局组织召开保密警示教育会议，以案示警、以案释法，教育引导全局干部职工增强做好新时代保密工作的意识和责任，切实筑牢保密安全防线，并就医保部门保密工作进行强调部署。

**6. 召开自治区医疗保障基金监管工作情况新闻发布会。**4月20日，自治区政府新闻办举办自治区医疗保障基金监管工作情况新闻发布会，公布了自治区近三年医保基金监管工作情况，包括检查定点医药机构4366家，处理违规定点医药机构748家，累计追回医保基金约8521万元等成效。

**7. 召开党员干部警示教育大会。**7月21日，自治区医疗保障局召开党员干部警示教育大会，集中观看警示教育片，通过深入剖析违纪违法典型案例，教育引导党员干部以案为鉴、以案促改、以案促治，知责于心、担责于身、履责于行，推动全面从严治党和反腐败斗争工作纵深开展。

## 典型案例

### 案例一：西藏持续完善医保制度体系

西藏自治区医疗保障局全面贯彻落实党中央、国务院和自治区党委、政府决策部署，聚焦群众医疗保障领域急难愁盼问题，着力完善基本医疗保险、大病保险、医疗救助三重制度综合保障，全力构建多层次、可持续、高质量医疗保障体系，充分释放改革政策红利，有效提升各族群众获得感、幸福感、安全感。

**【夯实基础“保基本”】** 一是全面做实全民参保计划。全区基本医疗保险参保覆盖率持续稳定在95%以上，实现应保尽保。二是城乡居民享有更加公平、更高水平的医疗保障待遇。城乡居民基本医疗保险财政补助标准逐年提高达到645元/人·年，个人缴费标准实现与全国同步提标，按档次分别达到160元/人·年和350元/人·年。基本医疗保险年度最高支付限额6万元，参保人员住院产生的合规医疗费用最高报销比例达到90%以上，门诊特殊病最高支付比例达到90%。高血压、糖尿病“两病”门诊用药纳入城乡居民门诊保障范围。先天性心脏病和大骨节病救治费用实行按病种付费且由医保承担80%、财政承担20%的保障政策。儿童脑瘫和儿童孤独症门诊特殊病种及斜视矫正手术和唇腭裂手术医疗费用均纳入医保支付范围。三是职工医疗保障待遇稳步提升。职工基本医疗保险年度最高支付限额60万元，参保人员住院产生的合规医疗费用实现“应报尽报”，门诊特殊病病种覆盖34大类49个病种，报销比例达到90%。建立职工基本医疗保险门诊共济保障制度，普通门诊费用纳入统筹基金支付范围，实现个人账户家庭共享。

**【降低门槛“治大病”】** 一是城乡居民参保人员大病保险起付线由住院和门诊特殊病医疗费6万元降低至个人自付费用5000元，封顶线由7万元/人·年提高至14万元/人·年。二是在逐步提高大病保险对全体城乡居民普惠待遇保障水平基础上，2022年起对特困人员、低保对象和返贫致贫人口实施“一降一升一取消”，即起付线降低50%，报销比例提高5%，取消封顶线的倾斜保障政策，切实提高大病保险保障能力，防范化解因病返贫致贫风险。三是职工住院或门诊特殊病未报销医疗费用，可由职工大额医疗费商业补充医疗保险按规定比例报销。截至2022年底，已将50种治疗费用高、治疗周期长、就医频次高的病种纳入职工补充医疗保险保障范围。

**【强化救助“托底线”】** 7月，《西藏自治区人民政府办公厅关于健全重特大疾病医疗保险和救助制度的实施意见》正式印发。实施意见旨在进一步强化基本医保、大病保险、医疗救助三重制度综合保障，充分发挥医疗救助兜底功能，促进各类医疗保障互补衔接，提高重特大疾病和多元医疗需求保障水平，构建政府主导、多方参与的多层次医疗保障体系。医疗救助制度公平覆盖医疗费用负担较重的城乡居民和困难职工，按照医疗救助对象类别实施分类救助，普通医疗救助、重特大疾病医疗救助最高年度救助金额分别达15万元、30万元。经直接救助或依申请救助后，政策范围内个人负担医疗费用负担仍较重的，按一事一议、专题研究、限时解决原则，不受年度救助限额和待遇类型限制，根据救助对象困难程度给予医疗救助，有效防止因病返贫致贫。同时，为助力创建国家固边兴边富民行动示范区，出台政策明确边境一线群众参加城乡居民基本医疗保险实行个人不缴费，由医疗救助和财政资金代缴保险费，确保边境一线群众全部纳入医疗保障范围，实现应保尽保。边境一线群众医疗费用经基本医保、大病保险报销后的合规费用由医疗救助按照90%兜底报销。

## 案例二：拉萨市深化“放管服”改革

拉萨市医疗保障局坚持以“医疗保障行风建设”为切入点，以“群众服务满意度”为落脚点，不断深化“放管服”改革，着力在提升经办服务能力上下功夫。通过推进信息化建设、推行综合柜员制、简化办事流程，缩短经办周期、提高办事效率，不断提升人民群众获得感、幸福感、安全感。

**【主要做法】** *加强新冠疫情防控医疗保障工作* 为全力保障疫情防控期间参保群众医疗保障服务实际需要，结合全市疫情防控形势，制定“十条措施”，并开辟医保资金绿色通道，向全市方舱医院、定点救治新冠肺炎患者和开设发热门诊科室的医疗机构提前预拨资金，以保障疫情期间各定点医疗机构正常运转，确保参保人员医疗待遇不受影响。

*推动经办管理服务规范建设* 根据《医疗保障经办管理服务规范建设专项行动工作方案》，落实规范建设规定动作，开展业务培训。结合实际，制定《拉萨市基本医疗保险定点医疗机构管理经办规程（试行）》《拉萨市基本医疗保险定点零售药店管理经办规程（试行）》。落实各项费用审核制度，推进智能化审核，及时办理结算支付，按照规定时限拨付两定机构申报的合规医疗保险医疗费用。依法依规开展日常稽核，通过现场指导、日常检查、专项检查等方式基本实现对两定机构年度稽核检查全覆盖。

*整合资源，提升服务效能* 自2022年6月1日起，在自治区医疗保障局的牵头下，拉萨三级政务大厅共设13个医保服务综合窗口，任一窗口均可办理自治区、市、县（城关区）医保业务，实现一窗口办理、一站式服务。同时还设置了医保服务大厅“爱心专窗”，为老年人、残疾人、军人及其他特殊人群开通医保业务办理“绿色通道”，并在爱心服务区准备老花镜、医用急救箱供参保人员使用，打破原来医保业务按统筹区、险种、业务类别分窗办理的局限，对能够即时办结的业务当场办结；无法当场办结的业务，综合柜员按统一标准收取资料，承诺办结时限，转后台办理，形成“一窗受理、一站服务、一次办结”的综合柜员制服务新格局，确保办事群众“不跑路、少跑路、不跑冤枉路”。为拓宽办理渠道，在服务大厅一楼设置医保自助服务机，提供7×24小时自助服务，市民可自助办理医保余额查询、投递报销单、了解医保政策等业务。通过“拉萨医保”微信公众号，可查询医保余额、定点医药机构地址、药品目录等信息，实现线上线下多渠道、不见面办理模式。

*定期培训，提升专业水平* 建立健全窗口工作人员培训机制。通过定期、不定期标准化业务培训，让所有工作人员熟练掌握医保业务政策、医保系统操作。同时，开展行风政风、服务礼仪、廉洁自律等方面的教育培训，全面提升经办人员服务行为的专业化水平和综合素质。

*联网结算，拓宽服务渠道* “国家医疗保障信息平台”上线运行，实现跨省异地就医直接联网结算，有效解决了参保人员跨省异地就医费用报销往返路途远、手工报销时间周期长、自行垫付资金压力大等难题，增强了群众的获得感、幸福感、安全感，自开展跨省异地就医备案工作以来，为方便参保群众，开展了在线备案（国家医保服务平台、西藏医保微信小程序）、电话备案（可致电参保人员所属医保经办机构）、窗口备案（提供相关资料进行备案）等多渠道备案形式，方便参保人员异地就医直接联网结算。

**【主要成效】** 通过打造综合柜员制、“绿色通道”、展示办事流程等方式，进一步使服务事项、工作时效、业务标准全部面向群众，从群众的评价建议中汲取经验完善自身服务体系，达到对内规范管理、对外树立形象的良好效果，方便参保群众。

## 案例三:日喀则市着力推进药品集中采购工作

日喀则市医疗保障局以着力解决好群众最急最盼最忧的紧迫问题为切入点,以药品集中带量采购和使用为突破口,全面推进药品和医用耗材集中带量采购,确保药品正常供应,努力让人民群众用上质优价廉的药品和医用耗材,更好地保障和改善民生。

**【高度重视,推进工作有层次】** 市医疗保障局高度重视药品集采工作,形成“局主要领导亲自抓、分管领导具体抓、专门科室抓实抓细”的管理责任体系,统筹安排药品集中采购任务分解、审核等工作,并逐步完善相关政策配套措施。局领导多次深入各定点医疗机构调研,督导药品集采工作,落实国家、自治区、市药品集采工作任务,明确目标任务和进度要求,并对医疗机构落实药品集中采购情况进行指导和监督。

**【聚焦关键,为民减负有实招】** 为稳步推进全市药品集中采购工作,实现药械集中采购改革顺畅承接,邀请自治区医疗保障局药品采购服务管理中心人员及相关专家开展药械集中采购新政和业务实操培训,加强对全市医疗机构相关人员的培训教育,要求大家充分认识药品集采重要意义,熟练掌握药品集采操作流程,确保药品耗材集采改革有序递进、持续开展,进一步减轻患者的用药负担。

**【创新举措,突破困局有办法】** 随着集采工作的开展,偏远地区药品配送难甚至出现“缺药”的问题日益凸显,加之全区执行川藏药品医用耗材(含体外诊断试剂)联动数据挂网结果,市医疗保障局坚持问题导向、精准施策。2022年4月以来,在充分调研摸底前提下组织“药品集中遴选、议价”专家小组,出台《日喀则市市县级公立医疗机构关于“川藏药品省际动态联动挂网采购”集中遴选、议价工作的实施方案》,形成了《西藏日喀则市市县级公立医疗机构化学药品及生物药品遴选参考目录》及《西藏日喀则市市县级公立医疗机构中成药及备案药品遴选参考目录》,涉及遴选药品7678个药品,其中西药5738个、中成药1364个、备案采购药品576个,确保药品集中采购工作顺利向纵深推进,着力解决医保领域的民生痛点、难点问题。

# 陕西省

## 工作综述

截至2022年底，陕西省基本医疗保险（以下简称“基本医保”）参保3668.26万人，其中职工基本医疗保险（以下简称“职工医保”）参保720.21万人，城乡居民基本医疗保险（以下简称“居民医保”）参保2948.05万人，参保率稳定在95%以上。2022年全省基本医保基金（含生育保险）总收入798.43亿元，总支出538.51亿元，累计结存1030.59亿元。其中，职工医保基金（含生育保险）总收入508.41亿元，总支出305.25亿元，累计结存808.70亿元（含个人账户结存418.65亿元）；居民医保基金总收入290.02亿元，总支出233.26亿元，累计结存221.89亿元。

**【巩固提升待遇保障水平】** 坚持和完善三重保障制度　全省不断完善基本医保、大病保险和医疗救助三重制度保障体系，年内职工医保、居民医保住院费用政策范围内报销比例分别稳定在80%、70%左右，其中居民医保待遇保障水平两年间提高4个百分点。8月30日，省医疗保障局联合省财政厅、卫生健康委印发《陕西省基本医疗保险门诊慢特病规范管理办法（试行）》，制定门诊慢特病鉴定通则、病种鉴定标准和待遇标准，对全省门诊慢特病实施规范管理。8月31日，省医疗保障局联合省民政厅、财政厅、卫生健康委、乡村振兴局、税务局、总工会、银保监局出台《贯彻落实〈陕西省健全重特大疾病医疗保险和救助制度若干措施〉实施方案》，确保困难群众基本医疗有保障，不因罹患重特大疾病影响基本生活。

创新推进“陕西全民健康保”　为进一步完善多层次医疗保障体系，全面提升参保群众医疗保障待遇水平，推动“陕西全民健康保”。制定《全面推进基本医疗保险全民参保计划的实施意见》，加强与省深化医疗卫生改革领导小组工作对接。联合省财政厅、税务局、银保监局联合制订《陕西省“全民健康保”实施方案》，对资金筹集、保障范围、运行机制、组织方法进行了明确，确保“陕西全民健康保”如期实施。

推动省本级医保实现“同城同待遇”　2月20日，省本级原医保信息系统停止使用，省级医保业务正式移交西安市属地管理。2月28日，省本级启用国家医保信息平台办理医保相关业务，并按照移交政策，享受西安市医保待遇和管理服务。

**【扎实助力新冠疫情防控】** 帮助市场主体纾困解难　6月16日，印发《积极应对疫情影响助力市场主体和服务对象纾困解难若干措施》，从四个方面推出16条措施持续提高医保惠民成效。对面临生产经营困难企业缓收3个月医疗保险和生育保险费，惠及中小微企业1.1万家，缓缴资金2.95亿元。对第三批省级增补药品，延长医保支付时间到12月31日，完善医保支持疫情防控等政策。

全力做好新冠疫苗及接种费用保障　全程做到“钱等苗”。争取中央财政补助资金支持，用于补充陕西省前期疫苗及接种费用支出，有效缓解部分统筹地区基金压力。

做好新冠病毒检测医疗服务价格调整及试剂耗材降价保供　年内四次下调新冠核酸检测项目价格，单人单检、多人混检最高限价调整到15元、3元；新冠病毒抗体检测每人次最高限价为15元（含检测试剂），抗原检测价格按照“价格项目+检测试剂”方式收费，抗原检测服务费每人次最高限价2元，检测总费用每人次最高限价6元。

落细落实十条优化措施　12月21日，省医疗保障局会同省卫生健康委、税务局联合出台了《关于进一步做好当前疫情防控医疗保障工作的通知》，向二级及以上收治新冠肺炎患者的定点医疗机构预拨医保资金。经国家医疗保障局批准，将新冠病毒感染诊疗方案和专家遴选的对新冠病情针对性强、治疗效果较明显的72种药物临时纳入医保支付范围；通过专家论证程序，将各级医疗机构研发的、与治疗新冠肺炎相关的中药制剂纳入基本医保支付范围，鼓励各级医疗机构加快新冠肺炎治疗中药制剂研发。

**【持续深化医药卫生体制改革】** 稳步开展支付方式改革　1月24日，印发《陕西省DRG/DIP支付方式改革三年行动计划》，推进全省支付方式改革。4月7日，召开全省DRG/DIP医保支付方式改革业务培训会。5月7日，召开全省医保信息平台DRG/DIP系统培训会。6月22日，建立DRG/DIP付费改革技术指导专家库。8月30日至9月1日，省医疗保障局组织DRG专家团队赴咸阳、安康开展工作督导和技术指导。11月25日，开展DRG/DIP功能模块线上培训。11月26日至12月2日，开展DRG/DIP功能模块模拟付费测试。截至2022年底，全省12个统筹地区全部启动DRG/DIP付费改革，国家试点市（西安和韩城）、省级试点市（铜川和榆林）和汉中市均已进入实际付费。

推动建立门诊共济保障制度　1月16日，陕西省人民政府办公厅出台《关于印发建立健全职工基本医疗保险门诊共济保障机制实施方案的通知》，确定在2022年底前，全面建立职工医保普通门诊统筹制度。10月25日，省医疗保障局印发《关于切实做好职工基本医疗保险门诊共济保障实施准备工作的通知》，就明确待遇标准、加快信息系统改造、加强政策宣传等进行统一安排。截至2022年底，全省12个统筹地区人民政府出台文件，为全省职工医保普通门诊统筹制度全面实施夯实基础。

加强医保药品目录管理　1月1日，陕西省全面执行《陕西省基本医疗保险、工伤保险和生育保险药品目录（2022年）》，动态调整纳入特药管理范围的药品，开展医保药品支付标准试点。全省基金可支付药品达到2903种，其中西药部分1285种、中成药部分1343种、协议期内谈判药品275种，基本覆盖所有临床治疗组别；另有892种中药饮片纳入基金支付范围。

**【有效衔接乡村振兴战略】** 兜住民生底线　6月13日，陕西省人民政府办公厅印发《陕西省健全重特大疾病医疗保险和救助制度若干措施的通知》，强化基本医保、大病保险、医疗救助综合保障，合理确定困难群众医疗保障待遇标准，确保困难群众基本医疗有保障。省医疗保障局按照通知要求，对特困人员、孤儿（含事实无人抚养儿童）不设起付标准，按照100%比例给予救助；对低保对象不设起付标准，按照不低于70%的比例给予救助；将低保边缘家庭成员和监测对象纳入医疗救助范围，起付标准按所在统筹地区上年度居民人均可支配收入的10%确定，按照不低于60%的比例给予救助。2022年，全省医疗救助共274.16万人次，其中资助参保134.1万人，门诊救助77.96万人次，住院救助62.10万人次，医疗救助资金支出137122.43万元。

构建帮扶长效机制　健全防止因病返贫致贫动态监测预警和帮扶机制，将脱贫攻坚期省、市、县财政补贴规范纳入医疗救助。截至2022年底，全省累计筛查监测预警18.1万人，会同乡村振兴部门将9.96万人纳入防止返贫监测对象享受医疗救助保障和后续帮扶，2.02万人通过监测预警和综合帮扶消除因病返贫致贫风险。

**【积极推进药品耗材集采和医疗服务价格改革】** 强化药品耗材集采力度　省医疗保障局持续推动国家组织集采药品、冠脉支架和人工关节在全省落地惠民。12月17日牵头15省（自治区）及新疆生产建设兵团开展口腔托槽集采，572个中选产品平均降幅43.23%，最高降幅88%，预计节约年采购资金1.3亿元。积极参与其他省份组织的口腔种植体等6类医用耗材和中成药、未过评药品的联盟集采工作。截至12月底，全省累计落地执行集采药品品种453个、医用耗材10大类，提前超额完成国家集采年度目标任务。2022年，向医疗机构拨付前四批集采药品和冠脉支架医保结余留用资金2.72亿元。

动态调整医疗服务价格　4月19日，印发《关于建立医疗服务价格重要事项报告制度的通知》，推进全省医疗服务价格上下联动和跨区域统筹平衡。7月底前全面执行《陕西省医疗服务项目价格（2021版）》，指导城市公立医院和县级及以下公立医院分类平稳执行，增加1304项一、二级医疗机构医疗服务价格，将6岁（含）以下儿童手术价格由加收10%上调为20%，上调22项中医特色优势突出的项目价格，新增（修订）价格161项/类。加快新增项目审核，召开23场专家论证会，研究确定170个项目报国家医疗保障局审批。确定并启动宝鸡作为医疗服务价格改革省级试点工作。

**【建立健全监管长效机制】**　持续推进监督检查　12月9日，制定《陕西省医疗保障基金使用监督管理行政处罚裁量权实施细则（试行）》，细分裁量阶次，明确处罚幅度。9月6日，印发《医疗机构自查清单（第一批）》，组织医疗机构全面自查自纠。全面落实《医疗保障基金使用监督管理条例》，聚焦肾透析、骨科和心血管耗材等重点领域，深入开展飞行检查，会同财政、卫生健康、市场监管、公安等部门联合开展打击骗取医保基金专项整治，全年共检查定点医药机构35933家，查处6134家，追缴违规资金1.89亿元。

提升基金监管效能　截至2022年底，全省9市48个县（区）建立了基金监管专职机构，全省基金监管工作专业化、信息化、法制化、规范化水平持续提升。智能监管全面应用，全年累计核查疑点89.5万条，查处违规74.25万人次，实际扣款金额6468.14万元。2022年4月，开展以“织密基金监管网 共筑医保防护线”为主题的集中宣传月活动，落实线索核查和举报奖励。

**【稳步推进信息化标准化建设】**　接入全国“一张网”　4月3日，全省12个统筹地区顺利实现并入国家“一张网”，医保信息平台整体运行平稳，实现日均结算37万人次，结算金额2亿余元，0.7秒完成门诊结算，1秒完成住院结算。全省3.54万家定点医药机构、2000余家耗材配送企业、1300余家药品厂家、180余家经办机构、700余家耗材生产厂家可以快速办理结算、招标采购等多项复杂业务。

初步实现“书同文、车同轨”　开通“12393”与“12345”双号并行、“秦务员”“陕西医保”融合共享。贯彻执行国家医保信息业务编码标准，全省信息平台赋码医保系统单位、定点医药机构3.86万家，医保系统工作人员、医保医师、医保护士、医保药师33.68万人，药品22.54万条，医用耗材248万条，医疗服务项目5135条。加快推动医保电子凭证就医全流程应用，截至2022年底，全省医保电子凭证激活已达2965万人，激活率76.36%，使用电子凭证结算占比达38.88%，全国排名第五位。医保公共服务网厅注册单位用户17.97万个，个人用户189.21万人，全年累计办理业务量达101万件。

建成陕西医保信息调度指挥大厅　6月21日，总占地约2500平方米的陕西医保信息调度指挥大厅投入使用，实现远程调度全省定点医药机构医保结算数据，实时监督基金使用及运行，参保群众可以足不出户线上办理医保业务。以此为依托，省人民医院等28家三级医疗机构作为首批试点全面开展移动支付建设应用工作。

**【不断提升公共服务能力】**　建立健全五级经办网络　截至2022年底，全省建成镇级医保服务站1392个，村级医保服务室19757个，镇村专兼职经办人员23149人，“省市县镇村”五级医保经办服务体系覆盖率由年初的36.1%提升至100%，实现“省市县镇村”五级经办服务体系全覆盖的任务目标。

持续优化异地就医服务　省医疗保障局全面落实国家直接结算改革实施方案，推进异地就医信息系统升级工作。截至12月底，全省异地就医定点医疗机构达到2446家、定点零售药店11938家。开通跨省异地就医线上备案，取消省内异地门诊备案程序，实现门诊费用省内异地就医直接结算县区全覆盖。2022年全省异地就医备案

282.05万人次，直接结算80.08万人次，结算总费用141.55亿元，基金支付95.54亿元；异地门诊及药店购药726.44万人次，结算总费用10.64亿元，基金支付10.44亿元。实现高血压、糖尿病、恶性肿瘤门诊放化疗、尿毒症透析、器官移植术后抗排异治疗等5种门诊慢特病跨省直接结算县区全覆盖。

*不断提升经办服务效能* 制订《陕西省医疗保障局2022—2023年优化营商环境实施方案》，深化“放管服”改革，夯实市域内“一站式服务、一窗口办理、一单制结算”，基本解决异地住院垫资、跑腿报销问题。

**【开展大调研大走访】** *开展“百日百县”调研* 4月11日，省医疗保障局组织全省1万余名医保干部职工在全省107个县（区）、1300余个乡镇（街道）、近2万个村（社区）开展“百日百县”督导调研，调研剖析问题1169项。截至2022年底，完成整改1133项，整改完成率96.9%。

*“千家万户”活动解决群众急难愁盼问题* 7月20日至12月30日，省医疗保障局在全省医保系统压茬推进“走千家访万户”助医帮困活动。截至2022年底，全省共走访企事业单位2.49万家、参保群众177.91万户，收集问题1.87万件，现场解决困难企业退休人员补助、企业职工参保、异地备案、零星报销、医保接续、生育津贴等事项1.78万件。

## 重要活动

1. **召开全省医保工作会议**。2月17日，陕西省医疗保障工作会议在西安召开。会议系统回顾全省2021年医保工作，分析研判改革发展形势，全面部署2022年医保任务。会议传达全国医保工作会议精神和分管省领导批示，省医疗保障局主要负责同志作了题为《踔厉奋发担使命 笃行不怠启征程 奋力谱写陕西医疗保障高质量发展新篇章》的工作报告。

2. **落实2021版陕西省医疗服务项目价格**。2月22日，省医疗保障局会同省卫生健康委在西安召开落实《陕西省医疗服务项目价格（2021版）》工作安排部署会。省医疗保障局、卫生健康委、26家省属省管公立医疗机构主管领导和从事价格、医保管理工作的负责同志参加会议。

3. **全省实现上线运行国家医保信息平台**。4月3日，西安市正式上线运行国家医保信息平台，至此，陕西省12个统筹地区全部切换上线国家医保信息平台，全省医保业务全面并入国家“一张网”。

4. **举办两定机构月结业务和财务核算问题解答视频培训会议**。为加快推进定点医药机构月结业务和财务核算等相关工作，4月8日，省医保基金中心举办月结业务和财务核算问题答疑视频会，相关地市就有关问题进行反馈提问，资深工程师系统答疑，并研究月结业务和财务核算相关问题的解决方案。

5. **定点帮扶和驻村帮扶工作获得好评**。5月19日，省委农村工作领导小组（省委实施乡村振兴战略领导小组）印发《关于2021年度省级单位定点帮扶和驻村帮扶工作考核结果的通报》，省医疗保障局被评定为“好”等次的省级定点帮扶单位。

6. **召开纾困解难若干政策吹风会**。6月24日，省医疗保障局召开《积极应对疫情影响助力市场主体和服务对象纾困解难若干措施》（以下简称《若干措施》）政策吹风会。《若干措施》主要包括支持市场主体纾困发展、严格落实综合保障政策、不断完善医保支持疫情防控政策、持续优化医保经办服务四大类共16条具体政策。

7. **召开医保信息化标准化建设工作会议**。6月30日，省医疗保障局在西安市召开医保信息化标准化建设工作会议。参会人员在省医保信息调度指挥中心观看了信息化标准化建设成果展示，参加了医保信息平台业务培训，宝鸡、延安、安康三市做了经验交流发言。陕西省医疗保障局与中国移动陕西有限公司签订战略合作协议。

8. **召开上半年全省医疗保障工作会议**。7月1日，陕西省医疗保障上半年工作会议在西安市召开。会议系统回顾上半年医保工作，全面部署下半年重点任务。局领导班子成员和各处室、局属事业单位及各市（区）医疗保障局负责人参加会议。

9. **召开多层次医疗保障体系建设座谈会。**7月14日，省医疗保障局召开多层次医疗保障体系建设暨商业补充医疗保险座谈会。省内19家保险机构、科技公司和保险经纪公司相关负责同志参加会议。

10. **召开城乡居民大病保险工作座谈会。**7月14日至15日，陕西省2022年城乡居民大病保险工作座谈会在宝鸡市召开。省医疗保障局待遇保障处、经办服务中心、基金中心、信息化专班，各市（区）医疗保障局及承办大病保险的省级分公司参加会议。会议通报了全省2021年大病保险运行情况，相关单位做工作经验交流。参会代表就大病保险制度规范化建设、面临的困难和问题，以及促进大病保险制度高质量发展进行了讨论。

11. **召开医保系统半年经办工作会议。**7月27日至28日，全省医保系统行风建设专题培训暨半年经办工作会议在西安市召开。

12. **召开医保基金监管工作座谈会。**9月7日，省医疗保障局就加强医保基金监管工作，召集西安市部分大型医疗机构负责人开展座谈。17家大型医疗机构负责人和业务部门负责人参加座谈会。与会人员对当前医保基金监管工作形势、如何深入推进医保基金工作及如何共同守好人民群众的“救命钱”深入开展交流，并就国家医保基金监管飞行检查重点内容和检查方法进行了培训。

13. **召开提高财务工作绩效专题会议。**9月7日，省医疗保障局召开2022年加快部门预算执行进度暨2023年预算编制工作会议。会议通报了2022年部门预算执行情况，并对2023年预算编制工作进行了具体部署。

14. **举办全省居民医保参保缴费培训。**9月7日，省医疗保障局、税务局在西北税务学校联合举办2022年全省居民医保参保缴费培训班，全省各市（区）医保、税务部门共计56人参加。省医疗保障局待遇处、经办中心、基金中心，省税务局社保处相关负责同志分别就缴费文件、经办规程、系统操作、征缴办法等内容做全面讲解。

15. **召开全省长期护理保险试点工作推进暨培训会。**9月20日，省医疗保障局在汉中市召开全省长期护理保险试点工作现场推进暨培训会。会议要求汉中市进一步研究做好试点工作，完善多层次长期护理保险体系。会议鼓励其他市（区）在汉中制度试点的基础上，做好本地区相关调研和摸底工作，为下一步开展制度试点做好准备工作。

16. **召开全省医疗保障基金财务报表统计和运行分析培训会。**9月21日至23日，省医疗保障局在西安市举办医保基金财务报表统计和运行分析培训会。会议通报了全省医疗保障基金预算执行情况及医保基金预决算暨统计分析工作先进单位及个人，重点对基金报表填报系统操作及医保基金预决算管理进行了解读和培训。

17. **召开规划财务领导小组专题会议。**9月29日，省医疗保障局召开规划财务领导小组专题会议。会议通报了2022年度部门资金执行进度和2023年预算申报项目及建库情况，对2021年度重复参保人数和2022年6月30日参保人数确定形成初步意见，会议讨论并一致通过居民参保数据提取、审核、对外报送程序，明确相关处室职责。

18. **召开2022年居民参保缴费工作推进会。**11月22日，省医疗保障局联合省税务局召开座谈会，进一步深化双方沟通协作，着力纾解2022年居民参保缴费工作中存在的堵点、难点问题。参会人员一行参观了陕西省医保信息调度指挥中心，就医保信息平台建设、运维使用等方面进行了深入交流。

19. **召开完善特药政策及管理服务座谈会。**12月1日，省医疗保障局连线5家医药生产企业，就完善省特药政策及管理服务召开视频座谈会，听取服务对象意见建议。通过认真梳理企业反馈的意见建议并逐一协调解决，进一步提升陕西省特药管理服务水平。

**20. 编印《陕西省医疗保障基金监管常见违规问题汇编》。**12月13日，由省医保基金中心牵头编写的《陕西省医疗保障基金监管常见违规问题汇编》正式出版。汇编材料共收集整理全省常见违规使用医保基金问题12类、1401个，供全省各级医保部门、定点医药机构参考使用。

## 典型案例

### 案例一：陕西“以镇代村”推进集采药品进基层

陕西省医疗保障局着力解决集采药品进基层的难点堵点，推动全省基层医疗机构“以镇代村”开展集采，畅通服务群众的“最后一公里”。

**【主要做法】** *掘典型经验，全省交流推广* 为做好做实集采药品进基层工作，省医疗保障局采用“下去调研看到的全是办法”“用基层智慧解决基层问题”的工作思路，结合“百日百县”督导调研活动，调研全省各地基层落实集采情况，发现西安市鄠邑区、咸阳市泾阳县等地进行了较好尝试，积累了较为成熟的经验。为此，省医疗保障局积极组织相关单位总结经验做法，于9月28日在西安市鄠邑区召开“以镇代村”集采工作现场会，会上各市（区）交流了集采药品进基层相关做法，相关具体问题开展研讨，开启在全省推广“以镇代村”推进集采药品进基层的进程。

*“以镇代村”惠民生，集采药品进基层* 以“省、市、县、镇、村”五级医保经办服务体系为支点，发挥县级医院“领头羊”作用，以街道卫生院代采为关键点，以集采药品进村卫生室为突破口，通过二级医院带动一级卫生院、一级卫生院带动村卫生室的模式，实现“以大带小、辐射全区、分层开花、遍地结果”的目标，全力破解群众看病贵难题，让群众就医购药不出村，在家门口就能用上质优价宜的集采药品，提升集采药品在基层的可及性。

*加快推进集采管理运行制度化* 一是做好集采报量工作，村卫生室报量统一由所属镇卫生院组织，采取线下报送方式完成，镇卫生院综合辖区内所有村卫生室对药品的需求量进行统计后统一在集采平台进行线上报量。二是压实医药企业配送保供主体责任，防止配送不及时、相互推诿等不规范配送行为，切实保障基层群众用药，尤其是用于治疗高血压、糖尿病、心脑血管疾病等慢病的常用集采药品。三是积极落实集采品种预付金制度，有条件的地方可开展集采药品直接结算。截至2022年底，全省多个市（区）已经开展试点工作，其中安康市已全面实现集采药品直接结算，缩短了货款拨付周期。四是持续完善集采结余留用政策，进一步优化计算、核算公式，简化业务办理流程，年底前将国家前4批药品和冠脉支架结余留用资金拨付到医疗机构；商洛市还制定了药品集采工作医保结余留用资金使用管理工作指导意见，为医疗机构资金院内发放提供了切实可行的操作办法，极大调动并提升了医疗机构、医务人员参与集采工作的积极性。

*做好政策宣传和业务培训* 全省各级医保部门组织做好基层医疗机构（如各卫生院、各卫生室）集采相关政策和操作的知识培训，进一步加深医疗机构对集采政策业务的理解和把握，为“以镇代村”顺利开展做好技术储备；同时结合全省医保系统开展的“走千家访万户”助医帮困活动，加强对基层群众的宣传引导，让群众了解集采、理解集采、认可集采、对集采药品放心，营造医保、医疗、医药协同推进集采改革的良好氛围，为集采常态化制度化开展创造良好的舆论环境。

*加强监测监管* 综合运用平台监测、合同履约、信用评价等考核机制，对集采的医院报量、中选确认、合同签订、资金预付、供应保障、配送服务、采购入库、货款结算、使用支付、协议管理、结余留用等进行全程监测监管，严格落实医药集采管理运行规定，确保全省医药集采管理运行平稳高效。

**【主要成效】** 截至2022年底，全省12个市（区）已按“以镇代村”采购模式实现县、镇、村公立医疗机构采购和使用集采药品全覆盖，让广大基层群众在家门口享受到集采制度改革红利，切实减轻了群众医药负担。

## 案例二：西安市高新区推进经办创新提升服务效能

2022年，西安市高新区紧紧围绕全市医疗保障工作要点，通过建立多维联动的服务网络和推行"五办"服务模式，着力解决企业和群众办事的堵点、痛点与难点，经办服务效能持续提升。

**【主要做法】** 建立多维联动服务网络　通过持续优化完善"一窗通办"服务，建成"场内'一窗通办'、场外辅导帮办、简单业务自助办、下沉业务就近办、高频业务掌上办"的多维联动服务网络。一是场内"一窗通办"。按照"窗口之外无事项"的要求，将医保所有窗口业务纳入"一窗通办"服务范畴，实现业务即时受理办结、转办业务后台分办联办的经办服务模式。二是场外辅导帮办。变"被动等待服务"为"走出柜台，迎上群众"，在窗口之外主动辅导群众填写表格、预审办事材料、解答疑难问题，提升窗口办理速度。三是简单业务自助办。配备医保自助服务终端机、自助缴费机、免费自助复印机，引导群众通过自助机办理信息查询、证明材料打印等业务，实现简单业务快速办。四是下沉业务就近办。在三级经办服务体系的基础上，结合高新区一区多园特点，在8个政务服务站下沉医保窗口，实现群众办事不出镇街、社区，企业办事不出园区。五是高频业务掌上办。自主开发高新医保社保掌上服务专区，整合上级不同机构的不同网办渠道，企业群众只需单点登录，就可以掌上办理所有高频业务。

推行"五办"服务模式　将推进经办服务创新作为深化"放管服"改革、优化营商环境的具体举措，通过创新服务模式，实现医保经办速度、质量、手段全面提升。一是关联业务打包办。将群众关注的事项纳入"一件事一次办"服务场景，结合高新区实际，推出灵活就业人员、外籍人员特色包，使区内企业群众享受到更多打包办服务。二是压缩时限提速办。按照"当日受理、次日审核、一周到账"的工作要求，不断压缩办结时限，33项业务在省、市设定的时限内再提速60%。三是专区服务"一站办"。坚持传统服务与智能服务并行，专门开辟"助老服务专区"，为老年办事群体提供政策咨询、业务办理、信息查询、资料预审等"一站式"帮办服务；开展为退休人员"送上一份礼品，拍摄一张纪念照片、送上一句祝福话语"活动，让老年人在浓浓的仪式感中感受医保系统的关怀与温暖。四是"5+2"服务"延时办"。为解决上班族与服务窗口工作时间冲突的难题，坚持开设周末办事窗口，为区内企业群众提供"5+2"全天候经办服务；业务高峰期，灵活设置"潮汐窗口"，提供"提早半小时开始、延时半小时结束"贴心服务。五是建章立制"安全办"。认真贯彻落实安全规范的要求，用制度规范业务经办、以机制督促制度落实，通过打造一支高水平基金监管队伍，建立四项机制，出台六项内控制度，不断筑牢基金风险防控体系。

**【主要成效】** 截至2022年底，辖区三级经办服务体系共接待区内群众28万人次，受理业务37万余件，获得了区内3万余参保企业和130万群众的一致好评，累计收到感谢信、表扬信300余封，锦旗23面，好差评整体好评率99.9%。

## 案例三：宝鸡市实现"两病"人群筛查和用药保障全覆盖

2022年，宝鸡市医疗保障局深入开展"两病"门诊用药保障重点联系典型地区创建工作，实现"两病"患者"申请不出户、购药不出村""一窗口办理、一站式服务、一单制结算"，全面落实"两病"人群筛查和用药保障全覆盖。

**【主要做法】** 强化"两项推动"　一是政府强力推动。宝鸡市政府成立了主管市领导为组长，医保、财政、卫生健康、市场监管等部门为成员的工作专班，印发《宝鸡市关于规范和加强"两病"门诊用药保障工作实施意见的通知》，明确工作目标、重点任务及工作要求。各县、区政府制订了专项行动实施方案，细化工作内容、明确工作标准、确定工作时限、推进工作开展。二是部门全力推动。市医疗保障局等三部门联合印发《宝鸡市"两病"用药保障专项行动重点联系典型地区实施方案》《宝鸡市"两病"用药保障专项行动重点联系典型地区实施细则(试行)的通知》,厘清部门职责、任务和工作标准,全力推动创建工作。三是打造闭环服务。全市升级改造了基层医药机构医保、卫生健康网络平台,对全市2087家定点医药机构工作人员进行业务培训,实现了医药机构服务点线相连、信息共享、申报购药的闭环服务,形成"两病"、门诊慢性病患者5分钟购药圈。

落实"三条举措" 一是组建服务团队。组建由健康管家、社区医生、医学专家组成的"三师"服务团队,做好"两病"门诊慢病人群健康管理全过程跟踪;组建"两病"门诊慢病评审专家库;做好"两病"、慢病患者准入全流程管理。二是开发信息系统。开发"门诊慢病信息系统",实现与医保、医药机构信息系统的互联互通,融申请、认定、问诊为一体,统筹区内参保的本地、异地务工患者均可随时随地在线申请、认定和购药。三是融合服务模式。将城乡居民"两病"与慢病门诊用药保障有效融合,推动"两病"、慢病患者门诊用药保障机制并轨。

突出"四大特色" 一是资格准入线上线下并行。资格申报认定线上服务到人,线下服务到村,全市1940家基层医疗机构执业医师可直接进行"两病"认定,卫生健康部门"两病"签约患者直接纳入"两病"用药保障,统筹区内参保的异地务工患者在线申请认定。二是用药保障医院药店并行。在基层医疗机构搭建"一站式"结算系统,实现患者购药不出村;打通定点零售药店"两病"购药通道,弥补基层医疗机构药品供给短板;开展药品配送上门服务,行动不便患者可通过慢病平台发起送药需求,系统自动获取患者处方,村医保室工作人员上门即时配送。三是监督管理事中、事后并行。用药处方前置,将患者申请时提交的处方录入门诊慢病信息管理系统,医药机构按系统处方售药,做到定药、定量管理;加载透析人脸识别模块,常态化开展智能审核、专项检查,实时监控医药机构进销存,保障基金安全。四是健康服务防病治病并行。引入互联网医院,将宝鸡市本地医师上线互联网医院,"两病"患者在线即可享受本地医生的问诊复方服务;由健康管家、社区医生和专家提供分级服务及健康指导,满足"两病"患者多元化健康服务需求;通过大数据功能,为"两病"患者进行健康全记录,建立不同生命阶段的健康档案。

**【主要成效】** 截至2022年底,全市"两病"、慢病门诊患者51万人,其中"两病"患者24.83万人,较此前增加了5倍;全年"两病"报销237806人次,医疗总费用2207.54万元,基金支出1434.90万元。

## 案例四:咸阳市五项举措推动集采结果落实落地

2022年,咸阳市医疗保障局坚持常态化开展药品耗材集中带量采购,降低虚高药价,从常见病、慢性病用药到重大疾病、罕见病用药,从冠脉支架、人工关节到骨科耗材、种植牙,始终聚焦人民群众最迫切的医疗需求。

**【主要做法】** 设置"医保便民门诊" 以患者"进一扇门、挂一元号、开一张方"为目标,在全市遴选出首批113家参与集采药品采购、"零差率"销售药品、能提供一定软硬件支持的定点医疗机构,设置医保便民门诊,由全科医生坐诊,主要向就医患者宣传慢特病保障、集采药品使用等医保政策,为医保患者开具常用药、慢特病备案药品处方和相关检查单,向患者解释检查结果,指导患者到相关专业科室诊治,进一步助推集采药品落地,打造高效便民的医保服务体系。医保便民门诊开设后,2022年集采药品使用率较上年度增长158%。

采取"四个一"措施 在全市所有镇村卫生院(室)张贴"一张集采药品价格表",摆放"一份集采政策宣传册",培养"一个集采明白人",采购使用"一批集采药品",泾阳等12个县、市、区乡镇卫生院采购使用集采药品达到100%,三原等5个县、村卫生室参与集采比例达到100%,其他县、区村卫生室参与集采比例持续提升。

推出“三个建立”机制　建立健全“县、镇、村”三级集采工作领导协调机制，筑牢集采工作“最后一公里”基础；建立健全集采工作专(兼)员机制，确保群众在“家门口”“零距离”用上质优价廉的集采药品；建立健全集采药品“月、季、年”监测监管工作机制，全链条跟踪指导集采工作，努力实现“以大带小，辐射全域、分层开花，遍地结果”的集采工作目标，切实保障人民群众享受到高质量医保服务。

建立“直报点”“会客厅”制度　遴选一批机构、企业作为药品(耗材)采购、使用、配送情况信息“直报点”，实现政企“信息直通、政策直通、监督直通”，“点对点”了解掌握药品耗材采购配送使用情况，听取反馈意见建议。选取具有普遍性、典型性的问题或以最新医保政策为主题，每季度定期召集相关医保部门、医疗机构、医药生产企业、配送企业相聚“会客厅”，开展政策宣传培训、交流、沟通，协调解决工作落实中遇到的各类问题。

落实结余留用政策　完善集采配套措施，按照中选药品约定采购量、中选药品任务完成情况、中选药品及非中选药品使用占比等指标对医疗机构进行考核，将集采药品降价后节约的医保资金部分拨付给医疗机构，用于提高医务人员待遇，进一步激发使用集采药品的积极性，实现群众减负、医院获利、基金节约的三方共赢。截至2022年底，累计拨付资金共计4412.7万元。

**【主要成效】**　截至2022年底，咸阳市已开展7批次国家药品集中带量采购共294个药品、省际联盟未过评药品159个、医用耗材集中带量采购共计11类，中选药品采购总金额25120万元，为患者看病用药节约金额57000万元。

## 案例五：铜川市扎实推动按疾病诊断相关分组(DRG)付费改革

铜川市于2017年底启动总额预算下多元复合式支付方式改革。2019年7月，铜川市被确定为按疾病诊断相关分组(DRG)付费省级试点城市，并于2020年在6家医疗机构开展DRG模拟付费试点运行，2021年起实施正式付费。随着国家和省医疗保障局相继出台支付方式改革三年行动计划，铜川市紧扣国家部署，加快推进DRG付费提质扩面向二级医疗机构延伸。2022年，全市将符合条件的其余17家二级医疗机构全部纳入DRG付费改革范围，病种覆盖率达到95%，DRG付费基金支出占市域内住院基金支出的70.58%，实现了DRG付费方式改革统筹地区、医疗机构、病种、医保基金支付四个全覆盖，提前两年完成省医疗保障局DRG支付方式改革三年行动计划目标任务。

**【主要做法】**　完善工作机制　一是调整分工，夯实责任。为加快推进全市DRG付费改革提质扩面，及时有效解决DRG付费医疗机构结算、清算存在的问题，市医疗保障局组建工作小组办公室，小组成员对照各自分工，主动对接和推进各项工作。二是开展专题研究，化解DRG付费改革中存在的问题。组织召开DRG付费改革专题研究会议，对全市2021年DRG年终清算、未入组的病例，以及超过区域总控范围的费用、集采对DRG付费的影响等问题进行了研究，印发《铜川市基本医疗保险按疾病诊断相关分组(DRG)付费实施方案》，公布全市2022年基本医保DRG付费权重、历史控组和目标总控组。三是充分运用询价、谈判协商、协议管理等工作机制。就病种成本测算结果征求医疗机构临床专家意见，做到病种公开化、医疗机构服务成本系数合理化；征求医疗机构对付费制度改革的意见与建议，将DRG付费制度纳入协议内容，细化医疗服务质量管理制度，杜绝不合理医疗行为。四是做好DRG付费日常监测及运行情况分析。定期对医疗机构DRG付费基金使用情况开展绩效评价和考核工作，考核结果与质量保证金挂钩，进一步加强激励约束。五是完善总额预算管理机制。推进DRG付费区域总额预算管理，探索推进紧密型县域医共体医保付费方式，在DRG政策框架范围内将宜君县人民医院、宜君县中医医院两个医共体牵头单位纳入DRG付费。六是不断完善智能监控审核机制。

结合DRG付费实际，上线424条审核规则，其中医保政策376条、循证医学48条，通过线上智能监管和线下稽查检查的有机结合，推进医疗机构提高管理水平、降低医疗成本。

狠抓标准规范　一是加强协议管理，严格执行《铜川市医疗保障定点医药机构协议管理办法（暂行）》，制定印发《铜川市基本医保定点医疗机构医疗保障服务协议书（2022年版）》，明确DRG付费预算管理、数据质量、支付标准、审核结算、稽核检查、协商谈判、考核评价、违约处理等要求，提高支付方式改革标准化、规范化水平，促使定点医疗机构切实加强院内病案管理，不断提高病案管理质量。二是支持并配合定点医疗机构开发病案智能校验工具，开展病案质量专项督查，提高医疗机构病案首页及医保结算清单报送的完整度、合格率与准确性。三是构建科学全面的绩效指标，通过对各项数据的跟踪监测分析、考核与评价，不断优化指标设置，有效减少不合理诊疗费用，缓解基金运行压力，减轻群众医疗负担。

重视能力建设　为深入推进DRG付费提质扩面，在前期试点医疗机构正式付费平稳运行的基础上，DRG付费继续向二级医疗机构延伸。铜川市坚持部署任务与能力建设一并推进，组织召开DRG付费扩面提质推进会议暨DRG基础培训班，安排部署全市DRG付费扩面工作，对计划纳入DRG正式付费的二级定点医疗机构医保、病案、信息、质控相关科室人员开展多次线上线下业务培训。

加快系统建设　一是按照编码标准“纵向全贯通、横向全覆盖”的目标要求，制订具体实施方案，明确工作计划，层层压实责任，定期召开工作推进例会，及时协调督导解决发现的问题，有效推进全市贯标工作顺利开展；国家17项医保信息业务编码全面落地应用，全面启用医保结算清单，及时按照《医疗保障基金结算清单填写规范》要求进行上传。二是形成“2小时内完成清理、制定三大目录新编码维护流程、同步开展3层比对、每周完成1批编码维护入库”的“2331”工作机制，实现了非标编码清零和新增编码有序入库，确保全市医保信息编码与国家信息编码保持一致。三是督促指导定点医疗机构加快推进信息接口改造工作，不断完善结算清单的规范统一和数据的全面准确，为DRG付费提供基本支撑和基础保障。

**【主要成效】**　促使医疗机构管理更加科学精细高效　DRG付费实施以来，试点医疗机构组织多次DRG专题培训，招录专业编码人员进行编码，运用主要诊断填写准确率、主要手术与操作填写准确率、CMI值等多维度指标进行DRG数据分析，院端管理更加精细科学，病案数据质量得到显著提升。

提升医疗机构救治能力水平　通过对医疗机构医疗服务的广度（DRG覆盖组数）、医疗服务的整体技术难度（CMI值）、危急重病例救治能力（高权重病例占比）相关指标的设置、监测分析和结果反馈，促使医疗机构不断加强院端管理，提升救治能力水平。2022年，覆盖病组数由587增加到597，同级别医疗机构时间消耗指数、费用消耗指数均略有下降。

患者住院费用更趋科学合理　“超额负担、结余留用”政策激发医疗机构的内生动力，促进医疗机构制定合理且控制成本的诊疗路径，提高医疗资源利用效率，促使患者住院花费更加合理。2022年平均住院天数较上年下降1.59%，个人负担费用较上年下降9.89%。

有效遏制过度医疗　通过不断完善智能监控审核系统及设置审核规则，全面推进以循证医学和临床路径为核心的全流程智能审核监管线上与线下审核体系，加强医保基金预算、收支管理及运行分析，掌握医保医疗费用支付的主动权，促进医疗机构加强管理、提高效率、降低成本，有效遏制过度医疗。

## 案例六：渭南市试点居民慢特病直接结算提升群众医保获得感

医保信息系统在渭南市上线前，医保工作存在信息不互通、数据不互认等突出问题，导致参保群众慢特病就诊购药需要在医院、药店之间多次往返，不仅程序烦琐浪费时间，更容易出现票据丢失等问题，给群众就医报销带来诸多不便。2022年，医保信息系统上线后实现了医保信息的互联互通，为医保工作信息化、便捷化、智能化奠定了基础。渭南市在职工慢特病实现定点药店网络直接结算基础上，响应群众呼声，在白水县试点居民慢特病购药费用定点零售药店直接结算，极大地方便了参保群众就医购药。

**【主要做法】** 强化政策宣传　居民慢特病购药费用定点零售药店直接结算试点启动后，市医疗保障局联合县医疗保障局通过“线上+线下”方式多形式开展政策宣传。一是在政务服务大厅设立宣传展板，向办事群众发送宣传彩页500余份。二是指导定点医疗机构利用LED屏滚动播放居民慢特病直接结算政策，在定点零售药店张贴宣传海报近100份。三是组织宣传小分队走村入户宣讲政策，发送宣传彩页200余份。四是通过政府网站、微信公众号发布解读城乡居民门诊慢特病直接结算政策，确保惠民政策家喻户晓。

加强医保业务培训　为确保居民慢特病购药费用直接结算顺利开展，在试点正式启动前，组织医保经办人员进行集中培训，详细讲解政策规定、结算流程。在试点启动后，密切关注工作开展情况，针对结算工作中出现的实际问题实时指导，及时打通工作堵点，确保业务正常办理。

做好结算服务　针对慢特病报销周期长、需要前往县级医保经办机构报销结算问题，按照为民利民便民原则，围绕慢特病申报、审批、报销等环节，对居民慢特病购药费用直接结算流程进行明确，形成工作规范，确保群众及时享受医保待遇。同时按照协议规定，及时对费用进行核算，按期拨付医保基金。

定期开展指导检查　一是为确保居民慢特病购药费用直接结算试点顺利开展，通过微信群与试点零售药店建立沟通协调机制，及时通报结算的具体政策要求和系统改造信息，使定点零售药店在推进工作过程中做到“心中有数”；二是两次深入试点零售药店开展直接结算工作情况监督检查，对结算工作进行规范指导，确保直接结算顺利开展。

**【主要成效】** 直接结算试点后，参保群众可以在定点医疗机构就医时直接认定门诊慢特病资格，慢特病就医购药产生的费用可在定点零售药店直接结算，无须提交资料垫付资金，极大地简化了流程、方便了参保群众。截至2022年底，网络直接结算共计588人次，结算总金额21.52万元，有效解决了辖区内门诊慢特病参保患者的看病压力。

## 案例七：延安市推行医保基金智能场景监管

2022年，延安市医疗保障局紧紧围绕医保基金安全运行主线，深入贯彻落实国家、省、市关于加强医保基金监管的总体部署和要求，在场景监控建设上，一方面，通过生物识别引擎、智能视频分析与结构化引擎，实现诊疗过程中机器智能识别“无感式”监控；另一方面，以大数据分析为基础，利用设备采集的数据与医保结算系统数据实时比对，将看不见摸不着的诈骗套路，变得有迹可循、有径可管。通过提供智能视频监控、生物识别认证、智能视图大数据分析、医保结算数据医药服务场景数据交叉比对等服务，实现诊疗过程与医保结算两个层面的事前、事中、事后双重全覆盖，实现监管关口前移、丰富监管维度，从而辅助审核、辅助稽核、辅助执法、辅助决策。

**【主要做法】** 医疗保障智能场景监控管理系统主要通过计算机视觉及大数据等手段，从实时、实地、实人、实物、实事等“五实”上确保医保基金使用的真实性，为医保业务经办、综合监管、公共服务等提供身份认证、视图存证、疑点取证等服务。

住院场景监控　病患入院时，通过智能识别终端，实现入院无感识别。病患在院期间，护士采用人脸识别非接触红外体温计在每日例行对患者进行体温测量的同时，无感知地完成实人认证和在床核验。同时,医保监管人员根据自身业务需求,通过场景监控系统根据稽核规则生成相应的稽核任务,对在院人员或疑似违规人员制定抽样查床计划,要求医院工作人员在限定时间内完成查床任务。结合前端采集的人脸信息,运用人工智能算法针对挂床住院、冒名住院等骗保行为建立场景模型并形成证据链条。

门诊就医场景监控　在医疗机构门诊就医场景,利用智能设备终端对场景数据进行无感采集,通过系统对识别数据进行分析,识别异常智能预警并将预警数据回传,系统智能分析出多发、高发区域,为医保部门针对性打击欺诈骗保和实现精细化管理提供有效的数据支撑。同时,运用医保业务综合服务终端的多应用承载能力,实现门诊场景下的“刷脸支付+监管”以及便利的医保电子凭证激活服务。

药店购药场景监控　在医保定点零售药店购药结算窗口部署智能设备终端,以无感智能识别的方式对购药人进行身份核对,有效打击盗刷医保卡、套刷药品等骗保行为,维护医保基金安全。同时结合医保业务综合服务终端,承接基于药品“双通道”的医保处方流转服务,并最终通过刷脸实现实人取药。

高额检查、健康理疗、实质性治疗等场景监控　在进行高额检查、健康理疗和实质性治疗等医疗行为的前后,利用智能无感识别设备实现无感识别,并从服务时长和服务场所两方面采集医疗场景数据,有效防止虚假诊疗、串换诊疗等欺诈骗保行为的发生。

执业行为监控　通过对执业人员上下班进行人脸打卡,结合其日常开单信息进行综合比对,排查是否存在有开单无打卡情况。同时针对该类存在风险的医师,在其开单过程中利用事前风险提醒接口,要求其进行实人打卡,从而防范“墙上医师”行为的发生。

机构骗保风险分析　基于场景监控所采集的认证数据及系统运行后的预警数据,结合相应的认证率排名、预警率排名等数据,运用机构画像,对其骗保风险等级按照红、黄、绿进行分类,以便监管人员锁定监管重点,实现精细化的基金监管。

大数据融合监管　通过对场景监控所采集的人脸信息进行聚类,分析是否存在一人多卡、一卡多人等疑似违规行为。同时结合卡组聚集模型进行该部分人群的关联分析,排查是否存在集中骗保行为。另外基于场景监控所采集的数据,进行诸如血透异常分析、用药异常分析等情况分析,将提升整体监管推向纵深。

**【主要成效】**　截至2022年底,延安市已在全市10家民营医疗机构重点科室与重点场景部署了23套人脸识别非接触红外体温计、23套移动式智能终端与35个智能AI摄像机,实现了对住院重点场景的监管,已服务监管住院9673人次,认证成功人次7662人,总体认证率为79%,完成177万人生物特征人脸模板库建模。在系统运行期间,除一家综合性医院因住院量较大认证率偏低外,其他医疗机构都很好地执行了住院患者人脸认证查房任务,共产生1638条预警信息,其中疑似虚假住院所占比重最大,达到55%,均转交稽核人员进行现场稽核。

## 案例八:榆林市“五化”提升医保窗口服务经办能力

榆林市医保中心在医保窗口服务工作中坚持经办规程规范化、服务能力规范化、环境设施规范化、文明用语规范化和服务监督规范化(以下简称“五化”),深入推进医保标准化和规范化建设,为参保单位和参保人员提供更加方便暖心的医疗保障服务。

**【主要做法】**　经办规程规范化　一是规范业务经办流程,编制《榆林市医疗保障经办政务服务事项清单及办事指南》,明确各项业务经办环节业务标准。建立健全内控管理制度,形成分权制衡的监督机制。二是结合医保窗口单位的服务特点,实行综合柜员制、一次办结制、首问负责制、全程代理制、一次性告知制、限时办结制和责任追究制,做到办事程序公开、办事依据公开、办事时限公开、办事结果公开，窗口及工作人员全部亮明身份、亮明承诺、亮明标准，努力让办事群众少跑一回路、少排一次队、少等一分钟。

服务能力规范化　一是围绕“服务质量最优、所需材料最少、办理时限最短、办事流程最简”的目标要求，通过业务流程再造和推行综合柜员制，实现“六统一”(统一事项名称、统一事项编码、统一办理材料、统一办理时限、统一办理环节、统一服务标准)，全面落实好“五化”，提升医保经办服务能力和服务水平。积极推进适老化服务，为办事群众提供更加优质便捷高效的服务，配备老花镜、饮水机、纸杯和便民药箱等便民设施，提高群众满意度，增强群众办事幸福感。二是医保服务窗口实行服务大厅领导值班制，医保中心窗口负责人固定在大厅值班，实时指导业务办理工作，协调解决和处理经办工作中的疑难问题和群众诉求，切实提高经办工作的精准度和服务效率。

环境设施规范化　一是服务环境标准，严格按照《医疗保障经办大厅设置及服务规范》改造医保经办服务大厅，合理布局大厅设备、引导标识。服务大厅设置受理服务区、咨询服务区、自助办理区、便民服务区、休息等候区等，为服务对象提供便捷温馨的服务；放置办事指南、医保政策宣传册页，供办事群众了解医保政策、熟悉业务流程；安装排队叫号设备，方便群众合理安排时间办理业务。二是设备配置齐全，按照医保标准化建设要求，为医保服务大厅设置自助查询打印机，参保群众可自助查询账户情况并打印相关医保凭证。

文明用语规范化　一是着装整齐，大厅工作人员全部统一着装、佩戴工作牌，党员着党徽上岗，既方便群众识别，又树立了医保干部队伍良好形象。二是礼仪规范，按照统一标准规范工作人员与服务对象之间的行为、礼节、仪表等。三是服务用语规范，推行文明服务用语，做到服务语言规范、表达清晰准确、语气亲切温和、手势姿态具有亲和力，在全体工作人员中大力提倡人人多一分主动、多一分热情、多一分关怀，杜绝“门难进、脸难看、话难听、事难办”等行为的发生，展示“为民、务实、清廉”的良好形象。

服务监督规范化　一是主动公开服务内容、业务办理流程、办结时限、便民服务事项、工作动态、投诉渠道等内容。二是强化服务监督，通过公开监督电话、设立意见箱接受社会监督；通过应用评价器等手段加强服务质量评价，开展“好差评”评价，同时采取自评、互评和综合评价等方式，对窗口服务工作人员服务情况进行测评。

**【主要成效】**　榆林市医保中心通过“五化”的实施，窗口经办服务能力和服务水平大幅提升，前来办事的群众对实行“一窗受理、一窗通办”的做法纷纷称赞，过去办理业务需在几个窗口排队的现象已不复存在，树立了医疗保障窗口服务单位的良好形象，多次被上级部门授予“标准化创建工作先进窗口”“先进服务窗口”称号，荣获全省医疗保障系统医保经办机构首批“优质服务示范窗口”。

## 案例九：商洛市多措并举维护医保基金安全

商洛市医疗保障局始终把用好管好人民群众的“看病钱”“救命钱”作为首要任务，坚持健全制度与宣传引导并行、行政监管与行业自纠并举、日常规范与集中打击并重，基金监管的政治责任全面落实，行为自觉初步形成，基金监管取得显著成效。

**【主要做法】**　抓组织强机制　一是市政府成立了以分管市长为组长，法院、检察院、医保、公安、卫生健康等部门共同参与的打击欺诈骗保工作领导小组，明确部门职责，形成了医保基金监管部门联动齐抓共管工作合力。二是市、县医保部门均成立了医保基金中心，镇、村设置了医保服务站和医保服务室，明确各级基金监督管理职责，建立起了市、县、镇、村四级监督管理网络体系。三是充分发挥各部门作用，改变医保部门单打独斗的局面，2022年先后联合卫生健康、市场监管、公安等部门开展了两次专项检查，联合市场监管部门开展医疗服务价格专项整顿，联合检察院开展医保基金领域公益诉讼专项监督活动，联合公安局印发《关于实施查出骗保案件行刑衔接工作的意见》，准确把握行刑衔接骗保案件范围、严格规范骗保案件查办移交程序，全面建立基金监管联合查办工作机制。四是成立了由医疗、医保、财务、信息方面专家组成的商洛市医保基金监管工作技术指导小组，负责医保政策培训和解决基金监管过程中出现疑难问题；同时通过建立医保监管组织机构网，确保基金监管工作事事有人管、件件能落实。

抓督查强震慑　一是制订《商洛市医疗保障系统全面推行行政执法公示制度　执法全过程记录制度　重大执法决定法制审核制度实施方案》《医疗保障基金监管行政处罚执法文书（样张）目录》《商洛市医疗保障行政执法事项目录清单》等医保行政执法文件，为全市医保系统行政执法规范有序开展奠定基础。二是与律师事务所签订《聘请法律顾问协议书》，落实法律顾问制度，在飞行检查前对参加飞检人员进行培训，规范执法行为和程序，防止了行政复议和执法违法等情况出现。三是全面落实基金安全监管职责，全市抽调医疗、医保、信息、财务等领域专家50余人，并通过购买第三方力量集中组织打击欺诈骗保检查。全市通过连续全面集中开展检查，既防止了部分被查医药机构违规使用医保基金问题反弹，又防止了医药机构规避检查的侥幸心理，形成强大震慑。

抓制度强防线　一是以协议管理为主抓手，完善定点管理办法，严格准入条件，明确定点医药机构权利义务、违反协议约定事项处理及终止或解除协议情形，严把入口关，增强基金安全第一道防线。二是以专项治理为切入点，完善内部控制、财务管理、费用审核、结算支付等制度建设，强化薄弱环节，严防“内外勾结”“监守自盗”等基金不安全问题发生。三是以激励群众参与为主阵地，联合财政部门制定了《商洛市欺诈骗取医疗保障基金举报奖励办法》，明确奖励范围、申领、审批、发放流程等内容，不仅将奖励标准提高到10万元，还积极兑现举报奖励资金，极大地增强了广大群众参与基金监管的积极性和主动性，群众监督成为基金监管的主阵地。

抓宣传强自律　一是全面部署安排基金监管集中宣传月活动，采取制作展板、印发宣传单、海报等形式，开展进机关、进医院、进学校、进社区、进农村、进家庭“六进”活动，广泛宣传医保法律法规、政策规定等内容，强化定点医药机构和参保人员法制意识，增强自觉维护医保基金安全使命感。2022年全市共发放传单10余万张、商洛广播电视台播放20余次、广场电子屏幕滚动播放200余次。二是通过市培训县、县培训镇、镇培训村，以及医保部门培训医院、医院培训科室、科室培训个人逐级逐层培训，让广大医务人员和医保业务工作人员知法、守法，提升维护基金安全行动自觉性。2022年全市累计举办以会代训解读医保政策26场/次，现场培训医保工作者和医务人员2800余人。三是通过宣传教育、规范引导，增强遵守医保制度自觉性。在医院构建由医保管理委员会总负责、医保专业委员会分块负责，医保办牵头、相关职能科室联动管理，经济管理专员督导业务科室，业务科室具体抓落实的五级医保管理体系，形成了全院抓医保管理的新格局。2022年，医疗机构积极开展自查自纠，主动上缴违规资金240余万元。

抓规范强整改　一是在全市打击欺诈骗保检查过程中，分门别类梳理出医疗机构存在的问题，及时反馈给被查机构，督促指导问题整改。二是要求医疗机构建立《医保管理内控制度》《医保考核奖惩制度》等制度并严格实施，从根本上解决医疗收费混乱、医保报销错误、医疗行为不规范等问题。三是督促医疗机构从“四合理”入手，规范医疗行为，控制医药费用不合理上涨和过快增长，减轻患者经济负担。四是针对审计反馈问题，制订整改方案、建立问题清单和整改台账，实行销号管理。全年省审计反馈存在四个方面57个问题全面整改落实到位。

**【主要成效】**　截至2022年底，市医疗保障局全年组织了四次全市范围内基金监管集中专项检查，并加强对县区的基金监管检查督导和指导，实现对全市2000多家定点医药机构检查全覆盖。全年采取约谈、通报批评、行政处罚、暂停协议等形式处理定点医药机构996家，追回违法违规医保基金本金10341.72万元，处罚金861.41万元，有效维护了参保群众的合法权益。

## 案例十：韩城市着力推动职工医保门诊共济保障改革落地惠民

为确保韩城市职工医保门诊共济保障机制改革工作顺利推进，使改革成果惠及更多参保群众，在前期充分调研和征求多方意见的基础上，韩城市医疗保障局结合本市参保职工待遇保障和基金运行情况，第一时间出台有关政策文件，建立政策运行保障机制，为全面推进职工医保门诊共济改革打下坚实基础。

**【主要做法】** 立足实际，系统谋划政策落实　抽调相关科室及人员组建职工医保门诊共济保障改革工作专班，制订工作方案，夯实工作责任，确保门诊共济保障政策落实落细。组织相关人员学习国家和省级门诊共济保障改革政策，研究政策标准，安排部署工作任务。分管领导带队，深入韩城市行政事业单位、企业、定点医疗机构对养老基数和门诊费用情况进行调研。根据调研和测算情况，韩城市于2022年8月印发《韩城市城镇职工基本医疗保险门诊共济保障机制实施细则》，对个人账户计入办法、个人账户使用范围做出规定，对增强门诊共济保障功能、健全门诊医疗服务和费用监管制度提出要求。开办定点医药机构政策培训讲座，利用小视频、微信朋友圈、公众号等多种形式广泛宣传、解读门诊共济保障政策，提高群众知晓度，使惠民政策深入人心。

开设门诊窗口，方便群众结算　首批确定五家非营利性二级医疗机构开设职工医保门诊统筹便民门诊，参保职工在便民门诊开具处方、检查或化验单后，可直接去职工门诊统筹窗口结算，完成就诊流程，让患者不再来回跑腿，一个窗口解决所有问题，极大缩短了参保患者就诊时间；同时增设便民药房，配备常用药，患者在便民门诊开具处方后可直接在便民门诊窗口取药结算，形成了只进“一扇门”的就诊流程，患者购药更加便捷。

取消诊查费用，设置服务专柜　在取消职工医保门诊统筹定点医疗机构1元诊查费用的同时，加快推进身份证联动系统改造，确保患者就诊时无须办理就诊卡，进一步方便患者就医购药；要求职工门诊统筹定点零售药店内设置门诊统筹服务区，且有明显标识，服务区包括处方药品区、审核区、调配区、患者宣教区等，为参保患者购药提供全方位、一体化服务。

# 甘肃省

## 工作综述

甘肃省医疗保障局牢牢把握推动医疗保障高质量发展这个主题，以"强管理、提效能、稳推进、可持续"为总体工作思路，统筹推进疫情防控和医疗保障事业改革发展。截至2022年底，甘肃省基本医疗保险参保2555.12万人，其中，职工医疗保险参保380.97万人，居民医疗保险参保2174.15万人，参保率稳定在97%以上。基本医疗保险（含生育保险）基金总收入402.11亿元，总支出282.66亿元，累计结存491.09亿元。其中，职工医疗保险基金（含生育保险）总收入197.89亿元，总支出133.50亿元，累计结存318.15亿元；居民医疗保险基金总收入204.21亿元，总支出149.16亿元，累计结存172.94亿元。

**【巩固拓展医保脱贫攻坚成果有效衔接乡村振兴】** 强化部门协作和工作调度，持续抓好巩固拓展医疗保障脱贫攻坚成果有效衔接乡村振兴工作。紧盯农村低收入人口参保缴费，切实发挥乡、村两级基层组织作用，确保将农村低收入人口全部纳入制度范围。落实参保资助政策，按照"当月缴费，次月资助"的要求，及时对农村低收入人口进行参保资助，减轻困难群众参保负担。督促市县定期开展数据比对筛查，按规定、按时限严格落实农村低收入人口基本医保、大病保险、医疗救助三重制度综合保障政策，按政策规定享受医保待遇。建立健全防止因病返贫致贫动态监测和帮扶机制，强化与民政、乡村振兴部门的数据共享，对监测对象参加基本医疗保险和医疗费用负担较大的人员及时推送相关部门，为纳入相关社会救助制度提供数据支撑。2022年，共向民政、乡村振兴部门推送存在因病致贫返贫风险人员医疗费用报销数据141140条，为相关部门纳入相应帮扶范围提供数据支撑。

**【新冠肺炎疫情防控医疗保障成效显著】** 严格落实"两个确保"要求，全力做好新冠肺炎患者救治费用保障和疫情防控物资采购保障。先后三次向集中收治医疗机构紧急拨付新冠救治医保专项预付金，及时将《新型冠状病毒肺炎诊疗方案（试行第九版）》新增药品按甲类药品临时性纳入医保基金支付范围。同时，将宣肺化浊颗粒、岐黄避瘟颗粒等7个医院制剂纳入医保支付范围。新冠病毒抗原检测医疗服务费调整至2元/人次，检测项目价格+检测试剂（含采样器具）总费用不高于6元/人次。疫苗采购价格逐步下调至单剂16元，核酸检测价格下调至单检16元/人份、混检4元/人份，大规模检测价格限定为3.5元/人份。积极推进职工基本医保单位缴费阶段性缓缴政策，2022年，享受缓缴政策企业2.79万户，涉及人数78.17万人，缓缴职工基本医疗保险费4.79亿元。

**【待遇保障水平稳步提升】** 全民参保基本实现　进一步优化参保缴费流程，强化政策宣传引导，积极做好医保信息系统和税务系统数据对接和信息比对，全力推进参保缴费工作落实。2022年，全省基本医疗保险参保率保持在97%以上。

医疗保障待遇清单制度稳步推进　根据《甘肃省贯彻落实医疗保障待遇清单制度三年实施方案（2021—2023年）》要求，逐步清理消化待遇清单外政策，贯彻实施待遇清单制度，为基本实现决策权限清晰合规、制度体系统一规范、保障标准合理均衡的预定目标打下良好基础。

基本医疗保险市级统筹全面做实　按照制度政策统一、基金统收统支、管理服务一体的总体要求，指导市（自治州）全面做实职工医保市级统筹，进一步规范居民医保市级统筹，全省14个市（自治州）均已实现职工基本医疗保险和城乡居民基本医疗保险市级统筹制度，制度政策的统一性和基金共济能力明显增强。

重特大疾病医疗保险和救助制度有效推进 省政府办公厅印发《关于健全重特大疾病医疗保险和救助制度的实施意见》，省医保局、民政厅、财政厅制定印发《甘肃省因病致贫重病患者认定办法（试行）》《重特大疾病医疗保险和救助制度有关问题的答复意见》，明确对7类医疗救助对象实行分层分类救助，并全面建立依申请救助机制，使医疗救助制度从面向特定人群延伸到全体参保人员，实现了参保、参保资助、医疗救助等政策标准全省统一，医疗救助托底保障功能进一步夯实。自政策实施以来，全省已有80余万困难职工和城乡居民获得医疗救助，人均救助0.16万元，大病、重病患者的医疗费用负担有效减轻。

职工基本医保门诊共济保障改革进展顺利 积极开展《甘肃省职工基本医疗保险门诊共济保障实施办法》解读、培训工作，指导各地制定实施细则，健全互助共济、责任共担的职工基本医疗保险制度，为2023年1月起在全省范围内启动实施做好准备。同时，全力做好城乡居民高血压、糖尿病门诊用药保障工作。截至2022年底，全省“两病”待遇享受82万人次，医保基金支出2976.27万元，政策范围内费用报销比例达到52%。

**【医药服务管理工作有序推进】** 严格落实国家医保药品目录，累计纳入507个新药、好药，调出391个疗效不确切的药品，目录内的西药和中成药数量增至2860种。支持中医药传承创新发展，按照省级调整权限，将25个民族药、42个有地方标准的中药饮片和668种医疗机构制剂纳入基金支付范围。推进国家谈判药品落地。2022年1—12月，全省275种谈判药品共惠及179.4万人次，药品总费用为10.83亿元，医保基金报销7.28亿元，人均报销67%以上。全面启动DRG/DIP医保支付方式改革，实现全省14个市（自治州）DRG/DIP医保支付方式改革实际付费，协同推进医疗机构内部运行机制转变，不断提升医保基金使用效能。积极配合省深化医药卫生体制改革领导小组办公室印发《甘肃省深入推广福建省三明市经验进一步深化医药卫生体制改革的若干措施》，研究探索紧密型县域医共体医保支付方式，积极发挥医保引擎作用，助推“三医”联动改革。

**【药品耗材集中带量采购和医疗服务价格改革成效明显】** 认真落实国家组织药品和高值医用耗材集中带量采购工作，完成2个批次国家集采药品和人工关节中选结果落地工作，价格平均降幅59.33%；自行组织完成国家集采协议期满药品的接续集采，价格在国家首次集采降幅超过50%的基础上平均再降42.73%，预计年节约医药费用7000万元；组织完成2022年度全省药品集采工作，指导兰州、酒泉、平凉三市完成市际联盟药品集采，54个品种价格平均降幅35.76%，最高降幅92.34%，预计年节约医药费用1.18亿元；积极参加其他省际联盟1批次药品和14批次医用耗材集采工作。截至2022年底，共开展391种药品、16类医用耗材的集中带量采购，价格平均降幅超过50%，累计节约医药费用超过65亿元。建立公立医疗机构医疗服务价格动态调整机制，及时将条件成熟的新增诊疗服务价格项目纳入全省诊疗项目管理范围。初审通过省管各级和各市（自治州）新增医疗服务价格项目113项，统一全省器官移植和临床量表评估价格项目，动态调整人工关节集采中选产品支付标准，推进口腔种植医疗服务收费和耗材价格专项治理及种植牙集采工作，促进公立医疗机构可持续发展。

**【基金监管工作保持高压态势】** 全面落实《医疗保障基金使用监督管理条例》，制定印发《甘肃省医疗保障基金使用监督管理行政处罚裁量权适用规则》，细化行政处罚的幅度和适用情形，推进全省基金监管执法规范化、标准化；制定印发《甘肃省医疗保障部门向纪检监察机关移送医疗保障基金监管中发现问题线索工作规程》等文件，建立健全行纪衔接、行刑衔接工作机制。依托全省统一的医保信息平台,初步建成医保智能监管系统,通过大数据分析及运用,规范定点医疗机构的诊疗行为。持续开展"假病人、假病情、假票据"欺诈骗保违法行为、医保领域突出问题专项整治等工作。2022年,全省医保系统共检查定点医药机构11953家,查处6058家,追罚合计9471.49万元;处理违法违规人员534人,追罚合计80.54万元;向社会曝光打击欺诈骗保典型案例86例。

**【公共服务能力逐步提升】** 推行综合柜员制服务模式,70%以上的事项实现综合柜台即时办结。对群众高频经办服务事项实行"容缺受理",减少群众"跑腿"。在推进跨省异地直接结算的基础上,自2022年1月1日起,取消临时外出省内异地就医备案手续,全面实现"省内无异地"。在全省开通5种门诊慢特病(高血压、糖尿病、恶性肿瘤门诊放化疗、尿毒症透析、器官移植术后抗排异治疗)跨省直接结算,为参保群众跨省门诊慢特病直接结算提供方便。2022年,全省异地就医共计469.19万人次、医保基金支出55.29亿元。其中,省内异地就医直接结算362.97万人次,统筹基金支出30.45亿元;跨省异地就医直接结算106.23万人,统筹基金支出24.84亿元。

**【全省统一的医保信息平台数据支撑作用凸显】** 全面建成覆盖全省的医保信息系统,接入全国统一医保信息平台,融入全国"一张网",初步形成全省跨区域、跨层级、跨部门的医保信息业务"通用语言"。全面推进信息平台应用和运维保障工作,实现个人医保缴费、医保关系跨省转移接续等30余项业务"掌上办""网上办",有效发挥医保信息平台对公共服务、医保经办、异地就医、支付方式改革、基金监管、运行审计等工作的支撑作用。持续推广应用医保电子凭证,截至2022年12月底,全省医保电子凭证累计激活1329.3万人,占全省参保人数的51.7%;累计发生结算业务2.44亿笔,通过电子凭证结算2682万笔,全省使用医保电子凭证开展医保结算工作排名全国前三。

## 重要活动

1. **全省医疗保障工作暨党风廉政建设工作会议召开。** 1月27日,在兰州召开全省医疗保障工作暨党风廉政建设工作会议。会议总结2021年全省医疗保障工作,安排部署2022年重点工作。

2. **省医疗保障局全面从严治党暨党风廉政建设工作会议召开。** 2月27日,省医疗保障局召开2022年全面从严治党暨党风廉政建设工作会议,省医疗保障局主要负责人出席会议并讲话,局机关及直属事业单位全体党员干部参加会议。

3. **召开《关于健全重特大疾病医疗保险和救助制度的实施意见》新闻发布会。** 3月17日,省政府召开新闻发布会,就《甘肃省人民政府办公厅关于健全重特大疾病医疗保险和救助制度的实施意见》进行解读。在甘肃省原有医疗救助制度基础上,首次将符合条件的困难职工和低收入人口之外的城乡居民纳入医疗救助保障范围,使医疗救助制度从面向特定人群延伸到全体参保人员。

4. **开展打击欺诈骗保集中宣传月活动。** 4月,组织全省同步开展基金监管集中宣传,动员全社会自觉维护医保基金安全。4月26日,省政府新闻办公室举行甘肃省医疗保障基金监管工作新闻发布会,省医疗保障局相关负责人介绍2021年全省医保基金监管工作开展情况和2022年工作打算。

5. **全省医疗保障经办工作会召开。** 4月27日,召开全省医疗保障经办工作会,总结回顾2021年全省医疗保障经办工作,安排部署2022年医疗保障经办重点工作,对日间手术、日间诊疗医保政策进行解读。

6. **开展定点帮扶工作。** 6月24日,省医疗保障局组织兰州大学第二医院医疗专家团队和兰州市水车园小学优秀教师一行15人,赴积石山县开展爱心义诊、医疗业务培训和爱心示范课等活动。

7. **举办全省医疗保障系统贯彻省第十四次党代会精神暨医保业务培训班。** 6月27—7月

1日，在玉门铁人干部学院举办全省医疗保障系统贯彻省第十四次党代会精神暨医保业务培训班。

8. **建立甘青两省医保基金协同监管工作机制。**8月25日，甘肃省医疗保障局同青海省医疗保障局沟通协商，研究制定《甘肃省与青海省跨区域医疗保障基金协同监管合作协议文本》，促进两省医保基金监管方式创新发展，加强省际医保基金协同监管工作。

9. **省医疗保障基金综合监管工作领导小组会议召开。**9月28日，组织召开省医疗保障基金综合监管工作领导小组会议，通报2022年全省医保基金监管工作情况，安排部署全省医保基金监管督查工作。

10. **防止因病返贫致贫监测平台上线。**10月26日，全省防止因病返贫致贫监测平台全面上线运行。通过将农村低收入人口参保、资助、待遇享受、"一站式"结算四项硬任务落实情况全过程纳入平台管理，更加全面、精准、及时地做好巩固拓展医疗保障脱贫攻坚成果各项工作，在巩固拓展脱贫攻坚成果评估中发挥了重要作用。

## 典型案例

### 案例一：甘肃五个关键环节精准施策推动谈判药品落实落地

甘肃省医疗保障局围绕"完善管理机制、优化三定管理、畅通购药渠道、优化经办服务、加强政策引导"五个关键环节，多措并举，精准施策，不断推动谈判药品政策落地落实，取得显著成效。2022年度，全省累计报销谈判药品179.4万人次，累计药品总费用10.83亿元，医保报销金额达7.28亿元，人均报销比例67%以上。

**【实施分类管理，完善谈判药品管理机制】**全省2019年已形成规范有序的谈判药品"双通道"管理机制，谈判药品全部纳入"双通道"管理，住院和门诊费用按规定纳入医保基金支付，充分保障参保患者用药需求和待遇水平。随着国家医保药品目录调整，谈判药品数量连年攀升。为确保参保患者及时、便捷、充分享受该项惠民政策，甘肃省以优化"双通道"管理政策为切入点，对谈判药品实行分类管理，将疗程费用高、患者急需、适合门诊长期使用的114种谈判药品纳入"双通道"单独支付，门诊用药建立单独保障机制，在原有医保待遇水平不变的基础上，不设起付线，按照固定比例单独结算，职工报销比例不低于70%，城乡居民报销比例不低于60%；将替代性高、价格便宜的161种谈判药品按照常规乙类管理，门诊用药由门诊慢特病或个人账户支付，全省统一执行。

**【优化"三定管理"，提升谈判药品使用质效】** 为确保参保患者合理用药，医保基金合理支付，在对"双通道"谈判药品进行"三定管理"的过程中，建立门诊使用备案审核和定期评估管理机制，由责任医师负责审核参保患者使用谈判药品是否符合医保基金支付范围，并按季度进行评估，及时掌握参保患者治疗效果，根据参保患者病情变化调整用药。同时，建立责任医师动态调整机制，对擅自扩大谈判药品临床使用范围的，取消责任医师资格，由本医疗机构视情节予以处理。针对单独支付的谈判西药，多是治疗肿瘤、白血病、罕见病等疑难杂症的药品，对医生诊断的专业性和准确性要求较高，原则上规定责任医师由副高以上医师担任；在中成药方面，充分考虑甘肃作为中医药大省，广大参保患者对中医药认可度高的实际，对中成药的责任医师放宽至主治以上医师担任，鼓励基层医疗机构使用中成药，最大限度满足参保患者对中医药的需求。

**【畅通购药渠道，提高谈判药品供应保障】**为进一步调动医疗机构和药店的备药积极性，提高供应保障能力，省医疗保障局确定一批三级综合性医疗机构和专科医疗机构、专业药房或大型连锁药店，要求其无条件采供谈判药品，并将配备谈判药品情况纳入协议管理，建立"准入退出"机制，制定年度考核指标，与年终清算挂钩。同时，全面取消谈判药品"药占比""次均费用"考核和医保总额控制等，确保医疗机构不因各项指标考核，限制使用谈判药品。截至2022年底，全省17个统筹区共有194家定点医疗机构和114家定点零售药店供应保障谈判药品，供应品种数达100%。

**【优化经办服务，改善谈判药品使用体验】** 坚持以参保患者需求为中心，不断简化审批手续，优化使用流程。住院使用谈判药品取消审批环节，门诊使用单独支付谈判药品实行备案审批，并由原来每次用药均需审核调整为首次用药按规定审核，一个年度内无须再次审批，同时将审批权限下放至定点医疗机构，参保患者可在选定医疗机构进行“一站式”办理，用药更快捷。对谈判药品定点医药机构实行全省共享互认，并公布308家定点医药机构的详细地址、联系方式等，参保患者可根据就医需求自行选择购药地点，按参保地政策报销，用药更方便。

**【加强政策引导，助推医疗机构学科发展】** 2021版国家药品目录落地后，省妇幼保健院第一时间为1名进行性脊髓性肌萎缩症（SMA）患儿注射诺西那生钠注射液。截至2022年底，全省已有65%以上的SMA患者优先选择在省妇幼保健院就医。甘肃省肿瘤医院使用吉非替尼、阿法替尼、达可替尼、奥希替尼等谈判药品，助力非小细胞肺癌精准治疗，患者5年生存率不断提高，患者转外率下降至10%，谈判药品的合理使用，切实推动医疗机构学科发展向好。

## 案例二：兰州市落实药品耗材集中采购

兰州市医疗保障局聚焦“减轻群众看病就医负担”目标任务，在全面执行国家和省级（际）联盟集中带量采购药品成果落地的基础上，充分发挥省会城市带动示范作用，经甘肃省医疗保障局同意，牵头开展全省首次市际联盟药品集中带量采购工作，进一步扩大集采规模，发挥集中带量采购量价挂钩、以量换价的优势，引导药品价格回归合理水平，提高用药可及性。

**【全面落实药品耗材集采成果】** 严格落实国家、省医疗保障局集中带量采购任务，已执行19批次、365个品种的药品和16批次、16类耗材集中带量采购工作。药品价格平均降幅53%，最高降幅98%，采购总金额3.92亿元，节约医药费用约4.87亿元，群众药费负担明显减轻。高值医用耗材价格平均降幅65.42%，最高降幅96%，采购总金额360.77万元。

**【积极落实药品耗材集采配套政策】** 根据医疗机构约定采购金额的30%作为医疗机构向生产企业支付药品采购款的周转金，专款专用，同时要求各相关医疗机构按照购销合同约定，在药品采购交货验收30天内与药品生产完成货款结算，切实减轻医疗机构和生产企业资金压力，保障中选药品正常供应和使用，按集采批次累计拨付预付药品周转金2.82亿元。在推动全市药品和医用耗材集中带量采购常态化制度化工作中，通过实行医保资金结余留用政策，把医保资金作为医疗机构和医务人员参与改革的激励金，激励其合理用药，优先使用中选药品，有效降低群众用药负担。完成国家集采第三批、第四批、陕西等十一省（自治区、兵团）联盟、新疆“2+N”联盟药品集采医保资金结余留用考核工作，其中第三批参加集采医疗机构131家，参与考核医疗机构61家，获得结余留用资金医疗机构54家，拨付结余留用医保资金319.45万元。参加第四批、陕西等十一省（自治区、兵团）联盟、新疆“2+N”联盟药品集采医疗机构132家，参与考核医疗机构62家，获得结余留用资金医疗机构46家，拨付结余留用医保资金389万元。

**【率先开展市际联盟药品集采】** 牵头全省13个市（自治州）发起神经及心血管系统药品市际联盟集采邀请，采取自愿、协作的原则共同参与组成市际采购联盟，选择多巴酚丁胺、丙帕他莫、七叶皂苷钠、曲唑酮、罗通定5种神经及心血管系统药品，扩大带量优势。各市（自治州）积极响应，有效解决单体城市集采总体体量不够大、不足以撼动药品原有价格体系的问题，中选结果价格联动，让全省14个市（自治州）进一步共享集中带量采购带来的红利。严格执行兰州市市际联盟2022年度药品集中带量采购相关文件精神，通过相关药品企业资料维护（报价规格确认）、资质审核、申诉质疑、资质审核结果公布、报价解密、专家论证、结果公示等环节，38家企业的52个产品通过资质初审，集采药品价格平均降幅23.71%、最高降幅58.76%，预计一年可再减轻患者负担379.86万元。

## 案例三：金昌市构建DRG付费下的医保治理新格局

2020年6月，金昌市被列为DRG付费改革省级试点城市。自改革推行以来，全市医保系统多措并举，强力推进，初步形成机制健全、保障有力、覆盖全面、监管有力的DRG付费管理体系，支付改革初见成效。

**【注重"三项保障"，精准施策夯基础】** 强化组织保障　成立以分管副市长为组长的支付方式改革领导小组，出台《金昌市按疾病诊断相关分组（DRG）付费省级试点工作实施方案》，市医疗保障局成立工作专班，选择确定5家能够全面反映属地医疗机构整体情况的医院先行试点，覆盖全市90%的基金总量，为推进试点工作奠定组织基础。

强化政策保障　在广泛征求试点医院及社会意见基础上，制定DRG结算的系列配套文件，围绕总额预算管理、基础标准、分组方案、月度结算、月度会商、争议处理、季度核算及年终清算等重点制定了完备的制度体系，为DRG实际付费提供完整政策依据。

强化技术保障　为确保DRG试点工作精准高效开展，强化协同，对接省医疗保障局招标确定第三方合作机构，由第三方合作机构提供专业技术支持，实现优势互补合作创新。通过走出去、请进来、线上线下相结合等多种形式开展全员培训，累计培训25期2000余人次，为推进试点工作夯实人才技术保障。

**【建立"三项机制"，精细管理提质效】** 建立除外支付机制　坚持以科学兑现医疗机构和医务人员服务价值为导向，以为临床发展提供合理空间为原则，配套DRG付费改革，建立新药新技术除外机制和特殊病例结算单独结算机制，优化完善DRG付费管理。对于实际费用与DRG组费用标准偏离过大的特殊病例，建立会商机制，经第三方病案核查、本地专家评议，对合理费用按项目支付。

建立动态调整机制　发挥专家团队优势，组织临床专家会同第三方技术团队，召开交流协商会议10余次，围绕确定分组方案、基金分配规则及政策标准等环节，对病组权重多轮论证谈判，对核心要素指标动态调整。

建立问题反馈机制　结合月度结算、季度核算、年终清算，加强市、县、区医保部门与医疗机构之间的联动协同，以市医保局为轴心，优化流程，畅通渠道，良性互动，及时收集问题，研究解决办法，定期反馈结果，坚持问题导向，不断优化DRG付费方案政策。

**【创新"三项举措"，精进改革求发展】** 实行分级费率　为准确衡量临床医疗价值，充分尊重不同级别医院之间的成本消耗，体现医疗服务技术含量、医务人员劳务价值，合理确定二级、三级医院级别费率，两者差异为15%。

实行激励付费　为促进本地医疗机构学科建设以及医院间差异化竞争发展，对仅有1家至2家医院覆盖的外科组及操作组，作为激励组管理。激励组不区分医院级别，统一按照三级费率标准进行结算。

实行融合发展　专题调研、统筹推进，探索建立DRG付费模式下涉及中医病组的医疗机构融合推进机制，充分体现中医药服务特点和优势，发挥医保在促进中医药传承创新发展中的关键性作用。

**【凸显"三项成果"，巩固完善促常态】** 实现"全覆盖、三下降"　全市二级及以上医疗机构全部实行DRG付费，医疗机构覆盖率100%，病种覆盖率95.11%，基金覆盖率95.9%；次均住院费用、患者自付金额、平均住院日同比下降3%、3.94%、5.97%，患者自付费用挤出效应明显，医、保、患三方共赢取得积极进展。

实现基金保障可持续、效率再提升　试点医院检查化验收入、药品收入同比下降1.62%、1.7%，医疗服务性收入同比升高7.46%，体现医疗技术水平、能力、广度的激励组病例由28例增至64例，2022年医疗机构开展危急重症手术、疑难复杂手术较同期增加253例，DRG统筹支付较按项目付费多支出1300余万元，医保基金保障效能明显提升。

实现医保和医疗机构同向发力、共赢发展　自2021年9月进入DRG实际付费以来，试点医院通过加强精细化管理、提高病案质量，病例入组率由83%升至99.88%，病例组合指数CMI值由1.22升至1.33，逐步从规模扩张的粗放型发展向质量效益提升的集约式发展转变。

## 案例四：酒泉市打造“惠民生暖民心”医保服务品牌

酒泉市医疗保障事务中心坚持需求导向，聚焦群众就医和医保需求，以便民服务高效化、特殊需求人性化、办事体验智能化为目标，着力打造暖心服务品牌，为广大群众提供“有速度、有力度、有温度”的医保经办服务。

**【“三个一”便民服务打造“舒心”医保】**　政务服务“一网通办”　通过整合资源，高标准打造网上服务大厅，形成互联互通的网上公共服务平台，推动经办服务网上办理，让群众少跑腿、数据多跑路。异地就医备案、出具参保凭证、关系转移接续等多项医保经办服务事项可在官网、微信公众号、App等渠道全程“网上办”“掌上办”。

待遇保障“一事联办”　在大厅服务窗口推行综合柜员制，建立完善医保参保登记、费用缴纳、待遇享受等“一事联办”服务体系，在优化医保经办服务中，促进基本医保、大病保险、医疗救助和补充保险、工会互助疾病保障等多层次医疗保障制度有效衔接。

高频事项“一窗秒办”　在已实现省内异地就医购药“免备案”直接就医结算的基础上，进一步优化提升跨省异地就医服务，推出跨省异地就医备案等17项高频事项“窗口秒办”。门诊及住院费用报销、两定机构结算等事项办理时限总体缩减50%，群众办事体验明显提升。2022年窗口叫号系统受理办件18793件，办结18793件，办结率100%，群众满意率100%。

**【“一对一”精准服务打造“暖心”医保】**　破解“一小”难题　联合公安部门推出新生儿户口办理、参保登记、参保缴费、医保报销“一事联办”工作机制，为新生儿参保及住院费用报销开辟“绿色通道”。公安部门与医保经办部门实时共享新生儿户籍信息，市、县医保经办工作人员通过信息比对，精准确认新生儿出生信息，并统一为其办理参保登记手续，有效避免了新生儿漏保现象的发生。截至2022年底，已为8000多名新生儿家庭提供了“一条龙”服务。

满足“一老”需求　公布医保经办电话，发放医保联系卡，全面推行“电话办”“视频办”“邮件办”“上门办”等便捷经办方式，切实解决老年人行动不便问题。对80岁以上参保职工门诊慢特病高龄医疗补贴由原来的“申请发放”改为“不来即享”，通过数据筛查确认发放对象，通过“不来即享”主动落实医保待遇，政策惠及全市11283名80岁以上高龄老人。

服务困难群体　充分发挥各社区网格优势，精准对接老、弱、病、残群体，主动上门为社区居民宣传解读医保政策，帮办代办参保缴费、门诊慢特病、医疗救助报销等业务。针对医保政策连续调整实际，组织业务骨干赴兰州、西安、成都、玉门油田生活基地等地开展医保政策集中讲、医保业务上门办，举办政策宣讲会3场次，接受现场咨询600余人次，现场办理职工异地门诊慢性特殊疾病报销审核290人次。

**【“一张网”流程再造打造“贴心”医保】**　市县同权　将医保经办服务纳入市、县、乡、村公共服务一体化建设，统一全市医保政务服务办事指南、事项清单、受理表格、办事标准，构建“市县同权、城乡一体、全市通办”的政务服务新模式。不定期组织线上线下培训，编制下发《医疗保障信息平台操作指引》3期，为乡、村承接下放医保业务提供必要的工作条件和业务指导，实现全市医保经办服务事项“一张清单管到底”，市、县、乡、村经办服务全覆盖。

脱卡就医　持续推进医保电子凭证应用，对定点医疗机构及定点零售药店结算系统进行全面改造升级，医保电子凭证结算率达到63.86%，实现参保人员扫码就医、扫码购药“零接触”，降低疫情传播和交叉感染的风险，推动全市迈入看病就医“码”时代。

跨域联办　对接国家信息平台，实现酒泉市和嘉峪关市两城医保互联互通、数据共享。建立医保定点医药机构互认机制，探索两城定点医药机构双向监管模式，实现两地参保职工和城乡居民在双方定点医药机构“一站式”结算，推动酒泉嘉峪关双城经济圈建设。探索异地就医医疗费用手工(零星)报销线上办理，推动“生育保险待遇核定与支付”事项“跨省通办”，提高异地就医结算资金清算效率和直接结算率。医保经办窗口投放自助办理设备，实现群众24小时不打烊自助办理业务。

## 案例五：武威市“五个统一”推进医保编码质控校验

2022年，面对全市医药机构抽查存在的医保编码规范化程度不高、数据贯标映射质量较低等现状，武威市医疗保障局积极行动、周密安排，引进第三方专业机构提供质控校验服务，采取“五个统一”措施，在全省率先开展医保编码贯标质控校验工作，编码数据准确率大幅提升，为全面推进DIP支付方式改革，助力医保精细化管理，推动医保事业高质量发展奠定坚实基础。

**【统一指挥调度】**　深入贯彻落实国家、省医疗保障局医保信息标准化工作要求，成立全市定点医疗机构编码质控领导小组，准确把握贯标工作的重点难点，全面统筹、及时调度、定期通报。通过政府采购引进第三方机构服务，多次召开专题会议研究措施、抢抓进度，将质控校验工作抓细抓实，保障各环节畅通，确保全市医保编码贯标质控校验“纵向全贯通、横向全覆盖”。

**【统一集中培训】**　自2022年4月起，采用“现场+线上”培训方式，分别对医保部门相关人员、各级定点医药机构负责人和医保、药品、耗材、价格、信息等方面工作人员进行六个专场培训辅导，全市521家定点医药机构的1280人参加培训。培训内容主要是武威市实施医保编码质控校验工作的背景和意义、讲解《医保编码质控系统操作手册》、下发各项《编码映射质控校验原则》，还提供了最新医保药品、医用耗材和医疗服务诊疗设施目录(下称“三目录”)标准数据库，并现场答疑解惑，提高医疗机构对医保编码质控校验工作的认识，确保此次工作顺利开展。

**【统一规范指导】**　为提高全市医疗机构编码映射数据上传效率，武威市医疗保障局部署专属服务器，搭建武威市定点医疗机构数据上报采集平台，建立市县区定点医疗机构及药店诊所共六个工作交流群，由市医疗保障局负责贯标的工作人员及第三方专业人员对反馈问题进行实时辅导答疑，分析问题成因并统一口径解答，扩大适用范围，讲解典型错误案例，累计答疑1万余条。

**【统一校验审核】**　校验项目涉及西药中成药、医保耗材、中药饮片、中药颗粒、诊疗项目共计5项医保编码。全市开展了初审复审两轮校验工作，对数据明细进行整理汇总，详细分析，将审核后映射异常的数据进行分类提示，反馈整改，切实帮助医药机构提升医保编码的映射质量，确保国家17项医保信息业务编码在定点医疗机构全面落地。

**【统一精细提升】**　此次医保编码质控校验上报医疗机构162家，首次上报数据258045条，有效数据248847条，映射准确205875条，准确率82.7%。二次校验上报数据246591条，有效数据234222条，映射准确218718条，准确率93.38%。通过对医疗机构采集上传的“三目录”编码数据的校验和治理，“三目录”编码贯标准确率实现大幅提升，校验准确率提高10.68%。此次编码治理纠正了前期编码对照映射过程中的错误，更新了医疗机构药品编码库，规范了医疗机构对机构药品编码数据的管理，准确高效促使医疗机构完成编码映射和动态更新，更好地发挥了编码标准在异地就医、待遇保障和公共服务等方面的支撑作用。

## 案例六：平凉市推进重特大疾病医疗保险和救助制度落地见效

2022年，平凉市医疗保障系统坚持把健全重特大疾病医疗保险和救助制度作为深化医保制度改革的重点任务，对标对表完善政策，应简尽简优化流程，全面落实依申请医疗救助政策，推动医疗救助公平惠及全体参保人员，着力减轻困难群众和大病患者医疗费用负担。全年共落实直接救助25.15万人次1.53亿元，低收入人口实现应救尽救；落实依申请医疗救助710人次430万元，成功办结全省首例职工依申请医疗救助。

**【调政策，增强救助保障能力】** 对标全省政策要求，印发《平凉市健全重特大疾病医疗保险和救助制度实施办法》，统一全市医疗救助政策标准和对象范围，建立依申请救助制度，扩大保障范围、提高保障水平，夯实医疗救助托底保障能力。针对政策落实中遇到的问题，积极衔接汇报，及时统一政策口径、指导县区落实。将特困人员、低保对象、易返贫致贫人口等直接救助对象身份认定前发生的医疗费用纳入依申请救助范围，由医保部门按照依申请救助政策予以救助，有效化解因病致贫风险。将门诊使用“双通道”管理谈判药品费用纳入救助范围，对基本医保报销后个人自付政策范围内费用按比例进行救助，进一步增强罕见病用药保障能力。

**【优流程，畅通救助申请渠道】** 印发《平凉市依申请医疗救助申办规程》，规范救助流程、统一表册资料、畅通申请渠道，推动依申请救助经办服务实现“四个变”，打通依申请医疗救助制度落实堵点，方便参保群众，提升服务效能。一是申请对象由“全面摸排”变为“精准排查”，加强信息筛查，每月通过医保信息系统筛查个人年度累计自付政策范围内费用较大的疑似救助对象信息，及时推送民政部门和乡镇逐人排查，累计推送疑似信息1.69万条；二是申请受理由“被动等待”变为“主动服务”，对初步摸排符合条件的人员，由乡村干部通知参保患者提交申请、指导填写申请表册、上门进行认定，共提交救助申请3320人；三是身份核实由“线下审核”变为“数据比对”，对低保边缘家庭成员，向乡镇提交申请资料后，申请人身份由乡镇初审，医保部门通过与民政部门推送的低保边缘家庭成员明细比对确认，减少群众跑腿次数；四是结算单据由“患者提供”变为“系统提取”，简化申请资料，由经办机构直接从医保信息系统提取基本医保、大病保险报销数据并填写《依申请医疗救助办理审批表》，申请人不再逐项提供结算单。

**【建机制，推进制度落地见效】** 健全完善党委领导、政府主导、部门协同的重特大疾病保障工作机制，加强与民政、乡村振兴部门数据共享，协同做好低收入人口实时参保、待遇落实和依申请救助工作。健全防止因病返贫致贫动态监测和帮扶机制，定期向民政和乡村振兴部门推送监测预警信息，规范落实帮扶政策，配合做好监测帮扶，坚决守住不发生规模性因病返贫致贫底线。2022年共推送监测预警信息13190条，经乡村振兴部门认定纳入监测范围826人，经民政部门认定纳入低保范围705人。强化考核调度，将重特大疾病医疗保险和救助制度落实情况纳入年度绩效考核，建立“月统计、季通报”制度，及时掌握政策落实进展情况，深入分析存在的问题，有针对性地提出解决方案，打通政策落实堵点，全力推进制度落地见效。

**【重培训，夯实政策落实基础】** 坚持把宣传培训作为政策落实的前提，持续强化政策培训，夯实工作基础，确保经办人员准确解读政策、规范执行政策。市、县医保部门会同民政部门逐级开展政策培训8场次，对医保和民政部门经办人员、乡镇业务人员、驻村帮扶工作队开展健全重特大疾病医疗保险和救助制度政策宣讲培训，解读政策调整变化、实施时间节点和相关特殊问题处理口径，切实提升基层干部解读政策和执行政策的能力。充分利用网络媒体、微信公众号等平台，全方位多层次持续开展政策宣传，扩大政策宣传覆盖面，不断提升群众对相关政策的知晓率。

## 案例七：定西市DIP支付方式改革实现预期效果

定西市坚持把医保支付方式改革作为推进医疗制度改革的重要抓手，推动区域点数法总额预算和按病种分值付费（DIP）改革，初步实现“医院、医保、患者”三方共赢。通过数据分析测算，19家试点医疗机构DIP改革成效逐步显现，病案质量明显提升，入组准确率由原来的94.34%提高到99.99%，质控总体通过率由起初的23.6%提高到现在的99.19%；基层病种二级医疗机构病例数占比达到91.52%，上升幅度约7.88%，收治疑难危重症水平明显提高，促进轻症患者向一、二级医疗机构下沉；CMI值由同期1.03增加到1.10，上升幅度为6.55%，平均住院日为8.64天，较基准同期减少0.32天，降幅为3.63%。

**【高站位科学谋划，全面统筹推进国家试点】** 定西市坚持高位推动，准确分层分类，稳步扩大改革覆盖面，分阶段、抓重点、阶梯式推进试点。一是高位有力推动。印发《定西市人民政府办公室关于印发定西市区域点数法总额预算和按病种分值付费国家试点工作实施方案的通知》，成立由分管副市长任组长，财政、卫生健康、医保和各县区分管领导为成员的试点工作领导小组，明确工作目标、阶段任务，细化了工作措施和工作职责。二是合理确定试点。在深入调查研究、征求意见的基础上，选择医院管理到位、人才队伍全面、基础业务规范的19家县级以上定点医疗机构开展DIP试点。三是稳步扩大范围。结合实际印发《定西市DIP支付方式改革三年行动方案》，在巩固19家试点成果的基础上，克服新冠疫情影响，扩大实际付费范围，将DIP付费国家试点扩面至199家医疗机构（含民营医院），2022年底100%实现实际付费，提前完成医疗机构的全覆盖。

**【高精度分析分组，结合实际确定病种分值】** 依托历史数据，强化数据分析测算，合理确定病种分值，推动DIP支付方式改革公平、公正、精准、精细实施。一是强化数据分析。制定全市统一的历史住院数据采集标准，先后完成2轮历史住院数据采集和清洗，共采集199家医疗机构2019年至2022年6月的历史病例数据169.22万条，为DIP分组和付费的建立提供了依据。二是科学确定病种。在国家医疗保障局DIP病种目录1.0版的基础上，经数据测算、临床专家论证及协商谈判，建立了定西本地化病组主目录，其中DIP核心病种组2089组，综合病组1061组，为支持全市分级诊疗制度实施设立基层病组147组，核心病种数据量覆盖率为87.36%。三是细化完善目录。充分考虑疾病严重程度、综合并发症等因素，对36个核心病种和70个综合病种进行分型，建立本地辅助目录库，对全市执行病种进行细化，补充完善主目录。

**【全方位跟踪保障，综合施策制定配套政策】** 精准聚焦人才培训、关键技术、配套政策等环节，为DIP顺利开展提供保障。一是配套培训。制定全市培训方案，采取线上与线下、请进来与走出去相结合的方式，全面开展DIP改革背景、工作原理、病案质量控制、编码代码填写、信息系统建设、支付结算方式流程等内容的培训30余次，编印《定西市DIP付费资料汇编》1200余册，实现DIP关联业务人员培训全覆盖。二是配套技术。建立DIP结算管理系统，完成全市定点医疗机构接口改造和联调，实现DIP实际付费所需各信息系统的无缝对接。先后上传全市DIP付费医疗机构病案数据23.4万条，病案数据上传率、入组率、准确率均达99%，结算20.3万人次，DIP核算基金支付7.52亿元。三是配套政策。坚持以收定支，出台定西DIP配套政策，制定DIP经办管理规程、结算管理办法、医疗机构服务管理补充协议、考核办法、监督管理办法、总额预算管理办法等6项付费管理制度，印发特病单议工作方案，保障试点工作顺利开展。

**【接地气深入调研，探索建立多元复合支付方式】** 在强化医保基金总额预算管理的基础上，积极推行多元复合式医保支付方式，针对不同医疗服务特点，推进医保支付方式分类改革，初步建立了以按病种分值付费（DIP）为主的多元复合支付方式。一是积极开展“日间手术和日间诊疗”。为缩短患者诊治时间、降低医疗费用、减少院内交叉感染的机会、高效利用医疗资源，加快推进日间手术和日间诊疗，将49个病种纳入日间手术，明确了支付标准，规范了支付政策和结算方式，推动日间手术和日间诊疗在全市全面开展。二是初步实施“按床日付费”。为控制医药费用不合理增长，减轻患者负担，通过实地调研、专家论证，在和医院充分沟通基础上，将需长期住院、花费金额相对固定、较适宜实行按床日付费的6类精神疾病（精神分裂症、分裂情感性障碍、偏执性精神病、双相情感障碍、癫痫所致精神障碍、精神发育迟滞）纳入按床日付费。三是探索中医付费方式。通过深入调研、征求意见、分析测算、组织论证，在现行病种目录中初步遴选27个病种，试行中医优势病种DIP改革；同时对治疗周期相对固定、治疗见效比较缓慢、治疗方法基本相同且相对较轻的慢性病、常见病和适合中医治疗的23个病种纳入中医日间诊疗。

# 青海省

## 工作综述

2022年，青海省各级医保部门全面落实“疫情要防住、经济要稳住、发展要安全”的重大要求，敢担当、善作为、勇拼搏，全力推动各项任务落实，医保改革发展取得新进展、迈上新台阶。全省基本医保参保559.62万人，其中职工参保116.31万人，居民参保443.32万人，参保率达到96.36%；全省基本医保（含生育保险）基金收入150.90亿元，支出103.27亿元，医保基金收支保持平稳运行；居民医保人均筹资标准提高到每年1030元，其中财政补助每人每年680元，高于国家标准70元，个人缴费执行国家标准，每人每年350元，全省医疗保障能力持续提高。

**【助力疫情防控工作】** 做好新冠肺炎疫苗采购及接种费用保障工作　及时拨付新冠肺炎疫苗采购及接种费用。

及时制定疫情防控的医保支付政策　3月24日，省医疗保障局印发《关于切实做好当前疫情防控医疗保障工作的通知》，将新冠病毒抗原检测试剂及相应检测项目临时纳入医保支付范围，按乙类支付；将《第九版诊疗项目》中新增的奈玛特韦片/利托那韦片等药品临时性纳入医保基金支付范围，按乙类支付，挂网价作为医保支付标准。

调整新冠肺炎疫苗接种费用结算标准　集中带量采购核酸检测试剂，并及时调低检测价格。2022年，4次降低核酸检测价格，单检每人每次下降到12元，为全国最低；2次下调抗原检测指导价格，防疫成本大幅降低。

出台阶段性缓缴职工基本医疗保险费政策　8月1日，省医疗保障局联合省发展和改革委、财政厅、税务局印发《关于阶段性缓缴职工基本医疗保险单位缴费的通知》，明确从2022年7月起，全省中小微企业、以单位方式参保的个体工商户可缓缴3个月职工医保单位缴费，缓缴期间免收滞纳金；推行“免申即享”经办模式，符合条件的企业无须提出申请即可享受缓缴政策，职工正常享受医保待遇。借助各类媒体平台加大政策宣传力度，制作发放《青海省阶段性缓缴职工医保单位缴费政策问答》宣传折页，确保企业应知尽知、应享尽享。7月以来，为全省6532家符合条件的中小微企业累计缓缴金额5001万元。

**【做好医保待遇保障】** 健全重特大疾病保障制度　一是拓展医疗救助范围。6月17日，省政府办公厅印发《青海省健全重特大疾病医疗保险和救助制度实施方案》，将医疗救助对象由7类增至10类，新增的事实无人抚养儿童、艾滋病病毒感染儿童2类人员和农村易返贫致贫人口分别按孤儿、低收入家庭成员医疗救助政策落实待遇。二是规范大病保险政策。居民大病保险累计起付线统一为1.2万元，报销比例80%，不设封顶线。对特困人员、低保、返贫致贫人口实施起付线降低50%、报销比例提高5%的政策倾斜保障。三是优化资助参保政策。将低收入家庭成员中的未成年人、农村易返贫致贫人口纳入资助参保范围。建立医疗救助对象、稳定脱贫人口参保缴费“绿色通道”，参保不受集中缴费期限制。四是合理调整救助政策。低收入家庭成员住院救助起付线由5000元下调至2500元，救助比例提高10%，达到60%。将支出型贫困家庭成员住院费用纳入医疗救助范围，建立追溯救助机制，对其身份认定前180天内累计超过6000元以上的费用，按50%的比例救助，年救助限额为2万元。

巩固脱贫攻坚成果有效衔接乡村振兴战略　一是帮扶政策体系更加完善。落实脱贫人口资助参保政策,确保脱贫人口100%参保;加强脱贫人口因病返贫致贫预警监测,优化过渡期医疗费用保障政策,适当提高特困人员、低保对象和易返贫致贫人口、稳定脱贫人口住院费用报销比例,防范化解因病返贫致贫风险,有效衔接乡村振兴战略。

二是人员信息对接更加精准。全省各级医保部门与民政、乡村振兴部门均建立了农村低收入人口和脱贫人口数据对接机制,确保精准掌握帮扶人员底数。省级层面,与民政部门开通数据对接专线,签订《数据信息共享协议》,实现特困人员、农村低保对象等人员信息的实时对接;与乡村振兴部门通过按月导盘形式对接农村易返贫致贫和脱贫人口信息。市、县级层面,通过导盘形式按月与同级民政、乡村振兴部门对接,获取新增和减少的人员信息,与医保信息系统中现有人员身份进行核对,对存疑的人员信息及时进行复核、更正。2022年,医保与民政、乡村振兴部门对接农村低收入人口和脱贫人口数据86.7万条,医保部门对86.7万人进行了身份标识,落实了相关医保待遇政策。

三是应保尽保底线更加牢固。省委考核办将参保扩面完成情况纳入各市州党委政府年度目标考核范围,各市州又将参保扩面纳入对县区的目标考核范围。同时,省委农村牧区工作领导小组将农村低收入人口和脱贫人口参保工作纳入对市州、县区党委政府推进乡村振兴考核范围,全方位多角度压实主体责任。省医疗保障局通过定期调度、通报等形式,将未参保人员情况推送至各市州,组织核查比对,从源头上核准人员信息。2022年,全省农村低收入人口和脱贫人口参保率稳定在99%以上,实现参保动态全覆盖。

四是待遇给付程序更加便捷。对享受资助参保的人群,在医保信息系统中按照资助政策设置缴费比例,个人只需缴纳资助外的个人承担部分,资助费用由医保部门代缴,最大程度避免了应享受资助而未享受的情况。开通农村低收入人口和脱贫人口参保缴费"绿色通道",不设待遇等待期,缴费当日即可享受医保待遇。对享受救助政策的农村低收入人口和脱贫人口发生的门诊、住院医疗费用给予直接救助,省域内全面实现基本医保、大病保险、医疗救助"一站式"结算,减轻困难群众跑腿垫资负担,切实增强困难群众的获得感和幸福感。2022年,全省共有38.46万人享受参保资助6948万元,19.19万人次享受直接救助3.38亿元。

五是预警监测机制更加健全。将脱贫人口、参保居民和参保职工个人年度累计负担的医疗费用超过全省上年农村常住居民人均可支配收入50%、100%和上年度全口径城镇单位就业人员平均工资的,分别纳入因病返贫、因病致贫预警监测范围,实现对全体参保人预警监测全覆盖。建立跨部门因病返贫致贫风险排查机制,每月将监测数据反馈至同级民政和乡村振兴部门,协同相关部门充分利用好数据,联合开展排查。及时将两部门核查后符合条件的人员纳入救助帮扶范围,实施综合帮扶,形成各领域救助、全方位兜底的格局。2022年,全省共将2.52万人纳入预警监测范围,对654人落实医疗救助政策。

*落实医保门诊统筹政策* 认真落实医保待遇清单制度,完成医保待遇清单外政策归并清理。建立全省统一规范的职工医保门诊共济保障制度,全面落地城乡居民医保普通门诊统筹政策,为177万名患者减轻医疗费用负担3.71亿元。调整完善居民医保普通门诊统筹政策,将年支付限额由原来的120元提高至300元,支付范围扩大到三级以下所有医疗机构,报销比例有所增加,保障水平有效提高。

**【深入推进医保重点改革】** *深入推进医保支付方式改革* 全省范围实施DRG/DIP付费改革,西宁市被确定为国家DRG付费示范城市。在互助县中医院试点基础上推行中医病种DRG/DIP付费改革,西宁、海西等地积极开展按病种、日间手术等多元复合式支付方式改革,有效控制医疗费用不合理增长。

*持续推进药品耗材集中招采改革* 全面跟进国家集采中选结果,积极参与跨省联盟集采,牵头

组建省级医疗机构采购联盟，2022年集中招采药品89个品种、医用耗材10类，国家组织第七批集采60种药品和胰岛素平均降价48%，脊柱类耗材平均降价84%，省际联盟"三高"药品平均降幅57%，节省采购资金10亿元。持续扩大集采品种覆盖范围，实现化学药、生物制品、中成药三大领域药品和心内科、骨科、眼科3个科室主要耗材全覆盖。

稳步推进医疗服务价格改革　统筹兼顾医疗事业发展需要和各方承受能力，按照"总量控制、结构调整、有升有降、逐步到位"原则，稳步推进医疗服务价格动态调整机制，提高体现医务人员技术劳务价值的项目价格，降低大型检查检验项目价格。2022年共调整171项，涉及调价金额1798万元。

**【完善药品支付与管理】**　进一步优化医保目录　省医疗保障局联合省人力资源和社会保障厅印发《青海省基本医疗保险、工伤保险和生育保险药品目录(2022年)》，纳入目录药品2957种，增补民族药53种，消化地方增补药品44种。进一步优化门诊慢特病用药目录，将69种药品纳入门诊慢性病特殊病用药范围，共有4740种药品纳入目录。

抓好国家医保谈判药品落地工作　加强对定点医药机构的引导、管理和监督，适应医保药品目录调整常态化、管理精细化的要求，积极做好谈判药品落地的统筹协调和组织实施工作，把推动谈判药落地作为"为群众办实事"的重要内容，切实提高谈判药品的可及性，将275种国家医保谈判药品全部纳入"双通道"管理，全省71.8万人次享受谈判药政策，医保基金支付2.2亿元。

积极支持民族医药事业发展　3月17日，省医疗保障局联合省卫生健康委印发《关于做好医保支持中藏医药传承创新发展工作的通知》，明确扩大中藏医药机构医保定点范围、加强中藏医药服务价格管理、将适宜的中藏药和医疗服务项目纳入医保支付范围、完善适合中藏医药特点的支付政策、强化医保基金使用监管5个方面的14条具体举措，全力支持中藏医药传承创新发展。在全国范围内首家研究制定藏(蒙)医疗机构制剂医保目录，统一规范全省藏(蒙)医疗机构制剂，将492种、2763个品规的藏(蒙)制剂和67个中医制剂纳入医保支付范围，确定医保支付标准。

**【推进基金监管工作】**　出台《青海省医疗保障基金使用信用管理暂行办法》等文件　9月22日，省医疗保障局印发《青海省医疗保障局重大行政处罚案件审理委员会工作规程(试行)》，进一步规范案件的集体审议，贯彻落实重大行政案件集体审议制度，提高医疗保障行政执法办案质量。12月19日，省医疗保障局出台《青海省医疗保障基金使用信用管理暂行办法》，加强医疗保障基金使用监督管理，推进医疗保障领域的信用体系建设，促进医疗保障领域的诚信自律，构建良好的诚信环境。新增药品医保智能审核监控规则874种13804条，持续加强全省医保基金监管工作，防止医保基金"跑冒滴漏"。

扎实开展基金监管集中宣传　4月1日，省医疗保障局联合省公安厅、卫生健康委、财政厅、审计厅、市场监督管理局等相关部门，举办2022年全省医保政策集中宣传月活动启动仪式，明确宣传主题、内容和具体措施，动员两定机构、经办机构、商保公司和医保社会监督员广泛参与。其间，全省各级医疗保障部门累计发放各类宣传资料105万份，其中藏汉、蒙汉双语资料15万份。各市州通过编排方言版医保政策小视频，借助短视频平台，利用出租车滚动屏、广场及各定点医疗机构大屏幕，通过直播和录播的方式，及时推送国家和省、市最新医保政策资讯。

扎实开展打击欺诈骗保专项行动　联合公安、卫生健康、市场监管等部门开展医保卡违规套现、"血液透析"违法违规诊疗结算、冒用死亡人员身份骗取医保基金等专项检查治理，共护医保基金安全的氛围更加浓厚。全年共检查医药机构4670家次，查处689家，追回资金6800余万元，曝光典型案例42起，打击欺诈骗保震慑力持续增强。

**【强化医保为民服务】** *加强医保经办服务* 加强基层医保经办服务能力建设，海北州刚察县和玉树州曲麻莱县率先成立医保经办服务中心。深入开展医保管理服务“勇争先”活动，扎实推进经办服务标准化窗口和示范点建设，全面推行医保业务网上办、掌上办。为不断满足参保群众便捷高效医保经办服务需求，2022年，在与中国人民财产保险股份有限公司青海省分公司、中国人寿保险股份有限公司青海省分公司合作的基础上，通过公开招标，新增太平洋保险青海省分公司参与，通过竞争促进商业保险机构经办居民医保服务水平提升。

*加快医保信息化建设* 一是加大医保信息平台推广应用力度。完成统一药品编码20.6万条、耗材编码5万条、医疗服务项目编码1.1万条，11项医保高频事项实现“跨省通办”，与税务、民政等部门实现数据共享，医保信息化程度持续提高，业务办理更加高效便捷。青海医保App注册46.6万人，激活医保电子凭证累计618.56万人次。开通定点医药机构扫码结算业务5094家，安装部署医保终端1377台。二是加快数据中心建设进度。积极克服疫情等不利影响，加大沟通协调力度，加快数据中心建设，4月至5月，数据中心B和数据中心C完成测试并正式投入使用；9月，数据中心A正式投入使用；12月12日，完成“同城双活”演练。扎实推进医保信息平台验收。4月6日至8日，国家医保信息平台上线质量检查和平台验收组对全省医保信息平台上线质量开展“线上+线下”同步督导检查。6月18日至26日，报请青海省发改委同意，组织省专家委员会对医保信息平台开展初步验收并顺利通过。12月29日，顺利通过国家医疗保障局验收。

*完善跨省异地就医直接结算制度* 调整优化跨省异地就医直接结算政策，取消省内异地就医备案和两定机构互认机制，明确属地管理责任，实现“一卡通全省、省内无异地”。2022年跨省异地就医直接结算65.68万人次，医保基金支付9.62亿元。

## 重要活动

1. **举办医保政策集中宣传月活动。** 4月1日，省医疗保障局联合省公安厅、卫生健康委、财政厅等相关单位举办2022年全省医保政策集中宣传月活动启动仪式，明确宣传主题、内容和具体措施，动员两定机构、经办机构、商业保险公司和医保社会监督员广泛参与。

2. **签订省级职工医保DRG付费服务协议。** 8月11日，省医疗保障局组织召开省级职工医保DRG付费签约会议。签约仪式上，省医疗保障经办服务中心与参与DRG付费的21家省级定点医疗机构签订医保服务协议，标志着省级职工医保进入DRG实际付费阶段。

3. **省政府举办“青海这十年”青海省医疗保障局专场新闻发布会。** 9月13日，青海省政府新闻办举行“青海这十年”青海省医疗保障局专场新闻发布会。发布会总结回顾了党的十八大以来，特别是2018年机构改革以来青海省医疗保障事业取得的成效。

4. **青海省医疗保障信息平台通过国家验收。** 12月29日，青海省医疗保障信息平台顺利通过国家验收。

## 典型案例

### 案例一：西宁市开通企业微信优化医保申报流程

西宁市医疗保障局坚持为老百姓提供有温度的医疗保障服务，严格按照省、市行风建设总体要求和部署，切实把老百姓的痛点、难点问题作为工作重点，坚持在参保缴费服务上完善制度、创新方式、提升效能，不断满足群众办理业务的需要。

**【主要做法】** 企业微信立足于打造“流程最优、服务最好、效率最高、获得感最强”的营商环境，致力于推进“互联网+医保”等线上便捷服务，倾力打通医保经办“最后一公里”，真正实现医保业务不见面、不间断办理。企业微信申报模式简化了经办流程，尤其是疫情期间降低了新冠病毒感染风险，优化了西宁市城镇职工医疗保险缴费申报流程。

主要申报流程　通过在医保经办部门和医保申报单位之间建立医保申报与审批线上办理平台，将单位职工基本医疗保险缴费基数核定、参保职工增减变动申报、月申报缴费业务、参保关系转移和个人账户清退等相关业务线上申报。申报单位无须携带申报资料到医保经办大厅现场办理，只需下载并注册企业微信App，通过扫描二维码，加入“西宁市医疗保障经办服务中心”，在企业微信App中点击“工作台”选择“审批”即可看见需要办理的申报事项。根据参保单位办理的业务需求，在相对应的办理事项中发起申请，医保经办部门根据申报单位线上提交的申报材料及时审核，并将审核结果通过企业微信线上平台反馈给申报单位。

统一经办事项，精简办理材料　全面推行医保经办服务统一标准，认真梳理企业微信平台审核业务事项清单，共梳理服务事项包括单位城镇职工基本医疗保险缴费基数核定、参保职工增减变动申报、月申报缴费业务、参保关系转移和个人账户清退等各个环节。针对每一项业务实施流程重构重塑，按照“申办材料最少、办事流程最简、办理时限最短、服务质量最优”的要求，做到医保经办政务服务事项名称、编码、材料、时限、环节和服务标准的“六统一”，实现精细化管理、便捷化服务、平台化操作，明确企业微信平台服务范围、窗口服务管理体制、规范工作行为、确定廉洁规范要求，切实提升医保经办服务水平。

线上办理业务，全程跟踪解疑　自开展网上申报业务以来，全程实现服务环节透明，经办过程可控，最大限度提升经办服务效能，让数据代替人工跑路，针对参保单位在医保政策、办理流程、业务查询等各个领域进行线上咨询解疑、指导办理，实现参保单位业务申报、办理、反馈全流程跟踪。可线上自助办理的服务事项，医保经办人员根据服务指引一步步指导参保企业在微信平台办理业务，包括协助对接处理企业微信登录异常问题、协助参保单位提交办理资料、提醒参保单位及时提交申报资料等问题。需线下办理的业务也可在微信平台咨询解答，做到有呼必应、有问必答，办结率和满意度均为100%，畅通参保单位诉求反映渠道的同时提高了问题处理质效，进一步优化营商环境，提升参保单位的获得感。

强化档案管理，实现档案电子化　参保单位通过扫描或拍照的方式将申报材料以图片形式上传至企业微信平台，申报档案从纸质转变为电子形式后，不仅可节约参保单位的办理成本和时间，还可在办理医保业务的同时，直接将电子档案导入“青海医保平台电子档案系统”，做到档案永久化，方便查阅。

**【主要成效】**　医保申报单位和医保经办部门均能熟练运用企业微信线上办理医保业务，达到快速、高效、便捷提供服务的效果。一是实现多种方式受理服务。避免办事群众来回奔波，方便快捷办理参保业务，真正实现让“数据多跑路，群众少跑腿”，努力让参保单位切实感受医保服务的广度、速度和温度，提高参保单位在医保领域的获得感、幸福感、安全感。二是实现即时办理高效服务。所有业务实现“一站式”服务，优化和统一经办事项流程，精简材料，限时办理业务，即时办结。三是实现电子化办理创新服务。参保单位利用互联网即可提交申请材料，通过双向快递的方式实现业务办理“零跑动”，创新性地进行身份认证和签名，将申请表格、任职文件、花名册等文件，上传到企业微信，后台工作人员通过高速映像拍摄仪生成为PDF文件并同步生成电子档案，节约了社会成本。

## 案例二：黄南州全力推进DRG支付方式改革

2022年3月黄南州按DRG支付方式改革被列为2022年州委深化改革重点任务。黄南州医疗保障局通过召开动员会、推进会、质控会和组织多轮次DRG支付方式改革相关培训、实地调研观摩学习，采集各试点医疗机构历史住院病案首页数据并确认付费标准及开展模拟付费等相关基础工作，促使各级医保部门、相关单位通力合作，咬定目标，攻坚克难，最大限度克服疫情带来的不利影响，于10月27日正式进入黄南州DRG支付方式改革实际付费阶段，圆满完成州委深化改革重点任务。

**【主要做法】** 高度重视，周密部署　成立由州政府分管领导为组长，相关单位负责同志为成员的DRG付费方式改革领导小组，并结合州情实际，制订《黄南州开展疾病诊断相关分组（DRG）付费方式改革实施方案》，确定将黄南州人民医院、尖扎县人民医院、泽库县人民医院3家定点医疗机构作为2022年度黄南州DRG付费改革试点医院。通过召开动员会、推进会，举办培训班，对各市县进展情况进行专项督导等方式，压紧压实各方责任，按照省医疗保障局DRG付费工作要求，强化信息互联互通，实现DRG付费方式改革统筹部署，高位推进。实现州内二级医疗机构DRG付费改革全覆盖，牵头召开一次全州推进DRG支付方式改革培训会和全州DRG付费改革运行分析会，加强运行效果评估，引导医疗机构加强内部管理，减轻患者就医负担，提高医保基金使用效能，为DRG付费改革的顺利开展奠定坚实基础，提供坚强保障。

多措并举，全力推进　一是通过成立工作专班，督促试点医院制定院内DRG付费改革方案，进一步明确责任、细化任务，高效推动工作落实。加强对试点医院病案首页和相关人员的培训，组织各试点医院赴西宁市医疗保障局、西宁市医保经办服务中心、西宁市试点医院等调研学习20余次，补齐了试点医院实施DRG付费改革的理论短板。二是以CHS-DRG分组方案（1.1版，医保编码2.0）为依据，制订《黄南州开展DRG付费方式改革权重、费率协商谈判工作方案（试行）》《黄南州开展DRG付费方式改革权重、费率测算的工作方案（试行）》，确保DRG付费改革有序推进。三是按照国家DRG支付改革要求和分组测算标准执行，采集黄南州10家医疗机构和西宁市14家医疗机构历史病案数据64534条，通过3次质控，成功入组62305条，入组率为96.55%，DRG细分组为253组。动态调整了3次病组权重和支付标准，使之更加贴近临床需求、更加体现医务人员的劳动价值、更加体现公平公正，助推实现医保患三方共赢。

**【主要成效】** 黄南州DRG支付方式系统自2022年11月运行以来，通过数据分析报告使医疗保险基金支出体现医保政策导向，在充分考虑疾病治疗难易程度、逐步规范就诊秩序、优化医疗资源配置的基础上，留出医疗费用增长的合理空间，体现医疗服务价值。同时，可以让医院有针对性地加强病案质量管理、规范诊疗流程、减少医疗资源消耗和控制医疗费用、提高医疗服务效益，还可以有效控制平均住院日和次均住院费用，达到医保支付费用精细化管理、减少违规和浪费的目的，DRG付费改革总体上起到了控制医疗成本的作用。

## 案例三：果洛州稳步推进参保扩面

2022年，果洛藏族自治州医疗保障局坚持以人民为中心，牢牢把握推动医保高质量发展主题，以深化医保制度改革为主线、加快体制机制创新为动力、优化提升服务效能为重点，坚定不移推动果洛州医疗保障事业发展。截至2022年底，超额完成参保扩面任务。

**【“全州统筹+各级联动”广宣传】** 高度重视基本医保参保扩面工作，始终把扩大基本医保覆盖面作为全年重点任务目标，层层压实责任，在抓实抓细抓好上下功夫。针对不同群体采取灵活多样的宣传方式，提升医保政策知晓率。一是抓住节日、双休日及特殊时间节点开展医保政策集中宣传活动，2022年累计发放宣传资料1万余份，张贴宣传海报300余张，同时组织开展集中宣传，现场为群众答疑解惑，提升广大群众主动参保意识。二是动员包括乡镇卫生院在内的定点医药机构，采用双语，加强医保政策宣传力度，提升重点人群对参保必要性与重要性的认识。三是组织全州六县开展医保政策进校园、进寺院、进两定机构、进社区等系列宣传活动，切实把医保政策宣传到千家万户，扩大群众知晓率。截至2022年底，果洛州基本医疗保险参保200427人（其中职工参保22679人、城乡居民参保177748人），超额完成2022年度参保目标任务。

**【“强化措施+压实责任”勤对接】** 扩大参保覆盖面离不开各乡镇、村级基层干部的努力，果洛州医疗保障局牵头联合各级税务、民政、乡村振兴等部门，形成参保缴费的强大合力。一是组织乡镇医保经办人员开展参保缴费业务培训，严格流程管理，使参保缴费工作标准化、规范化。二是加强与税务、民政、乡村振兴等部门沟通协调，就征收工作可能遇到的缴费渠道、对账时间差等问题进行研究讨论，强化工作衔接，稳步推进参保缴费工作。2022年全州各县联合多部门开展医保政策培训、研讨等医保参保缴费工作20余次，提升了参保缴费工作效率。

**【“政策落实+信息共享”固保障】** 在参保扩面过程中，为避免出现参保人因身份信息错误导致无法及时参保而影响待遇享受的问题，果洛州医保部门主动与税务、民政、乡村振兴等部门进行政策衔接、信息共享、信息维护等事项对接。一是精准落实参保政策。根据省级政策文件，全面落实过渡期医疗保障政策，做好特殊人群的资助参保工作，确保困难群体能够及时享受到城乡居民医保待遇，有效遏制和减少因病致贫返贫现象。二是建立困难群体信息共享机制。果洛州医疗保障局主动牵头联合乡村振兴、民政部门下发《关于进一步做好巩固拓展脱贫攻坚成果同乡村振兴有效衔接加强数据对接共享工作的通知》，进一步明确州县两级数据对接日（县级每月7日、州级每月15日），确保人员信息输入及时、真实、准确和完整。2022年，按省级政策，果洛州实际补报人数4414人，补报金额563.69万元，其中稳定脱贫1374人次，农村低保2984人次。

**【“线下服务+线上办理”享便捷】** 以提升参保群众获得感、满意度为目标，以方便快捷为抓手，多渠道提高医保业务办理效率和服务水平。一是线下服务有温度。为推动医保服务城乡均等化，缩短群众办事时间，采取适时调整增设窗口、延长工作时间、帮办代办、“一窗通办”等方式，高效快捷办理参保业务，让参保群众“少跑腿”。二是线上办理有速度。及时改进工作方法，调整工作思路，细化参保措施，优化经办渠道，倡导非接触办理方式。大力推行互联网缴费方式，最大程度方便群众参保缴费，实现参保缴费便捷化。2022年以来，果洛州医疗保障系统不断增强信息化服务能力，线上业务办理率达85%以上，真正实现了让数据多跑腿、群众少跑路。

## 案例四：海西州构建医保跨区域协同发展新格局

海西蒙古族藏族自治州医疗保障局把人民健康作为医保工作的政治之责、发展之要，与毗邻地区医保部门加强交流合作，加快构建多层次、宽领域的医保服务体系，着力解决区域政策差异，聚焦“一张图”，展开“一盘棋”，统筹推进医保区域协同发展。

**【青甘医保协作促进医疗资源共享】** 医疗保障是减轻群众就医负担、增进民生福祉、维护社会和谐稳定的重大制度安排。推进医疗保障跨区域协同发展，是一场无经验可循的大考。青海油田共有5.06万人参加基本医疗保险。其中，职工医保参保3.55万人、城乡居民医保参保1.51万人。由于公司地处甘肃省酒泉敦煌市，在当地就医用药即为跨省，就医用药难一直是油田职工群众关心关注的急难愁盼问题。州医疗保障局积极与酒泉市医保部门沟通协商，达成跨区域合作意向，从取消两地异地就医备案、两定医药机构协查稽核、药品耗材价格信息共享、医疗保障基金联查联办、医保制度改革交流学习等多个方面开展深度合作，让青海油田职工群众共享敦煌区域国际医疗中心优质医疗资源，实现医保即时结算，解决就医用药难题，惠及油田职工群众。

**【青川医保协作提高经办服务质效】** 优化医保公共服务管理，提升医保公共服务能力，特别是提高省外异地就医直接结算率是医保部门的一项为民办实事工程，也是推进医保治理创新的一项重点任务。海西州部分离退休人员长期居住在四川成都、德阳等地，四川省是海西州干部群众省外就医结算最多的省份。海西州医疗保障局创新思路、打牢基础、寻求突破，对标成都市先进做法，持续深化待遇保障、筹资运行、医保支付、基金监管等重要机制和医药服务供给、医保管理服务等关键领域的改革，不断深化医保信息化建设，全面加强医保部门交流合作，携手为两地群众享受医保待遇创造便利。2022年，全州参保人员在四川省就医购药结算7.7万人次，总费用5195.4万元。

## 案例五：海东市扎实推动DIP支付方式改革

2020年11月，青海省海东市被确定为DIP支付方式改革国家级试点城市。经过近一年的探索实践，于2021年9月开始实际付费。截至2022年底，海东市实施DIP实际付费工作已有2年，试点取得阶段性成效，并积累了宝贵经验。

**【加强组织领导】** 海东市医疗保障局主动作为，统筹谋划，成立海东市DIP付费方式改革领导小组，并组建工作专班，负责DIP付费改革的组织实施和指导。通过加强组织领导和学习借鉴其他试点城市经验做法，对辖区内医疗机构进行摸底调研、组建专家队伍并制订实施方案。同时，利用新闻媒体、网络平台等多种渠道宣讲海东市DIP支付方式改革的重要性及政策内容，总结改革进展和成效，多次在报纸、期刊杂志发表文章。对辖区内经办机构和试点医疗机构开展多轮DIP付费政策培训，积极与国家医保研究院指导专家沟通汇报，联合卫生健康部门加强对全市编码员培训。付费过程中积极开展DIP目录本地化和分值协商谈判，以及住院历史数据付费模拟等工作，逐步扩大全市DIP支付方式改革范围。

**【建立相关关键机制】** *建立总额预算机制* 根据全市近三年基本医疗保险基金收支及历年基金支出金额，按1:2:7加权求平均值方式计算出本年度可用于试点医疗机构DIP付费的金额，并分摊到12个月。坚持区域总额预算，不对单独医疗机构设立预算，促进医疗机构良性竞争。

*建立协商谈判机制* 海东市DIP经办管理规程明确按年度设定分值调整系数，并可动态调整，后续使用全市医疗机构数据，确定本地目录库分值。根据调整系数，针对不同医疗机构等级分别计算预算点值及结算点值，组织专家或委托第三方机构开展病种目录、分值动态调整等工作，推动形成共建共治共享的医保治理新格局。

*建立考核办法* 制定印发《海东市区域点数法总额预算和按病种分值付费（DIP）考核办法（试行）》，重点考核定点医疗机构在DIP实施过程中可能出现的分解住院、挂名住院、诊断升级、高套分值、减少服务内容、降低入院标准、推诿病人、门诊转嫁费用等异常行为，并根据医疗机构组织管理和制度建设、基线调查、医保结算清单/病案质量、医疗服务能力、医疗行为、医疗质量、资源效率、费用控制、患者满意度调查等九个考核指标，对医疗机构综合打分，进行月结付费时预留10%质量保证金，到年终清算时下发给医疗机构。

**【强化基础条件建设】** *加强专业能力建设* 海东市医疗保障局多措并举，强化基础工作，多次组织对医疗机构开展DIP政策、病案首页填写、编码员操作等内容的培训会议，并将DIP支付方式改革纳入市委医改工作中，聘请省内外专家对辖区内医疗机构的病案首页填写、诊断和手术编码选择、数据质量等方面进行集中培训。

*加强信息系统建设* 海东市已建成市级DIP付费平台，平台功能主要包括数据采集及审核、基金管理、监管考核与评价、运行绩效分析、分组器配置、特病与违规处理、系统配置等。

*加强标准规范建设* 印发《关于印发海东市按病种分值付费（DIP）医疗保障经办管理规程（试行）的通知》，按国家要求制定了本地DIP经办管理规程。强化协议管理，并与试点医疗机构签订《按病种付费（DIP）医疗机构补充协议（2021版）》和《海东市区域点数法总额预算和按病种分值付费（DIP）定点医疗机构补充协议（试行）（2022

版)》,为DIP实际付费运行提供有力保障。

加强医疗机构协同　一是信息传输到位。医疗机构按照医保结算清单相关要求上报数据,DIP系统接收数据后,通过开放院端功能将分组结果、存在质量问题数据等及时反馈给医疗机构。二是病案质控到位。联合市卫生健康委积极推动病案抽查工作,2022年抽查了22家二级医疗机构2021年病案数据,总计8312条,抽检比例达到问题病例总数的10%。医院内部运营管理机制发生转变,对患者入院管理、医保结算清单质量控制、出院结算、医保管理的全流程进行监管。以互助土族自治县人民医院为例,由质控科、医务科、护理部、院感科、药剂科、临床药学室、医保科、器械科、财务科、审计科、信息科等相关职能科室对临床科室的诊疗、检查、用药、医用耗材使用、收费等行为的规范执行进行监督检查,发现问题及时反馈,并督促科室及时整改,医院DIP工作领导小组办公室定期总结DIP付费改革开展情况,提交领导小组专题分析研究。将监督检查结果纳入医院绩效考核管理中,进行奖惩。

## 案例六:玉树州开展城乡居民白内障患者医保专项救助行动

为加快玉树州"两个越来越好"建设步伐,践行国家"基本医保+"新型改革模式理念,玉树州以参保白内障患者为突破口,以防止因病致贫返贫为目的,联合13个部门实施了白内障"基本医保+"六位一体医疗保障专项救助行动,对特定人群建立健康关爱和保障机制。

在专项救助行动中,参加城乡居民医疗保险的玉树户籍白内障患者不承担任何医疗费用。先按医保政策报销,再由防贫保报销,自费金额的50%由医疗机构承担,剩余50%由慈善基金会兜底。截至2022年底,享受专项救助行动的有163人次,总费用99.84万元,医保部门和医疗机构共减免71.49万元,兜底28.35万元,最大限度减轻了玉树州白内障患者的家庭负担。

**【住院救助政策】** 若白内障患者为重点救助对象,其在定点医疗机构住院发生的医疗费用,经政策减免、基本医疗保险和大病保险报销后,对剩余政策范围内的医疗费用给予救助。其中,特困供养对象和孤儿按照100%进行救助,年救助限额6万元,其他重点救助对象按照80%进行救助,年救助限额5万元。

低收入家庭成员在定点医疗机构住院发生的医疗费用,经政策减免、基本医疗保险和大病保险报销后,超过5000元以上的合规医疗费用,按50%给予救助,每人每年救助限额为2万元。

**【重特大疾病医疗救助政策】** 重特大疾病患者在定点医疗机构住院发生的医疗费用,经政策减免、基本医疗保险和大病保险报销或事故责任方赔付后,个人负担费用(含自费部分)仍然较大的,给予重特大疾病医疗救助。其中,重点救助对象和低收入救助对象个人负担费用年累计超过1万元的部分,按60%给予救助;支出型贫困救助对象个人负担费用年累计超过5万元的部分,按50%给予救助。每人每年救助限额为10万元。

**【兜底医疗救助政策】** 农村特困供养对象、孤儿、农村低保对象等的住院医疗费用经政策减免、基本医疗保险和大病保险报销及医疗救助后,剩余费用(含自费)超出总费用10%的部分,由医疗救助资金进行全额兜底救助。

# 宁夏回族自治区

## 工作综述

2022年，宁夏回族自治区医疗保障系统主动服务疫情防控和经济社会发展大局，持续深化制度改革，加强精细化管理，保证医保基金平稳高效运行。2022年底，全区基本医保参保662.81万人，其中职工参保162.37万人、城乡居民参保500.44万人，参保率稳定在95%以上。基本医疗保险（含生育保险）基金收入167.62亿元，其中职工医保（含生育保险）收入116.30亿元、城乡居民医保收入51.32亿元；基金支出99.51亿元，其中职工医保支出58.15亿元、城乡居民医保支出41.36亿元；基金累计结存246.38亿元，其中职工医保（含生育保险）累计结存198.88亿元、城乡居民医保累计结存47.50亿元）。职工医保、城乡居民医保政策范围内住院报销水平分别达到86%和74%。

**【医保制度建设】** *政策体系更为完善* 以自治区人民政府办公厅名义出台《关于建立健全职工基本医疗保险门诊共济保障机制的实施意见》，门诊共济改革迈出坚实一步。自治区医疗保障局组织修订《宁夏回族自治区医疗救助办法》，以自治区人民政府办公厅名义出台《关于健全重特大疾病医疗保险和救助制度的实施意见》，规范统一医疗救助对象范围，将贫困患者大病保险起付线由平均9000元降至3000元、年度最高救助金额统一提至16万元，低保边缘家庭成员和因病致贫重病患者设定起付标准为3000元和7000元，降低因病致贫重病患者认定标准，由原来的3万元统一为2万元，最大限度解决困难群体费用之忧。2022年城乡居民医保财政补助标准提高30元/人，人均补助达到610元，二级医院政策范围内费用报销比例提高2个百分点，达到87%。

*助力乡村振兴衔接有序有效* 落实困难群体参保缴费“三增两续一渐退”政策（“三增”是指对新增的低保对象、边缘易致贫人口、突发严重困难人口，给予定额资助；“两续”是指对农村特困人口给予全额资助，建档立卡贫困人口中的脱贫不稳定人口给予定额资助；“一渐退”是指对未纳入监测范围的已脱贫人口，因受新冠肺炎疫情影响，就业和收入尚不稳定的，政府参保资助实行渐退政策，2021年至2025年，拟按个人应缴纳参保费的100%、70%、50%、30%给予资助，2025年退出资助）。建立参保动态监测、部门信息共享、救助对象主动发现、依申请分类救助的防范化解因病致贫返贫长效机制，确保农村低收入群体和已脱贫人口动态参保率达到100%，医保脱贫攻坚成果得到有效巩固和拓展。

**【参保扩面工作】** 参保工作稳中有进。建立各级政府工作督导机制，印发统一社会保险费征收模式实施方案，出台困难群体“倾斜性”医保缴费政策，分解参保任务、动态更新数据、定期调度通报，层层压实工作责任。实行医保、公安、民政、乡村振兴等部门人员信息比对共享机制，开发参保征缴情况本地数据批量比对模块，发挥医疗保障新平台系统优势，利用大数据分析、精准锁定未参保人群，确保参保缴费一户不落、应缴尽缴。加强宣传引导，编印宣传海报、宣传册和宣传用品500多万册，拍摄宣传视频200余个，通过微信视频号、公众号发布温馨提示，持续激发群众参保的积极性和主动性。积极推广“我的宁夏”“黄河银行”手机App等互联网缴费方式，最大程度方便群众参保缴费。2022年底，全区基本医疗保险参保662.8万人，其中职工医保参保162.4万人，城乡居民基本医疗保险参保500.4万人，基本医疗保险参保率持续稳定在95%以上。

**【支付方式改革】** *持续深化DIP付费改革*

石嘴山市、固原市、吴忠市、中卫市实现了DIP付费，全区5个统筹区均已实施住院按病种付费为主的支付方式，控制医疗费用过快增长取得一定成效。

支持中医药事业发展　自治区医疗保障局、中医药管理局联合出台《关于医保支持中医药传承创新发展的实施意见》，提出5个方面19项措施，提高群众获取中医医疗服务便捷度，拓宽参保患者用药渠道，降低参保群众医疗费用负担，满足群众多元化中医服务需求，支持中医药事业发展。

助推县域医共体改革成效明显　出台县域支付方式改革与市级付费改革衔接政策，推动14个紧密型县域医共体实现向上向下双向转诊，助推分级诊疗制度落实。

目录调整不断完善　出台新版药品和诊疗服务项目目录，规范医保三项目录调整程序和时间节点，将部分药品和诊疗服务项目纳入医保支付范围，医保耗材维护权限下放，实现了系统即时维护，群众报销得到更多实惠。

**【药耗集采和医疗服务价格调整】**　药品耗材集采成效持续扩大　推进国家第六批、第七批药品集采和第二批人工关节集采落地实施，续签四批次期满药品集采，参加广东常见病慢性病用药、湖北第二批中成药等四省药品集采。首次开展全区药品自行联盟议价采购，21个品规药品纳入议价。全年新增落地集采药品124个品种、续约157个品种；新落地耗材7大类、续约5大类，节约药品费用2.7亿元。建立基金拨付与耗材网采率相挂钩考评机制，缩短耗材挂网审核周期，有效解决临床使用需求。公立医院医用耗材金额网采率由2021年底的17%提升至2022年底的59%。

医疗服务收入结构持续优化　修订和废止32项医疗服务价格项目，编制完成新的医疗服务价格手册。出台《关于建立医疗服务价格动态调整机制的实施意见(试行)》，建立医疗服务价格动态调整机制。“组团式”帮扶支持有力。出台医疗服务价格调整倾斜政策，指导吴忠市、固原市和中卫市医保局为“组团式”帮扶医院新增和调整140项医疗服务价格项目，支持新技术新业务在帮扶地落地应用。建立即时纳入机制，帮扶医院95个诊疗项目纳入医保支付范围。

**【基金监管工作】**　建立激励考核新机制　将医保基金监管内容纳入2022年度各级党委、政府效能考核，进一步传导压力、压实地方政府基金监管责任。

制度建设迈上新台阶　在全国率先制定《自治区实施医疗保障基金使用监督管理行政处罚裁量权规定(试行)》，法治医保建设迈出坚实的步伐。

联合监管取得新进展　会同自治区公安厅印发《关于加强查处骗取医疗保障基金案件行刑衔接工作的通知》，构建行刑、行纪衔接长效机制；与自治区卫生健康委员会建立医保基金监管联动机制，形成多部门依法依规惩处骗取医保基金行为良好格局。

社会监督取得新突破　落实聘任医保基金社会监督员，出台举报处理规程，推动政府监管、社会监督良性互动。

信用监管开创新局面　推进医保基金使用监管信用评价管理子系统建设，全区4000余家两定医药机构完成年度信用评价并生成评价结果，走在全国前列，进一步培育定点医药机构诚信意识和良好信用。逐步形成以法治为保障、信用管理为基础，多形式检查、大数据监管为依托，行业自律和个人守信相结合的全方位监管新格局。2022年，共查处违法违规医药机构1261家、惩处违法违规个人21人，查处和罚没资金达7080万元。全区曝光的违法违规典型案例被中央和地方媒体高度关注，在全社会引起强烈反响。

**【信息平台建设】**　医保信息平台按期运行　医保信息平台所有子系统全域上线运行，成功打通信息壁垒，医保信息化建设取得里程碑式突破。截至2022年底，平台服务全区660多万参保人和4000多家定点医药机构，日均结算超过30万人次，医保电子凭证激活累计达到510.9万人，激活率达到78%。

医保标准化建设取得实质进展　推进医保信息业务编码标准落地应用动态维护，顺利完成与国家药品、医疗服务项目、医用耗材编码的匹配，全区医保数据与全国“通用语言”实现互联互通互认。

平台高质量通过国家初验　开展等级保护测评和安全专项检查，持续解决运行中发现的各类问题，考核排名位居全国中上水平，顺利通过国家初步验收，近期开展自治区终验工作，医保信息平台建设得到国家医保局领导的批示肯定。

**【医保经办服务】**　经办服务全面规范　印发《宁夏回族自治区医疗保障经办机构内控管理办法（试行）》等文件，全面执行《宁夏医疗保障经办政务服务事项清单》，全区各级医保服务窗口将分设的专项业务窗口整合为综合业务窗口，受理全部医疗保障政务服务事项，服务前台不分险种、不分事项一窗受理，后台分办联办，实现“一窗受理、内部流转、限时办结、一窗出件”。

行风建设持续向好　将全区医保就医咨询服务与政务服务“12345”并网运行，用参保群众“易记、易找、易打”全天候服务热线，有效解决群众异地就医备案、政策解答、经办服务中的各项疑难问题咨询，确保老百姓享受到“无障碍”异地就医服务。召开全区行风建设推进会，开展第三方评估，建成覆盖全区的“好差评”评价系统，加快推进医保经办“30分钟服务圈”建设，医保经办服务质量稳步提升，自治区在全国专项评价中的名次较上年提级进位。

**【异地就医结算】**　异地就医结算成效显著。与全国31个省份的6.27万家医疗机构实现联网，备案5.60万人次，同比增加4.69%，异地直接结算20.10万人次，与上年同比增加1.98倍，医疗总费用11.23亿元，与上年同比增加25.69%，基金支付7.11亿元，同比增加30.21%。作为参保地，共备案1.46万人次，直接结算14.06万人次，结算医疗费总额为6.22亿元，基金支付4.36亿元，平均实际报销比例为70.02%。区内异地就医住院定点医疗机构扩至594家，跨省直接结算住院费用结算的医疗机构增加到351家、跨省普通门诊结算定点医疗机构增加到261家。2022年，宁夏在全国提前实现生育保险费用跨省直接结算。

**【专项治理工作】**　专项治理取得实效。将推进卫生健康领域专项整治作为助推全区医疗保障事业高质量发展的有力抓手，制定药耗采购信息共享、询价研判、“双色信封”管理、约谈提醒、价格监测5项制度，优化药品耗材采购目录，对1年内无实际入库交易的5285个药品予以撤网，撤网率达32.6%。在确保有效满足临床用药需求的基础上，压减平台挂网药品数量，治理药品医用耗材虚高价格问题，提升医保基金使用效率，切实减轻群众就医负担。成立信息共享协调小组，建立部门间的信息共享制度，按批次和采购周期对集中带量采购产品采购量、采购金额、采购量占比分别统计；按季度和年度对药品和医用耗材采购量和采购金额位居前十、前五十的产品进行统计分析；对平台内挂网产品价格，进行“三色区间”管理，以绿色、黄色和红色三个色段标识出合理价格区间、异常价格区间、明显异常价格区间产品。建立双色信封约谈提醒制度，制定价格函询制度，对采购异常价格区间产品的医疗机构，相应发送双色信封予以提醒，引导医疗机构采购价格合理区间的产品；对经双色信封提醒，无正当理由仍多次采购价格异常区间产品的医疗机构进行约谈，医疗机构采购行为更加规范。

## 重要活动

1. **全区医疗保障工作会议召开。**1月25日，宁夏回族自治区医疗保障工作会议在银川以视频形式召开。会议全面总结2021年全区医疗保障工作，分析研判医疗保障改革发展形势，安排部署2022年医疗保障工作任务，动员全区医疗保障系统攻坚克难、勇毅前行，努力推动医疗保障取得更好成绩。

2. **召开全区整治医保积压报销件专项工作会。**1月29日下午，自治区医疗保障局召开全区整治医保积压报销件专项工作会议，局相关领导、有关处室(中心)负责人,各市、县(区)医保经办机构相关人员参加会议。

3. **召开全区卫生健康领域突出问题专项治理工作动员部署视频会议**。3月15日,为贯彻落实2022年全区卫生健康领域突出问题专项治理工作,召开全区卫生健康领域突出问题专项治理工作动员部署视频会议。局领导班子、机关各处、室(局)负责人参加会议。

4. **召开部分市县区医保部门和医疗机构座谈会**。4月14日,自治区医疗保障局组织召开全区部分市县区医保部门和二级医疗机构负责人座谈会,针对医疗保障面临的实际困难和问题,提出切实推动工作任务落地见效的措施。

5. **召开全区打击欺诈骗保专项整治行动电视电话会**。4月24日,自治区医疗保障局会同自治区公安厅、卫生健康委员会联合召开2022年全区打击欺诈骗保专项整治电视电话会议。会议总结2021年全区打击欺诈骗保专项整治成果,分析研判全区医保基金监管形势,部署开展2022年全区打击欺诈骗保专项整治工作。

6. **召开自治区医疗保障局“组团式”帮扶工作座谈会**。5月24日,自治区医疗保障局组织3个地级市医疗保障局、5个国家乡村振兴重点帮扶县医疗保障局和辖区人民医院负责人召开座谈会。座谈会上,吴忠市、固原市和中卫市医疗保障局负责人分别对前期工作开展情况进行了汇报。同心县、红寺堡区、原州区、西吉县、海原县医疗保障局和辖区人民医院负责人结合实际,分别提出需要解决的问题和帮扶诉求。

7. **召开2022年全区医疗保障基金监管第一批飞行检查工作启动会**。6月14日,自治区医疗保障局组织召开2022年全区医疗保障基金监管第一批飞行检查工作启动会,局相关领导出席会议并讲话。纪委监委驻自治区卫生健康委员会纪检监察组、局基金监管处、监控信息中心负责人,各市、县(区)医疗保障局分管领导,各飞行检查组组长及相关工作人员参加会议。

8. **召开上半年工作总结点评会**。7月20日,自治区医疗保障局组织召开上半年工作总结点评会,全面总结上半年工作落实情况,安排部署下半年重点工作任务。

9. **召开全区医保支付方式改革专题座谈会**。8月7日,自治区医疗保障局召开全区医保支付方式改革专题座谈会。会上,各市医疗保障局主要负责同志围绕支付方式改革主要做法成效及近3年医保基金收支等方面做了汇报发言,就总额确定、支付机制、结余留用、推进“三医联动”和分级诊疗等进行讨论交流。

10. **召开2023年度居民医保参保征缴工作推进会**。9月6日下午,自治区医疗保障局召开2023年度居民医保参保征缴工作推进会,自治区税务局相关处室、局相关处(中心)、协议征缴银行、公共服务机构、医保和税务系统维保技术协作公司负责人共计20余人参加会议。

11. **出台关于健全重特大疾病医疗保险和救助制度的实施意见**。12月9日,《自治区人民政府办公厅关于健全重特大疾病医疗保险和救助制度的实施意见》印发执行,标志着宁夏建立了防范和化解因病致贫返贫长效机制,进一步强化基本医保、大病保险、医疗救助三重保障制度。

## 典型案例

### 案例一:宁夏多措并举推动“三医联动”改革

宁夏医疗保障部门多措并举,在深化医保支付方式改革、完善医药价格调整机制、强化基金监管等方面,积极推动“三医联动”改革。

**【主要做法】** *推进医保制度改革,政策体系更加完善* 出台《关于健全职工基本医疗保险门诊共济保障机制的实施意见》,门诊共济改革迈出坚实一步。修订《自治区医疗救助办法》,出台《关于健全重特大疾病医疗保险和救助制度的实施意见》,最大程度解决困难群体费用之忧。2022年,城乡居民医保财政补助标准提高30元/人,人均补助达到610元,二级医院政策范围内费用报销比例提高2个百分点,达到87%。建立防范化解因病致贫返贫长效机制，确保农村低收入群体和已脱贫人口动态参保率达到100%，住院费用报销比例平均提高10%，医保脱贫攻坚成果得到有效巩固和拓展。

*深化医保支付方式改革，提高基金使用效力* 印发《宁夏回族自治区医保支付方式改革三年行动计划》，谋划全区建成以DIP为主的多元复合式医保支付方式改革；印发《自治区医保局推进吴忠、中卫市区域点数法总额预算和按病种分值付费（DIP）改革工作实施方案》，全面启动两市改革工作；积极推进国家DIP基础版功能模块部署使用工作，于2022年9月进入实际付费。印发《关于进一步加强县域紧密型医共体医保支付方式改革与地级市医保支付方式改革有机衔接的实施意见》，进一步推进县域医共体支付方式改革；依托自治区医保信息平台，完善县域紧密型医共体内上转下转功能模块，实现上转累计计算起付线、下转不再重复收取起付线的功能。2022年新增77个符合条件的病种纳入日间手术支付范围，并新增3家可开展日间手术的医疗机构。截至2022年底，全区将12家三级医疗机构和两批120个日间手术病种纳入医保支付范围，涵盖自治区5个统筹市。

*做好价格和集采改革，降低群众就医负担* 编制《医疗服务价格项目和医保诊疗目录》，统一价格项目规范，增加项目医保属性，为促进形成全区规范统一的价格项目奠定基础；建立医疗服务价格动态调整机制，使医疗服务价格调整的时机、节奏、规模与经济社会总体形势、政策取向、医保基金收支等基本面相适应；围绕解决飞行检查发现的项目边界不清晰、部分新增项目使用率不高等问题，修订和废止部分项目；制订《自治区医疗服务价格调整工作计划（2022—2023年）》，分批分次平稳推进改革工作；制订三甲医院医疗服务价格调整方案，于2022年4月1日起执行，进一步优化医疗收入结构。积极推动药品耗材集中带量采购等一系列改革，参加省际联盟采购，药品耗材价格持续下降，为调整医疗服务价格创造了有利时机。

*基金监管更加严密有效* 严厉打击欺诈骗保，加强长效机制建设，创新监管方式，实现全覆盖检查和专项整治，出台《宁夏回族自治区实施〈医疗保障基金使用监督管理条例〉办法》《关于深化医疗保障基金监管制度体系改革的实施意见》《自治区实施医疗保障基金使用监督管理行政处罚裁量权规定（试行）》，创新医保信用管理、智能监控和网格化监管，推进部门联动，建立行纪衔接、行刑衔接等“一案多查、联合惩处”机制，构建“不敢骗、不能骗、不想骗”的长效机制。

**【主要成效】** *制度体系更加健全* 在全国率先实现自治区级统筹，落实生育保险与职工医保合并实施。自治区党委、人民政府出台《关于深化医疗保障制度改革的实施意见》，指导全区医保改革方向；出台自治区第一个《全民医疗保障“十四五”规划》；出台自治区第一部医疗保障相关的地方政府规章——《宁夏回族自治区实施〈医疗保障基金使用监督管理条例〉办法》。

*重大改革持续推进* 持续深化多元复合式支付方式改革，以区域总额预算和按病种分值（DIP）付费为主的多元复合式医保支付方式改革实现统筹区、病种及基金全覆盖。在全国率先取消药品耗材加成政策，建立医疗服务价格动态调整机制，累计135项新增医疗服务项目价格支持临床医疗新技术运用。

*群众就医负担减轻* 更多救急救命的好药通过谈判降价纳入医保。275个国家医保谈判药品纳入“双通道”管理。120个三级医疗机构日间手术病种纳入医保支付。门诊慢特病保障机制持续健全，高血压、糖尿病等30种慢性病、特殊病纳入医保门诊保障范围。累计执行387种药品、12类医用耗材中选结果，中选药耗平均价格降幅50%以上，累计降低药耗负担超过9亿元。

*基金监管严密高效* 5年来，累计处理违法违规违约医药机构5755家（次），曝光案例95例，追回资金3.43亿元，处理违法违约参保人783次，追回资金308.44万元，总计3.46亿元。

## 案例二：银川市以“最有温度的医保”化解群众“两病”就医难

银川市医疗保障局扎实推动“两病”门诊用药保障专项行动示范市创建，优化强化经办服务，为人民群众构建贴心的医保门诊用药保障机制。示范市活动开展以来，银川市不断创新方法，着力服务于全市“两病”参保群众，被人民群众誉为“最有温度的医保”。

**【主要做法】** *强化组织领导，多部门协同抓落实* 按照自治区、银川市“两病”门诊用药保障专项行动重点联系典型地区活动统一安排部署，形成了自治区主管部门指导监督，银川市委、市政府高度重视，市医保行政部门总抓，各县（市、区）医保部门牵头负责，各相关行业部门密切配合，全市各级定点医疗机构通力协作的示范市工作机制，强力推进“两病”门诊用药保障专项行动重点联系典型地区建设。

*广泛覆盖，宣传引导形成首府经验* 建立“线上线下”多层次宣传机制，不仅通过广播、电视及各种新媒体等进行线上政策宣传，还建立多种形式的线下宣传，通过召开政策解读会，确保各级经办中心工作人员熟悉政策；经办中心通过举办医疗机构培训班，面对面向医疗机构医护人员解读政策；医疗机构组织人员进村入户把医保政策送入群众家中。

*规范管理，关口前移推进医防融合* 通过全区医保信息系统与全市基层医疗机构HIS系统的有机融合，发挥基层医疗机构家庭医生综合性医防服务功能，提高“两病”筛查率，为“两病”患者提供早发现、早诊断、早治疗的健康管理，在对“两病”患者规范化管理的同时，将“两病”患者信息推送至医保信息平台，进行身份标识，针对不同人群、不同服务需求提供精准的健康管理服务。完善基层医疗卫生机构绩效考核机制，推动基层医疗卫生机构服务能力和质量持续提升，有效提高“两病”患者健康管理水平。

*简化流程，下沉审批权限零起付* 银川市全面取消全市二级及二级以下医疗机构“两病”门诊慢特病起付标准，一个医保年度内，个人累计自付政策范围内费用在起付标准以内按50%报销，起付标准以上按职工医保75%、居民医保60%报销。

*惠民集采，助力建立服务保障机制* 银川市政府将“两病”门诊用药保障专项行动列入2022年度民生“十心实事”，为满足群众就近用药需求，允许全市二级及以上医疗机构“两病”门诊处方下沉至基层医疗机构，并实现即时结算，畅通政策落地“最后一公里”。

**【主要成效】** *政策知晓率实现全覆盖，更多群众享受到惠民政策* 在开展“两病”门诊用药保障专项行动示范市创建活动中，政策设计时就将全市职工、城乡居民一并同步纳入，实现“两病”政策参保人员100%全覆盖，提高群众对糖尿病、高血压预防控制、待遇保障政策知晓率，更多群众享受到了惠民政策。

*基层医疗机构作用得到充分发挥，健康管理更加精准规范* 不断增强“两病”用药保障和慢病防治的有机融合，让基层卫生机构成为“两病”患者的健康守门人，使“两病”患者人人有家庭医生，人人用药有保障，真正做到病有所医、医有所保。着力提升“两病”患者规范化管理率，创新健康管理、用药保障全程可追溯式服务。截至2022年10月底，全市通过基层医疗机构HIS系统向医保信息系统推送规范化健康管理“两病”患者68901人，其中高血压患者52764人、糖尿病患者16137人。

*大胆突破，提高效率，群众就医负担切实减轻* 为推进“两病”门诊用药保障，凡符合“两病”诊断且需要用药治疗的患者，均可随时就近到基层医疗机构办理门诊慢特病资格认定，“让信息多跑路、让群众少跑路”。截至2022年10月底，全市“两病”当年医保待遇享受96.41万人次（含门诊大病、门诊统筹就医人次），当年降压药、降糖药总费用34073.57万元，降压药、降糖药实际报销比例达到60%，直接减轻群众就医负担20281.58万元。

更多质优价廉“两病”用药进入千家万户　实现“两病”药品医疗机构通过自治区药品采购平台自主采购，统一配送，按照药品“零差率”政策统一销售，在保障药品质量和销售价格的同时，确保“两病”患者开得出、用得上，为患病群众筑起坚实可靠的“防护墙”。

## 案例三：石嘴山市平罗县县域医共体医保支付有效衔接DIP改革

石嘴山市平罗县下辖7镇6乡，2019年，平罗县被自治区列为6个县域公立医院综合改革试点县区之一，将县内23家公立医疗卫生机构组建成卫生健康集团（现已更名为医疗健康总院，以下仍称“卫生健康集团”），实行人员、资金、业务、信息、绩效、药械“六统一”管理。医保部门对卫生健康集团按照“总额管理、结余留用”的原则，实行“打包付费”。2022年，为同步推进县域公立医院改革和石嘴山市DIP付费改革试点两项部署，平罗县根据自治区和石嘴山市相关文件要求，制订了《关于推行县域医共体医保支付方式改革与市级医保支付方式有效衔接的实施方案》，为推进县域医共体基本医保支付方式与石嘴山市DIP付费改革有效衔接探索新的支付方式。

**【主要做法】**　县域医共体支付方式改革　2019年，平罗县制订了《平罗县基本医疗保险支付方式改革实施方案》，年初按照前三年医保实际支出数额先打包给卫生健康集团，年底根据基金实际收入情况和实际参保人数，综合考虑增长因素，并根据集团完成的医保服务量和服务指标情况，由医保基金对年初打包总额进行适当调整。2021年，受新冠肺炎疫情影响，医保基金按以下标准与卫生健康集团进行结算：当卫生健康集团的实际发生费用小于等于打包费用的90%时，按照实际发生费用进行决算；当实际发生费用介于打包费用的90%~100%时，按照打包费用进行决算；实际发生费用大于打包费用但不超过10%时，超支的部分由医保基金负担50%；当实际发生费用大于打包费用并超过10%时，超支的部分由卫生健康集团全部负担。

有效衔接DIP改革　2022年，平罗县医疗保障局起草了《关于推行县域医共体医保支付方式改革与市级医保支付方式有效衔接的实施方案》，并经县委深化改革委员会审议通过，以平罗县委、县人民政府名义印发实施。在对卫生健康集团实行“打包付费”前提下，将条件成熟的承担住院职能的卫生健康集团成员单位纳入市级DIP付费改革。

**【主要成效】**　复合式医保付费模式基本建立　在县域内实现了以“打包付费”为主、按病种分值、按项目付费等相结合的付费方式；针对卫生健康集团采用打包付费和按病种分值付费相结合的“双控”方式，让基金的安全运行更加有保障。经过近三年运行，这种付费模式得到卫生健康集团和医疗机构的认可。

医保“新理念”逐步形成　在医疗保险基金管理上，针对卫生健康集团建立“打包付费、结余留用”的激励机制，提高医疗机构自我管理的积极性，促使医疗机构将医保基金从利润向成本控制转变、从规模扩张向内涵式发展转变。医疗机构和医务人员对医保基金的认识正在发生转变，由“要我控费”逐步向“我要控费”转变。

医保基金管理能力进一步提升　改革中，县医保部门并没有对卫生健康集团“打包付费”实行一打了之，而是持续加强对卫生健康集团成员单位的考核指导，重点确定“医保实际住院报销比例、住院自费项目费用占比、次均住院费用增长率、参保群众满意度”等考核指标，对指标进行量化考核，考核结果与集团年终结算相挂钩，提高医疗机构管理的积极性。同时，全程参与健康集团内部资金运行和医保基金规范使用，在确保群众享受优质高效医疗服务的基础上，医保基金的管理能力得到加强。

## 案例四：吴忠市深入推进“双通道”全面保障参保群众就医用药

国家医保谈判药品“双通道”(以下简称“双通道”)是指参保群众可选择定点医疗机构或定点零售药店两个渠道购买使用国家医保谈判药品，都可直接进行医保结算并享受相同的医保报销待遇。纳入“双通道”管理的国家医保谈判药品，涉及临床必需、疗效确切、价格昂贵、替代性不强、用药人群特定、治疗周期较长的275种药品。2022年6月，吴忠市率先启动“双通道”工作，优选8家医疗机构、48家零售药店为定点服务机构，市政府高度重视，强化措施，整体推进，国家谈判药品“双通道”管理工作走在全区前列，实现辖区所有县(市、区)全覆盖，取得阶段性成效。

**【主要做法】** 强化组织领导，健全工作机制 市政府将实现群众“双通道”购药作为重大民生工程，高度重视、加快推进，研究制订《吴忠市国家谈判药品“双通道”管理工作实施方案》，统筹5个县(市、区)同步开展。政府领导多次深入定点医疗机构、零售药店督导调研，了解工作进度，征求意见建议，指导解决问题，督促任务落实。积极协调自治区医保平台专家团队，对8家定点医疗机构和48家定点零售药店HIS管理系统进行升级改造，联通医保经办机构、医疗机构、零售药店，保证电子处方流转顺畅，实现网上电子结算，为“双通道”工作顺利推行打下坚实基础。

严格准入条件，优化经办服务 制订《国家谈判药品“双通道”管理评估方案》及《评估细则》，明确定点医院、零售药店及责任医师的达标条件，各县(市、区)经办机构分别成立“双通道”管理评估小组，综合考虑资质、信誉、冷链、运输、存储等能力，建立起以定点医疗机构为重点、定点零售药店为补充的“双通道”经办体系，保障重特大疾病患者用药需求。持续优化审批、审方、购药流程，减少不必要环节，实行审批、就医、购药“一站式”办结，让“信息多跑路、群众少跑腿”，解决服务群众“最后一公里”的问题。

细化保障措施，统一报销政策 对“双通道”药品费用单列支付和管理，医保基金据实结算，不纳入医疗机构医保基金预算总额，不进行药占比考核，充分调动医疗机构积极性。建立“双通道”工作群，定点医疗机构、零售药店及时沟通药品清单，明确药品备药率，确保满足参保患者用药需求。参保患者门诊使用国家谈判药品起付线500元/年，职工和居民分别按照75%和60%比例报销；参保患者住院使用国家谈判药品，不另设起付线，按照不同级别医疗机构的医保政策予以报销；参保患者通过“双通道”购买使用国家谈判药品，费用按国家谈判价格结算，定点医疗机构、零售药店不得加价使用和销售。

加强基金监管，确保运行安全 定点医疗机构建立国家谈判药品使用患者档案，严格实名管理，采集信息存档备查。定点医疗机构责任医师对患者用药进行审核，定点药店药师对患者身份和购药处方进行核对，确保“处方患者”和“用药患者”一致，防止弄虚作假、滥开处方、以药换药(物)等违规行为。强化“双通道”药品费用和基金支出监测，及时对比分析定点医药机构数据，分类做好报销人次、报销费用、报销比例等关键信息统计，发现疑似违规数据立即开展调查，依法查处违法违规行为。

加大宣传力度，扩大知晓范围 通过《吴忠日报》发专刊、微信公众号平台推送、印制政策宣传折页、向全市微信用户投放100万条朋友圈广告等方式，广泛宣传“双通道”的目的意义、经办流程、待遇保障、定点医疗机构和零售药店名单，扩大“双通道”政策的知晓范围。通过医疗机构、零售药店、经办窗口、服务网点面对面进行政策解答，及时回应社会关切，合理引导预期。邀请技术专家加强经办机构和定点医药机构相关人员培训，熟练掌握业务流程，精准办理相关业务，防止因工作失误让群众跑“冤枉路”，影响惠民政策落实效果。

**【主要成效】** 截至2022年底，全市478人次通过“双通道”系统报销医疗费用58.99万元。其中，39人次通过定点医疗机构报销费用5.85万元，

339人次通过定点零售药店报销费用53.14万元，涉及“司库奇优单抗注射液”“布地格福”等12种国谈药品。“双通道”工作还处于起步阶段，参保患者政策知晓率还不高，重特大疾病患者就医用药主要在医疗水平较高的三级医院，县级医院患者人数少，购药量较小。下一步，吴忠市医疗保障部门将在确保基金安全的前提下，进一步提升“双通道”保障能力，切实提高谈判药品可及性，不断增强群众的获得感、幸福感、安全感。

## 案例五：固原市做好DIP国家试点推动医保高质量发展

2020年10月，固原市被国家医疗保障局确定为全国DIP试点城市。试点工作开展以来，按照全市确定的“五个一”试点目标和国家医疗保障局DIP三年行动计划要求，在全市医保部门共同努力和医疗机构高效协同推进下，取得了初步成效，两次接受国家医疗保障局交叉评估并确定为优秀等次。

**【主要做法】** 强化组织领导，加强培训宣传　在市政府领导和自治区医疗保障局指导下，市医疗保障局加强与卫生健康、财政部门沟通，成立试点工作领导小组，确定了“五个一”试点目标。多次召开协调会、工作推进会等，就结算办法、预算编制、医疗管理等方面工作沟通协商达20余次，举办培训班和实地跟班学习20余次，通过各类新闻媒体宣传达10余次。高效的组织领导、全面的深层谋划、紧密的沟通配合、给力的培训宣传，确保固原市DIP试点高效规范有序推进。

扩大覆盖范围，加强基础建设　制订三年行动计划和示范医院建设方案，全力扩大DIP覆盖面。全市除1家精神康复医院外，其他所有医院全部纳入试点范围，实现医院全覆盖。除生育和精神康复费用外，其他所有病例全部按DIP结算，实现病种和基金全覆盖。坚持DIP系统边建设边应用，优化完善6项功能，不断满足付费要求。

健全制度机制，加强监督管理　先后制定DIP管理办法和运行制度20余项，从年度预算、费用结算、重点指标监测、超支合理分担、争议处理等15个方面做出规定，基本形成涵盖DIP政策、管理及经办各个方面全流程、闭环式管理体系，为全市推进DIP付费改革提供健全的政策依据，推动DIP付费改革在规范化、高效化轨道上运行。

做好运行分析，加强动态调整　建立DIP病种、分值及系数动态调整机制。召开全市DIP试点运行分析会，市医疗保障局点题，医院结合实际就试点如何适应DIP、加强病案管理、强化内部控制、DIP对医院收入的影响等问题进行专题分析。通过沟通协商、专家评审的方式，对全市210种病种分值倒挂、52种病种明显与实际不符、312个不合理病种系数等提出了调整意见，将基层病种由120种扩大至200种，将中医优势病种由25种扩大至50种，确保全市DIP更加规范合理运行。

**【主要成效】** 以DIP为牵引，推动经办管理上台阶　一是经办管理能力明显提升。医保经办有了抓手，医院普遍形成领导重视、医务人员主动学习、经办人员全力配合的浓厚氛围。特别是全市DIP支付方式改革下的结余留用机制，有效调动了医院参与改革的积极性。医院和医保部门DIP实际操作能力明显提高。二是医院病种入组率明显提高。截至2022年底，医院病种入组率由付费前模拟测算的80%提高至99.83%，质控问题数据和每月对账问题数据明显减少，医院基础管理水平大幅提升。三是费用和时间消耗指数下降。剔除其他因素影响，2022年，全市职工和居民医保次均费用较开展DIP付费前分别下降1.8%和2.7%，平均住院床日下降1天和1.5天，平均住院率下降2%和3%，报销比例提高3.5%和2.7%，医院病例组合指数由付费前的0.98提高至1.06，职工就医新增人员流向二级医院，参保人员就医获得感和体验感明显改善。

紧扣重点任务，推动医保高质量发展　一是突出分级诊疗落实，实现基金高效使用。确定120种病种为基层病种，实行二级及以上医院同病同质同治同价，引导分级诊疗实施。对25种中医优势病种给予系数加成，支持中医事业发展。对国家和自治区级重点临床专科病种给予系数加成，引导医院强化功能定位，打造优势科室。对开展三、四级手术的给予系数加成，推动医院不断提升医疗技术水平。建立DIP考核激励机制，每年单列预算基金5000万元，推动“三医联动”高质量发展。二是实施医保结算全额打包，探索医共体付费新模式。结合县域医共体各成员DIP清算额，普通门诊和门诊大病费用测算额确定总额，并打包给总院，实现县域医共体医保基金总额打包100%全覆盖。建立医保与医共体集体协商机制，出台医共体医保考核评价办法，将考核结果与医保基金总额拨付挂钩。探索了县域医共体医保支付方式改革与地级市DIP改革有效衔接的路子。三是三年行动提前实现，助力乡村振兴发展。固原市统一制定政策，一盘棋推进，实现全市所有医院、病种、基金全覆盖，提前两年完成国家三年行动计划。市政府下发医防融合方案，推行医疗医保网格管理，整合公共卫生及一般诊疗费和家庭医生签约费，每年每人单列预算20元用于基层门诊大病管理，推进治病向防病转变。将目录外费用占比纳入协议管理，推行一站式结算，助力推进乡村振兴。

## 案例六：中卫市医保“统调办”三措并举实现“医、保、患”三方共赢

中卫市被确定为自治区级医保DIP（区域点数法总额预算和按病种分值付费）支付方式改革试点市以来，坚持以人民为中心，发挥大数据优势，探索建立功能完备、运行高效、数据统一、体系标准的医保支付方式与智能监管一体化管理系统，使医院、医保、患者“充分沟通、有效合作”，通过医保DIP支付方式改革，医保付费实现向“价值医保”转变，医疗机构内部管理效率明显提升，就诊流程进一步优化，诊疗行为走向规范，医疗费用不合理增长得到控制，医疗服务的可及性增强，患者就医负担减轻，“医、保、患”三方实现共赢。

**【主要做法】** 突出“统”，健全完善机制 成立中卫市DIP付费试点工作领导小组，下设材料起草与宣传培训组、病案质控与编码规范组、医保改革组、系统操作培训组、运行保障组、项目专家指导组6个具体工作专班，细化具体任务、明确工作目标。印发《中卫市开展基本医疗保险按区域点数法总额预算和按病种分值付费省级试点工作方案》，重点就加强医疗机构病案管理、建立完善DIP病种目录库、科学合理确定病种分值等11个方面进行系统部署，制订推进计划，明确了基线调查及数据采集分析等10项工作任务分工，形成任务书、时间表、施工图。坚持上下协同推进，发挥医保部门在DIP推进中的牵头抓总作用，主动与卫生健康、财政及医疗机构就实施方案制定和结算办法制定、病组分值库形成、预算编制、数据质控、模拟测算、如何加强医疗管理等进行反复沟通协商。加强与自治区医疗保障局、兄弟市和专家的联系对接，交流DIP原理、内涵和推进措施等，为中卫市DIP改革工作“量体裁衣”。加强培训，就DIP付费基本理论、工作原理、技术规范、实施路径、系统设置和实践经验、实际操作等方面，对全市各级医疗保障部门及医疗机构相关人员进行全面培训。截至2022年底，全市所有开展医保住院医疗费用结算的42家医疗机构（含自治区内7家三甲医疗机构）全部纳入中卫市DIP支付方式改革范围，医保部门“麻烦了自己，方便了患者”。

注重“调”，高效配置资源 聘请第三方服务公司，提取全市纳入DIP付费的所有医疗机构2019年至2021年病案数据。做好医疗保障信息业务编码工作，通过举办集中培训班、领导包片深入县（区）实地指导、微信群实时指导、不定期检查通报、组织约谈推进等有效督导方式，快速推进医疗机构DIP接口改造，全市15项医保信息业务编码贯标工作完成100%。根据国家DIP目录（1.0版）分组规则，对纳入DIP付费的所有医疗机构病例经系统分组器分组，专家组协商论证，以病例数15例为临界值，全市共确定核心病组1665组、综合病组786组、基层病种153组，并按照既定的分组方案计算修正确定各病组分值及对应级别医疗机构系数，施行基层病种同城同价，促进基层分级

诊疗,发挥了医保调节医疗服务行为、合理配置医疗资源、推进医保和医药服务高质量协同发展、减轻参保患者费用负担的作用。

加速"办",实现流程再造　制定《中卫市基本医疗保险区域点数法总额预算和按病种分值付费管理办法》,配套出台《中卫市基本医疗保险区域点数法总额预算和按病种分值付费(DIP)结算办法(试行)》《中卫市基本医疗保险区域点数法总额预算和按病种分值付费(DIP)医疗保障经办管理规程(试行)》等文件,从病种分组及分值管理、费用结算、监督管理等方面逐项进行明确,特别是在基层病种库的建立、实行结余留用最高限额管理、基层同病种同分值、绩效考核等方面作出规定,形成涵盖DIP政策、管理及经办各方面全流程、闭环式管理体系。根据DIP结算实际拨付需求,对原有支付方式与业财一体化的接口进行改造,完成接口联调,实现从分组付费中心获取数据到业财一体化全流程自行推送。截至2022年底,全市医保DIP支付方式病案上传率100%,如期实现实际付费。

**【主要成效】** 病案质量明显提升　与基准同期相比,病案数据质量提升较大,病案数据入组准确率由原来的93.33%提高到99.99%,病案入组准确率明显提高,病案数据质量明显提升。

建立帮扶共建机制　中卫市积极与固原市在DIP付费改革中结为友好同盟,做到信息互通、资源共享,实现相互促进、共同发展之效。

基金总额得到控制　实行区域总额控制,是中卫市医保制度改革的重要战略布局,打破了以往"分灶吃饭"的模式。按照"以收定支、收支平衡、略有结余"的原则,确定年度总额控制指标,倒逼医院加强管理、控制成本,促进医疗资源合理利用,确保医保制度健康、平稳、可持续发展。

# 新疆维吾尔自治区

## 工作综述

2022年，新疆维吾尔自治区医疗保障局深入学习宣传贯彻党的二十大精神，坚持“两个统筹”，贯彻落实“疫情要防住、经济要稳住、发展要安全”的重要要求，高质量完成全年目标任务。截至2022年底，全区基本医疗保险参保2064.04万人，其中，职工医疗保险参保507.62万人，居民医疗保险参保1556.41万人，参保率稳定在95%以上。基本医疗保险（含生育保险）基金总收入485.77亿元，总支出372.89亿元，累计结存849.66亿元。其中，职工医疗保险（含生育保险）基金总收入332.31亿元，总支出237.12亿元，累计结存696.56亿元；居民医疗保险基金总收入153.46亿元，总支出135.76亿元，累计结存153.11亿元。

**【稳预期、促经济，疫情防控和经济社会发展高效统筹】** 自治区医疗保障局压紧压实工作责任，充分发挥医保民生兜底功能，最大程度保护人民生命安全和身体健康，最大限度减少疫情对经济社会发展的影响，全力以赴坚决打赢疫情防控攻坚战。

*坚持预拨医保基金，落实“两个确保”* 自治区医疗保障局坚决贯彻落实党中央决策部署和自治区党委工作要求，围绕国家医疗保障局提出的确保患者不因费用问题影响就医、确保收治医院不因支付政策影响救治的“两个确保”要求，充分发挥医疗保障对疫情防控的支撑作用，切实做好新冠肺炎确诊患者医疗费用结算工作，及时向全区134家定点医疗机构提前拨付医保基金7.86亿元，有力保障患者救治。

*及时调整医保政策，切实减轻患者负担* 及时将国家卫生健康委《新型冠状病毒肺炎诊疗方案》覆盖的药品、医疗服务项目和治疗新药全部临时性纳入医保基金支付范围，出台特殊时期医保支付规定，将定点医疗机构诊断的新冠肺炎确诊患者、无症状感染者产生的救治费用全部纳入医保结算范围。为降低疫情防控期间尿毒症参保患者就医易感风险，提升医疗保障服务能力。9月28日，自治区医疗保障局会同新疆生产建设兵团医疗保障局印发《关于将家庭腹膜透析项目临时纳入自治区和兵团基本医疗保险支付范围的通知》，进一步减轻腹膜透析患者的经济负担。

*落实医保降费缓缴政策，助力企业复工复产* 贯彻落实国务院及自治区稳经济一揽子政策措施，确保中小微企业不因缴费政策影响参保人员正常享受医保待遇。落实减税降费政策，累计减征医疗保险费19.28亿元，9.52万家单位（企业）受益。自2022年7月起，对中小微企业、以单位方式参保的个体工商户缓缴3个月职工基本医疗保险单位缴费，共缓缴11.59亿元，11.01万家企业（单位）受益。

*做好新冠病毒疫苗费用保障，消除群众接种疫苗费用担忧* “钱等苗”让企业放心生产、采购机构放心采购、接种机构放心接种。配合自治区卫生健康委和疾控部门精准提高易感人群接种水平。调整核酸检测价格，单人单检（含检测试剂）每人次不超过16元，混合检测（含检测试剂）每人次不超过3.2元，核酸检测费用进一步降低。

*优化经办服务，提升群众医保服务满意度和获得感* 8月16日，自治区医疗保障局印发《关于做好自治区本级疫情防控期间医疗保障经办工作的通知》，拓宽便民服务渠道。大力推行“网上办”“码上办”“电话办”等非接触式不见面办理方式；

加强“便民办”，开通门诊特殊慢性病（恶性肿瘤、肾功能衰竭、器官移植）办理“绿色通道”；实施“长处方”报销政策，全力保障慢特病患者购药医保结算。

**【调政策、建机制，巩固拓展医保脱贫攻坚成果同乡村振兴有效衔接】** 优化调整农村低收入人口医疗救助资助参保政策　按照特困人员（含孤儿）、低保对象、农村易返贫致贫人口三类人群，分别制定困难群众参保资助政策。过渡期内对脱贫人口给予定额资助、实施渐退政策，并在地（州、市）范围统一定额资助标准。

健全重特大疾病医疗保险和救助制度　报请自治区人民政府审议并印发《关于健全重特大疾病医疗保险和救助制度的实施意见》，强化基本医保、大病保险、医疗救助综合保障，建立健全防范和化解因病致贫返贫长效机制。

完善医疗救助防贫减贫功能监测机制　依托农村低收入人口监测平台，做好因病返贫致贫风险监测，建立健全防范化解因病致贫的主动发现机制、动态监测机制、信息共享机制和精准帮扶机制。2022年，全区开展因病返贫致贫风险监测预警直接救助（一单式结算、手工结算）34.82万人，救助金额4.87亿元；依申请救助3.27万人，救助金额1.33亿元。

**【惠民生、促发展，群众医疗保障质量持续提升】** 稳步实施职工基本医疗保险门诊共济保障改革　贯彻落实《自治区职工基本医疗保险门诊共济保障实施办法》，优化医保经办管理服务，实现改革红利共享。3月18日，自治区医疗保障局会同自治区财政厅、卫生健康委印发《新疆维吾尔自治区本级职工基本医疗保险门诊共济保障实施细则》，明确职工基本医保个人账户支付范围、门诊共济保障内容、普通门诊统筹基金支付比例等内容，并于2022年4月1日起施行。截至2022年底，自治区本级和14个统筹地区全部落地实施职工基本医保门诊共济保障机制，待遇享受人数累计达869.60万人次，统筹基金支付5.44亿元。

全面落实女职工生育保险待遇，完善城乡居民生育医疗费用保障政策　落实三孩生育政策，凡参加生育保险的单位女职工，报销生育医疗费用并享受生育津贴。灵活就业人员住院分娩发生的符合规定的医疗费用，由职工基本医疗保险基金予以保障。

持续深化高血压、糖尿病（“两病”）门诊用药保障　扎实开展“两病”门诊用药重点联系典型地区活动，做好“两病”患者门诊用药保障。2022年，全区“两病”发生药品费用2.68亿元，医保基金支付1.68亿元，政策范围内报销比例达63.47%。

完善医保目录动态调整机制　将695种中药配方颗粒和44种医疗机构制剂调整纳入医保药品目录。实施定点医疗机构和定点零售药店“双通道”保障，全区“双通道”定点零售药店达132家，纳入“双通道”管理的药品160种，群众获取急需新药更加便利。截至2022年底，谈判药品在定点医疗机构和定点零售药店累计使用175.55万人次，总费用16.39亿元，医保基金支出13.15亿元。

严格落实待遇清单制度　按照《自治区贯彻落实医疗保障待遇清单制度三年行动实施方案（2021—2023年）》，妥善衔接、平稳过渡超出清单的存量政策。截至2022年底，全区所有统筹地区医保基本制度实现框架统一，71%的统筹地区完成清单外政策清理。

**【织密网、出重拳，医保基金安全态势不断巩固】** 持续提高基金监管法治化规范化水平　贯彻落实《医疗保障基金使用监督管理条例》《医疗保障行政处罚程序暂行规定》，明确基金监管执法事项12项，着力压缩行政执法弹性空间，强化制约监督。

建立举报奖励机制　3月21日，自治区医疗保障局印发《自治区医疗保障局医疗保障基金使用监督管理举报奖励工作细则》，持续强化社会监督作用，设立举报奖励专项基金，鼓励社会各界举报违法违规使用医疗保障基金的行为。

建立健全医保信用管理制度　4月29日，自治区医疗保障局印发《自治区医疗保障基金监管信用管理办法》，实行医保信用监管“红灰黑”三级名单管理制度，健全守信激励与失信惩戒机制，积极构建以信用为基础的新型监管机制。

深入推进打击欺诈骗保专项整治工作　健全完善全覆盖监督检查和飞行检查工作机制，联合公安及卫生健康部门持续开展打击欺诈骗保专项整治行动，坚决守好人民群众的“看病钱”“救命钱”。2022年，共对8893家定点医药机构实现检查全覆盖，处理违法违规医药机构4902家，暂停医保服务协议549家、解除医保服务协议54家、约谈告诫3753家、责令改正2799家；处罚和追回资金2.43亿元；举报奖励案例18例，奖励金额25976.91元，媒体通报案例633例。同时，不断优化行纪衔接、行刑衔接等“一案多查、联合惩处”机制。

**【勇创新、强治理，群众看病贵的问题有效缓解】**　集中带量采购提速扩面　坚持常态化制度化推进，积极参加国家和省际联盟集采，鼓励支持地(州、市)区域联盟集中采购试点工作，联合新疆生产建设兵团组建“南北中”三个区域联盟，强力挤出药品耗材虚高价格水分，显著降低群众药耗负担。4月28日，自治区医疗保障局印发《自治区“十四五”药品和医用耗材集中采购规划》，明确“十四五”期间全区医药集中采购改革任务。截至2022年底，全区已开展集采药品17批715种，耗材25批25类，其中已落地实施药品15批493种1083个中选药品，医用耗材11批11类，参与医疗机构1611家，累计节省医疗费用支出75亿元。

扎实推进医疗服务价格改革　落实自治区和新疆生产建设兵团新增医疗服务价格管理办法，2022年论证通过新增项目38项。3月31日，自治区医疗保障局会同自治区财政厅、市场监管局、卫生健康委，新疆生产建设兵团医疗保障局、财政局、市场监管局、卫生健康委，共同印发《关于印发〈新疆维吾尔自治区 新疆生产建设兵团医疗服务价格动态调整机制(试行)〉的通知》，围绕深化医药卫生体制改革目标，坚持“总量控制、结构调整、有升有降、逐步到位”的原则，建立与医药改革相适应、医保支付相结合、财政补助相衔接，突出技术劳务价值的医疗服务价格动态调整机制。明确自治区国家区域医疗中心综合改革试点医疗服务价格政策，支持各区域医疗中心健康发展。

常态化开展药品、耗材分类挂网采购　2月15日，自治区医疗保障局会同新疆生产建设兵团医疗保障局、自治区政务服务和公共资源交易中心印发《关于常态化开展药品和医用耗材阳光挂网及价格动态调整工作的通知》，全面联动全国省级平台最低挂网价，推动药品耗材分类挂网采购常态化、规范化、标准化，引导挂网公开透明，规范医疗机构线上采购行为。截至2022年底，2338家药品企业挂网产品2.6万个、平均降价20.88%；2091家医用耗材企业挂网产品210.2万个，年节约医疗费用16亿元。

**【强管理、促协同，医保基金使用绩效不断提升】**　促进兵地医保融合　自治区医疗保障局坚持目标导向、问题导向、结果导向，在对兵地医保和医疗机构充分调研基础上，与新疆生产建设兵团医疗保障局和兵地医疗专家开展多次研究论证，明确全区DRG/DIP付费改革布局，最大程度促进兵地医保发展融合。

稳步推进各项工作　制订《自治区DRG/DIP支付方式改革三年行动计划实施方案》等配套文件，以15项医保信息编码全面落地为基础，提高医保结算清单填写质量。DRG分组方案由1.0修订版调整到1.1版。确定自治区级DRG/DIP示范医院17家，强化试点医疗机构改革示范引领作用。

打造专业人才队伍　制定《自治区医保支付方式改革专业队伍建设三年培训计划》，明确自治区DRG/DIP专业人才队伍目标任务。培训形式以自治区集中与各地组织相结合、线上线下相结合为主，培训内容以理论与实操相结合、常规与专题培训相结合为主，授课人员以省内省外相结合、医保与医疗相结合为主，坚持干中学、学中干，持续开展培训工作。2022年，8个统筹地区进入DRG实际付费，实际付费的统筹地区累计达到12个（含区本级），统筹地区覆盖率达到80%；已付费和新增付费改革统筹地区医疗机构覆盖率、病种覆盖率、医保基金覆盖率分别达到73.4%、81.1%、78.8%。

**【优服务、提质效，群众办理医保更加便捷高效】** *提升经办服务质量* 落实医疗保障政务服务事项清单制度，规范28项医疗保障政务服务事项办理流程，全区医保政务服务事项窗口可办率达100%。持续推进医疗保障系统行风建设，完成自治区首批全国医疗保障基层服务示范点建设任务。大力推行医保经办信息化、智能化，全面整合线上线下服务手段，真正实现医保业务“一网通办”。截至2022年底，医保电子凭证累计激活超1617.3万人，累计结算超2382万笔，医保服务迈入“码时代”。

*加快信息化标准化建设* 健全标准化体系，统一医疗保障业务标准和技术标准。加快医保信息平台深化应用，全区各统筹地区至少有1家定点医疗机构开通医保移动支付，有力促进了互联网医疗创新业务场景建设。常态化开展医保数据安全风险监测和预警，信息平台安全体系防护科学性、实用性、可操作性得到有效提升。

*扩大门诊费用跨省直接结算* 所有统筹地区实现与全国30个省（自治区、直辖市）和新疆生产建设兵团跨省直接结算普通门诊及高血压、糖尿病等5个门诊慢特病相关治疗费用，开通门诊费用跨省直接结算联网定点医疗机构1640家、定点零售药店4446家。2022年，发生普通门诊、门诊慢特病费用跨省直接结算42.86万人次，医疗总费用1.42亿元，医保基金支付1.07亿元，平均报销比例达75.35%。

## 重要活动

1. **召开自治区医疗保障工作电视电话会议。** 2月17日，自治区人民政府召开自治区医疗保障工作电视电话会议。会议总结2021年医疗保障工作，分析研判医保改革发展形势，全面部署2022年工作任务。

2. **召开自治区打击欺诈骗保专项整治行动电视电话会议。** 4月27日，自治区医疗保障局联合自治区公安厅、卫生健康委召开2022年全区打击欺诈骗保专项整治行动电视电话会议。会议回顾总结2021年基金监管工作，分析研判当前基金监管面临的新形势、新挑战和新要求，部署2022年基金监管重点工作任务。

3. **首次开展全平台、全业务、不停服容灾切换演练。** 5月27日，自治区医疗保障局开展全区医保信息平台全面上线以来首次全平台、全业务、不停服容灾切换演练，实现数据零丢失、业务零中断、用户无感知，进一步加强自治区医保信息平台在面对突发情况下的高可用能力。

4. **召开2022年自治区医疗保障重点工作推进会。** 6月15日，自治区医疗保障局召开2022年自治区医疗保障重点工作推进会。会议坚持以人民为中心，着力解决医保领域群众关注的急难愁盼问题，更好发挥医疗保障服务改善民生的重要作用，回顾总结上半年医疗保障工作，研究部署下一步工作任务。

5. **召开自治区医疗保障基金监管工作业务培训班。** 7月5日至7日，2022年自治区医疗保障基金监管工作业务培训班在阿勒泰地区开班。培训旨在进一步加强自治区医保基金监管能力建设，提升全区医保基金监管依法行政水平，促进各地（州、市）交流分享基金监管工作经验，切实提升医保基金监管工作成效，持续开展打击欺诈骗保专项整治工作。

6. **召开自治区医疗保障信息化标准化现场推进会。** 7月7日至8日，自治区医疗保障信息化标准化现场推进会在阿克苏地区召开。会议总结全区医保信息化标准化工作取得的成绩，分析面临的问题与存在的挑战，提出今后全区医保信息化标准化建设工作要求。

7. **召开自治区医疗保障经办服务标准化规范化建设会议。** 7月25日，自治区医疗保障经办服务标准化规范化建设会议在昌吉州召开。会议要求不断推进全区医保经办服务标准化规范化建设,持续提升全区医保经办服务能力和水平。

## 典型案例

### 案例一:新疆构建常态化开展医疗服务价格改革新机制

医疗服务价格调整关系广大人民群众最关心最直接最现实的利益问题,也关系公立医疗机构和医疗事业的高质量发展。全区医疗服务价格改革坚持以人民健康为中心、以临床价值为导向、以医疗事业发展规律为遵循,建立健全适应经济社会发展、更好发挥政府作用、医疗机构充分参与、体现技术劳务价值的医疗服务价格形成机制,常态化开展新增项目价格评审,定期启动动态调整综合评估,稳步推进医疗服务价格改革。

**【主要做法】** 健全价格形成机制,动态调整医疗服务价格　一是坚持改革方向不动摇,建立动态调整新机制。建立每年评估一次的医疗服务价格动态调整机制,明确启动条件和约束条件,设定调价程序,按照“腾空间、调结构、控总量、保衔接”的原则,稳步推进医疗服务价格改革。二是聚焦短板弱项,正向引导医疗服务价格合理调整。优化医疗服务价格结构,优先调整重点扶持项目、诊疗技术和风险系数高、价格和成本偏离的项目,降低大型设备检查检验价格,支持儿科等薄弱学科和中医传承创新发展,充分体现医护人员技术劳务价值。三是突出大数据分析,强化风险点梳理。聚焦医保基金承受能力、患者费用负担及特殊敏感人群影响等指标,加强数据测算分析,提前做好风险控制,确保百姓负担不增加,基金风险可承受。

定期审评新增项目,支持临床创新发展　一是完善规则,加强培训。联合新疆生产建设兵团出台新增医疗服务价格项目管理办法,完善评审规程,细化评审规则。注重政策学习和经验积累,专项开展业务政策培训,统一认识,提升新增价格项目规范化科学化水平。二是定期受理,分批论证。坚持专家主导、实施分类评审,进一步畅通新增项目受理渠道,属地医保部门受理本地区医疗机构申报项目,自治区每季度定期开展一次项目评审,推进符合条件的新医疗技术及时进入临床使用。三是注重质量,宁缺毋滥。发挥公立医院专业优势,邀请一线专家充分参与,坚持高标准严要求,对新增项目评审做到严格把关、科学论证,对重大创新项目和援疆项目开辟“绿色通道”,保障患者及时获得更具临床价值的医疗服务。

**【主要成效】** 2022年,全区平稳有序推进医疗服务价格改革,不断完善医疗服务价格形成机制。常态化开展新增价格项目评审论证,受理100项新增医疗服务价格项目申请,通过专家论证38项,获批复33项,有力地支持了医疗技术的进步。启动价格动态调整评估,涉及价格项目343项,进一步理顺比价关系,实现动态调整医疗服务价格规范化。及时开展核酸检测成本调查测算,率先大幅下调核酸检测价格,全力服务疫情防控大局。支持国家综合改革试点,推动落实自治区国家区域医疗中心0~6岁儿童部分项目加收政策。医药价格改革的整体性、系统性、协同性进一步增强,有效地保障了人民群众获得高质量、有效率、能负担的医药服务。

### 案例二:乌鲁木齐市稳步推进长期护理保险制度试点

乌鲁木齐市持续深入推进长护险制度试点工作,在进一步明确参保和保障范围、持续健全多元化筹资机制、完善科学合理的待遇政策、健全待遇支付等相关标准及管理办法、创新管理和服务机制等方面,加大探索力度。

**【主要做法】** 完善政策框架　自2022年1月起,乌鲁木齐市长护险从保障范围、基金征缴、支付水平等方面都有所调整。在保障范围方面,在保障乌鲁木齐市职工重度失能人员的基础上,将乌鲁木齐市城乡居民重度失能人员纳入保障范围。

优化基金筹集结构　基金征缴主要通过单位和个人缴纳、财政补助等方式筹集,职工长护险年度筹资总额按照职工工资总额的0.2%进行筹资，用人单位和个人分别承担0.1%，居民筹资每人每年40元，财政补助标准每人每年不高于20元。提升待遇支付标准，支付最高标准由每人每月1862元提升至每人每月2160元。印发《乌鲁木齐市长期护理保险实施细则》等5个配套政策文件，为长护险政策调整提供了有力保障。

加强国家长护失能等级评估标准的实施应用　根据《国家医保局办公室 民政部办公厅关于印发〈长期护理失能等级评估标准（试行）〉的通知》要求，按照重度失能三个等级，出台《乌鲁木齐市长期护理保险实施细则》，及时修订印发《乌鲁木齐市长期护理保险失能评定细则》。

构建政策宣传矩阵　制订多形式、多角度、多渠道的立体式政策宣传方案，发送公益短信1860万条、印制并发放宣传材料（海报、三折页、政策问答、机构上门服务手册）3万余份、进行广播电台直播4场、在乌鲁木齐市医疗保障局微信公众号推送相关政策内容7篇，并且制作BRT公交车动画宣传片，在主流媒体进行报道宣传，及时、有效地向乌鲁木齐市广大参保群众宣传长期护理保险政策。

**【主要成效】** 2022年，乌鲁木齐市实施《长期护理失能等级评估标准（试行）》，评估参保人近1800人，从日常活动能力、认知能力、感知觉与沟通能力三方面精准定位失能人员。同比2021年，评估通过率增长约6%，全年待遇结算人次增长约29.25%，长护险待遇支出增长约26%，切实减轻了失能人员家庭的经济负担。

## 案例三：塔城地区常态化制度化推进药品和医用耗材集中带量采购改革

按照《关于组建“南北中区域联盟”开展医药集中采购工作的通知》要求，伊犁哈萨克自治州、塔城地区、阿勒泰地区、博尔塔拉蒙古自治州、克拉玛依市组成北部联盟，由塔城地区牵头，伊犁哈萨克自治州辅助，其他地区配合，联合开展药品和医用耗材集中采购工作。

该项工作于2022年11月11日启动，2022年12月18日全部结束，达到预期目的。其中，药品报名企业375家，申报549个品规，涉及生产企业369家，中选475个品规；医用耗材报名企业1988家，申报11万个品规，涉及生产企业2548家，中选9.16万个品规，中选产品涉及19大类，基本涵盖各级医疗机构使用的医用耗材。

**【主要做法】** 健全组织机构　先后召开北部联盟联席会及论证会8次，广泛征求医疗机构和专家意见，借鉴各地先进经验，集思广益，形成《2022年北部联盟药品、医用耗材（含检验试剂）议价和集中带量采购工作实施方案》，并成立了北部联盟药品和医用耗材领导小组。

遴选招标代理机构　北部联盟领导小组办公室委托招标代理机构在新疆政府采购网发布2022年新疆北部联盟药品和医用耗材集中议价采购项目招标公告。经现场演示、专家综合打分、采购网上公示等环节，最终签订委托代理协议，进入实施阶段。

确定集中议价采购目录及专家库　制定《关于2022年北部联盟药品和医用耗材集中议价采购目录》《2022年北部联盟药品和医用耗材集中议价采购专家库》。根据各医疗机构上报情况，及时组织联盟区域地州不同医学领域专家23名，对集中议价采购目录进行审定，审定过程全程录像。审核完成后，专家对集中议价采购目录进行签字确认。

开展网上报名审核工作　药品和医用耗材集中议价采购文件经自治区医疗保障局审核备案后，及时在新疆医保服务平台、新疆生产建设兵团药品和耗材招采管理系统，北部联盟各地州医疗保障局网站或微信公众号，以及招标代理公司网站上发布招标公告，并在信用中国网站进一步查询核实申报企业上传的相关资质。报名成功的企业在申报系统中根据集中议价采购目录进行网上产品申报，并由招标代理公司再次进行资质审核。审核合格的产品根据自治区阳光挂网价格和北部联盟联动价格进行限价处理。

网上报价、远程评标议价　完成限价的申报企业，在网上设置各自加密密码进行网上报价，解密成功企业进入评标议价环节。依据申报产品类别，从专家库中分类别抽取五个地州（市）专家（含兵团医疗机构）组成评标组，同时五个地州（市）医疗保障局派一名观察员到指定点报到，所有参与人员实行全封闭管理。召开行署分管领导参加的评标启动会，提出相关要求。评标专家通过电话与申报企业进行谈判，整个评标议价全程录像以备查。

网上公示　中选结果在中国政府采购网等相关网站进行公示。公示期内针对部分申报企业提出的申诉，再次组织相关专家进行二次审定。同时，不断加强舆情监测和引导，让整个集中议价过程有序推进，达到让医疗机构、申报企业都满意的双赢效果。

**【主要成效】**　对比自治区招采平台阳光挂网价，药品组平均降幅6.34%，单品最高降幅达到63.5%；按照北部联盟地州（市）各级医疗机构中选药品上年度2亿元的采购量，预估本次集采在年度内将节约医保基金1380万元。

普通医用卫生材料、消毒及放射类等耗材组平均降幅19.5%，单品最高降幅90.5%。外科、麻醉科及透析类等耗材组平均降幅15.7%，单品最高降幅85.5%。神经外科、心脏介入、泌尿、骨科等类耗材组平均降幅11.2%，单品最高降幅90.7%。

检验试剂组平均降幅23.3%，单品最高降幅78.9%。按照北部联盟地州（市）各级医疗机构中选医用耗材（含检验试剂）上年度20.7亿元采购量，本次集采在年度内节约医保资金约3.6亿元。

## 案例四：阿克苏地区提高基层医保经办水平，打通服务群众“最后一公里”

阿克苏地区医疗保障局不断推动政务服务网上办理、协同办理，积极拓展医保掌上办理事项，进一步提升便民服务能力，推进医保政务服务“跨省通办”，推动医保经办服务向基层延伸。

**【主要做法】**　转变作风、提升能力，加强权力监督　一是强化队伍建设。建立《阿克苏地区医保局医疗保障服务中心管理制度（试行）》《阿克苏地区医保局医疗保障服务中心窗口AB岗制度》等，严格规范医保中心工作人员服务行为，严明纪律，采取考核奖惩办法对医保中心工作人员进行严格管理。二是抓实学习培训。立足岗位练兵、轮岗培训，以比促练、以练促用，提升干部业务能力。针对个别县（市）医保经办能力较弱的问题，组织县（市）经办工作人员轮流进行跟班学习，进一步提升经办人员的业务素质。三是推进行风监督。制定和完善工作人员岗位规范、业务经办纪律，梳理医保中心业务风险点13项，评估风险等级，细化防控措施。设立“意见箱”，公布投诉电话。结合医疗保障领域行风专项整治工作，建立健全服务质量监督机制。开展社会满意度评价，加强对权力运行和服务质量的监督，打造一支忠诚、干净、担当的医保队伍。

简化程序、规范流程，方便办事群众　一是精简材料。全面清理医疗保险对外办理事项证明材料，将证明事项改为承诺事项，取消各类证明10项。二是优化窗口。实行前台综合受理、后台分类办理，增强办事集中度，将参保登记、异地就医、生育费用报销、零星医疗费报销等业务窗口整合为“一窗受理”，实行“一号申请、一窗收件、一站办结”，实现医保业务“一窗通办”。三是简化流程。简化经办流程，压缩办事周期，将医疗费零星报销等事项的办结时间缩短至15个工作日以内，将重大疾病特殊慢性病鉴定的办结时间由20个工作日缩短为5个工作日，办理时限压缩75%，有效缓解了患者购药时间延长、医疗费用垫付周期长等问题。

多措并举、优化服务，提升经办能力　一是突出服务标识。注重引导服务，统一视觉标识，着力打造可视化经办窗口，窗口指引牌、人员岗位牌、政策宣传栏、业务受理单、经办服务手册、便民服务卡、柜台腰际线等统一使用国家规范的医疗保障标识，视觉效果整齐划一，提升了医保公共服务的公众认知度。二是提升服务效率。不断改进经办管理服务手段,创新服务提供方式,鼓励支持医院、银行参与医保经办服务,按照“六统一”标准建设医保服务窗口,扎实推进“放管服”改革和“事权下放”,实现全地区各族群众都能在家门口办理业务。截至2022年12月,“医保+银行”服务网点设置达58家,可办理医保业务20项;“医保+医院”设置达41家,可办理医保业务26项。三是实现服务事项全面下沉。拓展“医保服务圈”半径,推行医保业务“就近办”“跨省通办”“跨地区通办”“同城通办”。围绕完善组织机构、充实经办力量、明晰职能职责、规范经办服务等方面,在村(社区)设立医保经办窗口,配备社会事务协理员,将城乡居民参保登记、刷卡缴费,参保居民信息变更登记、查询4项业务下放至乡镇(村),实现即时办理。

**【主要成效】** 通过阿克苏地区医疗保障服务中心与自治区、各县市级经办机构互授系统权限的方式,已实现13项业务“跨省通办”、9项业务“跨地区通办”“同城通办”。不断规范业务流程,对表对标28项医保政务事项清单,研究制定办事指南、业务流程图、业务受理单、便民服务卡,实现18项高频事项“7×24小时”网上办、掌上办。

## 案例五:喀什地区织密医保基金安全防护体系

喀什地区医保部门坚持把严厉打击欺诈骗保工作放在重要位置,始终坚持“零容忍”态度,强监管、出重拳,筑牢监管“安全网”,构建“不敢骗”机制。

**【主要做法】** 围绕盯得紧、管得住的原则,开创全方位监管工作新格局 一是成立由行署分管领导任组长,医保、卫生健康、公安等多部门参与的打击欺诈骗保专项治理工作领导小组,形成工作合力。二是加强社会监督,全地区共聘请154名由人大代表、政协委员等组成的社会监督员,对定点医药机构实行“医保部门+社会监督员”的“双监督”模式。三是加大曝光力度,2022年媒体曝光典型案例192起。

始终保持打击欺诈骗保高压态势,多措并举,筑牢医保基金安全防线 一是常态化组织定点医药机构开展自查自纠,全地区719家定点医药机构自查自纠完成率达100%,主动退回违规资金2445.81万元。二是地县两级医保部门对定点医药机构开展全覆盖现场监督检查,共追回违规资金1117.8万元。三是在县市全覆盖现场检查的基础上,按照20%的比例,通过系统大数据分析,有针对性地对县市定点医药机构进行抽查复查,追回违规资金2131万元。四是落实智能监控制度,全年通过智能审核追回违规资金85.95万元。

注重正面宣传引导,加强培训,切实提高医务人员对维护医保基金安全重要性的认识 一是深入开展集中宣传月活动,宣传活动进经办机构13个、定点医药机构671家、机关事业单位487个、乡镇和村1787个,累计宣传4326场次,印发各类宣传材料38000余份。动员各级医保部门、定点医药机构和乡镇悬挂横幅标语1164条、制作展示栏433个。二是针对现场检查、抽查复查中发现的非主观因素造成的共性问题,深刻剖析原因,对定点医药机构点对点开展培训,避免此类问题再次发生,切实增强行业自律意识。2022年共开展培训26场次,培训4700余人。

**【主要成效】** 2022年,喀什地区共检查定点医药机构719家,处理违法违规医药机构661家,占被检查机构的91.93%;暂停服务协议52家、解除服务协议7家、行政罚款32家、移交纪委监委26家、约谈告诫612家、通报批评552家、拒付/追回资金380家、限期整改595家,共处罚和追回违规资金5780.56万元。

## 案例六:昌吉州着力提升医保公共服务能力

昌吉州医疗保障局以医保标准化规范化建设为抓手,致力于转职能、转方式、转作风,不断健全经办服务体系,提升医保公共服务能力。

**【主要做法】** 从“事事进大厅”到“小事不出村”,不断推进服务下沉基层 积极推动医保经办服务体系建设，全面建成州—县（市）—乡镇（街道）—村（社区）四级联动、城乡一体、全面覆盖的医保公共服务网络。借助银行网点、基层医疗服务机构，补齐基层医保公共管理服务能力短板，全面推进“15分钟医保服务圈”建设，提高医保经办管理服务可及性。目前，可直接办理11项高频事项，实现参保群众足不出村就能办好医保事务。

从“最多跑一次”到“一次都不跑”，积极提供线上服务渠道　不断推行医保经办服务窗口“综合柜员制”“一次性告知制”“首问负责制”“限时办结制”，服务事项实现“一窗受理、一单办结”。严格执行医疗保障经办政务服务事项清单，在实现服务事项“六统一”“四最”的基础上，运用现代信息化手段，对城乡居民参保登记等21项个人业务事项开通线上办理渠道，实现单位业务“足不出户”就可办理。为更加便捷群众使用线上办事渠道，还将群众关注度高的10项事项纳入政务服务“一网通办”事项。

从问不到政策到“一号响应”问不倒政策，畅通医保咨询服务渠道　随着人民群众对医疗保障的关注度越来越高，参保人对医保制度政策咨询和医保服务办理的需求也在不断增加。昌吉州医疗保障局将医保服务热线与群众熟知的政务服务便民热线“12345”合并，征集梳理出121个高频问题，完善咨询服务知识库和问答手册，不定期开展培训指导，确保“热线打得通、政策答得清”。

**【主要成效】**　通过不断规范业务流程、完善事项清单、优化办事指南，经办网点拓展至235个，线上日均办理量达到500余件，全年解答群众政策咨询5200余次，让群众得到看得见、摸得着的实惠。

## 案例七：和田地区多措并举实现应保尽保惠民生

和田地区医疗保障局强化措施，落实责任，把参保扩面工作作为一项“德政工程”“民心工程”抓紧抓好抓实。

**【主要做法】**　继续巩固和扩大医疗保险覆盖面　完善断保、漏保接续政策，确保户籍人口应保尽保，避免漏保导致医疗保障不到位问题。实行参保动态管理，及时将灵活就业和新业态从业人员全部纳入医疗保障范围，做好城乡居民参保和职工参保待遇保障接续不断档。做好新生儿参保工作，新生儿在出生三个月内由村（社区）负责督促完成缴费参保，期间享受城乡居民基本医疗保险待遇。

强化各级主体责任　加强医保、财政、税务、乡村振兴、民政、残联等部门的协调配合。发挥税务部门信息管理的作用，畅通缴费渠道，实现职工和城乡居民基本医疗保险参保全覆盖。

优化调整城乡低收入群体医疗救助资助参保政策　对特困人员（含孤儿）、低保对象、防止返贫监测对象实施分类资助参保政策。过渡期内，对脱贫人口给予定额资助、实施渐退政策，地区统一定额资助标准，对特困人员（含孤儿）个人缴费部分给予全额补贴，对城乡低保对象、边缘易致贫户、突发严重困难户等，以及纳入防贫监测的脱贫人口给予定额补贴。2022年，全地区共资助110余万人参加基本医疗保险。

定期开展摸排比对，做实动态清零　通过自下而上和自上而下的双向核查比对，做到参保全覆盖。通过与公安、民政、乡村振兴、人社、残联、工会、税务等部门的数据共享比对，实现动态清零。

持续加强医保政策宣传　通过多媒体、多渠道、多形式、广覆盖的宣传方式，用身边人身边事宣传医保政策，增强群众自觉参保意识。

**【主要成效】**　兜住民生底线，稳步提高城乡居民基本医疗保险参保覆盖面，防止出现因病致贫返贫，基本实现“应保尽保不重保、全员参保不漏保、人口流动不断保”，群众参保意识和幸福感进一步提高。

# 新疆生产建设兵团

## 工作综述

2022年，新疆生产建设兵团医疗保障局贯彻落实党中央、国务院关于医疗保障工作的决策部署，持续深化兵团医疗保障制度改革，制度体系逐步完善，职工群众待遇水平稳步提升，基金运行安全可持续。截至2022年底，兵团基本医疗保险参保268.85万人，较上年同期增加3.71万人，综合参保覆盖率持续保持在98%以上。基本医疗保险（含生育保险）基金收入84.39亿元，支出60.28亿元，累计结存114.55亿元。其中，职工医保基金（含生育保险）累计结存96.09亿元；居民医保基金累计结存18.46亿元。

**【不断完善医保制度体系】** *实现职工基本医疗保险兵团级统筹* 11月，以兵团办公厅名义印发《关于建立兵团职工基本医疗保险调剂金制度的实施意见》，建立分级负责、责任共担的兵团职工基本医疗保险调剂金制度，提高职工医保基金统筹层次，更好地发挥互助共济功能，标志着兵团职工基本医疗保险进入调剂金模式的省级统筹阶段。

*实施职工医保门诊共济保障制度* 以兵团办公厅名义印发《兵团职工基本医疗保险门诊共济保障实施办法》，1月1日起全面实施职工医保门诊共济保障制度，改革个人账户，将普通门诊纳入保障范围。2022年全兵团职工医保普通门诊统筹累计结算286.7万人次，基金支付2.99亿元，政策范围内报销比例达到54.9%，兵团职工门诊医疗费用负担有效减轻。

*健全重特大疾病医疗保险和救助制度* 6月，以兵团办公厅名义印发《兵团关于健全重特大疾病医疗保险和救助制度的实施意见》，进一步明确医疗救助对象范围，提高医疗救助水平，强化基本医保、大病保险、医疗救助三重制度保障，防范化解因病致贫返贫长效机制进一步健全。

*完善基本医保门诊慢特病和居民高血压、糖尿病门诊用药保障政策* 将城乡居民高血压、糖尿病参保患者整体纳入保障范围，参保患者不再进行“两病”门诊用药保障资格申请和审核。将布鲁氏菌病、耐多药结核病、包虫病等地方常见病纳入门诊慢特病保障范围，门诊慢特病病种达到37种。2022年，居民医保“两病”政策累计覆盖8.34万人、累计待遇享受人数1.52万人，政策范围内报销比例达57%。

**【医疗保障待遇逐步提高】** 兵团居民基本医疗保险人均财政补助和人均缴费标准，分别达到每人每年610元和350元。对特困人员、孤儿参加居民基本医疗保险给予全额资助，对低保救助对象、低保边缘家庭中的未成年人和60周岁以上人员及五年过渡期内纳入监测范围的易返贫致贫人口定额资助标准由50%提高至60%，困难群众参保率实现100%。

**【严格执行国家药品目录】** 1月1日起，全面执行2021年版国家药品目录，并将自行增补药品中非民族药的305个品种全部调出医保支付范围。全年新增39种药品纳入“双通道”目录，将160种特殊药品实行“三定”及“双通道”管理。动态更新特药“双通道”定点零售药店并在官网公示，截至2022年底，共有46家特药“双通道”药店，保证每个统筹区至少有一家特药药店，满足广大参保患者合理用药需求。持续做好275种国家医保谈判药品数据监测工作。截至2022年底，累计产生国家医保谈判药品费用3.04亿元，结算29万人次，报销金额2.62亿元，报销比例达86%。

**【深化医保支付方式改革】** 印发《兵团基本医疗保险总额控制下按疾病诊断相关分组（DRG）

付费结算管理办法》等系列配套文件，兵团15个统筹区在2022年底全部进入实际付费，实现统筹区全覆盖、相关病种全覆盖、兵团所属符合条件的二级及以上医疗机构全覆盖。

**【医保基金监管】** 制定印发《兵团医疗保障基金使用监督管理行政处罚裁量基准(试行)》，统一规范兵团医疗保障基金使用监管行政执法裁量尺度。制定印发《兵团医疗保障基金监管信用管理办法》，建立兵团医疗保障信用管理体系，健全守信激励与失信惩戒机制，引导监管对象增强自律意识。压实师市基金监管主体责任，连续3年将打击欺诈骗保工作作为师市经济社会发展绩效考核内容进行考核。对全兵团3347家定点医药机构进行全覆盖检查，处理违法违规医药机构1189家，主动曝光案件127件，解除定点服务协议13家，欺诈骗保案移送公安机关2例，追回违规基金7709.16万元。

**【疫情防控】** 全力保障新冠病毒疫苗及接种费用，5次下调核酸检测价格，财政负担明显降低。及时向定点医院结算费用，并提前预付医保基金。

**【药品与医用耗材集中采购】** 落实国家组织药品和医用耗材集中带量采购结果，参与省际联盟组织的药品和医用耗材集中带量采购，并会同新疆维吾尔自治区医疗保障局组建“南北中”区域医疗机构联盟，减轻群众看病购药负担。截至2022年底，集中带量采购505种药品和11类医用耗材，平均降幅分别达到62%和76.6%。同时，常态化开展药品、医用耗材阳光挂网工作。截至2022年底，共完成2510家企业2.35万个药品、2674家企业129.2万个医用耗材阳光挂网采购。

**【异地就医直接结算】** 长期居住人员可以在备案地和参保地双向享受医保待遇，将非急诊且未转诊的跨省临时外出就医人员医疗费用纳入保障范围。全面落实7项高频政务服务事项“跨省通办”、26项医保政务服务“全程网办”，异地结算率98%。

## 重要活动

1. **召开2022年医疗保障工作会议。**2月22日，召开兵团医疗保障工作会议，传达全国医疗保障工作会议精神，总结2021年兵团医疗保障工作，部署2022年医疗保障工作。

2. **召开兵团医疗保障系统党风廉政建设和反腐败工作会议。**3月30日，召开兵团医疗保障系统党风廉政建设和反腐败工作会议，学习传达全国医疗保障系统党风廉政建设和反腐败工作会议精神，总结2021年和部署2022年兵团医疗保障系统党风廉政建设和反腐败工作。

3. **开展打击欺诈骗保集中宣传月活动。**4月，在兵团范围内开展了以“织密基金监管网　共筑医保防护线”主题的集中宣传月活动。全兵团15个统筹区通过“现场+视频”的方式同步召开启动会，开展进经办大厅、进医院、进药店、进参保单位、进社区、进连队“6进”现场宣传，通过新媒体线上开设专题直播、医保知识竞答，循环展播宣传视频，持续营造了全社会关注、参与支持医保基金安全的良好氛围。

4. **全面推广智能监控系统应用。**5月，兵师两级医保部门协同推进智能监控系统应用，集中开展智能监控系统疑点数据审核工作，审核疑点数据11.85万条，查处违规金额980万元。

5. **兵团医疗保障信息平台建设工程项目竣工验收。**12月12—14日，按照兵团发展和改革委员会要求，组织专家组对新疆生产建设兵团医疗保障信息平台建设工程项目进行竣工验收，该项目已完成兵团发展和改革委员会批复的初步设计和合同约定的全部内容。

## 典型案例

### 案例一：第五师双河市增强职工医保互助共济功能

2022年，第五师双河市参加职工基本医疗保险人员6万余人，辖区定点零售药店137个，医疗机构37个，其中三级医疗机构2个，二级医疗机构

6个，一级医疗机构12个，诊所17个。为缓解职工群众就诊难题，减轻参保人员门诊负担，第五师医疗保障局积极落实职工基本医疗保险门诊共济保障政策，推动门诊保障由个人积累式保障向社会互助共济式保障模式转变，不断提高医保基金使用效率，逐步减轻参保人员医疗费用负担，稳步提升人民群众的获得感、幸福感、安全感。

**【主要做法】** 落实政策要求，推进稳步落地　针对第五师实际情况研究落实办法，成立工作专班，压实工作责任，建立月通报机制，切实抓好工作落实。一是2022年1月1日起，职工基本医疗保险参保人员在普通门诊发生的政策范围内医疗费用，可由职工医保统筹基金按比例给予支付。一个自然年度内，在职和退休职工在一、二、三级医疗机构门诊统筹起付标准第一次分别为20元、40元、80元，第二次及以后就诊起付线标准降至一半，门诊统筹单次最高支付限额分别为200元、400元、800元，年度最高支付限额3000元；在职职工普通门诊统筹基金在一、二、三级医疗机构的支付比例分别是政策范围内的75%、65%、55%，退休人员在此基础上提高5%。二是调整个人账户计入办法，单位缴费部分全部计入医保统筹基金，不再划入在职人员个人账户，退休人员实现定额每人每月80元划入，实现家庭共济使用，进一步减轻第五师参保职工普通门诊医疗费用负担。三是按照《关于进一步做好兵团定点零售药店纳入门诊统筹管理的通知》要求，明确申报条件、优化经办流程，及时将符合条件的第一批17家定点零售药店纳入门诊统筹服务定点机构。

提升服务效能，确保应享尽保　一是本地就医"全覆盖"。将第五师职工医保参保人员普通门诊费用纳入职工医保统筹基金支付范围，确保统筹区内所有职工医保参保人及时享受门诊报销待遇。二是异地就医"零距离"。拓宽异地就医备案申请渠道，实现异地就医备案在国家医保服务平台和"新疆兵团医保"App网上办。长期异地居住的患者，异地就医备案登记后，在异地就医发生的普通门诊用药费用，通过异地就医平台直接联网结算相关费用，实现"网上办理、一站式服务、实时结算"的智能化经办服务模式，真正做到"信息多跑路、患者少跑腿"，确保不漏一人，应享尽享。

加强药品供给，便民即时结算　一是落地惠民"集采药"。鼓励第五师医共体充分配备国家集采中选药品，通过集采药品降价，让参保患者"吃得起药"。二是缓解患者"购药难"。督促基层医疗机构储备普通门诊常用药品，第五师辖区11家一级医疗机构和1家二级医疗机构备药率达100%，让参保患者"吃得上药"。三是均衡布局"用药便"。在第五师定点医院基础上，进一步扩宽门诊统筹服务机构，将辖区内17家诊所、6家兵地互放医保定点医疗机构纳入职工普通门诊可报销医疗机构，全部实现门诊联网即时结算，确保参保人员快捷便利用药。

健全监管机制，确保基金安全　一是强化日常监管，持续开展专项治理。持续强化监督管理工作，严惩违规行为，坚持监督检查全覆盖。二是加大依法行政力度，强化智能审核监控。借助大数据等手段，实行"事前资格审查、事中结算审核、事后稽核检查"的全流程监管，加大对过度诊疗、超量开药、重复开药、串换药品等违法违规和违反医保服务协议行为的监管力度，杜绝超范围用药等不规范诊疗行为。三是联合博尔塔拉蒙古自治州医保、卫生健康、市场监督等部门进行联合监管。坚决打击贩卖门诊医保药品的欺诈骗保行为，确保医保基金安全。四是建立年度考核机制。将门诊用药保障工作纳入医共体年度考核，量化考核指标。五是拓宽社会监督渠道。通过组建执法队伍、聘请社会义务监督员等方式强化基金监管，维护基金安全。

加强宣传引导，政策家喻户晓　持续加大社会宣传力度，灵活宣传手段，多措并举拓展宣传渠道。一是"线上"+"线下"齐发力。开展"政策往下沉，服务送上门"活动，走进基层连队、社区、集市、活动中心等区域召开政策解读和宣传培训会，通过列举实例面对面帮老百姓算好"明白账"；在微信公众号、新闻媒体、医保经办大厅、定点医疗机构开设专栏进行讲解宣传，切实打通政策宣讲“最后一公里”。二是传统媒体与新媒体相结合。依托五师双河市官网、微信公众号发布职工基本医疗保险门诊共济保障政策告知书、政策图解等形式多样的宣传内容，利用抖音新媒体开展5场直播活动，与近1万人在线互动交流，切实提高参保人政策知晓度和受益面。

**【主要成效】** 释放医保改革红利，共享医保改革成果。通过上述举措，第五师医疗保障局落实普通门诊统筹政策，原有制度短板得以补齐，门诊待遇得以提高，参保人的门诊医疗负担减轻。截至2022年底，1200余人办理个人账户共济备案手续，个人账户共济支付达30余万元；通过门诊统筹结算的职工已达279282人次，政策范围内报销比例达56.85%。

## 案例二：第十一师零距离保障“两病”患者

2022年，第十一师坚持以人民为中心的理念，进一步方便“两病”患者就医、购药、报销，不断提升患者的获得感、幸福感、安全感。

**【主要做法】** 宣传推广进万家，服务群众零距离 根据第十一师居民居住分散、医保政策集中宣传不易全覆盖的实际情况，制作便民服务联系卡，卡面右上角印有医疗保险标志，正面介绍服务事项，背面印有社保中心医保大厅、待遇支付、监督举报电话，切实让群众办事少跑路，以便民联系卡打通服务群众“最后一公里”。同时，成立医保宣传小分队以线上+线下的方式深入社区和医院，加大“两病”宣传力度。2022年，完成现场宣传10余次，线上宣讲5次，专题宣传2次，上门服务16次，QQ、微信工作群政策宣传7次，电话宣传5次，印制宣传海报、问答手册、宣传折页200余份，发放便民联系卡16000张。

问卷调查知民情，提升服务聚民心 为了解老年群体运用智能技术办理医保的情况，精心设计调查问卷，线上通过微信公众号发布问卷内容，线下赴老年人聚居的社区、家属院组织开展调查问卷活动，深入了解老年群体对“两病”、医保电子凭证、基金监管等医保工作的知晓程度、服务满意度及对医保工作的建议等事项。此次问卷调查活动为期8天，共收回问卷116份，经过对数据的分析研判，参保人员对社保服务的总体评价较高，政策知晓率为78.45%，满意度高达94.9%。

提升服务优质量，跑出医保加速度 牢固树立“细微之处见真情，服务之中树形象”的理念，紧扣工作实际，不断拓展服务渠道，丰富服务内容，推行“陪同办、上门办、电话办、就近办”等便民服务，落实服务窗口建设标准，服务设施完备，绿色通道、应急服务畅通，推行预约服务、延时服务、上门服务等便民服务。主动与师属医院建立“两病”按月申报机制，医保工作人员定期对已认定的“两病”人员进行电话、入户走访，了解用药保障情况。

**【主要成效】** 搭建服务群众“新桥梁” 首创便民服务联系卡，此项举措获得兵团医疗保障局的肯定，并在全兵团推广使用，便民服务联系卡分发至各企业、工程项目部、各社区，拉近了干部与群众之间的距离，架起一道干群联系的空中桥梁，保证参保群众人手一张便民联系卡，有问题能第一时间打电话点对点解决“两病”保障工作中的问题。

创建服务群众“新模式” 通过开展“两病”上门认定、“两病”防治政策宣传、“两病”门诊支援送药上门服务等活动，力争让“两病”政策在家家户户落地生根，确保居民“两病”患者应保尽保、应纳尽纳，2022年居民“两病”登记和待遇享受人数较上年显著增加。

打通服务群众“最后一公里” 建立医保服务站点，以最经济高效的方式，实现医保服务直接下沉到基层站点。医保服务站点在“家门口”为职工群众办理“两病”认定和用药、政策咨询等各类医保服务事项，社区居民尤其是老年人深感医保服务的温暖和方便，真正实现参保群众“大事少跑腿，小事不跑腿”。

## 案例三：第十三师新星市筑牢医保基金安全基石

第十三师新星市医疗保障局始终把维护医疗保障基金安全作为首要政治任务，夯实监管基础，创新监管方式，持续打击欺诈骗保，全面提升基金监管水平。

**【主要做法】** 建立执法队伍，厘清监管职责　一是成立法制规划科，承接行政监管、行政执法与法制审核工作，委托医保经办机构行使行政执法职能。二是充实执法力量，通过聘请法律顾问指导行政执法实践、定期组织依法行政培训，以“有案必办”为准则，严格落实行政执法责任。现有执法人员13名，其中法制审核人员1名。三是厘清监管职责，理顺医保行政监管与经办协议管理的关系，推进工作衔接。建立健全经办机构内部控制制度，定期聘请第三方机构对经办机构内控风险进行评估，强化内部管理，防止“灯下黑”。

规范行政执法，提升办案水平　严格遵循职权法定、公平公正、程序正当的原则，落实执法“三项制度”，加强行政执法裁量权基准应用，保障执法公平公正、阳光运行。在查处某定点药店协助他人冒名购药倒卖药品骗取医保基金一案中，抓住五个关键环节，提升行政监管水平，磨砺办案人员应对和处置能力。一是线索发现。日常经办稽核中，发现参保人员存在远程扫码购买大额药品的可疑线索，考虑可能存在医保违规套现，遂将线索移送行政部门。二是立案调查。行政执法人员通过向涉事人员询问、查实证据、调取监控等方式，固定当事人参与远程套现的关键证据，并对执法全过程进行记录，以涉嫌协助冒名购药为案由，予以行政立案。三是证据固定。立案后，进一步深入展开对涉案人员的情况核实，考虑违法手段隐蔽，取证难度大。第十三师新星市医疗保障局第一时间委托相关师市医疗保障局协助调查，取得参保人参与套现证据，在大量证据支撑下，对该药店关键涉案人员展开问询、制作笔录，证实违法行为主观性，确定冒名开具虚假处方形成证据闭环。四是充分保障当事人合法权利。依该药店法人申请举行听证会，由局领导主持，办案人员、当事人及律师共同参与，现场公布本案书证、物证、视听资料等证据，当事人对证据表示认可。行政部门充分听取当事人陈述申辩意见，形成听证报告。五是作出处罚决定。经听取当事人陈述申辩意见，综合考量当事人存在从轻减轻处罚情形，依据裁量基准给予该药店0.5倍行政处罚，制作、送达行政文书，结果执行到位，并依法进行公开。该案件被评为2022年全国医保基金监管执法优秀案例。

创新监管方式，提升治理效能　一是大数据监管。通过“大数据分析+现场核查”新模式，利用智能监控系统，全方位对医保违规行为进行筛查，促进事前、事中、事后全环节监管，发挥前哨探头作用，让医保基金在玻璃房中运行，让大数据监管成为基金安全探照灯。二是综合监管。应用“双随机、一公开”平台与市场监督、卫生健康、民政、审计、纪检等部门开展联合执法，握指成拳提升基金监管整体水平。三是社会监督。建立社会监督员制度，邀请新闻媒体参与统筹区内监督检查，发布打击欺诈骗保成果及典型案件，依照相关规定对举报人予以奖励，促进群众和社会各方积极参与监督。

**【主要成效】** 医疗保障治理能力明显提升　一是形成不敢骗的震慑环境。2022年违规查处率34%，呈逐年下降趋势。全年共处理违规定点医药机构77家，其中，暂停医保服务协议6家，约谈32家，通报批评1家，行政处罚1家。追回医保基金累计273.38万元，行政处罚1.28万元。二是持续做好智能监管。完成审核疑点数据8331条，确认违规数据2593条，追回违规金额39.22万元。三是加大曝光力度。公开曝光各类医保违规典型案例6起，充分发挥依法监管的震慑效应。师市医疗保障局通过建立以定点医药机构自查、日常巡查、专项督查、第三方协查、借助上级飞行检查、不定期回头看为主的“六位一体”医保基金监管模式，推动基金监管法治化、专业化、规范化、常态化，坚决守好人民群众的“保命钱”“救命钱”。

# 法规政策、重要文件

# 一、中共中央、国务院文件

# 国务院办公厅关于印发“十四五”中医药发展规划的通知

(国办发〔2022〕5号)

各省、自治区、直辖市人民政府,国务院各部委、各直属机构:

《“十四五”中医药发展规划》已经国务院同意,现印发给你们,请认真贯彻执行。

国务院办公厅

2022年3月3日

## “十四五”中医药发展规划

为贯彻落实党中央、国务院关于中医药工作的决策部署,明确“十四五”时期中医药发展目标任务和重点措施,依据《中华人民共和国国民经济和社会发展第十四个五年规划和2035年远景目标纲要》,制定本规划。

### 一、规划背景

“十三五”期间,中医药发展顶层设计加快完善,政策环境持续优化,支持力度不断加大。2017年,中医药法施行。2019年,中共中央、国务院印发《关于促进中医药传承创新发展的意见》,国务院召开全国中医药大会。中医药服务体系进一步健全,截至2020年底,全国中医医院达到5482家,每千人口公立中医医院床位数达到0.68张,每千人口卫生机构中医类别执业(助理)医师数达到0.48人,99%的社区卫生服务中心、98%的乡镇卫生院、90.6%的社区卫生服务站、74.5%的村卫生室能够提供中医药服务,设置中医临床科室的二级以上公立综合医院占比达到86.75%,备案中医诊所达到2.6万家。中医药传承发展能力不断增强,中医药防控心脑血管疾病、糖尿病等重大慢病及重大传染性疾病临床研究取得积极进展,屠呦呦研究员获得国家最高科学技术奖,中医药人才培养体系持续完善,中成药和中药饮片产品标准化建设扎实推进,第四次全国中药资源普查基本完成,公民中医药健康文化素养水平达20.69%。中医药开放发展取得积极成效,已传播到196个国家和地区,中药类商品进出口贸易总额大幅增长。特别是新冠肺炎疫情发生以来,坚持中西医结合、中西药并用,中医药全面参与疫情防控救治,作出了重要贡献。

当前,全球新冠肺炎疫情仍处于大流行状态,新发传染病不断出现,我国慢性病发病率总体呈上升趋势,传统传染病防控形势仍然严峻。随着经济社会发展和生活水平提高,人民群众更加重视生命安全和健康质量,健康需求不断增长,并呈现多样化、差异化特点。有效应对多种健康挑战、更好满足人民群众健康需求,迫切需要加快推进中医药事业发展,更好发挥其在健康中国建设中的独特优势。同时也应看到,中医药发展不平衡不充分问题仍然突出,中医药优质医疗服务资源总体不足,基层中医药服务能力仍较薄弱,中西医协同作用发挥不够,中医药参与公共卫生和应急救治机制有待完善,传承创新能力有待持续增强,中药材质量良莠不齐,中医药特色人才培养质量仍需提升,符合中医药特点的政策体系需进一步健全。

**二、总体要求**

（一）指导思想。以习近平新时代中国特色社会主义思想为指导，深入贯彻党的十九大和十九届历次全会精神，统筹推进“五位一体”总体布局，协调推进“四个全面”战略布局，认真落实党中央、国务院决策部署，坚持稳中求进工作总基调，立足新发展阶段，完整、准确、全面贯彻新发展理念，构建新发展格局，坚持中西医并重，传承精华、守正创新，实施中医药振兴发展重大工程，补短板、强弱项、扬优势、激活力，推进中医药和现代科学相结合，推动中医药和西医药相互补充、协调发展，推进中医药现代化、产业化，推动中医药高质量发展和走向世界，为全面推进健康中国建设、更好保障人民健康提供有力支撑。

（二）基本原则。

坚持以人民为中心。把人民群众生命安全和身体健康放在第一位，加强服务体系和人才队伍建设，提升中医药服务能力，充分发挥中医药在治未病、重大疾病治疗、疾病康复中的重要作用，全方位全周期保障人民健康。

坚持遵循发展规律。正确把握继承与创新的关系，坚持中医药原创思维，坚持创造性转化、创新性发展，注重利用现代科学技术和方法，深入发掘中医药精华，在创新中形成新特色新优势，促进中医药特色发展。

坚持深化改革创新。破除体制机制和政策障碍，完善政策举措和评价标准体系，持续推进中医药领域改革创新，建立符合中医药特点的服务体系、服务模式、管理模式、人才培养模式，推动中医药事业和产业高质量发展。

坚持统筹协调推进。坚持中西医并重，提升中西医结合能力，促进优势互补，共同维护人民健康。统筹谋划推进中医药服务、人才、传承创新、产业、文化、开放发展、深化改革等工作，形成促进中医药事业发展的合力。

（三）发展目标。到2025年，中医药健康服务能力明显增强，中医药高质量发展政策和体系进一步完善，中医药振兴发展取得积极成效，在健康中国建设中的独特优势得到充分发挥。

——中医药服务体系进一步健全。融预防保健、疾病治疗和康复于一体的中医药服务体系逐步健全，中医药基层服务能力持续提升，中西医结合服务水平不断提高，中医药参与新发突发传染病防治和公共卫生事件应急处置能力显著增强。

——中医药特色人才建设加快推进。中医药教育改革深入推进，具有中医药特色的人才培养模式逐步完善，人才成长途径和队伍结构持续优化，队伍素质不断提升，基层中医药人才数量和质量进一步提高。

——中医药传承创新能力持续增强。中医药传承创新体系进一步健全，有利于传承创新的政策机制逐步完善，基础理论和重大疾病防治研究取得积极进展，临床与科研结合更为紧密，多学科融合创新持续推进。

——中医药产业和健康服务业高质量发展取得积极成效。中药材质量水平持续提升，供应保障能力逐步提高，中药注册管理不断优化，中药新药创制活力增强。中医药养生保健服务有序发展，中医药与相关业态持续融合发展。

——中医药文化大力弘扬。中医药文化产品和服务供给更为优质丰富，中医药博物馆事业加快发展，文化传播覆盖面进一步拓宽，公民中医药健康文化素养水平持续提高，中医药文化影响力进一步提升。

——中医药开放发展积极推进。中医药积极参与重大传染病防控国际合作，助力构建人类卫生健康共同体的作用更加显著。中医药高质量融入“一带一路”建设，国际交流不断深化，服务贸易积极发展。

——中医药治理水平进一步提升。中医药领域改革持续深化，遵循中医药发展规律的治理体系逐步完善，中医药信息化、综合统计、法治、监管等支撑保障不断加强，中医药治理水平持续提升。

主要发展指标

| 主要指标 | 2020年 | 2025年 | 指标性质 |
|---|---|---|---|
| 1. 中医医疗机构数(万个) | 7.23 | 9.50 | 预期性 |
| 2. 中医医院数(个) | 5482 | 6300 | 预期性 |
| 3. 每千人口公立中医医院床位数(张) | 0.68 | 0.85 | 预期性 |
| 4. 每千人口中医类别执业(助理)医师数(人) | 0.48 | 0.62 | 预期性 |
| 5. 每万人口中医类别全科医生数(人) | 0.66 | 0.79 | 预期性 |
| 6. 二级以上公立中医医院中医类别执业(助理)医师比例(%) | 51.58 | 60 | 预期性 |
| 7. 二级以上中医医院设置康复(医学)科的比例(%) | 59.43 | 70 | 预期性 |
| 8. 三级公立中医医院和中西医结合医院(不含中医专科医院)设置发热门诊的比例(%) | — | 100 | 约束性 |
| 9. 二级以上公立中医医院设置老年病科的比例(%) | 36.57 | 60 | 预期性 |
| 10. 县办中医医疗机构(医院、门诊部、诊所)覆盖率(%) | 85.86 | 100 | 预期性 |
| 11. 公立综合医院中医床位数(万张) | 6.75 | 8.43 | 预期性 |
| 12. 二级以上公立综合医院设置中医临床科室的比例(%) | 86.75 | 90 | 预期性 |
| 13. 二级妇幼保健院设置中医临床科室的比例(%) | 43.56 | 70 | 预期性 |
| 14. 社区卫生服务中心和乡镇卫生院设置中医馆的比例(%) | 81.29 | 力争到2022年全部设置 | 预期性 |
| 15. 公民中医药健康文化素养水平(%) | 20.69 | 25 | 预期性 |

注:1. 中医医疗机构包括中医医院(含中西医结合医院、少数民族医医院)、中医门诊部(含中西医结合门诊部、少数民族医门诊部)、中医诊所(含中西医结合诊所、少数民族医诊所)。

2. 二级以上公立中医医院中医类别执业(助理)医师比例统计范围不含中西医结合医院和少数民族医医院。

## 三、主要任务

(一)建设优质高效中医药服务体系。

1. 做强龙头中医医院。依托综合实力强、管理水平高的中医医院,建设一批国家中医医学中心,在疑难危重症诊断与治疗、高层次中医药人才培养、高水平研究与创新转化、解决重大公共卫生问题、现代医院管理、传统医学国际交流等方面代表全国一流水平。将全国高水平中医医院作为输出医院,推进国家区域医疗中心建设项目,在优质中医药资源短缺或患者转外就医多的省份设置分中心、分支机构,促进优质中医医疗资源扩容和均衡布局。

2. 做优骨干中医医院。加强各级各类中医医院建设,强化以中医药服务为主的办院模式和服务功能,规范科室设置,推进执行建设标准,补齐资源配置不平衡的短板,优化就医环境,持续改善基础设施条件。建设一批中医特色重点医院。提升地市级中医医院综合服务能力。支持中医医院牵头组建医疗联合体。

3. 做实基层中医药服务网络。实施基层中医药服务能力提升工程"十四五"行动计划,全面提升基层中医药在治未病、疾病治疗、康复、公共卫生、健康宣教等领域的服务能力。持续加强县办中医医疗机构建设,基本实现县办中医医疗机构全覆盖。加强基层医疗卫生机构中医药科室建设,力争实现全部社区卫生服务中心和乡镇卫生院设置中医馆、配备中医医师,100%的社区卫生服务站和80%以上的村卫生室能够提供中医药服务。实施名医堂工程,打造一批名医团队运营的精品中医机构。鼓励有资质的中医专业技术人员特别是名老中医开办中医诊所。鼓励有条件的中医诊所组建家庭医生团队开展签约服务。推动中医门诊部和诊所提升管理水平。

4．健全其他医疗机构中医药科室。强化综合医院、专科医院和妇幼保健机构中医临床科室、中药房建设，有条件的二级以上公立综合医院设立中医病区和中医综合治疗区。鼓励社会办医疗机构设置中医药科室。

| 专栏1　高质量中医药服务体系建设 |
| --- |
| 1．国家中医医学中心建设。依托综合实力强、管理水平高的中医医院建设国家中医医学中心，推动解决重大问题，引领国家中医学术发展方向。<br>2．国家区域医疗中心建设。将优质医疗资源富集地区的全国高水平中医医院作为输出医院，实施国家区域医疗中心建设项目，促进优质中医医疗资源均衡布局。<br>3．中医特色重点医院建设。以地市级中医医院为重点，建设130个左右中医特色突出、临床疗效显著、示范带动作用明显的中医特色重点医院。<br>4．县级中医医院建设。加强县级中医医院能力建设。支持脱贫地区、“三区三州”、原中央苏区、易地扶贫搬迁安置地区县级中医医院基础设施建设。<br>5．名医堂工程。按照品牌化、优质化、规范化、标准化的要求，分层级规划布局建设一批名医堂，创新机制，打造可推广、可复制、可持续的示范性名医堂运营模式。<br>6．基层中医馆建设。加强基层医疗卫生机构中医馆建设。鼓励有条件的地方完成15%的社区卫生服务中心和乡镇卫生院中医馆服务内涵建设；在10%的社区卫生服务站和村卫生室开展“中医阁”建设。 |

（二）提升中医药健康服务能力。

1．彰显中医药在健康服务中的特色优势。

提升疾病预防能力。实施中医药健康促进行动，推进中医治未病健康工程升级。开展儿童青少年近视、脊柱侧弯、肥胖等中医适宜技术防治。规范二级以上中医医院治未病科室建设。在各级妇幼保健机构推广中医治未病理念和方法。继续实施癌症中西医结合防治行动，加快构建癌症中医药防治网络。推广一批中医治未病干预方案，制定中西医结合的基层糖尿病、高血压防治指南。在国家基本公共卫生服务项目中优化中医药健康管理服务，鼓励家庭医生提供中医治未病签约服务。持续开展0—36个月儿童、65岁以上老年人等重点人群的中医药健康管理，逐步提高覆盖率。

增强疾病治疗能力。开展国家中医优势专科建设，以满足重大疑难疾病防治临床需求为导向，做优做强骨伤、肛肠、儿科、皮肤科、妇科、针灸、推拿及脾胃病、心脑血管病、肾病、肿瘤、周围血管病等中医优势专科专病，巩固扩大优势，带动特色发展。制定完善并推广实施一批中医优势病种诊疗方案和临床路径，逐步提高重大疑难疾病诊疗能力和疗效水平。加强中药药事管理，落实处方专项点评制度，促进合理使用中药。鼓励依托现有资源建设中医医疗技术中心，挖掘整理并推广应用安全有效的中医医疗技术。大力发展中医非药物疗法，充分发挥其在常见病、多发病和慢性病防治中的独特作用。加强护理人员中医药知识与技能培训，开展中医护理门诊试点。

强化特色康复能力。实施中医药康复服务能力提升工程。依托现有资源布局一批中医康复中心，二级以上中医医院加强康复（医学）科建设，康复医院全部设置传统康复治疗室，其他提供康复服务的医疗机构普遍能够提供中医药服务。探索有利于发挥中医药优势的康复服务模式。促进中医药、中华传统体育与现代康复技术融合，发展中国特色康复医学。针对心脑血管病、糖尿病、尘肺病等慢性病和伤残等，制定推广中医康复方案，推动研发中医康复器具。大力开展培训，推动中医康复技术进社区、进家庭、进机构。

| 专栏2　中医药服务“扬优强弱补短”建设 |
| --- |
| 1．国家中医优势专科建设。建设一批国家中医优势专科，强化设备配置，优化完善中医诊疗方案，提升中医临床疗效。<br>2．地市级中医医院综合服务能力提升。推动地市级中医医院加强专科和中医综合治疗区建设，全面提升医院综合服务能力。 |

3. 基层中医药服务能力提升。推动县级中医医院加强特色优势专科建设，将县级中医医院建设成县域中医适宜技术推广中心。实施对口支援提升项目，提高被支援单位综合诊疗能力。加强三级中医医院对口帮扶国家乡村振兴重点帮扶县中医医院工作，推动30万人口以上国家乡村振兴重点帮扶县的中医医院达到二级甲等水平。开展国家中医医疗队巡回医疗。

4. 中医治未病服务能力建设。针对重点人群和重大疾病，制定并推广20个中医治未病干预方案。

5. 重点人群中医药健康促进项目。开展儿童青少年近视防治中医适宜技术试点，推广运用中医适宜技术干预儿童青少年近视。依托现有资源，推动省级老年人中医药健康中心建设，推广应用老年期常见疾病中医诊疗方案和技术。针对妇女围绝经期、孕育调养、产后康复、亚健康状态和儿童生长发育、脊柱侧弯、肥胖等，开展中医药适宜技术和方法试点。

6. 中医药康复服务能力提升工程。依托现有资源布局一批中医康复中心。加强中医医院康复（医学）科和康复医院中医科室建设。

2. 提升中医药参与新发突发传染病防治和公共卫生事件应急处置能力。

完善中医药参与应急管理的制度。在传染病防治法、突发公共卫生事件应对法等法律法规制修订中，研究纳入坚持中西医并重以及中西医结合、中西药并用、加强中医救治能力建设等相关内容，推动建立有效机制，促进中医药在新发突发传染病防治和公共卫生事件应急处置中发挥更大作用。

加强中医药应急救治能力建设。依托高水平三级甲等中医医院，建设覆盖所有省份的国家中医疫病防治基地，依托基地组建中医疫病防治队伍，提升中医紧急医学救援能力。三级公立中医医院和中西医结合医院（不含中医专科医院）全部设置发热门诊，加强感染性疾病、急诊、重症、呼吸、检验等相关科室建设，提升服务能力。

强化中医药应急救治支撑保障。加强中医药应急科研平台建设，合理布局生物安全三级水平实验室。加大国家中医药应对重大公共卫生事件和疫病防治骨干人才培养力度，形成人员充足、结构合理、动态调整的人才库，提高中医药公共卫生应急和重症救治能力。完善中药应急物资保障供应机制。

**专栏3　中医药应急服务能力建设**

1. 国家中医疫病防治基地建设。建设35个左右国家中医疫病防治基地，提升中医药应急服务能力。

2. 中医医院应急救治能力建设。推动三级中医医院提高感染性疾病科、呼吸科、重症医学科服务能力，建成生物安全二级以上水平实验室。二级中医医院设置感染性疾病科、急诊科、呼吸科等。开展人员培训，加强院感防控管理，按照要求配备管控人员，提升新发突发传染病防治和公共卫生事件应急处置能力。

3. 发展少数民族医药。加强少数民族医医疗机构建设，提高民族地区基层医疗卫生机构少数民族医药服务能力。改善少数民族医医院基础设施条件，加强少数民族医医院专科能力、制剂能力和信息化能力建设。建立符合少数民族医医疗机构自身特点和发展规律的绩效评价指标体系。加大少数民族医药防治重大疾病和优势病种研究力度，有效传承特色诊疗技术和方法。鼓励和扶持少数民族医药院校教育、师承教育和继续教育。加大对少数民族医药的传承保护力度，持续开展少数民族医药文献抢救整理工作，推动理论创新和技术创新。

**专栏4　少数民族医医院能力建设项目**

少数民族医医院能力建设。推动建设一批少数民族医重点专科，提高少数民族医医院制剂能力。推动地市级以上少数民族医医院信息化能力建设。在部分少数民族医医院开展以双语电子病历为核心的信息化能力建设。

4. 提高中西医结合水平。

推动综合医院中西医协同发展。在综合医院推广“有机制、有团队、有措施、有成效”的中西医结合医疗模式，将中医纳入多学科会诊体系，加强中西医协作和协同攻关，制定实施“宜中则中、宜西则西”的中西医结合诊疗方案。将中西医协同发展工作纳入医院评审和公立医院绩效考核。推动三级综合医院全部设置中医临床科室，设立中医门诊和中医病床。打造一批中西医协同“旗舰”医院、“旗舰”科室，开展重大疑难疾病、传染病、慢性病等中西医联合攻关。

加强中西医结合医院服务能力建设。建立符合中西医结合医院特点和规律的绩效评价指标体系，修订中西医结合医院工作指南。加强中西医结合医院业务用房等基础设施建设，强化设备配置。开展中西医结合学科和专科建设，促进中西医联合诊疗模式改革创新。

提升相关医疗机构中医药服务水平。引导专科医院、传染病医院、妇幼保健机构规范建设中医临床科室、中药房，普遍开展中医药服务，创新中医药服务模式，加强相关领域中医优势专科建设。优化妇幼中医药服务网络，提升妇女儿童中医药预防保健和疾病诊疗服务能力。

| 专栏5　中西医结合能力提升项目 |
|---|
| 1. 中西医协同“旗舰”医院、“旗舰”科室建设。支持建设50个左右中西医协同“旗舰”医院，建设一批中西医协同“旗舰”科室，加强基础设施建设和设备配置。<br>2. 中西医临床协作能力建设。持续开展中西医临床协作，围绕重大疑难疾病、传染病和慢性病等进行中西医联合攻关，逐步建立中西医结合临床疗效评价标准，遴选形成优势病种目录，形成100个左右中西医结合诊疗方案或专家共识。 |

5. 优化中医医疗服务模式。完善以病人为中心的服务功能，优化服务流程和方式，总结推广中医综合诊疗模式、多专业一体化诊疗模式和集预防、治疗、康复于一体的全链条服务模式。推进智慧医疗、智慧服务、智慧管理“三位一体”的智慧中医医院建设。建设中医互联网医院，发展远程医疗和互联网诊疗。持续推进“互联网+医疗健康”、“五个一”服务行动。构建覆盖诊前、诊中、诊后的线上线下一体化中医医疗服务模式，让患者享有更加便捷、高效的中医药服务。

（三）建设高素质中医药人才队伍。

1. 深化中医药院校教育改革。深化医教协同，进一步推动中医药教育改革与高质量发展。建立以中医药课程为主线、先中后西的中医药类专业课程体系，优化专业设置、课程设置和教材组织，增设中医疫病课程，增加经典课程内容，开展中医药经典能力等级考试。强化中医思维培养，建立早跟师、早临床学习制度，将师承教育贯穿临床实践教学全过程。加大对省（部）局共建中医药院校改革发展的支持力度，推动建设100个左右中医药类一流本科专业建设点。加强中医临床教学能力建设，提升高校附属医院和中医医师规范化培训基地教学能力。实施卓越中医药师资培训计划。依托现有资源，支持建设一批中医药高水平高等职业学校和专业（群）。

2. 强化中医药特色人才队伍建设。实施中医药特色人才培养工程（岐黄工程）。打造岐黄学者品牌，持续开展岐黄学者培养、全国中医临床优秀人才研修等项目，做强领军人才、优秀人才、骨干人才梯次衔接的高层次人才队伍。建设一批高水平中医药重点学科。构建符合中医药特点的人才培养模式，发展中医药师承教育，建立高年资中医医师带徒制度，与职称评审、评优评先等挂钩，持续推进全国名老中医药专家传承工作室、全国基层名老中医药专家传承工作室建设。将综合医院、妇幼保健院等医疗机构中医药人才纳入各类中医药人才培养项目。按照“下得去、留得住、用得上”的要求，加强基层中医药人才队伍建设，根据需求合理确定中医专业农村订单定向免费培养医学生规模，在全科医生特岗计划中积极招收中医医师。推广中医药人员“县管乡用”，探索推进轮岗制与职称评审相衔接。适当放宽长期服务基层的中医医师职称晋升条件，表彰奖励评优向基层一线和艰苦地区倾斜，引导中医药人才向基层流动。

3．完善落实西医学习中医制度。开展九年制中西医结合教育试点。增加临床医学类专业中医药课程学时，将中医药课程列为本科临床医学类专业必修课和毕业实习内容，在临床类别医师资格考试中增加中医知识。落实允许攻读中医专业学位的临床医学类专业学生参加中西医结合医师资格考试和中医医师规范化培训的政策要求。在高职临床医学类专业中开设中医基础与适宜技术必修课程。临床、口腔、公共卫生类别医师接受必要的中医药继续教育，综合医院对临床医师开展中医药专业知识轮训，使其具备本科室专业领域的常规中医诊疗能力。加强中西医结合学科建设，培育一批中西医结合多学科交叉创新团队。实施西医学习中医人才专项，培养一批中西医结合人才。

**专栏6　中医药特色人才培养工程(岐黄工程)**

1．高层次人才计划。

“国医大师”和“全国名中医”表彰奖励项目。表彰30名国医大师和100名全国名中医。

中医药领军人才支持项目。遴选50名岐黄学者和200名青年岐黄学者，遴选组建10个左右国家中医药多学科交叉创新团队和一批国家中医药传承创新团队。

中医药优秀人才研修项目。培养1200名中医临床、少数民族医药、西医学习中医等优秀人才。

中医药骨干人才培养项目。持续开展全国老中医药专家学术经验继承工作，遴选指导老师，培养一批继承人。为二级以上中医医疗机构培养一批骨干师资及中药、护理、康复、管理等骨干人才。支持一批中医医师开展规范化培训。

综合医院中医药高层次人才支持项目。面向省级以上综合医院、妇幼保健院等医疗机构，开展西医学习中医高级人才培养和全国老中医药专家学术经验继承工作，建设一批传承工作室，培养一批中医药骨干人才。

2．基层人才计划。

基层中医药人才培训项目。招录一定数量的中医专业农村订单定向免费培养医学生。支持一批中医类别全科医生开展规范化培训、转岗培训。支持一批中医医师开展中医助理全科医生培训。为中医馆培训一批骨干人才。

革命老区等中医药人才振兴项目。在革命老区、国家乡村振兴重点帮扶县等地区，加大中医专业农村订单定向免费培养医学生支持力度；支持建设一批全国基层名老中医药专家传承工作室。

3．人才平台建设计划。

高水平中医药重点学科建设项目。重点建设一批中医基础类、经典类、疫病防治类、中药类和多学科交叉重点学科，加强学科内涵建设，培养一批学科团队和学科带头人。

中医临床教学基地能力建设。支持一批中医医师规范化培训基地加强培训能力建设，遴选若干个标准化规范化培训实践技能考核基地。

传承工作室建设。新增建设一批国医大师、全国名中医及全国名老中医药专家传承工作室。新增建设一批全国基层名老中医药专家传承工作室，覆盖二级以上中医医院，启动建设一批老药工传承工作室。

(四)建设高水平中医药传承保护与科技创新体系。

1．加强中医药传承保护。实施中医药古籍文献和特色技术传承专项，编纂出版《中华医藏》，建立国家中医药古籍和传统知识数字图书馆。加强对名老中医学术经验、老药工传统技艺等的活态传承，支持中医学术流派发展。推动出台中医药传统知识保护条例，建立中医药传统知识数据库、保护名录和保护制度。

2．加强重点领域攻关。在科技创新2030—重大项目、重点研发计划等国家科技计划中加大对中医药科技创新的支持力度。深化中医原创理论、中药作用机理等重大科学问题研究。开展中医药防治重大、难治、罕见疾病和新发突发传染病等诊疗规律与临床研究。加强中医药临床疗效评价研究。加强开展基于古代经典名方、名老中医经验方、有效成分或组分等的中药新药研发。支持儿童用中成药创新研发。推动设立中医药关键技术装备项目。

3．建设高层次科技平台。依托现有资源，建设一批国家级中医药研究平台，研究布局全国重点实验室、国家临床医学研究中心、国家工程研究中心和国家技术创新中心;推进国家中医药传承创新中心、国家中医临床研究基地和中国中医药循证医学中心建设。发挥中国中医科学院“国家队”作用,实施中医药科技创新工程。

4. 促进科技成果转化。建设一批中医药科技成果孵化转化基地。支持中医医院与企业、科研机构、高等院校等加强协作、共享资源。鼓励高等院校、科研院所、医疗机构建立专业化技术转移机构,在成果转化收益分配、团队组建等方面赋予科研单位和科研人员更大自主权。

**专栏7 国家中医药传承创新平台工程**

1. 培育和建设国家重大科技创新平台。

全国重点实验室。支持在中医理论、中药资源、中药创新、中医药疗效评价等重要领域方向建设多学科交叉融合的全国重点实验室或全国重点实验室培育基地。

国家临床医学研究中心。围绕心血管疾病、神经系统疾病、恶性肿瘤、代谢性疾病等重大慢性病,妇科、骨伤、免疫等优势病种,以及针灸、其他非药物疗法等特色疗法,建设一批中医类国家临床医学研究中心及其协同创新网络。

深化建设国家工程研究中心。对已建的中医药国家工程研究中心和国家工程实验室明确功能定位,优化运行,符合条件的纳入国家工程研究中心序列管理。围绕制约中医药发展的关键技术和核心装备,在中医药标准化、中医药临床疗效与安全性评价、中药质量控制等方向深化研究。

培育国家技术创新中心。围绕中药现代化重大共性技术突破、产品研发和成果转化应用示范,培育建设一批中医药国家技术创新中心。

2. 国家中医药传承创新中心。建设30个左右国家中医药传承创新中心。

3. 做大做强中国中医科学院专项工程。实施中国中医科学院中医药科技创新工程,做强一批在国内外有影响力的优势学科,加强科技创新平台建设,打造成为中医药科技创新核心基地和创新人才高地。

4. 国家中医药局重点实验室。优化整合国家中医药局重点研究室、三级实验室,建设一批国家中医药局重点实验室,形成相关领域关键科学问题研究链。

5. 中医药活态传承工程。开展当代名老中医药专家学术经验、技术方法和临证方药挖掘整理和应用推广。开展老药工鉴定、炮制、制药技术传承。开展民间中医药技术方法整理和利用。开展中医理论、技术、方法原态保护和存续。

6. 中医药科技研究项目。实施中医药现代化研究重点专项,开展中医药循证评价研究,推进中医药理论创新。开展经典名方类中药复方制剂研发、应用。推动设立中医药关键技术装备项目。

(五)推动中药产业高质量发展。

1. 加强中药资源保护与利用。支持珍稀濒危中药材人工繁育。公布实施中药材种子管理办法。制定中药材采收、产地加工、野生抚育及仿野生栽培技术规范和标准。完成第四次全国中药资源普查,建立全国中药资源共享数据集和实物库,并利用实物样本建立中药材质量数据库,编纂中国中药资源大典。

2. 加强道地药材生产管理。制定发布全国道地药材目录,构建中药材良种繁育体系。加强道地药材良种繁育基地和生产基地建设,鼓励利用山地、林地推行中药材生态种植,优化生产区域布局和产品结构,开展道地药材产地和品质快速检测技术研发,集成创新、示范推广一批以稳定提升中药材质量为目标的绿色生产技术和种植模式,制定技术规范,形成全国道地药材生产技术服务网络,加强对道地药材的地理标志保护,培育一批道地药材知名品牌。

3. 提升中药产业发展水平。健全中药材种植养殖、仓储、物流、初加工规范标准体系。鼓励中药材产业化、商品化和适度规模化发展,推进中药材规范化种植、养殖。鼓励创建以中药材为主的优势特色产业集群和以中药材为主导的农业产业强镇。制定实施全国中药饮片炮制规范,继续推进中药炮制技术传承基地建设,探索将具有独特炮制方法的中药饮片纳入中药品种保护范围。加强中药材第三方质量检测平台建设。研究推进中药材、中药饮片信息化追溯体系建设,强化多部门协同监管。加快中药制造业数字化、网络化、智能化建设，加强技术集成和工艺创新，提升中药装备制造水平，加速中药生产工艺、流程的标准化和现代化。

4. 加强中药安全监管。提升药品检验机构的中药质量评价能力，建立健全中药质量全链条安全监管机制，建设中药外源性有害残留物监测体系。加强中药饮片源头监管，严厉打击生产销售假劣中药饮片、中成药等违法违规行为。建立中成药监测、预警、应急、召回、撤市、淘汰的风险管理长效机制。加强中药说明书和标签管理，提升说明书临床使用指导效果。

**专栏8 中药质量提升工程**

1. 全国中药资源普查成果转化。完善全国中药资源普查数据库及中药资源动态监测数据，建设重点区域常态化管理机制。

2. 中药材种质资源保护和发展。支持国家药用植物种质资源库建设。加强道地药材良种繁育基地建设。

3. 中药材规范化种植提升行动。加快中药材品种培优、品质提升、品牌打造和标准化生产，集成推广中药材标准化种植模式。开展适宜品种林下种植示范研究，形成生态种植技术体系。建设一批道地药材标准化生产基地。

4. 中药智能制造提升行动。研发中药材种植、采收、产地加工装备，中药饮片自动化、智能化生产装备，以及中成药共性技术环节数字化、网络化生产装备，提高中药生产智能化水平。

（六）发展中医药健康服务业。

1. 促进和规范中医药养生保健服务发展。促进中医健康状态辨识与评估、咨询指导、健康干预、健康管理等服务规范开展。推广太极拳、八段锦等中医药养生保健方法和中华传统体育项目，推动形成体医结合的健康服务模式。鼓励中医医疗机构为中医养生保健机构提供技术支持，支持中医医师依照规定提供服务。

2. 发展中医药老年健康服务。强化中医药与养老服务衔接，推进中医药老年健康服务向农村、社区、家庭下沉。逐步在二级以上中医医院设置老年病科，增加老年病床数量，开展老年病、慢性病防治和康复护理。推动二级以上中医医院与养老机构合作共建，鼓励有条件的中医医院开展社区和居家中医药老年健康服务。鼓励中医医师加入老年医学科工作团队和家庭医生签约团队，鼓励中医医师在养老机构提供保健咨询和调理服务。推动养老机构开展中医特色老年健康管理服务。在全国医养结合示范项目中培育一批具有中医药特色的医养结合示范机构，在医养结合机构推广中医药适宜技术。

3. 拓展中医药健康旅游市场。鼓励地方结合本地区中医药资源特色，开发更多体验性强、参与度高的中医药健康旅游线路和旅游产品，吸引境内外消费者。完善中医药健康旅游相关标准体系，推动中医药健康旅游高质量发展。

4. 丰富中医药健康产品供给。以保健食品、特殊医学用途配方食品、功能性化妆品、日化产品为重点，研发中医药健康产品。鼓励围绕中医养生保健、诊疗与康复，研制便于操作、适于家庭的健康检测、监测产品及自我保健、功能康复等器械。

（七）推动中医药文化繁荣发展。

1. 加强中医药文化研究和传播。深入挖掘中医药精华精髓，阐释中医药文化与中华优秀传统文化的内在联系。加强中医药学与相关领域协同创新研究。实施中医药文化传播行动，推动建设体验场馆，培育传播平台，丰富中医药文化产品和服务供给。推动中医药文化贯穿国民教育始终，进一步丰富中医药文化教育。加强中医药机构文化建设。加大对传统医药类非物质文化遗产代表性项目的保护传承力度。加强中医药科普专家队伍建设，推动中医医疗机构开展健康讲座等科普活动。建设中医药健康文化知识角。开展公民中医药健康文化素养水平监测。

2. 发展中医药博物馆事业。开展国家中医药博物馆基本建设，建成国家中医药数字博物馆。促进中医药博物馆体系建设，强化各级各类中医药博物馆收藏研究、社会教育、展览策划和文化服务功能,加强数字化建设,组织内容丰富的中医药专题展览。

3. 做大中医药文化产业。鼓励引导社会力量通过各种方式发展中医药文化产业。实施中医药文化精品行动,引导创作一批质量高、社会影响力大的中医药文化精品和创意产品。促进中医药与动漫游戏、旅游餐饮、体育演艺等融合发展。培育一批知名品牌和企业。

**专栏9　中医药文化弘扬工程及博物馆建设**

1. 中医药文化研究阐释。深入挖掘中医药精华精髓,做好研究阐释。编写若干种针对不同受众的中医药文化读物。

2. 中医药文化传播行动。广泛开展群众性中医药文化活动。充分依托地方现有资源,推动一批中医药文化体验场馆、中医药文化宣传教育基地达到国家级建设标准。推动开展中医药文化教育活动。持续开展公民中医药健康文化素养水平监测。

3. 中医药文化精品行动。扶持创作一批中医药文学、影视和网络视听优秀作品,支持制作一批中医药新媒体产品。

4. 国家中医药博物馆建设。开展国家中医药博物馆基本建设,打造中医药文化重要高地。建成国家中医药数字博物馆,建立中医药资源藏品信息数据库。开展各级中医药博物馆能力建设。

5. 中医药科普项目。推出一批中医药科普节目、栏目、读物及产品。建设中医药健康文化知识角。加强中医药文化科普巡讲专家队伍建设。推广中医药传统保健体育运动,举办全国中医药院校传统保健体育运动会。

(八)加快中医药开放发展。

1. 助力构建人类卫生健康共同体。积极参与全球卫生健康治理,推进中医药参与新冠肺炎等重大传染病防控国际合作,分享中医药防控疫情经验。在夯实传播应用基础上,推进中医药高质量融入"一带一路"建设,实施中医药国际合作专项,推动社会力量提升中医药海外中心、中医药国际合作基地建设质量,依托现有机构建设传统医学领域的国际临床试验注册平台。指导和鼓励社会资本设立中医药"一带一路"发展基金。推进在相关国家实施青蒿素控制疟疾项目。

2. 深化中医药交流合作。巩固拓展与有关国家的政府间中医药合作,加强相关政策法规、人员资质、产品注册、市场准入、质量监管等方面的交流。鼓励和支持有关中医药机构和团体以多种形式开展产学研用国际交流与合作。促进中医药文化海外传播与技术国际推广相结合。鼓励和支持社会力量采用市场化方式,与有合作潜力和意愿的国家共同建设一批友好中医医院、中医药产业园。加强与港澳台地区的中医药交流合作,建设粤港澳大湾区中医药高地,打造高水平中医医院、中医优势专科、人才培养基地和科技创新平台。

3. 扩大中医药国际贸易。大力发展中医药服务贸易,高质量建设国家中医药服务出口基地。推动中医药海外本土化发展,促进产业协作和国际贸易。鼓励发展"互联网+中医药贸易"。逐步完善中医药"走出去"相关措施,开展中医药海外市场政策研究,助力中医药企业"走出去"。推动中药类产品海外注册和应用。

**专栏10　中医药开放发展工程**

1. 中医药国际抗疫合作计划。组织中医药国际抗疫学术交流活动,举办中医药防控重大传染病等培训班,组建中医药国际抗疫合作专家团队,完善中医药国际疫情防控线上指导平台。

2. 中医药开放发展平台建设。在共建"一带一路"国家的重要节点城市,鼓励社会力量持续建设一批高质量中医药海外中心。依托国内中医药机构,拓展建设一批高质量中医药国际合作基地。鼓励和支持社会力量采用市场化方式,与有合作潜力和意愿的国家共同建设一批友好中医医院、中医药产业园。

3. 中医药国际影响力提升计划。扩大中医药学术期刊的国际影响力。在跨国科研合作计划中加大中医药参与力度。

4. 中医药国际贸易促进计划。高质量建设国家中医药服务出口基地，努力形成一批中医药服务知名品牌。建设中医药服务贸易统计体系。

5. 粤港澳大湾区中医药高地建设工程。支持粤港澳大湾区建设成为国际中医医疗先行区，建成多学科融合的科研平台，建立中医药人才协同培养机制。支持建设香港中医医院、粤澳合作中医药科技产业园，推进中医药产品创新研发。

(九)深化中医药领域改革。

1. 建立符合中医药特点的评价体系。建立完善科学合理的中医医疗机构、特色人才、临床疗效、科研成果等评价体系。健全公立中医医院绩效考核机制，常态化开展三级和二级公立中医医院绩效考核工作。完善各类中医临床教学基地标准和准入制度。建立完善符合中医药特点的人才评价体系，强化中医思维与临床能力考核，将会看病、看好病作为中医医师的主要评价内容。研究建立中医药人才表彰奖励制度。研究优化中医临床疗效评价体系，探索制定符合中医药规律的评价指标。通过同行评议、引进第三方评估等方式，完善有利于中医药创新的科研评价机制。

2. 健全现代医院管理制度。建立体现中医医院特点的现代医院管理制度，落实党委领导下的院长负责制，推动公立中医医院发展方式从规模扩张转向提质增效和中医内涵式特色发展，运行模式从粗放管理转向精细化管理，资源配置从注重物质要素转向更加注重人才技术要素。推进公立中医医院人事管理制度和薪酬分配制度改革，落实“两个允许”要求。落实公立中医医院总会计师制度。建立完善中医医疗质量管理与控制体系，推进中医病案质量控制中心和中药药事管理质控中心建设。完善中医医院院感防控体系。构建和谐医患关系，改善中医医务人员工作环境和条件，在全社会营造尊重中医的良好氛围。

3. 完善中医药价格和医保政策。建立以临床价值和技术劳务价值为主要依据、体现中医药特点的中医医疗服务卫生技术评估体系，优化中医医疗服务价格政策。在医疗服务价格动态调整中重点考虑中医医疗服务项目。医疗机构炮制使用的中药饮片、中药制剂实行自主定价，符合条件的按程序纳入基本医疗保险支付范围。改善市场竞争环境，引导形成以质量为导向的中药饮片市场价格机制。将符合条件的中医医疗服务项目和中药按程序纳入基本医疗保险支付范围。探索符合中医药特点的医保支付方式，遴选和发布中医优势病种，鼓励实行中西医同病同效同价。一般中医诊疗项目可继续按项目付费。继续深化中医药参与按床日付费、按人头付费等研究。支持保险公司、中医药机构合作开展健康管理服务，鼓励商业保险机构开发中医治未病等保险产品。

4. 改革完善中药注册管理。优化中药临床证据体系，建立中医药理论、人用经验和临床试验“三结合”的中药注册审评证据体系，积极探索建立中药真实世界研究证据体系。探索中药饮片备案、审批管理，优化医疗机构中药制剂注册管理。推进古代经典名方目录制定发布，加快收载方剂的关键信息考证。

5. 推进中医药领域综合改革。建设10个左右国家中医药综合改革示范区，鼓励在服务模式、产业发展、质量监管等方面先行先试，打造中医药事业和产业高质量发展高地。开展全国基层中医药工作示范市(县)创建工作。开展医疗、医保、医药联动促进中医药传承创新发展试点，发扬基层首创精神，完善更好发挥中医药特色优势的医改政策。

(十)强化中医药发展支撑保障。

1. 提升中医药信息化水平。依托现有资源持续推进国家和省级中医药数据中心建设。优化升级中医馆健康信息平台，扩大联通范围。落实医院信息化建设标准与规范要求，推进中医医院及中医馆健康信息平台规范接入全民健康信息平台。加强关键信息基础设施、数据应用服务的安全防护，增强自主可控技术应用。开展电子病历系统应用水平分级评价和医院信息互联互通标准化成熟度测评。鼓励中医辨证论治智能辅助诊疗系统等具有中医药特色的信息系统研发应用。

2. 建立国家中医药综合统计制度。逐步完善统计直报体系，建立与卫生健康统计信息共享机制。加强综合统计人才队伍建设，构建统一规范的国家中医药数据标准和资源目录体系，建设国家、省级中医药综合统计信息平台，建立统计数据定期发布机制，稳步推动数据资源共享开放。

3. 加强中医药法治建设。深入推进中医药法贯彻实施，完善中医药法相关配套制度。推动制修订相关法律法规和规章，加强对地方性法规建设的指导。进一步推进全国人大常委会中医药法执法检查报告及审议意见落实工作。建立不良执业记录制度，将提供中医药健康服务的机构及其人员诚信经营和执业情况依法依规纳入全国信用信息共享平台。强化中医药监督执法工作，健全长效机制，落实执法责任，加强人员培训，完善监督执法规范，全面提高中医药监督能力和水平。

4. 深化中医药军民融合发展。加强军地双方在中医药学科建设、科技创新、人才培养等方面的合作，完善工作机制和政策措施，畅通信息交流渠道，加快军事中医药学科全面建设与发展，提高军队中医药整体保障水平。

**专栏11　中医药支撑保障建设**

1. 基层中医药信息化能力提升项目。推动中医馆健康信息平台升级改造，扩大中医馆联通范围。以县级中医医院为重点，提升基层中医医疗机构信息化水平。

2. 中医药综合统计体系建设。依托现有机构建设国家、省级中医药综合统计平台，构建统一规范的国家中医药数据标准和资源目录体系，加强人才队伍建设，构建中医药综合统计体系。

3. 新兴信息技术与中医药结合应用研究项目。支持中医医院应用人工智能、大数据、第五代移动通信（5G）、区块链、物联网等新兴信息技术，推动中医辨证论治智能辅助诊疗系统、名老中医经验传承系统等临床应用。

4. 中医药监督能力建设。开展虚假违法中医医疗广告监测，建立健全会商机制，提高有关突发事件处置能力。加强人员培训，提高专业水平和业务能力。

## 四、强化组织实施

（一）加强组织领导。强化国务院中医药工作部际联席会议办公室统筹职能，加强工作协调，及时研究和推动解决中医药发展重要问题。各省（自治区、直辖市）要完善中医药工作跨部门协调机制，支持和促进中医药发展，推动将中医药相关工作纳入政府绩效考核。建立健全省、市、县级中医药管理体系，合理配置人员力量。

（二）强化投入保障。各级政府通过现有资金渠道积极支持中医药发展，落实对公立中医医院的办医主体责任。支持通过地方政府专项债券等渠道，推进符合条件的公立中医医院建设项目。引导社会投入，打造中医药健康服务高地和学科、产业集聚区。鼓励金融机构依法依规为符合条件的中医药领域项目提供金融支持，进一步完善中医药发展多元化投入机制。

（三）健全实施机制。加强国家和省（自治区、直辖市）两级规划衔接。强化规划编制实施的制度保障，建立监测评估机制，监测重点任务、重大项目、重大改革举措的执行情况，进行中期、末期评估，及时发现并解决重要问题，确保本规划顺利实施。

（四）注重宣传引导。做好政策解读和培训，加强正面宣传和科学引导，大力宣传中医药传承创新发展成效，及时回应群众关切，营造良好社会氛围。及时总结提炼地方好的做法和经验，加强典型报道，发挥示范引领作用。充分发挥各方面积极作用，形成全社会共同关心和支持中医药发展的良好格局。

# 国务院办公厅关于印发“十四五”国民健康规划的通知

（国办发〔2022〕11号）

各省、自治区、直辖市人民政府，国务院各部委、各直属机构：

《“十四五”国民健康规划》已经国务院同意，现印发给你们，请认真贯彻执行。

国务院办公厅

2022年4月27日

## “十四五”国民健康规划

为全面推进健康中国建设，根据《中华人民共和国国民经济和社会发展第十四个五年规划和2035年远景目标纲要》《“健康中国2030”规划纲要》，编制本规划。

### 一、规划背景

“十三五”时期，以习近平同志为核心的党中央把保障人民健康放在优先发展的战略位置，作出实施健康中国战略的决策部署。党中央、国务院召开全国卫生与健康大会，印发《“健康中国2030”规划纲要》。国务院印发《关于实施健康中国行动的意见》。各地各有关部门认真贯彻落实，扎实推进健康中国建设，启动实施健康中国行动，深入开展爱国卫生运动，持续完善国民健康政策。重大疾病防治成效显著，居民健康素养水平从10.25%提高到23.15%，人均基本公共卫生服务经费补助标准提高到74元，多数疫苗可预防传染病发病率降至历史最低水平，重大慢性病过早死亡率呈现下降趋势。重点人群健康服务不断完善，危重孕产妇和新生儿救治转运体系基本建立，儿童青少年近视监测和干预持续加强，老年健康与医养结合服务列入基本公共卫生服务。医药卫生体制改革深入推进，公立医院综合改革全面推开，药品和医用耗材加成全部取消，二级以上公立医院绩效考核全面实施；职工基本医疗保险、城乡居民基本医疗保险政策范围内住院费用支付比例分别稳定在80%和70%左右；基本药物数量从520种增加到685种，药品集中带量采购改革形成常态化机制，国家集中采购中选药品价格平均下降53%；医疗卫生服务体系不断完善，分级诊疗制度建设有序推进；社会办医稳步发展，健康产业规模显著扩大。健康扶贫任务全面完成，832个脱贫县县级医院服务能力全面提升，远程医疗服务覆盖全部脱贫县并向乡镇卫生院延伸，历史性消除脱贫地区乡村医疗卫生机构和人员“空白点”；大病专项救治病种扩大到30种，高血压等4种慢性病患者优先纳入家庭医生签约服务，2000多万贫困患者得到分类救治，近1000万因病致贫返贫户成功脱贫，基本医疗有保障全面实现。中医药服务体系持续完善，独特优势日益彰显。

经过努力，人民健康水平不断提高。2015年至2020年，人均预期寿命从76.34岁提高到77.93岁，婴儿死亡率从8.1‰降至5.4‰，5岁以下儿童死亡率从10.7‰降至7.5‰，孕产妇死亡率从20.1/10万降至16.9/10万，主要健康指标居于中高收入国家前列，个人卫生支出占卫生总费用的比重下降到27.7%。同时也应看到，我国仍面临多重疾病威胁并存、多种健康影响因素交织的复杂局面。

全球新冠肺炎疫情仍处于大流行状态,新发突发传染病风险持续存在,一些已经控制或消除的传染病面临再流行风险。慢性病发病率上升且呈年轻化趋势,患有常见精神障碍和心理行为问题人数逐年增多,食品安全、环境卫生、职业健康等问题仍较突出。同时,人口老龄化进程加快,康复、护理等需求迅速增长。优生优育、婴幼儿照护服务供给亟待加强。需要加快完善国民健康政策,持续推进健康中国建设,不断满足人民群众日益增长的健康需求。

## 二、总体要求

(一)指导思想。坚持以习近平新时代中国特色社会主义思想为指导,全面贯彻党的十九大和十九届历次全会精神,统筹推进"五位一体"总体布局,协调推进"四个全面"战略布局,认真落实党中央、国务院决策部署,坚持稳中求进工作总基调,立足新发展阶段,完整、准确、全面贯彻新发展理念,构建新发展格局,把人民群众生命安全和身体健康放在第一位,贯彻新时代党的卫生健康工作方针,全面推进健康中国建设,实施积极应对人口老龄化国家战略,加快实施健康中国行动,深化医药卫生体制改革,持续推动发展方式从以治病为中心转变为以人民健康为中心,为群众提供全方位全周期健康服务,不断提高人民健康水平。

(二)基本原则。

健康优先,共建共享。加快构建保障人民健康优先发展的制度体系,推动把健康融入所有政策,形成有利于健康的生活方式、生产方式,完善政府、社会、个人共同行动的体制机制,形成共建共治共享格局。

预防为主,强化基层。把预防摆在更加突出的位置,聚焦重大疾病、主要健康危险因素和重点人群健康,强化防治结合和医防融合。坚持以基层为重点,推动资源下沉,密切上下协作,提高基层防病治病和健康管理能力。

提高质量,促进均衡。把提高卫生健康服务供给质量作为重点,加快优质医疗卫生资源扩容和区域均衡布局,不断提升基本医疗卫生服务公平性和可及性,缩小城乡、区域、人群之间资源配置、服务能力和健康水平差异。

改革创新,系统整合。坚持基本医疗卫生事业公益性,破除重点领域关键环节体制机制障碍。统筹发展和安全,提高重大风险防范处置能力。统筹预防、诊疗、康复,优化生命全周期、健康全过程服务。发挥中医药独特优势,促进中西医相互补充、协调发展。

(三)发展目标。到2025年,卫生健康体系更加完善,中国特色基本医疗卫生制度逐步健全,重大疫情和突发公共卫生事件防控应对能力显著提升,中医药独特优势进一步发挥,健康科技创新能力明显增强,人均预期寿命在2020年基础上继续提高1岁左右,人均健康预期寿命同比例提高。

——公共卫生服务能力显著增强。基本建成能有效应对重大疫情和突发公共卫生事件、适应国家公共卫生安全形势需要的强大公共卫生体系,早期监测、智能预警、快速反应、高效处置、综合救治能力显著提升。

——一批重大疾病危害得到控制和消除。艾滋病疫情继续控制在低流行水平,结核病发病率进一步降低,寄生虫病、重点地方病和人畜共患病危害持续得到控制和消除,重大慢性病发病率上升趋势得到遏制,心理相关疾病发生的上升趋势减缓,严重精神障碍、职业病得到有效控制。

——医疗卫生服务质量持续改善。基层医疗卫生服务能力不断提升,全方位全周期健康服务体系逐步健全,分级诊疗格局逐步构建,中医药特色优势进一步彰显。

——医疗卫生相关支撑能力和健康产业发展水平不断提升。适应行业特点的医学教育和人才培养体系逐步健全,卫生健康科技创新能力进一步增强,卫生健康信息化建设加快推进,健康服务、医药制造等健康产业持续发展。

——国民健康政策体系进一步健全。卫生健康法律法规体系更加完善,医药卫生体制改革持续深化,保障人民健康优先发展的制度体系和健康影响评价评估制度逐步建立,卫生健康治理能力和治理水平进一步提升。

**主要发展指标**

| 领域 | 主要指标 | 2020年 | 2025年 | 性质 |
|---|---|---|---|---|
| 健康水平 | 人均预期寿命(岁) | 77.93 | 提高1岁 | 预期性 |
| | 人均健康预期寿命(岁) | — | 同比例提高 | 预期性 |
| | 孕产妇死亡率(1/10万) | 16.9 | ≤14.5 | 预期性 |
| | 婴儿死亡率(‰) | 5.4 | ≤5.2 | 预期性 |
| | 5岁以下儿童死亡率(‰) | 7.5 | ≤6.6 | 预期性 |
| | 重大慢性病过早死亡率(%) | 16.0 | ≤15.0 | 预期性 |
| 健康生活 | 居民健康素养水平(%) | 23.15 | 25.0 | 预期性 |
| | 经常参加体育锻炼人数比例(%) | 37.2 | 38.5 | 预期性 |
| | 15岁以上人群吸烟率(%) | 25.8 | 23.3 | 预期性 |
| 健康服务 | 孕产妇系统管理率和3岁以下儿童系统管理率(%) | ＞85 | ＞85 | 预期性 |
| | 以乡(镇、街道)为单位适龄儿童免疫规划疫苗接种率(%) | ＞90 | ＞90 | 约束性 |
| | 严重精神障碍管理率(%) | 87 | ≥90 | 约束性 |
| | 全国儿童青少年总体近视率(%) | 52.7 | 力争每年降低0.5个百分点以上 | 约束性 |
| | 设置中医临床科室的二级以上公立综合医院比例(%) | 86.75 | 90 | 预期性 |
| 健康保障 | 个人卫生支出占卫生总费用的比重(%) | 27.7 | 27 | 约束性 |
| | 职工基本医疗保险政策范围内住院费用基金支付比例(%) | 85.2 | 保持稳定 | 预期性 |
| | 城乡居民基本医疗保险政策范围内住院费用基金支付比例(%) | 70 | 保持稳定 | 预期性 |
| 健康环境 | 地级及以上城市空气质量优良天数比率(%) | 87 | 87.50 | 约束性 |
| | 地表水达到或好于Ⅲ类水体比例(%) | 83.4 | 85 | 约束性 |
| | 国家卫生城市占比(%) | 57.5 | 持续提升 | 预期性 |
| 健康产业 | 健康服务业总规模(万亿元) | — | ＞11.5 | 预期性 |

展望2035年，建立与基本实现社会主义现代化相适应的卫生健康体系，中国特色基本医疗卫生制度更加完善，人均预期寿命达到80岁以上，人均健康预期寿命逐步提高。

## 三、织牢公共卫生防护网

(一)提高疾病预防控制能力。明确各级疾病预防控制机构职责定位，强化疾病预防控制体系军民融合、防治结合、全社会协同，强化上级疾病预防控制机构对下级机构的业务领导和工作协同，强化医疗机构公共卫生责任。落实城乡基层医疗卫生机构疾病预防控制、公共卫生管理服务职责，完善疾病预防控制部门与城乡社区联动机制，夯实联防联控、群防群控的基础。创新医防协同机制，加强疾病预防控制机构对医疗机构疾病预防控制工作的技术指导和监督考核，建立完善人员通、信息通、资源通和监督监管相互制约的机制。探索推进疾病预防控制机构专业人员参与医疗联合体工作，推动县级疾病预防控制机构与县域医共体协同发展。持续完善国家基本公共卫生服务项目和重大传染病防控等项目，优化服务内涵，提高服务质量，实行科学动态调整，做到有进有出，提高防治结合和健康管理服务水平，推进基本公共卫生服务均等化。

（二）完善监测预警机制。完善传染病疫情和突发公共卫生事件监测系统，改进不明原因疾病和异常健康事件监测机制，强化公共卫生信息系统与医疗机构信息系统对接协同。充分发挥国家监测预警信息平台作用，探索建立跨区域疫情监测站点，实现不明原因传染病疫情和突发公共卫生事件实时分析、集中研判、及时报告。研究建立完善新发未知传染病多点触发预警机制，依托公共卫生、动物疫病、口岸检疫、食品安全、生态环境等系统拓展信息报告渠道，打通科研院所和第三方检测机构报告渠道，开通社会公众主动报告渠道。压实信息报告责任，明确传染病疫情和突发公共卫生事件的报告内容、程序、方式和时限等具体要求。健全风险评估方法和制度，提高监测分析、综合评价和潜在隐患早期识别能力。

（三）健全应急响应和处置机制。发挥集中统一高效的应急指挥体系作用，完善体制机制，实现监测预警、发现报告、风险评估、信息发布、应急处置和医疗救治等环节职责清晰、无缝对接，确保指令清晰、系统有序、条块畅达、执行有力。构建分层分类、高效实用的应急预案体系。完善传染病疫情和突发公共卫生事件分级应急响应机制，规范决策主体和处置原则，明确相关部门及机构的职责分工和工作机制。提升医务人员早期识别和应急处置水平，完善首诊负责、联合会诊等制度和处置流程，提高各级各类医疗卫生机构规范化处置能力。完善重大疫情医疗废物应急处置机制。依托大型综合医院，建立健全分级分类的卫生应急队伍，提高紧急医学救援能力。建立重大传染病疫情和突发事件国家救援力量整体调动与支援机制。

（四）提高重大疫情救治能力。全面提高二级以上综合医院（含中医医院，下同）感染性疾病科和发热门诊、留观室服务能力，全面提升急诊、重症、呼吸、检验、麻醉、消化、心血管、护理、康复等专科服务能力。提高医疗卫生机构实验室检测能力。依托高水平医疗卫生机构，发挥国家重大传染病防治基地作用，提高辐射带动能力。提高中医疫病防治能力。进一步完善地市级传染病救治网络，提高县级医院传染病检测和诊治能力。强化基层医疗卫生机构传染病防控能力。提升边境地区执法执勤力量科学应对重大疫情能力。加强医疗机构应急物资配置，鼓励企业、机关单位和居民参与储备，建立健全应急物资调配协同联动机制。

**专栏1　构建强大公共卫生体系项目**

国家基本公共卫生服务项目：优化服务内涵，提高服务质量。

重大疫情防控救治能力提升：提升监测预警能力、实验室检测能力、应急响应和处置能力、紧急医学救援能力、传染病救治能力、边境地区疫情防控救治能力。

**四、全方位干预健康问题和影响因素**

（一）普及健康生活方式。

加强健康促进与教育。完善国家健康科普专家库和资源库，构建全媒体健康科普知识发布和传播机制，鼓励医疗机构和医务人员开展健康促进与健康教育。深入开展健康知识宣传普及，提升居民健康素养。开展健康县区建设，国家和省级健康县区比例不低于40%。进一步推进健康促进医院建设，二级以上医院中健康促进医院比例不低于50%。持续推进中小学健康促进专项行动，深化学校健康教育改革，切实保证学校健康教育时间，提升健康教育教学效果。

推行健康生活方式。全面实施全民健康生活方式行动，推进“三减三健”（减盐、减油、减糖，健康口腔、健康体重、健康骨骼）等专项行动。实施国民营养计划和合理膳食行动，倡导树立珍惜食物的意识和养成平衡膳食的习惯，推进食品营养标准体系建设，健全居民营养监测制度，强化重点区域、重点人群营养干预。开展控烟行动，大力推进无烟环境建设，持续推进控烟立法，综合运用价格、税收、法律等手段提高控烟成效，强化戒烟服务。加强限酒健康教育，控制酒精过度使用，减少酗酒。

开展全民健身运动。深化体卫融合，举办全民健身主题示范活动，倡导主动健康理念，普及运动促进健康知识。构建更高水平的全民健身公共服务体系，推进公共体育场馆和学校体育场馆开放共享，提高健身步道等便民健身场所覆盖面。保障学校体育课和课外锻炼时间。落实国民体质监测制度，推动国民体质监测站点与医疗卫生机构合作，在有条件的社区医疗卫生机构设立科学健身门诊。针对特殊人群开展体育健身指导，加强非医疗健康干预，建立完善运动处方库，推进处方应用。

（二）加强传染病、寄生虫病和地方病防控。

做好重点传染病防控。做好新冠肺炎疫情防控，完善落实常态化防控措施，巩固疫情防控成果。坚持多病共防，进一步加强流感、登革热等重点传染病监测和分析研判，统筹做好人感染禽流感、埃博拉出血热等新发突发传染病防控，有效防控霍乱、手足口病、麻疹等重点传染病疫情。强化鼠疫自然疫源地、重点地区和疫源不明地区动物间鼠疫的监测、疫源性调查、风险评估和及时处置，加强区域鼠疫联防联控。继续将艾滋病疫情控制在低流行水平，突出重点地区、重点人群和重点环节，有效落实宣传教育、综合干预、检测咨询、治疗随访、综合治理等防治措施。全面实施病毒性肝炎防治措施，开展消除丙肝公共卫生危害行动。全面落实结核病防治策略，加强肺结核患者发现和规范化诊疗，实施耐药高危人群筛查，强化基层医疗卫生机构结核病患者健康管理，加大肺结核患者保障力度。实施以传染源控制为主的狂犬病、布病等人畜共患病综合治理，加大动物源头防控力度。

强化疫苗预防接种。加强疫苗可预防传染病监测。稳妥有序做好新冠病毒疫苗接种工作，加强全流程管理，确保接种安全，逐步提高人群接种率。做好流感疫苗供应保障，推动重点人群流感疫苗接种。根据需要适时调整国家免疫规划疫苗种类。加强免疫规划冷链系统管理，提升追溯能力。加大疑似预防接种异常反应监测力度。

巩固重点寄生虫病、地方病防治成果。在血吸虫病流行区坚持以控制传染源为主的综合防治策略，加强黑热病等虫媒传染病防控，实施包虫病综合防治策略，持续保持消除疟疾状态。完善地方病防控策略，确保持续消除碘缺乏危害，保持基本消除燃煤污染型氟砷中毒、大骨节病和克山病危害，有效控制饮水型氟砷中毒、饮茶型地氟病和水源性高碘危害。

（三）强化慢性病综合防控和伤害预防干预。

实施慢性病综合防控策略。加强国家慢性病综合防控示范区建设，到2025年覆盖率达到20%。提高心脑血管疾病、癌症、慢性呼吸系统疾病、糖尿病等重大慢性病综合防治能力，强化预防、早期筛查和综合干预，逐步将符合条件的慢性病早诊早治适宜技术按规定纳入诊疗常规。针对35岁以上门诊首诊患者，积极推进二级以下医院和基层医疗卫生机构开展血压普查工作。在医院就诊人群中开展心脑血管疾病机会性筛查。推进机关、企事业单位、公共场所设置免费自助血压检测点，引导群众定期检测。推进“三高”（高血压、高血糖、高血脂）共管，高血压、Ⅱ型糖尿病患者基层规范管理服务率达到65%以上。将肺功能检查纳入40岁以上人群常规体检，推行高危人群首诊测量肺功能，提升呼吸系统疾病早期筛查和干预能力。多渠道扩大癌症早诊早治覆盖范围，指导各地结合实际普遍开展重点癌症机会性筛查。以龋病、牙周病等口腔常见病防治为重点，加强口腔健康工作，12岁儿童龋患率控制在30%以内。强化死因监测、肿瘤随访登记和慢性病与营养监测体系建设，探索建立健康危险因素监测评估制度。逐步建立完善慢性病健康管理制度和管理体系，推动防、治、康、管整体融合发展。

加强伤害预防干预。完善全国伤害监测体系，拓展儿童伤害监测，开发重点伤害干预技术标准和指南。实施交通安全生命防护工程，减少交通伤害事件的发生。加强儿童和老年人伤害预防和干预，减少儿童溺水和老年人意外跌倒。完善产品伤害监测体系，建立健全消费品质量安全事故强制报告制度，加强召回管理，减少消费品安全伤害。

（四）完善心理健康和精神卫生服务。

促进心理健康。健全社会心理健康服务体系，加强心理援助热线的建设与宣传，为公众提供公益服务。加强抑郁症、焦虑障碍、睡眠障碍、儿童心理行为发育异常、老年痴呆等常见精神障碍和心理行为问题干预。完善心理危机干预机制，将心理危机干预和心理援助纳入突发事件应急预案。

提高精神卫生服务能力。推广精神卫生综合管理机制，完善严重精神障碍患者多渠道管理服务。按规定做好严重精神障碍患者等重点人群救治救助综合保障。提高常见精神障碍规范化诊疗能力，鼓励上级精神卫生专业机构为县（市、区、旗）、乡镇（街道）开展远程服务。建立精神卫生医疗机构、社区康复机构及社会组织、家庭相衔接的精神障碍社区康复服务模式。

（五）维护环境健康与食品药品安全。

加强环境健康管理。深入开展污染防治行动，基本消除重污染天气，完善水污染防治流域协同机制，基本消除劣Ⅴ类国控断面和城市黑臭水体。加强噪声污染治理，全国声环境功能区夜间达标率达到85%。加强噪声对心脑血管、心理等疾病的健康风险研究。加强餐饮油烟治理。持续推进北方地区城市清洁取暖，加强农村生活和冬季取暖散煤替代。开展新污染物健康危害识别和风险评估。强化公共场所及室内环境健康风险评价。完善环境健康风险评估技术方法、监测体系和标准体系，逐步建立国家环境与健康监测、调查和风险评估制度。探索建立重大工程、重大项目健康影响评估技术体系。开展药品环境风险评估制度研究。加强医疗机构内部废弃物源头分类和管理，加快建设地级及以上城市医疗废弃物集中处置设施。加强排放物中粪大肠菌群、肠道病毒等指标监测。提升居民环境与健康素养，构建各方积极参与、协作共建健康环境的格局。

强化食品安全标准与风险监测评估。完善食品安全风险监测与评估工作体系和食品安全技术支持体系，提高食品安全标准和风险监测评估能力。实施风险评估和标准制定专项行动，加快制修订食品安全国家标准，基本建成涵盖从农田到餐桌全过程的最严谨食品安全标准体系，提高食品污染物风险识别能力。全面提升食源性疾病调查溯源能力。

保障药品质量安全。完善国家药品标准体系，推进仿制药质量和疗效一致性评价。建立符合中药特点的质量和疗效评价体系。构建药品和疫苗全生命周期质量管理机制，推动信息化追溯体系建设，实现重点类别来源可溯、去向可追。稳步实施医疗器械唯一标识制度。

（六）深入开展爱国卫生运动。

全面推进卫生城镇和健康城镇建设。深入推进国家卫生城镇创建，优化评审流程，引导推进全域创建和城乡均衡发展。总结推广健康城市试点的有效经验，打造一批健康城市样板，创造健康支持性环境。广泛开展健康县区、健康乡镇和健康细胞（健康村、健康社区、健康企业、健康机关、健康学校、健康促进医院、健康家庭等）建设，培育一批健康细胞建设特色样板。

改善城乡环境卫生。完善城乡环境卫生治理长效机制，提高基础设施现代化水平，统筹推进城乡环境卫生整治。加强城市垃圾和污水处理设施建设，推进城市生活垃圾分类和资源回收利用。推行县域生活垃圾和污水统筹治理，持续开展村庄清洁行动，建立健全农村村庄保洁机制和垃圾收运处置体系，选择符合农村实际的生活污水处理技术，推进农村有机废弃物资源化利用。加快研发干旱寒冷地区卫生厕所适用技术和产品，加强中西部地区农村户用厕所改造，加强厕所粪污无害化处理和资源化利用，务实推进农村厕所革命。实施农村供水保障工程。推进农贸市场标准化建设。强化以环境治理为主、以专业防制为辅的病媒生物防制工作。

创新社会动员机制。推动爱国卫生运动与传染病、慢性病防控等紧密结合，通过爱国卫生月等活动，加大科普力度，倡导文明健康、绿色环保的生活方式。制止餐饮浪费行为，坚决革除滥食野生动物等陋习，推广分餐公筷、垃圾分类投放等生活习惯。促进爱国卫生与基层治理工作相融合，发挥村规民约、居民公约的积极作用，推广居民健康管理互助小组、周末大扫除、卫生清洁日、环境卫生红黑榜、积分兑换等经验，完善社会力量参与机制，培育相关领域社会组织和专业社工、志愿者队伍，推动爱国卫生运动融入群众日常生活。

| 专栏2　全方位干预主要健康问题和影响因素项目 |
| --- |
| 重大疾病及危害因素监测：人禽流感、非典型性肺炎（SARS）监测，鼠疫监测，麻风病监测，流感、手足口病、病毒性腹泻、布病、狂犬病、出血热、登革热等重点传染病监测和评估，疟疾等寄生虫病监测，青少年、成年人、高校大学生烟草流行监测，慢性病与营养监测、肿瘤随访登记、死因监测，饮用水和环境卫生及学生常见病监测，全国伤害监测。 |
| 健康促进与教育：居民健康素养监测，健康素养促进，健康知识进万家，基层健康教育讲堂试点，健康小屋，烟草控制。 |
| 重点传染病和地方病防控：根据需要适时调整国家免疫规划疫苗种类，艾滋病、结核病、包虫病、血吸虫病、地方病防治，鼠疫防控。 |
| 慢性病综合防控：癌症早诊早治，心脑血管疾病、慢性阻塞性肺疾病高危人群筛查干预，口腔疾病综合干预，“三高”（高血压、高血糖、高血脂）共管，糖尿病高危人群干预试点，糖尿病患者并发症早期筛查试点。 |
| 心理健康和精神卫生促进：精神障碍管理治疗，农村癫痫防治管理，精神科医师转岗培训，心理治疗师培训，心理援助热线建设。 |
| 环境健康促进：公共卫生危害治理，饮用水、公共场所、人体生物监测等环境健康监测，消毒支撑体系建设。 |
| 食品安全：食品安全风险监测评估，食品安全国家标准制修订。 |
| 爱国卫生：卫生城镇创建，健康县区、健康细胞建设。 |

**五、全周期保障人群健康**

（一）完善生育和婴幼儿照护服务。

优化生育服务与保障。实施三孩生育政策，完善相关配套支持措施。继续做好生育保险对参保女职工生育医疗费用、生育津贴待遇等的保障，做好城乡居民医保参保人生育医疗费用保障，减轻生育医疗费用负担。做好生育咨询指导服务。推进“出生一件事”联办。完善国家生命登记管理制度，建立人口长期均衡发展指标体系，健全覆盖全人群、全生命周期的人口监测体系和预测预警制度。发挥计生协会组织作用，深入开展家庭健康促进行动。对全面两孩政策实施前的独生子女家庭和农村计划生育双女家庭，继续实行现行各项奖励扶助制度和优惠政策。动态调整扶助标准，建立健全计划生育特殊家庭全方位帮扶保障制度。支持有资质的社会组织接受计划生育特殊家庭委托，开展生活照料、精神慰藉等服务，依法代办入住养老机构、就医陪护等事务。

促进婴幼儿健康成长。完善托育服务机构设置标准和管理规范，建立健全备案登记、信息公示和质量评估等制度，加快推进托育服务专业化、标准化、规范化。研究制定托育从业人员学历教育和相关职业标准，提高保育保教质量和水平。鼓励和引导社会力量提供普惠托育服务，发展集中管理运营的社区托育服务网络，完善社区婴幼儿活动场所和设施。支持有条件的用人单位单独或联合相关单位在工作场所为职工提供托育服务。加强对家庭的婴幼儿早期发展指导，研究出台家庭托育点管理办法，支持隔代照料、家庭互助等照护模式，鼓励专业机构和社会组织提供家庭育儿指导服务。支持“互联网+托育服务”发展，打造一批关键共性技术网络平台及直播教室，支持优质机构、行业协会开发公益课程，增强家庭的科学育儿能力。加强婴幼儿照护服务机构的卫生保健工作，预防控制传染病，降低常见病的发病率，保障婴幼儿的身心健康。

（二）保护妇女和儿童健康。

改善优生优育全程服务。实施母婴安全行动

提升计划，全面落实妊娠风险筛查与评估、高危孕产妇专案管理、危急重症救治、孕产妇死亡个案报告和约谈通报等母婴安全五项制度，提供优质生育全程医疗保健服务。实施出生缺陷综合防治能力提升计划，构建覆盖城乡居民，涵盖婚前、孕前、孕期、新生儿和儿童各阶段的出生缺陷防治体系。加强婚前保健，推广婚姻登记、婚育健康宣传教育、生育指导"一站式"服务，为拟生育家庭提供科学备孕指导、孕前优生健康检查和增补叶酸指导服务，加强产前筛查和产前诊断。到2025年，孕前优生健康检查目标人群覆盖率不低于80%，产前筛查率不低于75%，新生儿遗传代谢性疾病筛查率达到98%以上。强化先天性心脏病、听力障碍、苯丙酮尿症、地中海贫血等重点疾病防治，推动围孕期、产前产后一体化管理服务和多学科诊疗协作。医疗卫生机构开展孕育能力提升专项攻关，规范人类辅助生殖技术应用，做好不孕不育诊治服务。支持妇幼保健机构整合预防保健和临床医疗服务。

加强妇女健康服务。发展妇女保健特色专科，提高服务能力，针对青春期、育龄期、孕产期、更年期和老年期妇女的健康需求，提供女性内分泌调节、心理、营养等预防保健服务以及妇女常见疾病治疗等涵盖生理、心理和社会适应的整合型医疗保健服务。促进生殖健康服务，推进妇女宫颈癌、乳腺癌防治，进一步提高筛查率和筛查质量。

促进儿童和青少年健康。实施母乳喂养促进行动，开展婴幼儿养育专业指导，加强婴幼儿辅食添加指导，实施学龄前儿童营养改善计划，降低儿童贫血患病率和生长迟缓率。实施健康儿童行动提升计划，完善儿童健康服务网络，建设儿童友好医院，加强儿科建设，推动儿童保健门诊标准化、规范化建设，加强儿童保健和医疗服务。加强对儿童青少年贫血、视力不良、肥胖、龋齿、心理行为发育异常、听力障碍、脊柱侧弯等风险因素和疾病的筛查、诊断和干预。指导学校和家长对学生实施防控综合干预，抓好儿童青少年近视防控。加强儿童心理健康教育和服务，强化儿童孤独症筛查和干预。推广青春健康教育工作，开展青少年性与生殖健康教育。统筹推进各级疾病预防控制机构学校卫生队伍和能力建设，加强对辖区学校卫生工作的指导。开展儿童健康综合发展示范县（市、区、旗）创建活动。

（三）促进老年人健康。

强化老年预防保健。开发老年健康教育科普教材，开展老年人健康素养促进项目，做好老年健康教育。加强老年期重点疾病的早期筛查和健康管理，到2025年，65岁及以上老年人城乡社区规范健康管理服务率达到65%以上。实施老年人失能预防与干预、老年人心理关爱、老年口腔健康、老年营养改善和老年痴呆防治等行动，延缓功能衰退。

提升老年医疗和康复护理服务水平。推动开展老年人健康综合评估和老年综合征诊治，促进老年医疗服务从单病种向多病共治转变。到2025年，二级以上综合医院设立老年医学科的比例达到60%以上。完善从居家、社区到专业机构的长期照护服务模式。提升基层医疗卫生机构康复护理服务能力，开展老年医疗照护、家庭病床、居家护理等服务，推动医疗卫生服务向社区、家庭延伸。支持有条件的医疗机构与残疾人康复机构等开展合作。稳步扩大安宁疗护试点。

提升医养结合发展水平。健全医疗卫生机构和养老服务机构合作机制，为老年人提供治疗期住院、康复期护理、稳定期生活照料、安宁疗护一体化的服务。进一步增加居家、社区、机构等医养结合服务供给。鼓励农村地区通过托管运营、毗邻建设、签约合作等多种方式实现医养资源共享。开展医养结合示范项目，提升服务质量和水平。

（四）加强职业健康保护。

强化职业健康危害源头防控和风险管控。建立健全职业病和职业病危害因素监测评估制度，扩大主动监测范围，到2025年，工作场所职业病危害因素监测合格率达到85%以上。开展尘肺病筛查和新兴行业及工作相关疾病等职业健康损害监测。完善用人单位职业健康信息及风险评估基础数据库，构建职业病危害风险分类分级、预测预警和监管机制，对职业病危害高风险企业实施重点监管。强化重点行业职业病危害专项治理。鼓励企业完善职业病防护设施，改善工作场所劳动条件。

完善职业病诊断和救治保障。健全职业病诊断与鉴定制度，优化诊断鉴定程序。强化尘肺病等职业病救治保障，实施分类救治救助，对未参加工伤保险且用人单位不存在或无法确定劳动关系的尘肺病患者，按规定落实基本医疗保障和基本生活救助政策。

加强职业健康促进。推动用人单位开展职工健康管理，加强职业健康管理队伍建设，提升职业健康管理能力。全面提高劳动者职业健康素养，倡导健康工作方式，显著提升工作相关的肌肉骨骼疾病、精神和心理疾病等防治知识普及率。推动健康企业建设，培育一批健康企业特色样板。深入开展争做“职业健康达人”活动。

（五）保障相关重点人群健康服务。

巩固拓展健康扶贫成果同乡村振兴有效衔接。过渡期内保持现有健康帮扶政策总体稳定，调整优化支持政策，健全因病返贫致贫动态监测机制，建立农村低收入人口常态化精准健康帮扶机制。加大对脱贫地区、“三区三州”、原中央苏区、易地扶贫搬迁安置地区等县级医院支持力度，鼓励开展对口帮扶、合作共建医疗联合体，重点提高传染病疫情和突发公共卫生事件监测预警、应急处置和医疗救治能力。加强脱贫地区乡村医疗卫生服务体系达标提质建设，支持采用巡诊派驻等方式保障乡村医疗卫生服务覆盖面，确保乡村医疗卫生机构和人员“空白点”持续实现动态清零。结合脱贫地区实际，推广大病专项救治模式，巩固并逐步提高重点人群家庭医生签约服务覆盖面和服务质量。

维护残疾人健康。加强残疾人健康管理，全面推进残疾人家庭医生签约服务。加强和改善残疾人医疗服务，完善医疗机构无障碍设施，强化残疾人服务设施和综合服务能力建设。建成康复大学，加快培养高素质、专业化康复人才。加强残疾人康复服务，提升康复医疗、康复训练、辅助器具适配等服务质量。建立儿童残疾筛查、诊断、康复救助衔接机制，确保残疾儿童得到及时有效的康复服务。加强残疾人心理健康工作，做好残疾人健康状况评估。贯彻实施《国家残疾预防行动计划（2021—2025年）》。继续开展防盲治盲，推动实施全面眼健康行动。继续推进防聋治聋，提升耳与听力健康水平。

**专栏3　生命全周期健康保障项目**

优生优育：孕前优生健康检查，基本避孕服务，人口监测体系建设。

妇女儿童健康：妇幼健康监测，0—6岁儿童健康管理，0—6岁儿童孤独症筛查和干预，农村妇女“两癌”（乳腺癌、宫颈癌）筛查，增补叶酸预防神经管缺陷，地中海贫血防治，脱贫地区儿童营养改善，母婴安全和健康儿童行动提升计划，近视、肥胖、脊柱侧弯等学生常见病监测与干预行动、适宜技术试点，农村义务教育学生营养改善计划，学校卫生队伍建设。

职业健康保护：职业病监测，尘肺病患者健康管理，职业性放射性疾病监测，工作场所职业病危害因素监测，医疗机构放射性危害因素监测。

老年健康促进：医院老年医学科、社区护理站建设，安宁疗护试点，老年人失能预防干预。

巩固拓展健康扶贫成果：因病返贫致贫动态监测。

残疾人健康维护：残疾人家庭医生签约，医疗机构无障碍设施建设，残疾人康复服务，防盲治盲，防聋治聋。

## 六、提高医疗卫生服务质量

（一）优化医疗服务模式。

推行预约诊疗和日间服务。建立健全预约诊疗制度，全面推行分时段预约诊疗和检查检验集中预约服务，有序推进检查检验结果互认。推动三级医院日间手术等服务常态化、制度化，逐步扩大日间手术病种范围，稳步提高日间手术占择期手术的比例。鼓励有条件的医院设置日间病房、日间治疗中心等,为患者提供日间化疗、日间照射治疗等服务。

推广多学科诊疗。针对肿瘤、多系统多器官疾病、疑难复杂疾病等,推动建立多学科诊疗制度。鼓励将麻醉、医学检验、医学影像、病理、药学等专业技术人员纳入多学科诊疗团队,提升综合诊治水平。鼓励医疗机构采取多种方式设置服务协调员,在患者诊疗过程中予以指导协助和跟踪管理。

创新急诊急救服务。优化院前医疗急救网络。继续推进胸痛、卒中、创伤、危重孕产妇救治、危重新生儿和儿童救治等中心建设,为患者提供医疗救治绿色通道和一体化综合救治服务,提升重大急性疾病医疗救治质量和效率。完善智能化调度系统,推动院前医疗急救网络与院内急诊有效衔接,实现患者信息院前院内共享,构建快速、高效、全覆盖的急危重症医疗救治体系。

强化医防融合。依托国家基本公共卫生服务项目,以高血压和Ⅱ型糖尿病为切入点,实施城乡社区慢病医防融合能力提升工程,为每个乡镇卫生院和社区卫生服务中心培养1—2名具备医防管等能力的复合型骨干人员,探索建立以基层医生团队为绩效考核单元、以健康结果和居民满意度为导向的考核体系。推动预防、治疗、护理、康复有机衔接,形成"病前主动防,病后科学管,跟踪服务不间断"的一体化健康管理服务。

(二)加强医疗质量管理。

完善医疗质量管理与控制体系。强化医疗质量安全核心制度,健全国家、省、市三级质控组织体系,完善覆盖主要专业和重点病种的质控指标。完善国家、省、医疗机构三级感染监测体系,逐步将基层医疗卫生机构纳入监测。完善诊疗规范和技术指南,全面实施临床路径管理。可以在有条件的医疗联合体内探索建立一体化临床路径,为患者提供顺畅转诊和连续诊疗服务。

优化护理服务。健全护理服务体系,增加护士配备。强化基础护理,实施以病人为中心的责任制整体护理,开展延续护理服务。进一步扩大优质护理服务覆盖面,逐步实现二级以上医院全覆盖。通过培训、指导、远程等方式,在医疗联合体内将优质护理、康复护理、安宁疗护等延伸至基层医疗卫生机构。

提高合理用药水平。完善覆盖全国二级以上医院的合理用药监测系统,逐步将基层医疗卫生机构纳入监测。加强医疗机构药事管理,以抗菌药物、抗肿瘤药物、其他重点监控药物等为重点,加强用药监测和合理用药考核,抗菌药物使用强度符合规定要求。以临床需求为导向,推进药品使用监测和药品临床综合评价体系建设。加强药品不良反应监测。发挥临床药师作用,开设合理用药咨询或药物治疗管理门诊,开展精准用药服务。推动医疗联合体内药学服务下沉,临床药师指导基层医疗卫生机构提高合理用药水平,重点为签约服务的慢性病患者提供用药指导。

加强平安医院建设。严格落实医院安保主体责任,健全涉医矛盾纠纷多元化解机制,构建系统、科学、智慧的医院安全防范体系。建立完善医警数据共享和联动处置机制,依法严厉打击涉医违法犯罪特别是伤害医务人员的暴力犯罪行为。加强医疗服务人文关怀,大力推行医务社工、志愿者服务,构建和谐医患关系。

(三)加快补齐服务短板。

巩固提升基层服务网络。把乡村医疗卫生服务体系纳入乡村振兴战略全局统筹推进,提高县域医疗卫生服务整体水平。采取派驻、邻村延伸服务、流动巡诊等方式,保障乡、村两级医疗卫生服务全覆盖。开展基层卫生健康综合试验区建设。

提升血液供应保障能力。完善采供血网络布局。巩固血液核酸检测全覆盖成果。建立血液应急保障指挥平台,健全巩固常态化全国血液库存监测制度和血液联动保障机制,提高血液应急保障能力。加大无偿献血宣传动员力度,提升献血率。

## 七、促进中医药传承创新发展

(一)充分发挥中医药在健康服务中的作用。

实施中医药振兴发展重大工程。实施中医药健康促进行动，推进中医治未病健康工程升级。提升地市级以上中医医院优势专科和县级中医医院特色专科服务能力，力争全部县级中医医院达到医疗服务能力基本标准。丰富中医馆服务内涵，促进中医适宜技术推广应用。探索有利于发挥中医药优势的康复服务模式。建立和完善国家重大疑难疾病中西医协作工作机制与模式。推进中医药博物馆事业发展，实施中医药文化传播行动，推动中医药文化进校园。发展中医药健康旅游。

（二）夯实中医药高质量发展基础。开展中医药活态传承、古籍文献资源保护与利用。提升中医循证能力。促进中医药科技创新。加快古代经典名方制剂研发。加强中药质量保障，建设药材质量标准体系、监测体系、可追溯体系。推动教育教学改革，构建符合中医药特点的人才培养模式。健全中医医师规范化培训制度和全科医生、乡村医生中医药知识培训机制。

**八、做优做强健康产业**

（一）推动医药工业创新发展。鼓励新药研发创新和使用，加快临床急需重大疾病治疗药物的研发和产业化，支持优质仿制药研发。加快构建药品快速应急研发生产体系，针对新发突发传染病以及其他涉及国家公共卫生安全的应急需求，加强对防控所需药品和医疗器械应急研发、检验检测、体系核查、审评审批、监测评价等工作的统一指挥与协调。建立国家参考品原料样本和病患信息应急调用机制，完善药品紧急研发攻关机制。深化药品医疗器械审评审批制度改革，对符合要求的创新药、临床急需的短缺药品和医疗器械、罕见病治疗药品等，加快审评审批。强化对经济实惠的精神疾病药物和长效针剂的研发攻坚。

（二）促进高端医疗装备和健康用品制造生产。优化创新医疗装备注册评审流程。开展原创性技术攻关，推出一批融合人工智能等新技术的高质量医疗装备。鼓励有条件的地方建设医疗装备应用推广基地，打造链条完善、特色鲜明的医疗装备产业集群。完善养老托育等相关用品标准体系，支持前沿技术和产品研发应用。围绕健康促进、慢病管理、养老服务等需求，重点发展健康管理、智能康复辅助器具、科学健身、中医药养生保健等新型健康产品，推动符合条件的人工智能产品进入临床试验。推进智能服务机器人发展，实施康复辅助器具、智慧老龄化技术推广应用工程。

（三）促进社会办医持续规范发展。鼓励社会力量在医疗资源薄弱区域和康复、护理、精神卫生等短缺领域举办非营利性医疗机构。引导促进医学检验中心、医学影像中心等独立设置机构规范发展，鼓励有经验的执业医师开办诊所。增加规范化健康管理服务供给，发展高危人群健康体检、健康风险评估、健康咨询和健康干预等服务。落实行业监管职责，促进社会办医规范发展。

（四）增加商业健康保险供给。鼓励围绕特需医疗、前沿医疗技术、创新药、高端医疗器械应用以及疾病风险评估、疾病预防、中医治未病、运动健身等服务，增加新型健康保险产品供给。鼓励保险机构开展管理式医疗试点，建立健康管理组织，提供健康保险、健康管理、医疗服务、长期照护等服务。在基本签约服务包基础上，鼓励社会力量提供差异化、定制化的健康管理服务包，探索将商业健康保险作为筹资或合作渠道。进一步完善商业长期护理保险支持政策。搭建高水平公立医院及其特需医疗部分与保险机构的对接平台，促进医、险定点合作。加快发展医疗责任险、医疗意外保险，鼓励保险机构开发托育机构责任险和运营相关保险。

（五）推进健康相关业态融合发展。促进健康与养老、旅游、互联网、健身休闲、食品等产业融合发展，壮大健康新业态、新模式。支持面向老年人的健康管理、预防干预、养生保健、健身休闲、文化娱乐、旅居养老等业态深度融合，创新发展健康咨询、紧急救护、慢性病管理、生活照护等智慧健康养老服务。强化国有经济在健康养老领域有效供给。推动健康旅游发展，加快健康旅游基地建设。选择教学科研资源丰富、医疗服务能力强、产业实力雄厚的城市或区域,以高水平医院为基础,完善综合协同政策,打造健康产业集群。

## 九、强化国民健康支撑与保障

(一)深化医药卫生体制改革。

加快建设分级诊疗体系。加强城市医疗集团网格化布局管理,整合医疗机构和专业公共卫生机构,为网格内居民提供一体化、连续性医疗卫生服务。加快推动县域综合医改,推进紧密型县域医共体建设,推进专科联盟和远程医疗协作网发展。稳步扩大家庭医生签约服务覆盖范围,加强基本公共卫生服务与家庭医生签约服务的衔接,提高签约服务质量。明确各级医疗卫生机构在相关疾病诊疗中的职责分工、转诊标准和转诊程序,形成连续通畅的双向转诊服务路径。推动三级医院提高疑难危重症和复杂手术占比,缩短平均住院日。

推动公立医院高质量发展。健全现代医院管理制度,充分发挥公立医院党委把方向、管大局、作决策、促改革、保落实的领导作用,健全全面预算管理、成本管理、预算绩效管理、内部审计和信息公开机制,推动医院管理科学化、精细化、规范化。全面开展公立医院绩效考核,持续优化绩效考核指标体系和方法。大力弘扬伟大抗疫精神和崇高职业精神,在全社会营造尊医重卫的良好氛围。推进优抚医院改革发展。提高监管场所医疗机构专业化水平。

深化相关领域联动改革。发挥好福建省三明市作为全国医改经验推广基地的作用,加大经验推广力度,按照“腾空间、调结构、保衔接”的路径,加快推进综合改革。健全全民医保制度,开展按疾病诊断相关分组、按病种分值付费,对于精神病、安宁疗护和医疗康复等需要长期住院治疗且日均费用较稳定的疾病推进按床日付费,将符合条件的互联网医疗服务按程序纳入医保支付范围。稳步建立长期护理保险制度。完善药品供应保障体系,扩大药品和高值医用耗材集中采购范围,落实集中采购医保资金结余留用政策,完善短缺药品监测网络和信息直报制度,保障儿童等特殊人群用药。深化医疗服务价格改革,规范管理医疗服务价格项目,建立灵敏有度的价格动态调整机制,优化中医医疗服务价格政策。深化人事薪酬制度改革,落实医疗卫生机构内部分配自主权,建立主要体现岗位职责和知识价值的薪酬体系。

健全医疗卫生综合监管制度。建立健全机构自治、行业自律、政府监管、社会监督相结合的医疗卫生综合监督管理体系,加强对服务要素准入、质量安全、公共卫生、机构运行、医疗保障基金、健康养老、托育服务和健康产业等的监管。积极培育医疗卫生行业组织,在制定行业管理规范和技术标准、规范执业行为、维护行业信誉、调解处理服务纠纷等方面更好发挥作用。提升卫生健康监督执法能力。构建更为严密的医疗卫生机构安全生产责任体系,加强医疗卫生机构危险化学品使用管理,落实医疗卫生机构消防安全管理责任,深入开展从业人员消防安全教育培训。

| 专栏4　深化医药卫生体制改革项目 |
|---|
| 紧密型医疗联合体等网格化布局,公立医院高质量发展,公立医院综合改革示范,公立医院薪酬制度改革,医疗服务价格改革,药品、高值医用耗材集中采购,全国医疗服务成本价格监测网络,地方医改监测评价。 |

(二)强化卫生健康人才队伍建设。强化医教协同,推进以胜任力为导向的教育教学改革,优化医学专业结构。完善毕业后医学教育制度,支持新进医疗岗位的本科及以上学历临床医师均接受住院医师规范化培训。健全继续医学教育制度。强化基层人才队伍建设,加强全科医生临床培养培训,深入实施全科医生特岗计划、农村订单定向医学生免费培养和助理全科医生培训,有条件的地区探索实施“县聘乡用、乡聘村用”。开发退休医务人员人力资源,支持城市二级以上医院在职或退休医师到乡村医疗卫生机构多点执业或开办诊所。加强乡村卫生人才在岗培训和继续教育。

加强疾控骨干人才队伍建设，提升现场流行病学调查等核心能力。完善公共卫生人员准入、使用和考核评价等机制。加强职业卫生复合型人才培养。加强药师队伍建设和配备使用。改革完善医务人员评价机制，坚持分层分类评价，突出品德能力业绩导向，增加临床工作数量和质量指标，探索试行成果代表作制度，淡化论文数量要求。

（三）加快卫生健康科技创新。推进医学科技创新体系的核心基地建设。新布局一批国家临床医学研究中心，形成覆盖全国的协同研究网络。加强疾病防控和公共卫生科研攻关体系与能力建设，汇聚力量协同开展重大传染病防控全链条研究。面向人民生命健康，开展卫生健康领域科技体制改革试点，启动卫生健康领域科技创新2030—重大项目、“十四五”重点研发计划等国家科技计划，实施“脑科学与类脑研究”等重大项目以及“常见多发病防治研究”、“生育健康及妇女儿童健康保障”等重点专项。健全涉及人的医学研究管理制度，规范生物医学新技术临床研究与转化应用管理。加快推广应用适合基层和边远地区的适宜医疗卫生技术。完善审批程序，加强实验室生物安全管理，强化运行评估和监管。完善高级别病原微生物实验室运行评价和保障体系，完善国家病原微生物菌（毒）种和实验细胞等可培养物保藏体系。

（四）促进全民健康信息联通应用。落实医疗卫生机构信息化建设标准与规范。依托实体医疗机构建设互联网医院，为签约服务重点人群和重点随访患者提供远程监测和远程治疗，推动构建覆盖诊前、诊中、诊后的线上线下一体化医疗服务模式。支持医疗联合体运用互联网技术便捷开展预约诊疗、双向转诊、远程医疗等服务。优化“互联网+”签约服务，全面对接居民电子健康档案、电子病历，逐步接入更广泛的健康数据，为签约居民在线提供健康咨询、预约转诊、慢性病随访、健康管理、延伸处方等服务。推动“互联网+慢性病（糖尿病、高血压）管理”，实现慢性病在线复诊、处方流转、医保结算和药品配送。推广应用人工智能、大数据、第五代移动通信（5G）、区块链、物联网等新兴信息技术，实现智能医疗服务、个人健康实时监测与评估、疾病预警、慢病筛查等。指导医疗机构合理保留传统服务方式，着力解决老年人等群体运用智能技术困难的问题。构建权威统一、互联互通的全民健康信息平台，完善全民健康信息核心数据库，推进各级各类医疗卫生机构统一接入和数据共享。探索建立卫生健康、医疗保障、药监等部门信息共享机制，通过全国一体化政务服务平台，实现跨地区、跨部门数据共享。研究制定数据开放清单，开展政府医疗健康数据授权运营试点。严格规范公民健康信息管理使用，强化数据资源全生命周期安全保护。

（五）完善卫生健康法治体系。贯彻落实基本医疗卫生与健康促进法，加快推动传染病防治法、突发公共卫生事件应对法、职业病防治法、中医药传统知识保护条例等法律法规的制修订工作，构建系统完备的卫生健康法律体系。加快完善医疗卫生技术标准体系，针对“互联网+医疗健康”等新业态加快标准制修订。加强普法宣传。持续深化卫生健康领域“放管服”改革。

（六）加强交流合作。全方位推进卫生健康领域国际合作，推动构建人类卫生健康共同体。完善政策对话与协作机制，深入参与相关国际标准、规范、指南等的研究、谈判与制定。健全跨境卫生应急沟通协调机制。完善我国参与国际重特大突发公共卫生事件应对机制。深化中医药领域国际交流合作。促进“一带一路”卫生健康合作，推进健康丝绸之路建设。创新卫生发展援助与合作模式。深化与港澳台地区卫生健康交流合作。

## 十、强化组织实施

（一）加强组织领导。加强党对卫生健康工作的领导，强化政府责任，健全部门协作机制，及时细化完善政策措施，完善国民健康政策，推动各项任务落实。加快建立健康影响评价评估制度，推动经济社会发展规划中突出健康目标指标、公共政策制定实施中向健康倾斜、公共资源配置上优先满足健康发展需要。

（二）动员各方参与。强化跨部门协作，发挥工会、共青团、妇联、残联、计生协会等群团组织以及其他社会组织的作用，调动各企（事）业单位、学校、村（社区）积极性和创造性，鼓励相关行业学会、协会等充分发挥专业优势，将卫生健康工作纳入基层治理，引导群众主动落实健康主体责任、践行健康生活方式。

（三）做好宣传引导。发挥基层首创精神，鼓励地方结合实际积极探索创新。及时总结推广地方好的经验和做法，发挥示范引领作用。积极宣传推进健康中国建设相关政策措施，做好信息发布，加强正面宣传和典型报道。加强舆论引导，及时回应社会关切。

（四）强化监测评价。健全卫生健康规划体系，加强不同层级规划衔接。各有关部门要加强对地方的指导。建立健全规划实施监测评价机制，加强监测评估能力建设，对规划实施进行年度监测和中期、末期评估，及时发现和统筹研究解决实施中的问题。

# 国务院办公厅关于印发深化医药卫生体制改革2022年重点工作任务的通知

（国办发〔2022〕14号）

各省、自治区、直辖市人民政府，国务院各部委、各直属机构：

《深化医药卫生体制改革2022年重点工作任务》已经国务院同意，现印发给你们，请结合实际，认真组织实施。

国务院办公厅

2022年5月4日

## 深化医药卫生体制改革2022年重点工作任务

2022年是进入全面建设社会主义现代化国家、向第二个百年奋斗目标进军新征程的重要一年。深化医药卫生体制改革要坚持以习近平新时代中国特色社会主义思想为指导，全面贯彻党的十九大和十九届历次全会精神，认真落实习近平总书记重要指示精神和党中央、国务院决策部署，全面推进健康中国建设，深入推广三明医改经验，促进优质医疗资源扩容和均衡布局，深化医疗、医保、医药联动改革，持续推动从以治病为中心转变为以人民健康为中心，持续推进解决看病难、看病贵问题。

### 一、加快构建有序的就医和诊疗新格局

（一）发挥国家医学中心、国家区域医疗中心的引领辐射作用。依托现有资源，加快推进国家医学中心设置和建设，开展国家区域医疗中心建设项目，深化运行机制改革，年内基本完成全国范围内国家区域医疗中心建设项目的规划布局。（国家发展改革委、国家卫生健康委、教育部、国家中医药局、国家疾控局等和地方人民政府按职责分工负责。以下均需地方人民政府负责，不再列出）

（二）发挥省级高水平医院的辐射带动作用。依托现有资源，指导地方建设一批省级区域医疗中心，完善体制机制，引导省会城市和超（特）大城市中心城区的医院支持资源薄弱地区，推动优质医疗资源向市县延伸。（国家发展改革委、国家卫生健康委、国家中医药局等按职责分工负责）

（三）增强市县级医院服务能力。每个省份在2—3个设区的市开展紧密型城市医疗集团试点，完善体制机制，实行网格化布局和规范化管理。支持社会办医持续健康规范发展，支持社会办医疗机构牵头组建或参加医疗联合体。在县域推广临床服务、急诊急救新模式。深入推进紧密型县域医共体建设和体制机制改革，推动在医共体内实行行政、人事、财务、业务、药品、信息系统等统筹管理，加强监测评价，强化评价结果应用。（国家卫生健康委、国家发展改革委、人力资源社会保障部、国家中医药局等按职责分工负责）

（四）提升基层医疗卫生服务水平。落实和完善村医待遇保障与激励政策。推进健康乡村建设，采取巡诊、派驻等方式确保村级医疗卫生服务全覆盖，有条件的地方可推进“县管乡用、乡聘村用”。加强基层医疗机构和家庭医生（团队）健康管理服务，推广长期处方服务并完善相关医保支付政策。有序扩大家庭医生队伍来源渠道，创新服务方式。优化基本公共卫生服务项目，提升服

务质量。(国家卫生健康委、人力资源社会保障部、国家医保局、国家乡村振兴局、国家中医药局等按职责分工负责)

(五)持续推进分级诊疗和优化就医秩序。组织制定疾病分级诊疗技术方案和入出院标准,引导有序就医。推进紧密型县域医共体总额付费,加强监督考核,结余留用、合理超支分担,促进区域或医疗联合体内合理就医。(国家卫生健康委、国家医保局、国家中医药局等按职责分工负责)

## 二、深入推广三明医改经验

(六)加大三明医改经验推广力度。跟踪评估各地深入推广三明医改经验工作进展,对工作滞后的及时通报并督促整改。落实《中共中央办公厅　国务院办公厅转发〈国务院深化医药卫生体制改革领导小组关于进一步推广深化医药卫生体制改革经验的若干意见〉的通知》等要求,推动由地方党委和政府主要负责同志或一位主要负责同志担任医改领导小组组长。(国务院医改领导小组秘书处、国家卫生健康委等按职责分工负责)

(七)开展药品耗材集中带量采购工作。扩大采购范围,力争每个省份国家和地方采购药品通用名数合计超过350个。国家层面开展一批脊柱类高值医用耗材集中带量采购。对国家组织采购以外用量大、采购金额高的药品耗材,指导各省份至少各实施或参与联盟采购实施1次集中带量采购,提高药品、高值医用耗材网采率。落实药品耗材集中采购医保资金结余留用政策,完善结余留用考核,激励合理优先使用中选产品。研究完善对抗菌药物等具有特殊性的药品集采规则和使用方案。加强医用耗材价格监测。(国家医保局、财政部、人力资源社会保障部、国家卫生健康委、国家中医药局等按职责分工负责)

(八)推进医疗服务价格改革。各省份2022年6月底前印发建立医疗服务价格动态调整机制相关文件,年底前将医疗服务价格调出成本监审和价格听证目录。指导地方科学设置医疗服务价格调整的启动条件、触发标准及约束条件,年内开展1次调价评估,符合条件的及时调价。指导5个医疗服务价格改革试点城市探索价格调整总量确定规则、调价综合评估指标体系等配套措施。(国家医保局、国家发展改革委、财政部、国家卫生健康委、国家中医药局等按职责分工负责)

(九)推进医保支付方式改革。推行以按病种付费为主的多元复合式医保支付方式,在全国40%以上的统筹地区开展按疾病诊断相关分组(DRG)付费或按病种分值(DIP)付费改革工作,DRG付费或DIP付费的医保基金占全部符合条件住院医保基金支出的比例达到30%。对已进入实际付费阶段的试点城市进行评估,根据评估结果完善支付政策。推进门诊按人头付费相关工作,完善有关技术规范。(国家医保局、国家卫生健康委、国家中医药局、财政部等按职责分工负责)

(十)深化公立医院人事薪酬制度改革。指导地方结合实际用足用好编制资源,对符合条件的现有编外聘用专业技术人员,可探索通过公开招聘等严格规范的程序择优聘用,纳入编制管理。落实"两个允许"要求,实施以增加知识价值为导向的分配政策,强化公益属性,健全考核机制,指导各地深化公立医院薪酬制度改革。指导符合条件的三级医院试点开展高级职称自主评审。(中央编办、财政部、人力资源社会保障部、国家卫生健康委、国家医保局、国家中医药局等按职责分工负责)

(十一)加强综合监管。进一步推进医疗卫生行业综合监管制度建设,严格落实行业主管部门监管职责和相关部门职责范围内的监管责任,推动地方政府全面落实属地监管责任,实现事前事中事后全链条监管,堵塞监管漏洞。督促指导地方规范医疗机构收费和服务,把合理用药、规范诊疗情况作为医疗机构信息公开的重要内容,定期向社会公布。制定医疗保障基金智能监控知识库、规则库管理办法,推动各地医保部门加强智能监控应用。严厉打击欺诈骗取医保基金行为。加强医药领域价格监管。制定药品经营和使用质量监督管理办法、药品网络销售监督管理办法。推进药品使用监测信息网络建设和药品编码应用，2022年力争覆盖所有二级及以上公立医疗机构和80%的政府办社区卫生服务中心、乡镇卫生院。扎实推进全国统一医保信息业务编码动态维护和深化应用。（国家卫生健康委、市场监管总局、国家医保局、国家中医药局、国家疾控局、国家药监局等按职责分工负责）

## 三、着力增强公共卫生服务能力

（十二）提升疾病预防控制能力。健全疾病预防控制网络、管理体系和运行机制，完善防治结合、联防联控、群防群控机制，加强公共卫生队伍建设，提高重大疫情监测预警、流调溯源和应急处置能力。平稳有序做好疾病预防控制机构改革相关工作。推进村（居）民委员会公共卫生委员会建设。（国家卫生健康委、国家疾控局、中央编办、民政部和各相关部门按职责分工负责）

（十三）加强医防协同。推进实施癌症、脑卒中、心血管病、慢阻肺等重大慢性病高危筛查干预项目。推进高血压、高血糖、高血脂“三高”共管试点，完善慢性病健康管理适宜技术和服务模式，推进基层慢性病医防融合管理。推进公立医疗机构设立公共卫生科等直接从事疾病预防控制工作的科室，探索设立医疗卫生机构专兼职疾病预防控制监督员。依托综合医院、职业病专科医院，加强尘肺病、化学中毒等职业病诊断救治康复能力建设。（国家卫生健康委、国家中医药局、国家疾控局等按职责分工负责）

（十四）做好新冠肺炎疫情防控。坚持“外防输入、内防反弹”总策略和“动态清零”总方针，坚持常态化科学精准防控和局部应急处置有机结合，落实“四方责任”和“四早”要求，加强疫情源头控制，突出口岸地区疫情防控，严格落实高风险人员闭环管理，科学精准处置局部疫情，持续做好新冠病毒疫苗接种工作，不断优化完善防控措施，坚决守住不出现疫情规模性反弹的底线，统筹疫情防控和经济社会发展，努力用最小的代价实现最大的防控效果。继续帮扶因疫情遇困的医疗机构。（国家卫生健康委、国家疾控局和各相关部门按职责分工负责）

（十五）深入实施健康中国行动。扎实推进健康中国行动，进一步完善工作机制，确保完成到2022年的阶段性目标任务。持续深入开展爱国卫生运动。推进医疗机构和医务人员开展健康教育和健康促进的绩效考核机制建设。（国家卫生健康委、教育部、体育总局、国家中医药局、国家疾控局和各相关部门按职责分工负责）

## 四、推进医药卫生高质量发展

（十六）推动公立医院综合改革和高质量发展。综合医改试点省份率先探索各级各类公立医院高质量发展的模式和路径。地方按照属地原则对辖区内公立医院高质量发展进行评价。积极发挥高水平公立医院高质量发展示范引领作用。推进建立健全现代医院管理制度试点。加强公立医院、妇幼保健机构绩效考核。深化医疗卫生领域军民融合。（国家卫生健康委、财政部、国家中医药局、中央军委后勤保障部卫生局等按职责分工负责）

（十七）发挥政府投入激励作用。坚持公益性，落实政府在卫生健康领域的投入责任，指导地方按规定落实政府对符合区域卫生规划公立医院的投入政策。继续支持公立医院综合改革，实施公立医院改革与高质量发展示范项目，激励引导一批有改革积极性的地市推广三明医改经验。遴选10个深化医改真抓实干成效明显的地市并给予奖励。（财政部、国家卫生健康委等按职责分工负责）

（十八）促进多层次医疗保障体系发展。推动基本医保省级统筹。完善跨省异地就医直接结算办法，进一步扩大门诊费用跨省直接结算，每个县至少有一家定点医疗机构能够提供包括门诊费用在内的医疗费用跨省直接结算服务。指导各地推进职工医保普通门诊统筹，对在基层医疗卫生机构就医实行差别化支付政策，逐步将多发病、常见病的普通门诊费用纳入统筹基金支付范围。实现全国医保用药范围基本统一。深化长期护理保险制度试点，及时总结推广经验。支持商业保险机构开发与基本医疗保险相衔接的商业健康保险产品，更好覆盖基本医保不予支付的费用，探索推进医保信息平台按规定与商业健康保险信息平台信息共享。（国家医保局、财政部、国家卫生健康委、税务总局、银保监会、国家中医药局等按职责分工负责）

（十九）强化药品供应保障能力。持续深化审评审批制度改革，加快有临床价值的创新药上市。持续推进仿制药质量和疗效一致性评价工作。优化国家基本药物目录，完善目录管理机制。完善公立医疗机构优先配备使用基本药物政策，鼓励城市医疗集团、县域医共体等建立药品联动管理机制，促进上下级医疗机构用药衔接。健全药品协同监测机制，强化药品短缺分级应对。加强小品种药（短缺药）集中生产基地建设。加强罕见病用药保障。健全药品临床综合评价工作机制和标准规范，将评价结果作为医疗机构用药目录遴选、上下级用药衔接等的重要依据。分类推进医疗器械唯一标识实施工作，深化唯一标识在监管、医疗、医保等领域的衔接应用。探索完善药品流通新业态新模式。（工业和信息化部、商务部、国家卫生健康委、国家医保局、国家药监局等按职责分工负责）

（二十）推动中医药振兴发展。推进中医药综合改革。开展医疗、医保、医药联动促进中医药传承创新发展试点。选择部分地区开展医保支持中医药发展试点，推动中医特色优势病种按病种付费。推进中西医协同“旗舰”医院建设和重大疑难疾病中西医临床协作试点项目。加强基层医疗卫生机构中医药服务能力建设，力争实现全部社区卫生服务中心和乡镇卫生院设置中医馆、配备中医医师。（国家中医药局、国家发展改革委、财政部、国家卫生健康委、国家医保局等按职责分工负责）

（二十一）协同推进相关领域改革。实施社区医养结合能力提升行动。开展医养结合示范项目。推进临床研究规范管理试点，扩大试点范围。年内通过农村订单定向免费医学生培养等多种途径培养培训全科医生3.5万人，培训住院医师（含专业硕士研究生）10万人，专业硕士研究生招生向全科、儿科、精神科等紧缺专业倾斜。落实住院医师规范化培训两个同等对待相关政策。支持职业院校增设“一老一小”等健康服务产业相关专业。深入推进“互联网+医疗健康”“五个一”服务行动，推进全国医疗卫生机构信息互通共享。推进远程医疗服务覆盖全国95%的区县，并逐步向基层延伸。（教育部、公安部、民政部、人力资源社会保障部、国家卫生健康委、国家医保局、国家中医药局、国家疾控局等按职责分工负责）

各地各有关部门要切实加强组织领导，持续深化医改。综合医改试点省份要进一步发挥示范带动作用。国务院医改领导小组秘书处和各地医改领导小组牵头协调机构要会同有关部门加强统筹协调和督导评价，开展医改监测，建立任务台账，强化定期调度和通报。加强宣传引导，及时回应社会关切，凝聚改革共识。

# 二、部门规章及规范性文件

## 2022年国家医疗保障局令

# 国家医疗保障局令

第5号

《医疗保障基金使用监督管理举报处理暂行办法》已经2022年1月20日第4次局务会议审议通过，现予公布，自2022年3月1日起施行。

局长：胡静林

2022年1月29日

## 医疗保障基金使用监督管理举报处理暂行办法

**第一条** 为规范医疗保障基金使用监督管理举报处理工作，确保及时、有效处理举报，切实维护医疗保障基金安全，保护自然人、法人或者其他组织合法权益，根据《中华人民共和国社会保险法》《医疗保障基金使用监督管理条例》等有关法律、行政法规，制定本办法。

**第二条** 违法违规使用基本医疗保险（含生育保险）基金、医疗救助基金等医疗保障基金的举报处理，适用本办法。

本办法所称举报，是指自然人、法人或者其他组织（以下简称“举报人”）向医疗保障行政部门反映被举报人涉嫌违反医疗保障基金使用监督管理法律、法规、规章的行为。

**第三条** 国务院医疗保障行政部门主管全国举报处理工作，指导地方医疗保障行政部门举报处理工作。各级医疗保障行政部门建立健全举报处理工作机制。

县级以上医疗保障行政部门负责本行政区域内的举报处理工作。法律、行政法规、部门规章另有规定的，依照其规定。

**第四条** 医疗保障行政部门处理举报，应当遵循统一领导、属地管理、分级负责、公正高效的原则，做到适用依据正确、程序合法。

**第五条** 鼓励社会公众和新闻媒体对涉嫌违反医疗保障基金使用监督管理的违法违规行为依法进行社会监督和舆论监督。

**第六条** 向医疗保障行政部门提出举报的，应当通过医疗保障行政部门公布的接收举报的互联网、电话、传真、邮寄地址等渠道进行。医疗保障经办机构等部门接收的举报线索，依法应当由医疗保障行政部门处理的，移交医疗保障行政部门处理。

各级医疗保障行政部门应当畅通举报渠道，加强举报渠道专业化、一体化建设。

**第七条** 举报人应当提供涉嫌违反医疗保障基金使用监督管理法律、法规、规章的具体线索。举报人采取非书面方式进行举报的，医疗保障行政部门工作人员应当记录。

**第八条** 举报人可以实名举报或者匿名举报。举报人实名举报的，举报时应提供本人真实身份信息和真实有效的联系方式。鼓励举报人实名举报，医疗保障行政部门按本办法要求，履行相关告知程序，对实名举报人的信息予以严格保密。

医疗保障行政部门对接收的举报进行登记。

**第九条** 举报由被举报行为发生地的县级以上医疗保障行政部门处理。法律、行政法规、部门规章另有规定的，依照其规定。

接到举报的医疗保障行政部门不具备处理权限的，应当告知举报人直接向有处理权限的医疗保障等行政部门提出。

下级医疗保障行政部门认为需要由上级医疗保障行政部门处理的举报，可以报请上级医疗保障行政部门决定；上级医疗保障行政部门认为有必要的，可以处理下级医疗保障行政部门接收的举报。

**第十条** 两个以上医疗保障行政部门因处理权限发生争议的，应当自发生争议之日起7个工作日内协商解决；协商不成的，报请共同的上一级医疗保障行政部门指定处理部门。

**第十一条** 县级以上医疗保障行政部门统一接收举报的工作机构，应当及时将举报分送有处理权限的下级医疗保障行政部门或者同级医疗保障行政部门相关机构处理。

同级医疗保障行政部门相关机构收到分送的举报，应当按照本办法有关规定及时处理。不具备处理权限的，应当及时反馈统一接收举报的工作机构，不得自行移送。

**第十二条** 医疗保障行政部门应当按照医疗保障行政处罚等有关规定处理举报。

举报人实名举报的，有处理权限的医疗保障行政部门应当自作出是否立案决定之日起5个工作日内告知举报人。

**第十三条** 法律、法规、规章规定医疗保障行政部门应当将举报处理结果告知举报人的，医疗保障行政部门应当予以告知。

**第十四条** 对于已经立案的举报事项，医疗保障行政部门作出处理决定前，举报人主动撤回举报的，不影响医疗保障行政部门的调查处理；医疗保障行政部门不再将处理结果告知举报人。

**第十五条** 被举报人应当依法配合医疗保障行政部门调查。

**第十六条** 医疗保障行政部门应当对举报人的信息予以保密，不得将举报人个人信息、举报办理情况等泄露给被举报人或者与办理举报工作无关的人员。

对举报处理工作中获悉的国家秘密以及公开后可能危及国家安全、公共安全、经济安全、社会稳定的信息，医疗保障行政部门应当严格保密。

涉及商业秘密、个人隐私等信息，依照《中华人民共和国政府信息公开条例》等有关规定执行。

**第十七条** 医疗保障行政部门应当加强对本行政区域举报信息的统计、分析、应用，定期公布举报统计分析报告。

**第十八条** 举报人应当对举报内容及其所提供材料的真实性负责。捏造、歪曲事实，诬告陷害他人的，依法承担相关法律责任。

**第十九条** 国务院医疗保障行政部门建立举报处理工作年度报告制度，各省级医疗保障行政部门应当于每年4月30日前，向国务院医疗保障行政部门报告上一年度举报处理工作情况。如遇重大事项，各省级医疗保障行政部门应当按规定及时向国务院医疗保障行政部门报告。

**第二十条** 医疗保障行政部门对经查实且具有重大社会影响的典型案例，应当向社会公布；但涉及国家秘密、工作秘密、商业秘密和个人隐私的，依照《中华人民共和国政府信息公开条例》等有关规定执行。

**第二十一条** 经查实符合举报奖励条件的举报，医疗保障行政部门应当按规定予以奖励。

**第二十二条** 医疗保障行政部门应当在办结后5个工作日内，依据相关档案管理规定，对举报处理过程中涉及的相关资料立卷归档，留档备查。

**第二十三条** 各级医疗保障行政部门应当配备专业人员，提供必要的办公场所、办公设备等，保障举报接收、处理工作顺利进行。

**第二十四条** 违法违规使用居民大病保险、职工大额医疗费用补助、公务员医疗补助等医疗保障资金的举报处理，参照本办法执行。

**第二十五条** 以举报形式进行咨询、政府信息公开申请、行政复议申请、信访等活动的，不适用本办法，医疗保障行政部门可以告知通过相应途径提出。

**第二十六条** 本办法自2022年3月1日起施行。

## 2022年部门规章及规范性文件

# 国家医疗保障局<br>关于进一步深化推进医保信息化标准化工作的通知

（医保发〔2022〕8号）

各省、自治区、直辖市及新疆生产建设兵团医疗保障局：

为深入贯彻落实党中央、国务院关于医保信息化标准化工作的决策部署，扎实推进全国统一的医保信息平台深化应用和运行维护，充分发挥平台支撑和引领作用，有效防范化解网络和数据安全风险，现就进一步深化推进医保信息化标准化工作通知如下：

**一、总体要求**

（一）指导思想

以习近平新时代中国特色社会主义思想为指导，深入贯彻落实党的十九大和十九届历次全会精神，落实习近平总书记关于网络强国的重要指示批示精神，紧紧围绕高质量发展主题，以建设公平医保、法治医保、安全医保、智慧医保、协同医保为目标，统筹医保信息化和标准化发展，全面深化医保信息平台应用，筑牢网络和数据安全防线，加快构建平台运维管理体系，不断提升医保服务支撑能力，为推进医保改革和服务、提升医保治理体系和治理能力现代化水平、推动医保事业高质量发展提供强大动力。

（二）基本原则

坚持全国统一。地方在平台建设、运维、升级等全过程中严格按照统一的原则，坚持已有功能应用尽用、个性需求能配则配、定制开发最小必须、差异需求国家审核的要求，推进平台全域全业务应用。构建全国统一的运维管理规范，实现运维管理全国“一盘棋”。

坚持规范管理。明确职责、规范运行，建立运维管理、系统升级、网络安全、数据安全等系列管理制度，形成有效工作机制。制定并完善工作标准和规范，促进医保信息化标准化工作规范发展。

坚持问题导向。将人民群众重点关注、期望较高、困难问题较多等领域列为医保信息化标准化工作的重点，大力发扬工匠精神，持续完善和优化平台功能，不断解决人民群众急难愁盼问题。

坚守安全底线。持续强化平台高可用性，确保平台安全稳定运行。统筹网络安全防护和数据安全保护，发挥技术、管理等各项手段功能，全面建立完善的医保安全防护网。加强网络安全人才培养和引进，不断夯实医保信息化安全基础。

（三）主要目标

医保信息平台服务的深度和广度不断延伸，智能化服务水平持续提升，网络安全和数据安全保护制度体系更加健全，智慧医保和安全医保建设水平显著提升。

全国统一的医保信息平台全面应用。平台全业务全流程应用持续深化，对公共服务、医保经办、支付方式改革、基金监管、价格管理、药品和医用耗材招采等工作的支撑作用大幅提升，医保服务不断完善，医保大数据和智能监控全面应用，医保电子凭证广泛应用，就医结算更加便捷。

医保信息化运维管理体系全面建立。打造专

业可靠的运维管理团队，构建基础设施、网络安全、云平台、业务子系统等领域的运维管理流程，形成科学有效的运维管理制度体系，医保信息化标准化运维管理绩效评估标准不断完善，运维管理水平和监控能力大幅提升，有效支撑医保信息平台安全平稳高效运行。

医保数据治理水平全面提升。医保数据治理规范更加完善，数据质量评估标准更加科学，医保数据治理工作有效推进，全国医保历史数据、增量数据的归集和治理全面完成，医保数据治理水平和数据质量大幅提升，为加快推进医保大数据应用，充分发挥医保大数据为民服务作用奠定坚实基础。

**二、重点任务**

（一）扎实推进编码动态维护和深化应用

各省级医保部门要持续做好编码动态维护，严格按照医保信息业务编码标准维护流程，根据工作职责和维护审核权限，组织本地区按时保质做好编码信息的采集、上报、审核等工作，确保编码全量完整维护、及时入库、动态调整、同步更新。深化编码标准应用，建立编码标准常态化应用机制，确保标准数据更新及时性和标准信息应用规范性。不断推动定点医药机构做好编码在信息系统中的应用，实现带码入库、带码使用、带码结算。

（二）全面深化平台应用

各省级医保部门要加快全域全业务部署进度，确保在2022年3月15日前完成国家医保局下发的14个业务子系统和业务中台的上线任务。积极与有关部门沟通协调，不断推进药品和医用耗材招采、全流程线上医保移动支付等投入应用，充分发挥协议管理作用，督促各定点医院、定点零售药店加快系统接口升级改造，实现新平台在就医购药全流程的深度应用。加强医保电子凭证、医保服务平台网厅、App和小程序等推广应用，持续在应用中优化平台功能，打造可用、好用、实用的医保信息系统。

（三）筑牢网络和数据安全防线

各级医保部门要强化网络和数据安全组织领导，压实安全责任，统筹工作部署，建立健全网络和数据安全保护规章制度。加强网络安全智能预警能力建设，实时监测系统运行情况，提升安全威胁信息汇集和研判能力，加强网络和数据安全防护信息共享和通报预警。推进安全运营管理队伍建设，强化日常监管，开展常态化医保数据安全专项检查，做好安全风险处置演练，做好重大活动期间安全保障，加快形成责任明确、层级清晰、保障有力的安全运营管理体系。

（四）完善平台运维管理体系

各级医保部门要加强工作协同，积极配合，规范运维管理各项业务流程、审核标准等，建立健全医保信息平台运维管理制度。医保业务部门要做好需求审核和管理，规范业务流程，把好需求审核的“第一道关”；技术部门要积极配合做好需求的技术审核和评估，持续做好功能开发、优化、运维管理等工作。各省级医保部门要统一管理本地区需求，需报国家医保局解决的，应经医保业务部门、技术部门分别审核后，以省级医保部门名义提出需求申请。在国家医保局指导下，各省级医保部门按区域轮流派人参与需求审核等平台运维工作。

（五）持续完善信息基础设施建设

加强资源统一管理，做好资源容量规划，优化系统资源分配方式，科学配置系统资源。综合利用资源监控平台等工具，实时监测资源运行情况，实现资源分配、调整和回收等全生命周期管理，不断提升资源利用率。加强计算、存储和网络带宽等信息化资源的性能指标评估，稳步开展资源扩容和升级，切实提升基础设施的业务承载能力。做好基础设施风险预警，完善应急处置预案，明确应急处置流程。研究开展异地数据灾备体系建设，提升快速响应与业务恢复能力。严禁以外挂工具、数据回流等形式建设全国统一的医保信息平台之外的信息系统，严禁在省级以下医保部门新部署信息系统，少数尚未实现省级集中部署的地区，要加快制定并落实省级集中部署工作方案。

（六）稳步提升数据治理效能

各级医保部门要及时上传数据，确保重要业务全面覆盖和重要数据全部上传。以国家数据标准为基础，完善各地区医保数据检测标准规范，健全数据治理绩效考核制度，不断提升数据治理能力和水平。加快推进数据治理工作进度，常态化开展数据质量自查，加强对上传数据的数量、质量监控预警，严格落实各项数据标准规范，确保数据质量不打折扣。加强大数据挖掘和分析，逐步深化大数据在宏观决策分析、医保基金监管、医保业务办理等工作中的应用，提升大数据支撑能力。

（七）高标准完成平台验收

国家医保局组建平台验收专家组，以省级医保信息平台为单位，采用材料审核、远程查验、现场检查等方式开展医保信息平台项目验收。各省级医保部门要依据国家医保局备案的本省医保信息平台可行性研究报告和初步设计方案为基础，对照医保信息平台验收指南要求，全面查漏补缺、做好整改，尽快达到验收条件。各级医保部门要高度重视，积极配合国家医保局平台验收专家组开展工作，对验收中发现的突出问题要逐项整改直至验收通过，确保2022年12月底前完成平台验收。

## 三、保障措施

（一）加强组织领导

各级医保部门要充分认识做好医保信息化标准化工作的重要意义，加强组织保障和协调配合，完善责任制度，加强考核评估，切实把医保信息化标准化工作作为“一把手工程”来抓。聚焦各项重点任务，认真做好工作分工和落实方案，压实工作责任，加快工作进度，全力完成各项工作任务要求。主要负责同志为第一负责人，要亲自过问、亲自指导、亲自督办，分管负责同志要具体抓、抓具体、抓落实。各级医保部门要加强与其他政府部门之间的沟通协调，医保业务部门和技术部门要密切配合，通力合作，认真落实，确保医保信息化标准化各项工作扎实推进。

（二）强化队伍建设

各级医保部门要高度重视人才队伍建设，有条件的地区可以加强与高等院校、科研院所等单位合作，充分发挥支撑单位、参建厂商等技术优势，充实医保信息化标准化技术力量。注重专业人才培养，定期开展业务和技术培训，加强经验分享和工作交流，鼓励地区间开展信息化标准化干部挂职锻炼，促进人才交流，提升整体工作能力和水平。加强信息化标准化人才发展制度建设，规范工作人员职责权力，特别是网络和数据安全等关键岗位，要做好保密规范管理教育，锻造一支讲政治、有正气、懂业务、敢担当、善创新的医保信息化标准化队伍。

（三）加强宣传引导

各级医保部门要加强主动宣传，通过多种形式宣传医保新平台的重要意义和积极作用，特别是加大力度做好医保电子凭证、医保服务网厅和App、小程序等信息化便民工具的宣传工作，确保群众及时享受方便快捷的医保服务。积极做好正向引导，加强与群众沟通交流，畅通信息反馈渠道，认真研究和解决群众反映问题，并做好解释说明。高度重视社会舆情，制定应急预案，加强应急演练，发现舆情苗头要尽快处理，确保不发生极端事件和重大社会舆情。

特此通知。

国家医疗保障局

2022年2月17日

# 国家医疗保障局关于印发《医疗保障基金智能审核和监控知识库、规则库管理办法（试行）》的通知

（医保发〔2022〕12号）

各省、自治区、直辖市及新疆生产建设兵团医疗保障局：

《医疗保障基金智能审核和监控知识库、规则库管理办法（试行）》已经国家医疗保障局第53次局长办公会审议通过，现印发给你们，请认真贯彻执行。

国家医疗保障局

2022年3月30日

## 医疗保障基金智能审核和监控知识库、规则库管理办法（试行）

### 第一章　总则

**第一条**　为进一步健全医疗保障基金监管体系，加强医疗保障基金智能审核和监控知识库、规则库（以下简称“两库”）管理，提升监管效能，促进基金有效使用，依据《中华人民共和国社会保险法》《中华人民共和国基本医疗卫生与健康促进法》《医疗保障基金使用监督管理条例》等法律法规，制定本办法。

**第二条**　本办法适用于医疗保障基金“两库”的建设和管理。

**第三条**　本办法所称医疗保障基金智能审核和监控是指医疗保障部门依据有关法律、法规、规定以及相关行业标准、规范等，依托全国统一的医疗保障信息平台，运用信息化手段，利用大数据实时动态监控医疗保障基金全过程使用情况，并根据监控结果进行协议管理和行政监管的监督管理方式。

知识库是医疗保障基金智能审核和监控所需知识和依据的集合。

规则库是基于知识库判断监管对象相关行为合法合规合理性的逻辑、参数指标、参考阈值以及判断等级等的集合。

**第四条**　“两库”建设和管理应当遵循科学合理、多方协商、公开透明、动态完善的原则。

**第五条**　国家医疗保障局负责拟定“两库”建设和管理的规范和标准，组织制定、发布“两库”框架体系，并进行动态调整。负责收集、汇总地方增补的知识和规则，并加强指导。

省级、地市级医疗保障行政部门负责推进“两库”同步更新和本地化应用，可依据地方法规、政府规章、规范性文件及本地定点医药机构管理和基金运行实际情况，按本办法规定增补本地化知识和规则，并及时向上一级医疗保障行政部门报告。

### 第二章　“两库”建设

**第六条**　“两库”建设应经过知识搜集、规则编写、多方论证、审核发布等程序。

**第七条**　知识库由法律法规、政策规范、医药学知识、医保信息业务编码、管理规范等构成。主要依据来源于以下内容：

（一）法律、法规、规章及规范性文件；

（二）药品说明书，医疗器械注册证；

（三）相关行业主管部门发布的规范标准；

（四）医疗保障部门在管理工作中形成的基本规范；

（五）其他有利于规范医药服务行为，保障定点医药机构提供合理、必要服务的管理要求。

**第八条** 规则库基于知识库产生。规则要素包括规则名称、定义、逻辑、参数、应用场景、判断等级以及具体违规情形等。

**第九条** “两库”应用前应广泛征求意见，组织多方论证，形成最大共识。论证形式包括学术论证、业务论证、行业论证。

**第十条** 学术论证应组织行业学（协）会、科研院所等单位的医保管理、医疗卫生、法律、信息技术等专业领域的专家参加，业务论证应组织医保管理、经办业务人员参加，行业论证应组织卫生健康、中医药等部门以及医药机构相关领域专家参加。

**第十一条** 论证重点包括：

（一）涉及专业性强、操作复杂的医学诊疗和临床路径知识与规则；

（二）可能存在争议的规则；

（三）较为复杂的规则阈值设定；

（四）其他需要专家重点论证的情形。

**第十二条** 国家医疗保障局向社会公开发布“两库”框架内容。

省级、地市级医疗保障部门应向辖区内定点医药机构公开“两库”监控要点、标准等内容。

国家鼓励省级、地市级医疗保障部门探索向社会公开“两库”监控要点、标准等，强化社会监督。

## 第三章 动态调整

**第十三条** “两库”动态调整包括“两库”框架体系优化、增补或废弃知识和规则、更改知识字段或规则要素等，分为年度调整和即时调整。调整程序参照本办法第六条规定的“两库”建设程序。

**第十四条** 原则上每年组织一次年度调整。年度调整应结合上年度“两库”建设、运行情况，调整前广泛征求意见，做好调整计划。年度调整重点包括：

（一）“两库”框架体系的持续优化；

（二）根据“两库”运行评估情况需进行调整的；

（三）省级医疗保障行政部门提出在全国推广本地行之有效的知识和规则，经国家医保局评估认定确有必要增补的；

（四）其他有必要调整的知识和规则。

**第十五条** 出现如下影响“两库”适用性和有效性的情形时，应当启动即时调整程序：

（一）所依据的法律法规、政策文件、诊疗规范等出现重大调整变化的；

（二）医疗保障管理、医学技术、信息技术等重大更新升级直接影响“两库”应用的；

（三）其他有必要即时调整知识和规则的情形。

**第十六条** 知识和规则的动态调整工作应由具有管理权限的医疗保障行政部门启动。因法律法规、政策文件等更改启动即时调整的，调整完成时限原则上应不晚于相关法律法规、政策文件的执行起始时间。

**第十七条** 医疗保障部门鼓励监管对象、行业学（协）会、高校、科研院所、第三方技术信息服务机构等根据国家政策、规范标准等，积极提出符合标准要求，具有普适意义的知识信息或对应规则，各级医疗保障行政部门可按规定程序纳入“两库”范围。

## 第四章 使用管理

**第十八条** 医疗保障部门以“两库”为依托，对各类监管对象在各种场景下使用医疗保障基金的情形进行全流程监控。

**第十九条** 医疗保障经办机构使用“两库”开展医保费用结算的事前提醒、支付审核、协议考核、稽核等业务管理活动。医疗保障行政部门和从事医保行政执法的机构使用“两库”协助开展医保行政监管和行政执法相关活动。鼓励定点医药机构应用“两库”加强内部管理，规范医药服务行为。

**第二十条** 省级、地市级医疗保障部门应建立健全内部管理机制，制定发现疑点信息对应的处理程序。处理程序应包括初审、复审、监管对象申诉、调查核实、违规处理等环节，每个环节应设置合理办理时限。

**第二十一条** 各级医疗保障部门应建立与监管对象的信息反馈机制，加强信息收集、归类、分析。根据管理权限，设置规则活跃度、响应精准性等指标对“两库”运行稳定性、有效性等开展日常监测和年度评估。

**第二十二条** 医疗保障部门和第三方技术信息服务机构及其工作人员在“两库”建设管理工作中，应严格规范数据管理和应用，认真履行保密义务，不得向任何组织和个人非法提供、复制、公布、出售或变相交易数据，确保数据信息安全。

## 第五章 附则

**第二十三条** 本办法由国家医疗保障局负责解释。

**第二十四条** 本办法自发布之日起施行。

# 国家医保局　财政部　国家税务总局<br>关于做好2022年城乡居民基本医疗保障工作的通知

（医保发〔2022〕20号）

各省、自治区、直辖市及新疆生产建设兵团医保局、财政厅（局），国家税务总局各省、自治区、直辖市和计划单列市税务局：

为贯彻落实党中央、国务院决策部署和2022年《政府工作报告》有关任务要求，进一步深化医疗保障制度改革，促进医疗保障高质量发展取得新成效，现就切实做好2022年城乡居民基本医疗保障有关工作通知如下：

## 一、合理提高筹资标准

为适应医疗费用增长和基本医疗需求提升，确保参保人员医保权益，2022年继续提高城乡居民基本医疗保险（以下简称“居民医保”）筹资标准。各级财政继续加大对居民医保参保缴费补助力度，人均财政补助标准新增30元，达到每人每年不低于610元，同步提高个人缴费标准30元，达到每人每年350元。中央财政继续按规定对地方实施分档补助，对西部、中部地区分别按照人均财政补助标准80%、60%的比例给予补助，对东部地区各省份分别按一定比例补助。统筹安排城乡居民大病保险（以下简称“大病保险”）资金，确保筹资标准和待遇水平不降低。探索建立居民医保筹资标准和居民人均可支配收入相挂钩的动态筹资机制，进一步优化筹资结构。放开新就业形态从业人员等灵活就业人员参保户籍限制。切实落实《居住证暂行条例》持居住证参保政策规定，对于持居住证参加当地居民医保的，各级财政要按当地居民相同标准给予补助。

## 二、巩固提升待遇水平

要坚持“以收定支、收支平衡、略有结余”原则，尽力而为、量力而行，统筹发挥基本医保、大病保险和医疗救助三重制度综合保障效能，科学合理确定基本医保保障水平。稳定居民医保住院待遇水平，确保政策范围内基金支付比例稳定在70%左右。完善门诊保障措施，继续做好高血压、糖尿病门诊用药保障，健全门诊慢性病、特殊疾病（以下简称“门诊慢特病”）保障。增强大病保险、医疗救助门诊保障功能，探索将政策范围内的门诊高额医疗费用纳入大病保险合规医疗费用计算口径，统筹门诊和住院救助资金使用，共用年度救助限额。合理提高居民医保生育医疗费用保障水平，切实支持三孩生育政策，减轻生育医疗费用负担，促进人口长期均衡发展。

## 三、切实兜住兜牢民生保障底线

要巩固拓展医疗保障脱贫攻坚成果，夯实医疗救助托底功能，坚决守住守牢不发生因病规模性返贫的底线。继续做好医疗救助对困难群众参加居民医保个人缴费分类资助工作，全额资助特困人员，定额资助低保对象、返贫致贫人口。统筹提高医疗救助资金使用效率，用足用好资助参保、直接救助政策，确保应资尽资、应救尽救。健全防范化解因病返贫致贫长效机制，完善参保动态监测、高额费用负担患者预警、部门间信息共享、风险协同处置等工作机制，确保风险早发现、早预防、早帮扶。完善依申请救助机制，对经相关部门认定核准身份的困难群众按规定实施分类救助，及时落实医疗救助政策。对经三重制度保障后个人费用负担仍较重的困难群众，做好与临时救助、慈善救助等的衔接，精准实施分层分类帮扶，合力防范因病返贫致贫风险。

## 四、促进制度规范统一

要坚决贯彻落实医疗保障待遇清单制度，规范决策权限，促进制度规范统一，增强医保制度发展的平衡性、协调性。严格按照《贯彻落实医疗保障待遇清单制度三年行动方案（2021—2023年）》要求，2022年底前实现所有统筹地区制度框架统一，40%统筹地区完成清单外政策的清理规范。坚持稳扎稳打、先立后破，统筹做好资金并转和待遇衔接，促进功能融合。推动实现全国医保用药范围基本统一。逐步规范统一省内基本医保门诊慢特病病种范围等政策。加强统筹协调，按照政策统一规范、基金调剂平衡、完善分级管理、强化预算考核、提升管理服务的方向，稳步推进省级统筹，职工医保和居民医保可分类序贯推进。要严格落实重大决策、重大问题、重大事项请示报告制度，新情况、新问题和重大政策调整要及时请示报告后实施。各省份落实医疗保障待遇清单制度情况将纳入相关工作绩效考核。

## 五、做好医保支付管理

要加强医保药品目录管理，做实做细谈判药品“双通道”管理，加强谈判药品供应保障和落地监测。做好医保支付标准试点工作并加强监测。2022年6月底前全部完成各省份原自行增补药品的消化工作。规范民族药、医疗机构制剂、中药饮片和中药配方颗粒医保准入管理。完善医保医用耗材和医疗服务项目管理。持续推进医保支付方式改革，扎实落实《DRG/DIP支付方式改革三年行动计划》，加快推进DRG/DIP支付方式改革，覆盖辖区至少40%统筹地区。探索门诊按人头付费，推进中医医保支付方式改革，探索中医病种按病种分值付费。完善医疗机构和零售药店医疗保障定点管理，加强“互联网+”医疗服务医保管理，畅通复诊、取药、配送环节。

## 六、加强药品耗材集中带量采购和价格管理

要全方位、多层次推进药品、医用耗材集采工作，统筹协调开展国家组织和省际联盟集采。2022年底国家和省级（或跨省联盟）集采药品品种数累计不少于350个，高值医用耗材品种累计达到5个以上。做好集采结果落地实施和采购协议期满接续工作，落实好医保基金预付、支付标准协同、结余留用等配套政策。提升完善医药集采平台功能，强化绩效评价，提高公立医疗机构网采率，推广线上结算。稳妥有序推进深化医疗服务价格改革试点，指导督促统筹地区做好2022年调价评估及动态调整工作。启动医药价格监测工程，编制医药价格指数，强化药品和医用耗材价格常态化监管，持续推进医药价格和招采信用评价制度实施。

## 七、强化基金监管和运行分析

要加快建设完善医保基金监管制度体系和执法体系，推动建立激励问责机制，将打击欺诈骗保工作纳入相关工作考核。继续开展打击欺诈骗保专项整治行动，不断拓展专项整治行动的广度和深度。完善医保部门主导、多部门参与的监管联动机制，健全信息共享、协同执法、联防联动、行刑衔接和行纪衔接等工作制度，推进综合监管结果协同运用，形成一案多查、一案多处、齐抓共管的基金监管工作格局。

要按要求做好基金预算绩效管理工作，完善收支预算管理。综合人口老龄化、慢性病等疾病谱变化、医药新技术应用、医疗费用增长等因素，开展基金收支预测分析，健全风险预警、评估、化解机制及预案，切实防范和化解基金运行风险。

## 八、健全医保公共管理服务

要增强基层医疗保障公共服务能力，加强医疗保障经办力量。全面落实经办政务服务事项清

单和操作规范,推动医疗保障政务服务标准化规范化,提高医保便民服务水平。全面落实基本医保参保管理经办规程,加强源头控制和重复参保治理,推进“参保一件事”一次办。优化参保缴费服务,坚持智能化线上缴费渠道与传统线下缴费方式创新并行,持续提升缴费便利化水平。全面落实基本医保关系转移接续暂行办法,继续深入做好转移接续“跨省通办”。积极参与推进“出生一件事”联办。继续做好新冠肺炎患者医疗费用、新冠疫苗及接种费用结算和清算工作。2022年底前实现每个县开通至少一家普通门诊费用跨省联网定点医疗机构,所有统筹地区开通高血压、糖尿病、恶性肿瘤门诊放化疗、尿毒症透析和器官移植术后抗排异治疗5种门诊慢特病费用跨省直接结算服务。

## 九、推进标准化和信息化建设

要持续推进全国统一的医保信息平台深化应用,充分发挥平台效能。全面深化业务编码标准维护应用,建立标准应用的考核评估机制。建立完善的信息系统运维管理和安全管理体系,探索建立信息共享机制。发挥全国一体化政务服务平台、商业银行、政务应用等渠道作用,在跨省异地就医备案、医保电子凭证激活应用等领域探索合作机制。

## 十、做好组织实施

要进一步提高政治站位,强化责任担当,压实工作责任,确保城乡居民医疗保障各项政策措施落地见效,持续推进保障和改善民生。各级医疗保障部门要加强统筹协调,强化部门协同,抓实抓好居民医保待遇落实和管理服务,财政部门要按规定足额安排财政补助资金并及时拨付到位,税务部门要做好居民医保个人缴费征收工作、方便群众缴费,部门间要加强工作联动和信息沟通。要进一步加大政策宣传力度,普及医疗保险互助共济、责任共担、共建共享的理念,增强群众参保缴费意识,合理引导社会预期,做好舆情风险应对。

特此通知。

国家医保局　财政部　国家税务总局

2022年6月30日

# 国家医保局　国家发展改革委　财政部　国家税务总局关于阶段性缓缴职工基本医疗保险单位缴费的通知

（医保发〔2022〕21号）

各省、自治区、直辖市人民政府，新疆生产建设兵团：

为贯彻落实党中央、国务院决策部署，切实保障基本民生，助力企业纾困解难，经国务院同意，现就阶段性缓缴职工基本医疗保险（以下简称“职工医保”）单位缴费有关工作通知如下。

一、对中小微企业实施阶段性缓缴职工医保单位缴费政策。统筹基金累计结存可支付月数大于6个月的统筹地区，自2022年7月起，对中小微企业、以单位方式参保的个体工商户缓缴3个月职工医保单位缴费，缓缴期间免收滞纳金。社会团体、基金会、社会服务机构、律师事务所、会计师事务所等社会组织参照执行。

二、确保缓缴期间参保人待遇应享尽享。中小微企业缓缴职工医保单位缴费，不影响该企业参保人就医正常报销医疗费用。缓缴期间，相关企业参保人发生的符合基本医保政策规定的医疗费用应及时报销、应报尽报，确保基本医保报销水平保持稳定不降低。

三、全面推行“免申即享”经办模式。符合条件的中小微企业无需提出缓缴申请即可享受缓缴单位缴费政策。各地要结合实际做好政策宣传，明确操作流程，主动向社会公开。中小微企业具体标准参考《关于印发中小企业划型标准规定的通知》（工信部联企业〔2011〕300号）等划型规定，在当地政府主导下，由医疗保障、税务部门会同相关部门联合确定名单。现有数据可以确定企业类型的，直接采用相关部门的划型结论；现有数据无法满足企业划型需求的，可由企业向核定缴费部门出具书面承诺。要加强部门协作，优化工作环节，创新服务方式，减轻企业事务性负担，并做好个人权益记录，确保参保人权益不受影响。

四、切实保障好相关企业职工合法权益。缓缴期限内，中小微企业应依法履行代扣代缴职工个人缴费的义务，正常申报职工医保费信息，确保职工连续参保，个人权益连续记录。参保人出现离职、申请办理职工医保退休人员待遇、办理关系转移等情形的，企业应为其补齐缓缴的职工医保单位缴费。企业出现注销等情形的，应在注销前缴纳缓缴的缴费。

五、做好调度统计分析等工作，确保缓缴政策平稳实施。各地要加强缓缴信息调度，做好统计监测，将缓缴信息按月汇总并向上集中报送。要切实加强基金管理，强化基金运行分析，管控运行风险，确保基金安全。要建立信息沟通共享机制，医疗保障、税务等部门要做好企业和职工参保缴费、企业缓缴等基础业务信息共享，强化部门工作协同。

各地要提高政治站位，统一思想认识，精心组织实施，确保阶段性缓缴职工医保单位缴费政策落实到位。各级医疗保障、发展改革、财政、税务等部门要切实履职尽责，加强沟通协作，健全工作机制，抓好政策落地见效。执行中遇有情况和问题，要及时报告。

国家医保局　国家发展改革委
财政部　国家税务总局
2022年6月30日

# 国家医保局　财政部<br>关于进一步做好基本医疗保险跨省异地就医直接结算工作的通知

（医保发〔2022〕22号）

各省、自治区、直辖市及新疆生产建设兵团医保局、财政厅（局）：

为贯彻落实《中共中央　国务院关于深化医疗保障制度改革的意见》精神和2022年《政府工作报告》部署要求，完善跨省异地就医直接结算办法，进一步做好基本医疗保险跨省异地就医直接结算工作，现就有关事项通知如下：

## 一、总体要求

（一）指导思想。以习近平新时代中国特色社会主义思想为指导，全面贯彻落实党的十九大和十九届历次全会精神，按照党中央、国务院决策部署，立足新发展阶段，完整、准确、全面贯彻新发展理念，构建新发展格局，坚持政策优化集成、管理规范统一、业务协同联动、服务高效便捷，深化基本医疗保险跨省异地就医直接结算改革，持续提升人民群众异地就医结算的获得感、幸福感和安全感。

（二）目标任务。2025年底前，跨省异地就医直接结算制度体系和经办管理服务体系更加健全，全国统一的医保信息平台支撑作用持续强化，国家异地就医结算能力显著提升；住院费用跨省直接结算率提高到70%以上，普通门诊跨省联网定点医药机构数量实现翻一番，群众需求大、各地普遍开展的门诊慢特病相关治疗费用逐步纳入跨省直接结算范围，异地就医备案规范便捷，基本实现医保报销线上线下都能跨省通办。

## 二、完善跨省异地就医直接结算政策

（一）统一住院、普通门诊和门诊慢特病费用跨省直接结算基金支付政策。跨省异地就医直接结算的住院、普通门诊和门诊慢特病医疗费用，原则上执行就医地规定的支付范围及有关规定（基本医疗保险药品、医疗服务项目和医用耗材等支付范围），执行参保地规定的基本医疗保险基金起付标准、支付比例、最高支付限额、门诊慢特病病种范围等有关政策。

（二）明确异地就医备案人员范围。跨省异地长期居住或跨省临时外出就医的参保人员办理异地就医备案后可以享受跨省异地就医直接结算服务。其中跨省异地长期居住人员包括异地安置退休人员、异地长期居住人员、常驻异地工作人员等长期在参保省、自治区、直辖市（以下统称省）以外工作、居住、生活的人员；跨省临时外出就医人员包括异地转诊就医人员，因工作、旅游等原因异地急诊抢救人员以及其他跨省临时外出就医人员。

（三）规范异地就医备案有效期限。跨省异地长期居住人员办理登记备案后，备案长期有效；参保地可设置变更或取消备案的时限，原则上不超过6个月。跨省临时外出就医人员备案有效期原则上不少于6个月，有效期内可在就医地多次就诊并享受跨省异地就医直接结算服务。

（四）允许补办异地就医备案和无第三方责任外伤参保人员享受跨省异地就医直接结算服务。参保人员跨省出院结算前补办异地就医备案的，就医地联网定点医疗机构应为参保人员办理医疗费用跨省直接结算。跨省异地就医参保人员出院自费结算后按规定补办备案手续的，可以按参保地规定申请医保手工报销。同时，符合就医地管理规定的无第三方责任外伤费用可纳入跨省异地就医直接结算范围，就医地经办机构应将相关费用一并纳入核查范围。

（五）支持跨省异地长期居住人员可以在备案地和参保地双向享受医保待遇。跨省异地长期居住人员在备案地就医结算时，基本医疗保险基金的起付标准、支付比例、最高支付限额原则上执行参保地规定的本地就医时的标准；备案有效期内确需回参保地就医的，可以在参保地享受医保结算服务，原则上不低于参保地跨省转诊转院待遇水平。其中参保人员以个人承诺方式办理跨省异地长期居住人员备案手续的，应履行承诺事项，可在补齐相关备案材料后在备案地和参保地双向享受医保待遇。跨省异地长期居住人员符合转外就医规定的，执行参保地跨省转诊转院待遇政策。

（六）合理确定跨省临时外出就医人员报销政策。各统筹地区要根据经济社会发展水平、人民健康需求、医保基金支撑能力和分级诊疗要求，合理设定跨省临时外出就医人员直接结算报销政策。跨省临时外出就医人员可低于参保地相同级别医疗机构报销水平，原则上，异地转诊人员和异地急诊抢救人员支付比例的降幅不超过10个百分点，非急诊且未转诊的其他跨省临时外出就医人员支付比例的降幅不超过20个百分点。强化异地就医结算政策与分级诊疗制度的协同，合理确定异地就医人员在不同级别医疗机构的报销水平差异，引导参保人员有序就医。

**三、规范跨省异地就医直接结算管理服务**

（一）规范异地就医备案流程。参保人员跨省异地就医前，可通过国家医保服务平台App、国家异地就医备案小程序、国务院客户端小程序或参保地经办机构窗口等线上线下途径办理异地就医备案手续。参保地经办机构要切实做好跨省异地就医结算政策宣传解读，简化办理流程，缩短办理时限，支持符合条件的参保人员补办异地就医备案手续。参保人员申请异地就医备案时，可直接备案到就医地市或直辖市等，并在备案地开通的所有跨省联网定点医疗机构享受住院费用跨省直接结算服务，门诊就医时按照参保地异地就医管理规定选择跨省联网定点医药机构就医购药。

（二）方便符合条件的参保人员跨省转诊就医。参保人员应按分级诊疗的相关规定有序就医，确因病情需要跨省异地就医的，可通过参保地规定的定点医疗机构向省外医疗机构转诊。定点医疗机构应以患者病情为出发点制定合理的诊疗方案，需要转诊时可通过不同形式安排转诊，不得将在本地住院作为开具转诊的先决条件。参保人员因同种疾病确需在就医地继续治疗或再次转外就医的，参保地经办机构应简化异地就医备案手续，方便参保人员享受跨省异地就医直接结算服务。

（三）规范参保人员持医保电子凭证、社会保障卡就医。参保人员跨省异地就医时，应在就医地的跨省联网定点医药机构主动表明参保身份，出示医保电子凭证或社会保障卡等有效凭证。跨省联网定点医药机构应做好参保人员的参保身份验证工作，指引未办理备案人员及时办理备案手续，为符合就医地规定门（急）诊、住院患者，提供合理规范的诊疗服务及方便快捷的跨省异地就医直接结算服务。

（四）规范跨省直接结算流程。跨省异地就医直接结算时，就医地应将住院费用明细信息转换为全国统一的大类费用信息，将门诊费用（含普通门诊和门诊慢特病）按照就医地支付范围及有关规定对每条费用明细进行费用分割，经国家、省级异地就医结算系统实时传输至参保地，参保地按照当地政策规定计算出应由参保人员个人负担以及各项医保基金支付的金额，并将结果回传至就医地定点医药机构，用于定点医药机构与参保人员直接结算。参保人员因故无法直接结算的，跨省联网定点医药机构应根据医保电子凭证或社会保障卡等有效凭证采集参保人员有关信息，并将医疗费用明细、诊断等就诊信息及时上传至国家医疗保障信息平台，支持全国开展跨省异地就医手工报销线上办理试点。

（五）实行就医地统一管理。就医地经办机构应将异地就医人员纳入本地统一管理，在医疗信息记录、绩效考核、医疗行为监控、费用审核、总额预算等方面提供与本地参保人员相同的服务和管理，并在定点医药机构医疗保障服务协议中予以明确。鼓励地方探索DRG/DIP等医保支付方式改革在异地就医结算中的应用，引导定点医疗机构合理诊疗。

（六）强化异地就医业务协同管理。各级医保部门应逐步健全工作机制，形成分工明确、职责明晰、流程统一的跨省异地就医业务协同管理体系，在问题协同、线上报销、费用协查、信息共享等方面全面提升各级医保经办机构业务协同管理能力。国家级经办机构负责统一组织、指导监督、综合协调省际异地就医直接结算管理服务工作，省级经办机构负责在省域范围内统一组织、协调并实施跨省异地就医直接结算管理服务工作，各统筹地区经办机构按国家和省级要求做好跨省异地就医直接结算管理服务工作。

**四、强化跨省异地就医资金管理**

（一）跨省异地就医费用医保基金支付部分在地区间实行先预付后清算。每年1月底前，国家级经办机构原则上根据上年第四季度医保结算资金月平均值的两倍核定年度预付金额度，并确认当年预付金调整额度。各省可通过预收省内各统筹地区异地就医资金等方式实现资金的预付。预付金原则上来源于各统筹地区医疗保险基金。

（二）跨省异地就医费用清算按照国家统一清分，省、市两级清算的方式，按月全额清算。跨省异地就医清算资金由参保地省级财政专户与就医地省级财政专户进行划拨。各省级经办机构和财政部门应按照《基本医疗保险跨省异地就医直接结算经办规程》（见附件）要求，协同做好清算资金划拨和收款工作。国家级经办机构负责协调和督促各省按规定及时拨付资金。

（三）跨省异地就医资金相关管理事项。划拨跨省异地就医资金过程中发生的银行手续费、银行票据工本费不得在基金中列支。预付金在就医地财政专户中产生的利息归就医地所有。跨省异地就医医疗费用结算和清算过程中形成的预付款项和暂收款项按相关会计制度规定进行核算。

**五、提升医保信息化标准化支撑力度**

（一）持续深化全国统一的医保信息平台全业务全流程应用。扎实推进编码动态维护和深化应用，完善医保信息化运维管理体系，不断提升医保数据治理水平，为跨省异地就医直接结算提供强有力的系统支撑。按规定与有关部门共享数据，深化医保电子凭证、医保移动支付、医保电子处方流转、医保服务平台网厅、App和小程序等推广应用，推进更多的跨省异地就医结算服务跨省通办。

（二）推进系统优化完善。各省级医保部门要按照统一的接口标准规范，不断完善省级跨省异地就医管理子系统，并持续推进定点医药机构接口改造适配工作，加快推动医保电子凭证、居民身份证作为就医介质，优化系统性能，减少响应时间，切实改善参保人员跨省异地就医直接结算体验。各地医保系统停机切换时，应做好事前报备、事中验证、事后监测，确保数据迁移及时、完整、精准，解决个人编号等信息变更对在途业务的影响，确保业务平稳衔接和系统稳定运行。

（三）加强系统运维管理和安全保障。各省级医保部门应打造专业可靠的运维管理团队，构建基础设施、网络安全、云平台、业务子系统等领域的运维管理流程，形成科学有效的运维管理制度体系。落实安全管理责任，提升系统安全运维能力，强化信息系统边界防护，严禁定点医药机构连接医保系统的信息系统接入互联网，规范跨省异地就医身份校验，保障数据安全。统一规范异常交易报错信息质控标准，做好问题分类，简明扼要、通俗易懂地描述错误原因，方便异常交易的问题定位，并及时响应处理。

**六、加强跨省异地就医直接结算基金监管**

健全跨省异地就医直接结算基金监管机制，

完善区域协作、联合检查等工作制度,强化对跨省异地就医直接结算重点地区、重点区域的指导,加强监督考核。落实就医地和参保地监管责任,就医地医保部门要把跨省异地就医直接结算作为日常监管、专项检查、飞行检查等重点内容,结合本地实际和跨省异地就医直接结算工作特点,严厉打击各类欺诈骗保行为,同时要配合参保地做好相关核查。参保地医保部门要定期开展跨省异地就医医保基金使用情况分析,精准锁定可疑问题线索,积极开展问题核查,确保医保基金安全合理使用。跨省异地就医监管追回的医保基金、扣款等按原渠道返回参保地账户,行政处罚、协议违约金等由就医地医保部门按规定处理。

**七、工作要求**

(一)加强组织领导。各级医保部门要将跨省异地就医直接结算工作作为深化医疗保障制度改革的重要任务,加强领导、统筹谋划、协调推进,纳入目标任务考核管理。财政部门要按规定及时划拨跨省异地就医资金,合理安排经办机构工作经费,加强与经办机构对账管理,确保账账相符、账款相符。

(二)做好衔接过渡。各地医保部门要及时调整与本通知不相符的政策措施,确保2022年12月底前同国家政策相衔接;结合本地实际,进一步明确和细化政策管理规定,精简办理材料,简化办理流程,优化管理服务;同步调整信息系统与本通知相适应,保障跨省异地就医直接结算工作平稳过渡。

(三)加强队伍建设。各省级医疗保障部门要加强省级跨省异地就医经办管理队伍建设,应有专人专职负责异地就医直接结算工作。各统筹地区应根据管理服务的需要,积极协调相关部门,加强机构、人员和办公条件保障,合理配置专业工作人员,保证服务质量,提高工作效率。

(四)做好宣传引导。各地要加大政策宣传力度,采用社会公众喜闻乐见的形式做好政策解读工作,充分利用现有12345或12393咨询服务电话、医疗保障门户网站和App,拓展多种信息化服务渠道,及时回应群众关切,合理引导社会预期。

附件:基本医疗保险跨省异地就医直接结算经办规程

国家医保局　财政部

2022年6月30日

附件

# 基本医疗保险跨省异地就医直接结算经办规程

## 第一章　总则

**第一条**　为加强跨省异地就医直接结算经办业务管理，规范经办业务流程，推动业务协同联动，提高服务水平，根据《中共中央　国务院关于深化医疗保障制度改革的意见》等文件要求，制定本规程。

**第二条**　本规程所称跨省异地就医是指基本医疗保险参保人员在参保关系所在省、自治区、直辖市（以下统称省）以外的定点医药机构发生的就医、购药行为。跨省异地就医直接结算是指参保人员跨省异地就医时只需支付按规定由个人负担的医疗费用，其他费用由就医地经办机构与跨省联网定点医药机构按医疗保障服务协议（以下简称“医保服务协议”）约定审核后支付。

**第三条**　本规程适用于基本医疗保险参保人员跨省异地就医直接结算经办管理服务工作。其中基本医疗保险包括职工基本医疗保险（以下简称“职工医保”）和城乡居民基本医疗保险（以下简称“居民医保”）。

**第四条**　跨省异地就医直接结算工作实行统一管理、分级负责。国家级经办机构承担制定并实施全国异地就医结算业务流程、标准规范，全国异地就医数据管理与应用，跨省异地就医资金预付和结算管理、对账费用清分、智能监控、运行监测，跨省业务协同和争议处理等职能。省级经办机构承担全国异地就医结算业务流程、标准规范在本辖区内的组织实施，建设和完善省级异地就医结算系统，辖区内跨省异地就医直接结算业务协同、资金管理和争议处理等职能。各统筹地区应按照国家和省级跨省异地就医结算政策规定，及时出台本地配套政策，做好跨省异地就医备案管理、问题协同处理和资金结算清算等工作。

地方各级财政部门会同医疗保障部门按规定及时划拨跨省异地就医预付金和清算资金，合理安排医疗保障经办机构的工作经费，加强与医疗保障经办机构对账管理，确保账账相符、账款相符。

**第五条**　跨省异地就医直接结算费用医保基金支付部分实行先预付后清算，预付资金原则上来源于参保人员所属统筹地区的医疗保险基金。

**第六条**　优化经办流程，支持医保电子凭证、社会保障卡等作为有效凭证，按照“就医地目录、参保地政策、就医地管理”的要求，提供便捷高效的跨省异地就医直接结算服务。具备条件的，可按规定将符合补充医疗保险、医疗救助等支付政策的医疗费用纳入跨省异地就医直接结算范围。

## 第二章　范围对象

**第七条**　参加基本医疗保险的下列人员，可以申请办理跨省异地就医直接结算。

（一）跨省异地长期居住人员，包括异地安置退休人员、异地长期居住人员、常驻异地工作人员等长期在参保省外工作、居住、生活的人员。

（二）跨省临时外出就医人员，包括异地转诊就医人员，因工作、旅游等原因异地急诊抢救人员以及其他跨省临时外出就医人员。

## 第三章　登记备案

**第八条**　参保地经办机构按规定为参保人员办理登记备案手续。

（一）异地安置退休人员需提供以下材料：

1. 医保电子凭证、有效身份证件或社会保障卡；

2. 《____省（区、市）跨省异地就医登记备案表》（以下简称“备案表”，见附件1）；

3. 异地安置认定材料（“户口簿首页”和本人“常住人口登记卡”，或个人承诺书，见附件2）。

（二）异地长期居住人员需提供以下材料：

1. 医保电子凭证、有效身份证件或社会保障卡；

2. 备案表；

3. 长期居住认定材料（居住证明或个人承诺书）。

（三）常驻异地工作人员需提供以下材料：

1. 医保电子凭证、有效身份证件或社会保障卡；

2. 备案表；

3. 异地工作证明材料（参保地工作单位派出证明、异地工作单位证明、工作合同任选其一或个人承诺书）。

（四）异地转诊人员需提供以下材料：

1. 医保电子凭证、有效身份证件或社会保障卡；

2. 备案表；

3. 参保地规定的定点医疗机构开具的转诊转院证明材料。

（五）异地急诊抢救人员视同已备案。

（六）其他跨省临时外出就医人员备案，需提供医保电子凭证、有效身份证件或社会保障卡，以及备案表。

**第九条** 参保人员可在参保地经办机构窗口、指定的线上办理渠道或国家医保服务平台App、国家异地就医备案小程序、国务院客户端小程序等多种渠道申请办理登记备案手续。通过全国统一的线上备案渠道申请办理登记备案的，原则上参保地经办机构应在两个工作日内办结。鼓励有条件的地区，可为参保人员提供即时办理、即时生效的自助备案服务。

**第十条** 跨省异地长期居住人员登记备案后，未申请变更备案信息或参保状态未发生变更的，备案长期有效；参保地设置变更或取消备案时限的，按参保地规定执行。跨省临时外出就医人员备案后，有效期原则上不少于6个月。

**第十一条** 参保地经办机构在为参保人员办理备案时原则上直接备案到就医地市或直辖市等，参保人员到海南、西藏等省级统筹地区和新疆生产建设兵团就医的，可备案到就医省和新疆生产建设兵团。参保人员可在备案地开通的所有跨省联网定点医疗机构享受住院费用跨省直接结算服务，门诊就医时按照参保地异地就医管理规定选择跨省联网定点医药机构就医购药。

**第十二条** 参保人员办理异地就医备案后，备案有效期内可在就医地多次就诊并享受跨省异地就医直接结算服务。备案有效期内已办理入院手续的，不受备案有效期限制，可正常直接结算相应医疗费用。

**第十三条** 参保地经办机构要及时为参保人员办理异地就医备案登记、变更和取消业务，并将异地就医备案、门诊慢特病认定资格等信息实时上传至国家跨省异地就医管理子系统，方便就医地经办机构和定点医疗机构查询。

**第十四条** 参保人员未按规定申请办理登记备案手续或在就医地非跨省定点医药机构发生的医疗费用，按参保地规定执行。

## 第四章 就医管理

**第十五条** 省级经办机构负责指导各统筹地区将本地符合条件的定点医药机构纳入跨省联网结算范围，就医地经办机构按要求在国家跨省异地就医管理子系统中做好跨省联网定点医药机构基础信息、医保服务协议状态等信息动态维护工作。不同投资主体、经营性质的医保定点医药机构均可申请开通跨省联网结算服务，享受同样医保政策、管理和服务。

**第十六条** 跨省联网定点医药机构应对异地就医患者进行身份识别，为符合就医地规定的门（急）诊、住院异地患者提供合理规范的诊疗服务及方便快捷的跨省异地就医直接结算服务，实时上传就医和结算信息。提供门诊慢特病跨省直接结算服务时，应专病专治，合理用药。参保人员未办理异地就医备案的，可在定点医药机构指引下申请办理登记备案手续，出院结算前完成登记备案的，跨省联网定点医疗机构应提供跨省异地就医直接结算服务。

**第十七条** 参保人员在就医地跨省联网定点医药机构就医购药时，应主动表明参保身份，出示医保电子凭证或社会保障卡等有效凭证，遵守就医地就医、购药有关流程和规范。

## 第五章　预付金管理

**第十八条**　预付金是参保地省级经办机构预付给就医地省级经办机构用于支付参保地异地就医人员医疗费用的资金，资金专款专用，任何组织和个人不得侵占或者挪用。原则上根据上年第四季度医保结算资金月平均值的两倍核定年度预付金额度，按年清算。就医地可调剂使用各参保地的预付金。

**第十九条**　预付金初始额度由各省级经办机构上报，国家级经办机构核定生成《____省（区、市）跨省异地就医预付金付款通知书》（见附件3）、《____省（区、市）跨省异地就医预付金收款通知书》（见附件4），各省级经办机构在国家跨省异地就医管理子系统下载后按规定通知同级财政部门付款和收款。

**第二十条**　每年1月底前，国家级经办机构根据上一年度各省跨省异地就医直接结算资金支出情况，核定各省级经办机构本年度应付、应收预付金，核定生成《全国跨省异地就医预付金额度调整明细表》（见附件5），出具《____省（区、市）跨省异地就医预付金额度调整付款通知书》（见附件6）、《____省（区、市）跨省异地就医预付金额度调整收款通知书》（见附件7），通过国家跨省异地就医管理子系统进行发布。

**第二十一条**　省级经办机构通过国家跨省异地就医管理子系统下载预付金额度调整付款通知书，应于5个工作日内提交同级财政部门。参保地省级财政部门在确认跨省异地就医资金全部缴入省级财政专户，对省级经办机构提交的预付单和用款申请计划审核无误后，在10个工作日内进行划款。省级财政部门划拨预付金时，注明业务类型（预付金或清算资金），完成划拨后5个工作日内将划拨信息反馈到省级经办机构。

**第二十二条**　省级经办机构完成付款确认时，应在国家跨省异地就医管理子系统内输入付款银行名称、交易流水号和交易日期等信息，确保信息真实、准确，原则上各省应于每年2月底前完成年度预付金调整额度的收付款工作。

**第二十三条**　建立预付金预警和调增机制。预付金使用率为预警指标，是指异地就医月度清算资金占预付金的比例。预付金使用率达到70%，为黄色预警。预付金使用率达到90%及以上时，为红色预警，就医省可启动预付金紧急调增流程。

**第二十四条**　当预付金使用率出现红色预警时，就医地省级经办机构可在当期清算签章之日起3个工作日内登录国家跨省异地就医管理子系统向国家级经办机构报送预付金额度调增申请。国家级经办机构收到申请后，对就医地省级经办机构提出调增的额度进行审核确认并向参保地和就医地省级经办机构分别下发《____省（区、市）跨省异地就医预付金额度紧急调增付款通知书》（见附件8）、《____省（区、市）跨省异地就医预付金额度紧急调增收款通知书》（见附件9）。

**第二十五条**　参保地省级经办机构接到国家级经办机构下发的预付金额度紧急调增通知书后，应于5个工作日内提交同级财政部门。省级财政部门在确认跨省异地就医资金全部缴入省级财政专户，对省级经办机构提交的预付单和用款申请计划审核无误后，在10个工作日内完成预付金紧急调增资金的拨付。原则上预付金紧急调增额度应于下期清算前完成拨付。

**第二十六条**　省级财政部门在完成预付金额度及调增资金的付款和收款后，5个工作日内将划拨及收款信息反馈到省级经办机构，省级经办机构同时向国家级经办机构反馈到账信息。

**第二十七条**　就医省返还参保省的资金列入当期就医省跨省异地就医预付金额度调整付款通知书，并在对应参保省名称前加注“*”。参保省应收就医省返还的资金列入当期参保省跨省异地就医预付金额度调整收款通知书，并在对应就医省名称前加注“*”。

**第二十八条**　各省级经办机构在省级财政收款专户信息发生变更时，要及时在国家跨省异地就医管理子系统变更相关信息;省级经办机构向省级财政部门提交预付单和清算单时,需同步提交《跨省异地就医省级财政收款专户银行账号明细表》(见附件10),并将专户信息变更情况告知财政部门。

**第二十九条** 国家级经办机构负责协调和督促各省按规定及时拨付资金。各省级经办机构负责协调和督促统筹地区及时上缴跨省异地就医预付及清算资金。

## 第六章 医疗费用结算

**第三十条** 医疗费用结算是指就医地经办机构与本地定点医药机构对异地就医医疗费用对账确认后,按协议或有关规定向定点医药机构支付费用的行为。医疗费用对账是指就医地经办机构与定点医药机构就门诊就医、购药以及住院医疗费用确认医保基金支付金额的行为。

**第三十一条** 参保人员跨省异地就医直接结算住院、普通门诊和门诊慢特病医疗费用时,原则上执行就医地规定的支付范围及有关规定(基本医疗保险药品、医疗服务项目和医用耗材等支付范围),执行参保地规定的基本医疗保险基金起付标准、支付比例、最高支付限额、门诊慢特病病种范围等有关政策。

参保人员因门诊慢特病异地就医时,就医地有相应门诊慢特病病种及限定支付范围的,执行就医地规定;没有相应门诊慢特病病种的,定点医药机构及接诊医师要遵循相关病种诊疗规范及用药规定合理诊疗。参保人员同时享受多个门诊慢特病待遇的,由参保地根据本地规定确定报销规则。

**第三十二条** 参保人员跨省异地就医出院结算时,就医地经办机构将其住院费用明细信息转换为全国统一的大类费用信息,经国家、省级异地就医结算系统传输至参保地,参保地按照当地政策规定计算出应由参保人员个人负担以及各项医保基金支付的金额,并将结果回传至就医地定点医疗机构,用于定点医疗机构与参保人员直接结算。

**第三十三条** 参保人员门诊费用跨省异地就医直接结算时,就医地经办机构按照就医地支付范围和规定对每条费用明细进行费用分割,经国家、省级异地就医结算系统实时传输至参保地,参保地按照当地政策规定计算出应由参保人员个人负担以及各项医保基金支付的金额,并将结果回传至就医地定点医药机构,用于定点医药机构与参保人员直接结算。

**第三十四条** 参保人员因急诊抢救就医的,医疗机构在为参保人员办理“门诊结算”或“入院登记”时,应按接口标准规范要求如实上传“门诊急诊转诊标志”或“住院类型”。对于“门诊急诊转诊标志”或“住院类型”为“急诊”的,参保人员未办理异地就医备案的,参保地应视同已备案,允许参保人员按参保地异地急诊抢救相关待遇标准直接结算相关门诊、住院医疗费用。

**第三十五条** 定点医疗机构应加强外伤人员身份认证,对于符合就医地基本医疗保险支付范围,参保人员主诉无第三方责任的医疗费用,定点医疗机构可结合接诊及参保人员病情等实际情况,由参保人员填写《外伤无第三方责任承诺书》(见附件11),为参保人员办理异地就医直接结算。定点医疗机构在为参保人员办理入院登记时,应按接口标准规范要求,通过“外伤标志”和“涉及第三方标志”两个接口,如实上传参保人员外伤就医情况。

**第三十六条** 跨省联网定点医疗机构对于异地就医患者住院期间确因病情需要到其他定点医疗机构检查治疗或到定点药店购药的,需提供《住院期间外院检查治疗或定点药店购药单》(见附件12),加盖定点医疗机构医疗保险办公室章,相关费用纳入本次住院费用跨省直接结算。

**第三十七条** 参保人员在就医地跨省联网定点医药机构凭医保电子凭证或者社会保障卡等有效凭证就医购药,根据《____省(区、市)跨省异地就医住院结算单》(见附件13)、医疗收费票据等,结清应由个人负担的费用,就医地经办机构与定点医药机构按医保服务协议结算医保基金支付的费用。

**第三十八条** 国家跨省异地就医管理子系统每日自动生成日对账信息，实现参保地、就医地省级异地就医结算系统和国家跨省异地就医管理子系统的三方对账，做到数据相符。原则上，参保省应每日完成当日结算信息对账，每月3日前完成上月所有结算费用的对账。如出现对账信息不符的情况，省级经办机构应及时查明原因，必要时提请国家级经办机构协调处理。

**第三十九条** 就医地经办机构在参保人员发生住院费用跨省直接结算后3日内将医疗费用明细上传国家跨省异地就医管理子系统，参保地经办机构可查询和下载医药费用及其明细项目。

**第四十条** 就医地经办机构在次月20日前完成与定点医药机构对账确认工作，并按医保服务协议约定，按时将确认的费用拨付给定点医药机构。

**第四十一条** 就医地对于参保人员住院治疗过程跨自然年度的，应以出院结算日期为结算时点，按一笔费用整体结算，并将医疗费用信息传回参保地。参保地根据本地跨年度费用结算办法，可以按一笔费用整体结算；也可以计算日均费用后，根据跨年度前后的住院天数，将住院医疗费用分割到两个年度，确定基金和个人费用分担额度。

**第四十二条** 各地要支持参保人员普通门诊费用跨省直接结算后合理的退费需求，提供隔笔退费、跨年退费和清算后退费服务。

**第四十三条** 跨省异地就医发生的医疗费用由就医地经办机构按照就医地的基本医疗保险药品、医疗服务项目和医用耗材等支付范围进行费用审核，对发生的不符合规定的医疗费用按就医地医保服务协议约定予以扣除。

**第四十四条** 参保人员异地就医备案后，因结算网络系统、就诊凭证等故障导致无法直接结算的，相关医疗费用可回参保地手工报销，参保地经办机构按参保地规定为参保人员报销相关医疗费用。

## 第七章 费用清算

**第四十五条** 跨省异地就医费用清算是指省级经办机构之间、省级经办机构与辖区内经办机构之间确认有关跨省异地就医医疗费用的应收或应付金额，据实划拨的过程。

**第四十六条** 国家级经办机构根据就医地经办机构与定点医药机构对账确认后的医疗费用，于每月21日生成《全国跨省异地就医费用清算表》（见附件14）、《____省（区、市）跨省异地就医应付医疗费用清算表》（见附件14-1）、《____省（区、市）跨省异地就医职工医保基金应付明细表》（见附件14-2）、《____省（区、市）跨省异地就医居民医保基金应付明细表》（见附件14-3）、《____省（区、市）跨省异地就医医保基金审核扣款明细表》（见附件14-4）、《____省（区、市）跨省异地就医职工医保基金审核扣款明细表》（见附件14-5）、《____省（区、市）跨省异地就医居民医保基金审核扣款明细表》（见附件14-6）、《____省（区、市）跨省异地就医应收医疗费用清算表》（见附件14-7），各省级经办机构可通过国家跨省异地就医管理子系统精确查询本省内各统筹地区的上述清算信息，于每月25日前确认上述内容。

**第四十七条** 国家级经办机构于每月底前根据确认后的《全国跨省异地就医费用清算表》，生成《____省（区、市）跨省异地就医费用付款通知书》（见附件15）、《____省（区、市）跨省异地就医费用收款通知书》（见附件16），在国家跨省异地就医管理子系统发布。

**第四十八条** 各省级经办机构通过国家跨省异地就医管理子系统下载《____省（区、市）跨省异地就医费用付款通知书》《____省（区、市）跨省异地就医费用收款通知书》后，于5个工作日内提交同级财政部门，财政部门在确认跨省异地就医资金全部缴入省级财政专户，对经办机构提交的清算单和用款申请计划审核无误后10个工作日内向就医地省级财政部门划拨资金。省级财政部门在完成清算资金拨付、收款后，在5个工作日内将划拨及收款信息反馈到省级经办机构，省级经办机构向国家级经办机构反馈到账信息。原则上，当期清算资金应于下期清算前完成拨付。

**第四十九条** 国家级经办机构发布跨省异地就医费用收付款通知书后的5个工作日内，省级经办机构做好辖区内各统筹地区跨省异地就医资金的上解或下拨工作。

**第五十条** 原则上，当月跨省异地就医直接结算费用应于次月20日前完成申报并纳入清算，清算延期最长不超过2个月。当年跨省异地就医直接结算费用，最晚应于次年第一季度清算完毕。

**第五十一条** 就医省需返还参保省资金列入当期就医省跨省异地就医费用付款通知书中，并在对应参保省名称旁加注“*”。参保省应收就医省返还资金列入当期参保省跨省异地就医费用收款通知书中，并在对应就医省名称旁加注“*”。

## 第八章 审核检查

**第五十二条** 跨省异地就医医疗服务实行就医地管理。就医地经办机构要将跨省异地就医直接结算工作纳入定点医药机构协议管理范围，细化和完善协议条款，保障参保人员权益。

**第五十三条** 就医地经办机构应当对查实的违法违规行为按医保服务协议相关约定执行，涉及欺诈骗保等重大违法违规行为应按程序报请医保行政部门处理，并逐级上报国家级经办机构。

**第五十四条** 就医地经办机构对定点医药机构违规行为涉及的医药费用不予支付，已支付的违规费用予以扣除，用于冲减参保地跨省异地就医直接结算费用。对定点医药机构违反医保服务协议约定并处以违约金的，由就医地经办机构按规定处理。

**第五十五条** 国家级经办机构适时组织各省级经办机构通过巡查抽查、交叉互查、第三方评审等方式，开展跨省异地就医联审互查工作，将就医地落实跨省异地就医费用审核管理责任情况纳入经办机构规范建设考评指标，结合国家医保局飞行检查、第三方行风评价等工作进行考核评价。国家级经办机构负责协调处理因费用审核、资金拨付发生的争议及纠纷。

**第五十六条** 各级经办机构应加强跨省异地就医费用审核，建立跨省异地就医直接结算运行监控制度，健全医保基金运行风险评估预警机制，对跨省异地就医次均费用水平、医疗费用涨幅、报销比例等重点指标进行跟踪监测，定期编报跨省异地就医直接结算运行分析报告。

## 第九章 业务协同

**第五十七条** 跨省异地就医业务协同管理工作实行统一管理，分级负责。国家级经办机构负责统一组织、协调省际业务协同管理工作，省级医保部门负责统一组织、协调并实施跨省异地就医结算业务协同管理工作，各统筹地区医保部门按国家和省级要求做好业务协同工作。各级经办机构可依托国家跨省异地就医管理子系统业务协同管理模块等多种渠道发起问题协同，并按要求做好问题响应和处理。

**第五十八条** 参保地医保部门对一次性跨省住院医疗总费用超过3万元（含3万元）的疑似违规费用，可以通过国家跨省异地就医管理子系统提出费用协查申请。申请费用协查时，需提交待协查参保人员身份证号码、姓名、性别、医疗服务机构名称、住院号、发票号码、入院日期、出院日期、费用总额等必要信息，以确保待协查信息准确。

国家跨省异地就医管理子系统每月26日零时生成上月26日至当月25日全国跨省异地就医结算费用协查申请汇总表，就医省组织各统筹地区医保部门通过国家跨省异地就医管理子系统下载当期汇总表，并通过本地医保信息系统进行核查，已生成申请汇总表的费用协查申请原则上不予修改或删除。

就医地医保部门接到本期汇总表后，原则上需于次月26日前完成本期费用协查工作，并及时上传费用协查结果至国家跨省异地就医管理子系统。遇有特殊情况确需延期办理的，自动记录至下一期，并记入本期完成情况统计监测。协查结果分为“核查无误”和“核查有误”两类，如协查信息与实际信息不符，需填写“核查有误”的具体原因方能上传结果。

参保地医保部门收到就医地医保部门返回的协查结果后，5个工作日内在国家跨省异地就医管理子系统上进行确认。对协查结果存在异议的，应及时与就医地医保部门进行沟通处理。

**第五十九条** 各级医保部门可根据跨省异地就医结算业务协同问题的紧急程度，通过国家跨省异地就医管理子系统提出问题协同申请，明确待协同机构、主要协同事项、问题类型等，针对特定参保人员的问题协同需标明参保人员身份信息，其中备案类问题需在2个工作日内回复，系统故障类问题需在1个工作日内回复，其他类问题回复时间最长不超过10个工作日。

问题协同遵循第一响应人责任制，各级医保部门在接收协同申请后即作为第一响应人，需在规定时限内完成问题处理，根据实际情况标注问题类型，并在国家跨省异地就医管理子系统上进行问题处理登记，确需其他机构协助的，可在问题处理登记时详细列出其他协同机构。如不能按期完成需及时与申请地沟通延长处理时限。

各级医保部门需在收到协同地区处理结果后进行“处理结果确认”，明确问题处理结果。超过10个工作日未确认的，国家跨省异地就医管理子系统默认结果确认。对问题处理结果有异议的或尚未解决的，可重新发起问题协同，申请上一级医保部门进行协调处理。

**第六十条** 各级医保部门可通过国家跨省异地就医管理子系统发布停机公告、医保政策等信息，实现医保经办信息共享。

**第六十一条** 探索跨省异地就医手工报销线上办理，参保人员因故无法直接结算回参保地手工报销的，参保地经办机构可依托跨省联网定点医药机构上传至国家医疗保障信息平台的医疗费用明细、诊断等就诊信息实现线上报销。

## 第十章 附则

**第六十二条** 跨省异地就医医疗费用结算和清算过程中形成的预付款项和暂收款项按相关会计制度规定进行核算。

**第六十三条** 异地就医业务档案由参保地经办机构和就医地经办机构按其办理的业务分别保管。

**第六十四条** 各省级医保部门可根据本规程，制定本地区异地就医直接结算实施细则。

**第六十五条** 本规程由国家医疗保障局负责解释。

**第六十六条** 本规程自2023年1月1日起实施。

附件1:____省(区、市)跨省异地就医登记备案表

附件2:基本医疗保险跨省异地就医备案个人承诺书

附件3:____省(区、市)跨省异地就医预付金付款通知书

附件4:____省(区、市)跨省异地就医预付金收款通知书

附件5:全国跨省异地就医预付金额度调整明细表

附件6:____省(区、市)跨省异地就医预付金额度调整付款通知书

附件7:____省(区、市)跨省异地就医预付金额度调整收款通知书

附件8:____省(区、市)跨省异地就医预付金额度紧急调增付款通知书

附件9:____省(区、市)跨省异地就医预付金额度紧急调增收款通知书

附件10:跨省异地就医省级财政收款专户银行账号明细表

附件11:外伤无第三方责任承诺书

附件12:住院期间外院检查治疗或定点药店购药单

附件13:____省(区、市)跨省异地就医住院结算单

附件14:全国跨省异地就医费用清算表

____省(区、市)跨省异地就医应付医疗费用清算表

____省(区、市)跨省异地就医职工医保基金应付明细表

____省(区、市)跨省异地就医居民医保基金应付明细表

____省(区、市)跨省异地就医医保基金审核扣款明细表

____省(区、市)跨省异地就医职工医保基金审核扣款明细表

____省(区、市)跨省异地就医居民医保基金审核扣款明细表

____省(区、市)跨省异地就医应收医疗费用清算表

附件15:____省(区、市)跨省异地就医费用付款通知书

附件16:____省(区、市)跨省异地就医费用收款通知书

附件17:跨省异地就医备案、预付金、结算、清算流程图

(附件略)

# 国家医疗保障局关于开展口腔种植医疗服务收费和耗材价格专项治理的通知

（医保发〔2022〕27号）

各省、自治区、直辖市及新疆生产建设兵团医疗保障局：

为贯彻落实党中央、国务院决策部署，保障人民群众获得高质量、有效率、能负担的缺牙修复服务，满足人民群众对美好生活的向往，促进口腔种植行业健康有序发展，按照九部委联合印发《2022年纠正医药购销领域和医疗服务中不正之风工作要点》的要求，开展全面覆盖公立和民营医疗机构的口腔种植价格专项治理工作。现将有关工作要求通知如下：

## 一、规范口腔种植医疗服务和耗材收费方式

（一）有序推进口腔种植医疗服务“技耗分离”。公立医疗机构提供口腔种植医疗服务，主要采取“服务项目+专用耗材”分开计价的收费方式。即种植体植入费与种植体耗材系统价格分开计价；牙冠置入费与牙冠产品价格分开计价；植骨手术费与骨粉、骨膜价格分开计价。对于目前耗材合并在医疗服务价格项目中收费的情况，实行“技耗分离”时，应按照扣减相关耗材线上采购均价的方式，同步下调项目价格。

（二）完善种植牙牙冠价格形成机制。四川省医疗保障局在省内对临床主流的全瓷牙冠组织竞价，按照竞争形成的阳光透明价格挂网，其他材质参照全瓷冠的价格挂网。国家医疗保障局指导其他省份实施价格联动。公立医疗机构根据临床需求自主选择，按挂网价格“零差率”销售。第三方工厂生产的牙冠，价格包含种植过程中返厂调改的费用，不得额外向患者收费。公立医疗机构自行加工制作种植牙牙冠的，采取“产品化”的价格形成机制，由医疗机构以物料成本、加工服务等为基础，按照适当的成本回收率自主确定价格并挂网，与竞价挂网牙冠的比价关系保持在合理区间，牙冠制作的翻模精修、扫描设计、打印切削、烧结上釉、上色调改等具体操作作为成本要素计入种植牙牙冠价格，不再将具体操作步骤作为医疗服务价格项目额外向患者收费。

（三）规范整合口腔种植价格项目。按照“产出导向”的基本原则，整合口腔种植涉及的医疗服务价格项目。其中，一期植入手术（种植体植入）和二期手术（放置愈合基台）的设计、准备和操作等合并为种植体植入项目；牙冠置入服务，包括印模制取、颌位关系记录与转移、基台和牙冠安装、调试修改等，合并为种植体的牙冠置入项目；种植牙配套实施的植骨手术、软组织修复、植入体的修理和拆除等服务，设置独立的医疗服务价格项目。对于全牙弓修复种植、颅颌面种植等复杂种植手术，可在医疗服务价格项目上体现差异。医疗机构为确保缺牙修复精准度，利用医学影像等各类检查手段和数字技术、人工智能等构建虚拟3D模型、制作病灶模型或手术导板的，按照服务产出分别设立相应的医疗服务价格项目。具体的口腔种植类医疗服务价格项目立项指南由国家医疗保障局另行发布。各省级医疗保障部门应于2022年11月底前发文规范整合本地区价格项目。

## 二、强化口腔种植等医疗服务价格调控

（四）围绕种植牙全流程做好价格调控工作。

各级医疗保障部门要以单颗常规种植牙的医疗服务价格为重点，按照“诊查检查+种植体植入+牙冠置入”的医疗服务价格实施整体调控（详见附件），目前三级公立医疗机构完成全流程种植，医疗服务价格整体普遍高于4500元每颗的地区，应采取针对性措施，导入至整体不超过4500元每颗的新区间，三级以下公立医疗机构的调控目标参照当地医疗服务分级定价的政策相应递减。鼓励有条件的地区在调控目标范围内进一步采取谈判协商、成本监审等措施降价，进一步扩大调控效果惠及群众。当前医疗服务价格整体已普遍低于4500元每颗的地区，鼓励维持现行低价。允许经济发达、人力等成本高的地区根据本地实际放宽医疗服务价格调控目标，放宽比例不超过20%；鼓励地方对于口腔种植成功率高等特定情形的医疗机构，探索定向宽松的口腔种植医疗服务价格整体调控政策（详见附件）。各省级医疗保障部门结合医疗服务价格整体调控要求，以及种植体集采、牙冠竞价的结果，合并制定并公开本地区种植牙全流程价格调控目标（含种植体、牙冠、医疗服务），采取针对性的落实举措。

（五）加强对公立医疗机构口腔医疗服务价格的政策指导。群众反映强烈、费用负担重的种植体植入费、牙冠置入费、植骨手术费以降为主。其中，公立医疗机构政府指导价显著高于本地区民营医疗机构平均价格的，要坚持公益性原则，专题论证、重点降价；公立医疗机构自主定价院际差异大的，要督促价格次序排位靠前、显著高于平均水平的医疗机构主动回调，发挥公立医疗机构公益性价格对市场的参照和锚定作用。全牙弓修复种植、颅颌面种植、复杂植骨等技术难度大、风险程度高的项目，允许与常规种植牙手术价格拉开适当差距。固定义齿、可摘义齿等其他缺牙修复方式的医疗服务价格保持相对稳定，鼓励医疗机构优先为患者提供适宜的缺牙修复服务。拔牙、牙周洁治、补牙等以技术劳务为主的项目，历史价格偏低的可适当提高价格。公立医疗机构口腔种植项目实行政府指导价管理的地区，各省级医疗保障部门要在2022年12月底前重新制定公布政府指导价。实行自主定价的地区，医疗保障部门应按照全流程医疗服务价格调控目标，组织各医疗机构在当地发布实施新价格项目的1个月内重新公布价格，促使价格水平与医院等级、专业地位、功能定位相匹配，定期发布本地区公立医疗机构自主定价的平均水平。

（六）加强民营医疗机构口腔种植价格监管和引导。民营医疗机构口腔种植牙等服务价格实行市场调节，定价应遵循公平合法、诚实信用和质价相符的原则，对比本地区公立医疗机构，制定符合市场竞争规律和群众预期的合理价格，主动在明显区域按规定进行价格公示，并保障公示信息的真实性、及时性和完整性。民营医疗机构应严格规范自身价格行为，不得以虚假的或具有误导性的“补贴”“低价”等价格手段，诱导欺诈患者。对于区域内种植牙集采报量率高、中选产品使用率高、主动承诺接受价格全流程调控、口腔种植费用经济性优势突出、评价排名靠前的民营医疗机构，由各级医疗保障部门在官方网站上展示价格和费用情况，为患者就医提供指引，对价格高、采用“介绍费”“好处费”买卖客源引流的予以公开曝光。

## 三、精心组织开展种植牙耗材集中采购

（七）组建种植牙耗材省际采购联盟。由四川省医疗保障局牵头组建种植牙耗材省际采购联盟，各省份均应参加。种植牙耗材集中带量采购坚持招采合一、量价挂钩的基本原则，按照政府组织、联盟采购、平台操作的总体思路，以成套的种植体系统为单元（包含种植体、修复基台，以及覆盖螺丝、愈合基台、转移杆、替代体等配件），充分考虑种植牙耗材生产、供应和临床使用等方面的特点，引导企业公平竞争。具体采购方案由四川省医疗保障局会同各联盟省份医疗保障部门制定并组织实施。

（八）广泛发动各级各类医疗机构参加。原则上各统筹地区参加本次集采的医疗机构数（含民营）占开展种植牙服务医疗机构的比例应达40%

以上,或本区域报送需求总量占上年度实际使用总量的比例达50%以上。各级医疗保障部门对辖区内具备种植牙服务能力的医疗机构进行广泛动员,组织公立医疗机构(含军队医疗机构)全部参加种植牙耗材集中采购,全力动员民营医疗机构主动参加,大型牙科医疗服务连锁集团总部所在地的省级医疗保障部门要主动作为,重点协调其集团各连锁(控股、分支)医疗机构参与种植体集中带量采购、执行中选结果。要向医疗机构讲清政策要求、群众期盼和医疗机构的社会责任,分析集采后行业格局和患者就医行为的变化趋势,强调相关配套和监管措施等,引导医疗机构在与国家倡导和人民群众期盼同频共振中获得发展机遇。公立医疗机构医生在民营医疗机构多点执业,并作为负责人或业务骨干的,该公立医疗机构应督促其规范参与集采。请医疗机构以书面形式确认参加或不参加本次集采。

(九)如实准确填报种植体采购需求量。各省级医疗保障部门分别组织省内参加本次集采的公立和民营医疗机构填报种植牙耗材的采购需求。填报内容包括本单位种植牙耗材的上一年度实际采购量、采购需求量、提供种植牙服务的牙椅数量。填报需求量原则上不低于上一年度实际采购量,同时前瞻性考虑种植牙需求增长的因素,确保报量准确合理,促进更好实现以量换价,便于中选企业保障供应。联盟地区可以适当方式公开本地区各医疗机构报量结果,接受社会监督,并对开展种植牙服务但拒不报量或报量率不足上年度实际使用量80%的公立医疗机构实行差异化价格政策,其中,种植体植入和牙冠置入手术实行政府指导价管理的地区,上述公立医疗机构实际收费不得超过政府指导价的80%;实行自主定价管理的地区,上述公立医疗机构实际收费不得超过本地区公立医疗机构自主定价平均水平的80%。

## 四、实施口腔种植收费综合治理

(十)探索建立口腔种植的价格异常警示制度。各省级医疗保障部门要以地市为单位建立口腔种植的价格异常警示制度,将价格投诉举报较多、定价明显高于当地平均水平、拒绝或消极参与种植牙集采、虚构事实贬损参与集中采购的单位和中选产品、不配合调控工作维护虚高价格的各级各类医疗机构列入价格异常警示名单,并每季度在当地医疗保障部门官方网站公开。年内多次进入警示名单的医疗机构,由省级医疗保障部门集中通报。情节恶劣的,由国家医疗保障局统一曝光。对于列入价格异常警示名单的医疗机构,综合运用监测预警、函询约谈、提醒告诫、成本调查、信息披露、公开曝光等监管手段,促进形成良好的市场秩序。属于公立医疗机构的,审慎对待其提出的调整医疗服务价格、新增医疗服务价格项目等申报事项,必要时采取约束措施。

(十一)以省为单位开展口腔种植价格调查检查。专项治理启动阶段(2022年8月),按照“横到边、竖到底、全覆盖”的原则,全面开展口腔种植收费和医疗服务价格调查登记,为规范项目和价格、实施集中带量采购奠定坚实基础。调查登记期间发现的违规收费线索,及时查处纠正。专项治理实施阶段(2022年12月—2023年3月),各级医疗保障部门重点做好监测工作,密切关注各级各类医疗机构口腔种植医疗服务价格执行情况和种植体等耗材的实际采购情况,以及种植牙耗材、种植牙手术价格、患者次均费用等重点指标变化,确保各项治理措施落实落细,省级医疗保障部门以省为单位形成报告报国家医疗保障局。专项治理“回头看”阶段(由各省择2023年下半年的适当时间段部署),各级医疗保障部门会同相关部门,以区域内价格排名靠前、群众投诉举报较多、拒绝参加种植牙集采或隐瞒报量的医疗机构为检查重点,检查过程中发现医疗机构重复收费、价格欺诈、虚假宣传等违法违规线索,以及提供口腔种植医疗服务过程中不合理不规范的检查诊疗行为,及时向行业主管部门、行政执法部门通报。国家医疗保障局将适时组织督导和交叉检查。

(十二)切实履行全行业医药价格管理职责。各级医疗保障部门要高度重视口腔种植等缺牙修复类医疗服务价格和耗材专项治理工作，切实履行全行业医药价格管理职责，组织专门力量，认真推进落实各项措施，实现公立和民营医疗机构全覆盖，形成长效治理效果。要落实好以人民为中心的执政理念，加强种植牙医疗服务价格调控与耗材集中带量采购的协同配合，切实降低种植牙医疗服务和耗材虚高价格，减轻人民群众费用负担，引导医疗机构通过透明价格、优质服务、规范管理、良好口碑等有序竞争健康发展。

特此通知。

附件：允许放宽医疗服务价格整体调控目标的若干情形

国家医疗保障局

2022年9月6日

附件

## 允许放宽医疗服务价格整体调控目标的若干情形

| 序号 | 放宽情形 | 放宽幅度 | 适用范围 |
|---|---|---|---|
| 1 | 经济发达、人力成本高、口腔种植技术领先的地区 | 20% | 非定向 |
| 2 | 国家口腔医学中心/口腔种植专业列入国家临床重点专科的医疗机构 | 10% | 定向 |
| 3 | 口腔种植成功率高，公开服务质量信息、承诺接受监督和检查的医疗机构 | 10% | 定向 |

注：1. 医疗服务价格整体调控目标包含种植全过程的诊查费、生化检验和影像检查费、种植体植入费、牙冠置入费、扫描设计建模费，不包括拔牙、牙周洁治、根管治疗、植骨、软组织移植。

2. 放宽幅度以调控目标4500元为计算基准，同时涉及多种放宽情形的，分别计算后加总，例如同时涉及情形1、情形2、情形3的情况，调控目标放宽额度=4500×(20%+10%+10%)=1800元。

3. 情形1以地、市为单位。各省份允许放宽调控目标的地、市具体范围，由省级医疗保障部门统一确定，对于人力成本低、社会承受能力弱的地区，可按收紧的方式在4500元以下的区间确定该地区调控目标。

4. 情形2仅限于国家口腔医学中心，或口腔种植专业列入国家临床重点专科并经国家卫生健康委评估合格的医疗机构，各省份不得自行扩大政策适用范围。不包括以联名、挂靠、品牌共享等方式松散合作的医疗机构。

5. 情形3所指的医疗机构应同时符合以下条件：

(1)所称的口腔种植成功率是包括牙冠置入前的种植体的术间存留率和牙冠置入后种植体的持续存留率。其中，术间存留率是牙冠置入前未发生松动、脱落等，不影响牙冠置入的种植体数量/同期种植数量×100%，情形3所称的口腔种植成功率高，是指累计的术间存留率≥99%；持续存留率是指种植后1年内种植体无动度，影像学检查显示种植体周围无透射区，种植体及关联区域无持续性或不可逆的疼痛、感染、麻木、坏死、损伤、感觉异样等症状的种植体数量/同期种植数量×100%，情形3所称的口腔种植成功率高，是指累计的持续存留率≥97%。

(2)承诺在其网站公开累计的种植数量、术间成功存留数量、种植后成功持续存留的数量(存留1年、5年、10年的数量分别公开)、常规种植和复杂种植的例数，并在当期按照上述口径公开不少于最近3年的连续数据。

(3)承诺就公开事项接受监督和检查。

6. 适用范围“非定向”是指适用于辖区内全部公立医疗机构和主动承诺接受全流程价格调控的民营医疗机构，适用范围“定向”是指仅适用于符合该情形的特定医疗机构。

# 国家医保局　财政部　国家卫生健康委　国家中医药局关于开展2022年度医疗保障基金飞行检查工作的通知

（医保函〔2022〕24号）

各省、自治区、直辖市及新疆生产建设兵团医保局、财政厅（局）、卫生健康委、中医药局：

为深入贯彻落实党中央、国务院关于加强医保基金监管工作的决策部署，严厉打击医保领域违法违规行为，切实维护医保基金安全，保障公民健康权益，国家医保局、财政部、国家卫生健康委、国家中医药局决定在全国范围内组织开展2022年度医疗保障基金飞行检查，并制订了《2022年度医疗保障基金飞行检查工作方案》，现印发给你们。请遵照方案认真做好人员选派、组织实施、落实整改等各项工作，扎实有序完成检查任务。

国家医保局　财政部
国家卫生健康委　国家中医药局
2022年5月27日

## 2022年度医疗保障基金飞行检查工作方案

为深入贯彻落实党中央、国务院决策部署，根据《国务院办公厅关于推进医疗保障基金监管制度体系改革的指导意见》（国办发〔2020〕20号）要求，创新完善基金监管方式，巩固打击欺诈骗保高压态势，严守医保基金安全红线，现决定在全国范围内组织开展2022年度医疗保障基金飞行检查。

### 一、工作目标

以习近平新时代中国特色社会主义思想为指导，全面贯彻党的十九大和十九届历次全会精神，坚持以人民健康为中心，聚焦重点、靶向发力，依法查处医保领域违法违规行为，切实维护医保基金安全，保障公民医保合法权益，增进人民健康福祉。

### 二、检查对象

全国范围内定点医疗机构、县区级医保经办机构，视情况可延伸检查相关机构和参保人。原则上既往接受过国家飞行检查的机构，不再作为此次检查对象。

检查时间范围为2020年1月1日以来。

### 三、检查内容

对定点医疗机构血液透析、高值医用耗材（骨科、心内科）等领域纳入医疗保障基金支付范围的医疗服务行为和医疗费用（包括本地接收跨省异地就医人员结算费用），医保经办机构服务协议履行及费用审核与结算支付，以及通过伪造医学相关资料、虚构医药服务项目等方式骗取医保基金行为进行检查。

（一）针对定点医疗机构检查。包括基金使用内部管理情况，财务管理情况，病历相关资料管理情况，药品和医用耗材购销存管理情况，和分解住院、挂床住院、违反诊疗规范、违规收费（包括违规收取新冠病毒核酸和抗原检测费用）、串换项目、违规采购线下药品、未按要求采购和使用国家组织集采中选产品等行为。

（二）针对医保经办机构检查。包括异地就医备案及直接结算、门诊慢特病待遇认定、手工报销、与医疗机构费用审核和结算支付情况，基金“收支两条线”执行和会计核算情况，对参保人享受医疗保障待遇、定点医药机构协议履行等核查情况。

**四、人员组成**

由国家医保局会同财政部、国家卫生健康委、国家中医药局等部门组成若干飞行检查组联合开展飞行检查，实行组长负责制，每组人数控制在40人以内。

（一）检查人员（约30人）。

1．组长（1人）。由参检省份医保局分管基金监管或稽核稽查工作的领导担任，全面负责飞行检查工作。

2．副组长（约4人）。由参检省份医保局指定1名熟悉基金监管或稽核稽查的处级干部担任，财政、卫生健康、中医药等部门也可各指定1名处级干部共同担任副组长，协助组长开展飞行检查工作。

3．专业人员（约25人）。参检省份医保局从本地行政、经办机构中抽调15名左右业务骨干，财政、卫生健康、中医药等部门共抽调10名左右医疗专家和工作人员，负责现场检查、调查取证、沟通反馈、线索移交等。

（二）督察联络人员（约3人）。

1．督察员（1~2人）。由国家医保局和有关部门司处级干部担任，负责监督指导飞行检查组依法依规开展检查工作、研究决定飞行检查重大事项。

2．联络员（1~2人）。由国家医保局机关人员担任，负责协调开展飞行检查工作。

（三）第三方机构人员（约7人）。

由第三方机构选派医疗、医药、财务、信息等专业人员，负责数据筛查分析等工作。

**五、组织实施**

通过抽签方式确定参检和被检省份，其中北京、天津、上海、重庆四个直辖市交叉配组。除此之外，国家医保局根据工作需要组队对有关机构开展专项飞行检查。每组检查时间控制在10天以内。视情况，邀请新闻媒体参与宣传报道。

（一）工作准备。

1．确定被检地市。飞行检查组与被检省份医保局综合研究确定被检地市，也可根据举报问题线索、智能监控疑点数据等指定。

2．制定实施方案。由组长牵头制定，方案需明确检查内容、检查方式、人员分组、实施步骤等。

3．加强数据分析。结合检查重点，提前提取指定范围内医保结算数据、医院HIS系统数据等，开展前期筛查分析。

4．开展动员培训。现场检查前，组织全体检查人员学习熟悉当地医保政策，并就执法程序、检查重点、职责分工、工作纪律等进行培训，确保检查标准化、规范化、精细化。

（二）现场检查。

1．明确检查对象。根据基金支出规模随机抽取或结合有关问题线索直接确定1至2家定点医疗机构、1家医保经办机构作为检查对象，并在飞行检查启动会上公布。

2．实施现场检查。向被检机构宣读并送达现场检查通知书后，根据实施方案开展现场检查。

3．执行反馈移交。在充分听取并研判被检机构和被检地区医保局意见基础上，形成客观、公正的书面反馈意见。同时，完成数据的归集和清理，并将检查资料移交被检省份医保局进行后续核实处理。

（三）整改落实。

被检省份医保局在收到书面反馈意见和移交资料30个工作日内，将整改情况以书面形式上报国家医保局，并抓好后续处理、曝光等工作。国家医保局将飞行检查工作情况通报相关部门，视情况，公开查处结果。根据各省份整改情况或工作需要，国家医保局可适时组织力量开展“回头看”。

**六、工作要求**

（一）履职尽责，压实主体责任。各级医保、财政、卫生健康、中医药等部门要自觉增强政治意识，强化使命担当，切实履行监管职责，严格按照要求完成检查任务。被检省份相关部门要高度重视，认真做好迎检准备，同时压紧压实整改责任，定准落细整改措施，着重强化源头治理，借助飞行检查加快推进本地监管体制机制建设，全面提升医保基金管理水平。

（二）协同高效，依法依规检查。各相关部门应加强协作配合，充分发挥多部门联合执法优势，形成监管合力，做实问题定性，推动飞行检查取得实效。同时严格规范执法行为，对于检查中发现的问题，要查实查透，并做到有理有据，确保问题事实清楚、证据确凿。

（三）严肃纪律，做好疫情防控。参检人员应认真贯彻落实中央八项规定及其实施细则精神，严格遵守执法、安全、保密、廉洁等各项规定。不得影响被检机构正常的工作秩序，严禁利用工作之便刁难被检对象，不得接受被检对象的财物、宴请等。飞行检查工作将根据疫情防控需要适时组织开展，并由各有关部门统一作出部署安排。参检人员应严格落实疫情防控责任，遵守属地防控要求，如有不适症状及时就医，不得隐瞒病情。

# 国家医疗保障局
# 关于全面排查并取消医保不合理限制的通知

（医保函〔2022〕254号）

各省、自治区、直辖市及新疆生产建设兵团医疗保障局：

近年来，国家医保局按照党中央、国务院决策部署，围绕群众急难愁盼问题，推进管理服务改革创新，群众获得感不断增强。但仍常有反映由于医保不合理限制，部分医疗机构存在推诿病人、强制出院、分解住院、限制处方天数等问题，增加了群众经济和事务性负担。为深入学习贯彻党的二十大精神，解决好群众最关心最直接最现实的利益问题，决定聚焦医保部门职能职责，立即全面深入排查医保不合理限制，发现问题、分析原因、限时妥善解决。现就有关事项通知如下：

## 一、聚焦群众痛点，突出重点问题

重点排查医保在协议管理、预算管理、审核结算、考核评价、基金监管等方面，是否存在不合理限制和要求，直接或间接导致医疗机构在为参保人员提供医疗服务过程中，产生不方便甚至损害参保人员利益的行为：

（一）是否存在医保对定点医疗机构年度总额预算/总额控制不科学不规范且缺乏合理调整机制的问题，导致定点医疗机构因医保年度支付限额推诿病人，尤其是年底前以额度不足或用完为由推诿病人。

（二）是否存在医保对参保患者住院天数作出具体限制的问题，导致医疗机构不得不中途要求患者出院，或分解住院等。

（三）是否存在医保对参保患者用药规定具体天数或金额上限的问题，导致医疗机构不能根据病情需要为慢性病患者开出长期处方等。

（四）是否存在医保对住院、门诊次均费用、药占比等进行具体限制的问题，导致医疗机构不用临床价值高、患者急需的药品等。

（五）是否存在医保管理的其他问题，导致医疗机构限制群众看病、住院、取药等。

## 二、广泛深入排查，形成问题清单

各地医保部门需采取多种途径，立即全面广泛深入组织排查上述问题。

（一）深入座谈走访。深入群众、定点医疗机构、定点零售药店开展面对面访谈，通过组织召开座谈会、开展问卷调查等收集问题。

（二）用好信访渠道。设立举报投诉电话、意见箱，充分利用群众来信、来访、网上留言、电话举报投诉等渠道收集问题。

（三）加强舆情监测。各种媒体尤其是网络媒体具有参与主体多、信息面广泛等特点。要对一年来网络舆情进行深入分析梳理，既要重视媒体文章新闻，也要关注评论跟帖反映的社情民意。

（四）加强监测监管。要充分运用信息化、大数据手段开展日常监测、智能监控，利用信息系统自动筛查发现医疗机构是否存在推诿病人、分解住院、开不出长期处方等行为，倒查分析医保部门内部是否存在导致上述行为的有关问题。

要在全面广泛深入排查的基础上，准确发现是否存在上述问题，形成问题清单。

**三、深入分析原因,明确解决措施**

要针对问题清单,全面深入梳理医保现行制度政策措施。要侧重分析医保协议管理、预算管理、审核结算、考核评价等方面存在的不合理限制问题。

(一)明确问题原因。各地医保部门要全面深入分析问题产生原因,做到三个明确:

1. 明确问题的性质。厘清是制度层面的问题,如制度上存在不合理限制,相关制度政策不配套不协调等;还是工作层面的问题,如政策不落实、政策执行变样等;或是医疗机构或其工作人员的违法违规、欺诈骗保问题。

2. 明确问题的层级。厘清是国家或省级还是统筹地区的问题。

3. 明确问题的主体。厘清是医保部门的问题,还是其他部门的问题,或是医疗机构执行中的问题。

(二)分类解决问题。对于医保部门的问题,属于制度政策的,要立即着手制度政策改革完善;属于工作不落实或执行走样的,要立即整改落实纠偏。属于省级医保部门责任的,省级医保部门要抓紧研究,限时完善政策措施;属于国家医保局责任的,要形成书面意见上报;属于其他部门或医疗机构的问题,要向社会作好解释,并立即准确向相关部门反映,提出意见建议。属于违法违规甚至欺诈骗保的,要加强基金监管,加大查处曝光力度。

**四、加强组织领导,确保取得实效**

(一)高度重视,加强领导。各地医保部门要提高思想认识,加强组织领导,层层落实责任。主要负责同志要亲自安排,亲自调度。要安排专人负责,认真开展梳理排查,确保取得实效。

(二)明确责任,有序推进。统筹地区医保部门要针对以上问题和要求立即开展自查自纠,于2022年12月底前完成排查工作,形成问题清单,认真研究,逐一落实整改措施。能立行立改的要迅速改正、限时办结;需深入研究出台政策的,要明确时间表责任人;需协调相关部门的,要积极主动沟通协调;需加强基金监管的,要有针对性加强监管。

省级医保部门要加强工作调度,指导各统筹地区做好全面排查工作,并适时选取部分统筹地区开展抽查,以省为单位形成书面报告,重点报告本省各统筹地区存在的上述问题以及整改情况并填写问题清单(见附件),于2023年1月31日前报国家医保局指定邮箱。

国家医保局将加强工作督导调度交流,采取委托第三方调查、开展媒体监测、接受举报投诉等渠道,了解各地排查整改情况,2023年2月底对本轮排查整改工作进行总结。对工作细致、成效突出的地区予以表扬肯定,对工作不认真、不细致、走过场的地区进行通报批评。

(三)加强宣传,巩固成果。各地医保部门要切实加强医疗保障便民利民惠民政策的宣传解读,全面提高便民利民政策知晓度。要合理引导社会预期,切实加强舆情监测,及时主动回应社会关切,营造良好的舆论氛围。

附件:问题清单

国家医疗保障局<br>2022年12月5日

附件

# 问 题 清 单

（省级医保部门填报）

省级医保部门：　　　统筹地区总数：　　　填报人：　　　联系电话：

| 自查内容 | 数量 | 医保不合理限制汇总 | 整改情况 |
| --- | --- | --- | --- |
| 1. 是否存在医保对定点医疗机构年度总额预算/总额控制不科学不规范且缺乏合理调整机制的问题 | | | |
| 2. 是否存在医保对参保患者住院天数作出具体限制的问题 | | | |
| 3. 是否存在医保对参保患者用药规定具体天数或金额上限的问题 | | | |
| 4. 是否存在医保对住院、门诊次均费用、药占比具体限制的问题 | | | |
| 5. 是否存在医保管理的其他问题 | | | |

填表说明：

1. 省级医保部门汇总辖区各统筹地区医保部门问题清单；
2. “数量”是指存在此类问题的统筹地区数量；
3. “医保不合理限制汇总”是指各统筹地区表中具体不合理限制事项的类别及具体表述。

## 问　题　清　单

（统筹地区医保部门填报）

统筹地区医保部门：　　　填报人：　　　联系电话：

| 自查内容 | 排查重点 | 是/否 | 具体规定 | 措施及完成时限 |
|---|---|---|---|---|
| 1．是否存在医保对定点医疗机构年度总额预算/总额控制不科学不规范且缺乏合理调整机制的问题 | 协议文本规定了总额预算金额且结算办法没有规定合理超支分担等内容 | | | |
| 2．是否存在医保对参保患者住院天数作出具体限制的问题 | 协议文本中规定住院天数不得超过15天或其他天数 | | | |
| | 结算办法中将平均住院日指标作为医保扣费指标之一 | | | |
| | 统筹地区各类管理或监管通知中将平均住院日指标作为医保扣费指标之一 | | | |
| 3．是否存在医保对参保患者用药规定具体天数或金额上限的问题 | 协议文本/结算办法中规定处方用药具体天数 | | | |
| | 协议文本/结算办法中规定单张处方的金额上限 | | | |
| 4．是否存在医保对住院、门诊次均费用、药占比具体限制的问题 | 协议文本/结算办法中将住院、门诊次均费用、药占比作为医保扣费指标之一 | | | |
| 5．是否存在医保管理的其他问题 | | | | |

填表说明：

具体规定如果内容较多，可以另附页报送。

# 国家医疗保障局办公室
# 关于切实做好当前疫情防控医疗保障工作的通知

（医保办发〔2022〕3号）

各省、自治区、直辖市及新疆生产建设兵团医疗保障局：

当前，新冠肺炎疫情形势严峻复杂、疫情防控处于关键阶段，3月17日习近平总书记主持召开中央政治局常务委员会会议，研究部署从严抓好疫情防控工作，要求提高科学精准防控水平，不断优化疫情防控举措。为认真贯彻落实党中央、国务院决策部署，服务当前疫情防控需要，进一步加强新冠肺炎疫情防控医疗保障工作，现就有关事项通知如下。

**一、切实提高政治站位，把思想和行动统一到党中央决策部署上来**

各级医疗保障部门要充分认识做好当前新冠肺炎疫情防控医疗保障工作的重要性，切实把思想和行动统一到党中央决策部署上来，始终坚持人民至上、生命至上，做到守土有责、守土尽责。要加强组织领导，克服麻痹思想、厌战情绪、侥幸心理、松劲心态，主动作为、积极配合，抓实抓细疫情防控医疗保障各项工作。

**二、主动适应防控形势变化，及时调整优化疫情防控医疗保障政策措施**

各省级医疗保障部门应根据《新型冠状病毒肺炎诊疗方案（试行第九版）》（以下简称《诊疗方案（试行第九版）》）和《新型冠状病毒肺炎防控方案》，综合考虑疫情防控需要、本地区医保基金支付能力，按照科学精准、积极稳妥、风险可控的原则，及时调整优化医保相关政策。

一是按程序将新冠病毒抗原检测试剂及相应检测项目临时性纳入本省份基本医保医疗服务项目目录。参保人在定点基层医疗机构发生的相关费用按统筹地区现行规定支付，在定点零售药店购买检测试剂的费用，可使用个人账户支付。各省级医疗保障部门参照《国家医疗保障局办公室关于地方拟临时新增新型冠状病毒抗原检测项目及有关事项意见的函》（医保办函〔2022〕11号），持续规范和优化公立医疗机构提供新冠抗原检测服务的价格政策。各地医药集中采购机构要做好新冠病毒抗原检测试剂挂网工作，积极推动挂网采购并依托全国统一的医保信息平台进行信息共享。同时加强测算和监测，协同推进价格、采购、支付和信息系统改造各项工作。

二是及时调整纳入医保支付范围的新冠治疗用药。对《诊疗方案（试行第九版）》新增药品，各省级医疗保障部门参照《国家医疗保障局 财政部关于做好新型冠状病毒感染的肺炎疫情医疗保障的通知》（国医保电〔2020〕5号）相关要求，将其临时性纳入本省份医保基金支付范围；对于《诊疗方案（试行第九版）》调出且不在基本医保目录内的药品，各省级医疗保障部门应在《诊疗方案（试行第九版）》发布之日起停止医保支付。各省级医疗保障部门要做好新增药品挂网工作，对于尚未挂网的药品，允许医疗机构先在线下采购应急使用。《诊疗方案（试行第九版）》新增的奈玛特韦片/利托那韦片，由医疗机构按照企业与有关部门沟通一致的价格采购，医保部门按规定做好支付。

**三、强化各项政策落实，全力做好新形势下常态化疫情防控医疗保障工作**

各级医疗保障部门应按照《国家医疗保障局 财政部关于做好新型冠状病毒感染的肺炎疫情医疗保障的通知》（国医保电〔2020〕5号）等系列文件要求，细化完善工作举措，继续落实对确诊患者医疗费用实施综合保障等政策。支持疫情严重地区医疗机构正常运转，必要时可按程序预付部分新冠救治资金。扎实做好新冠病毒疫苗及接种费用保障，认真落实核酸和抗原检测项目价格政策，实施"长期处方"、互联网诊疗等结算报销政策，确保各项疫情防控医疗保障政策落地实施，减少参保患者到医疗机构就诊配药次数，切实降低疫情传播的安全风险。

**四、持续优化经办服务，统筹做好经办窗口防护和服务工作**

各地医保经办机构要严格按照《国家医疗保障局办公室关于优化医疗保障经办服务 推动新型冠状病毒感染的肺炎疫情防控工作的通知》（国医保电〔2020〕7号）"五个办"要求，持续落实医保便民惠民政策。按照国家对公共服务场所疫情防控工作要求，认真做好医疗保障经办大厅室内通风、卫生检测、清洁消毒等工作，消除经办场所疫情隐患，引导办事群众佩戴口罩并自觉接受体温检测，保护好办事群众和经办工作人员的健康和安全。

各省份在工作中如遇重大问题、紧急情况，要及时采取有效措施应对，并向国家医疗保障局报告。

国家医疗保障局办公室

2022年3月21日

# 国家医保局办公室　国家卫生健康委办公厅关于国家组织高值医用耗材(人工关节)集中带量采购和使用配套措施的意见

（医保办发〔2022〕4号）

各省、自治区、直辖市及新疆生产建设兵团医保局、卫生健康委：

为贯彻落实党中央、国务院关于全面实行高值医用耗材集中带量采购的决策部署，平稳实施国家组织人工关节集中带量采购（以下简称“人工关节集采”）中选结果，确保中选产品及时供应，促进医疗机构规范使用集采品种、规范提供相关医疗服务，制定本意见。

## 一、总体要求

紧密结合人工关节采购、配送、使用及伴随服务特点，发挥医保基金战略性购买作用，加强政策协同，充分利用集采平台挂网、医保基金预付、医保支付政策、医疗服务价格调整、医疗机构激励约束等措施，推动人工关节集采中选结果平稳实施，实现人民群众得实惠、医疗机构和医务人员有激励、医药行业高质量发展的目标。

## 二、规范产品挂网工作和价格

人工关节集采中选产品（以下简称“中选产品”）按“含伴随服务费”和“不含伴随服务费”的中选价格在各省级医药集中采购平台挂网，配送、手术专用工具等相关费用包含在中选价格内。伴随服务包括提供合规的“跟台”服务、协助组装工具、必要的工具使用指导、手术操作培训等，应严格限制非手术人员进入手术室。医疗机构根据实际情况选择是否需要企业提供伴随服务，并按相应的价格支付。公立医疗机构（含军队医疗机构，下同）统一按含伴随服务费的中选价格零差率收费，非专用的动力工具、相关工具的清洗消毒由医疗机构承担，相关费用包含在医疗服务费用中。医疗机构和第三方机构不得在进院、库存等环节向中选企业收取附加费用。

非中选人工关节产品中包含中选产品部件的，按该部件的中选价格挂网，其他部件可结合实际交易价格合理设定挂网价格高线，对超出价格高线的产品，挂网时予以一定限制，引导相关企业逐步将价格调整至合理水平。如非中选人工关节产品各部件均由中选产品不同部件组成，则总价不高于该企业同类别中选产品价格。半髋假体和单髁假体产品，可参考全套髋关节和全套膝关节产品的中选价格，按照性能与价格相匹配的原则进行挂网。

## 三、落实医保基金预付政策

各地医保部门要及时组织医疗机构与中选企业签订采购协议。各统筹地区要根据中选产品的中选价格、各医疗机构与企业协议约定的采购产品及数量，及时测算协议采购金额。在医保基金总额预算管理基础上，建立预付机制，在医疗机构与中选企业签订采购协议后，医保基金按不低于年度协议采购金额的30%预付给医疗机构。医疗机构要及时与企业结清货款，结清时间不超过使用耗材的次月底。医保经办机构要及时与医疗机构结算，及时拨付医保基金。在落实医疗机构货款支付主体责任的前提下，鼓励医保基金与医药企业直接结算。

### 四、做好医保支付政策衔接

人工关节集采中选产品以含伴随服务费的中选价格为支付标准，纳入医保支付范围，医保基金按规定比例支付。非中选人工关节属于医保基金支付范围的，各地要采取措施，在两年内渐进调整支付标准至不超过集采同一分组中选产品的最高中选价格。参保患者使用价格超出医保支付标准的产品，超出支付标准的部分由患者自付。各地应统筹考虑挂网价格、患者自付比例和医保支付标准的设定，避免患者费用负担加重。

### 五、落实结余留用政策并统筹医疗服务价格调整

各省级医保部门要按《关于开展国家组织高值医用耗材集中带量采购和使用的指导意见》（医保发〔2021〕31号）要求，参照国家组织药品集中采购医保资金结余留用有关做法，指导统筹地区完善医保资金结余留用规则。开展DRG/DIP支付方式改革的地区，首年不调整相应DRG/DIP组的权重分值，后续调整要统筹考虑人力成本、耗材成本等变化，科学合理上调或下调。各项激励要做好衔接，避免重复，各地要指导医疗机构完善落实结余留用内部考核办法，将激励政策传导至医务人员，鼓励合理、规范、优先使用中选产品。

按照医疗服务价格动态调整机制，2022年经评估符合条件触发调价的地区，调价总量可向人工关节置换相关手术项目倾斜。置换关节的跨省患者占比大、"人工关节置换术"等核心项目价格明显低于全国中位价格和周边省份价格的地区，可专项调整相关项目价格。公立医疗机构采用"手术机器人"等智能化系统辅助手术操作的，坚持劳务价值和设备贡献相平衡、收费与功能相匹配的原则，按照智能化系统的实际功能，以"人工关节置换术"项目价格为基础上浮一定比例加收，不单独设立收费项目。

### 六、确保中选产品稳定供应

各地要压实中选企业和配送企业供应配送责任，加强供需双方对接，严格落实由中选企业自主选择中选产品配送企业开展配送，并协调中选企业、配送企业与医疗机构建立配送关系。中选企业、配送企业要按医疗机构需求及时配送中选产品、提供手术专用工具和伴随服务，保障临床使用。

### 七、规范医疗机构采购和使用行为

医疗机构要畅通中选产品进院渠道，按时完成协议采购量，协议采购量完成后，应从临床合理使用出发，优先采购质优价宜的中选产品。医疗机构要适应集采后配送新机制，加强采购和库存管理能力建设，提升信息传递和采购运转效率，实现院内医用耗材备货、使用、盘货、补货等环节精细化管理，为临床使用做好服务。国家医学中心和国家、省级区域医疗中心要加强对覆盖地区关节置换术手术操作规范化的指导，提升各级医疗机构的关节置换术医疗能力，加大再培训力度，为患者提供优质服务。

各地要将集采耗材临床使用有关情况作为重点，纳入医疗服务管理体系加强监管，强化医疗机构严格执行有关诊疗指南、技术操作规范等，坚持安全、有效、经济、适宜原则，合理选择治疗方法、合理确定耗材品种和数量。

### 八、监督落实

各地要密切监测中选企业履约情况，包括产品供应、配送、专用工具以及伴随服务提供情况，将不能良好履约和因商业贿赂等违法行为受到处罚的中选企业纳入医药价格和招采信用评价记录，并根据严重程度予以相应惩戒。要按照"每月监测、年度考核"的要求，对医保基金拨付及时性和医疗机构执行协议采购量进度和回款情况开展监测和督导。将医疗机构执行采购协议情况纳入公立医疗机构考核和医保定点医疗机构绩效考

核,考核结果与集采结余留用资金及下一年度医保费用额度挂钩。

各地要深刻认识国家组织人工关节集中带量采购和使用的重要意义,增强责任感、使命感,切实加强组织领导,落实好相关配套措施,平稳推进集采结果落地实施。要加强采购和使用数据互联互通,实时共享。各地执行中如遇重大问题,要及时向国家医保局、国家卫生健康委报告。

国家医保局办公室　国家卫生健康委办公厅

2022 年 3 月 29 日

# 国家医疗保障局办公室　国务院应对新型冠状病毒肺炎疫情联防联控机制医疗救治组关于降低新冠病毒核酸检测价格和费用的通知

（医保办发〔2022〕5号）

各省、自治区、直辖市及新疆生产建设兵团应对新型冠状病毒肺炎疫情联防联控机制（领导小组、指挥部）、医疗保障局：

为适应新冠病毒肺炎疫情防控的形势变化，降低大规模核酸筛查和高频率检测的成本，更好地服务疫情防控和经济社会发展两个大局，现就降低医疗机构新冠病毒核酸检测价格和费用的相关事项通知如下：

一、下调公立医疗机构新冠病毒核酸检测的政府指导价。各省份要将单人单检降至不高于每人份28元；多人混检统一降至每人份不高于8元。实行检测价格和试剂价格分开计价收费的省份，要按照不高于上述水平设置封顶标准。

二、各省份应在2022年4月8日前完成调价工作，确实存在特殊情况的省份，可延后至2022年4月30日前完成调价工作。当地医疗服务定调价程序规定需要调查成本和听取意见的，可采用简便易行的方式进行。

三、各省份医保部门参考目前全国已有的挂网采购价格，在4月30日之前，通过组织实施集中采购、竞价挂网、参与跨省联盟采购、区域价格比较等多种方式，使公立医疗机构可以将新冠核酸检测所需扩增试剂、提取试剂、采样器具等物耗成本降至单人单检价格的50%以内。

四、公立医疗机构开展新冠病毒核酸检测服务，应同时提供单人单检和多人混检两种服务选项，在符合疫情防控规定的前提下，允许“愿检尽检”的群众自愿选择。

五、非公立医疗机构，以及医学检验实验室等第三方检测机构提供新冠病毒核酸检测服务，定价应当遵循“公平、合法和诚实信用”的原则，体现保本微利、质价相符，不得借疫生不义之财，倡导参照当地公立医疗机构新冠核酸检测价格。

六、涉及降低公立医疗机构新冠病毒核酸检测价格和费用的其它相关事项，按国家医疗保障局办公室、国务院应对新型冠状病毒肺炎疫情联防联控机制医疗救治组《关于进一步降低新冠病毒核酸检测价格和费用的通知》（医保办发〔2021〕45号）执行。

本通知自印发之日起生效。

国家医疗保障局办公室
国务院应对新型冠状病毒肺炎疫情
联防联控机制医疗救治组
2022年4月1日

# 国家医保局办公室　国家卫生健康委办公厅关于完善国家组织药品(胰岛素专项)集中带量采购和使用配套措施的通知

（医保办发〔2022〕7号）

各省、自治区、直辖市及新疆生产建设兵团医保局、卫生健康委：

为贯彻落实党中央、国务院关于常态化制度化开展药品集中带量采购的决策部署，平稳实施国家组织药品集中采购(胰岛素专项)(以下简称“胰岛素集采”)中选结果，紧密结合胰岛素生产、采购、配送、使用特点，落实好各项配套措施，促进中选产品及时稳定供应、安全顺畅使用，确保改革红利惠及广大患者。现就有关工作通知如下：

## 一、规范胰岛素平台挂网工作

胰岛素集采中选产品依托全国统一的医保信息平台药品和医用耗材招采管理子系统，按中选价格在各省级医药集中采购平台挂网。预填充、特充、畅充型胰岛素产品在同企业同品种笔芯型胰岛素产品中选价格基础上每支可增加3元。非中选产品要按照疗效与价格匹配的原则，充分考虑与中选产品的合理比价关系，引导和鼓励相关企业将价格调整到合理水平。

## 二、做好医保支付政策衔接

胰岛素集采中选产品以中选挂网价格为支付标准，医保基金按规定比例支付。非中选的胰岛素产品属于医保基金支付范围的，支付标准不超过同类别中选产品最高中选价格或医保谈判价格，患者使用非中选产品，价格超出医保支付标准的部分由患者自付。各地应统筹平衡挂网价格、患者自付比例和医保支付标准的设定，着力减轻患者费用负担。

## 三、促进医疗机构合理用药

各级卫生健康部门要加强督促指导，促进医疗机构合理用药。医疗机构要按照已自主填报的品种和需求，确保中选产品进入医院并按约定采购量采购。要加强中选胰岛素合理使用管理，加强医务人员培训，规范临床用药行为，提升用药水平。医师应当依据诊疗规范、药品说明书、用药指南等合理开具处方，医疗机构在保证医疗质量安全的前提下优先使用中选胰岛素产品。区域内诊疗能力强的综合性医疗机构和糖尿病治疗领域的国家、省、市级重点专科所在医疗机构，要会同相关学术团体加强对区域内胰岛素的用药指导、教育培训和质量控制。要结合分级诊疗和医联体建设等工作，对在上级医疗机构开具处方、基层医疗机构用药的，上级医疗机构要加强指导和用药衔接。通过各种形式向患者发放胰岛素使用宣教资料，使患者得到科学用药指导，促进用药安全。

## 四、落实医疗机构激励约束政策

各省级医保部门要严格落实国家组织药品集中采购医保基金预付、结余留用等有关规定，加强基金总额预算管理，指导统筹地区落实对医疗机构使用集采范围内胰岛素产品的激励约束机制。在医疗机构与中选企业签订采购协议后，医保基金按不低于年度协议采购金额的30%预付给医疗机构，医疗机构要在交货验收合格后次月底前与企业及时结清货款。开展DRG/DIP支付方式改革的地区，首年不调整相应病种（病组）医保支付标准，后续调整要统筹考虑成本变化，科学合理调整。各地要指导医疗机构加强结余留用资金管理和使用，将激励政策传导至医务人员，鼓励合理、优先使用中选产品。

**五、强化履约情况监测**

各省级医保部门要督导落实中选企业与配送企业的主体责任，加强供需双方对接，确保按照协议向医疗机构供应中选产品和注射用具，保障临床使用。压实中选企业保障供应责任，将不能良好履约的中选企业记录在案，实质性纳入企业供应能力和履约情况评价，按照医药价格和招采信用评价裁量基准，视情节严重程度予以相应处理。密切监测中选产品的采购、配送情况，指导医疗机构按照协议有计划地实施采购，避免实际用量与上报协议量产生较大波动，同时防范用高价非中选产品替代中选产品的现象。医保部门会同卫生健康部门建立中选产品疗效反馈和评估机制，并对有关问题及时应对。医疗机构应积极配合采购、配送监测和疗效评估，及时上报中选产品在采购、配送、使用中出现的问题。

各地要深刻认识国家组织胰岛素集中带量采购和使用的重要意义，增强责任感、使命感，切实加强组织领导，落实好相关配套措施，平稳推进集采结果落地实施。执行中如遇重大问题，要及时向国家医保局、国家卫生健康委报告。

国家医保局办公室　国家卫生健康委办公厅

2022年4月12日

# 国家医疗保障局办公室　国务院应对新型冠状病毒肺炎疫情联防联控机制医疗救治组关于进一步降低新冠病毒核酸检测和抗原检测价格的通知

（医保办发〔2022〕10号）

各省、自治区、直辖市及新疆生产建设兵团应对新型冠状病毒肺炎疫情联防联控机制（领导小组、指挥部）、医疗保障局：

为贯彻落实新冠病毒肺炎疫情防控要求，配合做好大规模筛查和常态化检测工作，降低群众负担和社会成本，现就进一步降低医疗机构新冠病毒核酸检测和抗原检测价格的相关事项通知如下：

一、进一步下调公立医疗机构新冠病毒核酸检测的政府指导价。各省份要将单人单检降至不高于每人份16元；多人混检统一降至不高于每人份5元。实行检测价格和试剂价格分开计价收费的省份，要按照不高于上述水平设置封顶标准。

二、进一步下调公立医疗机构新冠病毒抗原检测的政府指导价。公立医疗机构开展的新冠病毒抗原检测服务，按照“价格项目+检测试剂”的方式收费。其中，“新冠抗原检测”医疗服务价格项目的政府指导价降至不高于每人份2元；新冠抗原检测试剂（含采样器具）按照实际采购价格零差率销售；“价格项目+检测试剂”收费总额的封顶标准降至不高于每人份6元。

三、各省份制定的新冠病毒核酸检测、抗原检测政府指导价均为最高限价，公立医疗机构实际收费标准不得上浮，下浮不限。对于政府组织的大规模筛查、常态化检测，要充分考虑到规模效应和基层组织、志愿者对成本的分担效应，新冠病毒核酸多人混检按照不高于每人份3.5元的标准计费，检测机构仅提供样本转运及检测服务的，需进一步降低计费标准。

四、各省份医保部门参考目前全国已有的挂网采购价格，在6月10日之前，通过组织实施集中采购、竞价挂网、参与跨省联盟采购、区域价格比较等多种方式，使公立医疗机构可以将新冠核酸检测所需扩增试剂、提取试剂、采样器具等物耗成本降至单人单检价格的40%以内。

五、公立医疗机构开展新冠病毒核酸检测服务，应同时提供单人单检和多人混检两种服务选项，在符合疫情防控规定的前提下，允许“愿检尽检”的群众自愿选择。非公立医疗机构，以及医学检验实验室等社会检测机构提供新冠病毒核酸检测服务，定价应当遵循“公平、合法和诚实信用”的原则，体现保本微利、质价相符，不得借疫生不义之财，倡导参照当地公立医疗机构新冠核酸检测价格。

六、各省份应在2022年6月10日前完成调价工作。涉及降低公立医疗机构新冠病毒核酸检测和抗原检测价格的其它相关事项，按照医保办发〔2021〕45号、医保办发〔2022〕5号、医保办函〔2022〕13号文件执行。

本通知自印发之日起生效。

国家医疗保障局办公室
国务院应对新型冠状病毒肺炎疫情
联防联控机制医疗救治组
2022年5月22日

# 国家医疗保障局办公室关于进一步做好医疗服务价格管理工作的通知

（医保办发〔2022〕16号）

各省、自治区、直辖市及新疆生产建设兵团医疗保障局：

近年来，各地持续完善医疗服务价格管理，结构更加优化，比价关系不断改善，与相关改革协同发展显著加强，对公立医院高质量发展起到了积极促进作用。同时工作中也存在宏观管理相对薄弱、价格杠杆功能发挥不充分、项目管理引导作用不突出等问题。为进一步贯彻落实党中央、国务院关于医疗服务价格工作的决策部署，结合深化医疗服务价格改革试点精神，稳妥有序做好现阶段医疗服务价格工作，强化基本医疗服务公益属性，促进医疗服务创新发展，保障群众获得高质量、有效率、能负担的医疗卫生服务。现就有关事项通知如下：

一、强化医疗服务价格宏观管理和动态调整。医疗服务价格管理是重要的经济和民生事项，在管理过程中要坚决贯彻公立医疗机构公益性的基本理念，在具体项目、价格和政策上切实体现公益性。要坚持稳中求进、稳妥有序的工作基调，建立医疗服务价格动态调整机制并实质性运行，使医疗服务价格调整的时机、节奏、规模与经济社会总体形势、政策取向、医保基金收支等基本面相适应。要在省级层面统一动态调整机制的具体规则，明确启动条件和约束条件，健全价格调整程序、规则、指标体系，避免各行其是。按照设定的调整周期和触发机制做好评估，符合条件的，及时在总量范围内有升有降调整医疗服务价格，积极灵活运用医疗服务价格工具，有力支持公立医疗机构高质量发展，确保群众医药费用总体负担不增加。

二、扎实做好医疗服务价格日常管理工作。要主动规范完善医疗服务价格日常管理的内容、方式和工具，通过日常管理的具体措施将医疗服务价格政策传导至各方面。对价格项目的具体执行切实担负起管理职责，做好内涵边界、适用范围等政策解释，及时回应临床关切。落实医疗服务价格重要事项报告制度，提高报告质量，确保上下联动、横向协同。编好用好医疗服务价格指数(MSPI)，逐步将指数纳入本地区医疗服务价格调整和管理的指标体系，根据指数反映的变化趋势等，相应采取积极、稳健或谨慎的医疗服务价格总量调控和动态调整措施。强化医疗机构医疗服务价格执行情况监管，对不规范执行政府指导价等行为，及时进行指导纠正，必要时采取函询约谈、成本调查、信息披露等措施。

三、突出体现对技术劳务价值的支持力度。充分听取医疗机构和医务人员的专业性意见建议，优先从治疗类、手术类和中医类(指国家医保局“医疗服务项目分类与代码”编码001201-001206、003201-003206、003301-003316、004100-004300的项目)中遴选价格长期未调整、技术劳务价值为主(价格构成中技术劳务部分占比60%以上)的价格项目纳入价格调整范围，每次价格调整方案中技术劳务价值为主的项目数量和金额原则上占总量的60%以上，客观反映技术劳务价值，防止被设备物耗虚高价格捆绑。对技术难度大、风险程度高、确有必要开展的医疗服务项目，可适当体现价格差异。总结新冠病毒核酸检测价格专项调整经验,按照技术劳务与物耗分开的原则,科学把握检查化验项目价格构成要素,通过集中采购等多种方式降低物耗成本,推动项目总价合理下降,切实向群众传导改革红利。对于社会捐赠和应使用政府性资金购买的大型检查治疗设备,测算项目定价成本时,应按公益性原则扣除设备折旧、投资回报、还本付息等费用,主动将大型设备检查治疗项目纳入动态调整范围,持续降低偏高价格。

四、新增价格项目着力支持基于临床价值的医疗技术创新。要加快新增医疗服务价格项目受理审核进度,切实加强创新质量把关,旗帜鲜明支持医疗技术创新发展。对优化重大疾病诊疗方案或填补诊疗空白的重大创新项目,开辟绿色通道。对以新设备新耗材成本为主、价格预期较高的价格项目,做好创新性、经济性评价。审慎对待资本要素驱动、单纯谋求投资回报及地方保护特征的立项诉求,避免按特定设备、耗材、发明人、技术流派等要素设立具有排他性的医疗服务价格项目。对区域医疗中心从输出医院重点引进的医疗服务,原则上按本地现有价格项目对接,本地无相应价格项目的,简化价格项目申报流程。

五、提升现有价格项目对医疗技术的兼容性。要以行业主管部门准许应用并明确技术规范的医疗服务作为受理审核新增价格项目的具体范围。坚持服务产出导向的原则,积极对接国家医保局下发的价格项目立项指南,按程序将符合条件的技术规范事项转化为医疗服务价格项目。其中,技术规范所列医疗服务,现有价格项目可以兼容的,执行现有价格。属于同一医疗服务的不同操作步骤、技术细节、岗位分工的,转化为价格项目时,原则上合并处理,避免过度拆分。属于同一医疗服务以新方式或在新情境应用,资源消耗差异较大的,作为现有价格项目的加收或减收项;资源消耗差异相近的,作为现有价格项目的拓展项,按现有价格项目收费。属于医院应尽义务或内部管理事项,在项目成本构成和价格水平中体现,不单独设立医疗服务价格项目。

六、正确处理医疗服务价格和医药集中采购的关系。明确医疗服务价格和药品耗材集中采购各自的功能定位,价格调整触发机制与药品耗材集中采购不直接挂钩,调整总量不直接平移置换。对医用耗材和医疗服务深度关联的项目,要准确分析集中采购产生的具体影响,分类施策、科学协同。其中,耗材在医疗服务价格项目外单独收费的,虚高价格经集中采购挤出水分后,相关定价偏低的项目优先纳入价格动态调整范围,必要时可实施专项调整;耗材合并在医疗服务价格项目中、不单独收费的,根据集中采购降低物耗成本的效果,适当降低医疗服务项目价格,向群众释放改革红利。

七、提高医疗服务价格工作的主动性、科学性、规范性。坚持系统集成、协同高效的理念,整体谋划医疗服务价格改革和管理工作,主动适应医疗保障和医疗服务协同高质量发展需要,统筹衔接分级诊疗、医疗控费、医保支付、薪酬制度、医院运营等改革,引导公立医疗机构践行落实公益性,形成综合效应。指导深化医疗服务价格改革试点城市探索可复制可推广的改革经验。建立健全医疗服务价格管理的技术支撑体系,精心设计总量调控、分类形成、动态调整、监测考核的程序、规则、指标和参数体系,提升医疗服务价格管理信息化标准化水平。建立与医疗机构和医务人员的沟通协商机制,明确医院参与价格形成的规则程序,引导医疗机构主动履行医疗服务成本管控、优化医药费用结构、拓展价格调整空间等责任。做好医保基金监管与医疗服务价格机制、医院申报新增价格项目等工作的协同。

本通知自印发之日起生效。

国家医疗保障局办公室

2022年7月11日

# 国家医疗保障局办公室<br>关于盐酸左沙丁胺醇雾化吸入溶液新增规格<br>及医保支付标准的通知

（医保办发〔2022〕17号）

各省、自治区、直辖市及新疆生产建设兵团医疗保障局：

根据国家医保药品目录调整规则和企业申请，经研究，对《国家基本医疗保险、工伤保险和生育保险药品目录（2021年）》协议期内谈判药品西药部分第198号“盐酸左沙丁胺醇雾化吸入溶液”新增规格：3ml:1.25mg/支，医保支付标准为：24.60元，该药品备注和协议有效期维持不变。本通知自发文之日起实施。

请遵照执行。

国家医疗保障局办公室

2022年7月20日

# 国家医保局办公室　民政部办公厅　财政部办公厅　国家卫生健康委办公厅　国家乡村振兴局综合司关于坚决守牢防止规模性返贫底线　健全完善防范化解因病返贫致贫长效机制的通知

（医保办发〔2022〕21号）

各省、自治区、直辖市及新疆生产建设兵团医保局、民政厅（局）、财政厅（局）、卫生健康委、乡村振兴局：

为深入贯彻党的二十大精神，全面落实习近平总书记关于巩固拓展脱贫攻坚成果重要指示批示精神，坚决守牢不发生规模性返贫的底线，扎实做好巩固脱贫成果后评估反馈问题整改，强化因病返贫致贫风险防范处置，全面巩固"基本医疗有保障"成果，更好发挥医保制度助力乡村振兴的积极作用，现就做好有关工作通知如下：

## 一、确保应保尽保，守牢不发生规模性返贫底线

确保农村低收入人口和脱贫人口应保尽保，是落实好过渡期医保综合帮扶责任的基本要求，也是筑牢防止因病规模性返贫防线的首要任务。要深入学习贯彻习近平总书记重要指示批示精神，把巩固拓展脱贫攻坚成果作为乡村振兴的前提基础，持续抓紧抓好"基本医疗有保障"工作。要牢固树立底线思维，把做好农村低收入人口和脱贫人口参保工作摆在突出位置，协同开展常态化监测帮扶，确保各统筹地区两类人员参保率稳定在99%以上，实现参保动态全覆盖。

做好分类资助参保工作，过渡期内继续对因病纳入防止返贫监测范围的困难群众给予定额资助，推动稳定脱贫人口按标准退出享受参保资助，强化居民保险意识和个人健康责任。有条件的地区可酌情适当提高对农村低收入人口的定额资助标准，有针对性减轻其缴费压力。受新冠肺炎疫情影响严重的地区，可通过医疗救助对因疫因病生活陷入困境无法缴纳城乡居民医保费的边缘人群给予临时性资助参保，帮助其渡过阶段性困难。

以统筹地区为单位，分类建立覆盖农村低收入人口和脱贫人口的参保台账，确保应参尽参。通过专项调度、动态监测、定期通报参保情况，提升参保管理精细化水平，整体提高全民参保质量。做好动态新增农村低收入人口参保服务，重点加强疑似未参保人员核查，着力解决农村低收入人口中外出务工或流动人口漏保、脱保、断保问题。对参保率未达到99%的统筹地区，国家医保局将采取点对点督导、不定期通报等方式，压实参保责任，切实巩固应保尽保成果。

加强医疗救助资助与其他渠道资助政策衔接。鼓励巩固拓展脱贫攻坚成果任务较重的地区，探索通过慈善帮扶、公益捐赠、村集体经济收入或扶贫项目资产收益等帮助农村低收入人口参保缴费。做好资助参保资金保障，确保集中缴费期结束前各项资助参保资金足额拨付到位。

## 二、抓好医保帮扶政策落实，稳慎推进衔接过渡

稳定巩固农村低收入人口医疗保障待遇水

平，是防范化解因病返贫致贫风险的重要举措。要确保过渡期各项医保综合帮扶政策精准落实，保持基本医保、大病保险、医疗救助三重制度综合保障机制平稳运行，逐步实现从集中资源支持脱贫攻坚向三重制度常态化保障过渡。加强农村低收入人口待遇享受情况调度监测，做好动态新增人员待遇给付，确保医保帮扶政策应享尽享。加快健全重特大疾病医疗保险和救助制度，强化三重制度梯次减负功能，切实兜住兜牢基本医疗保障安全网。

严格落实国家医疗保障待遇清单制度，防止泛福利化倾向。坚持医疗保障制度统一规范，各地政策框架要与国家顶层设计基本一致，做到全国一盘棋。基本医保坚持公平普惠，大病保险对政策范围内高额费用负担给予进一步保障，医疗救助对农村低收入人口实施分类救助。稳定基本医疗保障待遇水平，均衡地区间待遇水平，合理确定待遇标准，逐步实现基本医保支付范围统一。

立足经济社会发展实际，区分脱贫攻坚期实施的医保扶贫特殊政策类型，按照分类退出、逐步并转、有序调整的思路，统筹各项制度保障功能，优化过渡期保障政策供给。对于明显超出现阶段经济社会发展水平、不可持续的“土政策”，要在综合评估政策风险基础上，明确政策退出的时间表、路线图，合理引导预期。对于三重制度外叠床架屋的补充保障措施，要科学把握并转节奏，在保障对象、保障方式、筹资渠道、经办管理等方面做好政策衔接。对于保障方案不符合国家医疗保障待遇清单规定的，要妥善清理规范，同国家政策做好衔接。

## 三、健全完善防范化解因病返贫致贫监测预警机制

做好高额医疗费用负担患者监测预警，是精准排查返贫致贫风险的重要支撑。要依托全国统一的医保信息平台，健全因病返贫致贫风险人群的主动发现、动态监测、信息共享、精准帮扶机制。重点做好农村低收入人口和脱贫人口中高额医疗费用负担患者监测预警，有条件的地区可将监测预警人员范围拓展覆盖全体参保人。

以统筹地区为单位，分人群合理设定高额医疗费用负担监测预警标准，监测阈值参照上年度本地区居民人均可支配收入的一定比例确定，具体标准与当地防止返贫动态监测标准或最低生活保障标准相衔接。对纳入监测预警范围的高额医疗费用负担患者，动态跟踪医疗保障待遇享受、个人费用负担、医疗服务利用等情况。加强与防止返贫监测平台、低收入人口动态监测平台的信息共享，及时推送高额医疗费用负担患者信息，将核查认定后符合救助条件的及时纳入医疗救助范围。

省、市、县要逐级建立跨部门的因病返贫致贫风险排查机制，定期研判参保、资助参保、三重制度保障、大病专项救治等方面的风险点，协同做好风险处置。要将排查发现的问题一体纳入巩固脱贫成果后评估反馈问题整改，确保风险及时预警、问题限时清零。

## 四、常态化做好监测预警人员综合帮扶

按照“缺什么补什么”的原则，对符合救助条件的高额医疗费用负担患者统筹实施三重制度综合保障。做好防止返贫监测对象医疗救助工作，依据其困难身份类别，精准实施分类救助。坚持尽力而为、量力而行，对规范转诊且在省域内就医的负担较重的救助对象，统筹加大倾斜救助力度，着力减轻政策范围内费用负担。具有多重救助对象身份的，待遇就高不就低，避免重复救助。

对经三重制度保障后医疗费用负担仍较重的监测预警对象，各地医保部门要及时将患者费用负担信息反馈同级防止返贫监测大数据平台，联动实施综合帮扶。对有劳动能力的，优先落实劳动就业、产业增收等开发式帮扶政策，多渠道增加家庭收入。对因病丧失劳动能力的，按规定给予基本生活救助或临时救助，综合运用商业保险、慈善帮扶、爱心捐助等帮扶措施，保障其基本生活。瞄准减轻防止返贫监测对象和脱贫人口基本医疗

保障目录外等费用负担，进一步优化乡村振兴部门实施的防止返贫保障性政策举措。

优化农村医疗保障经办服务，依托乡村基层干部和社会力量，延伸服务网络，促进服务下沉。适应群众医保服务需求和疫情防控需要，探索实行容缺受理和事后补交材料，做好受疫情影响群众医疗费用事后补报和跨省异地就医费用直接结算。坚持公立医疗机构公益属性，发挥医疗服务价格杠杆作用，协同提高农村地区医疗卫生服务质量，引导农村低收入人口合理就医。简化低保边缘家庭、防止返贫监测对象救助申请审核流程，有条件的地区，可探索对其在一定时限内实行免于申请、直接救助，在定点医疗机构发生的住院医疗费用按规定纳入“一站式”结算。

## 五、强化部门工作协同和信息共享

要充分认识解决因病返贫致贫问题的重要性和艰巨性，把防范化解因病返贫致贫风险作为巩固拓展脱贫攻坚成果的重要任务，健全工作机制，强化部门协同，层层压实责任，形成工作合力。要全面加强参保核查比对，增强部门信息共享时效，发挥基层组织和驻村帮扶工作队作用，加大农村居民参保动员，提高参保积极性。

医保部门要抓实抓细过渡期医保帮扶政策落实，做好参保信息核查、高额医疗费用负担患者信息推送和医疗保障政策落实情况共享，协同实施综合帮扶。民政、乡村振兴部门负责做好相关农村低收入人口及防止返贫监测对象身份认定和信息共享。财政部门要做好资金投入保障，及时拨付医疗救助补助资金，协同做好超常规保障措施资金并转，会同医保部门统筹提高医疗救助基金使用效率。卫生健康部门要做好防止返贫监测对象患病情况动态监测，强化医疗机构行业管理，组织做好分类救治。各相关部门要及时汇总研判因病返贫致贫风险，根据职能落实相应帮扶措施。

要发挥好巩固拓展脱贫攻坚成果同乡村振兴有效衔接考核评估导向作用，合理设计相关考核指标，做好后评估反馈问题整改，扎实巩固好医保脱贫成果。在确保数据安全的基础上，加强部门间数据信息共享共用，减轻基层工作负担，避免层层加码、多头重复调度。加大政策宣传，为巩固拓展医保脱贫攻坚成果同乡村振兴有效衔接营造良好舆论氛围。省级医保部门要将推进防范化解因病返贫致贫长效机制进展情况及时反馈国家医保局。

国家医保局办公室　民政部办公厅
财政部办公厅　国家卫生健康委办公厅
国家乡村振兴局综合司
2022年11月10日

# 国家医保局办公室　财政部办公厅<br>关于印发《违法违规使用医疗保障基金举报奖励办法》的通知

（医保办发〔2022〕22号）

各省、自治区、直辖市及新疆生产建设兵团医保局、财政厅（局）：

为进一步适应基金监管新形势，持续强化社会监督作用，共同维护医疗保障基金安全，国家医保局、财政部联合制定了《违法违规使用医疗保障基金举报奖励办法》，现印发给你们，请认真贯彻执行。

国家医保局办公室　财政部办公厅

2022年11月17日

## 违法违规使用医疗保障基金举报奖励办法

**第一条**　为了鼓励举报违法违规使用医疗保障基金的行为，动员社会力量参与医疗保障基金监督，维护医疗保障基金安全和公民医疗保障合法权益，根据《中华人民共和国社会保险法》《社会救助暂行办法》《医疗保障基金使用监督管理条例》《医疗保障基金使用监督管理举报处理暂行办法》等法律、法规、规章，制定本办法。

**第二条**　自然人（以下称举报人）向医疗保障行政部门反映涉嫌违法违规使用基本医疗保险（含生育保险）基金、医疗救助基金等医疗保障基金行为并提供相关线索，经查证属实应予奖励的，适用本办法。

医疗保障行政部门委托医疗保障经办机构等组织开展举报处理工作的，参照本办法执行。

违法违规使用居民大病保险、职工大额医疗费用补助、公务员医疗补助等医疗保障资金的举报奖励，参照本办法执行。

**第三条**　举报奖励遵循依法保护举报人合法权益、自愿领取、奖励适当的原则。

**第四条**　奖励举报人须同时符合下列条件：

（一）有明确的被举报对象和具体违法违规线索，并提供了有效证据；

（二）举报的主要事实、证据事先未被医疗保障部门掌握；

（三）举报事项经查证属实，被举报行为已造成医疗保障基金损失；

（四）举报人愿意得到举报奖励，并提供可供核查且真实有效的身份信息、联系方式等；

（五）其他依法依规应予奖励的必备条件。

**第五条**　有下列情形之一的，不予奖励：

（一）举报人为医疗保障部门工作人员或者受医疗保障部门委托履行基金监管职责的第三方机构工作人员；

（二）违法违规使用医疗保障基金行为人主动供述本人及其同案人员的违法违规事实，或者在被调查处理期间检举揭发其他违法违规行为；

（三）医疗保障行政部门对举报事项作出处理决定前，举报人主动撤回举报；

（四）举报人身份无法确认或者无法与举报人取得联系；

（五）举报前，相关违法违规使用医疗保障基金行为已进入诉讼、仲裁等法定程序；

（六）其他依法依规不予奖励的情形。

**第六条**　医疗保障行政部门对符合奖励条件的举报人按照案值的一定比例给予一次性资金奖励，最高不超过20万元，最低不少于200元。

**第七条** 举报奖励所需资金纳入县级及以上医疗保障行政部门预算。

**第八条** 举报奖励由处理举报的医疗保障行政部门负责发放。

**第九条** 多人、多次举报的，奖励按照以下规则发放：

（一）举报人就同一违法违规使用医疗保障基金行为多处、多次举报的，奖励不重复发放；

（二）两名以上举报人分别举报同一违法违规使用医疗保障基金行为，且举报内容、提供的线索基本相同的，奖励最先举报人；

（三）两名以上举报人联名举报的，视为同一举报人发放奖励。

**第十条** 举报人应当在收到领取奖励通知之日起2个月内，凭本人有效身份证明领取奖励。委托他人代领的，受托人须同时持有举报人授权委托书、举报人和受托人的有效身份证明。

举报人逾期未领取奖励的，视为主动放弃。

联名举报的举报人应当推举一名代表领取奖励，自行内部分配。

**第十一条** 医疗保障行政部门应当开辟便捷的兑付渠道，便于举报人领取举报奖励资金。

举报奖励资金原则上应当使用非现金的方式兑付，按国库集中支付规定办理。

**第十二条** 医疗保障行政部门发放举报奖励资金时，应当严格审核。发现通过伪造材料、隐瞒事实等方式骗取举报奖励，或者存在其他不符合领取奖励的情形，发放奖励的医疗保障行政部门查实后有权收回举报奖励，并依法追究当事人相应责任。

**第十三条** 本办法所称案值是指举报事项涉及的应当追回的医疗保障基金损失金额。除举报事项外，查实的其他违法违规金额不纳入案值计算。

**第十四条** 省级、市级医疗保障行政部门和财政部门可依据本办法，制定实施细则，对奖励的标准、发放程序等作出具体规定。

**第十五条** 本办法由国家医保局、财政部负责解释，自2023年1月1日起施行。《国家医疗保障局办公室 财政部办公厅关于印发〈欺诈骗取医疗保障基金行为举报奖励暂行办法〉的通知》（医保办发〔2018〕22号）同时废止。

# 国家医疗保障局办公室
# 关于印发医保体外诊断试剂编码规则和方法的通知

（医保办发〔2022〕27号）

各省、自治区、直辖市及新疆生产建设兵团医疗保障局:

为加快推进统一的医保信息业务编码标准，形成全国“通用语言”，根据《国家医疗保障局关于印发医疗保障标准化工作指导意见的通知》（医保发〔2019〕39号）有关要求，研究制定医保体外诊断试剂编码规则和方法，现印发给你们，请认真贯彻执行，并督导本地企业完成相关产品的信息维护工作。

国家医保局门户网站“医保信息业务编码标准动态维护”窗口设置了“医保体外诊断试剂”维护模块，已向体外诊断试剂相关生产、经营企业开放维护。

特此通知。

国家医疗保障局办公室

2022年12月13日

## 医保体外诊断试剂编码规则和方法

体外诊断试剂编码分5个部分共19位，通过大写英文字母和阿拉伯数字按特定顺序排列表示。其中，第1部分是体外诊断试剂标识码，第2部分是体外诊断试剂分类代码，第3部分是检测指标码，第4部分是体外诊断试剂特征码，第5部分是体外诊断试剂企业码。编码结构见图1。

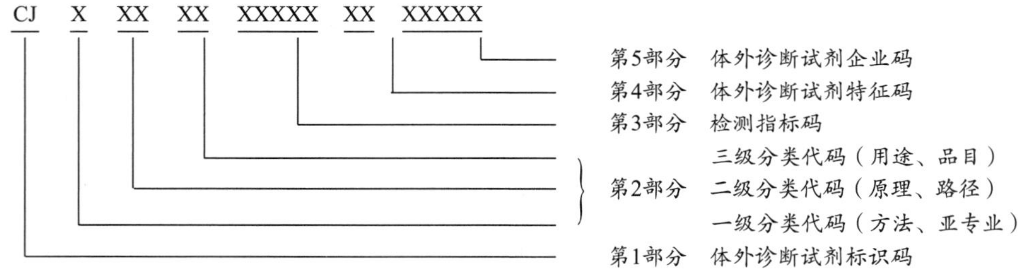


图1 体外诊断试剂编码结构

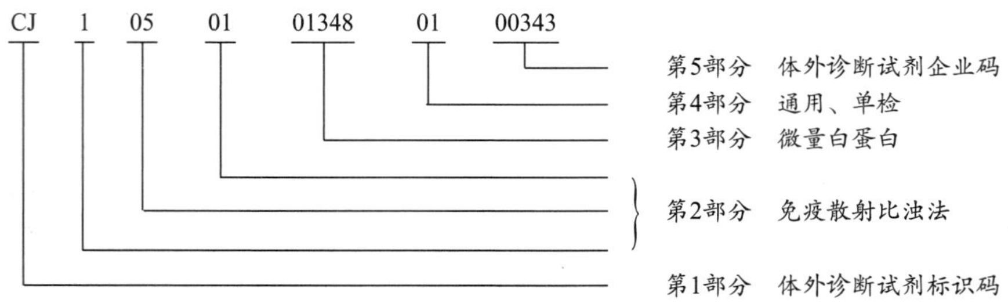


图2 以某企业白蛋白测定试剂盒（免疫散射比浊法）为例

第1部分：体外诊断试剂标识码，用2位大写英文字母“CJ”表示。

第2部分：体外诊断试剂方法学分类代码。其中一级分类代码（方法、亚专业），用1位数字表示，指具有相同技术方法或亚专业的体外诊断方法集合；二级分类代码（原理、路径），用2位数字表示，指在同一方法、亚专业下应用相同或相近技术原理或技术路径的技术方法集合；三级分类代码（用途、品目），用2位数字表示，指在同一原理、路径下具有相同或相近用途和检测过程的体外诊断试剂集合。

第3部分：检测指标码，用5位数字表示，指实验检测过程中的被测量对象（如被检测样本中的标志物等）。

第4部分：试剂特征码，由2位数字表示，根据试剂的特征赋予的代码。第1位表示试剂应用方式，通用型用0表示，专用型用1表示；第2位表示检测类型，如单检用1表示，联检用2—9表示（注：检测项目大于等于9个，用9表示）。

第5部分：体外诊断试剂企业码，由5位数字表示，为依据医疗器械注册证或备案凭证为试剂企业赋予的唯一流水码。其中流水码第一位为0—5表示国内生产企业，6—9表示进口代理企业。

同一企业试剂产品的不同包装规格在数据库中赋予流水码，用3位阿拉伯数字表示。

# 国家医疗保障局办公室关于地方拟临时新增新型冠状病毒抗原检测项目及有关事项意见的函

（医保办函〔2022〕11号）

河南省、重庆市医保局：

转来关于拟临时新增“新型冠状病毒抗原检测”价格项目及有关事项的报告收悉。经研究，现答复如下：

一、临时新增新型冠状病毒抗原检测项目，总体符合“技耗分离、产出导向”的改革方向，充分考虑了抗原检测的技术特点，同时也是适应疫情防控需要、促进抗原检测公平可及、降低社会经济负担的有力举措。

二、同意你局临时增设“新型冠状病毒抗原检测”价格项目，每次5元；抗原检测试剂（含采样器具）零差率销售；公立医疗机构开展抗原检测服务按照“价格项目+检测试剂”的方式收费。

三、同意你局提出的单次新型冠状病毒抗原检测服务、试剂（含采样器具）费用总和超过15元/次的，实际收费按照15元/次封顶；群众单纯检测抗原的，公立医疗机构免收门诊诊查费；患者自测的，公立医疗机构不得收取“新型冠状病毒抗原检测”项目费用等价格政策。

四、请你局对本省份网络平台、社会药店等零售终端销售的抗原检测试剂价格开展专项价格监测，定期向价格监督检查执法部门通报抗原检测试剂的零售终端价格、公立医疗机构集中采购价格，主动向价格监督检查执法部门提供不同渠道的不公平高价线索，积极配合部门依法开展的检查执法工作。

专此函达。

国家医疗保障局办公室
2022年3月15日

# 国家医疗保障局办公室<br>关于加强新型冠状病毒抗原检测价格管理的通知

（医保办函〔2022〕13号）

各省、自治区、直辖市及新疆生产建设兵团医疗保障局：

为适应疫情防控需要，促进新型冠状病毒抗原检测公平可及，合理控制价格水平，降低社会经济负担，现就加强新型冠状病毒抗原检测价格管理通知如下：

一、各省级医疗保障部门应在2022年4月8日前明确政策，对于公立医疗机构开展的新型冠状病毒抗原（以下简称“新冠抗原”）检测服务，允许按照“价格项目+检测试剂”的方式收费。其中“新冠抗原检测”价格项目由各省级医疗保障部门按照不高于每人次5元制定政府指导价（最高限价）；新冠抗原检测试剂（含采样器具）按照实际采购价格零差率销售。

二、各省级医疗保障部门对新冠抗原检测“价格项目+检测试剂”的收费总额应设置封顶标准。现阶段封顶标准不得高于每人次15元，具备条件的，可将封顶标准调低至更合理的水平。

三、对于群众单纯检测新冠抗原的，应要求公立医疗机构免收门诊诊查费；对于患者就诊过程中，由公立医疗机构提供检测试剂，患者自测新冠抗原的，公立医疗机构不得收取“新冠抗原检测”价格项目的费用。

四、各省级医疗保障部门参考目前全国已有的挂网采购价格，在4月30日前，通过组织实施竞价挂网、参与跨省联盟采购等方式，进一步降低公立医疗机构采购成本。公立医疗机构应在本省（自治区、直辖市）医药集中采购平台上采购所需新冠抗原检测试剂，不得线下采购。

五、各地医疗保障局要积极履行医药价格主管部门职责，对网络平台、社会药店等零售终端销售的新冠抗原检测试剂价格开展专项监测，定期向价格监督检查执法部门通报抗原检测试剂的零售终端价格、公立医疗机构实际采购价格。对于同一新冠抗原检测试剂医院药店、线上线下存在不公平高价的情况，要主动向价格监督检查执法部门提供线索，积极配合检查执法工作。

特此通知。

国家医疗保障局办公室

2022年3月25日

# 国家医疗保障局办公室关于做好支付方式管理子系统DRG/DIP功能模块使用衔接工作的通知

（医保办函〔2022〕19号）

各省、自治区、直辖市及新疆生产建设兵团医疗保障局：

为落实《DRG/DIP支付方式改革三年行动计划》（医保发〔2021〕48号），加快建立管用高效的医保支付机制，推进DRG/DIP支付方式改革向纵深发展，国家医保局依托全国统一的医保信息平台开发了DRG/DIP功能模块基础版。现就有关事项通知如下：

## 一、DRG/DIP功能模块基础版上线时间安排

2022年4月起，选择部分省级医保信息平台测试，按照DRG/DIP有关技术规范，结合本地数据，调整有关规则、参数、传输、使用、安全等功能；2022年6月底前，选择部分新开展DRG/DIP支付方式改革地区，试用全国统一医保信息平台DRG/DIP功能模块；2022年11月底前，实现DRG/DIP功能模块在全国落地应用。

## 二、本地需求管理

DRG/DIP功能模块属于“基础约束”，地方要严格按照已有功能应用尽用、个性需求能配则配、订制开发最小必须、差异需求国家审核的要求开展落地应用，确保地方个性化开发既有弹性又安全可控，整体统一。

## 三、过渡期工作安排

未完成DRG/DIP支付信息系统建设的地区，必须使用全国统一医保信息平台提供的DRG/DIP功能模块，不得以任何形式和理由重复建设。

已完成DRG/DIP支付信息系统建设的地区，由省级医保局设置过渡期并制定过渡方案，期间做好原系统与省级医保信息平台的衔接，确保DRG/DIP分组结果、结算规则能够导入到省级医保信息平台，实现DRG/DIP结算。要充分做好转换使用全国统一医保信息平台DRG/DIP功能模块的准备，加强评估，确保功能适用、好用。

国家医疗保障局办公室

2022年4月11日

# 国家医疗保障局办公室<br>关于印发医保定点医疗机构药学、技术人员统一编码规则和方法的通知

（医保办函〔2022〕39号）

各省、自治区、直辖市及新疆生产建设兵团医疗保障局：

为加快推进统一的医保信息业务编码标准，形成全国“通用语言”，根据《国家医疗保障局关于印发医疗保障标准化工作指导意见的通知》（医保发〔2019〕39号）有关要求，我局研究制定了医保定点医疗机构药学、技术人员统一编码规则和方法，现印发给你们，请认真贯彻落实，并于2022年8月31日前，组织本地区定点医疗机构通过国家医保局门户网站“医保信息业务编码标准动态维护”窗口，完成相关人员的信息维护工作。

国家医疗保障局办公室

2022年7月26日

## 医保定点医疗机构药学、技术人员统一编码规则和方法

医保定点医疗机构药学、技术人员编码分为3个部分，共14位，通过大写英文字母和阿拉伯数字按特定顺序排列表示。其中，第1部分是医保定点医疗机构药学、技术人员识别码，第2部分是行政区划代码，第3部分是医保定点医疗机构药学、技术人员顺序码。医保定点医疗机构药学、技术人员编码结构见下图1：

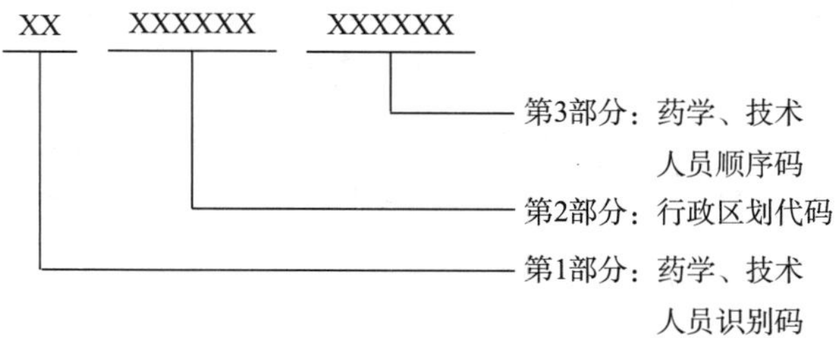


**图1　医保定点医疗机构药学、技术人员编码结构**

第1部分：医保定点医疗机构药学、技术人员标识码，用2位大写英文字母表示，HY代表药学类人员，HJ代表技术类人员。

第2部分：行政区划代码，采用《中华人民共和国行政区划代码》（GB/T2260），用6位阿拉伯数字表示。其中，前两位代码表示省级行政区（省、自治区、直辖市），中间两位代码表示市级行政区（市、地区、自治州、盟），后两位代码表示县级行政区（县、自治县、县级市、旗、自治旗、市辖区、林区、特区）。

第3部分：医保定点医疗机构药学、技术人员顺序码，对同一市级行政区（市、地区、自治州、盟）下的医保定点医疗机构药学、技术人员赋予的顺序码，用6位阿拉伯数字表示。

# 国家医疗保障局办公室<br>关于印发医保中药配方颗粒统一编码规则和方法的通知

（医保办函〔2022〕40号）

各省、自治区、直辖市及新疆生产建设兵团医疗保障局：

为加快推进统一的医保信息业务编码标准，形成全国“通用语言”，根据《国家医疗保障局关于印发医疗保障标准化工作指导意见的通知》（医保发〔2019〕39号）有关要求，我局研究制定了医保中药配方颗粒统一编码规则和方法，现印发给你们，请认真贯彻落实。

国家医疗保障局办公室
2022年7月27日

## 医保中药配方颗粒统一编码规则和方法

中药配方颗粒编码在现有中药饮片编码规则基础上，借鉴西药、中成药编码规则制定，分为7个部分，共20位，通过大写英文字母和阿拉伯数字按特定顺序排列表示。其中，第1部分是中药配方颗粒识别码，第2部分是标准分类码，第3部分是功效分类码，第4部分是中药配方颗粒名称码，第5部分是道地药材识别码，第6部分是中药配方颗粒规格包装码，第7部分是中药配方颗粒企业码。编码结构见下图1。

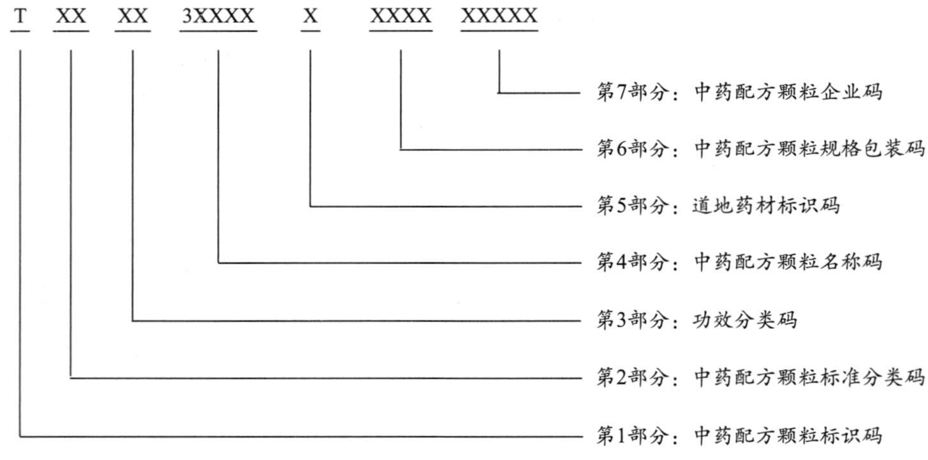


图1　中药配方颗粒编码结构

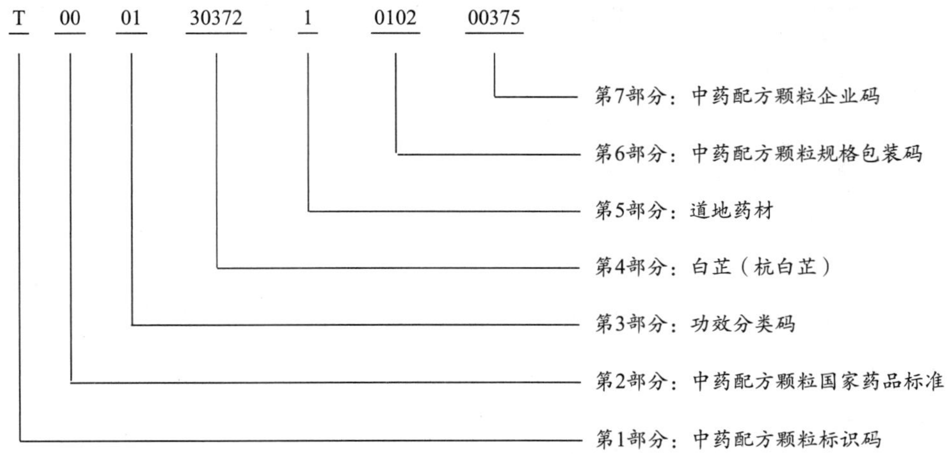


**图2　中药配方颗粒编码示例**

第1部分：中药配方颗粒标识码，统一使用中药饮片标识码，用1位大写英文字母“T”表示（类似西药X、中药Z的类别标识）。

第2部分：中药配方颗粒标准分类码，共2位数字，用于区分中药配方颗粒执行国家药品标准和地方药品标准。用“00”表示中药配方颗粒执行国家药品标准；用国家标准行政区划代码前两位表示中药配方颗粒执行地方标准，如“11”表示中药配方颗粒执行北京标准。

第3部分：功效分类码，共2位数字，参照同基源的中药饮片主要功能大类划分，具体情况如下表1所示：

**表1　功效大类及代码表**

| 功效大类 | 代码 |
|---|---|
| 解表药 | 01 |
| 清热药 | 02 |
| 泻下药 | 03 |
| 祛风湿药 | 04 |
| 芳香化湿药 | 05 |
| 利水渗湿药 | 06 |
| 温里药 | 07 |
| 理气药 | 08 |
| 消食药 | 09 |
| 驱虫药 | 10 |
| 止血药 | 11 |
| 活血化瘀药 | 12 |
| 化痰止咳平喘药 | 13 |
| 安神药 | 14 |
| 平肝息风药 | 15 |
| 开窍药 | 16 |
| 补益药 | 17 |
| 收涩药 | 18 |

| 功效大类 | 代码 |
| --- | --- |
| 涌吐药 | 19 |
| 杀虫止痒药 | 20 |
| 拔毒化腐生肌药 | 21 |
| 其他 | 99 |

第4部分:中药配方颗粒名称码,共5位数字。第1位数字采用固定值"3"表示中药配方颗粒,第2—5位数字与同基源中药饮片保持一致。中药配方颗粒名称不一致但基源一致的,赋相同的名称码。

第5部分:道地药材标识码,共1位数字。用"1"表示道地药材;用"0"表示非道地药材或药材的道地产区尚未明确。是否为道地药材按相关部门规定或推荐的标准名录等确定。

第6部分:中药配方颗粒规格包装码,共4位数字,由规格码和包装规格码2部分组成。

中药配方颗粒规格为药品监督管理部门批准的规格,规格码用2位阿拉伯数字或大写英文字母表示。不同规格以流水依次赋码。

中药配方颗粒包装规格为药品企业实际生产并在药品监督管理部门备案公示的最小包装规格,包装规格码用2位阿拉伯数字或大写英文字母表示。

第7部分:中药配方颗粒企业码,共5位数字。直接为企业赋予唯一的企业代码,由上市备案企业在系统内维护信息获取企业代码。

# 国家医疗保障局办公室<br>关于开展全国统一医保信息平台支付方式管理子系统<br>监测点建设工作的通知

（医保办函〔2022〕44号）

各省、自治区、直辖市及新疆生产建设兵团医疗保障局：

按照《国家医疗保障局关于印发DRG/DIP支付方式改革三年行动计划的通知》（医保发〔2021〕48号）要求，为促进全国统一医保信息平台支付方式管理子系统DRG/DIP功能模块加快平稳上线，提升医保支付方式改革实际效能，并通过业务场景应用促进国家医保信息平台功能完善，实现信息平台与支付业务相互支撑、相互促进，决定开展以部署和完善DRG/DIP功能模块为重点的支付方式管理子系统监测点建设工作。现将有关事项通知如下：

## 一、主要目的

通过监测点工作机制，集中攻关、重点突破，快速扎实推进以DRG/DIP功能模块为重点的支付方式管理子系统建设。一是全面提高数据质量，率先在监测点实现DRG/DIP所需业务数据的全面、准确、及时采集。二是全面实现子系统协同，率先在监测点实现DRG/DIP所需数据在国家医保信息平台相关子系统全面、准确、及时抓取，实现国家医保信息平台子系统之间数据共享、交互应用并不断优化完善。三是全面支持DRG/DIP业务全流程开展，率先以监测点为样本，在国家医保信息平台开展医保支付方式改革实时监测、统计分析、横向纵向比较、绩效评价、智能监控、可视化展示等，实现国家、省级层面支付方式改革的实时监测、比较、分析、评价。

## 二、建设内容

监测点建设内容聚焦数据质控、数据抓取和数据应用三个方面。

（一）数据上传质量到位。

1．15项国家医保信息业务编码在监测点医保部门、定点医药机构全面落地。

2．DRG/DIP所需的医保结算清单、费用明细及住院病案首页等业务数据在监测点定点医药机构能够全面、准确、及时上传到省级和国家医保信息平台。

3．国家医保局制定核心数据校验规则并开展质控，动态监测数据上传质量，定期通报改进进展。

（二）数据抓取渠道到位。

1．DRG/DIP所需数据可以子系统间准确、及时抓取。

2．根据国家、省级、统筹区不同数据需求，不断丰富和完善数据抓取功能，优化抓取路径。

（三）数据应用功能到位。

基于数据质控和抓取，有效满足国家、省级、统筹区、医疗机构各层级开展DRG/DIP支付方式改革相关工作需要。

1．统筹区业务建设。重点在实现系统的业务场景应用。基于全国统一的医保信息平台支付方式管理子系统DRG/DIP功能模块，充分结合本地实际，统筹区能够有效获取开展DRG/DIP业务所需的全部数据，能够有效开展总额预算、数据质控、DRG/DIP分组确认、审核、结算、绩效考核、清算、统计分析、权重系数调整、智能监控等业务工作。可以支持医疗机构费用结算管理、就医质量管理、临床路径管理等工作，并能开展运行监测、比较分析及评价等。

2．省级业务建设。省级医保部门重点在于实时监测统筹区支付方式改革进展和工作绩效，开展跨统筹区的DRG/DIP统计分析、绩效评价、可视化展示，为分组调整提供支撑等。

3．国家管理功能建设。国家医保局调度各地DRG/DIP支付方式改革全覆盖进展，开展跨省、跨统筹区，不同层级医疗机构的横向纵向比较分析。基于DRG/DIP功能模块，开发满足管理要求的监测分析指标和可视化大屏。

**三、工作要求**

(一)滚动选点，压茬推进。

河北省邯郸市、江西省上饶市、山东省东营市、湖北省武汉市、湖南省邵阳市、广东省广州市作为首批监测点。采取先少后多、先慢后快原则，滚动选取、压茬推进，监测点数量达到30个左右后全面推开。争取到2024年底前，全国所有地区达到监测点建设要求。

(二)集中攻关，确保质量。

根据监测点建设要求，国家、省级、统筹区医保部门协同配合，集中梳理问题，形成问题清单，逐一明确解决问题的时间表、路线图、责任方、责任人，集中精兵强将，限时、高质量解决问题，确保监测点建设取得实效。

(三)压实责任，层层落实。

第一批监测点承担探索监测点建设路径、标准规范等任务，要积极争取当地党委政府支持，加强统筹领导，精心组织安排。相关省级医保部门要加强指导，全力支持监测点建设。

(四)调度督导，不断完善。

国家医保局建设监测点可视化“驾驶舱”，动态监测各监测点建设工作进展。加强监测点医保信息平台工作调度，不断完善支付方式管理子系统各项功能。地方医保部门要积极配合，严格落实要求，有序开展监测点工作。

特此通知。

国家医疗保障局办公室<br>2022年9月6日

# 统计数据

# 一、医疗保障统计公报

# 2022年全国医疗保障事业发展统计公报

2022年，国家医保局坚持以习近平新时代中国特色社会主义思想为指导，认真学习贯彻党的二十大精神，坚决贯彻落实党中央、国务院决策部署，统筹疫情防控和医疗保障事业高质量发展，推动医保改革继续深化，群众待遇巩固完善，管理服务精细高效，基金运行安全平稳。

## 一、医疗保险

截至2022年底，全国基本医疗保险（以下简称“基本医保”）参保人数134592万人，参保率稳定在95%以上。2022年，全国基本医疗保险（含生育保险）基金总收入30922.17亿元，比上年增长7.6%；全国基本医疗保险（含生育保险）基金总支出24597.24亿元，比上年增长2.3%；全国基本医疗保险（含生育保险）基金当期结存6324.93亿元，累计结存42639.89亿元，其中，职工基本医疗保险（以下简称“职工医保”）个人账户累计结存13712.65亿元。

（一）职工基本医疗保险

1．参保人数。截至2022年底，职工医保参保人数36243万人，比上年增加813万人，增长2.3%，其中，在职职工26604万人，比上年增长1.9%；退休职工9639万人，比上年增长3.4%。在职退休比为2.76，较上年下降0.04。

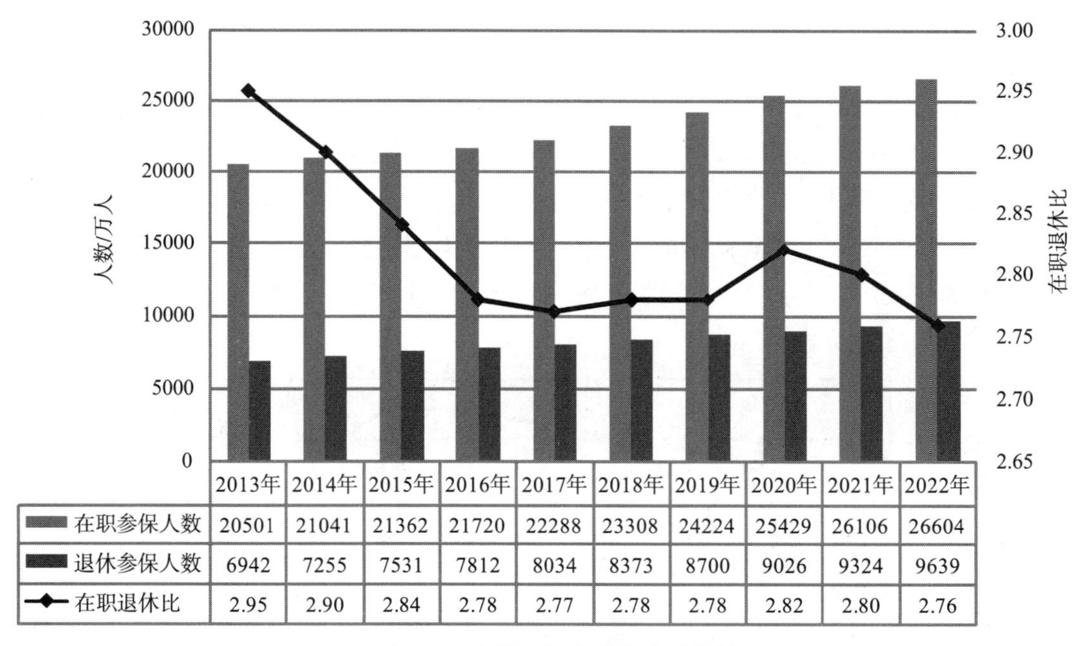


| | 2013年 | 2014年 | 2015年 | 2016年 | 2017年 | 2018年 | 2019年 | 2020年 | 2021年 | 2022年 |
|---|---|---|---|---|---|---|---|---|---|---|
| 在职参保人数 | 20501 | 21041 | 21362 | 21720 | 22288 | 23308 | 24224 | 25429 | 26106 | 26604 |
| 退休参保人数 | 6942 | 7255 | 7531 | 7812 | 8034 | 8373 | 8700 | 9026 | 9324 | 9639 |
| 在职退休比 | 2.95 | 2.90 | 2.84 | 2.78 | 2.77 | 2.78 | 2.78 | 2.82 | 2.80 | 2.76 |

2013—2022年职工医保参保人员结构

企业、机关事业、灵活就业等其他人员的参保人数（包括在职职工和退休人员）分别为24400万人、6572万人、5272万人，比上年增加356万人、37万人、420万人，占职工参保总人数的67.3%、18.1%和14.6%。职工医保统账结合和单建统筹参保人员分别为33591万人、2652万人，分别占职工医保参保总人数的92.7%和7.3%。

2．基金收支。2022年，职工医保基金（含生育保险）收入20793.27亿元，比上年增长9.4%。基金（含生育保险）支出15243.80亿元，比上年增长3.3%。2022年，职工医保统筹基金（含生育保险）收入13160.17亿元，比上年增长10.9%；统筹基金（含生育保险）支出9558.40亿元，比上年增长2.5%；统筹基金（含生育保险）当期结存3601.77亿元，累计结存（含生育保险）21393.11亿元。2022年，职工医保个人账户收入7633.10亿元，比上年增长6.9%；个人账户支出5685.39亿元，比上年增长4.7%；个人账户当期结存1947.71亿元，累计结存13712.65亿元。

3. 待遇享受。2022年，参加职工医保人员享受待遇21.04亿人次，比上年增长3.1%。其中：普通门急诊17.6亿人次，比上年增长2.3%；门诊慢特病2.8亿人次，比上年增长8.3%；住院0.6亿人次，比上年增长6.4%。

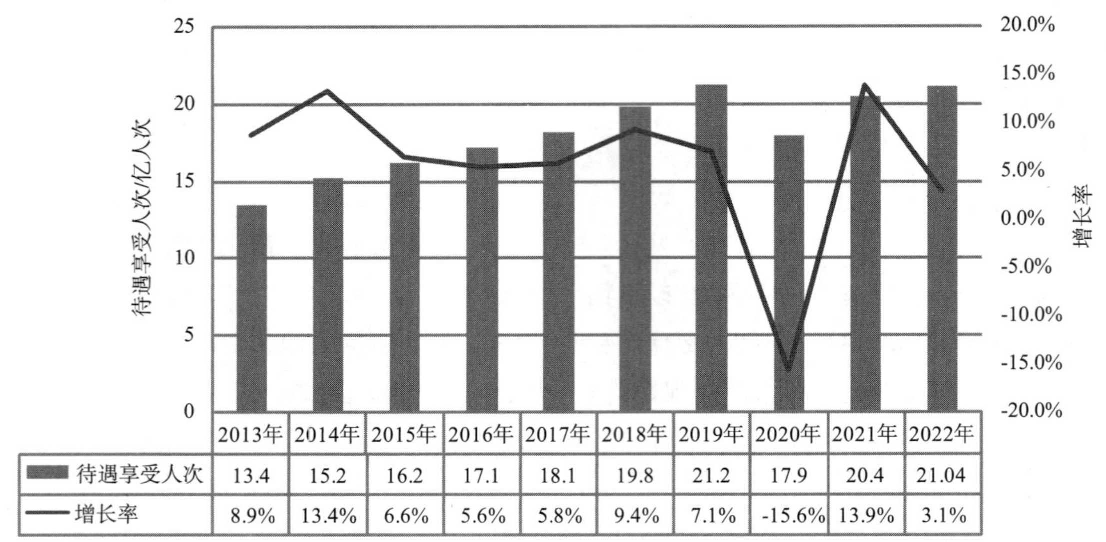


2013—2022年职工医保享受待遇人次

2022年，职工医保参保人员住院率17.6%，比上年提高0.6个百分点。其中：在职职工住院率为10%，比上年提高0.5个百分点；退休人员住院率为38.6%，比上年提高0.7个百分点。全国职工医保次均住院费用为12884元，比上年下降0.5%，其中在三级、二级、一级及以下医疗机构（含未定级）的次均住院费用分别为15495元、9029元、6633元。次均住院床日9.5天，同比减少0.5天。

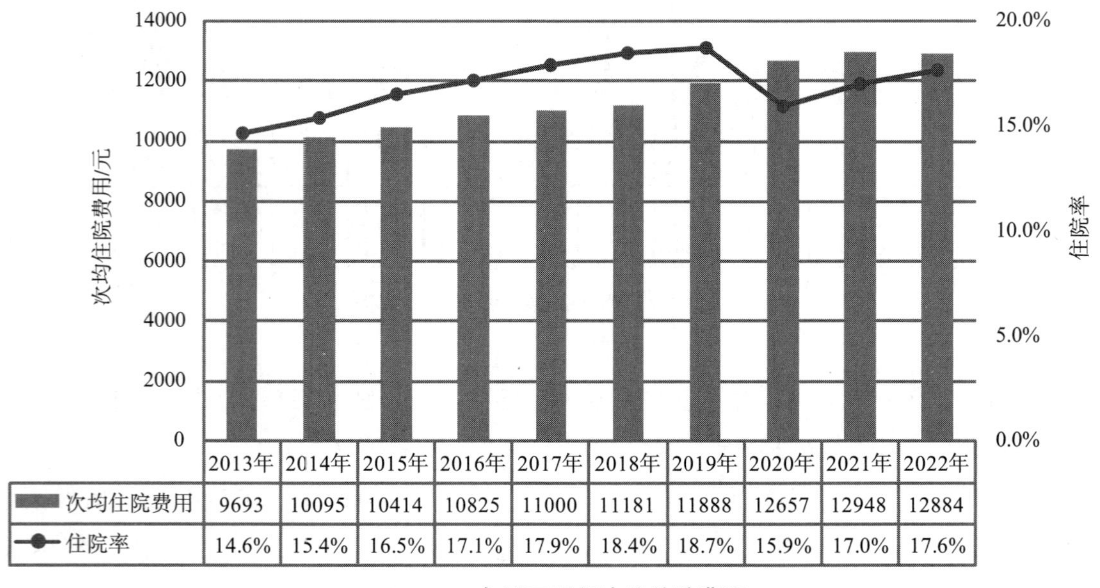


2013—2022年职工医保次均住院费用

2022年职工医保参保人员医药总费用16382.40亿元，比上年增长9.2%，其中医疗机构发生13897.98亿元，药店购药支出费用2484.41亿元。医疗机构发生费用中，在职职工医疗费用5986.27亿元，比上年增长9.3%；退休人员医疗费用7911.71亿元，比上年增长6.0%。

职工医保住院费用目录内基金支付比例84.2%，三级、二级、一级及以下医疗机构住院费用目录内基金支付比例分别为79.8%、87.2%、89.2%。（备注：公报将以前“住院费用政策范围内基金支付比例”改为“住院费用目录内基金支付比例”表述。）

（二）城乡居民基本医疗保险

1．参保人数。截至2022年底，城乡居民基本医疗保险（以下简称居民医保）人数98349万人。其中成年人、中小学生儿童、大学生分别为72056万人、24359万人、1935万人，占居民参保总人数的73.26%、24.77%、1.97%。

2．基金收支。2022年，居民医保基金收入10128.90亿元，比上年增长4.2%；支出9353.44亿元，比上年增长0.6%，2022年，居民医保基金当期结存775.46亿元，累计结存7534.13亿元。

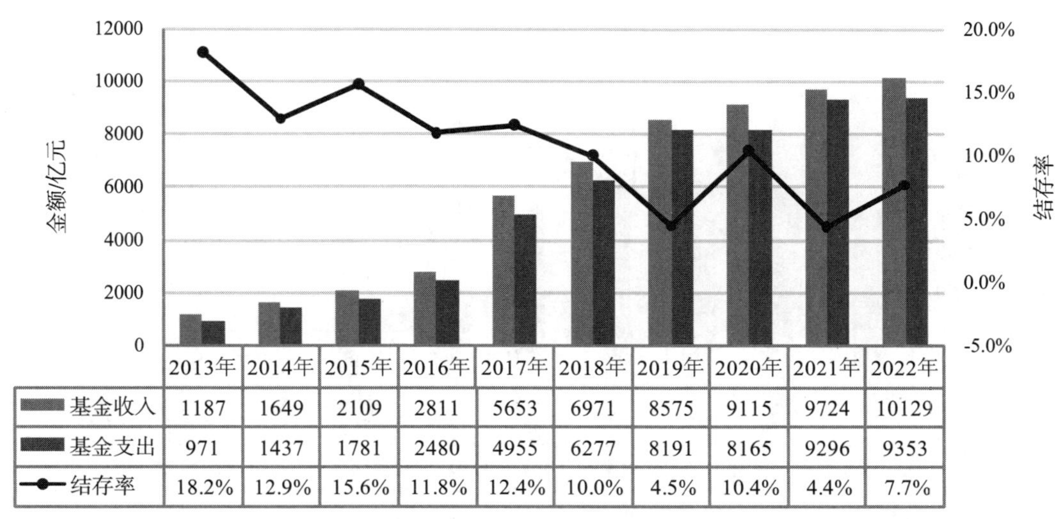


| | 2013年 | 2014年 | 2015年 | 2016年 | 2017年 | 2018年 | 2019年 | 2020年 | 2021年 | 2022年 |
|---|---|---|---|---|---|---|---|---|---|---|
| 基金收入 | 1187 | 1649 | 2109 | 2811 | 5653 | 6971 | 8575 | 9115 | 9724 | 10129 |
| 基金支出 | 971 | 1437 | 1781 | 2480 | 4955 | 6277 | 8191 | 8165 | 9296 | 9353 |
| 结存率 | 18.2% | 12.9% | 15.6% | 11.8% | 12.4% | 10.0% | 4.5% | 10.4% | 4.4% | 7.7% |

**2013—2022年居民医保基金收支情况**

3．待遇享受。2022年，参加居民医保人员享受待遇21.57亿人次，比上年增长3.7%。其中：普通门急诊17亿人次，比上年增长1%；门诊慢特病2.97亿人次，比上年增长21.7%；住院1.6亿人次，比上年增长4.2%。次均住院费用8129元，比上年增长1.3%，其中在三级、二级、一级及以下医疗机构（含未定级）的次均住院费用分别为13898元、6610元、3139元。居民医保参保人员住院率为16.3%，比上年提高1.1个百分点；次均住院床日9.2天，比上年减少0.2天。

2022年，居民医保医疗费用16265.94亿元，比上年增长7.7%。居民医保住院费用目录内基金支付比例68.3%，比上年降低1个百分点，三级、二级、一级及以下医疗机构住院费用目录内基金支付比例分别为63.7%、71.9%、80.1%。

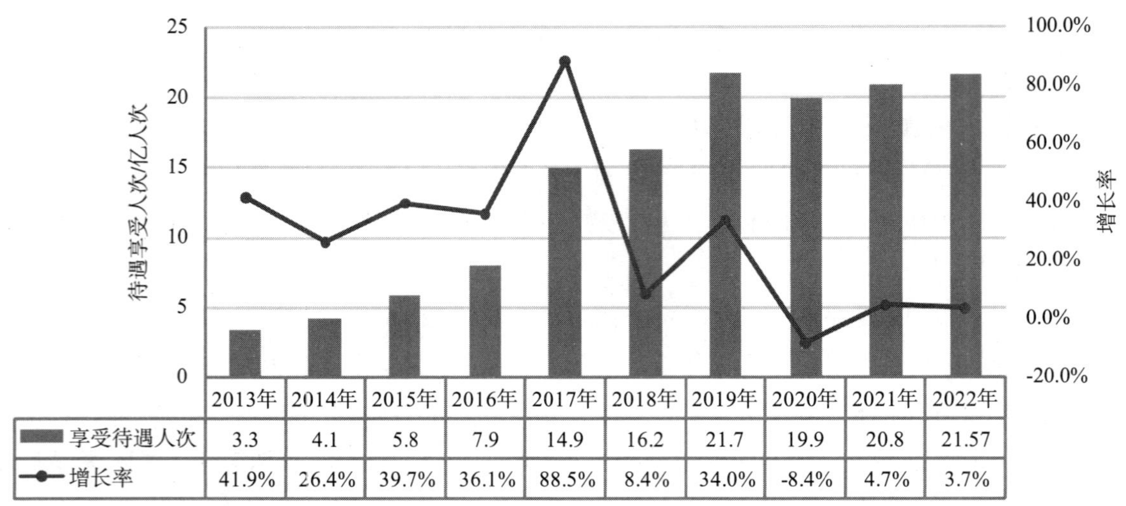


| | 2013年 | 2014年 | 2015年 | 2016年 | 2017年 | 2018年 | 2019年 | 2020年 | 2021年 | 2022年 |
|---|---|---|---|---|---|---|---|---|---|---|
| 享受待遇人次 | 3.3 | 4.1 | 5.8 | 7.9 | 14.9 | 16.2 | 21.7 | 19.9 | 20.8 | 21.57 |
| 增长率 | 41.9% | 26.4% | 39.7% | 36.1% | 88.5% | 8.4% | 34.0% | -8.4% | 4.7% | 3.7% |

**2013—2022年居民医保享受待遇人次**

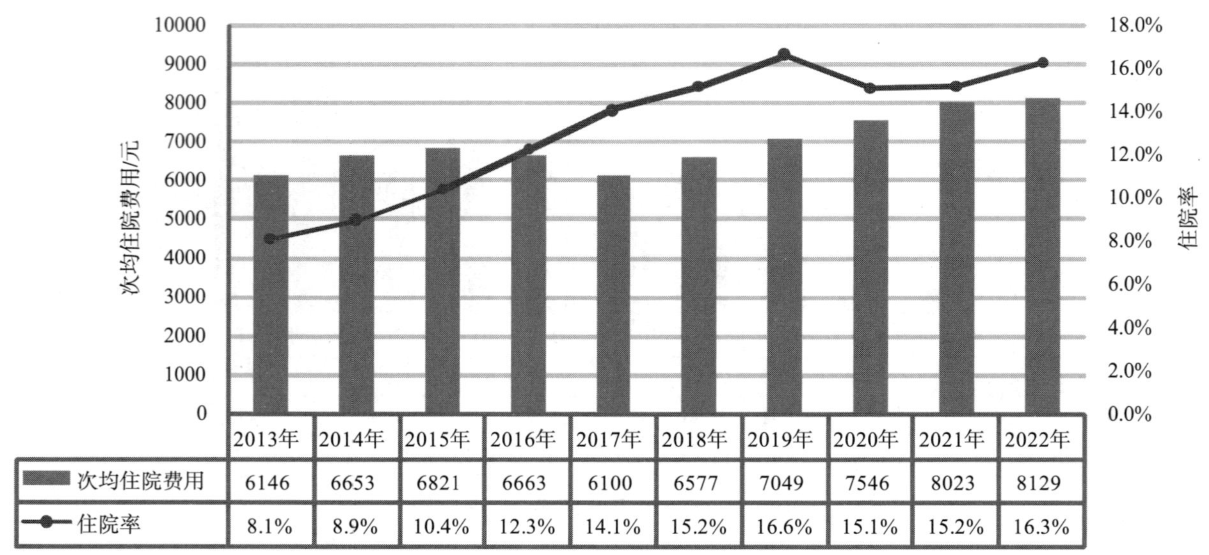


| | 2013年 | 2014年 | 2015年 | 2016年 | 2017年 | 2018年 | 2019年 | 2020年 | 2021年 | 2022年 |
|---|---|---|---|---|---|---|---|---|---|---|
| 次均住院费用 | 6146 | 6653 | 6821 | 6663 | 6100 | 6577 | 7049 | 7546 | 8023 | 8129 |
| 住院率 | 8.1% | 8.9% | 10.4% | 12.3% | 14.1% | 15.2% | 16.6% | 15.1% | 15.2% | 16.3% |

**2013—2022年居民医保次均住院费用**

## 二、生育保险

2022年，全国参加生育保险24621万人，比上年增加870万人，增长3.7%。享受各项生育保险待遇1769万人次，比上年增加448万人次，比上年增长34.0%，2022年生育保险基金支出951.35亿元。

## 三、医疗救助

2022年，全国医疗救助支出626亿元，医疗救助基金资助参加基本医疗保险8186万人，实施门诊和住院救助11829万人次，全国次均住院救助、门诊救助分别为1226元、84元。2022年，中央财政安排医疗救助补助资金311亿元，比上年增长4%。（备注：医疗救助资助参保人数不含其他部门资助参保人数。）

2022年，全国纳入监测范围农村低收入人口参保率稳定在99%以上。各项医保综合帮扶政策惠及农村低收入人口就医1.45亿人次，减轻农村低收入人口医疗费用负担1487亿元。

## 四、医保药品目录

《国家基本医疗保险、工伤保险和生育保险药品目录（2022年）》收载西药和中成药共2967种，其中，西药1586种，中成药1381种。2022年调整中新纳入药品111种。另含中药饮片892种。

自2018年国家医保局成立以来，连续5年开展医保药品目录准入谈判，累计将341种药品通过谈判新增进入目录，价格平均降幅超过50%。2022年，协议期内275种谈判药报销1.8亿人次。通过谈判降价和医保报销，年内累计为患者减负2100余亿元。

## 五、医保支付改革

截至2022年底，全国30个按疾病诊断相关分组（DRG）付费国家试点城市和71个区域点数法总额预算和按病种分值（DIP）付费原国家试点城市平稳运行。各地积极行动，完成DRG/DIP支付方式改革三年行动计划覆盖40%统筹地区的目标。全国206个统筹地区实现DRG/DIP实际付费。

## 六、药品采购

2022年，全国通过省级医药集中采购平台网采订单总金额10856亿元，比2021年增加516亿元。其中，西药（化学药及生物制品）8810亿元，中成药2046亿元，分别比2021年增加495亿元和21亿元。医保目录内药品9286亿元，占网采订单总金额的85.5%。

2022年，开展第七批国家组织药品集中带量采购，涉及61个品种，平均降价48%。指导上海、江苏、河南、广东4省份牵头开展协议期满后的省际联盟接续采购。开展国家组织骨科脊柱类高值医用耗材集采，纳入5种脊柱类骨科耗材，平均降幅84%。

## 七、异地就医

2022年，全国普通门急诊、门诊慢特病及住院异地就医11050万人次，其中，职工医保异地就医7299万人次，居民医保异地就医3751万人次。全国普通门急诊、门诊慢特病及住院异地就医费用5217亿元，其中，职工医保异地就医费用1931亿元，居民医保异地就医费用3285亿元。住院跨省异地就医875.87万人次。

跨省异地就医直接结算范围进一步扩大，住院和门诊费用跨省联网定点医疗机构分别达到6.27万家和8.87万家，跨省联网定点零售药店数量达到22.62万家，实现每个县至少有一家定点医疗机构能够提供包括门诊费用在内的医疗费用跨省直接结算服务。2022年，住院费用跨省直接结算568.79万人次，为参保群众减少垫付762.33亿元；门诊费用跨省直接结算3243.56万人次，为参保群众减少垫付46.85亿元。

## 八、医保基金监管、协议管理

2022年，全国医保系统共检查定点医药机构76.7万家，处理违法违规机构39.8万家，其中解除医保服务协议3189家，行政处罚12029家，移交司法机关657家；处理参保人员39253人，其中，暂停医保卡结算5489人，移交司法机关2025人。2022年，共追回医保资金188.4亿元。2022年，国家医保局组织飞行检查24组次，检查23个省份的定点医疗机构48家、医保经办机构23家，查出涉嫌违法违规资金9.8亿元。

在被检查医药机构中通过协议处理追回资金138.7亿元，其中拒付及追回资金116.0亿元，收取违约金18.9亿元，拒付或追回资金涉及定点医药机构14.2万家。

## 九、长期护理保险

2022年，49个试点城市中参加长期护理保险人数共16990.2万人，享受待遇人数120.8万人。2022年基金收入240.8亿元，基金支出104.4亿元。长期护理保险定点服务机构7679个，护理服务人员33.1万人。

说明：本公报中部分数据因四舍五入，总计与分项合计略有差异。

# 二、医疗保障事业统计数据

# 指标解释

**基本医疗保险参保人数** 指报告期末参加职工基本医疗保险和城乡居民基本医疗保险人员的合计。

**职工基本医疗保险基金收入** 指根据国家有关规定,由纳入基本医疗保险范围的缴费单位和个人,按国家规定的缴费基数和缴费比例缴纳的基金,以及通过其他方式取得的形成基金来源的款项,包括单位缴纳的社会统筹基金收入、个人缴纳的个人账户基金收入、财政补贴收入、利息收入、其他收入。2019年起包含生育保险。

**职工基本医疗保险基金支出** 指按照国家政策规定的开支范围和开支标准从社会统筹基金中支付给参加基本医疗保险的职工和退休人员的医疗保险待遇支出,和从个人账户基金中支付给参加基本医疗保险的职工和退休人员的医疗费用支出,以及其他支出。包括住院医疗费用支出、门急诊医疗费用支出、个人账户基金支出和其他支出。2019年起包含生育保险。

**职工基本医疗保险累计结存** 指截至报告期末基本医疗保险的社会统筹和个人账户基金累计结存金额。包括银行存款、财政专户、债券投资和其他。2019年起包含生育保险。

**城乡居民基本医疗保险基金收入** 指根据国家有关规定,由纳入基本医疗保险范围的个人缴费按国家规定的缴费基数和缴费比例缴纳的基金,以及通过财政补助方式取得的形成基金来源的款项。

**城乡居民基本医疗保险基金支出** 指按照国家政策规定的开支范围和开支标准从社会统筹基金中支付给参加基本医疗保险的居民的医疗保险待遇支出的医疗费用支出,以及其他支出。包括住院医疗费用支出、门急诊医疗费用支出和其他支出。

**城乡居民基本医疗保险累计结余** 指截至报告期末基本医疗保险的社会统筹和个人账户基金累计结余金额。包括银行存款、财政专户、债券投资和其他。

**生育保险参保人数** 指报告期末参加生育保险的人数。

**享受生育待遇人次** 指报告期内按规定享受生育保险待遇的总人次数。包括本期因生育、流产、计划生育手术、生育医疗和津贴等享受生育保险待遇的总人次数。

**医疗救助资助总人次** 等于医疗救助资助参加基本医疗保险人数、住院救助人次数、门诊救助人次数、其他有关部门资助参加基本医疗保险人数、其他有关部门实施直接救助人次数之和。

**医疗救助总金额** 等于医疗救助资助参加基本医疗保险资金数、住院救助资金数、门诊救助资金数、其他有关部门资助参加基本医疗保险资金数、其他有关部门实施直接救助资金数之和。

# 简要说明

一、本章反映我国基本医疗保险制度、生育保险和医疗救助情况，内容包括参保人数、基金收支、累计结存、生育保险和医疗救助等相关数据。

二、1994—2018年基本医疗保险年末参保人数情况数据来源于《中国统计年鉴2019》，2019—2022年基本医疗保险年末参保人数情况数据来源于国家医疗保障局。1995—2019年基本医疗保险基金收支及累计结存数据来源于《中国统计年鉴2020》。2018—2022年参保人数、基金收支、累计结存、生育保险及医疗救助数据来源于国家医疗保障局。

三、统计口径调整2019年起，城乡居民基本医疗保险完成整合，统计数据包括城镇居民医疗保险和新农合。2019年3月，国务院出台《关于全面推进生育保险和职工基本医疗保险合并实施的意见》（国发〔2019〕10号），全面推进生育保险和职工基本医疗保险合并实施。

四、除行政区划外，书中所涉及的全国性统计数据均未包括香港特别行政区、澳门特别行政区和台湾省数据。

五、本年鉴部分数据由于四舍五入的原因，总数可能不等于组成部分的总和，所产生的计算误差，均未做机械调整。

## 1-1 1994—2022年基本医疗保险参保人数情况

单位:万人

| 年份 | 年末参保人数 | 职工基本医保<br>年末参保 | 城乡居民基本医保<br>年末参保 |
|---|---|---|---|
| 1994 | 400.3 | 400.3 | |
| 1995 | 745.9 | 745.9 | |
| 1996 | 855.7 | 855.7 | |
| 1997 | 1762.0 | 1762.0 | |
| 1998 | 1877.6 | 1877.6 | |
| 1999 | 2065.3 | 2065.3 | |
| 2000 | 3786.9 | 3786.9 | |
| 2001 | 7285.9 | 7285.9 | |
| 2002 | 9401.2 | 9401.2 | |
| 2003 | 10901.7 | 10901.7 | |
| 2004 | 12403.6 | 12403.6 | |
| 2005 | 13782.9 | 13782.9 | |
| 2006 | 15731.8 | 15731.8 | |
| 2007 | 22311.1 | 18020.0 | 4291.1 |
| 2008 | 31821.6 | 19995.6 | 11826.0 |
| 2009 | 40147.0 | 21937.4 | 18209.6 |
| 2010 | 43262.9 | 23734.7 | 19528.3 |
| 2011 | 47343.2 | 25227.1 | 22116.1 |
| 2012 | 53641.3 | 26485.6 | 27155.7 |
| 2013 | 57072.6 | 27443.1 | 29629.4 |
| 2014 | 59746.9 | 28296.0 | 31450.9 |
| 2015 | 66581.6 | 28893.1 | 37688.5 |
| 2016 | 74391.6 | 29531.5 | 44860.0 |
| 2017 | 117681.4 | 30322.7 | 87358.7 |
| 2018 | 134458.6 | 31680.8 | 102777.8 |
| 2019 | 135407.4 | 32924.7 | 102482.7 |
| 2020 | 136131.1 | 34455.1 | 101676.0 |
| 2021 | 136296.7 | 35430.9 | 100865.9 |
| 2022 | 134592.5 | 36243.4 | 98349.1 |

注:年末参保人数不含新农合参保人数。

## 1-2　1995—2022年基本医疗保险基金收支及累计结存

单位:亿元

| 年份 | 基金收入 | 基金支出 | 累计结存 |
|---|---|---|---|
| 1995 | 9.7 | 7.3 | 3.1 |
| 2000 | 170.0 | 124.5 | 109.8 |
| 2001 | 383.6 | 244.1 | 253.0 |
| 2002 | 607.8 | 409.4 | 450.7 |
| 2003 | 890.0 | 653.9 | 670.6 |
| 2004 | 1140.5 | 862.2 | 957.9 |
| 2005 | 1405.3 | 1078.7 | 1278.1 |
| 2006 | 1747.1 | 1276.7 | 1752.4 |
| 2007 | 2257.2 | 1561.8 | 2476.9 |
| 2008 | 3040.4 | 2083.6 | 3431.7 |
| 2009 | 3671.9 | 2797.4 | 4275.9 |
| 2010 | 4308.9 | 3538.1 | 5047.1 |
| 2011 | 5539.2 | 4431.4 | 6180.0 |
| 2012 | 6938.7 | 5543.6 | 7644.5 |
| 2013 | 8248.3 | 6801.0 | 9116.5 |
| 2014 | 9687.2 | 8133.6 | 10644.8 |
| 2015 | 11192.9 | 9312.1 | 12542.8 |
| 2016 | 13084.3 | 10767.1 | 14964.3 |
| 2017 | 17931.3 | 14421.8 | 19385.6 |
| 2018 | 21384.4 | 17823.0 | 23440.0 |
| 2019 | 24420.9 | 20854.2 | 27696.7 |
| 2020 | 24846.1 | 21032.1 | 31500.0 |
| 2021 | 28732.0 | 24048.2 | 36178.3 |
| 2022 | 30922.2 | 24597.2 | 42639.9 |

注:1. 2007年及以后基本医疗保险基金中包括职工基本医疗保险和城乡居民基本医疗保险。

2. 2019年起,基本医疗保险基金包含生育保险基金(下同)。

数据来源:《中国统计年鉴2023》24-24 社会保险基金收支及累计结余

## 1-3　分地区基本医疗保险参保人数(2022年)

单位:万人

| 地区 | 年末参保总人数合计 | 职工基本医疗保险 | | | 城乡居民基本医疗保险 |
|---|---|---|---|---|---|
| | | | 在职 | 退休 | |
| 全　国 | 134592.46 | 36243.36 | 26604.27 | 9639.08 | 98349.10 |
| 北　京 | 1900.47 | 1496.16 | 1164.53 | 331.63 | 404.31 |
| 天　津 | 1176.40 | 642.60 | 416.95 | 225.64 | 533.80 |
| 河　北 | 7020.25 | 1238.30 | 862.18 | 376.12 | 5781.96 |
| 山　西 | 3222.74 | 739.19 | 498.57 | 240.62 | 2483.55 |
| 内蒙古 | 2169.94 | 586.83 | 395.06 | 191.77 | 1583.11 |
| 辽　宁 | 3748.58 | 1580.87 | 899.94 | 680.93 | 2167.71 |
| 吉　林 | 2262.63 | 545.17 | 335.59 | 209.58 | 1717.46 |
| 黑龙江 | 2767.77 | 890.23 | 480.53 | 409.71 | 1877.54 |
| 上　海 | 1989.55 | 1623.74 | 1087.84 | 535.90 | 365.81 |
| 江　苏 | 8119.46 | 3388.48 | 2506.37 | 882.11 | 4730.98 |
| 浙　江 | 5577.22 | 2855.84 | 2267.22 | 588.61 | 2721.38 |
| 安　徽 | 6506.68 | 1063.31 | 772.43 | 290.88 | 5443.37 |
| 福　建 | 3863.49 | 972.20 | 789.10 | 183.10 | 2891.30 |
| 江　西 | 4648.23 | 646.06 | 423.98 | 222.07 | 4002.17 |
| 山　东 | 9633.10 | 2498.31 | 1843.65 | 654.66 | 7134.79 |
| 河　南 | 10093.90 | 1395.72 | 977.60 | 418.13 | 8698.17 |
| 湖　北 | 5593.04 | 1240.43 | 851.66 | 388.77 | 4352.61 |
| 湖　南 | 6523.25 | 1052.64 | 731.64 | 321.01 | 5470.60 |
| 广　东 | 11153.20 | 4856.02 | 4281.33 | 574.70 | 6297.18 |
| 广　西 | 5201.85 | 730.39 | 542.02 | 188.37 | 4471.47 |
| 海　南 | 920.88 | 250.55 | 182.29 | 68.25 | 670.34 |
| 重　庆 | 3206.63 | 808.45 | 596.79 | 211.67 | 2398.18 |
| 四　川 | 8393.89 | 1967.20 | 1434.42 | 532.78 | 6426.69 |
| 贵　州 | 4221.23 | 494.07 | 366.68 | 127.39 | 3727.16 |
| 云　南 | 4559.76 | 584.00 | 418.74 | 165.27 | 3975.75 |
| 西　藏 | 339.62 | 55.61 | 44.28 | 11.33 | 284.01 |
| 陕　西 | 3668.26 | 720.21 | 499.79 | 220.41 | 2948.05 |
| 甘　肃 | 2555.12 | 380.97 | 257.67 | 123.30 | 2174.15 |
| 青　海 | 559.62 | 116.31 | 76.83 | 39.48 | 443.32 |
| 宁　夏 | 662.81 | 162.37 | 121.20 | 41.17 | 500.44 |
| 新　疆 | 2064.04 | 507.62 | 387.33 | 120.29 | 1556.41 |
| 兵　团 | 268.85 | 153.53 | 90.08 | 63.45 | 115.32 |

# 1-4 分地区基本医疗保险基金(含生育保险)收支及累计结存(2022年)

单位:亿元

| 地区 | 基金收入(含生育) | | | 基金支出(含生育) | | | 累计结存(含生育) | | |
|---|---|---|---|---|---|---|---|---|---|
| | 合计 | 职工医保(含生育) | 城乡居民 | 合计 | 职工医保(含生育) | 城乡居民 | 合计 | 职工医保(含生育) | 城乡居民 |
| 全　国 | 30922.17 | 20793.27 | 10128.90 | 24597.24 | 15243.80 | 9353.44 | 42639.89 | 35105.76 | 7534.13 |
| 北　京 | 1872.95 | 1758.62 | 114.33 | 1263.38 | 1164.39 | 98.99 | 2283.77 | 2207.30 | 76.47 |
| 天　津 | 479.83 | 424.35 | 55.48 | 405.73 | 335.35 | 70.38 | 541.85 | 463.28 | 78.57 |
| 河　北 | 1216.72 | 666.28 | 550.44 | 992.10 | 485.72 | 506.39 | 1609.62 | 1248.64 | 360.98 |
| 山　西 | 592.93 | 354.75 | 238.19 | 477.78 | 274.10 | 203.68 | 785.15 | 587.53 | 197.61 |
| 内蒙古 | 511.17 | 339.44 | 171.73 | 369.29 | 238.02 | 131.27 | 738.41 | 580.87 | 157.54 |
| 辽　宁 | 865.68 | 654.37 | 211.32 | 772.50 | 571.72 | 200.78 | 974.48 | 762.11 | 212.37 |
| 吉　林 | 373.63 | 223.97 | 149.66 | 333.88 | 187.36 | 146.52 | 580.92 | 449.02 | 131.90 |
| 黑龙江 | 590.07 | 388.39 | 201.69 | 503.24 | 330.86 | 172.39 | 868.91 | 647.28 | 221.63 |
| 上　海 | 1820.28 | 1719.42 | 100.87 | 1184.15 | 1089.41 | 94.73 | 4539.49 | 4506.02 | 33.47 |
| 江　苏 | 2315.98 | 1760.47 | 555.50 | 1912.30 | 1362.03 | 550.27 | 3029.40 | 2747.30 | 282.10 |
| 浙　江 | 2156.04 | 1657.79 | 498.25 | 1664.56 | 1198.31 | 466.25 | 3363.89 | 3070.94 | 292.95 |
| 安　徽 | 969.19 | 463.95 | 505.25 | 793.38 | 315.11 | 478.27 | 1043.33 | 781.19 | 262.14 |
| 福　建 | 789.59 | 499.91 | 289.68 | 652.38 | 383.18 | 269.20 | 1100.81 | 970.75 | 130.06 |
| 江　西 | 698.18 | 296.79 | 401.39 | 592.40 | 234.87 | 357.52 | 836.72 | 494.39 | 342.32 |
| 山　东 | 2101.98 | 1393.49 | 708.49 | 1810.05 | 1113.67 | 696.38 | 2051.14 | 1615.18 | 435.96 |
| 河　南 | 1455.89 | 631.02 | 824.87 | 1292.98 | 497.82 | 795.16 | 1343.93 | 994.12 | 349.81 |
| 湖　北 | 1107.46 | 685.31 | 422.16 | 906.82 | 513.12 | 393.70 | 1243.42 | 926.52 | 316.90 |
| 湖　南 | 1073.59 | 536.62 | 536.97 | 873.85 | 398.48 | 475.37 | 1260.23 | 905.53 | 354.70 |
| 广　东 | 2907.84 | 2207.40 | 700.44 | 2315.66 | 1674.43 | 641.23 | 4785.89 | 3955.72 | 830.17 |
| 广　西 | 785.30 | 365.90 | 419.40 | 702.80 | 290.04 | 412.76 | 996.40 | 589.27 | 407.13 |
| 海　南 | 203.76 | 137.80 | 65.97 | 146.68 | 87.47 | 59.22 | 334.91 | 265.64 | 69.27 |
| 重　庆 | 707.81 | 461.03 | 246.78 | 587.58 | 343.26 | 244.32 | 735.96 | 563.05 | 172.91 |
| 四　川 | 1714.40 | 1087.43 | 626.97 | 1328.82 | 736.35 | 592.47 | 2636.00 | 2100.45 | 535.55 |
| 贵　州 | 649.80 | 287.67 | 362.13 | 535.36 | 222.04 | 313.32 | 761.63 | 445.23 | 316.40 |
| 云　南 | 782.37 | 394.37 | 387.99 | 678.50 | 316.68 | 361.82 | 957.71 | 691.52 | 266.19 |
| 西　藏 | 90.48 | 65.53 | 24.96 | 43.95 | 27.27 | 16.68 | 240.78 | 213.10 | 27.67 |
| 陕　西 | 798.43 | 508.41 | 290.02 | 538.51 | 305.25 | 233.26 | 1030.59 | 808.70 | 221.89 |
| 甘　肃 | 402.11 | 197.89 | 204.21 | 282.66 | 133.50 | 149.16 | 491.09 | 318.15 | 172.94 |
| 青　海 | 150.90 | 103.45 | 47.45 | 103.27 | 66.76 | 36.51 | 262.86 | 205.41 | 57.45 |
| 宁　夏 | 167.62 | 116.30 | 51.32 | 99.51 | 58.15 | 41.36 | 246.38 | 198.88 | 47.50 |
| 新　疆 | 485.77 | 332.31 | 153.46 | 372.89 | 237.12 | 135.76 | 849.66 | 696.56 | 153.11 |
| 兵　团 | 84.39 | 72.85 | 11.54 | 60.28 | 51.93 | 8.35 | 114.55 | 96.09 | 18.46 |

## 1-5 分地区生育保险及医疗救助情况（2022年）

| 地区 | 生育保险 | | 医疗救助 | |
|---|---|---|---|---|
| | 生育保险参保人数（万人） | 享受生育保险待遇人数（万人次） | 资助总人次（人次） | 救助总金额（万元） |
| 全 国 | 24621.49 | 1768.86 | 216423766 | 6260777.50 |
| 北 京 | 1082.66 | 49.12 | 353847 | 37811.00 |
| 天 津 | 365.23 | 21.65 | 1155228 | 30363.26 |
| 河 北 | 882.35 | 28.28 | 9870667 | 248338.08 |
| 山 西 | 480.21 | 29.72 | 2245393 | 92369.59 |
| 内蒙古 | 343.26 | 13.85 | 3496528 | 117675.05 |
| 辽 宁 | 693.06 | 33.90 | 3344933 | 127939.47 |
| 吉 林 | 335.60 | 22.18 | 2445592 | 84474.00 |
| 黑龙江 | 390.13 | 19.13 | 4191622 | 161005.36 |
| 上 海 | 1087.84 | 27.57 | 3727318 | 63679.72 |
| 江 苏 | 2156.43 | 116.27 | 21862358 | 467303.35 |
| 浙 江 | 2186.49 | 185.14 | 15027482 | 224584.00 |
| 安 徽 | 757.12 | 42.29 | 10580581 | 357047.04 |
| 福 建 | 741.75 | 31.15 | 7122909 | 188009.41 |
| 江 西 | 405.90 | 20.99 | 6387200 | 226943.04 |
| 山 东 | 1646.89 | 84.61 | 8562958 | 314362.43 |
| 河 南 | 922.59 | 37.87 | 9956868 | 303809.63 |
| 湖 北 | 747.95 | 50.80 | 8406173 | 311761.99 |
| 湖 南 | 723.64 | 38.48 | 5680210 | 267494.46 |
| 广 东 | 4061.98 | 663.95 | 9162629 | 352868.68 |
| 广 西 | 508.31 | 24.78 | 7517123 | 297324.30 |
| 海 南 | 182.29 | 10.77 | 1412208 | 30773.17 |
| 重 庆 | 547.87 | 44.69 | 9484526 | 124476.00 |
| 四 川 | 1216.76 | 43.70 | 14460382 | 506591.92 |
| 贵 州 | 348.64 | 44.97 | 13554873 | 320507.66 |
| 云 南 | 406.32 | 20.78 | 16099279 | 371449.28 |
| 西 藏 | 42.39 | 2.55 | 360023 | 16631.73 |
| 陕 西 | 496.11 | 23.69 | 1500883 | 85177.00 |
| 甘 肃 | 256.88 | 6.97 | 9273938 | 241052.60 |
| 青 海 | 71.31 | 7.59 | 1093715 | 42174.87 |
| 宁 夏 | 114.08 | 5.68 | 1748196 | 55037.61 |
| 新 疆 | 341.61 | 13.03 | 6238883 | 188005.99 |
| 兵 团 | 77.83 | 2.72 | 99241 | 3735.81 |

# 大事记

# 大事记

## ▶ 1月

1月14日，全国医疗保障工作会议在北京召开，系统回顾2021年医疗保障工作，分析研判医疗保障改革发展形势，全面部署2022年医疗保障工作。国家医疗保障局党组书记、局长胡静林作工作报告，局党组成员、副局长施子海主持会议，局党组成员、副局长陈金甫、李滔、颜清辉出席会议。

1月18日，国家医疗保障局召开网络安全和信息化领导小组会议。局党组书记、局长、局网络安全和信息化领导小组组长胡静林出席会议并讲话，局党组成员、副局长、局网络安全和信息化领导小组副组长兼网络安全和信息化领导小组办公室主任施子海主持会议。

## ▶ 2月

2月11日，国务院新闻办公室举行国务院政策例行吹风会，国家医疗保障局党组成员、副局长陈金甫介绍高值医用耗材集中带量采购改革进展情况，并答记者问。

2月22日，国家医疗保障局党组书记、局长胡静林带队赴新华媒体创意工场调研智慧医保解决方案大赛决赛筹备情况。

2月22日至25日，国家医疗保障局党组成员、副局长施子海赴贵州省、海南省开展医保数据安全检查工作，听取医保信息平台应用和数据安全保护工作情况汇报，并赴定点医药机构开展现场安全检查，深入调研了解平台应用情况。

## ▶ 3月

3月1日至4日，国家医疗保障局党组成员、副局长施子海带队赴中国工商银行、中国农业银行和中国银行保险信息技术管理有限公司调研数据安全管理与共享应用工作，听取网络与数据安全保护、数据共享应用情况介绍，实地参观机房与监控中心。

3月17日至18日，国家医疗保障局召开医保数据安全与共享工作专题视频会，总结交流前期医保数据安全与共享工作经验做法，分析研判当前数据安全形势，研究部署下一步全国统一的医保信息平台运维管理工作。局党组成员、副局长施子海出席会议并讲话。

3月31日，国家医疗保障局、公安部、国家卫生健康委员会联合召开2022年全国打击欺诈骗保专项整治行动电视电话会议，国家医疗保障局党组书记、局长胡静林出席会议并讲话，局党组成员、副局长颜清辉主持会议。

## ▶ 4月

4月7日，国家医疗保障局召开首次全国医药集采机构工作会，研究部署集采平台建设工作，局党组成员、副局长陈金甫出席会议并讲话。

## ▶ 5月

5月10日至11日，全国医保信息化标准化工作培训班以视频形式成功举办，局党组成员、副局长施子海出席并讲话。

5月25日，全国医保经办服务规范建设培训班以视频形式成功举办，国家医疗保障局党组成员、副局长李滔出席并讲话。

## ▶ 6月

6月9日，国家医疗保障局召开医药集中采购形势分析和重点工作推进视频会议，局党组成员、副局长陈金甫出席会议并讲话。

6月10日，国家医疗保障局召开全国医疗保障统计工作会议，局党组成员、副局长施子海出席会议并讲话。

6月17日，国务院新闻办公室举行国务院政策例行吹风会，国家医疗保障局党组成员、副局长陈金甫介绍困难群众帮扶有关工作，并答记者问。

6月22日，全国医疗保障系统飞行检查专题视频培训班成功举办，国家医疗保障局党组成员、副局长颜清辉出席并讲话。

6月28日至29日，国家医疗保障局党组成员、副局长施子海参加部分省(直辖市)线上调研，开展上半年医保形势分析工作。

### ▶ 7月

7月7日至8日，全国医疗保障系统政务互动交流能力提升培训班成功举办，局党组成员、副局长颜清辉出席并讲话。

7月8日，国家医疗保障局召开网络安全和信息化领导小组专题会议，局党组书记、局长胡静林出席并讲话，局党组成员、副局长施子海主持。

7月12日至13日，国家医疗保障局党组成员、副局长陈金甫带队赴江苏省南通市调研长期护理保险制度试点工作，实地考察并与护理服务机构、失能评估机构、商保经办机构和失能人员家属代表座谈交流，认真听取意见建议。

### ▶ 8月

8月11日至12日，国家医疗保障局党组成员、副局长陈金甫赴山东省威海市调研集采中选产品落地使用情况，并与企业和医疗机构代表座谈听取意见建议。

8月18日，国家医疗保障局召开全国跨省异地就医直接结算工作推进会，局党组成员、副局长李滔出席并讲话。

8月23日，国家医疗保障局党组书记、局长胡静林以视频方式调研跨省异地就医直接结算工作，认真听取全国跨省异地就医直接结算工作进展和经办工作流程介绍，深入了解河北、四川具体经办流程、存在问题及意见建议。

8月29日至9月1日，国家医疗保障局党组成员、副局长施子海赴福建省调研医保信息化标准化工作，认真听取工作汇报，实地考察医保经办机构和定点医药机构，深入调研了解信息平台运行及数据应用情况。

8月30日，国家医疗保障局党组书记、局长胡静林赴中国医疗保险研究会和《中国医疗保险》杂志社调研，与工作人员现场交流，并听取有关单位汇报。

8月30日，国家医疗保障局召开医疗保障基金智能审核和监控知识库、规则库行业论证会，局党组成员、副局长颜清辉出席会议并讲话。

8月31日至9月2日，国家医疗保障局党组成员、副局长颜清辉赴贵州省调研医保基金监管工作，深入一线与办事群众和基层干部交流，详细了解医保政务服务、基金监管制度体系建设、异地就医监管等情况，召开座谈会了解医保基金智能监控子系统应用情况。

### ▶ 9月

9月6日，国家组织医药集中采购工作会议及药品和耗材联采办会议以视频方式召开，局党组成员、副局长陈金甫出席会议并讲话。

9月14日，国家医疗保障局党组成员、副局长李滔赴中国医学科学院肿瘤医院调研跨省异地就医直接结算工作，实地考察门诊慢特病费用跨省直接结算试点开展情况。

9月15日，国家医疗保障局举办全国医保转移支付和医保基金预算管理培训班，局党组成员、副局长施子海出席并讲话。

9月23日，中国医疗保险研究会第三届一次常务理事会暨医保“十四五”规划和高质量发展论坛召开，国家医疗保障局党组成员、副局长李滔出席并讲话。

9月24日，由国家医疗保障局主办的智慧医保解决方案大赛颁奖典礼成功举办。局党组书记、局长胡静林出席颁奖典礼并致辞，局党组成员、副局长施子海、颜清辉出席颁奖典礼。

9月27日，第三批国家组织高值医用耗材(骨科脊柱类)集中带量采购采用线上方式开标，产生拟中选结果。国家医疗保障局党组书记、局长胡静林和局党组成员、副局长施子海出席并调研开标工作。

▶ 10月

10月10日至11日，国家医疗保障局举办DRG/DIP支付方式改革培训班，局党组成员、副局长李滔出席开班式并讲话。

10月11日，国家医疗保障局党组成员、副局长颜清辉赴中国医疗保险研究会和《中国医疗保险》杂志社调研，与工作人员现场交流并听取汇报。

10月12日，国家医疗保障局党组成员、副局长颜清辉以视频方式调研部分省市医保信访工作，深入了解部分省市医保领域信访工作形势、存在问题及意见建议。

10月27日，国家医疗保障局党组成员、副局长颜清辉赴北京市医保执法总队调研，听取有关工作情况介绍，了解医保基金监管体系建设、智能监管、DRG监管、定点医疗机构医保精细化管理等情况。

▶ 11月

11月23日，国家医疗保障局党组书记、局长胡静林赴海南省调研，听取海南省医保工作汇报，实地考察乐城国际医疗旅游先行区，重点了解扩大基本医保覆盖面、医保信息化建设和应用、真实世界数据研究运用等情况。

▶ 12月

12月29日，国家医疗保障局组织召开参保人员个人信息授权查询和使用试点工作线上推进会，局党组成员、副局长颜清辉出席会议并讲话。

12月30日，中国医疗保险研究会第三届二次理事会暨首届中国医疗保障高质量发展论坛在北京召开，国家医疗保障局党组书记、局长胡静林出席会议并讲话，局党组成员、副局长颜清辉，局党组成员黄华波出席会议。

# 附 录

# 国家医疗保障局2022年政府信息公开工作年度报告

根据《中华人民共和国政府信息公开条例》(国务院令第711号,以下简称《条例》)规定,现发布国家医疗保障局2022年政府信息公开工作年度报告。本报告所列统计数据的期限自2022年1月1日起,至2022年12月31日止。如对本报告有任何疑问,请与我局政府信息公开申请受理机构联系(地址:北京市西城区月坛北小街2号;邮编:100830;电话:010-89061394;传真:010-89061251)。

## 一、总体情况

2022年,我局严格执行《条例》规定,认真开展政府信息公开工作。一是完善健全信息公开体制机制。严格执行《国家医保局政府信息公开暂行办法》(医保发〔2019〕72号)。二是依法主动公开政府信息,按照《条例》第二十条的规定,主动公开我局制定的部门规章、规范性文件、对人大建议和政协提案的答复等政府信息149件,特别是坚持做到"政策文件类政府信息与政策解读材料同步公开",不断提升政府信息公开工作的质量。三是认真做好依申请公开。全年收到政府信息公开申请27件,加上上年末结转2件,共计29件。其中20件已办结,9件于2022年12月底收到,已按照规定时限结转下年度继续办理。四是做好政府信息公开平台建设。在我局官方网站首页显著位置设立"信息公开"专栏,便于公众查询我局政府信息公开有关事项。

## 二、主动公开政府信息情况

| 第二十条第(一)项 | | | |
|---|---|---|---|
| 信息内容 | 本年制发件数 | 本年废止件数 | 现行有效件数 |
| 规章 | 1 | 0 | 5 |
| 行政规范性文件 | 23 | 0 | 85 |
| 第二十条第(五)项 | | | |
| 信息内容 | 本年处理决定数量 | | |
| 行政许可 | 0 | | |
| 第二十条第(六)项 | | | |
| 信息内容 | 本年处理决定数量 | | |
| 行政处罚 | 0 | | |
| 行政强制 | 0 | | |
| 第二十条第(八)项 | | | |
| 信息内容 | 本年收费金额(单位:万元) | | |
| 行政事业性收费 | 0 | | |

## 三、收到和处理政府信息公开申请情况

<table>
<tr><td colspan="3" rowspan="3">(本列数据的勾稽关系为:第一项加第二项之和,等于第三项加第四项之和)</td><td colspan="7">申请人情况</td></tr>
<tr><td rowspan="2">自然人</td><td colspan="5">法人或其他组织</td><td rowspan="2">总计</td></tr>
<tr><td>商业企业</td><td>科研机构</td><td>社会公益组织</td><td>法律服务机构</td><td>其他</td></tr>
<tr><td colspan="3">一、本年新收政府信息公开申请数量</td><td>24</td><td>3</td><td>0</td><td>0</td><td>0</td><td>0</td><td>27</td></tr>
<tr><td colspan="3">二、上年结转政府信息公开申请数量</td><td>2</td><td>0</td><td>0</td><td>0</td><td>0</td><td>0</td><td>2</td></tr>
<tr><td rowspan="22">三、本年度办理结果</td><td colspan="2">(一)予以公开</td><td>11</td><td>2</td><td>0</td><td>0</td><td>0</td><td>0</td><td>13</td></tr>
<tr><td colspan="2">(二)部分公开(区分处理的,只计这一情形,不计其他情形)</td><td>0</td><td>0</td><td>0</td><td>0</td><td>0</td><td>0</td><td>0</td></tr>
<tr><td rowspan="8">(三)不予公开</td><td>1.属于国家秘密</td><td>0</td><td>0</td><td>0</td><td>0</td><td>0</td><td>0</td><td>0</td></tr>
<tr><td>2.其他法律行政法规禁止公开</td><td>0</td><td>0</td><td>0</td><td>0</td><td>0</td><td>0</td><td>0</td></tr>
<tr><td>3.危及“三安全一稳定”</td><td>0</td><td>0</td><td>0</td><td>0</td><td>0</td><td>0</td><td>0</td></tr>
<tr><td>4.保护第三方合法权益</td><td>0</td><td>0</td><td>0</td><td>0</td><td>0</td><td>0</td><td>0</td></tr>
<tr><td>5.属于三类内部事务信息</td><td>0</td><td>0</td><td>0</td><td>0</td><td>0</td><td>0</td><td>0</td></tr>
<tr><td>6.属于四类过程性信息</td><td>0</td><td>0</td><td>0</td><td>0</td><td>0</td><td>0</td><td>0</td></tr>
<tr><td>7.属于行政执法案卷</td><td>0</td><td>0</td><td>0</td><td>0</td><td>0</td><td>0</td><td>0</td></tr>
<tr><td>8.属于行政查询事项</td><td>0</td><td>0</td><td>0</td><td>0</td><td>0</td><td>0</td><td>0</td></tr>
<tr><td rowspan="3">(四)无法提供</td><td>1.本机关不掌握相关政府信息</td><td>3</td><td>1</td><td>0</td><td>0</td><td>0</td><td>0</td><td>4</td></tr>
<tr><td>2.没有现成信息需要另行制作</td><td>0</td><td>0</td><td>0</td><td>0</td><td>0</td><td>0</td><td>0</td></tr>
<tr><td>3.补正后申请内容仍不明确</td><td>0</td><td>0</td><td>0</td><td>0</td><td>0</td><td>0</td><td>0</td></tr>
<tr><td rowspan="5">(五)不予处理</td><td>1.信访举报投诉类申请</td><td>2</td><td>0</td><td>0</td><td>0</td><td>0</td><td>0</td><td>2</td></tr>
<tr><td>2.重复申请</td><td>0</td><td>0</td><td>0</td><td>0</td><td>0</td><td>0</td><td>0</td></tr>
<tr><td>3.要求提供公开出版物</td><td>0</td><td>0</td><td>0</td><td>0</td><td>0</td><td>0</td><td>0</td></tr>
<tr><td>4.无正当理由大量反复申请</td><td>0</td><td>0</td><td>0</td><td>0</td><td>0</td><td>0</td><td>0</td></tr>
<tr><td>5.要求行政机关确认或重新出具已获取信息</td><td>0</td><td>0</td><td>0</td><td>0</td><td>0</td><td>0</td><td>0</td></tr>
<tr><td rowspan="3">(六)其他处理</td><td>1.申请人无正当理由逾期不补正、行政机关不再处理其政府信息公开申请</td><td>0</td><td>0</td><td>0</td><td>0</td><td>0</td><td>0</td><td>0</td></tr>
<tr><td>2.申请人逾期未按收费通知要求缴纳费用、行政机关不再处理其政府信息公开申请</td><td>0</td><td>0</td><td>0</td><td>0</td><td>0</td><td>0</td><td>0</td></tr>
<tr><td>3.其他</td><td>1</td><td>0</td><td>0</td><td>0</td><td>0</td><td>0</td><td>1</td></tr>
<tr><td colspan="2">(七)总计</td><td>17</td><td>3</td><td>0</td><td>0</td><td>0</td><td>0</td><td>20</td></tr>
<tr><td colspan="3">四、结转下年度继续办理</td><td>9</td><td>0</td><td>0</td><td>0</td><td>0</td><td>0</td><td>9</td></tr>
</table>

**四、政府信息公开行政复议、行政诉讼情况**

| 行政复议 | | | | | 行政诉讼 | | | | | | | | | |
|---|---|---|---|---|---|---|---|---|---|---|---|---|---|---|
| | | | | | 未经复议直接起诉 | | | | | 复议后起诉 | | | | |
| 结果维持 | 结果纠正 | 其他结果 | 尚未审结 | 总计 | 结果维持 | 结果纠正 | 其他结果 | 尚未审结 | 总计 | 结果维持 | 结果纠正 | 其他结果 | 尚未审结 | 总计 |
| 1 | 0 | 0 | 0 | 1 | 0 | 0 | 0 | 0 | 0 | 0 | 0 | 0 | 0 | 0 |

**五、存在的主要问题及改进情况**

2022年我局扎实做好政府信息公开工作，多措并举，有序推进，取得了一定成效，但仍存在许多不足。主要表现为以下两个方面：一是政策解读力度需要进一步加大；二是政府信息公开的工作流程还需要进一步完善。下一步，我局将严格按照《条例》规定和国务院办公厅要求，完善政府信息公开工作流程，持续加大政策解读力度，推进局内信息公开业务培训，切实提升政府信息公开工作能力和水平，接受人民群众的监督。

**六、其他需要报告的事项**

无。

# 国家医疗保障局2022年法治政府建设情况报告

2022年，国家医疗保障局坚持以习近平新时代中国特色社会主义思想为指导，深入学习贯彻习近平法治思想，全面贯彻落实党的二十大精神，认真落实党中央、国务院关于法治政府建设的决策部署，持续推动构建依法行政的政府治理体系，医保法治建设取得新进展。

## 一、切实提高政治站位，确保医保法治建设正确方向

### (一)深入学习贯彻党的二十大关于法治中国建设重大战略部署

党的二十大报告专章论述全面依法治国，从全局和战略高度定位法治、布局法治、厉行法治，将全面依法治国摆到更加突出、更加重要的位置，为在法治轨道上全面建设社会主义现代化国家提供了根本遵循。国家医疗保障局把学习宣传贯彻党的二十大精神作为当前和今后一个时期的首要政治任务，局党组带头深学细悟，在全局部署开展多种形式的学习贯彻活动，局党组理论学习中心组自觉将习近平法治思想特别是习近平总书记党的二十大报告中关于法治中国建设的重要讲话论述作为学习重点内容，全面深刻领会习近平法治思想的核心要义，并不折不扣地贯彻落实到各项工作中。

### (二)切实履行局党组推进医保法治建设主体责任

国家医疗保障局党组高度重视医保法治建设责任落实，局主要负责同志担任局法治建设工作领导小组组长，切实履行法治政府建设第一责任人职责，多次召开局党组会、局务会，研究部署医保法治建设重点工作。充分发挥局法治建设工作机制作用，坚决贯彻落实《法治政府建设实施纲要(2021—2025年)》各项任务要求，逐项落实中央全面依法治国委员会工作要点有关任务。召开局法治建设工作领导小组办公室会议，按照立法工作职责分工，持续完善医保法治体系，推动法治建设工作与业务工作高度融合。积极研究部署医保改革与医保法治建设重点工作，落实局立法规划(2018—2022年)和2022年度立法计划，推进涉及计划生育内容相关文件清理等医保法治专项工作，研究制定国家医疗保障局第二个五年立法规划，为深化医保及相关领域改革提供法治支撑和保障。

## 二、服务构建新发展格局，依法履行医保管理职能

### (一)提升群众医疗保障质量

不断健全以基本医疗保险为主体，医疗救助为托底，补充医疗保险等共同发展的多层次医疗保障制度体系。居民医保、职工医保普遍开展普通门诊统筹并巩固住院待遇，有序落实医保待遇清单制度，推进全国医保制度公平统一。不断健全防范化解因病返贫致贫长效机制，巩固拓展医保脱贫攻坚成果与乡村振兴有效衔接，农村低收入人口参保率稳定在99%以上，累计减负超1400亿元。助力新冠疫情防控，保障新冠病毒感染患者救治和疫苗及接种费用，第一时间将治疗药品临时纳入医保支付。提升保障质效，组织开展2022年国家医保药品目录调整，新版药品目录新纳入111种药品，目录内药品总数增至2967种，新纳入药品涉及新冠治疗、抗肿瘤、罕见病等多个领域，群众用药质量不断提升。

### (二)降低群众医药费用负担

制度化常态化开展药品和医用耗材集中带量采购，组织开展第七批药品集采，60种药品平均降价48%；开展第三批医用耗材集采，脊柱类耗材

平均降价84%；胰岛素集采中选结果落地，惠及超1000万糖尿病患者。持续降低疫情防控成本，降低新冠病毒疫苗、核酸检测价格，下调抗原检测政府指导价，研究制定新冠治疗药价格形成指引。完善医药采购平台功能，大力推动公立医疗机构线上采购药品和医用耗材。

（三）巩固群众“救命钱”安全态势

加大日常监督检查力度，统筹协议管理和行政执法。2022年，全国医保系统共检查医药机构76.7万家、处理违法违规机构39.8万家、追回医保基金188.4亿元。在被检查医药机构中，通过医保经办协议管理方式核查定点医药机构74.3万家，协议处理33.5万家，追回医保基金138.66亿元。锻铸飞行检查利剑，组织国家飞行检查24组次，查出涉嫌违法违规资金9.8亿元。创新大数据监管模式，提升精准发现和打击能力，不断完善现场监管与非现场监管有机结合的监管布局，推进建设全国统一的智能审核和监控知识库、规则库。加强行纪衔接、部门协作，开展年度基金监管综合评价。

（四）提高群众医保服务便利性

推进跨省异地就医直接结算，优化相关政策，破除备案、结算、协同三大难题。推进业务不见面办，六成政务服务事项实现全程网办，医保电子凭证激活超9亿人。充分考虑老年参保群众需求，推行一系列适老化服务。推动经办管理服务规范统一，开展医保经办管理服务规范建设专项行动，指导各地出台一批便民利民举措。推进“十五分钟医保服务圈”建设，打通服务群众的“最后一公里”。

（五）提高医保精细化管理能力

持续夯实管理基础，所有统筹地区均已上线全国统一医保信息平台，推动医保数据治理，提升统计数据质量。研发重复参保治理平台模块，从源头控增量、消存量，治理重复参保取得显著成效。加速推动医保支付方式改革，完善医保支付有关规范、标准。有序推进医疗服务价格改革，强化药品价格常态化监管，开展短缺、易短缺药品价格和配送信息监测，查核处置异常信息。

**三、全面推进科学立法，以法治保障医保制度改革**

（一）坚持着眼全局，持续推进《医疗保障法》立法

按照全国人大和国务院年度立法计划安排，扎实推进医保立法工作。发挥立法专班牵头协调作用，通过视频会议、实地走访等形式多次开展调研，加强对重点难点问题调查研究，通过座谈讨论等方式充分听取各方意见，不断修改完善《医疗保障法（征求意见稿）》。

（二）坚持部门协同，研究起草《社会保险经办条例》

积极配合司法部，会同人力资源社会保障部完成《社会保险经办条例（草案）》审查修改工作，围绕提升医疗保险和其他社会保险经办服务法治化规范化水平，统一规范，积极协调，加强协同。

（三）坚持重点施策，加快出台医保基金监管配套文件

为更好贯彻落实《医疗保障基金使用监督管理条例》，推动医保领域依法行政，积极组织推进《医疗保障行政处罚程序暂行规定》《医疗保障基金使用监督管理举报处理暂行办法》《规范医疗保障基金使用监督管理行政处罚裁量权办法》落地实施。不断完善配套规章，出台《医疗保障基金飞行检查管理暂行办法》，研究起草《医疗保障基金使用监督管理条例实施细则》等。

（四）坚持基础支撑，进一步加强部门规章研究制定工作

以五年立法规划为导向，以年度立法计划为抓手，深入开展医保法律制度立法研究，广泛开展药品价格管理、长期护理保险、经办管理等领域的立法研究，推动部门规章立法工作稳步开展。在充分总结前五年立法工作经验的基础上，积极研究起草国家医疗保障局第二个五年立法规划（2023—2027年），努力推动构建与医保事业功能定位相契合、与医疗保障职能相匹配、与改革发展

要求相适应、系统完善的部门规章基础体系，促进部门规章立法和业务工作同部署、同实施。

**四、落实依法行政要求，持续深化医保“放管服”改革**

（一）扎实开展权责清单编制工作

认真梳理各类法律法规中涉及医保职能的条款，并就重点业务领域、权责事项进行专项研究、征求意见，编制形成国家医疗保障局权责清单初稿报送中央编办。通过依法编制权责清单，进一步厘清医保领域政府和市场关系、政府和社会关系。

（二）完善和落实依法行政相关制度

落实科学决策制度，对关系群众利益和社会长远发展的重大事项，严格履行调研起草、征求意见、咨询论证、合法性审核和集体研究决定等必经程序，充分吸纳社会各界的意见建议。完善和落实规范性文件合法性审查和政策措施公平竞争审查制度，对规范性文件进行合法性审查和公平竞争审查。促进行政执法公示制度、执法全过程记录制度和重大执法决定法制审核制度有效落实，规范行政执法自由裁量权。加强执法人员队伍建设，为26名符合条件的人员制发行政执法证件。加强内部控制体系建设，制定内控体系建设方案，研究起草《内部控制规范手册（试行）》。落实公职律师制度，在医保立法以及日常规范性文件合法性审核等工作中注重发挥公职律师作用。

（三）持续推进“放管服”综合改革，助力激发市场主体活力和发展内生动力

在局党组统一领导下，局深化“放管服”改革工作领导小组各成员单位紧紧围绕医保“放管服”工作重点，有力推动医保管理服务水平提升，医保领域“放管服”改革不断深入推进。一是放出活力。完善高血压、糖尿病门诊用药保障机制，简化申请准入流程，截至2022年底，累计惠及1.4亿患者，减轻群众用药负担约608亿元。推进“互联网+”医保支付，进一步满足群众便捷医疗服务需求。对中小微企业实施阶段性缓缴职工医保单位缴费，缓缴期间不影响享受医保待遇，受疫情冲击严重的广大中小微企业普遍受益。二是管出实效。创新医保监管方式和手段，加快全国医保智能监管系统落地，提升监管效率。健全医药价格和招采信用评价制度，营造风清气正、诚信为先的医药购销环境。三是服务优化。积极推进高血压、糖尿病等5种门诊慢特病相关治疗费用跨省直接结算统筹地区全覆盖，破解群众“跑腿垫支”难题。持续优化异地就医备案服务，建立全国统一的线上备案渠道，实现异地就医备案“跨省通办”。积极推动各地开展“最多跑一次”改革，推行医保经办服务窗口“综合柜员制”，实现服务事项一窗受理、一单办结。优化经办服务“五个办”，切实提高群众办理医保业务的便捷性。推进高频医保服务事项“跨省通办”，实现生育保险待遇核定与支付等2个医保服务事项的全程网办、异地可办，持续优化医保关系转移接续“跨省通办”。健全完善医保政务服务“好差评”制度，不断提升群众服务满意度。

**五、持续提升行政复议应诉能力，妥善处理行政争议**

（一）持续提升行政复议公信力

2022年，国家医疗保障局充分发挥行政复议公正高效、便民为民的制度优势和化解行政争议的主渠道作用，共审理行政复议案件9件。坚持以事实为依据，以法律为准绳，对地方医保部门合法合理的行政处理决定予以维持；对违法不当的行政行为依法作出撤销重作、确认违法等决定，促进依法行政，维护行政相对人合法权益。

（二）持续提升行政诉讼应诉水平

2022年，国家医疗保障局有效发挥法律顾问和公职律师的作用，积极做好行政应诉工作，全面接受司法监督，共参加行政应诉案件5件。坚持依法作出各项行政行为，并不断提升行政应诉能力，维护司法权威和行政相对人合法权益，使各项医保工作都经得起司法检验。

（三）持续完善涉及复议诉讼行政行为指导反

馈机制

创新案件办理方式，通过沟通协调、释法说理，力促行政争议实质性化解。持续发挥以案释法、举一反三的作用，由局法制部门牵头，指导局内相关单位共同做好行政复议和应诉相关工作，并向局内相关单位反馈复议和应诉结果、进一步改进意见等。用好用足全国行政复议工作平台和数据分析研判系统的各项功能，规范案件办理流程，确保各环节程序完备、材料齐全，全面提升办案质量和效率。

**六、大力开展医保普法宣传教育，强化全局和全系统法治意识**

（一）加强医保干部法治培训

邀请司法部行政执法协调监督局负责同志为全局干部作行政执法以及执法监督授课，结合医保领域行政执法特点强化法治教育，切实提高全局干部法治思维和依法行政能力。结合12月4日国家宪法日举办“宪法宣传周”活动，组织全体干部学习习近平总书记纪念现行宪法公布实施40周年署名文章，开展宪法知识竞答活动，引导医保干部尊崇宪法、维护宪法。

（二）积极开展医保系统普法宣传

持续做好对医保法规规章的宣传解读，开展《医疗保障基金使用监督管理条例》和相关配套部门规章的常态化宣传工作，发挥条例和配套部门规章在打击欺诈骗保、维护医保基金安全方面的重要作用。会同国家卫生健康委开展《职业病防治法》的宣传贯彻工作。

过去一年，国家医疗保障局在推进法治政府建设上取得一定成绩，但还存在一些问题和不足，主要是医疗保障法治基础较为薄弱，围绕医保前沿问题开展立法研究不够深入，医保法治宣传教育开展还需加强等。2023年，国家医疗保障局将坚持以习近平新时代中国特色社会主义思想为指导，全面贯彻落实党的二十大精神，进一步学深悟透习近平法治思想，更加自觉把医保法治工作放到全面依法治国大局中谋划和推动。按照中央全面依法治国委员会的部署要求，统筹推进高水平法治医保建设，持续完善医保法治体系，顺应改革需要，加快推进医保重点领域立法和立法研究，大力开展医保法治宣传教育，全面提高医保干部依法履职能力，严格依法行政，为医保事业高质量发展提供有力法治保障。

# 国家医疗保障局建议提案办理工作情况

2018—2022年，国家医疗保障局共承办建议提案2566件，其中主办件877件、会办件1589件、参阅件100件。

## 一、持续夯实办理工作基础

一是"两个不变""多重把关"。2018年，提出"两个不变"，"多重把关"，与机构筹建、业务开展同研究同部署同落实，形成边组建、边运行、边完善、边办理的工作格局，有力有序有效推进办理工作。二是"十个要"。2019年，提出要转变作风、压实责任、按时办结、深入分析、加强配合、突出重点、加强沟通、办出实效、兑现承诺、强化公开"十个要"，按时办结率、与代表委员沟通率达到100%，答复公开率达到98.6%。三是"四个不"。2020年，面对新冠肺炎疫情影响，提出标准不降、流程不少、时间不拖、效果不减"四个不"，结合建议提案办理出台了一系列强化疫情防控、减轻企业负担、方便群众就医购药的政策举措。四是"三个硬"。2021年，提出按时完成是"硬要求"，确保质量是"硬杠杠"，加强沟通对接是"硬措施""三个硬"，努力将代表委员提出的意见建议转化为具体政策措施。五是"四个落实""五个度"。2022年，提出了落实好建议提案办理硬要求、落实好全过程人民民主责任、落实好重点办理任务、落实好办理工作"最后一公里""四个落实"，以及把握态度、把握速度、把握高度、把握深度、把握精度"五个度"，确保按时保质完成任务。

## 二、不断强化办理工作作风

一是源头上勇于担当。承接过程中杜绝当"守门员"，不推诿、不扯皮，实事求是地承接办理任务；树立"良序互赢"的理念，通过努力解决好问题、解读好政策，推动完善医保政策；保持"久久为功"的定力，将建议提案办理作为强化民主监督的重要渠道，持续推动医保改革发展。二是办理上善作善成。持续解决承诺办理事项，不断完善政策措施。2018—2022年，根据建议提案出台政策措施64项，采纳意见建议234条，落实承诺事项77项。三是关键时刻不忘初心。2020年，认真吸纳代表委员意见建议，推动打好脱贫攻坚战和疫情防控阻击战。助力脱贫攻坚任务如期完成，贫困人口参保率稳定在99.9%以上；全力支持疫情防控，预拨定点救治机构专项资金；阶段性减征职工医保单位缴费，为企业减负超过1500亿元。

## 三、坚决守牢初心使命

一是让人民群众感受到党的温暖。将代表委员们关心关注的问题纳入"我为群众办实事"清单，全国所有统筹地区提供快速备案服务，开通了门诊费用跨省直接结算。二是让人民群众感受到健康幸福。2019年，结合建议提案办理制定出台完善城乡居民高血压、糖尿病门诊用药保障机制的指导意见，将高血压、糖尿病等门诊用药纳入医保报销。三是让人民群众感受到医保服务便捷贴心。针对代表委员建议加快谈判药品落地问题，首次在国家层面提出将定点零售药店纳入医保药品供应保障范围，与定点医疗机构一起形成谈判药品供应的"双通道"。

2022年，国家医疗保障局被全国政协评为"提案先进承办单位"，办理经验和成效被国办秘书局和全国政协提案办编入《政务情况交流》和《怎样办好政协提案》印发。

# 国家基本医疗保险、工伤保险和生育保险药品目录(2022年)

一、凡例 

二、西药部分 

三、中成药部分 

四、协议期内谈判药品部分 

五、中药饮片部分 

# Contents

## Important Literature

### I. Important Activities Attended and Instructions Made by Party and State Leaders on Healthcare Security

## II. Speeches by Leaders of the National Healthcare Security Administration

# National Healthcare Security

## I. Overview



## II. Special Feature



## III. Special Article



# Local Healthcare Security

# Regulations, Policies and Important Documents

## I. Documents Issued by the CPC Central Committee and the State Council

## II. Departmental Regulations and Regulatory Documents

# Statistics

## I. Healthcare Security Statistical Bulletin



## II. Statistics of Healthcare Security Services

## Chronicle of Major Events



## Appendix

# 索　引

**说明**

1．本索引为《中国医疗保障年鉴（2023）》主题分析索引。

2．本索引采用主题分析法，款目按汉语拼音字母（同音字按声调）升序排列。书中的类目名、分目名用黑体字标明，其余用宋体字排印。

3．索引款目后的数字表示内容所在页码，数字后面的英文字母（a、b）表示栏别（即版面的左、右栏）。

4．同一主题在书中多处出现的，在其款目后用不同的页码注明；同一主题在地方医疗保障工作类目中不同省（自治区、直辖市）出现的，在同一款目下另起行退一字排列。

5．本索引对“重要文献”“专题特辑”“特载”“法规政策、重要文件”“统计数据”“大事记”“附录”等内容不做主题分析。

C

K

R



S

T

W



X

**数字首**